致读者：

本书厚重，

也有趣。

本书想要讲述的，

是中国人的公司法治经验、智慧及体验……

赵旭东

二〇二四年春

作者简介 | 李建伟

法学博士，曾从事企业管理博士后研究，中国政法大学钱端升讲座教授，博士生导师，兼任中国法学会商法学研究会秘书长，在民商法尤其公司法领域著作丰厚，兼具公司法实务丰富实践。

成员分工收集每个条文所对应的三板块资料以及写成初稿：比较法规范；近 20 年来的法学核心学术论文；裁判案例及评析。彼时我开始夜以继日写出每一条的评析要点，汇集成一个《公司法作业本》，凡 13 余万字，交付给写作组成员，作为条文评注的要点提示，撰写每一章的初稿。第一轮初稿形成后分批次交给九位优秀的博士、博士后与青年教师组成的修订班子分章完善。其后我逐条逐字修改，凡费时近三个月，随后返稿给第三轮的修订班子，就我提出的问题进一步核查与修订，并交叉互检。最后一轮，我再次逐字统稿成书。

总结本书的最大特色，自然集中在精华的“条文释义”“公司治理操作指南”两个板块，可以归纳为：

1. 极其有层次感的要点展开

在四级标题的有序展开的框架之下，每一条文之下的内容展示了公司法知识要点的逻辑结构之美、概念体系之严谨、层次铺陈之画面感。

2. 极具洞见力的知识要点选择及其适度展开

关于这些要点的开掘，读者可以比较同类书籍，一能发现本书视角之极大不同，二能发现本书要点的极大丰富性。

那么，这些要点从哪里来的？

一者，基于条文本身的内容展开。本书对于每一个条文的文义展开原则上按照以“句”为单位进行的，而不是按照“条”“款”进行的。

二者，基于作者的学术积累。过去 20 多年来，作者发表了 200 多篇各类公司法论文，出版了 10 多部公司法专著、译著，覆盖了几乎所有的公司法重要课题。

三者，基于作者参与商事仲裁、专家论证、公司纠纷诉讼代理，投身公司运营与治理等途径获取的实践经验之总结。

四者，过去几年参与公司法、公司法司法解释、九民纪要等立法咨询、论证工作所记下的点点滴滴。

五者，更蕴含作者对于条文背后的生活经验与未来裁判逻辑的前瞻与洞察。

六者，基于我超大量的授课经验累积。每一个要点都不是空穴来风的，都是经过课堂教学的反复检验。在写作过程中，本书稿始终与我面向律师、公司法务等专业人士及企业界人士讲授新公司法的课件 PPT 同步联动修订的。

3. 内容的详略选择

法律适用与裁判焦点，乃是每一个法条内容展开的根本关注点。尽管本书在同

图书在版编目(CIP)数据

公司法评注 / 李建伟主编. -- 北京 : 法律出版社, 2024(2025.7 重印)

ISBN 978 - 7 - 5197 - 9077 - 6

Ⅰ. ①公… Ⅱ. ①李… Ⅲ. ①公司法-法律解释-中国 Ⅳ. ①D922.291.915

中国国家版本馆 CIP 数据核字(2024)第 081809 号

公司法评注
GONGSIFA PINGZHU

李建伟 主编

策划编辑 似 玉
责任编辑 似 玉
装帧设计 鲍龙卉

出版发行 法律出版社
编辑统筹 法律应用出版分社
责任校对 李 军
责任印制 刘晓伟
经 销 新华书店

开本 710 毫米×1000 毫米 1/16
印张 64.75 **字数** 1088 千
版本 2024 年 5 月第 1 版
印次 2025 年 7 月第 6 次印刷
印刷 北京中科印刷有限公司

地址:北京市丰台区莲花池西里 7 号(100073)
网址:www.lawpress.com.cn
投稿邮箱:info@lawpress.com.cn
举报盗版邮箱:jbwq@lawpress.com.cn

销售电话:010-83938349
客服电话:010-83938350
咨询电话:010-63939796

书号:ISBN 978-7-5197-9077-6
定价:248.00 元

类书籍中已经属于超厚者,但最终稿仍是删去初稿很多内容之后的晶核,最终的内容选择力求:

(1)用最简短语言叙述字面意思,追求专业对话而非普法功能,尽管不排斥普法作用;

(2)同类书籍会提供的普罗大众内容,尽量简写,甚或一笔带过;

(3)挖掘新意,集中文字火力来阐发同类书籍的内容所无者、所单薄者、所歧见者。

三、例证:一个简单条文的鲜活释义

一万个说教,不如一个例证来的更具说服力。此处就选择一个相对简单的法条来示例吧。

第五十八条 【有限公司股东会的构成与地位】有限责任公司股东会由全体股东组成。股东会是公司的权力机构,依照本法行使职权。

第一百一十一条 【股份公司股东会的构成及地位】股份有限公司股东会由全体股东组成。股东会是公司的权力机构,依照本法行使职权。

这两个条文分别是关于有限公司、股份公司的股东会组成、法律地位及职权法定的规定,读来平淡无奇,且内容完全雷同,却分列为两个条文,徒增对于立法技术成熟性的质疑。但实际上,两个条文的含义极其丰富,且法律适用、裁判规范的要点个个感性而深刻。关于这两个条文的“条文释义”与“公司治理指南”的详细内容,各位自可在本书中按图索骥。此处仅截取第五十八条的“法条释义”“公司治理指南”板块的部分内容,以为例证。

在“条文释义”部分,逐句展开文义解释,节选要点如下:

1. 第1句:股东会“由全体股东”组成。这包含四层意思:(1)股东为权力机构的当然成员也是唯一成员,股东之外的任何人不得参加股东会;(2)成为股东会成员,只需要具备股东资格,与所持股权比例大小没有关系;(3)参与股东会是股东的权利而非义务,所以股东会组成与参会者之间不能画等号;(4)既然股东会由全体而非部分股东组成,故不是代议制机构,所谓“股东代表大会”是荒唐的。

2. 第2句前半句:公司的权力机构。股东会是公司的权力机构,由此界定了股东会在公司法人机关的地位。民法典将营利法人的法人机关分为权力机构、执行机构、监督机构,在公司法上大致对应于股东会(一人股东)、董事会(一名董事)、监事会(一名监事)或审计委员会。现代公司治理存在“两权分离”,需要在股东会与董事会之间构建合理的权力分配机制。一方面,作为剩余索取权人,股东承担着公司经营的最后风险,因此涉及公司生存发展与股东重大利益的事项需要由股东来决定。另一方面,为追求更高的经营和决策效率,应由董事会享有公司经营决策的权力。正确理解股东会的权力机构地位,既要摒弃那种认为股东会可以行使公司全部权力的立场,也需否定将股东会职权中涉及公司生存发展和股东重大利益的职权转授权给董事会的做法。

3. 第2句后半句:股东会职权法定。“依照本法行使职权”的规定包含三层意思:(1)股东会的职权是法定的。自1993年《公司法》颁布以来,股东会、董事会、监事会的职权一直采法定职权主义。(2)本句实为隐性引致条款,股东会职权规定在第59条的集中式规定以及其他一些条款的零星规定上(如第163条、第185条等)。(3)股东会依法行使职权,包括股东会不得僭越行使董事会、监事会的法定职权,也包括股东会的法定职权也不得被董事会、监事会等其他法人机关僭越行使,关于此点,详见本法第25条的评注。

在“公司治理指南”部分,则指出三个常见的实践认识误区:

误区之一:“最高权力机构”。本条规定股东会是公司的权力机构,但实践中往往有人把股东会异化为“最高权力机构”,“最高”二字何来?其实为突出股东会乃是董事会、监事会的上级机关,但民法典、公司法将股东会、董事会、监事会分别称为权力机构、执行机构与监督机构,三者乃是在现代公司法的职权法定主义模式下的分工制衡关系(check and balance),彼此之间并无职权的高下、大小之分,只是分工(分权)不同而已,立法者也没有将“权力”凌驾于“执行”“监督”之上的意思。在前述错误思想之下,还有人发明了本公司实行“股东会领导下的董事会负责制”“股东会领导下的董事长负责制”“股东会领导下的总经理负责制”“董事会领导下的某某负责制”之类词汇,还冠以公司治理/管理体制创新之名,实则都是对于现代公司法治的悖反。

误区之二:“股东代表大会”。既然股东会由全体股东组成,这就表明:无论股东人数有多少(股份公司在理论上并无股东人数上限之限制),股东会都不是代议制机构,不存在代表问题;任何人不得限制任何股东参加股东会的权利,诸如设置股东参与股东会的股权门槛等,都是对于少数股东权利的赤裸裸侵害;任何选举股东代表的机制设计都是荒谬的、违法的。

误区之三:股东会流于形式。股东会作为权力机构,享有决定公司重大事项的权力,因此每当发生内部治理纠纷和控制权争夺时,股东会常会成为各方争夺的"中心舞台",股东会决议效力亦会成为各利益方的关注要点。在公司治理实践中,公司应当注重加强对于股东会会议召集程序、会议开展、表决程序、表决权委托、会议记录与保存等事项的合规建设,以降低日后发生纠纷的可能性。公司可以根据自身经营发展的实际情况,在公司章程规定相应的股东会职权、出席会议法定足数、表决权通过比例等,以满足个性化的治理需求。

四、配上一副好皮囊

灵魂有趣之外,好看的皮囊,也是本书不弃的追求。

1. 近乎绝对追求的层次感、画面缓缓打开感。相信读者在每一个条文的三级或者四级标题渐次展开的内容里会有充分且立体的体验感。

2. 编辑老师精心编排的版面,给读者以良好的阅读视觉感受,以及不惜成本的双色印制、多种字体的交错编排,更是带来读者的视觉美感。这要感谢似玉老师的编辑团队的心血付出与无私配合,满足作者对于读者的好皮囊展示的期许及愿望。

尽管如此,全书成稿后的掩卷深思,我还是觉得,限于书面文本的表达形式约束,这本书展示的内容精彩度还是逊于本人课堂授课的精彩度。好在,借助于发达的网络技术,对于阅读与听课,读者们可以轻而易举地兼得。

以上,是为序。

希望本评注,好皮囊,有灵魂,且有趣。

如是,谁能不爱呢?

李建伟

2024 年 4 月 24 日

凡　　例

主要法源简称	
《中华人民共和国公司法》(2023 修订)	新法;新《公司法》
《中华人民共和国公司法》(2018 修正)	旧法;2018 年《公司法》
《中华人民共和国公司法》(2013 修正)	2013 年《公司法》
《中华人民共和国公司法》(2005 修订)	2005 年《公司法》
《中华人民共和国公司法》(2004 修正)	2004 年《公司法》
《中华人民共和国公司法》(1999 修正)	1999 年《公司法》
《中华人民共和国公司法》(1993)	1993 年《公司法》
《中华人民共和国公司法(修订草案审议稿)》	一审稿
《中华人民共和国公司法(修订草案二次审议稿)》	二审稿
《中华人民共和国公司法(修订草案三次审议稿)》	三审稿
《最高人民法院关于适用〈中华人民共和国公司法〉若干问题的规定(一)》	《公司法解释一》
《最高人民法院关于适用〈中华人民共和国公司法〉若干问题的规定(二)》	《公司法解释二》
《最高人民法院关于适用〈中华人民共和国公司法〉若干问题的规定(三)》	《公司法解释三》
《最高人民法院关于适用〈中华人民共和国公司法〉若干问题的规定(四)》	《公司法解释四》
《最高人民法院关于适用〈中华人民共和国公司法〉若干问题的规定(五)》	《公司法解释五》
《最高人民法院关于适用〈中华人民共和国公司法〉若干问题的规定(四)(征求意见稿)》	《公司法解释四(征求意见稿)》
《中华人民共和国市场主体登记管理条例》	《市场主体登记管理条例》

续表

主要法源简称	
《中华人民共和国市场主体登记管理条例实施细则》	《市场主体登记管理条例实施细则》
《国务院关于实施〈中华人民共和国公司法〉注册资本登记管理制度的规定(征求意见稿)》	《国务院注册资本登记管理制度规定(征求意见稿)》
《中华人民共和国民法典》	《民法典》
《全国法院民商事审判工作会议纪要》	《九民纪要》
《最高人民法院关于适用〈中华人民共和国民法典〉总则编若干问题的解释》	《民法典总则编司法解释》
《最高人民法院关于适用〈中华人民共和国民法典〉合同编通则若干问题的解释》	《民法典合同编通则司法解释》
《最高人民法院关于适用〈中华人民共和国民法典〉物权编的解释(一)》	《民法典物权编司法解释》
《最高人民法院关于适用〈中华人民共和国民法典〉有关担保制度的解释》	《民法典担保制度司法解释》
次要法源简称	
《中华人民共和国宪法》	《宪法》
《中华人民共和国民法通则》	《民法通则》
《中华人民共和国民法总则》	《民法总则》
《中华人民共和国物权法》	《物权法》
《中华人民共和国民事诉讼法》	《民事诉讼法》
《中华人民共和国证券法》	《证券法》
《中华人民共和国反垄断法》	《反垄断法》
《中华人民共和国行政处罚法》	《行政处罚法》
《中华人民共和国合伙企业法》	《合伙企业法》
《中华人民共和国个人独资企业法》	《个人独资企业法》
《中华人民共和国企业破产法》	《企业破产法》
《中华人民共和国信托法》	《信托法》
《中华人民共和国会计法》	《会计法》
《中华人民共和国外商投资法》	《外商投资法》
《中华人民共和国中外合资经营企业法》	《中外合资经营企业法》

续表

次要法源简称	
《中华人民共和国中外合作经营企业法》	《中外合作经营企业法》
《中华人民共和国外资企业法》	《外资企业法》
《中华人民共和国企业所得税法》	《企业所得税法》
《中华人民共和国消费者权益保护法》	《消费者权益保护法》
《中华人民共和国劳动法》	《劳动法》
《中华人民共和国劳动合同法》	《劳动合同法》
《中华人民共和国商业银行法》	《商业银行法》
《中华人民共和国票据法》	《票据法》
《中华人民共和国企业国有资产法》	《企业国有资产法》
《中华人民共和国资产评估法》	《资产评估法》
《中华人民共和国刑法》	《刑法》
《中华人民共和国注册会计师法》	《注册会计师法》
《中华人民共和国监察法》	《监察法》
《中华人民共和国公职人员政务处分法》	《公职人员政务处分法》
《关于经营者集中申报的指导意见》	《经营者集中申报指导意见》
《中华人民共和国消费者权益保护法实施条例》	《消费者权益保护条例》
《中华人民共和国企业法人登记管理条例》	《企业法人登记管理条例》
《中华人民共和国公司登记管理条例》	《公司登记管理条例》
《中华人民共和国合伙企业登记管理办法》	《合伙企业登记管理办法》
《最高人民法院关于适用〈中华人民共和国民事诉讼法〉的解释》	《民事诉讼法解释》
《最高人民法院关于审理证券市场虚假陈述侵权民事赔偿案件的若干规定》	《虚假陈述若干规定》
《最高人民法院关于人民法院民事执行中拍卖、变卖财产的规定》	《拍卖变卖规定》
《最高人民法院关于民事执行中变更、追加当事人若干问题的规定》	《变更追加当事人规定》
《国务院关于开展优先股试点的指导意见》	《优先股试点的指导意见》

续表

次要法源简称	
《国务院关于推动创新创业高质量发展打造“双创”升级版的意见》	《“双创”升级版的意见》
《关于在深化国有企业改革中坚持党的领导加强党的建设的若干意见》	《深化国有企业改革若干意见》
《国务院办公厅关于进一步完善国有企业法人治理结构的指导意见》	《完善国有企业法人治理结构的指导意见》
《中华人民共和国商事主体登记管理条例(草案)》	《商事主体登记管理条例(草案)》
《银行间债券市场非金融企业债务融资工具管理办法》	《债务融资工具管理办法》
《上市公司独立董事管理办法》	《独立董事管理办法》
《中国证券监督管理委员会关于加强防范伪造实物债券的紧急通知》	《关于加强防范伪造实物债券的紧急通知》
《北京证券交易所上市公司证券发行注册管理办法》	《上市公司证券发行注册管理办法》
术语简称	
有限责任公司	有限公司
股份有限公司	股份公司
全国人民代表大会常务委员会法制工作委员会	全国人大法工委
高级管理人员	高管
董事、监事、高级管理人员	董监高
中国证券监督管理委员会	证监会
首次公开募股	IPO
国有资产监督管理委员会	国资委
控股股东和实际控制人	双控人

目 录

第一章 总则

第十章　公司财务、会计

第十一章　公司合并、分立、增资、减资

第十二章　公司解散和清算

第一章　总　　则

【本章概述】

本章提供公司法的一般性规则，涵盖诸多公司基本法律制度，规定公司的基本要素，牵涉公司、股东、职工和债权人等多方利益主体之间的利益协调，可谓“牵一发而动全身”。因而，欲妥适理解、适用公司法条文，就需要对总则规范进行系统性解读。

本章新增或有删减的条款主要包括：明确职工为利益相关者（第1条），增加“完善中国特色现代企业制度，弘扬企业家精神”的立法宗旨（第1条），新增公司名称权规则（第6条），完善法定代表人的选任辞任规则（第10条），新增法定代表人行为的法律后果规则（第11条），增加公司“建立健全以职工代表大会为基本形式的民主管理制度”的义务（第17条），增加“解散、申请破产”两种情形要听取工会、职工意见与建议的规定（第17条），完善企业社会责任条款（第20条），新增横向人格否认规则（第23条），新增可采用电子通信方式召开会议和表决（第24条），新增决议撤销之诉的裁量驳回（第26条），修订决议撤销之诉的除斥期间（第26条），新增决议不成立之诉规则（第27条），新增决议无效、撤销、不成立的法律后果规定（第28条）。

总体而言，“总则”部分的修订更周到地协调了公司、股东、职工和债权人等主体的权益保护。例如，为加强少数股东的权益保护，本章优化与新增4个与公司决议效力瑕疵相关的规则，实现体系化。具言之，一是将决议效力瑕疵形态三分，将旧法第22条扩展为4个条文，分别规定决议无效、决议可撤销、决议不成立以及决议瑕疵的法律后果，完善了公司决议效力瑕疵规则；二是类型化决议撤销之诉的除斥期间，并引入决议撤销之诉的裁量驳回制度；三是删除旧法的决议瑕疵之诉担保要求，缓解少数股东起诉压力；四是完善决议外部效力规则。上述对于公司决议效力瑕疵规则的体系性优化，无疑有利于提升对少数股东权益的保护力度，实现此次修法的一个基本目标——完善产权保护制度、依法加强产权保护。

“总则”部分居于统领地位，这也意味着对其进行修订必然需要与其他法律部门协调，尤其是与《民法典》进行体系联动。例如，第6条新增公司名称权规则，此条并非完全是“新”的，其内容更多是吸收了《民法典》《企业名称登记管理规定》《企业名称登记管理规定实施办法》等规范的内容，首次在公司法典中规范公司名称权，这不仅完善了公司权益的保护体系，还表明《公司法》与《民法典》及其他法律规定进行了很好的衔接，体现后民法典时代的体系化立法思维。

第一条 【立法宗旨】

为了规范公司的组织和行为，保护公司、股东、职工和债权人的合法权益，完善中国特色现代企业制度，弘扬企业家精神，维护社会经济秩序，促进社会主义市场经济的发展，根据宪法，制定本法。

◉ 立法意旨

本条是关于公司法的立法宗旨的规定。

◉ 条文演变历程

本条可追溯至1993年《公司法》第1条：“为了适应建立现代企业制度的需要，规范公司的组织和行为，保护公司、股东和债权人的合法权益，维护社会经济秩序，促进社会主义市场经济的发展，根据宪法，制定本法。”2005年修法时删去“适应建立现代企业制度的需要”和“根据宪法”的内容，此后直至本次修法前未予改动。本次修法，一审稿未见修订，二审稿在第1条第2句后增加“完善中国特色现代企业制度，弘扬企业家精神”的内容，以贯彻党的二十大报告精神，三审稿沿袭之，立法者在最终颁布的文本中明确“职工”也是利益相关者，并于末句增补1993年《公司法》规定的“根据宪法”等内容。

◉ 条文释义

本条对应旧法第1条，有内容性修订。

我国所有部门法均在第1条明确其立法宗旨、目标以及制定依据。这种规范模式独具中国特色，公司法概莫能外。

1.“为了规范公司的组织和行为”：公司法是组织法也是行为法

本句明确公司法的调整对象为“公司的组织和行为”，借此表明了公司法是组织法与行为法的合体。

公司法是组织法也是行为法，但其首先是组织法，所以“组织”在“行为”之前。具言之，虽然公司法被公认为由商组织法（主体法、团体法）规范与商行为法（交易法)规范组成,但两类规范的含义与外延究竟如何,并非不言自明,目前的研究有待深入。就公司法规范体系而言,凡属于调整公司组织体本身也即法律人格及其构成(权利能力与行为能力、商号、组织章程)、营业财产(资本、增资、减资、财务会计)、组织过程(设立、成立、分立合并、解散、清算、终止等)、组织机构(股东会、董事会、监事会、经理等及其组成人员董监高)的法律规范,皆属于商组织法规范。就公司法文本来看,除第十五章"附则"不计入统计,第四章"有限责任公司的股权转让"、第六章"股份有限公司的股份发行和转让"、第九章"公司债券"基本上属于商行为法规范,其余十一章的条款基本上都属于商组织法规范。商组织法上的主要法律行为包括:出资、增减资、设立、分立、合并、解散、清算、决议、决定等,其中决议、决定行为居于核心地位。相较而言,公司法供给的涉及公司行为的法律规范是克制且比较有限的,因为这是民法典(尤其合同编与侵权责任编的)的立法任务。综上,公司法供给的涉及公司组织过程的法律规范才是其主要规范群。

2."保护公司、股东、职工和债权人的合法权益":保护四类主体的合法权益

本句列明了公司法保护的法益,同时用列举方式载明了公司法上的利益相关者(stakeholders)。展言之:

一是表明公司法上的核心利益关系人有三:股东、职工与债权人,注意本句并无"等"字,也穷尽了立法者认为的利益关系人及其相应的全部法益。其中,"职工"乃是新增且排列在债权人之前的"新贵",意义深远。事实上,本次修法大大强化了职工对于公司治理与经营管理的参与,本条将其确立为核心的利益相关者之一,是后文诸多确立职工参与治理机制的条文的引领性规定。

二是公司利益保护排在第一乃是公司法的应有之义。公司利益乃是公司所有利益相关者利益的寄托,也是多种利益杂糅并存的平台,唯公司利益在,所有利益相关者的利益才在。如公司终止,则所有利益相关者的利益都将烟消云散。

三是在所有利益相关者中股东毋庸置疑排在首位。尽管人们在过去的若干年里对于公司的认识经历了从公司是股东的公司,到公司不仅是股东的公司,再到公司是所有利益相关者的公司的过程,但自始至终股东即便不是公司唯一的利益相关者,也是首要的利益相关者。不承认这一点,公司法的根基将随之动摇。本次修法,立法机关确立的四大修法任务中的第三项任务是"完善产权保护、依法加强产权保护"。这便是对于保护股东权益的强调,以及对旧法保护不周的反思。由此,保护产权首先要保护股东权益。

四是公司债权人是公司的外部利益相关者,但是首要的外部利益相关者,无论是自愿债权人(基于合约等,职工很多场合下也是劳动债权人)还是非自愿债权人(基于侵权等),都依法受公司法保护。公司债权人受到公司法关注,是公司法基于股东对公司债务承担有限责任制度引发的利益失衡进行的一种系统性制度安排。具言之,公司法规范体系的一个重要组成部分是保护债权人利益的规范群,其贯穿公司设立、成立、运营、变更、解散与破产清算直至终止的全过程,在现代公司资本制度中更是如此。在股东有限责任引发的权、义、责配置对于公司债权人不利的背景下,这种规范体系构造在于通过公司组织法规则适度倾斜保护公司债权人,动态平衡股东与债权人之间的利益。从公司既是组织法又是行为法的视角来看,公司债权人参与公司组织也即公司治理结构的路径也是有的,比如公司债券持有人会议等,但比较有限。与此同时,为数不多涉及公司行为的规范多数与公司债权人保护有关,比如公司对外担保、对外投资、对外财务资助、对外捐赠等行为规制。

3.“完善中国特色现代企业制度”:何为中国特色现代企业制度

建设现代企业制度是制定公司法的初衷之一。但何为中国特色现代企业制度还得看公司法的具体制度安排。可以肯定的是,公司法本为“舶来品”,世界的才是民族的。“中国特色”可能主要体现在两方面:一是国家出资公司。国家出资公司的实际股东是国家,背后是全民,大致遵循全体人民—人民代表大会—各级政府—履行出资人职责的机构(国资委、财政部门、授权国资经营单位等)的委托代理链条。本次修法新设“国家出资公司组织机构的特别规定”一章,目的就在于完善中国特色国家出资公司制度。二是我国经由计划经济以及国营工厂体制形成的一些制度传统及其在立法中的印记,比如法定代表人、经营范围、职工代表大会、独具特色的工会以及中国共产党组织入法、国有出资公司的中共领导地位等。企业是实现共同富裕的重要力量,充分发挥市场在资源配置中的决定性作用,更好发挥政府功能,完善中国特色现代企业制度,有助于促进建设世界一流企业的进程。

4.“弘扬企业家精神”:新增弘扬企业家精神

习近平总书记指出:“市场活力来自于人,特别是来自于企业家,来自于企业家精神。”①弘扬企业家精神,充分发挥企业家的作用、依法保护企业家产权是近年来

① 中共中央文献研究室编:《习近平关于社会主义经济建设论述摘编》,中央文献出版社2017年版,第62页。

中共中央办公厅、国务院办公厅反复发文强调的。作为资本、劳动力、资源和技术等生产要素集合的企业，并不是自发组织起来的，需要作为组织者的企业家发挥主观能动性，将各种生产要素按一定的结构组织起来。如此，企业方能迸发出强大的生命力，将投入的生产要素切实转换成现实的生产力。因而，企业和企业家具有经营自主权，有权自主决定企业的各种内外事务，在符合法律法规要求的情形下，国家无权随意干涉，这也是私法自治的题中之义。企业家精神一方面是一种赋予现有资源新价值的革新意识，既包括企业家在创造经济价值过程中体现出的创新精神，又涵盖企业家在不确定环境中展开创新的冒险精神，①另一方面是一种内生性的精神力量，能够内化为企业家积极主动的自我规范，进而成为推动现代企业改革和发展的内生动力，与作为外生性的制度规范所产生的外部强制形成合力，里应外合，共同推进现代企业制度的改革与完善。

弘扬企业家精神体现在多个方面：一是要努力创造一个容忍失败的宽容创业环境，比如引入董事责任保险制度，沿袭董事决议免责制度等；二是强化董事会中心主义模式，董事会职权在发行资本、催缴出资、企业合规、承担减资与分红责任、启动清算与承担清算工作等领域的扩张，能够突出董事会在公司治理中的中心地位有利于弘扬企业家精神；三是与董事会职权扩张、董事会中心主义强化相匹配的董监高信义义务体系的强化以及违信责任的完善，也是弘扬企业家精神的另一种体现。

5.“维护社会经济秩序，促进社会主义市场经济的发展”：维护社会经济秩序，促进社会主义市场经济发展

这两句载明三点信息：一是“维护社会经济秩序”意指公司法的基调是私法，但又有某些公法因素，其法律规范多为任意性、赋权性规范，但也有不少强制性规范，尤其是资本制度与公司治理等涉及公司行为外部化的规范。二是“促进社会主义市场经济的发展”表明公司法乃是市场经济的根本大法之一，也是市场经济法治体制的支撑性部门法之一。事实上，公司法与民法典作为市场经济的基本组织法与行为法（交易法），如鸟之两翼、车之两轮，相辅相成，缺一不可。我国目前有5000多万家有限公司、约100万家股份公司，后者又包含将近6000家上市公司，他们是当今最

---

① 参见蔡华、于永彦、蒋天颖：《民营企业家精神的测量与分析》，载《统计与决策》2009年第16期，第163~165页。

重要的市场主体。公司虽在1.5亿多个市场主体中不是数量上的第一,但其经济规模、资产数量、雇员人数、利税贡献等关键经济指标在所有市场主体中有压倒性优势。三是公司乃是人类截至目前发明与使用的最重要也是最成功的商事组织形式,其对于发展社会主义市场经济举足轻重,公司在现代经济生活中的中心地位,决定了公司法在市场经济法律体系中的重要地位。

6."根据宪法,制定本法":制定依据

本句注明公司法的制定依据,表明了公司法在我国当代法律体系中的地位是宪法下的基本法律之一。在已经颁布的300多部法律(狭义)中,第1条注明"根据宪法,制定本法"的并不占多数,商法领域的《合伙企业法》《个人独资企业法》《证券法》《信托法》《保险法》《信托基金法》等均未注明。公司乃是最重要的市场主体,制定与修订公司法是完善中国特色现代企业制度,是贯彻落实宪法关于国家完善"企业经营管理制度"的重要举措。基于以上定位,故本条增加了"根据宪法"的字样。

◉ 公司治理操作指南

第1条作为公司立法宗旨条款、公司法典的一般条款,其不仅是起导向作用的法典灵魂,在司法裁判中也不乏适用空间。司法裁判中本条的适用有两种情形:一是形式引用,即作为裁判依据但不展开说理,此种情形下,法院不单独援引本条作为裁判依据,而应采用复合裁判方法,援引多种依据展开体系化论证。二是实质引用,即将其作为裁判依据且展开说理,常见情形有判断是否为适用公司法的受案类型、判决公司司法解散纠纷是否符合公司法的价值目标等,其他适用场景可能包括滥用股东权利损害公司利益等。

◉ 比较法规范

《日本公司法》第1条。

◉ 研究文献

1. 朱大明:《公司法立法指导原则的研究——以日本公司法现代化改革为中心》,载《清华法学》2022年第2期。

2. 杨铜铜:《论立法目的司法适用的方法论路径》,载《法商研究》2021年第4期。

◉ 典型案例

吴某宏、刘某美合同纠纷案①

1. 案情简介

2018 年 6 月 18 日，原告与被告签订股金转让协议，约定被告将其持有的榕江县农村信用合作联社股金 40 万元转让给原告，转让价格为 70 万元。被告将股金证交给原告保管，并于 2018 年 6 月 19 日向榕江县农村信用合作联社提交了一份转让股金的申请书。榕江县农村信用合作联社理事会经审查认为被告尚未还清所欠贷款本息，根据《榕江县农村信用合作联社章程》关于社员在未还清本社贷款本息之前不得转让股金的规定，不同意办理股金变更登记。

2. 裁判要旨

一审法院认为，2013 年《公司法》第 71 条对公司股东转让股权进行了规定，同时规定公司章程对股东转让另有规定的，从其规定；原被告所签订的《股权转让合同》应当遵守目标公司的章程。

二审法院认为，本案争议焦点之一为是否适用 2013 年《公司法》。根据 2013 年《公司法》第 1 条、第 2 条，该法调整的公司是指在我国境内设立的有限公司、股份公司，榕江县农村信用合作联社是股份合作制企业，不属于 2013 年《公司法》调整的公司范围。一审法院判决适用 2013 年《公司法》不当。

3. 案件评析

司法实践中出现了大量将立法目的条款作为裁判依据但未展开说理的形式引用。可见，《公司法》立法目的条款在司法裁判中发挥着法律解释和漏洞填补功能。

第二条 【公司类型法定主义】

本法所称公司，是指依照本法在中华人民共和国境内设立的有限责任公司和股份有限公司。

◉ 立法意旨

本条是关于公司类型法定主义的规定。

◉ 条文演变历程

自 1993 年《公司法》颁行以来，本条无实质修订。此次修法，一审稿在表述上统一将“中国”修正为“中华人民共和国”，以兹精确，之后无变化。

---

① 参见贵州省黔东南苗族侗族自治州中级人民法院民事判决书，(2020)黔 26 民终 862 号。

◉ 条文释义

本条对应旧法第2条,仅修订一处表述。

1. 本条的释义

(1)公司类型法定主义

公司类型法定主义是商事主体法定主义在《公司法》中的具体化,指在一国境内能够设立的公司类型由法律规定,当事人不可自由任设。否则,该类公司不被承认为合法的商主体,并可能受到本法第259条规定的处罚——公司登记机关责令改正或者予以取缔,可以并处10万元以下的罚款。

(2)中国公司的定义

中国公司包含三项要素:①准据法标准,即依照本法设立。②地域标准,即在中国境内设立。与中国公司概念对应的是外国公司,本法第243条规定:"本法所称外国公司,是指依照外国法律在中华人民共和国境外设立的公司。"③类型标准,仅指有限公司与股份公司。

由此可知,我国采公司类型法定主义,投资人只能在法定的两种公司形态中选择。

(3)中国公司的分类

在法定类型下还有亚分类。根据股东数量,公司分为一人公司(股东为1人,但国有独资公司除外)与非一人公司(股东为2人以上的公司);按照设立方式,股份公司分为发起设立的股份公司与募集设立的股份公司,后者进一步分为定向募集与公开募集,其中公开募集设立的股份公司就是上市公司。因此,股份公司可以分为上市公司与非上市股份公司。

还有更多学理分类,如人合公司、资合公司与人合兼资合公司;封闭公司与公众公司;普通公司与特殊公司;公营公司与民营公司;独资公司与合资公司;总公司与分公司;母公司与子公司;本国公司、外国公司与跨国公司等。

2. 公司类型的比较法观察

基于各国、各地区立法传统以及整个商主体体系构造的不同,各国、各地区公司法所调整的公司类型不尽相同。由于公司概念本身的不确定性,其分类标准不同,再加上立法理念与法律传统的差异,不同法系,不同国家、地区的公司类型并不相同。相比之下,我国公司的类型较为简单,且类型较少。

（1）大陆法系的法定分类

在大陆法系国家和地区，按照公司组织形式的不同，最广义的公司类型包括无限公司、两合公司、股份两合公司、股份公司、有限公司。无限公司（unlimited company, unlimited liability company）全称是无限责任公司，是指由两个以上的股东组成的，全体股东对公司的债务负无限连带责任的公司。两合公司，是指由无限责任股东和有限责任股东组成，有限责任股东以其出资为限对公司债务承担责任，无限责任股东则对公司债务承担无限责任的公司。股份两合公司，是指由无限责任股东和有限责任股东组成，有限责任部分的资本分为等额股份，由有限责任股东认购，其股东仅就其认购的股份对公司债务负责的公司。股份公司（joint stock limited company），全称是股份有限公司，是指由一定人数的股东组成，全部资本分为等额股份，股东以其所持股份为限对公司承担责任的公司。有限公司（limited company, LC），全称是有限责任公司，是指由一定人数以上的股东组成，股东以其出资为限对公司承担责任的公司。

反观我国，由于单行的《合伙企业法》设置了普通合伙与有限合伙两类合伙企业。这两类企业的组织形式及其投资功能大致相当于无限公司、两合公司及股份两合公司，所以公司法没有必要规定这三种类型的公司，仅设股份公司与有限公司足矣。

（2）英美法系的法定分类

在英美法系国家和地区，大多以公司的股票是否公开发行及股票是否允许自由转让为标准，分为封闭公司（close corporation，或称私人公司，private company, privately held company）与公众公司（public corporation，publicly held company）。此种分类更加简明便捷。以英国为例，私人公司（private company）是由若干股东合资经营、股东转让出资须受到限制（如不能在证券市场上自由转让）、不公开招股、实行封闭经营的公司。公开公司（public company）指可以依法定程序公开招股，股东人数无法定上限，股票可以在证券市场公开自由转让的公司。公开公司在外延上不仅包括股份的有限公司，也包括无限公司与保证责任有限公司，但主要是股份的有限公司。

（3）两大法系的比较

英美法系封闭公司/公众公司的分类体系，与大陆法系与其对等的概念在外延上具有一定可类比性，但不存在对应关系。两大法系公司分类的思维差异，一言以蔽之，英美法系重实质、是动态化的，大陆法系重形式、是静态化的。就立法规范设计的科学性而言，一般认为，英美法系无论在实践理性还是制度理性上都更胜一筹。①

3. 我国公司法定分类的反思

我国公司的法定分类很大程度上是立法路径依赖的产物。1992年年初邓小平同志"南方谈话"后，我国兴起了新一轮的股份制（公司制）高潮，公司立法提上日程。1992年5月开始，原国家经济体制改革委员会（以下简称原国家体改委）先行制定了过渡性规范文件——《有限责任公司规范意见》和《股份有限公司规范意见》（已失效），以暂时调整国有企业股份制改制试点工作。同时，国务院抓紧起草公司法，于当年7月形成《有限责任公司法（草案）》后再次提交国务院常务会议审议并获原则通过。1992年8月全国人大常委会审议《有限责任公司法（草案）》认为，应制定一部覆盖面更宽一些、内容比较全面的公司法，因而早前有关机构要求起草有限公司与股份公司等两类公司条例的想法，于此合二为一。于是全国人大常委会法工委汇总起草了《公司法（草案）》，从1992年9月开始，经过几个月的紧张工作，1993年1月形成第四稿②，最终于1993年12月29日通过，新中国第一部公司法典由此诞生，并于1994年7月1日实施。③

立法机关之所以选择有限公司、股份公司两类公司，是因为当时的改革命题是建立现代企业制度。现代企业制度包括公司企业、合伙企业与个人独资企业，前者仅指具有独立人格、独立财产与独立责任能力的公司类型，那么符合核心特征的公司就是大陆法系的有限公司与股份公司。但须指出，这两类公司的法律区分标准是非常单纯和形式化的——看公司股权是否分为等额股份，如是，为股份公司，否则，为有限公司，还有一些其他形式化的区分，比如有限公司的股东人数受限，股份公司股东人数没有上限等。

在形式化的分类标准背后，隐藏着立法者更为重要的制度假定与逻辑预设——有限公司本来作为德国立法者"桌上的产物"，原本就是中小型的股份公司，所以有限公司被假定具备两类特征：一是规模上是中小微企业，二是股东人数较少，具有封

① 参见李建伟：《公司组织形态重构与公司法结构性改革》，载《财经法学》2015年第5期，第8页。

② 卞耀武、刘鸿儒主编：《中华人民共和国公司法实务全书》，经济日报出版社1994年版，第2页。

③ 参见李建伟：《公司法学》（第5版），中国人民大学出版社2022年版，第50页。

闭性(有人称为人合性[①])。股份公司则被假定具有两大特性:一是规模上为大中型企业,二是股东人数众多乃至具有公众性(超过 200 人)。

4. 契合性与扭曲性

我国公司法定分类的制度假定、逻辑假设与存量公司的现实是否契合?应该说,有很大的契合性,但也有很大的扭曲性。

(1)契合性。以 2023 年初有关主管机关公布的数据为例,在 5000 万家左右的有限公司存量中,占绝对多数的是中小微企业,股东人数确实也较少——97.2% 的为 3 人及以下,再考虑到一人公司的数量非常有限,那么可以说 97% 左右的有限公司股东人数为 2 ~ 3 人;尽管法律允许有限公司股东人数达到上限 50 人,但实际凤毛麟角。另外,在 100 万家左右的股份公司存量中,确实有不少是大中型企业,其中也有将近 6000 家公众公司(上市公司,在深沪京 3 家交易所上市)。

(2)扭曲性。就有限公司而言,在我国有巨大存量的国企体系中,由于国有独资公司、国有全资公司、国有资本控股公司广泛存在,且它们多为有限公司形式,这样一来,控制我国经济命脉的恰恰是一些超大型、巨型有限公司,而不是股份公司——这与立法者假设的有限公司为中小微公司差异巨大;就股份公司而言,真正具有公众性的不足 1%(不足 6000 家,而股份公司总量有 100 万家),更何况大多数股份公司的规模也是中小型的,遑论其股东人数多为个位数。这导致的后果是,相当数量的股份公司实为非公开公司,与有限公司在性质上非常相似。

(3)扭曲性的破解。接下来的疑问是,公司法如何破解上述并非不显著的扭曲现实?实际上,从 1993 年、2005 年、2013 年和 2018 年 4 个版本的公司法文本看,有限公司与股份公司的制度设计区分度一直不高,很多基本的制度设置几乎是一样的;同时,一些有区分度的制度设计的理据又备受质疑。此次修法,立法者有意进一步缩小有限公司与非上市股份公司的制度差距,在股东知情权、股东回购请求权、股东自行召集和主持股东会会议权、发起人股东的出资担保责任等标志性规则的设计上,原本存在很大区别的制度设计在新《公司法》上又被进一步同质化了。如此一

① 基于人合公司、资合公司的本来概念,有限公司为纯粹的资合公司,并非人合公司,但是在我国多数公司法学者的习惯用法中,人合性的概念已经脱离了人合公司的人合本义,其本义是指有限公司股东之间具有较强的人身信任关系——这其实用“封闭性”一词来表述更为合适。但基于我国公司法学界的使用习惯,本书无意挑战之,尽管并不赞成使用“人合性”这一概念,但在同一意义上使用封闭性/人合性这两个概念。

来，区分有限公司与非上市股份公司的必要性更弱。

(4)结论。我国公司法文本上的显性法定分类是有限公司与股份公司，但是隐性的也更具实效性的存量分类是上市公司与非上市公司(有限公司加非上市股份公司，后者包括发起设立股份公司、定向募集设立股份公司)。隐性分类与英美法系的公开公司、封闭公司的基本分类完全契合。这一契合不是立法者选择的产物，而是市场经济自然选择的结果。

◉ 比较法规范

《日本公司法》第2条；《韩国公司法》第170条；《英国2006年公司法》第3～6条；《美国特拉华州普通公司法》第101条；《美国模范商业公司法》第1.40节；中国台湾地区"公司法"第1条、第2条。

◉ 研究文献

1. 刘俊海：《新〈公司法〉的设计理念与框架建议》，载《法学杂志》2021年第2期。
2. 徐强胜：《论我国有限责任公司的定位与改革》，载《法学杂志》2020年第10期。
3. 李建伟：《公司组织形态重构与公司法结构性改革》，载《财经法学》2015年第5期。

第三条 【公司界定及权益保护】

公司是企业法人，有独立的法人财产，享有法人财产权。公司以其全部财产对公司的债务承担责任。

公司的合法权益受法律保护，不受侵犯。

◉ 立法意旨

本条是关于公司法律地位和公司合法权益受法律保护原则的规定。

◉ 条文演变历程

公司法律地位的规定最早可追溯至1993年《公司法》第3条、第5条，公司权益保护的宣示性规定则可溯源至1993年《公司法》第14条第2款。2005年修法时将前述第3条、第5条的内容进行整合与优化，形成新的第3条，明确界定公司有独立的法人财产，享有法人财产权，并以全部财产对公司的债务承担责任。本次修法，一审稿将第3条第2款股东仅承担有限责任的规定调整至第4条第1款，并将第5条第2款之"公司的合法权益受法律保护，不受侵犯"调整至第3条第2款，调整第3条及第4条之规范主体，将公司之权利义务规范于第3条，并将股东的权利义务规范于第4条。其后未见修订,直至形成本条。

◉ 条文释义

本条第1款对应旧法第3条第1款,第2款对应旧法第5条第2款,无内容性修订。

(一)第1款:公司是企业法人

1. 企业法人

第1句中"公司是企业法人"系1993年《公司法》的用语,但其在民法典之后存在争议。

一方面,从立法技术层面观之,这是旧法使用的术语,是旧时代立法的残留,进入民法典时代之后还如此称呼似不伦不类。关于法人的分类,1986年《民法通则》的分类是企业法人与非企业法人,后者包括国家机关法人、事业单位法人、社会团体法人等,但2017年《民法总则》和2020年《民法典》已经摒弃了这一分类,转而采用新的分类:营利法人与非营利法人,前者最重要的就是公司法人,此外还包括非公司制企业法人,比如全民所有制工业企业法人等。进入民法典时代后,公司更宜被称为营利法人。事实上,《民法典》第一编第三章第二节关于营利法人的规定与《公司法》第一章关于公司的一般规定存在极大程度的通约性。在此背景下,作为特别法的《公司法》仍然称公司为企业法人,值得检讨。

另一方面,从立法政策层面观之,在建立现代企业制度与公司法担负政策性任务背景下,称公司为企业法人有一定的道理。现代企业制度中的现代企业,素来是指公司企业、合伙企业、个人独资企业等主体。此三者的核心区别是,从企业类型的视角区分,前者是法人企业,后两者是非法人企业;从法人的视角区分,前者是企业法人,后者是非企业法人(民法典称为非法人组织),所以公司是企业法人的定位与称谓就是这样来的。

2. 独立财产与独立责任

第1句中"有独立的法人财产,享有法人财产权"及第2句,指出公司作为法人具有独立财产、独立责任的两个本质特征,其前端则是独立人格。独立人格、独立财产、独立责任是我国法上所有法人的本质属性,三位一体。独立财产是独立人格的物质基础,独立责任乃是独立人格的责任归结,独立财产正是法人承担独立责任的财产范围。公司与合伙企业、个人独资企业相比,后二者不具有独立人格、独立财产、独立责任,比如合伙企业,一般认为具有相对独立的人格、相对独立的财产、相对独立的责任。

(1)“有独立的法人财产,享有法人财产权”确立了公司的独立财产权。早在1993年制定《公司法》时,针对公司是否享有独立的法人财产权以及法人财产权的性质为何,就存在过极大的带有思想意识形态镣铐的政策争论与民法上财产权性质的学术争议。关于法人财产权的性质,学者们提出了十几种学说。最终取得的共识是,公司享有独立的法人财产权,即便是国有公司法人,国家财产一旦作为出资投资给公司,就也属于公司的独立财产。这与宪法以及后来的物权法是一致的。

(2)“公司以其全部财产对公司的债务承担责任”确立了公司的独立责任能力。该句与第4条关于股东承担有限责任的规定保持一致,二者乃是“一体两面”:股东作为出资人以其出资为限对公司债务承担责任,此为有限责任;公司以其全部财产对自身的债务承担责任,此为独立责任,同时也是无限责任。

(二)第2款:公司权益受法律保护原则

第1条开宗明义保护公司的合法权益,且把公司合法权益保护列为法益之首,本款再次强调本原则,究竟何意?公司权益乃是涉及公司上一众利害关系人,包括股东、债权人、职工等的所有权益的平台,也是所有利害关系主体利益的综合体。保护公司权益不受侵害,自然是公司法的首要目标,如有人侵害,则应承担相应的法律责任。实际上,公司法本身就是一部保护公司权益的法律。

◉ 比较法规范

《日本公司法》第3条;《韩国公司法》第169条;《德国股份法》第1条;《德国有限责任公司法》第13条;《美国特拉华州普通公司法》第106条;《美国模范商业公司法》第3.02节。

◉ 研究文献

李建伟:《关联公司法人人格否认的实证研究》,载《法商研究》2021年第6期。

第四条 【股东有限责任与股东权利】

有限责任公司的股东以其认缴的出资额为限对公司承担责任;股份有限公司的股东以其认购的股份为限对公司承担责任。

公司股东对公司依法享有资产收益、参与重大决策和选择管理者等权利。

◉ 立法意旨

本条是关于股东有限责任与股东权利的规定。

◉ 条文演变历程

股东对公司承担责任的规定最早可追溯至1993年《公司法》第3条第2款,股东权利的规定则可追溯至1993年《公司法》第4条第1款。2005年《公司法》修订时,为配合分期实缴制,将原第3条第2款的"以其出资额"改为"以其认缴的出资额",将"以其所持股份"改为"以其认购的股份"。另于股东权利部分,将"作为出资者按投入公司的资本额享有所有者的资产收益……"改为"依法享有资产收益……"赋予公司自治权利。其后的修订没有变动条文内容。本次修法,一审稿将第3条第2款股东仅承担有限责任的规定调整至第4条第1款,第2款继续规范股东权利,但将"公司股东依法享有资产收益"修正为"公司股东对公司依法享有资产收益",强调股东的权利是针对公司这一义务主体享有的。其后未有变动,直至形成本条。

◉ 条文释义

本条第1款对应旧法第3条第2款,第2款对应旧法第4条,仅有一些细微的表述变化。

1. 第1款:股东有限责任

本款延续上条,规定了公司企业法人独立责任的另一侧面——股东有限责任。股东有限责任,指股东作为投资者只在其出资限度内对公司债务承担责任,公司以其全部资产对其债务承担责任。[①] 无论是有限公司还是股份公司,股东都以出资(认缴的出资额、认购的股份)为限对公司债务承担责任。

股东有限责任为现代公司的基石,也是公司独立人格、独立财产与独立责任等基本制度设计的基础,同时也是现代公司法给予股东的法律优待,并以此激发社会公众的投资热情。正是有了股东有限责任,才使现代公司尤其是股份公司一下子成为聚集资本的最佳法律平台。所以美国著名学者巴特勒说,股东有限责任的制度发明对于人类的意义超过了蒸汽机。

在大陆法系的诸多公司类型中,只有股份公司、有限公司的股东享受此法律优待,无限公司、两合公司、股份两合公司的股东都未被赋予这一优待。须指出,股东有限责任同时意味着把经营公司的巨大财务风险转移至公司债权人。所以,现代公

---

① 参见施天涛:《公司法论》(第4版),法律出版社2018年版,第10页。

司法围绕股东有限责任设计了一系列保护公司债权人利益的规则体系，包括资本法定原则、资本维持原则等。其中核心的制度设计是，股东享受有限责任的前提是维护公司的独立人格、独立财产，唯其如此，才能实现责任设计上的“一体两面”——公司的独立责任与股东的有限责任。否则，就会被“揭开法人面纱”，剥夺股东的有限责任优待，转而让其对公司债务承担无限责任。换言之，如有公司股东“滥用公司法人独立地位和股东有限责任，逃避债务，严重损害公司债权人利益”，则“应当对公司债务承担连带责任”，此为本法第23条第1款的规范内容。又由于一人公司的股东最易于“滥用公司法人独立地位和股东有限责任，逃避债务，严重损害公司债权人利益”，所以对其实行举证责任倒置，本法第23条第3款规定，“只有一个股东的公司，股东不能证明公司财产独立于股东自己的财产的，应当对公司债务承担连带责任”。可见，本款规定的股东有限责任是一个常态，本法第23条规定的公司人格否认是一个例外，后者是对于前者的必要匡正，二者共同构成现代公司法上的股东有限责任制度。

2. 第2款：股东权利的界定

股东权利，简称股权，其是股东作为成员对于公司组织体享有的全部权利的统称。根据本款规定可知，股权有三要素：

(1)主体。股东是权利主体，公司是义务主体，因此股权乃是股东(而非其他主体)对公司(而非其他股东、管理层等)享有的权利。例如，公司长期不分红的，股东可以对公司提起抽象股利分配权之诉；再如，公司已做出分红决议，但在决议规定的期限内未兑现的，股东可对公司提起具体股利分配之诉。后一种情形下，如因管理层的过错导致某股东的分红款无法兑现，股东对管理层可以提起赔偿之诉，此时已不是基于股权而是基于管理层侵害股东的侵权行为的赔偿之诉。

(2)客体。股权的客体在有限公司指向股东认缴出资额，在股份公司指向认购股份，可见股权的享有不以股东实缴股本而是以认缴股本为前提。

(3)内容。股权是一束权利的集合，具体包括十几项权利，本款将其归结为三类——资产收益、参与重大决策与选择管理者。应当说，这是一种建议性立法规范，既不周延，也不尽严谨。揆诸公司法，可以发现其规定股东享有的十几项具体权利，大致可以分为财产权与成员权两个部分，前者指向资产收益权，如股利分配权、剩余财产分配权、股权优先购买权、新股优先认购权、异议股东评估权等，后者包括出席股东会权、提案权、自行召集和主持股东会权、表决权等。此外，还有一些基础性、手段性、救济性权利，包括知情权、公司瑕疵决议诉权、股东代位诉讼权等。这说明股权的内容具有综合性，其并非单一性民事权利。

◉ **比较法规范**

《日本公司法》第 104 条、第 105 条；《韩国公司法》第 331 条、第 553 条；《德国股份法》第 54 条；《德国有限责任公司法》第 45 条；《英国 2006 年公司法》第 3 条；《美国特拉华州普通公司法》第 151 条、第 162 条、第 170 条；《美国模范商业公司法》第 6.22 节；中国台湾地区"公司法"第 2 条。

◉ **研究文献**

1. 刘迎霜：《资本认缴制：股东出资自由与公司资本自治》，载《政治与法律》2023 年第 8 期。

2. 叶林、张冉：《无面额股时代公司资本制度的体系性调适》，载《国家检察官学院学报》2023 年第 6 期。

3. 郗伟明：《股东出资义务"常态加速到期理论"之反思——兼论对不诚信认缴出资行为的可行规制》，载《法商研究》2022 年第 3 期。

4. 陈景善、郜俊辉：《股权转让后的未届期出资义务承担》，载《国家检察官学院学报》2022 年第 6 期。

5. 朱慈蕴：《股东出资义务的性质与公司资本制度完善》，载《清华法学》2022 年第 2 期。

6. 刘敏：《论未实缴出资股权转让后的出资责任》，载《法商研究》2019 年第 6 期。

7. 刘铭卿：《股东出资义务加速到期研究》，载《政治与法律》2019 年第 4 期。

8. 陈彦晶：《认缴还是实缴：股东权利行使基准的追问》，载《法学》2018 年第 12 期。

9. 潘林：《论出资不实股东债权的受偿顺位——对最高人民法院典型案例"沙港案"的反思》，载《法商研究》2018 年第 4 期。

第五条 【公司章程及其效力】

设立公司应当依法制定公司章程。公司章程对公司、股东、董事、监事、高级管理人员具有约束力。

◉ **立法意旨**

本条是关于设立公司应当制定章程及章程效力范围的规定。

◉ **条文演变历程**

本条可追溯至 1993 年《公司法》第 11 条第 1 款，其规定，"设立公司必须依照本法制定公司章程。公司章程对公司、股东、董事、监事、经理具有约束力”。2005年《公司法》将其中的“依照本法”修改为“依法”,将“经理”修改为“高级管理人员”。此后,除序号调整外,无实质修改。此次修法,三审稿将“必须”改成了“应当”,最终形成本条。

◉ 条文释义

本条对应旧法第11条。

1. 第1句:无章程,不公司

公司是以营利为目的而成立的法人组织,为了确定公司的行为能力范围以及代公司作出意思表示的机关代表公司进行民事活动等目的,法律规定在公司设立时应当制定规范公司组织和行为的准则也即章程。[①] 第1句表明章程乃是设立公司的必要条件,因而“应当依法制定”。

可以从以下几个方面对公司章程的本质进行素描。

(1)是公司设立的基础条件与公司运行的基本凭据。各国立法均要求设立公司必须订立章程,公司的设立程序以订立章程始,以设立登记终。在我国,设立人申请公司设立登记必须提交公司章程,这意味着公司向政府提交了一份书面保证——保证按照章程所定的准则从事组织和经营活动,并接受政府的监督。这样,章程就成为一种具有法律约束力的文件。

(2)“依法制定”。该规定是一个隐性引致条款,制定章程要“依法”——可以分别参见本法第45条、第94条、第104条关于章程制定的规定。

(3)是一个纲领性文件。人们通常以宪法之于现代国家的意义,比拟章程之于现代公司的价值。这一比拟完全成立。事实上,章程就是现代公司的宪章,在公司制定的所有规范性文件中具有纲领性地位。《公司法》数十个条文提及章程,足见其对于公司运营的重要性。

(4)是一份契约,是公司意思自治的载体。公司法兼具公私法属性,但其本性是私法,公司自治乃是公司治理与公司经营管理展开的基础机制,公司自治的意思基本上都体现在章程条款里。本质上,公司章程乃是股东之间的一份合约(经济学意义上的契约)。

(5)是司法裁判的准据。比如,本法第26条规定公司决议的内容违反章程或者

---

① 参见[德]卡尔·拉伦茨:《德国民法通论》,谢怀栻等译,法律出版社2003年版,第183页。

决议的程序违反章程的,将被判定为可撤销。

2. 第2句:章程的约束力

本句明确有三类主体受到公司章程的约束:公司自身、公司成员(股东)、公司法人机关成员(董监高),第1条规定的职工、债权人两类利害关系人并不在列。当然,董监高也可能兼具公司职工身份,根据本法第265条的规定,高管是指公司的经理、副经理、财务负责人,上市公司董事会秘书和公司章程规定的其他人员,由此可见,章程并非对所有职工都有拘束力,而是限于部分职工。

真正具有探讨价值的是公司章程的内外部效力之分。

(1)内部效力。从内部效力来看,章程规定了公司法人机关(组织机构)设置及其产生办法、职权、议事规则。董监高作为法人机关的成员,负责公司日常经营决策、执行和监督,章程作为团体自治规范突出体现在对他们参与公司治理的履职行为的规范,要求他们在履职过程中谨守忠实义务和勤勉义务。不仅如此,股东会、董事会、监事会的组成和权限,高管的任职与权限,以及股东会、董事会、监事会的议事方式和表决程序等法人机关的运作,都是由公司法和公司章程调整的。另外,新《公司法》不再列举规定经理的职权,而规定经理根据董事会的授权和章程规定行使职权,因此章程也是经理职权的重要来源。由此可见,章程是公司法人机关的权力(利)来源,确立了其行权规则、行权边界等。

(2)外部效力。公司章程是否具有对外效力一直存在争议。支持方认为,按照"推断通知规则"(doctrine of constructive notice),当公司登记注册后,相对方在与公司交易时应当通过合法途径获取公开的或可为公众获取的公司章程等文件(public documents),并以此审慎做出商业判断。[①] 反之,如相对方怠于或疏于了解与商业活动有关的章程规定,其不能以不知章程规定作为抗辩理由。反对方则认为章程对公司之外的相对人没有直接约束力,理由在于:其一,推断通知规则的本质是认为公司对所有社会公众履行了必要的告知义务,但我国目前还未建立面向社会公众的公司章程查询渠道,故推断通知规则在我国并不适用;其二,从教义学角度观之,章程的制定机关是股东会,股东会仅为公司内部权力机关,并无对外代表权或代理权,无从通过章程与相对人建立法律关系,章程自然对相对人无约束力,"更遑论有为第三人设定某种义务之可能,盖禁止第三人负担契约的基本原理,同样适用于公司法人之

---

① See Paul L. Davies et al., *Gower Principles of Modern Company Law*, Thomson Reuters, 2021, p. 8.

章程”。① 这一争论还将持续下去。

◉ 公司治理操作指南

公司章程之制定与修订,需要把握以下几个方面:

1. 章程既然为公司意思自治的载体,则本质上也是一份契约,故内容不得违反法律、行政法规的强制性规定,否则便无效。

2. 依据公司法“除外规定”合理设计章程。公司法有多个条文允许各类公司,尤其是有限公司的章程作出变通性规定,借由“公司章程另有规定的除外”这一通道,赋予公司更大的自治权。公司章程如果响应公司法号召规定有效的除外条款,不仅可突出公司的个性,而且有利于公司治理的平稳运行,毕竟合身的衣服才是最好的。

3. 公司章程能否对股东、董监高设定组织内的惩戒措施?比如,公司章程规定股东、董事在股东会或董事会会议中迟到一次罚款2000元,如有人违反,公司是否有执行权?一般认为,公司章程中的惩戒条款系基于全体股东合意或者多数决而预设的对违反章程的股东、董事的一种制裁措施,在不违反法律、行政法规强制性规定和公序良俗的前提下应合法有效。但章程在赋予股东会、董事会等法人机关惩戒执行权的同时,应明确惩戒的合理标准与幅度。

◉ 比较法规范

《日本公司法》第26条第1款、第275条第1款;《韩国商法》第178条、第288条。

◉ 研究文献

1. 张双根:《公司章程“对外效力”问题辨析——对若干基本概念的厘清》,载《清华法学》2023年第5期。

2. 郭富青:《公司创制章程条款研究》,载《比较法研究》2015年第2期。

3. 钱玉林:《作为裁判法源的公司章程:立法表达与司法实践》,载《法商研究》2011年第1期。

4. 石纪虎:《公司法·公司章程·股东大会决议——三者效力关系的“契约论”解读》,载《法学杂志》2010年第2期。

5. 朱慈蕴:《公司章程两分法论——公司章程自治与他治理念的融合》,载《当代法学》2006年第5期。

---

① 参见张双根:《公司章程“对外效力”问题辨析——对若干基本概念的厘清》,载《清华法学》2023年第5期,第16页。

6. 沈四宝、沈健:《公司章程在新〈公司法〉中的重要地位与作用》,载《法律适用》2006年第3期。

◉ 典型案例

南京安盛财务顾问有限公司诉祝某股东会决议罚款纠纷案①

1. 案情简介

祝某为南京安盛财务顾问有限公司(以下简称安盛公司)员工和股东。安盛公司章程第36条规定公司任何股东若存在故意侵占或损害公司利益的行为,由股东会强制取消其股东身份,其必须将全部股份转让。转让股份的价值按当时公司账面净值折算后扣除给公司造成的损失及股东会决议的罚款后的余额计算。但该章程未明确规定罚款的标准及幅度。祝某作为股东在公司章程中签名。

2008年7月25日,祝某向公司提出离职申请,双方解除了劳动关系。2009年1月5日,安盛公司召开股东会形成关于对祝某股份处置和违反公司章程处理决定的股东会决议:经调查发现,祝某在公司任职期间利用工作便利侵占公司利益,并从事同业竞争活动,根据公司章程的规定,决定由公司强行回购祝某在公司的全部股份,同时对祝某处以人民币50,000元的罚款,公司应付回购股份的金额(股本和红利)24,107元抵减罚款。出席会议的13位股东同意通过。该决议作出后,安盛公司多次要求祝某履行决议,均被祝某拒绝。故安盛公司诉至法院请求判令祝某立即给付安盛公司罚款人民币25,893元。

祝某认为,安盛公司作出的对其处以50,000元罚款的股东会决议缺乏事实与规范依据,且内容、目的违法。同时,祝某提出反诉,要求确认安盛公司2009年1月5日所作股东会决议中关于罚款内容部分无效。

2. 裁判要旨

法院认为,一般情况下,在公司章程未作约定的情况下,有限公司的股东会并无对股东处以罚款的法定职权,如股东会据此对股东作出处以罚款的决议,则属超越法定职权,决议无效。但在本案中安盛公司的全体股东在章程中约定了对股东的惩戒措施,不违反公司法的禁止性规定,祝某亦在章程上签字予以认可,故包括祝某在内的所有股东都应当遵守。据此,安盛公司的股东享有对违反公司章程的股东处以罚款的职权。但安盛公司章程中没有明确记载罚款的标准及幅度,使祝某对违反公司章程行为的后果无法预料,故安盛公司临时股东会所作出对祝某罚款的决议明显属法定依据不足,应认定为无效。综上,法院判决确认2009年1月5日安盛公司临时股东会罚款决议无效。

---

① 参见南京安盛财务顾问有限公司诉祝某股东会决议罚款纠纷案,载《最高人民法院公报》2012年第10期。

3. 案件评析

本案涉及有限公司章程规定的对股东惩戒措施的有效性问题,有典型意义。从规范层面看,《公司法》允许股东根据公司治理需求制定章程,以此来约束股东的行为,维护公司的权益。因此,基于维护公司整体利益的需求,对违反章程的股东施以处罚的章程条款有效。但从保护股东权利的角度来看,应对章程的惩戒权限予以合理限制,避免公司利用惩戒权损害股东权益,此种惩戒权不得违反法律、行政法规的强制性规定,不得违背公序良俗。

第六条 【公司名称权】

公司应当有自己的名称。公司名称应当符合国家有关规定。

公司的名称权受法律保护。

◉ 立法意旨

本条是关于公司名称权的规定。

◉ 条文演变历程

公司名称权规范可溯源至公司法典外的民法规范。1986 年《民法通则》第 99 条第 2 款对姓名权和名称权的保护问题有所规定;其后,《民法典》第 58 条、第 1013 条、第 1014 条规定法人名称权,2020 年《企业名称登记管理规定》第 4 条、2022 年《市场主体登记管理条例》第 10 条存有企业名称受法律保护的规定。本次修法,一审稿第 6 条整合前述规范,首次在公司法典中规定公司名称权规则,此后无变化,最终形成本条。

◉ 条文释义

本条系新增条款,是公司法首次明确规定公司的名称权受法律保护,有利于构建完善的公司权利保护法律体系。

1. 第 1 款第 1 句:公司名称

本条首次对公司"名称权"进行规范。

公司名称是公司在从事商业活动时用以彰显自己营业的称谓,以便明确主体的标志和权利义务的归属。① 依照本法第 32 条,名称乃是公司登记事项之一,在经过公司登记机关的登记后成为公司的法定名称。在我国公司法语境中,受法律保护的

① 参见施天涛:《公司法论》(第 4 版),法律出版社 2018 年版,第 5 页。

企业名称应该是公司依法核准登记注册的名称,公司对于曾用名和曾用名简称不享有名称权。公司名称变更后,对于原公司名不再享有公司名称权,但仍享有对原简称、字号等所承载的商誉。公司有了确定的名称等于确立了自己的标志,以区别于其他的公司或者社会组织,也有利于公司开展经营活动,依法享有权利和履行义务。①

2. 第1款第2句:名称的合法要求

本款末句规定的"国家有关规定"主要指《公司法》《市场主体登记管理条例》《市场主体登记管理条例实施细则》《企业名称登记管理规定》《企业名称登记管理规定实施办法》等法律、行政法规和部门规章。这些规范文本对公司名称提出了诸多要求,展言之。

第一,规范性要求。例如,对于公司名称的基本构成,前述规范文本规定了详细的规范指引。首先是构成要素,《企业名称登记管理规定》第5条和《企业名称登记管理规定实施办法》第7条规定,公司名称应当使用规范汉字。其次是企业名称的组成部分,《企业名称登记管理规定实施办法》第8条规定,公司名称一般应当由行政区划名称、字号、行业或者经营特点、组织形式组成,并依次排列。

第二,禁止性要求。实践中,申请人恶意申报名称、占用名称资源的行为屡禁不止。为遏制此类行为,《企业名称登记管理规定实施办法》第16条予以规制:一是不得使用与国家重大战略政策相关的文字,不得使公众误认为与国家出资、政府信用等有关联关系。例如使用"西电东送"此类涉及国家战略的文字。二是不得使用"国家级""最高级""最佳"等带有误导性的文字。三是不得使用与同行业在先有一定影响的他人名称(包括简称、字号等)相同或者近似的文字。例如模仿可口可乐公司的"口渴可乐"。四是不得使用明示或暗示为非营利性组织的文字。例如"设计院""勘察院""工程院""研究中心"等。

第三,不得违背公序良俗。《企业名称登记管理规定》第11条第7项规定,企业名称不得违背公序良俗或者可能有其他不良影响。公序良俗原则集中体现为不得违反社会公共利益和社会经济秩序。公序良俗原则是民事主体从事民事活动应当遵循的基本原则,公司名称的选择和登记应当符合社会公共利益和社会经济秩序的

---

① 参见宋燕妮、赵旭东主编:《中华人民共和国公司法释义》,法律出版社2019年版,第14页。

要求。[1] 例如，实践中，有企业申请以“叫了个鸡”为公司名称，[2]但在“叫了个”+“鸡”的特殊构词方式形成的语境下，容易使人将“鸡”与其民间约定俗成的隐晦含义相联系，违背了公序良俗。

3. 第2款：名称权受法律保护

《民法典》第1013条规定：“法人、非法人组织享有名称权，有权依法决定、使用、变更、转让或者许可他人使用自己的名称。”对该条进行体系解释可知，公司名称权是指法人和非法人组织享有的依法决定、使用、变更、转让或者许可他人使用自己名称的权利。

公司名称经过依法登记后，便受法律保护，同时产生法律上的权利和义务关系，即公司名称只能由该公司使用，该公司可以自由地将公司名称用于经营活动等，其他公司、组织不得使用该公司名称开展经营活动，否则，公司有权通过《民法典》第110条等规范依法寻求救济。侵害公司名称权的行为可以类型化为：

（1）非法干涉企业设定、变更权。根据《民法典》第1013条、第1016条的规定，公司有权设定和改变自己的名称。

（2）非法干涉企业使用或授权他人使用、转让名称权。名称权虽属于人格权，但具备财产属性，具有转让价值，《企业名称登记管理规定》第19条规定，公司有权将名称转让给他人。

（3）非法使用他人企业名称。例如，《企业名称登记管理规定》第17条规定：“在同一企业登记机关，申请人拟定的企业名称中的字号不得与下列同行业或者不使用行业、经营特点表述的企业名称中的字号相同：（一）已经登记或者在保留期内的企业名称，有投资关系的除外；（二）已经注销或者变更登记未满1年的原企业名称，有投资关系或者受让企业名称的除外；（三）被撤销设立登记或者被撤销变更登记未满1年的原企业名称，有投资关系的除外。”

（4）擅自使用他人企业名称。擅自使用他人企业名称的行为包括未经权利人的许可而使用其企业名称或者姓名，以及虽然经过权利人的许可，但在使用中超出了权利人许可使用的范围或者方式。

---

① 参见蒋敏、张锐：《“一带一路”作为企业名称登记注册行为的认定与处理》，载《人民法院报》2018年2月1日，第6版。

② 彬彬有法：《叫了个鸡；低俗反击低俗，都被打脸了》，载 https://baijiahao.baidu.com/s?id=16/1947930898433805&wfr=spider&for=pc。

◉ 比较法规范

《日本公司法》第9条;《英国2006年公司法》第53~85条。

◉ 研究文献

1. 李政辉:《论企业名称权保护的制度困境与法治出路》,载《法商研究》2023年第4期。

2. 李友根:《论企业名称的竞争法保护——最高人民法院第29号指导案例研究》,载《中国法学》2015年第4期。

第七条 【公司名称中的组织形式】

依照本法设立的有限责任公司,应当在公司名称中标明有限责任公司或者有限公司字样。

依照本法设立的股份有限公司,应当在公司名称中标明股份有限公司或者股份公司字样。

◉ 立法意旨

本条是关于要求公司名称标明组织形式的规定。

◉ 条文演变历程

本条可追溯至1993年《公司法》第9条,"依照本法设立的有限责任公司,必须在公司名称中标明有限责任公司字样。依照本法设立的股份有限公司,必须在公司名称中标明股份有限公司字样"。2005年《公司法》第8条增加了可使用有限责任公司、股份有限公司的简称的规定,即"或者有限公司""或者股份公司",其后无变化。本次修法仅将原有规定的"必须"修改为"应当"。

◉ 条文释义

本条源自旧法第8条,有文字性调整。

1. 名称中标注组织形式

本条可以视为对本法第6条关于公司名称规范的延续。除本条外,《企业名称登记管理规定实施办法》第12条也规定,企业应当依法在名称中标明与组织结构或者责任形式一致的组织形式用语,不得使用可能使公众误以为是其他组织形式的字样。

2. 公司的组织形式限于两种

本条也可视为对本法第2条公司类型法定主义原则的进一步落实,与第2条相呼应,由于本法仅调整股份公司与有限公司这两类公司,所以这两类公司的名称中必须载明有限责任公司、有限公司、股份有限公司、股份公司的字样。可以反推,公司名称中没有“有限责任公司”“有限公司”“股份有限公司”“股份公司”等四种字样的,不是依照《公司法》规定设立的公司,也不归《公司法》调整。

一般认为,有限责任公司简称为有限公司、股份有限公司简称为股份公司。本书为了节省字符,全部使用有限公司、股份公司的字样,也是基于这一条的规定。

此外,《企业名称登记管理规定》第13条规定,企业分支机构名称应当冠以其所从属企业的名称,并缀以“分公司”“分厂”“分店”等字词;境外企业分支机构还应当在名称中标明该企业的国籍及责任形式。《企业名称登记管理规定》第14条规定,企业集团名称应当与控股企业名称的行政区划名称、字号、行业或者经营特点一致。控股企业可以在其名称的组织形式之前使用“集团”或者“(集团)”字样。

◉ 比较法规范

《日本公司法》第6~8条;《美国模范商业公司法》第4.01节;《英国2006年公司法》第58~64条。

◉ 研究文献

蒋大兴:《徒增的商事成本——法律及管制如何影响企业设立(行为)?》,载《法学家》2016年第1期。

第八条 【公司住所】

公司以其主要办事机构所在地为住所。

◉ 立法意旨

本条是关于公司住所的规定。

◉ 条文演变历程

本条自1993年《公司法》颁布以来未见修订。

◉ 条文释义

本条对应旧法第10条,没有修改。

1. 住所的法律意义

依据本法第32条及《市场主体登记管理条例》第8条可知，住所乃是公司登记事项之一。

现实生活中，尤其由于近年来总部经济、税收优惠等各地竞争性政策的推动，很多公司往往设立双总部、多总部，给传统法律认定公司住所的方式带来挑战。根据本条规定，公司住所仅有一处。公司住所，在诉讼法、税收法、商事登记、行政管理等属地管辖的法律规范中具有重要意义。

(1)确定公司的诉讼管辖地。《民事诉讼法》第22条第2款规定，对法人或者其他组织提起的民事诉讼，由被告住所地人民法院管辖。公司作为民事活动的重要主体，在经营活动中难免会与其他经济组织发生各种纠纷，确定公司的住所地具有重要的现实意义。《民事诉讼法解释》第3条第2款规定，法人或者其他组织的主要办事机构所在地不能确定的，法人或者其他组织的注册地或者登记地为住所地。

(2)确定公司的受送达地点。公司在经营活动中，必然会与外界发生各种联系，确定公司住所地有利于其他组织能够及时、迅速地与公司取得联系。同时，司法机关也能够及时送达法律文书，为公司或者其他当事人依法维护自己的合法权益提供保障。

(3)有利于确定债务的履行地。确定了公司的住所，对于对方当事人来讲，也就为自己确定了债务的履行地。

(4)有利于确定公司的登记机关。确定了公司的住所地，也就确定了该公司的登记管理机关，为检举、控告公司违法活动提供便利，有利于维护社会经济秩序的稳定。

2. 住所的确定

我国传统的企业立法规定企业以其主要办事机构所在地为住所，企业设立必须具有固定的经营场所。登记机关在企业设立登记时要求申请人提供住所的产权证明和用途证明，企业发起人必须先购置或租借相应的经营场所并获得产权证书或用途证明，才能顺利登记注册，取得营业执照。[①]《民法典》第63条规定："法人以其主

① 参见郭富青：《我国企业住所与经营场所分离与分制改革的法律探析》，载《现代法学》2020年第2期，第145页。

要办事机构所在地为住所。依法需要办理法人登记的,应当将主要办事机构所在地登记为住所。"这里的"主要办事机构所在地"即"主要生产经营地"或"主要经营场所",也是企业的生产经营管理中心所在地。如企业有多个经营场所,则以主营业地的经营场所为住所。①

◉ 公司治理操作指南

公司实践中常出现的问题是企业登记的住所与实际经营场所分离,进一步造成公司注册地与主要办事机构所在地的不一致,给诉讼管辖等带来问题。解决此问题的妥适方案为:首先,根据本条,以其主要办事机构所在地为住所,即"主要生产经营地"或"主要经营场所";其次,主要办事机构所在地不能确定的,根据《民事诉讼法解释》第3条第2款,法人注册地或者登记地为住所地。由此可见,在以公司住所地作为连接点确定管辖法院时,公司注册地址与主要办事机构所在地不一致的,按照更密切联系原则,应以其主要办事机构所在地为住所地。起诉时,公司主要办事机构所在地不能确定的,以其注册地或者登记地为住所地。

◉ 比较法规范

《日本公司法》第4条;《美国模范商业公司法》第5.01节。

◉ 研究文献

郭富青:《我国企业住所与经营场所分离与分制改革的法律探析》,载《现代法学》2020年第2期。

第九条 【经营范围】

公司的经营范围由公司章程规定。公司可以修改公司章程,变更经营范围。

公司的经营范围中属于法律、行政法规规定须经批准的项目,应当依法经过批准。

◉ 立法意旨

本条是关于公司经营范围的规定。

◉ 条文演变历程

本条可追溯至1993年《公司法》第11条第2款、第3款:"公司的经营范围由公

---

① 参见最高人民法院民法典贯彻实施工作领导小组编著:《中国民法典适用大全:商事卷·公司法(一)》,人民法院出版社2022年版,第35~36页。

司章程规定,并依法登记。公司的经营范围中属于法律、行政法规限制的项目,应当依法经过批准。公司应当在登记的经营范围内从事经营活动。公司依照法定程序修改公司章程并经公司登记机关变更登记,可以变更其经营范围。”2005年《公司法》将前述条款独立成新的第12条,同时有三处变化:一是删除“公司应当在登记的经营范围内从事经营活动”;二是将“公司依照法定程序修改公司章程并经公司登记机关变更登记,可以变更其经营范围”修订为“公司可以修改公司章程,改变经营范围,但是应当办理变更登记”;三是将“属于法律、行政法规限制的项目”修订为“属于法律、行政法规规定须经批准的项目”。本次修法,一审稿将旧法第12条关于经营范围依法登记的规定合并至第25条公司登记事项规则中,无实质性修订。此后亦无实质性变化,最终形成本条。

◉ 条文释义

本条对应旧法第12条,没有内容性修订。

1. 经营范围的法律价值

依据本法第32条可知,经营范围乃是公司登记事项之一,这也是中国公司法的特色。

按照“法不禁止即自由”的私法理念与法律行为准则,只要法律不设限制,公司依其自然性质与自由意志可以为的行为均得为之。原则上,现代公司法倾向于概括性地赋予公司广泛的权利,承认公司“享有与自然人相同的从事一切必需或者必要的活动以执行其营业或者事务的权利,除非公司章程另有规定”,也即授权公司根据情况对某些权利进行自我限制。

2. 本条的核心意思

本条包含三层意思:

(1)第1款第1句:经营范围的意思自治。

公司自身既可以规定经营范围,也可以随时变更经营范围;公司章程作为纲领性文件,由其规定经营范围理所当然,如变更经营范围,则需要修改章程。

(2)第1款第2句:经营范围可以变更。

如需变更,必须修改公司章程并进行变更登记。

(3)第2款:经营范围中属于法律、行政法规规定须经批准的项目,应依法经过批准。

可以看出,公法尚未放弃对公司经营范围的行政管制,经营范围乃公司章程的必备事项,变更公司章程经营范围条款的,也要执行公司登记变更手续,否则,适用行政处罚(本法第260条第2款)。但在私法效力方面,这一规定保持了与《民法典》第505条的一致,重申代表权限制说,且不再将公司的经营范围与权利能力范围混为一谈,不再仅仅因为公司超越经营范围而认定其签订的合同无效。

◉ 比较法规范

《美国特拉华州普通公司法》第101条;《日本公司法》第5条。

◉ 研究文献

1. 蒋大兴:《徒增的商事成本——法律及管制如何影响企业设立(行为)?》,载《法学家》2016年第1期。

2. 孙英:《公司目的范围外经营规制:从外化到内敛——兼论双重性民事权利能力对公司越权的适用》,载《法学论坛》2010年第1期。

第十条 【法定代表人的选任与辞任】

公司的法定代表人按照公司章程的规定,由代表公司执行公司事务的董事或者经理担任。

担任法定代表人的董事或者经理辞任的,视为同时辞去法定代表人。

法定代表人辞任的,公司应当在法定代表人辞任之日起三十日内确定新的法定代表人。

◉ 立法意旨

本条是关于法定代表人的选任与辞任的规定。

◉ 条文演变历程

本条可追溯至2005年《公司法》第13条,“公司法定代表人依照公司章程的规定,由董事长、执行董事或者经理担任,并依法登记。公司法定代表人变更,应当办理变更登记”。

本次修法,法定代表人的选任与辞任规则并非一开始就整合于一体,其经过了4次优化与调整。详言之,一审稿第10条对旧法第13条作了2项修订:一是删除“并依法登记”和“公司法定代表人变更,应当办理变更登记”;二是增加“依照本法规定不设董事会的公司,由董事或者经理担任”。此外,一审稿第65条对旧法第45条董事任期规则进行了修订,新增第4款,“担任法定代表人的董事辞职的,视为同时辞去法定代表人”。

二审稿第 10 条再次发生变化,“由董事长、执行董事或者经理担任;依照本法规定不设董事会的公司,由董事或者经理担任”被修订为“由代表公司执行公司事务的董事或者经理担任”,可担任法定代表人的候选群体范围扩张。二审稿第 70 条第 4 款将一审稿第 65 条第 4 款中的“辞职”修订为“辞任”。

三审稿第 10 条和第 70 条第 4 款未见修订,第 70 条新增第 5 款,“法定代表人辞任的,公司应当在法定代表人辞任之日起三十日内确定新的法定代表人”,确立了“新法定代表人的确定”规则。

最终通过的《公司法》第 10 条在继承三审稿的基础上,吸收三审稿第 70 条第 4 款、第 5 款,形成了本条。

◉ 条文释义

本条对应旧法第 13 条,有重大修订。

1. 第 1 款之一:公司法定代表人的选任范围扩张

本款意在明确何者具有担任公司法定代表人的资格。1993 年《公司法》规定法定代表人只能由董事长或者不设董事会的执行董事兼任,2005 年《公司法》将担当人的范围又扩张至经理,本条再次扩展到“代表公司执行公司事务的董事或者经理”,大大增加了可担任法定代表人的候选群体。具言之,除经理外,此处的“代表公司执行公司事务的董事”就是指“执行董事”,与旧法规定的不设董事会的执行董事,是完全不同的概念。实际上,执行董事在公司有双重身份:作为一名董事,负有和其他董事相同的职责;同时,他还负责执行公司事务,也属于高管的一员。具体又分为两种情形:一是专职执行董事,即专门执行董事会的业务工作的董事;二是兼职执行董事,指那些兼任公司高级管理职位如总经理、副总经理、财务总监、上市公司董秘的董事,又称管理董事(managing director)、经理董事。由此可见,法定代表人的担当人选范围显著扩大,包括公司的董事长,副董事长,兼任董事的经理、副经理、财务总监、上市公司董秘以及不兼任董事的经理等。

例如:某大型股份公司有 11 名董事,其中共有董事长 1 名(甲)、副董事长 1 名(乙)、执行董事 3 名(丙、丁、戊),以及职工董事 1 名、非独立非执行董事 1 名、独立非执行董事 4 名,另有总经理 1 名(己)(不兼任董事)。那么依据 1993 年《公司法》,只有甲一人能够担任法定代表人;2005 年《公司法》扩充为甲与己;依照本款,可以担任法定代表人的主体则有甲、乙、丙、丁、戊、己等 6 人之多,这样就相当程度上能够满足实际控制人寻找“马仔”担任法定代表人的现实需求。总而言之,借用第2款的语言指代,能够担任法定代表人的是两类人——执行董事、经理。

2. 第1款之二:法定代表人的复数制与唯一制

有人认为,本款规定还意味着法定代表人的人数可以如日本、韩国等国家公司法规定的那样不限于1人。这是一个美好的法律愿望,但却是对本款的误解。法定代表人担当人选的范围扩大,不等于允许设立复数法定代表人。在中国公司法语境下,法定代表人的“法定”有两层含义:一是法定代表人的候选人范围由法律规定,公司章程仅能在法定范围内选择;二是法定代表人只能为1人。如日本公司法上的代表董事既可以是1人,也可以是多人,复数法定代表人制度的最大优势在于可以避免1名法定代表人带来的寡头僵局。但是,我国法定代表人源自传统国企的厂长经理负责制,其制度精髓就在于突出行政首长负责人的唯一制,以保障企业对外的声音(意思)是同一个,对内的命令整齐划一。所谓“家有千口,主事一人”。这种行政首长负责人的唯一制有效率上的优势,且在计划经济时代与其他配套制度环环相扣,优势突出,弊端不太明显。但古谚云,“利之所在,弊亦随之”。在过去30多年的社会主义市场经济体制运行中,法定代表人的唯一制越发显示出其弊端。总之,如从应然的视角,应赞成法定代表人的复数制;但从实然的视角,要忠实于立法者的原意。

3. 第2款:辞任

对于法定代表人的辞任规定的理解要与本法第46条的章程变更办法规定相联系。具言之,本款有三层意思。

(1)法定代表人的职务依附于执行董事、经理等职位。理解此款的内涵,需要明确本法第46条第1款第7项规定的有限责任公司章程应当载明公司法定代表人的产生、变更办法是“末”,而本条第1款规定的执行董事、经理职务则是“本”,构成本末关系,不能倒置,否则在适用法律时会出现因果倒置的逻辑错误。展言之,法定代表人本身是一个身份不假,但并非一个独立的职务,也不存在某人仅出任法定代表人的情形——某人担任法定代表人根源于其担任了执行董事、经理的职务,而后根据公司章程关于法定代表人产生办法的相应规定,同时兼任法定代表人。由此,本款也就顺理成章地被推导出来——“担任法定代表人的董事或者经理辞任的,视为同时辞去法定代表人。”此谓“皮之不存,毛将焉附”。

(2)公司章程可以决定担任法定代表人的执行董事、经理能否只辞任法定代表人。可能有人会有疑惑:那么反过来,如某位执行董事、经理担任了法定代表人,能否不辞去执行董事、经理的职务,而单单辞任法定代表人呢?这取决于公司章程规定的法定代表人产生、变更办法。假设某公司章程规定,谁担任董事长,谁就是法定代表人,此时单单辞任法定代表人是不可行的,因为此做法会人为造成某一时间段公司无法定代表人的情形,除非公司修订章程,变更法定代表人的产生、变更方式,或者公司章程规定了可以单独辞任法定代表人的办法。

(3)联系本法第46条第1款第7项的规定可知,变更法定代表人不需要变更公司章程。如前文所述,法定代表人的职务依附于执行董事、经理等职位,而不是后者依附于法定代表人的身份,"本""末"不能倒置。执行董事、经理职务决定了某人身兼法定代表人的身份,而不是反过来。因此,法定代表人的变更是根据章程,基于其他法律事实的自然变动的结果,就像发生股权变动的,公司变更公司章程记载的股东姓名、名称并不需要通过股东会决议修订章程(本法第87条)。理解本款的这层深意也就可以明白,本款意欲解决的是两个实践痼疾:一是法定代表人欲辞而不能的问题迎刃而解。因为同时本法第70条第3款规定,董事、经理的辞职本身是单方法律行为,只要辞职的书面意思表示送达给公司即可,无须公司同意或者批准。二是大大减少了此前围绕法定代表人"欲辞任而不能"引发的各类行政争议乃至诉讼。

4.第3款:确定新法定代表人

本款的含义可以从五个方面理解:

(1)法律可以容忍公司在30日内没有法定代表人。可见,法定代表人也不是须臾不可离的。

(2)现行法上,公司运行高度依赖法定代表人制度,所以法定代表人缺席的时间不能太长,本款规定的容忍期间为30日,因此法定代表人辞任、解任后30日内公司负有确定新的法定代表人的义务。联系董事、经理的辞任、解任制度可知,依照本法第68条、第70条的规定,只要董事的辞任没有导致董事会人数低于3人,也不需要立马候补到任,那么董事可以随时辞任。又依据第74条的规定可知,有限公司的经理并非必设职务,即便依据第126条、第174条的规定,股份公司、国有独资公司的经理是必设的,也没有规定经理离职后的候补到任最低时限。

(3)如公司未在30日内确定新法定代表人,又当如何?对此,法律没有规定,国家市场监督管理总局是否有督促措施也不得而知,这表明本款是一个不完全规范,同时也是一个赋权性规范而非强制性规范。事实上,由于法定代表人辞任以及随后的商事变更登记的滞后性,国家市场监督管理总局似乎也难以及时知晓每一家公司的这一状态。此时,董事会对此是否具有勤勉义务,是否应追究董事违反勤勉义务的法律责任?根据本款所谓“公司应当”,董事会应承担相应义务。

(4)本款还可以解读出,如有法定代表人辞任,公司(董事会)负有及时申请变更登记的义务。递交涤除原法定代表人的登记申请之时,公司自然应该确定新的人选并进行变更登记。否则,若登记机关仅为原法定代表人的涤除登记,此时会人为造成公司内部以及外部公示出来的信息都是无法定代表人的状态。结合本法第35条第3款可知,公司应在原法定代表人辞任后的30日内申请登记,且签署法定代表人变更登记申请书的应是新法定代表人。

(5)基于董事/经理辞任的单方行为说,在内部辞任到公司办理变更登记的这一期间,可能会发生表见代表行为,因为按照本法第34条的规定,“公司登记事项发生变更的,应当依法办理变更登记。公司登记事项未经登记或者未经变更登记,不得对抗善意相对人”。

◉ **公司治理操作指南**

从过往的经验看,法定代表人涤除登记难有两种情形:第一,法定代表人辞任后,公司(背后是实际控制人)恶意不确定新法定代表人、不申请变更登记,从而导致辞任的法定代表人一直保留在商事登记的状态,使其继续被司法机关施以失信人名单加载、限制消费等处罚,痛苦不堪。总之,欲辞而不能的这一类难题,在本条第3款得到了部分解决。第二,原法定代表人“尾大不掉”,公司法人机关已经解除了其职务(董事、经理),但其拒不配合交还其控制的公司公章、营业执照、法定代表人名章等,也不签署申请变更法定代表人的登记申请等。尤其是后者,由于有些登记机关强调必须有原法定代表人的签署申请,哪怕公司递交有关解除其职务的有效决议,也不受理,人为造成公司治理僵局。对此,本法第35条第3款规定:“公司变更法定代表人的,变更登记申请书由变更后的法定代表人签署。”并且本法第46条第1款第7项规定,有限责任公司章程应当载明公司法定代表人的产生、变更办法。这比2018年《公司法》仅要求章程记载法定代表人的姓名更进一步,因为这有利于在僵局产生以后,登记机关识别新产生的法定代表人的合法性从而及时接受变更申请。

新《公司法》颁布前,涤除登记诉讼在司法裁判层面尚未取得共识。在张某诉某咨询公司请求变更公司登记纠纷案中,法院认为,法定代表人辞任后、新人尚未改选或者就任前，原法定代表人仍应履行职务，其要求涤除相应公司登记事项的诉讼请求不应予支持。[1] 相反地，在光大安石（北京）公司与重庆悠游光石公司等请求变更公司登记纠纷案中，法院认为，股东指派的董事任期届满后明确表示拒绝续任公司董事，在穷尽公司内部救济途径后，股东诉请公司涤除该公司董事登记事项的，应予支持。[2] 即便在同一地区、同一层级的不同法院之间，裁判观点也不同。例如，在饶某平与上海海韵公司等请求变更公司登记纠纷案中，法院认为，当事人非公司股东，因除其之外的其余股东均未到会，无法召集全体股东召开会议商议更换执行董事等事宜，无法通过公司内部程序实现救济，故对其要求公司办理涤除法定代表人的变更登记申请应予以支持。[3] 总之，无论是在监管层面出台涤除登记细则，还是在司法裁判层面统一涤除诉讼规则，都体现了公司治理实践对涤除登记规范的迫切需求。[4]

◉ 比较法规范

《德国民法典》第 26 条；《德国股份法》第 78 条；《日本公司法》第 349 条；《美国特拉华州普通公司法》第 141 条。

◉ 研究文献

1. 徐强胜：《公司治理结构中的法定代表人》，载《国家检察官学院学报》2023 年第 6 期。

2. 刘道远：《公司法定代表人的角色、制度渊源及其完善》，载《比较法研究》2022 年第 4 期。

3. 袁碧华：《法定代表人的制度困境与自治理念下的革新》，载《政法论丛》2020 年第 6 期。

◉ 典型案例

饶某平与上海海韵商务咨询有限公司等请求变更公司登记纠纷案[5]

1. 案情简介

2016 年 7 月 1 日，上海量沛资产管理有限公司（以下简称量沛公司）召开临时股东会议，形成决议："……三、变更公司法定代表人兼总经理，选举饶某平为本公司新法定代表人兼总经理……"同日，形成的《上海量沛资产管理有限公司章程》第 15 条载明："公司不

① 参见上海市第一中级人民法院民事判决书，(2021)沪 01 民终 7923 号。

② 参见重庆市渝中区人民法院民事判决书，(2020)渝 0103 民初 11853 号。

③ 参见上海市第二中级人民法院民事判决书，(2023)沪 02 民再 23 号。

④ 参见郝绍彬、吕荣荣、刘智铭：《董事任期届满拒绝续任可请求涤除登记》，载《人民司法》2022 年第 20 期，第 9 页。

⑤ 参见上海市第二中级人民法院民事判决书，(2023)沪 02 民再 23 号。

设董事会,设执行董事一名,任期三年,由股东会选举产生。执行董事任某,可以连任。”第18条载明:“公司设经理一名,由股东会决定聘任或者解聘。执行董事可以兼任经理……”第23条载明:“公司的法定代表人由执行董事担任。”2017年7月26日,饶某平与中赞公司签订股权转让协议一份,约定饶某平将其拥有的量沛公司21%的股权作价1元转让给中赞公司,协议签署之日起30个工作日内,量沛公司负责完成向工商行政管理部门申请办理股权变更登记手续,饶某平、中赞公司应当予以配合等。

饶某平于2021年4月30日发函至各股东,提议召集量沛公司全体股东举行股东会,进行的议题包括表决更换新的执行董事。但除饶某平外,在此次股东会中其余股东均未到会。最后,饶某平要求涤除其在量沛公司的执行董事及法定代表人、总经理职位,未获回应,遂诉至一审法院。

2. 裁判要旨

一审法院认为,首先,公司法定代表人的登记不得空缺。其次,根据量沛公司章程,饶某平诉请量沛公司办理涤除登记事项,应先通过公司股东会会议作出有效决议,推选出新的执行董事与法定代表人,再予以涤除并办理工商变更登记,在公司股东会选出新的执行董事之前,仍应由原任履行执行董事职务并担任法定代表人。并且,量沛公司其余股东(股权比例占83.5%)一致同意由饶某平继续担任法定代表人、执行董事、总经理职务。尽管量沛公司未专门召开股东会,但事实上已就法定代表人的人选形成合意,即继续由饶某平担任量沛公司法定代表人。二审维持原判。

再审法院认为,饶某平作为量沛公司的执行董事同时担任法定代表人、总经理,任期已届满。量沛公司在饶某平明确提出辞任执行董事、法定代表人、总经理的情形下,应按照章程规定召集股东会会议并重新选举新的执行董事担任法定代表人。饶某平曾试图召集全体股东会议商议更换执行董事等事宜,但其余股东均未到会,致股东会无法正常举行。饶某平又非量沛公司股东,无法通过公司内部程序实现救济。据此,对饶某平要求量沛公司等办理涤除其法定代表人等职务的诉请,予以支持。

3. 案件评析

在旧公司法背景下,法定代表人辞任多受阻碍,且原法定代表人无法通过公司内部程序实现救济。本案确立的裁判规则是,在原法定代表人提出辞任的情形下,公司应按照章程规定召开股东会会议并重新选举新的执行董事担任法定代表人,并积极协助原法定代表人办理涤除登记;如法定代表人辞任,公司负有及时申请变更登记的义务。当然递交涤除原法定代表人的登记申请之时,公司自然应该确定新的人选并进行变更登记。否则,登记机关可能不会仅为原法定代表人的涤除登记,从而人为地造成公司内部以及外部公示的信息都是无法定代表人的状态。

第十一条 【代表行为的法效归属】

法定代表人以公司名义从事的民事活动,其法律后果由公司承受。

公司章程或者股东会对法定代表人职权的限制,不得对抗善意相对人。

法定代表人因执行职务造成他人损害的,由公司承担民事责任。公司承担民事责任后,依照法律或者公司章程的规定,可以向有过错的法定代表人追偿。

◉ 立法意旨

本条是关于代表行为的法效归属的规定。

◉ 条文演变历程

本条系新增条款,吸收了《民法典》第61条第2~3款、第62条和第1191条的内容。1986年《民法通则》第43条规定,"企业法人对它的法定代表人和其他工作人员的经营活动,承担民事责任"。这是我国民法体系内关于法定代表人行为法效的最早规范。其后,2017年《民法总则》第61条第2~3款和第62条吸收并完善了《民法通则》第43条、《合同法》第50条等,充分回应了法定代表人行为与法人行为之间的关系问题。本次修法,一审稿第11条将前述《民法典》条款融入公司法体系内,此后无变化,最终形成本条。

◉ 条文释义

本条与《民法典》第61条第2~3款、第62条、第1191条的内容基本相同。

(一)第1款之一:代表行为的法效归属

除文字表述上的细微差异,本款实质内核与《民法典》第61条第2款一致。鉴于《民法典》适用的对象是外延更大的法人,而本条适用的对象仅为公司,有利于增强法律的适用性。法定代表人对外以公司名义进行民事活动时,与公司之间并非代理关系而是代表关系,且其代表职权来自法律、章程的授权,故不需要有公司的授权委托书。因此,法定代表人对外职务行为即公司行为,其后果自然由公司承受。本条的立法技术上用"以公司名义"来概括性地规定了法定代表人的职务行为,对于非"以公司名义"从事的非职务行为,自然不适用本款规定。总之,法定代表人签署的合同,合同履行义务归公司,合同权利归公司;若合同无效,那么无效后的法律效果也归属于公司。

公司对法定代表人所负的责任,也包括表见代表责任。[①]《民法典》第504条规定:“法人的法定代表人或者非法人组织的负责人超越权限订立的合同,除相对人知道或者应当知道其超越权限外,该代表行为有效,订立的合同对法人或者非法人组织发生效力。”

(二)第1款之二:法定代表人的专属职权

作为拟制的民商事主体,公司的意思表示如何形成、付诸执行与监督?公司具有独立的法律人格,凡有人格者,必有思维。公司非自然人,其自身并无思维能力,这就需要依赖于公司的组织机构。公司的组织机构有如人之大脑,公司的一切意思和行为均产生于公司的组织机构。[②] 由此可知,公司意思的形成、执行与监督势必依赖自然人(法定代表人、董事、经理、监事、业务员等)或自然人群体组成的法人机关(股东会、董事会、监事会等)。进言之,法人的行为须臾不可离开广义上的委托代理机制。但在东亚各国公司法(主要指中日韩等)中,广义上的委托代理机制存在代表人与代理人之分,这与其他国家、地区的制度有很大的不同。那么,我国民法典是怎么设计代表权与代理权的并存与分野的呢?(1)代表权。《民法典》第61条规定:“依照法律或者法人章程的规定,代表法人从事民事活动的负责人,为法人的法定代表人。法定代表人以法人名义从事的民事活动,其法律后果由法人承受。法人章程或者法人权力机构对法定代表人代表权的限制,不得对抗善意相对人。”第62条规定:“法定代表人因执行职务造成他人损害的,由法人承担民事责任。法人承担民事责任后,依照法律或者法人章程的规定,可以向有过错的法定代表人追偿。”(2)职务代理权。《民法典》第170条规定:“执行法人或者非法人组织工作任务的人员,就其职权范围内的事项,以法人或者非法人组织的名义实施的民事法律行为,对法人或者非法人组织发生效力。法人或者非法人组织对执行其工作任务的人员职权范围的限制,不得对抗善意相对人。”

对比上引条文可知,假设某公司的董事长是法定代表人,其对外以公司名义为民事法律行为就属于代表行为,适用《民法典》第61条、第62条及《公司法》第11条;同时也就意味着公司的副董事长、董事、监事、总经理及其下属的副总经理、事业部总监、部门经理直至业务员(市场部员工)以公司的名义对外为民事法律行为,一

① 参见黄薇主编:《中华人民共和国民法典总则编解读》,中国法制出版社2020年版,第181~182页。

② 参见施天涛:《公司法论》(第4版),法律出版社2018年版,第5~6页。

概属于职务代理，适用《民法典》第170条。

进一步的追问是，法定代表人的代表权与其他人的职务代理权的范围有何区别？此外，在职务代理体系下，上至副董事长、总经理，下至普通业务员，职务代理权限是否存在差异呢？这些问题都被第170条的相应的职权一笔带过，足见立法的高度抽象性（或曰粗糙性）——关于此点，姑且不论，现就代表权与职务代理权的划分，根据《民法典合同编通则司法解释》的相关条文简要总结如下。

1. 就公司正常的业务代理权而言，法定代表人与职务代理人均可为之。比如保险公司就其业务也即一份商业保单之签署，上至法定代表人可为之，下到一个业务员也可为之。即便公司章程、法人机关文件等对于可为代表、代理行为的人员有意定限制，也不得对抗善意第三人；如果出于对一个重要客户的一份金额巨大的保单的尊重，公司安排法定代表人出面签约以示隆重，那也仅仅是商业上的某种功利性安排而已，而不是法律要求使然。

2. 接下来的疑问是，到底哪些职权专属于法定代表人呢？一般来说，包括如下事项：

（1）司法诉讼，包括向法院、仲裁机构递交起诉状/仲裁申请书、上诉状、反诉状/仲裁反申请书、执行申请书以及撤回起诉、撤回上诉、撤回反诉申请等文书的签署；

（2）行政申请，比如《公司法》第35条规定的签署变更登记申请书等；

（3）非属于公司日常业务经营管理的特定重大行为：对外投资、担保、财务资助、捐赠等；

（4）与公司组织相关的重大交易行为，如分立、合并、资产重组协议的签署；

（5）公司内部的主要权利证书、文件的签署，如出资证明书（本法第55条）、纸质股票（本法第149条）以及纸质债券（本法第196条）等。

（三）第2款：意定职权限制不对抗善意相对人

本款除个别文字表述有所不同外，其实质内容与《民法典》第61条第3款一致。

1. 不得对抗善意相对人的职权限制来自公司章程与股东会，但不包括法律以及法律提及的章程规定。例如，本法第15条关于对外投资与对外担保的规定，构成对法定代表人签署对外投资合同、对外担保合同的代表权的限制。这一限制属于法定而非意定限制，所以可以对抗任何相对人，而不是不能对抗善意相对人，就此点而言，推定为任何人都知道或者应该知道该条法律规范对于法定代表人代表权的限制。

2. 依照举重以明轻的解释逻辑，既然本款规定“公司章程或者股东会”对法定代表人职权的限制不得对抗善意相对人，那么来自公司内部的章程以外的其他规范性文件（如本法第67条第2款第9项规定董事会负责制定公司的基本管理制度）以及董事会、监事会决议对于法定代表人的限制，自然也不得对抗善意第三人。

3. 依照反对解释，公司章程、股东会等公司内部文件对法定代表人的职权限制可以对抗恶意第三人。比如，某LP增资入股某旅游公司，与后者的诸股东签订对赌协议，旅游公司作为目标公司提供对诸股东对赌业绩失败时对于投资公司的回购股权的连带保证，但该旅游公司章程规定，公司不为任何股东的债务提供担保。后对赌失败，LP申请旅游公司承担连带责任，旅游公司抗辩LP为恶意，拒不承担连带保证责任。本案的特殊性在于——LP作为投资于旅游公司的对赌投资人也即股东，知道或者应该知道公司章程的禁止性规定，故而最终被仲裁庭推定为恶意的债权人。

4. 本款的善意“相对人”与“第三人”在范围上是否存有区别？这一点存有争论。第一种观点认为，相对人指通过法定代表人之行为与公司形成民事法律关系的民事主体，[①]即明确区分“相对人”和“第三人”的概念。第二种观点则未直接讨论相对人与第三人的关系，而是在阐释观点时将相对人和第三人混同[②]或者等同[③]使用。立法机关曾研究指出，民商法上的“相对人”通常是指合同对方当事人。[④] 按照合同相对性原理，一个合同关系（A—B）中，双方当事人互为“相对人”。相对人善/恶意的区分是：一方（A）有影响合同效力的事由（无处分权、超越代表权、超越代理权、超越经营范围）时，对方（B）对此事由“不知”而进行交易，即属于“善意相对人”。而民商法上的“第三人”则通常是指合同双方当事人之外的、与一方存在某种法律关系的特定人。其中，合同关系中的“第三人”系指连续交易合同（A—B、B—C）关系中，后一合同（B—C）关系的受让人C。如果C对于前合同（A—B）关系存在无效、可撤

---

① 参见陈甦主编：《民法总则评注》（上册），法律出版社2017年版，第424页。

② 参见最高人民法院民法典贯彻实施工作领导小组主编：《中国民法典适用大全（总则卷）（一）》，人民法院出版社2022年版，第539页。

③ 参见石宏主编：《〈中华人民共和国民法总则〉条文说明、立法理由及相关规定》，北京大学出版社2017年版，第130页。

④ 参见最高人民法院民事审判第二庭编著：《〈全国法院民商事审判工作会议纪要〉理解与适用》，人民法院出版社2019年版，第105～106页。

销事由“不知”而进行交易,即为“善意”第三人;反之则为“恶意”第三人。[①] 由此可知,本款使用善意“相对人”而非善意“第三人”的原因是,法定代表人与公司的关系具有同一性,法定代表人对外以公司名义进行民事活动时,与公司之间是代表关系,法定代表人对外职务行为即为公司行为。[②] 基于两者行为同一性的考量,没必要称与公司通过民事法律行为产生民事法律关系的相对人为第三人。相对人和公司才是民事法律关系的直接当事人,而法定代表人并不是民事法律关系的真正主体。[③]可以说,本款的“相对人”用语是科学严谨的。

5. 交易相对人与公司签约时是否负有查阅公司章程的义务?这个问题存有争论,这也与章程是否属于登记/备案/公示事项以及获得章程的容易程度相关。一般认为,相对人没有查阅义务。

(四)第3款:法定代表人职务侵权的民事责任

本款除个别文字表述外,其实质内容与《民法典》第62条、第1191条一致,也即包括法定代表人在内的职务侵权责任的承担模式,采用“公司对外承担+内部追偿”模式。

需要注意本款与本法第191条的适用关系。第191条规定,“董事、高级管理人员执行职务,给他人造成损害的,公司应当承担赔偿责任;董事、高级管理人员存在故意或者重大过失的,也应当承担赔偿责任”。简言之,董事高管基于故意、重大过失导致他人(指公司之外的任何人,主要是指债权人、股东等)损失的,他人可以请求公司赔偿(职务侵权),也可以请求该董事、高管承担赔偿责任。第191条确立存在故意、重大过失的董事/高管对于第三人的直接责任规则,与本款规定的责任模式完全不同。考虑到法定代表人只能由执行董事/经理担任的事实,若法定代表人在执行职务过程中具故意、重大过失(如某公司法定代表人违反本法第15条的规定,伪造股东会、董事会决议对外提供担保的行为),且造成债权人损失,则本款与第191条的竞合在所难免。如有竞合,第191条作为特别法优先适用。

---

① 参见最高人民法院民事审判第二庭编著:《〈全国法院民商事审判工作会议纪要〉理解与适用》,人民法院出版社2019年版,第105~106页。

② 参见张新宝:《〈中华人民共和国民法典·总则〉释义》,中国人民大学出版社2020年版,第129~130页。

③ 参见张新宝:《〈中华人民共和国民法典·总则〉释义》,中国人民大学出版社2020年版,第130页。

◉ 公司治理操作指南

法定代表人由自然人担任,但自然人在生活中具有多重身份,如果其行为属于个人行为,则由个人承担责任;如果属于代表行为,则由公司承担责任。因此,实践中常常需要甄别哪些行为属于代表行为。一般认为,代表行为的构成要件包括:具有代表人身份;以公司名义;在代表权范围内。其中,"以公司名义"的判断常涉及公司印章的使用,这种公司意思表示的外在推定形式常常发生争议。具体而言,公司印章作为一种特殊意思表示形式的存在,在不同情况下具有不同的法律效果。《九民纪要》第41条规定,公司法实践中有些公司有意刻制两套甚至多套公章,有的法定代表人甚至私刻公章,订立合同时恶意加盖非备案的公章或者假公章,发生纠纷后公司以加盖的是假公章为由否定合同效力的情形并不鲜见。法院审理案件时应主要审查签约人于盖章之时有无代表权,从而根据代表的相关规则来确定合同的效力。法定代表人或者其授权之人在合同上加盖公司公章的行为,表明其是以公司名义签订合同,除本法第15条等对其职权有特别规定的情形外,应当由公司承担相应的法律后果。公司不得以法定代表人事后已无代表权、加盖的是假章、所盖之章与备案公章不一致等为由否定合同效力。以上规定,可总结为"看人不看章"。

◉ 比较法规范

《法国民法典》第1850条;《日本民法典》第44条;《德国民法典》第164条。

◉ 研究文献

1. 王利明:《论越权代表中相对人的合理审查义务——以〈合同编解释〉第20条为中心》,载《中外法学》2024年第1期。

2. 徐强胜:《公司治理结构中的法定代表人》,载《国家检察官学院学报》2023年第6期。

3. 梁开银:《我国公司法定代表人规则的重塑》,载《法商研究》2023年第1期。

4. 迟颖:《法定代表人越权行为的效力与责任承担——〈民法典〉第61条第2、3款解释论》,载《清华法学》2021年第4期。

5. 刘俊海:《公司法定代表人越权签署的担保合同效力规则的反思与重构》,载《中国法学》2020年第5期。

6. 杨代雄:《越权代表中的法人责任》,载《比较法研究》2020年第4期。

7. 吴越:《法定代表人越权担保行为效力再审——以民法总则第61条第三款为分析基点》,载《政法论坛》2017年第5期。

8. 蔡立东:《论法定代表人的法律地位》,载《法学论坛》2017年第4期。

9. 朱广新:《法定代表人的越权代表行为》,载《中外法学》2012年第3期。

◉ 典型案例

宁波绣丰彩印实业有限公司与浙江杭州湾汽配机电市场经营服务有限公司等合同纠纷案[①]

1. 案情简介

宁波绣丰彩印实业有限公司（以下简称绣丰公司）的法定代表人是林某松；浙江杭州湾汽配机电市场经营服务有限公司（以下简称机电公司）的法定代表人是孙某生，股东是一得公司、吴某峰及胡某仁。孙某生同时又是一得公司的法定代表人，持一得公司90%股权，其女持一得公司10%股权。自2007年11月以来，孙某生、一得公司多次向林某松、绣丰公司借款，逾期未偿还的借款金额达2490万元。由于无力还款，孙某生伪造机电公司印章于2008年7月2日与绣丰公司签订房地产转让协议，约定机电公司将64号、66号、68号房屋及房产项下的土地使用权转让给绣丰公司，转让价款与上述借款本息相折抵。2008年9月1日，机电公司决定分立为三家公司，即保留机电公司，新设投资公司、汽配公司，并将64号、68号房产分割给新设立的投资公司，分立前的公司债务由分立后的公司承担。至起诉前，孙某生持投资公司90%股权，其女持10%股权。

由于机电公司未履行房地产转让协议，绣丰公司提诉请求判令机电公司、投资公司、汽配公司等履行协议，交付诉争房地产、办理过户手续，并承担违约金，孙某生及一得公司承担连带责任。

2. 裁判要旨

最高人民法院认为，孙某生私刻公章，以机电公司财产偿还其个人及个人控制的一得公司的债务，属于无权代表行为，其无权代表行为的效力取决于相对人是否知道或者应当知道法定代表人超越代理权限。对此应当结合法律规定、交易的性质和金额以及具体交易情境对相对人是否知晓予以综合判定。本案所涉的协议条款使机电公司只承担巨额债务而不能获得任何对价，不属于公司正常的经营活动，孙某生同时代表公司和个人签约，行为后果是将公司利益转移给个人，具有明显的超越代表权的外观。且2005年《公司法》第16条第2款规定，“公司为公司股东或者实际控制人提供担保的，必须经股东会或者股东大会决议”。绣丰公司明知机电公司由若干名股东组成，在孙某生不能提供股东会同意证明的情形下，理应知道孙某生的签约超越代表权限。因此，绣丰公司不属于善意相对人，孙某生无权代表行为无效、房地产转让协议不能约束机电公司。

3. 案件评析

相对人知道或者应当知道法定代表人超越权限订立合同的，该代表行为不能直接对

① 参见最高人民法院民事判决书，(2012)民提字第208号。

公司发生效力。在司法实践中,判断相对人是否知道或者应当知道法定代表人超越权限,应当根据法律规定、交易性质、金额及具体交易情境综合评价。法定代表人在未提供股东会同意证明的情形下与相对人签订合同,约定公司为股东及法定代表人清偿债务,明显超出了公司正常经营范围,可以认定相对人应当知道法定代表人是无权代表。因而,不能适用新《公司法》第11条第1款"法定代表人以公司名义从事的民事活动,其法律后果由公司承受"的规则。

第十二条 【公司形式变更】

有限责任公司变更为股份有限公司,应当符合本法规定的股份有限公司的条件。股份有限公司变更为有限责任公司,应当符合本法规定的有限责任公司的条件。

有限责任公司变更为股份有限公司的,或者股份有限公司变更为有限责任公司的,公司变更前的债权、债务由变更后的公司承继。

◉ 立法意旨

本条是关于公司形式变更及债权债务承继的规定。

◉ 条文演变历程

本条可追溯至1993年《公司法》第98条及第100条,前者规定"有限责任公司变更为股份有限公司,应当符合本法规定的股份有限公司的条件,并依照本法有关设立股份有限公司的程序办理";后者规定"有限责任公司依法变更为股份有限公司的,原有限责任公司的债权、债务由变更后的股份有限公司承继"。2005年修法时,两条文的内容被合并至第9条,重大变化是新增股份公司也可变更为有限公司的规定。此后,本条仅有序号的变更,无实质性修订。

◉ 条文释义

本条对应旧法第9条,未见修订。

(一)第1款:公司组织形式变更

公司组织形式的变更,是指公司在不中断公司法人资格的情况下由一种公司形式变更为另外一种公司形式的情形。①

① 参见施天涛:《公司法论》(第4版),法律出版社2018年版,第561页。

1. 公司组织形式变更的条件

不同组织形式的公司的设立条件相异，因此，变更公司组织形式必须符合新形式公司的法定条件。除本款外，本法第 108 条还规定："有限责任公司变更为股份有限公司时，折合的实收股本总额不得高于公司净资产额。有限责任公司变更为股份有限公司，为增加注册资本公开发行股份时，应当依法办理。"净资产额是公司资产总额减去负债总额的余额，等于所有者权益，有限公司变更为股份公司的，原有限公司净资产额没有任何增加，所以，原有限公司的资产所折合的股份总额应当与公司的净资产额相等，以确保公司资本真实，防止损害后加入的股东和债权人的利益。

2. 公司组织形式变更的程序

（1）董事会制订公司变更的方案。本法第 67 条第 2 款第 6 项、第 120 条规定，公司组织形式变更时，董事会负有制订变更方案的义务。

（2）股东会特别决议。本法第 59 条第 1 款第 7 项及第 112 条第 1 款规定，变更公司形式的决议须由股东会作出，且第 66 条第 3 款规定，有限公司的该项决议应当经代表 2/3 以上表决权的股东通过，第 116 条第 3 款规定，股份公司的该项决议应当经出席会议的股东所持表决权的 2/3 以上通过。

（3）变更登记。公司变更后，须在法定期限内到登记机关办理变更登记，同时还须公告。《市场主体登记管理条例》第 24 条、《市场主体登记管理条例实施细则》第 37 条第 1 款及本法第 34 条第 1 款规定，公司登记事项发生变更的，应当依法办理变更登记。公司变更类型，应当按照拟变更公司类型的设立条件，并自作出变更决议之日起 30 日内向登记机关申请变更登记，按规定提交有关材料。

（二）第 2 款：公司形式变更后债权债务的承继

公司形式的变更并不影响原有的债权债务关系。公司形式变更后，新公司须承担原公司的债务，且不能以公司形式变更为由拒绝履行。原因在于，变更前的公司与变更后的公司实质上为同一主体，法人格未发生变化，仅是组织形式的变更，故变更前公司之债权债务当然由变更后之公司承继。

◉ 比较法规范

《日本公司法》第 743 条；《韩国公司法》第 287－43 条、第 604 条、第 607 条；《英国 2006 年公司法》第 89～111 条；《美国特拉华州普通公司法》第 265 条、第 266 条；《美国模范商业公司法》第 9.30 节、第 9.35 节；中国台湾地区"公司法"第 106 条、第 107 条。

◉ 研究文献

蒋大兴:《论公司/组织法上的类型转换》,载《法学评论》2021 年第 3 期。

◉ 典型案例

某后勤中心、高某亮合同纠纷案[①]

1. 案情简介

青科技公司于 2005 年 5 月登记成立,股东为高某亮(持股 90%)及高某智(持股 10%),于 2010 年 7 月 7 日经股东会决议解散。2009 年 8 月 4 日,圣青公司登记成立,股东为高某亮一人。早在 2008 年 12 月 16 日,原教育局产业办与青科技公司签订《租赁合同》,并与高某亮签订《房屋租赁补充协议条款》,将教育局资产办涂家沟 147 号校舍租给青科技教育(高某亮)办教育培训。2012 年 4 月 17 日合约到期,原教育局产业办要求高某亮按合同约定时间腾退该校舍,之后,高某亮个人向区会计核算中心教育局分中心汇款 30 万元,原教育局产业办则出具“收到青科技 2012 年、2013 年房租”之收据。

2014 年 6 月 16 日,某产业办与乙方圣青公司复签署《租赁合同》,约定将位于武汉市区涂家沟 147 号的场地及房屋出租给圣青公司用于教育培训。租赁合同签订后,产业办依约将诉争房屋交付给圣青公司。2015 年 12 月 20 日,机构编制委员会批准产业办更名为某后勤中心。2016 年 5 月 7 日租赁期限届满后,某后勤中心多次致函圣青公司要求其腾退,但圣青公司均予以拒绝,某后勤中心为此提起诉讼。

圣青公司投入并进行了修建、改建、新建工程,根据原教育局产业办出具的“说明”,合同到期后,青科技(高某亮)在拆除旧办公楼的原址上重建的宿舍楼以第三方评估价进行赔偿,为此圣青公司提出反诉,主张圣青公司系青科技公司的承继企业,根据 2018 年《公司法》第 3 条、第 6 条及第 9 条的规定,公司是企业法人,有独立的法人财产,享有法人财产权。设立公司,应当依法向公司登记机关申请设立登记,公司变更前的债权、债务由变更后的公司承继。

2. 裁判要旨

一审法院认为,从登记来看,圣青公司、青科技公司系各自独立的法人,没有证据证明圣青公司系青科技公司以其部分财产和相应债权债务组建的新公司。依据法人财产原则,公司的所有财产是其进行经营活动和对外偿还所有债务的物质基础和一般担保,任何人不得随意转移。目前也没有证据证明圣青公司接收了青科技公司的财产。虽然圣青公司、青科技公司的实际控制人均为高某亮,证据显示两个公司之间也确实有着千丝万缕的联系,但两公司不能视为公司法意义上的原公司消灭、产生新的公司。青科技公司所形成的债权债务事实上是属于原公司的债权债务,圣青公司不能直接享有其存在之前以青科技公司名义形成的债权债务。加之目前也没有证据证明圣青公司、青科技公

---

① 参见湖北省武汉市中级人民法院民事判决书,(2020)鄂 01 民终 8625 号。

司之间达成了由圣青公司承继青科技公司原债权债务的协议,并履行了法定的通知义务的事实。在此情形下,圣青公司根据原教育局产业办出具的"说明"反诉主张青科技公司的债权,缺乏法律依据。虽然原教育局产业办在与圣青公司签订《租赁合同》之后,仍然向已注销的青科技公司出具收据,但这不足以证明圣青公司与青科技公司之间存在承继关系。

二审法院维持原判。

3. 案件评析

公司变更组织形式应满足公司法变更组织的要件,并办理变更登记。因变更前的公司与变更后的公司实质上为同一主体,法人格并未消灭或发生变化,故变更后的公司应承继变更前公司的债权债务。本案中,圣青公司与青科技公司的负责人虽均为高某亮,然青科技公司系于2010年7月7日经股东会决议解散,且2009年8月4日,圣青公司即已登记成立,二者为独立的企业法人,分别拥有独立的法人格,因此不能依据本条认定圣青公司继承青科技公司的债权债务。

第十三条 【分公司与子公司的责任承担】

公司可以设立子公司。子公司具有法人资格,依法独立承担民事责任。

公司可以设立分公司。分公司不具有法人资格,其民事责任由公司承担。

◉ 立法意旨

本条是关于子公司与分公司责任承担的规定。

◉ 条文演变历程

本条可追溯至1993年《公司法》第13条:"公司可以设立分公司,分公司不具有企业法人资格,其民事责任由公司承担。公司可以设立子公司,子公司具有企业法人资格,依法独立承担民事责任。"2005年修法将第13条与第29条、第96条关于设立分公司的公司登记规定整合至第14条,关于分公司和子公司的规定被统一至"总则"部分,而后历次修订无变化。本次修法,一审稿将旧法第14条"设立分公司,应当向公司登记机关申请登记,领取营业执照"的规定挪至第31条,专门规定分公司设立登记事项,第13条专注于分公司与子公司的责任承担规则,此后无实质变化,最终形成本条。

◉ 条文释义

本条对应旧法第14条,本条在形式上调整了两款的顺序,先规定子公司的责任承担规则,再规定分公司的责任承担规则,这种规范模式更符合法理。同时,第2款关于分公司责任承担的规则的规定有所变化。

1. 第1款:子公司的责任承担

子公司,系指一定比例以上的股权或股份被另一公司持有、受到另一公司控制之公司,是母公司的对立概念。[①] "可以设立子公司"表明本款是赋权性规范,也是公司对外投资的必然结果,本款也与第14条公司转投资的规定相呼应。

对外设立子公司的主体为母公司,所设的子公司按照母公司持有股权的比例,又分为100%全资控股子公司(法人一人公司)、绝对控股子公司(持股比例低于100%但高于2/3)、控股子公司(持股比例高于50%但低于2/3)、相对控股子公司(持股比例低于50%但母公司的持股比例足以对股东会的决议产生重大影响)。实际上,《公司法》并未对子公司进行定义与分类,对应的概念(控股股东)在第265条第2项有规定——"控股股东,是指其出资额占有限责任公司资本总额超过百分之五十或者其持有的股份占股份有限公司股本总额超过百分之五十的股东;出资额或者持有股份的比例虽然低于百分之五十,但依其出资额或者持有的股份所享有的表决权已足以对股东会的决议产生重大影响的股东。"

子公司具有独立人格,有自己的名称和章程,并以自己的名义进行业务活动。子公司的财产独立于母公司,具有独立承担民事责任的能力,不需要母公司为其承担责任。

但毋庸讳言,子公司的业务经营受母公司实质控制,母公司对子公司的重要事项拥有实际上的决定权。例如,本法第116条第2款规定,股东会作出决议应当经出席会议的股东所持表决权过半数通过,对于已持有子公司过半数股权的母公司而言,除须表决权2/3以上通过的特别决议事项外,母公司拥有实质决定权。需注意,如母公司滥用子公司法人独立地位和股东有限责任,逃避债务,严重损害子公司债权人利益,其应当对子公司债务承担连带责任(本法第23条)。

2. 第2款:分公司的责任承担

分公司,指公司在其住所以外设立的从事经营活动的机构,其是相对于总公司而言的概念。"可以设立分公司"表明本款属于赋权性规范。分公司也是公司开展更大范围经营的一种组织形式,由于分公司不具有独立法人地位,所以不属于对外投资的范畴,本款与本法第14条规定的公司转投资没有联系。

---

① 参见李建伟:《公司法学》(第5版),中国人民大学出版社2022年版,第18~20页。

“分公司不具有法人资格，其民事责任由公司承担”确立了分公司的法律地位：无企业法人资格，无独立人格，其民事责任由总公司承担。详言之：(1)分公司可被视为总公司的组成部分，其在经济、法律上均无独立性，不具有独立的公司名称和章程，且在内部经营上并无人事和经营自主权，但可在授权范围内以自己的名义进行营业活动；(2)因其不具有独立法人格，故无法拥有财产所有权，分公司的资产是总公司的财产；(3)分公司固然可为营业行为、参加诉讼等，但终究不具有独立人格、独立财产，所以其民事责任由总公司承担。该规定的精确含义是：总公司、分公司之间不是连带责任关系，也不是按份责任关系，分公司的民事责任可以由其以相对独立的财产先承担，不足以承担的，由总公司兜底承担，故而可谓最终民事责任由总公司承担。

3. 总结

在公司集团化普遍发展的今天，公司拓展跨越行业、地域的经营，有两种组织形式可供选择，一是子公司，二是分公司，两种组织形式各有利弊，其本质的区别就是有无法人资格。

◉ 公司治理操作指南

分公司不具有法人地位，曾在民法通则上被视为非法人组织的一种，但民法总则、民法典不再列其为非法人组织，而是定性为“法人的分支机构”，分支机构包括但不限于分公司、支公司、分行、支行等。作为分支机构的分公司，在我国法律上享有相对独立的民事主体地位，能以自己的名义为民事法律行为，包括但不限于对外营业、参加诉讼，分公司、总公司也可一起参加诉讼。

◉ 比较法规范

《日本公司法》第2条、第911条；《韩国公司法》第287条之五、第342条之二；《德国股份法》第17条；《英国2006年公司法》第1159条；《美国特拉华州普通公司法》第203条；中国台湾地区“公司法”第3条、第369－2条。

◉ 研究文献

汪青松：《中国公司集团治理的法律机制构建》，载《法律科学(西北政法大学学报)》2023年第3期。

◉ 典型案例

孟某生等与李某国等建设工程施工合同纠纷案①

1. 案情简介

东亚公司为有限公司，成立于1993年7月9日，经营范围为承揽国内外建筑工程。2006年3月，东亚公司经长春市工商行政管理局颁发营业执照，设立分支机构建和分公司，建和分公司的经营范围为在其所隶属的公司的经营范围内，从事工程承包经营，其民事责任由所属的公司承担。建和分公司的负责人于2013年5月29日变更为李某国。建和分公司在成立后与东亚公司签订《长春东亚公司工程有限公司内部承包合同》，约定承包范围为资质证书中规定的工业与民用建筑承包范围；建和分公司每年向东亚公司缴纳3万元业务费用、10万元工程费用。

孟某生因与东亚公司等公司有买卖合同纠纷，2012年9月28日长春市中院判决，东亚公司应给付孟某生钢材款并支付违约金，孟某生并于2013年6月5日向长春市中院申请执行，李某国则提起案外人执行异议之诉，请求法院判决停止对建和分公司银行存款的执行，并解除对该款项的冻结。

2. 裁判要旨

一审法院认为，东亚公司与建和分公司并非普通总公司与分公司之间的关系，东亚公司将建和分公司发包出去，其不对建和分公司进行统一经营、管理，东亚公司对建和分公司通过收取管理费获得利益；李某国作为建和分公司的实际承包人，其对建和分公司名下的财产享有权利，根据2008年《最高人民法院关于人民法院执行工作若干问题的规定（试行）》（以下简称《法院执行规定》）第78条第2款，李某国就本案执行标的享有足以排除强制执行的民事权益，据此判决支持了李某国的诉讼请求。

二审法院维持原判。

再审判决则认为，根据2013年《公司法》第14条、2023年《公司法》第13条，分公司的财产即为公司财产，分公司的民事责任由公司承担。以分公司名义依法注册登记的，应受到该规则调整。当事人之间有关公司、分公司内部经营模式、权责关系的特别约定，不足以对抗公司注册登记的公示效力，不足以对抗案外第三人。《法院执行规定》第78条予以保护的承包或者租赁经营，应当是法律所准许的承包、租赁形式。李某国举示的建和分公司与东亚公司所签之内部承包合同，实质为建设工程施工企业资质租赁或者有偿使用，属于法律及司法解释明令禁止的行为，即便能够认定李某国与东亚公司就建和分公司存在事实上的承包、租赁关系，因其具有违法性，也不在《法院执行规定》第78条的保护范围内。

---

① 参见最高人民法院民事判决书，(2016)最高法民再149号。

3. 案件评析

东亚公司与建和分公司就经营模式以及权责划分作出的内部约定实质为建设工程施工企业资质租赁或者有偿使用,为法律及司法解释明令禁止,不受法律保护。建和分公司是工商登记公示的东亚公司的分公司,依商事外观主义原则,不得以"建和分公司非东亚公司的分公司"为由进行抗辩。又依2013年《公司法》第14条(新《公司法》第13条)的规定可知,分公司不具有法人资格,其民事责任由公司承担,因此建和分公司的银行存款为东亚公司的资产,东亚公司的债权人当然可以主张用以偿还债务。

第十四条 【公司转投资】

公司可以向其他企业投资。

法律规定公司不得成为对所投资企业的债务承担连带责任的出资人的,从其规定。

◉ 立法意旨

本条是关于公司转投资的规定。

◉ 条文演变历程

本条可追溯至1993年《公司法》第12条,该条规定了公司可以向其他有限公司、股份公司投资,但存在投资比例限制。2005年修法将其调整为第15条:"公司可以向其他企业投资;但是,除法律另有规定外,不得成为对所投资企业的债务承担连带责任的出资人。"本次修法,一审稿第14条将"但是,除法律另有规定外,不得成为对所投资企业的债务承担连带责任的出资人"修订为"法律规定公司不得成为对所投资企业的债务承担连带责任的出资人的,从其规定",此项修改实质上扩大了公司转投资对象的范围。嗣后,二审稿、三审稿继承之,最终形成本条。

◉ 条文释义

本条对应旧法第15条,有实质性修订。

1. 第1款:公司可以对外投资(转投资)

公司乃当今社会最重要的财富拥有者,故应肯定其对外投资能力。

转投资,是指公司投资于其他企业以取得股权或者投资份额的法律行为。形式上包括单向转投资、双向转投资(相互投资、交叉持股),前者指由一公司向他公司投资的单向行为，后者指两个以上公司相互向对方投资的双向行为。① 转投资包含3个要素：行为上，是一公司投资于其他企业的行为；目的上，是为获取收益、利润或其他权益；规范依据上，必须依照法律规定（如《公司法》《证券法》《合伙企业法》等）进行。②

一般认为，允许公司转投资利弊兼存。其利：扩大公司的利润来源；组建公司集团，形成规模效应和协同效应；促进资本的有效配置。其弊：对股东而言风险较高；减少公司直接支配的有形财产，增加变现偿债的难度，降低公司的偿债能力，增加债权人的风险；因母子公司资本重复计算导致资本虚增，造成社会投资繁荣的假象；相互投资制造公司治理障碍。所以，有必要对公司的转投资行为进行限制，扬利抑弊。

2. 第2款：转投资的限制

（1）公司对外投资其他公司而承担有限责任的，在此不展开讨论。

（2）成为承担无限责任的投资人比如普通合伙人的，有些公司依法要受到限制。目前来看，限制具体指《合伙企业法》第3条："国有独资公司、国有企业、上市公司以及公益性的事业单位、社会团体不得成为普通合伙人。"可见，国有独资公司、国有企业、上市公司以外的其他公司可以成为普通合伙人。

综上，对照新旧法，旧法强调公司对外投资须以有限责任、互不连带为原则，法律另有规定的除外。修改后的新法则无此限制，即原则上允许对所投资企业的债务承担连带责任，法律另有规定的除外。这一立法立场的巨变，有利于鼓励投资。

此外，对于公司得转投资之比例，公司法未设限制。

◉ 公司治理操作指南

在实际操作公司对外投资时，应遵守相关法律法规和公司章程，同时保护股东、债权人和职工的利益。关于公司投资决策，依照本法第15条，应依据章程规定由董事会或股东会决议通过后始可进行；若公司章程对投资总额及单项投资数额有限额规定，公司应予遵守。

◉ 比较法规范

《美国特拉华州普通公司法》第122条、第123条；《美国模范商业公司法》第3.02节；中国台湾地区"公司法"第13条。

---

① 参见李建伟：《公司法学》（第5版），中国人民大学出版社2022年版，第83页。

② 参见施天涛：《公司法论》（第4版），法律出版社2018年版，第137～138页。

◉ 研究文献

王莹莹:《我国〈公司法〉修订中商事连带责任的重构——基于“连带”的历史发展脉络》,载《政治与法律》2021年第3期。

第十五条 【公司对外投资、对外担保的议决】

公司向其他企业投资或者为他人提供担保,按照公司章程的规定,由董事会或者股东会决议;公司章程对投资或者担保的总额及单项投资或者担保的数额有限额规定的,不得超过规定的限额。

公司为公司股东或者实际控制人提供担保的,应当经股东会决议。

前款规定的股东或者受前款规定的实际控制人支配的股东,不得参加前款规定事项的表决。该项表决由出席会议的其他股东所持表决权的过半数通过。

◉ 立法意旨

本条是关于公司对外投资、对外担保议决的规定。

◉ 条文演变历程

本条可追溯至2005年《公司法》第16条、第105条,前者规定“公司向其他企业投资或者为他人提供担保,依照公司章程的规定,由董事会或者股东会、股东大会决议;公司章程对投资或者担保的总额及单项投资或者担保的数额有限额规定的,不得超过规定的限额。公司为公司股东或者实际控制人提供担保的,必须经股东会或者股东大会决议。前款规定的股东或者受前款规定的实际控制人支配的股东,不得参加前款规定事项的表决。该项表决由出席会议的其他股东所持表决权的过半数通过”。后者规定“本法和公司章程规定公司转让、受让重大资产或者对外提供担保等事项必须经股东大会作出决议的,董事会应当及时召集股东大会会议,由股东大会就上述事项进行表决”。2013年修法没有修订第16条,只是将第105条调整至第104条。

此次修法,一审稿曾将旧法第16条从第一章“总则”挪至第三章“有限责任公司的设立和组织机构”第71条,并在第1款明确本条针对有限责任公司的规定,股份公司的适用则在第123条新增准用规定。二审稿回归旧法规范模式,最终颁布的本条与旧法第16条相比无实质差别,但旧法第104条被删除。

◉ 条文释义

本条对应旧法第16条,除统一使用“股东会”表述和删去“股东大会”外,还将第2款的“必须”修改为“应当”。

（一）立法意旨

长期以来，围绕本条的立法意旨曾经有很多议论，焦点集中在对外担保行为上，取得的共识包括：

1. 本条并非对公司对外担保行为的权利能力和行为能力的限制，而是对于对外投资、担保行为议决权的约束性规定。如果公司法出面限制或者禁止公司对外提供担保的权利能力与行为能力，那么就会“杀死”担保法，因为当今社会最具有担保能力的恰恰是各类公司制企业。将保护公司合法权益列为第一立法意旨的公司法（见第1条），断不会作出如此狭隘的规定。当然，如公司章程规定禁止公司对外提供担保，则股东会、董事会也应遵守之，否则，该担保决议将因为违反公司章程而可撤销（本法第26条）。

2. 设置该约束规范的原因是，在“两权分离”的假设下，对外投资、担保、捐赠、借款、财务资助等行为，概不属于商业公司的正常经营行为。在规范功能上，本条与演化数百年的公司目的事业规则相似，即越权规则（ultra vires doctrine）。“两权分离”之下，股东对管理层的授权止于目的事业范围之内。

3. 本条的立法意旨在于，严格规制对外担保的公司内部议决权。一则防止董事、经理等管理层滥权，以公司名义进行不负责任的对外担保；二则防止实际控制人滥用公司名义对外为自己及利害关系人的债务担保，以达到保护公司及其背后的少数股东、债权人合法权益之目的。

4. 股东会、董事会决议允许公司对外担保的，仍须借由公司法定代表人的代表行为、代理人的代理行为对外作出意思表示，即签署担保合同，此时，公司允许对外担保的决议构成公司对外担保意思表示的唯一合法依据。

（二）第1款：公司对外投资、对外非关联担保的决议程序

1. 基本规则

按本款前半句，公司向其他企业投资或者为他人提供担保，应由公司机关决议。首先，本条不调整公司为自己债务进行担保的行为。其次，允许公司章程确定具体的决议机关，但只能在股东会与董事会之间选择，并无第三条道路，这也就意味着董事、经理个人没有权力决定对外投资、对外担保事项。再次，未予明确的是前述决议应采普通决议还是特别决议，解释论上应允许公司章程自治，若章程没有约定前述事项的决议形式，默认应为普通决议。最后，为保护交易安全，章程可限制投资的总

额及单项投资或担保的数额，董事会或股东会决议时应一体遵守。

值得探讨的是，对外投资与对外担保被置于同一条款中，那么违反本款的法律效果是否一样？显然不应该一样，理由如下：公司对外担保行为具有无偿和单务特征，天然地蕴含损害担保公司、少数股东和公司债权人利益的可能性，所以股东不希望公司的管理层做出这种百害而无一利的行为；与之相比，公司对外投资则不具有这种特征，受让股权也好，直接对目标公司投资也罢，都具备有偿性、双务性的特征；因此，公司对外投资违反本法第15条的法律效果理应与对外担保不同，不能得出相对人还有合理审查义务的解释结论。未来，至少应把对外投资和对外担保分成两条来规定，目前的规范模式人为地制造了歧义，不够科学。

2. 对外非关联担保决议的特则

本款调整的对外担保乃是非关联担保。所谓非关联担保，是指公司为股东、实际控制人之外的其他主体提供的担保。对于非关联担保，公司可通过章程自主决定由董事会或股东会决议，这不同于第2款规定的关联担保，后者只能由股东会决议。

（三）第2款、第3款：关联担保的股东会决议

1. 关联担保

关联担保，是指公司为股东或实际控制人提供的担保。本款从严规制关联担保的议决权，目的在于缓解控股股东、实际控制人（以下简称双控人）与少数股东、公司债权人之间的利益冲突，即为股东、实际控制人提供担保的，董事会无权决议，防止双控人占据董事会多数席位从而控制董事会决议。

第2款界定的关联方包括全体股东和实际控制人。但是，观察司法裁判现状，部分法院突破了本款界定的关联方范围，有囊括“其他与公司有关联关系的主体”的解释论倾向。部分裁判案例将隐名股东认定为关联方，①部分案例穿透认定被担保人，若股东为实际借款人，即便借款人名义上为他人，公司为该借款提供担保亦构成关联担保。②

2. 关联股东回避表决

公司为股东、实际控制人提供担保的，该股东、实际控制人与表决事项存在利益冲突，为了防范控股股东滥用权利，遏制不公平关联担保，第3款规定了利害关系股

① 参见山东省高级人民法院民事判决书，（2018）鲁民初74号。

② 参见最高人民法院民事裁定书，（2020）最高法民申4620号。

东回避表决规则，这是整部公司法关于关联股东回避表决的唯一规定。

防范双控人在公司对外担保事项上滥权的最佳立法举措就是引入关联股东表决权回避制度。防范规则如此严厉是因为当时特殊的社会现实。在2000年前后，近半数的上市公司作为担保人对外担保了总额超出其市值的债务，这基本上都是实际控制人控制上市公司作出的不公平关联担保，变相掏空了上市公司的资产，甚至有触发系统性金融风险之虞。为此，证监会、国务院国资委等主管部门曾连续发文，不惜一度严禁上市公司为任何人提供担保。① 这是权宜之计，对于资本市场发展与市场经济秩序得不偿失。彼时严防双控人滥权进行不公平担保的立法目的深深植入其后2005年修法之中，2005年《公司法》第16条确立了目前的基本规则。这是理解本条立法意旨所不能忽略的——严格规制对外担保的公司内部议决权，以达到保护公司及其背后的少数股东、债权人合法权益之目的。

（四）焦点问题：违反本条的公司对外担保合同效力及其责任承担

1. 基本裁判思维：越权代表规则

民商法学界、实务界用了十几年的时间达成了一个脆弱的基本共识——越权代表规则。关于此问题，基于既有的司法经验尤其是《九民纪要》的成果，《民法典担保制度司法解释》第7～12条确立的基本裁判规则如下：

（1）议决权法定。本条为强制性规定，公司为第三人债务提供担保（包括保证、物保以及其他具有担保功能的合同）的议决权在股东会或者董事会，两会之间的议决权分工由公司章程进一步确定，但公司为股东、实际控制人提供关联担保的议决权仅在股东会，不允许章程另外安排。

（2）无有效决议就是越权行为。如公司对外担保合同签署缺少有效决议作为授权基础，即便法定代表人出面代表公司签署，该担保合同能否对公司发生效力，依据《民法典》第61条、第504条，《公司法》第11条规定的越权代表规则和表见代表规则确定。换言之，相对人的主观状态决定是否构成表见代表：①相对人善意的，构成表见代表，担保合同对公司发生效力，公司承担约定的担保责任；②相对人非善意

---

① 参见《中国证监会关于上市公司为他人提供担保有关问题的通知》（证监公司字〔2000〕61号，已失效）、《中国证券监督管理委员会、国务院国有资产监督管理委员会关于规范上市公司与关联方资金往来及上市公司对外担保若干问题的通知》（证监发〔2003〕56号）。同时参见高先民主编：《上市公司的秘密》，世界图书出版公司2001年版，第292～295页；周永亮：《中国企业前沿问题报告》，中国社会科学出版社2001年版，第16页。

的，构成无权代表，未经追认，担保合同对公司不发生效力，公司不承担担保责任，如有过错，依照《民法典担保制度司法解释》第17条担保合同无效规则承担相应赔偿责任。

(3)相对人对自己的善意负有举证责任，如证明在订立担保合同时已对公司决议进行了合理审查，不知道且不应当知道法定代表人超越权限，为善意；否则，推定为恶意；公司也可以反证相对人知道或者应当知道决议系伪造、变造，如是，相对人为恶意。

(4)法定代表人越权提供担保给公司造成损失的，公司事后得请求法定代表人承担赔偿责任。

综上所述，《民法典担保制度司法解释》承袭《九民纪要》的精神，通过越权代表与表见代表规则来判断违反本条的公司对外担保合同的效力状态，依据《民法典》第61条、第504条和《公司法》第11条等规范来裁决责任归属问题。

2. 对越权代表规则的理论质疑

(1)权宜之计。越权代表规则是民商法学界围绕该问题进行多年争论之后达成的暂时性妥协，并为司法机关所接受。这固然解决了司法实践中最紧要的问题——违反本条的公司对外担保合同的效力及其责任归属，但却存在逻辑缺陷。

(2)逻辑缺陷。将违反本条的公司对外担保合同的效力问题通过越权代表规则解决，不仅存在逻辑缺陷，更是对公司组织法规范的误读与无视。只须提出两个问题即可揭示其缺陷：其一，公司对外担保合同是否只能由法定代表人代表公司签订，其他工作人员可否代理公司签订？其二，假设公司有权机关就某项对外担保做出有效决议且授权一位职员签订合同，该职员可否持委托授权书与公司决议文件代理公司签订该合同，该合同是否对公司发生效力？若持肯定回答(实际上应该是肯定的)，就足以动摇越权代表规则。

(3)应然的解释逻辑：本条是特殊的议决权规则。本条在本质上应该理解为特殊的议决权规则，不应适用《民法典》第61条、第504条及《公司法》第11条，而应适用《公司法》第28条第2款、《民法典》第85条、《公司法解释四》第6条，即涉及公司决议效力被否定后，公司依据该决议与相对人形成的民事法律关系是否受影响的问题。[①] 对此,上引后三个条文都规定公司依据被法院宣告无效、撤销或确认不成立的决议与善意相对人形成的民事法律关系不受影响。尽管越权代表规则与决议被否定后影响外部行为效力机制都落脚于相对人的善意与否,在多数场合下得出的结论是一致的,但二者的基本法理尤其关于公司组织法规范的处理机制,有很大差别。质言之,本条是关于公司对外担保这一特殊事项的公司内部议决权的规定,此属组织法规范,而不是法定代表人对外代表权的规定,后者属于交易法规范;当然,议决权的内部规定也就顺带决定了法定代表人对外不享有代表权,因为这一规定完全排除了董监高和任何个人(包括法定代表人本人)在此事项上的决定权,对外自然也构成董监高(含法定代表人)的法定代表权、职务代理权的限制;对于法定代表人而言,这一规定属于职权的法定限制,故具有对世性,完全不同于来自公司的意定限制(公司章程、股东会的限制),故不适用《民法典》第 61 条第 3 款和《公司法》第 11 条第 2 款法人章程或者法人权力机构对法定代表人代表权的限制,不得对抗善意相对人的规定。

3. 若干特殊裁判规则

(1)豁免公司议决程序的特则。《民法典担保制度司法解释》第 8 条规定,下列情形下,公司对外提供担保不再以履行本条规定的公司机关决议授权程序为前提:情形一,金融机构开立保函或者担保公司提供担保,这是因为这些业务乃是这两类商事主体的本业;情形二,公司为其全资子公司开展经营活动提供担保,因为此时不存在伤害公司少数股东利益的问题;情形三,担保合同系由单独或者共同持有公司 2/3 以上对担保事项有表决权的股东签字同意。对于第三种情形,存在争议,本书也持深刻的质疑立场,因为此举显然可能伤害公司的少数股东、债权人利益。基于对上市公司背后的资本市场秩序与公众投资者利益的照顾,上市公司对外担保不适用上述第二、三种情形。

(2)上市公司对外担保的特则。其一,上市公司对外提供担保,应严守本条规定的议决程序,并无例外。依照《民法典担保制度司法解释》第 8 条的规定,即便为全资子公司开展经营活动提供担保,也得有公司机关的有效决议;即便担保合同系由单独或者共同持有公司 2/3 以上对担保事项有表决权的股东签字同意,也不得替代

---

① 参见李建伟:《公司决议的外部效力研究——〈民法典〉第 85 条法教义学分析》,载《法学评论》2020 年第 4 期,第 32 ~ 33 页。

公司机关的有效决议。其二,相对人善意认定的特则。依照我国现有法律规定,上市公司及其控股子公司对外担保事项属于强制信息披露事项,所以上市公司及其控股子公司的有权公司机关一经议决对外提供担保,应该及时披露信息,相对人对该信息享有信赖利益,据此可以确定相对人善意认定的特殊规则。依照《民法典担保制度司法解释》第9条的规定,相对人根据上市公司公开披露的关于担保事项已经董事会或者股东会决议通过的信息而与上市公司订立担保合同的,相对人得主张担保合同对上市公司发生效力并由其承担担保责任;反之,相对人未根据上市公司公开披露的关于担保事项已经董事会或者股东会决议通过的信息而与上市公司订立担保合同,上市公司可以主张担保合同对其不发生效力,且不承担担保责任或者赔偿责任;相对人与上市公司已公开披露的控股子公司订立的担保合同,或者相对人与股票在国务院批准的其他全国性证券交易场所交易的公司订立的担保合同,也适用前述规定。

据此,在上市公司对外提供担保的情形下,认定相对人的善意存在难题。认定相对人是否善意存在四种情形:一是上市公司有权机关已经有效决议并披露了信息;二是上市公司有权机关已经有效决议但未披露信息;三是上市公司有权机关未有效决议但披露了信息;四是上市公司有权机关未有效决议也未披露信息。相对人在上述第一、三种情形下可以认定为善意,在第四种情形下非善意,唯在第二种情形下究竟善意与否存有争议,本书持肯定说。

(3)一人公司为股东提供担保特则。一人公司可否为其唯一股东提供担保,以及如何适用回避表决的规定,一直是一个有争议的问题。《民法典担保制度司法解释》第10条明确了一人公司可以为其唯一股东提供担保,公司不得以该担保未经股东会决议为由主张不承担担保责任。这是因为一人公司无股东会,如由该一人股东做决定,则因为其要执行本条的回避表决规定,故事实上无法做出决定,陷入死循环。打破这一死循环,必须突破本条的文义,允许一人公司为唯一股东提供担保。当然,这可能引发一个后果——若公司因承担担保责任而无法清偿其他债务,提供担保时股东不能证明公司财产独立于自己的财产,根据《公司法》第23条,其他债权人得主张否认公司人格,请求该股东承担连带责任。

(4)分支机构对外担保特则。《民法典担保制度司法解释》第11条规定,公司的分支机构以自己的名义对外提供担保,也适用公司对外担保的规定,也即分支机构如未经公司股东会、董事会决议以自己的名义对外提供担保,相对人不得请求公司或者其分支机构承担担保责任,但相对人善意(不知道且不应当知道分支机构对外提供担保未经公司决议程序)的除外。公司分支机构对外提供担保,相对人非善意,担保合同不对公司发生效力,但其请求公司承担赔偿责任的,可参照《民法典担保制度司法解释》第17条关于担保合同无效后的赔偿责任规定处理。

需要注意的是,金融机构的分支机构在其营业执照记载的经营范围内开立保函,或者经有权从事担保业务的上级机构授权开立保函,适用《民法典担保制度司法解释》第8条关于金融机构对外开立保函的规定,也即金融机构或者其分支机构不得以违反公司法关于公司对外担保决议程序的规定为由主张不承担担保责任。除此之外,如分支机构未经金融机构授权提供保函之外的担保,金融机构或者其分支机构可以主张不承担担保责任,但相对人善意(不知道且不应当知道分支机构对外提供担保未经金融机构授权)的除外。

担保公司的分支机构未经担保公司授权对外提供担保的,依据《民法典担保制度司法解释》第11条第3款,担保公司或者其分支机构主张不承担担保责任的,人民法院应予支持,但相对人善意(不知道且不应当知道分支机构对外提供担保未经担保公司授权)的除外。

(5)债务加入准用公司对外担保规则。《民法典担保制度司法解释》第12条规定,法定代表人依照《民法典》第552条以公司名义加入债务的,该行为的效力认定参照《民法典担保制度司法解释》关于公司对外担保的有关规则处理。这是举轻以明重的规则①,立法意旨是防止公司多数股东,实际控制、管理层等通过让公司加入债务的方式来逃避公司对外担保规则的监管,达到侵害公司、公司少数股东及债权人之目的。

◉ **公司治理操作指南**

如果公司法定代表人签署的对外担保合同与公司决议的内容不一致,担保合同是否有效?如股东会、董事会决议效力事后被否定(无效、不成立、被撤销),是否影响对外担保合同的效力?以上问题,正是目前各级法院面临的迄今为止最具争议、

① 因为依照《民法典担保制度司法解释》第36条,第三人向债权人提供差额补足、流动性支持等类似承诺文件作为增信措施,具有提供担保的意思表示,依照保证规则处理;第三人向债权人提供的承诺文件,具有加入债务或者与债务人共同承担债务等意思表示的,认定为债务加入;但前两种情形中第三人提供的承诺文件难以确定是保证还是债务加入的,认定为保证。由此可见,债务加入的责任重于保证(担保人承担无限责任),对于物权担保(担保人承担有限责任)更是如此。

司法裁判最混乱的公司法难题。为解决这一难题,《民法典》第 85 条、《公司法解释四》第 6 条以及本法第 28 条第 2 款都规定,决议自始无效的,公司依据该决议与善意相对人形成的民事法律关系不受影响。这一规定如何适用于公司对外担保合同效力及其责任承担的判断,尚需要回答 5 个问题。

1. 本条关于公司对外担保的特别规定,是仅仅视为关于内部议决的程序性规定,不得约束第三人,还是应推定为凡接受公司对外担保的任何债权人都应知晓、从而产生约束力?这是目前民、商法学界在这方面的最大争议所在,也是意见分歧的起点。如持前一种立场,则适用无权代理规则即可解决公司对外担保合同的效力问题。但是,用无权代理规则解决这一问题是对本法第 15 条上述立法意旨的忽视。如持后一种立场,则问题继续。

2. 债权人接受公司提供的对外担保时,有审查公司决议的义务吗?如坚持本条的立法意旨,回答是肯定的,则问题继续。

3. 如何审查,是形式审查还是实质审查,是否包含了对于公司章程规定的关联审查?对于这些发问,学术界的一个基本共识是形式审查,但就形式审查的具体内容以及包括章程关联审查与否,仍有争议。问题继续。

4. 如果债权人尽到形式审查义务后仍无从发现决议瑕疵,则为善意,担保合同效力不受影响,公司自然承担相应的担保责任;如债权人未尽到形式审查义务,则为恶意,依照《民法典》第 85 条、《公司法解释四》第 6 条规定的反向解释,担保合同效力应受影响。问题是,债权人恶意的,担保合同效力受到怎样的影响?在这方面尚有无效说、相对无效说、可撤销说、无权代理说等多种观点对立。

5. 如果认定为担保合同无效,则依照《民法典担保制度司法解释》第 17 条的规定,究竟公司不承担责任、承担连带责任、承担不超过 1/2 的责任还是不超过 1/3 的责任,尚需要个案确定。

本书的一个基本立场是,在公司内部,双控人、董事、高管利用控制权通过非公允关联担保方式侵害公司权益,进而侵害其他股东、债权人利益的问题由来已久,本条关于关联股东回避表决、董事高管个人不得决定对外担保的规定可谓击中要害。这一规定实乃涉及我国公司治理中利益冲突治理的问题,也是中国公司法的一大制度特色。因此,对于违反本条规定的公司对外担保合同的效力解释,不能脱离保护公司权益尤其少数股东权益的立法原意。

◉ 比较法规范

《英国 2006 年公司法》第 197 ~ 214 条;《美国特拉华州普通公司法》第 122 条、

第123条、第143条;《美国模范商业公司法》第3.02节;中国台湾地区“公司法”第13条、第16条。

◉ 研究文献

1. 张家勇:《论越权担保无效时公司赔偿责任的规范基础》,载《法学》2024年第3期。

2. 高圣平:《论相对人审查义务视角下的公司担保决议——基于〈民法典〉实施之后的裁判分歧的展开和分析》,载《法制与社会发展》2022年第6期。

3. 高圣平:《上市公司对外担保特殊规则释论——以法释〔2020〕28号第9条为中心》,载《法学》2022年第5期。

4. 王建文:《〈民法典〉框架下公司代表越权担保裁判规则的解释论》,载《法学论坛》2022年第5期。

5. 房绍坤、寇枫阳:《论上市公司对外担保公告的体系定位——以〈民法典担保制度解释〉第9条为中心》,载《法学评论》2022年第5期。

6. 殷秋实:《公司担保无效责任的复位——基于责任性质、主体与效果的区分视角》,载《法学》2022年第2期。

7. 刘冰、王中明:《质疑担保权人审查义务说》,载《当代法学》2022年第2期。

8. 高圣平:《再论公司法定代表人越权担保的法律效力》,载《现代法学》2021年第6期。

9. 刘贵祥:《担保制度一般规则的新发展及其适用——以民法典担保制度解释为中心》,载《比较法研究》2021年第5期。

10. 范佳慧:《论一人公司关联担保的效力》,载《法学论坛》2021年第2期。

11. 马更新:《公司担保中决议形成程序与合同效力认定间牵连关系探析》,载《法学杂志》2020年第6期。

12. 刘俊海:《公司法定代表人越权签署的担保合同效力规则的反思与重构》,载《中国法学》2020年第5期。

13. 石冠彬:《论公司越权担保的认定标准及法律效果》,载《法商研究》2020年第2期。

14. 岳冰:《解释论视角下公司担保行为效力的规范立场》,载《法学杂志》2019年第10期。

15. 邹海林:《公司代表越权担保的制度逻辑解析——以公司法第16条第1款为中心》,载《法学研究》2019年第5期。

16. 施天涛:《〈公司法〉第16条的规范目的:如何解读、如何适用?》,载《现代法学》2019年第3期。

17. 高圣平、范佳慧:《公司法定代表人越权担保效力判断的解释基础——基于最高人民法院裁判分歧的分析和展开》,载《比较法研究》2019 年第 1 期。

18. 李游:《公司担保中交易相对人合理的审查义务——基于 458 份裁判文书的分析》,载《政治与法律》2018 年第 5 期。

19. 吴飞飞:《公司担保案件司法裁判路径的偏失与矫正》,载《当代法学》2015 年第 2 期。

20. 郭志京:《中国公司对外担保规则特殊性研究——兼论民法商法思维方式的对立统一》,载《当代法学》2014 年第 5 期。

21. 李建伟:《公司非关联性商事担保的规范适用分析》,载《当代法学》2013 年第 3 期。

22. 梁上上:《公司担保合同的相对人审查义务》,载《法学》2013 年第 3 期。

23. 钱玉林:《寻找公司担保的裁判规范》,载《法学》2013 年第 3 期。

24. 钱玉林:《公司法第 16 条的规范意义》,载《法学研究》2011 年第 6 期。

25. 宋冰、张斌:《论公司对外担保中的中小股东保护——以我国现行〈公司法〉的规定为视角》,载《法学杂志》2009 年第 1 期。

26. 李金泽:《〈公司法〉有关公司对外担保新规定的质疑》,载《现代法学》2007 年第 1 期。

◉ 典型案例

中新房南方集团有限公司与中国工商银行股份有限公司鹰潭分行委托贷款合同纠纷案①

1. 案情简介

2014 年 5 月 20 日,新余钢铁集团有限公司(委托人,以下简称新余钢铁公司)与中国工商银行股份有限公司鹰潭分行(受托人,以下简称工行鹰潭分行)、鹰潭市太平洋奥特莱斯商贸有限公司(借款人,以下简称奥特莱斯公司)签订了《一般委托贷款借款合同》。2014 年 5 月 21 日,工行鹰潭分行向奥特莱斯公司发放了委托贷款 2 亿元。

2014 年 10 月 24 日,中山证券有限责任公司(委托人,以下简称中山证券公司)与工行鹰潭分行(受托人)、奥特莱斯公司(借款人)签订了《一般委托贷款借款合同》。同日,胡某辉、洪某作为保证人向工行鹰潭分行出具"个人无限连带责任保证函";傅某作为保证人也向工行鹰潭分行出具"个人无限连带责任保证函"。2014 年 10 月 29 日,工行鹰潭分行向奥特莱斯公司发放了委托贷款 3 亿元。

2014 年 12 月 10 日,中新房南方集团有限公司(以下简称中新房公司)向工行鹰潭分行出具担保函,其主要内容为:鉴于委托人(新余钢铁公司、中山证券公司)、工行鹰潭分行与奥特莱斯公司(借款人)签订《一般委托贷款借款合同》,由委托人委托受托银行向

① 参见最高人民法院民事判决书,(2017)最高法民终 369 号。

借款人发放委托贷款合计5亿元(其中新余钢铁公司委托贷款资金2亿元、中山证券公司委托贷款资金3亿元),由受托银行对该委托贷款提供兜底担保,中新房公司同意出具担保书,自愿为借款人在《一般委托贷款借款合同》项下的全部债务承担连带保证责任。

工行鹰潭分行履行了贷款发放义务,但奥特莱斯公司未按约定偿付任何款项,已经逾期4个多月,其也未按合同约定支付利息,工行鹰潭分行多次要求奥特莱斯公司、中新房公司等承担还款责任和担保责任,均未果。最终提起诉讼。

工行鹰潭分行最重要的两项诉讼请求是:(1)请求奥特莱斯公司偿还债务本金及利息、罚息、实现债权发生的费用;(2)请求中新房公司对前项诉请承担连带清偿责任。

2. 裁判要旨

本案的焦点问题之一是中新房公司是否应承担担保责任。

一审法院认为,中新房公司认可其向工行鹰潭分行出具担保函的事实,自愿为本案所涉两笔委托贷款项下的全部债务承担连带保证责任,保证的范围包括贷款本金、利息、复利、罚息、违约金、实现债权发生的费用等,故中新房公司应在保证范围内承担连带清偿责任。2013年《公司法》第16条第1款(新《公司法》第15条第1款)虽规定:"公司向其他企业投资或为他人提供担保,依照公司章程的规定,由董事会或者股东会、股东大会决议……"但其并非效力性强制规定,违反该条款并不导致本案保证合同无效。

二审法院认为,2013年《公司法》第16条(新《公司法》第15条)规定的决议前置程序旨在确保公司为他人提供担保系公司的真实意思表示。本案中,中新房公司为其控股子公司履行合同项下的义务提供担保,其担保行为不损害中新房公司的利益,应认定为中新房公司的真实意思表示。据此,中新房公司虽未提供董事会决议证明,但根据本案相关证据可以认定案涉担保函的出具系其真实意思表示,中新房公司关于案涉担保函无效的上诉理由,明显违反诚信原则,不能成立。

3. 案件评析

2013年《公司法》第16条(新《公司法》第15条)的立法目的是,通过严格控制公司担保意思的形成落实现代公司治理的基本要求,维护公司及其少数股东的利益。公司与其全资子公司具有紧密的利益联系,公司为全资子公司开展经营活动提供担保,实际上也符合公司利益。在此情形下,如公司以未经决议机关决议为由主张不承担担保责任,人民法院不予支持。此种裁判逻辑也符合《民法典担保制度司法解释》第8条关于公司对外担保时,无须机关决议的例外情形的规定。

第十六条 【公司劳动保护义务】

公司应当保护职工的合法权益,依法与职工签订劳动合同,参加社会保险,加强劳动保护,实现安全生产。

公司应当采用多种形式,加强公司职工的职业教育和岗位培训,提高职工素质。

◉ 立法意旨

本条是关于公司劳动保护义务的规定。

◉ 条文演变历程

本条可追溯至1993年《公司法》第15条,"公司必须保护职工的合法权益,加强劳动保护,实现安全生产。公司采用多种形式,加强公司职工的职业教育和岗位培训,提高职工素质"。2005年《公司法》第17条将前述条文内容概括为"公司的劳动保护等义务",在第1款"保护职工的合法权益"后添加了"依法与职工签订劳动合同"与"参加社会保险"两项内容,第2款则将"公司采用多种形式"修改为"公司应当采用多种形式"。此次修法,三审稿将旧法中的"必须"修改为"应当",直至形成本条。

◉ 条文释义

本条源自旧法第17条,没有内容性修订。

职工乃是本法第1条新增的公司主要利害相关者之一,职工权益的保护系公司法的一项重要使命。本条与接下来的第17条作为总则条款,负责为职工合法权益保护提供纲领性的一般规范。

1. 第1款:职工保护的基本要求

本款列举了公司保护职工合法权益的4项具体要求:依法与职工签订劳动合同、依法为职工办理社会保险、加强劳动保护、实现安全生产。公司职工是公司中直接从事生产经营的劳动者,职工的合法权益受法律保护,保障职工权益得到实现是公司的法律义务,不是企业伦理要求。①

2. 第2款:提高职工素质

提高职工素质即加强职业教育与岗位培训。随着社会经济的发展,公司员工素

① 参见何建编著:《公司法条文对照与适用要点》,法律出版社2024年版,第29页。

质方面的要求也越来越高。公司应当采取多种形式，切实加强公司员工的职业教育和岗位培训，以适应经济社会发展对职工素质的要求。①

综上，虽然前述内容在宪法、劳动法、劳动合同法等中都有规定，且其在《公司法》中仅为宣示性规范，但其代表了《公司法》作为市场经济根本大法的一种立法态度。

第十七条 【职工参与公司的民主管理】

公司职工依照《中华人民共和国工会法》组织工会，开展工会活动，维护职工合法权益。公司应当为本公司工会提供必要的活动条件。公司工会代表职工就职工的劳动报酬、工作时间、休息休假、劳动安全卫生和保险福利等事项依法与公司签订集体合同。

公司依照宪法和有关法律的规定，建立健全以职工代表大会为基本形式的民主管理制度，通过职工代表大会或者其他形式，实行民主管理。

公司研究决定改制、解散、申请破产以及经营方面的重大问题、制定重要的规章制度时，应当听取公司工会的意见，并通过职工代表大会或者其他形式听取职工的意见和建议。

◉ 立法意旨

本条是关于职工通过工会、职工代表大会等形式参与公司民主管理的规定。

◉ 条文演变历程

职工代表大会制度最早可追溯至1957年3月《中共中央关于处理罢工、罢课问题的指示》。1981年中共中央提出“党委集体领导、职工民主管理、厂长行政指挥”的企业领导制度应遵循的根本原则，同年《国营工业企业职工代表大会暂行条例》第2条规定：“职工代表大会（或职工大会）是企业实行民主管理的基本形式，是职工群众参加决策和管理、监督干部的权力机构。”本条可追溯至1993年《公司法》第16条、第55条、第56条、第121条、第122条等。第16条规定：“公司职工依法组织工会，开展工会活动，维护职工的合法权益。公司应当为本公司工会提供必要的活动

① 参见王艳丽、何新容、刘安琪、秦康美编著：《新公司法：条文详解、理论探讨、典型案例》，法律出版社2024年版，第36页。

条件。国有独资公司和两个以上的国有企业或者其他两个以上的国有投资主体投资设立的有限责任公司,依照宪法和有关法律的规定,通过职工代表大会和其他形式,实行民主管理。”第55条规定:“公司研究决定有关职工工资、福利、安全生产以及劳动保护、劳动保险等涉及职工切身利益的问题,应当事先听取公司工会和职工的意见,并邀请工会或者职工代表列席有关会议。”第56条规定:“公司研究决定生产经营的重大问题、制定重要的规章制度时,应当听取公司工会和职工的意见和建议。”第121条规定:“公司研究决定有关职工工资、福利、安全生产以及劳动保护、劳动保险等涉及职工切身利益的问题,应当事先听取公司工会和职工的意见,并邀请工会或者职工代表列席有关会议。”第122条规定:“公司研究决定生产经营的重大问题、制定重要的规章制度时,应当听取公司工会和职工的意见和建议。”

2005年《公司法》进行条文整合,形成第18条:“公司职工依照《中华人民共和国工会法》组织工会,开展工会活动,维护职工合法权益。公司应当为本公司工会提供必要的活动条件。公司工会代表职工就职工的劳动报酬、工作时间、福利、保险和劳动安全卫生等事项依法与公司签订集体合同。公司依照宪法和有关法律的规定,通过职工代表大会或者其他形式,实行民主管理。公司研究决定改制以及经营方面的重大问题、制定重要的规章制度时,应当听取公司工会的意见,并通过职工代表大会或者其他形式听取职工的意见和建议。”2007年7月22日,国务院国资委发布《关于建立和完善中央企业职工代表大会制度的指导意见》,2017年国务院办公厅下发《关于进一步完善国有企业法人治理结构的指导意见》,二者均对于职工参与公司民主管理提出了具体要求。

本次修法,二审稿第17条第1款新增“休息休假”作为公司工会依法代表职工签订集体合同的事项,将旧法第18条第1款的“福利、保险”合并为“保险福利”事项,并将语词位序后移。三审稿第17条第2款增加“建立健全以职工代表大会为基本形式的民主管理制度”。最终通过的本条除继承三审稿外,还在第3款增加“解散、申请破产”两种听取工会、职工意见与建议的情形。

◉ 条文释义

本条对应旧法第18条,有三处内容性修订。

1. 第1款:工会制度

本款明确公司的工会是由公司职工组成的群众组织,其最基本的职责是维护职工合法权益。工会实现这一职责的重要表现是公司工会代表职工就职工的劳动报酬、工作时间等事项依法与公司签订集体合同。[①] 因此,职工有权通过职工组织成立工会,开展工会活动,维护自身的合法权益,而且公司有义务为本公司工会提供必要的活动条件。

2. 第2款:民主管理制度

本款是党的二十大报告中"全过程人民民主"要求在公司法中的体现。"基层民主是全过程人民民主的重要体现",要求"健全以职工代表大会为基本形式的企事业单位民主管理制度,维护职工合法权益"。职工代表大会、工会以及其他形式的民主管理制度,是我国现代企业制度的一大特色,也是工人作为领导阶级参与公司治理的主要形式,凸显了社会主义制度的优越性。本款确立了职工代表大会是职工参与民主管理的基本形式,对于公司法意义重大,比如后文会提到的职工董事、职工监事就是通过民主管理制度选举出来的,而不是由股东会选举产生的。

3. 第3款:公司重大事项听取工会、职工意见制度

本款规定的重大事项包括改制、解散、申请破产以及经营方面的重大问题、制定重要的规章制度等五类,没有兜底式规定,公司应当双向听取工会、职工意见。这一规定对于公司购并、重组等实务将产生重要影响。

◉ 研究文献

1. 谢增毅:《职代会的定位与功能重塑》,载《法学研究》2013年第3期。
2. 杜云:《论公司治理中的职工参与制》,载《法学杂志》2009年第9期。

第十八条 【公司的党组织】

在公司中,根据中国共产党章程的规定,设立中国共产党的组织,开展党的活动。公司应当为党组织的活动提供必要条件。

◉ 立法意旨

本条是关于公司的党组织的规定。

◉ 条文演变历程

本条可追溯至1993年《公司法》第17条,"公司中中国共产党基层组织的活动,

---

① 参见王艳丽、何新容、刘安琪、秦康美编著:《新公司法:条文详解、理论探讨、典型案例》,法律出版社2024年版,第38页。

依照中国共产党章程办理”。2005 年修法时则进一步细化“依照党章开展基层活动”,第 19 条规定,“在公司中,根据中国共产党章程的规定,设立中国共产党的组织,开展党的活动。公司应当为党组织的活动提供必要条件”。此后,本条仅有序号调整,没有实质性内容修订。

◉ 条文释义

本条对应旧法第 19 条,没有修订。

本条的主要立法任务是确保公司为中国共产党组织开展活动提供必要条件。这是中国特色现代企业制度的特色之一。适用本条时应注意如下问题。

1. 注意与本法第 170 条规定的国家出资公司发挥党的领导作用的规范相区分。第 170 条规定:“国家出资公司中中国共产党的组织,按照中国共产党章程的规定发挥领导作用,研究讨论公司重大经营管理事项,支持公司的组织机构依法行使职权。”通过文义解释可知,第 170 条仅适用于国家出资公司,与第 18 条的调整范围明显不一致。第 18 条适用于所有公司,且不是党组织的领导条款。

2. 在公司成立党组织,应充分满足公司员工的愿望。在公司成立党组织,满足我国工人阶级主体队伍的愿望,公司党组织应注意维护公司各方合法利益,反映公司职工的合理诉求,帮助其解决实际困难。

3. 公司成立的党组织应促进公司生产经营的发展。公司中的党组织的主要任务是保证党的路线方针政策的贯彻落实,引导和监督企业遵守国家的法律法规,团结职工,维护各方合法权益,促进企业的健康发展。公司中数量众多的党员都是员工中的先进分子,他们多数是企业的生产经营业务骨干,吃苦耐劳,勇于奉献,在本职岗位上发挥先锋模范作用,是促进企业发展的重要力量。

4. 实际上,本条曾因“缺失主语”而被人们误读。一种有力观点认为,本条第 1 句的实际含义是“‘中共党员’根据中国共产党章程的规定,设立中国共产党的组织,开展党的活动”,第 2 句则规定公司承担提供必要条件的义务,第 1 句缺失主语“中共党员”。[①] 这种观点具有合理性,《中国共产党章程》第 30 条第 1 款规定,“企业、农村、机关、学校、医院、科研院所、街道社区、社会组织、人民解放军连队和其他基层单位,凡是有正式党员三人以上的,都应当成立党的基层组织”,本法第 18 条实

① 参见李寿双:《主语缺失引发的误读——简评〈公司法〉党组织条款》,载微信公众号“公司法与证券法点评”2019 年 2 月 3 日,https://mp.weixin.qq.com/s/6fhGuCEprVsoVBDpp3BJ9g。

际上是党章进入法律的窗口，旨在约束中共党员。

◉ 研究文献

龚浩川：《论国有企业的人民性目标及其治理机制》，载《当代法学》2023 年第 3 期。

第十九条 【公司的合法经营义务】

公司从事经营活动，应当遵守法律法规，遵守社会公德、商业道德，诚实守信，接受政府和社会公众的监督。

◉ 立法意旨

本条是关于公司合法经营的规定。

◉ 条文演变历程

本条可追溯至 1993 年《公司法》第 14 条第 1 款，“公司从事经营活动，必须遵守法律，遵守职业道德，加强社会主义精神文明建设，接受政府和社会公众的监督”。2005 年修法时进行了大幅改动，对应内容在第 5 条第 1 款，“公司从事经营活动，必须遵守法律、行政法规，遵守社会公德、商业道德，诚实守信，接受政府和社会公众的监督，承担社会责任”。具体变动有三：一是将“遵守法律”改为“遵守法律、行政法规”；二是将“遵守职业道德”改为“遵守社会公德、商业道德”，将“加强社会主义精神文明建设”改为“诚实守信”；三是增加“承担社会责任”。此后没有修订。本次修法，一审稿第 18 条将此条款独立成条，将其中的“遵守法律、行政法规”改为“遵守法律法规”，并删除句末“承担社会责任”6 个字。此后二审稿将条文序号调整为第 19 条，三审稿将其中的“必须”改为“应当”，直至形成本条。

◉ 条文释义

本条对应旧法第 5 条第 1 款，删除句末“承担社会责任”6 个字，这 6 个字并未消失，而是转由下一条专条规定，足见立法者有意将本条与第 20 条分别独立为合法经营条款与公司社会责任条款。

1. 遵守法律法规

公司作为参与市场经济的主体之一，遵守法律法规是公司顺利展开各项经营活动的根基。此处的法律法规是广义的，包括全国人大及其常委会依照法定程序通过的法律、国务院制定的行政法规、授权行政机关制定的行政规章以及地方性立法机关制定的地方性法规、地方行政规章等。

2. 遵守社会公德、商业道德

社会公德,是指全体社会成员普遍自觉遵守的、自发于良心的规范。企业开展不符合社会公德的经营活动,可能会引发负面舆论、社会抵制、政策监管等问题。而践行社会公德,企业不仅能获得社会的认可,还会为其长期发展奠定基础。商业道德,指在商业活动中普遍启发于内心维护秩序的意愿而愿意遵循和维护的规范。遵循商业道德可以帮助公司建立良好的经营作风和商业信誉、树立良好的企业形象,如此会吸引更多的客户和合作伙伴。比如,深圳华为技术有限公司设立有道德遵从委员会,公司遵从的道德主要是指商业道德与社会公德。

3. 诚实守信

公司进行经营活动时,应当诚实守信,这是《民法典》诚信原则在公司法中的体现。公司在对外经营和对内管理上都应贯彻该原则。例如,公司对外进行产品宣传时,应该遵循真实、准确、公正的原则,不夸大、虚假宣传,实事求是地介绍产品的性能、质量、价格等信息。再如,公司对内应该建立诚信文化,更要注意建设管理层之间相互信任、相互支持、相互监督的良性关系,共同维护企业的形象和利益。在商业世界中恪守诚信,有利于打造公司与其他交易主体之间良好的商业关系。商人们的诚信是其安身立命之本,更是企业长远发展的关键。

4. 接受政府和社会公众的监督

政府监督是指政府有关部门(包括工商、税务、质量监督等部门)对企业的经营行为进行的监管和检查。社会公众监督是指消费者、投资者、媒体等对企业的监督和评价。当公司受到来自政府与社会公众的监督时,其经营活动会更容易符合上述合法、合德的预期。政府和社会监督有以下几方面作用:其一,可以促使公司提高产品质量和服务水平,增强公司的公信力,为公司发展壮大奠定坚实的基础。其二,可以促使企业公开相关信息,提高企业的透明度和公信力,减少信息不对称,提高社会公众对企业的信任程度。其三,还可以规范公司经营行为,促使公司建立和完善内部治理架构,提高公司的管理水平和经营效率。其四,这种公开监督还有利于促进市场主体之间的公平竞争,维护市场秩序。

◉ 比较法规范

《日本民法典》第1条;《美国特拉华州普通公司法》第101条、第122条;中国台湾地区“公司法”第1条。

◉ 研究文献

罗培新:《公司道德的法律化:以代理成本为视角》,载《中国法学》2014年第5期。

第二十条 【公司社会责任】

公司从事经营活动,应当充分考虑公司职工、消费者等利益相关者的利益以及生态环境保护等社会公共利益,承担社会责任。

国家鼓励公司参与社会公益活动,公布社会责任报告。

◉ 立法意旨

本条是关于公司社会责任的规定。

◉ 条文演变历程

本条可追溯至1993年《公司法》第14条第1款,“公司从事经营活动,必须遵守法律,遵守职业道德,加强社会主义精神文明建设,接受政府和社会公众的监督”。2005年《公司法》修订时第5条第1款首次增加“承担社会责任”的规范内容并保留至今,奠定了社会责任作为公司法核心原则的法律地位。2017年《民法总则》(2020年《民法典》总则编)第86条规定营利法人承担社会责任。本次修法,一审稿第19条在旧法第5条第1款“承担社会责任”的基础上,丰富公司社会责任的法律要求,规定“公司从事经营活动,应当在遵守法律法规规定义务的基础上,充分考虑公司职工、消费者等利益相关者的利益以及生态环境保护等社会公共利益,承担社会责任。国家鼓励公司参与社会公益活动,公布社会责任报告”。二审稿只是将条文序号调整为第20条。三审稿则删除“应当在遵守法律法规规定义务的基础上”中的“义务”二字。最终通过的本条删除“在遵守法律法规规定的基础上”的表述,此举旨在与第19条公司的合法经营义务相关规定形成区分。

◉ 条文释义

本条对应旧法第5条第1款句末的“承担社会责任”,并对其进行了扩展,可视为新增条文,也可以视为中国公司法的quasi-ESG条款。

鼓励公司履行社会责任是习近平法治思想的重要组成部分,也是公司法的核心原则之一。公司社会责任源于公司兼具营利性和社会性的二元属性。① 对本条进行体系解释可知,相较于旧法,本条加入3点内容:

1. 第1款之一:关注职工、消费者等利益相关者的利益

职工、消费者等都是公司的利益相关者。首先,公司法注重平衡职工、公司和社

① 参见刘俊海:《论公司社会责任的制度创新》,载《比较法研究》2021年第4期,第17页。

会的利益,第1条立法宗旨条款已经加入保护"职工"合法权益的规定,第68条、第120条、第173条系统规定了公司设立职工董事的义务,进一步强化公司的社会责任,要求公司充分考虑包括公司职工利益在内的社会公共利益,有利于更好地平衡职工与公司的利益。其次,消费者乃是公司的"衣食父母",公司有义务通过提供优良的产品与服务回报消费者,把消费者利益放在重要位置,我国颁布有《消费者权益保护法》《消费者保护法实施条例》等法律法规,公司应自觉遵守与践行。

2. 第1款之二:关注生态环保的社会公共利益,承担社会责任

公司有异于其他民事主体的巨大经济力量及风险外溢,其既承担经济责任、法律责任,也承担社会责任、道德责任、环境责任。公司作为企业法人,虽然以营利为目的,但其同时是社会成员,必须承担社会责任,切实维护环境。总之,公司承担的社会责任涉及多个方面,环保是其中的突出要求,立法特意予以列出,其他社会责任还包括但不限于分担劳动就业的社会责任、维护经济秩序、依法纳税、依法为员工办理社会保险等。①

3. 第2款:鼓励公司参与社会公益活动,公布社会责任报告

如果说第1款是依据相关部门法总结出来的对于公司的强制要求,那么本款则是倡导性规范,倡导公司积极参与公益活动,同时借鉴中国香港特别行政区、欧美等地公司社会责任实践,鼓励各类公司都发布社会责任报告,从而进一步强化公司的社会责任。目前,我国上市公司发布社会责任报告是证券交易所强制的,发布ESG报告是倡导性的,其他公司企业发布以上两类报告是自愿的。

◉ 公司治理操作指南

ESG系责任投资的专有名词,E、S、G分别指环境(environmental)、社会(social)和公司治理(governance),系衡量上市公司是否具备社会责任感的重要标准。联合国环境规划署在2004年最早提出这一概念,其后,ESG资产管理规模以每年25%的速度增长。目前,全球范围内各大证券交易所已在ESG方面布局。ESG的核心要求是公司经营活动要符合节约资源、保护环境、促进社会正义、尊重人权、保护各方利益相关者合理诉求、推动公司可持续发展、鼓励公司善治的基本要求。与ESG相近的是公司社会责任(CSR)、可持续发展、气候变化的适应与缓解、社会影响力

① 参见冯果、贾海东:《我国公司法社会责任愿景的可能及其限度》,载《河南社会科学》2023年第9期,第22页。

投资等。①

实践中常出现的困惑是ESG报告与社会责任报告的区别何在。公司作为社会组织的一分子,除致力于公司成长、谋求股东利益最大化之外,作出的决策还应考虑公司活动的社会成本和整体社会的利益。事实上,ESG报告和社会责任报告二者在内容上是不同的,社会责任报告偏重于讲述公司的业绩长处和社会贡献,ESG报告则系统体现出企业的可持续发展战略。

◉ 比较法规范

《英国2006年公司法》第172条;《德国共同决定法》第7条;《德国股份法》第87条;《德国商法典》第289c条;《美国模范商业公司法》第3.01节。

◉ 研究文献

1. 李建伟、李亚超:《论公司社会责任强制性的规范体系建构》,载《交大法学》2023年第5期。

2. 侯东德、韦雅君:《上市公司ESG信息披露框架的构建——基于新发展理念的视角》,载《财经法学》2023年第5期。

3. 刘俊海:《论公司ESG信息披露的制度设计:保护消费者等利益相关者的新视角》,载《法律适用》2023年第5期。

4. 叶榅平:《可持续金融实施范式的转型:从CSR到ESG》,载《东方法学》2023年第4期。

5. 彭雨晨:《强制性ESG信息披露制度的法理证成和规则构造》,载《东方法学》2023年第4期。

6. 杨大可:《公司社会责任在德国:理念与落实》,载《法学杂志》2023年第1期。

7. 朱慈蕴、吕成龙:《ESG的兴起与现代公司法的能动回应》,载《中外法学》2022年第5期。

8. 赵旭东、辛海平:《试论道德性企业社会责任的激励惩戒机制》,载《法学杂志》2021年第9期。

9. 李建伟、李亚超:《企业社会责任原则的商法逻辑》,载《求是学刊》2021年第5期。

10. 袁利平:《公司社会责任信息披露的软法构建研究》,载《政法论丛》2020年第2期。

11. 陈景善:《公司社会责任的股东共益权实现路径》,载《政法论坛》2020年第1期。

---

① 参见刘俊海:《论公司ESG信息披露的制度设计:保护消费者等利益相关者的新视角》,载《法律适用》2023年第5期,第18页。

12. 施天涛:《〈公司法〉第5条的理想与现实:公司社会责任何以实施?》,载《清华法学》2019年第5期。

13. 张世明:《义利之和:企业社会责任与并购》,载《政法论丛》2019年第4期。

14. 朱海珅:《企业社会责任立法研究回顾与展望——基于1990—2015年相关文献的研究》,载《法学杂志》2018年第11期。

15. 黄韬、乐清月:《我国上市公司环境信息披露规则研究——企业社会责任法律化的视角》,载《法律科学(西北政法大学学报)》2017年第2期。

16. 杨力:《企业社会责任的制度化》,载《法学研究》2014年第5期。

17. 徐卫东、崔楠:《保险公司社会责任论——公益性本质与社会性经营的法律契合》,载《法学杂志》2014年第3期。

18. 吴东燕:《论公司社会责任及其规制》,载《政法论丛》2012年第2期。

19. 王崇敏、马建兵《公司社会责任思想在职工民主管理中的理论意义及实践》,载《法学论坛》2012年第1期。

20. 刘萍:《公司社会责任的重新界定》,载《法学》2011年第7期。

21. 郭秀华:《公司社会责任条款司法适用之法理分析》,载《法学》2011年第2期。

22. 彭德:《公司治理结构与企业社会责任的协调与平衡》,载《清华法学》2011年第1期。

23. 薛生全:《公司目标二元论——兼论我国现代公司的社会责任》,载《法学杂志》2010年第12期。

24. 蒋建湘:《企业社会责任的法律化》,载《中国法学》2010年第5期。

25. 王保树:《公司社会责任对公司法理论的影响》,载《法学研究》2010年第3期。

26. 李建伟:《论公司社会责任的内涵界定与实现机制建构——以董事的信义义务为视角》,载《清华法学》2010年第2期。

27. 胡晓静:《论公司社会责任:内涵、外延和实现机制》,载《法制与社会发展》2010年第2期。

28. 沈贵明:《我国公司社会责任的立法规范问题》,载《法学》2009年第11期。

29. 甘培忠:《论我国公司法语境中的社会责任价值导向》,载《清华法学》2009年第6期。

30. 蒋大兴:《公司社会责任如何成为"有牙的老虎"——董事会社会责任委员会之设计》,载《清华法学》2009年第4期。

31. 周友苏、张虹:《反思与超越:公司社会责任诠释》,载《政法论坛》2009年第1期。

32. 沈云樵:《迷思与重塑——公司社会责任再思考》,载《法学杂志》2008年第5期。

33. 葛伟军:《析英国新公司法中关于公司社会责任的规定》,载《政治与法律》2008年第4期。

34. 楼建波:《中国公司法第五条第一款的文义解释及实施路径——兼论道德层面的

企业社会责任的意义》,载《中外法学》2008 年第 1 期。

35. 朱慈蕴:《公司的社会责任:游走于法律责任与道德准则之间》,载《中外法学》2008 年第 1 期。

36. 罗培新:《我国公司社会责任的司法裁判困境及若干解决思路》,载《法学》2007 年第 12 期。

37. 吴越:《公司人格本质与社会责任的三种维度》,载《政法论坛》2007 年第 6 期。

第二十一条 【禁止股东滥用股权】

公司股东应当遵守法律、行政法规和公司章程,依法行使股东权利,不得滥用股东权利损害公司或者其他股东的利益。

公司股东滥用股东权利给公司或者其他股东造成损失的,应当承担赔偿责任。

◉ 立法意旨

本条是关于禁止滥用股东权利的规定。

◉ 条文演变历程

2005 年《公司法》第 20 条首次引入"禁止股权滥用"条款,但该条同时囊括禁止滥用股东权利和禁止滥用法人独立地位,保护对象包括公司、其他股东以及公司债权人。此次修法,一审稿对旧法第 20 条进行了两处修订:一是合并前两款规定形成新第 20 条的第 1 款,并删去"不得滥用公司法人独立地位和股东有限责任损害公司债权人的利益"的内容;二是将旧法第 20 条第 3 款的规定调整至新的第 21 条第 1 款并新增横向人格否认规则,由此形成公司人格否认专条的雏形。二审稿将一审稿第 20 条第 1 款的禁止股东滥用股权规则独立成新的第 21 条,并在内部又将其分拆成两款,但新条款无内容上的变化。此后,三审稿和最终颁布的新《公司法》均沿袭之。

◉ 条文释义

本条对应旧法第 20 条第 1 款、第 2 款,无实质性内容变化。

权利都要有一定的边界,权利行使超越边界,损害他人权益,则构成权利滥用。在比较法上,不少国家、地区的民法典都规定了权利不得滥用原则,我国亦不例外。《民法典》第 132 条规定:"民事主体不得滥用民事权利损害国家利益、社会公共利益或者他人合法权益。”本条是“权利不得滥用原则”在公司法领域中的具体化。[①]

(一)第1款:股东行使权利应合法、合章

1. 义务性质的解释论分歧

任何权利都有其边界,股权亦不例外,本款即界定了股东权利止于滥用。依文义解释,本条实质上确立了股东负有保护公司、其他股东利益的义务,但理论上就该义务的性质存在解释分歧。观点一认为,本条确定了股东对公司、其他股东承担信义义务,此外,依体系解释,本法第23条确定了股东对债权人的信义义务;观点二认为,本条仅是“禁止权利滥用”在公司法中的具体化而已。两类观点有无实质区分,还是异曲同工,需要进一步的探讨。

需要明确的是,不仅多数股东可能构成权利滥用,少数股东亦然。例如,在公司章程规定股东会决议采取全体一致决或授予小股东一票否决权的情形下,少数股东也可能享有支配力,从而落入权利滥用条款的规制范围。此外,少数股东也可能在行使查阅权,临时提案权,召集、主持股东会会议权等方面滥用股权,对公司以及其他股东造成损害。关于此点,本书在相应的条款中有所回应。

2. “依法”的含义

本款规定股东应当“依法”行使股东权利,此处的“依法”存在两处解释论分歧。

分歧一:本款是否为引致规范,从而自身不构成独立的请求权基础?有观点认为本款乃引致规范,必须借助其他具体法律规则判定是否构成滥用股东权利,本条旨在转引这些规则;另有观点认为本款可以直接作为裁判依据,部分裁判案例将本款视为足以使公司决议无效的强制性规定。本书认为,本款与第2款可以共同构成独立的请求权基础,其中本款为责任构成要件,第2款则为责任构成后的法律效果。

分歧二:如本款具有转引之外的实质裁判功能,则此处的“法”意指何物?质言之,一切有约束力的法源以及该等法源中的限制性规定均可进入本款,还是仅限于狭义法律中旨在约束权利人行为的强制性规定?本书认为,首先,“法”应限于本款明确列举的法律、行政法规和公司章程;其次,还应包括前述法源中约束股东权利行使行为的强制性规定。

---

① 参见李建伟:《股东压制的公司法救济:英国经验与中国实践》,载《环球法律评论》2019年第3期,第159页。

3. 滥用行为的识别

《民法典总则编司法解释》第 3 条第 1 款、第 2 款规定，“对于民法典第一百三十二条所称的滥用民事权利，人民法院可以根据权利行使的对象、目的、时间、方式、造成当事人之间利益失衡的程度等因素作出认定。行为人以损害国家利益、社会公共利益、他人合法权益为主要目的行使民事权利的，人民法院应当认定构成滥用民事权利”。这就为权利滥用的识别提供了方法论指引，同时公司法上股东权利滥用的构成要件分析及其识别规则也应遵守。

股东因出资同公司和其他股东有了权利义务的链接，这意味着股东希望与其他人通力合作以共同提升公司财产价值，获得投资回报。因此，股东和公司具有利益一致性，只有公司良性发展，股东的利益才能得到保障，“公司利益优先”要求股东行使权利不得“损人利己”。如股东以掏空公司等方式贬损公司价值、中饱私囊，则直接侵害公司财产权，进一步侵害其他股东的合理期待，也即构成权利滥用。

需要承认，股东利益与公司利益并非完全一致，认定股权滥用时应以损害公司利益为主要考量，以是否侵害其他股东利益为次要考虑。例如，公司盈利的，在多数股东的意志之下公司通过决议不分红，如少数股东不能证明多数股东具有恶意，则不应认定构成滥用股东权利。理由在于，虽然不分红决议事实上损害了少数股东利益，但这属于公司经营管理中的商业判断，可能更符合公司的长远利益。

（二）第 2 款：股东滥用权利的法律后果

本款规定的法律后果为赔偿责任，即股东滥用权利给公司和其他股东造成损失的，应承担赔偿责任。这是公司组织法确立的唯一后果。这一后果，与《民法典总则编司法解释》第 3 条第 3 款末句“滥用民事权利造成损害的，依照民法典第七编等有关规定处理”的规定是一致的，或者是该司法解释条款一般性规定在本条具体场合下的具体应用。

实践中存在争议的是，股东权利滥用是否导致相应的决议行为无效？例如，多数股东滥用表决权通过的某决议，是否将因为股权滥用这一因素而无效？我国公司纠纷裁判实务中存在支持判决与否定判决。事实上，最高人民法院 2016 年公布的《公司法解释四（征求意见稿）》第 6 条曾规定“股东滥用股东权利通过决议损害公司或者其他股东的利益”构成无效决议的情形。虽然最终该文本未通过，但是并不妨碍司法实践中有法官创造性地适用旧法第 20 条第 1 款，裁判公司决议无效。

如果说“股东权利滥用是否导致相应的决议行为无效”这一问题在《民法典》颁布之前还有争论，那么进入民法典时代之后，应持肯定回答。《民法典》第132条规定：“民事主体不得滥用民事权利损害国家利益、社会公共利益或者他人合法权益。”《民法典总则编司法解释》第3条第3款明确指出：“构成滥用民事权利的，人民法院应当认定该滥用行为不发生相应的法律效力……”这一规定适用于本条的场合，应该得出所涉决议无效的结论。

◉ 公司治理操作指南

股东作为投资者享有相应股东权利的同时，行权也要符合法律、法规和章程规定，尤其是公司控制股东，在行使权利时要注意保障少数股东的利益和合理期待。若公司存在特别管理模式，应在公司章程中进行特别规定，避免经营过程中产生分歧。对于少数股东，应合理利用表决权等股东权利，若发生不利情况，可考虑合理利用本条来否定决议效力或要求大股东直接承担赔偿责任。

◉ 比较法规范

《日本公司法》第120条；《韩国公司法》第380条；《德国股份法》第117条；《英国2006年公司法》第994条。

◉ 研究文献

1. 李建伟：《再论股东压制救济的公司立法完善——以〈公司法〉修订为契机》，载《北京理工大学学报（社会科学版）》2022年第5期。

2. 翁小川：《受压迫股东的救济路径研究：股东受信义务与法定压迫救济制度》，载《比较法研究》2021年第4期。

3. 靳羽：《美国控制股东信义义务：本原厘定与移植回应》，载《比较法研究》2021年第1期。

4. 王建文：《论我国构建控制股东信义义务的依据与路径》，载《比较法研究》2020年第1期。

5. 李建伟：《股东压制的公司法救济：英国经验与中国实践》，载《环球法律评论》2019年第3期。

6. 朱慈蕴：《资本多数决原则与控制股东的诚信义务》，载《法学研究》2004年第4期。

◉ 典型案例

案例1：董某诉上海致达建设发展有限公司等滥用股东权侵权赔偿纠纷案①

1. 案情简介

泰富公司(被告1)的注册资本为2100万元;2004年8月30日,原告董某出资315万元,受让被告15%股权;被告1的另一股东为被告上海致达建设发展有限公司(以下简称致达公司)(被告2),拥有公司股权的85%。至2005年12月31日,被告泰富公司未分配红利。

2005年,被告泰富公司以解决公司流动资金为由,四次召开股东会,形成决议:(1)被告致达公司同意向被告泰富公司增资1900万元;(2)被告致达公司同意引进第三人作为战略投资者向被告泰富公司增资1000万元。原告认为上述决议属于恶意增资,第三人为关联公司,均持反对意见。之后,被告泰富公司以公司原注册资本2100万元为增资时的净资产完成了增资行为。2006年3月8日,经工商部门登记核准,泰富公司注册资本为5000万元,致达公司出资3685万元,占73.7%,第三人出资1000万元,占20%,原告董某出资315万元,占6.3%。被告1泰富公司增资前后均未对公司净资产进行审计、评估。

2. 裁判要旨

一审法院认为,泰富公司股东会决议程序合法,但在实施增资决议时未按照当时公司净资产展开,而以大大低于公司净资产的注册资本进行增资,稀释少数股东股权价值,侵害少数股东利益,故依据2005年《公司法》第20条第2款(新《公司法》第21条第2款),认定被告致达公司滥用股东权利,违反对少数股东的信义义务,应对少数股东承担赔偿责任。而富泰公司在审理中拒绝配合审计,也应承担不利后果。后二审中当事人自愿达成调解协议。

3. 案件评析

本案系依据2005年《公司法》第20条(新《公司法》第21条)做出的判决,被告以大幅低于净资产的注册资本为标准增资扩股,稀释了中小股东的持股比例,损害了原告股东的利益和合理期待。法院创造性地解释禁止股东滥用权利规则,在缺乏其他救济措施的情况下,有效保护了受到机会主义行为侵害的小股东。

---

① 参见上海市第二中级人民法院民事调解书,(2008)沪二中民三(商)字第238号。

案例2：姚某城与鸿大（上海）投资管理有限公司公司决议纠纷案[①]

1. 案情简介

2017年6月27日，章某（甲方）、姚某城（乙方）、蓝某球（丙方）、何某松（丁方）、鸿大（上海）投资管理有限公司（以下简称鸿大公司，戊方）共同签订合作协议书，约定：基于戊方将取得代理Tesla在中国大陆设立外商投资企业事宜授权的预期，乙方、丙方、丁方愿意溢价投资入股戊方。其中乙方拟出资700万元，占增资后戊方15%的股份；丙方、丁方拟各出资350万元，各占增资后戊方7.5%的股份。各方均在协议上签字或盖章。

2017年7月17日，鸿大公司形成新的公司章程载明：鸿大公司注册资本1000万元；章某出资700万元、姚某城出资150万元，蓝某球、何某松各出资75万元，出资时间均为2037年7月1日；股东会会议应当于会议召开15日以前通知全体股东；股东会会议由股东按照出资比例行使表决权，股东会会议作出修改公司章程、增加或者减少注册资本的决议，以及公司合并、分立、解散或者变更公司形式的决议，必须经代表全体股东2/3以上表决权的股东通过。姚某城、章某、蓝某球、何某松在上述章程后签名，并在此后登记成为鸿大公司股东。

2018年10月30日，鸿大公司向姚某城发送2018年临时股东会通知，载明会议召开时间、地点，会议审议事项为：(1)更换并选举新的监事；(2)修改公司章程；(3)限制部分未履行出资义务股东的股东权利；(4)授权公司就敦促未履行出资义务的股东缴付出资事项采取必要措施。

2018年11月18日，鸿大公司形成2018年第一次临时股东会决议，载明：应到会股东4人，实际到会股东为章某、蓝某球、何某松，占总股数85%；姚某城收到股东会通知后未出席股东会，也未委托其他人出席股东会。会议由执行董事主持，到会股东一致同意形成决议如下：(1)选举何植松为公司监事，免除姚某城的公司监事职务。(2)通过章程修正案。(3)姚某城未按照约定缴付出资款700万元，且在鸿大公司多次催缴的情况下仍拒不履行出资义务，股东会决定限制姚某城的一切股东权利（包括但不限于收益分配权、表决权、知情权等），直至姚某城履行全部出资义务之日止。(4)采取一切必要措施要求姚某城履行出资义务。章某、蓝某球、何某松合计持有鸿大公司85%股权，代表的表决权超过2/3，以上决议内容符合《公司法》及公司章程的规定，合法有效。上述临时股东会决议所涉章程修正案载明如下内容：将鸿大公司章程中姚某城、章某、蓝某球、何某松作为鸿大公司股东的出资时间由2037年7月1日修改为2018年12月1日。上述章程修正案落款处由章某作为鸿大公司法定代表人签名，落款时间为2018年11月18日。

姚某城起诉请求：确认鸿大公司于2018年11月18日作出的2018年第一次临时股

---

① 参见上海市虹口区人民法院民事判决书，(2019)沪0109民初11538号；上海市第二中级人民法院民事判决书，(2019)沪02民终8024号。

东会决议无效。

2. 裁判要旨

一审法院认为，姚某城诉请所针对的鸿大公司临时股东会决议共有4项决议内容。根据姚某城陈述及其提供的证据材料分析，姚某城要求确认无效的决议内容主要为第2项、第3项决议。关于第2项决议，出资期限涉及股东基本利益，不能通过多数决的方式予以提前，故涉案临时股东会决议中第2项决议无效。对于第3项决议，限制姚某城的股东权利系基于姚某城未按约定缴付700万元，该笔款项与第2项决议中所涉及的注册资本出资的含义、款项金额均不相同，而姚某城要求基于第2项决议无效来确认第3项决议无效缺乏相应依据。临时股东会决议中仅第2项决议无效，其他内容均有效。

二审法院认为，本案临时股东会决议第2项通过章程修正案将股东出资时间从2037年7月1日修改为2018年12月1日，显然属于要求股东姚某城提前出资的情形。修改股东出资期限，涉及公司各股东的出资期限利益，并非一般的修改公司章程事项，不能适用资本多数决规则。临时股东会决议剥夺了姚某城作为公司股东的出资期限利益，限制了姚某城的合法权益。

3. 案件评析

有限责任公司章程或股东出资协议确定的出资期限系股东之间达成的合意。除法律规定或存在其他合理、紧迫事由需要修改出资期限外，股东会作出修改出资期限的决议应经全体股东一致通过。公司股东滥用控股地位，以多数决方式通过修改出资期限的决议，损害其他股东利益，违反了2018年《公司法》第20条(新《公司法》第21条)规定的"禁止滥用股权"规则，决议应属无效。

第二十二条 【禁止不公平关联交易】

公司的控股股东、实际控制人、董事、监事、高级管理人员不得利用关联关系损害公司利益。

违反前款规定，给公司造成损失的，应当承担赔偿责任。

◉ 立法意旨

本条是关于禁止不公平关联交易的规定。

◉ 条文演变历程

本条可追溯至2005年《公司法》第21条，此后几轮修订均未改动。本次修法，仅是将旧法的"其"字删除。

◉ 条文释义

本条对应旧法第21条，未见内容性修订。

1. 关联交易的双面性

关联交易的本质在于交易双方名为两方,但是决定交易内容的却是能够控制对方意思的其中某一方,或者能够控制双方意思的第三方。简言之,可总结为“two parties, one head”。前一种情形如A为母公司,B为子公司,A控制B公司,A、B之间交易;后一种情形如A为母公司,B、C分别为其持有100%、60%股份的子公司,在A的安排之下B、C之间交易。

关联交易作为一种典型的利益冲突交易,是一把“双刃剑”。一方面关联交易因能够有效降低交易成本而具有重要价值,另一方面又因其利益冲突交易的本质而存在被关联人不当利用损及公司利益的可能。比如,在前述第一个情形下,在A的意思控制之下A可能侵害B的利益,最终损害B公司职工、债权人等利害关系人利益;在前述第二个情形下,在A的安排下B可能侵害C的利益,最终A间接受益,损害B公司其他股东以及职工、债权人利益。故而,如何对其进行妥善规制,允许正当合法的关联交易,否定不公平的关联交易,是公司法所调整的核心问题,也是本次法律修订的焦点之一。

2. 第1款之一:关联交易的控制主体界定

本款对于能够实施关联交易的控制主体进行了穷尽式列举,共有五种人,即公司的控股股东、实际控制人(合称双控人)以及董事、监事、高级管理人员(合称董监高)。这些主体有能力控制公司的意思,故有实施不公平关联交易的可能性——这就是“关联交易”概念中的“关联”二字的内涵。至于“关联交易”中“交易”的内涵,应采取功能性或经济性的广义理解,其外延涵盖法律行为以及其他基于意志的对公司财产状况和收益状况产生影响的措施,无论交易是有偿还是无偿,既包括商业上的合同、交易、安排,还包括诸如撤销、单方解除合同、抵销、行使期权等行为。

3. 第1款之二:规范性质界定

适用本款时存有一个疑问,即双控人、董监高不得利用关联关系损害公司利益中的“不得”是否具有强制性,本款是否为强制性规定?违反本款是否导致关联交易合同无效?对此问题要具体分析、类型化讨论。具言之,本款可能并不全然属于效力性强制规范。《民法典合同编通则司法解释》第18条规定:“法律、行政法规的规定虽然有‘应当’‘必须’或者‘不得’等表述,但是该规定旨在限制或者赋予民事权利,行为人违反该规定将构成无权处分、无权代理、越权代表等,或者导致合同相对人、第三人因此获得撤销权、解除权等民事权利的，人民法院应当依据法律、行政法规规定的关于违反该规定的民事法律后果认定合同效力。”作为组织法规范，本条并未规定无效后果，而仅仅规定了损害赔偿责任——这无疑是明智的，因为交易行为效力如何由行为法（合同法）调整。

那么，《民法典》合同编有无关于关联交易合同效力的特殊规定呢，回答是没有，判断关联交易合同的效力，适用合同效力的一般规则。比如，不公平关联交易导致双方利益严重失衡的，可能构成显失公平，利益受损的一方有权撤销。对此，《公司法解释五》第1条、第2条规定，公司以及代替公司提起代位诉讼的股东都可以主张该类合同无效，至少主张无效的规范依据并不在本款。总之，不能仅凭据本款的“不得”一词直接得出结论说但凡违反本款的关联交易合同均存在效力瑕疵。

4. 第2款：不公平关联交易的组织法后果

本款作为组织法规范，仅规定了一个法律后果——利用关联关系损害公司利益的主体应当承担损害赔偿责任。本款文义上虽未明确指出赔偿责任主体，但结合上款进行体系解释可知，责任主体是利用关联关系损害公司利益的双控人、董监高。

赔偿责任由公司负责追究，若公司不作为，股东可依据《公司法》第189条、《公司法解释五》第1条等提起代位诉讼，可以提起要求利用关联关系损害公司利益的双控人、董监高承担赔偿责任的诉讼，也可以根据《公司法解释五》第2条提起确认关联交易合同无效之诉。

◉ 公司治理操作指南

若公司追求规范的公司治理，应当通过公司章程建立起一套确保关联交易公平的正当程序机制。

虽然关联交易均应当受到本法第22条事后实质公平规则的规制，由法院最终裁判公平与否及损害赔偿责任的承担，但事前的正当程序同样重要。正当程序的核心规则有二：一是关联人有信息披露义务，如实向公司披露其在交易中的利益关系；二是其有回避义务，也即控股股东、董监高要回避相应的决议表决。关于信息披露义务，本法第182条、第184条规定了董事、高管在从事关联交易、竞争业务时的信息披露义务；关于回避义务，除第15条、第139条、第185条外，本法并未对股东、董事在其他存在关联关系的场合下提出强行回避表决的义务；但仔细研究上述条文，可谓字里行间都在为章程进一步规定信息披露义务、回避义务留下余白。借鉴《美国特拉华州普通公司法》上的"安全港规则"(rule of safe harbor),事前合规程序虽不是对实质公平规则的根本替代,但能完成举证责任的转换——在未经过章程规定的正当程序时,考虑到被告相较于原告具有信息获取优势,举证责任应当归于被告,由被质疑的关联人举证证明关联交易的整体公平性;反之,举证责任转换至原告,应当由原告举证证明关联交易不符合实质公平规则。

◉ 比较法规范

《美国特拉华州普通公司法》第144条;《美国模范商业公司法》第8.60节至第8.63节;《韩国商法》第398条;《日本公司法》第356条;《德国股份法》第89条、第315条、第317条;中国台湾地区"公司法"第178条、第206条。

◉ 研究文献

1. 曾思:《上市公司关联交易的回应型规制》,载《中外法学》2021年第6期。

2. 施天涛:《公司法应该如何规训关联交易?》,载《法律适用》2021年第4期。

3. 汪青松:《关联交易规制的世行范式评析与中国范式重构》,载《法学研究》2021年第1期。

4. 李建伟:《规制关联交易的法律规范体系及其展开》,载《人民司法》2014年第19期。

5. 施天涛、杜晶:《我国公司法上关联交易的皈依及其法律规制——一个利益冲突交易法则的中国版本》,载《中国法学》2007年第6期。

6. 刘道远:《关联交易本质论反思及其重塑》,载《政法论坛》2007年第6期。

◉ 典型案例

西安陕鼓汽轮机有限公司与高某华等公司关联交易损害责任纠纷案①

1. 案情简介

西安陕鼓汽轮机有限公司(以下简称汽轮机公司)的董事高某华、程某在任职期间入股杭州钱塘机电有限公司(以下简称钱塘公司),分别出资20万元、10万元,占比分别为40%、20%。2010年至2015年5月,汽轮机公司与钱塘公司共签订采购合同近2100份,总额约2.5亿元。2015年6月,汽轮机公司专项调查组作出"汽轮机向钱塘公司采购业务核查报告",报告认为汽轮机公司从钱塘公司采购的汽缸、主轴毛坯均高于市场价。2017年4月5日,汽轮机公司监事会作出"西安陕鼓汽轮机有限公司部分高管进行关联交易损害公司利益的调查报告",报告认为高某华、程某作为钱塘公司的主要股东和实际

① 参见最高人民法院民事判决书,(2021)最高法民再181号。

控制人，操纵钱塘公司与汽轮机公司进行关联交易，未向汽轮机公司披露、审批或者报批，利用关联交易获取巨额利润，严重违反《公司法》及公司章程。

汽轮机公司起诉，请求高某华、程某向其连带赔偿相应损失，并主张钱塘公司存续期间所获的的利润总和就是汽轮机公司的损失数额。

2. 裁判要旨

一审、二审法院及再审法院均认可本案属于公司关联交易损害责任纠纷，基于高某华与程某在汽轮机公司任职和在钱塘公司持股的事实，认定钱塘公司与汽轮机公司之间的交易为关联交易。本案争议焦点由此明确为钱塘公司与汽轮机公司之间的关联交易是否损害后者利益。法院指出，公司法不禁止不损害公司利益的关联交易，判断是否有损公司利益的实质要件是交易对价是否公允，应当从合同约定、合同履行是否符合正常的商业交易原则以及交易价格是否合理等方面进行审查。

一审、二审法院认为，汽轮机公司提供的证据达不到证明标准。再审阶段，原告补充多份证据，再审法院重新审理后推翻了生效判决，指出高某华和程某作为董事没有对关联交易进行信息披露、违反忠实义务，在汽轮机公司初步举证关联交易不公允后无法提供充分证据进行抗辩，且二人行为与汽轮机公司损害结果有因果关系。再审法院支持汽轮机公司的再审请求，判决高某华、程某连带赔偿汽轮机公司所受损失。

3. 案件评析

本案是典型的董事、高管利用关联交易侵害公司利益的情形。汽轮机公司的两位董事利用其所控制公司与本公司进行交易，事前未进行充分披露，事后亦无充分证据证明对价公允，应承担赔偿责任。值得关注的是，新《公司法》施行后，董监高与公司的关联交易应当满足"形式公平，实质公允"要求。

第二十三条　【公司人格否认】

公司股东滥用公司法人独立地位和股东有限责任，逃避债务，严重损害公司债权人利益的，应当对公司债务承担连带责任。

股东利用其控制的两个以上公司实施前款规定行为的，各公司应当对任一公司的债务承担连带责任。

只有一个股东的公司，股东不能证明公司财产独立于股东自己的财产的，应当对公司债务承担连带责任。

◉ 立法意旨

本条是关于公司人格否认"揭开法人面纱"的规定。

◉ 条文演变历程

2005年《公司法》第20条第3款首次引入公司人格否认制度，其内容同本条第1款，其第64条则规定了一人有限公司法人格否认举证责任倒置规则。2013年，最高人民法院公布的15号指导案例将适用范围扩展到横向人格否认，明确关联公司之间可以对彼此债务互负连带责任。2020年，最高人民法院通过(2020)最高法民申2158号案将适用范围再扩展到逆向人格否认，即子公司对母公司债务承担连带责任。本次修法，前述法律规范与裁判规则被整合与优化为新第23条。详言之，一审稿吸纳旧法第20条第3款作为第1款，同时新增第2款"公司股东利用其控制的两个以上公司实施前款规定行为的，各公司应当对任何一个公司的债务承担连带责任"，形成第21条。二审稿第23条第2款将一审稿第21条第2款的"任何一个"修改为"任一"，同时吸纳旧法第63条规定，形成第23条第3款"只有一个股东的公司，股东不能证明公司财产独立于股东自己的财产的，应当对公司债务承担连带责任"。三审稿第23条第2款将"公司股东"精简为"股东"。最终颁布的新《公司法》再无修订。

◉ 条文释义

本条第1款、第3款吸纳与优化旧法第20条第3款与第63条，新增第2款，整合为公司人格否认的专门条款。

(一)公司人格否认的基本法理

公司人格否认(disregard of corporate entity/personality)，又称公司法人人格否认，美国称"揭开公司面纱"(lifting the corporations veil)，英国称"刺破公司面纱"(piercing the corporate veil)，德国称"直索责任"(durchgriff)，日本称"透视理论"，指当公司股东滥用公司法人独立地位和股东有限责任来逃避债务，严重损害债权人利益时，债权人可以请求法院否认公司法人资格，要求滥用公司人格的股东对公司债务承担连带责任。

公司人格否认规则源于公司人格的异化和股东有限责任遭到滥用的现象，肇始于英美公司法判例，后为大陆法系公司法所吸收，成为各国公司法的一项普遍规则。其根本目的，乃在于通过对股东有限责任的修正和维护，来平衡公司股东与债权人的风险与利益，实现"矫正的正义"。不过迄今为止，除我国外，该规则还没有实现成文法化,各国主要以法理或判例的方式予以确认和适用。[①] 因此,大陆法系公司法称为"公司法人格否认法理"。我国以成文法形式直接规定这一制度,故称为"公司人格否认规则"。[②]

(二)第1款:(纵向)人格否认的适用要件

公司人格否认,在学理上有纵向与横向、正向与逆向之分。[③] 其中,纵向人格否认是实务中最常见的情形,也是本来意义上的法人人格否认,也即滥权股东对于公司债务承担连带责任。

根据本款规定,纵向人格否认的适用要件有以下5个。

1. 主体要件

作为股东有限责任原则的一种例外,公司人格否认基于个案而个别适用,因此,适用对象即承担责任者限于滥用公司人格的股东。(1)滥用公司人格的行为人是股东,责任承担者也只能是股东。股东滥用公司人格的行为如由不具有股东身份的董事、高管具体执行,追究其责任只能适用公司法关于董事、高管信义义务的规定。(2)此处的股东仅仅指滥用公司人格的股东,即滥用股东权利并获得不法利益的股东,可能是全体股东,也可能是部分股东,但多数情形下是多数股东。(3)由于本款使用的是股东而非实际控制人的概念,所以"揭开法人面纱"仅限于一层,依照文义解释,爷孙公司之间的纵向揭开并不被允许。

2. 行为要件

考虑到实践中滥用公司人格的行为方式复杂多样,立法难以穷尽列举,故本款采取概括式立法表述,即"滥用公司法人独立地位和股东有限责任,逃避债务"。此处的"债务"是指公司对外所负债务,"逃避"就是通过欺诈手段意图不履行债务。逃避债务的实践形式有多种,如果行为人采取了滥用公司法人格以外的方式,应适用其他相关法律,如《民法典》第三编第五章关于合同的保全的规定,而不适用公司法人格否认规则。需要指出的是,此处的"逃避债务",属于客观行为要件,而非股东的主观要件。虽然理论上有人主张公司法人格否认应以股东具有逃避债务的主观恶意作为构成要件,但追究本款的立法本意,本款并没有将主观意图作为认定股东

① 参见朱慈蕴:《公司法人格否认法理研究》,法律出版社1998年版,第1~79页。

② 参见李建伟:《公司法学》(第5版),中国人民大学出版社2022年版,第79~80页。

③ 参见李建伟:《公司诉讼类型化专题24讲(一):公司大数据实证分析与裁判规则评述》,法律出版社2021年版,第2页。

滥用公司人格的标准。

《九民纪要》将常见的“滥权行为”类型化为三种：

一是人格混同。《九民纪要》第10条规定，公司人格与股东人格是否存在混同的最根本的判断标准，是公司是否具有独立意思和独立财产，最主要的表现是公司的财产与股东的财产是否混同且无法区分。在认定是否构成人格混同时，应综合考虑以下因素：其一，股东无偿使用公司资金或者财产，不作财务记载的；其二，股东用公司的资金偿还股东的债务，或者将公司的资金供关联公司无偿使用，不作财务记载的；其三，公司账簿与股东账簿不分，致使公司财产与股东财产无法区分的；其四，股东自身收益与公司盈利不加区分，致使双方利益不清的；其五，公司的财产记载于股东名下，由股东占有、使用的；其六，人格混同的其他情形。在出现人格混同的情况下，往往同时出现以下混同：公司业务和股东业务混同；公司员工与股东员工混同，特别是财务人员混同；公司住所与股东住所混同。法院在审理案件时，关键要审查是否构成人格混同，而不要求同时具备其他方面的混同，其他方面的混同往往只是人格混同的补强。

二是过度支配与控制。《九民纪要》第11条规定，公司控制股东对公司过度支配与控制，操纵公司的决策过程，使公司完全丧失独立性，沦为控制股东的工具或躯壳，严重损害公司债权人利益的，应当否认公司人格，由滥用控制权的股东对公司债务承担连带责任。实践中常见的情形包括：其一，母子公司之间或者子公司之间进行利益输送；其二，母子公司或者子公司之间进行交易，收益归一方，损失却由另一方承担；其三，先从原公司抽走资金，然后再成立经营目的相同或者类似的公司，逃避原公司债务；其四，先解散公司，再以原公司场所、设备、人员及相同或者相似的经营目的另设公司，逃避原公司债务；其五，过度支配与控制的其他情形。控制股东或实际控制人控制多个子公司或者关联公司，滥用控制权使多个子公司或者关联公司财产边界不清、财务混同，利益相互输送，丧失人格独立性，沦为控制股东逃避债务、非法经营甚至违法犯罪工具的，可以综合案件事实，否认子公司或者关联公司法人人格，判令承担连带责任。

三是资本显著不足。《九民纪要》第12条规定，资本显著不足指的是，公司设立后在经营过程中，股东实际投入公司的资本数额与公司经营所隐含的风险相比明显不匹配。股东利用较少资本从事力所不及的经营，表明其没有从事公司经营的诚意，实质是恶意利用公司独立人格和股东有限责任把投资风险转嫁给债权人。由于资本显著不足的判断标准有很大的模糊性,尤其是要与公司采取“以小博大”的正常经营方式相区分,所以需要审慎适用,注意与其他因素结合起来综合判断。

3. 主观要件

既然被追究连带责任的股东实施了“滥用行为”,其主观上只能是故意,也即股东具有滥用公司法人独立地位和股东有限责任来逃避债务的主观恶意,积极实施滥权行为或者放任滥权行为的发生。

4. 结果要件

无损害则无救济。如虽有股东滥用公司人格之行为,但并无损害结果,则债权人并无援用公司人格否认规则的必要。对此,本款规定的“严重损害债权人利益”,就是结果要件的判断标准。“严重”显然是一个难以量化的概括性标准,其立法意旨是将公司人格否认的适用限定在一个较小范围之内,以此维护股东有限责任原则,同时积极保护公司债权人利益,在二者间保持动态平衡。以《九民纪要》的司法立场表述,即既要慎重适用公司人格否认,又要该用的时候大胆地用。

5. 因果关系

滥用公司人格的行为与损害结果之间应当有因果关系,即“严重损害公司债权人利益”的后果是由“公司股东滥用公司法人独立地位和股东有限责任”的行为造成的。如债权人的损失系由其他原因如公司经营事业的失败引起的,就不应适用公司人格否认规则。证明责任由债权人承担。

(三)第2款:横向人格否认的特殊构造

本款是新增内容,由此确立了横向人格否认制度。横向人格否认是指,在控制股东、实际控制人控制多家关联公司,滥用控制权使多个关联公司财产边界不清、财务混同,利益相互输送,彼此丧失人格独立性,沦为控制者逃避债务、非法经营甚至违法犯罪的工具的情形下,否认关联公司的法人人格,判令彼此承担连带责任。在公司集团的运作实务中,姐妹公司之间、母子公司之间发生侵害债权人的复合型不当行为较频繁。过去十多年中,我国法院几乎在“无法可依”的背景下作出横向乃至逆向人格否认的判决,实为事出有因。2013年,最高人民法院发布15号指导案例——徐工集团工程机械股份有限公司诉成都川交工贸有限公司等买卖合同纠纷案,[1]最高

① 参见江苏省徐州市中级人民法院民事判决书,(2009)徐民二初字第0065号;江苏省高级人民法院民事判决书,(2011)苏商终字第0107号。

人民法院公布的裁判要点是:(1)关联公司的人员、业务、财务等方面交叉或混同,导致各自财产无法区分,丧失独立人格的,构成人格混同;(2)关联公司人格混同,严重损害债权人利益的,关联公司相互之间对外部债务承担连带责任。可以说,本款正是基于此司法裁判规则衍生而出的立法规范。特别注意的是,本款使用的是“控制”而非“控股”,所以足以扩展到所有的关联企业,包括但不限于姐妹公司、叔侄公司、爷孙公司等。

(四)第3款:一人公司人格否认的举证责任倒置

本款对应旧法第63条,将该条合并至公司人格否认专条,体现其立法科学性。

一人公司的人格否认适用股东举证责任倒置,这导致一人公司的股东经营风险加大,如无特别必要,投资人(无论是自然人还是法人组织)设置一人公司尤其要谨慎,尤其是自然人一人公司。

必须指出,对于股东为夫妻二人的公司,因其不属于一个股东的公司,故不适用本款规定。

还要指出,国有独资公司并非一人公司,故也不适用于本款规定。

实践中常有的疑问是,一人公司的股东如何证明自己与一人公司的财产不混同?证明消极事实无疑难度巨大,实践中有效的证据有三种:一是日常经营管理行为的规范性,比如一名股东、一名董事、一名监事做出的决定书的规范性与置备齐整,关联交易合同的程序性合规留痕;二是历年财务会计报告的真实与置备齐整;三是专项审计报告能够证明一个股东与一人公司的财务不混同、资产不混同等。

◉ 公司治理操作指南

本次修法曾讨论过是否需要确立逆向公司人格否认。逆向公司人格否认,是指母公司为了逃避自身的债务,滥用自身的法人资格,将自己的利益不当输送至子公司,为了保护母公司债权人的利益,判定子公司为母公司的债务承担连带责任。本次修法未涉及该制度,实践中存在支持判决。本书认为,逆向否认的价值有限,母公司债权人可以请求执行该母公司对子公司的股权,大多数情形下足以满足其偿债需求。

◉ 研究文献

1. 石一峰:《关联公司人格否认动态判断体系的构建》,载《环球法律评论》2022年第3期。

2. 侯永兰:《论公司人格否认制度适用情形标准化及路径选择》,载《法学评论》2022年第1期。

3. 李建伟:《关联公司法人人格否认的实证研究》,载《法商研究》2021 年第 6 期。

4. 岳万兵:《反向否认公司人格:价值、功用与制度构建》,载《国家检察官学院学报》2021 年第 6 期。

5. 朱慈蕴、梁泽宇:《“资本显著不足”的适用与研判:理论、实证与规则》,载《法学评论》2021 年第 3 期。

6. 陈群峰:《“资本显著不足”情形下公司法人格否认制度完善研究》,载《法学杂志》2020 年第 11 期。

7. 黄辉:《公司集团背景下的法人格否认:一个实证研究》,载《中外法学》2020 年第 2 期。

8. 薛波:《公司法人格否认制度“入典”的正当性质疑——兼评〈民法总则〉“法人章”的立法技术》,载《法律科学(西北政法大学学报)》2018 年第 4 期。

9. 杜麒麟:《反向刺破公司面纱的制度构建与适用》,载《法学评论》2016 年第 6 期。

10. 王文宇:《揭开法人的神秘面纱——兼论民事主体的法典化》,载《清华法学》2016 年第 5 期。

11. 胡改蓉:《“资本显著不足”情形下公司法人格否认制度的适用》,载《法学评论》2015 年第 3 期。

12. 高旭军:《论“公司人格否认制度”中之“法人人格否认”》,载《比较法研究》2012 年第 6 期。

13. 黄辉:《中国公司法人格否认制度实证研究》,载《法学研究》2012 年第 1 期。

14. 任自力、孙新强:《揭开“公司法人格否认”之面纱》,载《国家检察官学院学报》2009 年第 4 期。

15. 吴建斌:《公司法人格否认成文规则适用困境的化解》,载《法学》2009 年第 7 期。

16. 李建伟:《公司法人格否认规则在一人公司的适用——以〈公司法〉第 64 条为中心》,载《求是学刊》2009 年第 2 期。

17. 毛为民:《一人公司“法人格滥用推定”制度的法理评析——兼论公司立法的价值抉择》,载《现代法学》2008 年第 3 期。

18. 朱慈蕴:《公司法人格否认:从法条跃入实践》,载《清华法学》2007 年第 2 期。

19. 蒋大兴:《一人公司法人格否认之法律适用》,载《华东政法学院学报》2006 年第 6 期。

20. 石少侠:《公司人格否认制度的司法适用》,载《当代法学》2006 年第 5 期。

21. 徐琼:《资本不足适用公司人格否认理论之质疑》,载《政治与法律》2006 年第 3 期。

◉ 典型案例

徐工集团工程机械股份公司诉成都川交工贸有限公司等买卖合同纠纷案①

1. 案情简介

成都川交工程机械有限责任公司(以下简称川交机械公司)与四川瑞路建设工程有限公司(以下简称瑞路公司)的法定代表人均为王某礼,股东均为王某礼、李某、倪某。成都川交工贸有限责任公司(以下简称川交工贸公司)的股东为张某蓉(90%)、吴某(10%),张某蓉系王某礼之妻。

在公司人员方面,三家公司经理均为王某礼,财务负责人均为凌某,出纳会计均为卢某,工商手续经办人均为张某;三家公司的其他管理人员存在交叉任职的情形,如过某利兼任川交工贸公司副总经理和川交机械公司销售部经理职务。

在公司业务方面,三家公司登记的经营范围均涉及工程机械且部分重合。川交工贸公司的经营范围被川交机械公司的经营范围完全覆盖。川交机械公司系徐工集团工程机械股份有限公司(以下简称徐工公司)在四川地区(攀枝花除外)的唯一经销商,但三家公司均从事相关业务,且相互之间存在共用统一格式的"销售部业务手册"、"二级经销协议"、结算账户的情形。三家公司在对外宣传中区分不明,川交工贸公司、瑞路公司在相关网站上共同招聘员工,所留电话号码、传真号码等联系方式相同。

在公司财务方面,三家公司共用结算账户。在川交工贸公司向其客户开具的收据上,有的加盖其财务专用章,有的则加盖瑞路公司财务专用章。在与徐工公司均签订合同、均有业务往来的情况下,三家公司于2005年共同向徐工公司出具"说明",称因川交机械公司业务扩张而注册了另两家公司,要求所有债权债务、销售量均计算在川交工贸公司名下,并表示今后尽量以川交工贸公司名义进行业务往来。川交工贸公司、瑞路公司于2006年年底共同向徐工公司出具"申请",以统一核算为由要求将2006年度的业绩、账务均计算至川交工贸公司名下。

2009年,徐工公司为催要货款,将这三家公司起诉至法院,认为三公司混同,王某礼及川交工贸公司股东的个人资产与公司资产混同,构成共同侵权。请求判令:川交工贸公司支付所欠货款及利息;瑞路公司、川交机械公司及王某礼等对上述债务承担连带责任。

2. 裁判要旨

法院认为,3家公司虽为彼此独立的企业法人,但实际上相互之间界线模糊、人格混同。其中,川交工贸公司承担所有关联公司的债务却无力清偿,又使其他关联公司逃避巨额债务,严重损害了债权人的利益。其行为本质和危害结果与2005年《公司法》第20

① 参见最高人民法院指导案例15号(2013年)。

条第3款(新《公司法》第23条)规定的情形相当。因此,参照人格否认条款判决川交机械公司、瑞路公司对川交工贸公司的债务承担连带清偿责任。

3. 案件评析

关联公司人格混同,严重损害债权人利益的,关联公司相互之间对外部债务承担连带责任。本案审理法院认为,3家公司人格混同,而且川交工贸公司承担所有关联公司的债务却无力清偿,同时也使其他关联公司逃避巨额债务,因此判定川交机械公司、瑞路公司对川交工贸公司的债务承担连带清偿责任。

第二十四条 【电子通信会议】

公司股东会、董事会、监事会召开会议和表决可以采用电子通信方式,公司章程另有规定的除外。

◉ 立法意旨

本条是关于公司可以采用电子通信方式召开会议和表决的规定。

◉ 条文演变历程

本条系新增条款。此次修法,一审稿第76条规定:"股东会、董事会召开会议和表决,可以按照公司章程的规定采用电子通讯方式。"二审稿有三处修改:一是明确监事会召开会议和表决也可以采用电子通讯方式;二是将"按照公司章程的规定"删除,并在句末加上"公司章程另有规定的除外";三是将条文序号调整为第24条。三审稿无变化。审议通过时,又将三审稿的"通讯"修订为"通信"。

◉ 条文释义

本条是公司法对于当今社会电子通信技术发展的回应。

1. 公司会议和表决的电子化

公司会议和表决的电子化是指以电子计算机及网络技术为手段,将电子技术运用于公司股东会、董事会、监事会等公司召开的会议和表决的全过程。理解要点有三:一是公司会议和表决电子化的手段是电子计算机与网络技术;二是公司会议和表决电子化是以电子技术取代传统的书面方式为本质;三是公司会议和表决电子化是电子技术运用于公司会议的一系列过程。①

---

① 参见王宗正:《股东大会电子化的法律问题研究》,西南政法大学2017年博士学位论文,第26页。

2. 赋权与限制

本条意在赋权公司会议以电子通信形式召开与表决，以有效节省会议时间，提高会议效率。电子通信未被限定为以特定软件或方式进行，电子邮箱、语音电话、网络视频等方式均无不可。但本条末尾规定“公司章程另有规定的除外”，表明本条并不是强制性规定，章程可以规定某些会议的召开或者表决不得采用电子化形式。也即反向解释为，除非公司章程另有规定，否则公司采用电子通信方式召开会议和进行表决的方式都是合法有效的。

3. 公司会议与表决电子化的制度价值

传统公司法上，公司会议主要采用现场召开、现场表决方式，随着信息技术的发展，越来越多的公司通过电子方式举办会议和进行表决，这不仅有利于降低会议成本、提升效率，更重要的是有利于减少少数股东搭便车行为，极大地促进股东积极主义运动开展，扩大股东民主。

◉ 公司治理操作指南

从本条的文义上看，公司会议召开与表决的电子化，专指股东会、董事会、监事会等三法人机关的会议，但是公司法中的公司治理结构内的公司会议还有公司债券持有人会议、类别股股东会会议、审计委员会会议、清算组会议等，依照合目的性解释，这些会议的召开及表决当然也可以适用电子化，除非公司章程另有规定。

◉ 比较法规范

《日本公司法》第298条；《美国特拉华州普通公司法》第141条；中国台湾地区“公司法”第177条、第177－2条。

◉ 研究文献

林一英：《新〈公司法〉对股东权利保护的完善》，载《法律适用》2024年第2期。

第二十五条 【公司决议无效】

公司股东会、董事会的决议内容违反法律、行政法规的无效。

◉ 立法意旨

本条是关于公司决议无效的规定。

◉ 条文演变历程

本条可追溯至1993年《公司法》第111条：“股东大会、董事会的决议违反法律、行政法规,侵犯股东合法权益的,股东有权向人民法院提起要求停止该违法行为和侵害行为的诉讼。"该条采用了"停止"违法和侵害的表述,未采用"决议无效"或类似表述,因此不涉及公司决议效力判断规则,难以成为裁判规范。2005 年修法删除了原第 111 条,在第一章"总则"部分新增第 22 条第 1 款,"公司股东会或者股东大会、董事会的决议内容违反法律、行政法规的无效"。自此,形成普遍适用于有限公司、股份公司的决议无效规则。此次修法,一审稿第 72 条将旧法第 22 条第 1 款独立成条,并顺应公司治理章节的术语变化,不再区分股东大会和股东会,将两者统一为股东会。二审稿、三审稿仅调整序号,直至形成本条。

◉ 条文释义

本条对应旧法第 22 条第 1 款,无实质性修订。

(一)公司决议效力瑕疵体系概说

1. 决议的类型

我国公司法中的决议瑕疵制度目前仅覆盖股东会决议和董事会决议,文义上未包含监事会决议。鉴于新法引入了类别股股东会会议、公司债券持有人会议、审计委员会会议,合目的性解释的结论理应是:既然公司决议包括股东会、董事会、监事会、类别股股东会、公司债券持有人会议、审计委员会会议乃至清算组会议,且《民法典》第 134 条将以上会议的决议均列为民事法律行为,所以公司决议效力瑕疵规则应适用于以上所有会议。

2. 决议成立、生效与效力

《民法典》第 134 条第 2 款列决议为民事法律行为,所以决议的成立、生效与效力,自然也适用民事法律行为的成立、生效与效力的一般规则。

需要强调的要点包括:

(1)决议成立是评价其生效及效力的前提。

唯有在决议成立后,才有其生效与否的探讨,同时也才有效力类型的划分;如决议不成立,自然也就无所谓生效和效力类型的划分。

如何判断公司决议成立与否?这涉及公司决议的成立要件,详见本法第 27 条评注。

(2)决议成立与生效的关系模式。

决议成立后,如不存在效力瑕疵,则当即生效。我们可以简要回顾一下合同这一民事法律行为的成立与生效的关系,其至少存在以下三种类型:

①绝大多数有效的合同成立后,立即生效。

②有些合同,成立后未必当时生效,其成立与生效可能存在时间间隔。具体是指,附生效条件、附期限或者需要批准才能生效的合同,则分别需要在条件成就、期限到来以及取得审批手续后才能生效,否则不生效;附失效条件的有效合同,则在条件成就的时候自然失效。

③进言之,附生效条件、附期限或者需要批准才能生效的有效合同,如果最终所附条件未能成就、所附期限最终未能到来,以及国家机关不予批准,则合同不能生效。

同为民事法律行为,上述合同成立与生效的关系原理也适用于决议,只是公司决议一般不附条件和期限,也不需要国家机关批准(国家出资公司的决议亦如是),所以一般而言,公司决议一旦成立就为生效。比如,董事会做出决议解聘经理或者股东会做出决议解聘董监事的,决议一旦做出,上述董监高立即解任。

(3)决议的效力类型。

决议成立之后,如评价其效力状态,则有有效的决议、无效的决议和可撤销的决议等三种类型之分。对照《民法典》上的合同效力类型,则有有效的合同、无效的合同、可撤销的合同与效力待定的合同四种类型。至于婚姻行为,则有有效的婚姻、无效的婚姻与可撤销的婚姻等三种类型之分。至于遗嘱这种单方行为,则有有效的遗嘱、无效的遗嘱等两种类型之分。由此可见,尽管同属于民事法律行为,合同、决议、婚姻、遗嘱行为由于类型不同,其效力类型也不尽相同。

3. 决议的效力瑕疵类型

按照上述效力类型划分,狭义的瑕疵决议仅包括两类:无效的决议和可撤销的决议。但如果从功能主义的视角来看,不成立的决议所产生的法律效力,与无效的决议、被撤销的决议并无本质区别。所以,我国公司法采功能主义模式,将广义的决议效力瑕疵划分为三类:无效的决议(第25条);可撤销的决议(第26条);不成立的决议(第27条)。

其中,无效的决议指决议内容违反强制性法律规定而导致该决议在法律上自始无效。本条就是关于股东会、董事会决议无效事由的规定。

(二)内容违法的决议为无效的决议

1. 决议内容违法无效的"内容"厘定

站在组织法的立场,公司法将公司决议瑕疵规则区分为程序瑕疵与内容瑕疵,并进而以决议的瑕疵性质、严重程度的双重标准来决定公司决议的效力形态。具体可以细分为四类结果:决议的内容存在严重瑕疵的,无效;决议的程序存在严重瑕疵,即不具备决议的形式要件的,不成立;决议的内容或程序存在一般瑕疵,即内容违反公司章程、程序违反法律或章程的,可撤销;决议的程序瑕疵轻微且不具有实质影响的,适用裁量驳回,豁免撤销,也就是有效的决议。

但在实务中,不少法院将程序瑕疵视为决议无效的事由。原因大致有二:一是将程序性规定视为公司法强制性规定,违反决议程序属于违反法律、行政法规;二是重视程序的工具价值,在法理逻辑上,将程序作为决议形成的基础,缺少程序正义保障的决议无效。具言之,在司法裁判中,法院通常将程序瑕疵作为内容瑕疵的前提,有瑕疵的程序必然产生瑕疵决议,该决议或者违反公司法强制性规定,或者不符合公司法保护法益的目的,如损害股东的知情权、表决权等,因此程序瑕疵必然会产生内容瑕疵,从而将程序瑕疵和内容瑕疵合一理解,进而得出决议无效的结论。①

如此理解公司决议内容违法无效规则中的"内容"是不恰当的。盲目地将公司决议程序瑕疵作为论证公司决议内容违法的依据,会弱化公司程序的独立价值。这样不仅会架空决议可撤销规则,弱化公司决议效力瑕疵规则之间的区隔,还会盲目扩大决议无效规则的适用范围,进而挤压公司自治的空间,降低公司决策效率。

2. 决议内容违法无效的"违法"厘定

《民法典》第153条第1款规定:"违反法律、行政法规的强制性规定的民事法律行为无效,但是,该强制性规定不导致该民事法律行为无效的除外。"决议既然为民事法律行为,本条所谓决议内容违法无效规则,肯定是《民法典》第153条第1款在公司决议效力瑕疵规则中的具体化。此外,作为对照,本法第26条规定,"公司股东会、董事会的会议召集程序、表决方式违反法律、行政法规或者公司章程,或者决议内容违反公司章程的,股东自决议作出之日起六十日内,可以请求人民法院撤销"。鉴于此,公司决议"违法"可细分为三种情形:决议内容违法;决议内容违反公司章程;决议程序违法或违章。观诸比较法,将程序违法违章的决议列为可撤销是一般

① 参见吴英霞:《组织法视角下股东会决议无效规则重构》,载《安徽大学学报(哲学社会科学版)》2023年第3期,第107页。

规律；决议内容违法的，多为无效；[①]决议内容违反章程的，也多为可撤销。[②] 本条及第26条也作如是区分，决议程序的违法违章以及决议内容的违章均被排除在决议的无效事由之外。

接下来进一步讨论决议内容的“违法”情形。公司决议多是公司组织内外诸多法律关系之意思基础，无效是对整个决议效力的彻底否定，将直接冲击公司经营活动的稳定性、影响利害关系人的权益。因此，公司决议无效的事由界定应保持一定的谦抑性，[③]比如，尽量缩小决议无效的范围。[④] 贯彻这一立场最彻底的乃《德国股份法》，其以列举的方式规定公司决议的无效事由，除此之外的效力瑕疵都是决议可撤销规则的调整范围。[⑤]《日本公司法》也限缩决议不成立、无效的事由，将更多的瑕疵救济留给决议可撤销规则。借鉴德国、日本的经验，对本条决议内容违法无效规则中的“违法”进行解释，应将“违法”限缩解释为“违反法律、行政法规中旨在通过令法律行为无效来保护特定法益的强制性规范”。为此，识别限缩解释后的强制性规定需要通过以下三步：

第一，从法律规范的文义特征出发，考察模态词，筛选待证法律规范，如是否存在“应当”“必须”“不得”“禁止”等符号。然后结合法律规范的位阶特征和体系特征，对待证法律规范进行下一步的识别。

第二，进行目的性识别。目的性识别需要综合运用主观和客观目的解释方法，对规范进行目的解释，明确其要保护的利益。

第三，强制性规定的识别是在具体个案中进行的，除了须考量待证规范保护的法益，还须考量个案中其他值得保护的利益，[⑥]综合案件事实，权衡是否必须通过判定

---

① 例如，《日本公司法》第830条第2项规定：“决议的内容违反法令”为无效。《韩国商法》第380条规定：“股东大会决议内容违反法令”无效等。值得注意的是，《德国股份法》第241条对于决议无效之事由不采日韩式的概括性规定，而作了详细列举，且第243条规定决议撤销的原因的第一项即“一项股东大会决议可因违反法律或者章程通过诉讼被撤销”，这一规定除包含程序违反法律的轻微瑕疵为可撤销决议外，也并未排除内容违反法律的轻微瑕疵为可撤销决议。

② 例如，《日本公司法》第831条第2项规定“股东大会等的决议内容违反章程时”，决议可撤销；再如《韩国商法》第376条规定“决议的内容违反章程时”，为可撤销决议。例外情况是我国台湾地区“公司法”第191条，将“违反法令或章程”的内容瑕疵都纳入无效决议的范畴。

③ 参见[日]山本为三郎：《日本公司法精解》，朱大明、陈宇、王伟杰译，法律出版社2015年版，第143页；张雪娥：《公司股东大会决议效力研究》，法律出版社2018年版，第268页。

④ 参见钱玉林：《股东大会决议瑕疵研究》，法律出版社2005年版，第230页。

⑤ 详见关于《德国股份法》第241条、第243条的注释。

⑥ 参见石一峰：《强制性规定识别方法研究》，法律出版社2020年版，第229、230页。

决议无效才足以实现强制性规范的目的和保护特定法益,是否存在同样有效和损害更小的替代救济机制。具体展开,法官应权衡判断管制涉及的法益、政策强度、与私法行为的关联性、辅助或抵消效果的大小、可预见性与防免、信息等交易成本以及补强执法成本,从而裁决是否应完全或部分排除法律行为的效力。①

(三)公司决议无效、不成立之诉的原告

本条以及本法第27条均未列明公司决议无效、不成立之诉的原告②为谁,这与第26条列明了决议可撤销之诉原告为股东(是否合理,参见第26条的释义部分)形成鲜明对比。《公司法解释四》第1条解决了这一问题,其规定"公司股东、董事、监事等请求确认股东会或者股东大会、董事会决议无效或者不成立的,人民法院应当依法予以受理"。但此规定在明确几个原告的同时,又引发了新的争论。具言之,此规定用一个"等"字表达了一种模糊的立场,未明确是否承认公司股东、董事、监事之外其他主体的原告资格。因此,本部分首先将讨论司法解释所明确的原告群体范围,然后再逐一讨论其他主体究竟可否作为原告。

1. 法定的原告群体

《公司法解释四》第1条所界定的主体包括以下两类:(1)股东。股东作为公司的成员,不仅是股东会决议的表意人与利益相关者,也是董事会决议的利害关系人,自然可以起诉。(2)董事、监事。两者均是公司法人机关成员,同时是董事会决议、监事会决议的表意人,也是很多决议的直接利害关系人,比如对股东会作出的选举董事、监事并决定其薪酬的决议,自然也可以起诉。需要指出,董事、监事请求确认决议无效、不成立的,其未必与决议具有直接的利害关系,其作为公司受托人担负管理与监督等职能,对公司负有信义义务,肩负守护公司利益之职责,其不是为自己利益而是为公司利益而起诉,也是履行职责的体现。

2. 对"等"字的理解

依照文义解释,《公司法解释四》第1条规定的原告范围并不限于上述三类人员,其文本中还有一个"等"字。此处"等"字解释的争论焦点集中于高管、公司职工和公司债权人三类主体。

(1)高管。股东会和董事会决议通常会设定与高管相关的权利义务,当决议与

① 参见苏永钦:《寻找新民法》,北京大学出版社2012年版,第268页。

② 由于公司决议无效之诉和不成立之诉都属于确认之诉,加上《公司法解释四》第1条同时规定这两类诉讼的原告范围,因此本书在本法第25条的部分一并讨论这两类诉讼的原告范围厘定。

高管相关的时候,二者存在“直接利害关系”,即民事诉讼法中的权利保护必要性或诉之利益要件得到满足,可以起诉。

(2)公司职工。公司职工不属于公司内部人员,理论上与公司之间仅是合同关系。但在两种典型情况下,职工与股东会决议、董事会决议具有直接利害关系,第一种是常见的设定员工的义务,如竞业禁止、保密义务等。此类设定职工义务的行为是否有效在理论上和实践上都可能存在争议。这种内部决议能否约束员工,是否违反了员工与公司之间的合同约定,是否必须通过确认决议无效或不成立诉讼来救济,有待进一步分析。但毋庸置疑,以股东会、董事会决议限制职工权利通常涉及群体利益受损,直接提起决议效力之诉可以降低总救济成本。第二种是职工持股,包括高管人员的管理股,职工持股是公司内部职工购买本公司部分股权,委托职工持股会作为社团法人托管运作;职工持股会作为社团法人进入董事会参与按股分红的股权形式,因此赋予持股职工不受非法侵害的权利相当必要。

(3)公司债权人。通常,合同债权人(客户、供应商)、机构债权人(贷款银行)、被动债权人(侵权之债)等不可以也不需要通过公司决议之诉获得保护。但也有例外:其一,对于违反“无盈不分”规则作出的股利分配决议,债权人得提起决议无效之诉;其二,当公司陷入财务危机时,债券持有人,尤其是可转换为股票的债券的持有人,他们与各类优先股股东一样也有议决权,也会受到公司普通股股东通过的决议的侵害;其三,现代契约法的最新发展趋势之一是债权人通过契约机制参与公司治理,如借款合同约定,未经贷款银行同意,公司不得再举债、不得再对外提供担保、不得再分红,公司违反约定后,银行固然可以提起违约之诉,但效果有限,如允许其提起决议无效之诉,则救济效果最佳。实际上,公司债权人基于公司法、章程、协议而与公司的权力分配联系在一起,即成为依法依约享有参与、监督公司经营管理的权利的主体,如决议内容与该权利相关,应认可其原告资格。①

(四)延伸问题:股东滥用表决权通过的决议是否无效

根据本法第21条、《民法典》第132条及《民法典总则编司法解释》第3条可知,我国私法禁止民事主体滥用权利,在公司法语境下则是禁止股东滥用股权。由此,实务中一个常见的问题是,滥用表决权通过的公司决议是否无效?这值得深入

① 参见丁俊峰:《公司决议规则的制度解读和亮点呈现》,载《中国审判》2017年第26期,第18~21页。

探讨。

滥用表决权系指表决权人违背表决权行使的本意，以侵害公司、其他股东、公司债权人等利益主体的利益为目标，利用多数决优势通过决议，侵害公司、其他股东、公司债权人的利益的行为，在此可以称为“违反《公司法》第21条的不当决议”，简称为不当决议。最高人民法院曾在《公司法解释四（征求意见稿）》第6条罗列决议无效事由，第一项就是“股东滥用股东权利通过决议损害公司或者其他股东的利益”，后提交给最高人民法院审委会审议的“审议稿”第2条第1项被改为“违反公司法第20条规定，损害公司、股东或者公司债权人的利益”，此处强调的正是对本法第21条（旧法第20条，下同）的违反，所针对者正是股东滥用表决权。将滥用表决权的不当决议列为决议无效的事由之一，其法律依据为何？这涉及不当决议的规范路径问题，总结各方观点，有四种思路：一是不当决议违反本法第21条，可直接适用本条的决议无效规则；二是肯认不当决议违反本法第21条，但需要援引《民法典》第153条第1款来确认无效；三是类似《德国股份法》第243条第2项、《日本公司法》第831条第1款第3项的模式，直接在决议无效事由中规定不当决议的情形；四是将不当决议视为违反私法上禁止权利滥用原则或公司法基本原则（价值），确认无效。

前两种思路大体相同，区别仅在于对本法第21条的违反在认识上是否属于决议的内容瑕疵而已，上引《公司法解释四》（征求意见稿）及“审议稿”即采用第一种思路。但前两种思路似乎不足赞同，从逻辑上来说，若某项股东会决议事实上满足了本法第21条规定的滥用股东权的构成要件，又没有其他股东的某项具体权利（如知情权）被侵害的具体法条可供援引，后者只能基于本法第21条提起诉讼，如不否定该决议的效力，就会存在决议仍为有效、相应行为因违反本法第21条可被诉的矛盾局面。因此，虽然可能造成诉讼上的竞合，但采用上述意见三、意见四，直接规定不当决议为决议无效的事由，或者规定违反禁止权利滥用原则为决议无效的事由，仍有必要。在此意义上，只要确立不当决议为决议无效的事由之一，上述意见三、意见四的立法思路皆可。在司法实践中，出现本法第21条规定的股东滥用表决权情形时，利益受损方一般都直接基于该规定起诉，[①]而不是诉请决议因存在股东滥用权利而归于无效。

---

① 参见贺茜：《股东滥用权利的司法规制——法院适用〈公司法〉第20条的实证分析》，载《山东大学学报（哲学社会科学版）》2017年第6期，第45~48页。

总结而言,"违反《公司法》第21条的不当决议"——滥用表决权的不当决议,表面上是违反法律规定,但究其实质乃是对私法基本原则的背离,这些原则包括禁止权利滥用原则、诚实信用原则,也可以归结为本法第21条规定的股东对公司、其他股东、公司债权人的信义义务。本法第21条本身就是组织法对于资本多数决的修正,承载公司法的基本价值,在法律适用层面,第25条难以将其纳入。是故,适用本法第25条时可在解释论上将违反第21条规定的不当决议单列为决议无效的事由之一。

◉ 公司治理操作指南

内容违法作为公司决议的无效事由,这样的立法表述过于抽象化与原则性,给公司治理实践带来很大的困扰,也给法官裁判决议无效之诉带来困惑。解决此问题的妥适方案是对公司决议的无效进行类型化分析。以下情形常被法院作为决议无效的事由:第一,股东滥用股东权利的决议。比如,多数股东滥用表决权通过了侵害公司、其他股东、公司债权人利益的股东会决议的,提起决议无效之诉显然是对后者的最有力救济措施。第二,越权的决议。股东会与董事会各自享有《公司法》赋予的法定职权,如果决议超越了股东会、董事会职权,比如股东会就董事会享有某项法定职权事项作出决议,或者反过来,都应理解为因内容违法而归于无效。第三,违反"无盈不分"原则的股利分配决议。依照本法第210条,公司分配股利的前提是有可分配的税后利润,否则将违反"无盈不分"原则,侵害公司债权人利益。

◉ 比较法规范

《日本公司法》第830条;《韩国公司法》第380条;《德国股份法》第241条;中国台湾地区"公司法"第191条。

◉ 研究文献

1. 殷秋实:《公司决议无效制度的类型区分与漏洞填补》,载《法学》2024年第3期。

2. 李建伟:《公司决议无效的类型化研究》,载《法学杂志》2022年第4期。

3. 吴飞飞:《决议行为"意思形成说"反思——兼论决议行为作为法律行为之实益》,载《比较法研究》2022年第2期。

4. 袁碧华:《伪造股东签名之公司决议行为效力的区分认定》,载《国家检察官学院学报》2022年第2期。

5. 李建伟:《决议行为特殊效力规则的民法解释》,载《法学杂志》2021年第7期。

6. 王滢:《公司决议行为的双阶构造及其效力评价模式》,载《当代法学》2021年第5期。

7. 丁勇:《公司决议瑕疵立法的范式转换与体系重构》,载《法学研究》2020年第3期。

8. 叶林:《股东会决议无效的公司法解释》,载《法学研究》2020年第3期。

9. 周淳:《组织法视阈中的公司决议及其法律适用》,载《中国法学》2019年第6期。

10. 王延川:《伪造股东签名的股东会决议效力分析》,载《当代法学》2019年第3期。

11. 王雷:《论我国民法典中决议行为与合同行为的区分》,载《法商研究》2018年第5期。

12. 王雷:《公司决议行为瑕疵制度的解释与完善——兼评公司法司法解释四(征求意见稿)第4~9条规定》,载《清华法学》2016年第5期。

13. 徐银波:《决议行为效力规则之构造》,载《法学研究》2015年第4期。

14. 张旭荣:《法律行为视角下公司会议决议效力形态分析》,载《比较法研究》2013年第6期。

15. 石纪虎:《关于股东大会决议效力的探讨》,载《政治与法律》2009年第5期。

◉ 典型案例

江苏大通风机股份有限公司、南通大通宝富风机有限公司公司决议效力确认纠纷案[①]

1. 案情简介

2018年11月12日,江苏大通风机股份有限公司(以下简称大通公司)召开董事会,会议内容是审议为南通大通宝富风机有限公司(以下简称宝富公司)提供担保的议案。该议案载明:截至2018年9月30日,盾安公司对宝富公司享有54,107.85万元的本金和利息的债权,宝富公司自2017年起,净资产就是负数。案涉董事会会议通过了以下决议:宝富公司为大通公司的控股子公司,宝富公司自2010年6月至2018年9月与盾安公司签订了9份借款合同;截至2018年9月30日,盾安公司对宝富公司拥有54,107.85万元本金和利息债权;为了宝富公司的正常运营,大通公司愿意为宝富公司应承担的合计不超过7亿元的债务向盾安公司提供连带保证担保。2018年11月,大通公司(保证人、甲方)和盾安公司(债权人、乙方)签订保证合同,约定为确保宝富公司履行主合同项下的还款义务,甲方大通公司愿意为宝富公司依主合同约定应承担的债务向乙方提供连带保证担保。

事后,大通公司的第二大股东张某新联合其他7名小股东[②],共同请求判决该董事会决议内容违法无效。

---

① 参见浙江省高级人民法院民事判决书,(2020)浙民终395号。

② 根据工商登记信息,大通公司的股东情况为:盾安公司(67%)、张某新(31.4722%)、孟某一(1.1111%)、吴某红(0.0463%)、严某萍(0.0463%)、凌某清(0.0463%)、李某华(0.0463%)、郑某云(0.0463%)、周某洁(0.0463%)、朱某华(0.0463%)、朱某明(0.0463%)、朱某建(0.0463%)。大通公司的董事会成员为冯某波、江某候、何某梅、周某诚、张某新。以上决议以冯某波、江某候、何某梅和周某诚4票赞成,张某新1票反对通过。宝富公司的股东情况为:大通公司、德国宝富风机有限公司。董事会成员为:江某候、何某梅、周某诚、冯某波、弗某某。盾安公司的董事会成员为:姚某义(董事长)、冯某波(副董事长)、金某峰、马某义、彭某红、江某候、李某军、王某、江某。

2. 裁判要旨

一审法院认为，大通公司、宝富公司及盾安公司为关联公司，大通公司为宝富公司对盾安公司的债务提供担保系关联交易，盾安公司为大通公司的控股股东（占股比例超过2/3），大通公司董事长冯某波和董事江某候又系盾安公司高管；宝富公司与盾安公司的债务在案涉董事会决议作出前已存在，该董事会决议使大通公司承担了巨额的担保责任，却使盾安公司受益；同时，投赞成票的董事均明知宝富公司的净资产为负数、财务状况持续恶化，其仍作出明显不符合大通公司商业利益的决策，故董事会决议违反《公司法》禁止股东滥用权利规则，董事会决议内容违法无效。

二审法院肯定了一审裁判结论。

3. 案件评析

大通公司董事会通过"为宝富公司提供担保"的决议，但宝富公司对盾安公司的负债超过5.4亿元，且被担保人财务状况持续恶化，明显缺乏偿债能力。大通公司的大股东为盾安公司，盾安公司董事会成员冯某波（副董事长）和江某候也在大通公司董事会任职，此外，宝富公司为大通公司的控股子公司，同时宝富公司董事会成员江某候、何某梅、周某诚、冯某波也是大通公司的董事。在案涉董事会决议作出前，盾安公司已对宝富公司享有5亿余元的债权，且明知宝富公司的净资产为负数，财务状况一直恶化。因此，本案董事会决议违反公司法禁止股东滥用权利规则，应根据公司法规定判定董事会决议内容违法无效。

第二十六条　【公司决议可撤销】

公司股东会、董事会的会议召集程序、表决方式违反法律、行政法规或者公司章程，或者决议内容违反公司章程的，股东自决议作出之日起六十日内，可以请求人民法院撤销。但是，股东会、董事会的会议召集程序或者表决方式仅有轻微瑕疵，对决议未产生实质影响的除外。

未被通知参加股东会会议的股东自知道或者应当知道股东会决议作出之日起六十日内，可以请求人民法院撤销；自决议作出之日起一年内没有行使撤销权的，撤销权消灭。

◉ 立法意旨

本条是关于公司决议可撤销的规定。

◉ 条文演变历程

本条可追溯至1993年《公司法》第111条，"股东大会、董事会的决议违反法律、行政法规,侵犯股东合法权益的,股东有权向人民法院提起要求停止该违法行为和侵害行为的诉讼”。此规定在实操中很难为司法介入公司决议提供规范依据,直到2005年《公司法》第22条确立公司决议瑕疵之诉,包括决议可撤销之诉,“股东会或者股东大会、董事会的会议召集程序、表决方式违反法律、行政法规或者公司章程,或者决议内容违反公司章程的,股东可以自决议作出之日起六十日内,请求人民法院撤销”。2005年《公司法》第22条确立公司决议瑕疵之诉的两分法,包括决议无效之诉与可撤销之诉。2017年《公司法解释四》第4条首次规定裁量驳回制度,“……但会议召集程序或者表决方式仅有轻微瑕疵,且对决议未产生实质影响的,人民法院不予支持”。

本次修法,一审稿第73条规定:“股东会、董事会会议的召集程序、表决方式违反法律、行政法规或者公司章程,或者决议内容违反公司章程的,股东、董事、监事自决议作出之日起六十日内,未被通知参加股东会、董事会会议的股东、董事自知道或者应当知道股东会、董事会决议作出之日起六十日内,可以请求人民法院撤销;但是,股东会、董事会会议的召集程序或者表决方式仅有轻微瑕疵,对决议未产生实质影响的除外。股东、董事、监事依照前款规定提起诉讼,公司能够证明该股东、董事、监事有不正当目的的,人民法院可以应公司的请求,要求其提供相应担保。”二审稿第26条对第73条的规定进行了优化与整合,删去诉讼担保制度。三审稿第26条则在第2款新增公司决议撤销之诉的5年除斥期间的规定。最终颁布的本条基本沿袭三审稿的内容,但把除斥期间改为了1年。

◉ 条文释义

本条对应旧法第22条第2款,有重大修订。

(一)第1款第1句:公司决议可撤销事由

公司决议的效力判定需要协调好交易安全与商事效率的关系。民法典上的可撤销法律行为事由,如意思表示不真实,在公司决议撤销中并无适用的空间,公司决议的可撤销事由自成体系,依照本条处理。

1. 决议程序违法

在公司法领域,程序规范具有内在价值和外在价值,前者包括程序公正与程序效益,后者体现在保障实体公正上。外在价值意味着,即使一项决议在实体层面是合法的,只要程序不合法,那么也是缺乏正义的。公司中存在股东、管理层、债权人、职工等主体的利益冲突,股东会、董事会是股东董事行使权利的主要场合,要保证每位股东、董事发出声音且产生的决议代表公司的意思，就须对决议的形成过程设定严格的程序规则。这就是正当程序的价值。质言之，合法的决议必须遵循法定程序而形成，程序违法将导致决议的效力瑕疵。此处的决议程序违法，具体是指决议的召集与表决程序违反法律、行政法规。

2. 决议程序违章

公司章程的效力层次低于法律、行政法规，但对于公司、股东与管理层具有拘束力。决议程序违反章程的处理实际上是一个法政策的选择问题，将之归于无效、可撤销都没有法理上的障碍，但多数国家和地区的公司法将之归属于可撤销事由，是出于保护公司决议安定性的考虑。对于决议程序违章且情节显著轻微的，适用裁量驳回。

3. 决议内容违章

决议内容违章和前述决议程序违章的处理法理是一样的，其处理实际上是一个法政策的选择问题，将之归于无效、可撤销都没有法理上的障碍，但多数国家和地区的公司法将之归属于可撤销事由，也是出于保护公司决议安定性的考虑。法政策上不宜作为无效处理的原因是，章程是规范公司内部关系的自治性规则，而非适用于外部人的法律，内容违章的决议比起内容违法的决议的处理更应当尊重股东自治和公司自治。各国家和地区的公司法对于内容违章的决议存在无效与可撤销两种处理模式，我国选择了按照可撤销处理的模式。

（二）第1款第2句：决议程序有轻微瑕疵的，裁量驳回

1. 程序瑕疵的显著轻微要件

域外公司法一般都在规定公司决议可撤销之诉的同时，赋权法官对于轻微的程序瑕疵可以自由裁量豁免撤销，此为决议撤销的裁量驳回制度，这凸显公司法对于效率的不懈追求。

2005年《公司法》没有引入这一制度，后2017年《公司法解释四》第4条引入之，“……但会议召集程序或者表决方式仅有轻微瑕疵，且对决议未产生实质影响的，人民法院不予支持”。本款末句全盘承袭司法解释的这一规定。将决议撤销之诉的裁量驳回建立在“会议召集程序或者表决方式仅有轻微瑕疵”之上，无疑是精准的，但问题在于，“对决议未产生实质影响的”这一裁判要件，并无比较法经验的普遍支撑，同时从过去多年的各级法院裁判实务经验来看，其导致出现了一种不好的裁判思维导向：“看人下菜”式的裁判思维。比如，某个持股1%的股东被控股股东恶

意不通知开会,该股东提起撤销股东会决议之诉,审理法院认定,股东会会议召集程序与通知方式存在瑕疵,但往往又依据该股东1%的表决权体量认定该瑕疵属于“对决议未产生实质影响的”情形,适用裁量驳回。这种“看人下菜”式的裁判思维,不仅根本上背离了决议正当程序的制度价值,更与决议撤销裁量驳回的制度初衷背道而驰,背后更有司法恣意裁决的隐忧。虽然导致这一裁判导向的原因有多种,但法律对于“对决议未产生实质影响的”因素之强调规定实在难逃干系。

2. 实质影响要件

那么,应当如何正确理解“对决议未产生实质影响的”的内涵?这需要明确裁量驳回的宏观制度功能,并确立体系化的解释方案,以确保“实质影响”要件解释的客观性与科学性。具言之,从决议撤销之诉的事由就可以看出,一方面,决议撤销之诉的主要制度功能就在于维护公司决议的正当程序价值,尤其是保护决议参与者对于公司会议的出席权、临时提案权与议决权,如参与者的此类权利都不能得到保障,那么该类程序瑕疵绝对不能归属于“仅有轻微瑕疵,对决议未产生实质影响”。举例言之,如循上述“看人下菜”式的裁判思维,稍加归谬,就会得出一个人们不能接受的结论——少数股东即便被恶意不通知开会,也是可以接受的,反正其较少的投票份额决定了其投票不会对股东会决议产生实质影响;反之,大股东则是万万不能缺席的,其缺席也是法律不能承受之重。如此结论,估计连法官自己都不能接受。需要继续挖掘的是,“看人下菜”式的裁判思维还有一个致命的错误,就是其重视公司会议的“决”环节,而忽略了“议”环节,从而将少数股东与会的所有价值仅仅局限于投票权份额这一静态权重上。实际上,股东会尤其是董事会会议的议决包含“议”与“决”两个环节,前者是过程,后者是结果,在“议”的环节,每个与会者的发言,不仅决定自己的投票结果,可能(事实上也是)对于其他与会者(尤其中间派)的投票结果也会产生重大影响(当然也可能没有影响)。如审理法官稍有商业经验能够考虑到这一方面,也即对于会议规则的程序正义做一个常识性的了解与理解,大概也不会再接受“看人下菜”式的裁判思维了。

进一步地,对于“对决议未产生实质影响的”既然不能唯结果论,其精确的含义又是什么呢?其实,“实质影响”的精确含义指向决议程序本身而不是决议的后果,也即,某项公司决议的召集程序或者表决方式存在瑕疵,该瑕疵是否导致股东、董事的出席权、临时提案权、表决权不能正常行使,如是,则构成了实质影响;否则,即为非实质影响。举例来说:

依照本法第 64 条、第 115 条的规定，有限公司、股份公司的股东会需要分别提前 15 日、20 日通知所有股东，会议通知内容包括会议时间、地点与议程，以便于所有有意愿参会的股东能够准时参会，这一规定通常也被纳入公司章程，这就意味着如果会议召集人没有遵守这一要求，就构成了召集程序的违法兼违章。假设某董事会仅仅提前了 3 天通知所有的股东，好在股东都在附近，而且会议议程也较为简单，会议资料也较为简单易懂，总之所有股东尽管有所不满，但都还是来参会了，这即属于“对决议未产生实质影响的”情形。相反，假设某董事会仅仅提前了 13 日通知所有的股东，恰好某股东身在南极旅游，其接到通知后第一时间动身赶至会议地点北京，但怎奈使出浑身解数也只在第 14 日赶回北京，此时已然错过了前一天的会议；或者该次股东会会议议程有几十项之多，且内容重大，有些议案的决策需要颇费时间调研才能作出正确的投票选项，所以另一位股东虽身在北京城区，也起诉到法院说 13 日而不是 15 日的提前通知不足以让其作出正确的投票决策。这就不属于“对决议未产生实质影响的”情形。①

另外，决议可撤销裁量驳回适用的对象主要是会议参与者之外的其他主体，以防止决议可撤销之诉遭到滥用，因为主张自身受损的主体变得过于宽泛会导致决议被大面积撤销，冲击公司关系的稳定性。既然裁量驳回中的“实质影响”要件旨在预防决议撤销之诉被滥用，那么司法裁判对于裁量驳回的“实质影响”要件进行适用时就不应进行唯结果论的纯粹形式化判断，而应体系性地把握“实质影响”要件的规范功能，将决议撤销之诉的启动严格限制在破坏公司决议组织性和自治性功能两种情形，前者保障公司意思的有效生成，后者则保障决议自治。

3. 程序轻微瑕疵和实质影响的逻辑关系

在司法裁判实践中，法官适用决议可撤销时遇到的棘手问题是，裁量驳回的程序轻微瑕疵和实质影响存在何种逻辑关系？有的判决书对瑕疵轻微与实质影响进行一体化论证，有的仅指出决议程序瑕疵轻微，所以对决议没有造成实质影响，还有的反过来认为瑕疵未造成实质性影响，所以属于轻微瑕疵。由此引发的疑问是，《公司法》第 26 条第 1 款第 2 句所设置的两要件的关系究竟为何？究公司可撤销决议的裁量驳回制度可知，“轻微瑕疵”和“实质影响”要件应区分认定。具言之，“轻微

① 本书之主张，在司法裁判中早有判例的支持。参见马骏诉北京怡合春天科技有限公司公司决议撤销案，北京市朝阳区人民法院民事判决书，（2018）京 0105 民初 15755 号。

瑕疵"是对决议程序瑕疵与程序价值(主要是参会者固有权是否受损的评估)背离程度的客观描述,"实质影响"可解释为决议瑕疵对公司决议自治性与组织性功能的影响。这两者分别承载着不同的规范功能,轻微瑕疵要件具有的更多的是控制决议撤销之诉的功能,防止滥诉,而实质影响要件更多的是防止参会者之外的主体借撤销之诉影响公司关系的安定。若两要件合一,或者虚置其中一个要件,显然上述功能分化将无法得以体现,这势必模糊利益衡量的过程。

(三)第1款、第2款:决议撤销之诉的除斥期间

关于股东撤销权的除斥期间,旧法第22条第2款规定,"……股东可以自决议作出之日起六十日内,请求人民法院撤销"。鉴于股东的公司决议撤销权属于形成权,故而这60日属于除斥期间无疑,该期间一旦经过,股东的撤销权即归于消灭,可撤销的决议将会因此完全有效。但问题是,该除斥期间的客观主义起算点立法模式对少数股东严重不公,在实践中,一些公司被控股股东控制,刻意不通知少数股东参加股东会,或者径直仿冒少数股东在股东会决议上签名、盖章,至于董事会,由于少数股东自己不是其成员或者没有机会选举自己的代言人进入,其对于董事会决议之做出的事实可能一无所知,但除斥期间的计算已经开始,等到少数股东知晓该决议的存在,除斥期间早已经过,显然极不合理。本次修法意识到了此问题,本条第1款依然规定客观主义的起算模式,也即从决议作出之日起算,但第2款随即补充规定"未被通知参加股东会会议的股东自知道或者应当知道股东会决议作出之日起六十日内,可以请求人民法院撤销;自决议作出之日起一年内没有行使撤销权的,撤销权消灭"。这一规定有重大价值,但也制造了立法漏洞。

一方面,引入主观主义起算模式,避免了不公平现象,同时将股东不知道或者不应当知道股东会决议作出的客观主义起算模式的除斥期间界定为1年,这样,就与民法典规定的欺诈、胁迫、重大误解与显失公平等可撤销民事法律行为的客观、主观主义的除斥期间组合(1年或者3个月、5年)相匹配。同时这一"60日、1年"的组合相对于民法典的"1年或者3个月、5年"的组合相比,明显较短,这就是商法的短期时效主义,突出商法对于效率的追求,以促使商主体尽早行使权利,稳定商事关系。可以说,公司决议可撤销的除斥期间类型化,意味着决议瑕疵效力规则朝着精细化、体系化与科学化的方向迈进。

另一方面,本条有一处明显的立法漏洞:第2款在解决旧问题的同时也制造了新问题——上述"60日、1年"的除斥期间组合,并不适用于股东会决议以外的包括

董事会决议在内的其他决议。以董事会决议为例,少数股东很多情形下并无机会参与董事会,因为少数股东及其“代言人”根本没有机会进入董事会,所以对于董事会召开与否、作出决议与否、决议为何等信息更是一无所知。那么,对于董事会决议提起撤销之诉的除斥期间仍然适用本条第 1 款,也即“自决议做出之日起六十日内”,立法漏洞显而易见。

(四)可撤销决议之诉的原告

与瑕疵类型相对应,公司决议瑕疵之诉也包括决议不成立之诉、决议无效之诉与决议撤销之诉,前两种诉讼都属于确认之诉。前文第 25 条评注已详细分析了诉讼主体问题,下面对撤销诉权的行使限制进行分析。

1. 原告的范围

本法第 26 条将原告限定为股东。这一做法与英美法系国家及我国台湾地区的规定一致,被称为“单纯股东主义”立法;但德国、日本、韩国等大陆法系国家大多规定除股东外,董事、监事亦得为原告,这被称为“利害关系人主义”立法。一般而言,限制可撤销决议之诉的原告范围的规范功能有三:一是在实体法上限制瑕疵主张权人的范围;二是明确对公司决议撤销之诉具有诉讼利益的人;三是将原告限定于具有认真履行诉讼能力的诉权人,是判决效力可以波及非该诉的当事人的正当理由。①

基于股东对公司决议具有诉讼利益,赋予股东撤销诉权,不存争议。学理上主张董事、监事也享有撤销诉权的理由主要有五种。其一,决议撤销之诉与决议无效、不成立之诉等其他决议瑕疵之诉一样,不仅为股东利益,也(或更)关涉公司利益,董事、监事作为公司受托人担负公司的经营管理与监督等,对公司负有信义义务,肩负守护公司利益之职责,不是为自己利益而是为公司利益提起诉讼,也是履行职责的体现。其二,存在程序瑕疵的决议与其他存在效力瑕疵的诉讼一样,董事、监事也与决议的内容有着直接的利害关系。其三,决议对董事、监事具有直接的约束力,董事、监事负有执行决议之义务,如决议有瑕疵,还会引发董事、监事个人赔偿责任承担问题。其四,对于董事会、监事会决议,董事、监事分别就是表意人。其五,董事、监事直接参与公司日常经营管理活动,比股东更了解公司的状况,更容易发现决议的程序瑕疵,也更有能力纠正程序瑕疵。

---

① 参见李志刚:《公司股东会撤销决议之诉的当事人:规范、法理与实践》,载《法学家》2018 年第 4 期,第 84、85 页。

虽然有以上5个理由，但形成之诉的利益原则上只有在如下要件下才能获得认可：实体法自身按照案件的类型来具体地探讨是否应当通过形成之诉及形成判决来变动法律关系，只有在法律作出明确规定之情形下，才允许提起这种诉讼。在此意义上，我国公司法明确限定决议撤销之诉的原告为股东，应予遵守。

2. 股东的原告资格

通说认为，缺席会议的股东、无表决权的股东、决议后取得股权的股东均可为原告。但出席会议且未对决议瑕疵提出异议的股东是否适格，立法分歧较大。《德国股份法》第245条第1项规定，原告股东须"以其已对决议表示异议并作成笔录为限"，《美国模范商业公司法》第7.06条及中国台湾地区"民法"第56条第1款也有类似规定，理论依据在于该类股东的默示行为被推定为放弃撤销权。我国《公司法》对股东的原告资格不设任何限制，《公司法解释四》第2条仅要求原告在起诉时具有股东资格，值得肯定的是，因为这样可以保护那些尽管在表决中同意议案，但当时并不知道召集程序、表决方法有瑕疵的股东，且能督促内部人严格按照程序要求进行会议的召集、主持与表决。

◉ 公司治理操作指南

决议可撤销之诉对于公司治理的直接启示在于，一家公司召开股东会、董事会会议，从召集程序到表决方式，全过程务必做到依法依规，特别在股东关系复杂、存在对抗紧张关系的背景下，不要遗留程序瑕疵，否则，欲速则不达，决议一经做出又被撤销，不仅降低公司治理效率，也会留下其他一系列消极影响。程序违法的决议被撤销后，公司其后经过正当程序虽同样可以做出内容相同的决议，但事情已经发生，损失已经不可避免。那么，谁对于公司决议的程序正当性保障负有信义义务呢？答案是董事会与董事长。因为正常情形下，董事会是股东会召集人、董事长是主持人，而董事会的召集人与主持人是董事长。当然，本法第138条规定上市公司董事会秘书负责股东会、董事会会议的筹备，所以也是重要的责任人。

旧法第22条第3款中"人民法院可以应公司的请求，要求股东提供相应担保"之规定，实践中未发现有具体运用的案例，缺少实操性，故将其删除，这也是此次修法强化少数股东保护的举措之一。

◉ 比较法规范

《日本公司法》第831条；《韩国公司法》第376条、第378条、第379条、第381条；《德国股份法》第243条、第244条、第245条、第246条、第254条、第255条；中国台湾地区"公司法"第189条、第189－1条、第190条。

◉ 研究文献

1. 黄绍坤:《公司决议撤销权主体范围的规范重构》,载《法商研究》2023年第5期。

2. 李建伟:《论公司决议轻微程序瑕疵的司法认定》,载《政治与法律》2023年第1期。

3. 李建伟、何秉泽:《决议可撤销之诉裁量驳回的利益衡量》,载《交大法学》2022年第6期。

4. 丁勇:《公司决议瑕疵立法的范式转换与体系重构》,载《法学研究》2020年第3期。

5. 周翠:《公司决议诉讼的功能定位与程序机制》,载《中外法学》2019年第3期。

6. 南玉梅:《公司瑕疵决议诉讼中裁量驳回规则的建构与适用——兼评法释〔2017〕16号第4条》,载《法学评论》2018年第6期。

7. 李志刚:《公司股东会撤销决议之诉的当事人:规范、法理与实践》,载《法学家》2018年第4期。

8. 王湘淳:《股东会决议撤销诉讼:功能重校与规则再造》,载《法学论坛》2018年第1期。

9. 丁勇:《股东大会决议撤销之诉功能反思》,载《法学》2013年第7期。

10. 李建伟:《论公司决议可撤销的适用事由——基于司法适用立场的立法解释》,载《浙江社会科学》2009年第8期。

11. 蔡立东、杨宗仁:《论股东会决议撤销权的主体及其行使》,载《当代法学》2008年第5期。

◉ 典型案例

南阳非凡置业有限公司、河南中信国安慧盛禾科技服务有限公司决议效力确认纠纷案①

1. 案情简介

2019年7月12日,有关各方签订股权转让协议后,香港喬弘有限公司、镇平中环农生态农业农民专业合作社(以下简称镇平合作社)、南阳非凡置业有限公司(以下简称非凡公司)成为慧盛禾科技有限公司(以下简称慧盛禾公司②)的新股东。2019年7月12日修改后的公司章程规定了香港喬弘公司、镇平合作社和非凡公司各自的认缴出资及占股比例。2021年4月2日,原告慧盛禾公司向被告非凡公司邮递发出"关于尽快缴纳注册资金的函",催告非凡公司在4月27日前交付其认缴的注册资本,但被告拒收该函件。

---

① 参见河南省高级人民法院民事判决书,(2021)豫民终1186号。

② 官网显示,慧盛禾公司注册于2016年,当时股东认缴出资额及股权结构为:非凡公司认缴股份占比9.9%;镇平合作社认缴股份占比50.5%;北京博睿日晟科技有限公司认缴股份占比39.6%,并由宋某军出任慧盛禾公司法定代表人。

4月7日,原告用公证送达形式向非凡公司送达该函件,2天后被告回函明确拒绝缴纳出资。4月27日,慧盛禾公司召开股东会会议形成决议:决定除去非凡公司的股东资格。5月24日,慧盛禾公司向各股东再次发出通知召开临时股东会,对拒不履行出资义务的股东进行除名表决。4天后,慧盛禾公司通过公证送达的方式将会议召开通知送达非凡公司,后者接到通知后未在5月30日按时参会。会议中,慧盛禾公司股东会经再次表决作出决议:决定除去非凡公司的股东资格,并在5天后用公证送达方式送达第二份“股东会决议”。非凡公司至审理时也未履行出资义务,并在8月6日向法院提起反诉,请求撤销案涉股东会决议。

2. 裁判要旨

一审法院认为,本案的焦点之一是公司的除名决议是否可撤销。2018年《公司法》第41条规定召开股东会会议应当于召开15日前通知全体股东。慧盛禾公司为股东不履行出资义务是否除名问题召开股东会,于2021年5月28日以公证送达方式,通知非凡公司于2021年5月30日参会,后者接到通知后并未按时参会。慧盛禾公司其后作出解除非凡公司的股东资格决议,于2021年6月4日又通过公证送达的方式送达,但非凡公司于2021年8月6日才提起撤销案涉股东会决议的反诉。虽然慧盛禾公司在股东会的会议召集程序上存在违法情形,但非凡公司未在法定除斥期间内行使撤销权,已依法丧失了该权利。根据《公司法》第22条第2款规定该决议不可撤销。

二审法院认为,非凡公司在一审法院审理时已向承办法官主张过撤销涉案股东会决议,并在6个月内还向二审法院申请过网上立案,原审认定非凡公司未在法定的除斥期间内行使撤销权,丧失了提起股东会决议效力确认之诉的资格,属认定不当。2017年《公司法解释四》第4条规定:“股东请求撤销股东会或者股东大会、董事会决议,符合民法典第八十五条、公司法第二十二条第二款规定的,人民法院应当予以支持,但会议召集程序或者表决方式仅有轻微瑕疵,且对决议未产生实质影响的,人民法院不予支持。”本案中,慧盛禾公司虽未按照2018年《公司法》第41条规定提前15日通知非凡公司,程序具有瑕疵。但非凡公司未在公司章程规定时间内缴纳认缴出资,因此对除名决议不享有表决权,现慧盛禾公司股东会对其作出的除名决议,系有表决权的股东一致同意作出,故慧盛禾公司股东会召集程序虽有瑕疵,但不具有影响决议结果的可能性。是故,公司决议瑕疵轻微,且未对决议结果产生实质影响,决议不可撤销。

3. 案件评析

本案中,慧盛禾公司违反2018年《公司法》第41条(新《公司法》第64条)的规定,未提前15日通知非凡公司,公司召开将其除名的股东会存在程序瑕疵,但因非凡公司未缴纳认缴出资,其对除名决议不具有表决权,因此会议通知程序瑕疵未影响其作为股东的固有权,属轻微瑕疵,对决议结果没有实质影响,因此决议不可撤销。

第二十七条 【公司决议不成立】

有下列情形之一的，公司股东会、董事会的决议不成立：

（一）未召开股东会、董事会会议作出决议；

（二）股东会、董事会会议未对决议事项进行表决；

（三）出席会议的人数或者所持表决权数未达到本法或者公司章程规定的人数或者所持表决权数；

（四）同意决议事项的人数或者所持表决权数未达到本法或者公司章程规定的人数或者所持表决权数。

◉ 立法意旨

本条是关于公司决议不成立的规定。

◉ 条文演变历程

本条源自2017年《公司法解释四》第5条，“股东会或者股东大会、董事会决议存在下列情形之一，当事人主张决议不成立的，人民法院应当予以支持：（一）公司未召开会议的，但依据公司法第三十七条第二款或者公司章程规定可以不召开股东会或者股东大会而直接作出决定，并由全体股东在决定文件上签名、盖章的除外；（二）会议未对决议事项进行表决的；（三）出席会议的人数或者股东所持表决权不符合公司法或者公司章程规定的；（四）会议的表决结果未达到公司法或者公司章程规定的通过比例的；（五）导致决议不成立的其他情形”。此次修法，一审稿第74条吸纳《公司法解释四》第5条的规定，进一步优化与限定了决议不成立的四种典型事由，删去了“导致决议不成立的其他情形”兜底条款。二审稿将“股东会”改为了“公司股东会”、三审稿第27条维持二审稿的内容，直至形成本条。

◉ 条文释义

在公司法典意义上，本条系新增条文，但在实质规范意义上，其内容源自《公司法解释四》第5条。

（一）决议的成立要件

公司决议不成立是指该决议不具备成立要件，或者说欠缺一个或者数个成立要件。《民法典》第134条规定，“民事法律行为可以基于双方或者多方的意思表示一致成立，也可以基于单方的意思表示成立。法人、非法人组织依照法律或者章程规定的议事方式和表决程序作出决议的，该决议行为成立”。由此可知，公司决议属于民事法律行为；进一步地，决议作为法律行为，区分成立和生效两个概念，法律行为欠缺成立要件者为不成立，决议欠缺成立要件者为决议不成立。那么接下来的疑问是，决议的成立要件是什么呢？如果说合同是合意机制，那么决议就是多数决，凡是不符合多数决的，就不能成立决议。

一般认为，公司决议的成立要件有三：(1)有会议召开的事实。原则上，公司决议必须以“会议”的形式作出，如果没有召开会议而采取行动，决议是无法成立的。这是公司决议的一项成立前提，唯一的例外是，股东书面同意这种决议，可以不召开会议而形成书面决议。这种例外为许多国家和地区的公司法所承认：在封闭公司，须经全体股东书面同意；在公众公司，须经多数同意。本法第59条第3款规定，对于有限公司股东会审议的事项，股东以书面形式一致表示同意的，可以不召开股东会会议，直接作出决定，并由全体股东在决定文件上签名或者盖章。但此规定不适用于股份公司的股东会。(2)具备会议召集程序。合法程序包括由有合法召集权的人召集；向全体股东发出召集通知或者发出公告；会议通知或者公告包含会议时间、地点与审议的事项。(3)具备议决程序。具体指决议事项经过表决，且决议事项限于会议通知事项；符合出席会议股东法定足数(如有法律规定的话)和决议通过的法定比例要求。①

同时满足上述要件，决议始能成立，符合组织法上的法律行为之逻辑；否则，将导致决议不成立。如此一来，就很好理解本条规定的决议不成立的四种事由之内涵。

(二)决议不成立的类型化

1. 无会而决：未召开会议而作决议

未召开公司会议而作出的决议，是虚构出来的决议。此情形下，公司并没有股东会、董事会会议之召开事实，也就没有决议的产生，实践中控股股东、管理层伪造股东会、董事会决议的，即属此类。无会议，不决议，是决议正当程序的基本准则。据此，股东会、董事会未实际召开，属于决议欠缺基本要件。展言之，议事与决事的集会特性要求须存在特定的时间、空间，若股东会实际未召开，则股东、董事难以集中议事，也无从针对待决事项进行表决。实际召开会议既是作出决议的基本要求，

---

① 参见李建伟：《公司法学》(第5版)，中国人民大学出版社2022年版，第320页。

也是《公司法》规定股东会召集程序、表决方式的起因。[①] 在没有召开股东会、董事会的情况下，伪造签名、伪造决议的，皆不具备决议基本成立要件，侵害了其他股东或者董事的利益，是一种非常严重的程序瑕疵，该类决议因欠缺成立要件而不成立。[②]

唯一的例外是本法第59条第3款规定的“对本条第一款所列事项股东以书面形式一致表示同意的，可以不召开股东会会议，直接作出决定，并由全体股东在决定文件上签名或者盖章”。《公司法解释四》第5条第1款第1项也规定了一个但书条款“……但依据公司法第三十七条第二款[③]或者公司章程规定可以不召开股东会或者股东大会而直接作出决定，并由全体股东在决定文件上签名、盖章的除外”。由此可知，经有限公司全体股东书面一致同意直接作出免开会议决定，才能形成无会议的股东会决议。在现实生活中，股东人数较少的有限公司经常会采用书面决议的方式。股东出席股东会并在会上发言、讨论、质询以及投票本是股东的权利，但采用书面决议时股东自愿放弃这些权利，法律没有理由禁止。当公司全体股东就放弃达成合意，并就股东会的议案明确表示了一致的意见时，没有必要再要求公司专门支出成本召开股东会会议。[④]

2. 无决而议：股东会、董事会会议未对决议事项进行表决

股东会、董事会会议未对决议事项进行表决，是指股东会、董事会会议未对待决事项组织表决即形成决议的情形。公司决议是团体成员意思自治的表现，“团体法律行为一般以‘人数多数决’或‘资本多数决’来形成当事人的意思表示，即使团体的某些主体对某种意思表示反对，也可能无碍于意思表示的成立”。[⑤] 决议的形成必经表决程序，这是作为决议“三原则”之一的民主决策原则所决定的。表决的过程又称议决，意思是审议事项须经出席成员议事讨论之后，再行做出赞同、反对或弃权

---

① 参见李建伟：《公司诉讼类型化专题24讲（一）：公司大数据实证分析与裁判规则评述》，法律出版社2021年版，第62、63页。

② 参见杜万华主编，最高人民法院民事审判第二庭编著：《最高人民法院公司法司法解释（四）理解与适用》，人民法院出版社2017年版，第135页。

③ 新《公司法》第59条第3款。

④ 参见杜万华主编，最高人民法院民事审判第二庭编著：《最高人民法院公司法司法解释（四）理解与适用》，人民法院出版社2017年版，第134、135页。

⑤ 参见许中缘：《论意思表示瑕疵的共同法律行为——以社团决议撤销为研究视角》，载《中国法学》2013年第6期，第58页。

的意思表示，根据各方不同意思表示的计数结果，依据多数决比例判断能否形成公司的意志。所以议案未经表决，不形成决议。①

3. 广义的未达多数决：不足出席会议定足数

出席定足数，是指构成公司会议表决前提的参会人员数或其代表的表决权数的最低要求，若不足，即表明会议召开不具有合法性，因为其不可能满足决议作出所需要的多数决要求。质言之，不足法律、章程规定的出席定足数的股东会、董事会，不是合法的公司意思机关，遑论其表决能力或者资格。《公司法》第73条、第124条分别规定两类公司董事会的出席定足数，但未对股份公司股东会提出要求（第116条），对有限公司股东会则间接提出了定足数，包括普通决议和特别决议（第66条）。

需要指出的是，不足定足数的瑕疵发生的逻辑顺位处于召集之后、召开之时、表决之前，所以不足定足数往往属于会议召开后方可发现的程序瑕疵，如事先（有意）对部分成员未履行通知义务，则首先发生前位的未履行通知义务，进而可以归为会议未实际召开。在此意义上，有人提出对不足定足数的含义应作限制解释——仅指公司合法履行通知义务后有成员选择缺席会议的场合。还需要指出，不足定足数肯定都会引发后位的未达到多数决比例之瑕疵，因为后者的比例要求是以定足数得到满足为前提的。②

4. 狭义的未达多数决：未达多数决比例

同意决议事项的人数或者其所持表决权数未达到本法、公司章程规定的人数或者所持表决权数，是指议案表决时赞成票未达到法定、章定的人数或者表决权数。关于法定比例与章定比例的关系，一个基本共识是，公司章程可对法定比例进一步细化或者提出更高要求，但降低要求的章程条款无效。盖因为公司决议的讨论、表决是一个团体性活动，如决议的通过要满足全体股东一致同意这一条件，似乎较为公平，但其实不然，商事活动重视效率，在保证效率的前提下实现最大限度的公正，是现代公司法普遍采纳的方式，各国公司法都对资本多数决原则有明确规定，针对一般事项和特殊事项的区分，确定了一般多数和绝对多数的要求。这一规定的实质

---

① 参见李建伟、王力一：《公司决议不成立之诉实证研究——〈公司法解释四〉出台前审判创新实践的价值发现》，载《经贸法律评论》2020年第3期，第90页。

② 参见李建伟：《公司诉讼类型化专题24讲（一）：公司大数据实证分析与裁判规则评述》，法律出版社2021年版，第63～65页。

在于,在公司内部实行少数服从多数的民主制度。[①] 以我国股东会为例,股东会决议事项的重要程度不同,法律规定的通过决议的法定多数也有所不同。根据决议事项和多数标准的不同,股东会决议可分为两类:(1)普通决议。股东会在决议公司的普通事项时,获得简单多数赞成即可通过的决议,为普通决议。所谓"简单多数",在有限公司,是指代表过半数表决权的股东;在股份公司,是指代表出席会议股东持有的过半数表决权的股东。对于适用普通决议的事项,法律一般不作强行规定,在我国,除法律明文规定应以特别决议决定的事项外,其他事项多属普通决议,如本法第124条关于董事会决议的表决规则。(2)特别决议。股东会在议决公司的特别事项时,获得绝对多数赞成方可通过的决议为特别决议,[②]如本法第66条第3款、第116条第3款。

最后注意,本法第25条和第27条都没有规定提起决议无效、不成立的原告范围,这显然是旧法缺陷的路径依赖。《公司法解释四》第1条规定:"公司股东、董事、监事等请求确认股东会或者股东大会、董事会决议无效或者不成立的,人民法院应当依法予以受理。"据此,原告包括股东、董事、监事等。但问题是,此处的"等"是等内还是等外,一直争议不断。对于此,可参阅本法第25条【公司决议无效】的条文释义。

◉ 公司治理操作指南

公司决议可撤销事由与决议不成立事由所涉及的程序瑕疵如何区别,成为司法实践中的难点,也是公司管理层、股东迫切需要了解的法律知识。

二者的事由都属于程序瑕疵,其首要区别在于制度价值取向不同。这涉及法律行为理论的基本问题——法律行为成立与否是一事实判断问题,法律行为的效力是一价值判断问题,一项法律行为"只有成立后才谈得上进一步衡量其是否有效的问题",如一项决议缺乏基本的成立要件,自无所谓效力评价的问题。民法对于已经成立的法律行为的效力判断,要看其是否符合有效要件(《民法典》第143条),对于法律行为无效的认定,主要看其是否违反法律强制性规定、公序良俗(《民法典》第153条)。

其次,二者在技术上的区别还有:(1)从程序瑕疵的严重程度上看,可撤销决议

---

① 参见杜万华主编,最高人民法院民事审判第二庭编著:《最高人民法院公司法司法解释(四)理解与适用》,人民法院出版社2017年版,第136页。

② 参见范健、王建文:《公司法》(第5版),法律出版社2018年版,第339页。

的严重程度要弱于不成立的决议,后者的程序瑕疵更加严重以至于不能成立决议。一般而言,可撤销决议的程序瑕疵在事后可以获得治愈,但决议不成立的程序瑕疵无法治愈。(2)从瑕疵原因看,决议可撤销的事由除了程序瑕疵外还包括决议内容违反章程,决议不成立的事由仅限于程序瑕疵。(3)从法律后果看,决议不成立自然不产生任何效力,决议被撤销后溯及自决议作出时无效,但被撤销前是有效的,如除斥期间过后仍未被撤销则将永远有效。

目前,最高人民法院《民事案件案由规定》的公司决议纠纷项下仅有公司决议效力确认纠纷和公司决议撤销纠纷两类案由,司法实践中将增加公司决议不成立纠纷的案由。

◉ 比较法规范

《日本公司法》第830条;《韩国公司法》第380条。

◉ 研究文献

1. 殷秋实:《效力体系视角下的法律行为成立理论构建》,载《当代法学》2024年第2期。

2. 袁碧华:《伪造股东签名之公司决议行为效力的区分认定》,载《国家检察官学院学报》2022年第2期。

3. 柯勇敏:《公司决议不成立的质疑与二分法的回归》,载《法律科学(西北政法大学学报)》2020年第5期。

4. 李建伟、王力一:《公司决议不成立之诉实证研究——〈公司法解释四〉出台前审判创新实践的价值发现》,载《经贸法律评论》2020年第3期。

5. 王延川:《伪造股东签名的股东会决议效力分析》,载《当代法学》2019年第3期。

6. 殷秋实:《法律行为视角下的决议不成立》,载《中外法学》2019年第1期。

7. 王雷:《公司决议行为瑕疵制度的解释与完善——兼评公司法司法解释四(征求意见稿)第4~9条规定》,载《清华法学》2016年第5期。

◉ 典型案例

姜某松、李某凤等公司决议效力确认纠纷案①

1. 案情简介

2018年8月29日,江之海公司召开临时股东会,出席股东3人,为姜某松、李某凤、赵某如,表决结果为:持有公司75%表决权的股东投赞成票,股东会决议内容为:(1)将公司经营期限延长为长期;(2)据此对公司相应的章程做修改。同年9月25日,江之海公司

① 参见江苏省高级人民法院民事判决书,(2021)苏民终232号。

向南京市工商行政管理局申请延长营业期限的变更登记。

南京市工商行政管理局于2018年10月12日向江之海公司发出了登记驳回通知书。主要理由之一是,无法确定2018年8月29日公司股东会决议的有效性。江之海公司的公司章程第15条规定股东会作出的所有决议,必须经代表2/3以上表决权的股东通过;第17条又规定,股东会会议应对所议事项作出决议,决议应由全体股东表决通过,股东会应当对所议事项的决定作出会议记录,出席会议的股东应当在会议记录上签名;第30条规定,公司根据需要或涉及登记事项变更的可修改章程,修改后的章程不得与法律、法规相抵触,修改章程应由全体股东表决通过。对于公司章程中的上述几条,公司股东杨某海、蒋某军认为此次营业期限变更登记申请是营业期限届满3个月后股东会决议延期,同时公司营业期限变更涉及公司章程修改,需要全体股东一致同意,公司提交的2018年8月29日股东会决议虽满足2/3以上表决权股东通过的法定要求,但未满足公司股东杨某海、蒋某军所理解的章程要求。登记机关无法确定2018年8月29日股东会决议的有效性。姜某松、李某凤、赵某如随即向法院提起诉讼,请求确认江之海公司于2018年8月29日作出的股东会决议有效。

2. 裁判要旨

一审法院认为,江之海公司的公司章程第17条规定,股东会会议应对所议事项作出决议,决议应由全体股东表决通过,股东会应当对所议事项的决定作出会议记录,出席会议的股东应当在会议记录上签名;第30条规定,公司根据需要或涉及公司登记事项变更的可修改公司章程,修改后的公司章程不得与法律、法规相抵触,修改公司章程应由全体股东表决通过。修改后的公司章程应送原公司登记机关备案,涉及变更登记事项的,同时应向公司登记机关做变更登记。江之海公司于2018年8月29日作出关于延长公司经营期限、修改公司章程的股东会决议,该决议仅经代表75%表决权的股东通过,未达章程第17条、第30条规定的表决通过比例,依据《公司法解释四》第5条关于公司决议不成立的规定,应认定为决议不成立。

二审法院认为,根据《公司法解释四》第5条,股东会存在会议的表决结果未达到公司法或者公司章程规定的通过比例的情形,当事人主张决议不成立的,应予支持。本案中,对于股东会决议通过比例,江之海公司的公司章程第15条、第17条、第30条存在矛盾之处,但第30条明确"修改公司章程应由全体股东表决通过",系对股东会涉及修改公司章程的决议通过比例作出的特别规定,不违背全体股东的意思表示,也不违反2018年《公司法》第43条股东会会议作出修改公司章程的决议必须经代表2/3以上表决权的股东通过的限制要求。按照特别优于一般的原则,本案争议的2018年8月29日股东会决议结果为延长公司经营期限及修改公司章程,可适用章程第30条规定。该股东会决议仅经代表75%表决权的股东通过,未达到表决通过比例,应认定决议不成立。

3. 案件评析

只要不违反法律、行政法规,公司章程可以对股东会、董事会特定事项的表决通过比例进行特殊规定,股东会、董事会进行决议时应遵守。本案中,江之海公司于2018年8月

29日作出的股东会决议与其公司章程第15条、第17条、第30条所规定的表决通过比例规则相悖，违反《公司法解释四》第5条第3项（新《公司法》第27条第4项）“同意决议事项的人数或者所持表决权数未达到本法或者公司章程规定的人数或者所持表决权数”的规定，因此公司决议不成立。

第二十八条 【公司决议无效、撤销或者不成立的法律后果】

公司股东会、董事会决议被人民法院宣告无效、撤销或者确认不成立的，公司应当向公司登记机关申请撤销根据该决议已办理的登记。

股东会、董事会决议被人民法院宣告无效、撤销或者确认不成立的，公司根据该决议与善意相对人形成的民事法律关系不受影响。

◉ 立法意旨

本条是关于公司决议被否定（包括被宣告无效、撤销、确认不成立，下同）的法律后果尤其是其外部效力的规定。

◉ 条文演变历程

本条第1款可追溯至2005年《公司法》第22条第4款，“公司根据股东会或者股东大会、董事会决议已办理变更登记的，人民法院宣告该决议无效或者撤销该决议后，公司应当向公司登记机关申请撤销变更登记”。此后未见修订。本次修法，一是将“申请撤销变更登记”修改为“申请撤销根据该决议已办理的登记”，更加精确，有利于个别地方市场监管局工作人员执法歧义；二是增加“确认不成立的”情形，更加周延。

本条第2款可追溯至2017年《民法总则》第85条（《民法典》第85条），其规定，“营利法人的权力机构、执行机构作出决议的会议召集程序、表决方式违反法律、行政法规、法人章程，或者决议内容违反法人章程的，营利法人的出资人可以请求人民法院撤销该决议，但是营利法人依据该决议与善意相对人形成的民事法律关系不受影响”。2017年《公司法解释四》第6条进一步规定，“股东会或者股东大会、董事会决议被人民法院判决确认无效或者撤销的，公司依据该决议与善意相对人形成的民事法律关系不受影响”。但该司法解释明明同时创设了决议不成立作为决议瑕疵新类型，却似乎在第6条遗忘了决议不成立的存在。直到本款，最终涵盖了决议被人民法院“宣告无效、撤销或者确认不成立”三种情形，统一适用共同的法律后果。可以说,《民法总则》第85条规定了1/3情形,《公司法解释四》第6条规定了2/3情形,直到本款才最终实现完全规范的合拢。

◉ 条文释义

第1款对应旧法第22条第4款,第2款引入《民法典》第85条、《公司法解释四》第6条的规定,有重大修订。

(一)第1款:决议被否定后,变更登记的恢复

1. 变更登记恢复的制度价值

公司决议瑕疵会影响外部交易相对人的判断。认知论认为,主体对客体的认知遵循从表象到本质的认知规律,表象是客体所展示的外在现象,是客体真实情况的表征,主体唯有借助对表象的观察方能完成对客体本质的把握,市场主体对法律关系真实状态的认知亦然。但因市场主体有限理性和各种非理性因素的消极影响,市场主体所认知的表象与客体的真实状态之间往往存在偏差。[①] 当股东会、董事会决议被否定后,就会出现真实信息与表象信息不一致的问题。当交易相对人对公司决议产生的表象(或者说外观)的认知构成"合理可信赖事实",且其不知悉这种具备客观信任基础的表象与客体真实状态不符时,即有必要对主体的这种信赖予以保护。

公司负有消除因决议瑕疵产生的信息失真状态的义务。实践中,如决议存在瑕疵的信息没有及时对外公示,那么便会产生信息不对称。这将会提升无权代理尤其是表见代理的发生概率,进而导致公司内部治理风险与外部责任风险骤增。公示公司决议存在瑕疵的信息具有对抗非善意第三人的功能。信息占有不对称是导致市场主体因谈判地位不对等而沦为弱势群体的主要根源,也是认定公司外部相对人善意与否的关键因素,更是适度降低善意相对人举证负担的正当性依据。公司公示信息不充分、不真实、不准确、不完整、不及时,就容易导致公司与外部人的信息占有落差,增加法定代表人与董监高越权对外签约的道德风险。[②]

2. 变更登记恢复的必要性

消除信息不对称的最佳方式是公司向登记机关申请撤销根据该决议已办理的变更登记。公司登记旨在尊重、成全与保护公司法律关系主体的意思自治。公司登

---

① 参见石一峰:《私法中善意认定的规则体系》,载《法学研究》2020年第4期,第134页。

② 参见刘俊海:《公司登记制度现代化的解释论与立法论:公共信息服务、公示公信效力与可诉可裁标准的三维视角》,载《法律适用》2023年第1期,第37页。

记与意思自治互为表里，二者是形式与内容、手段与目的的关系。公司变更登记是对公司法律关系主体意思自治变动的记载与显示，其本质上是基于公司法律关系主体的意思自治，面向社会公众提供公司登记信息的公共信息服务。具言之，公司变更登记只包含登记机关对客观事实的登录，并未直接对市场主体设定行政法上的权利义务，它产生的法律效果也仅限于登记产生的公信效力，且这种法律效果完全是基于法律的规定而产生，并非基于登记机关的意思表示。① 由此可见，公司登记行为的本质是向不特定的公司信息供给者与需求者提供的公共信息辅助性服务。② 当公司决议存在被宣告无效、撤销或者不成立时，为了避免信息不对称产生的道德风险，公司应当向公司登记机关申请撤销根据该决议已办理的变更登记。

3. 如何恢复登记

依照本款规定，公司决议被否定后，"公司应当向公司登记机关申请撤销根据该决议已办理的登记"。这一规定初步厘清了决议被否定与商事变更登记的关系。举例说明：

某有限公司董事会决议将董事长A替换成B，由于公司章程规定董事长为当然的法定代表人（本法第46条第7项规定公司章程规定法定代表人的产生、变更方法），且法定代表人的姓名是公司登记的6个事项之一（本法第32条第1款第5项）；而后A提起诉讼请求宣告该董事会决议无效，法院判决支持；A拿到生效判决后可以要求市场监督管理局变更登记，将公司法定代表人的姓名由B再变回到A。

上例清楚无误地表明，本款构建了决议被否定与公司变更登记之间的衔接关系，但可能存在的问题是，由于变更登记申请人仅限于公司，并无其他申请人，如侵犯双控人利益的公司决议被法院否定，因为双控人可以影响甚至决定公司意思的形成，其自然可以以公司名义向登记机关申请变更登记；但是，侵犯少数股东利益的公司决议被法院否定后，少数股东无法影响公司的意思，如公司拒不申请办理变更登记，少数股东依然无可奈何。如何破解这一难题？显然单纯对本款的文义进行解释无法得到答案。

解决前述问题的解释论路径是：在公司决议被否定后，如公司不配合进行相关

① 参见迟骋：《市场主体变更登记的结果登记制改革》，载《天津法学》2022年第3期，第53页。

② 参见刘俊海：《公司登记制度现代化的解释论与立法论：公共信息服务、公示公信效力与可诉可裁标准的三维视角》，载《法律适用》2023年第1期，第37页。

主体(特别是对公司意思形成没有影响力的少数股东以及已经失势的法定代表人等)的变更登记事项,可通过董事、双控人(或身兼影子董事)勤勉义务的相关规定,倒逼董事、双控人等影响甚至决定公司意思形成的诸主体履行及时申请变更登记的义务。本法第180条第2款、第3款规定了董监高、双控人的勤勉义务,未来涉及本条第1款的解释与适用时,需要在申请办理变更登记的主体和公司之间建立一个机制,将公司申请办理变更登记解释为董事、实际控制人的勤勉义务,追究其违信责任。尤其在多数、少数股东之间发生矛盾之时,董事们恪守中立,积极响应合法的申请,及时履行此类勤勉义务,至为关键。

(二)第2款:决议的外部效力

1.决议可能会影响外部交易行为的效力

虽然绝大多数公司决议关涉组织体内部事项,但仍有不少决议涉及外部第三人的法律关系——有的决议直接涉及外部第三人,有的决议是公司与外部第三人通过签署合同等发生交易法律关系的意思基础。就后者而言,如合同已经生效甚至履行,公司决议的效力事后又被否定,是否影响外部交易行为的效力?如影响,又是一种怎样的影响机制?这是公司决议制度最值得深入研究的课题之一。

2.从1/3到2/3,再到完整拼图

《民法总则》第85条(《民法典》第85条)首次规定,"营利法人的权力机构、执行机构作出决议的会议召集程序、表决方式违反法律、行政法规、法人章程,或者决议内容违反法人章程的,营利法人的出资人可以请求人民法院撤销该决议,但是营利法人依据该决议与善意相对人形成的民事法律关系不受影响"。这是我国立法首次尝试确立决议影响外部法律关系效力的机制。展言之,《民法总则》第85条先区分公司内外部法律关系,然后再区分第三人的善意与否,规定不同的效力影响机制。

然而,《民法总则》第85条的但书规定仅明确决议被撤销后的外部效力,没有囊括决议无效、不成立两种情形,这显然是"三分之一的适用情形"。为何不规定决议瑕疵的所有类型呢?当时未见立法理由的说明。半年后最高人民法院颁布《公司法解释四》第6条进一步规定,"股东会或者股东大会、董事会决议被人民法院判决确认无效或者撤销的,公司依据该决议与善意相对人形成的民事法律关系不受影响"。比之《民法总则》第85条,新增了决议被宣告无效情形下的外部效力,但仍未及于决议不成立的情形。直到本款的接力式规定,增加决议确认不成立的情形,将决议被否定后的外部效力版图拼接完成。

3. 外部效力的双重“二分法”

公司决议效力瑕疵是否影响据此已经形成的民事法律关系，涉及组织法（公司法）与行为法（主要是合同法）之间的互动关系。本法第1条开宗明义地规定公司立法是“为了规范公司的组织和行为”。公司法调整的公司活动限于公司的组织和行为，从法典的各章节内容看，其约束的主体分别是公司、分公司、股东、实际控制人、董监高等，调整的是上述主体在公司组织和行为活动中发生的法律关系，划定上述主体可以实施行为的大致界限、区分合法行为和违法行为的界限。① 公司法作为组织法基本未对公司以外的他人设定任何义务和责任，不涉及对公司以外的他人的行为规范等，但安排了公司以外的他人的权利，例如规定公司合并、分立及减资时须通知、公告债权人，以及债权人的同意权等。公司法对公司以外的他人利益加以保护，并非该法安排调整公司以外的法律关系，该安排的目的是当公司行为活动影响到公司以外的他人利益时，予以衡平补偿，以维护社会经济秩序的公平和正义，公司法未规范公司以外的他人的义务和责任，故公司以外的他人不是公司法规范的主体。② 本款的适用也是基于此逻辑。

所谓决议的外部效力的双重“二分法”，具体是指：

（1）第一重，区分公司内外关系。

对于公司参与的交易关系效力的影响机制，采内外关系有别的区分原则。首先，决议被否定后，对公司内部的法律关系产生效力，包括上述对将来生效以及具有溯及力。例如，董事会制定的公司基本管理制度的决议被否定，该基本管理制度文件自然失效；再如，董监高依照被否定效力的决议多拿的薪酬、股东依照被否定效力的决议领走的股利和领回的减资款等都要返还给公司等，此处的给付之诉可以与决议瑕疵之诉合并审理。其次，决议被否定也兼及公司内外法律关系或者单纯涉及公司外部法律关系的，再针对相对人是善意还是恶意区别而论。

（2）第二重：外部关系再区分善恶意。

决议对于外部相对人的影响机制，区分相对人的善恶。

① 参见杜万华主编，最高人民法院民事审判第二庭编著：《最高人民法院公司法司法解释（四）理解与适用》，人民法院出版社2017年版，第153页。

② 参见杜万华主编，最高人民法院民事审判第二庭编著：《最高人民法院公司法司法解释（四）理解与适用》，人民法院出版社2017年版，第154页。

①公司依据决议与善意相对人形成的民事法律关系不受影响。此处的"不受影响"即公司与善意相对人的交易行为有效与否,不受决议的效力影响,这就意味着该行为该有效的继续有效,该可撤销的仍为可撤销,该效力待定的仍为效力待定,该无效的仍无效。我国司法实践中对于违反旧法第16条(本法第15条)的对外担保合同效力的裁判,遵循的正是这一思路,详见本法第15条的释义部分。

②依照反向解释,公司依据决议与恶意相对人形成的民事法律关系受影响。关键是恶意相对人的"受影响"效力机制如何。学理上与实务中存在绝对无效说、相对无效说、可撤销说、无权代理说(效力待定说)、有效说以及具体而论说等不同主张。这些效力学说中,效力待定说最为合理。具言之,效力待定说将主动权交由公司根据实际情形决定该法律行为对其生效与否,不仅将公司利益置于优先地位,也可使恶意相对人受惩戒,具有更强的适应性。

◉ 公司治理操作指南

与"决议为外部法律行为的效力基础"论针锋相对的,是所谓的内外区分原则。借外观主义的法理,内外区分原则要求处理涉及组织的内外法律关系时适用不同的法律规范,典型场景莫过于——根据法律规定或当事人约定,公司对外实施某种法律行为须以公司决议作为基础,倘若公司决议存在瑕疵,根据区分原则,公司决议作为内部行为的效力应当与公司对外法律行为的效力无关,其主要理由是,团体法主要调整团体内部关系,主要在团体、团体成员及团体机关之间即团体内部发生效力,对团体外部人不产生约束力。实务中不乏法院运用该原则证成决议瑕疵不影响外部法律行为的效力。

但问题是,该原则适用于此的立论前提是决议概不产生溢出组织效力的假设,但这一假设并不能成立。关于决议溢出组织效力之法理,兹举例论证,就是多数国家公司法承认的法定议决事项做出的股东会决议的溢出效力。基本原理大致为:若法律规定公司实施某种外部法律行为须以股东会决议为基础,则视为全社会成员明知,决议被否定后,如外部法律行为的效力绝对不受影响,将直接架空法律规定。需要指出,内外区分原则作为组织法上处理组织内外部关系的准则之一,固有其合理性,但适用的场合是特定的而非普适的,且要同时考虑其他因素。

◉ 比较法规范

《日本公司法》第295条、第838条、第839条;《韩国公司法》第190条;《德国股份法》第248条;中国台湾地区"公司法"第190条。

◉ 研究文献

1. 李建伟:《公司决议的外部效力研究——〈民法典〉第85条法教义学分析》,载《法学评论》2020年第4期。

2. 蒋大兴:《公司组织意思表示之特殊构造——不完全代表/代理与公司内部决议之外部效力》,载《比较法研究》2020年第3期。

◉ 典型案例

郑某利等与北京山泉房地产开发有限公司等公司决议效力确认纠纷案①

1. 案情简介

2002年10月14日,郑某利、李某生、郑某军与王某共同出资设立北京山泉房地产开发有限公司(以下简称山泉公司)。公司成立后,股东会选举王某、郑某利、郑某军为董事,其中王某为董事长,选举李某生为监事,董事会聘任郑某利为总经理。在公司成立及经营过程中,王某仅是名义上的出资人、董事长,实际控制人为徐某甲。2018年12月13日,在北京市密云区人民法院审理山泉公司与北京金利宝投资发展有限公司、郑某利确认合同无效一案过程中,郑某利、李某生、郑某军得知山泉公司于2018年10月15日将公司注册资本增加至3000万元,增加徐某乙为公司新股东并办理了变更登记。2018年10月15日,山泉公司作出两份"股东会决议",第一份决议由王某签名,徐某甲认可该决议中"郑某利"、"李某生"和"郑某军"的签名均为徐某甲所签;第二份决议由王某、徐某乙签名,徐某甲认可该决议中"郑某利"、"李某生"和"郑某军"的签名均为徐某甲所签。徐某甲与郑某利、李某生、郑某军未签订书面股权代持协议,且郑某利、王某、李某生、郑某军共同向徐某甲出具的借据载明,徐某甲对山泉公司的出资资金来自郑某利、王某、李某生、郑某军向徐某甲的借款。郑某利、李某生、郑某军后向法院提起诉讼请求依法确认山泉公司于2018年10月15日形成的两份股东会决议不成立,并判令山泉公司向登记部门申请撤销依上述股东会决议所做的变更登记内容,恢复原登记内容。

2. 裁判要旨

一审法院认为,根据2017年《公司法解释四》第5条的规定,郑某利、李某生、郑某军关于确认山泉公司于2018年10月15日形成的两份股东会决议不成立的请求,应予支持;依据不成立的公司决议作出的登记变更本应撤销,但由于登记信息具有公示公信效力,对于具体登记变更是否撤销,还应当考虑撤销对公司外部债权人等善意第三人利益的影响。

二审法院认为,2018年10月15日形成的两份股东会决议不成立。郑某利、李某生、郑某军的上诉请求是改判山泉公司向登记部门申请撤销依据案涉股东会决议作出的变

---

① 参见北京市高级人民法院民事判决书,(2021)京民终78号。

更登记内容。2018年《公司法》第22条第4款规定，“公司根据股东会或者股东大会、董事会决议已办理变更登记的，人民法院宣告该决议无效或者撤销该决议后，公司应当向公司登记机关申请撤销变更登记”。该规定虽并未涵盖决议不成立的情形，但从体系解释出发，不成立的决议当然不具有法律约束力。决议不成立之诉与决议无效、可撤销一样，均属于2018年《公司法》第22条的适用情形，即决议不成立可以作为公司向登记机关申请撤销变更登记的情形之一。2017年《公司法解释四》第6条规定，“股东会或者股东大会、董事会决议被人民法院判决确认无效或者撤销的，公司依据该决议与善意相对人形成的民事法律关系不受影响”。该条规定同样适用于股东会决议不成立的情形。据此，股东会决议被认定不成立后，其对公司因该决议与公司以外的善意相对人发生的其他法律关系没有溯及效力。

3. 案件评析

根据新《公司法》及《公司法解释四》的相关规定可知，股东会决议被判决确认不成立的，公司依据该决议与善意相对人形成的民事法律关系不受影响。案涉股东会决议增加的股东为徐某乙，该股东会决议被认定不成立后，是否对山泉公司及其股东与徐某乙之间投资关系有溯及力，取决于徐某乙是否属于善意相对人。

第二章 公司登记

【本章概述】

2023年修法之前的《公司法》各版本，都没有设立“公司登记”专章，此次修法基于《民法典》《市场主体登记管理条例》《市场主体登记管理条例实施细则》等关于公司企业法人登记的最新立法进展，将原来散落于各章节的公司登记事项规则整合、统一适用于有限公司与股份公司，独立成章。这一调整乃本次修法体系性修订和结构性修订的例证之一，降低了人们寻找和识别法律规范的成本，可谓立法技术的重大创新。同时，在上位法《民法典》与下位法《市场主体登记管理条例》《市场主体登记管理条例实施细则》日渐丰富的商事登记规范之间，《公司法》确立哪些登记规范，也是极其耗费立法者心力的事情。

本章主要内容由公司设立登记、公司变更登记、公司注销登记、分公司登记以及欺诈登记撤销等重点子制度构成，全面涵盖了《市场主体登记管理条例》定义的三类公司登记事项，即设立登记、变更登记和注销登记。

纵览本部分法条修订情况，《公司法》在公司登记规范群部分无疑秉持“降低公司登记成本”和“降低企业交易成本”的核心价值导向，以推进建设服务型政府、优化营商环境、促进社会主义市场经济稳健运行。例如，本章第41条即宣示“提高公司登记效率，加强信息化建设，推行网上办理等便捷方式，提升公司登记便利化水平”。

关于设立登记，第29～32条组成了设立登记规范群。第29条、第31条确立了准则主义作为公司设立登记的基本原则；第30条明确登记机关一次性提示补齐材料的义务，彰显行政服务功能；新《公司法》基于“提取公因式”的立法技术，将无差别适用于两类公司且散落于各处的设立登记事项统合至第32条，体系结构更为合理。

关于变更登记，第34～35条组成变更登记规范群。在民商合一体系下，第34条吸收《民法典》第64条立法成果，于特别商法层面确立了登记的公信效力与对抗效力,弥补了旧法登记对抗事项范围有限和对抗主体过严的缺憾;第35条充分汲取过往制度运行经验,转化吸收《市场主体登记管理条例实施细则》第33条,针对性回应了法定代表人"尾大不掉"的涤除登记困境,明确变更法定代表人后由新任签署申请书。

关于注销登记与欺诈登记撤销,本章吸收《市场主体登记管理条例》运行经验,构建出与市场主体退出机制相互协调的规范群落。第37条明确了注销登记事由;第39条在优化旧法和《市场主体登记管理条例》欺诈登记规则的基础上,不再区分"提交虚假材料"和"虚报注册资本"的法律后果,同时将四项法律后果一分为二,其专注于"情节严重"引发的最严重后果"撤销登记"。

关于登记与公告方式,第40条进一步强调国家企业信用信息公示系统的核心功能。大力推行建设统一的公示系统,极大减缓了市场上的信息不对称,降低了市场主体的交易成本,乃登记服务功能的最好例证。

第二十九条 【设立登记】

设立公司,应当依法向公司登记机关申请设立登记。

法律、行政法规规定设立公司必须报经批准的,应当在公司登记前依法办理批准手续。

◉ 立法意旨

本条是关于公司设立登记的规定。

◉ 条文演变历程

本条内容可追溯至1993年《公司法》第8条,依其规定,设立采准则主义和核准主义相结合的原则,有限公司和股份公司须符合法定条件才可以完成设立登记,其中需经审批设立的,必须在设立前办理审批手续,但该条对一般公司的设立条件并未展开说明。2005年修订内容为:(1)第1款不再区分有限公司和股份公司,统一用"公司"指代;(2)条文中增加了"公司登记机关",明确了公司设立登记应由公司向公司登记机关申请,并由公司登记机关进行登记;(3)将"审批"改为"批准",放宽了公司设立门槛。实践中,设立普通公司只要符合法定的条件和程序,直接向登记机关申请登记即可;对于法律、行政法规规定或国务院决定的特殊行业,申请公司登记前必须取得主管机关审批同意,该等特殊企业一般包括但不限于商业银行、证券、保险和信托等金融公司,部分外商投资企业等。此后,本条内容无实质变化。本次修法的主要变化有两项:一是将原条文拆分为第29条和第31条;二是三审稿将“法律、行政法规规定设立公司必须报经批准”中的“必须”改为“应当”,但最终通过的本条又改回了“必须”。

◉ 条文释义

本条与第31条共同对应旧法第6条第1款、第2款,本条与第31条共同确立了公司设立登记的基本原则是准则主义以及例外的行政许可主义。

1. 第1款:准则主义

从域外公司法最近500年的发展史来看,公司设立先后经历了特许主义、行政许可主义、自由设立主义、严格准则主义、简单准则主义等制度演变,当今主要市场经济国家的公司设立一般采简单准则主义,极其例外的行业采行政许可主义。从20世纪80年代尤其1992年确立社会主义市场经济体制以来,我国的公司设立政策一直是原则上准则主义、例外行政许可主义,最大的变化是,尤其最近10多年的“放管服”改革,公司注册资本制度改革以及上市登记制度改革,从证(行政许可证)后照(营业执照)到先照后证,以及大幅取消、合并与下放行政许可以后,设立公司需要行政许可的行业已经大为减少,更多行业实行准则主义。

本款与第31条规定公司设立的基本原则——准则主义。原则上,只要申请人提交的设立材料符合公司法关于公司设立条件的规定,登记机关应完成设立登记。经过“放管服”改革之后,普通商事公司的设立采简单准则主义,这是一个巨大的法治进步,也是市场经济体制下设立公司的应有之义。

2. 第2款:行政许可主义

本款规定设立公司例外采行政许可主义,也可被视为设立公司的特殊前置审批程序。具言之,如果涉及法律、行政法规规定的特殊行业,则法定公权力机关具有决定公司能否设立的权力。观察国家市场监督管理总局2021年3月20日发布的《企业登记前置审批事项目录》,目前采用许可主义的行业主要集中在金融、文化等领域,这些是实行牌照经济的非开放部门,需要设立人申请主管部门的行政许可,尔后加上符合设立两类公司的其他法定条件,才能完成设立登记。此类特殊行业的公司包括证券公司、金融控股公司、外资银行营业性机构及其分支机构、外国银行代表处、中资银行业金融机构及其分支机构、融资担保公司、设立证券交易所及证券登记结算机构、保险公司及其分支机构等金融行业企业,出版物进口经营单位、出版单位、境外出版机构在境内设立办事机构、境外电影机构在华设立办事机构以及境外广播电视机构在华设立办事机构等文化行业企业。

◉ 公司治理操作指南

设立登记系成立公司的前提,设立公司须向市场监管部门申请,依其要求提供相应材料清单,如实填写信息并准备公司材料。涉及前置审批的事项,应先取得相应审批文件,再将审批文件与前述材料一同提交给登记机关。对于是否需要前置审批,一方面可以查询国家市场监督管理总局公布的《企业登记前置审批事项目录》,另一方面可以咨询当地市场监督部门。

以北京市市场监督管理局截至2024年1月29日公布的公司设立登记一次性告知单(2022年版)为例,展现具体操作步骤。

首先,设立人应当检查是否符合设立条件,具体条件有以下6项:(1)公司名称符合要求,通常结构为“行政区划+字号+行业特点+组织形式”;(2)股东人数和股东主体身份符合要求;(3)出资财产符合要求;(4)公司章程符合要求,章程必须包含“本章程与法律法规不符的,以法律法规的规定为准”条款;(5)住所符合要求;(6)从事的经营项目应符合国家规定,若涉及从事前置许可项目,申请人必须在申请登记时提交批准文件。

其次,根据市场监督管理局提供的制式文件准备材料,提交材料包括公司登记申请书、市场主体登记告知承诺制承诺书、公司章程、股东主体资格文件或自然人身份证明、法定代表人以及董监高任职文件、住所使用相关文件、验资证明(募集设立股份公司)、国务院证券监督管理机构的核准文件(公开募集设立股份公司)、批准文件或者许可证件的复印件。

◉ 比较法规范

《德国商法典》第106条;《德国有限责任公司法》第7条;《德国股份法》第36条;《日本公司法》第49条;《韩国公司法》第172条、第317条、第549条;《美国模范商业公司法》第2.01节;中国台湾地区“公司法”第6条、第17条。

◉ 研究文献

1. 刘俊海:《公司登记制度现代化的解释论与立法论:公共信息服务、公示公信效力与可诉可裁标准的三维视角》,载《法律适用》2023年第1期。

2. 刘凯湘:《我国商事主体登记制度改革的难题与路径——以登记效力的考察为中心》,载《中国法律评论》2022年第3期。

3. 王妍:《我国企业登记形式审查制的社会福利损失》,载《当代法学》2020年第1期。

4. 肖海军:《我国商事登记豁免制度的构建》,载《法学》2018 年第 4 期。

第三十条 【设立登记材料】

申请设立公司,应当提交设立登记申请书、公司章程等文件,提交的相关材料应当真实、合法和有效。

申请材料不齐全或者不符合法定形式的,公司登记机关应当一次性告知需要补正的材料。

◉ 立法意旨

本条是关于公司设立登记材料的规定。

◉ 条文演变历程

关于设立登记材料的规定可追溯至 1993 年《公司法》第 27 条,"股东的全部出资经法定的验资机构验资后,由全体股东指定的代表或者共同委托的代理人向公司登记机关申请设立登记,提交公司登记申请书、公司章程、验资证明等文件"。由此可见,公司申请登记前,需要先经法定的验资机构对股东全部出资进行验资后,再由股东指定代表或委托代理人办理设立登记。2005 年修法将"全部出资"改为"首次出资",2013 年修法将相应表述调整为"认足公司章程规定的出资",逐步由实缴制过渡到认缴制,此外还存在文字性调整,如 2005 年修法将"提交"改为"报送"。此次修法变化较大:(1)一审稿删掉了关于出资方面的表述,二审稿、三审稿延续之;(2)二审稿参照《市场主体登记管理条例》将"公司法定代表人签署的设立登记申请书"中"公司法定代表人签署的"删掉;(3)新增对材料的真实性、合法性、有效性进行保证的规定;(4)新增第 2 款公司登记机关对于补正材料的一次性告知义务。

◉ 条文释义

本条为新增条款,系对《市场主体登记管理条例》相关规定的吸收和修改,在《民法典》的法人登记与《市场主体登记管理条例》的公司登记之间发挥承上启下的作用。

设立公司需要提交的材料由前述管理条例及其实施细则具体规定,本条补充规定了材料真实性、合法性、有效性保证义务,并将两类公司申请材料问题统一到本章,减少文本的重复性。

1. 第1款前段、中段：设立登记需要提交的材料

本款显然无志于详尽列举这些材料清单，仅象征性提及设立登记申请书、公司章程等，至于其他材料，可参考《市场主体登记管理条例》第16条的规定，即包括申请人资格文件、自然人身份证明、住所或者主要经营场所相关文件及法律、行政法规和国务院市场监督管理部门规定提交的其他材料。

2. 第1款后段：设立人的义务

设立人就向登记机关提交的登记材料负有真实性保证义务——设立人应按照规定提交材料并保证材料真实、合法和有效。《市场主体登记管理条例》第17条明确了类似要求。违反真实性保证义务的设立登记行为构成虚假登记，可能触发本书第十四章规定的相应法律责任条款，轻则罚款（双罚制，即同时处罚公司及其直接责任人员），重则撤销登记，公司归于解散。

3. 第2款：行政机关的一次性补充提示义务

若设立人提交的材料不齐全或不符合法定形式，登记机关应当一次性告知需要补正的材料。这是"放、管、服"的改革成果，突出体现了商事登记的服务功能，可有效防止行政不作为、懒政怠政，这也是优化营商环境及推进"放、管、服"改革的必然要求。

◉ 公司治理操作指南

公司设立登记，一般需要设立人根据市场监督机构的要求如实填写和提交相应材料，其中需要确认的是文件的真实性、完整性和有效性。当事人为企业的，应当配合登记机关通过核验电子营业执照的方式进行身份核验；未使用电子营业执照的，其法定代表人、负责人、执行事务合伙人等自然人应当进行实名验证。

目前，涉公司设立登记事项诉讼多为行政诉讼，争议焦点通常在于提交的登记材料是否虚假，如发起人信息是否真实。在登记过程中，如存在材料不全或被退回的情况，可以依据本条规定向登记机关确认需要补充和替换的材料，及时补正。

◉ 比较法规范

《德国有限责任公司法》第8条；《德国股份法》第37条；《英国2006年公司法》第9条；《美国特拉华州普通公司法》第101条；《日本公司法》第907条；中国台湾地区"公司法"第388条。

◉ 研究文献

1. 刘俊海：《公司登记制度现代化的解释论与立法论：公共信息服务、公示公信效力

与可诉可裁标准的三维视角》，载《法律适用》2023年第1期。

2. 刘凯湘：《我国商事主体登记制度改革的难题与路径——以登记效力的考察为中心》，载《中国法律评论》2022年第3期。

3. 邹学庚：《〈民法典〉第65条商事登记公示效力研究》，载《国家检察官学院学报》2021年第1期。

4. 王妍：《我国企业登记形式审查制的社会福利损失》，载《当代法学》2020年第1期。

5. 沈贵明：《论公司资本登记制改革的配套措施跟进》，载《法学》2014年第4期。

6. 李克武：《我国公司登记机关职责之划分：现状检讨与应然选择》，载《法学评论》2011年第4期。

7. 唐松涛：《公司设立登记中的权力（利）、义务与责任分配》，载《政法论坛》2008年第4期。

第三十一条　【符合、不符合设立条件的登记处理】

申请设立公司，符合本法规定的设立条件的，由公司登记机关分别登记为有限责任公司或者股份有限公司；不符合本法规定的设立条件的，不得登记为有限责任公司或者股份有限公司。

◉ 立法意旨

本条是关于符合与不符合设立条件的登记处理的规定。

◉ 条文演变历程

自1993年《公司法》至2018年修法，该条内容与设立登记义务的内容一直处于同一条文中，此次修法将其独立出来。2005年修法对用语进行了小幅调整，将“不符合本法规定的条件的”调整为“不符合本法规定的设立条件的”，该调整使用词更精确，此后该部分表述再无变化。此次修法，除单独成条的调整外，增加了“申请设立公司”的前提表述，使内容更加完整，易于理解。

◉ 条文释义

本条是旧法第6条第1款后半段拆分出来单列成条的内容，同时删去了关于有限公司、股份公司设立条件的两个条款（旧法第23条、第76条，这两个条文的相关内容在《市场主体登记管理条例》的相关条文上）。

本条是对第29条确立的公司设立登记的准则主义以及例外的行政许可主义的结果落实，解读内容可以与第29条评注相互参照，此处不再赘述。

◉ 比较法规范

《德国有限责任公司法》第9c条;《德国股份法》第38条;《英国2006年公司法》第14条;《美国模范商业公司法》第2.03节;中国台湾地区"公司法"第388条。

◉ 研究文献

1. 刘俊海:《公司登记制度现代化的解释论与立法论:公共信息服务、公示公信效力与可诉可裁标准的三维视角》,载《法律适用》2023年第1期。

2. 刘凯湘:《我国商事主体登记制度改革的难题与路径——以登记效力的考察为中心》,载《中国法律评论》2022年第3期。

3. 赵旭东、邹学庚:《商事登记效力体系的反思与重构》,载《法学论坛》2021年第4期。

4. 王妍:《我国企业登记形式审查制的社会福利损失》,载《当代法学》2020年第1期。

第三十二条 【公司登记事项】

公司登记事项包括:

(一)名称;

(二)住所;

(三)注册资本;

(四)经营范围;

(五)法定代表人的姓名;

(六)有限责任公司股东、股份有限公司发起人的姓名或者名称。

公司登记机关应当将前款规定的公司登记事项通过国家企业信用信息公示系统向社会公示。

◉ 立法意旨

本条是关于公司登记事项的规定。

◉ 条文演变历程

此前的《公司法》均未列明公司登记事项,此次修法新增本条。本条第2款可追溯至2005年《公司法》第6条第3款,"公众可以向公司登记机关申请查询公司登记事项,公司登记机关应当提供查询服务"。2013年、2018年修法予以保留。此次修法对其进行了调整:(1)一审稿将公司主动查询修改为登记机关主动公示;(2)二审稿进一步将"公司登记事项、公司章程等信息"调整为"前款规定的公司登记事项",

引人注目地排除了公司章程。需特别指出,章程不在登记事项范围之列,也不在企业信息公示的事项范围之列。

◉ 条文释义

本条为新增条款,在《市场主体登记管理条例》等法规基础上系统性地规定了公司登记事项。

1. 第 1 款:6 类登记事项

本款列举的公司名称、住所、注册资本、经营范围、法定代表人姓名、有限公司股东或股份公司发起人的姓名或名称等 6 类事项,实际上就是公司法人的基本组成要素。这 6 个事项一旦发生法律事实的变更,依照本法第 34 条规定,都需要及时依法办理变更登记。

2. 第 2 款:登记事项的公示

本款规定,上列 6 类登记事项还应在国家企业信用信息公示系统公示,以方便公众登录该网站查询前述登记信息。其实《民法典》第 66 条早就规定通过国家企业信用信息公示系统公示,本条某种意义上可视为对《民法典》的具体化。

需要注意的是,依本法第 34 条,本条规定的登记事项具有公信效力和对抗效力,此类事项区别于第 40 条规定的公示系统公示事项,后者仅为单纯的信息公示,无商事登记诸效力。

◉ 公司治理操作指南

6 类登记事项须如实填写,若存在变更(包括但不限于公司名称变更、迁址、增资减资、经营范围变更、法定代表人变更),均须及时办理变更登记;若存在实际情况与登记不一致,不仅可能被相关部门处罚,而且不得对抗善意相对人(第 34 条第 2 款)。国家企业信用信息公示系统是查询公司基本信息的唯一官方渠道,公司与其他企业展开交易或涉讼时,均可登录该网站查询对方公示信息,以进一步评估交易风险。此外,实践中部分公司开发了信息聚合网站,可供公众查询前述公司登记事项之外的其他信息,如知识产权、股权架构、对外投资、涉讼情况等,市场主体及其代理人如有需求,可购买此类信息聚合网站提供的服务。

◉ 比较法规范

《德国商法典》第 106 条;《德国有限责任公司法》第 10 条;《德国股份法》第 39 条;《韩国公司法》第 317 条、第 549 条;《日本公司法》第 911 条、第 912 条、第 913 条、第 914 条;《英国 2006 年公司法》第 9 条;中国台湾地区"公司法"第 393 条。

第三十三条　【公司营业执照】

依法设立的公司，由公司登记机关发给公司营业执照。公司营业执照签发日期为公司成立日期。

公司营业执照应当载明公司的名称、住所、注册资本、经营范围、法定代表人姓名等事项。

公司登记机关可以发给电子营业执照。电子营业执照与纸质营业执照具有同等法律效力。

◉ 立法意旨

本条是关于公司营业执照的规定。

◉ 条文演变历程

本条部分内容可追溯至1993年《公司法》第27条第3款、第4款，“公司登记机关对符合本法规定条件的，予以登记，发给公司营业执照；对不符合本法规定条件的，不予登记。公司营业执照签发日期，为有限责任公司成立日期”。2005年修法不仅列明了营业执照应当载明的事项，还新增了变更登记和换发营业执照的条款，第7条规定：“依法设立的公司，由公司登记机关发给公司营业执照。公司营业执照签发日期为公司成立日期。公司营业执照应当载明公司的名称、住所、注册资本、实收资本、经营范围、法定代表人姓名等事项。公司营业执照记载的事项发生变更的，公司应当依法办理变更登记，由公司登记机关换发营业执照。”2013年修法推行认缴制改革，删除了营业执照记载实收资本之规定，2018年修法延续之。此次修法的主要变化有二：一是将变更登记并换发营业执照的事项拆分到其他条文中；二是新增电子营业执照效力规则。

◉ 条文释义

本条前两款对应旧法第7条第1款、第2款，第3款为新增内容。

1. 营业执照的价值

营业执照既是公司成立的法律依据，又是对外证明公司是企业法人、有资格从事经营活动的资格证书。营业执照分为正本和副本，由公司登记机关核发，两者具有同等法律效力。其中，正本为悬挂式，必须置于公司住所或营业场所的醒目位置，副本为折叠式，主要是供公司提供证明之用。包括公司在内注册登记成立的市场主体均有“亮照经营”义务，即在其经营场所悬挂公司营业执照正本，因而营业执照具有公示性。营业执照样式、电子营业执照标准由国务院市场监督管理部门统一制定。

2. 第1款：营业执照的签发

(1)依据本款第2句，营业执照标注的签发日期为公司成立日期，这也意味着公司设立登记是公司成立的生效要件。在此可用公式“设立行为+设立登记=公司成立”来可视化表达。

需要指出的是，根据部分国家、地区的公司法规定，公司的法人人格取得与营业资格取得是分开的，但根据我国法律规定其一直是合一的。在我国法律规定中，设立登记完成，登记机关签发营业执照，就意味着公司成立也即取得法人人格，同时公司也取得营业资格，可以开始营业；而在此之前公司一直处于设立阶段，可以称为“设立中公司”(incorporation)，若在此阶段开展营业，属于非法经营。

(2)依据本款第1句，依法设立的公司都应获得由登记机关签发的营业执照。营业执照可被视为公司的“身份证”，其记载的信息科目与公司登记事项基本一致。

3. 第2款：营业执照的记载事项

依照本条第2款与《市场主体登记管理条例实施细则》第23条第1款，营业执照应载明如下内容：

(1)名称。公司名称是公司区别于其他公司和市场主体的标志，公司必须有名称。

(2)住所。营业执照上载明的公司住所是公司的法定住所，是确定公司相关权利义务关系的依据。

(3)注册资本。公司注册资本为在公司登记机关登记的股本总额。

(4)经营范围。公司的经营范围是公司权利能力的具体体现。

(5)法定代表人姓名。法定代表人是公司对外为法律行为时由法律规定代表其作出意思表示的人。

4. 3个重要的记载(登记)事项的比较

由于关涉公司登记业务极其重要的实操，此处隆重地做出涉及5个条文的3个记载(登记)事项的比较。

(1)第32条。公司登记6事项(这也是第34条变更登记事项范围)包括名称、住所、注册资本、经营范围、法定代表人的姓名、有限公司股东以及股份公司发起人的姓名或名称。

(2)第33条第2款。营业执照记载5事项包括名称、住所、注册资本、经营范围、法定代表人姓名等。

(3)第46条。有限公司章程绝对必要记载8事项包括名称、住所、经营范围、注册资本、股东的姓名或名称、法定代表人的产生变更办法以及其他事项(股东的出资额、出资方式与出资日期;公司的机构及其产生办法、职权、议事规则等)。

(4)第95条。股份公司章程绝对必要记载12事项包括名称、住所、经营范围、注册资本、法定代表人的产生变更办法、发起人的姓名或名称以及认购的股份数、出资方式等。

对比可知,公司名称、公司住所、注册资本、经营范围、股东(发起人)的姓名或者名称、法定代表人姓名(或者产生、变更办法)这6个事项,乃是公司登记、营业执照、公司章程的共同记载(登记)事项。这些事项一旦发生法律事实的变更,第34条规定公司应及时办理变更登记。

5. 第3款:电子营业执照

新增条款明确了两点:一是公司登记机关"可以"签发电子营业执照,这表明目前电子营业执照尚处于试点之中;二是其与纸质营业执照效力相同。电子营业执照相关规则可追溯至2017年《工商总局关于全面推进企业电子营业执照工作的意见》,《市场主体登记管理条例》也进行了规定,这一举措旨在响应和推动政府服务数字化改革,回应信息化社会的现实。

◉ 比较法规范

《英国2006年公司法》第15条;中国台湾地区"公司法"第392条。

◉ 研究文献

1. 刘凯湘:《我国商事主体登记制度改革的难题与路径——以登记效力的考察为中心》,载《中国法律评论》2022年第3期。

2. 罗培新:《优化营商环境视域下我国商事主体登记制度之完善》,载《华东政法大学学报》2021年第6期。

3. 赵旭东、邹学庚:《商事登记效力体系的反思与重构》,载《法学论坛》2021年第4期。

第三十四条　【变更登记及其登记效力】

公司登记事项发生变更的,应当依法办理变更登记。

公司登记事项未经登记或者未经变更登记,不得对抗善意相对人。

◉ 立法意旨

本条是关于公司变更登记及其登记效力的规定。

◉ 条文演变历程

1. 变更登记规范的演变

1992年《股份有限公司规范意见》第34条、第83条对公司章程修改引发的变更登记和增资变更登记作了具体规定。《有限责任公司规范意见》第54条对股权转让、公司增资、减资引发的变更登记作了具体规定。2005年《公司法》第33条第3款规定,"公司应当将股东的姓名或者名称向公司登记机关登记;登记事项发生变更的,应当办理变更登记。未经登记或者变更登记的,不得对抗第三人"。2013年《公司法》调整条文序号至第32条第3款。2016年修订《公司登记管理条例》第五章设专章对变更登记作出规定。2018年《公司法》对变更登记的规定较零散,分布在第7条、第12条、第13条、第32条、第136条、第179条等。《市场主体登记管理条例》第24条对变更登记作出专门规定。《民法典》第64～65条对法人登记事项的变更登记作了统一规定。

2. 公司登记法律效力规范的演变

现行法对公司登记效力的规定不系统,相关规定散落在《民法典》《公司法》及相关行政法规、部门规章、地方性法规和规范性文件中。

(1)关于设立登记的效力。《民法典》第54条、第77条,2018年《公司法》第6条第1款以及《企业法人登记管理条例》(已失效)第3条,《公司登记管理条例》(已失效)第3条等都在不同程度上规定了公司设立登记具有创设公司主体的效力。

(2)关于公司登记的生效效力。现行法并未明确规定。从早期法律文件来看,原国家工商行政管理总局在对原海南省工商行政管理局的一份答复中认为,股权登记具有生效效力,股权受让人经公司登记机关核准变更登记后,成为公司股东,①但该规章已于2006年被废止。

(3)关于公司登记的公示效力。在法律层面,《民法典》第65条规定了法人登记的公示效力,2005年《公司法》第33条第3款规定了股权登记具有公示效力。值得关注的是,2020年6月15日国家市场监督管理总局公布的《商事主体登记管理条

① 参见《国家工商行政管理局关于股权转让有关问题的答复》(工商企字〔2000〕第263号)。

例(草案)》第3条第2款第2句规定:"登记事项未经登记或变更,不得对抗善意第三人。"但后续正式通过的《市场主体登记管理条例》删除了这一规定,理由是没有必要重复《民法典》第65条。法规层面,已被废止的《深圳经济特区商事条例》是最早系统规定公司登记公示效力的地方性法规;另外,《厦门经济特区商事登记条例》第11条第2款也对公司登记的效力作了规定。

◉ 条文释义

1. 本条的来历

在公司法典意义上,本条为新增条款,与第35条共同构成变更登记事项规范群。在实质规范意义上,《民法总则》第64条、第65条对此早有规定,此后这些规定被沿袭至《民法典》中。依据体系解释,在民商合一体系下,本条可被视为《民法典》一般规则在《公司法》中的具体化。《民法典》第64条规定:"法人存续期间登记事项发生变化的,应当依法向登记机关申请变更登记。"第65条规定:"法人的实际情况与登记的事项不一致的,不得对抗善意相对人。"

2. 第1款:登记事项的变更登记

本款规定公司负有申请变更登记之义务,旨在保证登记信息的及时性与准确性,减少真实事实与登记事实之间的差距,降低交易成本,维护交易安全。

(1)申请义务的产生条件是"公司登记事项发生变更"。第32条系统规定了公司登记事项,包括公司名称、住所、注册资本、经营范围、法定代表人姓名、有限公司股东或者股份公司发起人姓名或名称等共计6个项目。若前述任何一项的法律事实发生变动,则公司负有及时申请变更登记的义务。

(2)申请义务产生之后,应"'依法'办理变更登记"。"依法"之"法"应采用广义解释,包括法律、行政法规以及部门规章等法源。观察目前的规范供给情况,其主要是指《市场主体登记管理条例》《市场主体登记管理条例实施细则》。《市场主体登记管理条例》第24条细化了变更登记申请义务的履行时限,要求公司自变更决议作出之日起或法定变更事项发生之日起30日内提交申请。

(3)变更登记的申请人是谁?本条缺乏主语,但结合上下文可以推定为公司本身。那么,在公司内部,应由哪个法人机关负责申请变更登记?结合第106条、第67条第2款第2项等规定,应锁定为公司董事会。如此,如董事会不及时、如实履行该项职务的,属于违反勤勉义务的行为,由此给公司造成损失的,应依法承担相应赔偿责任。

3. 第 2 款:登记事项的公示效力

本款规定了登记事项的公示效力,与 2018 年《公司法》第 32 条第 3 款相比有重大变化:一是将"股东信息登记对抗效力规则"扩张到所有登记事项,二是将不得对抗的对象由"第三人"缩窄为"善意相对人"。与《民法典》第 65 条的规定保持一致。详言之,首先,产生登记公示效力的前提就是第 32 条规定的登记事项"未登记"或"未经变更登记";其次,公示效力体现为"不得对抗善意相对人"。

所谓公示效力,是指登记后产生的"得以登记事实对抗另一方"的效力,具体包括公信效力和对抗效力。

(1)公信效力,是指善意相对人得以登记事实对抗登记义务人,将登记事实拟制为客观真实存乎于当事人之间,并据此使相关法律事实发生相应法律后果的效力。其中,"善意"指相对人不知道或者不应当知道公司登记事项未登记或者未经变更登记。譬如,公司依照章程规定由董事会决议更换了法定代表人,但未向公司登记机关办理变更登记,而后原法定代表人以公司名义对外签订合同,善意相对人得主张原法定代表人与其签订的合同对公司发生效力。

(2)对抗效力,是指登记义务人得以登记事实对抗相对人,推定其知悉登记事实的效力。循前例,公司依照章程规定更换了法定代表人,同时也向登记机关办理了变更登记。而后原法定代表人以公司名义对外签订合同,此时,公司得主张相对人(即便其主观上确不知情)知悉法定代表人已变更、原法定代表人已无代表权,从而主张该合同对公司不生效力。

公司登记的公信效力、对抗效力可以从本款文义上解释而出。本款规定"公司登记事项未经登记或者未经变更登记,不得对抗善意相对人",依反对解释,公司登记事项未经登记或者未经变更登记,善意相对人可以对抗公司,此即前述公信效力;还可解释出,公司登记事项经登记或者变更登记,公司可以对抗善意相对人,此即前述对抗效力。

最后指出,在民商法理论上,本款为商事外观主义的具体体现,在法定代表人解职后不及时办理变更登记而发生表见代表(《民法典》第 504 条)、有限公司股权转让后不及时办理变更登记而发生股权善意取得(《公司法解释三》第 27 条)等场合,实际上就是本条的具体应用。

4. 延伸问题:登记事项的生效效力

本条第 2 款仅对公司登记的公示效力进行了规定,但未对哪些公司登记事项具有生效效力进行规定。所谓公司登记的生效效力，是指登记具有使法律事实生效的效力。

从商事登记的法效视角分类，有登记生效主义与登记对抗主义两种模式。在登记生效主义模式下，登记是相关法律事实生效的必要条件；在登记对抗主义模式下，登记仅作为相关法律事实得以对抗相对人的要件。就学理而言，有些登记事项未经登记，不仅不发生公示效力，也不发生生效效力。以本法第32条规定的6类登记事项来讲，这些事项的性质各异，应具有不同的登记效力。其中，名称、住所、注册资本的登记应当具有生效效力，未经登记，公司变更名称、住所和注册资本的法律行为不发生相应效力，但登记与否不影响决议本身的效力。

◉ 比较法规范

中国澳门地区《商业登记法典》第9条；《日本公司法》第908条、第909条；《日本商法典》第9条；《德国商法典》第15条；《法国商法典》第L123－9条；《韩国商法》第37条；《欧共体第一号公司法指令》第3条；《西班牙商法典》第21条；《意大利民法典》第2193条；《瑞士债法典》第932条；中国台湾地区"公司法"第12条。

◉ 研究文献

1. 赵旭东、邹学庚：《商事登记效力体系的反思与重构》，载《法学论坛》2021年第4期。

2. 邹学庚：《〈民法典〉第65条商事登记公示效力研究》，载《国家检察官学院学报》2021年第1期。

3. 李建伟、罗锦荣：《有限公司股权登记的对抗力研究》，载《法学家》2019年第4期。

4. 石一峰：《论商事登记第三人效力》，载《法商研究》2018年第6期。

◉ 典型案例

北京公达房地产有限责任公司与北京祥和三峡房地产开发公司房地产开发合同纠纷再审案①

1. 案情简介

北京燕南三峡房地产开发公司（以下简称三峡公司）系由中国三峡经济发展总公司批准成立，1993年3月19日由北京市大兴县工商行政管理局注册登记，其法定代表人为刘某章。

1994年7月31日，三峡公司与北京公达房地产有限责任公司（以下简称公达公司）签订合作开发革新里二十六号院协议（以下简称革新里项目），约定由双方共同筹集资

① 参见最高人民法院民事判决书，(2009)民提字第76号。

金,按投资比例分成。同年8月3日,中国三峡经济发展总公司房地产经营开发部与三峡公司联合发文,作出了停止刘某章三峡公司经理工作的决定,同月9日刘某章收到该决定。

1995年2月28日,三峡公司向北京市大兴县工商局申请变更企业法人代表刘某章为张某利。1995年4月13日、15日、17日,刘某章持三峡公司公章以法定代表人身份与公达公司签订了革新里项目转让协议及补充协议,约定三峡公司将此项目全部转让给公达公司,由公达公司全权负责完成此项目,一切债权债务由公达公司负责。

1995年4月22日,北京市大兴县工商局将三峡公司法人代表由刘某章变更为张某利。

2. 裁判要旨

一审、二审判决认为,刘某章在已被停止履行三峡公司法定代表人职务的情况下,仍与公达公司签订转让革新里项目协议,违背了诚实信用原则,属欺诈行为,三峡公司与公达公司签订的协议属无效协议,刘某章应承担其造成协议无效之责任,因此对公达公司的请求不予支持。

最高人民法院再审认为,1995年4月13日刘某章作为三峡公司的法定代表人与公达公司签订了革新里项目转让协议,该协议书上有三峡公司的公章及刘某章的签字。此时,刘某章虽然已被三峡公司上级单位停止了工作,但直至1995年4月22日,工商登记才将三峡公司的法定代表人刘某章变更为张某利。签订项目转让协议时,三峡公司的工商登记上刘某章仍为该公司法定代表人。因此,双方签订的项目转让协议应当依法成立并生效。最终判决,撤销一、二审判决,改判公达公司与三峡公司签订的《开发项目转让协议》有效。

3. 案件评析

法定代表人的姓名属于公司登记事项,法定代表人对外以公司名义从事民事活动的法律效果归属于公司。司法实践中最常见的争议是:公司已经通过内部决议更换了法定代表人,但尚未办理法定代表人变更登记。此时,已被免职但仍被登记的法定代表人以公司名义从事的民事活动是否对公司发生效力。本案中,被申请人的法定代表人被免职但未办理变更登记,该法定代表人仍代表被申请人与申请人签订了合同。最高人民法院认为,公司的法定代表人依法代表公司对外进行民事活动,法定代表人发生变更的,应当在工商管理部门办理变更登记,公司的法定代表人在对外签订合同时已经被上级单位决定停止职务,但未办理变更登记,公司以此主张合同无效的,不予支持。该案刊载于《最高人民法院公报》2010年第11期,具有较强的指导意义。

第三十五条　【变更登记所需文件】

公司申请变更登记，应当向公司登记机关提交公司法定代表人签署的变更登记申请书、依法作出的变更决议或者决定等文件。

公司变更登记事项涉及修改公司章程的，应当提交修改后的公司章程。

公司变更法定代表人的，变更登记申请书由变更后的法定代表人签署。

◉ 立法意旨

本条是关于变更登记所需文件的规定。

◉ 条文演变历程

本条可追溯至1994年《公司登记管理条例》第24条，该条规定："公司申请变更登记，应当向公司登记机关提交下列文件：（一）公司法定代表人签署的变更登记申请书；（二）依照《公司法》作出的变更决议或者决定；（三）公司登记机关要求提交的其他文件。公司变更登记事项涉及修改公司章程的，应当提交修改后的公司章程或者公司章程修正案。"2006年修订《公司登记管理条例》时此条被顺移至第27条，并新增第3款"变更登记事项依照法律、行政法规或者国务院决定规定在登记前须经批准的，还应当向公司登记机关提交有关批准文件"。2022年《市场主体登记管理条例实施细则》第32条第1项规定："申请办理变更登记，应当提交申请书，并根据市场主体类型及具体变更事项分别提交下列材料：（一）公司变更事项涉及章程修改的，应当提交修改后的章程或者章程修正案；需要对修改章程作出决议决定的，还应当提交相关决议决定……"其后的《市场主体登记管理条例实施细则》第33条规定："市场主体更换法定代表人、执行事务合伙人（含委派代表）、负责人的变更登记申请由新任法定代表人、执行事务合伙人（含委派代表）、负责人签署。"本次修法，一审稿第28条吸纳与优化前述规定，二审稿、三审稿予以继承，最终形成本条。

◉ 条文释义

本条系新增条文，具有重要的实务操作价值。

1. 第1款：申请变更登记的一般规则

本款规定了申请变更登记的一般规则，公司必须提交法定代表人签名的变更登记申请书以及变更决议或决定文件等材料，要点如下。

（1）公司若要申请已登记事项的变更（主要是本法第32条所列的6类事项），要么是已经发生法律事实的变更，比如有限公司发生了某股东的股权转让（本法第32

条第6项);要么是公司内部先行做出了相应的决议或决定。后种情况以法定代表人的更换(本法第32条第5项)为例,本法第10条规定法定代表人依公司章程由执行公司事务的董事或经理担任,因此变更法定代表人需要的法律事实主要有两类:一是发生了人事变化,要么股东会决议、董事会决议解任了担任法定代表人对应的董事、经理的职务,要么担任法定代表人的人辞任了董事、经理职务;二是股东会决议修改章程,无论如何,均须先行做出决议。

(2)提交公司法定代表人签署的变更登记申请书,此为一直以来的惯常做法。法定代表人对外享有代表权,对外代表权包括在公司登记申请书上签字的权力。因此,申请变更登记需要法定代表人签署的变更登记申请书。①

2. 第2款:涉及修改章程时的特殊规则

登记事项可能涉及公司章程记载的内容,本款规定变更此类事项的登记信息须提交修改后的章程。

(1)只有部分而非全部的登记事项变更,须先完成章程修改程序。根据本法第32条的规定,登记事项包括:名称;住所;注册资本;经营范围;法定代表人姓名;有限公司股东或股份公司发起人的姓名或名称。第46条规定,有限公司章程必备记载事项包括:名称;住所;经营范围;注册资本;股东姓名或名称;法定代表人的产生、变更办法;股东的出资额、出资方式、出资日期;公司的机构及其产生办法、职权、议事规则;股东会决议认为需要载入章程的其他事项。第95条规定,股份公司章程必备记载事项包括:名称;住所;经营范围;注册资本;发起人的姓名或名称;法定代表人的产生、变更办法以及其他事项。前文已经指出,公司登记事项与章程记载事项存在交叉关系(名称;住所;注册资本;经营范围;法定代表人姓名或者产生、变更办法;有限公司股东或股份公司发起人的姓名或名称)。对于这些事项的变更,如无法律、章程的特殊规定,可能需先修改公司章程。修改章程后,公司根据法律规定向登记机关申请变更登记。

(2)也有部分登记事项的变更虽然涉及公司章程记载内容的修改,但法律规定无须做出修改章程的决议,直接提交修改后的章程即可。例如,本法第87条规定有限公司股东依法转让股权后,公司应变更章程记载内容,相应修改无须股东会决议。

---

① 参见袁碧华:《法定代表人的制度困境与自治理念下的革新》,载《政法论丛》2020年第6期,第79页。

(3)第2款未予明确的是，若修改章程后未变更登记，那么修改章程的效力如何？理论上存在有效说与无效说之分。这一问题与登记的生效效力休戚相关，前文指出，本法第32条规定的6类公司登记事项的性质并不完全一致，应具有不同的登记效力，其中，名称、住所、注册资本的登记具有生效效力，未经登记，公司变更名称、住所和注册资本的法律行为不发生效力；若公司章程涉及相应内容，修改后的章程亦应于变更登记之时产生效力；对于其他事项，考虑到公司法没有对公司章程变更生效要件进行特殊规定，故变更登记宜理解为对抗要件，但法律规定某些变更事项应经主管机关批准生效的除外。①

3. 第3款：法定代表人变更登记的特殊规则

法定代表人的更换包括4种情形：一是任期届满而退任；二是被公司解任；三是丧失董事、经理地位；四是自己辞任。无论属于何种情形，本款均明确规定变更登记申请书由变更后的法定代表人签署。这样，一方面能够避免原法定代表人不配合签署申请书而导致无法完成变更登记的僵局；另一方面也意味着法定代表人更换的事实不以变更登记为生效要件，更换的法律事实一旦发生，比如解任的决议一经作出即产生效力，原法定代表人在公司内部即丧失代表权。

不过，本书第10～11条的评注分别已提及，本款是一把“双刃剑”：(1)若被公司决议解职的，法定代表人不愿交接权力，由继任者签署变更登记申请书有利于解决此类尾大不掉的僵局；(2)但对于辞任的法定代表人而言，若公司迟迟不选定继任者，涤除登记仍然较为棘手。

◉ 公司治理操作指南

法定代表人职位是控制公司的“咽喉”，公司应审慎选择法定代表人，否则可能导致公司治理僵局。例如，控股股东希望通过增资稀释其他股东的股权，公司在其控制下做出了增资决议并办理了注册资本变更登记，少数股东提起决议无效之诉，法院判决支持该决议无效。然而，依据本条规定，变更注册资本必须提交法定代表人签署的申请书，若控股股东控制法定代表人职务进而拒不办理，少数股东即便拿到胜诉判决也难以直接实现维权目的。

此外，现实中存在两类涤除登记难问题，一是法定代表人不想继续任职，但公司拒绝其辞任申请，或虽然其在公司内部辞任但公司拒不配合办理涤除登记；二

① 参见冯果：《公司法》(第3版)，武汉大学出版社2017年版，第96页。

是法定代表人被解职后拒不配合办理涤除登记。首先，新法第46条第1款第7项将章程必备记载事项由旧法第25条第1款第7项的“法定代表人”修改为“法定代表人的产生、变更办法”，这一修订实际上回应了实践中某些市场监督管理机构认为涤除登记必须修改公司章程的僵化观点；其次，新法第35条第3款吸收了《市场主体登记管理条例》及其实施细则的规定，为难题二“旧法定代表人尾大不掉”提供了解决之道，“公司变更法定代表人的，变更登记申请书由变更后的法定代表人签署”。

◉ 比较法规范

《德国商法典》第13条；《德国有限责任公司法》第39条、第54条；《德国股份法》第181条；《日本公司法》第909条、第915条；《韩国公司法》第183条；《英国2006年公司法》第26条、第29条、第30条。

◉ 研究文献

1. 黄新波：《论工商变更登记的性质》，载《行政法学研究》2010年第1期。

2. 江苏省南京市中级人民法院课题组：《公司变更登记司法审查的难点及其解决　行政诉讼角度的考察》，载《法律适用》2008年第12期。

◉ 典型案例

黄石森茂置业有限公司、陈某勤等股东资格确认纠纷案①

1. 案情简介

2020年8月20日，原告黄石森茂置业有限公司（以下简称森茂公司）注册成立，由叶某、曹某某明及李某华共同出资设立。三位股东于2020年8月16日召开股东会并形成决议：选举李某华为公司执行董事（法定代表人）。不幸的是，李某华于2022年因病去世。2022年9月28日，森茂公司召开股东会，股东叶某、曹某某明参加会议，作出决议，其中一项内容是请求死者继承人配合尽快变更法定代表人、修改章程。但因李某华家属陈某勤、李某静拒不配合办理变更登记。森茂公司向法院提起诉讼，请求判令陈某勤、李某静配合进行工商变更登记，修改章程。

2. 裁判要旨

法院认为，根据2018年《公司法》第13条，原告森茂公司的法定代表人李某华因病去世，其他股东应当按照公司章程和相关法律法规办理变更登记。该公司章程规定：股东会应由2/3以上表决权股东参加；修改公司章程的决议需2/3以上（含2/3）表决权的股东通过；股东会会议由股东按照出资比例行使表决权。李某华是持股5%的小股东，其他两

---

① 参见湖北省黄石市西塞山区人民法院民事判决书，(2022)鄂0203民初1791号。

位股东完全可以按照章程规定召集股东会会议，在经2/3以上表决权的股东通过后，重新选任法定代表人以及修改章程。再根据《市场主体登记管理条例实施细则》第33条，可知法定代表人的变更手续并非必须由两被告配合才能办理。原告森茂公司亦未提供相应证据证实因两被告未配合，导致其无法办理法定代表人变更登记手续。原告森茂公司的该项诉讼请求不具有诉的利益，即不具有判决保护之必要性，法院不予支持。

3. 案件评析

公司变更法定代表人的，变更登记申请书由变更后的法定代表人签署。因此，原法定代表人无论是主动离职还是被动离职（如本案中公司原法定代表人离世），办理法定代表人变更手续的关键是新法定代表人的配合。

第三十六条　【变更登记后换发营业执照】

公司营业执照记载的事项发生变更的，公司办理变更登记后，由公司登记机关换发营业执照。

◉ 立法意旨

本条是关于变更登记后换发营业执照的规定。

◉ 条文演变历程

本条可追溯至2005年《公司法》第7条第3款："公司营业执照记载的事项发生变更的，公司应当依法办理变更登记，由公司登记机关换发营业执照。"2013年和2018年修法未作变动。2021年《市场主体登记管理条例》第28条规定："市场主体变更登记涉及营业执照记载事项的，登记机关应当及时为市场主体换发营业执照。"与之相关的规范还有《市场主体登记管理条例》第36条和第37条。本次修法，一审稿将本条内容独立成第29条："公司营业执照记载的事项发生变更的，公司办理变更登记后，由公司登记机关换发营业执照。"二审稿、三审稿继承之，最终形成本条。

◉ 条文释义

本条源自旧法第7条第3款，内容无实质性变化。

依据第33条第2款，营业执照记载的事项包括公司名称、住所、注册资本、经营范围、法定代表人姓名，这些科目同时属于第32条规定的登记事项，按第34条第1款，上述登记事项发生变更的，公司应办理变更登记。由于初始营业执照记载的科目与前述登记事项保持一致，所以登记事项变更之后，营业执照的相应记载事项也要变更记载,"换发营业执照"成为当然之举。这一举措可便于公司正常开展经营活动,便于公众准确、及时了解变更后的公司基本信息。①

◉ 比较法规范

《日本公司法》第915条;《韩国公司法》第183条。

第三十七条 【公司注销登记】

公司因解散、被宣告破产或者其他法定事由需要终止的,应当依法向公司登记机关申请注销登记,由公司登记机关公告公司终止。

◉ 立法意旨

本条是关于公司注销登记的规定。

◉ 条文演变历程

1993年《公司法》第197条规定:"公司清算结束后,清算组应当制作清算报告,报股东会或者有关主管机关确认,并报送公司登记机关,申请注销公司登记,公告公司终止。不申请注销公司登记的,由公司登记机关吊销其公司营业执照,并予以公告。"2005年修法将此条文置于第189条。《民法总则》《民法典》第73条规定:"法人被宣告破产的,依法进行破产清算并完成法人注销登记时,法人终止。"2021年颁布的《市场主体登记管理条例》第34条规定:"人民法院裁定强制清算或者裁定宣告破产的,有关清算组、破产管理人可以持人民法院终结强制清算程序的裁定或者终结破产程序的裁定,直接向登记机关申请办理注销登记。"此次修法在整合前述规范的基础上,于第二章"公司登记"新设本条。

◉ 条文释义

本条为新增条款,是对此前多部法律、行政法规的多个规范整合。

1. 注销登记的前提是公司终止

公司终止,是指公司根据法定程序结束营业并消灭法人资格的事实状态和法律结果。公司终止的效果是消灭公司的营业资格与法人资格,与其相关的法律关系也随之消灭。公司作为多种法律关系的综合体,其终止影响股东、职工、债权人等诸多

① 参见国家市场监督管理总局登记注册局、国家市场监督管理总局信用监管司、国家市场监督管理总局法规司编著:《中华人民共和国市场主体登记管理条例解读》,中国工商出版社2022年版,第76页。

主体的利益,法律为此规定了以清算为中心的善后程序。

公司终止的原因有二:解散和破产。解散,是指公司因章程或者法律规定的事由出现,停止经营,启动清算程序,最终使公司终止的过程;解散又分为自愿解散和强制解散,前者指公司基于其自主形成的意思而解散,后者指公司因行政机关的决定或法院的判决而被迫解散。破产,是指公司出现法定的资不抵债情形,法院依法定程序公平清偿其债务,最终使公司终止的过程。

本条规定,进入终止程序的公司负有申请注销登记的法定义务。公司发生解散或破产等终止事由后并不当然消灭,唯有经过清算,由法定主体依法向公司登记机关申请注销登记,登记机关完成注销登记后,才发生公司终止的法律后果。[①] 公司登记追求真实、准确、完整,但又难免出现应登记的事项未登记和不实登记等与真实法律状况不符的情形。权利外观与真实状况不符会损害交易相对人的信赖利益或真实权利人的经济利益。[②] 因此,进入终止程序后,公司自然负有及时办理注销登记的法定义务。

2. 注销登记的效力

注销登记后,公司终止且法人资格消灭。公司登记机关办理设立登记是公司取得法人资格的前提,而消灭公司的法人资格则以公司登记机关注销其公司登记为依据。[③]《民法典》第68条、第72条第3款、第73条对此进行了规定,本条是前述规则在《公司法》中的具体化,由此确立了法人注销登记的生效要件主义:唯有经过注销登记,法人始告终止,可用公式"清算事由+清算行为+注销登记=公司终止"来表述。

3. 注销登记后的公告

按照本条末句,公司登记机关完成注销登记后,需要公告公司终止。

◉ 比较法规范

《德国商法典》第157条;《日本公司法》第926条;《韩国公司法》第228条、第287条之三十九;中国台湾地区"公司法"第26-1条、第26-2条。

◉ 研究文献

1. 徐晓明:《市场主体强制注销制度的内在取向及其法治建构》,载《行政法学研究》

---

① 参见钱玉林:《商事主体注销登记争点问题讨论》,载《法学论坛》2021年第4期,第53页。

② 参见赵万一主编:《商事登记制度法律问题研究》,法律出版社2013年版,第154页。

③ 参见宋燕妮、赵旭东主编:《中华人民共和国公司法释义》,法律出版社2019年版,第364页。

2023年第5期。

2. 季奎明:《第三类破产:“不算而销”的特别清理程序》,载《政法论丛》2021年第6期。

3. 钱玉林:《商事主体注销登记争点问题讨论》,载《法学论坛》2021年第4期。

4. 张钦昱:《僵尸企业出清新解:强制注销的制度安排》,载《法学杂志》2019年第12期。

第三十八条 【分公司设立登记】

公司设立分公司,应当向公司登记机关申请登记,领取营业执照。

◉ 立法意旨

本条是关于分公司设立登记的规定。

◉ 条文演变历程

本条可追溯至1993年《公司法》第29条的规定:“设立有限责任公司的同时设立分公司的,应当就所设分公司向公司登记机关申请登记,领取营业执照。有限责任公司成立后设立分公司,应当由公司法定代表人向公司登记机关申请登记,领取营业执照。”同时,1993年《公司法》第96条对股份公司进行了类似规定。2005年修法将以上两条文合并至第14条第1款。此次修法将分公司设立登记规范单列于第二章“公司登记”。在《公司法》之外,《公司登记管理条例》(已废止)第47条、《民法典》第74条、《市场主体登记管理条例》第23条、《市场主体登记管理条例实施细则》第30条均有分公司设立登记的规则。

◉ 条文释义

本条对应旧法第14条第1款第2句,内容无实质性变化。

本条也是公司法典关于分公司商事登记的唯一条文,《市场主体登记管理条例》及其实施细则等对此有更详细的规定。

1. 何为分公司

有必要区分相互关联的两组概念,总公司和分公司、母公司和子公司。

总公司是指依法设立,用以管辖公司全部组织的具有企业法人资格的总机构;分公司是指在业务、资金、人事等方面受总公司管辖,不具有法人资格的公司分支机构。依据《民法典》第74条的规定,分公司没有独立财产,不能独立承担责任,以分支机构名义从事的民事活动产生的法律后果由总公司承担,但分公司具有诉讼主体资格。

相比之下,母公司是持有其他公司控股权的公司,子公司则是控股权被其他公司持有的公司,母、子公司均具有独立的法人资格。

2. 分公司的设立

设立分公司有两种情形:一是发起人在设立公司的同时设立分公司,由申请人一并提出设立登记申请,经核准后向分公司签发营业执照;二是公司成立以后决定设立分公司,由公司代表人提起设立登记申请,经核准后签发营业执照。①

3. 分公司的设立登记

无论如何设立,本条规定需要向公司登记机关依法办理登记,领取营业执照,分公司才能取得营业资格,开始营业。

◉ 公司治理操作指南

《公司登记管理条例》(已废止)第 47 条曾规定,设立分公司应当向登记机关提交的文件主要有:公司法定代表人签署的设立分公司的登记申请书;公司章程以及加盖公司印章的《企业法人营业执照》复印件;营业场所使用证明;分公司负责人任职文件和身份证明;国家工商行政管理总局规定要求提交的其他文件。法律、行政法规或者国务院决定规定设立分公司必须报经批准,或者分公司经营范围中属于法律、行政法规或者国务院决定规定在登记前须经批准的项目的,还应当提交有关批准文件。但随着《市场主体登记管理条例》及其实施细则的颁布,《公司登记管理条例》第 47 条被废止。这就意味着,除了按照《市场主体登记管理条例实施细则》第 30 条的规定另外提交负责人的任职文件和自然人身份证明,分公司设立登记所需的提交的文件与设立总公司基本没有差异。

◉ 比较法规范

《日本公司法》第 930 条、第 931 条、第 932 条;《韩国公司法》第 181 条;《德国商法典》第 13 条。

第三十九条　【虚假设立登记的法律后果】

虚报注册资本、提交虚假材料或者采取其他欺诈手段隐瞒重要事实取得公司设立登记的,公司登记机关应当依照法律、行政法规的规定予以撤销。

---

① 参见赵旭东主编:《公司法学》(第 4 版),高等教育出版社 2015 年版,第 95 页。

◉ 立法意旨

本条是关于以欺诈手段取得公司设立登记的法律后果的规定。

◉ 条文演变历程

本条内容可追溯至1993年《公司法》第206条的规定："违反本法规定，办理公司登记时虚报注册资本、提交虚假证明文件或者采取其他欺诈手段隐瞒重要事实取得公司登记的，责令改正，对虚报注册资本的公司，处以虚报注册资本金额百分之五以上百分之十以下的罚款；对提交虚假证明文件或者采取其他欺诈手段隐瞒重要事实的公司，处以一万元以上十万元以下的罚款；情节严重的，撤销公司登记。构成犯罪的，依法追究刑事责任。"1994年《公司登记管理条例》（已废止）第58条、第59条与1993年《公司法》第206条一脉相承。

2005年修法将上述条款的刑事责任删除，交由《刑法》规定，2005年《公司登记管理条例》也跟随相应的修订。2021年《市场主体登记管理条例》第40条、第45条对"以欺诈手段取得公司登记的法律后果"有更细致的规定。此次修法，将旧法第198条拆分，在第二章"公司登记"规定"虚报注册资本、提交虚假材料或者采取其他欺诈手段隐瞒重要事实取得公司设立登记"的撤销登记规则，具体的罚款则由第十四章"法律责任"规定。需注意，修法过程中，三审稿第39条没有限定欺诈登记中的"登记"范围，但最终通过的本条于"登记"前加上"设立"二字，精准厘定了适用范围。

◉ 条文释义

本条对应旧法第198条的部分内容，有内容性修订。

1. 欺诈登记行为的纠错机制

本条规范的制度，通俗意义上被称为虚假设立登记的撤销，其本质是一种欺诈违法行为，即当事人在办理公司设立登记时，故意隐瞒有关的重要事实、制造假象，使公司登记机关受蒙骗、发生错误认识而取得了公司设立登记。本条对应新法第30条第1款的要求，即申请设立公司提交的相关资料应当真实、合法和有效，否则便构成欺诈设立登记，此举不仅会破坏公平竞争的市场经济秩序，扰乱登记机关的行政管理秩序，损害政府公信力，还会损害股东、职工、债权人和社会公众的合法权益。① 欺诈设立登记因缺乏合法性基础，本条规定的相应法律后果是"予以撤

---

① 参见国家市场监督管理总局登记注册局、国家市场监督管理总局信用监管司、国家市场监督管理总局法规司编著：《中华人民共和国市场主体登记管理条例解读》，中国工商出版社2022年版，第102页。

销”。需强调，撤销登记是公司登记机关依据《行政许可法》针对错误登记行为的一种纠正行为而非一种行政处罚措施。

2.“欺诈登记”的认定

前半句明确列举3类欺诈登记行为：“虚报注册资本”“提交虚假材料”“采取其他欺诈手段隐瞒重要事实”。

(1)虚报注册资本。这是指申请公司登记使用虚假证明文件或者采取其他欺诈手段虚报注册资本，欺骗公司登记部门，取得公司登记。此处的注册资本，是指在公司登记机关登记的资本数额，包括设立时股东认缴的出资额，也包括成立后增加的资本额。[①]《市场主体登记管理条例》第45条对虚报注册资本取得公司登记行为规定了更详细的处罚措施。虚报注册资本数额巨大、后果严重或者有其他严重情节的，甚至会构成刑事犯罪。[②]

(2)提交虚假材料。此类材料主要包括公司登记申请书、公司章程、验资证明等文件，以及根据法律、行政法规规定须报经有关部门审批的业务所提交的有关部门的批准文件，比如俗称的伪造批文。

(3)采取其他欺诈手段隐瞒重要事实。此为兜底规定，为登记机关和法院留下解释空间。

3.欺诈登记的法律后果

旧法第198条规定了责令改正、罚款、撤销登记和吊销营业执照4种法律后果。其中，需注意的是，撤销登记与吊销公司营业执照存在本质差异，撤销公司登记是对公司登记行为的纠正，吊销公司营业执照则是对公司经营资格的剥夺。[③]

2021年颁布的《市场主体登记管理条例》则区分“提交虚假材料或者采取其他欺诈手段隐瞒重要事实取得市场主体登记”和“虚报注册资本取得市场主体登记”的法律后果。前者的法律后果是撤销登记，后者的法律后果包括责令改正、罚款和吊销营业执照。

本条统合、优化了上述既有规范关于欺诈登记的法律效果的规定，不再区分“提

---

① 参见国家市场监督管理总局登记注册局、国家市场监督管理总局信用监管司、国家市场监督管理总局法规司编著：《中华人民共和国市场主体登记管理条例解读》，中国工商出版社2022年版，第115、116页。

② 参见张明楷：《刑法学》（下册）（第6版），法律出版社2021年版，第969页。

③ 参见国家市场监督管理总局登记注册局、国家市场监督管理总局信用监管司、国家市场监督管理总局法规司编著：《中华人民共和国市场主体登记管理条例解读》，中国工商出版社2022年版，第102、103页。

交虚假材料或者采取其他欺诈手段隐瞒重要事实取得市场主体登记”和“虚报注册资本取得市场主体登记”的法律后果，同时将4项法律后果一分为二。本法第250条规定责令改正、罚款等行政处罚，本条专注于“情节严重”引发的最严重后果——将“撤销公司登记、吊销营业执照”统一为对设立登记的“予以撤销”。

我国实行公司实名登记制，且公司需要对其提交的材料真实性、合法性和有效性负责。因虚假公司登记被撤销的市场主体，其直接责任人自公司登记被撤销之日起3年内不得再次申请市场主体登记。登记机关应当通过国家企业信用信息公示系统予以公示。虚假公司登记被撤销后，对因虚假登记受到影响的自然人、法人和其他组织，相关信用惩戒和市场禁入措施应当停止执行。①

◉ 比较法规范

《日本公司法》第965条；《韩国公司法》第628条；《英国2006年公司法》第119条；中国台湾地区“公司法”第9条。

◉ 研究文献

刘俊海：《公司登记制度现代化的解释论与立法论：公共信息服务、公示公信效力与可诉可裁标准的三维视角》，载《法律适用》2023年第1期。

第四十条 【公司信息公示】

公司应当按照规定通过国家企业信用信息公示系统公示下列事项：

（一）有限责任公司股东认缴和实缴的出资额、出资方式和出资日期，股份有限公司发起人认购的股份数；

（二）有限责任公司股东、股份有限公司发起人的股权、股份变更信息；

（三）行政许可取得、变更、注销等信息；

（四）法律、行政法规规定的其他信息。

公司应当确保前款公示信息真实、准确、完整。

◉ 立法意旨

本条是关于国家企业信用信息公示系统的公示事项的规定。

---

① 参见国家市场监督管理总局登记注册局、国家市场监督管理总局信用监管司、国家市场监督管理总局法规司编著：《中华人民共和国市场主体登记管理条例解读》，中国工商出版社2022年版，第104页。

◉ 条文演变历程

企业信用信息公示系统自2014年3月1日问世，依托电子技术和网络平台为社会公众查阅商主体的基本信息提供途径，通过保障社会公众的知情权来实现信息公示的目标，基本能够反应商事主体的运行情况和信用水平。同年7月，为有效推进企业信用信息公示系统的建设，国务院又颁布了《企业信息公示暂行条例》，27日又公布了5部规章[①]。《企业信息公示暂行条例》及5部部门规章是目前商主体信息公示制度的主要法律依据，上述规范性法律文件正式确立了全新的以"守信全面激励，失信联合惩戒"为核心的信用约束制度，极大地减缓了市场上信息不对称的固有问题。公司作为企业类型之一，在《公司法》中新增其通过统一企业信息公示系统的公示义务，是对于已有实践的总结性表述与制度重要性的再次强调。

◉ 条文释义

本条为新增条文，也是近年来废止公司年检、转为实行企业信用信息公示制度后最新立法成果的总结。

1. 第1款：公示信息

本款明确规定公司应当通过国家企业信用信息公示系统向社会提供的基本信息的种类，本条规定的公示事项并无登记效力，只有第32条规定的"登记事项"才具有第34条规定的公信效力和对抗效力。由此可知，虽然"第二章"名为"公司登记"，但实际上包括商事登记、信息公示及商事备案等内容。

第1项，是与公司基本出资情况相关的信息。虽然当前的信用体系呈现出由资本信用向资产信用过渡的倾向，[②]但资本缴付情况仍旧对特定公司的实际经营或履约能力产生实质影响，是影响交易相对人决策的重要信息。[③] 有限公司的登记事项中，对实缴出资的情况进行公示至关重要。由股东认缴出资构成的注册资本仅是公司对债权人承担责任的一个基本担保，甚至还会误导债权人；只有实收资本才是真

---

① 5部规章包括：《企业异常经营名录管理暂行办法》、《企业公示信息抽查暂行办法》、《个体工商户年度报告暂行办法》、《农民专业合作社年度报告公示暂行办法》、《工商行政管理行政处罚信息公示暂行规定》（已失效）。

② 参见赵旭东：《从资本信用到资产信用》，载《法学研究》2003年第5期。

③ 参见肖海军：《论商事登记事项的立法确定——兼评〈商事主体登记管理条例（草案）〉》，载《法学论坛》2021年第4期，第65页。

正的“防护垫”,能切实影响债权偿付风险。[①] 针对股份公司,考虑到本次修订已经将股份公司的发起人由认缴变更为实缴,因此仅要求公示发起人认购的股份数。

第2项,为股权变更信息。本项公示要求是公司法在股东股权转让方面所增加的公司义务,公司应当通过国家企业信用信息公示系统向第三人公示股权变更信息。公司履行公示义务可以视为公司意思介入股权转让行为的路径之一,本身是公司“默示认可”的体现,在股权转让修正意思主义模式下具有发生股权变动效果的效力。[②] 值得注意的是,不仅有限公司的股权信息变更情况应当公示,股份公司发起人的股份变更信息同样要遵循此项要求,这是公众投资人了解公司重大股权结构变化、控制权更迭的重要途径。

第3项,为行政许可事项。本项公示要求是为了解决公司登记与监管部门的行政许可之间缺乏无缝对接机制的实践问题。通过公司行政许可取得、变更、注销信息的全流程公示,能够促进公司登记与行政许可的良性互动,方便社会公众及时、准确了解企业运营情况,消除监管套利现象。[③]

第4项,兜底规定,具有隐性的引致条款作用,提醒公司亦应当根据其他法律、行政法规的规定公示其余信息。例如,本法第229条第2款规定解散原因为公示信息之一,《企业信息公示暂行条例》第10条规定企业应当自信息形成之日起20个工作日内通过企业信用信息公示系统向社会公示,除本条已有的出资情况、股权变更、行政许可三大类信息外,还包括知识产权出质登记信息、受到行政处罚的信息等。

2. 第2款:真实性保证义务

本款要求公司应当确保公示信息的真实性、准确性与完整性,该义务的履行直接与诚实信用原则挂钩,是公权力机关维持市场秩序、保证公平竞争的重要发力点。

本款具有提示与强调功能,商主体违反真实性保证义务的法律后果由其他条文进行具体规定。根据《企业信息公示暂行条例》《企业经营异常名录管理暂行办法》的相关规定,违反公示信息义务的惩戒措施仅为列入经营异常名录或严重违法“黑

---

① 参见林一英:《公司注册资本认缴登记制的完善》,载《国家检察官学院学报》2023年第6期,第45页。

② 参见李建伟、何健:《有限公司股权转让中的公司意思研究》,载《河南社会科学》2023年第9期,第41页。

③ 参见刘俊海:《公司登记制度现代化的解释论与立法论:公共信息服务、公示公信效力与可诉可裁标准的三维视角》,载《法律适用》2023年第1期,第40页。

名单"。其后出台的《市场主体登记管理条例》第40条仍延续前两个规范性文件较宽松的惩戒机制，责任仅包括撤销市场主体登记资格及限制其直接责任人在3年内再次申请市场主体登记的资格。

◉ 公司治理操作指南

为实现商事登记的核心功能，商主体应当主动公示自身相关信息，而登记机关应当统一归集、整理、研究、分析、管理、公示、共享和应用围绕商主体产生的基础信息，形成基础信息资源库。根据现有规定，商主体应当通过公示系统公示两类信息，第一类是年报信息，记载如地址、联系方式、存在状态等基本的为市场重大关切的常规信息，由商主体自主按时完成。第二类则是即时信息，主要包括出资情况变化、临时行政处罚等偶发的、影响交易条件的特殊信息，格外强调公示的及时性。作为信息公示的新概念，即时信息的公示是登记制度改革后市场了解和掌握企业真实情况的重要渠道，商主体特别是中小商主体应当对其予以充分认识和有效落实。

2024年2月发布的《国务院注册资本登记管理制度规定（征求意见稿）》第10条规定："公司应当按照公司法第四十条规定自信息形成之日起二十个工作日内，将股东认缴和实缴的出资额、出资方式、出资日期，发起人认购的股份数，以及公司股东或者发起人的股权、股份变更等信息在国家企业信用信息公示系统上向社会公示。公司应当通过国家企业信用信息公示系统上传股东名册、财务报表等说明股东实缴的相关材料。"

◉ 研究文献

1. 罗培新：《优化营商环境视域下我国商事主体登记制度之完善》，载《华东政法大学学报》2021年第6期。

2. 肖海军：《论商事登记事项的立法确定——兼评〈商事主体登记管理条例（草案）〉》，载《法学论坛》2021年第4期。

3. 王湘军：《商事登记制度改革背景下我国市场监管根本转型探论》，载《政法论坛》2018年第2期。

第四十一条　【公司登记便利化】

公司登记机关应当优化公司登记办理流程，提高公司登记效率，加强信息化建设，推行网上办理等便捷方式，提升公司登记便利化水平。

国务院市场监督管理部门根据本法和有关法律、行政法规的规定，制定公司登记注册的具体办法。

◉ 立法意旨

本条是关于公司登记便利化的规定。

◉ 条文演变历程

在公司法典意义上，本条为新增条款，但其内容系借鉴《市场主体登记管理条例》第6条第1款而成。为了彻底改变分类登记、分类发照的多元、混乱登记模式，在2021年、2022年，国务院和国家市场监督管理总局先后颁布《市场主体登记管理条例》及其实施细则。与此同时，诸多既有效力层级较低、分散的"管理条例"被一并废止，包括《公司登记管理条例》《企业法人登记管理条例》《合伙企业登记管理办法》等。除本法外，《优化营商环境条例》《企业信息公示暂行条例》等也有关于公司登记便利化的规范内容。

◉ 条文释义

1. 第1款：宣示建立高效便捷的登记系统，彰显行政服务功能

修法前，我国普遍实行"先证后照"的公司登记模式，因而公司登记制度呈现出前置审批事项多、环节多、条件严、周期长等特征。然而，过多强调"先证后照"往往会导致市场主体因无法取得前置的"证"而不能办理后面的"照"，进一步带来无证、无照经营和监管执法漏洞。为解决公司登记中存在的办照难、准入难、注册难、登记条件不统一等突出问题，同时因应我国打造市场化、法治化、国际化营商环境的现实需求，全国各地的公司登记机关开始大力试点和推行"互联网+公司登记服务"，推进公司登记服务事项网上办理，以期实现市场主体"少跑腿、好办事、不添堵"的政策目标。本条关于公司登记便利化的规定就意在优化全国各地公司登记机关的公共服务职能，释放市场主体与社会的活力。

2. 第2款：授权制定行政规章

本款为立法权的委任规定，授权市场监督管理总局制定有关公司登记注册的部门规章等规范性文件。截至目前，市场监督管理总局已经制定了诸多规范性文件，涵盖名称、法定代表人、场所等登记事项。

◉ 研究文献

1. 刘俊海：《公司登记制度现代化的解释论与立法论：公共信息服务、公示公信效力与可诉可裁标准的三维视角》，载《法律适用》2023年第1期。

2. 刘凯湘：《我国商事主体登记制度改革的难题与路径——以登记效力的考察为中心》，载《中国法律评论》2022年第3期。

3. 肖海军：《论商事登记事项的立法确定——兼评〈商事主体登记管理条例（草

案)〉》,载《法学论坛》2021 年第 4 期。

4. 王妍:《我国企业登记形式审查制的社会福利损失》,载《当代法学》2021 年第 1 期。

第三章　有限责任公司的设立和组织机构

【本章概述】

本章专门规范有限公司的设立与组织机构。本章内容极其丰富，从新旧法的对照看，本章规则的变动很大，理解了本章内容，可谓理解了半部公司法。

在第一节公司设立部分，新增或有删减的条款主要包括明确有限公司股东签订设立协议(第43条)、设立行为的法律后果(第44条)、要求全体股东认缴出资额应于5年内缴足(第47条)、明确股权及债权可用于出资(第48条)、新增董事会的核查与催缴义务(第51条)、新增股东失权制度(第52条)、新增董监高对抽逃出资的责任(第53条)、新增股东出资加速到期规则(第54条)、扩大股东的查阅与复制权(第57条)等。在第二节组织机构部分，删除股东会的部分职权(第59条)、特定公司必设职工董事(第68条)、董事解任(第71条)、经理的职权由法定改为意定(第74条)、可不设监事会/监事的情况(第69条、第83条)。

整体而言，本次公司法修订赋予有限公司更多的公司自治空间，诸如规模较小或股东人数较少的公司中可不设监事会，经全体股东一致同意也可以不设监事。关于有限公司的设立(尤其股东出资方面)，考虑到我国公司类型主要为有限公司，加之实践中有限公司资本纠纷较为混乱、公司治理透明度较低且不规范的问题突出，本次公司法修订力图通过股东设立协议、认缴资本5年实缴制、董事会的核查与催缴出资义务、股东失权、股东出资加速到期等规则以严格管控有限公司中的股东出资行为，但具体的法效仍有待后续的观察。

本章最大的立法技术难题是规则的体系性问题，某个条文的修改时常是牵一发而动全身地影响其他章节的规则，如将本章的很多条文与第五章(股份公司的设立和组织机构)相比较不难发现，立法者关于有限公司治理规则的规定都是粗线条的，但对于股份公司则是尽可能的周详。这背后的原因或许可理解为：基于一种公众性、大中型规模的假设，股份公司治理规则更多地应体现为强行法特征，所以立法提供了更多的强行性规定、赋权性规定以及示范性规定；但基于封闭性、中小微规模的假设,有限公司的任意性规范更多,法律有意给其留出更多的意思自治空间。立法者的初心良善,有限公司如能够领会立法者的美意且通过章程制定出适合自己的条款,则各美其美。但理想丰满、现实骨感,真实的有限公司治理世界是——绝对多数有限公司章程除了抄袭公司法条文之外毫无作为,这造就了一个易于滋生纠纷的世界,即对于那些有限公司规则中未作规定的条款,是否可以援引股份公司中的相关规则予以适用?这将是后续公司法中有限公司规则适用的真正难题。但无论如何,本章的任务立足于全力评注本章各条文的原意,既做到与其他章节相关联条款的体系互动,又要实现与其他法律规范的配套释义;既审慎地忠于条文的文义,又要大胆地设想可能的故事情节,如此方得以借由本章一窥有限公司法治的全貌。

第四十二条 【有限公司的股东人数】

有限责任公司由一个以上五十个以下股东出资设立。

◉ 立法意旨

本条是对有限公司股东人数限制的规定。

◉ 条文演变历程

1993年《公司法》第20条第1款明确规定,"有限责任公司由二个以上五十个以下股东共同出资设立"。2005年《公司法》将其改为"有限责任公司由五十个以下股东出资设立",即是取消了1993年《公司法》中最低2人的股东人数要求,允许设立一人有限公司。关于股东人数的上限,始终定为50人。此次修法,一审稿第37条将旧法第24条和第57条整合与优化至同一条,即规定"有限责任公司由一个以上五十个以下股东出资设立。只有一个自然人股东或者一个法人股东设立的有限责任公司为一人有限责任公司"。二审稿第42条删除一审稿第2款的规定,直至形成本条。

◉ 条文释义

本条对应旧法第24条,有内容性修订。

1. 一人以上五十人以下的表述

旧法第24条的表述是"有限责任公司由五十个以下的股东出资设立",本条修为"一个以上五十个以下股东"。一方面,这体现了公司立法技术尤其文字水平的提升;另一方面,旧法设定的"五十人以下"为股东人数限制,但这从数字逻辑上推理甚可包含"零"股东设立公司的情况,虽在实践中鲜有此类情形发生,但文字修订还是提升了立法表述的精准性。

2. 1～50人的闭区间

照此规定，有限公司的股东人数下限为1人，即允许设立一人有限公司；股东人数的上限为50人，这是因为有限公司作为“立法者的桌上产物”，其定位在于中小微型、封闭性的公司，这也是当时德国立法者从股份公司分离出来、定位于中小型公司的本意，所以有必要限制其股东人数。这个上限乃是强制性效力性规定，不得突破；否则登记机关不会允许设立登记申请。

3. 股东的身份

股东可为自然人，也可为法人、非法人组织。实践中为了变相规避股东人数上限的规定，代持股权协议、职工持股会、LP持股平台等手段应运而生。一般而言，只要不是金融行业的有限公司（上市公司为股份公司，不在本条规范之列），立法者、执法者与司法机关都对此保持了宽容的态度，认可其效力。

4. 人数限制贯穿公司存续期间

本条的股东人数限制也适用于公司存续期间。也即不仅公司设立时不得违反股东人数限制，公司存续期间也不得超过；如有违反，公司应该尽可能短的时间内改变这一违法局面，比如某有限公司有48个股东，由于某自然人股东死亡引发了4人分割继承其股权的，股东人数超过50人，则公司应该尽早结束这一局面。否则，公司登记机关也不可能为后来的4个继承人都办理股权变更登记。

5. 股东人数限制也是发起人人数限制

本条也可以理解为是关于有限公司发起人（设立人）的规定，发起人的人数限制也是1个以上50人以下。

◉ 公司治理操作指南

实务中可以将有限公司的股东按照主体不同分为3类，实务工作者在设立公司时需要注意法律对此是否有特殊规定：(1)法人、非法人组织股东。党政机关等公权力组织除非取得特别授权，一般不得投资开办公司。如国务院办公厅曾明确发文要求各级人民政府、中央国家机关各部门驻外地办事处不得直接或变相开办公司，已办的一律撤销。① 其他法人、非法人组织除非法律、行政法规明确禁止，一般都可以

① 参见1989年12月29日国务院办公厅发布《关于撤销各级政府驻外地办事处和经济协作办公室所办公司问题的通知》（国办发〔1989〕61号）。

成为股东。(2)自然人股东。凡具有完全民事权利能力和民事行为能力的人均可以投资设立有限公司。但党政机关、军队的特定公职人员,以及受到竞业禁止的人等不能成为股东。(3)国家股东。国家作为有限公司的股东,须由其授权的投资机构或政府部门等作为出资人代表。

此外,结合《民法典》的规定可知,公司设立时的股东资格和公司存续期间的股东资格二者存在区别,这背后反映了我国法律对不同阶段股东的行为能力之要求不同。在设立公司时,设立行为属于法律行为,设立股东必须具备完全的行为能力;当公司设立完成后的存续期间,法律则不再有此要求,股东只要具备相应的权利能力即可,如本法第90条规定:“自然人股东死亡后,其合法继承人可以继承股东资格;但是,公司章程另有规定的除外。”此处对继承人股东的行为能力未作任何要求。

◉ 比较法规范

《德国有限责任公司法》第1条;《英国2006年公司法》第7条;中国台湾地区“公司法”第2条。

第四十三条 【设立协议】

有限责任公司设立时的股东可以签订设立协议,明确各自在公司设立过程中的权利和义务。

◉ 立法意旨

本条是对有限公司发起人(设立时的股东)股东签订设立协议的规定。

◉ 条文演变历程

虽然本条系本次修法的新增条文,但之前的《公司法》已经允许股东在章程之外另设协议对一些特殊、重大事项作出安排。例如,2005年《公司法》第35条规定:“股东按照实缴的出资比例分取红利;公司新增资本时,股东有权优先按照实缴的出资比例认缴出资。但是,全体股东约定不按照出资比例分取红利或者不按照出资比例优先认缴出资的除外。”第42条第1款规定:“召开股东会会议,应当于会议召开十五日前通知全体股东;但是,公司章程另有规定或者全体股东另有约定的除外。”本条的重大立法价值在于从公司法典的角度首次明确了有限公司的设立协议的法律地位。此次修法,一审稿开始加入本条的内容,直至最终形成本条。

◉ 条文释义

在公司法典意义上,此条为新增条款。但从实质规范意义上,《公司法解释三》已经有所规定。

1. 发起人的概念使用

基于立法的路径依赖,我国公司立法一直不在有限公司身上使用发起人概念,而仅将该概念用于股份公司,但其实这个概念完全可以通用于两类公司。《公司法解释三》第1条在有限公司首次引入发起人的概念,其规定:“为设立公司而签署公司章程、向公司认购出资或者股份并履行公司设立职责的人,应当认定为公司的发起人,包括有限责任公司设立时的股东。”实际上,“公司设立时的股东”一词本身是自相矛盾的概念,股东与公司相对立的一对主体概念,唯有在公司成立后才有股东资格,公司成立前并无股东概念,所以何来“公司设立时的股东”,不如直接使用“发起人”一词来得精准。

2. 签署设立协议不是强制性的

“可以签订设立协议”一句,表明本条的立法目的在于发挥提示功能,有限公司股东可以签订公司设立协议,不是强制性规定,当事人可通过意思自治决定是否签订以及如何签订,对比第93条可知,股份公司发起人“应当”签订发起人协议,也属于强制性规范。

3. 有限公司与股份公司都存在该类协议

本条与第93条关于设立股份公司时公司发起人应签订发起人协议的规定相呼应,整体上呈现出我国公司法根据公司类型的不同,对有限公司与股份公司在设立程序上的规则区分度,以及制度同质化的趋向。立法者基于1993年《公司法》的立法路径依赖,在有限公司设立的场合一直不使用“发起人(设立人)”一词,而是使用“公司设立时的股东”的词义。

从以往的实践来看,在股份公司的设立过程中,发起人所签订的发起人协议是其权责分配的重要依据。在实务中,设立有限公司期间也会仿照股份公司设立过程中发起人签订设立协议的行为。由此可见,有限公司设立协议的功能可类比于股份公司的发起人协议。发起人协议(股份公司)/设立协议(有限公司),是发起人之间的合同(也有观点称为共同行为),奠定了发起人彼此之间在公司设立阶段的合伙关系,以此方能理解本法第50条、第99条规定的两类公司发起人(设立人)之间的连带责任关系(出资担保义务)。

4. 设立协议的效力期限问题

设立协议的生效规则适用合同法一般规定，但其何时终止，则存在争议。一种观点认为协议终止于公司成立这一节点，此后被公司章程替代；还有观点认为其效力可以延续到公司成立后，一则因为协议条款未必全部被公司章程所替代，二则因为在认缴制的规则之下，设立协议约定的各个股东权利义务在公司成立后仍然延续。我们认为第二种观点更为切实可行，要根据具体的约定实事求是地看待问题。

5. 设立协议/发起人协议与股东治理协议的对比

设立协议/发起人协议与股东治理协议之间具有极高的制度相似性。具言之，在协议的形式、主体、内容等方面，股东治理协议与发起人协议均存在相同之处。虽然发起人协议制定于公司设立之前，彼时的缔约主体尚不具有股东身份，但公司发起人往往在公司设立中便会对公司成立后的内部治理问题（如对公司法人机关的组成、红利分配、股权转让限制等问题）加以约定。此外，发起人协议的部分内容也会在公司设立后为公司章程所吸收；即便该协议没有被公司章程所吸收，但如果协议中未约定其失效的时间（如约定发起人协议自公司成立后失效），其中的部分内容也将得以在公司设立后约束缔约股东（发起人）。由此可见，股东治理协议与发起人协议存在相似之处，仅是公司在设立期间或存续期间的不同产物。

此外，公司设立协议与公司章程在设立公司过程中也密切相关，公司章程通常以公司设立协议为基础。但二者也存在以下重大区别。

（1）必备性。对有限公司的设立而言，设立协议是可选性的文件；公司章程则是设立公司所必需的文件，任何公司的设立都必须提交章程以满足法定的设立要件要求。

（2）要式性。公司设立协议是一种非格式化的法律文件，公司章程是一种格式化的法律文件。前者作为契约，主要根据缔约人的意思自治拟定，其内容主要体现了不同类型、不同利益的股东意愿和要求，需遵守《民法典》合同编的规则。公司章程是公司登记程序中设立申请人必须提交的文件之一，需要经过公司登记机关的形式审查，加之我国公司登记机关对公司章程存在较多的隐性要求，导致公司章程的自治性较弱、模板化严重。

（3）效力范围。设立协议仅对发起人股东具有约束力，其效力范围限于合同相对性；公司章程对公司、股东、董监高都具有约束力。

（4）效力期间。设立协议调整的是公司设立过程中的法律关系，效力期间主要覆盖从设立行为始、到公司宣告成立的这一段期间,但在公司成立后不当然终止;公司章程的效力期间是公司成立后的整个存续期间,即直至公司终止。

(5)文件本质及其议决机制。设立协议的本质是契约,采合意机制,任何一方缔约人不同意,设立协议都无法变更;公司章程的成立固然也采合意机制(募集设立股份公司除外),但其修订采多数决机制。

◉ 公司治理操作指南

从新旧法典对比的立场看,本条系新增条款,但此规定在《公司法解释二》中早有体现,所以可将本条理解为两类公司的制度同质化的标志。在本条的适用中有以下几点需要注意。

(1)设立人之间为合伙关系。设立协议/发起人协议之间的制度高度趋同,在股份公司的设立期间,发起人之间属于合伙关系,所以对于发起行为共同承担连带责任,这呼应了本法第99条关于发起人彼此之间的出资担保责任;在有限公司设立中,类推设立人之间也为合伙关系。由此可见,本法第50条与第99条同样规定设立人(股东)对于彼此之间出资义务也承担担保责任。

(2)设立人如违反设立协议,应承担违约责任。本法第49条删除了2018年《公司法》第28条第2款关于违约责任的规定("应当向已按期足额缴纳出资的股东承担违约责任"),但这不意味着设立人之间不再成立违约责任,而是在后民法典时代理应有法典化思维——设立协议也是契约,缔约人违反协议的,理应按照《民法典》合同编的规定承担违约责任;既然民商合一的民法典已经规定了违约责任,作为特别法的公司法无须再重复规定该违约责任。

(3)公司从申请设立到最终获得商事登记获得法人资格,存在一定的过程期间,在设立过程中设立人为设立公司筹办事务,存在对外签署合同、决策等相应事项,这些都可以在设立协议中予以明确。如果公司设立过程中发生争议,则可按照设立协议的约定来确定利益归属主体或责任承担主体,以降低相对人的查证义务、加强相对人利益保护。

◉ 比较法规范

《美国模范商业公司法》第7.32节第1款;《日本公司法》第32条、第33条;《法国商法典》第L225-2条;《英国2006年公司法》第8条、第9条、第17条。

第四十四条　【先公司交易及责任承担】

有限责任公司设立时的股东为设立公司从事的民事活动，其法律后果由公司承受。

公司未成立的，其法律后果由公司设立时的股东承受；设立时的股东为二人以上的，享有连带债权，承担连带债务。

设立时的股东为设立公司以自己的名义从事民事活动产生的民事责任，第三人有权选择请求公司或者公司设立时的股东承担。

设立时的股东因履行公司设立职责造成他人损害的，公司或者无过错的股东承担赔偿责任后，可以向有过错的股东追偿。

◉ 立法意旨

本条是关于有限公司设立时设立人（股东）为设立公司实施的设立行为的责任承担的相关规定。

◉ 条文演变历程

本条是此次修订的新增条款，但此前《民法典》第75条已对设立人从事设立法人活动时的民事责任承担问题予以规定，无论是“发起人”或“公司设立时的股东”身份皆属于公司设立人范畴，可以通过援引此条解决设立公司时的责任承担问题。此外，《公司法解释三》第1～5条也规定发起人在设立股份公司时以个人名义或者“设立中公司”名义对外开展设立活动时的责任分配，与本条的规定高度重合。因此，本条虽“新”实则不“新”，是《公司法》与相关司法解释的并轨之举，也是《公司法》《民法典》之间民商合一的规范连接纽带之一。

◉ 条文释义

根据本法第107条的规定，本条也适用于股份公司。

关于先公司交易（法人设立行为）及其责任承担，《公司法解释三》第2～5条以及《民法典》第75条都有规定①，本条在以上条文的基础上首次在公司法典上予以规范。

---

① 《公司法解释三》第2条规定：“发起人为设立公司以自己名义对外签订合同，合同相对人请求该发起人承担合同责任的，人民法院应予支持；公司成立后合同相对人请求公司承担合同责任的，人民法院应予支持。”第3条规定：“发起人以设立中公司名义对外签订合同，公司成立后合同相对人请求公司承担合同责任的，人民法院应予支持。公司成立后有证据证明发起人利用设立中公司的名义为自己的利益与相对人签订合同，公司以此为由主张不承担合同责任的，人民法院应予支持，但相对人为善意的除外。”第

1. 第 1 款:设立行为责任承担的一般原则

第 1 款是关于有限公司股东设立公司行为之责任承担的一般原则。设立中的公司与成立后的公司二者为承继关系,故而发起人(设立人)的设立行为理应由成立后的公司自然承受。具言之,本条款明确了该种承继的责任范围为股东"为设立公司"而从事的民事活动,由此将股东为自己利益或其他与公司设立无关的行为排除在外。股东为设立公司对外签订合同,具体可以分为两种情况:其一,以自己的名义对外签订合同;其二,以设立中公司的名义对外签订合同。《公司法解释三》正是分别规定了发起人以自己名义和以设立中公司名义两种情况下对外签订合同时的效力承担问题。但在我国的司法实践中,发起人即使是以自己名义对外签订合同,往往也以其是"为设立公司"而签订合同作为抗辩,故而法院最终仍应当审查合同之签署目的。鉴于此,本次《公司法》修改直接统一了相关规则,不再着重强调形式上签订合同的名义主体,转而强调对合同目的之审查。

2. 第 2 款:公司设立失败时的设立行为责任承担

本条第 2 款规定了公司设立失败时的对外责任承担规则。在公司设立阶段,全体股东(发起人)之间为合伙关系。基于设立公司行为的共同行为理论,公司设立失败的情形下,因设立公司行为而产生了债务,应当由全体股东共同承担连带责任,债权人有权选择向全体股东或者部分股东请求清偿全部债务。即便被债权人提出诉讼请求的并非全体股东,被起诉的股东也应对债务全额予以清偿,而不能以超过协议内部约定或者出资比例为由抗辩。

此外,因公司未成立而产生的连带责任诉讼并非必要的共同诉讼,故考虑到未到场的股东与案件处理结果存在利害关系,该部分股东可以向法院申请以第三人身

---

4 条规定:"公司因故未成立,债权人请求全体或者部分发起人对设立公司行为所产生的费用和债务承担连带清偿责任的,人民法院应予支持。部分发起人依照前款规定承担责任后,请求其他发起人分担的,人民法院应当判令其他发起人按照约定的责任承担比例分担责任;没有约定责任承担比例的,按照约定的出资比例分担责任;没有约定出资比例的,按照均等份额分担责任。因部分发起人的过错导致公司未成立,其他发起人主张其承担设立行为所产生的费用和债务的,人民法院应当根据过错情况,确定过错一方的责任范围。"第 5 条规定:"发起人因履行公司设立职责造成他人损害,公司成立后受害人请求公司承担侵权赔偿责任的,人民法院应予支持;公司未成立,受害人请求全体发起人承担连带赔偿责任的,人民法院应予支持。公司或者无过错的发起人承担赔偿责任后,可以向有过错的发起人追偿。"《民法典》第 75 条规定:"设立人为设立法人从事的民事活动,其法律后果由法人承受;法人未成立的,其法律后果由设立人承受,设立人为二人以上的,享有连带债权,承担连带债务。设立人为设立法人以自己的名义从事民事活动产生的民事责任,第三人有权选择请求法人或者设立人承担。"

份参与诉讼。

3. 第 3 款：设立人以自己名义从事的设立行为的责任承担

本条第 3 款对于发起人(设立时的股东)为设立公司而以自己名义对外签订合同的责任承担问题作了特殊规定，即赋予相对人选择权。有限公司股东出于设立公司的目的，以个人名义对外订立合同，原则上应当坚持合同的相对性，只能对签约当事人发生法律效力，而不能向合同关系以外的第三方(公司)主张权利；但是考虑到在设立公司的过程中，设立中的公司并不具有完全的民事主体资格、难以设立中公司的名义直接对外签订合同，故股东时常以自己名义对外订立合同，但股东签订该合同的真实意思表示是为设立公司，因此成立后的公司自然应当承担相应的合同责任。此举可避免股东之间互相推诿损害第三人利益，新《公司法》赋予相对人选择权，这能够有效解决公司设立过程中的责任承担问题，是本次修订的重要改进。

4. 第 4 款：设立人为设立行为的职务侵权责任承担

第 4 款规定了股东因设立公司而发生职务侵权行为时的责任承担问题。公司成立后，股东为履行公司职务造成他人侵害的，根据《民法典》第 1191 条第 1 款的规定，用人单位的工作人员因执行工作任务造成他人损害的，由用人单位承担侵权责任。用人单位承担侵权责任后，可以向有故意或者重大过失的工作人员追偿。但是，如果在公司设立过程中，股东为履行设立公司的职责造成他人损害的，从性质上看，应该类似于职务侵权行为。因此，基于对受害人的保护和对公司违法风险的考量，在此可以参照《民法典》第 1191 条关于用人单位工作人员职务侵权由用人单位承担侵权责任的规定，由公司承担侵权责任；如果公司设立失败，则通过本条第 2 款追究相应人员的责任。

◉ 公司治理操作指南

在本条的适用过程中，存在以下重点需要关注。

(1)应当判定设立股东(发起人)的行为目的是否“为设立公司”或“以公司利益为导向”。如果不是为设立公司或以公司利益为导向，而是为了个人利益，则不适用本条。

(2)设立中的公司与成立后的公司二者为承继关系，所以设立股东(发起人)的设立行为由成立后的公司自然承受。

(3)在公司设立阶段，全体股东(发起人)之间为合伙关系。在公司设立失败的情形下，由于设立公司行为产生债务，应当由全体股东(发起人)共同承担连带责任。

(4)设立股东(发起人)在开展设立活动,存在两种情况:一种情况是以设立中公司的名义对外开展,相对人只能找公司担责;另一种情况是以个人名义对外开展,类似于间接代理,此时相对人享有选择权,要么请求公司(委托人)承担,要么请求发起人承担,但只能择其一,且这两种主体之间并非连带关系。

(5)因某个发起人(设立股东)的过错行为导致公司或个人担责,公司或者其他发起人(设立股东)在对外担责后,可以对内追责。

◉ 比较法规范

《美国模范商业公司法》第6.22节、第6.23节;《德国有限责任公司法》第11条、第77条;《德国股份法》第41条;《英国2006年公司法》第51条。

◉ 研究文献

1. 许中缘:《论发起人对公司设立中债务的承担》,载《法学》2021年第12期。

2. 徐强胜:《设立中的法人制度的功能及缺陷——兼评〈民法总则〉第75条》,载《法学杂志》2021年第4期。

3. 吴越:《公司设立民事责任归责模式研究——兼评最高法院的司法解释意见稿》,载《法学研究》2007年第4期。

◉ 典型案例

杨某、刘某迪公司设立纠纷案①

1. 案情简介

2019年9月,原告与被告协商共同设立一个景观设计公司。2019年10月,被告向原告出具对公司出资款的收据,并达成以下约定:公司成立后原告股权占比10%。其间,被告为筹备建立公司租赁了场地作为公司办公场所。原、被告并进行了施工装修,租赁了员工宿舍等,花去了一定数额的费用,而后公司设立失败,原告具状,请求被告返还投资款及利息。

2. 裁判要旨

本案是关于为设立公司支出的费用问题。根据双方当事人提交的微信聊天记录显示,公司之所以不能设立,是因为疫情、身体疾病、资金来源等,被告申请再审称因原告的过错导致公司无法设立,依据不足,其主张原告对公司设立不能所造成的后果承担全部责任的理由不能成立。二审判决依据《公司法解释三》第4条第2款的规定,认定原告按约定占股10%的比例分担设立公司产生的费用并无不当,判令被告将扣除此费用后的其余投资款退还给原告。

---

① 参见陕西省高级人民法院民事裁定书,(2021)陕民申5032号。

3. 案件评析

本案涉及在设立公司失败后设立人之间因设立行为花去的费用如何承担的问题。根据《公司法解释三》第4条(新《公司法》第44条)规定,公司设立失败时的设立人之间属于合伙关系者,对设立行为成本应共同清偿。在设立公司的司法实践中,不仅需要注意设立失败后各个设立人担负连带责任,还要注意清偿比例的问题。根据《公司法解释三》规定,在设立人无过错的情形下,首先按照设立人之间约定的责任承担比例分担责任;如没有约定比例,按照约定的出资比例分担责任;在上述两种情形都缺失的情况下,按照均等份额分担责任。

第四十五条 【有限公司初始章程的制定】

设立有限责任公司,应当由股东共同制定公司章程。

◉ 立法意旨

本条是关于有限公司设立时制定初始章程的规定。

◉ 条文演变历程

有限公司的设立条件最早规定在1993年《公司法》第19条中。该条规定设立有限公司应当具备五个条件,包括"(一)股东符合法定人数;(二)股东出资达到法定资本最低限额;(三)股东共同制定公司章程;(四)有公司名称,建立符合有限责任公司要求的组织机构;(五)有固定的生产经营场所和必要的生产经营条件"。2005年修法时对该条第五项作了修改,且将序号从第19条变成了第23条——原来规定要求设立公司需要"有固定的生产经营场所和必要的生产经营条件",通常只适用于工业企业等实业公司,不宜作为公司设立的普遍要求,因此用"公司住所"取代原规定更为合理。2013年修法时又将该条第2项"股东出资达到法定资本最低限额"修改为"有符合公司章程规定的全体股东认缴的出资额",立法背景是当时取消了对有限公司的法定最低注册资本的要求,降低了公司注册登记的门槛。此后2018年《公司法》对此未作变动。

此次修法一审稿出于避免重复规定的考虑,删除了2018年《公司法》第23条对有限公司设立条件的列举式规定,而仅在第40条保留了原条文的第3项,规定:"设立有限责任公司,应当由股东共同制定公司章程。"之后的几次修订稿均延续了该修订案,直至形成现在的第45条。

◉ 条文释义

1. 立法背景

形式上，本条系新增条文，但从实质内容看，本条沿用了2018年《公司法》第23条第1款第3项“股东共同制定公司章程”的规定。通常认为，公司设立至少需要具备三个要件，即人的要件——股东或发起人；物的要件——公司资本；行为要件——制定公司章程、建立组织机构等。① 2018年《公司法》第23条规定有限公司设立的条件即涵盖了以上三要件。但由于新《公司法》已用单独条文规定有限公司的股东人数和注册资本，②加之第32条对于包括名称、住所等在内的公司登记事项进行逐项规定，出于体系协调、避免重复规定的考虑，第45条便删除了有限公司设立条件的列举式规定，仅保留“制定公司章程”这一设立公司之行为要件。

2. 初始章程如何制定

公司章程包括初始章程和修订章程，前者指公司设立时制定的章程，后者指公司存续期间修订的章程，本法第45条所称公司章程仅指初始章程。对于制定初始章程的行为属性，曾有观点将制定初始章程的行为等同于公司设立行为，认为设立行为的直接效果就是章程的形成和生效，二者的效力相互关联。③ 但多数观点认为，公司设立行为包括一系列不同属性的行为，如发起人协议之签署、制定初始章程和股份认购等。当然，以上观点共同认为，制定有限公司章程的行为属于法律行为中的契约行为，契约行为要求各方当事人形成合意。因此，第45条规定有限公司的初始章程应当由“全体股东”共同制定，体现全体股东的共同意思。“共同制定”在形式上体现为股东们就章程内容协商一致，形成书面文件，并由全体股东签字或者盖章。

3. 有限公司股东制定章程与股份公司发起人制订章程之区别

对照之下，本法第94条就股份公司规定的是发起人“共同制订”公司章程。区别在于：有限公司全体设立人合意而成立章程，属于契约行为，故为“制定”；但股份公司应当一分为二地分析，发起设立股份公司之章程制定与有限公司的情况无异，但对于募集设立的股份公司而言，发起人之间合意“订立”章程后，还需要交付成立

---

① 参见施天涛：《公司法论》（第4版），法律出版社2018年版，第86页。

② 2018年《公司法》第24条、第26条，对应新《公司法》第42条、第47条。

③ 参见［韩］李哲松：《韩国公司法》，吴日焕译，中国政法大学出版社2000年版，第74页；周应江：《论公司法上的设立行为》，载《法学杂志》2006年第5期，第86页。

大会多数决通过之后才能完成制订。

4. 关于初始章程的成立和生效

新《公司法》对此未作明确规定。理论上，只要全体股东在章程上签名或者盖章，初始章程即告成立。至于初始章程何时生效，应视不同对象而定。对于发起人与首届董事、监事等主体而言，初始章程成立时即对其生效；对于公司而言，章程只有在登记机关予以登记并签发营业执照（公司成立之日），才对公司生效。①

◉ 比较法规范

《韩国公司法》第543条；《德国有限责任公司法》第2条；《英国2006年公司法》第7条；《美国模范商业公司法》第2.01节；《美国特拉华州普通公司法》第101条；中国台湾地区"公司法"第98条。

◉ 研究文献

1. 薛冰：《公司法中引入公证规则的合理性探析》，载《法学杂志》2017年第10期。
2. 常健：《论公司章程的功能及其发展趋势》，载《法学家》2011年第2期。
3. 朱慈蕴：《公司章程两分法论——公司章程自治与他治理念的融合》，载《当代法学》2006年第5期。
4. 周应江：《论公司法上的设立行为》，载《法学杂志》2006年第5期。

◉ 典型案例

上海艾苏本设计有限公司与朱某康请求变更公司登记纠纷案②

1. 案情简介

2019年5月，上海艾苏本设计有限公司（以下简称艾苏本公司）设立，登记股东为曲某男（执行董事）、朱某（监事）、陈某。根据公司章程显示，股东会会议由执行董事召集和主持；执行董事不能履行职务或者不履行职务的，由监事召集和主持；每名股东均代表公司总表决权1/3的表决权；股东会的所有决议均需由代表总表决权2/3或以上的股东投票通过。

2021年3月2日，朱某、陈某向曲某男提交《提议召开上海艾苏本设计有限公司"选举和更换执行董事以及决定聘任和解聘公司经理"的临时股东会议通知》，其载明根据公司章程，代表1/10以上表决权的股东提议召开临时会议的，应当召开临时会议；现朱某、陈某作为代表2/3表决权的股东共同提议召开临时股东会议；希望曲某男作为执行董事可以根据章程立即召集和主持本次临时会议。

2021年4月7日，艾苏本公司股东形成《临时股东会决议》，载明会议由监事提议召

---

① 参见李建伟：《公司法学》（第5版），中国人民大学出版社2022年版，第121页。

② 参见上海市第一中级人民法院民事判决书，（2022）沪01民终135号。

开并通知执行董事，由于执行董事不履行职责，监事于会议召开十五日前已通知全体股东，应到会股东3人，实际到会股东3人；会议由监事主持，形成决议如下："一、决定更换公司执行董事，曲某男不再担任公司执行董事。选举朱某康为公司执行董事；二、决定解聘公司经理，曲某男不再担任公司经理。聘任陈某为公司经理；以上事项表决结果：同意的，占全体股东表决权2/3；不同意的，占全体股东表决权1/3……"朱某、陈某在股东会决议上签字；曲某男在手写表明不同意后签字。

原告朱某康于2021年8月向一审法院起诉请求确认：艾苏本公司办理法定代表人、执行董事由曲某男变更为朱某康的公司登记变更手续。被告艾苏本公司以不认可经备案的公司章程上曲某男的签字为由，认为该章程不能作为股东作出股东会决议的依据，故股东会决议无效。

2. 裁判要旨

一审法院认为，根据法律规定，设立公司必须依法制定公司章程，章程对公司、股东、董监高具有约束力。艾苏本公司一方面认可该章程是公司备案的章程，另一方面否认该章程对股东的约束力，却无法证明股东之间就章程内容是否另有合意，故而一审法院不予采纳艾苏本公司的辩称意见。艾苏本公司股东依据该章程作出的股东会决议符合法律规定。此外，双方当事人均明确在系争股东会决议作出后，艾苏本公司股东未曾请求法院撤销该股东会决议。综上，系争股东会决议依法有效，判决支持原告诉讼请求。

二审法院认为，艾苏本公司根据公司设立时的股东决定通过公司章程，选举公司股东曲某男为公司执行董事并聘任其为公司经理，该章程已经工商备案，曲某男自公司设立至今一直担任法定代表人，其应当知晓股东决定和公司章程之内容，且其在本案纠纷前从未对此提出异议。艾苏本公司现以股东决定及公司章程上未经其本人签字而否定公司章程的效力，缺乏事实和法律依据。故判决驳回上诉、维持原判。

3. 案件评析

初始章程应由全体股东（设立人）签名或者盖章。如部分签名非股东本人签署，应视为股东未就意思表示达成一致，这也将导致初始章程不成立。本案的示范意义在于，尽管初始章程未得到个别股东的亲笔签署，但其效力能够被以下3个条件补正：一是公司已经成功设立；二是未签名股东在公司设立后一直担任法定代表人，这意味着能够推定未签名股东明知初始章程的内容；三是未签名股东在发生本案纠纷前的相当长时间里从未对初始章程的内容提出过异议。补正后的初始章程对未签名股东也发生效力。

第四十六条 【有限公司章程绝对必要记载事项】

有限责任公司章程应当载明下列事项：

（一）公司名称和住所；

（二）公司经营范围；

（三）公司注册资本；

（四）股东的姓名或者名称；

（五）股东的出资额、出资方式和出资日期；

（六）公司的机构及其产生办法、职权、议事规则；

（七）公司法定代表人的产生、变更办法；

（八）股东会认为需要规定的其他事项。

股东应当在公司章程上签名或者盖章。

◉ 立法意旨

本条是关于有限公司章程绝对必要记载事项的规定。

◉ 条文演变历程

有限公司章程的法定记载事项最早规定在1993年《公司法》第22条，该条第1款规定："有限责任公司章程应当载明以下事项：（一）公司名称和住所；（二）公司经营范围；（三）公司注册资本；（四）股东的姓名或者名称；（五）股东的权利和义务；（六）股东的出资方式和出资额；（七）股东转让出资的条件；（八）公司的机构及其产生办法、职权、议事规则；（九）公司的法定代表人；（十）公司的解散事由与清算办法；（十一）股东认为需要规定的其他事项。"第2款规定："股东应当在公司章程上签名、盖章。"2005年修法大幅缩减有限公司章程的法定记载事项，从10项缩缩减到7项，删除了原文的第5项、第7项、第10项，并在1993年《公司法》第22条第1款第6项增加规定"出资时间"，将1993年《公司法》第22条第1款第11项"股东"改为"股东会会议"，以更臻于准确，其余2项以及第2款的内容原貌保留。此后，2013年、2018年两次修法都未对该些条款作出改动。

2021年一审稿第41条将2018年《公司法》第25条第1款第7项"公司法定代表人"修改为"公司法定代表人的产生、变更办法"，明确公司章程无须再列明法定代表人的具体人选，还将原条文第2款"签名、盖章"修改为"签名或者盖章"。2022年二审稿延续了一审稿的修改，并将第5项的"出资时间"修改为"出资日期"。2023

年9月三审稿又将第5项“出资额”和“出资方式”的前后顺序作了调整,直至形成目前的第46条。

◉ 条文释义

本条对应旧法第25条,有内容性修订。

1. 第1款之一:章程记载事项的分类

大陆法系国家、地区的公司法一般将公司章程的记载事项区分为必要记载事项和任意记载事项,必要记载事项又进一步分为绝对必要记载事项和相对必要记载事项。[①] 所谓绝对必要记载事项,是指法律规定公司章程中必须记载的事项,如有欠缺任何一项,都将导致整个章程无效,进而可能导致公司设立无效。相对必要记载事项,是指即使不记载于章程中也不影响章程的效力,但为了使该事项有效,就必须记载于章程的事项。[②] 任意记载事项,是指公司法规定的必要记载事项之外的,供当事人自愿选择记载的事项。

对于我国公司法是否存在相对必要记载事项,学界存在较大争议。有观点以我国台湾地区“公司法”第130条[③]为例,指出我国《公司法》仅规定绝对必要记载事项和任意记载事项,而无相对必要记载事项的明确规定,因此不存在相对必要记载事项。[④] 也有观点认为,只要《公司法》就相关事项作出规定,而章程是否记载这一事项并不影响章程效力,这样的记载事项就属于相对必要记载事项,典型如2018年《公司法》第16条第1款对转投资决议机制的规定。[⑤] 实际上,我国公司法并非没有我国台湾地区“公司法”第130条的内容,而是将其分散规定在不同的条文。如公司章程没有规定诸如转投资决议机制、公司解散事由、特别股之种类这些事项,虽然法律没有规定章程会因此产生效力瑕疵,但是欠缺这些规定的确会影响公司的正常经营。从这一点来看,自然不能将这些事项简单归入任意记载事项。总之,在我国公司法语境下,公司章程记载事项也存在绝对必要记载事项、相对必要记载事项和任意记载事项3类划分。

---

① 参见常健:《公司章程论》,中国社会科学出版社2011年版,第45页。

② 参见[韩]李哲松:《韩国公司法》,吴日焕译,中国政法大学出版社2000年版,第166页。

③ 中国台湾地区“公司法”第130条规定:“下列各款事项,非经载明于章程者,不生效力:一、分公司之设立。二、解散之事由。三、特别股之种类及其权利义务。四、发起人所得受之特别利益及受益者之姓名。前项第四款发起人所得受之特别利益,股东会得修改或撤销之。但不得侵及发起人既得之利益。”

④ 参见郭富青:《公司创制章程条款研究》,载《比较法研究》2015年第2期,第53页。

⑤ 参见李飞:《法解释论视角下的公司转投资行为》,载《法学》2007年第11期,第85页。

2. 第1款之二:公司章程应当记载事项的内容

(1)公司名称和住所。公司名称是区别于其他商事主体的标志,住所是指公司主要办事机构所在地;载明公司名称和住所是标识公司与确定其权利义务归属的依据。

(2)公司经营范围。所谓经营范围,是指公司从事的行业、经营项目的种类。

(3)公司注册资本。有限责任公司的注册资本是指以货币表示的各股东认缴的出资额的总和,章程应当载明注册资本的具体数额。

(4)股东的姓名或者名称。自然人股东应载明姓名,法人股东应载明名称。

(5)股东的出资额、出资方式和出资日期。“出资额”是指以货币表示出资的价值;“出资方式”是指出资的种类,包括货币、实物以及无形资产,其中新《公司法》规定股权和债权也可以作为出资方式;“出资日期”包括股东首次出资时间以及成立后分期缴足自己认缴出资的日期,新《公司法》明确规定有限公司股东需要在公司成立之日起5年内缴足认缴的出资额。

(6)公司的机构及其产生办法、职权和议事规则。设立公司应当建立符合要求的组织机构,其具体的产生办法应在章程中载明,如董事会组成成员、如何确定董事长、董事任期等;机构的议事规则,如会议召集程序和投票规则等,也应当在章程中具体约定。

(7)公司法定代表人的产生、变更办法。旧法仅要求公司章程载明法定代表人的具体人选也即姓名,但新法要求列明法定代表人的产生、变更方法。这一重大变化的制度价值有二:一是变更法定代表人的人选本身,无须再修改公司章程,省却了很多叠床架屋之事;二是结合第10条第2款规定来看,法定代表人本身并非一个管理职位,而是附着于董事、经理人职务的一个职位。这个职位究竟由谁来担任,即便是登记机关或者外部利害关系人亦可通过本条第7项关于公司章程必须载明“公司法定代表人的产生、变更办法”即可观察出来,比如公司章程如规定本公司法定代表人由公司的总经理担任,那么谁担任总经理职务谁就是当然的法定代表人,相应地,如该人辞去了总经理职务,那么也就同时辞去了法定代表人职位(第10条第2款)。这样一来,只要凭借总经理的辞职信以及公司章程关于“公司法定代表人的产生、变更办法”记载条款这两个法律事实,登记机关就可以判断出来该公司的法定代表人发生了变更这一事实,这就有利于作相应的涤除登记。

(8)股东会认为需要规定的其他事项。这一兜底条款是对制定任意记载事项的概括授权规定，据此，章程可以自由记载《公司法》没有列举的内容。

有争议的是，本法第46条列举有限公司章程“应当载明”的事项，但未表明这些事项归属于绝对必要记载事项、相对必要记载事项抑或任意记载事项。一般认为，其中前7项都是对绝对必要记载事项的集中列举，第8项是对任意记载事项的概括授权规定，本条没有对相对必要记载事项的规定。① 也有不同观点认为，第6项、第7项的内容已由法律明确规定，当事人如无特别约定，得直接适用法律规定，故属于相对必要记载事项。② 还有学者认为，公司住所、经营范围、出资日期都不属于绝对必要记载事项，这些事项可以在公司成立之后通过决议补正，或者依照法律、习惯进行解释确定。③ 从比较法来看，《美国模范商业公司法》第2.02节仅将公司名称、住所、设立人和授权发行的股份数作为设立章程必须载明的内容；大陆法系国家、地区则大多将住所、经营范围纳入绝对必要记载事项，但确实没有将出资日期、公司组织机构和法定代表人的产生办法作为绝对必要记载事项的立法例。④ 因此，在《公司法》已经就股东出资、公司组织机构的设立、职权和议事规则、以及法定代表人的产生人选有明确规定的情况下，没有必要将这些事项再列入影响章程效力的绝对必要记载事项。即使承认前7项均为公司章程的绝对必要记载事项，在公司已设立的前提下，也应认为公司章程如缺乏第5项的出资日期以及第6项、第7项的规定并不必然导致章程无效，不能以此否认公司设立的效力。

3. 第2款：制定公司章程的法定要件

对比本法第95条关于股份公司章程记载事项的规定，不难发现本条安排第2款“股东应当在公司章程上签名或者盖章”的特殊用意。这是因为有限公司的初始章程采全体股东合意规则，所以此处有股东签章的规定；有限公司章程若无全体股东（设立人）签章，章程则不能成立。一般情况下，应由股东本人在章程上签名或者盖章，委托他人代为签名或者盖章的，须持股东的授权委托书并写明委托代理人的

---

① 参见李建伟：《公司法学》（第5版），中国人民大学出版社2022年版，第119页。

② 参见常健：《公司章程论》，中国社会科学出版社2011年版，第47页。

③ 参见孙英：《论公司章程绝对必要记载事项与公司无效》，载《法学杂志》2010年第3期，第113页。

④ 例如《韩国公司法》第543条；《日本公司法》第27条；《德国有限责任公司法》第3条；中国台湾地区“公司法”第101条。

姓名、授权事项等。[①] 反过来推论，凡在初始章程上签名或者盖章之人即可被推定为公司的设立人（发起人、原始股东），这在需要确定发起人身份以明确发起人责任时具有重要意义。

◉ 比较法规范

《韩国公司法》第543条；《德国有限责任公司法》第3条；《美国模范商业公司法》第2.02节；《美国特拉华州普通公司法》第102条、第342条；中国台湾地区"公司法"第101条。

◉ 研究文献

1. 刘俊海：《基于公司理性自治的公司法规范重塑》，载《法学评论》2021年第5期。
2. 郭富青：《公司创制章程条款研究》，载《比较法研究》2015年第2期。
3. 孙英：《论公司章程绝对必要记载事项与公司无效》，载《法学杂志》2010年第3期。
4. 李飞：《法解释论视角下的公司转投资行为》，载《法学》2007年第11期。

◉ 典型案例

董某凤与河南天海电器有限公司、董某股东资格确认纠纷案[②]

1. 案情简介

河南天海电器有限公司（以下简称天海公司）的前身为河南天海电器（集团）公司（以下简称天海集团），为集体所有制企业。2006年7月5日，鹤壁市政府批准同意天海集团改制为有限公司。在改制中，天海集团的多位高管和职工与王某某、李某某签署《委托投资协议》，并在2006年9月根据委托分别设立鹤壁思卡尔投资有限公司和鹤壁塞尔投资有限公司，分别由王某某、李某某担任法代，参与了天海集团的改制。在改制过程中，董某凤作为公司副总经理（高管之列）根据方案认缴出资36万元。

天海公司曾制定《河南天海电器集团有限公司章程》（以下简称成立章程），其中第14条规定与公司解除劳动合同等情况下股权转让和公司无偿收回的规定。然而，公司成立时在工商备案的是鹤壁塞尔投资有限公司和鹤壁思卡尔投资有限公司代表职工出资的《2006年9月27日河南电器有限公司章程》（以下简称备案章程），其中并无成立章程第14条的内容。

2007年7月16日，天海公司董事会向董某凤发出通知，要求其根据公司章程（成立章程）第14条规定退回认缴股金36万元，限定在2007年8月15日前到公司工会委员会办理手续、领取股金。董某凤认为通知无法产生法律效力，拒绝退股。其后，董某凤向鹤

---

① 参见最高人民法院民法典贯彻实施工作领导小组编著：《中国民法典适用大全：商事卷·公司法（一）》，人民法院出版社2022年版，第124页。

② 参见最高人民法院民事裁定书，（2015）民申字第710号。

壁市中院起诉,请求判令天海公司胁迫董某凤退股为非法,并确认其应享有合法的股东权利(股权现金价值约为350万元)。

2. 裁判要旨

一审法院认为,天海公司向董某凤发出的退股通知,所依据的成立章程是公司制定的内部章程。该章程在制定时间、注册资本、股东姓名、出资额、出资比例等均为空白,且未在工商部门登记,其法定要件明显欠缺。故而判决退股通知无效,确认董某凤是天海公司的合法股东。

二审法院认为,公司章程是股东自治意思规则的载体,只要股东达成合意,且不违背法律的强制性规定,公司章程即为有效。本案中成立章程和备案章程均是天海公司股东的真实意思表示,原告也明知成立章程的内容,故两个章程均为有效章程。因此,二审法院改判退股通知有效。

最高人民法院再审认为,公司章程是股东自治意思规则的载体,只要股东达成合意,且不违背法律的强制性规范,公司章程即为有效。本案中,成立章程是在天海集团改制过程中经股东代表会议一致通过的法律文件,是全体股东的真实意思表示,对此,董某凤是明知的。该章程虽没有记载"注册资本、股东姓名、出资额及出资比例"等事项,但并未违反法律强制性规定,不能否认其效力,该章程已经经过股东代表会议一致通过,其应该作为处理公司与职工股东之间权利义务关系的依据,故裁定驳回董某凤的再审申请。

3. 案件评析

2005年《公司法》第25条(新《公司法》第46条)规定有限公司章程的法定记载事项包括注册资本、股东姓名、出资额及出资比例等,一般认为这些事项均属于章程的绝对必要记载事项,欠缺任何一项规定都将导致章程无效。而上述案例中二审法院、最高人民法院均认为公司章程作为股东意思自治的载体,只要是全体股东的真实意思表示,且不违反法律的强制性规定,原则上均为有效。由此可见,生效判决认为2005年《公司法》第25条的规定不属于效力性强制性规定,如欠缺其中某些记载事项并不必然导致章程无效。需要注意,本案存在一些特殊情况,首先,涉案公司属于集团改制,在成立之前以集体所有制企业的形态存在;其次,涉案公司已经设立且存在一份备案章程,所以公司的注册资本、股东姓名、出资额及出资比例等已经可以通过其他途径确定;最后,欠缺必要记载事项的成立章程也是股东代表大会一致通过的文件,满足章程成立的形式要件。总之,在公司章程欠缺上述必要记载事项时,不能一概认定为有效,仍应结合具体情况分析。

第四十七条　【注册资本限期认缴制】

有限责任公司的注册资本为在公司登记机关登记的全体股东认缴的出资额。全体股东认缴的出资额由股东按照公司章程的规定自公司成立之日起五年内缴足。

法律、行政法规以及国务院决定对有限责任公司注册资本实缴、注册资本最低限额、股东出资期限另有规定的，从其规定。

◉ 立法意旨

本条是关于有限公司注册资本限期认缴制的规定。

◉ 条文演变历程

公司出资制度自1993年颁布《公司法》以来经历了从严到宽，现在又回到了从宽回归相对较严的状态。1993年《公司法》规定出资一次性缴足、设定较高注册资本最低限额，还要求非货币出资比例不超过20%等严厉规制措施；2005年《公司法》放宽对出资的限制，允许注册资本分期在两年（普通公司）或者5年（投资公司）内缴足，首期缴纳20%即可，同时降低了注册资本最低限额；2013年《公司法》对于绝大多数公司采完全的认缴制，同时取消对出资期限和最低注册资本的限制，简化公司登记、鼓励投资，激励创业。2023年修订的《公司法》再次将有限公司认缴制拉回5年的限期认缴制，股份公司采实缴制。

本条的内容在1993年《公司法》入法，2005年第一次大修放宽出资规制，2013年《公司法》针对公司资本制度专项修订，所采纳的认缴制对于公司注册资本登记制改革的主要内容有：一是放宽注册资本登记条件，除法律、行政法规等另有规定外，取消有限公司最低注册资本3万元、一人有限公司最低注册资本10万元、股份公司最低注册资本500万元的限制；取消对公司设立时全体股东的首次出资额和缴足剩余出资期限等的限制；公司实收资本不再作为工商登记事项。二是将企业年检制度改为年报制度，建立公平规范的抽查制度。三是放宽对市场主体住所的登记条件。四是大力推进企业诚信制度建设。五是推进注册资本由实缴制改为认缴制。

2014年2月7日，《国务院关于印发注册资本登记制度改革方案的通知》（国发〔2014〕7号）发布施行，在“放松市场主体准入管制，切实优化营商环境”部分进一步明确：实行注册资本认缴登记制。公司股东认缴的出资总额或者发起人认购的股本总额（公司注册资本）应当在工商机关登记，公司股东（发起人）应当对其认缴出资额、出资方式、出资期限等自主约定,并记载于公司章程;放宽注册资本登记条件,除法律、行政法规以及国务院决定对特定行业注册资本最低限额另有规定的外,取消有限公司最低注册资本3万元、一人有限公司最低注册资本10万元、股份公司最低注册资本500万元的限制;不再限制公司设立时全体股东(发起人)的首次出资比例,不再限制公司全体股东(发起人)的货币出资金额占注册资本的比例,不再规定公司股东(发起人)缴足出资的期限。2018年修法未涉及公司资本制度。

◉ 条文释义

本条对应旧法第26条,有根本性的制度修订。

本条的横空出世,意味着有限公司股东出资制度发生了重大变化,通过设立认缴出资额的全体股东从公司成立之日起的5年缴足期限,有限公司由2013年修法确立的股东认缴制改为限期认缴制(也有人称之为限期实缴制)。这是在2013年注册资本认缴制改革后首次增设出资期限,这一重大制度变革,引起社会震动,在理论界与实务界都引发了重大争议。

1. 第1款之一:出资期限限期5年的立法背景

认缴制有效解决了实缴制下市场准入资金门槛过高制约创业创新、注册资金闲置、虚假出资验资等问题,在推进公司治理现代化、夯实经济发展微观基础、优化营商环境等方面发挥了积极作用。据统计,我国公司存量从2014年的1303万户,增加至2023年3月底的4839万户,增长了2.7倍,其中99%属于小微企业。但在放松股东出资的市场管制后,也引发了不少现实问题。实践中,个别投资者不切实际地认缴出资,虚化了注册资本表示公司资金信用的作用,[①]致使大量的“巨婴”公司以及遥遥无期的认缴期限成为普遍现象。[②] 因此,2023年修法设置5年最长认缴期限的规定,主要意旨在于平衡股东出资期限利益与债权人利益保护两者的关系。

5年的时限规定来自市场监管主管部门的提议,其测算依据在于央行2023年发布的《中国企业发展报告》(其数据显示我国现存有限公司4839万家,其中大多数为民营企业、中小微企业;股份公司90多万家),其显示中国企业寿命平均数为4.4年、中位数为3.6年。与此相对,自2013年认缴制施行以来,公司的出资期限平均

---

① 参见刘迎霜:《资本认缴制:股东出资自由与公司资本自治》,载《政治与法律》2023年第8期,第172页。

② 参见朱慈蕴:《有限责任公司全面认缴制该何去何从?——兼评〈公司法(修订草案三审稿)〉第47条》,载《现代法学》2023年第6期,第134页。

数为18.0年、中位数为17.9年。

2. 第1款之二:公司调整的3种立法方案

从已有的数据来看,存量公司剩余出资期限超过5年的数量占比在50% ~ 60%;2013年以来新设的存量公司出资期限超过30年的有350万家左右,占同期新设公司总数的10%强,注册资本为10亿元的有2万多家。如何平衡各方利益,这需要法律与政治智慧,但无论如何,如果5年的出资期限适用于存量公司,就将面临对"法不溯及既往"原则违反的质疑。

面对5年内实缴到位的新规,各类存量公司应如何调整?逻辑上以及现实中都存在3种可行性方案。方案一是新规原则上适用新设公司,不适用存量公司。该方案的缺点是:法律适用的一致性将会是一个长期面临的问题,与此次公司法修订的意图也不一致、公司实务面临新旧法律择法适用的难题、存量公司可能会成为"稀缺资源"甚而出现公司买"壳"卖"壳"的问题等。

方案二是无区别立即适用于新设公司和存量公司,但该种方案过于明显地违反"法不溯及既往"原则,严重打破了人们对于法律稳定性、信用性的预期,甚至会引发一定期间内的市场经济秩序的不稳定。

方案三是过渡方案,也即设定过渡期并实施分类处理,这是一种妥协、平衡的路径。为实现此次修法意在重大调整注册资本制度的规范目的,同时尽量减少对存量公司的重大震荡影响,即本法第266条规定,2024年7月1日前已登记设立的公司,出资期限超过新《公司法》规定的期限的,除法律、行政法规或者国务院另有规定外,应当逐步调整至新《公司法》规定的期限以内;对于出资期限、出资额明显异常的,公司登记机关可以依法要求其及时调整。依此可以减少对绝大多数正常经营的存量公司的影响,充分考虑经营主体类型、行业领域等复杂情形,为存量公司设定充裕的过渡期,分类分步、稳妥有序调整存量公司的出资期限。

3. 第1款之三:对公司法相关规定的理解

结合2024年2月6日发布的《国务院注册资本登记管理制度规定(征求意见稿)》(正式的文件有望在2024年7月1日新《公司法》施行前颁布)的内容,可以从三个方面展开对过渡方案的理解。

一是法律、行政法规或者国务院另有规定的存量公司,出资期限依旧可以保持超过新《公司法》规定的期限。但该种情形应当审慎认定,局限于部分特殊的公司或行业。从上述征求意见稿第8条的规定来看,该种特定公司的例外情形主要包括公司法施行前设立的承担国家重大战略任务、关系国计民生或者涉及国家安全、重大公共利益的公司。

二是存量公司普遍应当逐步调整至新《公司法》规定的期限以内。一方面,第3条明确提出设置3年过渡期,即自2024年7月1日至2027年6月30日,新《公司法》施行前设立的公司出资期限超过公司法规定期限的,应当在过渡期内进行调整;公司法施行前设立的有限公司自2027年7月1日起剩余出资期限不足5年的,无须调整出资期限;剩余出资期限超过5年的,应当在过渡期内将剩余出资期限调整至5年内。另一方面,存量公司可以自行通过减资程序完成减资工作,国务院也可以在具体实施细则中制定专门的公司减资程序或注销程序,减少适用一般减资程序或注销程序的适用成本。对此,上述征求意见稿第5条正是明确对于符合一定条件的公司,可以由公司通过公示系统向社会公示20日,公示期间无异议的,公司可以办理减资手续。

三是对于出资期限、出资额明显异常的,公司登记机关可以依法要求其及时调整。“明显异常”的认定应当极其审慎,避免过度介入经营主体的出资安排规划。“可以依法”“及时调整”强调公司登记机关并非必须应当要求相关公司调整出资期限、出资额,且依旧可以设置适当的期限供相关公司“及时调整”。对此,上述征求意见稿第7条明确对出资期限30年以上、出资额10亿元以上的公司,结合行业发展特点等情况,综合研判是否属于异常情况;第9条规定设立有限公司存在注册资本明显过高的情形时,登记机关可以依法不予登记。

4. 第2款:另有规定的,从其规定

我国法律对于特殊行业比如金融业的实缴制、最低资本制等的规定一刻未停,这部分受管制对象主要为证券类公司、基金类公司、信托公司、商业银行、金融租赁公司、金融资产管理公司、保险类公司、外商投资类公司、文化产业类公司、建设工程类公司、典当公司、旅游行业类公司、运输类公司、电信业务类公司、劳务派遣企业等,具体要求可以参见各类型公司所对应的规范性文件。

此外,如前文所述,上述征求意见稿第8条规定:“公司法施行前设立承担国家重大战略任务、关系国计民生或者涉及国家安全、重大公共利益的公司,经国务院主管部门或者省级以上人民政府同意,可以按原有出资期限出资义务。”

◉ 公司治理操作指南

关于股东出资制度,自1993年《公司法》通过以来,我国公司法共历经四次修订

(分别是1993年、2005年、2013年、2023年),先后经历:一次性实缴制、分期限期实缴制、完全认缴制加个别的实缴制、双轨制(有限公司限期认缴制+股份公司实缴制)。对于该条的理解,需结合本法第98条(发起设立方式设立股份有限公司的发起人的出资适用该条文的规定)与第103条(募集设立股份有限公司的发起人之规定)。同时,在面对5年限期缴纳时,应当注意以下几点。

(1)准备在2024年7月1日之后设立的公司:需设置合理的出资额,并将出资期限设定在自公司成立之日起5年内。

(2)准备在2024年7月1日之前设立的新公司:目前办理登记适用的仍是2018年《公司法》,但特别提示请根据本法规定审慎确定出资期限和出资额,尽可能地参照新规定进行设立,设置合理的认缴出资额,并将出资期限设定在自公司成立之日起5年内,以避免后续不必要的再次调整。

(3)对于在2024年7月1日之前已登记设立的公司:①如公司章程规定的出资期限在自公司成立之日起5年内,则无须调整;②如出资期限超过5年,首先自查公司的认缴出资额和出资期限,自行判断是否存在"明显异常"的情形,并逐步进行规范调整;③虽然出资期限超过5年,但自查认为并不构成"明显异常"的,即属于正常的商业计划安排范畴内的,暂无须进行调整,可视后续具体规定再作安排。可以按以下方式进行调整,即修改章程以缩短出资期限或降低注册资本。

◉ 比较法规范

《日本公司法》第32条、第34条第1款;《德国有限责任公司法》第7条第2款;《英国2006年公司法》第763条;中国台湾地区"公司法"第131条第1款、第141条、第142条。

◉ 研究文献

1. 刘迎霜:《资本认缴制:股东出资自由与公司资本自治》,载《政治与法律》2023年第8期。

2. 朱慈蕴:《有限责任公司全面认缴制该何去何从?——兼评〈公司法(修订草案三审稿)〉第47条》,载《现代法学》2023年第6期。

3. 张其鉴:《股东出资义务约定性及其限制的命题确立与运用——基于债法与公司法二元系统的分析》,载《华东政法大学学报》2023年第3期。

4. 朱慈蕴:《股东出资义务的性质与公司资本制度完善》,载《清华法学》2022年第2期。

5. 汪青松:《优化营商环境目标下的注册资本认缴登记制再造》,载《湖北社会科学》

2022年第1期。
6. 朱慈蕴:《中国公司资本制度体系化再造之思考》,载《法律科学(西北政法大学学报)》2021年第3期。
7. 徐强胜:《我国公司人格的基本制度再造——以公司资本制度与董事会地位为核心》,载《环球法律评论》2020年第3期。
8. 石少侠、卢政宜:《认缴制下公司资本制度的补救与完善》,载《国家检察官学院学报》2019年第5期。
9. 石冠彬:《注册资本认缴制改革与债权人权益保护——一个解释论视角》,载《法商研究》2016年第3期。
10. 黄辉:《公司资本制度改革的正当性:基于债权人保护功能的法经济学分析》,载《中国法学》2015年第6期。
11. 赵旭东:《资本制度变革下的资本法律责任——公司法修改的理性解读》,载《法学研究》2014年第5期。
12. 施天涛:《公司资本制度改革:解读与辨析》,载《清华法学》2014年第5期。

◉ 典型案例

陈某诉广西大上建筑机械科技有限公司等股东出资纠纷案①

1. 案情简介

广西大上建筑机械科技有限公司(以下简称大上公司)成立于2017年1月18日,工商登记股东为张某(认缴出资450万元,持股比例为45%)、闫某(认缴出资550万元,持股比例为55%),出资期限至2025年12月31日。闫某持有的大上公司55%股权是代王某持有,即王某是实际出资人,闫某是登记股东。

其后,陈某于2017年7月24日至2018年12月30日累计向大上公司出资1,250,710元。因陈某请求将闫某的股权变更登记至陈某名下,闫某于2019年1月31日向柳州市柳北区人民法院起诉,诉请要求陈某向闫某返还其所持有的大上公司55%的股权并办理变更登记,一审判决支持了闫某的诉讼请求。陈某对该判决不服上诉至柳州市中院,二审维持原判。

原告陈某在本案中起诉认为,闫某虽登记为股东,但其从未向大上公司交纳过注册资金,而公司承认陈某共出资1,250,710元,故应由陈某占有公司的55%股份。但当陈某要行使大上公司所承诺的权益、变更闫某的股份时,闫某起诉到法院要求返还其所持有大上公司55%的股份,法院亦支持了闫某的诉讼请求。经过上述诉讼,陈某才知道虽然其向大上公司投资1,250,710元,公司承诺给其55%股份,但经过法院生效判决确认,该55%股份实际上是属于闫某所占有,陈某没有任何股份,因此陈某的权益已被严

① 参见广西壮族自治区南宁市西乡塘区人民法院民事判决书,(2020)桂0107民初2875号。

重侵害，公司应返还该投资款给陈某。经过上述诉讼也让陈某知道闫某虽占有公司的55%股份，但实际上从未实际交纳过出资款。为此，陈某遂诉至法院要求大上公司返还投资款1,250,710元并支付利息，同时要求张某在未履行出资义务的范围内对本案债务承担连带清偿责任、王某在被告闫某所承担连带赔偿责任的范围内承担连带清偿责任。

2. 裁判要旨

南宁市西乡塘区法院经审理认为：陈某已向大上公司出资1,250,710元，却无法获得大上公司的股东资格，大上公司也未进行增资程序，故陈某要求大上公司退回投资款1,250,710元（并从2019年1月3日起计付资金占用利息）的诉讼请求合法有据，法院予以支持。法院确定利息按全国银行间同业拆借中心发布的一年期贷款市场报价利率计算。闫某辩称陈某是大上公司的隐名股东，上述投资款是代另一股东张某出资，但未提交股权代持协议等证据予以佐证，法院不予采信。

但法院认为大上公司股东的出资期限为2025年12月31日，现尚未到期，大上公司也未出现破产或者因公司解散被强制清算等会导致股东出资期限提前到期的情形，因此陈某要求闫某、王某对大上公司的上述债务承担连带清偿责任没有依据，法院不予支持。

3. 案件评析

本案法院的裁判主旨有二：一是出资人向公司出资不等于取得股东资格；二是公司股东的认缴出资期限未届满时，该股东对公司债务并不承担连带清偿责任。其中最为关键的是，在股东认缴出资期限未届满时，公司债权人要求股东在认缴出资范围内对公司债务承担责任的，不应得到法院支持。应当注意，尽管新《公司法》第47条新增有限公司全体股东认缴额应当于5年内缴足的规定，但这并不意味着否定了公司股东的认缴期限利益，而仅是在一定程度上缩减了该种认缴期限过长所带来的不利影响。

在本案中，陈某主张依据《公司法解释三》第13条第2款规定的"公司债权人请求未履行或者未全面履行出资义务的股东在未出资本息范围内对公司债务不能清偿的部分承担补充赔偿责任的，人民法院应予支持……"其他股东（本案的闫某、王某）应在未履行出资义务的范围内对本案债务承担连带清偿责任，但这显然是对该条文的误解，有悖资本认缴制的初衷。申言之，在公司非破产或清算情形下，要求股东在其未届期的认缴出资范围内对公司债务承担连带清偿责任，缺乏前提基础。在资本认缴制下，认缴期限届满前股东出资所享有的期限利益受到法律保护，即便是有限公司股东认缴的出资额亦享有（自公司成立之日起）5年内的最长出资期限利益，除非依据新《公司法》第54条规定存在公司不能清偿到期债务的情况。

第四十八条 【股东出资形式】

股东可以用货币出资，也可以用实物、知识产权、土地使用权、股权、债权等可以用货币估价并可以依法转让的非货币财产作价出资；但是，法律、行政法规规定不得作为出资的财产除外。

对作为出资的非货币财产应当评估作价，核实财产，不得高估或者低估作价。法律、行政法规对评估作价有规定的，从其规定。

◉ 立法意旨

本条是关于股东出资形式的规定。

◉ 条文演变历程

本条于1993年《公司法》制定时即入法，后历经2005年、2013年两次修改。2005年修法对股东出资方式提出的修改意见主要集中在两个方面：一是关于非货币出资形式的问题，有观点认为只规定实物、工业产权、非专利技术、土地使用权四种非货币出资形式，限制过严，不利于社会经济发展，建议扩大非货币出资形式，如允许股权、债权、有价证券甚至信用、劳务等非货币出资；二是关于无形资产出资比例的问题，有观点认为规定无形资产出资比例不得超过注册资本20%的条件过高，不利于高新技术通过入股方式推广应用，同时反过来要求较多的货币出资，容易产生资金的闲置。针对上述情况，经过反复研究，2005年《公司法》作了如下主要修改：一是不再将非货币出资形式限制在实物、工业产权、非专利技术、土地使用权四种，而是规定凡是可以用货币估价并可以依法转让的非货币财产都可以用于出资，即明确了只要能够"用货币估价并可以依法转让"的非货币财产，都可以用于出资。这就扩大了非货币的出资形式，为以后新出现的财产形态包括股权、债权用于出资留下了发展空间。二是不再将无形资产的出资比例限制在不超过注册资本20%的范围内，而是通过规定货币出资金额不得低于注册资本30%的方式，提高了包括专利权、商标权、专有技术等无形资产在内的非货币财产之出资比例，但是同时规定了货币出资金额不得低于30%的条件。2013年修法，为了配合资本认缴制的实施，进一步删除关于全体股东的货币出资金额不得低于有限责任公司注册资本30%的规定。2018年修法对此未作修改。此次修法，一审稿在旧法的基础上，于第1款新增"股权、债权"两种出资形式，直至形成本条。

◉ 条文释义

本条规定对应旧法第27条。

根据本法第98条第2款规定,本条也适用于股份公司。

1. 第1款之一:新增股权、债权作为非货币财产的出资形式

新增股权、债权作为非货币财产的出资形式,这一修订基于两方面考虑:一是股权、债权均能以货币估价并可依法转让,符合非货币财产可用于出资之相应法理;二是实践中股权、债权用于出资早已被认可,早在2006年修订《公司登记管理条例》就肯定了股权、债权出资的合法性,其第14条规定:"股东的出资方式应当符合《公司法》第二十七条的规定……股东不得以劳务、信用、自然人姓名、商誉、特许经营权或者设定担保的财产等作价出资。"据此,股权、债权完全符合2005年《公司法》关于出资财产的法定条件且不在被排除之列。其后,《公司注册资本登记管理规定》(2014年2月20日国家工商行政管理总局令第64号)更是详细列举了股权、债权出资的条件,第6条规定:"股东或者发起人可以以其持有的在中国境内设立的公司(以下称股权所在公司)股权出资。以股权出资的,该股权应当权属清楚、权能完整、依法可以转让。具有下列情形的股权不得用作出资:(一)已被设立质权;(二)股权所在公司章程约定不得转让;(三)法律、行政法规或者国务院决定规定,股权所在公司股东转让股权应当报经批准而未经批准;(四)法律、行政法规或者国务院决定规定不得转让的其他情形。"第7条规定:"债权人可以将其依法享有的对在中国境内设立的公司的债权,转为公司股权。转为公司股权的债权应当符合下列情形之一:(一)债权人已经履行债权所对应的合同义务,且不违反法律、行政法规、国务院决定或者公司章程的禁止性规定;(二)经人民法院生效裁判或者仲裁机构裁决确认;(三)公司破产重整或者和解期间,列入经人民法院批准的重整计划或者裁定认可的和解协议。用以转为公司股权的债权有两个以上债权人的,债权人对债权应当已经作出分割。债权转为公司股权的,公司应当增加注册资本。"2022年《市场主体登记管理条例实施细则》第13条第3款也规定:"依法以境内公司股权或者债权出资的,应当权属清楚、权能完整,依法可以评估、转让,符合公司章程规定。"此次修法,本条是从公司法典的高度肯定股权、债权可以用于出资,有利于资本市场的发展繁荣。

2. 第1款之二:股东的各种出资形式

据第1款规定,股东可以用货币出资,也可以用实物、知识产权、土地使用权等可以用货币估价并可以依法转让的非货币财产作价出资。

(1)货币出资。货币也即现金出资是法律关系最简单、当事人间最少发生争议和纠纷的出资形式,只要当事人按约定的金额、时间将货币交付与公司或汇入公司的银行账户,出资义务即为履行。货币出资直接表现为货币的金额,不涉及财产价值的评估;同时,作为一般等价物,货币出资只需简单的交付,不涉及特殊的权利转移形式;此外,货币具有支付、结算等功能,设立公司必然需要一定数量的货币,用以支付创建公司时的开支和生产经营费用。股东可以用货币进行出资。我国的法定货币为人民币。股东用货币出资,除了人民币外,还可以用外币出资。股东以货币出资的,应当将货币出资足额存入有限公司的银行账户。

(2)实物出资。实物出资即以民法上的物出资,包括房屋、车辆、设备、原材料、成品或半成品等。首先,用于出资的实物应具有财产价值,进而才能进行评估作价,并作出资额、资本额的界定;其次,出资的实物可以是为公司经营所需,也可以与公司的经营使用无关,允许股东以实物出资的目的在于公司可以对其变现支配并实现其财产价值。此种实物是否可以用作出资,应由股东协商确定。

(3)知识产权出资。知识产权出资具体包括工业产权出资和著作权出资。知识产权属于无形资产,无论是专利权、商标权,还是著作权,都具有相应的财产价值并可以评估作价。

(4)土地使用权出资。土地使用权出资成为法定的出资形式之一,具有中国法的特殊构造依据。首先,土地是民事主体所能拥有的最重要的财产;其次,对土地的需求是公司经营活动最普遍的需要;最后,土地作为天然的和有限的资源,在财产价值上通常具有超乎一般动产的更高价值和其他财产难以比拟的保值增值性。土地使用权出资的法律要求和条件如下:一是土地使用权的出资,而不是所有权的出资;二是用于出资的土地使用权只能是国有土地的使用权,集体土地的使用权用于出资还受到严格的限制;三是用于出资的土地使用权只能是出让土地的使用权,而不能是划拨土地的使用权;四是用于出资的土地使用权应是未设权利负担的土地使用权。

除实物、知识产权、土地使用权这三种非货币财产出资外,其他“可以用货币估价并可以依法转让的非货币财产”,如股权、债权、探矿权、采矿权、林权等,也可以用于出资。但是,法律、行政法规规定不得作为出资的财产除外。目前的公司登记实践中,对于劳务、信用、自然人姓名、商誉、特许经营权或者设定担保的财产等作价出资的请求,登记机关不予受理。

3. 第1款之二:非货币财产作价出资的限制

对有限公司的出资形式,法律规定可以用货币出资,也可以用实物、知识产权、土地使用权等财产权作价出资。但对非货币财产作价出资,规定了两个原则性限制:一是可以用货币估价,即可以用货币评估计量并确定其价值,无法估量其价值的,如人的思想、智慧等不宜作为出资;二是可以依法转让,法律、行政法规规定禁止转让的财产(如禁止转让的文物等),以及根据其性能不可转让的财产,不得用于出资。第1款还明确规定,法律、行政法规可以明确哪些财产不得用于出资,公司的股东应当遵守有关规定。

4. 第2款:切实评估作价的要求

为了计算公司注册资本总额,以及确定各股东出资在公司全部注册资本中所占的比例,以明确他们各自取得收益、承担风险责任的依据,第2款规定对作为出资的非货币财产应当评估作价。对实物、知识产权、土地使用权等的评估作价,法律、行政法规有专门规定的,应当依照有关法律、行政法规的规定执行。比如,出资人以国有资产出资的,应当遵守有关国有资产评估的规定。

出资形式的管制派生于出资作价监管,公司法限制出资形式的目的主要是规避作价难题。① 除货币出资外,其他形式的出资都需要进行价值评估。实物等非货币出资的特殊法律问题在于其价值的评定。非货币出资的价值评估必须客观、真实、准确,应避免过高估价(非国有资产等)和过低估价(国有资产)的两种倾向和做法。为保证非货币出资估价的客观、真实和准确,非货币出资通常需要由中立的专业资产评估机构进行评估作价,资产评估机构应根据公认或专门的评估规则和办法进行评估;因评估不实,损害公司或其他股东利益的,应承担过错推定的民事责任(详见本法第257条第2款)。

◉ 公司治理操作指南

关于"人力资本"出资可行性、合法性问题,一直存在争议,也有不少理论界、实务界的人士呼吁赋予其合法性,但是此次修法对此仍尚付阙如——事实上,"人力资本"出资的实操性应无问题,关键是法律意识的争议阻碍了引进公司法之中。

◉ 比较法规范

《美国模范商业公司法》第6.21节第2款、第3款;《美国特拉华州普通公司法》

---

① 参见李建伟:《授权资本发行制与认缴制的融合——公司资本制度的变革及公司法修订选择》,载《现代法学》2021年第6期,第116页。

第152条;《英国2006年公司法》第582条;《欧盟第二号公司法指令》第7条;《法国商法典》第223－7条。

◉ 研究文献

1. 李建伟:《授权资本发行制与认缴制的融合——公司资本制度的变革及公司法修订选择》,载《现代法学》2021年第6期。

2. 刘斌:《股东出资形式的规制逻辑与规范重构》,载《法学杂志》2020年第10期。

3. 梁上上:《人力资源出资的利益衡量与制度设计》,载《法学》2019年第3期。

4. 刘燕:《公司法资本制度改革的逻辑与路径——基于商业实践视角的观察》,载《法学研究》2014年第5期。

5. 葛伟军:《债权出资的公司法实践与发展》,载《中外法学》2010年第3期。

6. 吕来明:《关于股权出资的几个问题》,载《法学杂志》2005年第3期。

7. 周友苏、沈柯:《股权出资问题研究》,载《现代法学》2005年第1期。

◉ 典型案例

张某战等与海鹰航空通用装备有限公司执行异议之诉案①

1. 案情简介

海鹰航空通用装备有限责任公司(以下简称海鹰航空公司)与北京中飞东方航空科技有限公司(以下简称中飞东方公司)、期某博定作合同纠纷一案,法院于2020年6月12日作出民事调解书确认:中飞东方公司、期某博支付海鹰航空公司合同款总计102万元。其后,因中飞东方公司和期某博未按上述调解书约定履行付款义务,海鹰航空公司向法院申请强制执行。一审法院认为暂未发现被执行人名下可供执行财产,目前不具备执行条件,应当终结本次执行程序。后海鹰航空公司要求追加张某战为案件被执行人。

法院查明,中飞东方公司成立于2014年,成立时企业类型为有限公司(自然人独资),注册资本为10万元,股东为宫某龙,出资期限为2024年9月3日。现中飞东方公司的注册资本为1351.351万元,股东为张某战、期某玉。在此期间,中飞东方公司的股东经过多次变更,其中股东张某战认缴出资100万元,出资期限为2040年12月31日,出资方式为货币。法院认为,中飞东方公司作为被执行人案件中因穷尽执行措施无财产可供执行,被裁定终结本次执行,据此应当认定中飞东方公司已经具备破产条件,但其不申请破产。该种情况下,应当适用股东出资加速到期的规定,故法院对海鹰航空公司要求追加张某战为案件被执行人的诉讼请求,予以支持。张某战应当在其未履行出资额的范围内,对中飞东方公司不能清偿的债务承担补充赔偿责任。

张某战提交劳动合同、劳动合同补充协议、中国建设银行银行卡持有证明、中国建设银行个人活期账户工资交易明细,用以证明张某战是中飞东方公司的员工,通过劳务作

---

① 参见北京市第二中级人民法院民事判决书,(2022)京02民终3337号。

价实际履行了100万元的出资，其辩称系以劳务作价出资成为中飞东方公司股东。2016年夏季，因中飞东方公司资金紧张和研发新产品需要，中飞东方公司原法定代表人期某博联系张某战，邀请其成为公司股东并担任副总经理，同时邀请张某战担任法定代表人的某公司提供技术支持并成为中飞东方公司股东，后于2016年10月26日办理了工商登记，张某战与固洋公司成为中飞东方公司各占5%股份的股东，当时约定张某战系以劳务作价形式出资，占5%的股份，约定张某战工资为每月2万元，并于2016年7月1日签署了任期60个月至2021年6月30日止的劳动合同，同时约定中飞东方公司在前25个月无须支付张某战工资，以每月工资2万元直接抵扣成股本金，直至25个月期满，完成50万元出资，自动成为持有中飞东方公司5%股份的股东，工资从第26个月开始按每月2万元正式支付。海鹰航空公司则认为，劳务不属于可以用货币估价并可以依法转让的非货币财产，不符合公司法规定的出资方式，因此张某战未履行出资义务，且中飞东方公司无力清偿生效调解书确定的债务，属于"已经具备破产条件，但不申请破产"的情形。

2. 裁判要旨

首先，根据2018年《公司法》第27条第1款规定，股东可以用货币出资，也可以用实物、知识产权、土地使用权等可以用货币估价并可以依法转让的非货币财产作价出资；但是，法律、行政法规规定不得作为出资的财产除外。2016年《公司登记管理条例》第14条规定，股东的出资方式应当符合2013年《公司法》第27条的规定，但是，股东不得以劳务、信用、自然人姓名、商誉、特许经营权或者设定担保的财产等作价出资。《市场主体登记管理条例》第13条规定，除法律、行政法规或者国务院决定另有规定外，市场主体的注册资本或者出资额实行认缴登记制，以人民币表示。出资方式应当符合法律、行政法规的规定。公司股东、非公司企业法人出资人、农民专业合作社（联合社）成员不得以劳务、信用、自然人姓名、商誉、特许经营权或者设定担保的财产等作价出资。根据上述规定，张某战上诉主张的劳务出资方式不属于合法的有限责任公司股东出资方式，法院不予支持。

其次，根据2018年《公司法》第11条的规定，设立公司必须依法制定公司章程。公司章程对公司、股东、董事、监事、高级管理人员具有约束力。根据2018年《公司法》第25条的规定，有限公司章程应当载明股东的出资方式、出资额和出资时间。中飞东方公司在登记机关备案的公司章程中载明，张某战认缴出资100万元，出资期限为2040年12月31日，出资方式为货币。中飞东方公司备案的公司章程具有公示公信力，对中飞东方公司及张某战具有拘束力。张某战关于其出资方式的上诉主张与该公司章程不符，法院不予采信。

综上，关于张某战提出的其以劳务作价出资成为中飞东方公司股东的上诉主张，缺乏法律依据，法院不予采纳。

3. 案件评析

根据法律规定,股东不得以劳务出资。即使投资人之间约定一方以劳务出资,因为劳务具有人身依附性,不能转让,也没有客观的评价标准评估劳务的价值,因此无论是在公司章程中还是在工商登记时,劳务作价出资都无法进行登记,实际仍是以认缴出资(出资方式为货币)的方式进行登记。因此,约定劳务出资一方如果未进行实缴,仍需在认缴范围内对公司债务承担清偿责任。

第四十九条 【股东未按期足额缴纳出资的赔偿责任】

股东应当按期足额缴纳公司章程规定的各自所认缴的出资额。

股东以货币出资的,应当将货币出资足额存入有限责任公司在银行开设的账户;以非货币财产出资的,应当依法办理其财产权的转移手续。

股东未按期足额缴纳出资的,除应当向公司足额缴纳外,还应当对给公司造成的损失承担赔偿责任。

◉ 立法意旨

本条是关于股东未按期足额缴纳出资的赔偿责任规定。

◉ 条文演变历程

本条于1993年《公司法》时入法,其第25条规定:"股东应当足额缴纳公司章程中规定的各自所认缴的出资额。股东以货币出资的,应当将货币出资足额存入准备设立的有限责任公司在银行开设的临时帐户;以实物、工业产权、非专利技术或者土地使用权出资的,应当依法办理其财产权的转移手续。股东不按照前款规定缴纳所认缴的出资,应当向已足额缴纳出资的股东承担违约责任。"其后2005年修法对该规定作出较大调整,2013年修法将该条文序号变为第28条,其内容是:"股东应当按期足额缴纳公司章程中规定的各自所认缴的出资额。股东以货币出资的,应当将货币出资足额存入有限责任公司在银行开设的账户;以非货币财产出资的,应当依法办理其财产权的转移手续。股东不按照前款规定缴纳出资的,除应当向公司足额缴纳外,还应当向已按期足额缴纳出资的股东承担违约责任。"该规定保留至此次修法之前。此次修法,一审稿第44条沿袭旧法第28条第1款的内容,但将此内容分为两款。二审稿未见修订。三审稿第49条新增第3款"股东未按期足额缴纳出资给公司造成损失的,应当承担赔偿责任"。审议通过时,又将第3款修订为"股东未按期足额缴纳出资,除应当向公司足额缴纳出资外,还应当对给公司造成的损失承担赔偿责任”。

◉ 条文释义

本条对应旧法第28条,有内容性修订,由两款变为三款。

根据本法第98条第2款、第107条的规定,本条第2款、第3款也适用于股份公司。

1. 第1款、第2款之一:股东应按期足额缴纳出资额

股东应当严守公司章程的规定,按期足额缴纳自己所认缴的出资额。对此可从以下几个方面予以理解:

(1)股东以货币出资的,应按照章程规定的时间、金额将货币出资存入公司的银行账户。如章程规定一次性缴纳,股东须一次性足额存入;如章程规定分期缴纳,股东须按期分期存入。

(2)股东以实物、知识产权、土地使用权等非货币财产出资的,须作价评估,并依法办理转移财产权手续。

(3)联动考虑股份公司的相关规定。与本条相对应,股份公司关于发起人出资的规定在本法第97~98条,前者以两款分别规定发起设立和募集设立的两种出资认定标准/股份认购要求,后者规定发起人的出资要求。与旧法比较,本法第97条第1款强调发起设立的股份公司发起人所认购的股份应当是“公司设立时应发行的股份”,第2款强调募集设立的股份公司发起人所认购的股份应不少于“公司设立时应发行股份总数的百分之三十五”,这些表述稍不同于旧法。同时,第98条第2款规定:“发起人的出资,适用本法第四十八条、第四十九条第二款关于有限责任公司股东出资的规定。”故而,股份公司也可以适用第49条第2款所规定的股东出资要求。这些规定旨在强调足额出资是股东的基本义务,是出于保护其他足额出资股东和公司债权人合法权益的需要。

2. 第1款、第2款之二:出资瑕疵的常见情形

广义的股东出资瑕疵,包括完全未出资与狭义的出资瑕疵,后者是指股东的出资行为不符合或者不完全符合法律法规、公司章程的规定,从而对公司、债权人乃至其他股东的权益造成不利益,又可以分为三种常见类型:一是不完全出资,即股东出资金额没有达到认缴额资;二是延迟履行出资,即股东没有按照章程规定的期限内完成出资;三是出资物瑕疵,即股东的非货币出资存在质量瑕疵或者权利瑕疵。总之,与股东完全未出资的“有表无里”不同,瑕疵出资的主要特点可概括为“有

表缺里”。

3. 第3款:瑕疵出资股东对公司的法律责任

按期足额缴纳出资是股东对于公司的唯一主义务,须严格履行;否则,其应依法承担相应的法律责任。第3款专款规定瑕疵出资股东对公司的两项法律责任:补缴出资责任与损害赔偿责任。

(1)对公司的补缴出资责任。股东不按期足额缴纳出资的,不能因此免除或者减轻其按照公司章程规定应当履行的缴纳出资义务;相反,股东必须继续履行足额缴纳认缴的出资额。这一责任,实际上是股东出资(认股)协议中的继续履行责任。

(2)对公司的损害赔偿责任。如因为瑕疵出资给公司造成损失,还要对公司承担损害赔偿责任。这一责任,实际上是股东出资(认股)协议中的损害赔偿金责任。此为本次修法新增的责任规定,源于《公司法解释三》的成果。

(3)关于对其他守约股东的违约责任。本次修法删去了原第28条规定的瑕疵出资股东对于其他股东的违约责任,这是否意味着违约责任不再成立?回答是否定的。进入民法典时代之后,对于民商事问题的思考应该具有法典的体系化思维。(发起人)股东之间存在设立协议(无论有无书面文本的签署,这一契约关系都是客观存在的),以及公司章程作为实质意义上的契约文本,都有关于各个(发起人)股东出资义务的约款,对此约款的违反,自然在缔约人之间产生违约责任,这是毋庸置疑的;至于公司法有无必要规范这一责任,这涉及部门法的规范对象分工问题。此次修法之所以删去了股东间的违约责任,实际上是考虑违约责任属于契约法调整,可直接适用民法典合同编的相应规定,公司法则无须重复规定之;加之本法第43条规定,“有限责任公司设立时的股东可以签订设立协议,明确各自在公司设立过程中的权利和义务”,按照设立协议,出资股东与瑕疵出资股东之间适用违约责任,更不在话下。总之,瑕疵出资股东违反了公司章程规定的出资义务,构成了对其他依约履行出资义务的股东的违约,应当依法向其他股东承担违约责任。

◉ 公司治理操作指南

本条删去了旧法关于股东违约责任的规定,即“还应当向已按期足额缴纳出资的股东承担违约责任”的规定,但这并非意味着股东之间就不存在违约责任。公司成立后,股东出资义务的相对人是公司而不是其他股东,故公司法自无必要规定瑕疵出资股东向其他股东的违约责任;他们之间的违约责任,依据约定或者民法典合同编的规定处理即可。尽管如此，如果股东之间没有通过设立协议、公司章程预先约定该违约责任的内容，那么实务中守约股东向瑕疵出资股东主张违约损害赔偿，仍面临损失的举证责任难等问题。鉴于此，实务中建议股东在共同制定公司章程、签署设立协议时，应当对股东不按期足额缴纳出资义务产生的违约责任的构成条件、违约金等尽量作出具体、详细的规定，以避免将来产生索赔难的问题。

◉ 比较法规范

《日本公司法》第50条、第52条、第52条之二。

◉ 研究文献

1. 杨永清、潘勇锋：《公司法修订若干问题探讨》，载《法律适用》2023年第1期。

2. 张其鉴：《股东出资义务的请求权主体研究——兼评〈民法典〉合伙合同、利他合同条款》，载《法商研究》2022年第1期。

3. 彭真明：《论资本认缴制下的股东出资责任——兼评"上海香通公司诉昊跃公司等股权转让纠纷案"》，载《法商研究》2018年第6期。

4. 丁勇：《认缴制后公司法资本规则的革新》，载《法学研究》2018年第2期。

5. 郭富青：《资本认缴登记制下出资缴纳约束机制研究》，载《法律科学（西北政法大学学报）》2017年第6期。

6. 张其鉴：《论认缴制下股东补充赔偿责任中的"不能清偿"标准——基于回归公司法立场的分析》，载《政治与法律》2017年第3期。

7. 罗培新：《论资本制度变革背景下股东出资法律制度之完善》，载《法学评论》2016年第4期。

8. 赵树文：《日本公司设立时董事制度及其借鉴》，载《法商研究》2013年第4期。

◉ 典型案例

刘某平等与深圳市爱彼时尚网络有限公司股东出资纠纷案[①]

1. 案情简介

2013年5月24日，深圳市爱彼时尚网络有限公司（以下简称爱彼公司）成立，注册资本为1000万元，股东刘某平认缴600万元占股60%、刘某花认缴400万元占股40%。后注册资本增加至3000万元。

2013年12月25日，爱彼公司增资到5000万元，股权结构为：刘某平认缴3000万元，占股60%；刘某花认缴500万元；占股10%；李某辉认缴1000万元，占股20%；胡某民认缴500万元，占股10%。

2015年8月12日，爱彼公司召开股东大会，决定公司注册资本由5000万元减资至

---

① 参见广东省高级人民法院民事判决书，(2021)粤民终1071号。

2000万元,股东情况变更为:刘某平认缴1200万元,占股60%;刘某潘认缴200万元,占股10%;李某辉认缴400万元,占股20%;胡某民认缴200万元,占股10%。

2017年5月17日、31日,深圳市宝安区人民法院判令爱彼公司应向意赛公司支付房屋租金及房屋占用费、受理费、保全费等款项。经法院执行,没有发现爱彼公司有可供执行财产。

2017年11月2日,李某辉、胡某民将爱彼公司的股权以1元对价转让给刘某平。转让后,爱彼公司的股东情况变更为:刘某平认缴1800万元,占股90%;刘某潘认缴200万元,占股10%。2019年4月30日,一审法院裁定受理意赛公司对爱彼公司的破产清算申请。

2. 裁判要旨

本案的争议焦点之一是关于刘某平是否应承担出资责任的问题。

一审法院认为,本案中刘某平、刘某潘作为爱彼公司股东,在公司进入破产程序后不再享有股东出资期限利益,应当立即缴纳认缴的出资。刘某平辩称认为其已足额缴纳对爱彼公司的出资,出资形式为其持有的对博柏利公司、莱尔利奥公司和玛萨公司三家公司的股权。上述莱尔利奥公司的股权系案外人蔡某鹏、刘某旋以1元价格转让给爱彼公司。刘某平未提交证据证明蔡某鹏系为其代持对该公司的股权,故其主张其以对莱尔利奥公司80%的股权出资,没有事实依据,不予采信;刘某平持有的对莱尔利奥公司90%的股权和玛萨公司70%的股权系通过商业谈判协议转让的方式由爱彼公司受让,刘某平作为出资人,并未有以股权作为出资的意思表示,且该等转让方式未经验资程序,也未经股东会决议,不足以证明上述股权转让行为系刘某平出资的行为,故对刘某平的上述辩称意见不予采信。

二审法院认为,股东出资应符合法律规定和公司章程约定。根据2018年《公司法》第27条第2款的规定,对作为出资的非货币财产应当评估作价,核实财产,不得高估或者低估作价。爱彼公司章程约定,股东以非货币形式出资的,必须按照法律法规的规定办理有关手续,应当由专业资产评估机构评估作价或由全体股东协商作价,核实财产,不得高估或者低估作价,并应当依法办理其财产权的转移手续。具体到本案中:第一,刘某平转让给爱彼公司的股权,未经评估作价、验资,不符合法律规定的以股权出资的形式要件。第二,该股权转让行为与爱彼公司章程约定不符,且未经爱彼公司股东会决议确认为刘某平出资行为,不能证明股东之间形成合意;此外,李某辉、胡某民在一审证据交换笔录中亦称对于爱彼公司对外投资是否属于以股权出资并不清楚。第三,爱彼公司《清产核资专项审核报告》中记载:"五、清产核资企业概况:……截至2013年12月31日认缴实收资本总额为0。"爱彼公司2013年12月17日和2014年10月10日股东会决议中均记载:"实收资本:0万元人民币。"综上,刘某平上诉主张其以股权出资,证据不足,不予采信,故刘某平应向爱彼公司履行出资义务。

3. 案件评析

无论认缴制还是实缴制,并不改变公司注册资本是公司对外承担责任的基础这一法律设置。我国法律法规不禁止股东在认缴期限届满前转让股权,但股权转让的交易自由和股东期限利益的行使不能损害公司、公司债权人的利益,股东对公司出资既有合同属性也有法定属性,不当然随着股权的转让而转移。公司对外支付不能时,如允许未届出资期限的股东通过转让股权免除出资义务,实际上规避了法律对公司资本的限制,可能造成公司可偿债财产减少,或股东通过股权转让方式逃脱出资义务,最终危害经济交易秩序,这显然不是认缴制的初衷。

在本案中,虽然爱彼公司章程约定注册资本采取认缴制,股东可以在 2018 年 5 月 24 日前认缴,但涉案债务在李某辉、胡某民转让股权之前形成,而其作为公司股东,在上述债务形成期间,李某辉、胡某民并未向公司进行任何出资,在债务经法院生效判决确认后也未积极履行债务,反而转让了其所持有的公司股权,在其转让公司股权时,公司的注册资本始终为零且处于支付不能的状态。爱彼公司进入破产程序后,李某辉、胡某民对爱彼公司的出资义务已经到期,依法应当履行。鉴于其已将股权转让给刘某平,故李某辉、胡某民应在认缴的出资额范围内对刘某平的出资义务承担补充责任。

第五十条 【发起人的资本充实担保责任】

有限责任公司设立时,股东未按照公司章程规定实际缴纳出资,或者实际出资的非货币财产的实际价额显著低于所认缴的出资额的,设立时的其他股东与该股东在出资不足的范围内承担连带责任。

◉ 立法意旨

本条是关于发起人资本充实担保责任(或资本充实责任)的规定。

◉ 条文演变历程

发起人(设立人)的资本充实担保责任,在我国公司法上经历了从宽松到严格、从两类公司区别规定到一体规定的历程。

本条于 1993 年《公司法》制定时入法,1993 年《公司法》第 28 条规定:“有限责任公司成立后,发现作为出资的实物、工业产权、非专利技术、土地使用权的实际价额显著低于公司章程所定价额的,应当由交付该出资的股东补交其差额,公司设立时的其他股东对其承担连带责任。”不难看出,1993 年《公司法》仅要求有限公司发起人对其他发起人非货币出资不实承担连带责任。2005 年《公司法》增设股份公司发起人的资本充实担保责任，并将之扩展至不实际缴纳出资与非货币出资不实两种情形。2011年《公司法解释三》第13条第3款规定："股东在公司设立时未履行或者未全面履行出资义务，依照本条第一款或者第二款提起诉讼的原告，请求公司的发起人与被告股东承担连带责任的，人民法院应予支持；公司的发起人承担责任后，可以向被告股东追偿。"由此统一了两类公司的发起人资本充实担保责任规则，且一体适用于不实际缴纳出资与非货币出资不实两种情形，这意味着有限公司发起人资本充实担保责任的扩张。2018年修法未涉及这一问题的修订。此次修法继受了《公司法解释三》第13条第3款的实质内容。

◉ 条文释义

本条对应旧法第30条，有内容上的重大修订。

依据本法第99条的规定，股份公司发起人也适用与本条一样的资本充实担保责任。

对于这一重大制度安排，可以从以下几个视角来解读。

1. 新旧法的三处变化

从新旧法对照来看，本条规定对应旧法第30条，有三处变化：(1)第30条前半段表述为"有限责任公司成立后"，新法改为"有限责任公司设立时"，这一词之改具有特别的含义，且早在《公司法解释三》第13条第3款就使用了这一表述。理论界及实务界一直有人细抠字眼"有限责任公司设立时""有限责任公司成立后"之不同，并努力发掘出其不同的含义，意在证明——资本充实担保责任仅适用于公司成立之时这一瞬间。(2)后半段对应旧法的表述为"其他股东承担连带责任"，现在新法增加"在出资不足的范围内"的修饰语，显然更加精确，其明确指明了连带责任的范围。(3)最大的变化是，旧法仅规定在非货币出资不实的情形下才发生资本充实担保责任，但是新法修订为"未实际缴纳出资"的情形，这意味着有限公司发起人股东之间的资本充实担保责任的陡然加重——不仅适用于非货币出资的出资不实情形，还适用于货币出资不能的情形。这显然在提示投资人在选择创业伙伴时要更审慎，因为这一责任在某种意义上比夫妻财产责任更具亲密性。

2. 制度价值：设置发起人股东的出资担保责任的意义

发起人承担资本充实担保责任，其制度意旨在于强化公司设立时各个发起人（设立人）之间的出资缴纳担保责任（实为一种连带保证责任），以抑制发起人之间可能的相互勾结制造骗局、损害公司利益进而坑害后加入股东以及公司债权人，防止“庞氏骗局”的出现，这在募集设立股份公司的场合下尤为关键。

理解了上段的意思，我们也就不难解读与本条以及第99条密切相关的一个条文，即第228条的理解与适用的关键。本法第228条规定：“有限责任公司增加注册资本时，股东认缴新增资本的出资，依照本法设立有限责任公司缴纳出资的有关规定执行。股份有限公司为增加注册资本发行新股时，股东认购新股，依照本法设立股份有限公司缴纳股款的有关规定执行。”这一规定的本意是，对于本法第三章第一节、第五章第一节（包括第50条、第99条）规定的公司设立时的股东出资责任，也适用于公司增资扩股时的后续加入公司股东（也包括原股东认缴新股的）的出资责任，但是如果我们深入理解了第50条、第99条的发起人股东相互承担的资本充实责任的制度意旨，就不难得出结论，第50条、第99条规定的发起人股东资本充实担保责任不适用于第228条规定的公司增资时认股人出资义务缴纳情形。

3. 适用情形（行为要件）

本条规定发起人资本充实担保责任适用于两种情形：未实际缴纳出资；非货币出资不实（“实际出资的非货币财产的实际价额显著低于所认缴的出资额”）。这两种情形的性质截然不同。

（1）所谓“未实际缴纳出资”，是一种瑕疵出资状态的客观描述，出资对象可能是货币出资也可能是非货币出资，瑕疵类型包括未出资、未足额缴纳、延迟缴纳以及出资物存在瑕疵等，形成这一瑕疵出资的原因很可能是由于某一个（些）发起人股东不再具有履约能力，由于出资能力不足而带给其他发起人的法律风险。

（2）所谓非货币出资不实，则是一种欺诈行为。由于非货币出资都要经过评估作价，前文第48条第2款已经强调，评估作价要实事求是指不得高估或者低估作价，第257条也规定承担评估作价的中介机构不得提供虚假材料或者提供有重大遗漏的报告，否则将面临行政处罚，给公司债权人造成损失的，还要在评估不实的金额内承担过错推定的赔偿责任。现实生活中，发起人股东的非货币出资评估作价可能暗藏玄机，且甚至多个乃至全体发起人集体舞弊，相互遮掩，意图诈害公司、公司债权人以及后加入认股人。根据本条规定，“显著低于”是指非货币财产的实际价额明显少于公司章程所定价额，即两者之间的差额过大且已经到了无法忽视的程度，不同于评估作价的技术性偏差所带来的可容忍的伤害，其欺诈性由此可见一斑。

4. 责任主体

从文义上看,本条规定的责任主体是"有限责任公司设立时的股东"。责任主体限于设立公司时的股东,不及于公司成立后增资扩股时新加入的股东。根据2020年《公司法解释三》第13条第1款、第3款的规定,其他发起人需就瑕疵出资承担连带责任,但后加入公司的股东无须承担该连带责任,且后加入股东还享有对其他发起人承担连带责任的请求权。该规定一定程度上能保障公司资本充实,让更多主体监督公司资本并追责瑕疵出资股东及其连带责任人。但是,就后加入股东作为请求其他发起人承担连带责任的主体这一认定,存在一定的争议。有人认为,这既违反了股东平等原则,也导致股东内部的利益关系的严重失衡。这是因为,首先,后加入公司的股东并非出资债权的债权人,从债权债务关系上并不能直接享有对瑕疵出资股东的请求权,更不享有对瑕疵出资股东连带责任人的请求权;其次,倘若其可以向其他发起人股东追责,在实务中容易产生股东之间勾兑损害公司利益的情形,存在极大的道德风险。因此,后加入公司的股东不宜成为发起人股东资本充实担保责任请求权的合理主体。

5. 责任范围

第一,出资充实担保责任的范围仅限于"公司成立时"发起人(设立人),股东需要实际缴纳出资但出资不足的部分,不包括设立时发起人股东认缴但在公司成立后才需要实缴的部分。对于后者,让发起人股东之间互为担保是没有法律依据的。

第二,关于出资充实担保责任的进一步限缩,旧法第30条表述为"补足其差额",本条表述为"在出资不足的范围内",两种表述并无实质差异,文字的差异原因在于,原第30条仅限于非货币出资不实这一种情形,本条涵盖"未实际缴纳出资""非货币出资不实"两种情形,所以有了本条所呈现的涵摄性更大的表述。

6. 责任性质

可以注意到,本条末句"设立时的其他股东与该股东在出资不足的范围内承担连带责任"之表述,表明出资充实担保责任的主体包括瑕疵出资股东本人以及其他发起人股东。对于前者,对于由于某一个(些)发起人股东瑕疵出资带来的资本充实责任,瑕疵出资股东乃是主债务人,其承担"在出资不足的范围内"的继续缴纳责任,乃是应有之义,也是第49条第3款已经规定过的,所以本条的主要规范意义绝对不在于再次强调该瑕疵出资股东的补缴责任,而是规定其他股东的连带责任,这才是所谓"出资充实担保责任"的本质规定性。由此可见,"出资充实担保责任"的主债务乃是瑕疵出资股东的补缴责任，主债务人乃是该瑕疵出资股东，担保人是“公司设立时的其他股东”，责任性质在形式上表述为“连带责任”，其实质是连带保证责任。

足额缴付认缴的出资，保证公司成立后资本充足，既是每一个发起人股东的法定义务，也是全体发起人股东的共同责任。唯有通过“连坐”机制的设置，才能有效抑制发起人之间的串谋欺诈行为，保障公司设立的依法依规依章进行。质言之，为了保证公司注册资本的实有性和充实性，当任何发起人股东出资不足时，公司设立时的其他股东都应积极督促该股东履行其责任；如该股东已无力承担补足差额责任，则公司设立时的其他股东承担连带责任，这当然也就意味着代为补足出资责任的其他发起人股东事后有权向该股东追偿。

7. 相关理论争议

在公司法理论上，关于发起人的资本充实担保责任始终存在争议。支持的理由为：(1)基于发起人的优势地位以促使其权责一致。发起人通常是设立中公司的控制者，能决定公司设立目的、主营业务等诸多重大事项，拥有优先认购权、报酬请求权等特别权利，法律有必要强化发起人责任、实现权责统一。[①] (2)督促发起人勤勉尽责地设立公司、更审慎地选择合作伙伴，避免投机心理、防范道德风险。(3)保护债权人交易安全。(4)还有观点提出，发起人之间成立合伙关系，这种合伙关系由发起人协议连接和拘束，各合伙人对外需承担连带责任。[②] 作为合伙人的发起人有义务监督其他发起人履行出资义务，并对其他发起人出资义务承担连带责任。[③] 反对的理由包括：(1)发起人资本充实责任是对有限责任原则的全面挑战，极大削弱了公司这一经济组织的现实价值。(2)发起人资本充实责任错误地预设了发起人之间超强的人合性，选择性忽视了发起人监督其他发起人缴足出资的现实可能性。

◉ 公司治理操作指南

1. 发起人股东的出资充实担保责任的存续期间

发起人相互就出资充实承担担保责任，是基于其作为公司设立时的发起人（设

---

① 参见周游：《公司发起人范围界定难题及其破解》，载《中国政法大学学报》2022 年第 5 期，第 183 页。

② 参见施天涛：《公司法论》（第 4 版），法律出版社 2018 年版，第 186 ~ 187 页；朱锦清：《公司法学》（修订本），清华大学出版社 2019 年版，第 78 页。

③ 参见最高人民法院民事审判第二庭编著：《最高人民法院关于公司法解释（三）、清算纪要理解与适用》，人民法院出版社 2011 年版，第 31 页。

立人)地位而生的,那么这一责任是否随着发起人股东转让股权而消灭?这是一个重大实务问题。假设甲、乙、丙三人5年前设立A公司,约定各自出资1000万元,各占1/3出资份额;其后甲乙依约出资,丙到期仅出资100万元或者出资的某项专利技术实际价值100万元、被虚估为1000万元;其后不久,甲转让全部股权给丁;若干年后,丙仍然没有出资到位,公司不能清偿到期债务,被债权人B公司诉至法庭,同时要求追究丙出资不足的900万元本息赔偿责任,并请求甲乙承担连带责任。本案,乙就丙的瑕疵出资承担发起人股东的连带责任,无须讨论,值得讨论的问题有二:(1)甲是否需要继续承担连带责任;(2)该等连带责任是否由丁继受。关于丁的责任,此处暂不讨论。但就甲的连带责任承担,存在理论上以及裁判实务上的争议,多数说持肯定立场。

2. 如何合理节制出资充实担保责任的风险

发起人可通过公司章程合理分配首期实缴与后续认缴出资比例、公司成立后再增资等方式设置发起人资本充实责任范围。发起人就公司设立时其他发起人首期实缴出资负有连带责任,为避免该法定责任过度打击合作伙伴的创业热情,可考虑合理设置首期实缴与后续认缴出资比例。例如,公司的注册资本共为1亿元,首期实缴为100万元,后续认缴9900万元,对于后续认缴部分,不再由发起人承担连带责任(参见本法第228条的评析)。

此外,实务人还有人先通过设立一人公司、再由一人股东转让股权给其他创业伙伴的方式来规避本条连带责任之适用。可见商人智慧之无穷。

◉ 比较法规范

《美国特拉华州普通公司法》第162~163条。

◉ 研究文献

1. 石冠彬、江海:《论公司发起人的出资补缴责任——兼评〈公司法解释三〉第13条》,载《法商研究》2014年第2期。

2. 李建伟:《瑕疵出资股东的资本充实责任》,载《人民司法》2008年第17期。

◉ 典型案例

唐某与任某钢执行异议之诉案①

1. 案情简介

2015年9月8日,北京牧康有限公司(以下简称牧康公司)成立,注册资本5000万

① 参见北京市朝阳区人民法院民事判决书,(2019)京0105民初75682号。

元，法定代表人任某钢。其中，大股东新能源公司认缴出资4990万元，任某钢认缴出资10万元，出资期限均为2015年12月8日。

2018年11月12日，朝阳法院作出民事判决书，判令牧康公司支付其债权人唐某的借款本金300万元及相应利息等。判决生效后，牧康公司未履行还款义务，唐某遂申请强制执行。朝阳法院在执行中发现牧康公司无任何财产可供执行。2019年8月13日，法院裁定终结本次执行程序。随后，唐某申请追加任某钢为被执行人。同年8月26日，法院作出执行裁定书，裁定任某钢在未出资范围内对牧康公司债务承担责任。唐某提起执行异议之诉，认为任某钢作为牧康公司发起人，还应在发起人新能源公司未依法出资的本息范围内承担连带责任。

法院经审理认为，任某钢系牧康公司设立时股东、具备牧康公司发起人的身份，认缴出资10万元，且担任公司法定代表人。本案中，牧康公司章程规定股东出资时间为2015年12月8日，出资期限届满后，新能源公司、任某钢作为发起人股东均未向公司缴纳任何出资，除应补缴各自的出资外，相互之间对未缴出资承担连带责任。因此，任某钢应对新能源公司未缴纳的4990万元出资负连带责任。法院判令追加被告任某钢为执行案件被执行人，在未缴纳出资5000万元本息范围内对牧康公司债务不能清偿部分向唐某承担补充赔偿责任。任某钢提起上诉。北京市三中院判决驳回上诉，维持原判。

2. 裁判要旨

根据法律规定，注册资本构成公司独立人格的物质基础，并为公司正常经营提供初始资本，直接影响公司对外的清偿能力。公司发起人对公司资本维持具有监管义务，且需对出资不足向公司债权人承担连带责任。因此，在注册资本认缴制下，股份公司、有限公司的发起人股东应当重视公司注册资本缴纳情况，并在发起人协议、股东出资协议以及股权转让等协议中，明确约定出资义务的承担及违约责任，以保证公司责任财产充足，避免因其他发起人、其他股东出资不足而被追究连带责任。

3. 案件评析

尽管该案例是对应旧法规定的，新《公司法》第50条暂时未有相关的裁判，但该案例作为素材也很有学习意义。任某钢是牧康公司的发起人。根据《公司法解释三》第1条的规定，为设立公司而签署公司章程、向公司认购出资或者股份并履行公司设立职责的人，应认定为公司发起人，包括有限公司设立时的股东。本案中任某钢认缴出资10万元，在牧康公司章程上签名，担任公司法定代表人，并向登记机关提出了公司设立申请，作出了材料真实的承诺，实际参与公司设立活动，以上事实均显示其系牧康公司设立时股东，具备发起人身份。

任某钢应承担资本充实责任，对新能源公司未按照公司章程规定缴纳的出资应承担连带责任。发起人的出资是公司成立的物质基础，发起人未履行或者未全面履行出资义务将影响公司的偿债能力，进而损害债权人利益。根据2018年《公司法》第30条（新《公司法》第50条）、《公司法解释三》第13条第3款的规定，发起人依法负有确保公司资本充实的义务，其不仅要对自己违反出资义务的行为承担法律责任，还应对其他发起人瑕疵出资的行为承担连带责任。上述规范明确了发起人的资本充实担保义务，有助于确保公司资本的充实与保护债权人的利益。资本充实责任属于债的关系，包括缴纳担保责任和差额填补责任；该项责任的承担，即是要保证公司设立时的实收资本与章程所定资本确为一致。在发起人签署了发起人协议、公司章程之后，不按照约定履行出资义务的，自然构成违约责任。关于其他发起人的连带责任，则属于法定责任；这种责任是违反出资义务股东以外的其他公司设立者的责任，因公司设立行为而产生，承担者限于公司设立者。

在本案中，牧康公司的股东新能源公司、任某钢未履行出资义务，应分别在未出资本息范围内对公司债务不能清偿的部分承担补充赔偿责任。同时根据已查明的事实，任某钢具备发起人身份，故其应在另一股东新能源公司出资不足额度内承担连带责任。该案的裁判结果，符合公司法及其司法解释的精神，在执行程序中直接认定发起人对公司债务的法定责任，保护了公司债权人的合法利益。

当然还需注意，本案例中公司发起人需要对其他发起人未实缴的部分承担资本充实责任，这是因为旧法第93条的表述是“……成立后……”，这被解读为发起人的资本充实责任包括其他发起人股东未实际缴纳的部分。但在新公司法的背景下，采取的表述是“设立时”，即将该种资本充实责任限定为“不包括设立时发起人股东认缴但在公司成立后才需要实缴的部分”，与旧法存在差异。

第五十一条　【董事会对股东出资情况的核查、催缴义务】

有限责任公司成立后，董事会应当对股东的出资情况进行核查，发现股东未按期足额缴纳公司章程规定的出资的，应当由公司向该股东发出书面催缴书，催缴出资。

未及时履行前款规定的义务，给公司造成损失的，负有责任的董事应当承担赔偿责任。

◉ 立法意旨

本条是董事会对股东出资情况的核查、催缴义务及违信责任的规定。

◉ 条文演变历程

从公司法典意义上，本条系新增条款，但在前文引述的《公司法解释三》第13条第4款早有规定。相较于这一司法解释条款，本条有以下几处重要变化。

(1)关于催缴义务人，《公司法解释三》规定的是董事、高管，本条规定的是董事会；进一步而言，承担赔偿责任的并非全体董事，而是“负有责任的董事”，对此可以理解为按照董事会分工体系负担此项职责的董事，也可以理解为有关董事会决议对于催缴决议投反对票、弃权票的董事，以及可能存在关联关系依法依章应予信息披露、回避表决而违反正当程序的董事。总之，此处的负有责任，首先是指有过错，其次与董事的职责分工相关联。

(2)关于适用情形，司法解释仅适用于公司增资的场合，本条适用于公司从成立到增资扩股的所有出资情形。关于这一区别，详见后文的典型案例解析。

(3)关于请求权人，《公司法解释三》第13条第4款规定的有权追究该类责任的是公司债权人，但是本条的权利主体应该是公司，以保障"入库规则"的落实，而避免发生发生个别债务清偿，违反债权平等原则。

(4)关于责任性质，本条删去了司法解释中关于董事、高管承担责任后向被告股东追偿的规定，这一背后是关于责任性质完全不同的设计。《公司法解释三》第13条第4款规定的董事、高管责任承担"相应的责任"，指的是出资不足的补缴责任，且承担该补缴责任后自然还可以向瑕疵出资股东追偿，这其实不合法理；未尽催缴义务的负有责任的董事对于公司的赔偿责任，该责任属于董事违反对于公司的信义义务后的违信责任，而非对于股东补缴责任的替代责任或者担保责任，这是一种独立的责任，自然不存在事后向瑕疵出资股东追偿的问题。这是新旧法最大的区别。

对比之下可见，本条关于董事核查、催缴义务制度构造与司法解释的规定完全不可同日而语。

◉ 条文释义

本条系新增条款。根据本法第107条的规定，本条款亦适用于股份公司。

本条的意旨在于科以董事会新的勤勉义务类型，即核查股东出资情况以及对于瑕疵出资股东催缴的义务；同时，明确规定负有责任的董事之违信责任。最先涉及这一话题的是《公司法解释三》第13条第4款，其规定："股东在公司增资时未履行或者未全面履行出资义务，依照本条第一款或者第二款提起诉讼的原告，请求未尽公司法第一百四十七条第一款规定的义务而使出资未缴足的董事、高级管理人员承担相应责任的，人民法院应予支持；董事、高级管理人员承担责任后，可以向被告股东追偿。"此规定以董事的勤勉义务为立论基础，要求董事、高级管理人员在公司增资阶段履行相应的催缴义务，对于过去一段时期以来的裁判实务起到了非常重要的指导作用；但其内容也存在结构性缺陷，在司法实践中一直存在较大的适用争议。本条汲取了司法解释的经验教训并作出相应的完善。

1. 第1款：董事会的核查、催缴义务

一是核查义务。该义务强调应当核查各个发起人股东的出资情况，也包括对于增资扩股的认股人（新、老股东）的出资情况展开核查的义务（参见本法第228条）。

二是催缴义务。公司成立后，董事会经核查后发现存在股东构成瑕疵出资的，以及需要加速到期的股东（参见本法第54条，有力说认为需要对其采取扩张解释），董事会需要以公司名义发出书面催缴书，进行催缴。

三是启动司法程序的义务。进一步延伸的义务当然是，如被催缴的股东置之不理，则董事会负有启动诉讼、仲裁等司法手段进行催缴的义务；否则，可能少数股东将提起股东代位诉讼（参见本法第189条），此时董事会可能已经涉嫌构成对信义义务的违反。

该款存在有趣的两个要点值得关注。

（1）此处的责任主体是“董事会”。这可以理解为，形式上承担上述职责的主体是董事会、做出催缴这一商业决策的也是董事会，但实际负责催缴行为操作的要课责到董事个人（如此方能理解第2款出现的“负有责任的董事”）。从根本上来讲，董事会是公司的执行机关，其负责公司业务的执行，也负有对于重大商业决定的决策权，以及必要的监督义务（下设审计委员会的、独立董事对于执行董事、高管的监督等），董事个人对公司负有勤勉义务；基于董事勤勉义务的要求，董事会、董事应当负责催缴出资，由董事会或者董事催缴出资是各国公司法和实践的普遍做法。① 当然，由于董事会由多人组成，尤其大中型公众公司董事会组成具有复杂性，如果董事会内部对于各个执行董事有明确分工，那么将来怠于行使核查、催缴职责的可能并非全部董事会成员，而是指向负有该项职责的某些（个）董事。这一理解，与本条第2款所称的“负有责任的董事”完全相合。

（2）最高人民法院曾经在《最高人民法院关于公司法解释（三）、清算纪要理解与适用》一书中明确了董事催缴义务的来源便是勤勉义务，即公司增资时，股东催收资本属于董事、高管勤勉义务的范围。② 但实际情况远非如此简单：董事会成员怠于履行上述义务的，如与瑕疵出资股东存在利害关系，也可能构成忠实义务的违反；如

---

① 参见林一英：《公司注册资本认缴登记制的完善》，载《国家检察官学院学报》2023年第6期，第41～42页。

② 参见最高人民法院民事审判第二庭编著：《最高人民法院关于公司法解释（三）、清算纪要理解与适用》，人民法院出版社2016年版，第214页。

没有利害关系,则应当认定为构成勤勉义务的违反。

2. 第2款:负有责任的董事应当承担赔偿责任

未及时履行前款规定的义务,给公司造成损失的,负有责任的董事应当对公司承担赔偿责任,此为违信责任。关于该责任,有如下要点。

(1)《公司法解释三》第13条第4款曾经规定"公司增资时"的董事、高管催缴义务,这一规定很不周延,也不符合公司法理,引发了诸如"斯曼特微显示科技(深圳)有限公司、胡某生损害公司利益责任纠纷案"(该案详见后文"典型案例"部分)被最高人民检察院抗诉等纠纷情况。鉴于此,此次新《公司法》规定针对瑕疵出资适用情形覆盖了从公司设立到公司终止全过程下的股东出资情形。至于实务中仍有人将本款的责任仅限定为"公司设立时",这很无趣。

(2)《公司法解释三》第13条第4款规定的责任主体包括董事、高管,本款将核查、催缴的义务主体指向董事会,即便承担赔偿责任的也限于"负有责任的董事"。此处的规定更加科学,与本次修法之引入董事会中心主义模式的制度设计相配套。

(3)此处的承担赔偿责任的董事并非全体董事,而是"负有责任的董事"。对此,可以将其理解为按照董事会分工体系负担此项职责的董事,也可以理解为在有关董事会决议中对于表决催缴决议中投反对票、弃权票的董事,以及可能存在关联关系而依法依章应予信息披露、回避表决而违反正当程序的董事。总之,此处的"负有责任",首先是指有其个人存在过错,其次与董事的职责分工相关联。

(4)《公司法解释三》第13条第4款规定的有权追究该类责任的是公司债权人,但是新《公司法》中本条的权利主体应该是公司,这是为了保障入库原则的落实,避免发生对债权人个别清偿的不公平现象。

(5)《公司法解释三》第13条第4款规定的董事、高管责任承担"相应的责任",指向的是出资不足的补缴责任,且承担该补缴责任后该董事、高管自然还可以向瑕疵出资股东追偿,这其实不合法理。相较之下,本款规定的是负有责任的董事对公司的"赔偿责任",且该责任属于董事违反对于公司的信义义务后的"违信责任",自然不存在向瑕疵出资股东追偿的问题。这是新旧法关于责任性质设计的最大区别。

(6)此处的"给公司造成损失的",主要是指由于错过催缴时机,造成了瑕疵出资股东履行不能而给公司带来的不可弥补的损失,以及附随的利息损失等。比如,甲、乙、丙为A公司股东,各负有巨额出资义务,甲、乙早已出资完毕,但是丙迟迟不出资,董事会无动于衷,在丙迟延出资5年后才催缴但是丙法人股东的资产与5年前大相径庭，早已在1年前资不抵债陷入破产境地。此例，就属于本条预设规范的董事会应当承担赔偿责任的典型情形。当然，也可能包括由于有股东出资不到位而导致的公司缺乏实缴资本金而导致的机会利益损失等，但这不是常态、也非主流，且举证难度大。

◉ 公司治理操作指南

面对股东瑕疵出资的事实，本条与第52条规定了董事会截然不同的处理方式：本条强调董事会催缴，第52条则强调董事会可以催告失权（乃至除名）。对此，董事会究竟应该如何处置？一般而言，如果公司经营状况良好，市值增长明显，董事会依照第52条行事，将不守约股东排除在公司之外似乎才符合公司利益最大化，以及有利于维护守约股东的权益；反之，如果公司经营陷入困顿，急需资金，公司市值萎缩，董事会依照本条行事，将股东出资义务落实，似乎才符合公司利益最大化，以及有利于维护守约股东的权益。

为何有以上之分野？大抵不外对董事勤勉义务的本色理解。根据本法第180条第2款的规定，董事"对公司负有勤勉义务，执行职务应当为公司的最大利益尽到管理者通常应有的合理注意"，通过对董事这一勤勉义务精髓的理解，自然可以顺畅理解上段之心得。

◉ 比较法规范

《美国特拉华州普通公司法》第162条；《德国股份法》第214条；《日本公司法》第33条。

◉ 研究文献

1. 林一英：《公司注册资本认缴登记制的完善》，载《国家检察官学院学报》2023年第6期。
2. 袁碧华：《"认"与"缴"二分视角下公司催缴出资制度研究》，载《中国法学》2019年第2期。
3. 马一德：《公司治理与董事勤勉义务的联结机制》，载《法学评论》2013年第6期。

◉ 典型案例

斯曼特微显示科技（深圳）有限公司、胡某生、薄某明等损害公司利益责任纠纷案①

1. 案情简介

原告斯曼特微显示科技（深圳）有限公司（以下简称深圳斯曼特公司）成立于2005年

① 参见最高人民法院民事判决书，(2018)最高法民再366号。

1月11日，系港资企业在深圳投资设立的法人一人公司，股东为香港开曼斯曼特公司，认缴注册资本额1600万美元。2005年1月11日至2006年12月29日，胡某生、薄某明、史某文、凯尔·兰森（Kyle Ranson）、约翰·哈克（John V. Harker）、迈克－扬克（Mike Yonker）共6人任深圳斯曼特公司董事；自2006年12月30日起，贺某明、王某波、李某滨、凯尔·兰森（Kyle Ranson）、格雷戈里－史蒂文斯（Gregory Stevens）、彼得－贝伦德（Peter Behrend）共6人任深圳斯曼特公司董事。

胡某生、薄某明、史某文、贺某明、王某波、李某滨等董事在担任深圳斯曼特公司董事期间，同时也是香港开曼斯曼特公司的董事。

深圳斯曼特公司章程规定，公司成立后90日内股东应缴付出资300万美元，第一次出资后一年内应缴付出资1300万美元。香港开曼斯曼特公司于2005年3月16日至11月3日分多次出资后，仍欠缴出资5,000,020美元。

2011年8月31日，深圳市中院作出裁定，追加香港开曼斯曼特公司为被执行人，在5,000,020美元范围内对深圳斯曼特公司债权人捷普电子（苏州）有限公司承担清偿责任。经强制执行，香港开曼斯曼特公司仍欠缴出资4,912,376.06美元。2013年6月3日，深圳市中院受理了深圳斯曼特公司破产清算案，破产管理人遂代表深圳斯曼特公司起诉胡某生、薄某明等6名董事，要求其对前述欠缴出资所造成深圳斯曼特公司的损失承担连带赔偿责任。

2. 裁判要旨

一审法院认为，追缴股东欠缴出资属于胡某生、薄某明等6名董事应负勤勉义务的范围，但按时足额缴纳出资是股东的义务而非董事的义务，深圳斯曼特公司未收到全部出资，系股东未全面履行出资义务所致，而非胡某生、薄某明等6名董事消极不履行勤勉义务或者未积极催缴股东履行出资义务，因此胡某生、薄某明等6名董事的消极不作为与公司所受损失之间不存在直接因果关系。

二审法院认为，在公司章程没有明确规定胡某生、薄某明等6名董事负有监督股东履行出资的义务、没有证据显示其消极未向股东催缴出资与公司所受损失存在因果关系情况下，原告的诉请于法无据。

最高人民法院的再审判决颠覆了一审、二审的裁判立场，支持了原告的诉请，其裁判逻辑是：首先，董事负有监督发起人股东出资的勤勉义务，理由有二，一是由董事的职能定位和公司资本的重要作用所决定，董事负有向未履行或者未全面履行出资义务的股东催缴出资的义务；二是在公司注册资本认缴制下，公司设立时认缴出资的股东负有的出资义务与公司增资时是相同的，董事、高级管理人员负有的监督股东出资的义务也不应有所差别，故可“参照适用”《公司法解释三》第13条第4款的规定，认定胡某生、薄某明等6名董事负有向发起人股东催缴出资的义务。其次，胡某生、薄某明等6名董事具有过错。胡某生、薄某明等6名董事同时又是开曼斯曼特公司的董事，对股东开曼斯曼特公司的资产状况、公司运营情况均应了解，具备监督股东开曼斯曼特公司履行出资义务的便利条件。再次,深圳斯曼特公司受有损害。深圳斯曼特公司因未能清偿到期债务被债权人申请破产清算,由此,股东开曼斯曼特公司未缴清出资的行为实际损害了深圳斯曼特公司的利益。最后,具备因果关系。胡某生、薄某明等6名董事消极不作为放任了实际损害的持续,损失的数额即为股东开曼斯曼特公司欠缴的出资,故胡某生、薄某明等6名董事未履行向股东催缴出资义务的行为与深圳斯曼特公司所受损失之间存在法律上的因果关系。

3. 案件评析

本案中三级法院在法律适用上的主要分歧有以下两个方面。

一是董事是否对股东出资负有监督义务。一审法院认为董事负有催缴股东出资的勤勉义务。二审法院否定该义务,认为由于法律和深圳斯曼特公司章程都没有明确规定董事负有催缴股东出资的义务,因此难以得出董事负有前述义务的结论。再审法院以董事的职能定位、资本对公司的关键性作用为理由并参照《公司法解释三》第13条第4款的规定,此外,根据2018年《公司法》第147条第1款中也得解释出董事负有催缴股东出资的义务。

二是董事消极未履行该义务与股东未全面出资给公司造成的损失之间是否具有因果关系。一审、二审法院均认为,董事消极未履行与股东未全面出资之间不存在法律上的因果关系,理由为出资是股东的义务而非董事的义务,董事是否催缴与股东是否出资之间没有必然联系;再审法院则认为,开曼斯曼特公司未缴清出资实际损害了深圳斯曼特公司的利益,胡某生、薄某明等6名董事消极不作为的行为放任了这种损害的持续,故具有法律上的因果关系。

本案的后续是,2023年最高人民检察院对本案的再审判决提起抗诉,主要理由是《公司法解释三》第13条第4款(新《公司法》第51条)规定的董事、高管催缴义务适用情形是"公司增资时",但本案不属于公司增资情形。无论这一抗诉理由是否成立,都暴露出了该款中对董事、高管催缴义务的规定不严谨。这一问题,在本条已经全然获得解决。

第五十二条 【催缴失权制度】

股东未按照公司章程规定的出资日期缴纳出资,公司依照前条第一款规定发出书面催缴书催缴出资的,可以载明缴纳出资的宽限期;宽限期自公司发出催缴书之日起,不得少于六十日。宽限期届满,股东仍未履行出资义务的,公司经董事会决议可以向该股东发出失权通知,通知应当以书面形式发出。自通知发出之日起,该股东丧失其未缴纳出资的股权。

依照前款规定丧失的股权应当依法转让，或者相应减少注册资本并注销该股权；六个月内未转让或者注销的，由公司其他股东按照其出资比例足额缴纳相应出资。

股东对失权有异议的，应当自接到失权通知之日起三十日内，向人民法院提起诉讼。

◉ 立法意旨

本条是针对瑕疵出资股东的催缴失权制度的规定。

◉ 条文演变历程

在公司法典意义上，本条系新增条款；从实质规则演变上，本条是对《公司法解释三》第17条“股东除名”制度的改良。《公司法解释三》第17条的内容是：“有限责任公司的股东未履行出资义务或者抽逃全部出资，经公司催告缴纳或者返还，其在合理期间内仍未缴纳或者返还出资，公司以股东会决议解除该股东的股东资格，该股东请求确认该解除行为无效的，人民法院不予支持。在前款规定的情形下，人民法院在判决时应当释明，公司应当及时办理法定减资程序或者由其他股东或者第三人缴纳相应的出资。在办理法定减资程序或者其他股东或者第三人缴纳相应的出资之前，公司债权人依照本规定第十三条或者第十四条请求相关当事人承担相应责任的，人民法院应予支持。”

◉ 条文释义

本条引入了崭新的催缴失权制度——股东未按期缴纳出资的，公司有权令该股东丧失未出资对应的股权。从实质规范意义上看，本条是对《公司法解释三》第17条“有限公司股东除名”制度的改良，但两种制度差异极大。

根据本法第107条的规定，本条也适用于股份公司。但是，原《公司法解释三》第17条的股东除名并不适用于股份公司，股份公司的解决办法是向其他股东/认购人另行募集股份的制度（参见《公司法解释三》第6条）。

对本条的理解可以从以下几个方面展开。

（一）第1款之一：董事会的决策权

此处应注意，董事会的核查、催缴都是法定义务，但董事会可以根据实际情况决定是否发出失权通知，这也是董事会基于公司利益最大化的一种商业决策。是否需要做出催缴失权的决定，是一个极其专业的商业判断，决策权在董事会，董事会如决策失误且给公司造成重大损失的，有可能要对公司承担赔偿责任，这属于勤勉义务的判断，甚至涉及忠实义务的判断（如果董事对此具有利害关系）。究竟如何具体判断，可以参见上条的“公司治理操作指南”。

（二）第1款之二：催缴失权的程序展开

理解本条文，最重要的是理解股东失权的具体程序，如图3-1所示。

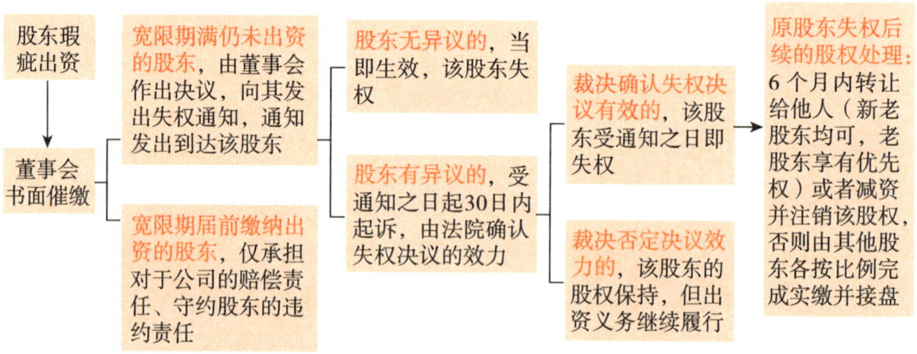

图3-1 股东失权程序

详细的步骤解读：(1)股东瑕疵出资→(2)董事会书面催缴→(3)股东反馈的两种情形：①宽限期届前缴纳出资的股东，仅承担对于公司的赔偿责任、守约股东的违约责任；②宽限期满仍未出资的股东，由董事会作出决议，向其发出失权通知，通知发出到达该股东（进入下一步骤）→(4)受通知股东的两种情形：①股东无异议的，当即生效，该股东失权；②股东有异议的，受通知之日起30日内起诉，由法院确认失权决议的效力（进入下一步骤）→(5)法院的裁决又分为两种：①裁决否定决议效力的，该股东的股权保持，但出资义务继续履行；②裁决确认失权决议有效的，该股东受通知之日即失权（进入下一步骤）→(6)原股东失权后续的股权处理：6个月内转让给他人（新老股东均可，老股东享有优先权）或者减资并注销该股权，否则由其他股东各按比例完成实缴并接盘。

（三）第1款之三：公司发出失权通知的条件

该条件为“股东未按照公司章程规定的出资日期缴纳出资”以及“宽限期届满股东仍未缴纳出资”。对此，有三处细节需要强调。

1. 抽逃出资情形

所谓：“股东未按照公司章程规定的出资日期缴纳出资”，表述的是“瑕疵出资”

情形。“瑕疵出资”既包括未出资、未足额出资(部分出资)、出资物存有质量或权利瑕疵(狭义的“瑕疵出资”),也包括出资到位后的抽逃情形。实际上,抽逃出资形同未出资。

2. 被加速到期情形

即使有股东的出资期限依照公司章程规定并未到期,但如依法被要求加速到期后(第54条),该股东仍未出资的,视同瑕疵出资,也适用本条规定。

3. 宽限期的重要性

设置宽限期届满的条件,一是为瑕疵出资股东争取合理期限,毕竟被除名或者失权是一种严厉的组织法惩罚机制;二是彰显立法对于催告失权适用的慎重。

(四)第1款之四:通知发出生效主义的利弊

1. 采通知发出生效主义可能存在解释上的困境

一旦董事会做出催缴失权的商业决定,就应该对于瑕疵出资股东发出催缴失权的通知。第1款规定“自通知发出之日起,该股东丧失其未缴纳出资的股权”,也即无论该股东是否确实收到失权通知,都不影响失权结果的产生。关于对股东发出失权通知采发出生效主义的立法目的,尚不明确,有观点认为其旨在解决“送达难”的问题,这是因为实践中失权通知是否到达、何时到达不易查证,易引发纠纷,而采用发出生效主义则能够提高通知效率、更好地维护公司利益。①

但采通知发出生效主义将引发一系列问题。首先是失权股东利益保护的问题。如允许公司单方面地发出失权通知即产生股东失权的效果,若股东始终未收到失权通知,此时股东在不知情的前提下已然失去股权,这确实匪夷所思。其次,在立法技术上,本款的通知发出生效主义的规定也与《民法典》的规定可能存在冲突。《民法典》第137条第2款规定:“以非对话方式作出的意思表示,到达相对人时生效。以非对话方式作出的采用数据电文形式的意思表示,相对人指定特定系统接收数据电文的,该数据电文进入该特定系统时生效;未指定特定系统的,相对人知道或者应当知道该数据电文进入其系统时生效。”此外,《民法典》第565条、第568条等均采用了通知到达相对人时生效的模式。

2. 通知发出主义弊端的弥补

考虑到发出生效主义所带来的实践困境和解释难题,有人提出失权通知应以

① 参见王琦:《有限责任公司股东失权程序的建构路径》,载《法律适用》2022年第7期,第154页。

"通知到达生效主义"为宜。从已有立法来看,《合伙企业法》第49条第2款规定:"对合伙人的除名决议应当书面通知被除名人。被除名人接到除名通知之日,除名生效,被除名人退伙。"这一款虽然是合伙企业内部的合伙人除名规则,但作为同样以剥夺组织内部成员权利为主要内容的股东失权制度,既然本法规定股东失权必须以公司发出失权通知为要件,那么在规则设计上可以参考和借鉴《合伙企业法》,由此可见,以通知到达作为失权通知生效的条件也更具有合理性。这也是为了寻求公司利益和失权股东利益的平衡,给予失权股东提出异议、救济权利的时间,避免因公司单方作出失权通知而使失权股东陷入不利境地。

但是,立法者显然意识到了通知发出生效主义对于被失权股东可能产生的不利,所以在第3款作了技术上的弥补——股东对失权有异议的,可以寻求诉讼救济,向法院提起确认之诉,该提诉的期间起算点定位于"自接到失权通知之日起三十日内"。

(五)第2款:丧失股权的处理

股东失权的结果是丧失其未缴纳出资对应的股权,但该部分股权接下来必须处置,处置的方案无外乎:(1)依法转让给其他股东或第三人;(2)公司相应减少对应的注册资本并注销该股权。如果我们假定董事会是在公司经营向好的背景下才会作出催缴失权的决定(而不是催缴出资的商业决策),那么丧失股权的处理将变得非常简单,将该股权转让给其他股东或者引入新股东(第三人)则会是一件"赠人玫瑰,手有余香"的事情;如果其他股东竞争激烈,董事会也可以寻求定向减资并核销股权,这样其他股东的股权比例也都会有相应增加,皆大欢喜。

但是,假设其他股东之间竞争激烈,都想争要这部分丧失的股权而无法达成妥协;或者催缴失权的时候公司经营向好,但在失权事实发生后由于黑天鹅事件等,公司经营急转直下,那么事情将会变得棘手。此时,立法者准备好了后手——"六个月内未转让或者注销的,由公司其他股东按照其出资比例足额缴纳相应出资",此时的投资无论利好或者利空,显然都要转增给或者转嫁给其他留守股东。这是最终的备胎方案。

无论如何,本款新增股权回收6个月之后其他股东缴纳的义务。"(丧失的股权)六个月内未转让或者注销的,由公司其他股东按照其出资比例足额缴纳相应出资",这一规定填补了当董事会怠于或者无法将丧失股权进行转让或减资时的后续处理方式。如公司在6个月期限内不能通过转让或减资路径处置该股权,法律也不会容忍公司长期持有这些股权，而应由其他股东按照现存的股权比例各自负担其足额缴纳的义务。反过来，如果其后公司经营向下，其他股东出于保护自身利益的考量，为避免承担更多的出资义务，将会及时督促公司处理丧失的股权，实现对公司经营管理的监督。

（六）第3款：异议股东自接到通知之日起30日内可以诉讼

尽管第1款规定股东失权的具体日期是“通知发出之日”，但第3款将股东向法院申请权利救济的起始日界定为“接到失权通知之日起三十日”，以此方能更好地维护股东的利益。这意味着，如股东没有接到失权通知，则其救济起算点不开始计算，这也算是对于被通知失权股东的一项保护措施，弥补了第1款的通知发出生效主义的缺陷。股东向法院提起诉讼的，经法院裁决确认失权决议有效的，该股东仍然回到通知发出之日即失权；法院裁决否定决议效力的，该股东的股权保持，但出资义务继续履行。

（七）催告失权与催告除名的制度对比

对比《公司法解释三》第17条的规定可知，催告失权制度与催告除名制度有以下五大区别。

1. 适用的对象不同。催告失权适用于两类公司，催告除名仅适用于有限公司。

2. 适用情形不同。除名仅适用于完全不出资的情形（“有限责任公司的股东未履行出资义务或者抽逃全部出资”），失权则适用于所有的出资瑕疵类型，包括但不限于完全不出资、部分出资等。

3. 适用法效不同。除名，意味着该股东的股权不留丝毫；失权，仅仅是该股东失去那部分（与未出资额度对应的）股权，当然也不排除完全失去所有的股权比例——但此时本质上就是除名。在此意义上，催告失权包括但不限于除名，除名乃仅指彻底的失权。

4. 作出决议的机构不同。除名决议由其他守约股东作出（“公司以股东会决议解除该股东的股东资格”），被除名股东应当适用回避表决（这也是司法实践普遍采取的做法）；失权决议则由董事会作出（“公司经董事会决议可以向该股东发出失权通知”），被失权的股东如果亦是董事或者有委派的董事，在公司为上市公司的情况下该股东肯定要回避（参见本法第139条）；在非上市公司中该股东是否回避，新《公司法》对此没有要求，公司章程有规定的，从之。

5. 后续股权的处理结果不同。被失权的股东所持有股权，依据本条规定，要么减资并注销股权,要么转让给他人(受让人承担出资义务,原股东免除出资义务),期限仅有6个月;否则,应当由其他股东按照比例分担出资义务。对比之下,《公司法解释三》第17条规定的催告除名制度与上述的处理结果存在很大不同,此处不再一一展开,其中最大的区别是——被除名后,在减资程序依法完成或者他人受让股权之前,该股东并不被免除出资义务(“在办理法定减资程序或者其他股东或者第三人缴纳相应的出资之前”,公司债权人可以请求相关当事人承担相应责任)。

◉ 公司治理操作指南

催缴失权是公司为消除股东瑕疵出资对公司、其他股东、公司债权人产生的不利益而享有的法定权能,其不以征求失权股东的意思为前提和基础,其结果也是强势将某一股东的股权剥夺乃至剥夺其股东资格。由此可见,催缴失权制度是影响公司股权结构与控制权稳定的利器,因其涉及过多的程序细节,现行立法难免挂一漏万,以致实践中纠纷样态的千奇百怪,实务工作者应当审慎对待该种制度的运用。

1. 警惕一:公司选择催缴股款还是催缴失权

上条的“公司治理操作指南”部分已经指出,股东失权属于典型的组织法问题,实际上无论除名还是失权都意味着公司社团法人中有某成员丧失了成员资格或者成员权减损。所以要关注本条与上一条(第51条)所规定的董事会催缴及其行为法上的责任的适用关系,进一步思考是:何种情形下,公司董事会会选择“催缴”之(依据第51条)?何种情形下,公司董事会又会选择“催告失权”之(依据第52条)?应该说,在正常的有限公司语境下,如公司经营情况较差,董事会决议应该选择催缴之而不是失权之;反之,如公司经营向上,董事会应选择催告失权之。否则,如董事会逆向选择,至少有违反勤勉义务之嫌——董事作出的决策不是为了公司利益最大化;如董事为关联董事,则有违反忠实义务之嫌。可见,究竟董事会选择一直催缴之还是不失时机的催缴失权之,是关系到其信义义务履行的问题,亦涉及公司利益最大化的考量问题。

2. 警惕二:公司法虽有千方百计,控制股东走为上计

与上一问题紧密关联的是,如被失权甚至除名,是否就意味着该股东实现了定向减资(不同比减资的特殊形态)?进一步的思考是,该制度是否会被某些控制股东所滥用——以被失权乃至除名的名义,逃避巨额的出资义务,或者最终将出资责任

转嫁到其他少数股东身上？如这些少数股东本身并无出资能力，是控制股东的“马甲”甚至代其持有股权，催缴失权被滥用的道德风险就更大了。因为借由被失权甚至除名的机会，前述控制股东可以成功逃脱本法规定的很多股东出资责任条款限制（如第88条规定的未届出资期限股权转让情况下原股东的出资责任）。这是不得不警惕的事情。

3. 警惕三：大意失荆州，有限公司章程规定容易忽略股东回避的条款设置

作出失权决议时可能涉及失权股东操纵表决权的情形，故理想的情况是该股东需就该决议表决时进行回避；但如前文所述，我国公司法对于股东回避的问题规定并不清晰。从目前规定来看，被失权的股东如亦是董事或者有委派的董事，在上市公司的情况下该董事要回避；在非上市公司中该董事是否回避，公司法对此暂时没有要求，公司章程有规定的，从之。故而，建议公司需注意在章程主动约定关于股东回避的事项。

◉ 比较法规范

《美国特拉华州普通公司法》第164条；《日本公司法》第36条、第859条；《德国有限责任公司法》第21条；中国台湾地区“公司法”第67条、第125条、第142条。

◉ 研究文献

1. 邹海林：《〈公司法〉修订的制度创新：回顾与展望——以〈公司法〉修订草案二次审议稿为蓝本》，载《法律适用》2023年第8期。

2. 刘胜军：《论股东除名的事由与程序再造》，载《法学》2023年第3期。

3. 王琦：《有限责任公司股东失权程序的建构路径》，载《法律适用》2022年第7期。

4. 罗培新：《论资本制度变革背景下股东出资法律制度之完善》，载《法学评论》2016年第4期。

5. 蒋大兴：《“合同法”的局限：资本认缴制下的责任约束——股东私人出资承诺之公开履行》，载《现代法学》2015年第5期。

6. 李建伟：《有限责任公司的股东除名制度研究》，载《法学评论》2015年第2期。

7. 凤建军：《公司股东的“除名”与“失权”：从概念到规范》，载《法律科学（西北政法大学学报）》2013年第2期。

8. 李建红、赵栋：《股东失权的制度价值及其对中国的借鉴意义》，载《政治与法律》2011年第12期。

◉ 典型案例

刘某芳诉常州凯瑞化学科技有限公司等公司决议效力确认纠纷案①

1. 案情简介

常州凯瑞化学科技有限公司(以下简称凯瑞公司)股东刘某芳及洪某,各出资135万元,另一股东洪某刚出资30万元,其中刘某芳的出资22.95万元于2009年7月7日到位,112.05万元于2018年12月30日之前(增资)到位。刘某芳与洪某原系夫妻。2016年3月,刘某芳起诉洪某离婚纠纷案经一审法院受理。刘某芳在起诉状中称"2016年2月双方矛盾进一步激化,被告突然将凯瑞公司经营所需公章、财务章等全部拿走,为了防止凯瑞公司账户资金被被告转走,原告将凯瑞公司的大部分账户资金转存在自己的账户中以保障资金安全"。

2017年9月,凯瑞公司起诉刘某芳,要求刘某芳返还抽逃的全部出资135万元及侵占的公司款项160余万元。在凯瑞公司起诉后,刘某芳未向凯瑞公司返还款项。同年10月31日,凯瑞公司书面通知刘某芳召开2017年度临时股东会,会议时间定于2017年11月20日下午3时,会议内容为审议关于股东刘某芳抽逃全部出资并在公司通知后的合理期限内仍未归还,对其进行股东除名表决。同年11月7日,刘某芳回函称此次临时股东会所需审议的会议内容违反法律规定,缺乏依据。同年11月20日,凯瑞公司召开股东会并作出决议,参会股东有洪某、洪某刚,股东会决议载明,鉴于股东刘某芳在公司经营过程中存在利用职务之便抽逃全部出资及侵占公司财产的行为,并经公司催告在合理期限内仍然未偿还,参与股东会成员一致表决同意解除刘某芳股东资格,公司后期协助相关变更登记手续。

在该案审理中,凯瑞公司明确鉴于刘某芳股东资格已被解除,故凯瑞公司变更诉讼请求,不再主张刘某芳返还出资135万元。刘某芳诉至一审法院,要求行使股东知情权,且相关决议结果未告知原告刘某芳,主张该决议违反法律规定而无效。

2. 裁判要旨

本案的争议焦点为:案涉股东除名决议的效力应如何认定?

一审法院认为,刘某芳在2016年3月起诉洪某离婚案经该院受理,刘某芳在起诉状自称2016年2月其将凯瑞公司的大部分账户资金转存在自己的账户中以保障资金安全,凯瑞公司在2017年9月起诉要求刘某芳返还资金2,951,420.9元,其中包括刘某芳全部的出资135万元,该起诉行为系凯瑞公司向刘某芳发出的催告,但刘某芳未在合理期限内返还出资,故凯瑞公司向其发出了召开股东会通知书,履行了通知义务并按期召开股东会作出决议,该决议内容不违反法律规定。现刘某芳要求确认决议无效于法无据,

---

① 参见江苏省常州市中级人民法院民事判决书,(2018)苏04民终1874号。

一审法院不予支持。据此,判决驳回刘某芳的诉讼请求。

二审法院认为,案涉股东除名决议的作出和内容于法无据,于实不符,应属无效。一方面,结合除名权的法理基础和功能分析,公司是股东之间、股东与公司以及公司与政府之间达成的契约结合体,因此股东之间的关系自当受该契约的约束。在公司的存续过程中,股东始终应恪守出资义务的全面实际履行,否则构成对其他守约股东合理期待的破坏,进而构成对公司契约的违反。一旦该股东未履行出资义务或抽逃全部出资,基于该违约行为已严重危害公司的经营和其他股东的共同利益,背离了契约订立的目的和初衷,故公司法赋予守约股东解除彼此间的合同、让违约股东退出公司的权利。这既体现了法律对违约方的惩罚和制裁,又彰显了对守约方的救济和保护。由此可见,合同"解除权"仅在守约方手中,违约方并不享有解除(合同或股东资格)的权利。本案中,凯瑞公司的所有股东在公司成立时存在通谋的故意,全部虚假出资,恶意侵害公司与债权人之权益。但就股东内部而言,没有所谓的合法权益与利益受损之说,也谈不上权利救济,否则有悖于权利与义务相一致、公平诚信等法律原则,即洪某、洪某刚无权通过召开股东会决议解除刘某芳的股东资格,除名决议的启动主体明显不合法。另外,从虚假出资和抽逃出资的区别来看,前者是指股东未履行或者未全部履行出资义务,后者则是股东在履行出资义务之后,又将其出资取回。案涉股东除名决议认定刘某芳抽逃出资,事实上凯瑞公司包括刘某芳在内的所有股东在公司设立时均未履行出资义务,属于虚假出资,故该决议认定的内容亦有违客观事实。综上所述,刘某芳关于洪某、洪某刚无权作出除名决议的上诉理由成立,应予支持。一审法院认定事实不清,适用法律错误,二审法院予以纠正。

3. 案件评析

本案的裁判焦点是,如有股东未按约履行出资义务,仅按约出资股东享有股东会决议除名表决权,出资违约股东不享有该除名表决权。

一审法院按照《公司法解释三》第17条的规定审理,没有支持刘某芳请求确认该解除行为无效的诉讼请求,二审法院矫正了一审判决,可以从两个角度分析二审的正当性。首先,从除名权的法律基础出发,认为有限公司股东"除名权"本质上就是合同的"解除权",而合同的"解除权"仅应掌握在守约方手中。其次,从权利与义务相一致、公平诚信等法律原则的角度出发,本案中洪某、洪某刚是未履行或者未全部履行出资义务,刘某芳在履行出资义务之后又将其出资取回。事实上凯瑞公司包括刘某芳在内的所有股东在公司设立时均未履行出资义务,属于虚假出资。就股东内部而言,没有所谓的合法权益与利益受损之说,也就谈不上权利救济。这都违背了除名权制度的本质。

总体而言,二审法院没有直接引用《公司法解释三》第17条的规定审理,而是从除名权的法理、功能、权利义务相一致、公平诚信等法律原则角度出发审理案件,对后续判决来说,不无启发性。

第五十三条 【禁止抽逃出资】

公司成立后,股东不得抽逃出资。

违反前款规定的,股东应当返还抽逃的出资;给公司造成损失的,负有责任的董事、监事、高级管理人员应当与该股东承担连带赔偿责任。

◉ 立法意旨

本条是关于禁止抽逃出资的规定。

◉ 条文演变历程

2013年、2018年版《公司法》第35条均规定:"公司成立后,股东不得抽逃出资。"该种对于抽逃出资的规定过于简略直白。

《公司法解释三》第14条规定:"股东抽逃出资,公司或者其他股东请求其向公司返还出资本息、协助抽逃出资的其他股东、董事、高级管理人员或者实际控制人对此承担连带责任的,人民法院应予支持。公司债权人请求抽逃出资的股东在抽逃出资本息范围内对公司债务不能清偿的部分承担补充赔偿责任、协助抽逃出资的其他股东、董事、高级管理人员或者实际控制人对此承担连带责任的,人民法院应予支持;抽逃出资的股东已经承担上述责任,其他债权人提出相同请求的,人民法院不予支持。"

本次修法过程中,一审稿首先增加了第2款"股东有前款规定情形的,应当由该股东返还出资并加算银行同期存款利息;给公司造成损失的,还应当承担赔偿责任",以及第3款"董事、监事、高级管理人员知道或者应当知道股东有本条第一款规定行为未采取必要措施,给公司造成损失的,应当承担赔偿责任"。二审稿、三审稿保持了一审稿的思路,但仍有部分变动。在责任形式上,二审稿明确了股东抽逃出资给公司造成损失的,负有责任的董事、监事、高级管理人员应当与该股东承担连带赔偿责任;在责任主体中,删除了不明确的"知道或应当知道者"表述,仅增设了董事、监事与高级管理人员;同时在返还范围中也删去了银行同期存款利息的规定。三审稿未做变动,直至形成目前的本条内容。

◉ 条文释义

本条第1款源自旧法第35条,第2款系新增条款。

依据本法第107条的规定,本条规定也适用于股份公司,因为这是所有类型公司资本制度以及独立财产权制度的应有规则。

从概念上看,所谓抽逃出资,是指在公司成立后或公司验资完毕后,股东将已经移转到公司名下的出资财产转回,但仍正常保有股东身份及原有出资数额的行为。对于这一概念本身,存在两种针锋相对的意见:一种观点认为,其属于侵害公司独立财产权的侵权行为,应该适用侵权法规则,且该概念本身即是自相矛盾,因为一旦出资给公司就形成了公司独立财产,该财产不再是股东的"出资",所以也就无法抽回,更何况货币出资根本无法甄别出股东原来的出资款。另一种观点认为,从公司组织法的视角来看,抽逃出资概念还是可以成立的。因为抽逃出资的标的明确特定,仅为该股东出资到公司的财产,其后果基本等同于不出资;加之该概念在我国公司法上还有路径依赖的因素。

在肯定抽逃出资概念的前提下,对本条的理解可以从以下3个方面展开。

1. 第1款:公司成立后,股东不得抽逃出资

第1款源自旧法第35条。关于抽逃出资的具体情形可见《公司法解释三》第12条规定:"公司成立后,公司、股东或者公司债权人以相关股东的行为符合下列情形之一且损害公司权益为由,请求认定该股东抽逃出资的,人民法院应予支持:(一)制作虚假财务会计报表虚增利润进行分配;(二)通过虚构债权债务关系将其出资转出;(三)利用关联交易将出资转出;(四)其他未经法定程序将出资抽回的行为。"该条文具体列举了三类典型的抽逃出资路径,且辅之以兜底条款;按照这一规定,可以提起确认之诉(提请法院认定某股东构成抽逃出资行为)的有3类主体:公司、其他股东、公司债权人。

2. 第2款之一:抽逃出资的法律责任

第2款系新增条款,规定了抽逃出资的股东本人的两项责任:(1)对公司的返还责任,由该股东承担;(2)对公司的赔偿责任,即由负有责任的董监高(里应外合者等)与该股东承担连带赔偿责任。此处的"负有责任的"之修饰词,一则表明承担连带赔偿责任的是部分的、而可能并非全体的董监高;二则表明承担责任的董监高应该违反对于公司的信义义务,具体可能是忠实义务(如其系与抽逃股东有利益关系的人员)或者勤勉义务(如其与抽逃股东没有利益关系但是存有协助、懈怠的情形)。

需要强调的是,第2款所规定的抽逃出资之两类法律责任(返还责任与赔偿责任),二者在责任范围、义务主体与权利主体等方面都存在差异。

第一,关于返还责任:(1)本款仅指向出资本身,《公司法解释三》则是包括出资

本息(当然这可以理解为并无冲突,而是司法解释的细化);(2)返还责任的权利主体,本款规定为公司,《公司法解释三》包括公司或者其他股东;(3)返还责任的义务主体,本款仅指向该股东,但《公司法解释三》指向该股东以及"协助抽逃出资的其他股东、董事、高级管理人员或者实际控制人"。

第二,关于损失的赔偿责任:(1)义务主体,本款很节制地指向该股东以及负有责任的董监高,但《公司法解释三》则指向该股东以及"协助抽逃出资的其他股东、董事、高级管理人员或者实际控制人";(2)关于赔偿责任的权利主体,本款规定为公司,《公司法解释三》第14条第2款则界定为公司债权人,且将债权人请求的责任范围与性质界定为"请求……在抽逃出资本息范围内对公司债务不能清偿的部分承担补充赔偿责任"。二者的实质差异在于:《公司法解释三》中所谓"抽逃出资的股东已经承担上述责任,其他债权人提出相同请求的,人民法院不予支持",这样的规定明确了抽逃出资股东的一次责任范围,更为重要的是认可了抽逃出资的股东针对行权的个别公司债权人所作出的个别清偿;相较之下,本款强调的是对于公司的入库规则,体现了平等保护公司债权人的立法理念。

3. 第2款之二:给公司造成损失的

此处的"给公司造成损失的",应解释为被抽逃的出资款返还不能的情形(也包括在资金被抽逃期间的利息等),以及在抽逃出资期间因缺少资金而给公司机会利益造成的损失等,只是后者的举证难度颇大。简言之,但凡能够将出资财产原路返还的,一般不会给公司造成损失。

◉ 公司治理操作指南

本条对公司管理人员的责任也予以加重规定——给公司造成损失的,负有责任的董监高应当与该股东承担连带赔偿责任。这是考虑到股东抽逃出资大多是通过公司内部人员(特别是高管)的帮助方得以完成,可以理解为对于公司的共同侵权,故而有责任的董监高也应当承担相应的民事赔偿责任。

◉ 研究文献

1. 王毓莹:《论禁止抽逃出资规则的规范定位》,载《比较法研究》2023年第5期。

2. 王军:《抽逃出资规则及公司分配制度的系统性改造》,载《法学研究》2021年第5期。

3. 杨丹:《公司资本制度变革下抽逃出资"除罪化"的实证研究》,载《法商研究》2016年第3期。

4. 刘燕:《重构“禁止抽逃出资”规则的公司法理基础》,载《中国法学》2015年第4期。

5. 赵旭东:《认缴资本制下的股东有限责任——兼论虚报资本、虚假出资和抽逃出资行为的认定》,载《法律适用》2014年第11期。

6. 樊云慧:《从“抽逃出资”到“侵占公司财产”:一个概念的厘清——以公司注册资本登记制度改革为切入点》,载《法商研究》2014年第1期。

◉ 典型案例

伟升(香港)有限公司、福建亚通新材料科技股份有限公司股东出资纠纷案[①]

1. 案情简介

2004年12月20日,福建亚通新材料科技股份有限公司(以下简称亚通公司)与伟升(香港)有限公司(以下简称伟升公司)签订合同约定双方共同出资成立中外合资企业澳通公司,投资总额为5000万元,公司注册资金2500万元,其中,亚通公司投入1875万元,以设备和专利技术投资,占注册资本75%;伟升公司投入约合625万元人民币的美元现金,占注册资本的25%。2005年,澳通公司成立。2007年5月,《验资报告书》显示亚通公司实缴资本1875万元,伟升公司实缴资本625万元,双方投资共2500万元均已全部到位。

2007年5月30日,澳通公司向创新公司汇款225万元。同年6月4日,创新公司向亚通公司分两笔分别汇款100万元、125万元。6月12日,亚通公司向创新公司汇款247.185万元。2015年10月22日,福建创新资源装备开发有限公司(原创新公司)出具证明称:该公司于2007年5月30日收到澳通公司款项225万元,后已将款项转交亚通公司,该公司与澳通公司没有任何商业交易行为。

2007年5月15日、30日,澳通公司向宏通公司分两笔汇款591万元、226万元。同年5月15日、31日,宏通公司向亚通公司分两笔汇款591万元、226万元。2015年10月22日,宏通公司出具证明称:该公司于2007年5月30日收到澳通公司款项226万元,后将该款项转交亚通公司,该公司与澳通公司没有任何商业交易行为。

除前述款项外,宏通公司与亚通公司另有多笔汇款往来。2007年6月4日至2008年5月21日,宏通公司向亚通公司汇款总计4875.7万元,亚通公司向宏通公司汇款总计1718万元。

一审法院另查明,2012年11月19日,亚通公司以澳通公司内部管理混乱,股东、董事之间冲突严重,无法通过股东会解决,澳通公司经营管理发生严重困难为由提起诉讼,请求判令解散澳通公司。法院于2013年7月作出民事判决书,判令澳通公司解散,成立

① 参见最高人民法院民事判决书,(2020)最高法民终107号。

清算组进行清算。澳通公司不服,提起上诉,后申请撤回上诉。黑龙江省高院于2014年3月24日裁定准许公司撤回上诉。2014年5月10日,法院受理亚通公司关于对澳通公司强制清算的申请并依法指定清算组,目前澳通公司仍处于清算中。2018年2月28日,福建省福州市中院作出民事裁定书。该裁定认为亚通公司不能清偿到期债务,并且资产不足以清偿全部债务,亚通公司有权向人民法院申请重整,故裁定受理亚通公司的重整申请。

原告伟升公司认为,2007年5月15日至6月15日,亚通公司虚构债务抽逃出资1000万元;2007年5月30日,亚通公司虚构债务抽逃出资451万元。亚通公司上述抽逃出资行为违反了公司资本维持原则和公司法相关规定,亚通公司应向澳通公司承担本息返还责任,并对伟升公司承担违约责任。澳通公司于2014年已被法院判令解散并强制清算,其资产大于负债,不涉及外部债权人保护问题,目前只涉及剩余财产的盈余分配,即便判令亚通公司返还抽逃的出资本息也不能实际用于澳通公司的经营。同时,本案审理过程中,亚通公司濒临破产,实际上也没有返还出资的可能。在此情况下,如果亚通公司仍然按照抽逃出资前的出资参与澳通公司剩余财产分配,明显有违公平,故提起本案诉讼。

2. 裁判要旨

一审法院认为,关于亚通公司是否存在抽逃出资行为,本案中澳通公司于2007年5月30日向创新公司汇款225万元,创新公司收到汇款后于当年6月4日将款项汇至亚通公司;澳通公司于2007年5月15日、30日向宏通公司分别汇款591万元、226万元,宏通公司收到汇款后分别于当年5月15日、31日将款项汇至亚通公司。创新公司、宏通公司均已出具证明,称与澳通公司并无商业交易,其收到款项后全部转交亚通公司;亚通公司、澳通公司亦不能举证证明澳通公司与创新公司、宏通公司具有真实商业交易或者其他正当汇款事由。澳通公司向案外人创新公司、宏通公司无端汇款1042万元,款项经第三方周转后汇至亚通公司账户,上述情形符合《公司法解释三》第12条规定之相应情形,应认定为抽逃出资。

二审法院认为,伟升公司关于亚通公司抽逃在澳通公司出资的主张成立。具体理由如下:根据《公司法解释三》第12条的规定,认定公司股东抽逃出资,应以相关股东是否具有该条文所规定的抽逃出资行为作为判断依据。第一,本案中亚通公司对澳通公司实缴出资后,短时间内澳通公司即转款给创新公司、宏通公司,创新公司、宏通公司随即将等额款项转款给亚通公司。而创新公司、宏通公司均已出具证明,称与澳通公司并无商业交易,其收到款项后全部转交亚通公司。亚通公司虽主张该款为亚通公司与宏通公司、创新公司之间经济往来,但未能提供充分证据证明其与创新公司、宏通公司具有真实商业交易或者其他正当汇款事由,其应承担举证不能的不利后果。一审判决认定亚通公司抽逃出资并无不当。第二,亚通公司主张澳通公司转款行为是否为亚通公司操控不能予以认定,主要理由是伟升公司委派代表陈某明为澳通公司副董事长、总经理。根据澳通公司章程,陈某明领导公司负责财务工作的相关人员,即伟升公司知晓并同意该转款行为。但是,伟升公司是否知晓、同意转款行为并不能改变亚通公司抽逃出资行为的性质,亦不足以否定行为后果。在亚通公司客观上实施抽逃出资行为的情况下,其应按法律规定承担相应的责任。亚通公司关于其不存在抽逃出资行为的主张不能成立,法院不予支持。

3. 案件评析

根据《公司法解释三》第12条的规定,公司成立后,公司、股东或者公司债权人以相关股东的行为符合特定情形之一且损害公司权益为由,请求认定该股东抽逃出资的,人民法院应予支持。本案涉及的情形为,无合法正当理由,将出资款项转入公司账户验资后转入第三方账户,再间接转回出资人,该行为构成抽逃出资。法院查明亚通公司对澳通公司实缴出资后,短时间内澳通公司即转款给创新公司、宏通公司,创新公司、宏通公司随即将等额款项转款给亚通公司。而创新公司、宏通公司均已出具证明,称与澳通公司并无商业交易,其收到款项后全部转交亚通公司。亚通公司虽主张该款为亚通公司与宏通公司、创新公司之间经济往来,但未能提供充分证据证明其与创新公司、宏通公司具有真实商业交易或者其他正当汇款事由,应承担举证不能的不利后果。一审判决认定亚通公司抽逃出资并无不当,二审法院予以维持。该种行为应当属于"其他未经法定程序将出资抽回的行为"。

第五十四条 【有限公司的股东出资加速到期】

公司不能清偿到期债务的,公司或者已到期债权的债权人有权要求已认缴出资但未届出资期限的股东提前缴纳出资。

◉ 立法意旨

本条是关于股东出资加速到期制度的规定。

◉ 条文演变历程

在公司法意义上,本条系新增条文,是对《九民纪要》第6条的改良,相关条文还包括《企业破产法》第35条。出资期限加速到期制度最早出现在《企业破产法》第35条,其规定人民法院受理破产申请后,债务人的出资人尚未完全履行出资义务的,管理人应当要求该出资人缴纳所认缴的出资,而不受出资期限的限制。《企业破产法》中的加速到期制度较为严格,仅在人民法院受理破产申请后方可适用。《九民纪要》第6条则规定,在注册资本认缴制下,债权人以公司不能清偿到期债务为由,请求未届出资期限的股东在未出资范围内对公司不能清偿的债务承担补充赔偿责任的,有前述两种情形。在总结《九民纪要》施行以来若干年司法经验的基础上,形成了本条的规定。

◉ 条文释义

在公司法典意义上,本条属于新增条款。

在注册资本认缴制下,股东依法享有期限利益;但是,认缴制下多数投资者倾向于选择在公司章程中规定较长的出资期限,故而当公司资产不足以清偿到期债务时,由于股东出资义务尚未届期,影响公司债权人的债权实现。此时,在公司未破产的情形下,可否令股东出资加速到期,便成为商事审判实务中亟待解决的问题。如能妥当解决上述问题,认缴制就可称为一项良好的制度设计。对此,最好的根治之策就是引入股东出资加速到期制度。

作为完善公司资本制度的一项重要制度安排,本条规定标志着从公司法层面明确了非破产解散情形下可以适用股东出资加速到期制度;从实质意义的制度设计来看,本条是对最高人民法院2019年《九民纪要》第6条引入的股东出资义务加速到期制度的立法确认和改进。

1. 与《九民纪要》的三个对比

(1)关于适用情形,2019年《九民纪要》第6条规定为:①公司作为被执行人的案件,人民法院穷尽执行措施无财产可供执行,已具备破产原因,但不申请破产的;②在公司债务产生后,公司股东会决议或以其他方式延长股东出资期限的。相比之下,本条的内容变化在于:一是将加速到期的条件简单限定为"公司不能清偿到期债务",比《九民纪要》的规定更为宽松,摆脱了执行程序的前置;二是与破产标准脱钩,避免了与破产程序债权人平等受偿的组织法要求相违背;①三是删去了上述第二种情形。

(2)关于请求主体,《九民纪要》仅限于公司债权人,本条规定为公司与已到期债权的公司债权人。公司可以主动请求自己的股东加速到期,这是一个重大修正。

(3)关于法的效力。《九民纪要》第6条规定:"在注册资本认缴制下,股东依法享有期限利益。债权人以公司不能清偿到期债务为由,请求未届出资期限的股东在

① 参见丁勇:《股东出资期限对抗的矫正与规制》,载《北京大学学报(哲学社会科学版)》2023年第6期,第155页。

未出资范围内对公司不能清偿的债务承担补充赔偿责任的,人民法院不予支持。但是,下列情形除外……”由此可见,公司债权人请求未届期股东加速到期的,直接对公司不能清偿的债务承担补充赔偿责任。这就会产生个别债权清偿的问题,有违债权平等原则。本条规定的是入库规则,即无论公司债权人还是公司自身请求该股东加速出资,该股东都是将出资交付给公司,以增加公司的责任财产,有助于公司清偿债务(不一定单限于该债权人的债权)。

2. 何为“公司不能清偿到期债务”

司法适用股东出资加速到期制的裁判焦点,势必是围绕“公司不能清偿到期债务”这个要件进行论述。如原告为公司债权人,那么按照“谁主张,谁举证”的原则,公司债权人自然承担举证责任,但是这一举证对于公司债权人来说不具有挑战性,其只要举证公司没有清偿对于自己的到期债务即为已足。所以,如果公司债权人已经起诉公司并付诸执行,则在执行程序中要求追加加速到期股东为被执行人即可;如果该股东不服,则可以提起执行异议;如果公司债权人尚未起诉公司,则可以将公司、加速到期股东列为共同被告一并起诉。

如公司作为原告起诉自己的股东,则公司承担自身不能清偿到期债务的举证责任,这对于公司自身来说更不构成挑战。

3. 多年来的学说纷争:股东出资加速到期制的成败

理论学说和司法裁判对股东出资加速到期制存在不同的观点。肯定的观点主要包括:(1)出资期限是股东与公司的内部约定,不具有对抗第三人的效力。(2)股东向公司作出的出资承诺,本质上是其向公司作出的以其出资额为限对公司债务承担的担保责任。在公司不能清偿到期债务时,股东理应承担此种担保责任。(3)公司的生存与持续发展才是根本目的,当公司不能清偿到期债务时,继续肯定股东出资期限利益的绝对性,使股东实质上具有逃避债务之嫌,对公司的继续存续无益。(4)股东出资加速到期有利于降低债权人的救济成本,如仅肯定破产阶段的股东出资加速到期,则会倒逼债权人申请公司破产,既耗费大量司法成本和债权人的诉讼成本,又不符合鼓励公司发展的宗旨。(5)在注册资本认缴制下,股东的出资义务只是暂缓而非免除,在特殊情形下应加速到期。(6)公司以全部财产对外承担债务,全部责任财产不仅包含公司的现有实际财产,也包含股东的承诺出资。

否定观点则认为:(1)股东出资所享有的期限利益是股东的合法权益,在公司存续时让未届出资期限的股东出资加速到期缺乏法律依据,是对资本认缴制的突破,实质加重了股东的个人责任;(2)债权人在与公司交易时已明确知晓公司的注册信息和股东的出资期限,其应自行承担商业风险;(3)《公司法解释三》第13条第2款的规定应适用于已届出资期而未完全出资的情形,对该条的适用应作限缩解释;(4)如赋予个别债权人请求股东提前履行出资义务的权利,实质上就是允许公司进行个别清偿,这将损害公司其他债权人的利益。

持折中立场的观点认为,在公司非破产情形下,对于股东的出资义务是否加速到期应区分情形,不能笼统地肯定或否定,理由如下:(1)"经营困难说"主张当公司经营出现严重困难难以继续存续时,应肯定股东出资义务的加速到期,要求未完全出资的股东在未出资的范围内承担补充责任;(2)"债权人区分说"主张将公司债权人区分为自愿债权人和非自愿债权人两种,自愿债权人在交易前有义务对公司资产及股东的出资情况进行了解,因而自愿债权人应承担由此带来的交易风险;对于非自愿债权人,应肯定其请求股东出资加速到期的权利。

对此,新《公司法》的立场是:股东以其享有的期限利益对抗债权人应是有边界的,对股东的出资期限利益的保护不能绝对化。该条可谓注册资本认缴制的流弊的根治之策与有益补充。因此,应该反对入库规则的适用。倘若股东出资被归入公司,债权人会缺乏向股东追索的激励,且公司债权人先代位权诉股东出资归入公司,再诉请公司清偿的诉讼成本无疑是高昂的。

◉ 公司治理操作指南

由于股份公司全面采实缴制,加速到期仅仅适用于有限公司;又由于本法第47条将未来股东出资期限最长限定为5年,加速到期的适用价值已经不能与2013年《公司法》相提并论。尽管如此,5年的出资期限对于某些公司债权人而言仍然是漫长的,故而股东出资加速到期制的价值仍然不容忽视。

问题的关键是,如由公司自身请求自己的股东加速到期,那么这一决定谁来作出,前文已经提及,以本法第51条关于董事会核查股东出资情况、催缴股东出资的规定来看,对此进行合目的性的扩张解释,应该得出董事会负责作出该决定的结论。如果董事会不基于公司利益最大化作出这一决定,则可能涉嫌违反勤勉义务;如董事存在关联关系,则还可能涉嫌违反忠实义务。

◉ 比较法规范

《德国股份法》第1条;《意大利民法典》第2325条;《美国模范商业公司法》第

6.22节。

◉ 研究文献

1. 郗伟明:《股东出资义务"常态加速到期理论"之反思——兼论对不诚信认缴出资行为的可行规制》,载《法商研究》2022年第3期。

2. 冯辉:《加速出资的法律构造——以公司恶意延长股东出资期限为视角》,载《现代法学》2021年第6期。

3. 钱玉林:《股东出资加速到期的理论证成》,载《法学研究》2020年第6期。

4. 陈妮:《非破产下股东出资期限利益保护限度实证研究》,载《法学评论》2020年第6期。

5. 刘铭卿:《股东出资义务加速到期研究》,载《政治与法律》2019年第4期。

6. 张磊:《认缴制下公司存续中股东出资加速到期责任研究》,载《政治与法律》2018年第5期。

7. 王建文:《再论股东未届期出资义务的履行》,载《法学》2017年第9期。

8. 李建伟:《认缴制下股东出资责任加速到期研究》,载《人民司法·应用》2015年第9期。

◉ 典型案例

上海香通国际贸易有限公司诉上海昊跃投资管理有限公司等股权转让纠纷案[①]

1. 案情简介

上海昊跃投资管理有限公司(以下简称昊跃公司)成立于2013年11月1日,注册资本2000万元,其中徐某松认缴1400万元(其中实缴出资280万元),毛某露认缴600万元(其中实缴出资120万元),两股东的认缴出资期限均为2年。2014年4月2日,毛某露将股权转让给林某雪,同时将公司注册资本由2000万元增资到10亿元,徐某松与林某雪应在2024年12月31日之前缴纳该出资,并办理了工商变更登记。

2014年5月1日,上海香通国际贸易有限公司(以下简称香通公司)与昊跃公司签订股权转让协议,香通公司将其持有的"卫运公司"99.5%的股权作价8000万元转让给昊跃公司,首期2000万元应在2014年8月30日前支付。2014年7月,昊跃公司作出减资决议,注册资本由10亿元减至400万元,并作减资登报公告,但并未通知债权人香通公司;同年9月,徐某松将其70%股权转让给了接某建,并办理了变更登记。

因昊跃公司未按约支付股权转让款,香通公司诉至法院,要求:徐某松、毛某露、接某建、林某雪在各自未出资范围内对公司应付的股权转让款承担补充赔偿责任及连带责任。

2. 裁判要旨

法院认为,被告昊跃公司作为目标公司股权的购买方,没有依约支付股权价款,构成了违约,应以其全部财产对原告承担责任。昊跃公司及其股东在明知公司对外负有

---

① 参见上海市普陀区人民法院民事判决书,(2014)普民二(商)初字第5182号。

债务的情况下,没有按照法定条件和程序进行减资,该减资行为无效,昊跃公司的注册资本应该恢复到减资以前的状态,即注册资本仍为10亿元,股东为徐某松、林某雪。在昊跃公司负有到期债务、公司财产不能清偿债务的情况下,昊跃公司的股东徐某松、林某雪应该承担昊跃公司尚欠的债务,即如果昊跃公司完全不能清偿债务,则徐某松、林某雪应缴纳与昊跃公司债务相当的注册资本以清偿原告债务。同时,被告昊跃公司未履行法定程序和条件减少注册资本,存在类似于抽逃出资的行为,原告作为公司债权人也可以要求徐某松、林某雪对昊跃公司不能清偿的部分承担补充赔偿责任。被告毛某露在本案系争股权转让协议签订之前已经退出昊跃公司,不应对其退出之后昊跃公司的行为承担责任。由于减资行为被认定无效之后应该恢复到减资行为前的状态,被告接某建不应被认定为昊跃公司的股东,接某建可以不承担昊跃公司对原告所承担的责任。

3. 案件评析

本案的争议焦点之一为,在认缴登记制下,若章程约定股东出资期限过长,则在公司现金流不能清偿债务时,公司债权人能否不经破产清算程序而直接要求股东提前履行出资义务进而偿还公司债务?应当说,在公司注册资本认缴制情形下,股东的出资义务只是暂缓缴纳,而不是永久免除,在公司负有到期债务、公司财产不能清偿债务的情况下,尚未实际缴纳出资的股东对于公司不能清偿的债务,在各自未出资的本息范围内履行出资义务,承担补充赔偿责任。

本案的争议焦点之二为,认缴登记制实施后涉及公司减资的条件、程序及减资行为的效力认定问题。这主要涉及公司债权人的保护问题。减资会直接导致公司责任财产的减少,进而会直接影响公司债权人的利益。本案中涉及的问题为,减资中若未通知债权人或公告、未对债权人清偿债务或提供担保,此时该减资行为就应当无效。

第五十五条 【有限公司股东的出资证明书】

有限责任公司成立后,应当向股东签发出资证明书,记载下列事项:

(一)公司名称;

(二)公司成立日期;

(三)公司注册资本;

(四)股东的姓名或者名称、认缴和实缴的出资额、出资方式和出资日期;

(五)出资证明书的编号和核发日期。

出资证明书由法定代表人签名,并由公司盖章。

◉ 立法意旨

本条是关于有限公司股东的出资证明书的规定。

◉ 条文演变历程

出资证明书的规定，最早可见于1993年《公司法》第30条，其规定为："有限责任公司成立后，应当向股东签发出资证明书。出资证明书应当载明下列事项：(一)公司名称；(二)公司登记日期；(三)公司注册资本；(四)股东的姓名或者名称、缴纳的出资额和出资日期；(五)出资证明书的编号和核发日期。出资证明书由公司盖章。"对于有限公司股东出资证明书的规定主要聚焦其形式要件，除了上述应记载的5项事项内容外，还规定了需要加盖公司公章。2005年《公司法》第32条第2款第2项将之前的"公司登记日期"改为"公司成立日期"，这一规定在2013年、2018年的公司法修正中皆未进行修改。直至此次修法的一审稿第49条规定，其在记载事项方面未有修订，但在第2款规定出资证明书除公司盖章外，还需要由法定代表人签名；二审稿第54条第1款第4项中继续针对记载事项进行了两点修订：首先强调记载的出资额应分为认缴和实缴；其次补充了"出资方式"这一记载内容。二审稿的修订内容在三审稿中得以保持，最终形成本条。

◉ 条文释义

本条对应旧法第31条，主要修订体现于两处：(1)出资证明书记载内容增加"实缴出资额"与"出资方式"两处信息。实际出资额是限期认缴制的要求，此前实行认缴制，自然无须载明。(2)增加法定代表人签名的形式要求，即出资证明书需要法定代表人个人签名与公司盖章。

可以从以下三个方面来加强对出资证明书的理解。

1. 出资证明书的性质：证书

出资证明书是投资人成为公司股东、依法享有股东权利并承担股东义务的法律凭证。出资证明书不是有价证券（区别于股份公司的股票，股票与债券属于有价证券），而是民法上的证书，不能用于商业交易和流通。

2. 出资证明书的形式要件：法定代表人签名、公司盖章

作为对于证明股东资格具有很强效力的民事证书，出资证明书产生法律效力应当具备相应的形式要件。本条规定的出资证明书的形式要件有二：一是记载事项全面；由法定代表人签名并由公司盖章。二是强化了出资证明书中的公司意思之体现，未经法定代表人签名、公司盖章的出资证明书因不具备法定形式要件，不能具备

相应的股东资格证明效力。

在记载事项方面，相较于旧法的规定存在一些细节差异：强调记载的出资额应分为认缴和实缴数额，即补充了“实缴出资额”的记载内容；补充了“出资方式”这一记载内容。这两处细节的补充既有利于股东在公司设立后的股权转让或增资等行为中明确自身的股东身份，也有利于通过继受取得成为公司股东的投资人、继承人明确原始股东的认缴及实缴情况，进而明确自身权利义务。

3. 出资行为与出资证明书法律效力的辨析

出资证明书是股东资格认定的形式证据，即出资证明书的签发对股东资格的认定具有较强的关联性，但出资证明书并不具备单独的、直接的股东资格证明效力，仅是一种证明股东资格的间接形式。在原始股东直接出资的基础关系下，出资证明书应当被作为认定股东资格的源泉证据，①并不具有股东资格的直接证明力，但在认定中应当注意出资证明书与其他证据的源流及因果关系。

包括了认缴出资或已实际出资的“出资行为”，在学界被认为其本质是出资人同意或实际向公司移转财产权而换取公司股权。② 因此，出资行为（尤其是认缴出资）才是取得股东资格的前提，也是创设股东资格的行为和股东资格认定的实质要件。③虽然股东资格认定要件是一个综合性问题，出资行为也非股东资格认定的充分且必要条件，但其作为证据在认定要件中属于实质证据，与出资证明的形式证据种类有所区分。

◉ 公司治理操作指南

作为有限公司股东实缴的证明，出资证明书需要在公司成立后，且股东实际缴纳出资后才会颁发。若股东仅仅认缴，则公司不会颁发出资证明书。在限期认缴制下，某个股东的实缴可能不是一次性完成的，所以可能存在多次颁发或多次换发出资证明书的问题。如中途某个已实缴的股东将全部股权转让，则此时出资证明书作为证书并不能交付于受让人（新股东），而是需要由原股东上交给公司以供注销，然

---

① 源泉证据是证明股东取得股权的基础法律关系的相关证据。参见刘俊海：《论股权转让时的股权变动规则：契约自由、公司确认与登记公示的三重维度》，载《上海政法学院学报（法治论丛）》2022年第5期，第102页。

② 参见王军：《中国公司法》（第2版），高等教育出版社2017年版，第111页。

③ 参见杨敏、王纯强：《股权代持的审理困境及裁判进路》，载《人民司法》2023年第1期，第94页；钱玉文：《论有限责任公司隐名股东的资格认定和法律地位》，载《中国政法大学学报》2022年第5期，第69页。

后由公司给受让人(新股东)颁发新的出资证明书;部分转让股权的,转让股东仍然应当上交出资证明书给公司以供注销,公司将会给新、老股东分别颁发相应的出资证明书。

给实缴股东颁发出资证明书,是一家有限公司规范化公司治理的显性标志,可惜在现实生活中,这样规范操作的有限公司少之又少,这也是为数众多的有限公司总是陷入纠纷的一个重要原因。市场经济首先是法治经济,公司作为最重要的市场主体,既是市场法治的践行者、期盼者,也是最大受益者;希望更多的有限公司能够从颁布规范的出资证明书开始自己的规范治理之旅。给实缴股东颁发规范的出资证明书,依照本法第51条等规定推论,公司内部的责任机关应该是董事会,法定代表人也负有重要职责。这就意味着,不能给实缴股东颁发规范的出资证明书,属于董事(会)违反勤勉义务的体现。

◉ 比较法规范

《英国2006年公司法》第122条;《韩国公司法》第302条;《德国股份法》第185条。

◉ 典型案例

民和领途教育培训学校有限公司、马某辉股东出资纠纷案①

1. 案情简介

2019年6月27日,民和领途教育培训学校有限公司(以下简称领途公司)成立。2019年8月10日,领途公司出具的变更事项中记载,马某辉30%的实际股权于2021年6月23日转让5%给股东撒某娜。2020年12月10日,领途公司召开股东会决议马某辉以货币出资31.04万元,占注册资本的31.04%,同意修改公司章程。新章程规定马某辉于2019年6月24日前足额缴纳出资额;马某货币出资36.9万元,占注册资本的36.9%,认缴出资额约定应于2019年6月24日前实缴完毕;撒某娜货币出资28.18万元,占注册资本的28.18%;马某瑞货币出资3.88万元,占注册资本的3.88%,认缴出资额约定于2020年12月20日前实缴完毕。

马某辉因未按决议履行实缴出资义务,被领途公司要求向公司缴纳剩余出资额。

2. 裁判要旨

一审法院认为,领途公司营业执照记载的成立日期为2019年6月27日,因此其应以2019年6月27日前即公司设立时制定的公司章程要求马某辉足额履行出资义务,但其以2020年12月10日公司召开股东会同意修改公司章程后的内容(马某辉于2019年6

① 参见青海省海东市中级人民法院民事判决书,(2022)青02民终538号。

月24日前足额缴纳出资额)要求马某辉履行出资义务,实属不当。领途公司不能提供公司设立时的章程,且无其他证据证明马某辉并未履行出资义务,故对于要求马某辉履行出资义务的诉讼请求不予支持。

二审法院认为,公司或者其他股东均有权请求未履行或者未全面履行出资义务的股东履行出资义务,股东是否出资是本案的审查重点,该举证责任应由被诉未出资股东负担。马某辉虽已提交出资证明书以证明其出资事实,但根据2018年《公司法》第28条第1款"股东应当按期足额缴纳公司章程中规定的各自所认缴的出资额。股东以货币出资的,应当将货币出资足额存入有限责任公司在银行开设的账户;以非货币财产出资的,应当依法办理其财产权的转移手续"之规定,马某辉应当提交其将货币出资足额存入公司账户或非货币财产的财产权转移给公司的证据。但一审、二审中除领途公司认可的以固定资产折抵的81,118元之外,未提交相关证据予以证明,故未能完成证明责任,对其已全面履行出资义务的主张,人民法院不予支持。

3. 案件评析

本案值得探讨的问题是出资证明书的法律效力。具体解决思路如下:首先,在出资纠纷案件中,是否已履行出资义务的举证责任应由股东承担。其次,出资证明书对股东出资义务的证明力仅具有辅助效力,并非证明股东已完成出资的充分要件。股东若要完成证明责任,则需要就"已将货币出资足额存入公司账户或非货币财产的财产权转移给公司"进行举证。

第五十六条 【有限公司股东名册】

有限责任公司应当置备股东名册,记载下列事项:

(一)股东的姓名或者名称及住所;

(二)股东认缴和实缴的出资额、出资方式和出资日期;

(三)出资证明书编号;

(四)取得和丧失股东资格的日期。

记载于股东名册的股东,可以依股东名册主张行使股东权利。

◉ 立法意旨

本条是关于有限公司置备股东名册的规定。

◉ 条文演变历程

有限公司股东名册的规定最早可见于1993年《公司法》第31条,其规定的股东名册记载事项分别为"股东的姓名或者名称及住所""股东的出资额""出资证明书编号”。2005年《公司法》第33条对其进行修订，虽未调整股东名册应记载事项，但补充了第2款、第3款有关股东名册法律效力的规定，明确股东可依股东名册主张行使股东权利，股东的姓名或者名称及其出资额经登记后方产生对抗效力。这一修订在2013年、2018年《公司法》第32条得以延续。本次修法，一审稿第50条在第1款记载事项中增加了“出资时间”及“取得和丧失股东资格的时间”，并删去了第3款有关股东的姓名或者名称及其出资额经登记后方产生对抗效力的规定。二审稿第55条将“出资额”的记载细化为“认缴和实缴”两部分，并将“出资时间”修改为“出资方式和出资日期”。三审稿第55条延续了这一修订，最后形成本条。

◉ 条文释义

本条对应旧法第32条第1款、第2款，有多处修订。

股东名册作为公司内部的股东信息登记册，是公司查询股东状况的重要依据和公司开展正常活动的基础，与外部的商事登记一起构成“一内一外”的股东“身份证明”信息。

1. 第1款：有限公司应置备股东名册并记载下列事项

第1款对应旧法第32条第1款，但本次修法对股东名册应当记载的事项进行了一定的调整，修订主要在于第2项、第4项。首先，第2项明确出资额内容分为认缴和实缴予以记录，增加了“实缴出资额”的记载内容，这一点与出资证明书的记载内容保持一致。同时，第2项增加了对“出资方式和出资日期”的记录，这些都是限期认缴制的必然要求。在限期认缴制的语境下，“出资”的意涵应相应调整为认缴出资和实际出资行为之结合。故而，除了出资额需要记载为“认缴和实缴”两方面外，“出资日期”也当指认缴和实缴的相应日期。

其次，第4项增加了对“取得和丧失股东资格的日期”的记录。这项变动看似简单，实则暗藏玄机。因为新《公司法》将有限公司股权变动模式定位于股东名册变更记载（详见第86条第2款），所以股东名册的法律地位陡然提升。那么，如何突出股东名册可以作为股权变动模式设计的标志性节点？答案就在本款第4项新增内容之“取得和丧失股东资格的日期”。该信息足以表明，股东名册一改原来仅仅是特定时刻之股东花名册的静态记载，而是华丽转变为公司成立之后历次股东名册变更的所有信息之记载，即本公司的“股东家谱”。这一信息含量将极大地放大股东名册的证据价值，有助于解决极易滋生纠纷的股转矛盾。

2. 第 2 款:股东可依股东名册主张行使股东权利

公司内部置备的股东名册与外部的商事登记共同构成了股东的“身份证明”信息。正因为是身份证明,所以第 2 款规定“记载于股东名册的股东,可以依股东名册主张行使股东权利”。

第 2 款对应的是旧法第 32 条第 2 款,未作变化;但本款与第 86 条第 2 款成呼应之势,一静一动:本款为静态,即股东与公司之间发生股东资格争议时,从股东立场看,其凭借股东名册记载足以向公司自证股东资格。毕竟股东名册乃是公司置备的、股权乃是股东对公司可得主张的权利总称,这就好比债权人拿着债务人出具的欠条而得以主张自己为债权人;第 86 条第 2 款是动态的,在涉及股权转让等股权变动场合下,倘若转让双方之间发生争议,则受让人得以凭借股东名册的变更记载而向公司(及转让人)主张自己的股东资格。

◉ 公司治理操作指南

与本法第 55 条要求有限公司向股东颁发出资证明书一样,规范的有限公司治理也要置备周详的股东名册。凡在股东名册这一公司的法定置备文件上被记载为股东的,均可被推定为公司股东,从而行使表决权、利润分配请求权、知情权、优先购买权等股东权利;在股转过程中,任何新股东也都有权要求公司及时更新并将其载入股东名册。也有学者将股东名册称为在股东资格认定过程中的推定(效力)证据,认为其具有权利推定的作用。[①] 需要注意,股东名册与出资证明书在股东资格证明中具有不同效力。一般情况下,股东仅以股东名册上的记录即可主张自己为股东,无须再提供出资证明书等其他证明材料。

◉ 比较法规范

《英国 2006 年公司法》第 113 条;《德国有限责任公司法》第 3 条;《美国模范商业公司法》第 16.01 节第 3 款;中国台湾地区“公司法”第 103 条。

◉ 研究文献

1. 郭富青:《股权隐名投资人成为显名股东的路径探析》,载《法学杂志》2022 年第 5 期。

2. 赖虹宇:《隐名出资的类型重释与规范构造——基于对契约法思维的反思》,载《现代法学》2022 年第 2 期。

---

① 参见刘俊海:《论股权转让时的股权变动规则:契约自由、公司确认与登记公示的三重维度》,载《上海政法学院学报(法治论丛)》2022 年第 5 期,第 102 页。

3. 葛伟军:《股权代持的司法裁判与规范理念》,载《华东政法大学学报》2020 年第 6 期。

4. 王毓莹:《股权代持的权利架构——股权归属与处分效力的追问》,载《比较法研究》2020 年第 3 期。

5. 李建伟、罗锦荣:《有限公司股权登记的对抗力研究》,载《法学家》2019 年第 4 期。

6. 刘凯湘:《股东资格认定规则的反思与重构》,载《国家检察官学院学报》2019 年第 1 期。

7. 胡晓静:《股权转让中的股东资格确认——基于股权权属与股东资格的区分》,载《当代法学》2016 年第 2 期。

8. 赵磊:《公司自治的限度——以有限公司股东资格取得与丧失为视角》,载《法学杂志》2014 年第 10 期。

9. 张双根:《论有限责任公司股东资格的认定——以股东名册制度的建构为中心》,载《华东政法大学学报》2014 年第 5 期。

10. 张双根:《论隐名出资——对〈公司法解释(三)〉相关规定的批判与发展》,载《法学家》2014 年第 2 期。

11. 杜军:《试析股东资格的认定》,载《法律适用》2010 年第 5 期。

◉ 典型案例

张某中诉杨某春股权确认纠纷案[①]

1. 案情简介

2007 年 3 月 14 日,原告张某中、被告杨某春签订合作出资协议约定,原、被告共同出资 1238 万元,以被告名义受让南京绿洲设备安装工程有限公司(以下简称绿洲公司)61.75%股权,其中被告出资 877.501 万元,占 43.77%;原告出资 360.499 万元,占 17.98%。原告同意所有出资(或股权)登记在被告名下,股东权利由被告代为行使。原告应于 2007 年 3 月 15 日前将出资款 360.499 万元汇入被告指定账户。

2007 年 3 月 23 日,某会计师事务所出具的验资报告称,绿洲公司申请登记的注册资本 2005 万元,应由全体股东于 2007 年 3 月 21 日前一次缴足,其中被告杨某春委托南京中船绿洲机器有限公司向绿洲公司开设的临时存款账户缴存 1238 万元。

2007 年 3 月 28 日,原告张某中、被告杨某春签订补充协议约定,被告确认原告已经按约向被告支付 360.499 万元,实际持有绿洲公司 17.98%的股权;双方同意代为持股的期限为 3 年,自 2007 年 3 月 28 日至 2010 年 3 月 27 日止;代为持股期限届满后 30 日内,被告应将股权变更登记至原告的名下,相应手续依法办理;若因绿洲公司其他股东提出

① 参见张某中诉杨某春股权确认纠纷案,载《最高人民法院公报》2011 年第 5 期。

异议或其他事由导致变更登记无法完成，则被告应以市价受让原告的股权或将代为持有的原告股权转让于第三方并将转让款返还原告。

2008年11月25日，被告杨某春出具承诺书，承诺于2009年2月底前将原告张某中实际持有绿洲公司17.98%的股权变更登记至原告名下。2009年5月15日，绿洲公司核准登记，绿洲公司股东为被告杨某春、马某忠、曹某军等14位自然人和南京中船绿洲机器有限公司。后因被告未按约定办理股权变更登记，原告起诉至法院。

2. 裁判要旨

法院认为，本案争议股权虽应为原告张某中所有，但原告并不当然成为绿洲公司的股东，被告杨某春在代为持股期限届满后，为原告办理相应的股权变更登记手续，形同股东向股东以外的人转让股权。按照2005年《公司法》第72条第2款的规定，股东向股东以外的人转让股权，应当经其他股东过半数同意，股东应就其股权转让事项书面通知其他股东征求同意，其他股东自接到书面通知之日起满30日未答复的，视为同意转让。其他股东半数以上不同意转让的，不同意的股东应当购买该转让的股权；不购买的，视为同意转让。因此，被告为原告办理相应的股权变更登记手续，应当由绿洲公司其他股东过半数表示同意。

3. 案件评析

本案涉及对于股权代持情况下的股东资格认定，以及隐名投资人及名义股东之间的权利义务划分问题。首先，对于隐名投资人张某中与名义股东杨某春之间的“合作出资协议”应认定为股权代持协议及股权代持的基础关系，因不违反法律、行政法规的强制性规定而有效。其次，原告张某中的诉求为隐名投资人的显名化要求，且本案为完全隐名之情形，根据《公司法解释三》的相应规定，若公司及公司内其他股东超过半数同意隐名投资人能成为公司股东，则可进行显名化。但需要注意，本案法院是通过在绿洲公司张贴通知的方式确认马某忠等8位股东（过半数）同意股权变更登记，进而支持张某中的诉讼请求。法院此举绕过了公司内部的股权转让和通知程序，直接确认实际出资人的股东资格，有越俎代庖之嫌。根据2018年《公司法》第71条、《公司法解释三》第24条第2款、《民法典》第926条之法理及有限公司人合性的特征，应尊重并强调公司意思在隐名投资人显名化中的体现，不应由法院代公司履行选择程序。此外应注意，本案若适用新《公司法》之相应规定，其显名化须参照新《公司法》第84条对接受新股东时的股权对外转让问题的规定，在无其他股东主张行使优先购买权的情况下，允许其显名。

第五十七条 【有限公司股东知情权】

股东有权查阅、复制公司章程、股东名册、股东会会议记录、董事会会议决议、监事会会议决议和财务会计报告。

股东可以要求查阅公司会计账簿、会计凭证。股东要求查阅公司会计账簿、会计凭证的，应当向公司提出书面请求，说明目的。公司有合理根据认为股东查阅会计账簿、会计凭证有不正当目的，可能损害公司合法利益的，可以拒绝提供查阅，并应当自股东提出书面请求之日起十五日内书面答复股东并说明理由。公司拒绝提供查阅的，股东可以向人民法院提起诉讼。

股东查阅前款规定的材料，可以委托会计师事务所、律师事务所等中介机构进行。

股东及其委托的会计师事务所、律师事务所等中介机构查阅、复制有关材料，应当遵守有关保护国家秘密、商业秘密、个人隐私、个人信息等法律、行政法规的规定。

股东要求查阅、复制公司全资子公司相关材料的，适用前四款的规定。

◉ 立法意旨

本条是关于有限公司股东知情权的规定。

◉ 条文演变历程

有限公司股东知情权规定最早可追溯至1993年《公司法》第32条，其规定："股东有权查阅股东会会议记录和公司财务会计报告。"2005年修法时对其进行了重大修订，主要体现在三处：首先是行权方式，除查阅权外，对于部分客体还增加了复制权；其次是知情权客体，从股东会会议记录和公司财务会计报告扩大到章程、股东会会议记录、董事会会议决议、监事会会议决议和财务会计报告，新增第2款明确了股东对于公司会计账簿的查阅权；最后是权利受侵害后的诉讼救济，新增第2款明确了股东查阅公司会计账簿之诉。2013年、2018年《公司法》两次修正未涉及该条。2017年《公司法解释四》使用6个条文（第7～12条）对股东知情权制度进行了极大完善，包括行使查阅和复制权的主体资格（第7条）；查阅会计账簿的行使条件，即以列举方式明确何为"不正当目的"，进而将"正当目的"设置为查阅公司非日常信息的核心要件（第8条）；知情权的不可实质剥夺性（第9条）；查阅代理人（第10条）；股东行使查阅权的限制，即保密义务（第11条）；公司侵害股东知情权的赔偿责任

(第12条)。

本次修法中,一审稿第51条第1款将“股东名册”添入股东可查阅、复制的公司日常文件范畴中,第2款将“会计凭证”添入可供股东查阅的公司非日常信息范畴中,同时增加第3款、第4款修正式吸收了《公司法解释四》第10~11条的内容,并将查阅代理人修正为“会计师事务所、律师事务所等依据执业行为规范负有保密义务的中介机构”,以及查阅代理人的保密义务。二审稿保留了一审稿的主要规定,仅在第56条第3款删去了与第4款具有同样效力的查阅代理人负有保密义务的限制。三审稿保留了这一更加精简的条文表述。最后,《公司法》正式文本增加第5款,引入知情权穿透制度。

◉ 条文释义

本条对应旧法第33条,修订巨大;同时引入了《公司法解释四》的部分规定,有多处重大制度创新。

本条部分规定基本上也适用于非上市股份公司(参见本法第110条),以此实现了有限公司和非公众股份公司查阅权制度的合一,或者是两类公司制度同质化的标志之一。

股东知情权旨在降低大小股东之间、股东与管理层之间的信息不对称,作为工具性权利,其在助力股东实现其他股权方面意义重大。

1. 第1款:查阅复制权

第1款规定股东对普通信息资料享有“绝对知情权”,无须说明“正当目的”即可查阅、复制之。① 普通信息资料包括公司章程、股东名册、股东会会议记录、董事会会议决议、监事会会议决议和财务会计报告,权利行使方式包括查阅与复制。

与2018年《公司法》第33条相比较,第1款扩大了有限公司股东可查阅和复制的文件范围,新增“股东名册”。这一修订的背景是,本法第86条第2款将“记载于股东名册”作为股权变动的时点,股东名册反映了最真实的股东身份信息,是公司法人成员变迁的“家谱”,故理应允许股东查阅和复制,这也是由于前文反复强调的股东名册在公司治理尤其股东身份证明中的重要地位所决定的。此变动乃新《公司法》体系化修订的一个例证。

---

① 参见张平:《有限责任公司股东查阅权对象的界定与完善》,载《法学杂志》2011年第4期,第46页。

2. 第2款:会计账簿与会计凭证查阅权

第2款规定股东对特殊信息资料享有查阅权。特殊信息资料包括会计账簿与会计凭证,涉及公司具体经营信息及商业秘密,因此法律限制了股东行使知情权的条件与方式,股东只有查阅权而无复制权,且必须具备正当目的。

(1)会计凭证入法。与2018年《公司法》相比较,第2款将"会计凭证"纳入查阅范围,乃是多年来争议之后的重大立法选择。按照《会计法》第14条第1款规定,会计凭证包括原始凭证和记账凭证,可见会计信息含量极其丰富,意义重大。这也是呼吁多年的法治成果。因为很多会计信息在会计报告、会计账簿中并不能得到(也不能得到验证),所以只有求助会计凭证才详细了解并准确定性。在此之前,《公司法解释四(征求意见稿)》曾经试图规定可以查阅会计凭证,但囿于当时的《公司法》的立法依据不足而无法造法,但公司实践中一直并不缺乏支持查阅会计凭证的判决,法官"创新"的理据在于查阅权的合目的性解释原则。此外,对于呼吁中的销售合同等公司经营管理信息资料,还未得到明确支持。

(2)不正当目的抗辩。对于具备敏感性的公司特殊文件材料,为平衡股东与公司之间的利益,本款规定了"不正当目的抗辩规则"。股东查阅权诉讼的真正交锋是围绕查阅股东是否具有正当目的而展开的。不过,"正当目的"为主观要件,对其进行界定较为困难。《公司法解释四》第8条采取"以客观行为推定主观目的"和"列举+概括"的方法,将不正当目的类型化为"存在实质性竞争关系""经济间谍""有经济间谍前科""损害或可能损害公司合法利益"4类情形。① 从体系解释来看,司法解释采限缩解释的态度,"存在较大侵害公司合法利益的可能性"系衡量股东是否具备不正当目的之客观标准。理论上,股东若仅为自己或他人谋取利益,在不损害公司利益的情况下一般不应被认定为目的不正当,但此种理论情况很难表现为实践中的样态。观察域外实践,股东掌握公司信息也被预设为股东维护自身利益或公司整体利益的准备。② 应当说,知情权虽具有共益权属性,但是股东申请查阅公司信息多是为了获得与投资相关的个人利益。为贴合实践中的判断标准,在是否损及公司合法利益要件难以判断时,可以将股东申请查阅的资料与申请人作为股东的地位和利

---

① 参见赵继明:《股东知情权与公司利益的博弈》,法律出版社2022年版,第25~27页。

② 参见李建伟:《股东查阅会计账簿的"不正当目的"抗辩研究——〈公司法〉第33条第2款的法教义学分析》,载《当代法学》2021年第1期,第95页。

益的关联性作为辅助判断股东目的是否正当的考量因素。[①]

(3)公司章程能否限缩股东知情权的客体,目前的主流裁判规则是"禁止实质剥夺但允许合理限制"。根据《公司法解释四》第9条的规定,公司不能以章程实质性剥夺股东知情权,自然也不可以公司决议、股东协议等其他形式对其进行限缩。这一结论之法理主要是股东知情权为固有权,不可被公司章程、决议或股东之间的协议所剥夺或限制。[②]"实质性剥夺"行为在结果上往往导致特定股东无法行权或知情权受到极大限制,如约定对股东知情权的放弃,[③]约定股东行使知情权必须经过代表2/3以上表决权股东的同意,[④]约定经董事会批准方能行使股东知情权等情形。[⑤]而实质性剥夺以外的一般性限制,通常可体现为对行使知情权具体规则的细化规定,或者对查阅请求权不可过分干扰管理层而使公司利益受损的强调,在结果上不影响股东正常行权,因而应承认其效力。

3. 第3款:委托查阅规则

第3款允许股东委托第三方专业中介机构查阅会计账簿与会计凭证。委托查阅规则源于《公司法解释四》第10条第2款,但本条第3款进行了两方面的修订:一是明确受托人为会计师事务所或律师事务所等中介机构,而非该等中介机构的执业自然人;二是取消了股东本人应当在场的限制规则,受托人完全有能力独立查账。

需要指出的是,在公司法层面确立委托查阅规则十分必要:首先,会计账簿与会计凭证通常包含丰富的专业信息,大多数自然人股东没有查阅能力,委托查阅制度实际上能够使知情权真正发挥工具价值;其次,法人股东可以依赖会计部门职工查阅会计账簿和会计凭证,不设置委托查阅规则对自然人股东显然不公。

---

① 参见李建伟:《股东查阅会计账簿的"不正当目的"抗辩研究——〈公司法〉第33条第2款的法教义学分析》,载《当代法学》2021年第1期,第99页。

② 参见刘俊海:《现代公司法》(第2版),法律出版社2011年版,第188页;朱慈蕴:《公司法原论》,清华大学出版社2011年版,第248~249页;范健、王建文:《公司法》(第5版),法律出版社2018年版,第271页。

③ 张某诉大荔懋盛商砼有限公司股东知情权纠纷案,陕西省渭南市中级人民法院(2022)陕05民终1029号民事判决书。

④ 金某国诉北京阿格蕾雅科技发展有限公司股东知情权纠纷案,北京市第一中级人民法院(2018)京01民终2778号民事判决书。

⑤ 长益资源路桥有限公司诉武汉华益路桥管理有限公司股东知情权纠纷案,湖北省高级人民法院(2019)鄂民终403号民事判决书。

4. 第4款:保密义务

第4款规定了股东和查阅受托人的保密义务。保密义务规则继承自《公司法解释四》第11条,但第4款扩大了保密义务的客体范围,不再局限于《公司法解释四》规定的商业秘密,而是囊括了国家秘密、商业秘密、个人隐私和个人信息。这一规定的背后,是公司法必须在保护股东知情权与公司敏感信息权之间维持平衡,保密义务规则的功能即在于此,一方面本条赋予股东查阅或委托查阅敏感资料的权利,另一方面本款法律义务限制股东和查阅人。

5. 第5款:穿透查阅规则

第5款增设了穿透查阅规则,母公司股东可以查阅、复制全资子公司的材料,此前的《公司法》未有规定,为重大制度创新。

首先,集团化运营已成为常见现象,集团中的控股公司通常只负责持有下属公司股权,没有实际投资项目和经营活动,本款回应了此种现实。现实中很多公司业务下沉、财产下沉,甚至有些公司成为纯粹的控股公司,本身并无业务,因此如果股东不能查阅全资子公司的财务资料等,也实现不了知情权制度目的。从合目的性解释的视角来看,也应该支持股东查阅全资子公司的相关材料。之所以将此处的子公司范围限定为“全资子公司”(而排除了非全资子公司,如控股公司、参股公司),是因为在全资子公司的情形下,子公司的股权结构单一,仅存在母公司这一位股东,母公司股东行使知情权不会过度影响或损害第三方利益。

其次,穿透查阅规则是本次体系化修订的又一例证。本款实际上与本法第189条第3款相呼应,股东行使知情权的目的之一是为提起针对双控人及董监高的派生诉讼收集证据,自然有必要配合第189条第3款双重派生诉讼,允许股东查阅、复制全资子公司的相关文件材料。

最后,明确规定穿透查阅、复制全资子公司文件资料的具体规则,适用本条前四款的规定。这就明确了母公司股东可查阅、复制的全资子公司文件范围,同时一体适用查阅会计账簿和会计凭证之正当目的抗辩规则,委托查阅规则,以及保密义务和赔偿责任等规则。

◉ 公司治理操作指南

股东知情权具有身份属性的特征,在司法实践中就知情权行使中的股东资格,还需要研讨两个问题:(1)若股东已退出公司,其能否行使知情权?(2)委托代持股权背景下的实际出资人能否行使知情权?

1. 原股东的知情权。《公司法解释四》认可原股东可以在现有规定下行使相应权利。原股东在持股期间享有知情权,自不待言,但在其已获取对价而退出公司的情况下,其仍有可能因信息偏差对公司经营状况存在信息不对称,进而使该股东的转让利益受损。因此,若完全否定原股东行使知情权的可能性,则有使公司与股东之间利益失衡之嫌。此外,本条关于股东知情权制度的设计已经从知情权客体、行使程序、查阅权的保密义务限制等方面对股东利益与公司利益进行了平衡,因此应在这一权利构造下承认原股东的知情权。这一立场也可见于《公司法解释四》第7条第2款之但书部分。

2. 实际出资人的知情权。倘若隐名股东与实际股东之间的代持基础关系无效,其并无被认定为股东的可能性,也因此不得行使知情权;但在代持基础关系有效时,如在不完全隐名的情形下,实际出资人可谓隐名股东,如其能举证公司其他股东超半数以知情、默许或明示接受隐名股东实质行使股东权利且未有异议,则可认定其实为公司股东,进而可行使知情权;如在完全隐名情形下,实际出资人的股东身份若未依法律规定进行显名化,则不应被认定为公司股东,进而无法行使知情权。

◉ 比较法规范

《日本公司法》第592条、第616条、第618条、第619条;《美国特拉华州普通公司法》第220条;《德国有限责任公司法》第51a条。

◉ 研究文献

1. 李建伟:《股东查阅会计凭证的公司法修订方案》,载《国家检察官学院学报》2023年第4期。

2. 黄辉:《〈公司法〉修订背景下的股东知情权制度检讨:比较与实证的视角》,载《比较法研究》2023年第3期。

3. 李建伟:《股东查阅权辅助人制度之立法完善——兼评〈公司法(修订草案)〉"征求意见稿"条款设计之得失》,载《中国应用法学》2023年第1期。

4. 上海市第二中级人民法院商事审判庭课题组,朱川、李非易:《股东知情权客体的第三层面:查阅会计凭证的证成与限度——兼谈公司法修订草案第51条》,载《法律适用》2022年第10期。

5. 李建伟:《股东知情权边界的利益衡量》,载《暨南学报(哲学社会科学版)》2022年第6期。

6. 李建伟:《股东查阅会计账簿的"不正当目的"抗辩研究——〈公司法〉第33条第2款的法教义学分析》,载《当代法学》2021年第1期。

7. 李建伟、江蔼:《经济间谍股东查阅会计账簿的目的限制研究》,载《人民司法·应用》2020 年第 28 期。

8. 李建伟:《竞业股东查阅会计账簿的目的限制研究——〈公司法解释(四)〉第 8 条第 1 项的法教义学分析》,载《北方法学》2020 年第 5 期。

9. 陈洪磊:《有限责任公司股东知情权行使中的利益衡量——基于〈公司法解释四〉实施后的 291 份裁判文书的整理分析》,载《法律适用》2019 年第 16 期。

10. 王建文:《论我国股东知情权穿越的制度构造》,载《法律科学(西北政法大学学报)》2019 年第 4 期。

11. 李建伟:《"实质性剥夺"股东知情权的公司意思效力研究——〈公司法解释四〉第 9 条的法教义学分析及展开》,载《中外法学》2018 年第 5 期。

12. 李建伟:《股东知情权诉讼规则的核心:各方权责利的动态平衡》,载《中国审判》2017 年第 26 期。

13. 李建伟:《股东知情权诉讼研究》,载《中国法学》2013 年第 2 期。

14. 李建伟:《股东知情权的层级结构及其展开——以八个国家、地区的立法比较研究为背景》,载《暨南学报(哲学社会科学版)》2012 年第 8 期。

15. 张平:《有限责任公司股东查阅权对象的界定与完善》,载《法学杂志》2011 年第 4 期。

16. 彭真明、方妙:《股东知情权的限制与保障——以股东查阅权为例》,载《法商研究》2010 年第 3 期。

17. 李建伟:《股东知情权诉讼基本程序问题探析》,载《国家检察官学院学报》2010 年第 1 期。

18. 李建伟:《论英国公司股东知情权制度》,载《社会科学》2009 年第 12 期。

19. 李建伟、姚晋升:《非上市公众公司信息披露制度及其完善》,载《证券市场导报》2009 年第 12 期。

20. 宋从文:《股东知情权行使与限制之维》,载《法律适用》2009 年第 7 期。

21. 李建伟、茅院生:《制度建构:两大法系公司检查人选任制度及其借鉴》,载《法商研究》2009 年第 4 期。

22. 李建伟、姚晋升:《论股东知情权的权利结构及其立法命题》,载《暨南学报(哲学社会科学版)》2009 年第 3 期。

23. 李建伟:《股东查阅权行使机制的司法政策选择》,载《法律科学(西北政法大学学报)》2009 年第 3 期。

24. 刘海鸥:《论股东账簿查阅权的行使》,载《法律适用》2007 年第 7 期。

◉ 典型案例

王某诉诺地瑞升（北京）机械工程有限公司股东知情权纠纷案①

1. 案情简介

诺地瑞升(北京)机械工程有限公司(以下简称诺地瑞升公司)于2011年11月16日登记设立,王某是该公司股东之一,持有300万元出资额并担任监事。

2016年4月20日,王某向诺地瑞升公司邮寄查阅复制财务会计报告、会计账簿等资料的申请书,申请查阅和复制诺地瑞升公司自2011年11月16日至2016年4月30日的股东会会议记录、董事会会议决议、监事会会议决议和财务会计报告,并申请查阅诺地瑞升公司自2011年11月16日至2016年4月30日的会计账簿和会计凭证。王某表示其行使股东知情权的目的系了解诺地瑞升公司的经营状况。

诺地瑞升公司则认为,王某在2013年年底以回家结婚为由退出了诺地瑞升公司的经营,且其在退出之前担任诺地瑞升公司监事和财务负责人,并对2013年以前诺地瑞升公司的经营状况知情;王某未履行出资义务,在未履行出资义务之前王某无权享有相应的股东权利;王某注册了与诺地瑞升公司雷同的企业,其行使股东知情权的目的不正当。

2. 裁判要旨

法院认为,2013年《公司法》第33条是有限公司股东行使股东知情权的法律依据。王某自诺地瑞升公司成立一直系登记股东。2010年10月24日,诺地瑞升公司股东会决议虽然决定解除王某的股东资格,但该决议并未办理工商变更登记,且已经被生效判决确认不成立。王某作为诺地瑞升公司的股东享有股东知情权。根据2011年《公司法解释(三)》第17条的规定,王某没有足额出资,但诺地瑞升公司未提交证据证明公司章程或已生效的股东会决议对该股东权利进行了合理限制,故王某股东知情权不应因其未足额缴纳出资而受到限制。王某自2013年年底不再参与诺地瑞升公司的经营,现在为了解诺地瑞升公司的经营状况要求行使股东知情权符合法律规定。关于诺地瑞升公司认为王某应先补足出资后才享有相应股东权利,法院认为股东知情权系股东的法定权利,不应因其未足额缴纳出资受到限制,故法院对诺地瑞升公司的抗辩意见均不予采信。

3. 案件评析

本案核心争议焦点为出资瑕疵股东是否享有知情权。针对这一问题可以从以下角度进行分析。

首先,出资瑕疵并不当然影响股东资格。就出资瑕疵而言,可以分为两种情形。

① 参见北京市第三中级人民法院民事判决书,(2018)京03民终6951号。

一是出资严重瑕疵以致公司设立无效。股东资格的存在以公司的设立为前提要件，该种情形下股东资格身份自然是随着公司法人资格的消灭而不复存在，不存在知情权的探讨空间。二是存在出资瑕疵但公司设立的意思表示为法律所认可，此种为一般性瑕疵出资，并不一定导致股东丧失股东身份。向公司出资的行为并不是判断股东资格的充分条件，从逻辑上来看，不具有股东资格的人也可以向公司支付资金，股东也有可能存在超过比例缴纳出资的情形。而从出资义务内容和出资义务的特殊合同义务性质来看，其是股东依照约定和公司法规定产生的特殊合同义务，以股东和公司存在实质的出资授受关系作为基础，因此成为公司股东的核心在于与公司达成了实质性的出资协议，即投资者的出资意思表示与公司同意其加入的意思表示达成一致。

其次，股东资格是投资者享有股东权利的基础，是股权法律关系的逻辑起点。《公司法解释四》第7条第2款确立了"丧失股东身份的原则上不得行使知情权"的规则，从反面规定了股东主体身份对于行使股东权利的重要性。因此，若在新《公司法》背景下，在一般性瑕疵出资且未通过新《公司法》第52条催缴失权制度丧失未缴纳出资的股权的情况下，应当认可其享有知情权。

第五十八条　【有限公司股东会的构成与地位】

有限责任公司股东会由全体股东组成。股东会是公司的权力机构，依照本法行使职权。

◉ 立法意旨

本条是关于有限公司股东会组成、法律地位及职权法定的规定。

◉ 条文演变历程

本条规定之表述最早形成于1993年《公司法》，此后在历次《公司法》修改中并未发生变化，保留至今。

◉ 条文释义

本条源自旧法第36条，内容上并无变动。

本条内容与《公司法》第111条关于股份公司的股东会规定属于重复性规定。

可以从以下3个方面理解本条的3项内容。

1. 第1句有限公司股东会由全体股东组成

本句表明股东会"由全体股东"组成，这包含4层意思：(1)股东作为公司这个社团法人的成员，为其权力机构的当然成员，也是唯一成员；(2)成为股东会成员，只需要具备股东资格,与所持股权比例大小没有关系;(3)股东会由全体股东组成,但参与股东会会议是股东的权利而非义务,所以股东会组成与参会者之间不能画等号;(4)既然股东会由全体而非部分股东组成,所以有的公司搞所谓的"股东代表大会"是荒唐的,股东会不是代议制机构。

股东会是由全体股东组成的法人机关。一方面,参加股东会是股东不可剥夺的固有权利。根据《公司法解释三》第16条和2019年《九民纪要》第7条规定,公司可以对瑕疵出资股东或者未到出资期限的股东的表决权进行限制,但是作为股东参与公司治理、了解公司经营发展情况的基本渠道,股东参加股东会会议的权利不能被剥夺或者限制,否则有违公司正义的基本精神。① 另外,根据本法第118条规定,股东除亲自出席股东会会议之外,还可以委托他人出席股东会会议,代其行使股东权利。另一方面,参加股东会也是认定股东资格的重要事实依据。在司法实践中,对于股东资格的认定除应考察是否具备公司章程、股东名册记载、工商登记、出资证明书等形式要件,还应考察其是否实际作为股东行使了股东权利义务。股东参加股东会并行使表决权,往往被视为股东行使股东权利的重要行为表现。

股东会是所有公司的必设法人机关,唯有两类公司不设立。一是原"三资企业法"(《中外合资经营企业法》《外资企业法》《中外合作经营企业法》)时代所规定的外商投资公司,其由董事会行使相当于普通公司股东会的职权。但是这一现象已经成为过去时,2019年《外商投资法》已要求现有外商投资企业按照《公司法》《合伙企业法》设立相应组织机构,并设置5年的过渡期。二是具有独特股权结构的一人公司与国有独资公司,其由唯一股东或履行出资人职责的机构行使相当普通公司股东会的职权。

2. 第2句前半句:股东会是公司的权力机构

根据本条规定,股东会是公司的权力机构,由此界定了股东会在公司法人机关的地位。按照《民法典》关于营利法人的法人机关规划,大致分为权力机构、执行机构、监督机构,这在公司法上大致对应股东会(一人股东)、董事会(一名董事)、监事会(一名监事)或者审计委员会。《民法典》第80条规定,"营利法人应当设权力机构。权力机构行使修改法人章程,选举或者更换执行机构、监督机构成员,以及法人

① 参见李建伟:《公司法学》(第5版),中国人民大学出版社2022年版,第293页。

章程规定的其他职权”。这表明股东会是必设的,且规划了权力机构的权力清单——行使修改法人章程,选举或者更换执行机构、监督机构成员,以及法人章程规定的其他职权。

股东会作为体现出资人意志的法定组织架构,通过对公司“重大事项”行使决定权,实现股东的投资目的。出于经营效率的考虑,现代公司治理往往体现了所有权与经营权的分离(“两权分离”),因此需要在股东会与董事会之间构建合理的权力分配机制。一方面,作为公司的剩余索取权人,股东承担着公司经营的最后风险,因此涉及公司生存发展与股东重大利益的事项需要由股东来决定。另一方面,为了追求更高的经营和决策效率,应当由董事会享有公司经营决策的权力。在现代公司治理中,董事会不仅仅在执行股东会决策,其也在根据自身的判断以最为符合公司利益的方式决定公司的重要经营管理事务。这些构成了现代公司治理制度的基础。正确理解股东会的权力机构地位,既要摒弃那种认为股东会可以行使公司全部权力的立场,也需否定将股东会职权中涉及公司生存发展和股东重大利益的职权转授权给董事会的做法。

3. 第2句后半句:股东会职权法定

“依照本法行使职权”的规定,包括三层意思:(1)股东会的职权是法定的。自1993年《公司法》颁布以来,我国公司法关于股东会、董事会、监事会的职权一直采用法定职权主义。(2)本句实际上是一个隐性的引致条款,股东会职权规定在第59条的集中式规定及其他一些条款的零星规定上(如第163条、第185条等)。(3)股东会依法行权,包括不得僭越行使属于董事会、监事会的法定职权,也包括不得被董事会、监事会等其他法人机关僭越行权。关于此点详见第25条的评注。

◉ 公司治理操作指南

纠正第一个误区:“最高权力机构”。本条规定股东会是公司的权力机构,但在公司实践中往往有人把股东会异化为“最高权力机构”。实际上,如前文所述,民法典、公司法将股东会、董事会、监事会分别称为权力机构、执行机构与监督机构,三者之间乃是在现代公司法的职权法定主义模式下的分工制衡关系(check and balance),彼此之间并无职权的高下、大小之分,只是分工(分权)不同而已,立法者也没有将“权力”凌驾于“执行”“监督”之上的意思。那些使用“最高权力机构”词汇的人,其实内心已经将股东会异化为董事会、监事会的上级机关,这是对现代公司法治的极大误解。在此错误思想之下,还有人发明了本公司实行“股东会领导下的董事会负责制”“股东会领导下的董事长负责制”“股东会领导下的总经理负责制”“董事会领导下的某某负责制”之类词汇，还冠以公司治理/管理体制创新之名，实则都是对于现代公司法治的悖反。

纠正第二个误区：“股东代表大会”。既然股东会由全体股东组成，这就注意表明：(1)无论股东人数有多少(股份公司在理论上并无股东人数上限之限制)，股东会都不是代议制机构，不存在代表问题；(2)任何人不得限制任何股东参加股东会的权利，诸如设置股东参与股东会的股权门槛等，都是对少数股东权利的赤裸裸的侵害；(3)任何选举股东代表的机制设计都是荒谬的、违法的。

纠正第三个误区：股东会流于形式。股东会作为权力机构，享有决定公司重大事项的权力，因此每当发生内部治理纠纷和控制权争夺时，股东会常会成为各方争夺的“中心舞台”，股东会决议效力亦会成为各利益方的关注要点。在公司治理实践中，公司应当注重加强对股东会会议召集程序、会议开展、表决程序、表决权委托、会议记录与保存等事项的合规建设，以降低日后发生纠纷的可能性。公司可以根据自身经营发展的实际情况，在公司章程规定相应的股东会职权、出席会议法定人数、表决权通过比例等，以满足个性化的治理需求。

◉ 比较法规范

《美国模范商业公司法》第7.04节、第8.01节第2款；《美国特拉华州普通公司法》第141条第1款、第228条；《英国2006年公司法》第288～300条；《德国有限责任公司法》第46条、第48条第2款；《德国股份法》第119条；《日本公司法》第295条、第319条第1款；《韩国公司法》第361条、第363条第4～6款；中国台湾地区“公司法”第356－8条。

◉ 研究文献

1. 刘俊海：《论股东会中心主义治理模式的勃兴：评〈公司法(修订草案)〉中股东会的权力机构地位》，载《法学杂志》2023年第5期。

2. 刘凯湘、刘晶：《我国股东会中心主义的历史成因——以国有企业改制为线索》，载《法学论坛》2021年第6期。

3. 甘培忠、马丽艳：《董事会中心主义治理模式在我国公司法中的重塑》，载《财经法学》2021年第5期。

4. 刘俊海：《股东中心主义的再认识》，载《政法论坛》2021年第5期。

5. 赵旭东：《股东会中心主义抑或董事会中心主义？——公司治理模式的界定、评判与选择》，载《法学评论》2021年第3期。

6. 赵旭东:《公司法修订中的公司治理制度革新》,载《中国法律评论》2020 年第 3 期。

7. 朱慈蕴、林凯:《公司制度趋同理论检视下的中国公司治理评析》,载《法学研究》2013 年第 5 期。

8. 赵渊:《"董事会中心说"与"股东中心说":现代美国公司治理学说之辩》,载《比较法研究》2009 年第 4 期。

◉ 典型案例

沈某松等与贵州熏酒有限公司等公司决议效力确认纠纷上诉案①

1. 案情简介

贵州华力玉醇酒业有限公司的注册资金为 1000 万元,由胡某云出资 400 万元,享有 40% 股权;胡某杰出资 600 万元,享有 60% 股权。其后,公司更名为贵州熏酒有限公司,胡某云、胡某杰与羊某新、沈某松、江某兴签订股权转让协议,进行股权转让。截至 2012 年 11 月 29 日,公司股东为胡某杰、羊某新、江某兴、沈某松,持股比例分别为 35%、32.5%、8%、24.5%。胡某云为公司总经理兼法定代表人。

2014 年 4 月 4 日,原告沈某松邮寄快递通知胡某云、胡某杰在公司会议室参加 2014 年 4 月 20 日召开的股东会议,重新选举公司法定代表人、执行董事、总经理、监事及公司经营事宜。2014 年 4 月 20 日,胡某云、胡某杰未到会,羊某新、江某兴、沈某松参加了股东会,由沈某松主持,形成股东会决议:不再聘任胡某云为公司法定代表人兼总经理,改选羊某新为公司法定代表人兼总经理;羊某新不再担任公司监事,由江某兴担任公司监事。股东会决议作出后,三原告沈某松、羊某新、江某兴要求公司办理法定代表人变更登记。

在向工商部门申请变更登记营业执照时,因营业执照原件和公章由胡某云掌管而不能变更,三原告(沈某松、羊某新、江某兴)诉至法院,请求确认公司 2014 年 4 月 20 日的股东会决议有效,以及请求判令被告胡某云履行股东会议决议,交还贵州熏酒有限公司营业执照及公章。

2. 裁判要旨

一审法院认为,根据 2013 年《公司法》第 13 条的规定,公司法定代表人依照公司章程的规定,由董事长、执行董事或者经理担任,并依法登记。公司法定代表人变更,应当办理变更登记;第 49 条规定,有限公司可以设经理,由董事会决定聘任或者解聘。本案所涉股东会决议的内容是解聘胡某云的法定代表人兼总经理职务,三原告以临时股东会决议作出解聘胡某云的法定代表人兼总经理职务,不符合上述规定,超越了股东会的职权,故上述临时股东会决议不符合公司法和该公司章程的规定,应认为无效。股东会与董事会是公司内部两个独立的组织机构,其职权、召集程序集表决方式均不同,二者不能相互代

---

① 参见贵州省高级人民法院民事判决书,(2015)黔高民商终字第 1 号。

替。三原告所称作为公司的股东同时也是公司的董事,其有权作出该决议的理由不能成立。一审法院依照2013年《公司法》第13条、第22条、第49条等规定判令股东会决议无效。

二审法院认为,一审判决确认案涉董事会决议无效,并无不当。除肯认一审法院的裁判理由,二审法院进一步指出,尽管股东会是公司的最高权力机构,但也必须遵守公司法的强制性规定和公司章程相关规定,《公司章程》第八章第29条规定,董事会对股东会负责,行使下列职权:决定聘任或者解聘公司经理及其报酬事项,并根据经理的提名决定聘任或者解聘公司副经理、财务负责人及其报酬事项。因此,上诉人以股东会决议作出解聘胡某云的法定代表人兼总经理职务,违反了《公司法》和公司章程的规定,超越了股东会职权,应认定为无效。

3. 案件评析

本案中,三位原告召开的股东会会议还存在违反通知义务导致决议程序违法等问题,本书暂且不予考虑,仅分析股东会决议超越权限的问题。三位原告召开股东会欲进行法定代表人和经理的解聘和选任,而根据《公司法》和公司章程的规定,公司经理的解聘和选任权属于董事会,因此案涉股东会决议存在超越权限的问题。股东会是公司的权力机构,并不意味股东会可以超越职权来作出决议。按照现代公司法的理念,股东会、董事会和监事会是一种分权制衡的关系而非上下级的关系,这决定了股东会的职权有其规范边界。另外,从保护少数股东角度来看,由于多数股东对股东会和董事会的控制力度并不匹配,若认为股东会可以行使董事会职权,那么将会架空董事会,进而恶化少数股东的处境。① 因此,股东会决议超越其权限范围,属于决议内容违反法律或者公司章程的强制性规定,公司决议无效。

第五十九条 【股东会的职权】

股东会行使下列职权:

(一)选举和更换董事、监事,决定有关董事、监事的报酬事项;

(二)审议批准董事会的报告;

(三)审议批准监事会的报告;

(四)审议批准公司的利润分配方案和弥补亏损方案;

(五)对公司增加或者减少注册资本作出决议;

(六)对发行公司债券作出决议;

① 参见李建伟:《公司法学》(第5版),中国人民大学出版社2022年版,第294页。

（七）对公司合并、分立、解散、清算或者变更公司形式作出决议；

（八）修改公司章程；

（九）公司章程规定的其他职权。

股东会可以授权董事会对发行公司债券作出决议。

对本条第一款所列事项股东以书面形式一致表示同意的，可以不召开股东会会议，直接作出决定，并由全体股东在决定文件上签名或者盖章。

◉ 立法意旨

本条是关于有限公司股东会职权和股东会书面议事方式的规定。

◉ 条文演变历程

最早规定股东会职权的是1993年《公司法》第38条，该条规定："股东会行使下列职权：（一）决定公司的经营方针和投资计划；（二）选举和更换董事，决定有关董事的报酬事项；（三）选举和更换由股东代表出任的监事，决定有关监事的报酬事项；（四）审议批准董事会的报告；（五）审议批准监事会或者监事的报告；（六）审议批准公司的年度财务预算方案、决算方案；（七）审议批准公司的利润分配方案和弥补亏损方案；（八）对公司增加或者减少注册资本作出决议；（九）对发行公司债券作出决议；（十）对股东向股东以外的人转让出资作出决议；（十一）对公司合并、分立、变更公司形式、解散和清算等事项作出决议；（十二）修改公司章程。"2005年修法对1993年《公司法》第38条做了以下几处修订：一是将第1款第2项的"选举和更换董事，决定有关董事的报酬事项"修订为"选举和更换非由职工代表担任的董事、监事，决定有关董事、监事的报酬事项"；二是删除第1款第3项的"选举和更换由股东代表出任的监事，决定有关监事的报酬事项"；三是删除旧法第1款第10项的"对股东向股东以外的人转让出资作出决议"；四是新增旧法第1款第11项的"公司章程规定的其他职权"；五是新增第2款内容，即"对前款所列事项股东以书面形式一致表示同意的，可以不召开股东会会议，直接作出决定，并由全体股东在决定文件上签名、盖章"。本轮修订，在董事会中心主义的理念引导下，立法机关对于股东会职权作出了较大调整。二审稿删除了股东会"决定公司的经营方针和投资计划"及"审议批准公司的年度财务预算方案、决算方案"两项职权，将公司实际经营的部分职权由股东会下放至董事会。另外，二审稿新增第2款，明确股东会可以将发行债券的权利授予董事会，直至形成本条。

◉ 条文释义

依照本法第112条第1款的规定，本条第1款、第2款关于股东会职权的规定，也适用于股份公司。

本条对应旧法第37条，有多处重大修订。

1. 第1款之一：股东会职权变化的5个重要细节

细节一：《公司法》第112条第1款规定："本法第五十九条第一款、第二款关于有限责任公司股东会职权的规定，适用于股份有限公司股东会。"由此可知，第59条第3款不适用于股份公司，即股份公司不得未经开会而作出股东会决议，这是因为两类公司的内部治理简化程度有所不同。

细节二：旧法第37条列举了股东会的11项职权，以董事会中心主义模式为导向的新《公司法》删去了其中的第1项"决定公司的经营方针和投资计划"、第5项"审议批准公司的年度财务预算方案、决算方案"。此修订的法理逻辑可能为：一是这两项职权缺乏实际意义，在实践中多被虚化。比如，旧法第37条第1项的"决定公司的经营方针和投资计划"与旧法第46条董事会职权中的第3项职权"决定公司的经营计划和投资方案"之间，就难以区分，而且区分也难有实益。二是削减股东会的职权属于董事会中心主义的必要配套措施。当然，在删除股东会的这两项职权后，仍将"决定公司的经营计划和投资方案"保留下来授予董事会（参见本法第67条第2款第3项），就等于扩充了董事会在该等事项上的职权；但旧法第37条第5项职权遭删除后，新《公司法》并没有将该职权授予董事会。对此应当理解为，该职权亦可以留给公司自治，倘若公司觉得有必要，则可以选择将其在章程中赋予董事会或者赋予股东会，也可以经由股东会决议将其授权给董事会。

细节三：除本条规定之外，本法还有其他条文零散地规定了有限公司股东会具有批准以下事项的职权：(1)公司为公司股东或实际控制人提供担保(《公司法》第15条)；(2)董监高的自我交易行为(本法第182条)；(3)董监高谋取公司机会(本法第183条)；(4)董监高的同业竞争行为(本法第184条)；等等。

细节四：出于公司治理灵活性的考虑，本条规定股东会可以在法定职权之外通过章程进行自我赋权。需要注意的是，公司章程对股东会职权的规定有其边界：不得与公司法规定的法定职权相矛盾；不得违反法律、行政法规的强制性规定；控股股东不得滥用职权(表决权)、通过多数决修订章程条款违反公司基本法理，如不当限制甚至剥夺少数股东的权益、不当增益控股股东的权益。

细节五：旧法第37条第1款第2项表述为“选举和更换非由职工代表担任的董事、监事，决定有关董事、监事的报酬事项”，此次修订为第1项的“选举和更换董事、监事，决定有关董事、监事的报酬事项”，删去“非由职工代表担任的”修饰语，提升了立法科学性。这是因为，结合第68条的规定可知，股东会本来就只能选任、解任非职工代表董事、监事；职工董事、监事本来就不是由股东会选任或解任的，而是由职工代表大会、职工大会或者其他形式民主选举产生的。由此可见，新旧法在此规则上并无实质变化，但新法去除了赘言，不仅简练了立法语言，而且显示了立法体系性的魅力。

2. 第1款之二：“股东会行使下列职权”

股东会职权分为法定职权和章定职权。股东会作为公司权力机构，主要负责决定公司“重大事项”，即涉及股东利益与公司生存、发展的重大事项。根据本条规定，股东会的法定职权大体可分为以下3个方面。

(1)人事任免权。首先，非职工董事、监事的任免权在股东会。根据本法第68条第1款、第76条第2款的规定，职工董事、监事需通过职工代表大会等民主方式选举产生而非股东会选举，所以如上文所述，须将本条第1款第1项的“董事、监事”限缩解释为“非由职工代表担任的董事和监事”。需要指出，在我国各类公司的董事会、监事会组成中，职工董事、监事的数量是非常有限的，大多数成员还是由股东会选举产生的，股东会拥有对董事会、监事会的多数成员的任免权，有利于督促董事、监事勤勉尽责地为公司利益最大化行事。虽然公司的利益相关者不只股东，但股东乃是最重要的利益相关者，这是现代公司法的基石，也是不容否认的。其次，所有的董事、监事(包括职工董事、监事)的报酬事项，包括数额、支付方式、支付时间等，都由股东会决定。

(2)重大事项的审批权。股东会享有对公司重大事项的审批权，具体包括两个方面：一是审议批准工作报告权，即股东会有权对董事会、监事会提出的报告进行审议并决定是否予以批准；二是审批经营管理方案的权力，即股东会有权对公司的董事会、监事会提出的利润分配方案、弥补亏损方案及是否发行公司债券等进行审议，最终决定是否批准。

(3)重大变更事项决定权。在公司设立时，发起人对公司的资本额、经营期限、组织形式、公司章程等形成了合意并予以明确规定；公司在经营发展的过程中，需要根据具体的商业环境、经营状况及发展战略等对前述公司重大事项进行变更,此时要交付股东会决议。具言之,股东会有权对公司增加或者减少注册资本、公司合并、分立、解散、清算或者变更公司形式及修改公司章程作出决议。为保护股东(尤其少数股东)的利益,本法第 66 条第 3 款明确规定此类事项需要经过特别代表 2/3 以上表决权股东通过。

3. 第 2 款:股东会可授权董事会决定发行公司债券

最有趣的是新增第 2 款,这是容易引发热议的立法条款。该条第 1 款第 6 项规定股东会享有“对发行公司债券作出决议”职权,第 2 款则明确规定股东会发行公司债券的职权可以转授给董事会。这一规则本身很好理解,也可以进一步理解为董事会职权的强化。但问题在于,该种规定是否意味着本法第 59 条第 1 款规定的其他诸项股东会职权就不能被转授权呢?从公司法理上看,股东会的诸项职权除了在性质上不能转授权的之外,比如本条第 2 项、第 3 项、第 4 项及第 1 项前半段①自然不能转授权,其余皆无不可。但基于第 2 款唯独单项规定第 6 项职权可以转授权给董事会,如此一来,人们的普遍疑惑在于,本条第 1 款第 5 项、第 7 项、第 8 项及第 1 项后半段的职权能否转授权?来自实务界的更大疑惑是——难道第 5 项“对公司增加或者减少注册资本作出决议”、第 7 项“对公司合并、分立、解散、清算或者变更公司形式作出决议”也不可以转授权给董事会了吗?毕竟这可是在过去的实操中(尤其是上市公司)很常见的操作。

其实,第 2 款的诞生经历了很多变化。详言之,一审稿原本对董事会采剩余控制权的立法模式,其第 62 条规定:“有限责任公司设董事会。董事会是公司的执行机构,行使本法和公司章程规定属于股东会职权之外的职权。”但在其后的公开征求意见的过程中存在很多反对的声音与不理解的意见,于是二审稿又废止了董事会的剩余控制权立法模式,重新恢复董事会职权的列举立法模式,同时立法者又列举了《公司法》第 59 条第 1 款的多项职权得被股东会转授权给董事会。但其中的多项职权可被转授权的表述在二审稿公开征求意见的过程中又遭到质疑、反对,反对的观点有认为股东会、董事会、监事会的职权法定而不得转授权,有认为某些职权不得转授权,也有地方省高院致函全国人大法工委询问某些事项职权可否授权。最终,在

---

① 《公司法》第 59 条第 1 款第 1 项后半段是可以转授权给董事会的,事实上境内外上市公司在实践中基本如此操作。

征求意见过程中该条款被删减至只剩下目前的第 2 款。

问题是,公司治理实践中类似增资扩股等决议转授权给董事会的现象比较普遍,如当年的华万之争、国美事件暴露出来的就是该问题。此外,如果只有发行债券才适用转授权,那么本法第 67 条第 2 款第 10 项关于董事会职权的增补规定“股东会授予的其他职权”,几无适用空间。

4. 第 3 款:股东以书面形式一致表示同意的决议

第 3 款是对有限公司股东会决议作出方式的灵活性规定,契合有限公司的人合性/封闭性之假设。原则上,公司决议必须符合相应程序要求并实际召开会议,即有“会”才有“议”,最后得到“决”,否则即构成程序瑕疵并会导致决议不成立。但在有限公司治理实践中,考虑到股东人数较少、股东相互之间比较熟悉、人合性较强等因素,法律允许股东以书面形式一致同意决议事项,并由全体股东在决定文件上签名或盖章。需要特别指出,有人认为本款是关于有限公司全体股东协议的约定,这是一种误解,本款与全体股东协议毫无关联,其仅仅是关于有限公司豁免开会、例外的以书面形式表决通过决议的规定,与全体股东协议的相似性仅在于此种场合下不适用多数决而是适用一致决,所以貌似与全体股东协议的合意制类似而已。这一例外规定,既通过一致决要件保障了少数股东权益,又有利于降低公司治理成本,符合中小微公司企业的实际运作需求。此外,根据本法第 112 条的规定,本款关于股东会书面一致决的规定不适用于股份公司,这体现出两类公司治理规范性要求的不同。

需注意的是,循本法第 27 条的立法意旨,决议之作出原则上需要“有会有议而后有决”。根据本法第 27 条第 1 项“未召开股东会、董事会会议作出决议”和第 2 项“股东会、董事会会议未对决议事项进行表决”之规定,如公司决议出现无会(会议)而决、无议(表决)而决的情形,判定为决议不成立。但是,第 27 条第 1 项所规定的无会(会议)而决与本条第 3 款是何种适用关系呢?显然,本条第 3 款属于特别规定,故而豁免适用第 27 条第 1 款第 1 项的规定。

5. 余论:如何理解僭越职权的股东会决议效力

依据本法第 59 条、第 67 条等规定,股东会、董事会都享有法定、章定职权。但是,法人机关权力分配的法定性与规范性决定了二者均不能对超越职权的事项作出决议。若违反法定权限,则属于内容违反法律强制性规定的决议,归于无效。最高人民法院于 2016 年公布的《公司法解释四(征求意见稿)》曾设专条规定“决议无效事由”,并明确规定,违反 2013 年《公司法》第 37 条、第 46 条、第 99 条等规定,超越股东会或者股东大会、董事会职权的决议无效。尽管最终出台的司法解释并未保留该规定,但其仍然对超越职权的股东会会议效力判定具有重要的参考价值。同样,理论上认为董事会也不得超越权限行使股东会的职权,否则董事会决议无效。对于违反章程规定权限的股东会决议,根据本法第 26 条第 1 款规定,属于决议内容违反公司章程的情形,该决议可撤销。

◉ 公司治理操作指南

在公司治理实践中,由于股东会召开较为不便且成本较高,基于经营决策效率的考虑,部分公司将股东会的职权授权给董事会行使。除法律规定的股东会可授权董事会行使的职权之外,股东会能否将其他法定职权授权给董事会?这在实践中存在争议。在此,有必要对本次修法可能造成的对转授权规定的误解加以澄清。发行公司债券本属于股东会职权,新增第 59 条第 2 款"股东会可以授权董事会对发行公司债券作出决议",是否意味着仅有发行公司债券可以授权而股东会的其他法定职权不能授权给董事会行使?主流观点认为,基于公司自治原则,股东会能够将法定职权授权给董事会行使,但是其授权范围存在边界。① 一般认为,公司合并、分立和解散、组织形式变更等涉及公司生存发展和股东重大利益的事项不能授权给董事会行使。此外,在特定情况下对董事会进行转授权可能会影响控股股东对公司的控制权,因此需要谨慎考虑可转授权的事项。

◉ 比较法规范

《美国模范商业公司法》第 7.04 节、第 8.01 节第 2 款;《美国特拉华州普通公司法》第 141 条第 1 款、第 228 条;《英国 2006 年公司法》第 288 ~ 300 条;《德国有限责任公司法》第 46 条、第 48 条第 2 款;《德国股份法》第 119 条;《日本公司法》第 295 条、第 319 条第 1 款;《韩国公司法》第 361 条、第 363 条第 4 ~ 6 款;中国台湾地区"公司法"第 356 - 8 条。

◉ 研究文献

1. 刘斌:《董事会权力的失焦与矫正》,载《法律科学(西北政法大学学报)》2023 年第 1 期。

2. 李建伟:《公司决议无效的类型化研究》,载《法学杂志》2022 年第 4 期。

3. 潘林:《论公司机关决策权力的配置》,载《中国法学》2022 年第 1 期。

---

① 参见曹兴权、黄超颖:《股东会授权董事会的底线:权利配置基础结构维持原则》,载《财经法学》2017 年第 3 期,第 92 ~ 109 页。

4. 梁上上:《公司权力的归属》,载《政法论坛》2021 年第 5 期。

5. 叶林:《股东会决议无效的公司法解释》,载《法学研究》2020 年第 3 期。

6. 曹兴权、黄超颖:《股东会授权董事会的底线:权利配置基础结构维持原则》,载《财经法学》2017 年第 3 期。

7. 许可:《股东会与董事会分权制度研究》,载《中国法学》2017 年第 2 期。

8. 罗培新:《股东会与董事会权力构造论:以合同为进路的分析》,载《政治与法律》2016 年第 2 期。

◉ 典型案例

参见第 58 条评注“典型案例”部分。

第六十条　【一人公司的股东享有股东会职权】

只有一个股东的有限责任公司不设股东会。股东作出前条第一款所列事项的决定时,应当采用书面形式,并由股东签名或者盖章后置备于公司。

◉ 立法意旨

本条是关于一人有限公司股东享有其他公司股东会职权及其行权要求的规定。依照本法第 112 条第 2 款的规定,本条规定也适用于一人股份公司。所以本条的立法意旨合称为“一人公司的股东享有股东会职权”。

◉ 条文演变历程

本条规范最早源于 2005 年《公司法》第 62 条,其规定“一人有限责任公司不设股东会。股东作出本法第三十八条第一款所列决定时,应当采用书面形式,并由股东签名后置备于公司”。在后续历次《公司法》修改中,本条规范并无立法调整。在本轮《公司法》修订中,新《公司法》将“股东签名后”修改为“股东签名或盖章后”,照顾了法人、非法人组织股东的情形,使法条表述更加周延,提升了立法科学性。

◉ 条文释义

本条对应旧法第 61 条,有文字修改。

1. 第 1 句:一人有限公司不设股东会

(1)不设股东会。一人有限公司的特殊性在于股东仅有一人,不存在普通公司设立股东会的必要。但是,一人有限公司不同于个人独资企业、个体工商户,其仍然具有独立于股东的人格、财产与责任能力,因此一人公司法律制度的重要目的在于通过建立科学的治理机制,防止在公司内部行权不受其他股东牵制的一人股东滥用法人地位和有限责任来损害公司利益,进而损害公司债权人利益,平衡股东与其他利益相关者的利益。

(2)不适用于国有独资公司。需要注意的是该条的适用范围,本法第112条第2款规定:"本法第六十条关于只有一个股东的有限责任公司不设股东会的规定,适用于只有一个股东的股份有限公司。"由此可知,本条规定同样适用于一人股份公司,但是本条规定不适用于国有独资公司。国有独资公司虽然在形式上也只有一个股东,但并非公司法意义上的一人公司。因此,尽管国有独资公司亦不设股东会,但是其履行出资人职责的机构(国有独资公司实际股东的受托人)行使权力的方式不受本条规范调整。

2. 第2句前段:股东享有普通公司股东会的职权

本条的真正立法价值在于,其明确了一人公司的股东行使相当于非一人公司(普通公司)的股东会职权,这就确立了一人公司的一名股东的法定职权;区别仅在于股东会的意思表示是决议,一人公司的股东是决定。

纵观本法第59条、第60条、第75条、第83条等条文,可以对公司组织法上的公司意思运行机制作如下总结:(1)设股东会、董事会和监事会,即集体法人机关的,其作为法人机关代表公司作出的意思表示形式为决议;(2)设一名股东、一名董事、一名监事等独任制法人机关的,其作为法人机关代表公司作出的意思表示形式为决定;(3)总经理及其以下(副总经理、事业部总监、低阶部门经理、业务人员等)的经营管理系统,实行官僚层级结构(hierarchy),其作为公司经营管理人员代理公司在内部作出的意思表示为命令。

总而言之,公司作为社团法人组织的运行密码为:决议(复数法人机关)、决定(单人法人机关)与命令(经理及其以下组成的官僚系统)。

3. 第2句中段:一名股东的决定应当采用书面形式

在一人公司的治理机制上,尽管不需要设置股东会,但一名股东在行使股东会职权决定公司重大事项时,仍要以书面形式作出并置备于公司。如此一来,公司内部员工、外部债权人等利益相关者便可以查阅、了解到此类信息,不仅有利于保障交易安全,还有利于隔离一人公司与一名股东之间的人格、财产与责任独立。另外,要求股东采取书面形式行使职权,有利于加强对股东的监督,促进一人公司治理的规范化。除此之外,尽管一人公司不设股东会,但股东所作出的决定仍然如决议一样具有民事法律行为之属性,适用决议的效力规则。因此,一人公司股东的决定在内容上不得违反法律、行政法规强制性规定，也不得违反法律、行政法规和公司章程规定的程序，以及内容不得违反公司章程的规定，否则存在无效、可撤销之虞（本法第25～26条）。

4. 第2句后段：股东决定需要签章后置备于公司

一名股东的决定置备于一人公司，与普通公司的股东会决议置备于公司，是基于同一个法理。新法将“股东签名后”修改为“股东签名或盖章后”，照顾了法人、非法人组织股东的情形，使法条表述更加周延，提升了立法科学性。

◉ 公司治理操作指南

在公司股东只有一人的情形下，股东存在滥用公司法人地位来损害债权人利益的可能。《公司法》第23条第3款规定了一人公司法人格否认特则：股东在不能证明公司财产独立于自身财产时，应当对公司债务承担连带责任。因此，在一人公司的场合，股东需要特别注意建立完善的公司内控和财务制度，以避免在法人格否认之诉中被认定为构成人格混同。具体而言，股东在作出《公司法》第59条第1款所列事项的决定时，在形式上应当采取书面形式并置备于公司，在内容上应当符合法律、行政法规及公司章程的规定，以此满足公司治理合规要求、防范法律风险。

◉ 比较法规范

《英国2006年公司法》第357条；《德国有限责任公司法》第48条第3款；中国台湾地区“公司法”第128－1条。

◉ 研究文献

1. 范佳慧：《论一人公司关联担保的效力》，载《法学论坛》2021年第2期。

2. 俞志方：《论我国公司治理的规范与发展——以“一人公司”制度为背景分析》，载《法学论坛》2007年第2期。

3. 沈贵明：《模式、理念与规范——评新〈公司法〉对一人公司的规制》，载《法学》2006年第11期。

◉ 典型案例

薛某刚、青岛英德邦置业发展有限公司股权转让纠纷案[①]

1. 案情简介

永华公司股东分别为薛某刚、张某、冯某、张某旺、薛某星。2010年7月2日，薛某刚、张某、冯某、张某旺、薛某星作为甲方，青岛英德邦置业发展有限公司（以下简称英德

① 参见最高人民法院民事判决书，(2019)最高法民再177号。

邦公司)作为乙方,永华公司作为丙方,青岛环城建工集团有限公司作为丁方,签订合作协议书一份,约定:鉴于永华公司享有福源花园项目75%的收益权及其名下所有的工业项目用地的开发经营权,乙方拟通过受让甲方持有的永华公司100%股权的方式,享有上述权益。2010年8月2日,永华公司的法定代表人由薛某刚变更为迟某辉。2010年8月13日,永华公司的股东由薛某刚、张某、冯某、张某旺、薛某星变更为英德邦公司,持股比例为100%。2012年7月3日,永华公司向薛某刚等人出具担保函,载明:永华公司为英德邦公司仍欠薛某刚等人的股权转让款52,396,367.30元及原合同约定的各项责任承担担保责任,落款处载有永华公司公章。

后由于英德邦公司和永华公司未履行债务,薛某刚诉至法院要求英德邦公司承担股权转让款及相应违约金,并要求永华公司承担连带保证责任。①

2. 裁判要旨

一审法院认为,永华公司应为其唯一股东英德邦公司提供担保。2018年《公司法》第16条第2款虽规定公司为公司股东或者实际控制人提供担保的,必须经股东会或者股东大会决议;但从公司法的规范对象来看,公司法以公司为规范对象,该条规定属于指导公司正确运作即公司权力行使的法律规范,系对单方行为的规范,公司是否召开股东会或股东大会,属于公司对内的程序性规定,公司以外的第三人不应负有审查义务。此外,在本案中,2012年7月,迟某辉作为永华公司的法定代表人,同时也是英德邦公司的法定代表人,实际控制两家公司,因此法院对担保函的真实性也予以了确认。据此,一审法院认定担保函合法有效,判令永华公司为英德邦公司所负债务承担担保责任。

二审法院结合相关证据,否定了担保函的真实性,认定出具担保函的行为并非永华公司真实意思表示,因此永华公司不应当承担担保责任。在再审程序中,最高人民法院纠正了二审法院的判决,并深化论述了一人公司为股东担保问题的法律适用问题,其指出:目前我国法律并未禁止一人公司对外提供担保,由于一人公司只有一名股东,在对外提供担保时无法根据2018年《公司法》第16条规定召开股东会进行决议,永华公司对外担保的效力认定应以其担保行为是否得到股东英德邦公司同意而定。本案中,担保函出具之时,迟某辉担任永华公司和英德邦公司的法定代表人,同时实际控制两家公司,本案并无证据证明英德邦公司的另一名时任股东吴某反对永华公司提供担保,故永华公司出具担保函为英德邦公司提供担保的行为,应视为征得其唯一股东英德邦公司的同意,永华公司担保行为合法有效,其依法应承担担保责任。

3. 案件评析

根据《公司法》的规定,公司为其股东提供担保应当由股东会作出决议,同时被担保的股东需要回避表决。该规定的意旨在于通过内部决议程序保护中小股东免受大股

---

① 本案中,原告薛某刚还诉请迟某辉承担连带保证责任,鉴于其与本条欲分析的一人公司对其股东承担担保责任问题关系不大,故不予展开讨论。

东的压迫。在一人公司的场景下，由于只有一位股东，不存在通过内部决议程序保障其他中小股东利益的现实需求。本案中，最高人民法院明确指出一人公司对外担保的效力应以其担保行为是否得到股东同意而定。申言之，缺乏股东决定并不影响对外担保效力。由于迟某辉同时担任永华公司及其唯一股东英德邦公司的法定代表人，永华公司出具的担保函可视为得到了唯一股东英德邦公司的同意，担保行为有效。

《民法典担保制度司法解释》第 10 条规定："一人有限责任公司为其股东提供担保，公司以违反公司法关于公司对外担保决议程序的规定为由主张不承担担保责任的，人民法院不予支持……"此规定即吸收了司法实践中的裁判经验，进一步明确了一人公司为其股东担保无须经过内部决定程序，以此来简化对外担保的内部流程、便利一人公司融资、加强对交易安全的保障。

第六十一条　【首次股东会会议的召集和主持】

首次股东会会议由出资最多的股东召集和主持，依照本法规定行使职权。

◉ 立法意旨

本条是关于有限公司首次股东会会议召集、主持的规定。

◉ 条文演变历程

本条最早出现在 1993 年《公司法》第 42 条，其规定"股东会的首次会议由出资最多的股东召集和主持，依照本法规定行使职权"，在此后的历次修改中都没有变动。

◉ 条文释义

本条源自旧法第 38 条，未作修订。

1. 问题的产生背景

股东会会议的召开需要有召集人、主持人，否则无法成会。股份公司在设立过程中应召开成立大会，成立大会的召开由全体发起人负责（本法第 103 条），成立大会负责选举产生首届董事（本法第 104 条），董事会再选举产生董事长（本法第 122 条）；其后，董事会就可作为召集人、董事长作为主持人召开股东会（本法第 114 条）。但是，有限公司设立过程中不存在成立大会，首次股东会召开时董事会、董事长尚付阙如，其当然无法作为召集人、主持人，无法适用股东会召集、主持的一般程序。此时便有了股东会、董事会、董事长的产生先后次序问题，需要搞清楚"先有鸡还是先有蛋”。为此，公司法需要为有限公司安排首次股东会会议的召集人、主持人，此处便是本条确定由出资最多的股东召集、主持首次股东会会议的由来。

2. 何为“出资最多的股东”

在有限公司实施认缴制的背景下，“出资最多”自然指向公司认缴的出资额最多，即通常意义上的大股东。当公司认缴出资最多的股东为自然人时，自然人就是其本人；为非自然人股东时，召集和主持首次股东会的主体应为该法人、非法人组织股东委派的代表。召集、主持股东会是指负责首次股东会的组织工作，包括组织准备会议文件、通知各个股东、展开会议议程及通过各项决议等。在法律效果上，如行为人违反法律、公司章程的规定而召集首次股东会会议，将会导致决议效力瑕疵。

3. “依照本法规定行使职权”的含义

本句实际上是一个隐性的引致条款。出资最多的股东作为召集人、主持人，与其后的董事会作为召集人、董事长作为主持人的法定职权是一样的，如对股东临时提案的审查权，以及负责会议通知发出等。

◉ 公司治理操作指南

本条属于强制性规范还是任意性规范，存在争议。应该将本条理解为一种建议性规范更为妥当——公司发起人可以在公司章程或者发起人协议等文件中对首次股东会会议的召集和主持主体作出特殊安排。

一个可能的实务问题是，如公司存在两个及以上的股东同为出资额最多的股东之情形，此时究竟谁来充当召集人、主持人？实务中当事人股东可以彼此协商解决，如分工负责，或者共同作为召集人、主持人。所谓法商之意在合和，尽在其中矣；公司刚刚起步，如果此时就陷入此种纷争，那么命运多舛可能是对该公司最好的注脚。

第六十二条 【有限公司股东会的定期、临时会议】

股东会会议分为定期会议和临时会议。

定期会议应当按照公司章程的规定按时召开。代表十分之一以上表决权的股东、三分之一以上的董事或者监事会提议召开临时会议的，应当召开临时会议。

◉ 立法意旨

本条是关于有限公司股东会会议种类和召开办法的规定。

◉ 条文演变历程

本条的内容最早出现在1993年《公司法》第43条，该条第1款、第2款规定：“股东会会议分为定期会议和临时会议。定期会议应当按照公司章程的规定按时召开。代表四分之一以上表决权的股东，三分之一以上董事，或者监事，可以提议召开临时会议。”2005年修法时将提议召开临时会议的股东的持股比例由1/4下调到1/10，同时拓展至不设监事会的监事。此次修法，一审稿出于立法条文简洁的考虑，将提议主体中的“不设监事会的公司的监事”删除，同时在监事会规范部分另行规定不设监事会的公司的监事行使监事会的职权，直至形成本条。

◉ 条文释义

本条源自2018年《公司法》第39条，有内容修订。

1. 定期会议

第1款规定股东会会议分为定期召开的定期会议和不定期召开的临时会议。对照一下，本法第113条规定股份有限公司应当一年召开一次股东会，但并没有对有限公司定期会议的召开作出强制性规定，有限公司可以根据公司规模、经营现状、股东人数等因素，在公司章程中确定合理的定期会议召开频率，这体现了公司法给予有限公司治理更多的意思自治空间。

那么，实务中有限公司定期会议有无频次的底线呢？实际上，从本法第59条关于股东会的诸项职权规定来看，其也暗含了公司每年至少召开一次股东会的应然之义。实践中，有限公司的定期会议底线也是一年一次；当然，公司章程另有更高频次要求的，从之。

2. 临时会议

（1）对照与通约

临时会议是一种不定期的会议，当公司出现特殊情形时，应相关法定主体的提议而召开。关于股份公司的股东会临时会议，本法第113条规定的更为周详，即“股东会应当每年召开一次年会。有下列情形之一的，应当在两个月内召开临时股东会会议：（一）董事人数不足本法规定人数或者公司章程所定人数的三分之二时；（二）公司未弥补的亏损达股本总额三分之一时；（三）单独或者合计持有公司百分之十以上股份的股东请求时；（四）董事会认为必要时；（五）监事会提议召开时；（六）公司章程规定的其他情形”。本条关于有限公司股东会临时会议的规范相对粗略，仅规定有权提议召开的3类主体，没有规定如第113条规定应召开的的具体事实情形（第1项、第2项）、3类主体（第3项、第4项、第5项）与章定情形（第6项），且第113条还明确自具体情形事实发生或者有权主体提出的2个月内应当召开。这也体现了公司法对股份公司治理的更多规范情结。依照前文关于两类公司规范的通约原理，有限公司章程可以参照本法第113条规定完善自己的临时会议规则。

（2）第2款：临时会议的提议主体

①代表1/10以上表决权的股东。股东会是公司权力机关，过度频繁召开股东会可能会给公司治理带来过高成本，扰乱公司治理秩序，所以本款明确规定代表1/10以上表决权的股东有权提议召开股东会。关于此处“代表十分之一以上表决权的股东”的含义，请参见本书关于第63条同一概念的解读，此处不赘。

②1/3以上的董事。董事会作为法人执行机构，对于公司日常经营状况比较了解和熟悉，因此一定比例的董事形成共识认为有必要召开股东会临时会议的，此种意见值得重视。所以，本款安排1/3以上董事为有权提议主体。

③监事会。本法第78条第4项重复规定了监事会的该项职权，且在董事会不履行召集、主持股东会会议职责时直接可以召集、主持股东会会议。监事会作为法人监督机构，提议召开股东会临时会议应为监事会职权的应有之义。另据第69条、第83条规定，不设监事会的公司审计委员会或者一名监事享有该权利。

（3）第2款：临时会议提议权的强行效力

当上述3类有权主体的任何一个主体提议召开临时会议时，公司“应当”而非“可以”召开临时会议。此处需要讲明两个问题：①上述提议主体应当向股东会会议常规召集人即董事会提出；②如公司董事会未按照提议要求召开股东会，则属于怠于履职行为，此时可以适用本法第63条、第78条第4项等规定，由各法定主体按照法定的顺位召集、主持股东会。倘若董事会不作为，如出现对于本条第1款规定的定期会议“不定期”召开，则可以理解为董事怠于履行勤勉义务；造成公司利益损失的，可以追究其违信责任。

◉ 公司治理操作指南

就定期会议而言，公司法未明确规定有限公司定期会议召开频率。有限公司可以根据公司规模、经营现状、股东人数等因素，在公司章程中确定合理的定期会议召开频率。就临时会议而言，《公司法》第113条对股份公司临时会议召开的法定情形作出了更为完善的规定。有限公司可以根据公司自身治理需求,对临时会议召开的情形作出更为细化的规定,由此减少可能发生的治理争议。另外,不同于召集和主持会议有法定主体的顺位要求,本条第2款规定的提议召开临时会议的主体没有顺位要求,因此股东可以更为灵活地提议召开临时会议。

◉ 比较法规范

《美国模范商业公司法》第7.01节、第7.02节;《美国特拉华州普通公司法》第211条;《英国2006年公司法》第302~306条;《日本公司法》第296条;《韩国公司法》第365条;中国台湾地区"公司法"第170条。

◉ 研究文献

叶林:《股东会会议决议形成制度》,载《法学杂志》2011年第10期。

第六十三条　【有限公司股东会会议的召集和主持】

股东会会议由董事会召集,董事长主持;董事长不能履行职务或者不履行职务的,由副董事长主持;副董事长不能履行职务或者不履行职务的,由过半数的董事共同推举一名董事主持。

董事会不能履行或者不履行召集股东会会议职责的,由监事会召集和主持;监事会不召集和主持的,代表十分之一以上表决权的股东可以自行召集和主持。

◉ 立法意旨

本条是关于有限公司股东会会议召集和主持的规定。

◉ 条文演变历程

本条规范最早出现在2005年《公司法》第41条,其规定:"有限责任公司设立董事会的,股东会会议由董事会召集,董事长主持;董事长不能履行职务或者不履行职务的,由副董事长主持;副董事长不能履行职务或者不履行职务的,由半数以上董事共同推举一名董事主持。有限责任公司不设董事会的,股东会会议由执行董事召集和主持。董事会或者执行董事不能履行或者不履行召集股东会会议职责的,由监事会或者不设监事会的公司的监事召集和主持;监事会或者监事不召集和主持的,代表十分之一以上表决权的股东可以自行召集和主持。"

在此次修法中,立法机关将旧法第40条"由半数以上董事共同推举一名董事主持"改为"由过半数的董事共同推举一名董事主持",由包含半数的"半数以上"到不包含半数的“过半数”的变化，更精准体现了多数决原则，尤其在分母为偶数的场合下。同时，出于立法语言简洁的考虑，在本次修法从一审稿开始就明确规定不设董事会的公司的董事和不设监事会的公司的监事分别行使董事会和监事会职权的情况下，删除本条关于执行董事和不设监事会的公司的监事的规定。此种立法技术的提升值得赞扬。

◉ 条文释义

本条对应旧法第40条，有几处文字性修订具有重要价值。

本条的文义层次丰富，层层递进，需要细致解读。

1. 文义解释

首先在文义上解释本条的几个关键词。

(1)“董事会召集”，是指以董事会的名义通知会议召开、安排会务等。

(2)“董事长主持”，是指由董事长宣布开会、掌控会议进程、维持会议程序、宣布议决结果、宣布休会、宣布闭会等。

(3)“不能履行职务”，是指因生病、出差或者依照法律规定无法主持会议，“不履行职务”指向不存在无法履行职务的客观原因但不履行职务的情形，如董事长因为心情不快的任性，或者出于可能被撤销职务的恐惧而拒绝履职。

本法第61条对首次股东会会议的召集、主持程序作出规范，本条则调整首次股东会会议后的股东会定期会议和临时会议的召集、主持程序。

2. 第1款：股东会会议的常规召集人、主持人

第1款明确有限公司股东会的常规召集人与常规主持人，前者为董事会(及不设董事会的一名董事)，后者为董事长(及不设董事会的一名董事)。

3. 第1款、第2款：股东会会议的非常规召集人、主持人

(1)非常规召集人的安排。因为作为常规召集人的董事会有可能陷入僵局而不能履职(参见《公司法解释二》第1条)，所以为了打破可能发生的僵局，此处设置了两道预备体系：董事会不能或不履行职务的，由监事会召集与主持；监事会也不能或不履行职务的，代表1/10以上表决权的股东可以自行召集和主持。

(2)非常规主持人的安排。就股东会会议的主持人而言，因为其身系董事长个人，为了打破可能发生的个人寡头僵局，所以本条设置了两道防备体系：①董事长不能或不履行职务的，由副董事长主持；②副董事长不能或者不履行职务的，由过半数董事共同推举一名董事主持。

4. 少数股东的自行召集、主持权

第 2 款赋予代表 1/10 以上表决权的股东召集和主持股东会的权利，这有利于加强对少数股东利益的保护。但股东会作为公司的权力机关，如频繁召集，则可能会给公司带来过高的治理成本，扰乱公司正常经营秩序，甚至导致公司僵局。因此，为了防止股东滥用股东会召集权，《公司法》有必要设置一定的限制。

(1)关于持股比例、时间的要求。本款"代表十分之一以上表决权的股东可以自行召集和主持"的表述，对照本法第 114 条第 2 款关于股份公司同样制度的表述"连续九十日以上单独或者合计持有公司百分之十以上股份的股东可以自行召集和主持"。有两个问题需要讨论：第一，对于有限公司而言，此种持股比例要求是仅仅指向单个股东的表决权，还是如股份公司那样可以将多个股东的表决权合并计算？对此存在两种观点，从文义对比来看，似乎应该指向前者；但从合目的性解释来看，似乎应该作扩张解释。我们赞同后一种解释。第二，公司法未对有限公司股东持股时间作要求，那么公司章程是否可以添置持股时间的要求？这不仅涉及合目的性解释问题，还涉及对公司法立法解释的一个重大原则性问题——对于少数股东权的行使，如果公司章程在法定要求之外降低要求(包括降低或者取消持股比例、降低或者取消持股时间等)，那么章程约款的效力应予肯定，反之，章程约款的效力应予否定，这一法理并未在《公司法》上出现一般性规定，但在个别股权的规范上有所规定，如《公司法》第 115 条第 2 款末句关于股份公司少数股东的临时提案权，就明确规定"公司不得提高提出临时提案股东的持股比例"，可资参照。

(2)关于前置程序。少数股东欲召集、主持股东会会议，须履行相应的前置程序，否则为非法的自行召集与主持。具体要求是：股东需要依次向董事会及监事会进行提议，只有在前顺位主体均不履行召集会议职责时，股东才能获得股东会会议的召集和主持权。前置程序的设置意在从程序正当和防止权利滥用的角度进行规制，股东应当采取书面形式进行提议并说明召集会议的理由，并由董事会和监事会判断其召集目的是否正当。①

实务中少数股东的困境在于，此处未说明对 1/10 以上表决权的股东催促处于前置程序的董事会、监事会召集、主持之请求的处理。对比之下，本法第 114 条第 3

---

① 参见赵明非、杜麒麟：《论少数股东召集权滥用之防止——以现行〈公司法〉第 41、102 条为中心》，载《东北大学学报(社会科学版)》2010 年第 2 期，第 164～165 页。

款规定了股份公司的相应规则，但本条没有提供任何规则。这一立法现象实际上并不鲜见，反而在公司法文本中处处可见，只要读者留意本书的细节，就会发现我们在全书有十几处反复这样的提示。对于此类现象，属于立法漏洞吗？可以说是，也可以说不是——这是因为立法者认为，两类公司遇到的同样课题，立法一般安排在第五章“股份有限公司的设立和组织机构”一章规范之，如无特别的障碍，有限公司自可参照适用之。回到本款的课题，观点一理解为第114条第3款准用于有限公司，观点二是理解为需要有限公司章程自定规则，但如果有限公司没有自定规则，将如何处理？正确的答案，依然回到观点一即可。

(3)关于董事会、监事会不召集会议的具体认定。本款也没有作出具体规范，可以借鉴证监会《上市公司股东大会规则》的有关规定。若董事会不同意召开股东会会议或者在10日之内未作出反馈，以及监事会未在合理期限内发出股东会会议通知，则视为上述主体不履行召集股东会职责。当然，如公司章程定有自己的特则来解决这一问题，那是最好不过的安排。

(4)股东固有权。由于股东会会议的召集、主持是股东在特殊情况下参与公司治理、维护自身合法权益的重要方式，股东会会议的召集、主持权应理解为股东的固有权，公司章程及股东协议等自治性文件不能进行剥夺或限制。同时，由于股东会的召集和主持对于公司治理意义重大，应当对本条的“股东”作狭义理解。股东会会议的召集、主持权应当由具有实体性权利的人行使，而非由仅仅名义上享有股权的人享有，后者如股权让与担保债权人等名义股东。①

(5)不可诉。公司召集、主持股东会会议属于公司内部治理事项，不具有可诉性。《九民纪要》第29条规定，股东请求判令公司召开股东会的，人民法院应当告知其按照规定程序自行召开；股东坚持起诉的，人民法院应当裁定不予受理；已经受理的，裁定驳回起诉。

(6)少数股东自行召集、主持权有实际意义吗？更重要的发问是，如果1/10以上表决权的股东成功地履行前置程序从而顺利召开股东会，假设其他股东拒不响应出席股东会，那么该股东能否凭借一己之力作出有效的股东会决议？这取决于该股东的表决权权重。依据本法第66条可知，该股东的表决权如未达到全体股东表决

① 参见郭帅：《股权让与担保下的股东资格认定》，载《人民司法·应用》2021年第8期，第70～72页；案例可参见胡某奇与西藏信托有限公司等股东资格确认纠纷案，北京市第一中级人民法院(2019)京01民终2736号民事判决书。

权的过半数或者2/3以上，则其恐怕难以有所作为；如果达到了过半数甚至在2/3以上，则该股东沦为自行召集、主持股东会的概率又很低。就此而言，有限公司的少数股东自行召集、主持股东会的制度价值，是大打折扣的，这也完全不同于股份公司的情形（参见本法第114条），这是因为两类公司的多数决计算的分母设计有天壤之别（参见本法第66条、第116条）。

5. 一种设想：无召集权人召集的法律后果

无召集权人，是指召集权人之外的人和违反召集顺位的后位召集权人，前者是指本法第63条、第114条规定之外的主体，后者是指这两条规定的后顺位召集权人如监事（会）、少数股东。一般认为，无召集权人召集将导致决议不成立。① 理由有二：一是召集权人召集的会议仅为人员集合，不具有会议的合法外观，也不具备作出决议的能力或资格；二是从主体角度看，非法召集的股东会、董事会不能构成合法的公司意思机关，②其所作出的决议也并不构成公司的意思，因此决议并未成立。如认为无召集权人召集仅导致决议可撤销，那么便存在因除斥期间届满而导致决议有效的可能性，这将给予少数股东滥用权利的机会。本法第27条吸收了《公司法解释四》第5条规定，对于决议不成立的情形作出了规定，尽管第27条没有规定无召集权人召集的情形，但是可以通过目的性解释将此种严重程序瑕疵情形纳入其中，进而实现公司决议瑕疵规范体系的协调。

◉ 公司治理操作指南

股东会召集程序是否符合法律、行政法规和公司章程的规定，关涉到股东会会议是否存在效力瑕疵。当法定主体召集、主持会议时，应当遵循召集、主持顺位的要求，并保存前顺位主体不履行职责或不能履行职责的相关证据，包括提议召开会议的书面文件、前顺位主体拒绝召集或者在合理范围内不予回应的证据等。另外，由于公司法未明确规定法定主体“不履行职责”及“不能履行职责”的具体认定，可以在公司章程中进一步明确，如章程可以约定“某某会在收到适格主体关于召开股东会会议的书面提议后五个工作日内未履行召集和通知义务的，视为某某会不履行召集股东会会议职责”。

---

① 参见赵心泽：《股东会决议效力的判断标准与判断原则》，载《政法论坛》2016年第1期，第153页。

② 参见钱玉林：《股东大会决议瑕疵研究》，法律出版社2005年版，第280页。

◉ 比较法规范

《美国模范商业公司法》第7.02节、第7.03节;《美国特拉华州普通公司法》第211条;《英国2006年公司法》第302~306条;《德国有限责任公司法》第49~50条;《德国股份法》第121~122条;《日本公司法》第296~297条;《韩国公司法》第362条、第366条;中国台湾地区"公司法"第171条、第173条、第173-1条、第182-1条。

◉ 研究文献

1. 李建伟、王力一:《公司决议不成立之诉实证研究——〈公司法解释四〉出台前审判创新实践的价值发现》,载《经贸法律评论》2020年第3期。

2. 殷秋实:《法律行为视角下的决议不成立》,载《中外法学》2019年第1期。

3. 王雷:《公司决议行为瑕疵制度的解释与完善——兼评公司法司法解释四(征求意见稿)第4~9条规定》,载《清华法学》2016年第5期。

4. 赵心泽:《股东会决议效力的判断标准与判断原则》,载《政法论坛》2016年第1期。

5. 徐银波:《决议行为效力规则之构造》,载《法学研究》2015年第4期。

6. 叶林:《股东会会议决议形成制度》,载《法学杂志》2011年第10期。

7. 李建伟:《论公司决议可撤销的适用事由——基于司法适用立场的立法解释》,载《浙江社会科学》2009年第8期。

第六十四条 【有限公司股东会会议通知期限与会议记录】

召开股东会会议,应当于会议召开十五日前通知全体股东;但是,公司章程另有规定或者全体股东另有约定的除外。

股东会应当对所议事项的决定作成会议记录,出席会议的股东应当在会议记录上签名或者盖章。

◉ 立法意旨

本条是关于有限公司股东会会议通知期限与会议记录的规定。

◉ 条文演变历程

关于股东会会议通知期限、会议记录内容首次出现于1993年《公司法》第44条,2005年《公司法》第42条加入"公司章程另有规定或者全体股东另有约定的除外"内容,此次修法在本条第2款新增"或者盖章"字样。

◉ 条文释义

本条对应旧法第41条,有文字修订。

股东会由公司全体股东组成，是公司权力机构，依照公司法行使职权，也是股东参与公司治理的主要平台，开好股东会会议对有效的、规范的公司治理意义重大。因此，明确股东会会议的召集程序、通知期限及会议记录，为公司股东参与公司治理提供有效途径，有助于保证股东充分行使权利、表达个人意见、保障股东利益、确保公司决策科学性等。

1. 第 1 款的主语缺失

会议通知人是谁？因为第 1 款第 1 分句文义上主语的缺失，所以需要立法解释的推论。结合本法第 63 条的规定可知，虽然本条没有指出会议通知的主体是谁，但应该确定为会议召集人，即董事会等法人机关，具体可参照第 63 条规定及其解读。

2. 第 1 款第 1 分句：会议通知的期限、对象

(1)会议通知的期限。第 1 款明确会议通知原则上为会议召开前 15 天。该 15 天依照民法典关于单方通知的意思表示的生效规则，应该理解为通知到达受通知股东的时间；但在例外情形下，即章程另有规定或者全体股东另有约定的，可以不遵守 15 天的要求，这也体现了有限公司治理的灵活性。

(2)受通知对象。对象为全体股东而非部分股东，此与本法第 58 条规定的股东会由全体股东组成相呼应。

(3)会议通知的内容。需要特别注意的是，对比本法第 115 条第 1 款，本条没有涉及有限公司股东会会议通知的内容要求(如会议召开的时间、地点和审议的事项等)，这倒不是立法漏洞，可以理解为立法者的有意疏漏，意在留给有限公司治理更大的意思空间。比如，有限公司章程可以规定股东会会议通知的内容要求；若无，可以参照第 115 条第 1 款的规定来执行。一般来说，股东会会议的通知要素包括会议召开的时间、会议召开的地点、会议召开的事项等。其一，会议的时间地点的选择对股东会能否成功召开起着至关重要的作用。出于经济便捷的考量，一般会选择在公司的会议室召开。其二，股东会会议通知中的时间要素更应当引起注意。例如，通知中载明会议时间为上午 9 ~ 12 时，若会议未能在规定时间内结束而进行延长，则会侵害未能在规定时间范围内出席股东会议的股东的参会的权利。因此，结合大多数上市公司的通知经验来说，一般仅通知会议开始时间而不规定会议的结束时间，这也有助于保障股东会会议的有效性、连续性、完整性，保障最终作出会议决议之终极目标的完成。其三，对于审议事项的通知，首先应当属于股东职权范围内的事项；会议的事项所涉及的具体材料需同时发送给各位股东，确保股东对所涉事项的内容

充分了解。

3. 第 1 款的但书规定

“但是,公司章程另有规定或者全体股东另有约定的除外”,这一但书规定赋予了公司更大的自治权,但此处存疑的是,公司章程另有规定或全体股东另有约定是否可以缩短法定的通知时间或者规定更长的通知时间?通知时间过短,将不利于股东充分准备出席会议;反之,过长的通知时间耽误公司治理效率,漫长的等待容易产生变数,也会导致股东遗忘而错过开会时间,亦不利于股东行使权利。司法实践中,通知时间的瑕疵不一定必然导致决议程序因存在瑕疵而可撤销,具体应当看通知的事项内容而个案决定;按通知参加了股东会并进行表决的,视为通知股东召开股东会的程序符合法定及约定的条件,或者视为未实质性影响决议通过的轻微程序瑕疵,从而豁免决议被撤销(详见本法第 26 条第 1 款末句)。

4. 第 2 款:会议记录的制作与形式要求

第 2 款是关于公司股东会会议记录作出的规定。其中包括 3 项规则:(1)作成会议记录是强行要求(对应本法第 57 条股东的知情权),股东会会议记录乃是有限公司需要置备的文件之一,股东有权随时查阅、复制;(2)股东会会议记录的内容是“股东会所议事项的决定”;(3)需要出席会议的股东签名或者盖章。

股东会会议记录在内容上应当包含对会议的主题及对该主题的讨论过程、股东观点意见、发言,会议所作出的决策、决定进行书面记录,以及出席会议股东签字,并予以妥善保存,以备产生分歧、公司重大决策或股东需要时进行查阅、复制。同时,股东会会议的召集人应当安排专人对股东会会议进行记录。出席会议的股东应当在会议记录上签名或者盖章。

本款后半句强调“出席会议的股东应当在会议记录上签名或者盖章”。出席股东会议的股东,在会议结束后签署股东会议记录时需着重检查会议记录中对个人的出席状态、意见表达和投票状态的记录是否与实际情况保持一致,对不一致情况要进行修正或补正。尤其是在股东会会议中处于反对股东的角色时,更应当注意对个人反对意见的表达和记录。这涉及本法第 89 条、第 162 条中赋予反对决议的股东要求公司回购其股权的权利行使。例如,公司连续 5 年盈利并且符合公司法规定的分配利润条件,但不向股东分配利润时,反对股东可以要求公司回购其股权;此时,股东会会议记录就成为反对股东维护自己权利的有力武器和证据。因此,出席会议的股东应该重视股东会会议记录。

◉ 公司治理操作指南

股东会会议的通知要素包括会议召开的时间、会议召开的地点、会议召开的审议事项等至少3项。其中，会议的时间、地点的选择对股东会能否成功召开起到至关重要的作用。出于经济便捷的考量，股东会会议一般会选择在公司的会议室召开，如因特殊原因在公司外开会，则股东会召开人应当选择便于控制、熟悉的地点召开，以便会议能够按照预设流程顺利进行。股东会会议通知中的时间要素更应当引起注意，结合大多数上市公司的年会通知经验来说，一般仅通知会议开始时间，而不规定会议的结束时间，以确保股东的参会权。同时，不设置结束时间也有助于保障股东会会议的有效性、连续性、完整性，以及保障最终作出会议决议的终极目标的完成。否则，在既定的时间内如果不能完成会议议程、作不出有效的决议，岂不是一场糟糕的公司治理事故？

◉ 研究文献

石纪虎：《关于股东大会决议效力的探讨》，载《政治与法律》2009年第5期。

◉ 典型案例

马某与北京怡合春天科技有限公司公司决议撤销纠纷案①

1. 案情简介

北京怡合春天科技有限公司（以下简称怡合春天公司）于2017年9月12日发布的章程规定，股东会会议分为定期会议和临时会议，召开股东会会议应当于会议召开15日以前通知全体股东。2018年1月13日，怡合春天公司执行董事助理曹某向马某发送电子邮件，邮件主题为2018年怡合春天公司第六届第一次股东会会议通知，其中提及会议时间为2018年1月29日，但其中并未包含股东会议题文件及相关内容。2018年1月24日，曹某才将怡合春天公司2018年度股东大会议案文件发送给马某。

2018年1月28日，马某在回复信中提出：怡合春天公司2018年度股东会现拟订于2018年1月29日上午召开，其作为股东之一，于1月13日收到会议通知，于1月24日收到此次股东会议案之具体文件。根据现行的公司章程规定，执行董事应于会议召开15日以前将会议召开时间、地点和审议事项一并通知各股东，但马某直至1月24日才收到此次股东会议案之具体文件，且议案内容较多，导致其无充分时间就相关决议事项进行了解和准备。马某认为，此次股东会的召集程序已经严重违反了《公司法》及《怡合春天公司章程》的相关规定，其将不予参加此次股东会，并请公司纠正违法行为。

2018年1月29日，怡合春天公司召开股东会，并形成股东会决议。

---

① 参见北京市朝阳区人民法院民事判决书，(2018)京0105民初15755号。

2018年1月30日，曹某向马某发送电子邮件，要求其对本次股东会会议的6项提案最迟于2018年2月2日之前进行表决。对此，2018年2月2日，马某发送电子邮件称，在召集程序违法的情况下，该次股东会作出的决议及达成的共识是没有法律效力的，其将不予表决，再次请求公司纠正违法行为。

对此，马某诉至法院，要求撤销形成于2018年1月29日的怡合春天公司2018年度股东会会议决议与形成于2018年2月2日的怡合春天公司股东会会议决议并由怡合春天公司承担本案诉讼费用。被告怡合春天公司答辩称：不同意马某的诉讼请求。股东会的召集程序符合法律及公司章程的规定。股东会召开后，公司和各个股东进行了沟通，也尊重马某的股东权益，马某拒绝参会、表决、沟通，影响了股东会的表决效力。股东会的召开是合法的，相关决议是合法有效的。

2. 裁判要旨

法院认为，本案的争议焦点在于怡合春天公司于2018年1月29日召开的股东会是否违反了《公司法》或者《怡合春天公司章程》关于召集程序及表决方式方面的规定，形成的股东会决议是否应予撤销。

首先，怡合春天公司于2018年1月29日召开的股东会在召集程序方面是否存在瑕疵。法律或者公司章程关于"召开股东会会议，应当于会议召开十五日前通知全体股东"的规定的意义，除告知股东会议召开的时间、地点等基本信息之外，更为重要的是确保股东提前获知会议议题所需要的信息，以便其提前了解会议内容、做好相应的会议准备，进而形成相关意见，参与会议表决，充分行使股东权利。因此，股东会召集过程中，公司应当将会议议题的相关内容、具体审议事项作为会议通知的一部分按照法律及公司章程规定的时间向股东送达。具体到本案中，怡合春天公司于2018年1月13日向马某发送会议通知，通知内容中仅告知会议涉及的6项审议事项的名称，并未明确告知审议事项的具体内容；其虽于2018年1月24日向马某发送了6项审议事项的具体文件，但此时距离股东会召开仅有5天时间，在涉及多项议题且内容繁多、复杂的情况下，无法保障股东能够充分行使相应的权利。因此，该次股东会在召集程序方面存在瑕疵。怡合春天公司虽然在2018年1月29日当天仅针对第1项议题进行表决，后5项议题决定延期表决，但召开股东会会议的意义之一即为股东在会议中发言、交换意见，使可能与己方意见不同的股东接受其主张或者通过了解其他股东的意见修正己方的主张，进而影响最终的决议内容。因此，延期表决不足以弥补怡合春天公司在股东会召集程序中存在的瑕疵。

其次，该瑕疵是否属于轻微瑕疵。实际情况中，可以是否会导致各个股东无法公平地参与多数意思的形成，以及获取对此所需的信息为股东会召集程序的瑕疵判定标准。一方面，从怡合春天公司2018年1月29日股东会的会议内容来看，该次会议共涉及6项议题，均为公司治理方面的重要内容，并且每一项议题的具体内容均较为复杂，股东需要足够的时间以获取相应的信息。另一方面，结合《增资扩股协议》的内容来看，中青公司、马某、怡合春天公司针对增资扩股后公司的运作、管理，包括股东会、监事会的组成人员等进行了约定，而该次股东会的内容系对公司治理结构的进一步细化，并且在董事会的构成等内容方面与《增资扩股协议》的约定有所变更。在此情况下，怡合春天公司在正式召开股东会会议前5天发送议题内容，无法保障马某有充分的时间研读、分析议题内容，进而公平参与会议、发表意见、充分行使股东权利。因此，该次股东会会议在召集程序方面的瑕疵不属于轻微瑕疵。

最后，前述瑕疵能否避免。自怡合春天公司于2018年1月13日发布股东会通知起，马某多次通过电子邮件及特快专递的形式向怡合春天公司发函，指出其在召集程序方面存在的问题，要求其予以纠正。怡合春天公司在可以通过变更会议时间的方式保障股东权益的情况下，无视股东意见，一直未予答复，亦未予纠正，导致股东会在召集程序不符合规定的情况下召开，怡合春天公司应该承担相应后果。

因此，怡合春天公司于2018年1月29日召开的股东会的召集程序违反法律及公司章程的规定，且不属于轻微瑕疵，应予撤销。

3. 案件评析

与《公司法》第五章“股份有限公司的设立和组织机构”部分的规定相比可知，本章关于有限公司治理规则的规定大多是粗略的，而股份公司的治理规则则更为周详。此种规范配置的法理逻辑可能在于：基于一种公众性假设，股份公司治理规则更多体现出强行法特征，所以立法提供了更多的强制性规定、赋权性规定及示范性规定，但是基于封闭性、人合性的假设，有限公司的任意性规范更多，法律有意给其留出更多的意思自治空间。

立法者的本意是好的，有限公司如能够领会立法者的美意且通过章程制定出适合自己的条款，则各美其美。但现实情况是——绝对多数有限公司章程除了抄袭公司法的条文之外毫无作为，这就导致了一个易于滋生纠纷的棘手现象。就本条而言，有限公司股东如对召集人的会议通知内容不满意，可否提起就该决议的可撤销之诉？这是一个充满争议的话题。本案的审理法院重点讨论了这样的场景：公司按照公司章程提前15日通知股东开会的时间、地点，但是未提供会议审议事项或者会议审议事项未提前15日通知，股东起诉要求撤销股东会决议，能否得到法院支持？法院认为，股东会的召集程序违反法律及公司章程的规定，且不属于轻微瑕疵，应予撤销。

第六十五条　【有限公司股东的表决权比例】

股东会会议由股东按照出资比例行使表决权；但是，公司章程另有规定的除外。

◉ 立法意旨

本条是关于有限公司股东表决权比例的规定。

◉ 条文演变历程

有限公司股东的表决权比例最早见于1993年《公司法》第41条,"股东会会议由股东按照出资比例行使表决权",并无"公司章程另有规定的除外"的但书规定,且当时奉行严苛的实缴制,所谓出资比例也仅指向"实缴比例"。2005年《公司法》第43条修订为:"股东会会议由股东按照出资比例行使表决权;但是,公司章程另有规定的除外。"2005年修法已经废止了此前的一次性实缴制,除了首期实缴比例要求外,允许剩余出资在公司成立之日起2年内或者5年内(投资类公司)缴足,这就出现了"认缴出资"和"实缴出资"的分野。2013年修法沿袭2005年《公司法》的规定,并全面推行注册资本认缴登记制改革,在这一背景下司法实践中更可能出现前述的理解分歧。[①] 2018年修法及本次修法对本条均未作调整。

◉ 条文释义

本条对应旧法第42条,未作修订。

1. 第1分句:出资比例暨表决权比例

有限公司股东表决权遵循同股同权原则,因此出资比例就是表决权比例。但是,这一规则不是强制性的,而是任意性规范,即推定适用规范。

本条旨在为有限公司的投资者们提供一个默认的表决权分配方案,即以各股东认缴的出资额为比例行使表决权。[②] 本条至少包含3重功能:(1)作为任意性规范,填补公司章程未约定表决权比例的表意漏洞;作为推定适用规范,为当事人提供基本的行为指引并确立其相互之间的权利义务关系。(2)如公司章程未对表决权分配问题作出安排且事后发生争议,则本条可作为裁判规范,便于法官判断决议状态。(3)考虑到有限公司封闭性/人合性之特征,股东间具有人身信赖关系,[③]允许公司章程作出差异化安排,以此满足投资者的其他现实需求。

重点在于,如何理解本句中的"出资比例"?

---

① 参见江苏省南京市中级人民法院民事判决书,(2014)宁商终字第795号;江苏省南京市中级人民法院民事判决书,(2014)宁商终字第1017号。

② 参见宋燕妮、赵旭东主编:《中华人民共和国公司法释义》,法律出版社2019年版,第90~91页;许中缘:《论〈公司法〉第42条但书条款的规范解释》,载《现代法学》2021年第2期,第125页。

③ 参见上海市青浦区(县)人民法院民事判决书,(2020)沪0118民初21579号。

由于在认缴制下存在实缴出资和认缴出资之分,实践中对出资比例的解释存在一定分歧。一种观点认为,股东应以实缴出资比例行使表决权。① 但主流观点倾向认为,股东以认缴出资比例行使表决权。② 首先,从体系解释来看,当涉及以实缴出资比例划定权利边界时,法律均明确提及。例如,第 210 条明确规定有限公司股东原则上以实缴出资比例分取盈余;第 227 条也明确规定,有限公司股东按照实缴出资比例认缴新增注册资本。其次,如将出资比例限缩解释为实缴比例,当股东均未实缴时,则无人享有表决权,这一归谬,足见实缴比例说的不合理。

2. 但书的含义

但书条款足以表明,本条又属于赋权性规则。依本条文义,"公司章程另有规定的除外",就是赋权有限公司股东可以通过公司章程的形式改变本条规定,不按照出资比例行使表决权。

如果基于全体股东合意的初始章程就表决权约定了不同于本条的特则,那么此后可否通过基于多数决的决议来修订章程,再去改变约定的表决权比例?对此,理论上一直存在关于初始章程与后续章程的争论。③ 基于保护少数股东利益、防止多数股东滥用权利的规范目的,有观点认为应将此处的公司章程限缩解释为公司初始章程。④ 若秉持这一逻辑,则合理的解释路径是允许初始公司章程和经过全体股东一致同意改变表决权比例安排。但这样的理解,可能超出了本条的文义,毕竟本条在文义上仅规定了"公司章程另有规定的除外",并未强调一致决/合意制的要件。

关于表决权能否受限,《九民纪要》第 7 条规定,"股东认缴的出资未届履行期限,对未缴纳部分的出资是否享有以及如何行使表决权等问题,应当根据公司章程来确定。公司章程没有规定的,应当按照认缴出资的比例确定。如果股东(大)会作出不按认缴出资比例而按实际出资比例或者其他标准确定表决权的决议,股东请求确认决议无效的,人民法院应当审查该决议是否符合修改公司章程所要求的表决程

---

① 参见重庆市荣昌区(县)人民法院民事判决书,(2010)荣法民初字第 2997 号。

② 参见宋燕妮、赵旭东主编:《中华人民共和国公司法释义》,法律出版社 2019 年版,第 90 ~ 91 页;许中缘:《论〈公司法〉第 42 条但书条款的规范解释》,载《现代法学》2021 年第 2 期,第 125 页。案例可参见福建省厦门市中级人民法院民事判决书,(2018)闽 02 民终 1736 号;广东省广州市中级人民法院民事判决书,(2018)粤 01 民终 12051 号。

③ 参见许中缘:《论〈公司法〉第 42 条但书条款的规范解释》,载《现代法学》2021 年第 2 期,第 127 页。

④ 参见刘俊海:《公司法学》(第 3 版),北京大学出版社 2020 年版,第 69 页。

序,即必须经代表三分之二以上表决权的股东通过。符合的,人民法院不予支持;反之,则依法予以支持”。可见,此处的修订章程约款之通过并不需要全体股东一致决。质言之,该意定规则的多数决要求不算是高门槛,此条可谓是有限公司意定规则的例外(因为在多数场合下有限公司意定要求的标准是由全体股东约定的)。这也就意味着,有限公司可能存在某些股东的表决权比大于其出资比,故而前文指出,本条也可理解为有限公司的表决权类别股,与本法第 144 条第 1 款第 2 项所规定的股份公司表决权类别股遥相呼应,即本条实质上允许有限公司股东通过章程搭建类似于低表决权股和特别表决权股的架构。①

◉ 公司治理操作指南

1. 有限公司的表决权“类别股”

如果有限公司的股东们希望达成特别表决权安排,包括不按照认缴的出资比例行使表决权和实现类似于特别表决权股架构的效果,则可在设立公司时详细拟定章程,对具体安排进行明确约定。例如,可以在初始章程中约定对公司发展至关重要的某个股东享有一个比例更高的表决权,而相应降低其他股东表决权比例。这一安排,实际上相当于本法第 144 条第 1 款第 2 项关于股份公司的表决权类别股,即“每一股的表决权数多于或者少于普通股的股份”。这一制度,有限公司完全也可以采用。

2. 有限公司股东权利的 6 个比例

公司作为人类迄今为止创造出来的最重要的商业组织,比之其他商业组织,其制度优势之一就是可以聚集不同的资源,最大限度地允许不同投资偏好的人共同投资一家公司。比如,有的偏好风险(风险大,收益也大),有的讨厌风险(风险小,收益也小);有的看重眼前利益,有的着眼于长远;有的看重财产收益,有的看重控制权。所谓“海纳百川,有容乃大”,公司制度设计也应是如此。

具体到股东权利的分配,公司法上关涉到的股东权利比例总共有 6 个:①出资比(认缴比、实缴比);②股权比;③表决权比;④新股(增资)优先认购比;⑤分红比;⑥分配剩余财产比。

关于这几个比例,如果公司章程没有特别约定,应该都是高度一致的。

例如,A 公司注册资本 1000 万元,甲认缴且实缴其中的 100 万元,那么甲:①出

---

① 参见上海市青浦区人民法院民事判决书,(2020)沪 0118 民初 21579 号。

资占比 10%；②股权占比 10%；③持有 10% 的表决权；④如有限公司增资扩股，其可以优先认缴出资 10%（股份公司需要公司章程规定或者股东会决议决定，参见本法第 227 条）；⑤享有公司分红的 10%；⑥公司解散时，享有 10% 的剩余财产分配权。这里稍作说明，稍微复杂的就是出资比又分为认缴比与实缴比（有限公司实行认缴制，故而会在一定期限内存在两个比例；股份公司实行实缴制，一般不存在这一差异）；有限公司股东的认缴比与实缴比不一致的，影响以上诸比例的分红比（本法第 210 条第 4 款）、增资优先认购比（本法第 227 条第 1 款），其余皆以认缴比为准。

但是，如果公司章程或全体另有约定，或者股东会另有决议（这几个公司自治要求的多数决不一样，具体要求何种公司自治形式，参见相应的具体条款），以上几个比例也都可以相互不一致。这就是公司法赋予公司意思自治的广阔空间，但实务中很少有公司章程这样做。

3. 表决权的认缴比与分红的实缴比之间的玄机

既然有限公司的股东表决权比例取决于股东的"出资比例"，此处"出资比例"是指"认缴比"而非"实缴比"。对照之下，分红比的法定比例是实缴比（参见本法第 210 条第 4 款"按照股东实缴的出资比例分配利润"）。这也就意味着在控股股东实缴之前，其完全可以通过控制分红决议的表决权多数，进而让少数股东按照实缴比享受分红的利益落空；控股股东完全可以等自己实缴到位后的下一个年度再作出分红的决议；但反过来，少数股东如实缴不到位，则真的无法获得分红。这不公平吗？好像真的是；合法吗？好像也真的是。对此应当怎么解释？实际上，这些利益的倾斜是控股股东之控制权收益（control surplus），且系合法的控制权收益。这是一种商业安排，可能涉及合理性与否的问题，而不是合法性问题，法律可能无法干预，也尽量不去干预。

◉ 比较法规范

《德国有限责任公司法》第 47～48 条；《日本公司法》第 308 条；《韩国商法》第 575 条；《英国 2006 年公司法》第 284 条。

◉ 研究文献

1. 安晋城：《股东表决权排除的类推适用——兼评宋某祥诉万禹公司除名决议效力案》，载《法学杂志》2021 年第 7 期。

2. 许中缘：《论〈公司法〉第 42 条但书条款的规范解释》，载《现代法学》2021 年第 2 期。

3. 叶林：《股东会会议决议形成制度》，载《法学杂志》2011 年第 10 期。

4. 钱玉林:《公司章程“另有规定”检讨》,载《法学研究》2009 年第 2 期。

第六十六条 【股东会的议事规则】

股东会的议事方式和表决程序,除本法有规定的外,由公司章程规定。

股东会作出决议,应当经代表过半数表决权的股东通过。

股东会作出修改公司章程、增加或者减少注册资本的决议,以及公司合并、分立、解散或者变更公司形式的决议,应当经代表三分之二以上表决权的股东通过。

◉ 立法意旨

本条是关于有限公司股东会议事规则的规定。

◉ 条文演变历程

关于有限公司股东会议事方式、表决程序和决议通过比例,1993 年《公司法》分两条规定:第 39 条规定,“股东会的议事方式和表决程序,除本法有规定的以外,由公司章程规定。股东会对公司增加或者减少注册资本、分立、合并、解散或者变更公司形式作出决议,必须经代表三分之二以上表决权的股东通过”。第 40 条规定,“公司可以修改章程。修改公司章程的决议,必须经代表三分之二以上表决权的股东通过”。2005 年《公司法》将其合为一条,于第 44 条规定,“股东会的议事方式和表决程序,除本法有规定的外,由公司章程规定。股东会会议作出修改公司章程、增加或者减少注册资本的决议,以及公司合并、分立、解散或者变更公司形式的决议,必须经代表三分之二以上表决权的股东通过”。2013 年修法时调整条文序号为第 43 条。

此次修法,二审稿第 66 条新增第 2 款,即“股东会会议作出决议必须经代表二分之一以上表决权的股东通过”。三审稿第 66 条又作 2 处修订:一是将“二分之一以上”修订为“过半数”,二是将第 3 款的“必须”修订为“应当”。审议通过时规范了表达,删除三审稿第 66 条第 2 款、第 3 款中“股东会会议”的“会议”二字,因股东会会议仅是股东会的议事方式,决议主体不是会议,而是作为公司法人机关的股东会。

◉ 条文释义

本条对应旧法第 43 条,新增第 2 款关于一般事项决议的规定,对第 3 款关于特别事项决议的规定有轻微文字调整。

(一)第1款:规范目的

一是作为缺省性规范,在有限公司章程未明确时提供股东会议事方式的基本程序规则。

二是为保护股东利益,第59条将重大变更事项的决定权授予股东会,在此基础上第3款对此类事项强制设置绝对多数决要求,以维持决策效率与少数股东利益保护之平衡。

三是除作为行为规范,本条还具有裁判功能,裁判者判断有限公司决议是否成立及其效力时,可依本条确定的议事方式与表决程序规则进行审查。

(二)第2款:一般事项采简单多数决

本款系新增条款,明确有限公司股东会一般事项的简单多数决标准,即"股东表决权过半数"。

本款意义重大,此前由于多数有限公司章程采用登记机关推荐的范本,范本并未在公司法之外进一步具体化,往往规定"本章程没有规定的,适用《公司法》的规定",尴尬局面由此产生——公司法赋权公司章程另行规定,公司章程则寄希望于公司法对此进行明确规定。这一立法漏洞导致纠纷发生后缺乏裁判依据。

1. 股东会的一般事项表决规则

本款明确有限公司股东会决议的一般事项表决规则,即"股东会作出决议,应当经代表过半数表决权的股东通过",填补旧法的立法"漏洞"。本规则下,决议通过比例为全部表决权的过半数,分子为投赞成票股东所持表决权数、分母为对决议事项享有表决权的表决权总数。通常情况下,分母即为有限公司全体股东所持的股权总数,除非存在回避表决的情况或类似类别股的表决权架构。

2. 本款不宜理解为强制性规范

这是尊重商人自治安排之价值考量下的应然解释。有观点基于文义解释及体系解释,认为本款属于强制性规范,主要理由包括:一方面,本款使用了"应当"这类具有强制含义的词语;另一方面,结合第1款,对于股东会议事方式和表决程序,公司章程只能在《公司法》未作规定时规定。我们认为,基于目的解释,宜将本款视为推定适用的选出规则,允许有限公司自治。实质理由为:公司法的功能之一是提供一套默认的规则,该规则清晰界定不同主体承担的风险及权利义务,以降低事前磋商成本,以及因事前约定未完整覆盖将来所有可能,而引发的事后商讨成本;①有限公司初始章程反映全体股东的合意,②若股东一致同意不依本款行事,在通常情况下,法院并无强制干预的必要,强制维持简单多数决无法实现保护少数股东之规范目的。鉴于此,若公司偏离本款规定采其他决议方式,如采取最简单的多数决,即赞成票多于反对票决议即通过,或采取更高比例的多数决,此时应否尊重公司的自治安排?在后一种情形中,人们往往认为应尊重公司的自治安排。在前一种情形中,本书认为仍应尊重公司安排。总之,一般决议事项的具体表决方式和表决比例应允许公司自治决定,在解释论上将2款构造为选出规则。

需要说明的是,公司章程如规定一般决议事项经代表过半数表决权的股东通过,此时如果公司两派股东的表决权比例恰好为1∶1,则应适用法定的过半数通过规则,以避免公司僵局。

3. 本款暗含有限公司股东会的定足数

本款以表决权总数为分母,内含有限公司股东会一般决议事项的定足数要求,即至少有代表过半数表决权的股东出席会议,才可能作出有效决议。

(三)第3款:重大事项采绝对多数决

1. 股东会的重大事项表决规则

本款明确公司的7个重大事项(修改章程、增资、减资、合并、分立、解散、变更公司形式)适用绝对多数决,即须经代表2/3以上表决权的股东通过。

2. 强制性规范

主流观点认为本款系强制性规定,公司章程不得与之抵触。③ 其实质理由是:公司法的功能之一是为受到压迫的交易者提供事后救济,当事人理性有限,立法也并不完备,即使当事人达成合意,当合同条款不能排除歧义,部分优势主体也可能伺机而动,为私人利益最大化违背承诺,以损害交易方利益的方式自肥。④ 因此,法律要求变更重大事项必须获得绝大多数股东同意,以保护容易受侵害的股东。该逻辑更

---

① 参见[美]亨利·汉斯曼:《企业所有权论》,于静译,中国政法大学出版社2001年版,第27页。

② 参见本法第45条。

③ 参见宋燕妮、赵旭东主编:《中华人民共和国公司法释义》,法律出版社2019年版,第91页。

④ 参见[美]奥利弗·E.威廉姆森:《资本主义经济制度:论企业签约与市场签约》,段毅才、王伟译,商务印书馆2002年版,第51、71~72、94~95页。另一种概念化的抽象表述为"降低代理成本",参见Reinier Kraakman, John Armour et al., *The Anatomy of Corporate Law: A Comparative and Functional Approach*, 3rd edition Oxford University Press, 2017, p.29。

契合两权分离程度较高的公众公司，对有限公司这类中小型封闭公司以及存在控股股东的公司而言，更合适的解释是，本款具有保护少数股东免受多数股东侵害的功能。在这一解释路径下，法院一般认可公司章程可规定高于2/3的决议通过比例，[①]因为更高的比例自然契合保护少数股东的规范目的，对于某些重大事项提出一致同意的要求也并无不可，但将比例下降则构成对本款的抵触，不能发生效力。

（四）与股份公司股东会表决规则的对比

本法第116条规定了股份公司股东会的决议规则，明确“股东出席股东会会议，所持每一股份有一表决权，类别股股东除外。公司持有的本公司股份没有表决权。股东会作出决议，应当经出席会议的股东所持表决权过半数通过。股东会作出修改公司章程、增加或者减少注册资本的决议，以及公司合并、分立、解散或者变更公司形式的决议，应当经出席会议的股东所持表决权的三分之二以上通过”。对照之下，两类公司的股东会表决规则存在一个实质共同点需强化认识，也存在一个重大区别需特别指出。

1. 实质共同点

本法第144条规定在股份公司引入类别股时，股份公司可按公司章程规定发行“每一股的表决权数多于或者少于普通股的股份”，除类别股之外，股份公司实行严格的同股同权（每一股份有一表决权）。与此相对应，第65条规定，“股东会会议由股东按照出资比例行使表决权；但是，公司章程另有规定的除外”。这表明，有限公司原则上也遵循同股同权，但章程也可以改变同股同权的立法安排。

2. 重大区别

有限公司决议通过比例的基数（分母）是“全体股东所持表决权”，但股份公司决议通过比例的基数（分母）是“出席会议的股东所持表决权”。对于有限公司，如章程未特别规定，其股东会决议之通过适用本条第2款、第3款规定的多数决，这意味着有限公司股东会存在隐性的定足数规则，即如果与会股东（包括授权他人投票的股东）所持表决权数不足全部表决权数的2/3（有重大事项表决）或者未超过半数（仅有一般事项表决），该股东会便无法作出有效决议。股份公司股东会不存在显性抑或隐性的定足数规则。

---

① 参见北京市第二中级人民法院民事判决书，（2012）二中民终字第01571号；江苏省高级人民法院民事判决书，（2021）苏民终232号。

基于此,有限公司股东会决议之通过,要求赞成票达到全部表决权数的一定优势比例,不出席股东会的股东形同出席会议但投反对票、弃权票。股份公司则要求赞成票需达到出席会议股东所持表决权数的一定优势比例,不出席股东会的股东此时与回避表决的股东类似,不会对决议的通过产生不利的影响。由此可见,理论上,股份公司股东会通过决议更为容易。这也有助于我们理解第 63 条、第 114 条设计的 10% 以上股东自行召集、主持股东会的权利,对两类公司在实际制度价值上的重大区别。

以上的不同规则设计,旨在防止股权相对分散的股份公司因股东的理性冷漠(“搭便车”,free rider)而无法作出有效决议,体现了我国立法对有限公司和股份公司的不同功能预设:有限公司对应股东人数较少、股东亲自参与经营管理且股权不在流通市场交易的中小型封闭公司,股份公司则对应股东人数较多、两权分离程度高、股份在市场上流通的大中型公众公司。

需要指出的是,尽管实践中非上市股份公司与有限公司在股权结构及公司治理方面并无本质区别,且《公司法》在诸多方面未再针对两类公司进行不同的制度设计,但两类公司在这一方面的制度同质化尚未体现。

◉ 公司治理操作指南

设立公司时,全体股东共同制定章程,可将除本条第 1 款之外的其他规则写入章程。如股东有其他合理需求,希望改变默认适用的过半数通过之表决规则,也可在章程中明确规定。但对于第 3 款规定的多数决比例,只能提高,不能降低。

具体到公司实践,本条的适用有“人间三态”。

1. 理想丰满

公司成立后,控股股东进一步增持的,如其持股比例由 65% 增持至 72%,为防止其滥权,少数股东也可以请求修订公司章程,如将第 3 款规定的 2/3 以上之比例提升到 75%。但这一提议要成为现实,需得到有雅量的控股股东的支持,否则无异于与虎谋皮。现实中,确实也不乏此类控股股东,愿意自我限权,实行“公司宪政”,以取信于少数股东;也有少数股东掌控关键资源,控股股东被迫“迁就”的情形。无论如何,此类约款经决议载入章程,就应得到法律尊重。

2. 现实骨感

实践中也有控股股东在持股比例超过 2/3 后,利用绝对控股地位,大规模修订初始章程,将有利于少数股东权益的条款全部废止,减损少数股东的权益,同时大肆增加有利于自己的条款,增加控股股东的福利。“一损一益”之间,股东压制已经形成。就此,少数股东的救济路径是,依据本法第21条、《民法典》第132条、《民法典总则编司法解释》第3条等规定,请求法院确认控股股东滥用股东权利通过的有关公司章程修改的决议无效;如未获支持,则控股股东控制下的新章程约款将是有效的。

3. 少数派“疯狂”

天下之事,凡兴一利必生一弊。实践中也有少数股东利用掌控的关键资源,利用控股股东的“厚道”“大意”,或者趁公司无控股股东存在,通过如下条款:凡属于公司股东会的议决事项,一概需要全体股东一致同意方能通过。此类规定,将有限公司的治理彻底混同于合伙企业,甚至有过之而无不及(《合伙企业法》也并未要求一切事项均需全体合伙人一致同意)。这确实有利于少数股东,因为其实质上赋予了大小股东一样的议决权,如无其他无效情节,理应得到法律尊重(详见本条的典型案例分析)。但这样的约款也会为未来的公司治理埋下伏笔——令少数股东享有滥用其股东权利之机会。任何人都有可能滥用权利,“绝对的权力会绝对的导致腐败”,此言不虚。此时,其他股东或控股股东(如有)同样可以寻求救济,救济路径同上段,即请求法院宣告少数股东滥用权利阻止决议通过的表决行为无效。

◉ 比较法规范

《德国有限责任公司法》第47条、第53条、第60条;《韩国商法》第287条之十六、第287条之四十、第287条之四十三、第574条、第584条、第585条、第598条、第599条、第609条;《日本公司法》第309条。

◉ 研究文献

叶林:《股东会会议决议形成制度》,载《法学杂志》2011年第10期。

◉ 典型案例

周某亮与徐州市兴盛永置业有限公司公司决议纠纷案①

1. 案情简介

被告徐州市兴盛永置业有限公司(以下简称徐州置业公司)原股东为江苏兴盛永实业集团有限公司(以下简称江苏实业集团)及周某星,周某星持有40%股权。江苏实业集团的股东为周某星及柏某茵(两人系夫妻),持股比例分别为94%、6%。《徐州置业公司

① 参见江苏省徐州市中级人民法院民事判决书,2017苏03民终2132号。

章程》第17条规定,“股东会会议应对所议事项作决议,决议应由全体股东表决通过,股东会应当对所议事项的决定作出会议记录,出席会议的股东应当在会议记录上签名”;第29条规定:“公司根据需要或涉及公司登记事项变更的可修改公司章程,修改后的公司章程不得与法律、法规相抵触,修改公司章程应由全体股东表决通过……”周某星去世后,其所持徐州置业公司40%股权中,20%归柏某茵所有,20%由柏某茵、周某睿(法定监护人柏某茵)、周某亮、周某霞、周某东、周某伟、徐某云平分。

2014年11月7日,根据柏某茵提议,徐州置业公司向股东周某亮、周某霞、周某东、董某兰(周某伟法定监护人)、徐某云分别发出《召开股东会议通知书》,通知股东会召开时间为2014年11月25日上午10时,地点在新沂市瑞丰国际酒店三楼会议室,会议议题为修改公司章程、选举和更换执行董事等。2014年11月25日,江苏实业集团、柏某茵、周某睿(经柏某茵代理)共同委托的代理人张某菁,以及周某亮、周某东的法定代理人李某参加了股东会。会议表决结果为代表85.71%表决权的股东同意,将公司章程中股东会表决程序、表决方式修改为按公司法的规定进行,柏某茵担任执行董事(法定代表人)兼总经理、李某荣担任公司监事,会议记录及股东会决议上有张某菁签名。

2016年8月11日,周某亮向新沂市人民法院提起诉讼,认为徐州置业公司2014年11月25日股东会决议未经全体股东表决通过,违反公司章程规定,要求撤销该决议。2017年1月12日,法院作出(2016)苏0381民初5233号民事裁定书,以周某亮起诉超过法定期间为由裁定驳回起诉。周某亮不服,提起上诉。2017年4月6日,徐州市中院作出(2017)苏03民终2132号民事裁定书,指令新沂法院审理。一审过程中,周某亮变更诉讼请求为要求确认徐州置业公司2014年11月25日股东会决议不成立。

2. 裁判要旨

一审法院认为,首先,2013年《公司法》第42条(新《公司法》第65条)规定“股东会会议由股东按照出资比例行使表决权;但是,公司章程另有规定的除外”,确立了“资本多数决”原则,法律允许公司章程另有规定,但不应违反“资本多数决”,否则容易使公司就重大事项无法作出股东会决议,导致股东会决策机制失灵,严重的还极有可能致使公司解散。其次,《徐州置业公司章程》第14条规定“股东会会议由股东按照出资比例行使表决权”,说明其股东会实行的就是“资本多数决”的决议通过方式,《徐州置业公司章程》第17条、第29条中的“全体股东表决通过”应指全体股东参加表决,但决议是否通过仍应按照公司章程第14条规定的“资本多数决”确定,而不是要求全体股东一致表决同意。最后,徐州置业公司的原股东为江苏实业集团及周某星,而江苏实业集团的原股东为周某星及柏某茵,柏某茵的持股比例仅为6%,鉴于徐州置业公司两股东之间的特殊关系且柏某茵的持股比例甚小,无论公司章程如何规定,均不能成为周某星对公司决策和管理的障碍。但在周某星去世后,因继承导致徐州置业公司股东发生变化,为保证公司决策顺畅,有效管控分歧,公司召开股东会将原公司章程中股东会决议的通过方式修改为与公司法规定一致,符合公司治理的一般规律和常理,也体现了权利义务相一致的民法原则。综上所述,徐州置业公司 2014 年 11 月 25 日股东会决议经出席会议代表 85.71% 表决权的股东表决通过,程序合法,决议将公司章程中有关股东会表决程序、表决方式修改为按公司法规定进行及选举执行董事等内容,不违反法律及公司章程的规定,周某亮作为参会的股东之一,无论其是否同意徐州置业公司的股东会决议或是否参与表决,均不影响该股东会决议的成立和有效。

二审法院认为,2013 年《公司法》第 43 条第 1 款(新《公司法》第 66 条第 1 款)规定,“股东会的议事方式和表决程序,除本法有规定的外,由公司章程规定”,《徐州置业公司章程》第 17 条规定,“股东会会议应对所议事项作出决议,决议应由全体股东表决通过”。公司法对公司股东会的议事方式和表决程序只是规定了表决权的下限,只要在下限以上都是公司自治的合法范围。《徐州置业公司章程》规定全体股东一致同意在合法范围之内,不违反公司法强制性规定,且符合公司章程意思自治的立法本意。按照《徐州置业公司章程》的规定,决议应经公司全体股东表决通过,但系争决议表决结果为代表 85.71% 表决权的股东通过,根据《公司法解释四》第 5 条的规定,周某亮主张案涉股东会决议不成立,应予以支持。

3. 案件评析

公司法对股东会议事方式和表决程序只规定了表决比例的下限,章程规定的表决比例可以高于该下限。公司章程规定的类似“股东会会议应对所议事项作出决议,决议应由全体股东表决通过”的条款,虽然可能导致决策机制失灵,继而使公司管理陷入僵局,但因其旨在防止多数股东滥用资本多数决侵害少数股东利益,仍属于公司自治范畴,为保障公司自治权利,司法干预应保持谦抑。

一审判决书中有这样一段话,“徐州置业公司章程第十七条、第二十九条中的‘全体股东表决通过’应当系是指全体股东参加表决,但决议是否通过仍应按照公司章程第十四条规定的‘资本多数决’进行确定,而不是要求全体股东表决一致同意”。这是该判决书的核心内容,也是支持其裁判结果的关键论证,但很遗憾,这段话存在明显的逻辑错误。所幸其最后被二审法院纠正。

第六十七条　【董事会的设置和职权】

有限责任公司设董事会,本法第七十五条另有规定的除外。

董事会行使下列职权:

(一)召集股东会会议,并向股东会报告工作;

(二)执行股东会的决议;

（三）决定公司的经营计划和投资方案；

（四）制订公司的利润分配方案和弥补亏损方案；

（五）制订公司增加或者减少注册资本以及发行公司债券的方案；

（六）制订公司合并、分立、解散或者变更公司形式的方案；

（七）决定公司内部管理机构的设置；

（八）决定聘任或者解聘公司经理及其报酬事项，并根据经理的提名决定聘任或者解聘公司副经理、财务负责人及其报酬事项；

（九）制定公司的基本管理制度；

（十）公司章程规定或者股东会授予的其他职权。

公司章程对董事会职权的限制不得对抗善意相对人。

◉ 立法意旨

本条是关于有限公司董事会设置和职权的规定。

◉ 条文演变历程

关于有限公司董事会职权，1993 年《公司法》第 46 条采封闭列举模式，其规定，"董事会对股东会负责，行使下列职权：（一）负责召集股东会，并向股东会报告工作；（二）执行股东会的决议；（三）决定公司的经营计划和投资方案；（四）制订公司的年度财务预算方案、决算方案；（五）制订公司的利润分配方案和弥补亏损方案；（六）制订公司增加或者减少注册资本的方案；（七）拟订公司合并、分立、变更公司形式、解散的方案；（八）决定公司内部管理机构的设置；（九）聘任或者解聘公司经理（总经理）（以下简称经理），根据经理的提名，聘任或者解聘公司副经理、财务负责人，决定其报酬事项；（十）制定公司的基本管理制度。"2005 年《公司法》第 47 条增设兜底条款，增加"（十一）公司章程规定的其他职权"。2013 年修法调整条文序号为第 46 条。

此次修法，一审稿改采剩余立法权模式，第 62 条第 1 款规定"……董事会是公司的执行机构，行使本法和公司章程规定属于股东会职权之外的职权"，这是董事会中心主义模式的最佳立法表达。但可惜，该条在公开征求意见过程中收到不少反对或不理解的意见，于是二审稿第 67 条又恢复旧法的列举模式，但有两点变化：一是删除 2018 年《公司法》第 46 条"（三）决定公司的经营计划和投资方案；（四）制订公司的年度财务预算方案、决算方案"，二是将兜底条款从"公司章程规定的其他职权”修改为“公司章程规定或者股东会授予的其他职权”。三审稿第 67 条未修改。审议通过时又于第 1 款第 3 项恢复了董事会“决定公司的经营计划和投资方案”的职权，与《民法典》第 81 条第 2 款保持一致。

总之，相较旧法第 46 条，本条有四方面调整：(1)将旧法第 44 条第 1 款关于董事会设置的规定移至本条第 1 款，明确董事会系公司必设机关，同时引入第 75 条作为但书；(2)第 2 款删除“董事会对股东会负责”的表述，突出董事会作为执行机关的独立地位，符合分权制衡的现代公司法精神；(3)第 2 款删除“制订公司的年度财务预算方案、决算方案”，并在兜底条款新增“或者股东会授予的其他职权”；(4)增设第 3 款，规定公司章程对董事会职权的限制不得对抗善意相对人，该款系对《民法典》职务代理规则的具体化。

◉ 条文释义

本条对应旧法第 46 条。另根据第 120 条第 2 款，本条规定也适用于股份公司。

(一)第 1 款：董事会的法律地位

1. 公司必设董事会或者 1 名董事

两类公司关于董事会的设置完全同质化，即原则上设董事会，董事会是必设法人机关(本款及第 120 条第 2 款)；作为例外，规模较小或者股东人数较少的公司，设一名董事，行使董事会的职权(第 75 条、第 128 条)。

这一规定，也是对《民法典》第 81 条所规定的“营利法人应当设执行机构”在公司法的落实。董事会是公司的执行机关。

2. 董事会具有独立决策地位

引人注目的是，本款删除旧法第 46 条第 1 款“董事会对股东会负责”的表述，明确董事会作为公司执行机关的独立地位。这一修订，主要原因有三：

首先，包括股东会、董事会、监事会等在内的诸法人机关之间的关系，乃现代公司法治下的分权制衡关系(check and balance)而非上下级关系(the bureaucracy, the hierarchy)，依我国公司法所参考的日本、我国台湾地区的公司二元治理模式，董事会享有与股东所有者权相分离的经营权。

其次，董事会、股东会职权法定而非可以相互僭越，依我国采用的职权法定列举模式，第 59 条及本条所列的股东会、董事会的职权源于现实需要及法律规定，而非前者当然享有并授予后者。

最后，董事会的地位独立为职工董事制度提供基础。公司的社会责任要求其吸纳职工代表参与公司治理,以代表与所有者利益相独立的职工利益。但需注意的是,取消“董事会对股东会负责”的规定,不影响本条第2款所规定的董事会“执行股东会的决议”“向股东会报告工作”,此为保证经营权与所有者权协调的应然规定,不能理解为上下级关系。须补充说明的是,因股东会与董事会并非领导与被领导关系,如股东认为董事会决议不当,应通过决议无效或撤销之诉寻求救济,或追究其责任,不能直接以股东会决议的形式否定董事会决议。股东不得也无权干预董事会独立行权。

(二)第2款:董事会职权的立法模式选择

1. 理想的剩余控制权模式

关于董事会的法定职权,各国公司法主要有三种模式:一是概括式也即剩余控制权①模式,如《美国模范商业公司法》第35条规定,“除本法或章程另有规定外,公司的一切权力都应由董事会行使或由董事会授权行使。公司法的一切业务活动都应在董事会的指示下进行”。二是列举式,如我国《公司法》。三是“概括+列举”式,如《日本公司法》第362条第2款规定董事会的权限为“决定公司的业务执行,监督董事职务的执行,代表董事的选举执行”,对业务执行权的详细内容则未作列举。尽管立法模式存在差异,但共性有二:首先,董事会的主要职权均法定,章程不得对其法定职权作出限制,这是确立董事会独立地位的当然前提。通过严格划定法定的、不得由章程变更的职权范围,可避免控股股东损害公司内部结构稳定性及少数股东利益。其次,董事会职权是广泛的,包括业务执行权、监督经理职务执行及部分经营决策权。各立法模式的区别主要在于经营管理决策权的范围,相较而言,单层

---

① 剩余控制权,是指公司法等法律文件以及公司章程等契约文件没有明确分配的公司控制权。剩余控制权的产生是立法的不完备性(incompleteness of legislation)与契约的不完备性(incompleteness of contract)造成的。对于立法者与缔约者而言,立法与契约内容的不可预见性(unforeseeable contingency)与不可验证性(non-verifiability),不可避免地导致立法与契约内容的不完备,难以穷尽所调整的事项范围。具体到公司控制权的分配,就表现为出现剩余控制权;具体到公司财产权的分配,就表现为剩余索取权。对于剩余控制权的归属,理想的状态应该是归属于公司的终极所有者,且与剩余索取权的归属相一致。各国公司立法正是这样规定的。但是,正式的制度安排是一回事,现实状态又是另一回事。现代公司权力运行的现实状态是:股东或者董事会拥有立法上名义的剩余控制权,但以经理为首的高管拥有实际的剩余控制权。公司法理论将这一现象总结为名义上的“股东会中心主义”“董事会中心主义”与实际上的“经理人中心主义”。参见李建伟:《公司法学》(第5版),中国人民大学出版社2022年版,第278页。

制下董事会的决策权大于其他模式。①

我国此次《公司法》修订主要任务之一是确立董事会中心主义，以取代（改造）一直以来的股东会中心主义（至少纸面立法如此）。要完成这一模式转换，在旧法的基础上需分四步走：一是削减股东会法定职权，二是扩充董事会职权，三是经理职权由法定走向意定，四是鼓励单层制治理结构。其中，前三步主要赋予董事会以决策权，充实其执行权。第四步中，董事会下设审计委员会使董事会由此获得监督权。从最终立法文本来看，以上四步的落实情况为：股东会法定职权在一定程度上被削弱，但仍显不足；董事会法定职权得到一定扩充，但是远未到位，第三步、第四步则已落实到位。那么，董事会中心主义模式是否得到确立？应当说不尽如人意。董事会中心主义的核心是处理好股东会与董事会的职权关系，并将公司经营管理决策权的配置偏向董事会，但由于前两步并未彻底落实，董事会中心主义打了折扣，尤其是董事会法定职权的扩充，尚且任重道远。

董事会中心主义模式的配套立法范式，乃董事会法定职权的剩余控制权模式，此乃不争的事实，也即一审稿第62条第1款规定的"董事会是公司的执行机构，行使本法和公司章程规定属于股东会职权之外的职权"。

2. 现实的"法定列举+兜底授权"模式

本款有关董事会职权的规定使用了"法定列举+兜底授权"的规范模式，这一模式强调：一方面，列举的职权严格法定，不得由章程限制或分配给其他机构行使；另一方面，在兜底条款中除章程规定外，新增股东会授权，这一定程度体现了立法向董事会中心主义偏向。

（三）第2款前9项分析：法定职权

1. 召集股东会会议，并向股东会报告工作。董事会是正常治理秩序下的股东会

---

① 公司监督机构的设置主要有四种模式：（1）实行单层制的英美公司法，不单设监督机构，由董事会履行监督职责，具体由外部董事组成的审计委员会负责，英国还设有审计员专司财务审计。（2）实行双层制的德国，在董事会之上设置监事会，负责对董事会的业务活动监督，同时享有任命董事并决定其报酬、批准公司重大决策等权力。双层制的"监事会"实际上更类似于单层制的董事会，故又译为"监督董事会"，其下的"董事会"又译为管理委员会、管理董事会或理事会。（3）日本、韩国、我国台湾地区在股东会之下设置平行的董事会和集体制的监事会或者独任制的监事（日本公司法还允许公司选择设置"三委员会"或监事会），负责董事会、经理的业务监督，同时另设对监事（会）汇报工作的会计检查人专司财务监察。（4）允许自由选择单层制或双层制的法国，公司可以选择设置或不设置监事会。我国公司的监督机构设置基本上沿用了第三种模式，在监事会的组成上吸取了德国的职工参与制，在监事会的职能上更接近于日本的规定。参见李建伟：《公司法学》（第5版），中国人民大学出版社2022年版，第310页。

召集人(本法第 63 条),召集股东会会议包括定期、临时会议,这是董事会的法定职责,如怠于履行将构成勤勉义务的违反。在股东会定期会议上,董事会要报告工作,与本法第 59 条第 1 款第 3 项规定的股东会“审议批准董事会的报告”的职权相衔接。

2. 执行股东会的决议。这是民法、公司法将董事会定位于公司执行机关的应有之义,并不表明董事会是股东会的下级机构。

3. 决定公司的经营计划和投资方案。本项在旧法中有规定,但此次修法在三次审议稿中被反复增删,与本法第 59 条取消旧法关于股东会享有“决定公司的投资方针和投资计划”职权的规定不无关系,但最终予以保留。该职权具有双重制度价值:其一,与《民法典》第 81 条第 2 款的规定保持一致,即营利法人执行机构“决定法人的经营计划和投资方案”。其二,实质扩张董事会职权。董事会中心主义的确立建立在股东会、董事会职权此消彼长的基础上,股东会此项职权被取消,该事项的决定权自然就属于董事会。

4. 制订公司的利润分配方案和弥补亏损方案。依本法第 59 条第 1 款第 4 项,该类事项的决定权在股东会,董事会仅负责制订方案以报股东会批准。对此有两个立法评价:其一,这属于典型的公司经营管理事项,依多数国家、地区公司法的经验,应赋权董事会而非股东会;其二,无论是从法理还是从现实需求出发,该职权都可以转授权给董事会。

5. 制订公司增加或者减少注册资本以及发行公司债券的方案。这是涉及公司股本结构及资产结构的重大事项,决定权在股东会(本法第 59 条第 1 款第 5 项、第 6 项),董事会仅负责制订方案以报股东会批准。但董事会通过另外两个路径也可以分享这一重大职权:一是本法第 59 条第 2 款及第 202 条规定,由公司章程或股东会授权董事会行使公司债券发行决定权;二是第 152 条、第 153 条规定,由公司章程或股东会授权董事会决定发行新股。

6. 制订公司合并、分立、解散或变更公司形式的方案。依本法第 59 条第 1 款第 7 项,该类事项的决定权在股东会,董事会仅负责制订方案以报股东会批准。主流观点认为,该职权不得转授董事会。

7. 决定公司内部管理机构的设置。这是董事会经营管理决策权的重要依托。

8. 决定聘任或者解聘公司经理及其报酬事项,并根据经理的提名决定聘任或者解聘公司副经理、财务负责人及其报酬事项。这是董事会经营管理决策权的重要依托,由此确立了以经理为首的管理层的董事会附属执行机关之法律地位。同时须指出,第265条第1项定义的高级管理人员还包括上市公司董秘以及公司章程规定的其他人员,对照之下,本款并不周延,应扩张理解为,上市公司董秘及章程规定的其他高管都应纳入本款,其职务的聘任、解聘及其报酬事项都由董事会决定,唯一不同在于上市公司董秘的提名人可能是董事长而非经理。

9. 制定公司基本管理制度。旧法第49条曾规定公司经理法定职权之一是“制定公司的具体规章”,以区别于董事会的本项职权。新法取消了经理的所有法定职权,因此包括“制定公司的具体规章”“制定公司的基本管理制度”在内的所有职权,可以理解为均归于董事会,当然董事会可以转授权给经理(详见第74条)。

前述9项法定职权,尚需进一步归类分析:

其一,9项职权分别体现了董事会在业务执行及经营决策方面的双重地位:一方面,第1项、第2项、第4项、第5项、第6项职权旨在衔接董事会与股东会的工作,协助落实股东会的所有权力,包括程序上的报告工作,执行股东会决议,以及事先制订并须提交股东会最终决策的,与利润分配、弥补亏损、增减资、发行公司债券、公司合并、公司分立、公司解散、变更公司形式等有关的方案,是董事会作为公司执行机关的应有职权;另一方面,第3项、第7项、第8项、第9项职权则涉及公司经营管理决策领域,董事会可据此直接行使部分宏观层面的公司经营决策权,是董事会作为公司决策机关的应有职权。

其二,董事会的职权具有双重性,既是权力也是责任,这与股东会职权的含义不完全相同。作为权力,董事会行权具有公司事务指挥、控制、执行的意思,任何个人、机构不得干预、阻止;作为责任,董事会不能怠于践行,否则,董事会成员将面临违信责任。

其三,相较旧法第46条所列举的董事会10项法定职权,本款删除其中第4项,即“制订公司的年度财务预算、决算方案”,与第59条关于有限公司股东会法定职权的规定保持一致(删除了旧法第37条第1款第5项“审议批准公司的年度财务预算方案、决算方案”)。新《公司法》不再要求公司这样的私法人制定年度财务预决算方案,精简了公司财务制度,进一步尊重公司自治。

其四,本款规定与《民法典》衔接。《民法典》第81条第2款规定营利法人“执行机构行使召集权力机构会议,决定法人的经营计划和投资方案,决定法人内部管理机构的设置,以及法人章程规定的其他职权”。本款是《民法典》的规定在公司这一营利法人中的具体体现。

第67条

（四）第2款第10项分析：意定职权

第10项规定董事会还享有"公司章程规定或者股东会授予的其他职权"，对应旧法中的"公司章程规定的其他职权"。这句话可从三个方面理解。

1. 剩余控制权的再分配

关于董事会与股东会的职权划分，如前所述，主要有两种立法模式：一是分别列举股东会、董事会的职权，如我国《公司法》；二是规定股东会的职权限于法律、公司章程规定，剩余权力均由董事会行使，这一模式更加凸显"董事会中心主义"，为多数国家公司立法所采用，除前引《美国模范商业公司法》，《日本公司法》第295条第2款规定，"在设董事会公司，股东大会以本法规定事项及公司章程规定事项为限，可作出决议"，《法国商事公司法》第98条规定，"董事会拥有在任何情况下以公司名义进行活动的最广泛的权力；董事会在公司宗旨的范围内行使这些权力，法律明确赋予股东会议的权力除外"。两种立法模式的实质区别在于公司剩余控制权的归属，谁享有剩余控制权，谁便居于公司治理的核心地位。第一种模式下剩余控制权由股东会享有，体现股东会中心主义；第二种模式下剩余控制权由董事会享有，体现董事会中心主义。

本项规定实质系对"剩余权力"的再分配，公司章程及股东会不能剥夺本条第2款规定的授予董事会的法定职权。虽各方对《公司法》关于组织机构职权的规定，是否属于强制性规范存在争议，但考虑到我国多数公司股权较集中，公司章程及股东会决议往往仅体现多数股东的意志，而多数股东通常兼任公司董事或实际控制董事会，故通过章程或股东会决议删减股东会或董事会的法定职权，不利于保护少数股东。例如，如将第15条第2款项下股东会对关联担保作出决议的权力转移至董事会，则控股股东可以轻松规避关联股东回避表决的规定。

2. 意定职权的两个来源

意定职权来自两个方面：一是公司另外规定，二是股东会授予。后者为此次修法新增。在法定、章程规定的职权之外，增设更为灵活的"股东会授予"，可为公司股东会将职权下放董事会打开方便之门，体现了立法者在坚持股东会职权法定且不容削弱的前提下，吸收董事会中心主义模式的立法态度，并借此引入更多元的剩余控制权分配渠道，遵循"充分发挥市场在资源配置中的决定性作用"这一法治思想。

问题的关键是，第59条规定的股东会8项职权中哪些可以转授董事会？该条第2款仅明确第6项职权，即"对发行公司债券作出决议"可以转授权。对于其余职权可否转授各方存在不同主张，但如果理解为不得转授，第 10 项新增的“股东会授予的其他职权”还有何意义？难道仅指第 59 条第 2 款明文规定可以转授的单项职权？

（五）第 3 款：公司章程对董事会职权的限制不得对抗善意相对人

1. 公司章程限制董事会职权的含义

第 2 款第 10 项的立法意旨在于，授权公司通过章程、股东会决议扩张董事会职权，此外，本款还指向了另一个方向，即公司章程可以限制董事会职权。这一规定可以从两个方面考量：一是组织法视角，即在公司内部如何看待董事会职权限制；二是行为法视角，即公司章程限制董事会职权对交易行为的影响。本款涉及的行为法的问题，详见下文。关于前者，公司法没有进一步规范，但在董事会中心主义的模式下，公司章程在董事会法定职权的基础上对其进一步限权，并不符合现代公司法的精神，与董事会中心主义背道而驰。

2. 公司章程限制董事会职权的外部效力

本款为新增条款，意在强化董事会职权法定原则，区分董事会职权的法定与章程规定，明确公司章程限制仅具内部效力，而不具有外部效力。需要指出的是，公司登记事项不包括公司章程（第 32 条），公司章程对董事会职权的限制，外部第三人很难获知，也不负有审查义务，所以相关限权规定原则上不得对抗善意相对人。法定代表人、董监高、工作人员等公司代理人（代表人）超越章程规定的权限订立的合同，除法律法规对职权范围有规定或相对人明知，合同对公司发生效力，相对人可主张法人承担违约责任。具言之：

首先，公司章程规定的限权规则不得对抗善意第三人，与第 11 条规定的公司章程或股东会对法定代表人职权限制不得对抗善意第三人一致，皆因职权限制源于公司内部，不具公示公信力，此为保护交易安全的应然之义。

其次，法律限制董事会职权的，得对抗任意第三人。这涉及契约法领域表见代表（越权代表）、表见代理（无权代理）的认定规则，根据《合同编通则解释》第 20 ~ 22 条，法律限制及章程限制下相对人的审查义务与善意推定规则不同，对于法律规定的职权限制（如第 15 条第 2 款规定，公司为公司股东或者实际控制人提供担保的，应当经股东会决议），不存在本款的适用空间。

再次，举重以明轻，作为公司“宪法”的公司章程不得对抗善意第三人，那么公司内部的其他文件，包括股东会、董事会决议等在内，如有限制董事会职权的规定，自然也不得对抗善意相对人。

最后,依反对解释,公司章程关于董事会职权的限制可以对抗知情或应当知情的相对人,即恶意相对人。

◉ 公司治理操作指南

股东会与董事会的职权关系,是公司治理制度设计的关键性问题。在此,基于多数公司治理经验,介绍几个细节性问题。

1. 股东会不得以章程或股东会决议,限制或排除本条第 2 款前 9 项的董事会职权,仅得分配剩余权力。分配形式可更为灵活,比如根据市场变化通过股东会决议将一些可以转授权的股东会职权"授予"董事会。

2. 如公司认为有必要制定年度预决算方案,为提升经营效率,可以通过章程约款或股东会决议的方式将曾属于股东会的"审议批准公司的年度财务预算方案、决算方案"的权力下放给董事会。与此相衔接,董事会亦可将曾属于自身的"制订公司的年度财务预算方案、决算方案"职权下放给经理(也可指管理层,下同)。抑或公司章程、股东会决议或董事会决议直接将"制定公司的年度财务预算方案、决算方案"的权力下放给经理,后董事会通过其对经理的监督权间接监督预决算方案的落实。

3. 根据本法第 63 条、第 72 条等规定,有限公司董事长的职权包括主持股东会会议、召集和主持董事会会议,主要体现为担任会议"主席",在董事会内部并无其他特殊权力,其设置仅出于公司机关的议事便利。一方面,董事长享有的表决权与其他董事相同;另一方面,董事会的职权并非当然可由董事长个人行使。实务中经常有公司董事会在闭会期间将部分职权转授董事长,对此应具体分析,如对外担保等关涉公司、股东与债权人重大利益的职权不应授权董事长个人行使。至于不设董事会的一名董事独自行使董事会职权,则另当别论。

4. 股东会、董事会职权的不得僭越性与互动关系。股东会与董事会之间并非领导与被领导的垂直关系,而是平行的委托—代理关系,它们与监事会等其他法人机关均职权法定,各守其职,各负其责,相互监督制衡。其职权之间不可相互僭越,如无法律规定,股东会不得行使董事会的法定职权,反之亦然。如股东或股东会认为董事会的决议不当,可由股东提起诉讼要求法院确认该决议无效、不成立或可撤销,还可以追究违信董事的赔偿责任,或事后通过股东会决议解除其董事职务,但不能以股东会决议直接否决董事会决议。在这一基本原则下,二者的职权存在两个互动关系：

(1)股东会职权被合法转授予董事会的，董事会可以行使。如本法59条第2款规定，发行公司债券的议决权本属于股东会，但股东会可转授权给董事会，此时董事会自然可以行使该权力。至于该项职权之外，还有哪些股东会职权可以转授董事会，正如本法第59条释义部分所述，尚需进一步研讨。

(2)若因关联董事回避导致董事会人数低于法定人数，从而无法形成决议的，董事会决议事项交由股东会决议。关于此点，详见本法第139条、第185条的规定。

总之，在既定法律框架下，董事会的权力既然来源于法律、公司章程的规定而非由股东会设定，股东会就不得干预其行使独立的权力，董事会不受股东会的直接领导。相关主体若认为股东会、董事会职权可以双向贯通，或股东会可以单向对董事会职权采“拿来主义”，在实践中是危险的。这是因为，在特定公司中，多数股东对股东会的控制力度与对董事会的控制力度并不完全正相关。若股东会与董事会的权力可以双向贯通行使，则多数股东可“翻手为云，覆手为雨”，少数股东将被置于更加不利的位置。

◉ 比较法规范

《美国模范商业公司法》第7.32节第1款、第8.01节；《美国特拉华州普通公司法》第141条第1款；《日本公司法》第295条第2款；《法国商法典》第L225－64条；《德国有限责任公司法》第35条第1款；《德国共同决定法》第1条第4款；《德国雇员代表共同管理法》第47条、第72条、第76条、第87条、第95条、第106条、第111条；中国台湾地区“公司法”第202条。

◉ 研究文献

1. 刘斌：《董事会权力的失焦与矫正》，载《法律科学（西北政法大学学报）》2023年第1期。

2. 赵旭东：《公司组织机构职权规范的制度安排与立法设计》，载《政法论坛》2022年第4期。

3. 刘斌：《公司机构设置的组织法逻辑与改革路径》，载《法律适用》2021年第7期。

4. 梁上上：《公司权力的归属》，载《政法论坛》2021年第5期。

5. 蒋大兴：《公司董事会的职权再造——基于“夹层代理”及现实主义的逻辑》，载《现代法学》2020年第4期。

6. 徐强胜：《我国公司人格的基本制度再造——以公司资本制度与董事会地位为核心》，载《环球法律评论》2020年第3期。

7. 潘林：《论公司法任意性规范中的软家长主义——以股东压制问题为例》，载《法制与社会发展》2017 年第 1 期。

8. 罗培新:《股东会与董事会权力构造论:以合同为进路的分析》,载《政治与法律》2016 年第 2 期。

9. 邓峰:《中国法上董事会的角色、职能及思想渊源:实证法的考察》,载《中国法学》2013 年第 3 期。

◉ 典型案例

赵某清、浙江华虹控股集团有限公司公司证照返还纠纷案①

1. 案情简介

原告颐和公司与被告赵某清、浙江华虹控股集团有限公司(以下简称华虹公司)、周某兴是青城公司股东,各方签订《合作协议》,约定青城公司的印章(包括公章、财务专用章、合同专用章等)由全体股东指定人员共同保管,并依据双方确认后的印章管理办法进行用印、外借等。在合作过程中,颐和公司与华虹公司就加盖青城公司印章发生纠纷。颐和公司多次致函三名被告,指责对方拖延、拒绝配合加盖青城公司公章,要求履行加盖公章义务。后各方对印章使用管理产生争议,颐和公司遂向法院起诉,请求赵某清、华虹公司将青城公司印章交付青城公司收执、保管和使用;而青城公司作为有独立请求权的第三人诉请赵某清、华虹公司、周某兴立即交还青城公司印章。

2. 裁判要旨

一审法院认为,公司印章是公司财产,公司拥有证照等财物的所有权,证照返还纠纷的主体应是公司而非股东或法定代表人。对于公司印章的管理,公司可以通过章程明确授权董事会制定印章的管理办法,亦可以通过股东会决议的方式确定印章的管理办法。案涉《合作协议》因仅为关于合作项目的约定,未记载于公司章程,也不是股东会决议,不能当然作为青城公司印章管理规定,青城公司作为公章及相关证照的所有权人,有权要求股东返还公司印章。

二审法院认为,涉案协议约定印章共同保管,但双方对青城公司印章管理产生争议,2018《公司法》第 46 条(新《公司法》第 67 条)明确董事会有制定公司基本管理制度的职权,既然公章证照是为处理公司经营事宜而存在,则董事会可经决议确定公章证照的保管及管理权。青城公司已作出决议实施用印管理,并授权公司总经理制定公司印章管理办法,该董事会决议对各方有约束力,在股东会未形成相反决议的前提下,公司自身也有独立人格,可行使相应权利。

3. 案件评析

对于公司印章的管理,公司可通过章程明确赋予董事会制定印章管理办法的职权,亦可通过股东会决议确定印章的管理权。其判断依据是公章证照与处理公司经营事宜

① 参见广州市中级人民法院民事判决书,(2019)粤 01 民终 499 号。

的关联性，以及股东会作为权力机关的属性。若无章程规定亦无股东会决议，在认定剩余权力的范围时，应从董事会作为经营决策机构的独立地位出发，优先判断该项权力属于何种性质，能否通过解释纳入法定权力中。若无法通过解释纳入法定权力，则可参照民法中的权利体系，将其纳入民法权利体系，以物权或债权的保护制度进行救济。

第六十八条　【董事会的组成】

有限责任公司董事会成员为三人以上，其成员中可以有公司职工代表。职工人数三百人以上的有限责任公司，除依法设监事会并有公司职工代表的外，其董事会成员中应当有公司职工代表。董事会中的职工代表由公司职工通过职工代表大会、职工大会或者其他形式民主选举产生。

董事会设董事长一人，可以设副董事长。董事长、副董事长的产生办法由公司章程规定。

◉ 立法意旨

本条是关于有限公司董事会组成的规定。

◉ 条文演变历程

关于有限公司董事会的组成，最早可追溯至1993年《公司法》，其第45条规定："有限责任公司设董事会，其成员为三人至十三人。两个以上的国有企业或者其他两个以上的国有投资主体投资设立的有限责任公司，其董事会成员中应当有公司职工代表。董事会中的职工代表由公司职工民主选举产生。董事会设董事长一人，可以设副董事长一至二人。董事长、副董事长的产生办法由公司章程规定。董事长为公司的法定代表人。"2005年《公司法》第45条对此进行优化调整：(1)第1款以但书方式引致第51条关于执行董事的规定，规定有限公司不设董事会的设立1名执行董事；(2)第2款新增"其他有限责任公司董事会成员中可以有公司职工代表"，并明确民主选举职工董事的具体方式包括"职工代表大会、职工大会或者其他形式"；(3)将第3款的"可以设副董事长一至二人"修改为"可以设副董事长"，即副董事长的人数交由公司自治；(4)考虑当时第13条已对法定代表人人选作出统一规范，删除第4款关于"董事长为公司的法定代表人"的规定。2013年修法仅将条文序号调为第44条，未作内容修订。

此次修法,一审稿第 63 条删除对董事会人数的最高限制,并要求“职工人数三百人以上”的公司设置职工董事。二审稿第 68 条增设“职工人数三百人以上”的公司设置职工董事的例外情形,即已“设监事会并有公司职工代表”。三审稿第 68 条将“可以有公司职工代表”的任意性规则前置,对有限公司设职工董事进行倡导,直至形成本条。总之,本条相较旧法有两处重要变化:第一,删除董事会人数上限,将“三人至十三人”修改为“三人以上”,回归各国公司法的通常模式;第二,完善职工董事相关规范,将董事会成员可以有职工代表的倡导性规范前置,规定“职工人数三百人以上”的有限公司须设职工董事,但设立监事会且有职工监事的可有例外。

◉ 条文释义

本条对应旧法第 44 条,有实质变化。另根据第 120 条第 2 款、第 122 条第 1 款规定,本条第 1 款关于有限公司董事会组成的规定亦适用于股份公司,股份公司董事会亦“设董事长一人,可以设副董事长”,不同之处在于两类公司董事长、副董事长的产生方式不同。

1. 第 1 款“有限责任公司董事会成员为三人以上”:董事会规模

各国、各地区公司法关于董事会规模的设计,有三种立法例:一是绝大多数公司法不设上下限,认为董事会规模属于公司自治事项,法律不予干预;二是英国、日本等国仅设下限,该下限多为 3 人,这乃是董事会作为组织的应有之义;三是《法国商法典》仅设上限。对比之下,我国曾经的立法模式独一无二,旧法将董事会人数限制为有限公司 3 ~ 13 人、股份公司 5 ~ 19 人。据学者考证,这可能源于国企改制背景下防止国企领导层过于冗余的考量,①但该模式过分干预了公司治理。世界通行的立法模式是仅设董事会人数下限,此次修法积极吸收域外经验,删除人数上限,回归常识。

值得注意的是,本款亦未限制董事会人数为偶数,此为公司法作为私法“法无禁止即自由”的应有之义,允许公司自治并不必然导致董事会决策僵局,公司僵局的根源是人合关系的恶化,而非决议人数的奇偶。即使董事会成员为偶数,按照第 73 条第 2 款项下董事会作出决议应当经全体董事的过半数通过的表决规则,亦不影响有

---

① 参见李建伟:《董事会规模强制规制模式的解释与反思》,载《法学杂志》2019 年第 10 期,第 34 ~ 37 页。

限公司董事会作出有效决议。例如,在董事会成员为 8 人的情况下,至少须经 5 人赞成才能通过一项议案。

2. 第 1 款其余部分:职工董事的设置规范

(1)强化职工董事的设置

本款从两个方面强化了职工董事的设置要求:一是在对董事会人数作出规范后,明确董事会成员可以有职工代表,体现立法者对有限公司设职工董事的倡导;二是扩展董事会成员必设职工代表的范围,将旧法对"两个以上的国有企业或者两个以上的其他国有投资主体投资设立的"有限公司的要求,提升为对"职工人数三百人以上的"有限公司的要求。

(2)职工身份的认定

劳资关系在事实上的不平等,决定了职工董事的制度目的为保护职工利益,保障职工参与公司治理,对职工身份的界定应遵循以下两个标准:一方面,依事实弱势地位标准,应排除有职位的股东与董事、高管;另一方面,依享有公司治理参与权标准,应排除未与公司建立或已解除劳动关系的人员。因此,职工应为董事、高管以外的,与公司现存劳动关系的主体。

(3)职工董事的选任、解任

职工董事制度设置的初衷是加强职工权益保障。结合本条及第 59 条规定,有限公司董事会成员包括股东代表及职工代表两类,这与第 76 条关于监事会组成的规定完全一致。董事的选任及解任方式依其种类不同有所区别:根据第 59 条规定,股东代表董事由股东会选举、更换,职工代表董事经由职代会、工会或者其他形式的民主选举产生。另据第 173 条规定,国有独资公司董事会成员中的股东代表由履行出资人职责的机构委派,职工代表则由职工代表大会选举产生(这是因为国有独资公司必设职代会)。

(4)职工董事的适用范围

长期以来,我国公司法仅规定国有独资公司、国有资本控股公司等国有公司应设职工董事,以彰显公有制企业在社会主义市场经济中的特殊性,但这事实上造成了不同经济主体间的不平等,为贯彻落实"两个毫不动摇"与全过程人民民主的法治思想,新法作出修改:一方面,以用工规模标准取代所有制标准,凡职工人数达 300 人以上的有限公司,除非已设职工监事,否则均负有设置职工董事的义务;另一方面,即使已设职工监事,基于培养职工经营治理能力、保障职工公司治理参与权的考量，也可以再设职工董事。

根据本款但书，若公司依法设监事会并有公司职工代表，可以豁免职工董事的设置义务。但因第20条明确了公司充分考虑职工利益的社会责任，维护职工合法利益，协调公司股东、管理者、职工三方利益的基本思想应贯穿全局，不宜以监督机构已有职工代表，否认经营决策机构内设职工代表的必要性。此外，董事会内设职工董事，还具有职工专业化培训及信息传递功能，其本身具有重要价值。循此逻辑，公司应优先在董事会内设置一定比例的职工董事，并严格遵守监事会职工代表的比例要求；设立审计委员会替代监事会的，职工董事进入审计委员会具有天然优势。职工代表大会在公司民主管理中的基础性地位亦不容忽视，要充分尊重职工代表大会对职工董事的选举及监督职能。

3. 第2款：董事长、副董事长的设置及产生方式

(1)设置

设董事会的，必设董事长，但副董事长设置与否及其人数由公司自主决定，也即是否设副董事长承担替补履行责任由公司自主决定。董事长仅有1人，副董事长人数通常在1人以上，与我国香港特区联席董事会主席的分权制衡思路不同，我国内地首长负责制的传统导致董事会构造中强调职权集中。

(2)产生方式

与本法第122条第1款关于股份公司董事会的规定不同，有限公司董事长、副董事长产生办法由章程规定，实践中常见的有股东会选举、董事会选举、章程指定或合乎条件者当选等方法，股份公司则依法需由董事会过半数董事选举产生。上述区别一方面系因股份公司股权流动性高，股东会人员易变动，董事长产生宜交由董事会内部处理；另一方面则因股份公司可能涉及公众利益，保障董事长行使权利符合多数董事意志，可避免内部矛盾。

◉ 公司治理操作指南

本条系关于董事会组成的规定，未涉及董事任职资格，但其亦为董事会组成的重要内容。董事任职资格的一般性消极限制，集中体现在第178条第1款；另外为区隔监督者及监督对象，保障监事履职的独立性，第76条第4款明确本公司董事、高管不得兼任监事。前述限制规定应理解为效力性强制性规定，违反规定进行的董事选举无效，董事在任职期间出现任职资格限制情形的，公司亦应解除其职务(第178条第2款、第3款)。

除《公司法》既有规定，公司章程还可基于自身经营管理需要，对董事任职资格作出其他限制，或规定其任职的积极资格。我国《公司法》未规定董事任职的积极资格，仅在相关监管规则中对上市公司独立董事的任职条件提出要求，例如证监会发布的《独立董事管理办法》第 7 条规定，独立董事应当符合独立性要求、具备上市公司运作基本知识、具有 5 年以上履行独立董事职责所需的法律会计或经济等工作经验、具有良好的个人品德等。受利益驱动，公司通常会审慎确定董事人选，商业经营的复杂性也决定了法律事实上难以提出普适性的选择标准，因此有限公司董事的选任可完全交由公司自治，立法无须强加干涉。

◉ 比较法规范

《法国商事公司法》第 97 条第 1 款；《德国共同决定法》第 33 条；《德国煤炭和钢铁工业职工共同决定法》第 13 条；中国台湾地区“公司法”第 192 条。

◉ 研究文献

1. 李建伟、李亚超：《论公司社会责任强制性的规范体系建构》，载《交大法学》2023 年第 5 期。
2. 李建伟：《董事会规模强制规制模式的解释与反思》，载《法学杂志》2019 年第 10 期。
3. 李建伟、毛快：《董事会人数违限的规范适用研究》，载《社会科学》2019 年第 5 期。
4. 杜云：《论公司治理中的职工参与制》，载《法学杂志》2009 年第 9 期。
5. 吴越：《“个性化”的有限责任公司——评〈中国公司法修改草案建议稿〉相关问题》，载《现代法学》2005 年第 1 期。

◉ 典型案例

贾某与中盐安徽红四方股份有限公司劳动争议案①

1. 案情简介

2017 年 4 月 8 日，中盐安徽红四方股份有限公司（以下简称红四方公司）召开第三届职工代表大会第二次会议，选举张某为职工董事。贾某因该事项与红四方公司及其总公司发生争议。贾某起诉红四方公司及其总公司，要求确认该公司及其总公司违反法定程序确定职工董事人选，侵害其作为企业职工的劳动者权利，并请求法院确认现职工董事张某当选无效。红四方公司则主张本案不属于劳动争议纠纷的审理范围，应依法驳回贾某诉请。

---

① 参见安徽省高级人民法院民事裁定书，(2019)皖民申 2403 号。

2. 裁判要旨

二审法院认为,根据《最高人民法院关于审理劳动争议案件适用法律若干问题的解释》第1条,劳动者与用人单位在履行劳动合同过程中发生的纠纷,属于《劳动法》第2条规定的劳动争议,当事人不服劳动争议仲裁委员会作出的裁决,依法向法院起诉的,法院应受理。企业职工董事选举系企业职工参与企业管理、维护职工利益的经济民主行为,贾某与红四方公司签订的劳动合同中并无关于职工董事选任事项的具体约定,贾某与红四方公司及其总公司因职工董事选举产生的纠纷不属于履行劳动合同过程中发生的纠纷,原审法院以贾某因职工董事选举事务与红四方公司及其总公司产生的争议不属于劳动争议审理范围为由裁定驳回贾某起诉,并无不当。

3. 案件评析

职工董事制度与劳动合同制度不同,其旨在保证职工在公司治理中的参与权,而非劳动权。在制度安排上,职工董事制度多由指引性规范构成,若公司不履行设置职工董事之法定义务,应优先通过职工代表大会表达意见,若公司仍不履行,职工可向当地工会组织举报,由工会组织督促公司履行义务。若为国家出资设立的公司,也可向公司党委(党组)寻求救济。

第六十九条 【有限公司审计委员会】

有限责任公司可以按照公司章程的规定在董事会中设置由董事组成的审计委员会,行使本法规定的监事会的职权,不设监事会或者监事。公司董事会成员中的职工代表可以成为审计委员会成员。

◉ 立法意旨

本条是关于有限公司设置审计委员会的规定。

◉ 条文演变历程

本条系新增条款。此次修法,一审稿第64条首次引入审计委员会,立法理由是"根据国有独资公司、国有资本投资运营公司董事会建设实践,为我国企业'走出去'及外商到我国投资提供便利,允许公司选择单层制治理模式",但审计委员会的职能仅是对公司财务、会计进行监督。二审稿第69条规定公司设置审计委员会而不设监事会、监事的,由审计委员会行使监事会职权,拟确立审计委员会作为替代监督机构的法律地位。三审稿第69条增加审计委员会"由董事组成"的规定。审议通过时本条进一步明确"公司董事会成员中的职工代表可以成为审计委员会成员",强化职工参与。

◉ 条文释义

本条是对公司治理结构的重大修订,也是此次修法的亮点。

本条确立有限公司可选择设立审计委员会或监事会,将监事会从必设机构转为可选机构,扩展了公司治理的自治空间,尽可能放松管制,这是对监事会制度进行改革的一项温和的折中方案。

1. 审计委员会的制度变迁

在国有企业领域,1995年《国内贸易部直属企业内部审计工作规定》①第3条第2款规定,部属集团公司应当根据需要建立在董事会领导下的审计委员会。同年,《机械工业内部审计工作实施办法》②第7条规定,大型企业、企业集团、合资企业、股份制企业或其它企业,可根据需要建立审计委员会,审定年度审计计划,决定重大审计事项,督促审计工作开展。这是我国第一次在有限公司设立审计委员会作为监督力量进行尝试,但其呈现的整体特征是立法层级较低且不同部门间的规定差异较大,这表明该制度当时处于探索阶段。2004年中国银行业监督管理委员会制定的《商业银行内部控制评价试行办法操作说明》③(已失效)中甚至出现"董事会审计委员会"和"审计委员会"两个机构、两种概念。国务院国资委制定的《中央企业内部审计管理暂行办法》④对审计委员会的职责及工作流程作出较详尽的规定后,前述龃龉逐渐消退,审计委员会逐步成为国有独资公司和国有控股公司必设机构,且明确为董事会的下设机构。

长期以来,公司法上的审计委员会并非有限公司的必设机构,亦非民营有限公司的推荐设立机构,而是在证监会规则、证券交易所规则的要求下,由上市公司设立的隶属于董事会的专门委员会。其主要任务是披露财务会计报告和财务信息,决定承办公司审计业务的会计师事务所的聘用与解聘,决定公司财务负责人的聘用等事务。审计委员会从财务监督的角度,确保和提高公司财务信息的披露质量,进而增强公司投资者对董事会的监督和董事会对经理层的监督。⑤ 此次修法将审计委员会从上市公司和国有企业实验推广至所有公司,并明确有限公司可以在审计委员会、

---

① 内贸审字〔1995〕第109号。

② 机械审〔1995〕960号。

③ 银监办发〔2004〕370号。

④ 国务院国有资产监督管理委员会令第8号。

⑤ 参见凌江红:《上市公司审计委员会制度比较研究》,对外经济贸易大学出版社2009年版,第1页。

监事会、1 名监事与不设监督机构间“四选一”，进行公司监督力量的重新分配，这是在深入总结实践经验后的创举，在组织机构设置方面赋予公司更大的选择权。

2. 四选一的选择制

本条连同本法第 83 条为有限公司的监督机构选择提供了多元方案，有限公司可以根据章程选择如下监督模式：(1)设立监事会；(2)设立 1 名监事；(3)设立审计委员会；(4)不设专门监督机构。前述第 1 种、第 2 种模式下，公司治理结构与旧法相同，即采用“双层制”或“三角制”模式，股东会是权力机关，董事会是执行机关，监事会(1 名监事)是监督机关。第 3 种模式下公司治理结构整体接近于英美法系的单层制模式，股东会下仅设立董事会，不另设立监事会(监事)。但与英美法系相比，我国存在两方面特点：一是英美法系一般通过证券交易所规则要求上市公司设立审计委员会，我国直接在公司法中对审计委员会进行调整；①二是美国的审计委员会针对公众公司，对封闭公司并无设立要求，我国则覆盖所有公司，审计委员会的职权与责任非公司章程可以随意更改。第 4 种模式仅适用于中小微规模的有限公司。

从此次修法的过程及结果来看，立法者及社会各界，尤其是国有公司与上市公司，对审计委员会抱有极高期望，但其效果仍有待实践检验。监事会到审计委员会的机构转变实质是内部监督到自我监督的模式转变，考虑到集中度普遍较高的股权结构现状，审计委员会的选任与运行难免受控股股东影响，审计委员会的前景与实效暗含结构性隐忧。但审计委员会不同于监事会，其成员亦参加董事会会议的讨论及决策，可适当期待其进行合理性监督，②也减少了监督与调查过程中的时间与经济成本，其庶几可以为公司治理提供一项中国方案。

3. 审计委员会的职能

美国规定审计委员会职责的规范是《萨班斯—奥克斯利法》，根据该法，审计委员会职责包括：对雇用审计师的批准权，公司审计师提供的审计业务和非审计业务均应事先得到审计委员会许可；③听取外审机构的报告，外审机构应就其使用的关键性会计政策、会计惯例及对财务信息处理过程中的分歧意见等向审计委员会报告；④

---

① 如著名的《萨班斯—奥克斯利法》，并未强制要求公司必须设立审计委员会，如公司未设立，则董事会整体被视为审计委员会，行使相应的权利并承担相应的责任，参见 15 U. S. C. § 7201。

② 参见冯果、吴雅璇：《一元制公司治理结构下董事会的功能检视与再造》，载《北京理工大学学报(社会科学版)》2022 年第 5 期，第 129 页。

③ 《美国法典》第 78j－1 条第 9 款。

④ 《美国法典》第 78j－1 条第 11 款。

对负责编制、出具审计报告的外聘会计师事务所的聘用、任免和监督承担直接责任;[1]处理投诉,审计委员会应对收到的关于其会计、内部控制或审计方法的投诉以及公司雇员对有疑问的会计与审计事项的秘密举报设立处理程序。[2] 日本设置审计监督委员会而不设监事会的公司,审计监督委员会的职责包括:对董事履职的审计及审计报告的制作、对独立审计人的任免议案作出决定;[3]其委员对公司业务和财产状况有调查权力;[4]在董事有不当行为或可能有不当行为时,向董事会报告;[5]在董事会向股东大会提交的议案、资料违反法律或章程时,向股东大会报告;[6]对董事违反法律或章程的行为申请法院禁止令;[7]可以在公司与董事的诉讼中代表公司。[8]

本条在模式选择上与日本较为相似,可视作将监事会整体平移至董事会的内设部门。因此,在有限公司选择设置审计委员会而不设监事会、监事时,监事会的财务检查权,对董事、高管的监督权,向给公司造成损害的董事、高管提起代表诉讼的权利,应由审计委员会行使。但是,由于审计委员会成员本身即是董事,当受监督或造成损害的董事本身即是审计委员会成员,则应按单层制的治理逻辑,通过股东会对董事会的监督或股东代表诉讼实现股东权益保护。作为一项新安排,审计委员会能否妥适承接监事会职权仍有待观察。例如,股东代表诉讼中股东须先书面请求监事会向法院起诉,审计委员会此时是否可以当然扮演监事会角色有待进一步澄清。

4. 审计委员会的组成

审计委员会由董事组成。因本条文义上未强制公司在审计委员会中设职工董事,且第 68 条仅对职工人数为 300 人以上的有限公司附加设立职工董事的义务,因此是否在审计委员会中为职工代表预留席位、原有职工监事是否转为审计委员会成员,均应交由公司自治,由公司综合考虑治理成本、治理灵活性、治理质量等因素后

第
69
条

---

① 《美国法典》第 78j－1 条第 13 款。

② 《美国法典》第 78j－1 条第 13 款。

③ 《日本公司法》第 399 条之二。

④ 《日本公司法》第 399 条之三。

⑤ 《日本公司法》第 399 条之四。

⑥ 《日本公司法》第 399 条之五。

⑦ 《日本公司法》第 399 条之六。

⑧ 《日本公司法》第 399 条之七。

决定。[①] 但须指出的是,职工董事出任审计委成员具有天然的优势。

值得注意的是,本条关于职工董事的规定未出现在三次修订草案中,但在最后通过的《公司法》骤然出现,这在一定程度上是对修订草案保障职工民主的补强,[②] 也暗含立法者的倡导性倾向。

◉ 公司治理操作指南

本条虽允许以审计委员会替代监事会,但规定较为简略,缺乏其他条文指引,可操作性不足,可参照第 121 条关于股份公司的规定。

此外,公司可以通过章程或设立协议(发起人协议)对审计委员会详加规定,以避免争端。需进一步明确的问题如:(1)审计委员会的组成结构,是否预留职工代表席位。(2)审计委员会成员的任期。(3)审计委员会的选举方式,由股东会还是董事会选举。(4)审计委员会的职权,除承担监事会职权外是否有其他职权。参考域外经验,审计委员会的功能主要是对内部控制和外部审计进行监督与评价,第 137 条亦规定上市公司董事会对聘用、解聘"承办公司审计业务的会计师事务所""财务负责人"作出决议前应经"审计委员会全体成员过半数"通过,对此,有限公司可以借鉴并在章程中明确。(5)审计委员会的议事程序,公司法对董事会、监事会的表决程序均采"一人一票""多数决"规则,但对审计委员会未明确,章程如对此作出规定可以避免争议。

在实务中,国有公司审计委员会一般由外部董事组成,[③]而上市公司审计委员会一般由非执行董事组成,其中独立董事占多数。[④] 法律虽未禁止执行董事加入有限公司审计委员会,但从其监督功能出发,执行董事进入审计委员会进行自我监督,与审计委员会的监督角色无法契合,因此有限公司宜在章程中明确排除执行董事兼任审计委员会成员,或限制其在审计委员会中的比例。

◉ 研究文献

林一英、刘斌、沈朝晖、丁亚琪:《公司法修订的立法选择笔谈》,载《政法论坛》2022

---

① 参见刘俊海:《职工参与公司治理的体系化设计:立法宗旨、制度重构与股权纽带的三重视角》,载《北方法学》2023 年第 4 期,第 15 页。

② 参见刘俊海:《论〈公司法〉的法典化:由碎片化走向体系化的思考》,载《法律科学(西北政法大学学报)》2024 年第 1 期,第 27 页。

③ 参见《国务院办公厅关于进一步完善国有企业法人治理结构的指导意见》(国办发〔2017〕36 号)。

④ 参见《国务院办公厅关于上市公司独立董事制度改革的意见》(国办发〔2023〕9 号)。

年第4期。

第七十条　【董事的任期与辞任】

董事任期由公司章程规定，但每届任期不得超过三年。董事任期届满，连选可以连任。

董事任期届满未及时改选，或者董事在任期内辞任导致董事会成员低于法定人数的，在改选出的董事就任前，原董事仍应当依照法律、行政法规和公司章程的规定，履行董事职务。

董事辞任的，应当以书面形式通知公司，公司收到通知之日辞任生效，但存在前款规定情形的，董事应当继续履行职务。

◉ 立法意旨

本条是关于有限公司董事任职与辞任的规定。

◉ 条文演变历程

关于有限公司的董事任期，可追溯至1993年《公司法》，其第47条第1款规定，“董事任期由公司章程规定，但每届任期不得超过三年。董事任期届满，连选可以连任”。为解决实践中未及时改选董事或董事辞任导致董事会成员不足法定人数的问题，2005年《公司法》第46条增加第2款，规定“董事任期届满未及时改选，或者董事在任期内辞职导致董事会成员低于法定人数的，在改选出的董事就任前，原董事仍应当依照法律、行政法规和公司章程的规定，履行董事职务”。自此，关于董事任职期限的规定基本成型，2013年修法时仅调整序号为第45条。

此次修法，一审稿第65条沿袭旧法第45条前2款，并新增第3款、第4款，即“董事辞职的，应当以书面形式通知公司，公司收到通知之日辞职生效，但依照前款规定需要董事留任的除外。担任法定代表人的董事辞职的，视为同时辞去法定代表人”。二审稿第70条有2处修订：将一审稿第3款的“但依照前款规定需要董事留任的除外”修订为“但存在前款规定情形的，董事应继续履行职务”；将第2款、第3款的董事“辞职”调整为“辞任”，以凸显董事与公司之间为委托合同关系而非劳动合同关系。三审稿在第70条第3款“应”字后加上“当”字，并新增第5款，即“法定代表人辞任的，公司应当在法定代表人辞任之日起三十日内确定新的法定代表人”。审议通过时本条仅保留三审稿第70条前3款，第4款、第5款关于法定代表人辞任和确定新法定代表人的规定调为第10条第2款、第3款。

◉ 条文释义

本条对应旧法第45条,有重大修订。另据第120条第2款,本条也适用于股份公司。

1. 董事的任期

董事由股东会选举或职工民主选举产生,受公司之托负责经营管理,为公司利益最大化行事。为确保董事忠实、勤勉地履职,通过定期换届对董事进行考察尤为重要,各国公司法都有董事任期的规定。

第1款第1句确立了董事的任期,董事每届任期上限为3年,具体期限由公司章程自主规定。域外法也多对董事任期设定上限,如《美国模范商业公司法》规定上限为1年,[①]《日本公司法》规定上限为2年,[②]《韩国商法》、中国台湾地区"公司法"规定上限为3年,[③]《德国股份法》规定上限为5年。[④] 规定董事任期,实际赋予了股东会或职工定期投票更换董事的权利,使董事面临换届考察的压力,间接达到监督董事履职的效果。

次句规定董事可连选连任。作为公司经营者,董事需具备专业的组织管理和经营决策才能,具备企业家精神的董事是公司不可多得的宝贵人才,如董事在任期间勤勉尽责,并得到股东、职工的信赖和认可,此时没有必要限制该董事连选连任,因此本句明确董事任期届满可以连选连任,且次数不受限制。由于未设年龄上限,终身董事不仅可能,而且合法。需注意的是,因上市公司涉及公众利益,有必要对其独立董事的连任作出限制,《独立董事管理办法》规定连续任职不得超过6年,中国香港特区规定连续任职不得超过9年。[⑤]

至于董事任期的起算,视不同情况而定。首任董事任期从公司成立之日起算,其他董事的任期由公司章程或股东会决议规定起算时间,若未规定,原则上从上任董事任期届满起算,上任董事延期离职的,从新任董事当选之日起算。[⑥] 基于前述内容,本款仅限制董事每届任期的最长期限,至于具体任期的设定、连任次数、任期起

---

① 参见《美国模范商业公司法》第8.05节。

② 参见《日本公司法》第332条第1款。

③ 参见《韩国商法》第383条第2款;中国台湾地区"公司法"第195条。

④ 参见《德国股份法》第84条第1款。

⑤ 参见《独立董事管理办法》第13条;香港交易所《企业管治守则》第B.2.3条。

⑥ 参见李建伟:《公司法学》(第5版),中国人民大学出版社2022年版,第331页。

算时间等细碎事项,可由公司自主决定。

2. 第 2 款:董事延期离职

董事延期离职,是指董事任期届满或提前辞任、解任的,须继续履行董事职务,直至公司选出继任董事,该董事理论上被称为“延期董事”“留任董事”。延期离职涉及“公司财产经营权和董事经济活动自由权”[①]的平衡,是对董事辞任权的合理限制。本款规定了两种延期情形:一是董事任期届满未及时改选的,二是董事辞任导致董事会成员少于法定人数的。第 68 条规定了有限公司董事会成员的法定人数,如董事在任期内辞任导致董事人数不符合该法定人数,辞任董事在改选出的董事就任前仍须继续履职。对此,域外法多有类似规定(参见比较法规范部分)。无论是董事任期届满还是任期内辞任,都将造成董事职位空缺,影响董事会行使职权。公司改选董事需经提名、决议等程序,未必能及时选出。当公司由于各种原因未能及时改选董事时,为保证过渡期内董事会正常运行,避免公司治理陷入混乱,原任董事负有继续履行董事职务的法定义务。

3. 第 3 款:董事辞任

通说认为,董事在任期内可以随时向公司提出辞职。但对于辞任的生效时点,旧法未明确规定,理论上主要有两种观点:一是公司同意说,该说认为董事辞任经公司同意后生效,董事辞任需经股东会或董事会批准,主要理由在于若未经公司批准即生效,不仅与《公司法》、公司章程规定的董事职责相悖,也未预留缓冲空间,容易导致董事会瘫痪;二是单方行为说,该说认为董事辞任在辞呈送达公司后即生效,无须公司同意,其理由在于董事与公司构成委托法律关系,而委托合同当事人享有单方解除权。虽《公司法》未明确界定董事与公司间的关系,但理论研究及司法实践已达成基本共识,即认为双方构成委托合同关系,委托合同依股东会选任决议和董事同意任职而成立,[②]《日本公司法》《韩国商法》等亦规定董事与公司的关系遵守有关委托的规定。[③] 在委托法律关系项下,董事与公司可适用《民法典》第 933 条关于委托合同任意解除权的规定。

本款采单方行为说,规定董事辞任自公司收到通知之日起生效。一方面,此为

---

① 参见蒋大兴:《董事离任义务立法规制研究——兼论我国〈公司法〉之修改》,载《法学评论》2001 年第 5 期,第 106 页。

② 参见王保树:《股份有限公司的董事和董事会》,载《外国法译评》1994 年第 1 期,第 5 页。

③ 《日本公司法》第 330 条;《韩国商法》第 382 条。

董事与公司实质构成委托法律关系的当然效果；另一方面，无论从组织法视角还是委托关系视角，董事辞任都应理解为有相对人的单方意思表示，进而适用《民法典》第 137 条第 2 款规定的意思表示到达主义规则。①

除生效时点，董事辞任还需注意以下三个问题：一是由于董事辞任对公司经营影响较大，辞任通知应采用书面形式，以示慎重，但如果在股东会或董事会上以口头形式辞任，且公司表示接受的，仍可视为辞任通知送达公司；二是根据本条第 2 款及第 3 款后半句，董事辞任导致董事会成员少于法定人数的，董事应当继续履行职务，但我们认为此时辞任已发生法律效力，仅基于《公司法》的特别规定，董事负有继续履职的法定义务；三是如果董事辞任给公司造成损失，公司有权依据《民法典》第 933 条要求辞任董事赔偿。

◉ 公司治理操作指南

在董事任期的制度设计上，本条仅限制任期上限为 3 年，赋予公司章程较为充分的自治权。公司章程可以为不同董事设置不同任期，这为董事交错任期制（staggered terms）提供了制度空间。董事交错任期制，是指将全体董事分成若干类，每一类别董事人数大体相同，不同类别董事任期不同，使每年都有一类董事任期届满，每年只需改选该类任期届满的董事，例如将董事分成三类，依照顺序每年改选其中一类董事。相较而言，董事交错任期制有利于新旧董事的平稳交接，维持董事会成员的相对稳定性、公司经营政策和管理经验的持续性，同时具有防御敌意收购、弱化累积投票制的效果。② 我国上市公司章程规定的董事交错任期制条款通常仅简单限制每年改选董事的比例或数量，而非对不同董事作出不同任期安排，因而在效力上面临限制股东选任董事权利的合法性争议。在《公司法》法未明确规定董事交错任期制的情况下，建立董事交错任期制较为妥当的方法是为不同董事设置不同任期，而非直接限制改选董事的比例。最后交代，如果董事与公司之间另存在劳动合同关系，则董事职务的辞任并不影响该劳动合同关系的存续。

---

① 在北京中证万融医药投资集团有限公司、曹某君公司决议纠纷再审案中，最高人民法院指出“公司和董事之间属于委任关系，在法律和公司章程没有相反规定的情况下，公司董事辞职一般应于董事辞职书送达公司董事会时发生法律效力”。参见最高人民法院民事判决书，(2017)最高法民再 172 号。

② 累积投票制下成功选出 1 位董事所需的最少股份数 = 有投票权股份数 ÷ (应选董事人数 + 1) + 1。如果采取董事交错任期制，每年改选的董事人数将减少，上述公式的分母将减小，计算结果将增大，提高了成功选出 1 位董事所需的最少股份数。参见[美]理查德 · D. 弗里尔：《美国公司法》(第 7 版)，崔焕鹏、施汉博译，法律出版社 2021 年版，第 90 ~ 92 页。

◉ 比较法规范

《德国股份法》第 84 条;《日本公司法》第 330 条、第 332 条、第 351 条;《韩国商法》第 382 条、第 383 条、第 386 条;《美国模范商业公司法》第 8.05 节、第 8.06 节、第 8.07 节;《美国特拉华州普通公司法》第 141 条第 2 款;中国台湾地区"公司法"第 192 条、第 195 条。

◉ 研究文献

1. 李建伟:《董事会规模强制规制模式的解释与反思》,载《法学杂志》2019 年第 10 期。

2. 罗培新:《股东会与董事会权力构造论:以合同为进路的分析》,载《政治与法律》2016 年第 2 期。

3. 邓峰:《中国法上董事会的角色、职能及思想渊源:实证法的考察》,载《中国法学》2013 年第 3 期。

4. 邓峰:《董事会制度的起源、演进与中国的学习》,载《中国社会科学》2011 年第 1 期。

5. 张舫:《上市公司章程中董事选任条款的有效性分析》,载《法学》2009 年第 1 期。

6. 王建文:《我国公司章程反收购条款:制度空间与适用方法》,载《法学评论》2007 年第 2 期。

◉ 典型案例

郁某霞与南通爱网特实业有限公司、南通市综合电子商务产业园有限公司等请求变更公司登记纠纷案①

1. 案情简介

南通爱网特实业有限公司股东(以下简称南京爱网特公司)为南通市综合电子商务产业园有限公司(以下简称南通电商产业园公司)和上海爱网特公司。公司章程规定设成员 3 人的董事会,由股东会选举产生,任期 3 年,连选连任;董事会设董事长 1 人,由股东会选举产生。2016 年,郁某霞被选举为公司董事长,成为公司法定代表人。自成立以来,南通爱网特公司未正常开展经营活动。自 2017 年 7 月以来,郁某霞多次向公司提出辞去董事长及法定代表人职务,但上海爱网特公司及南通电商产业园公司均未予理会。2019 年,因南通爱网特公司被申请强制执行,法院对法定代表人郁某霞作出限制消费令。为此,郁某霞提起诉讼,要求南通爱网特公司办理法定代表人变更登记,两股东予以配合。

---

① 参见江苏省南通市中级人民法院民事判决书,(2020)苏 06 民终 192 号。

2. 裁判要旨

一审法院判决驳回郁某霞的诉讼请求,认为郁某霞未向法院提交公司章程、股东会关于变更法定代表人的决议或决定等证据,其要求办理公司法定代表人变更登记的主张缺乏事实依据。公司董事和法定代表人系公司内部治理机构,应适用公司法的有关规定,而非适用有关委托合同的规定。根据2018年《公司法》第45条第2款(新《公司法》第70条第2款),郁某霞董事任期届满并不当然可以不再履行董事职务,其认为自己不再是公司董事长,不具备担任公司法定代表人条件的主张不能成立。

二审法院判决支持郁某霞的诉讼请求,认为法律要求辞任、离任董事继续履行职务并非绝对,应以公司股东会能够在合理期限内选举并能选出继任董事为前提。因南通爱网特公司股东会怠于改选继任董事,具有明显过错,致使郁某霞辞任、离任不能,其作为董事的权利义务已严重失衡,此时董事延期离职的规定已无适用的必要。

3. 案件评析

本案两审法院的观点截然不同,分别代表当前对董事延期离职规定的两种观点。一种观点认为,2018年《公司法》第45条第2款(新《公司法》第70条第2款)没有规定公司改选董事的期限和不能完成改选的后果,只要公司未选出继任董事,原任董事就不能离职,仍须继续履行董事职务。这种绝对化的立场对离任董事权益的保护并不周延,如果公司长期消极不作为,董事离任将遥遥无期,难以获得救济。另一种观点则注意到了双方权利义务失衡的情形,立足于2018年《公司法》第45条第2款的合目的性解释,以公司股东会能够在合理期限内改选董事为适用前提,平衡了公司利益和董事自由。本案原告从2017年开始多次向公司提出辞职,直到2020年公司股东仍怠于履行改选义务,时间跨度之长,难谓公司股东不存在过错。就改选董事期限而言,上海证券交易所和深圳证券交易所发布的监管指引文件规定为60天,①虽其适用于上市公司,但对非上市公司改选董事期限的确定仍具有参考意义。

第七十一条 【董事解任】

股东会可以决议解任董事,决议作出之日解任生效。

无正当理由,在任期届满前解任董事的,该董事可以要求公司予以赔偿。

◉ 立法意旨

本条是关于有限公司董事解任的规定。

---

① 参见《上海证券交易所上市公司自律监管指引第1号——规范运作(2023年12月修订)》第3.2.6条第3款;《深圳证券交易所上市公司自律监管指引第1号——主板上市公司规范运作(2023年12月修订)》第3.2.8条第3款。

◉ 条文演变历程

1993 年《公司法》第 47 条第 2 款曾规定,“董事在任期届满前,股东会不得无故解除其职务”,确立董事有因解任规则。2005 年修法时删除该规定,反映立法者转采无因解任的倾向。此后历次修订未予改动。后最高人民法院第 10 号指导案例“李某军诉上海佳动力环保科技有限公司决议撤销案”在司法层面确立了董事无因解任制度。2019 年《公司法解释五》第 3 条从解任决议效力及离职补偿两方面明确了董事无因解任规则,规定:“董事任期届满前被股东会或者股东大会有效决议解除职务,其主张解除不发生法律效力的,人民法院不予支持。董事职务被解除后,因补偿与公司发生纠纷提起诉讼的,人民法院应当依据法律、行政法规、公司章程的规定或者合同的约定,综合考虑解除的原因、剩余任期、董事薪酬等因素,确定是否补偿以及补偿的合理数额。”

此次修法,正式在公司法层面确立董事无因解任制度。一审稿第 66 条规定,“股东会可以决议解任董事;无正当理由,在任期届满前解任董事的,该董事可以要求公司予以补偿”。二审稿第 71 条有 2 处修订:一是新增解任生效日期,在“股东会可以决议解任董事”之后加上“决议作出之日解任生效”;二是将“补偿”修订为“赔偿”。三审稿第 71 条无内容变化,但将其分为 2 款,直至形成本条。

◉ 条文释义

2005 年以后的《公司法》未对董事解任作规定,本条对应《公司法解释五》第 3 条。另据第 120 条第 2 款,本条规定也适用于股份公司。

解任董事,是指解除在任董事的职务,区别于更换任期届满的董事,解任董事属于对董事会的事后监督机制,是公司重要的人事任免权,能够督促董事勤勉尽责。

解任董事的制度安排主要涉及三个问题:一是谁有权解任董事,二是解任董事是否需要正当理由,三是被无因解任的董事有无赔偿请求权。

1. 第 1 款:解任方式

解任董事的机关和方式,取决于产生董事的机关和方式。具体而言,股东会选举的董事,由股东会决议解任;职工民主选举的职工董事,由职工通过职工大会等民主方式解任;委派产生的董事,由委派方解任。据此,本条关于股东会决议解任的规定,应解释为仅针对股东会选举的董事,不包括对职工董事、履行出资人职责的机构对国有独资公司委派董事的解任。由于解任董事不属于特别决议事项,股东会适用简单多数决作出决议即可,除非章程另有规定。

与上条董事辞任的单方行为相对应，解任决议可视为公司的单方解约行为，但第1款规定解任生效时间为解任"决议作出之日"，值得商榷。董事解任的法理在于，公司依单方意思表示解除其与董事间的委托关系，涉及解除权的行使。股东会解任决议的作出在法效果上等同于公司作出解除的意思表示，因合同解除应自解除通知到达相对人时生效，而董事未必列席股东会会议，在法理层面，规定解任自解任决议或解任通知（决议作出后，公司据此向董事发出解任通知）送达董事时生效更为妥当。第52条关于股东催缴失权的规定明确"公司经董事会决议可以向该股东发出失权通知……自通知发出之日起，该股东丧失其未缴纳出资的股权"，相较董事解任，前述规定区分了董事会失权决议（公司形成意思表示）与公司失权通知（公司作出意思表示），在制度设计上更为精细，但以通知发出时间作为失权时点，亦与民法基础理论相悖。可见，董事解任、股东失权在规范设计上仍略有瑕疵。

2. 第1款：无因解任

关于公司解任董事是否需要正当理由，学界存在不同观点。有因解任说认为解任董事须基于正当事由，如董事违反忠实、勤勉义务等，德国即采此模式，《德国股份法》第84条第3款规定，"有重大事由的，监事会可以撤销对董事的选任和对董事会主席的任命"。无因解任说认为股东会可以随时解任董事，无须以正当事由为前提，日本、英国、中国台湾地区等法域均采此模式。[①] 有因解任制度的优势在于维护董事会的相对独立，董事会是公司的经营决策机关，在股东利益异质化的情况下，董事应从公司最大利益而非个别股东利益出发履行职务，这就要求董事摆脱个别股东的控制，独立作出经营判断；但有因解任也提高了股东会解任董事的门槛，弱化了股东会对董事的监督与问责力度。无因解任制度着眼于加强股东对公司的最终控制权，作为剩余索取权人，股东承担公司经营的最终风险，具有强烈动机监督董事行为。赋予股东人事任免权，能够向董事施加压力，确保董事会对股东忠诚，促使董事恪尽职守，有利于降低股东与管理层间的代理成本；但无因解任制度也

---

① 中国台湾地区"公司法"第199条第1款规定："董事得由股东会之决议，随时解任；如于任期中无正当理由将其解任时，董事得向公司请求赔偿因此所受之损害。"《日本公司法》第339条第1款规定："公司负责人以及会计监查人，可随时通过股东大会的决议解任。"《英国2016年公司法》第168条第1款规定："无论公司和董事之间任何协议的任何约定，公司可以在他的任期届满之前，通过在会议上的普通决议罢免该董事。"

可能导致董事对控股股东“唯命是从”，激化控股股东与中小股东间的利益冲突。[①]

有因解任与无因解任，体现了不同的股东会、董事会权力分配格局，各有利弊，其关键在于完善配套制度，平衡股东会与董事会间的权力分配。从立法演变来看，各国大都经历从有因解任向无因解任的转变，即使是奉行董事会中心主义的英国、美国也不例外，体现了无因解任的公司立法趋势。[②] 我国公司法同样经历了从有因解任到无因解任的发展历程，1993 年《公司法》第 47 条第 2 款确立有因解任规则，2005 年修法删去该款，可认为公司法自此确立了董事无因解任。后最高人民法院第 10 号指导案例“李某军诉上海佳动力环保科技有限公司决议撤销案”在司法裁判上确立董事无因解任制度，《公司法解释五》第 3 条进一步明确之。本条在公司法层面确立董事无因解任制度。

董事无因解任的法理基础在于董事与公司间构成委托关系。关于董事与公司间法律关系的性质，学术界曾有委托说、信托说和代理说的争论。委托说认为，董事因公司委托“取得对公司事务的经营决策权和业务执行权”[③]；信托说认为，董事是公司财产的受托人，为公司利益而管理公司财产，对公司负有信义义务，需忠实、谨慎地履行职务；代理说认为，董事是公司的代理人，在公司授权范围内以公司名义从事经营活动，并由公司承担相应的法律后果。在理论研究及司法实践中，委托说为通说。委托合同基于信任关系而成立，当信任关系丧失，双方当事人均可随时解除，[④]在委托合同关系项下，公司与董事均享有《民法典》第 933 条规定的任意解除权，公司无须特别理由即可随时解除其与董事间的委托合同。但因董事与公司关系同时受公司法调整，解任董事亦需遵循程序规则，因此本条第 1 款可视为组织法特则，明确解任董事以股东会决议的方式进行。

3. 第 2 款：无因解任下董事的赔偿请求权

通常而言，董事享有任期保障，无因解任不得损害董事合法权益。为平衡双方利益，防止公司无故任意解任，本款赋予被无因解任董事请求公司赔偿的权利。因

---

① 参见楼秋然：《董事职务期前解除的立场选择与规则重构》，载《环球法律评论》2020 年第 2 期，第 112 ~ 113 页。

② 参见朱谦：《股东会罢免董事的法律问题研究——对公司法人治理结构优化的侧面考察》，载《比较法研究》2001 年第 3 期，第 51 ~ 52 页。

③ 王保树：《股份有限公司的董事和董事会》，载《外国法译评》1994 年第 1 期，第 5 页。

④ 参见崔建远主编：《合同法》，法律出版社 2021 年版，第 460 页。

此，正当理由的有无不影响公司解任董事，但关涉董事赔偿请求权。

本款所称“正当理由”，在法律上属于不确定的规范性概念，须在个案中依价值判断予以具体化。[①] 对“正当理由”内涵的理解，可借鉴比较法经验。《德国股份法》第 84 条第 3 款规定正当理由包括严重违反义务、丧失通常的业务执行能力、股东大会宣布不信任，德国学者从反面指出，由于董事会有独立决策权，其与监事会在经营决策方面的分歧不足以构成正当理由；[②]日本学者则将解任的正当理由总结为“董事存在职务懈怠、不正当乃至违法行为”、“经营能力明显欠缺”以及“经营判断失败”等情况；[③]韩国学者将其总结为董事“实施违反相关法令或章程的行为”、“精神与肉体上都难以承担经营者职责的情形”以及“因未能制订公司重要的经营计划或很好地推进业务而丧失对其经营能力的基本信任”等。[④] 为保障董事合法权益，“正当理由”的界定不宜过于宽泛，总体上可以从资格能力和行为义务两方面理解：资格能力对应董事是否符合任职的资格条件，是否具备正常履行职务的能力，如本法第 178 条对董事消极资格的规定；行为义务对应董事是否违反了法律、章程规定的忠实、勤勉等义务，如第 181 ~ 184 条的规定等。

离职赔偿承担了对被解任董事的救济功能，对公司无因解任董事形成制约，促使公司审慎决定。同时，一定程度上保障了董事依法独立行使职权，有利于防止双控人滥用控制权无理由撤换董事会成员。本款有关离职赔偿的规定，亦体现了企业家精神之保护与弘扬，但该款未就赔偿范围作出规定。鉴于董事与公司为委托关系，可依据《民法典》第 933 条委托合同解除规则确定赔偿数额，即委托人因解除合同造成受托人损失的，除不可归责于当事人的事由外，有偿委托合同的解除方应当赔偿受托人的直接损失和可得利益损失。在具体个案中，可结合剩余任期和董事薪酬等因素综合确定赔偿的合理数额。“董事薪酬”通常包括为公司提供劳务所应得的酬金、按月给付的具有固定薪酬性质的交通费、年度利润中可分得的具有红利性质的酬劳等。[⑤]

---

① 参见刘连煜：《现代公司法》（第 17 版），台北，新学林出版股份有限公司 2022 年版，第 516 页。

② 参见［德］托马斯・莱塞尔、［德］吕迪格・法伊尔：《德国资合公司法》（第 6 版），高旭军等译，上海人民出版社 2019 年版，第 198 页。

③ 参见［日］近藤光男：《最新日本公司法》（第 7 版），梁爽译，法律出版社 2016 年版，第 223 页。

④ 参见［韩］崔埈璿：《韩国公司法》（上），王延川、崔嫦燕译，中国政法大学出版社 2020 年版，第 377 页。

⑤ 参见刘连煜：《现代公司法》（第 17 版），台北，新学林出版股份有限公司 2022 年版，第 519 页。

◉ 公司治理操作指南

无过错董事被无因解任后，向公司请求赔偿还是补偿？对此，《公司法解释五》第3条规定为“补偿”，原《合同法》第410条、《民法典》第933条以及本条分别从合同法、公司组织法的视角规定为“赔偿”。正确的答案是赔偿。

对于补偿与赔偿的区别，有一种解释论认为，《公司法解释五》规定的“补偿”当以董事与公司在委托合同中约定补偿条款为前提，相较法律直接规定的赔偿方式具有优先适用性。这种解释符合违约金、损害赔偿金的适用逻辑。赔偿制度具有普适性，由于公司的无因解任将损害董事作为职业经理人的市场价值，因而成熟市场经济国家、地区以及我国上市公司实践都承认赔偿的合理、合法性。此外，就补偿条款而言，其本质是董事与公司的自我交易——双方关于违约金条款或预定的损害赔偿金条款的设计，有效的核心实体要件是实质公平，此时遵循董事自我交易的程序要件更为妥当（参见本法第182条、第185条）。此点在证监会《上市公司治理准则》中已有体现，第61条规定，“上市公司章程或者相关合同中涉及提前解除董事、监事和高级管理人员任职的补偿内容应当符合公平原则，不得损害上市公司合法权益，不得进行利益输送”。

◉ 比较法规范

《德国股份法》第84条第3款；《日本公司法》第339条；《韩国商法》第385条；《美国模范商业公司法》第8.08节；《美国特拉华州普通公司法》第141条第11款；《英国2006年公司法》第168条、第169条；中国台湾地区“公司法”第199条。

◉ 研究文献

1. 刘俊海：《上市公司独立董事制度的反思和重构——康美药业案中独董巨额连带赔偿责任的法律思考》，载《法学杂志》2022年第3期。

2. 赵旭东：《中国公司治理制度的困境与出路》，载《现代法学》2021年第2期。

3. 赵旭东：《公司法修订中的公司治理制度革新》，载《中国法律评论》2020年第3期。

4. 楼秋然：《董事职务期前解除的立场选择与规则重构》，载《环球法律评论》2020年第2期。

5. 罗培新：《世行营商环境评估之“保护少数投资者”指标解析——兼论我国公司法的修订》，载《清华法学》2019年第1期。

6. 许可：《股东会与董事会分权制度研究》，载《中国法学》2017年第2期。

7. 罗培新：《股东会与董事会权力构造论：以合同为进路的分析》，载《政治与法律》2016年第2期。

◉ 典型案例

李某军诉上海佳动力环保科技有限公司公司决议撤销纠纷案[①]

1. 案情简介

原告李某军系被告上海佳动力环保科技有限公司(以下简称佳动力公司)股东并担任董事兼总经理,股权结构为:葛某乐持股40%,李某军持股46%,王某胜持股14%。三股东共同组成董事会,葛某乐任董事长,另2人为董事。公司章程规定:董事会行使包括聘任或者解聘公司经理等职权,董事会须由2/3以上的董事出席方才有效,董事会对所议事项作出的决定应由占全体股东2/3以上的董事表决通过。2009年7月18日,佳动力公司董事长葛某乐召集并主持董事会,3位董事均出席,会议形成"鉴于总经理李某军不经董事会同意私自动用公司资金在二级市场炒股,造成巨大损失,现免去其总经理职务,即日生效"等内容的决议。该决议由葛某乐、王某胜及监事签名,李某军未在该决议上签名。李某军诉称决议所依据的事实和理由不成立,且董事会的召集程序、表决方式及决议内容均违反公司法,请求法院依法撤销该董事会决议。

2. 裁判要旨

一审法院认为,佳动力公司董事会决议在召集、表决程序上与公司法及章程并无相悖之处,但董事会形成的"有故"罢免李某军总经理职务所依据的事实与真实情况存在重大偏差,在失实基础上形成的董事会决议缺乏事实及法律依据,决议结果失当,从维护董事会决议形成的公正、合法性角度出发,应撤销该董事会决议。

二审法院认为,案涉决议在召集程序、表决方式和决议内容上均未违反法律、行政法规或公司章程,董事会决议内容中"总经理李某军不经董事会同意私自动用公司资金在二级市场炒股,造成巨大损失"的陈述,仅是董事会解聘李某军总经理职务的原因,而佳动力公司的章程中未对董事会解聘公司经理的职权作出限制,并未规定董事会解聘公司经理必须要有一定原因。因此,法院应尊重公司自治,无须审查佳动力公司董事会解聘公司经理的原因是否存在,即无须审查决议所依据的事实是否属实,理由是否成立。

最高人民法院将二审判决列为第10号指导案例,归纳了本案裁判要点:法院在审理公司决议撤销纠纷案件时,应审查会议召集程序、表决方式是否违反法律、行政法规与公司章程,以及决议内容是否违反公司章程;在未违反上述规定的前提下,解聘总经理职务的决议所依据的事实是否属实、理由是否成立,不属于司法审查范围。

3. 案件评析

本案系无因解任的典型案例,虽然涉及经理职务,但通常认为可准用于董事、监事。公司解任董事、经理是否有效取决于解任决议有无效力瑕疵。新《公司法》第26条从会

---

① 参见上海市第二中级人民法院民事判决书,(2010)沪二中民四(商)终字第436号。

议召集程序、表决方式和决议内容三个维度考察决议是否存在可撤销事由。基于尊重公司自治的立场，二审法院指出决议所依据的原因事实不属于司法审查范围，其理据为无因解任。换言之，法院区分了决议内容与决议依据的原因事实，否定后者对决议效力的影响。公司自治是市场经济的法律基础，司法介入应保持谦抑性，更多采取合法性而非合理性审查。案涉解任决议在会议召集程序、表决方式以决议内容上均未违反法律、行政法规或者公司章程，不存在效力瑕疵，解任当属有效。当然，无因解任并不意味着解任事由无关紧要，被解任董事的赔偿即以解任缺乏正当理由为前提，最高人民法院也认可被解任的董事、经理可通过委托合同解除后的赔偿规定另寻救济。① 在离职赔偿诉讼中，解任事由是否正当、所依据的事实是否存在，仍是司法审查的重点。

第七十二条　【董事会会议的召集和主持】

董事会会议由董事长召集和主持；董事长不能履行职务或者不履行职务的，由副董事长召集和主持；副董事长不能履行职务或者不履行职务的，由过半数的董事共同推举一名董事召集和主持。

◉ 立法意旨

本条是关于有限公司董事会会议召集和主持的规定。

◉ 条文演变历程

本规定最早可追溯至 1993 年《公司法》第 48 条，该条规定："董事会会议由董事长召集和主持；董事长因特殊原因不能履行职务时，由董事长指定副董事长或者其他董事召集和主持。三分之一以上董事可以提议召开董事会会议。"2005 年《公司法》第 48 条有 3 处修订：(1) 明确副董事长召集和主持董事会的备位性，将"董事长因特殊原因不能履行职务时，由董事长指定副董事长或者其他董事召集和主持"修改为"董事长不能履行职务或者不履行职务的，由副董事长召集和主持"；(2) 补充规定副董事长亦不能履职或不履行职务时的解决方案，即"由半数以上董事共同推举一名董事召集和主持"；(3) 删除"三分之一以上董事可以提议召开董事会会议"，将董事会会议的召开交由章程规定。2013 年修法时调整条文序号至第 47 条。

① 参见最高人民法院案例指导工作办公室、刘净：《指导案例 10 号〈李建军诉上海佳动力环保科技有限公司公司决议撤销纠纷案〉的理解与参照》，载《人民司法》2013 年第 3 期，第 33 页。

此次修法,一审稿、二审稿均未修订,三审稿第72条将共同推举1名董事召集和主持会议的董事比例从“半数以上”调整为“过半数”,直至形成本条。

◉ 条文释义

本条对应旧法第47条,有文字性修订。此外,第122条第2款关于股份公司董事会会议主持和召集的规定,与本条大体相同。

1. 规范背景

董事会作为公司法人机关,须通过召开会议并形成决议的方式行使职权。但凡会议之召开,先要确定召集人,召集人负责会议的通知与筹备程序;在会议召开环节,则需确定主持人,主持人负责会议议程的开始、程序推进与闭幕。本条规定之意旨在于确立会议的召集人、主持人。

问题的复杂性在于,由于公司由利益诉求并不完全相同的利益相关者组成,作为公司治理中心的董事会,更是由诸利益相关者的不同代言人组成,其决议之作出是多重利益反复、复杂博弈后的结果。董事会的召开与否、何时召开、如何召开、议决内容、是否通过某议案等都蕴藏了利益博弈。所以,如公司法仅规定单层次的召集人与主持人,必然容易造成公司治理僵局,在复杂的现实面前也显得过于单薄、无力。

为此,本条需要在确立正常治理秩序下的召集人与主持人后,引入多重替代机制,避免董事长怠于行使权利而导致董事会不能合法召开与进行。

2. 董事会召集人、主持人的多重设计

(1)董事长召集和主持。董事长通常由双控人推选的人担任,且多数情况下同时兼任法定代表人,由董事长召集和主持董事会会议,符合实际。

(2)副董事长召集和主持。作为第一重替代机制,在董事长不能履行职务或不履行职务时,由副董事长召集和主持。

(3)过半数董事共同推举的董事召集和主持。作为第二道替代机制,副董事长不能履行职务或不履行职务的,由过半数董事共同推举1名董事召集和主持。被推举的董事需能代表大多数董事的意见,且具备足够的经验和能力。需指出的是,本条未明确“过半数”系指全体董事会成员过半数还是其他董事过半数,从文义角度看,似乎应理解为全体董事过半数。但由此产生的问题是,因董事长、副董事长亦为董事,在董事会成员仅有3～4人的情况下,第二重替代机制实际上不存在。

◉ 公司治理操作指南

实践中,本条的实施需处理两个细节性问题:

一是某些有限公司设置2名及以上副董事长，当董事长不能履职或不履职时，可能产生一系列程序性纷争，包括按照副董事长排名先后确定召集人与主持人还是数位副董事长集体行使权利，以及其意见不一致之处理等。可见，人事的臃肿不仅减损效率，更滋生无谓的纷争。

二是对"董事长不能履行职务或者不履行职务""副董事长不能履行职务或者不履行职务"，应解释为仅指董事长或副董事长不能履行或不履行召集和主持董事会的职责，不能以其履行了其他职责为由，认为不符合适用替代机制的前置条件。[①]

◉ 比较法规范

《日本公司法》第366条、第368条；《韩国公司法》第390条；《英国2006年公司法》第302条、第303条；《美国模范商业公司法》第8.20节；中国台湾地区"公司法"第203条、第203-1条、第204条。

◉ 典型案例

广西金伍岳能源集团有限公司、广西物资储备有限公司确认合同无效纠纷案[②]

1. 案情简介

广西物资储备有限公司（以下简称储备公司）成立于2009年4月16日，股东为广西物资集团有限责任公司（以下简称物资集团公司，占股32%）、广西成通贸易有限责任公司（占股18%）、广西金伍岳能源集团有限公司（以下简称金伍岳公司，占股22%）、贵阳康恒贸易有限责任公司（占股19%）、广西南宁市瀚庐商贸有限责任公司（占股9%）。储备公司法定代表人袁某伟因涉嫌受贿罪于2016年12月2日被当地公安机关监视居住，后于2017年1月25日被执行逮捕。袁某伟在被监视居住期间，于2016年12月23日出具一份《授权委托书》，委托储备公司董事丁某顺代其行使公司董事长、法定代表人职权，保管公司公章印鉴并依法开展公司经营活动。2016年12月27日，丁某顺、储备公司监事唐某带领部分人员，将保管于储备公司的公章强行占有。2017年1月18日，丁某顺持储备公司的公章与物资集团公司签订《债权转让合同》。

储备公司股东金伍岳公司认为：袁某伟被刑事羁押后，物资储备公司应当召开董事会选举新董事长，袁某伟无权直接将董事长及法定代表人职权委托给丁某顺行使；《授权委托书》的内容不合法；物资集团公司及丁某顺抢夺公章、资料，串通伪造《债权转让合同》等行为皆属违法。因此，金伍岳公司起诉法院并主张，丁某顺无权代表储备公司与物

① 参见最高人民法院民事判决书，(2017)最高法民再172号。

② 参见最高人民法院民事判决书，(2019)最高法民再35号。

资集团公司签订《债权转让合同》,请求判令该合同无效。

2. 裁判要旨

最高人民法院再审认为,2013年《公司法》第44条第3款规定:"董事会设董事长一人,可以设副董事长。董事长、副董事长的产生办法由公司章程规定。"第47条规定:"董事会会议由董事长召集和主持;董事长不能履行职务或者不履行职务的,由副董事长召集和主持;副董事长不能履行职务或者不履行职务的,由半数以上董事共同推举一名董事召集和主持。"董事长作为董事会的负责人,在公司总体发展、生产经营等方面承担重要职责,因此,参照《公司法》上述条文的规定,董事长因故不能履职时,理应通过法定程序让渡权力或者进行改选,而不能通过个人总体概括授权的方式让渡董事长职权。本案中,袁某伟因被采取监视居住而不能正常履行其董事长及法定代表人职务,其在未经公司股东会或董事会决议的情况下,向丁某顺出具《授权委托书》,委托其"代为行使物资储备公司董事长和法定代表人职权、保管公司公章印鉴并依法开展公司经营活动",系将其公司董事长、法定代表人的职权概括授权给丁某顺,违背《公司法》上述规定,丁某顺不能因此获得储备公司法定代表人及董事长的权限,其代表储备公司与物资集团公司签订《债权转让合同》的行为属无权代表。

3. 案件评析

本案明确董事长不能履职时,须依法定程序让渡权力,不能由个人直接概括授权他人代行职权,对于公司治理实践具有较强的指导意义。在控制权争夺战中,经常出现公司控股股东及董事长、经理、法定代表人因涉刑被羁押监禁后,授权他人代行董事长、经理、法定代表人职权,以期维持公司控制权的情况。董事系经法定程序选任,受公司委托行使经营管理权,其因故不能履职时,只能依法定程序进行改选或适用法定替代方案,比如在董事长、副董事长无法召集和主持董事会会议的情况下,应由过半数董事另行推举1名董事履行召集和主持会议的职责,而不能擅自委托他人代行职权。

第七十三条 【董事会的议事规则】

董事会的议事方式和表决程序,除本法有规定的外,由公司章程规定。

董事会会议应当有过半数的董事出席方可举行。董事会作出决议,应当经全体董事的过半数通过。

董事会决议的表决,应当一人一票。

董事会应当对所议事项的决定作成会议记录,出席会议的董事应当在会议记录上签名。

◉ 立法意旨

本条是关于有限公司董事会议事规则的规定。

◉ 条文演变历程

本条可追溯至1993年《公司法》第49条，该条规定："董事会的议事方式和表决程序，除本法有规定的以外，由公司章程规定。召开董事会会议，应当于会议召开十日以前通知全体董事。董事会应当对所议事项的决定作成会议记录，出席会议的董事应当在会议记录上签名。"2005年《公司法》第49条一方面删除此前第2款有关召开会议应提前10日通知全体董事的规定，赋予有限公司更灵活的处置方案；另一方面新增第3款，明确董事会的表决规则为"一人一票"，区别于股东会决议的资本多数决。2013年修法仅调整条文序号为第48条。

此次修法，一审稿第68条对旧法第48条进行2处修订：一是新增第2款，即"董事会会议应有过半数的董事出席方可举行。董事会作出决议，必须经全体董事的过半数通过"。二是将对董事会会议记录的规定调至最后一款，与第81条关于监事会议事规则的规范体例保持一致。二审稿第73条沿袭之。三审稿第73条又有2处文字修订：在"应"字后加上"当"字，将"必须"修订为"应当"，直至形成本条。

◉ 条文释义

本条对应旧法第48条，新增第2款。

1. 第1款：有限公司的自治化

关于董事会的议事方式和表决程序，本条仅有第2款、第3款、第4款的简要规定，其余通过第1款交付有限公司章程自治。其原因在于有限公司治理实质上的合伙化，[①]公司法不宜对其董事会的议事方式和表决程序等细碎事项作过多规定，以期保障有限公司在公司治理方面的自治性、灵活性与效率性。加之多数有限公司股东会、董事会的成员合一，存在以股东会取代董事会或二会合一的情形，第61～66条关于股东会议事方式与表决程序的规定，事实上也已较为成熟。

所谓议事方式，系指董事会会议讨论问题采用的形式。所谓表决程序，则指董事会会议对所议事项作出决议的具体步骤、方式。议事方式和表决程序，包括如何通知董事参加会议、会议的召集和主持程序、讨论问题的方式、有效出席人数、议事议程的提出和确定方式、审议规则、表决方式等。实践中，不同公司的实际情况各不

① 参见施天涛：《公司法论》（第4版），法律出版社2018年版，第303页。

相同,允许有限公司在不违背《公司法》基本规定的前提下,根据公司特点、经营方式、管理习惯等具体情况,择取合适的议事方式和表决程序,无疑是明智的立法选择。

2. 两类公司规则的同质化

若将第 2 款、第 3 款、第 4 款与第 124 条对照,可以发现两类公司的规定完全相同。鉴于第 1 款对有限公司的议事方式与表决程序作了简化,主要授权给了公司章程,没有股份公司那样更详细的规定,有限公司可以参考第 123 条、第 125 条关于股份公司的规定完善自己的章程条款。

鉴于此,本条后 3 款的具体释义,本书安排在第 124 条,以避免重复;有关有限公司章程对第 1 款相关规则的进一步完善,详见本条“公司治理操作指南”部分。

◉ 公司治理操作指南

有限公司章程关于董事会议事方式和表决程序的规定,应当详细且具有可操作性,对此应注意以下要点。

1. 待补充事项

结合本条及第 72 条,公司法对董事会会议仅明确了召集与主持人、出席人数要求、表决权分配、表决通过比例等基础事项。诸如会议通知时限、会议形式、表决回避等,均需由章程另行规定,具体如下。

(1)会议通知的内容。会议通知需载明会议召开时间、地点及简要事由,鉴于会议讨论决定的是关系公司经营发展的重大事项,为保密起见,可不必注明会议将讨论的具体内容。

(2)会议提前通知的期间。参照第 64 条第 1 款,召开董事会会议须提前通知董事。1993 年《公司法》第 49 条第 2 款曾要求应于董事会会议召开 10 日以前通知全体董事,但 2005 年修法后取消了这一要求。这并不意味着召开董事会无须提前通知,仅是不再“一刀切”地要求提前 10 日,而是将该事项交由公司章程规定。第 123 条仍规定股份公司的定期董事会需要在召开前 10 日通知全体董事,但对于临时会议的提前通知时间也并无要求,交给公司另定。通知期限应以保障董事参会权为原则,考虑到有限公司董事会规模有限,且董事通常在公司履职,提前通知期限无须过长,很多有限公司章程规定会议通知提前 3 日送达董事即可。第 24 条规定在用电子通信方式开会的背景下,提前通知董事参会的时间可以更加灵活,无须为异地董事预留在途时间。

(3)明确会议召开形式。根据第24条,董事会召开会议和表决可以采用电子通信方式或章程规定的其他方式。

(4)明确表决方式。书面表决、举手表决、口头表决等形式均无不可,但应采记名投票,否则难以保存董事会会议记录且难以对违反法律法规及章程的董事进行追责。投票选择包括赞成、反对与弃权,有观点认为基于信义义务的要求,董事只能在赞成与反对间选择,不得如股东那样投弃权票。对于这一争议问题有待研究,但实务中无论有限公司还是股份公司,乃至上市公司的董事会决议,都普遍存在赞成、反对与弃权的三种投票设计。

(5)明确议事表决流程,即采用"逐项审议、逐一表决"还是"全部审议后一并表决"等。

(6)提高特定重要事项的多数决比例。关于公司章程提高董事会决议通过比例,乃至约定"一致决"的效力,实践中多数观点持肯定说,认为属于公司自治范畴;但也有观点认为过高的通过比例容易导致公司僵局,不应肯定其效力。[①] 本条第2款关于经全体董事过半数通过的规定,应属关于通过比例下限的强制性规定(与董事会的定足数要求保持衔接),公司章程可提高该比例。

总之,有限公司章程规定详细的董事会议事方式和表决程序,有助于提高会议效率,预防纷争的发生。

2. 有限公司董事能否委托投票

本法第125条规定,股份公司的董事会会议原则上由董事本人出席,董事因故不能出席的,可以书面委托其他董事代为出席。有限公司董事同样可适用委托代理投票,理据详见第125条释义,此处不赘述。因此,有限公司章程可参照前述条文作出类似规定。

董事委托他人代为出席时,能否计入会议出席人数,立法未作明确。依委托代理法理,应持肯定观点,但此时可能存在1名董事同时接受多位董事委托的情况,从而导致董事会集体决策机制被架空,因此有限公司章程有必要对董事代理他人出席董事会并投票的人数上限进行合理限制。

---

① 争议集中体现在公司章程提高股东会决议通过比例的效力,相关处理对董事会决议亦有参考价值。持肯定观点的如江苏省高级人民法院民事裁定书,(2019)苏民申4292号;山西省高级人民法院民事裁定书,(2019)晋民申1768号;持否定观点的如江苏省新沂市人民法院民事判决书,(2018)苏0381民初8690号。

3. 董事会的多数决计票

董事会的计票规则为"一人一票",与第 81 条第 3 款、第 4 款关于监事会的规定相同,区别于股东会表决的"资本多数决"原则。董事会中每位董事的权责均相同且平等,无论其任职时间长短、职位高低或是否兼具公司股东及职工身份,包括董事长、副董事长在内的董事会全体成员均拥有相同投票权。

董事会决议之通过需要获得全体董事过半数同意,"全体董事的过半数"系指投赞成票的董事人数超过董事会全体成员的一半。另结合第 139 条、第 185 条等规定,特定情况下"关联董事不得参与表决,其表决权不计入表决权总数",因此当有关联董事需要回避表决时,该关联董事不应计入"全体董事"的基数,决议经非关联董事的过半数通过即可。

◉ 比较法规范

《日本公司法》第 369 条、第 370 条、第 371 条;《韩国公司法》第 391 条;《英国 2006 年公司法》第 281 条、第 282 条、第 284 条、第 301 条、第 318 条;《美国特拉华州普通公司法》第 141 条;《美国模范商业公司法》第 8.03 节、第 8.24 节;中国台湾地区"公司法"第 206 条、第 207 条、第 208 条。

◉ 研究文献

1. 高圣平:《再论公司法定代表人越权担保的法律效力》,载《现代法学》2021 年第 6 期。

2. 马强:《论决议行为适用意思表示瑕疵的规则——以公司决议中表决人意思瑕疵为考察重点》,载《华东政法大学学报》2021 年第 1 期。

3. 周淳:《组织法视阈中的公司决议及其法律适用》,载《中国法学》2019 年第 6 期。

4. 殷秋实:《法律行为视角下的决议不成立》,载《中外法学》2019 年第 1 期。

5. 温长庆:《论公司决议的形成规则及其在回避表决时的运用——从"万科董事会决议"的争议点切入》,载《法商研究》2018 年第 1 期。

◉ 典型案例

太平洋控股有限公司与北京太运大厦有限公司公司决议效力确认纠纷案①

1. 案情简介

太平洋控股有限公司(以下简称太控公司)系北京太运大厦有限公司(以下简称太运

① 参见北京市高级人民法院民事判决书,(2021)京民终 236 号。

大厦公司）现任股东，《太运大厦公司章程》第17条规定，“董事会由八人组成，其中甲方委派三人、乙方（太控公司）委派三人、丙方委派一人、丁方委派一人，董事任期三年，经委派方继续委派可以连任，董事长及副董事长由董事会投票选举产生，获票数最高的董事任董事长，获票数第二高的董事任副董事长。法定代表人由董事长担任”；第20条规定，“董事会会议原则上在公司所在地举行，董事因参加董事会议所发生的差旅费，住宿费由合营公司支付”；第22条规定，“董事长应在董事会开会前10日（含假日）书面通知各董事，写明会议内容，时间和地点”；第23条规定，“董事因故不能出席董事会会议，可以书面委托代理人出席董事会并代表他参加表决，如届时未委托他人出席，则视为默认董事会作出的决议”；第24条规定，“出席董事会会议的法定人数为全体董事的三分之二以上，不够三分之二以上人数时，其通过的决议无效。如果时间紧迫，董事可以信件或电传形式进行表决，以信件方式进行表决所作出的决议与召开董事会所做出的决议效力相同”。

太运大厦公司上一届董事于2019年12月任期届满。2019年12月10日公司及董事长曾某宏向各股东致函，表示董事会需换届，请各股东于2019年12月25日前将继续委派或重新委派的董事人选书面通知公司，并请各股东将推荐的新一届总经、副总经理人选以书面方式通知公司。

2019年12月30日，公司及董事长曾某宏向各股东及董事发出会议通知，以书面传签方式召开会议，审议以下2个议案：（1）根据公司章程第17条的规定选举新一届董事会董事长、副董事长；（2）根据公司章程第30条的规定选聘公司新一届总经理、副总经理。该通知附件为相应选票，并备注了各股东委派的新一届董事会董事名单。

2020年1月6日，太控公司委派董事卢某水、柳某义、赖某新共同向太运大厦公司及董事长曾某宏回函，表示反对以信件方式表决，要求在公司所在地召开会议，由各董事出席讨论后决议。

2020年1月9日，太运大厦公司向太控公司及卢某水、柳某义、赖某新致函，表示以书面传签方式召开会议选举新一届董事会董事长、副董事长并选聘新一届总经理、副总经理符合法律、公司章程及公司治理原则，不但未使公司、董事、股东权益受损，还为公司节省会议成本。但为尊重太控公司及太控公司委派董事提出增加设置监事议题之权力，将于2020年1月22日14:00在北京市举行董事会一并讨论。同日，太运大厦公司及董事长曾某宏发出会议通知，定于2020年1月22日14:00召开董事会会议，并列明会议事项：（1）选举公司新一届董事会董事长、副董事长；（2）选聘公司新一届总经理、副总经理；（3）讨论公司组织变更，增设监事。

2020年1月13日，卢某水、柳某义、赖某新向太运大厦公司回函，表示会议时间适逢新年假期（春节）前夕，鉴于往来北京交通及相关作业安排不及，恳请另安排于（农历）新年后再择期召集。2020年1月14日，太运大厦公司及董事长曾某宏向太控公司及卢某水、柳某义、赖某新回函，表示原定董事会会议将如期举行，并提出根据法律及公司章程，如董事因故不能出席董事会议,可以书面委托代理人出席。

2020 年 1 月 17 日,卢某水、柳某义、赖某新向太运大厦公司回函,表示:(1)虽然可以书面委托代理人出席,但卢某水、柳某义、赖某新为履行董事尽职义务,仍希望亲自出席;(2)根据章程“出席董事会会议的法定人数为全体董事 2/3 以上人数,不够 2/3 以上人数时,其通过的决议无效”,若卢某水、柳某义、赖某新无法顺利出席时,恐太运大厦公司董事会亦无法召集并作成有效决议;(3)仍请另行安排于(农历)新年后再择期召集。

2020 年 1 月 20 日,太运大厦公司及董事长曾某宏向太控公司及卢某水、柳某义、赖某新回函,经征询其他董事,多数董事认为本次董事会会议还是应按照原定时间召开,并表示如果董事不能亲自出席或者委托代理人出席的,请各位董事将 2019 年 12 月 30 日公司传各位董事的选票、表决票作出决定后签回,并将想讨论表达的意见以书面方式于会议时或会议召开之前传给公司。

2020 年 1 月 21 日,卢某水、柳某义、赖某新回函,再次表达因春节假期交通安排不及,无法依来函日期出席董事会会议,并表示为避免部分董事缺席而造成董事会决议无效,恳请将会议延期至春节后。

2020 年 1 月 21 日,太运大厦公司及董事长曾某宏回函,董事会会议将仍按照原通知时间、地点举行,请各董事准时出席。

2020 年 1 月 22 日,太运大厦公司董事曾某宏、张某丽、张某华(委托景某相)、张某、翁某成出席了董事会会议。原定会议召开时间为 14:00,与会董事等待至 15:00,太控公司委派的三位董事卢某水、柳某义、赖某新仍未到达会场,与会董事经商议继续召开会议,讨论了三项议题:(1)选举公司新一届董事会董事长、副董事长;(2)选聘公司新一届总经理、副总经理;(3)讨论公司组织变更,增设监事。该会议最终形成以下决议:(1)(经选举)曾某宏先生担任公司董事长;(2)根据公司章程第 7 章第 30 条规定,公司总经理、副总经理任期与董事任期一致,董事已换届,总经理、副总经理任期已届满,鉴于本次会议情况,新一届总经理、副总经理于下次董事会会议选聘;(3)“公司组织变更增设监事”议案未通过,留待下一届董事会讨论。

上述董事会决议作出后,太控公司向北京四中院提起诉讼,请求确认太运大厦公司于 2020 年 1 月 22 日作出的董事会决议不成立。法院经审理认为,太运大厦公司董事会于 2020 年 1 月 22 日举行的会议召开程序合法,表决过程符合章程相关规定,遂驳回太控公司要求确认该次董事会决议不成立的诉请。太控公司上诉后,北京市高院维持原判。

2. 裁判要旨

北京市高院认为,根据太运大厦公司章程规定:出席董事会人数应为全体董事的 2/3 以上,但时间紧迫的,董事可以信件或电传方式表决;董事应自行出席董事会会议,因故不能出席的可以书面委托代理人,如届时未委托他人出席,视为默认董事会作出的决议。首先,2020 年 1 月 22 日公司召开董事会时参会人员不足董事人数的 2/3。其次,董事长至关重要,新董事会组建后,董事长的选举亟须完成,曾某宏作为上一任董事长继续履职仅系临时过渡措施,应认定案涉董事会的召开符合章程第 24 条第 2 款规定的时间紧迫情形。在此情况下,董事可以信件或电传的方式表决。2019 年 12 月 30 日,公司及董事长曾某宏向各股东及董事发出会议通知,以书面传签方式召开会议;2020 年 1 月 6 日,太控公司委派董事卢某水、柳某义、赖某新回函表示反对以信件方式表决,要求在公司所在地召开会议。可见,公司曾通知董事以书面方式表决,但太控公司委派董事表示不同意以书面方式表决。再次,在卢某水、柳某义、赖某新不同意以书面方式表决并要求在公司所在地召开会议被拒绝后,根据章程规定,卢某水、柳某义、赖某新应当自行出席董事会,但其多次回函要求更改会议召开日期,理由为恰逢春节,"往来北京交通及相关作业安排不及"。对此,虽临近春节,但仍属工作日,会议召开日期并无明显不当;卢某水、柳某义、赖某新并未提交证据证明交通不便,太运大厦公司亦提交在我国台湾地区居住的曾某宏正常订购往返于两地机票的情况;截至董事会会议召开时,新冠肺炎疫情尚未上升为全国性公共卫生事件,太控公司未提交证据证明新冠疫情影响了交通,且双方多次函件往来也从未提及新冠肺炎疫情。因此,卢某水、柳某义、赖某新并无充分、合理理由说明其不能出席会议。最后,即使卢某水、柳某义、赖某新确实无法出席会议,其亦可书面委托代理人。经询问,太控公司表示卢某水、柳某义、赖某新确实曾在其他会议委托过代理人出席,但此次委托时间来不及。对此,从通知召开会议到会议召开之间尚有数日,太控公司虽主张授权手续无法及时办理,但并未提交充分证据证明,且章程中仅要求书面委托并未明确要求办理公证等手续,故对其该陈述法院不予采信。

综上所述,在时间紧迫的情况下,太控公司委派董事未同意太运大厦公司提出的书面表决方式,而其亦无充分、合理理由说明其不能出席会议且未书面委托代理人出席会议并表决,根据太运大厦公司章程第 23 条、第 24 条,应视为太控公司委派董事默认董事会作出的决议。

3. 案件评析

本案凸显有限公司章程规定在确定董事会议事方式及表决程序方面的重要性。为充分尊重公司自治,在公司章程已对董事会召开、表决等事项作出详细规定,且该规定不违反法律的情况下,应严格按照章程规定的程序事项对董事会决议作效力判断。2018 年《公司法》第 48 条第 2 款(新《公司法》第 73 条第 2 款)规定董事会会议经过半数董事出席方能举行,决议的作出须经全体董事过半数通过,系为保障董事会决策的民主性。但在实践中,可能出现部分董事无正当理由拒不出席,但确有必要立即召开董事会会议的情况,此时若僵化遵循前述要求,可能导致董事会运转失灵。基于此,若经审查判断相关董事具备出席条件,但借故拖延参会或拒绝委托他人代为参会,可按章程规定推定该董事已参会并同意议决事项。需注意,前述推定以章程有规定为前提,同时需慎用,只有在董事确无正当理由无故缺席时,才宜依章程进行推定处理。

第七十四条 【经理的设置和职权】

有限责任公司可以设经理,由董事会决定聘任或者解聘。

经理对董事会负责,根据公司章程的规定或者董事会的授权行使职权。经理列席董事会会议。

◉ 立法意旨

本条是关于有限公司经理设置和职权的规定。

◉ 条文演变历程

"经理"一词最早出现于1988年《全民所有制工业企业法》,该法中的经理实为厂长,是具有一定行政性质的特殊管理职位,与现代公司法中的经理有所不同。关于经理的设置与职权,1993年《公司法》第50条规定:"有限责任公司设经理,由董事会聘任或者解聘。经理对董事会负责,行使下列职权:(一)主持公司的生产经营管理工作,组织实施董事会决议;(二)组织实施公司年度经营计划和投资方案;(三)拟订公司内部管理机构设置方案;(四)拟订公司的基本管理制度;(五)制定公司的具体规章;(六)提请聘任或者解聘公司副经理、财务负责人;(七)聘任或者解聘除应由董事会聘任或者解聘以外的负责管理人员;(八)公司章程和董事会授予的其他职权。经理列席董事会会议。"2005年《公司法》第50条第1款将"设经理"修改为"可以设经理",明确经理非必设机关;同时优化经理职权的规定,将原第8项"公司章程和董事会授予的其他职权"修改为"董事会授予的其他职权"。该条还增设第2款"公司章程对经理职权另有规定的,从其规定",引入自治空间。原第2款移至第3款。2013年修法时仅将条文序号调为第49条。

此次修订过程中,一审稿第69条有三处修订:一是第1款将经理职权的规定从列举式调整为概括式,仅保留"有限责任公司可以设经理,由董事会决定聘任或者解聘"的内容;二是将第2款修订为"经理对董事会负责,根据公司章程的规定或者董事会的授权行使职权";三是将第3款"经理列席董事会会议"合并至第2款。二审稿第74条将"可以设经理"中的"可以"删去。三审稿第74条未变动,但审议通过时本条又加上了"可以"二字。

◉ 条文释义

本条对应旧法第 49 条，有重大修订。

（一）第 1 款：经理的设置与聘任、解聘

1. 经理的定义

公司法语境中的“经理”，指由董事会聘任的高管之首。其不同于日常语义层面或管理学意义层面上的经理概念，在这些层面上，经理指公司行政系统中的中高管理层，包括公司法意义上的经理、副经理以及公司事业部经理、区域（大区）经理、分公司经理、部门经理等。《澳门商法典》中有关经理的表述可以作为经理内涵的参考，即“经理系指商业企业主委任以经营企业之人，该委任得按商业习惯以任何职务名称为之”①。这一界定把握了经理的实质，不因名称形式而否定具有实质经理地位的主体，②也即是否被称为“经理”并不重要，经理的实质特征在于受企业主委托负责经营企业。我国内地实践中，经理也被称为总经理、总裁、首席执行官（Chief Executive Officer，CEO）等，副经理也被称为副总裁、资深副总裁、执行副总裁、高级副总裁、常务副总裁、首席运营官（Chief Operation Officer，COO）、首席财政官（Chief Financial Officer，CFO）等，其他低级别经理更有多种称谓，如总监、部长、处长、主任、科长、组长等，不一而足。我国澳门地区的实质界定值得赞同。

2. 经理的法律地位

经理的法律地位较为模糊，可从以下几个方面进行描述。

（1）公司辅助执行机关。有观点认为经理系公司执行机关，另有观点则认为因董事会系公司执行机关，经理只能为其辅助机关。后者为通说，值得赞同。经理由董事会聘任、对董事会负责，经理的法律地位宜描述为公司的辅助执行机关。

（2）高管之一。依本法第 265 条第 1 项的规定，经理为高管之一，高管包括经理、副经理、财务负责人、上市公司董秘以及公司章程规定的其他人员［如国有公司的首席（总）法律顾问等］。

（3）高管之首。《公司法》有多个条文提及董事、监事与高管，本书多数场合下合称“董监高”。有时人们以“管理层”指称高管群体，不争的是，经理为高管之首，所以有时人们有“以总经理为首的管理层”之称谓。

---

① 《澳门商法典》第 64 条。

② 参见王保树、钱玉林：《经理法律地位之比较研究》，载《法学评论》2002 年第 2 期，第 35 ~ 43 页。

(4)可兼任董事。经理不必然同时为公司董事,但实务中几乎都兼任董事。公司法不禁止经理兼任董事,或者说不禁止董事兼任经理(本法第75条、第127～128条、第174条)。如董事兼任经理,那么该董事为执行董事(本法第10条)。

(5)可兼任法定代表人。依本法第10条第1款的规定,经理无论兼任董事与否,都可以担任公司法定代表人。

(6)可能是公司员工。董监高与公司间乃委任关系,那么经理与公司间可否同时存在劳动合同关系?答案是肯定的,但不绝对。多数情况下,尤其是在国有公司中,包括经理在内的董监高往往兼为公司职工。此时,就经理的公司高管身份而言,其与公司实质上构成委托合同关系,而在经理作为普通职工的情况下,其与公司成立劳动合同关系。两种法律关系并存时,经理辞任或者解任后,劳动合同关系可继续存续。

3. 非有限公司的必设机关

"有限责任公司可以设经理"这一规定由来已久,"可以"一词意味着有限公司有权根据实际需要,自主决定是否设经理职位,这不同于本法第126条第1款关于"股份有限公司设经理"的规定。修法过程中,二审稿、三审稿曾采用"有限责任公司设经理"的表述,可见立法者有态度的反复。但最终通过的文本恢复了此前的表述。

4. 经理的聘任与解聘

我国公司的董事、监事产生方式各异:普通公司的董事、监事是选举制,分别由股东会及职代会、工会等民主形式选举产生;国有独资公司的董事实行委派制(本法第173条);一人公司的董事、监事由股东任命。但公司的经理均采董事会聘任、解聘机制(本条及第126条、第174条),如公司仅设一名董事,则由该名董事聘任或解聘。

董事会关于聘任、解聘经理的决议一经作出即生效。同本法第71条有关董事无因解任制度的法理,公司董事会也得随时解任经理,但被无因解任的经理可请求公司赔偿。个中法理,详见最高人民法院第10号指导案例"李建军诉上海佳动力环保科技有限公司公司决议撤销纠纷案"的裁判要点。

(二)第2款第1句:经理职权由法定到意定

此次修法,调整经理职权的规范模式,乃是确立董事会中心主义的重要环节。自1993年以来,我国公司法对经理职权一直进行明确列举,且一直以董事会授权作为兜底。自2005年以后,公司章程可对经理职权另行规定。旧法第49条第1款详细列举了经理的8项职权,这一立法模式举世罕见。据考证,该规范模式源于苏联国企工厂管理体制,以及据此形成的具有中国特色的厂长经理负责制。这一立法模式与世界潮流不合,也与经理的法律地位错配。本句将经理职权定于"根据公司章程的规定或者董事会的授权行使职权",实现了经理职权由法定到意定的转变,更契合经理作为公司辅助执行机关的定位,赋予了有限公司更多的自治空间,深刻体现了公司法对企业自治的充分尊重。

1. 经理职权来源之一:公司章程的规定

有限公司的初始章程由全体股东基于合意共同制定,其修改需经代表2/3以上表决权的股东同意。公司章程规定经理职权,再结合本法第67条第2款第10项规定董事会职权可由公司章程规定或股东会授予,可理解为股东可在公司执行机关与其辅助机关之间进行执行权的划分。

2. 经理职权来源之二:董事会的授权

既然经理由董事会聘任、对董事会负责,且属于董事会的辅助机关,董事会自然可以根据实际情况授予经理相应职权。

3. 经理享有的职权范围

(1)公司内部的管理权限

从旧法第49条第1款规定的经理8项法定职权来看,公司法关注的经理职权仅指向其对内管理职能,但司法实践中更具意义的是经理的对外代理权。《公司法》对此并未作出特别规范,这是非常遗憾的。

(2)职务代理权限

我国关于经理代理权的立场与大陆法系基本相同,即认为经理并非公司法定代表机关,不当然享有公司代表权,其能否代表公司取决于是否担任法定代表人(本法第10条)。未担任法定代表人的经理,对外以公司名义从事法律行为,视为公司代理人而非代表人,此时适用《民法典》第170条而非第61~62条。当非法代的经理对外为职务代理行为时,其代理权限限于"职权范围内"。有关"职权范围内"的界定,截至目前,我国大陆法律并未正面回应,这一立法缺陷使经理职务代理行为中,代理权限的判定极为困难。对比之下,我国台湾地区"民法"关于经理在公司内部的管理权限、外部的代理权限以及代理权限制能否对抗善意第三人三个方面都有完善的规定，不无启发。①

关于经理外部代理权范围及相应无权代理、表见代理的判断，作出贡献的是《民法典合同编通则司法解释》第 21 条②。从该条第 2 款来看，其虽没能从正面提供关于经理外部代理权的界定标准，但从反面规定，如果经理在订立合同时，合同事项涉及下列四种情形之一，肯定构成无权代理：第一，依法应当由公司股东会决议的事项

① 我国台湾地区"民法"第二章"各种之债"第十一节"经理人及代办商"下，共设5个条文规范经理之公司内外的权限，具体如下：

第 553 条 （经理人之意义及经理权之授与）称经理人者，谓由商号之授权，为其管理事务及签名之人。

前项经理权之授与，得以明示或默示为之。

经理权得限于管理商号事务之一部或商号之一分号或数分号。

第 554 条 （经理人之经理权(一)——管理权）

经理人对于第三人之关系，就商号或其分号，或其事务之一部，视为其有为管理上之一切必要行为之权。

经理人，除有书面之授权外，对于不动产，不得买卖，或设定负担。

前项关于不动产买卖之限制，于以买卖不动产为营业之商号经理人，不适用之。

第 555 条 （经理人之经理权(二)——诉讼行为）

经理人，就所任之事务，视为有代理商号为原告或被告或其他一切诉讼上行为之权。

第 556 条 （共同经理人）

商号得授权于数经理人。但经理人中有二人之签名者，对于商号，即生效力。

第 557 条 （经理权之限制）

经理权之限制，除第五百五十三条第三项、第五百五十四条第二项及第五百五十六条所规定外，不得以之对抗善意第三人。

以上 5 个条文，第 553 条规定经理定义、经理权的授予方式；第 554 条第 1 款规定经理的管理权，第 2 款、第 3 款及第 555 条规定外部代理权；第 556 条规定数个经理人之行权关系；第 557 条规定公司对经理权的限制不得对抗善意相对人。

② 《民法典合同编通则司法解释》第 21 条规定："法人、非法人组织的工作人员就超越其职权范围的事项以法人、非法人组织的名义订立合同，相对人主张该合同对法人、非法人组织发生效力并由其承担违约责任的，人民法院不予支持。但是，法人、非法人组织有过错的，人民法院可以参照民法典第一百五十七条的规定判决其承担相应的赔偿责任。前述情形，构成表见代理的，人民法院应当依据民法典第一百七十二条的规定处理。合同所涉事项有下列情形之一的，人民法院应当认定法人、非法人组织的工作人员在订立合同时超越其职权范围：(一)依法应当由法人、非法人组织的权力机构或者决策机构决议的事项；(二)依法应当由法人、非法人组织的执行机构决定的事项；(三)依法应当由法定代表人、负责人代表法人、非法人组织实施的事项；(四)不属于通常情形下依其职权可以处理的事项。合同所涉事项未超越依据前款确定的职权范围，但是超越法人、非法人组织对工作人员职权范围的限制，相对人主张该合同对法人、非法人组织发生效力并由其承担违约责任的，人民法院应予支持。但是，法人、非法人组织举证证明相对人知道或者应当知道该限制的除外。法人、非法人组织承担民事责任后，向故意或者有重大过失的工作人员追偿的，人民法院依法予以支持。

（第69条）；第二，依法应当由公司董事会决定的事项；第三，依法应当由法定代表人代表法人实施的事项；第四，不属于通常情形下依其职权可以处理的事项。据此，如果经理订立的合同涉及以上四类事项，即构成无权代理，原则上也不能构成表见代理，因为此时相对人难以符合“善意且无过失”的主观要件。① 相比之下，该条第3款规定，如果经理订立的合同不涉及以上四类事项，仅仅超越公司对其代理权的限制，善意相对人原则上可主张成立表见代理。

（三）第2款第2句：经理列席董事会

经理列席董事会是强制性规范。公司实务中，经理往往由董事兼任，列席董事会一般不成问题。但该等主体在参加董事会时具有双重身份，一是基于董事身份“出席”董事会，二是基于经理身份“列席”董事会，二者的性质、权限及效力均不相同。

◉ 公司治理操作指南

将经理职权交由公司章程规定或董事会授权决定，可将经理对外的职务代理权纳入其中，而不局限于经理的内部管理职权。但由此产生的问题是，在第三人较难查询到公司章程，亦无从获悉董事会决议的情况下，易产生“表见经理”风险，对公司利益构成极大威胁。

本条规定与《民法典》第170条（职务代理）、第172条（表见代理）及《民法典合同编通则司法解释》第21条关于职务代理的规定息息相关。此外，因本条未作出与本法第67条第3款（公司章程对董事会职权的限制不得对抗善意相对人）类似的规定，在具体案件中须援引《民法典》第170条第2款的一般规则。

同时，正是由于经理职权交由公司章程规定或董事会授权决定，公司更加需要规范经理行权。公司章程在规定经理职权时应尽可能清楚明晰，必要时可参考旧法第49条第1款关于经理职权的规定。董事会在向经理授权时亦应尽可能明示，并以书面文件进行。交易相对人通过经理与公司开展交易时，应注意审查公司章程，或要求经理提供董事会的相关授权文件；若公司抗辩经理越权，第三人可尝试主张构成表见代理。

---

① 《民法典总则编司法解释》第28条规定：“同时符合下列条件的，人民法院可以认定为民法典第一百七十二条规定的相对人有理由相信行为人有代理权：（一）存在代理权的外观；（二）相对人不知道行为人行为时没有代理权，且无过失。因是否构成表见代理发生争议的，相对人应当就无权代理符合前款第一项规定的条件承担举证责任；被代理人应当就相对人不符合前款第二项规定的条件承担举证责任。”

修法过程中,有学者提出对经理职权的规定应包含三点:一是明确经理享有以公司名义对外从事法律行为的代理权,且代理权范围应法定;二是明确对经理代理权的内部限制不得对抗善意第三人;三是要求将经理作为公司登记事项,并明确该登记的对抗效力。① 前述建议虽最终未被新《公司法》采纳,但在实践中仍具有一定的参考意义。

◉ 比较法规范

《日本公司法》第10~11条;《德国商法典》第48~53条;《美国特拉华州普通公司法》第142条;《美国模范商业公司法》第8.41节;中国台湾地区"公司法"第29~31条。

◉ 研究文献

1. 赵旭东:《再思公司经理的法律定位与制度设计》,载《法律科学(西北政法大学学报)》2021年第3期。

2. 钱玉林:《经理地位的法律逻辑分析》,载《法学》2010年第8期。

第七十五条 【一名董事的设置】

规模较小或者股东人数较少的有限责任公司,可以不设董事会,设一名董事,行使本法规定的董事会的职权。该董事可以兼任公司经理。

◉ 立法意旨

本条是关于有限公司不设董事会,仅设一名董事的规定。

◉ 条文演变历程

中华人民共和国成立初期,政务院曾出台《私营企业暂行条例》,该条例第19条第1款规定有限公司可不设董事,由股东执行公司事务。《私营企业暂行条例》是计划经济实施前的昙花一现,随着1955年全面推行所有制改革,私有企业不复存在,该法令也就名存实亡。② 为改变国有企业领导层臃肿的局面,1993年《公司法》第51条规定:"有限责任公司,股东人数较少和规模较小的,可以设一名执行董事,不设立

① 参见胡晓静:《论我国公司经理的法律地位——基于德国经理人制度的思考》,载《吉林大学社会科学学报》2023年第6期,第45~57页。

② 参见李建伟:《董事会规模强制规制模式的解释与反思》,载《法学杂志》2019年第10期,第33页。

董事会。执行董事可以兼任公司经理。执行董事的职权,应当参照本法第四十六条规定,由公司章程规定。有限责任公司不设董事会的,执行董事为公司的法定代表人。”这体现了国企改革“精简机构与提高效率”的理念。2005年《公司法》第51条第2款明确执行董事的职权“由公司章程规定”,删除原第2款“应当参照本法第四十六条规定”的规定,另因第13条已对法定代表人作出统一规范,故删除第3款关于“执行董事为公司的法定代表人”的规定。2013年修法时仅将条文序号调至第50条。

此次修法,一审稿第70条规定:“规模较小的有限责任公司,可以不设董事会,设一名董事或者经理,行使本法规定的董事会的职权。”其对旧法第50条有四处修订:删除“股东人数较少或者规模较小的有限责任公司”中的“股东人数较少或者”;删除“设一名执行董事,不设董事会”,新增“设一名董事或者经理,行使本法规定的董事会的职权”;删除“执行董事可以兼任公司经理”;删除第2款的全部内容,即“执行董事的职权由公司章程规定”。二审稿第75条在句末新增“该董事可以兼任公司经理”。三审稿第75条又重新陈列“股东人数较少或者”的表述,直至形成本条。

◉ 条文释义

本条对应旧法第50条,修订情况。另据本法第128条的规定,本条也适用于股份公司,此为有限公司与非上市股份公司制度同质化的又一体现。

1. 小型有限公司设一名董事

虽然两权分离已成为现代公司治理的主流,但是由于不同公司的情况千差万别,若以统一标准规范公司治理结构,可能削足适履,制约公司发展。为尊重公司自治,公司法提供不设董事会的方式,为小型公司灵活治理提供通道,具体体现在本法第75条、第128条。

第一,可以仅设一名董事的是“规模较小或者股东人数较少”的有限公司。首先,从文义解释,“规模”包括注册资本、职工人数、股东人数等不同评价维度。关于规模大小,存在两种判断模式:一是自治决定模式,二是法定区分模式。[①] 前者指由投资者自行判断规模大小,后者指由法律规定公司规模的区分标准。本书认为,若

---

① 参见刘斌、徐恭平:《公司规模的区分价值与应然标准》,载《河南财经政法大学学报》2023年第4期,第103~114页。

以法定标准进行区分,对绝大多数公司而言是冗余而无意义的,法定上下限可能构成障碍。[①]《公司法》虽未明确公司规模的划分标准,但其第 68 条第 1 款第 2 句规定:"职工人数三百人以上的有限责任公司,除依法设监事会并有公司职工代表的外,其董事会成员中应当有公司职工代表。"可见,公司法并未完全采纳自治决定模式或法定区分模式,而是在自治决定模式下设定职工人数的界限。"职工人数三百人以上"的有限公司必须设置董事会,且应有职工代表,不属于本法第 75 条项下可以不设董事会的"规模较小"情形。其次,虽然"股东人数"可为"规模"囊括,[②]但是保留"股东人数较少"的表述亦有其必要性。一方面,"股东人数"指标的特殊之处在于,其多寡将直接影响两权分离程度及股东间的互动关系;[③]另一方面,实践中不乏股东人数较少但规模很大的公司,此类公司也存在将公司权力收归股东会的需求。最后,相较于旧法"股东人数较少或者规模较小"的表述,本条将"规模较小"调换至"股东人数较少"之前,强调是否设置董事会的主要考量因素是公司规模,股东人数次之。一方面,这一调整体现了董事会代表公司利益而非委派股东利益的立法导向;另一方面,公司规模通常取决于营业收入、业务体量、员工人数、分支机构数量等因素,与股东人数并非正相关,如国有独资公司仅有一名股东,但在规模上多属于大型公司(尤其是集团公司)。公司规模越大,由两权分离引发的代理成本问题也往往越严重,此时需引入完善健全的执行机构,因此是否设董事会应以公司规模为首要判断标准。

第 75 条

第二,本条对应旧法第 50 条,在简化机构的理念下,将旧法中的"执行董事"修改为"一名董事",这使得新旧《公司法》下"执行董事"的含义完全不同。旧《公司法》下,执行董事指依据法律和公司章程规定,享有参与公司经营活动及执行权力的特定主体,取代董事会作为公司执行机关的董事即执行董事。新《公司法》中,"执行董事"为"非执行董事"的对立概念,应理解为董事会中同时担任公司其他管理、执行职务的董事,即本法第 10 条第 1 款规定的能够担任法定代表人的"代表公司执行公司事务的董事"。而作为董事会替代机构的"一名董事"不再称"执行董事",其

---

① 参见李建伟:《董事会规模强制规制模式的解释与反思》,载《法学杂志》2019 年第 10 期,第 31 ~ 43 页。

② 参见伍坚、王娜:《我国公司类型的改革——公众公司的引入》,载徐明、隋强主编:《多层次资本市场研究》总第 8 辑,中国金融出版社 2021 年版。

③ 参见刘斌、徐恭平:《公司规模的区分价值与应然标准》,载《河南财经政法大学学报》2023 年第 4 期,第 103 ~ 114 页。

外延包括但不限于该等行使董事会职权的“一名董事”。

第三,公司的机构设置上既要重视规范化,又要保留灵活性。若董事太少,容易形成独裁局面,不利于公司民主管理;若董事太多,则机构臃肿,决议的成本提高、效率降低。[①] 从组织法逻辑来看,有限公司的机构设置除两权高度分离的委托管理模式外,以成员管理模式为典型。[②] 首先,对于小型公司,一名董事足以处理日常事务,简化公司机构设置可以降低管理成本与运营复杂性。其次,在决策和对市场变化的响应方面,单一董事可集中所有权和控制权,便于统一管理和方向指导,体现出较大的灵活性。最后,本法第 68 条第 1 款规定将有限公司董事会成员人数限定为“三人以上”,结合本条将不设董事会的董事人数限定为一人,体现了避免决策僵局的立法考量。

2. 一名董事行使董事会职权

本条规定不设董事会的董事可以行使“本法规定的董事会的职权”,明确一名董事的职权等同于董事会职权,解决了旧法中若章程未规定或规定过少,执行董事只能类推适用董事会职权的问题。根据本条规定,一名董事的职权可直接适用本法第 67 条第 2 款的规定,即其职权包括“(一)召集股东会会议,并向股东会报告工作;(二)执行股东会的决议;(三)决定公司的经营计划和投资方案;(四)制订公司的利润分配方案和弥补亏损方案;(五)制订公司增加或者减少注册资本以及发行公司债券的方案;(六)制订公司合并、分立、解散或者变更公司形式的方案;(七)决定公司内部管理机构的设置;(八)决定聘任或者解聘公司经理及其报酬事项,并根据经理的提名决定聘任或者解聘公司副经理、财务负责人及其报酬事项;(九)制定公司的基本管理制度;(十)公司章程规定或者股东会授予的其他职权”。

3. 一名董事得兼任经理

根据本法第 74 条的规定,经理并非有限公司法定必设机构,但不排除实践中部分有限公司为求组织健全,仍选择设置经理。考虑到经理及作为执行机构的一名董事在职权范围上无明显界分,本条重申旧法规定,明确作为董事会替代机构的一名董事可以兼任公司经理。公司治理结构的安排除股东会中心主义、董事会中心主义外,还有事实上的经理中心主义。现实中,无论是有限公司还是股份公司,不设董事

① 参见李建伟:《公司法学》(第 5 版),中国人民大学出版社 2022 年版,第 313 页。

② 参见刘斌:《公司机构设置的组织法逻辑与改革路径》,载《法律适用》2021 年第 7 期,第 20 ~ 28 页。

会的董事兼任公司经理的情况比比皆是，除国有独资公司、国有资本控股公司外，90%以上的有限公司由股东兼任董事、经理等高管，直接进行经营管理。[①] 董事会的权力既可以上收由股东会直接行使，也可以下放由经理直接行使。[②] 在成员管理模式下，允许董事替代董事会及经理职位，不仅为公司提供差异化的治理结构选择，也可在控制者架空经理层后，落实双控人的决策责任。[③]

◉ 公司治理操作指南

公司如何选择董事会的规模，需要结合公司具体情况综合判断，并不存在一个普适且均衡的董事会规模标准。不设董事会的董事等同于董事会，且可以同时担任经理，该治理结构实质上是将管理权分配给股东会，形成以股东会为中心的治理结构。在极端情况下，公司的股东、董事、经理可为相同主体或由同一股东控制，此时股东会将行使管理公司的全部权力。中小型有限公司选择股东会中心主义的治理结构并不会损害社会公共利益，原则上应尊重其自由选择。[④] 当然，凡事有一利必有一弊，在股东与董事、经理身份合一的情况下，股东容易滥用股东权利，滥用有限责任，而此时迎接他的将是法人人格否认制度。

◉ 比较法规范

《日本公司法》第327条；《美国模范商业公司法》第8.03节；《美国特拉华州普通公司法》第141条；《德国股份法》第76条第2款；《英国2006年公司法》第154条。

◉ 研究文献

1. 刘斌：《公司机构设置的组织法逻辑与改革路径》，载《法律适用》2021年第7期。
2. 梁上上：《公司权力的归属》，载《政法论坛》2021年第5期。
3. 赵旭东：《公司法修订中的公司治理制度革新》，载《中国法律评论》2020年第3期。

---

① 参见乔宝杰：《对我国有限责任公司治理结构的反思》，载《政治与法律》2011年第8期，第112～118页。

② 参见赵旭东：《公司法修订中的公司治理制度革新》，载《中国法律评论》2020年第3期，第119～130页。

③ 参见周游：《公司法修订草案三审稿争议条款分析与修改意见》，载微信公众号“中衍律师事务所”2023年9月14日，https://mp.weixin.qq.com/s/8bUBF-yluLD0y78-KczhWQ。

④ 参见梁上上：《公司权力的归属》，载《政法论坛》2021年第5期，第68～82页。

第七十六条　【监事会的设置与组成】

有限责任公司设监事会，本法第六十九条、第八十三条另有规定的除外。

监事会成员为三人以上。监事会成员应当包括股东代表和适当比例的公司职工代表，其中职工代表的比例不得低于三分之一，具体比例由公司章程规定。监事会中的职工代表由公司职工通过职工代表大会、职工大会或者其他形式民主选举产生。

监事会设主席一人，由全体监事过半数选举产生。监事会主席召集和主持监事会会议；监事会主席不能履行职务或者不履行职务的，由过半数的监事共同推举一名监事召集和主持监事会会议。

董事、高级管理人员不得兼任监事。

◉ **立法意旨**

本条是关于有限公司监事会设置、组成、监事兼任及监事会会议召集和主持的规定。

◉ **条文演变历程**

本条可追溯至1993年《公司法》第52条，该条规定："有限责任公司，经营规模较大的，设立监事会，其成员不得少于三人。监事会应在其组成人员中推选一名召集人。监事会由股东代表和适当比例的公司职工代表组成，具体比例由公司章程规定。监事会中的职工代表由公司职工民主选举产生。有限责任公司，股东人数较少和规模较小的，可以设一至二名监事。董事、经理及财务负责人不得兼任监事。"2005年《公司法》第52条中，第1款整合了原第1款、第3款，即"有限责任公司设监事会，其成员不得少于三人。股东人数较少或者规模较小的有限责任公司，可以设一至二名监事，不设监事会"；第2款修改为"监事会应当包括股东代表和适当比例的公司职工代表，其中职工代表的比例不得低于三分之一，具体比例由公司章程规定。监事会中的职工代表由公司职工通过职工代表大会、职工大会或者其他形式民主选举产生"；新增第3款规定"监事会设主席一人，由全体监事过半数选举产生。监事会主席召集和主持监事会会议；监事会主席不能履行职务或者不履行职务的，由半数以上监事共同推举一名监事召集和主持监事会会议"。另因2005年《公司法》引入"高级管理人员"的概念，并于第217条第1项规定高级管理人员包括公司经理、副经理、财务负责人等，第4款将不得兼任监事的主体从"董事、经理及财务负责人”相应调整为“董事、高级管理人员”。2013年修法时仅将序号调为第51条。

此次修法，一审稿第77条对旧法第51条第1款进行了三处分拆与重组：(1)将第1款的监事会“成员不得少于三人”调为第2款第1句，并优化其表述；(2)将“股东人数较少或者规模较小的有限责任公司，可以设一至二名监事，不设监事会”的内容调整至第84条，同时删除“股东人数较少或者”的规定，并调整了语序，新增“行使本法规定的监事会的职权”于句末；(3)第1款新增“监事会是公司的监督机构”。二审稿第76条第1款删除“监事会是公司的监督机构”，并在“有限责任公司设监事会”之后新增“本法第六十九条、第八十三条另有规定的除外”，以呼应单层制模式的引入。三审稿将第3款的“半数以上”调整为“过半数”，直至形成本条。

◉ 条文释义

本条对应旧法第51条。

本法第130条第1～4款对股份公司监事会设置、组成、监事会会议主持与召集及任职禁止的规定与本条内容大体相当，仅有两处区别：不设监事会的例外情形不同(第83条、第133条)；股份公司监事会可设副主席，在主席不能履职时召集和主持监事会会议。

1. 第1款：有限公司监督机构设置模式的四选一

(1)各国及各地区的监督模式

合理的监督制度有助于遏制公司治理中的道德风险，降低代理成本。虽各国各地区公司法的监督机构设置模式及称谓差异较大，但均设立了具有监督职能的法人机关。许多国家和地区的公司法都设置了监事会作为专门的监督机构。监事会，系对管理层的经营管理行为及公司财务进行监督的法定机构。从比较法来看，公司监督机构的设置主要有如下四种模式：①单层制，主要为英美公司法采用，即在股东会下仅设董事会，不另设专门监督机构，由董事会中的外部董事组成的审计委员会履行监督职责；②双层制，以德国为代表，即在股东会下设监事会，再由监事会推选董事组成董事会，监事会负责对董事会的业务活动进行监督；③单层二元并列制，以日本、韩国、中国台湾地区为代表，即在股东会下平行设置董事会及监事会、会计监察人等，二者之间无隶属关系，分别承担执行及监督职责；④选择制，以法国为代表，即公司既可选择不设监事会，由董事会中的会计监察人行使监督职能(单层制)，也可选择分别设置董事会及监事会，由监事会产生并监督董事会(双层制)。此次修法前，我国基本沿用单层二元并列制模式，另在上市公司领域借鉴英美法系，引入独立董事组成审计委员会，形成由监事会和审计委员会共同行使监督职能的公司监督体系。①

(2)我国监事会制度的运行失灵

从我国公司治理实践来看，单层二元并列制的运行效果不佳，监事会事实上沦为虚设的边缘化机构。监事会制度的运行失灵与其制度设计的弊端密切关联，具体表现为：②①监事的产生具有身份依赖，导致其独立性缺失。监事会成员由股东代表及职工代表组成——一方面，按资本多数决规则选举的股东代表通常仅代表多数股东利益；另一方面，因职工代表作为雇员由经理层聘用与管理，其事实上较难发挥对董事、高管的监督作用。②监事会行权具有财务依赖，进而制约其积极行权。监督工作离不开经费支持，但公司财务通常由被监督对象，即董事、高管控制，导致监事会事实上仰人鼻息，监督权的行使因公司管理层的怠于配合障碍重重。③监事缺乏监督能力。公司法未对监事任职的积极资格提出要求，公司在监事会组成方面具有极大的自治空间。因此，基于重经营、轻监督等因素，公司对监事的选举多流于形式，不注重监督能力的考察及筛选，选任的监事常缺乏履职所需的专业能力和经验，难以胜任监督职责。④监事会职权规范粗疏，行权缺乏强制性制度保障。公司法虽赋予监事多项法定职权，并以公司章程规定的其他职权作为兜底，但并未就行使方式、保障措施及行权受阻时的救济路径进行细化规定。实践中，监事会在行权不能时较难寻求司法救济，导致看似广泛的监督职权实质被架空。⑤缺乏有效的监督考核机制。公司法关于董监高信义义务的规定主要体现为禁止性规范，其以董事、高管的经营行为为蓝本，对怠于履行监督职责的消极行为约束力较弱，若非因监督不当引发重大公司治理事故，较难追究监事责任。⑥监事会的边缘化导致其难获履职所需信息。监事会在立法层面与治理实践中均处于组织机构的末端，在监事会与公司经营权隔离的背景下，监事无法及时获取履职所需的经营信息，难以对董事、高管的不当行为进行监督。

---

① 参见李建伟：《公司法学》(第5版)，中国人民大学出版社2022年版，第334页；赵旭东主编：《公司法学》(第4版)，高等教育出版社2015年版，第299~300页；范健、王建文：《公司法》(第4版)，法律出版社2018年版，第328~329页。

② 参见施天涛：《让监事会的腰杆硬起来——关于强化我国监事会制度功能的随想》，载《中国法律评论》2020年第3期，第139~147页；赵旭东主编：《新公司法重点热点问题解读：新旧公司法比较分析》，法律出版社2024年版，第298~299页。

(3)改弦易辙:选择制的出台

改革公司监督机制,是此次修法关于公司治理的一项重要任务。一方面,考虑到治理制度的路径依赖,公司法没有贸然取消监事会,而是在保留监事会制度的基础上加强监事的行权保障。另一方面,引入单层制模式供公司选择,即董事会下设审计委员会制度。一个预测是,新《公司法》实施后,大多数公司将选择设置审计委员会以取代监事会。立法者希望审计委员会可解决监事行权的信息差问题,将公司监督从事后合法性监督延伸至事前合理性监督。该制度实效有待观察。

依本款及本法第69条、第83条等规定,有限公司的监督机构的设置有以下四种模式可供选择:①设置监事会;②设置董事会下设的审计委员会;③设置一名监事;④不设任何监督机构。

允许有限公司根据自身具体情况选择相应监督机构,其出发点是为了平衡各方利益,降低治理成本。在股权结构简单的小型有限公司中,监督机构的设置除徒增运营成本外意义有限,对于一人公司更是如此。所以,“规模较小或者股东人数较少的”有限公司可以选择仅设一名监事,或经全体股东一致同意,不设任何监督机构。

此前《公司法》即存在“设一至二名监事,不设监事会”的规定,本次修法将“一至二名”调整为“一名”,与本法第75条关于“不设董事会,设一名董事”(旧法中的“执行董事”)的规定保持一致。我们认为,不同于董事负责公司经营事项时,对决策效率有较高要求,监事行权时更重要的是中立性、积极性、专业性而非高效性。两名监事履行监督职责可能没有一名监事高效,但有利于公司选任不同专业背景的监事分工履职(如选任法律、会计专业的监事分别负责公司法务及财务的监督),没有必要以立法形式截断公司选设两名监事的路径。但考虑到有限公司仍可通过设置监事会实现对不同业务板块的监督,限缩为“一名监事”也并无大碍。

关于不设任何监督机构,《民法典》第82条规定:“营利法人设监事会或者监事等监督机构的,监督机构依法行使检查法人财务,监督执行机构成员、高级管理人员执行法人职务的行为,以及法人章程规定的其他职权。”相较于《民法典》第81条第1款“营利法人应当设执行机构”的表述,《民法典》未将监督机构作为营利法人的必设机构。本次公司法修订允许有限公司不设监督机构,系民商合一背景下对《民法典》规范的具体化,亦体现了对公司治理实践的尊重。

2. 第2款：监事会的组成

(1) 监事会人数

监事会规模应视公司类型、规模及业务管理需要而定，各国及各地区公司法通常不对监事会人数的上限作出强制性规定，我国亦然。依本款规定，监事会人数下限为3人，符合“三人成会”的基本逻辑。旧法第70条第1款曾规定国有独资公司监事会人数不得少于5人，但近年国有企业改革逐步取消监事会，通过引入外部董事、董事会下设专门委员会发挥监督作用，本法仅于第176条明确“国有独资公司在董事会中设置由董事组成的审计委员会行使本法规定的监事会职权的，不设监事会或者监事”，未再对其监事会人数作出特殊规定。另据本法第168条第1款的规定，国有独资公司设监事会的，人数亦应为3人以上，①单双数均可，其法理同董事会。

(2) 监事类别及其产生方式

为强化公司治理中的职工参与，提升职工权益保障，我国实行强制职工代表监事制。本款规定有限公司监事会成员包括股东代表及职工代表两类，且后者不低于1/3，具体比例由章程规定，且该比例只能提升而不能降低。前述内容公司法上的强制性规定，违反将导致监事的选举无效。②

监事的产生方式依其种类不同而有所区别。根据本法第59条的规定，股东代表监事由股东会选举、更换。至于职工代表监事，则通过职工代表大会、职工大会或其他形式民主选举产生。

3. 第3款：监事会会议的召集和主持

(1) 主席的设置

本款规定，监事会必设主席一人，由全体监事过半数选举产生。对比本法第68条第2款关于有限公司董事会的董事长、副董事长的规定，以及第130条第3款股份公司监事会主席、副主席的规定，可以发现两处细节：

①未提及有限公司监事会可以设立副主席，但股份公司可以设副主席，且两类公司都可以设副董事长。对此观点有二：一是公司法至少是不鼓励有限公司监事会

---

① 一审稿第153条、二审稿第176条拟直接规定国有独资公司不设监事会或者监事，在董事会中设置审计委员会行使监事会职权，即以审计委员会取代国有独资公司内设监事会。但三审稿第176条将该等规定调整为国有独资公司在董事会中设置审计委员会行使监事会职权的，不设监事会或者监事，并最终予以保留。从条文变迁及文义上看，国有独资公司目前仍可选设监事会，并非必须采用审计委员会制度。

② 参见上海市第二中级人民法院民事判决书，(2017)沪02民终891号。

设立副主席的，以免叠床架屋；二是公司法不禁止有限公司监事会设立副主席，可交由公司自治。本书认为，以上两种观点并不矛盾。

②第 68 条第 2 款将董事长、副董事长的产生方式交由章程自治，但本款强制规定了监事会主席的产生方式，与第 130 条第 3 款规定的股份公司监事会主席的产生方式一致。这一差别，可解释为对公司多方利益主体的维护。与此类似，股份公司的董事长及副董事长、监事会主席及副主席的产生方式也由公司法强制规定。

(2) 监事会会议的召集和主持

此与董事会基本相同。本款规定监事会主席负责召集和主持监事会会议。在监事会主席不能履职或不履职的情况下，为保障监事会正常运转，由过半数监事共同推举一名监事召集和主持监事会会议。

将本款与本法第 72 条、第 130 条第 3 款比较，不难发现，有限公司监事会会议的召集与主持，缺少了一个环节，也即副主席的衔接。这是因为如上文指出，公司法没有提及有限公司设监事会副主席的问题。此时，如果有限公司章程规定设置副主席，是否可以在本款规定的主席与其他过半数监事共同推举的一名监事之间，加入副主席的召集与主持，仍取决于公司章程的规定。如规定，从之；如无规定，则适用本款。

此外，在公司新设或监事会换届后尚未产生监事会主席时，公司可按前述方式推举一名监事召集和主持。

4. 第 4 款：监事的兼职特则

为区隔监督者及监督对象，保障监事履职的独立性，避免自我监督，本款明确公司的董事、高管不得兼任监事。

◉ 公司治理操作指南

依本法第 69 条的规定，有限公司不能同时设置监事会与审计委员会，“行使本法规定的监事会的职权”意味着审计委员会与监事会的职能完全相同，两种监督机构并存对监督效能的提升无实际意义，反而极易引发推诿扯皮问题。

以审计委员会替代监事会是否会成为时髦的选择？从各国及各地区公司监督机构的演进历程来看，双层制国家和地区致力于强化监事会职权、完善监事任职资格，并逐步引入单层制；单层制国家和地区的董事会则逐渐由执行机构转变为监督机构，并致力于提高独立董事比例、强化审计委员会监督职权。可见，两种监督模式在发展中相互借鉴、不断趋同，不存在绝对的优劣之分。① 双层制下的监事会与单层制下的审计委员会在监督职能方面各有价值：一方面，监事会在形式上完全独立于被监督对象，更能客观中立地履行监督职责；另一方面，审计委员会作为董事会的内设机构，在获取经营信息上更具便利性，能够实现事前的合理性监督。允许公司根据需要自主选择，体现了对公司治理自主权的尊重，能够最大限度地释放公司的监督效能。

为提升公司监督效能，首先，有限公司章程可以规定监事任职的积极资格，如要求监事应具备财务、会计或法律等方面的专业背景，此前曾从事与财务检查、财务报表分析、会计查账相关的工作等。其次，本法第 65 条规定“股东会会议由股东按照出资比例行使表决权；但是，公司章程另有规定的除外”，这为有限公司章程优化监事选举机制提供了基础。为避免监事会实质被多数股东单方控制，公司章程可规定股东代表监事的选举参照本法第 117 条采用累积投票制，或将“资本多数决”改为“人头多数决”，明确选举监事时股东实行“一人一票”制。

◉ 比较法规范

《日本公司法》第 390 条；《韩国公司法》第 409 条；《德国股份法》第 96 条；中国台湾地区“公司法”第 216 条。

◉ 研究文献

1. 林一英：《公司监督机构的立法完善：超越单层制与双层制》，载《法学杂志》2022 年第 4 期。

2. 刘斌：《公司治理中监督力量的再造与展开》，载《国家检察官学院学报》2022 年第 2 期。

3. 刘斌：《公司机构设置的组织法逻辑与改革路径》，载《法律适用》2021 年第 7 期。

4. 赵旭东：《中国公司治理制度的困境与出路》，载《现代法学》2021 年第 2 期。

5. 施天涛：《让监事会的腰杆硬起来——关于强化我国监事会制度功能的随想》，载《中国法律评论》2020 年第 3 期。

① 参见林一英：《公司监督机构的立法完善：超越单层制与双层制》，载《法学杂志》2022 年第 4 期，第 36 ~ 52 页。

◉ 典型案例

上海保翔冷藏有限公司诉上海长翔冷藏物流有限公司公司决议效力确认纠纷案①

1. 案情简介

上海长翔冷藏物流有限公司（以下简称长翔公司）原系上海江阳水产品批发交易市场经营管理有限公司（以下简称江阳公司）的全资子公司。2014年1月，上海保翔冷藏有限公司（以下简称保翔公司）与江阳公司签订股权转让协议，约定江阳公司将其所持的长翔公司50%股权转让给保翔公司，保翔公司、江阳公司各持长翔公司50%股权。2014年4月30日，长翔公司召开临时股东会并形成系争股东会决议，决议第二项为：设立公司监事会，共有3名监事，聘请徐某福、孔某志为股东代表监事，免去魏某鸿监事职务，另一名职工代表监事由魏某礼担任。魏某礼2008年已届退休年龄，其担任长翔公司法定代表人至2013年卸任，诉讼中卸任江阳公司法定代表人。另无证据证明魏某礼自2014年4月以来与长翔公司存在劳动关系。长翔公司工商登记备案材料中有一份落款为2014年4月30日的长翔公司职工代表大会决议，主要内容为：长翔公司职工代表大会于2014年4月30日召开，应到职工代表5人，实到5人，会议由魏某礼主持；会议选举魏某礼为公司职工代表监事；同意5人，占职工代表总数100%；与会职工签名处未见魏某礼签名，有"朱某某""范某""杨某某""凌某某""张某"5人作为职工代表签名。但该5名"职工代表"在2014年5月之后均非由长翔公司缴纳社会保险费。经审查，只有范某、张某与长翔公司建立劳动关系的证据较为充分，难以证明其余3人与长翔公司存在劳动关系。另外，缺乏能证明该5人被长翔公司全体职工选举为职工代表，或可代表长翔公司全体职工意志的相关证据。

保翔公司诉称，系争股东会决议中关于监事任免的内容以及表决程序均违反公司法关于职工代表监事的相关规定，魏某礼不能担任长翔公司的职工代表监事，故诉请确认被告长翔公司于2014年4月30日通过的股东会决议中，关于公司监事会组成的决议条款无效。

一审法院依2013年《公司法》第22条第1款、第51条（新《公司法》第25条、第76条）规定判决：被告长翔公司于2014年4月30日作出的股东会决议第二项（设立公司监事会，聘请徐某福、孔某志为股东代表监事，免去魏某鸿的监事职务，另一名职工代表监事由魏某礼担任）无效。江阳公司、魏某礼提起上诉，二审法院维持原判。

---

① 参见上海市宝山区人民法院民事判决书，（2015）宝民二（商）初字第1817号；上海市第二中级人民法院民事判决书，（2017）沪02民终891号；《上海保翔冷藏有限公司诉上海长翔冷藏物流有限公司公司决议效力确认纠纷案》，载《最高人民法院公报》2019年第11期，第45～48页。

2. 裁判要旨

有限公司的职工代表监事应具有公司职工身份，职工代表监事的产生方式应符合法定的程序。系争股东会决议中，任命魏某礼为长翔公司职工代表监事的内容应属无效，因监事会为整体，该决议中组成监事会的决议内容也应归于无效。长翔公司应根据公司法、公司章程的规定重新选举产生符合条件的监事会成员。

第一，公司法关于职工代表监事的规定，系为确保公司在经营决策管理过程中不侵害职工合法利益、保障现代企业治理中的职工民主权利而设立，具有强制性，公司设立监事会时应当遵守。本案中魏某礼不具备职工代表资格，另外2名监事系股东代表，职工代表比例为零，违反前述规定，故股东会决议中任命魏某礼为长翔公司职工代表监事的条款无效。

第二，公司法规定职工代表监事必须从公司职工中产生，与公司没有劳动关系的人员不能成为职工代表监事。魏某礼在被任命时及任命后与长翔公司并未形成劳动关系，不具有职工身份。而且魏某礼此前曾长期担任长翔公司法定代表人和长翔公司控股股东江阳公司的法定代表人，该职务代表长翔公司高管层的身份和意志，不能代表长翔公司职工的身份和意志。职工代表大会是协调劳动关系的重要制度，职工代表须与公司存在劳动关系。参照《企业民主管理规定》第23条第2款的规定，魏某礼于系争股东会决议作出时已不在长翔公司任职，与长翔公司不存在劳动关系，不具备作为职工代表的资格。

第三，职工代表监事必须由公司职工通过职工代表大会、职工大会或者其他形式民主选举产生，将不具有职工身份的人员，或未经职工民主选举方式产生的人员任命为职工代表监事的，该任命无效。从在案证据来看，选举魏某礼为职工代表监事的5人中只有2人与长翔公司具有劳动关系，难以证明其余3人与长翔公司有劳动关系，且难以证明该5人曾被长翔公司全体职工选举为职工代表，或可代表长翔公司全体职工的意志，故任命魏某礼为职工代表监事的程序亦不符合公司法规定。

3. 案件评析

本案收录于《最高人民法院公报》2019年第11期，明确了“监事会成员中职工代表监事应当具备公司职工身份，经公司职工民主选举产生，否则职工代表监事选举、任命无效”的裁判规则，体现了对新《公司法》第76条第2款(2013年《公司法》第51条第2款)精神的落实，具有较强的司法指导意义。公司法关于监事会中职工代表比例的强制性规定系为保障公司职工权益，实现职工对公司运营的监督，该规定在公司治理实践中不能被虚化或架空。

认定本案系争股东会决议中的监事选举无效主要有两方面原因：一是魏某礼不具备公司职工身份；二是选举魏某礼的相关人员不完全具备职工身份，且无证据证明其可代表全体职工意志。第一个原因中有一处细节须指明：职工代表监事系与股东代表监事相对应的概念，股东代表监事并非必须由股东担任，而是强调其经股东会选举。但职工代表监事不仅强调其经职工民主形式(职代会、职工大会等)选举产生,且只能由公司职工担任。

第七十七条 【监事的任期】

监事的任期每届为三年。监事任期届满,连选可以连任。

监事任期届满未及时改选,或者监事在任期内辞任导致监事会成员低于法定人数的,在改选出的监事就任前,原监事仍应当依照法律、行政法规和公司章程的规定,履行监事职务。

◉ 立法意旨

本条是关于有限公司监事任期的规定。

◉ 条文演变历程

本条可追溯至1993年《公司法》第53条,该条规定"监事的任期每届为三年。监事任期届满,连选可以连任"。2005年《公司法》第53条新增第2款,明确监事的退出限制,即"监事任期届满未及时改选,或者监事在任期内辞职导致监事会成员低于法定人数的,在改选出的监事就任前,原监事仍应当依照法律、行政法规和公司章程的规定,履行监事职务"。2013年修法时仅将序号调为第52条。此次修法,一审稿、二审稿均沿袭旧法第52条的规定,三审稿第77条为保持规范用语的一致性,将监事"辞职"调整为"辞任",直至形成本条。

◉ 条文释义

本条对应旧法第52条,仅将监事"辞职"修改为"辞任"。另据本法第130条第5款的规定,本条对监事任期的规定也适用于股份公司。

1. 第1款:法定任期

根据本法第70条第1款的规定,董事每届任期不超过3年,但监事每届任期就是3年,此处不同详见第79条释义。

与董事任职相同的是,董事、监事任期届满后都可以连选连任,没有任期上限。

2. 第2款:留任监事

本款规定,当监事任期届满未及时改选,或监事辞任导致监事会成员低于3人时,监事负有继续履职义务,此为留任监事,本质上是对监事退出的法定限制,本法第 70 条第 2 款对董事亦有相同规定。留任监事在过渡期内继续履行监事职务。

3. 延伸问题:监事辞任、解任对董事制度的准用

对比关于董事任职的规定可知,公司法关于监事的规范较为粗疏,监事的辞任和解任可准用董事会的有关规则。[①] 具言之,一方面,参照本法第 70 条第 3 款的规定,监事辞任应以书面形式通知公司,辞任通知自到达公司时生效;另一方面,参照第 71 条的规定,股东会可以无因解任由其选举产生的股东代表监事,职工代表监事则应由职工代表大会、职工大会或他民主形式解任。解任自决议作出时生效,在任期届满前无因解任监事的,监事也有权要求公司赔偿。与董事类似,监事辞任、解任的法理基础同样在于,其与公司事实上形成委托关系,根据《民法典》第 933 条之规定,委托合同的当事人享有任意解除权。

首先,监事可单方解除委托关系,即行使合同任意解除权,解除权行使系单方法律行为,自辞任的意思表示达到公司时生效。其次,公司亦有权单方解除委托关系,其意思表示须由公司机关代表作出。与选任相对应,股东会可代表公司以决议形式无因解任股东代表监事。需特别说明的是,本法第 71 条第 1 款规定,解任生效时间是解任"决议作出之日",此规定值得商榷。如前所述,合同解除应自解除通知到达相对人时生效,因监事未必列席股东会会议,在法理层面,规定解任自解任决议或通知(决议作出后,公司据此向监事发出解任通知)送达监事时生效更为妥当。相关论述详见第 71 条释义,此处不赘。最后,根据《民法典》第 933 条的规定,委托合同当事人虽可随时单方解除合同,但存在承担赔偿责任的风险,其在性质上属于违约责任,赔偿范围依委托合同是否有偿而不同(无偿委托的赔偿范围限于直接损失,有偿委托的赔偿范围包括直接损失及履行利益)。同时,本法第 70 条第 3 款关于董事辞任的规定未明确赔偿问题,但这是由于本法存在对董事、监事任期内辞任的履职限制,通常不会对公司造成损失。若监事在任期内辞任且拒绝在留任情形下履职,自然可能需承担委托法律关系下的违约赔偿责任。

◉ 公司治理操作指南

关于留任监事,两个实务问题值得讨论:一是过渡期继续履职的原监事是否具

---

① 参见李建伟:《公司法学》(第 5 版),中国人民大学出版社 2022 年版,第 338 页;范健、王建文:《公司法》(第 5 版),法律出版社 2018 年版,第 360 页。

有监事身份。二是本条第2款未设置公司改选、补选监事及原监事超期履职的最长期限,如公司怠于改选或补选新监事补位,原监事如何脱身。

对于问题一,一种观点认为,留任监事仍为监事。另一种观点认为,基于委托合同法理,3年任期届满后,监事与公司间的委托合同关系到期终止。同时参照本法第70条第3款的规定,辞任通知到达公司时,监事与公司间的委托关系即解除。留任系职务履行的法定延续,不应理解为监事身份的延续。监事任期届满或辞任后,原监事即解除监事身份,即使受法律限制需继续履行职务,在法律逻辑上已非公司监事。以上两种观点各有道理。

对于问题二,监事变更需经公司配合,包括选举新监事、申请变更备案等。不排除公司在监事辞任后,由于陷入僵局而无法选举新人,或怠于补选及办理变更备案手续,导致原监事长期挂名备案,并被迫担负监督职责,由此在实践中引发了监事涤除备案纠纷(董监高仅为备案事项)。

关于董监高涤除备案纠纷的处理,司法实践存在争议:一方面,在可诉性上,不少法院支持任期届满/辞任董监高要求公司变更备案的诉请,[①]但仍有部分法院认为董监高任免及法定代表人变更是公司内部管理事务,司法权不宜介入,该类纠纷不属于法院受理范围。[②] 另一方面,在履职限制上,有法院对旧法第45条第2款、第52条第2款(对应本法第70条第2款、第77条第2款)关于履职限制的规定作严格文义解释,以公司未改选新董事、监事为由驳回涤除备案诉请。[③] 亦有法院认为前述规定的过渡期应为合理期间,若辞任董事、监事已穷尽公司内部救济,则系公司怠于补选,判令公司办理涤除备案手续。[④]

本书认为,监事涤除备案纠纷在性质上属于"请求变更公司登记纠纷",系平等主体间的民事争议,且备案监事对此具有诉的利益,应承认其可诉性。本条第2款

---

① 参见北京市第一中级人民法院民事判决书,(2022)京01民终488号;山东省青岛市中级人民法院民事判决书,(2022)鲁02民再151号;江苏省无锡市中级人民法院民事判决书,(2021)苏02民终4820号。

② 参见青海省西宁市中级人民法院民事裁定书,(2023)青01民终1910号;天津市第一中级人民法院民事裁定书,(2020)津01民终6605号等。

③ 参见广东省深圳市龙华区人民法院民事判决书,(2021)粤0309民初2396号;北京市通州区人民法院民事判决书,(2021)京0112民初19108号等。

④ 参见江苏省无锡市中级人民法院民事判决书,(2021)苏02民终4820号;广东省广州市白云区人民法院民事判决书,(2022)粤0111民初994号。

关于监事履职限制的规定应作如下解释:(1)监事任期届满未及时改选,或监事任期内辞任导致监事会成员不足法定人数时,原监事已不具备监事身份,但因其仍负过渡期内继续履职的法定义务,暂不宜直接涤除备案,可待改选、补选出新监事后办理监事备案变更手续。(2)若经原监事提议、催告,公司在合理期间内仍未选出新监事接任,原监事有权不再履职并要求办理涤除备案手续。公司改选、补选监事的合理期间可参照本法第10条第3款规定(法定代表人辞任的,公司应当在法定代表人辞任之日起30日内确定新的法定代表人)确定。因合理期间的确定涉及利益平衡及合理性判断,宜通过司法程序确定。

在前述解释体系下,法院判令涤除监事备案,应满足以下三项条件:①(1)监事与公司之间的委托关系已到期或解除,这需要对监事任期或辞任通知送达情况进行审查。(2)监事已是否穷尽公司内部救济。主要包括两方面,一是已提议、催告公司尽快召集股东会选任新监事,二是已提请公司法定代表人代为办理变更备案手续。如公司在合理期限内不选出继任监事,且无法作出合理解释,法院即可认定具备涤除备案的实质条件。(3)监事已穷尽行政救济路径。除非监事离任导致监事会成员不足法定人数,否则登记机关应直接基于监事辞任通知、改选决议等文件办理变更备案手续。若登记机关因申请主体不适格等形式要件不予办理,监事可寻求司法救济。

◉ 比较法规范

《日本公司法》第390条;《韩国公司法》第409条;《德国股份法》第95条;中国台湾地区"公司法"第216条。

◉ 研究文献

1. 崔文玉:《公司治理优化视域下的监事会制度重塑及其功能实现》,载《现代法学》2022年第6期。

2. 林一英:《公司监督机构的立法完善:超越单层制与双层制》,载《法学杂志》2022年第4期。

3. 郭雳:《中国式监事会:安于何处,去向何方?——国际比较视野下的再审思》,载《比较法研究》2016年第2期。

① 参见刘俊海:《论董事、监事辞职难困境中的强制涤除登记之诉》,载《人民司法》2022年第20期,第18页。

◉ 典型案例

廖某明与上海旻富商贸有限公司姓名权纠纷案①

1. 案情简介

2016 年 3 月 29 日，原告廖某明与其丈夫袁某泉成立上海旻富商务服务有限公司（以下简称旻富公司），第一届监事为廖某明。2017 年 5 月 2 日，廖某明（甲方）、袁某泉（乙方）与郭某坡（丙方）签订《股权转让协议书》，约定甲、乙方将各自持有的旻富公司 50% 股权转让给丙方。同日，旻富公司作出《股东决定》，载明根据《公司法》及公司章程有关规定，公司股东发生变动后，决定郭某坡为公司执行董事，袁某泉不再担任，监事保持不变；通过新公司章程。2017 年 5 月 8 日，股东由袁某泉、廖某明变更登记为郭某坡，监事登记为廖某明。2019 年 4 月 12 日，旻富公司被吊销营业执照。2019 年 6 月 5 日，廖某明在《文汇报》上刊登声明，内容为"本人廖某明，在上海旻富商贸有限公司监事任期已届满，即日起辞去监事职务，要求股东召开股东会，完成变更手续"。

本案庭审中，廖某明陈述在转让股权时曾向郭某坡口头要求辞去公司所有职务（无书面证据证明）；股权转让后，廖某明与袁某泉并未查看新的工商登记情况，直至 2018 年才得知其与旻富公司还有关联。

廖某明诉称：其夫妻二人与郭某坡已达成股权转让并辞去所有公司职务的合意，但旻富公司及其实际控制人郭某坡非法沿用廖某明信息进行登记，侵犯了廖某明的姓名权，故要求判令旻富公司停止侵权、撤销廖某明担任旻富公司监事的工商变更登记。旻富公司未到庭答辩。一审法院经审理驳回了廖某明诉讼请求，廖某明上诉后，二审维持原判。

2. 裁判要旨

一审法院认为，首先，廖某明主张曾向郭某坡要求辞去监事一职，但并未提供证据证明，且《股权转让协议书》亦未对廖某明卸任监事作出约定。因此，廖某明提出的旻富公司擅自使用其姓名登记公司监事的事实难以成立，无法认定旻富公司对其姓名权构成侵害。其次，根据公司法规定，监事任期届满未及时改选，在改选出的监事就任前，原监事仍应履行监事职务。虽然廖某明目前监事任期已届满，但不能以此认定旻富公司因尚未改选出新的监事，而对廖某明的姓名权构成侵害。

二审法院认为，廖、袁二人将股权转让给郭某坡时，廖某明的监事任期尚未届满，廖某明未能证明其曾向郭某坡提出辞去监事职务，《股权转让协议书》亦未对廖某明卸任监事作出约定。根据 2018 年《公司法》第 52 条第 2 款（新《公司法》第 77 条）的规定，廖某明仍系监事，旻富公司将其登记为监事具有依据。因廖某明系自愿成为监事，旻富公司

---

① 参见上海市浦东新区人民法院民事判决书，（2019）沪 0115 民初 66369 号；上海市第一中级人民法院民事判决书，（2020）沪 01 民终 6345 号。

行为不属于干涉、盗用、冒用廖某明姓名权的情形。

3. 案件评析

因监事涤除备案纠纷是否可诉存在争议，另受制于2018年《公司法》第52条第2款（新《公司法》第77条第2款）继续履职的规定，提起姓名权侵权之诉成为实践中监事实现涤除备案的迂回路径，本案即为典例。

公司监事解任困境需在组织法下寻求解决路径，不能以姓名权保护作为替代方案。首先，监事任期届满或辞任后，公司怠于办理变更备案手续、改选继任监事，不构成对原监事姓名权的侵害。个人被登记为监事系基于有效的选任决议，且符合其自身意愿，未及时涤除的消极行为不属于对个人姓名权的盗用、冒用，不符合《民法典》第1014条关于侵害他人姓名权的界定。

其次，如前述释义分析，到期/辞任监事寻求救济的正当路径应系提起涤除备案之诉。原监事可在提议、催促公司改选监事后，诉请法院判决公司涤除监事备案，但应受合理期间限制。为明确监事诉权、统一此类案件的审查标准，宜出台司法解释或发布指导性案例，对董监高涤除之诉作出规范指引。具体到本案，廖某明在任期届满且与郭某坡、旻富公司沟通无果后，应收集相关证据证明旻富公司在合理期间内未改选监事、办理监事备案变更，并据此向法院提起诉讼。

第七十八条　【监事会的职权】

监事会行使下列职权：

（一）检查公司财务；

（二）对董事、高级管理人员执行职务的行为进行监督，对违反法律、行政法规、公司章程或者股东会决议的董事、高级管理人员提出解任的建议；

（三）当董事、高级管理人员的行为损害公司的利益时，要求董事、高级管理人员予以纠正；

（四）提议召开临时股东会会议，在董事会不履行本法规定的召集和主持股东会会议职责时召集和主持股东会会议；

（五）向股东会会议提出提案；

（六）依照本法第一百八十九条的规定，对董事、高级管理人员提起诉讼；

（七）公司章程规定的其他职权。

◉ 立法意旨

本条是关于有限公司监事会职权的规定。

◉ 条文演变历程

关于监事会职权,1993 年《公司法》第 54 条规定:“监事会或者监事行使下列职权:(一)检查公司财务;(二)对董事、经理执行公司职务时违反法律、法规或者公司章程的行为进行监督;(三)当董事和经理的行为损害公司的利益时,要求董事和经理予以纠正;(四)提议召开临时股东会;(五)公司章程规定的其他职权。监事列席董事会会议。”2005 年《公司法》第 54 条有三处修订:(1)将主体修改为“监事会、不设监事会的公司的监事”,更为严谨,强调职权的行使主体并非监事会内的个别监事。(2)充实监事会法定职权,包括:增加“在董事会不履行本法规定的召集和主持股东会会议职责时召集和主持股东会会议”“向股东会会议提出提案”“依照本法第一百五十二条的规定,对董事、高级管理人员提起诉讼”三项职权;将监督对象从“董事、经理”扩张为“董事、高级管理人员”;强调对董事、高管职务行为的监督方式包含提出罢免建议。(3)对监事列席董事会会议规定至第 55 条第 1 款。2013 年修法仅将条文序号调为第 53 条。

此次修法,一审稿第 79 条有三处修订:(1)因不设监事会时,第 64 条、第 84 条已明确相关替代主体(审计委员会及“一名至二名监事”)“行使本法规定的监事会的职权”,故第 1 句直接规定“监事会行使下列职权”,删除“不设监事会的公司的监事”之赘语;(2)删除第 2 项“对董事、高级管理人员执行公司职务的行为进行监督”中的“公司”二字;(3)顺应条文序号调整,将第 6 项关于股东代位诉讼规则的“一百五十一条”修改为“第一百八十八条”。二审稿第 78 条未改动。三审稿将第 78 条第 2 项董事、高管的“罢免”建议修改为“解任”建议,与董监高解任、辞任的表述相呼应,条文序号改为“第一百八十九条”直至形成本条。

◉ 条文释义

本条对应旧法第 53 条,有文字修订。另据本法第 131 条第 2 款的规定,本条也适用于股份公司监事会。

(一)规范性质

理解监事会法定职权时,首先应明确职权规范的性质。公司组织机构职权规范的性质认定,一直是公司法的重点问题,但至今尚未达成共识。此次修法并未有新的回应,就各组织机构的职权仍仅作陈述性规定,未使用“应当”“可以”等彰显强规范性质的表述。关于公司法上强制性规范与任意性规范的区分,最高人民法院曾提出,“最基本的理念在于不涉及他人和公众利益的,允许当事人意思自治,因为每个商人都是其自身利益的最佳判断者，法律没有必要去为其作出判断，但涉及他人利益和公众利益时，就要考虑未参与该行为却受该行为影响者的权益保护，对行为人的意思自治作出限制”①。据此，本书倾向于认为本条应当理解为强制性规范，公司章程不能对监事会职权予以排除或将其转授其他机构，主要理由是：(1)监事会的制度定位在于抽离于股东、董事、高管以外的独立性，因此不同于股东会、董事会及经理之间存在职权转移的问题，监事会的独立性决定其监督职权不可因章程规定而任意变更或转让。② (2)监事会不仅代表公司及多数股东的利益，亦关涉少数股东、职工及债权人的权益保障，为有效发挥其监督功能，理应限制公司在监事会法定职权方面的意思自治。

(二)前6项：监事会的法定职权清单

本条列举的监事会法定职权大体可分为检查公司财务状况以及监督董事、高管的经营行为两个方面。具体如下：

1. 检查公司财务状况

监事会的首要监督职能体现在财务监督上，为此公司法赋予监事会检查公司财务的权力，这对保护公司、股东及债权人利益具有基础性意义。

作为监事会财务检查权的配套，本法第79条第2款规定，监事会发现公司经营情况异常的，可以进行调查，并在必要时聘请会计师事务所协助工作；第215条第1款规定，公司章程可以规定公司聘用、解聘承办审计业务的会计师事务所由监事会决定。

虽然公司法未作细化，但是监事会的财务检查权可以从两方面进行理解：首先，检查范围包括财务会计报告、董事会制定的年度财务预决算方案(如有)以及利润分配、弥补亏损方案等与公司财务相关的一切文件，且应定期对公司财务例行检查。其次，财务检查权内含知情权、调查权，即监事会基于财务监督需要有权查阅公司会计账簿、会计凭证等资料，要求董事、高管、财务负责人等解释说明并配合其财务调查工作。与股东知情权不同，监事会查阅公司会计账簿、会计凭证系其法定职权，公司不得以任何理由拒绝。但因缺乏明确的救济机制，实践中监事会财务检查权的行

---

① 江必新、何东宁主编：《最高人民法院指导性案例裁判规则理解与适用·公司卷》，中国法制出版社2012年版，第389～391页。

② 参见陈彦晶、孙博：《公司组织机构间权力移转的效力——基于公司法属性的视角》，载张志铭主编：《师大法学》总第9辑，法律出版社2022年版。

权效果不佳。一方面,监事具有一定的身份及财务依赖性,监督权的行使往往受制于作为被监督对象的控股股东或其委派的董事、高管。在前述人员有意阻挠或拒绝配合时,监事会事实上无法行权。另一方面,如监事会在行权受阻后提起诉讼,多数法院认为其财务检查权属于公司内部经营管理范畴,认为"监事会在行使监督职权方面不享有独立诉权",并据此驳回其诉请。①

2. 监督董事、高管的经营行为

监事会对董事、高管的经营行为的监督可进一步分为三个方面。

(1)对董事、高管职务行为的监督,并在其违反法律、行政法规、公司章程或股东会决议时,向选任机关提出解任建议。虽然公司法未明确解任建议的对象,但结合公司治理结构中的权力分配规则及体系解释,解任董事的建议应向选举董事的股东会、职代会等提出,解任高管的建议应向董事会提出。

(2)董事、高管损害公司利益时,监事会应要求其予以纠正,董事、高管执行职务给公司造成损失时,监事会有权代表公司向法院提起诉讼。就此,本法第189条第1款规定,董事、高管执行职务违反法律、行政法规或公司章程规定,给公司造成损失的,有限公司股东、股份公司的适格股东可以书面请求监事会向法院提起诉讼,要求董事、高管承担赔偿责任。另据《公司法解释四》第23条第1款的规定,监事会提起该等诉讼应列公司为原告,由监事会主席代表公司进行诉讼。此时疑问在于,当公司股东未提出书面请求,监事会能否直接对董事、高管提起诉讼?最高人民法院在(2021)最高法民申5307号案中持否定观点,认为监事会提起诉讼前必须经前置程序,即公司的适格股东书面请求监事会提起诉讼。

监事会行使监督权的关键是其能够及时发现违法违规或不当行为。作为配套制度,本法第79条规定,监事个人可以列席董事会会议,对董事会决议事项提出质询或建议。监事会可在发现公司经营情况异常时启动调查,必要时还可以聘请会计师事务所等协助其工作,费用由公司承担。第80条规定,监事会可要求董事、高管提交执行职务的报告,后者应当如实提供有关情况和资料。

(3)提议召开股东会会议并提出提案。具体包括两方面:首先,监事会有权提议召开临时股东会会议,并在董事会不履行职责时召集和主持股东会会议。本法第62

---

① 参见广东省佛山市中级人民法院民事判决书,(2021)粤06民终682号;江西省九江市中级人民法院民事判决书,(2020)赣04民终696号;新疆维吾尔自治区克拉玛依市中级人民法院民事判决书,(2019)新02民终157号;重庆市第二中级人民法院民事判决书,(2018)渝02民终2707号。

条第2款规定，监事会提议召开股东会临时会议的，应当召开临时会议；第63条第2款规定，董事会不能履行或不履行召集股东会会议职责的，由监事会召集和主持。前述规定即对应监事会提议召开及召集、主持股东会会议的职权。其次，监事会有权单独向股东会提出提案，如解任董事提案等，无须经董事会审查。这区别于少数股东的临时提案权，后者须经董事会审查后决定是否提交股东会（第115条）。

（三）第7项：章定职权

监事会的监督范围不能为本条列举的6项法定职权完全涵盖，公司章程可根据实际需要授权监事会行使其他职权。但需明确，监事会不得僭越股东会、董事会的法定职权，或与经理的意定职权相冲突。

◉ **公司治理操作指南**

1. 公司实践中，本条及第79条、第189条常捆绑使用，但监事难以通过诉讼途径行使前述条款规定的监督权。由于法律并未规定监事的财务检查权及调查权如何行使，该权力在执行层面困难重重。如监事通过诉讼途径行权，主流裁判观点认为其行使监督权属于公司经营管理范畴，应内部解决，更有判决直接认定"监事会在行使监督职权方面不享有独立的诉权"。因监事会在公司治理结构中的边缘化以及司法救济路径的阻塞，其在公司治理实践中较难充分发挥监督功能。相比之下，在董事会下设审计委员会可能是更为直观的解决方案。

2. 本条第4项规定的监事会提议召开临时股东会，以及在董事会不履职时召集并主持股东会会议的情形较为常见，这是股东争夺控制权的常用手段。在股东内部出现矛盾，受股东控制的董事会拒绝召集股东会时，其他股东可通过监事会召开股东会并形成对其有利的决议。正因如此，实践中本条第4项的相关案例往往系公司决议纠纷，诉请通常是请求确认监事会组织召开的股东会决议无效或应予撤销。实践中，除非会议的召开程序存在明显程序瑕疵，否则确认决议无效或撤销的诉请较难得到支持。但监事会召开股东会的程序并非完全顺畅，因其提议召开股东会需以监事会决议形式作出，且需半数以上监事通过，如控制势力亦能控制监事会，则就提议召开股东会的事项亦无法形成有效决议，后续推进更无从谈起。

3. 本条第2项规定监事会有权对董事、高管提出解任建议，建议权的落实与第5项规定的向股东会会议提出议案密切关联。具体路径为，监事会就解任建议形成议案，并将该议案提请股东会审议。如审议通过并形成决议，罢免建议权则实现。可见，监事会在形成罢免议案以及股东会审议两个环节，均难以绕开控股股东的影响，监事的此项权力往往束之高阁。

◉ 比较法规范

《日本公司法》第381～386条；《韩国公司法》第412条；《英国2006年公司法》第499～500条；《德国股份法》第111～112条；中国台湾地区“公司法”第218～221条、第223条。

◉ 研究文献

1. 崔文玉：《公司治理优化视域下的监事会制度重塑及其功能实现》，载《现代法学》2022年第6期。

2. 蔡伟：《公司内部监督责任体系的困境基于对监事的再考察》，载《中外法学》2018年第6期。

3. 高旭军：《对我国上市公司“双核心监督机制”的反思》，载《东方法学》2016年第2期。

第七十九条　【监事的列席、质询与建议权和监事会的调查权】

监事可以列席董事会会议，并对董事会决议事项提出质询或者建议。

监事会发现公司经营情况异常，可以进行调查；必要时，可以聘请会计师事务所等协助其工作，费用由公司承担。

◉ 立法意旨

本条是关于监事个体的列席权、质询权、建议权和监事会作为集体机关的调查权之规定。

◉ 条文演变历程

关于监事的质询、建议权和监事会的调查权，1993年《公司法》未规定，其仅在第54条第2款规定“监事列席董事会会议”。2005年《公司法》将前述规定单列为第55条，明确“可以”而非“应当”列席董事会会议，并对监事的质询、建议权和监事会、不设监事会的公司的监事的调查权作出补充规定，即“监事可以列席董事会会议，并对董事会决议事项提出质询或者建议。监事会、不设监事会的公司的监事发现公司经营情况异常，可以进行调查；必要时，可以聘请会计师事务所等协助其工作，费用由公司承担”。2013年修法时仅将序号调至第54条。

此次修法，一审稿第80条将调查的主体调整为“监事会”，删除“不设监事会的公司的监事”,原因同本法第 78 条对监事会职权行使主体的调整。二审稿、三审稿沿袭之,直至形成本条。

◉ 条文释义

本条对应旧法第 54 条,仅有文字修订。另据本法第 131 条第 1 款的规定,本条也适用于股份公司。

本条规定的监事与监事会的数项权力,系对本法第 78 条项下监事会职权的保障及延伸。

1. 第 1 款:监事个体的权力

本款规定监事个体享有三项权力:列席董事会的权力、对董事会决议事项提出质询与建议的权力,意在增强监事的专业与独立性。

关于监事列席董事会会议,本款使用的表述是“可以”,因此其为权力而非义务。监事列席董事会会议,可借此了解公司经营业务的决策及执行情况,确保信息的获取,保障监事会监督职能的实现。

监事列席会议的过程中可就决议事项提出质询或建议,进一步提升信息获取的深入性和针对性。监事的质询,可能针对董事会也可能针对具体董事。对于前者,董事长或其指定的董事负有回答义务;对于后者,被质询的董事负有回答义务。回答应真实、准确、及时、全面。对于监事的建议,董事会应认真听取、权衡,[①]保障监事会的独立性以及监督职能的落实。

2. 第 2 款第 1 分句:监事会的调查权

本句规定了监事会对公司异常经营情况的调查权,其乃公司财务检查权(第 78 条第 1 项)的延伸。监事会对履职过程中发现的公司异常经营情况,享有不受阻碍的独立调查权,无须他人事先同意。关于“经营情况异常”的判断标准,法律、行政法规并未明确,可通过公司章程或结合行业惯例进行判断。

3. 第 2 款第 2 分句:履职费用的承担

为确保调查权的实效,本句进一步规定“必要时,可以聘请会计师事务所等协助其工作”,以保证调查工作的专业性。有无“必要”仅取决于监事会的商业判断。对监事会履职费用“由公司承担”进行明确,是为了推动监事(会)积极行使监督权,确

① 参见刘俊海:《新公司法的制度创新:立法争点与解释难点》,法律出版社 2006 年版,第 338 页。

保其职权不受非法限制,①进而通过制度激励监事会发挥其监督职能。当然,公司承担费用的范围受“必要性”限制。另需说明,只有监事会为公司利益行使调查权而产生的聘请费用由公司支付,若监事由股东兼任,则应考察其系基于何种身份与主观目的行使调查权。

◉ 公司治理操作指南

1. 实务中,有限公司监事常由少数股东兼任,股东以监事名义为自己利益行使调查权,进而要求公司支付费用的情形并不罕见。法院在考察时往往通过该监事的既往活动(如是否提起股东知情权诉讼,是否有要求查阅会计账簿、会计凭证的书面请求等),对其是否为自己的利益行权进行判断,因此公司应保存好相关证据。

2. 监事会聘请中介机构协助调查的费用由公司承担,这意味着监事会可以公司名义与中介机构签订委托协议,此时监事会即为公司的代表。可见,法定代表人并不能完全垄断公司的对外代表权。但需指出的是,如果监事会出面签约,中介机构作为合同相对人可能面临两大风险:一是履约障碍风险,严重者可能难以进入公司大门,协助调查更成为空谈,这往往与控股股东的阻碍有关;二是即便中介机构能够履约,事后也可能面临公司拒不支付约定之报酬(费用)问题,此时中介机构可寻求违约救济。

◉ 比较法规范

《日本公司法》第383条;《韩国公司法》第412条;《德国股份法》第111条第1款;中国台湾地区“公司法”第218条。

◉ 研究文献

1. 董淳锷:《法律实施激励机制的基本原理及立法构造》,载《法学》2023年第9期。
2. 赵大伟:《监事会监督方式变革论》,载《当代法学》2017年第2期。
3. 虞政平:《构建中国多元化公司治理结构新模式》,载《中外法学》2008年第1期。

第八十条　【要求董事、高管提交执行职务报告及董事、高管的配合义务】

监事会可以要求董事、高级管理人员提交执行职务的报告。

董事、高级管理人员应当如实向监事会提供有关情况和资料,不得妨碍监事会或者监事行使职权。

---

① 参见董淳锷:《法律实施激励机制的基本原理及立法构造》,载《法学》2023年第9期,第173页。

◉ 立法意旨

本条是关于有限公司监事会要求董事、高管提交执行职务报告及董事、高管配合义务的规定。

◉ 条文演变历程

本条可追溯至2005年《公司法》第151条,该条规定“股东会或者股东大会要求董事、监事、高级管理人员列席会议的,董事、监事、高级管理人员应当列席并接受股东的质询。董事、高级管理人员应当如实向监事会或者不设监事会的有限责任公司的监事提供有关情况和资料,不得妨碍监事会或者监事行使职权”。2013年修法时仅将条文序号调为第150条。

此次修法,一审稿对旧法第150条进行拆分重组:(1)第81条将旧法第150条第2款的“监事会的信息获取权”规则独立至第三章“有限责任公司的设立和组织机构”中的监事会规范群,第150条第1款的“股东质询权”规则则保留至第八章“公司董事、监事、高级管理人员的资格和义务”第181条;(2)新增第1款“监事会可以要求董事、高级管理人员提交执行职务的报告”;(3)删除第2款中的“或者不设监事会的有限责任公司的监事”,原因同本法第78条对监事会职权行使主体的调整。二、三审稿第80条沿袭之,直至形成本条。

◉ 条文释义

第1款为新增内容,第2款对应旧法第150条第2款,将此前适用于股份公司的制度引入有限公司,是两类公司制度同质化的体现。另依本法第131条第1款的规定,本条适用于股份公司。

本条明确,监事会可以要求董事、高管提交执行职务报告,这是对董事、高管执行职务行为的一种监督手段。如监事会要求,董事、高管应如实提供信息,不得妨碍监事会行权。这一规定强化了监事会履职的主动性,扩大了监事会的职权范围。

本条属于强制性规范,如董事、高管违反前述义务,将构成本法第78条第2项所述的执行职务的行为违反法律的情形,此时监事会有权向股东会、董事会提出解任建议。

◉ 公司治理操作指南

本条第1款表述为“监事会可以要求董事、高级管理人员”,凸显监事会行权的主动性。事实上,监事主动获取行权所需信息,亦是其履行勤勉义务的体现。本条第2款虽规定董事、高管负有如实提交信息、不妨碍监事会或者监事的义务,但未明确董事、高管违反义务时监事会或者监事的救济路径。依《公司法》规定，监事会仅可向股东会、董事会提出解任建议，无法直接对违反义务者进行惩戒，这是监事会职权“软性”的一面。对此，有限公司可在公司内控规章上落实解决方案，制定董事、高管违反义务的纪律处分措施等，对违反者予以直接惩戒。

◉ 比较法规范

《日本公司法》第381条；《韩国公司法》第412条；《德国股份法》第111(1)条；中国台湾地区“公司法”第218条。

◉ 研究文献

1. 王晓芳：《外国公司立法对我国监事制度的启示》，载《法律适用》2007年第5期。
2. 甘培忠：《公司监督机制的利益相关者与核心结构——由中国公司法规定的监督机制观察》，载《当代法学》2006年第5期。

第八十一条 【监事会的议事规则】

监事会每年度至少召开一次会议，监事可以提议召开临时监事会会议。

监事会的议事方式和表决程序，除本法有规定的外，由公司章程规定。

监事会决议应当经全体监事的过半数通过。

监事会决议的表决，应当一人一票。

监事会应当对所议事项的决定作成会议记录，出席会议的监事应当在会议记录上签名。

◉ 立法意旨

本条是关于有限公司监事会议事规则的规定。

◉ 条文演变历程

本条可追溯至2005年《公司法》第56条，其规定“监事会每年度至少召开一次会议，监事可以提议召开临时监事会会议。监事会的议事方式和表决程序，除本法有规定的外，由公司章程规定。监事会决议应当经半数以上监事通过。监事会应当对所议事项的决定作成会议记录，出席会议的监事应当在会议记录上签名”。2013年修法时仅将条文序号调为第55条。

此次修法，一审稿第82条第3款对旧法第55条第3款作出修改，将监事会决议通过比例从“半数以上监事”调整为“全体监事的过半数”，二审稿第81条沿袭之。

三审稿第 81 条增设第 4 款,明确“监事会决议的表决,应当一人一票”,填补立法漏洞,直至形成本条。

◉ 条文释义

本条对应旧法第 55 条,有部分修订。

(一)与本法第 132 条的雷同

本法第 132 条关于股份公司监事会议事规则的规定与本条基本相同,区别仅在于股份公司的定期会议召开频率较高,每 6 个月至少召开一次。鉴于两个条文基本雷同,本书将两条文的具体内容分析放在第 132 条释义部分,将基础法理放在本条释义部分。

(二)基础法理

1. 第 1 款:监事会临时会议的提议

不同于本法第 62 条第 2 款、第 113 条、第 123 条第 2 款对提议召开会议的主体作出较严格的限制,对于监事会临时会议,本款规定任何监事均可提议召开,一经提议,会议召集人即应召开。

2. 第 2 款:监事会的议事方式与表决程序

不同于股东会、董事会议事规则的规范相对详细,本款规定本法对监事会议事方式和表决程序有规定的,按其规定,除此之外由公司章程规定。结合本条及第 76 条第 3 款的规定,本法仅明确规定了监事会会议的召集主持方式、表决权分配、表决通过比例等基础事项,其他诸如出席人数限制、会议通知时限、会议召开和表决形式、表决回避等均由章程另作规定。具体而言,章程可根据公司具体情况作如下补充规定:

(1)参照本法第 73 条第 2 款的规定,设定监事会出席人数下限,如要求监事会会议有 1/2 或 2/3 以上监事出席方可举行,保障集体决策。

(2)参照本法第 64 条第 1 款的规定,规定召开会议须提前通知监事的时间。考虑到监事通常在公司履职,提前通知期限无须过长,实务中有章程规定会议通知提前 3 日送达监事。

(3)明确会议召开和表决形式。根据本法第 24 条的规定,监事会召开会议和表决可采电子通信方式或章程规定的其他方式。

(4)提升对特定关键事项的表决通过比例。本条规定的全体监事过半数,应理解为决议通过比例的法定下限。

(5)明确表决方式,包括书面表决(记名/无记名投票)、举手表决、口头表决等。

(6)明确议事表决流程,即采用“逐项审议、逐一表决”还是“全部审议后一并表决”等。章程规定详细的监事会议事方式和表决程序有助于提高会议效率,合理的规则设计也能保障监事会决议的合法与科学性。

(三)第3款、第4款:监事会表决规则

本条第3款、第4款规定了监事会表决规则,一是多数决即“经全体监事的过半数通过”,二是“一人一票”。“全体监事的过半数”系指监事会全体成员过半数,而非出席会议的监事过半数。这一表决规则与第73条第2款、第3款关于董事会的规定相同,均以人头计数,并将机构全体成员作为基数,区别于股东会表决的资本多数决原则。

对于公司章程设定更高的通过比例,如约定“一致决”,司法实践中多持肯定说,认为这属于公司自治范畴。但也有观点认为过高的通过比例容易导致公司僵局,不应肯定其效力。① 经全体监事过半数通过的规定,应属通过比例下限的强制性规定(确保决议代表多数监事意志),可由章程适当提高。关于一致决约款的效力,则与章程关于股东会、董事会决议的一致决约定条款面临同样的问题,监事会并不具有特殊性。本书认为,为防止公司僵局,不提倡一致决。但如果章程作此约定,亦并无否定其效力的特别理据。

(四)第5款:监事会会议记录

1. 会议记录的重要性

本款规定监事会应当对所议事项的决定作成会议记录,由出席会议的监事在会议记录上签名。会议记录是对会议所议事项的客观记载,区别于最终作出的监事会决议。本法第64条第2款、第73条第4款对股东会、董事会的会议记录均有类似规定。实践中,监事会会议记录通常包括:(1)会议届次及召开的时间、地点和方式;(2)会议的召集人和主持人;(3)会议出席监事及列席人员;(4)会议议程和议题;(5)监事对议案有关事项的发言要点、主要意见和表决意向;(6)每一议案的表决方式和表决结果(表决结果载明同意、反对或弃权的票数及对应的监事姓名);(7)与

① 争议集中体现在公司章程提高股东会决议通过比例的效力,相关处理对监事会决议亦有参考价值。持肯定观点的如江苏省高级人民法院民事裁定书,(2019)苏民申4292号;山西省高级人民法院民事裁定书,(2019)晋民申1768号。持否定观点的如江苏省新沂市人民法院民事判决书,(2018)苏0381民初8690号。

会监事认为应记载的其他事项等。

2. 会议记录能否被查阅、复制

这是立法未明确，但需要探讨的实践问题。根据本法第 57 条的规定，监事会会议记录并非有限公司股东知情权行使的法定范围。但实践中早已出现相关案例，由于法无明文，裁判立场不一。部分法院认为，监事会会议记录不属于股东知情权范围，股东要求查阅、复制无法律依据，①还有部分法院则认为，会议记录是股东了解监事会决议形成过程的重要文件，有助于股东充分行使知情权，属于股东可查阅、复制的范围。② 本书认为，一是横向比较，既然公司法允许股东查阅、复制股东会会议记录，举重以明轻，并无理由排除监事会会议记录。有观点认为，监事会会议记录可能包括对公司商业秘密的记载，一律允许股东查阅存在损害公司利益的风险。这一说法不能成立，因为并无任何事实表明监事会会议记录蕴藏的商业秘密多于股东会会议记录。二是纵向比较，相较于监事会会议决议，监事会会议记录能够更为详细地反映具体监事的履职情况。如拒绝查阅，不利于股东对违信监事提起诉讼。进一步而言，第 125 条第 2 款规定，“董事应当对董事会的决议承担责任……参与决议的董事对公司负赔偿责任；经证明在表决时曾表明异议并记载于会议记录的，该董事可以免除责任”。该股份公司董事免责的规定，可参照适用于有限公司监事。如监事会某项决议对公司造成损害，决议时投反对票的监事可依据会议记录主张免责。据此，一方面，有限公司监事应重视监事会会议记录，对可能影响公司权益的重大事项，若决议结果与己方意见相悖，应特别注意在会议记录中记载异议情况。另一方面，股东也有必要知晓监事会会议记录的具体内容，否则将无法知晓哪些监事属于违信监事。

（五）延伸问题：监事会决议效力的可诉性

本法第 25～28 条吸收了旧法第 22 条及《公司法解释四》第 1～6 条规定，规定了股东会、董事会决议无效、可撤销、不成立的认定及决议效力否定的法律后果，但未增加对监事会决议的规定，导致监事会决议的效力否定之诉缺乏依据。

司法实践中已有较多监事会决议纠纷案件，一种立场认为公司决议效力之诉的

第81条

① 参见江苏省苏州市中级人民法院民事判决书，(2021)苏 05 民终 425 号；鄂尔多斯市中级人民法院民事判决书，(2017)内 06 民终 594 号。

② 参见黑龙江黑河市中级人民法院民事判决书，(2022)黑 11 民终 670 号；北京市第一中级人民法院民事判决书，(2019)京 01 民终 10528 号。

审查对象限于股东会、董事会决议，监事会决议效力纠纷不属于法院受理范围；①另一种立场则认为可以对监事会决议的成立及效力进行审查，并参照股东会、董事会决议瑕疵的规则作出处理。② 我们认为，监事会决议同属公司意思表示的载体，亦可能产生外部效力，应允许公司股东、董事、监事等利益相关方参照第25～28条的规定，就监事会决议提起效力否定之诉。

此时人们或许会产生一个普遍疑问，即明明股东会决议、董事会决议与监事会决议是并列存在的同性质的法律行为，为何公司法单单落下监事会决议？明明股东会会议记录、董事会会议记录与监事会会议记录是并列存在的公司文件资料，为何公司法单单落下监事会会议记录？这是关于公司法立法体系的灵魂之问。合理的解释论或许是：立法不规定细碎之事。或者说因监事会相对不重要，立法者选择性遗忘。但这并不排除监事会决议与会议记录对股东会、董事会相关规则的参照适用。立法是体系化思维的产物，在文本意义上的公司法之外，还存在解释论意义上的公司法。

监事会或许能稍加聊以自慰的是，公司法文本上遗忘的远不止监事会决议与会议记录，还有类别股股东会决议（会议记录）、审计委员会决议（会议记录）、债券持有人会议决议（会议记录）。对于上述决议及其会议记录，在解释论上，也应该参照适用股东会、董事会的相关立法规则。

◉ 公司治理操作指南

监事应重视监事会会议记录，对可能影响公司权益的重大事项，若最终决议结果与自己意见相悖，应特别注意在会议记录中记载异议情况，以便发生纠纷后据此主张免责，规避任职风险。

为提升监事会议事效率，避免其运行中产生争议，有限公司可在章程中对监事会会议的议事方式及表决程序作出详细规定，包括出席人数下限、会议提前通知期限、决议通过比例、表决方式及流程等。

---

① 参见四川省成都市中级人民法院民事裁定书，(2020)川01民终12628号；浙江省岱山县人民法院民事判决书，(2020)浙0921民初506号；北京市朝阳区人民法院民事裁定书，(2021)京0105民初25891号。

② 参见广西壮族自治区南宁市中级人民法院民事判决书，(2019)桂01民终7357号；山东省青岛市中级人民法院民事判决书，(2021)鲁02民终2236号；湖南省岳阳市中级人民法院民事判决书，(2021)湘06民终1956号。

◉ 比较法规范

《德国股份法》第 108 条;《日本公司法》393 条。

◉ 研究文献

1. 崔文玉:《公司治理优化视域下的监事会制度重塑及其功能实现》,载《现代法学》2022 年第 6 期。

2. 郭雳:《中国式监事会:安于何处,去向何方?——国际比较视野下的再审思》,载《比较法研究》2016 年第 2 期。

第八十二条　【监事会履职费用的承担】

监事会行使职权所必需的费用,由公司承担。

◉ 立法意旨

本条是关于有限公司监事会履职费用承担的规定。

◉ 条文演变历程

本条可追溯至 2005 年《公司法》第 57 条,该条规定"监事会、不设监事会的公司的监事行使职权所必需的费用,由公司承担"。2013 年修法时仅将条文序号调为第 56 条。

此次修法,一审稿第 83 条删除"不设监事会的公司的监事",原因同本法第 78 条对监事会职权行使主体的调整。二审稿、三审稿第 82 条沿袭之,直至形成本条。

◉ 条文释义

本条对应旧法第 56 条,仅有文字修订。此外,本法第 131 条第 2 款对股份公司监事会亦作相同规定。本书此处作理论阐述,于第 131 条释义部分作内容阐释。

(一)两类费用的承担

本法第 79 条第 2 款已规定监事会聘请中介机构协助工作的费用由公司承担,本条再次规定监事会履职所需费用的承担问题,这并不构成重复,二者属于特别法与一般法关系。

(二)本规定的背景

1. 监事会行权保障体系

如前述本法第 76 条释义,为解决监事会制度失灵问题,此次修法对公司监督机制的重大改革体现在两个方面,一是在第 69 条规定中引入审计委员会,解决监事会履职信息不足的问题;二是考虑公司治理的路径依赖继续保留监事会制度,但同时强化监事会的行权保障,更好地发挥其监督作用。此处总结监事会的行权保障体系:

(1)本条结合本法第79条第2款的规定,明确监事会行权费用的承担规则,即监事会履职所需的必要费用(包括聘请会计师事务所等协助工作产生的费用)由公司承担,解决监事会因不掌握财权而导致的行权受阻问题。

(2)本法第79~80条强化监事会的信息获取权,明确其信息获取路径。

(3)本法第215条将监事会增列为有权聘用会计师事务所的组织机构,配合第78条第1项的规定,保障监事会对公司的财务检查权。

2. 行权费用由公司承担是委托代理的后果

虽然监事会原则上不具备代理公司对外交易的职权,但若相关成员因行使监督职权对外开展交易,则产生"内部职权外显"的代理归属效果,落入《民法典》第170条的规制范围。[①]《民法典》第170条第1款规定:"执行法人或者非法人组织工作任务的人员,就其职权范围内的事项,以法人或者非法人组织的名义实施的民事法律行为,对法人或者非法人组织发生效力。"据此,若监事会因行使职权以公司名义对外进行交易,由此产生的债权债务关系归属于公司,自应由公司承担费用。

即使监事会对外交易未落入职务代理范畴(如监事会成员以自己名义签订合同并支付费用),因监事与公司事实上形成委托关系,根据《民法典》第921条的规定,对于监事因处理委托事务垫付的必要费用,公司应予偿还并支付利息。

3. 公司承担的费用限于"行使职权所必需的费用"

依文义,公司承担的费用限于监事会"行使职权所必需的费用"。对于其内涵,本法未作明确,实践中可能引发争议。

监事会"财权"受董事、高管牵制,系此前监事制度未有效发挥作用的深层原因。[②] 一方面,公司财务往往被董事、高管控制,监事会事前预支、事后报销监督经费

---

① 参见昝强龙:《双重路径借鉴下我国"职务代理"规则的体系构建——以〈民法典〉第170条为起点》,载《法学家》2023年第6期,第156页。

② 参见施天涛:《让监事会的腰杆硬起来——关于强化我国监事会制度功能的随想》,载《中国法律评论》2020年第3期,第138~149页;马更新:《〈公司法〉修订语境下的监事会制度架构变革探析》,载《上海政法学院学报(法治论丛)》2021年第3期,第114~127页。

往往存在较大障碍。另一方面，虽然监事会可在垫付后通过司法途径追偿，但可能因无法证明费用支出的“必需性”而面临败诉风险。尤其是在股东兼任监事的情况下，监督权行使与股东知情权重合，不排除相关费用被法院认定为“以监事身份实现股东个人利益”，进而驳回股东监事的追偿诉请。①

因此，明确“必需的费用”之内涵，可消除监事的疑虑，降低监事行权的风险。对此，可参照民法的“必要费用”“合理费用”进行解释。实践中主要包括聘请会计师事务所查账支出的审计费用，因代表公司提起诉讼垫付的案件受理费、律师费，召集股东会会议垫付的会务费以及检查公司财务支付的其他费用等。监事会的费用追偿应从以下两方面举证：一是相关费用系监事会依法履职而实际支出或应予支出；二是相关费用符合市场标准。

◉ 公司治理操作指南

监事如代表公司对董事、高管提起诉讼，应注意留存发票、付款记录等相关费用的支出凭证，以便嗣后向公司报销。若公司在董事、高管的控制下拒绝报销，监事可对公司提起追偿诉讼，要求公司支付合理费用及资金占用费。更重要的是，公司章程可对何为“监事会行使职权所必需的费用”进行界定，细化该类费用的类型及标准。

◉ 比较法规范

《日本公司法》第387～388条。

◉ 研究文献

施天涛：《让监事会的腰杆硬起来——关于强化我国监事会制度功能的随想》，载《中国法律评论》2020年第3期。

◉ 典型案例

张某君与海安万和实业有限公司追偿权纠纷案②

1. 案情简介

海安万和实业有限公司（以下简称万和公司）成立于2004年9月30日，注册资本4000万元。其中张某君出资1760万元，持股比例为44%，郭某山出资2240万元，持股比例为56%，郭某山任执行董事、经理兼法定代表人，张某君任监事。2012年下半年，张某君认为郭某山擅自转走万和公司账户的3000万元，侵犯公司权益，决定通过诉讼维权。

---

① 参见重庆市第二中级人民法院民事判决书，(2018)渝02民终2707号。

② 参见江苏省南通市中级人民法院民事判决书，(2015)通中商终字第00092号。

同时,张某君以万和公司名义与北京市高朋(南京)律师事务所(以下简称高朋所)签订代理合同,约定由高朋所提供诉讼服务并支付40万元律师费。此后,张某君以万和公司名义提起损害公司利益诉讼,诉请之一即是要求郭某山赔偿万和公司43万元的律师费、差旅费和调查费。

诉讼中,万和公司对律师代理费高于324,600元的部分自愿放弃。一审法院认为,张某君依法行使监督权提起诉讼后因委托律师支出的律师费324,600元,由万和公司负担。郭某山以律师费应由张某君自行承担为由提起上诉。二审过程中,张某君另为万和公司支付律师费162,300元,二审法院最终判令万和公司承担律师费486,900元。后张某君因找万和公司报销486,900元律师费未果,遂诉至法院。本案经一审、二审,最终判令万和公司给付张某君486,900元并支付相应利息。

2. 裁判要旨

监事行使职权所必需的费用由公司负担。本案中,由于郭某山违反法律及公司章程,监事张某君依法行使监督权并提起诉讼,张某君为此支出的一审律师费324,600元应由万和公司负担。同时,张某君支付的二审律师费也属于监事行使职权所必需的费用,应由万和公司负担。因股东代表诉讼和监事诉讼之诉讼地位的特殊性,股东或监事代表的是公司利益,与公司同属作为权利人或受害人的原告一方,法院无法判决公司向其诉讼代表人履行义务。故在先前诉讼中,法院只能确认张某君的律师代理费由万和公司负担,而未作出万和公司给付张某君律师费的判决。

3. 案件评析

监事有权代表公司向损害公司利益的董事、高管提起诉讼,因此支出的案件受理费、律师费等属于行使职权所需的必要费用,应由公司予以返还并补偿合理的资金占用费。落实监事对公司的追偿权,系为其行权提供财务保障的重要体现。只有确保监事行权垫付的合理费用均可追偿,才能激励监事积极履职行权。

第八十三条　【设一名监事、不设监督机构】

规模较小或者股东人数较少的有限责任公司,可以不设监事会,设一名监事,行使本法规定的监事会的职权;经全体股东一致同意,也可以不设监事。

◉ 立法意旨

本条是关于有限公司仅设立一名监事或不设监督机构的规定。

◉ 条文演变历程

本条可追溯至1993年《公司法》第52条第3款,"有限责任公司,股东人数较少和规模较小的,可以设一至二名监事"。2005年《公司法》第52条第1款第2句进一步优化表达，明确"股东人数较少或者规模较小的有限责任公司，可以设一至二名监事，不设监事会"。2013 年修法时将条文序号调为第 51 条第 1 款。

此次修法，一审稿将旧法第 51 条第 1 款独立成第 84 条，并有两处修订：

(1) 将有限公司前的"股东人数较少或者"删除，仅保留"规模较小的"的定语；

(2) 句末加上"行使本法规定的监事会的职权"。二审稿第 83 条在句末新增"经全体股东一致同意，也可以不设监事"。三审稿第 83 条又有两处修订：重新添加"或者股东人数较少"的定语于有限公司之前，并将监事会的替代主体从"一至二名监事"限缩为"一名监事"，避免两名监事下的决策僵局。最终形成本条。

◉ **条文释义**

本条对应旧法第 51 条第 1 款，有重大变化。另据第 133 条，相同情形的股份公司亦可仅设一名监事，体现出两类公司在制度上的同质化趋势，区别仅在于股份公司必设监督机构。

(一) 小型有限公司简化监督机构的选择

1. 两种选择

为进一步提高公司治理的灵活性、降低治理成本、契合实践需求，本条明确规模较小或股东人数较少的有限公司，可不设监事会，亦不设审计委员会，选择性采取以下治理结构：

(1) 设一名监事，行使监事会的法定职权。

(2) 经全体股东一致同意，不设任何监督机构。

据此，一人有限公司的至简主义治理结构可以做到：一名股东、一名董事。经理、监事都可免设（第 74 条及本条）。规模较小或股东人数较少的非一人有限公司的至简主义治理结构可以做到：股东会、一名董事。经理、监事依然可免设（第 74 条及本条）。

循上述逻辑，我国 3800 多万家[①]有限公司的治理结构设立模式应有 30 多种选择。新《公司法》给予有限公司治理结构的选择空间，已经相当宽阔。

2. 何为小型有限公司

本条适用的前提是界定"规模较小或者股东人数较少"的有限公司，即日常用语中的小型有限公司。修法中，立法者格外注重对立法措辞的调整，以求精准，本条即

---

① 参见刘斌：《公司机构设置的组织法逻辑与改革路径》，载《法律适用》2021 年第 7 期，第 20 页。

为典型。相较旧法"股东人数较少或者规模较小"的表述，本条将"规模较小"调换至"股东人数较少"前，强调是否设监事会的首要考量因素是公司规模，股东人数次之。一方面，该用语调整体现了监事会代表公司利益而非委派股东利益的立法导向；另一方面，公司规模通常取决于营业收入、业务体量、员工人数、分支机构数量等要素，与股东人数并非正相关。如国有独资公司仅有一名出资人，但规模多属于大型乃至超大型公司。公司监督机构的设置主要为解决"两权分离"下股东与管理层之间的代理成本，规模越大，代理成本问题越严重，越需要引入健全、独立的监督机构，因此应以公司规模为首要判断标准。

进一步地，何为规模较小？2011年工业和信息化部、国家统计局、国家发展和改革委员会、财政部共同制定了《中小企业划型标准规定》，对解答此问题有较强的借鉴意义。据规定，中小企业划分为中型、小型、微型三种类型，具体标准根据企业从业人员、营业收入、资产总额等指标，结合行业特点制定。

详言之，此规定明确了16个不同行业的小微企业界定标准：(1)农、林、牧、渔业。营业收入在50万~500万元的为小型企业，50万元以下的为微型企业。(2)工业。从业人员在20~300人，且营业收入在300万~2000万元的为小型企业；从业人员20人以下或营业收入300万元以下的为微型企业。(3)建筑业。营业收入在300万~6000万元，且资产总额300万~5000万元的为小型企业；营业收入300万元以下或资产总额300万元以下的为微型企业。(4)批发业。从业人员在5~20人，且营业收入在1000万~5000万元的为小型企业；从业人员5人以下或营业收入1000万元，以下的为微型企业。(5)零售业。从业人员在10~50人，且营业收入在100万~500万元的为小型企业；从业人员10人以下或营业收入100万元以下的为微型企业。(6)交通运输业。从业人员在20~300人，且营业收入在200万~3000万元的为小型企业；从业人员20人以下或营业收入200万元以下的为微型企业。(7)仓储业。从业人员在20~100人，且营业收入在100万~1000万元的为小型企业；从业人员20人以下或营业收入100万元以下的为微型企业。(8)邮政业。从业人员在20~300人，且营业收入在100万~2000万元的为小型企业；从业人员20人以下或营业收入100万元以下的为微型企业。(9)住宿业。从业人员在10~100人，且营业收入在100万~2000万元的为小型企业；从业人员10人以下或营业收入100万元以下的为微型企业。(10)餐饮业。从业人员在10~100人，且营业收入在100万~2000万元的为小型企业；从业人员10人以下或营业收入100万元以下的为微型企业。(11)信息传输业。从业人员在10~100人,且营业收入在100万~1000万元的为小型企业;从业人员10人以下或营业收入100万元以下的为微型企业。(12)软件和信息技术服务业。从业人员在10~100人,且营业收入在50万~1000万元的为小型企业;从业人员10人以下或营业收入50万元以下的为微型企业。(13)房地产开发经营。营业收入在100万~1000万元,且资产总额在2000万~5000万元的为小型企业;营业收入100万元以下或资产总额2000万元以下的为微型企业。(14)物业管理。从业人员在100~300人,且营业收入在500万~1000万元的为小型企业;从业人员100人以下或营业收入500万元以下的为微型企业。(15)租赁和商务服务业。从业人员在10~100人,且资产总额在100万~8000万元的为小型企业;从业人员10人以下或资产总额100万元以下的为微型企业。(16)其他未列明行业。从业人员在10~100人的为小型企业;从业人员10人以下的为微型企业。

新《公司法》也提供了一个反向标准,第68条规定职工人数300人以上的有限公司,对职工董事、职工监事的设置有特别要求,应不属于"规模较小"的情形。

进一步地,何为股东人数较少?国家市场监督管理总局公布的2020年的数据显示,在我国约有3800万家存量有限公司,有96.52%的公司股东人数在3人(含)以下,据此,可认为股东人数在1~3人的为股东人数较少。

关于规模较小或者股东人数较少的认定,都应对应客观标准,而不是由公司主观判断。这意味着公司登记机关有审查权限,若登记机关不认为某家公司符合规模较小或股东人数较少的情形,对其仅设一名监事或不设任何监督机构的选择,应不予登记或责令改正。

3. 从"一至二名监事"到"一名监事"

相较旧法,本条将代行监事会职权的"一至二名监事"限缩为"一名监事"。一方面,这与第75条的"一名董事"(对应旧法第50条第1款规定的执行董事)保持一致;另一方面,这反映了立法者避免决策僵局、提升决策效率的深思远虑。基于本条及第133条,此后两类公司都不再设两名监事,要么设置一名监事,要么设置三人以上的监事会,否则将面临登记障碍。这在一定程度上限制了自治空间,但实属必要。两名监事一旦产生利益冲突或立场相左,将形成决策僵局。这与设置监事会的有限公司在监事人数为偶数时不同,在"过半数"通过的多数决规则下,监事会人数为偶数不影响决议的有效作出。

4. 一名监事行使监事会职权

与第 60 条规定一人有限公司只有一名股东时由该股东行使股东会职权，以及第 75 条规定的只设一名董事时该董事行使董事会职权类似，本条也规定一名监事行使监事会职权。

（二）不设任何监督机构

小型有限公司可不设任何监督机构，是修法的亮点之一。该规则的适用应特别注意几点：

1. 从文义来看，能“不设监事”的依然是“规模较小或者股东人数较少”的有限公司。

2. 有限公司“不设监事”的前提是全体股东一致同意。监督机构的设置与否与股东利益息息相关，应由全体股东一致同意，而非采资本多数决。

3. 从体系解释的角度，“不设监事”指不设任何监督机构，即不设监事会、一名监事，亦不设审计委员会。在股东与管理层高度甚至完全重合的小型封闭公司中，不存在两权分离，或两权分离导致的代理成本问题微乎其微。此时，监督机构沦为迎合公司法的强制性规定的虚设机构，徒增治理成本。

4. 监督功能的替代方案探讨。首先，由股东行使监督权，该处理将提升小型封闭公司少数股东对董事、高管的监督权，也有利于防范多数股东滥用权力损害少数股东利益；①相较监事会、审计委员会等监督机构，股东是公司经营的最终承担者，往往更具监督动力及积极性。其次，此时涉及监督机构一些前置程序的豁免。例如，第 189 条规定的股东代表诉讼的前置程序，在有限公司不设监督机构的情况下，在形式上难以履行。此时可行的解决方案有二：一是明确此时股东可行使监事会职权，因其兼具股东及监督机构身份，可依据第 78 条第 6 项规定直接代表公司提起诉讼；二是即使立法尚未作前述规定，亦无碍股东越过前置程序提起代表诉讼。审判实践中，股东履行前置程序，须以监事会具备提诉可能性为前提。若不存在该可能性，则不能以股东未履行前置程序驳回起诉。② 再如，依第 63 条第 2 款规定，董事会不能履行或者不履行召集股东会会议职责的，由监事会召集和主持股东会会议；监事会不召集和主持的，代表 1/10 以上表决权的股东可自行召集与主持。在不设监

① 参见林一英：《新〈公司法〉对股东权利保护的完善》，载《法律适用》2024 年第 2 期，第 23 页。

② 参见最高人民法院民事判决书，(2019)最高法民终 1679 号。

督机构的情况下，少数股东自行召集、主持权的两道前置程序仅余其一。最后，股东能否基于监督目的直接要求检查公司财务，或要求董事、高管提交履职报告，而不受其知情权范围及行权条件的限制？虽此问题在公司治理实践中可能并不突出，因不设监督机构主要存在于两权合一的小型公司，负责监督的股东与被监督的董事、高管通常为相同主体，股东需要行使上述权利了解公司经营的情况极少。但仍无法完全排除此类公司的少数股东有此要求。这一问题有待继续探讨。

◉ **公司治理操作指南**

全球范围内，公司治理模式主要有“英美外部治理模式”、“德日内部治理模式”、“家族监控式治理模式”以及“中国特色治理模式”四类。

1.“英美外部治理模式”是以外部监督为主的治理模式。英美公司的特点是股权分散，个别股东能发挥的作用有限。公众公司控制权一般掌握在管理者手中，即“弱股东、强管理层”。此种情况下，凭借健全且成熟的资本市场和经理人市场，外部监督机制发挥主要的监督作用。英美属于单层制治理模式，公司设股东会、董事会，不单设监事会，监督职能主要由独立董事以及主要由独立董事组成的审计委员会、提名委员会、薪酬委员会等履行。

2.“德日内部治理模式”是以内部监督为主的治理模式。德日属于双层制（二元制）治理模式。这一框架下，既有董事会，也有监事会（德国是垂直式，即监事会在董事会之上；日本是水平式，即董事会与监事会平级）。德国、日本企业大都负债率高，股权相对集中，且主要机构投资者持有，企业间交叉持股现象普遍。股东、管理层、员工、供应商、客户等积极通过公司董事会、监事会等参与公司治理，发挥监督作用。

3.“家族监控式治理模式”主要指公司的所有权与经营权未分离，公司与家族合一，公司控制权在家族成员间配置的治理模式。在东亚、东南亚盛行。

4.“中国特色治理模式”有后发的学习优势，混合了前三类治理模式的因素。一方面，采董事会和监事会并存的水平式二元治理模式，另有董事会中的独立董事和监事会共同发挥监督职能。另一方面，新《公司法》又引入美式的审计委员会，要求国有独资公司董事会中外部董事占多数，对于小型有限公司、股份公司则允许仅设一名监事，甚至小型有限公司可不设任何监督机构。这是为了响应公司治理实践多样化的需求。以中国地域之大、国情之复杂、发展之不平衡、不同公司异质化程度之高以及公司治理水平之悬殊，在治理结构，尤其是监督机制的设置上突出重实质、轻形式的立法理念,允许多样化的制度选择,是明智之举。

◉ 研究文献

1. 林一英:《新〈公司法〉对股东权利保护的完善》,载《法律适用》2024 年第 2 期。
2. 赵旭东:《公司法修订中的公司治理制度革新》,载《中国法律评论》2020 年第 3 期。

第四章　有限责任公司的股权转让

【本章概述】

有限公司的股权转让是极其重要的公司实务问题，也是目前公司诉讼领域诉讼最多的领域，其间牵涉众多的复杂的契约法、组织法上的理论问题与实践问题。此次修法中，立法者总结过去多年丰富的司法实践经验，最终推动了本章诸多规则的实质性调整与完善。本章新增、删减条款主要包括完善股东优先购买权规则（第84条）、明确股权变动模式（第86条）、明确瑕疵股权转让的责任承担（第88条）、新增控股股东滥用权利时其他股东的回购请求权（第89条）等。这些规则的修正，补足了有限公司股权转让的关键性规范，强化了对少数股东利益的保护，具有显著的积极意义。截至目前，有限公司的数量已接近5000万家，数量极其庞大。相应地，我国司法实践中的公司诉讼在数量上以有限公司纠纷为主，而在有限公司纠纷中又以股权转让纠纷为首位。尤其在旧公司法设计严格的优先购买权、模糊的股权变动模式、全面认缴制等规则的相互作用下，有限公司股权转让纠纷裁判面临的裁判规范缺失以及规范不合理等问题已不容忽视。此次修法积极回应了前述问题。

然而，本章的实施面临新的疑问与挑战。比如，关于未届出资期限的股权转让后受让人未按期缴纳出资的，转让人承担补充责任的规定，或会引发一些新的问题。股权转让是股权债权债务的概括转让，当事人之间若无特别约定，理应由受让人承担期限届至后的出资义务；而股权转让后，受让人因财务能力变化等原因无法按期出资，是常有之事，强令出让人承担补充责任，或不利于有限公司的股权交易。并且，出资期限届至前标的股权或经多次转让，若出资期限届至时的该股权登记股东无力出资，补充责任的链条应当溯及至哪一主体，也是一个难题，尚需进一步理论探讨与实践经验积累。又如，虽然第89条第3款引入了股东压制场景下的股权回购，但其适用要件及其标准也需要更深入的研讨与探索，且由于该款的规制主体仅面向控股股东而未包括实际控制人，结合我国公司治理的现状，其实践效果有待进一步观察。

第八十四条 【有限公司的股权自愿转让】

有限责任公司的股东之间可以相互转让其全部或者部分股权。

股东向股东以外的人转让股权的，应当将股权转让的数量、价格、支付方式和期限等事项书面通知其他股东，其他股东在同等条件下有优先购买权。股东自接到书面通知之日起三十日内未答复的，视为放弃优先购买权。两个以上股东行使优先购买权的，协商确定各自的购买比例；协商不成的，按照转让时各自的出资比例行使优先购买权。

公司章程对股权转让另有规定的，从其规定。

◉ 立法意旨

本条是关于有限公司转让股权的基本规定

◉ 条文演变历程

本条的相关内容最早出现在1993年《公司法》第35条，其规定，“股东之间可以相互转让其全部出资或者部分出资。股东向股东以外的人转让其出资时，必须经全体股东过半数同意；不同意转让的股东应当购买该转让的出资，如果不购买该转让的出资，视为同意转让。经股东同意转让的出资，在同等条件下，其他股东对该出资有优先购买权”。该规定以“全体股东过半数同意”为股权外部转让的限制性要求，未对转让程序作具体要求。2005年《公司法》第72条修改了股权对外转让的法律规范：完善了其他股东同意的相关程序，将“经全体股东过半数同意”修改为“经其他股东过半数同意”，修改通知程序为“书面通知其他股东”，规定其他股东的答复期间为30天，若其他股东未按要求答复即产生“同意转让”的法律效果；增加了公司章程的自治性规范，该条第4款允许公司章程对股权转让作出不同于公司法的规定。2013年修法调整条文序号为第71条。

此次修法，一审稿第85条删除旧法第71条第2款关于其他股东同意的相关程序，增加股权转让书面通知的具体内容“股权转让的数量、价格、支付方式和期限等事项”；删除旧法第71条第3款“经股东同意转让的股权”，将其他股东未按要求答复的法律效果修改为“视为放弃优先购买权”。二审稿就股权转让书面通知的具体内容删除，三审稿又再次恢复，直至形成本条。

◉ 条文释义

本条属于《公司法》的核心条款，对应旧法第71条，有重大规则调整，可以说本条中的任何变化都引人注目。

(一)第1款、第3款:股权内部转让

相较于旧法,第1款没有修订,其仍规定有限公司股东之间可以相互转让全部或者部分的股权。与第1款高度相关的第3款,对应旧法第71条第4款,也没有变化,亦即有限公司章程可以对股权内部转让做特别的意思自治。

1. 内部转让自由原则

本款明确股权内部转让采自由原则,对股权的内部转让既不做程序要求,也不做实体限制,这背后的法理逻辑在于股权的内部转让一般不会影响有限公司内部的封闭性和股东的稳定性。但实践中,股权内部转让常常会引发公司股权结构的变化,从而引发转让人、受让人与其他股东之间诸多博弈。假设:A公司有甲、乙、丙、丁4位股东分别持股39%、29%、19%、13%,现丙有意退出。若甲购买丙持有的股权,甲将成为A公司的绝对控股股东,这不一定是乙、丁愿意接受的局面;不过,对于甲而言,其利益最大化的方案是购买丙的一部分股权(最理想的是12%),成为控股股东的成本最小方案;对于丙而言,一次性出售所有股权才是符合自身利益最大化的方案。可见,即便是较为自由的股东间内部股权转让,也会面临复杂的利益博弈。对此公司法不应武断干涉,应为当事人意思自治与博弈预留充分的空间。

2. 章程的特别约款效力

第3款赋权公司章程对内部股权转让进行特别约定,该约款只要不违反法律、行政法规的强制性规定,司法应予尊重。比如,如有公司章程规定公司成立后的一段时期内发起人股东的股权不得转让,以保证各个联合创始人的共同创业承诺践行,该种约定实则对于保障法治化、市场化、国际化的营商环境是必要且重要的。但是,司法裁判的基本立场是,此种规定不得构成实质性禁止股东退出公司,或者实质上剥夺异议股东的回购请求权,否则无效。因此,即使是章程的特别约款亦应当不得违反法律、行政法规的强制性规定。

(二)第2款、第3款:股权外部转让

第2款对应旧法第71条第2款、第3款,最显著的变化是取消了其他股东过半数的同意权规则,仅保留其他股东的优先购买权,这使得《公司法解释四》建立在同意权、优先权"两次通知主义"之上的一系列规定轰然倒塌。还有一处技术性变化是明确转让股东的一次通知义务,且详列通知的具体内容:股权转让的数量、价格、支付方式和期限等事项,这实际上是旧法中关于二次通知的内容,也是转让人与外部第三人的股权转让合同的主要条款。

1. 取消其他股东过半数的同意限制

第2款取消股权对外转让需经其他股东过半数限制的规则，益处有二：其一，维护股东转让股权自由，才是有限公司股权转让制度的第一法益。优先购买权规则已经设立了一道外部第三人加入公司的屏障，但凡有其他股东行使优先购买权，即可阻挡外部人进入，所谓有限公司的人合性已得到足够保障，无须再叠床架屋，否则将极大增加有限公司股权转让的难度。有限公司股东退出难本来就是一个突出的矛盾，也是有限公司制度的一个短板，所以公司法应该尽力降低有限公司的股转成本。其二，减少公司实践中因"同意权"而引发的纠纷。在旧公司法时代，由于同意权规则的存在，当事人为规避同意权规则可谓是各显神通，这引发了更多的纠纷，徒增讼累。

2. 优先购买权规则的展开

(1)性质之争

优先购买权一方面构筑了阻止外部人进入公司、破坏有限公司封闭性(或曰人合性)的屏障，另一方面又未实质性妨害股东对外转让股权的自由，从而在维护有限公司的封闭性与股东转让自由之间起到了巧妙的平衡作用；如有其他股东行使优先购买权，其结果也是将股权的外部转让变为内部转让。

长期以来，围绕股东优先购买权的性质为何产生了诸多争议，存在期待权、选择权、形成权、物上请求权以及债权请求权等理论学说。有学者主张，既然只有外部转让场景下才有股东的优先购买权，故应将优先购买权视为期待权。然而民法中关涉优先购买权的规定多为房屋承租人、按份共有人等，相比之下，有限公司的股东优先购买有其个性(组织法特性)，具备较强的程序性特征，很难沿着民法上的期待权、请求权、形成权理论展开。无论是交易法上的请求权说还是形成权说，都主张赋予其他股东要求出让股东强制缔约甚或交付的权利；但从组织法的视角来看，倘若为维护该种人合性利益而过度损害出让股东的交易自由，此时不仅将在股东个体转让股权利益与公司封闭性(股东间的人合性)利益之间会失去平衡，也不符合公司正义的原则要求。

(2)关键的制度设计

股东优先购买权行使中，出让股东是启动者，其承担的一项义务、享有的一项权利，成为构造整个制度体系的关键。

第一，出让股东通知其他股东的义务。股权对外转让，出让股东仅需履行一次通知义务。该种通知仅限于书面形式，方式上包括但不限于个别征求单个股东的意见，或者采用股东会会议的形式集体通知征求意见；内容上包括股权转让的数量、价格、支付方式和期限等主要约款事项。新法取消了需经其他股东过半数同意的规则，因此不必按照人头数量征求其他股东的同意，但其他股东仍享有30天犹豫期的期限利益，即其他股东应在收到通知之后30日内答复；否则，视为放弃优先购买权。出让股东通知存在虚假内容，或欺诈、与外部第三人恶意串通，使其他股东作出了放弃优先权的非真实意思表示，后者可获优先购买权侵权救济之保障。一经其他股东主张优先购买权，外部第三人确定不能取得股权。但不影响股权转让合同效力，其仍可以请求转让股东承担违约责任。

第二，出让股东的反悔权。《公司法解释四》第20条规定："有限责任公司的转让股东，在其他股东主张优先购买后又不同意转让股权的，对其他股东优先购买的主张，人民法院不予支持，但公司章程另有规定或者全体股东另有约定的除外。其他股东主张转让股东赔偿其损失合理的，人民法院应当予以支持。"据此，其他股东受通知后，如有任何人出面主张优先购买权，并不产生强制出让股东缔约、交付股权的效力，反而出让股东可再次不同意转让股权。这一设计是为确认出让股东的利益最大化，维护出让股东的股权转让自由，同时也宣告了有限公司股东优先购买权的形成权、期待权、请求权等理论的破产。

关于优先购买权的救济问题，典型的侵权形态主要为因通知中股权转让事项信息虚假，出让股东欺诈、与外部第三人恶意串通等侵害，其他股东放弃优先权之意思表示非真实。

(3)同等条件的理解

约束其他股东行使优先购买权的主要限制措施是同等条件。所谓"同等条件"，应当综合包括但不限于数量、价格、支付方式、期限等因素进行综合考量。一般而言：关于数量，购买出让人的全部股权优于部分股权；关于价格，主张优先权不应低于出让股东报价；关于支付方式，一次性付款方式优于分期付款，若多个受让人之间都采用分期付款的方式，则应进一步考量分期付款期限；关于支付期限，短的支付期限优于长的支付期限。事实上，只要为出让股东所合理看重、足以对交易产生实质影响的各类因素均应在"同等条件"的考量范围内。当然，不应包括其他股东无论怎样努力也不可能具备的纯粹随意条件，比如感恩或情感偏好。

(4)优先购买权竞争的处理

本条第2款末句规定，如有两个以上股东行使优先购买权的，处理这一竞争的机制是：各方协商确定各自的购买比例；协商不成的，按照转让时各自的出资比例行使优先购买权。需要明确的是，此处的“出资比例”，如果公司章程没有另外规定，自然是指认缴比例。类似的对“出资比例”的理解，可以参见本法第65条之“有限公司股东的表决权比例”评注。

3. 有关股东优先购买权的其他规则

通而观之，有限公司股权转让的其他股东优先购买权制度如何设计，涉及股权转让人的转让自由与保持有限公司封闭性这两种法益之间的协调与取舍。《公司法解释四》以及新《公司法》都更加强调前者的法益优先性，这是符合私法自治法理的正确选择。当然，优先购买权的实施还涉及很多细节问题，《公司法解释四》的相关规定依然具有重要价值，尤其是关于其他股东优先购买权遭受侵害后的救济，本条并未涉及，所以本条的释义部分也就无法展开。但是需要明确，新《公司法》实施后，《公司法解释四》不与新法规定冲突的多数规定理当继续使用；如有调整，尚待最高人民法院另行颁布新的公司法司法解释。

（三）第3款：公司章程另有规定

第3款也适用于股权外部转让，允许有限公司章程对之约定特殊的约款。实践中，有限公司章程对于股权转让的特别规定，主要表现为两类：

（1）强制转让。此规定常见于集体企业、国有企业改制而来的民营有限公司的章程当中，其改制往往是通过全员持股或者管理层收购实现，公司章程常见“人走股留”（退出公司必须将股权转让给公司）、“人走股转”（退出公司必须将股权转让给指定的某些股东）等规定，此类章程条款的有效性及其可履行性，因可能涉及定向减资、股权回购、资本抽逃等相关问题，需要个案探讨。相关的典型案例可参阅最高人民法院第96号指导案例之宋某军诉西安大华餐饮有限公司股权纠纷案。

（2）限制转让。此类规定常见于创业型企业，这是因为这类企业所面临的风险更高，创业者也即发起人股东往往需要“抱团取暖”，故而约定在一定年限内或者不满足某创业指标的时候不得转让。对于此类条款，司法多认可其有效性。但是股权转让毕竟是股东的固有权，如果限制的程度达到了“实质性剥夺股东转让权”的，可能归于无效。

◉ 公司治理操作指南

有限公司章程如对股东之间的内部股权转让交易设置特别约款，要注意该类约款不得违背法律、行政法规的效力性强制性规范，不得绝对禁止股东退出公司或实质上剥夺异议股东回购请求权。另外，亦应考虑章程修改的程序性事宜。通常，有限公司初始章程的有关约款对于少数股东的权利有足够保障，但在公司存续期间，控股股东利用修改公司章程的多数决优势修改公司章程，要么写入有利于自己、扩张自身权利的条款，要么取消少数股东的固有权利，很多控股股东在实践中对此类操作屡试不爽。

◉ 比较法规范

《日本公司法》第 107 条、第 127 条、第 136 ~ 139 条、第 144 条；《韩国公司法》第 287 条之八、第 335 条、第 556 条；《德国有限责任公司法》第 15 条；《美国模范商业公司法》第 6.27 节第 1 款；中国台湾地区“公司法”第 111 条、第 163 条。

◉ 研究文献

1. 梁上上：《优先购买权中转让人的利益失衡与校正》，载《中国法学》2024 年第 2 期。
2. 王毓莹：《有限公司股权对外转让中“同意权”规则的反思与重构》，载《中国法律评论》2024 年第 2 期。
3. 张双根：《论股权的法律性质——以成员权之法教义学构造为中心》，载《中外法学》2023 年第 3 期。
4. 高星阁：《有限责任公司股权执行程序中股东优先购买权保障论》，载《当代法学》2023 年第 2 期。
5. 梁上上：《有限公司股权对外转让的自由与限制——以利益位阶理论为视角展开》，载《清华法学》2022 年第 2 期。
6. 张双根：《论股权让与的意思主义构成》，载《中外法学》2019 年第 6 期。
7. 罗培新：《抑制股权转让代理成本的法律构造》，载《中国社会科学》2013 年第 7 期。
8. 雷新勇：《有限公司股权转让疑难问题探析》，载《法律适用》2013 年第 5 期。
9. 刘涛、陈国军：《论股份有限公司瑕疵出资股权转让民事责任承担》，载《政治与法律》2011 年第 11 期。
10. 刘俊海：《论有限责任公司股权转让合同的效力》，载《法学家》2007 年第 6 期。

◉ 典型案例

河南中州铁路控股有限公司、山东海盾投资管理有限公司等股权转让纠纷案①

1. 案情简介

山东高速轨道交通集团有限公司（以下简称轨道公司）拟将其持有的中州铁路公司

① 参见最高人民法院民事判决书，(2020) 最高法民终 1253 号。

第84条

69.9769%的股权转让给山东海盾投资管理有限公司(以下简称海盾公司)。中州铁路公司各股东持股情况为:轨道公司持有69.9769%股权,河南中州铁路控股有限公司(以下简称中州控股公司)持有19.7381%股权,河南铁路集团有限责任公司(以下简称河南铁路集团)持有10.285%股权。

2018年10月25日,轨道公司向中州控股公司、河南铁路集团送达《关于轨道公司转让持有的中州铁路公司69.9769%股权的通知》。该通知载明中州铁路公司其他股东是否同意轨道公司上述转让股权行为,应于收到通知30日内回复,满30日未答复的,视为同意转让。若公司不同意,应购买该转让股权,不购买的,视为同意转让,公司其他股东在同等条件下享有优先购买权。

2018年11月1日,河南铁路集团向轨道公司出具复函,表明其同意轨道公司转让持有的中州铁路公司的股权并放弃股权优先购买权。

2018年11月7日,轨道公司、中州控股公司、河南铁路集团召开股东会并形成决议:关于轨道公司对外转让所持有的股权,河南铁路集团同意股权转让并承诺放弃优先购买权,中州控股公司不同意股权转让并保留依照相关法律规定行使优先购买权的权利,轨道公司、河南铁路集团同意该议案,占股权的80.2619%,达到表决权的2/3。

2018年12月18日,轨道公司作为转让方、海盾公司作为受让方签订《产权交易合同》将其持有的中州铁路公司股权转让给海盾公司。

2019年2月21日,轨道公司、中州控股公司、河南铁路集团及海盾公司召开中州铁路公司2019年第一次股东会议,会议通过了"轨道公司退出公司股东会,由海盾公司、中州控股公司、河南铁路集团组成新的公司股东会,各股东方需配合公司进行相关变更股东工商登记"的决议。

中州控股公司以其优先购买权受到损害为由,主张《产权交易合同》无效,遂向法院提起诉讼。

2. 裁判要旨

一审法院认为,轨道公司与海盾公司签订的《产权交易合同》系各方当事人的真实意思表示,内容未违反法律、行政法规的效力性强制性规定,应为合法有效。轨道公司于2018年10月25日向中州控股公司送达了关于股权转让事项的书面通知,2018年11月7日中州控股公司在股东会会议上反对股权转让的议案,但并未表示购买拟转让的股权。轨道公司于2018年12月5日再次向中州控股公司送达书面通知,告知其股权挂牌情况及中州控股公司享有优先购买权,但截至最后一次庭审,中州控股公司亦未表示购买上述股权,应视为其同意轨道公司转让持有的中州铁路公司股权。

中州控股公司主张其未被告知股权转让交易价格等信息,但轨道公司在第二次书面通知中已载明涉案股权的挂牌信息及山东产权交易中心官方网站信息等,并告知中州控股公司可登录网站查询,而涉案股权转让价格、挂牌期间、转让方式等均已在山东产权交易中心官方网站公布,应视为已将股权转让的"同等条件"书面通知中州控股公司，中州控股公司主张优先购买权受到侵害不能成立，法院不予采纳。并且，是否侵犯其他股东优先购买权，也并不必然影响有限公司股东与股东以外的股权受让人订立的股权转让合同的效力，侵害股东优先购买权的法律救济，并非以确认股权转让合同无效为前提。

二审法院对中州控股公司提交的新证据不予采信，维持一审判决。

3. 案件评析

股权转让合同的效力应当与权利变动的结果相区分。根据《九民纪要》第9条的规定，应当正确认定有限公司的股东与股东以外的股权受让人订立的股权转让合同的效力，不得以保护其他股东的优先购买权为由认定股权转让合同无效。

一方面，如果股权转让合同不存在《民法典》规定的影响合同效力的事由，应认定转让人与受让人之间签订的股权转让协议为合法有效。本案法院就是认为，案涉轨道公司与海盾公司之间签订的《产权交易合同》系各方当事人真实意思表示的结果，内容未违反法律、行政法规的效力性强制性规定，应当认定其合法有效。

另一方面，其他股东依法享有优先购买权。如果其他股东主张行使优先购买权的，意味着股权受让人不能请求继续履行股权转让合同。本案中，中州控股公司作为中州铁路公司的股东，自始未表明其欲行使优先购买权，因此并不存在影响案涉《产权交易合同》继续履行的事由，海盾公司应按照合同约定成为中州铁路公司的新股东；若其他股东主张行使优先购买权，该股东以外的其他股权受让人请求继续履行股权转让合同的诉讼请求虽不能得到法院支持，但是并不影响其依照股权转让合同就其实际损失请求转让人赔偿，根据《民法典合同编通则司法解释》的规定，股权受让人甚至可以就合同履行后的可得利益损失请求赔偿。

第八十五条 【有限公司的股权强制转让】

人民法院依照法律规定的强制执行程序转让股东的股权时，应当通知公司及全体股东，其他股东在同等条件下有优先购买权。其他股东自人民法院通知之日起满二十日不行使优先购买权的，视为放弃优先购买权。

◉ 立法意旨

本条是关于有限公司股东的股权因人民法院强制执行而被迫转让的规定。

◉ 条文演变历程

本条内容首次出现于2005年《公司法》第73条，此后再无修订，仅有条文序号的调整。

◉ 条文释义

本条源自旧法第 72 条,未见修订。对本条的理解可从以下三个方面展开。

1. 股权作为强制执行之标的

股权作为一项财产权,可作为强制执行的标的。已经生效的法院判决、裁定或法律规定由人民法院执行的其他法律文书所确认的债权具有强制执行力。如果债务人拒绝向债权人自动履行具有强制执行力的已经生效的法院判决、裁定或者法律规定由人民法院执行的其他法律文书所确认的债权时,其所拥有的公司股权可以作为强制执行的标的,但该强制执行必须依照法律规定的程序进行。

2. 股权强制执行程序中的优先购买权

在强制执行程序中转让有限责任公司股权应当遵守法定程序,以便于债权的执行,同时又尽可能维护公司人合性。为了便于人民法院强制执行股权,应当及时通知公司股东行使优先购买权。应注意的是,与正常股权转让时股东承担通知义务不同,强制执行程序中优先购买权的通知义务主体是人民法院,目的是确保股东更有效地行使优先购买权。若不将股权转让的事项告知公司及全体的股东,公司的股东就难以获悉股权被强制转让,由此可能导致外部第三人在未与公司股东协商、未就优先购买权达成合意的情况下进入公司,进而导致公司人合性受到损害。人民法院在通知公司股东之后,如果有股东愿意以同等条件购买转让的股权,则股权交易的机会属于该股东。但强制执行程序中的优先购买权需要受到时限的限制,即公司的股东需要在接到人民法院通知之日起的 20 日内行使优先购买权,否则视为对优先购买权的放弃;此处较对外转让股权情形下股东 30 日的优先购买权犹豫期更短,这体现了强制执行中对程序效率的追求。

3. 适用于拍卖等特殊场合

通过拍卖向股东以外者转让有限责任公司股权的,也适用股东优先购买权的规定;在依法设立的产权交易所转让有限公司国有股权的,也适用股东优先购买权的规定,同时也可以参照产权交易场所的交易限制。

◉ 公司治理操作指南

本条是强制执行程序中股东优先购买权的特殊规则,是由法院直接通知公司及全体股东,通常不存在多重转让问题。在交易风险上,需要其他股东在犹豫期内及时行使优先购买权,且此处的犹豫期较依合同转让股权的情形更短,需要其他股东于 20 日内行权。同时,需注意其权利得以实现的条件是“同等购买条件”,需综合数量、价格、支付方式以及期限进行综合考量。本条所涉可执行股权范围较广，除私人持有的有限责任公司股权外，亦可能包括国有资本持有的股权；利益相关方在法院强制执行股权过程中，应根据公司所有制性质，及时行使除优先购买权之外的其他权利。

◉ 比较法规范

《日本公司法》第127条、第140～143条、第145条；《韩国公司法》第335条之二至之六；《德国有限责任公司法》第15条第5款；《美国模范商业公司法》第6.30节；中国台湾地区“公司法”第111条。

◉ 研究文献

1. 赵磊：《股东优先购买权的性质与效力——兼评〈公司法司法解释（四）〉第20条》，载《法学家》2021年第1期。

2. 石少侠：《对〈《公司法》司法解释（四）〉若干规定的理解与评析》，载《当代法学》2017年第6期。

3. 彭冰：《股东优先购买权与间接收购的利益衡量——上海外滩地王案分析》，载《清华法学》2016年第1期。

4. 郑彧：《股东优先购买权“穿透效力”的适用与限制》，载《中国法学》2015年第5期。

5. 胡晓静：《论股东优先购买权的效力》，载《环球法律评论》2015年第4期。

◉ 典型案例

冠粤集团有限公司、广州市润树实业有限公司、广州市番禺区桥梁开发建设集团公司等借款合同纠纷案①

1. 案情简介

法院在执行广州市润树实业有限公司（以下简称润树公司）申请执行广州市番禺区桥梁开发建设集团公司（以下简称桥梁公司）等借款合同纠纷案过程中，冻结了桥梁公司持有的广东冠粤路桥有限公司（以下简称路桥公司）1.16%的股权，因被执行人未履行生效法律文书确定的义务，法院于2018年8月29日作出（2017）粤01执恢81号执行裁定，拍卖被执行人桥梁公司持有的涉案股权。2018年10月24日至25日法院对桥梁公司持有的路桥公司1.16%的股权进行拍卖，起拍价为5,539,182元，此次拍卖因无人竞买而流拍。流拍当日，润树公司申请以该次拍卖保留价5,539,182元抵偿上述债务。2018年11月23日，广州市中院告知优先购买权人冠粤集团有限公司（以下简称冠粤公司）（路桥公司的另一股东）申请执行人申请以物抵债的情况，冠粤公司曾提出异议，请求依法再次拍

---

① 参见广东省高级人民法院民事裁定书，（2019）粤执复952号。

第85条

卖涉案股权。广州市中院于2019年3月25日以(2019)粤01执异70号执行裁定书驳回了冠粤公司的异议请求。冠粤公司不服,向广东省高院申请复议,2019年6月28日,广东省高院以(2019)粤执复299号执行裁定书裁定驳回冠粤公司的复议申请,维持广州市中院(2019)粤01执异70号执行裁定。法院遂作出裁定,将涉案股权过户给润树公司以抵偿相应债务。冠粤公司对此提出异议,请求在以物抵债程序中行使对涉案股权的优先购买权。

2. 裁判要旨

广州市中院认为,在本案中因被执行人桥梁公司持有的路桥公司的股权,在司法拍卖中流拍后,润树公司作为申请执行人向该院申请以物抵债,该院对桥梁公司持有的涉案股权交由润树公司抵债的执行行为符合《拍卖变卖规定》第19条第1款的规定。现冠粤公司以其是路桥公司的股东享有优先购买权为由主张购买股权。本案中,润树公司是以申请执行人的身份向该院申请以物抵债,该以物抵债的权利是申请执行人或其他执行债权人专有的权利,冠粤公司并不具备该身份,其主张不符合法律的规定,该院裁定驳回异议请求。

广东省高院认为,有限公司股权转让时,享有优先购买权的基础是"同等条件",并约定"自人民法院通知之日起满20日"的行使期限的限制。本案中,执行法院于2018年11月23日告知冠粤公司相关情况,但该公司于2018年11月26日向执行法院提出执行异议,请求执行法院再次拍卖涉案股权。冠粤公司提出异议的目的在于要求降低保留价进行二次拍卖,在其明知申请执行人申请以原拍卖保留价以物抵债的情况下,其提出该执行异议的行为应视为不能接受原拍卖保留价,不符合行使优先购买权之"同等价格"的条件,且优先购买权的行使之"同等条件"包括"同等期限"的限制。本案中,冠粤公司提出上述异议,视为对之前主张优先购买权的否定。上述异议复议程序之后,冠粤公司再行主张优先购买权之时超出上述法律规定的合理期限。故法院不支持冠粤公司再行请求在以物抵债中保障其优先购买权。

3. 案件评析

根据2018年《公司法》第71条(新《公司法》第85条)的规定和《公司法解释四》第18条规定的"人民法院在判断是否符合公司法第七十一条第三款及本规定所称的'同等条件'时,应当考虑转让股权的数量、价格、支付方式及期限等因素"。结合法院在本案中对于复议申请人冠粤公司是否还能行使优先购买权的问题的态度足以见出,执行标的物在一次拍卖因无人竞买而流拍时,申请执行人申请以流拍价格抵偿债务,优先购买权人虽主张优先购买权,但又提出异议请求再次拍卖对起拍价下调后再进行竞价时,不符合以"同等条件"行使优先购买权的条件,应予以重视。

第八十六条　【有限公司股权变动模式】

股东转让股权的，应当书面通知公司，请求变更股东名册；需要办理变更登记的，并请求公司向公司登记机关办理变更登记。公司拒绝或者在合理期限内不予答复的，转让人、受让人可以依法向人民法院提起诉讼。

股权转让的，受让人自记载于股东名册时起可以向公司主张行使股东权利。

◉ 立法意旨

本条是关于有限公司基于法律行为的股权变动模式的规定。

◉ 条文演变历程

本条系新增条款，也是对于旧法第32条等规定的进一步整合与修正。此次修法，一审稿第87条规定“股东转让其股权的，应当书面通知公司，请求变更股东名册并向公司登记机关办理变更登记，公司无正当理由不得拒绝。公司拒绝或者在合理期限内不予答复的，转让人、受让人可以依法向人民法院提起诉讼”。二审稿第86条就变更登记的相关内容修改为“需要办理变更登记的并请求公司向公司登记机关办理变更登记”。三审稿第86条删除“公司无正当理由不得拒绝”，增加第2款“股权转让的，受让人自记载于股东名册时起向公司主张行使股东权利”。最终通过的本条第2款补充表述为受让人“可以”向公司主张股东权利，自此确立了有限公司股权变动模式。

◉ 条文释义

本条系新增条文，也是重大制度的创新，填补了有限股权变动模式缺失的立法漏洞。可以从以下几项规则来理解本条。

1. 第1款第1句第1分句：转让人负有通知义务

股权转让是契约法与组织法的交织问题。一方面，契约法关注股转合同生效，即在转让人与受让人之间产生出让人请求支付股款、受让人得以请求股权变动的债权效力；另一方面，组织法关注出让人何时丧失股东资格、同时受让人取得股东资格，也就是股权变动的效果。

所谓股权，乃是股东对于公司所得主张的权利，此时公司是义务主体，所以第1句规定出让人有通知公司的义务，只有在通知公司并取得公司认可后，股权权属才会发生转移，这类似《民法典》第546条关于债权转让的通知债务人规则。究其法理，从契约法的角度看，转让股权虽然是原股东（转让人）与新股东（受让人）之间的权利变动，但毕竟股权是股东对公司享有的权利，公司乃是义务主体，且股权尽管是一束权利集合，但究其主要性质偏重于请求权。从契约法的角度来看，比照债权让与原理，权利变动理应通知义务主体；从组织法角度来看，股权变动将带来公司组织体的成员变更，关涉有限公司封闭性/人合性利益的重大变动，如不通知公司组织确保其知情，有悖组织法常理。

此处的通知行为，依据收益人负担原则与降低公司审查风险，通知义务人乃是转让人，这也与《民法典合同编通则司法解释》第48条的修订思路契合；通知对象是公司，实际上是通知公司管理层，实践中通知的具体对象多为法定代表人。通知既可以是书面的也可以是口头的。有观点认为，有限公司股权转让由于需要尊重其他股东的优先购买权，所以事先需要通知其他股东，何来事后又通知公司？这一认识是错误的。首先，事先通知其他股东与事后通知公司是两码事，不存在相互替代的问题；其次，即便事先以股东会会议等方式通知了其他股东且公司自身也知情，也不能省却事后股权移转事实的通知。

2. 第1款第1句第2分句：转让人的两个请求与公司的双变更义务

转让人通知公司存在附带的请求，也就是请求公司变更股东名册以及可能需要的商事变更登记，以请求公司协助完成股权变动的“临门一脚”，并取得对抗效力。因为根据第2款规定，唯有股东名册变更记载后，受让人自记载于股东名册时起可以向公司主张行使股东权利；又依据本法第34条第2款的规定，取得股权变动的对抗效力。与转让人的两个请求相对应，受通知且被请求的公司对股东负有双变更义务，一是内部的股东名册变更，二是外部的商事登记变更。

关于本条的享有请求权的主体是转让股东还是受让股东，似乎存在进一步解释的空间。有学者基于利益平衡原则与参照债权让与规则认为，股权转让中受益者更多为受让股东，故请求权主体应为受让人。也有学者认为，依据本条规定的股权变动模式，在公司履行第一个义务之前，股权并未完成权属变动，转让人未脱离股东身份，所以请求权主体应为转让人。从本款第1句的主语来看，句首是“股东转让股权的”，立法者的选择应为转让人。但是，基于利益平衡原则与督促利益相关者自我保护的考量，请求权主体可为转让人与受让人；本款第2句规定，如公司以无正当理由拒绝或者在合理期限内不予以答复的方式，违反任何一项义务的，将引发给付之诉。给付之诉原告可为转让人，也可为受让人，两人也可以为共同原告。

此处需要指出一个细节：对照第1句后段，公司变更股东名册记载是绝对的，但是办理商事登记则是相对的，因为立法表述是“需要办理变更登记的，并请求公司向公司登记机关办理变更登记”，这表明股权变动后的商事登记变更不是必然的。有如此差距，主要基于以下两点：

（1）按照本法第56条，有限公司股东名册记载的信息科目不仅包括股东的姓名或者名称，还有认缴、实缴的出资信息，以及出资证明书编号、取得或者丧失股东资格的日期等，这就意味着无论股权的内部转让还是外部转让，都必然引起股东名册的信息科目调整。

（2）但是，依据本法第32条第1款的规定，公司登记的六个事项关于股东信息科目的，仅仅是指“有限责任公司股东、股份有限公司发起人的姓名或者名称”（该条款第6项）而已，并不包括其持股比例、认缴与实缴的出资信息等。由此不难看出，如果是股权的内部转让，并不需要进行商事登记（无旧人出、无新人进），只有外部转让（有旧人出、有新人进）才会有商事登记变更问题。

3. 第1款末句：正当理由下的公司变更义务拒绝权

如前文所述，股权变动的组织法特性使股权变动并非单纯的债权转让，而是涉及公司组织体成员的变更，即其对义务主体（公司）的利益具有重大影响。基于利益平衡原则，应保证公司享有依正当理由拒绝接受股权权属（组织成员）发生变动的权利，表现为对前述双变更义务的拒绝。新法虽没有正面赋予公司正当理由下的拒绝权，但仅是表明严格限制公司以正当理由抗辩的立法态度，所谓“公司拒绝或者在合理期限内不予答复的，转让人、受让人可以依法向人民法院提起诉讼”，可以解释出在后续的给付之诉中，公司可以正当理由抗辩拒绝履行双变更义务，即不承认股权权属变动。那么，何为此处公司的正当理由呢？这涉及有限公司股权变动的限制乃至禁止规范的适用问题。其一，如法律、行政法规对于有限公司股权转让有禁止性、限制性规定，如股权合同违反之，将导致股转合同的效力瑕疵，公司可以此理由予以拒绝履行双变更义务；其二，如有限公司章程设置有限制、禁止股权转让的有效约款，如股权合同违反之，也将导致股转合同的效力瑕疵，公司同样也可以此理由予以拒绝履行双变更义务。

4. 第2款：基于法律行为的股权变动时点

旧法第32条第2款规定，“记载于股东名册的股东，可以依股东名册主张行使股东权利”。第3款规定，“公司应当将股东的姓名或者名称向公司登记机关登记；

登记事项发生变更的,应当办理变更登记。未经登记或者变更登记的,不得对抗第三人"。旧法第 3 款明确了商事登记变更乃是股权变动的对抗要件,但就该条第 2 款是否确立了股权变动的生效要件,一直以来存在极大争议,理论上与法解释上存在意思主义(合同成立即变动)、债权形式主义(又分为股东名册变更、商事登记变更、通知股东开会等)、修正意思主义(通知公司且无异议即变动)、股款交付主义等多种学说,司法实践的裁判规则更是五花八门。①

究其争议的根源在于,旧法第 32 条第 2 款如有确立股东名册变更登记为股转变动生效要件之意,其立法语言的表述至少是不清晰的。此次修法,立法者在新法第 86 条第 2 款使用"股权转让的,受让人自记载于股东名册时起可以向公司主张行使股东权利"的表述,意在清晰无比地确立"股东名册变更"乃是有限公司股权变动的生效要件。

5. 对于第 2 款确立的股权变动模式之质疑

鉴于旧法关于有限公司股权变动模式的立法缺失(至少是模糊)所引发的司法裁判混乱,此次修法明确确立股东名册变更登记为生效要件、商事变更登记为对抗要件的立法模式,可谓善莫大焉。对于商事变更登记为对抗要件的规定,不存异议,且实践中也不会发生什么问题,但对于"股东名册变更登记为生效要件"的立法模式,却存在重大疑虑。

疑虑一,已有的实证调查数据表明,我国 5000 万家存量的有限公司内部置备股东名册的少之又少,立法却以其变更记载为股权变动要件,恐有空中楼阁之虞,究竟是新立法促使有限公司改变陋习,还是新立法让步于公司治理的现状,还有待进一步观察。疑虑二,受通知且被请求的公司承认受让人为新股东的行为,实践中是多样化的,包括但不限于:为受让人颁发出资证明书;变更公司章程记载;变更股东名册记载;变更商事登记;通知其参加股东会;等等。为何单单将变更股东名册记载作为唯一的股权变动生效要件(标志),其立法的合理性需要进一步推敲。实际上,受通知且被请求的公司承认受让人为新股东的意思表示,可以体现为上述任何一个行为(为受让人颁发出资证明书、变更公司章程记载、变更股东名册记载、变更商事登记、通知其参加股东会等),公司对受让人为上述行为的任何一个行为都足以标志着

---

① 参见李建伟:《公司诉讼类型化专题 24 讲(二):公司大数据实证分析与裁判规则评述》,法律出版社 2022 年版,第 106 页。

(表明)公司承认了受让人的股东资格,受让人也得通过公司的上述任何一个行为而推定公司接受自己为组织成员,从而得借由向公司主张股东权利。

6. 正确理解有限公司股权变动模式

基于法律行为(合同)的有限公司股权变动模式,尽管存在各种不同的理解,但正确的解读组织法,应该只有一种理解。结合本条及第 87 条、第 34 条的规定,可以总结为四句话:

(1)股权转让协议生效后,转让人与受让人之间即转移股权;

(2)通知公司后,对公司生效,受让人得对公司主张股权;

(3)不给变更登记,不得对抗第三人;

(4)如公司章程对股权设置限制转让条款,股权转让协议违反该条款的,公司得拒绝承认受让人为股东。

◉ 公司治理操作指南

转让人除在股权变动前通知享有优先购买权的股东外,仍应于同时段通知公司,以确保公司掌握股权变动情况。受让人亦应督促转让人履行通知义务。股权转让于受让人登记于股东名册始发生权属变动,转让人与受让人皆有权请求公司履行变更登记之义务。公司接到股东变更登记请求应积极就股权转让事项答复,若有正当理由可行使拒绝权,如股权转让违反法律法规、章程的限制股权转让规定;若无正当理由,则应正确且完备地履行内部的股东名册变更义务与外部的商事登记变更义务,实务中通常由股东会与公司法定代表人负责。

◉ 比较法规范

《日本公司法》第 128 条、第 130 条、第 133 条;《韩国公司法》第 335 条之七、第 557 条;《德国有限责任公司法》第 16 条;《德国股份法》第 66 条、第 67 条;中国台湾地区“公司法”第 165 条。

◉ 研究文献

1. 梁上上:《有限公司股权对外转让的自由与限制——以利益位阶理论为视角展开》,载《清华法学》2022 年第 2 期。

2. 李建伟:《公司认可生效主义股权变动模式——以股权变动中的公司意思为中心》,载《法律科学(西北政法大学学报)》2021 年第 3 期。

3. 罗培新:《抑制股权转让代理成本的法律构造》,载《中国社会科学》2013 年第 7 期。

4. 李建伟:《有限责任公司股权变动模式研究——以公司受通知与认可的程序构建为中心》,载《暨南学报(哲学社会科学版)》2012 年第 12 期。

5. 叶林:《私法权利的转型——一个团体法视角的观察》,载《法学家》2010 年第 4 期。

◉ 典型案例

上海亚仕服装服饰有限公司与山东桑莎制衣集团有限公司股权转让纠纷案①

1. 案情简介

2010 年 11 月 17 日,利源服装有限公司(以下简称利源公司)成立,注册资本(认缴出资额)为 3,000,000 元,上海亚仕服装服饰有限公司(以下简称亚仕公司)出资 2,400,000 元,持股比例为 80%,山东桑莎制衣集团有限公司(以下简称桑莎公司)出资 600,000 元,持股比例为 20%。利源公司法定代表人由亚仕公司法定代表人赵炳芳兼任。

2011 年 9 月 6 日,亚仕公司、桑莎公司签订《有限公司股权转让协议书》约定:亚仕公司将在利源公司的出资额 2,400,000 元、占注册资本 80% 的股权转让给桑莎公司,转让价格为 2,400,000 元,转让金于 2011 年 10 月 10 日前以货币交付。若到期因出让人原因工商登记变更未完成,以工商登记变更完成日为转让金支付日,超出上述转让款可能产生的部分税收由受让人承担。协议签订后,桑莎公司在约定的时间内未向亚仕公司支付上述股权转让款。

2012 年 12 月 31 日,利源公司因不按规定接受年检,被诸城市工商行政管理局吊销了营业执照。此时,利源公司的法定代表人、股东名册记载的股东和工商登记的股东均未作变更。

在利源公司被吊销营业执照后,亚仕公司、桑莎公司双方对《有限公司股权转让协议书》是否能够继续履行以及股权何时变动产生争议,遂诉至法院。

2. 裁判要旨

山东省高院认为,股权的行使对象是公司,股东将股权转让事实通知公司或者公司知道股权转让事实的,股权转让即已完成,受让股东即取得股东资格。本案股权转让人亚仕公司的法定代表人同时又是目标公司利源公司的法定代表人,且利源公司只有亚仕公司与桑莎公司两个股东。因此,2011 年 9 月 6 日股权转让协议签订之日,公司即知道股权转让事实,股权即可由桑莎公司享有和行使,亚仕公司转让股权的义务已经完成。退一步讲,即使股权尚未交付,桑莎公司支付价款后,股权即可归其享有,不能办理变更登记不影响股权转让协议的履行。

3. 案件评析

本案中,法院明确"股东通知公司"或者"公司知道股权转让事实"为有限公司股权转让的时间点。该判决一方面与有限公司股权转让的实质相符合,另一方面也有利于维护公司和转让股东的利益。

---

① 参见山东省高级人民法院民事判决书,(2015)鲁商终字第 216 号。

从组织法的视角来看,有限公司股权转让需履行通知公司的义务。公司是股权转让中重要的利害关系人,本案亚仕公司将其持有的股份转让给桑莎公司,不仅改变了利源公司内部的股权结构,也影响了该公司的封闭性与人合性利益。此种情况下,若公司内部不能获悉股东的变化显然有违常理。因此,理应将股权转让的事实通知公司以确保其内部知情。

从契约法的视角来看,《股权转让协议书》成立并生效后仅能在双方当事人之间发生债法上的效果。股权转让包含财产权利的转移与股东身份的让渡,受让人在获得公司认可前不能对抗公司,获得的实质性保护仅是财产权利而非股东资格,唯有进一步将股权转让的事实通知公司后才能实现成为公司股东的缔约目的。本案的特殊之处在于,利源公司与亚仕公司的法定代表人皆为赵某芳,在亚仕公司与桑莎公司签订股权转让协议时,利源公司实际上已经知道股权转让的事实。故法院判决公司知情时即完成股权转让,桑莎公司不能以股权转让协议无法履行为由拒绝支付股权转让价款,有力维护了利源公司与亚仕公司的利益。

第八十七条 【公司在股权转让后的其他义务】

依照本法转让股权后,公司应当及时注销原股东的出资证明书,向新股东签发出资证明书,并相应修改公司章程和股东名册中有关股东及其出资额的记载。对公司章程的该项修改不需再由股东会表决。

◉ 立法意旨

本条是关于股东转让股权后公司应当履行其他义务的规定。

◉ 条文演变历程

本条可最早可追溯至1993年《公司法》第36条,其规定:“股东依法转让其出资后,由公司将受让人的姓名或者名称、住所以及受让的出资额记载于股东名册。”2005年《公司法》第74条增加前置条件“依照本法第七十二条、第七十三条转让股权后”,并就出资证明书和公司章程等相关事项对该公司义务进行了完善,规定为“公司应当注销原股东的出资证明书,向新股东签发出资证明书,并相应修改公司章程和股东名册中有关股东及其出资额的记载”,同时增加了公司履行修改公司章程的程序规定“不需再由股东会表决”。2013年修法调整条文序号为第73条。此次修法,一审稿第88条对前置条件适应性调整为“依照本法转让股权后”,并对公司注销原股东出资证明书的规定增加“及时”这一严谨性表述,直至形成本条。

◉ 条文释义

本条对应旧法第 73 条，表述上有调整，无实质内容变动。

1. 公司诸义务之概说

股权作为成员权，其变动肯定涉及公司作为组织体本身、作为义务主体为一系列义务的配合。否则，股权变动的法效不仅可能无法在法律上发生，而且即便发生，也会发生真实的权利状态与公示出来的权利状态不一致的局面，这极易引发商事外观主义的适用，从而要么危害交易安全，要么侵害真实权利人的权益。要改变乃至消除这一局面，公司法明确强调公司在股权发生变动的情形下应当及时履行诸法定义务，这不仅必要，而且极其重要。

总结来讲，有限公司的股权发生变动过程中，如公司不对受让人的股东资格提异议，那么其便应履行如下法定义务：一是收回并注销原股东的出资证明书、为新股东签发新出资证明书；二是修改公司章程相应记载；三是变更股东名册相应记载；四是股权涉及外部转让时的商事变更登记。

2. 本条的义务之一：注销、签发出资证明书

股东转让股权，也就是股权变动后，公司已接纳受让人成为新股东。根据本法第 55 条，有限公司成立后应向股东签发记载法定事项的出资证明书，那么折射在股权变动场合下，就变成了公司的两个动作：(1)公司及时收回原股东的出资证明书并注销。此举对于减少权利真相与外观之间的差异、减少交易风险、维护交易安全都具有重大意义，否则，原股东手持出资证明书有可能进行一股再卖的不诚信行为。(2)公司应当同时向新股东签发出资证明书。尽管受让人并未直接出资给公司，但是原股东出资给公司的资本金，应当视为受让人对于公司的出资，所以公司为受让人签发出资证明书，理所当然；出资证明书不仅是受让股东对公司享有权利、承担义务的重要凭证，也是公司对原股东退出公司、受让人完成受让程序这一过程的确认。因此在股权变动完成之后，公司也应及时注销原股东的出资证明书并向受让人(新股东)签发出资证明书。受让人取得公司签发的出资证明书，也是证明自己受让的股权所对应的出资义务已经履行的重要证据；若因其他股东未履行或者未全面履行出资义务引发出资瑕疵诉讼，受让股东可将出资说明书作为其已经向公司履行完毕出资义务的证明。

需要指出的是，未出资的瑕疵出资以及出资期限未届满的股权照样可以转让，所以在此场合下，转让人手中自然也就没有出资证明书；该种股权变动后，公司也就没有收回原股东出资证明书并注销、以及为受让人签发出资证明书的义务。在此意

义上，本条使用“公司应当”的字样，在逻辑上至少是不周延的，此处应该作限制解释，只能是指向已经履行出资义务的股权转让情形。

3. 本条的义务之二：修改公司章程（无须决议）

根据本法第46条的规定，有限公司章程绝对必要记载事项之一包括记载股东的姓名或名称，以及其出资额、出资方式与出资日期（该条第1款第4项、第5项）。因此，股权变动后，公司章程记载的上述股东信息科目，无论是股权的内部转让还是外部转让，总会引起相应条款的修改。公司承担修改公司章程的义务，即根据股东及其股权变化情况及时修改公司章程的相应条款内容。

需要注意的是，公司章程的修订原本属于股东会的法定职权范围之一，且适用绝对多数决。但是，股权转让引发的相应章程条款修改，并非股东会的决议事项，也非股东会决议可以左右的法律效果，而是由于其他法律事实引发的客观法效，公司章程仅仅是如实记载由于其他法律事实引发的相应条款变化。因此本条末句规定，对公司章程的该项修改无须再由股东会作出决议。

4. 本条的义务之三：变更股东名册记载

从正面来说，正如本书在上一条所评注的，根据本法第56条规定，有限公司应当置备的股东名册记载的股东信息科目包括股东姓名或者名称，以及各类出资信息，因此无论股权的内部转让抑或外部转让引发股权变动之后，公司都应当及时变更股东名册记载。在此意义上，本条强调公司负有义务变更股东名册中有关股东及其出资额的记载，本无问题。

但是，这一规定的滑稽之处在于：本法第86条的第1款强调股权的转让人可以请求公司变更股东名册记载，且该条第2款言之凿凿地将公司变更股东名册记载作为有限公司股权变动的生效要件。唯有变更股东名册记载，才发生了股权变动之法效；不变更股东名册记载，就不会发生股权变动之法效。那么，考虑到本条句首所设定的前提背景为“依照本法转让股权后”，此时怎会又出现了公司变更股东名册记载的义务？

造成这一立法逻辑尴尬的表面原因，是本条乃是旧法第73条的“抄袭”，但是立法者遗忘了新法第86条已经将股东名册变更记载的法律地位升级且前置了，却在新法第87条继续“抄袭”旧法，故有此尴尬。深层的逻辑悖论则在于，将股东名册变更记载作为有限公司股权变动的生效要件，是不妥当的。

5. 被遗忘的公司义务之四：如有需要，变更商事登记

如本书对于本法第86条的评注所指出的，一方面，有限公司股东的姓名或者名

称乃是公司登记六大事项之一,如果股权外部转让引发有人出、有人进,确需进行商事变更登记;另一方面,既然上条已经将商事登记作为有限公司股权变动的对抗要件,可见股东的变更登记乃是发生在股权变动之后的公司应履行义务之一,如规定在本条,毫无违和感。更为重要的是,按照第二章"公司登记"的设计,任何公司变更登记的申请人唯公司自身适格,所以如本条规定公司负有变更股东登记之义务,理所当然。更为奇怪的是,本条已经贸然规定了公司负有在内部变更股东名册记载的义务,又何故厚此薄彼地遗忘了在外部申请变更商事登记的义务呢?

◉ 公司治理操作指南

本条规定的公司诸义务,其在公司内部的执行机关由公司章程规定,如无规定或者规定不明确,应该确定为董事会。如果董事不履行或者不适当履行诸义务,在实务中通常体现为不作为,比如有些公司股权几经多次变动,但是公司章程记载、股东名册记载(或者根本没有置备)、公司登记的信息一如既往停留在多年前的公司设立之时,这在实践中并不罕见,反而很普遍。中国为数众多的有限公司的治理现状大体如此,由此导致公司损失的,可谓是对信义义务的违反,应该对公司承担赔偿责任(本法第188条);如果由此导致了公司股东(尤其是股权的受让人)损失的,则公司股东可以寻求直接诉讼的救济(本法第190条);如果受害股东能够证明董事、高管的不作为是公司双控人所指示的,则追究相关共同侵权主体的连带责任(本法第192条)。明确这一点,对于解决公司实践中由于董事、高管、双控人的恶意不作为、乱作为等设置障碍而导致受让人迟迟不能进入公司的痛苦,非常关键。

◉ 比较法规范

《日本公司法》第132条;《韩国公司法》第337条;中国台湾地区"公司法"第165条。

◉ 研究文献

1. 梁上上:《有限公司股权对外转让的自由与限制——以利益位阶理论为视角展开》,载《清华法学》2022年第2期。

2. 李建伟:《公司认可生效主义股权变动模式——以股权变动中的公司意思为中心》,载《法律科学(西北政法大学学报)》2021年第3期。

3. 李建伟:《有限责任公司股权变动模式研究——以公司受通知与认可的程序构建为中心》,载《暨南学报(哲学社会科学版)》2012年第12期。

◉ 典型案例

云南能投新能源投资开发有限公司、中航光合（上海）新能源有限公司等执行异议之诉民事再审民事判决书[1]

1. 案情简介

2014 年 1 月 3 日，石林云电投新能源开发有限公司（以下简称石新公司）召开股东会，全体股东一致同意通过云南能投新能源投资开发有限公司（以下简称云南能投公司）按投资原值回收其股东山路集团持有的石新公司全部股权。

2014 年 1 月 7 日，云南能投公司支付山路集团代付款 2400 万元。2014 年 1 月 8 日，山路集团（甲方）、香港云能国际投资有限公司（乙方）、云南能投公司（丙方）签订《股权转让协议补充协议》约定解除原股权协议，甲方同意将其持有的石新公司全部股权转让给丙方。此外，甲方与丙方另行签订“新股权协议”，乙方在甲丙方重签协议后，其委托丙方支付的 2400 万元不再收回。

2014 年 1 月 9 日，山路集团（甲方）与云南能投公司（乙方）签订《股权转让协议》，约定甲方将其持有的 24% 股权转让给乙方；在全部转让款支付完毕后，乙方即享受 24% 的股东权利并承担义务。根据甲、乙、丙三方签订的《股权转让协议补充协议》，乙方已完成股权转让款的支付。此后，石新公司修改公司章程，注册资本 5 亿元，云南能投公司作为公司唯一股东以货币方式全额出资。

2015 年 10 月 15 日，中航光合公司因与山路集团、上海山晟公司、包头山晟公司、倪某镜民间借贷纠纷向上海市一中院起诉，该院判决上海山晟公司向中航光合公司偿付借款本金 1.4 亿元；山路集团对上海山晟公司的债务承担连带清偿责任等。此后，上海高院作出民事调解书：山路集团连带清偿剩余借款本金 1.42 亿元及利息；未能按时足额履行还款的，中航光合（上海）新能源有限公司（以下简称中航光合公司）有权申请强制执行。

2015 年 10 月 26 日，中航光合公司向上海市一中院申请强制执行，在该案执行过程中，该院出具民事裁定，冻结、划拨被执行人上海山晟公司、山路集团、包头山晟公司、倪某镜银行存款 1.38 亿元和利息及迟延履行期间加倍债务利息。

云南能投公司作为山路集团股权的受让股东，曾向上海市一中院提起案外人执行异议，但被该法院裁定驳回，遂向最高人民法院申请再审。

2. 裁判要旨

最高人民法院在再审判决中认为，云南能投公司系石新公司唯一股东，实际享有石新公司股东权利并承担股东义务。理由是：(1) 云南能投公司与山路集团签订《股权转让协议》并支付全部转让价款，已取得石新公司股权，并已实际取得和行使股东权利、承担

---

① 参见最高人民法院民事判决书，(2022) 最高法民再 117 号。

股东义务;(2)股权变更登记仅具证权效力而不具设权效力,股权变更应以公司章程、股东名册的修改及受让人是否事实上行使股东权利为准。云南能投公司已经事实上取得石新公司股权,对争议股权享有实体权利,足以排除中航光合公司针对争议股权所提出的强制执行。

3. 案件评析

2018 年《公司法》第 78 条(新《公司法》第 87 条)明确有限公司股权转让后,公司内部负有两项程序性的义务:

其一,根据股权转让后的最新情况变更股东及其持有的股权比例,并修改公司章程和股东名册中有关股东出资额变化的信息。公司章程和股东名册反映了公司内部各股东及其持股比例的真实情况,对于保障股东权利、维护公司利益具有重要意义。本案中,云南能投公司在受让山路集团持有的股权后,石新公司及时修改了公司章程,变更了公司注册资本,在组织层面接纳云南能投公司作为石新公司的新股东。最高人民法院也在裁判中确认,股权变更应当以公司章程、股东名册的修改为准。可见,只有将股权变更信息记载于公司章程及股东名册中,才意味着受让人真正取得了股权。

其二,注销原股东的出资证明书并向新股东签发出资证明书。该证明书是公司内部证明股东资格的重要义务,股东亦可以依据该证明书行使其对公司享有的权利。因此,及时向受让股东签发出资证明书,有利于在公司内部明确股东资格,进而减少因股东资格确权而引发的纠纷。

第八十八条 【股权转让后的出资责任承担】

股东转让已认缴出资但未届出资期限的股权的,由受让人承担缴纳该出资的义务;受让人未按期足额缴纳出资的,转让人对受让人未按期缴纳的出资承担补充责任。

未按照公司章程规定的出资日期缴纳出资或者作为出资的非货币财产的实际价额显著低于所认缴的出资额的股东转让股权的,转让人与受让人在出资不足的范围内承担连带责任;受让人不知道且不应当知道存在上述情形的,由转让人承担责任。

◉ 立法意旨

本条是关于认缴制下股权转让后的出资责任承担的规定。

◉ 条文演变历程

本条系新增条文。在此次修法过程中,本条历经多次设计。一审稿第 89 条规定:“股东转让已认缴出资但未届缴资期限的股权的,由受让人承担缴纳该出资的义务。股东未按期足额缴纳出资或者作为出资的非货币财产的实际价额显著低于所认缴的出资额,即转让股权的,受让人知道或者应当知道存在上述情形的,在出资不足的范围内与该股东承担连带责任。”二审稿在第 88 条第 1 款补充了受让人未按期足额缴纳出资的转让人责任为“受让人未按期足额缴纳出资的,出让人对受让人未按期缴纳的出资承担补充责任”,并对第 2 款调整了语序表述。三审稿第 88 条在二审稿的基础上,将第 1 款“出让人”修改为“转让人”,以更贴合股权转让的情形。最后审议稿补充了转让人与受让人承担连带责任的情形并调整了部分内容,直至形成本条。

◉ 条文释义

在公司法典意义上,本条系新增条文;在实质规范意义上,本条第 2 款乃是源自《公司法解释三》第 18 条第 1 款规定,第 1 款系全新条款。

1. 本条的规范目的

无论是有限公司还是股份公司,股东资格之取得,都是基于认缴而非实缴行为。对于有限公司而言,无论 2013 年公司法的完全认缴制,还是新法引入的限期认缴制,都会衍生两个问题,一是出资期限未届的股权转让,将来的出资义务谁来承担?二是如果对应的出资期限已到,股东尚未出资或者实物出资的价值远低于实际价值,都构成了瑕疵出资,此时股权转让的,谁来承担补缴出资责任?以上两个问题,正是本条第 1 款、第 2 款分别规范的问题。

2. 第 1 款:未届出资期限的股权转让后的出资责任分配

(1)分配规则

出资未届期的股权转让的出资责任分配规则,本款规定为:受让人承担出资责任、转让人承担补充责任,这也系一种补充型连带责任。

(2)受让人承担出资责任,理所当然

没有争议的是,受让人基于其取得的股东身份,当然需要在未来出资期限届满时担责,包括有可能被加速到期(本法第 54 条)。此种出资义务乃是伴随股权转让的法律负担,质言之,在出资义务到来之时,谁是股东就由谁来承担出资责任。

那么,有无必要区分受让人善意/恶意呢?其实没有必要。公司实践中,受让人接受股权转让,理当自己查验对应的出资义务有无履行,这涉及股权定价的核心因素之一;受让人查明出资期限未届的,理当知道自己未来的出资责任,而这一因素应该也不存在隐瞒、欺诈的问题;否则,如果转让人的出资义务已经到期而伪装为未届期,那么就是适用本条第 2 款的问题了。

(3)争议在于转让人担责与否

此处的立法争议在于,转让人是否承担责任?理论主张与司法实践均存在三种做法:一是当然担责;二是当然不担责;三是考量转让股权的多种因素,比如受让人的出资能力与转让人的对比、债权人的债权形成时间与原股东持股时间是否重合、股权转让时公司资产状况即公司当时是否有独立清偿能力,以及股转是否为关联交易等,来断定转让人有无侵害债权人的恶意。如有,则担责;如无,则不承担。

就转让人而言,本款不排斥转让未届期股权,体现了尊重和维护转让人出资期限利益。然而,股东转让股权往往牵涉公司组织的重大调整与资本维持,转让人存在合理选择受让人的责任,亦存在受让人受欺诈或胁迫、转让人与受让人恶意串通的情形,仅由受让人一方承担出资义务并不适当。依照债务移转理论,债务移转要征得债权人同意后原债务人方免责;未届期出资义务虽未到期,然其本质上是股东对公司承担的债务移转,由于针对此类股权转让法律并未规定需经公司同意的程序,现实中也几乎不可能存在公司同意转让人(原债务人)脱离债务的可能,因而基于债务加入规则,受让人、转让人作为新老债务人,理应承担连带责任。故而,此处规定转让人承担补充责任,即受让人、转让人承担补充型(而非平行型)连带责任,已经是法律对于转让人承担责任的柔化处理,更为合理。

3. 第 2 款:瑕疵出资的股权转让后的补缴出资责任分配

(1)分配原则

第 2 款规定,瑕疵出资股权转让的出资责任分配规则是:原则上转让人/受让人在出资不足范围内连带;如受让人善意的,由转让人单独担责。

本款规定源自《公司法解释三》第 18 条第 1 款,其规定,“有限责任公司的股东未履行或者未全面履行出资义务即转让股权,受让人对此知道或者应当知道,公司请求该股东履行出资义务、受让人对此承担连带责任的,人民法院应予支持;公司债权人依照本规定第十三条第二款向该股东提起诉讼,同时请求前述受让人对此承担连带责任的,人民法院应予支持”。但该司法解释第 18 条第 2 款的规定没有被承继,该款规定“受让人根据前款规定承担责任后,向该未履行或者未全面履行出资义务的股东追偿的,人民法院应予支持。但是,当事人另有约定的除外”。关于转让人与受让人之间的追偿问题，属于二者之间的契约法问题，公司组织法可以不规范之。

(2)转让人、受让人为何承担连带责任

瑕疵出资的本质是股东违反了与公司之间的认缴协议，股东就出资不足的部分对公司承担补缴责任，是理所当然；受让人承担责任的基础是前款评注所称的债务加入，基于债务加入规则，受让人仅就其与原债务人达成合意的部分承担连带责任，即仅就受让人知道或应当知道转让股东存在瑕疵出资的部分承担连带责任，所以本款规定受让人善意的不承担该连带责任之例外情形，即为该原理的体现。

(3)受让人善意的解释

当然一般而论，实践中发生这一例外情形的可能性较小，因为受让人作为商事主体对受让股权负有审慎的审查注意义务，且审查行为与股权交易价格的确定密切相关。尤其对于内部股权转让，一般不存在受让人不知且不应知道的情形，但是也不排除实践中尽管受让人(尤其外部受让人)尽到了审查义务，但仍出现了受让人被转让人欺诈的情形——抽逃出资、出资严重不实等瑕疵出资本身具有极大的伪装性，受让人尽到审慎的审查义务未必就能够发现转让人的瑕疵出资事实，所以受让人的善意情形是不能被绝对排除的。

◉ 公司治理操作指南

公司存在无法清偿债务、需加速到期股东出资责任时，会触发本条第 1 款的适用。已被记载到股东名册的现股东负有首要的出资责任，但公司不能直接请求原股东担责，亦不能单独起诉之，而应将二者列为共同被告。这样方可在执行现股东财产完毕后再立即执行原股东。

本法第 88 条第 2 款无疑在提示有限公司股权的受让人，一定要对于受让股权对应的出资义务尽到审慎的审查义务，以避免可能发生的极大法律风险。

◉ 比较法规范

《日本公司法》第 192 条、第 193 条；《德国有限责任公司法》第 16 条第 2 款、第 22 条、第 65 条；《美国特拉华州普通公司法》第 162 条。

◉ 研究文献

1. 朱慈蕴：《股东出资义务的性质与公司资本制度完善》，载《清华法学》2022 年第 2 期。

第88条

2. 梁上上:《有限公司股权对外转让的自由与限制——以利益位阶理论为视角展开》,载《清华法学》2022 年第 2 期。

3. 王东光:《论股权转让人对公司债权人的补充责任》,载《法律科学(西北政法大学学报)》2020 年第 2 期。

4. 刘敏:《论未实缴出资股权转让后的出资责任》,载《法商研究》2019 年第 6 期。

5. 吴金水、刘金妫:《论股权受让人履行资本充实义务后的追偿规则》,载《法学》2019 年第 5 期。

6. 彭真明:《论资本认缴下的股东出资责任——兼评"上海香通公司诉昊跃公司等股权转让纠纷案"》,载《法商研究》2018 年第 6 期。

7. 李建伟:《瑕疵出资股东的股东权利及其限制的分类研究:规范、解释与实证》,载《求是学刊》2012 年第 1 期。

◉ 典型案例

曾某诉甘肃华慧能数字科技有限公司、冯某、冯某坤股权转让合同纠纷案[①]

1. 案情简介

2015 年 10 月 27 日,曾某与甘肃华慧能数字科技有限公司(以下简称甘肃华慧能公司)签订《股权转让协议》,约定曾某将其持有的深圳市华慧能照明科技有限公司(以下简称深圳华慧能公司)70%股权以 3500 万元的价格转让给甘肃华慧能公司,甘肃华慧能公司支付曾某股权转让款 2300 万元,并约定协议生效后 1 个工作日内,甘肃华慧能公司委托中介机构对合营公司进行实地财务尽职调查。若《财务尽职调查报告》显示公司资产负债、内部控制、经营管理等的真实状况与曾某事前所介绍的相差在合理范围以内,本协议继续履行。否则,甘肃华慧能公司有权单方面终止本协议。

协议签订后,甘肃华慧能公司支付了 1200 万元转让款,2015 年 12 月 2 日曾某 70%股权变更登记到甘肃华慧能公司名下。2015 年 10 月 31 日,深圳正理会计师事务所作出的《财务尽职调查报告》显示,深圳华慧能公司注册资本 5000 万元,实收资本 1601 万元。

甘肃华慧能公司原股东冯某、冯某坤分别于 2017 年 1 月 19 日、2017 年 4 月 26 日受让股权后,又分别于 2017 年 12 月 12 日、2018 年 11 月 6 日将二人持有的甘肃华慧能公司股权变更登记在张某涛、魏某涛名下。冯某、冯某坤认缴出资额分别为 3000 万、2000 万,其中冯某坤实缴出资额为 0,二人认缴出资期限均为 2025 年 12 月 31 日。

甘肃华慧能公司以曾某向深圳华慧能公司出资不实为由,拒付剩余转让款。曾某遂起诉请求甘肃华慧能公司支付股权转让款 2300 万元及逾期支付违约金;冯某、冯某坤对上述债务承担补充赔偿责任。

---

① 参见最高人民法院民事裁定书,(2019)最高法民终 230 号。

2. 裁判要旨

甘肃省高院认为，由于深圳华慧能公司出资存在重大瑕疵，且曾某不能证明在股权转让协议签订前甘肃华慧能公司明知其出资不实仍然愿意受让股权，根据股权转让协议第1条约定、《公司法解释三》第18条第1款判定由于深圳华慧能公司出资存在重大瑕疵，且曾某不能证明在股权转让协议签订前甘肃华慧能公司明知其出资不实仍然愿意受让股权，根据股权转让协议第1条约定，股权受让人甘肃华慧能公司有权终止履行。同时根据《公司法解释三》第13条第2款的规定，由于曾某作为债权人要求甘肃华慧能公司继续支付剩余2300万元股权转让款的请求不能成立，故冯某、冯某坤对于甘肃华慧能公司的债务向曾某承担补充赔偿责任的事实条件尚不具备。

最高人民法院认为，第一，股东出资不实或者抽逃资金等瑕疵出资情形不影响股权的设立和享有。目标公司股权已经实际变更，股权受让人虽以终止合同提出抗辩，但并不符合法定合同解除条件，其依据股权转让之外的法律关系拒付股权转让价款缺乏法律依据。第二，股东转让股权时所认缴股权的出资期限尚未届满，不构成《公司法解释三》第13条第2款、第18条规定的"未履行或者未全面履行出资义务即转让股权"的情形，不应对公司的债务承担责任。

3. 案件评析

股东享有出资的"期限利益"，公司债权人在与公司进行交易时有机会在审查公司股东出资时间等信用信息的基础上综合考察是否与公司进行交易，债权人决定交易即应受股东出资时间的约束。因此，股东出资期限尚未届满即转让股权的行为，不构成《公司法解释三》第13条第2款、第18条所规定的"未履行或者未全面履行出资义务即转让股权"的情形，债权人无权要求股东在未出资本息范围内对公司债务不能清偿的部分承担出资加速到期之补充赔偿责任。这一裁判要旨，在新法本条第1款的规定背景下，其逻辑或将被改写。

第八十九条　【有限公司异议股东评估权】

有下列情形之一的，对股东会该项决议投反对票的股东可以请求公司按照合理的价格收购其股权：

（一）公司连续五年不向股东分配利润，而公司该五年连续盈利，并且符合本法规定的分配利润条件；

（二）公司合并、分立、转让主要财产；

（三）公司章程规定的营业期限届满或者章程规定的其他解散事由出现，股东会通过决议修改章程使公司存续。

自股东会决议作出之日起六十日内，股东与公司不能达成股权收购协议的，股东可以自股东会决议作出之日起九十日内向人民法院提起诉讼。

公司的控股股东滥用股东权利，严重损害公司或者其他股东利益的，其他股东有权请求公司按照合理的价格收购其股权。

公司因本条第一款、第三款规定的情形收购的本公司股权，应当在六个月内依法转让或者注销。

◉ 立法意旨

本条是关于有限公司中异议股东之评估权(股权回购请求权)的规定。

◉ 条文演变历程

本条第1款、第2款内容始见于2005年《公司法》第75条。2013年修法调整条文序号为第74条。此次修法，一审稿第90条第3款补充了该规定所涉情形"公司依照本条第一款规定收购的本公司股权，应当在六个月内依法转让或者注销"的公司回购后义务。三审稿第89条在一审稿基础上增加了第3款"公司的控股股东滥用股东权利，严重损害公司或者其他股东利益的，其他股东有权请求公司按照合理的价格收购其股权"，法律后果同第1款。本条通过时，除修改个别表述外未作其他改动。

◉ 条文释义

本条对应旧法第74条，前2款与旧法重合，新增第3款、第4款。

1. 异议股东评估权的概念及其适用范围

(1)经典的概念界定

异议股东评估权，又称异议股东回购请求权，是指在特定交易中，法律赋予对该交易有异议的股东请求公司以公平价格回购其股权的权利。本质上，异议股东评估权是针对现代公司的资本多数决规则，基于我国股东会权力高度集中的语境下所构建的异议股东退出机制。其中，对股东会决议的认定，应根据股东会行为的实质加以判断。以本条第1款第1项回购事由为例，股东会决议不仅限于股东会通过不分配决议，亦包括作出延缓分配利润决议、不作出决议、少数股东无权提议召开股东临时会议而导致无法决议等情形。异议应以明示或可推定的默示行为表达。

一般认为，异议股东评估权的权利基础是公司的长期保障股东利益(预期)的义务，权利性质是形成权。这是因为该权利设置的目的是补强异议股东的退出机制，若仍将其界定为请求权,将受公司的意思表示限制,恐怕难以实现制度目的。

(2)新法的扩大适用:第161条、第162条第1款第4项

传统观点认为,有限公司相较股份公司,股权流动性不足,股东退出机制可选余地很小,故仅在有限公司中规定异议股东评估权。但是,此次修法在第161条、第162条第1款第4项为股份公司也引入了该制度,有限公司、股份公司在本条第1款(法定列举事由)、第2款(权利行使规则)、第4款(回购后的股权处置)上实现了同质化。此谓异议股东评估权的扩大适用。

2. 第1款、第3款:适用事由分析

(1)一般适用的法定列举事由:第1款

有限公司具有较强的人合性,在设立阶段,股东间存在基于章程的合约义务与基于个人信用的信赖关系,股东间需要就必要商事风险尽容忍义务,所以回购事由应以对公司组织结构、经营情况具有重大影响为标准。然因"重大影响"难以界定,为维护公司法的法秩序根基,本款采取法定事由的列举模式:

第一,公司连续5年不向股东分配利润,而公司该5年连续盈利,并且符合本法规定的分配利润条件。该事由直接侵害股东的主要预期利益——分红,常由控股股东压制行为或公司僵局导致,严重损害股东投资于公司的本来预期。

第二,公司合并、分立、转让主要财产。前两者直接影响公司的存亡,关涉股东身份存续;第三种情形严重影响公司的经营能力,公司将获得大量转让价款,回购股权亦不影响债务清偿能力。

第三,公司章程规定的营业期限届满或者章程规定的其他解散事由出现,股东会通过决议修改章程使公司存续。此情形的本质可以理解为是在公司人格消灭后设立新的公司,根据人合性要求,应最大限度地尊重前公司股东是否愿意继续担任股东的意愿。

该款规定的适用难点在于,本法第89条第1款、第161条第1款均规定传统异议股东评估权的适用条件包括"对股东会该项决议投反对票",这项构成要件在司法裁判运行过程中已产生了不合理的裁判结论,有可能将不能参与股东会会议的风险转嫁给无辜的少数股东,但此次修法在形式上仍未作出修补,颇为遗憾。较严重的股东压制行为通常表现为不遵守公司程式,例如,不遵守法律、章程规定的会议召集程序,直接导致股东没有参与会议或者直接不存在股东会会议,进而"对股东会该项决议投反对票"这一要件不可能被满足。可能的解决办法是,对"异议股东"作合目

的性的扩张解释，也就是不被通知参会、不知道股东会决议作出的、股东会决议不作出等场合下的少数股东，视为异议股东，以填补法律漏洞。①

但是，即便对“异议股东”作合目的性的扩张解释，其如何适用本条第 2 款规定的除斥期间，又是一道司法适用的考验，详见下文关于第 2 款的分析。

(2)控股股东滥用权利的特殊事由：第 3 款

有限公司的人合性决定了公司利益是股东个体利益与公司整体利益的复合体。基于商事理性人原理，个体利益具有天然的扩张性，股东会自发产生机会主义行为。资本多数决制度与股权高度集中现实扩大了机会主义行为的影响，为控股股东压制其他股东提供了“温床”，其可轻易对其他股东造成“长期的复合性股东权益侵害”，如通过董事会与股东会，通过有利自身的利润分配方案，压制其他股东分红权、控制公司经营收支。压制行为虽合法但通常存在主观恶意。对此，第 3 款新增控股股东滥用股权的其他股东异议回购请求权制度，这对于少数股东保护既是一个重大的创新性制度安排，也是对于控股股东滥权的重要规制举措。

本款核心问题是对“滥用股东权利”的认定，可结合本法第 21 条禁止滥用股东权利条款加以判断。本法第 21 条规定的禁止侵害对象为公司和其他股东的利益而非“权利”，可理解为其不仅保护股权，还保护其他股东的经营管理期待利益与分红期待利益，以及公司的资本维持利益；侵害形态不止于侵害其他股东的单项权利，还可能侵害决策权、经营权、监督权等多项权利复合的利益。引发担忧的是，本款并未将实际控制人纳入规制范围，疑为立法漏洞，可由后续的司法解释、指导案例等加以弥补。

从整体来看，本款与本法第 21 条第 2 款、第 22 条、第 180 条第 3 款以及《公司法解释四》第 15 条等已然构成了中国法上的不公平损害救济规则体系。新《公司法》通过本款将股权回购这类救济措施扩张适用于处理有限公司股东压制问题，可谓一项重大制度创新，该条款的实践表现值得期待。

(3)简易合并特则：本法第 219 条第 1 款

本法第 219 条第 1 款规定：“公司与其持股百分之九十以上的公司合并，被合并的公司不需经股东会决议，但应当通知其他股东……”由于豁免股东会决议，子公司的少数股东也就丧失了构成形式上异议股东的机会，但依然有权请求子公司按照合

① 参见李建伟：《再论股东压制救济的公司立法完善——以〈公司法〉修订为契机》，载《北京理工大学学报(社会科学版)》2022 年第 5 期，第 48 ~ 58 页。

理的价格收购其股权，行权规则参照适用本条。可将此理解为公司简易合并的特殊事由下，突破股东会决议限制的异议表达形态。

3. 第 2 款：异议股东评估权行使程序

本款规定异议股东应在其提出异议的股东会决议作出后与公司协商，协商的核心议题是股权回购的“合理的价格”，应基于公平原则，充分考量异议股东权益受损后应得的补偿利益与公司净值、动态价值。协商成功，自然签约履行即可；如不能协商，则异议股东提起强制回购之诉。

异议股东评估权行使存在除斥期间限制，包括协议回购的除斥期间与提起诉讼的除斥期间，均从决议作出之日起起算。这一起算规则，这对于不知道股东会决议作出的少数股东，尤其被控股股东及其指示的董事、高管刻意不通知参会的少数股东而言，是一道考验，也有不公平之嫌。这是立法漏洞，需要司法解释的填补。

4. 第 4 款：回购后的股权处置

旧法没有规定此事项，属于明显立法漏洞，第 4 款补上了漏洞。

第 4 款提供的处置办法是二选一：转让或者注销（减资），期间是 6 个月，因为毕竟公司自持股权不是常态，也具有很多的流弊，需要尽快结束这一状态。转让，包括对外转让给非股东与内部转让给股东；注销，需要遵循合法的减资程序，以防止有股东借助这条通道实现变相抽逃出资。在新法修订前，鉴于公司法的立法漏洞，原国家工商行政管理总局在 2014 年修正《公司注册资本登记管理规定》（已失效）时尝试对之加以填补，其第 12 条规定，“有限责任公司依据《公司法》第七十四条的规定收购其股东的股权的，应当依法申请减少注册资本的变更登记”。部分法院在裁判中也循此路径，要求公司回购股权或股份必须完成减资程序，或者认为公司在完成股权回购之后应进行减资。另一种处理方式则更加灵活，不拘泥于法条语义，通过体系解释和类推适用技术将股份公司因回购对股东会合并、分立决议持异议股东的股份后应在 6 个月内转让或者注销的规定适用于有限公司异议回购情形。就此问题，本款显然吸收了后一种处理方式，明确规定收购的股权或股份应当在 6 个月内转让或者注销。

5. 延伸问题：关于意定的股权回购

本条规定的是法定股权回购制度，那是否存在意定股权回购制度？答案应当是肯定的，后者常体现为目标公司回购型对赌协议。依据《九民纪要》的观点，回购型对赌协议指私募股权投资受让或认购目标公司股份时，由投资方与公司订立的，在确定的条件达成时，通过股权回购修正投资时点对目标公司的估值差异以实现风险平衡、经营激励的协议。回购型对赌协议原则有效，但其股权回购的履行行为应当受资本维持原则等规范的限制，要求这类股权回购完成必需的减资程序。这一规定，实务界有人士称之为协议有效，但难以履行的条款，因为满足公司债权人异议权的公司减资行为，在对赌协议失败（公司经营往往陷入困顿）的情形下，断难实现。

◉ 公司治理操作指南

有限公司与股份公司设立时，股东之间信赖关系通常还足够牢固，建议通过公司初始章程约定股东的退出机制、股权分散、股权回购价格评估标准等事项，尽量避免本条第1款第1项及第3款的情形发生，提前确立其他情形发生时“合理的价格”的确定机制。除本法第219条第1款之情形外，通常异议股东皆需通过与股东会决议相关的行为表达异议。

回购请求权的除斥期间依据客观主义标准确定，股东会召开临时股东会，可能的异议股东未收到通知，亦无法延长其期间利益。这要求股东积极行权，关注公司股东会动向。若非因自身疏忽导致错过临时股东会，可追究董事会、监事会等机构违背忠实义务的赔偿责任。

控股股东滥用股东权利时，少数股东可同时援引本法第192条，有证据证明双控人借由其地位指示董事、高管损害股东利益或公司利益的，可要求其承担连带赔偿责任；其中对指示行为的解释，可根据本法21条综合判断可能的长期、复合的损害行为。若根据本条第2款需要诉请法院的，可同时援引本法第231条司法解散请求权，以施压公司尽快达成回购协议，增加少数股东的议价能力。

◉ 比较法规范

《日本公司法》第116条；《韩国公司法》第360条之五、之二十五；《德国有限责任公司法》第29条、第30条第1款、第33条第1款、第34条、第46条；《美国特拉华州普通公司法》第262条(b)款(1)项；《美国标准商事公司法》第13.02节、第13.30节第5款；中国台湾地区“公司法”第185～188条。

◉ 研究文献

1. 李建伟：《从异议股东回购请求权案裁判看商事法律的解释与利益衡量》，载《人民司法》2023年第22期。

2. 赵旭东：《公司治理中的控股股东及其法律规制》，载《法学研究》2020年第4期。

3. 李建伟：《股东压制的公司法救济：英国经验与中国实践》，载《环球法律评论》2019年第3期。

4. 彭冰:《股东优先购买权与间接收购的利益衡量——上海外滩地王案分析》,载《清华法学》2016 年第 1 期。

5. 米新丽:《评新〈公司法〉对少数股东权益保护的几项重要举措》,载《法学杂志》2007 年第 1 期。

◉ 典型案例

上海建维工贸有限公司诉上海尊蓝山餐饮有限公司股份收购请求权纠纷案①

1. 案情简介

2001 年 11 月 23 日,被告上海尊蓝山餐饮有限公司(以下简称餐饮公司)设立,股东为上海邹嘉工贸有限公司(以下简称工贸公司)与原告上海建维工贸有限公司(以下简称建维公司),持股比例分别为 60%、40%。

2002 年 5 月 15 日,工贸公司将所持 60% 股权转让给刘某。2003 年 6 月 7 日,刘某将其所持股权转让给第三人,并成为餐饮公司的法定代表人。根据餐饮公司章程的规定及工商登记材料证明,原告建维公司、第三人股权比例为 40%、60%,公司此后亦未对工商登记资料进行变更。

2003 年 12 月至 2009 年 12 月,餐饮公司具备利润分配条件,但均未召开股东会,并且第三人作为法定代表人,以种种理由拒绝原告建维公司参与管理,隐瞒营业收入,拒不提供财务报表,并以亏损为名不分配利润也未分配利润。

2009 年 8 月 6 日,原告建维公司函请被告餐饮公司、第三人召开股东会,被告餐饮公司、第三人未召开股东会。庭审过程中查明,原告建维公司曾多次要求被告及第三人召开股东会及董事会,但被告均不予理睬。

2009 年 11 月,因经营地址改建,被告与出租人签订退租补偿协议,共获 1900 万元补偿款,并已领取了几百万元,有盈余可供分配。被告拒绝提供退租补偿协议。原告遂向法院起诉,要求被告餐饮公司分配利润。

2. 裁判要旨

法院认为,2003 年 12 月至 2009 年 12 月,每年均有未分配利润,被告未召开股东会,也未分配利润。2009 年 8 月 6 日,原告要求召开股东会,讨论公司利润分配等重大事项,被告也未予召开。符合 2018 年《公司法》第 74 条的规定,公司连续 5 年不向股东分配利润,而公司该 5 年连续盈利且符合本法规定的分配利润条件的情形,对股东会该项决议投反对票的股东可以请求公司按照合理的价格收购其股权。

本案被告只有两名股东,其中第三人作为控制股东,在本案审理中明确表示不同意召开股东会,不同意与原告协商利润分配和股权公司回购问题,和被告公司采取消极不

① 参见上海市第二中级人民法院民事判决书,(2010)沪二中民四(商)终字第 1406 号。

合作方式,对请求回购的少数股东权利救济带来困难的情况下,虽未实际召开股东会,但已经满足“连续五年不分配利润”和“连续五年盈利”的回购条件,股东要求被告公司收购其股权的条件已经成立。

3. 案件评析

有限公司兼具有人合性和资合性。通常而言,有限公司成立之后,股东不得任意退出公司。但是,若股东之间存在严重的利益冲突,致使其预期利益落空或面临其他额外风险之时,异议股东可以请求公司按照合理价格回购其股权以退出公司。

实践中,应从实质上把握“对股东会该项决议投反对票的股东”这一构成要件。具体而言,虽然公司对相关事项一般都会通过股东会决议的方式作出,股东可对该决议持反对意见,但是对于部分不作有关分配股利决议公司,法院仍然应该认定这种长期盈利却不分配利润的事实状态也是客观存在的。本案的特殊性即在于此,在被告及第三人明确不召开股东会的情况下,法院认为只要满足“连续五年不分配利润”和“连续五年盈利”的回购条件,原告建维公司即可请求被告回购股权。

此外,2018 年《公司法》第 74 条(新《公司法》第 89 条)新增控股股东压制的救济渠道。当中小股东面临控股股东的压制时,允许受压迫的股东以合理的价格退出公司,不仅消除了控股股东滥用权利所造成的消极后果,也能反过来督促控股股东规范行权,进一步完善了《公司法》上股东压制的救济体系,有利于保障中小股东利益。

第九十条 【有限公司股东资格继承】

自然人股东死亡后,其合法继承人可以继承股东资格;但是,公司章程另有规定的除外。

◉ 立法意旨

本条是关于有限公司的股东资格继承的规定。

◉ 条文演变历程

股东资格继承规则最早在 2005 年《公司法》第 76 条予以明确,历次修订包括此次修订在内均未变动,足见其内容的稳定性。

◉ 条文释义

1. 股权继承、股东资格继承

《民法典》总则编第五章“民事权利”第 124 条规定:“自然人依法享有继承权。自然人合法的私有财产,可以依法继承。”《民法典》第 125 条规定:“民事主体依法享有股权和其他投资性权利。”《民法典》第六编“继承”第 1120 条规定:“国家保护自然人的继承权。”《民法典》第1122条规定：“遗产是自然人死亡时遗留的个人合法财产。依照法律规定或者根据其性质不得继承的遗产，不得继承。”可见，股权作为财产权依法可以继承，这是基本原则。但从组织法的视野来看，股权是公司组织法上的成员权利，股权继承必然引发股东资格的继承。而股东资格虽然具备可继承的属性，但亦受到组织章程的限制，尤其在具有封闭性/人合性的商业组织体中该种限制更加重要。

2. 作为股东的继承人

继承人如本来就是公司的股东，则股权的继承应类推适用第84条第1款的规则，在效果上相当于股权的内部转让，继承人当然取得股东的身份；如公司章程没有另外的限制，则合法继承人在自然人股东死亡后即可当然继承股东资格。

3. 作为非股东的继承人

继承人如本来不是公司的股东，则股权继承在效果上相当于外部转让。由此导致的问题是，非股东继承人进入公司到底适用本法第84条的规定，还是适用《民法典》继承编的规定？如从维护有限公司封闭性/人合性的规范目的来看，非股东继承人进入公司，即外部人进入公司，所以非股东继承人继承股权应适用《公司法》第84条第2款规定，其他股东享有优先购买权。但依此理解会与《民法典》继承编的规定相冲突。综上所述，股权继承受到公司法与《民法典》继承编共同调整，在这一特殊问题上，公司法的规定属于特别法，优于作为一般法的《民法典》继承编。进言之，其他股东可以行使优先购买权购买继承人股权，继承人可以继承股权转让所得，如此处理并不损害继承人的继承权。

4. 公司章程另有规定的除外

一方面，股权作为财产权，自然人的股权自然适用继承制度，这与民法典的规定相一致，上引民法典诸法条都可支持股权的继承；另一方面，股权不仅是财产权、亦是成员权，所以本条使用“股东资格”之继承的表述，从特别法（公司组织法）的立场来看是精确的。由于涉及成员资格，又加上有限公司的封闭性/人合性特征，所以股权的继承并非绝对，立法允许公司章程另有规定。所谓另有规定，是指章程得限制乃至禁止股权的继承。

◉ 公司治理操作指南

股东可于有限公司设立阶段通过初始章程约定对股权继承的限制，此种约定性质上与被继承人的遗嘱具有同等效力。限制思路可由股权社员权与财产权之双重性出发,如约定继承需经其他股东更高比例的同意,否则只能转让给其他股东,继承人只能继承股权转让所得,并可进一步限制股权继承后无表决权等内容。若无事先章程约定,股权继承应尊重其他股东的优先购买权。若继承人本身为公司股东,继承实为股权内部转让;若继承人为公司外第三人,继承人负有通知其他股东继承事实的义务,其他应依据本法第 84 条行使优先购买权。

对于公司实际控制人、控股股东的股权继承而言,实际上涉及控制权/控股权的易位,如果继承人有多位,则还意味着控制权/控股权的分散化,这都可能涉及一家封闭公司的成败兴亡,所以股权继承不可不慎。公司根据自身状况提前做出预防性布局,可谓不失明智。

◉ 比较法规范

《日本公司法》第 134 条第 4 款、第 174 条、第 176 条;《韩国公司法》第 219 条、第 287 条之二十六;《德国商法典》第 139 条、第 177 条;《德国有限责任公司法》第 15 条第 1 款、第 18 条第 3 款;《美国特拉华州普通公司法》第 202 条。

◉ 研究文献

1. 赵玉:《股权继承规则的系统性改造》,载《法律科学(西北政法大学学报)》2024 年第 1 期。

2. 周游:《股权利益分离视角下夫妻股权共有与继承问题省思》,载《法学》2021 年第 1 期。

3. 孙瑞玺:《有限责任公司章程限制或排除股权继承的内容及效力》,载《法学论坛》2010 年第 6 期。

4. 王跃龙:《有限责任公司股权继承之析》,载《政治与法律》2007 年第 6 期。

5. 楼建波:《论有限公司股东的股权继承与股东资格继承》,载《当代法学》2007 年第 5 期。

6. 赵万一、王兰:《有限公司股权继承法律问题研究》,载《华东政法学院学报》2006 年第 2 期。

7. 王勇华:《有限责任公司股份自由继承的理论基础》,载《法学》2005 年第 10 期。

◉ 典型案例

韩某、上海垦丰天和石油化工有限公司纠纷案①

1. 案情简介

1995 年 3 月 16 日,韩某与马某 1 结婚。宝恒公司于 2010 年设立,马某 1 持有 90% 股权;北京丰年公司于 2001 年设立,马某 1、马某 2 分别持有 70%、30% 股权;黑龙江丰年公

① 参见最高人民法院民事判决书,(2023)最高法民终 45 号。

司于2000年设立,马某1持有60%。

上海垦丰天和石油化工有限公司(以下简称垦丰公司)与中油丰年(北京)石油销售有限公司、马某1买卖合同纠纷案,上海市一中院作出民事判决。此后,黑龙江丰年公司、马某1提起上诉。二审期间,马某1死亡,其继承人韩某、马某宁(马某1之子)被追加为当事人。上海市高院作出发回重审的民事裁定。

2020年12月16日,上海市高院裁定马某1继承人韩某、马某宁承担诉讼,诉讼保全措施限于韩某和马某宁继承的遗产范围,裁定查封、冻结或扣押韩某、马某宁继承的价值5000万元的马某1遗产。上海市高院执行裁定,冻结马某1名下宝恒公司、北京丰年公司、黑龙江丰年公司股权。

2021年3月8日,韩某向上海市高院提出异议,申请解除对上述公司股权的保全措施。韩某主张,自己与马某1系夫妻关系,马某1去世后其持有的上述公司股权中的50%应属于韩某所有。上海市高院冻结登记在马某1名下三公司全部股份,损害韩某权利,故申请解除保全措施。

2020年7月24日,北京市国信公证处公证书载明,登记在马某1名下北京丰年公司的股份是夫妻共同财产,一半的产权份额属韩某所有,另一半为马某1遗产由韩某继承。12月30日,北京市国信公证处公证书载明,马某1名下宝恒公司股份是夫妻共同财产,一半的产权份额属韩某所有,另一半由马某宁继承。

韩某向法院提起诉讼,申请解除对案涉股权的保全措施。

2. 裁判要旨

股权系由股东出资而取得的财产权利,是股东对其投资所占公司财产份额享有的权利。"投资的收益"则指股东因持有该股权所得的收益,包括股权的增值和红利。夫妻一方在婚姻关系存续期间"投资的收益",为夫妻的共同财产,但是并不能据此否定股权本身可能成为夫妻共同财产。婚姻关系存续期间登记在配偶一方名下的股权能否成为夫妻共同财产,可由司法据实确认。

案涉股权与"股东的权利"并不完全等同。"股东的权利"即股东权,是指股东基于向公司出资的事实而享有的权利,包括但又不限于股东的财产权利。案涉股权则仅指财产权利,属于"股东的权利"之一,2018年《公司法》第75条(新《公司法》第90条)规定:"自然人股东死亡后,其合法继承人可以继承股东资格;但是,公司章程另有规定的除外。"若不作仔细辨析,把案涉股权概括认定为包括股东身份权在内的复合型权利,则对该股东权利采取查封、扣押、冻结等强制措施亦将失去其合理性。故原审判决认为"股权具有财产权与身份权两重属性",进而作出排除案涉股权为夫妻共同财产的认定有失妥当,应予以纠正。

3. 案件评析

有限公司股东的出资额是股东的个人合法财产,可以由他人合法继承。对于有限公司的自然人股东资格继承而言,法律既要维护有限责任公司内部的人合性,又要考虑到给予特定亲缘关系而发生的财产流动。

自然人股东的合法继承人可以继承其在公司内部的股东资格。从股权的性质来讲，股东的财产权利与股东的资格紧密联系，当股东财产权利转移至继承人时，该股东内部的身份资格亦随之转让。本案中，法院指出案涉股权不能与“股东的权利”作同等的理解，案涉股权仅指财产性权利。若非如此理解，对该股东权利采用查封、冻结、扣押的强制措施将失去合理性。因此，垦丰公司主张股权具有财产权与身份权复合属性并不属于夫妻共同财产范畴的主张未得到法律的支持。

此外，公司章程可以对股权继承作例外规定。毕竟有限责任公司股东之间的人合性构成了股东合作的基础，对自然人股东的信任不能自动延伸到对于其继承人的信任。因此，允许公司章程对股东继承事项进行自治约定，乃是出于对公司人合性的尊重。但应当注意的是，章程条款不得限制继承人取得与股权价值相当财产的权利，否则即构成对继承人权利的损害。

第五章　股份有限公司的设立和组织机构

【本章概述】

本章专门规范股份公司的设立和组织机构，内容极其丰富，从新旧法的对照看，本章的条文变动很大，理解本章内容，可谓理解另外半部公司法（对照第三章）。

第一节"设立"部分，新增或有重大修改的条款主要包括：允许设立一人股份公司（第92条）；明确股份公司的实缴制度，不再根据"发起设立/募集设立"而规定注册资本，以已经发行的股本总额代之（第96条）；募集设立股份公司成立大会的出席人员明确为持有表决权过半数的认股人（第103条）；股份公司股东有权"复制"公司相关材料，连续180日以上单独或者合计持有公司3%以上股份的股东有权查阅公司的会计账簿、会计凭证，以及查阅、复制公司全资子公司相关材料（第110条）；等等。

第二节"股东会"部分，新增或有重大修改的条款主要包括：单独或者合计持有公司10%以上股份的股东请求召开临时股东会会议的，董事会、监事会应当在收到请求之日起10日内作出是否召开临时股东会会议的决定，并书面答复股东（第114条）；临时提案权的股东比例由3%改为1%，且明确公司不得提高比例，赋予董事会提案审查权（第115条）；等等。

第三节"董事会、经理"部分，新增或有重大修改的条款主要包括：董事会成员不设上限（第120条）；允许仅设一人董事（第128条）；设审计委员会以替代监事会（第121条）；不再规定经理的法定职权（第126条）；等等。

第四节"监事会"部分，新增或有重大修改的条款主要包括：明确监事会表决实行一人一票（第132条）；规模较小或者股东人数较少的股份公司可以不设监事会，设一名监事（第133条）；等等。

第五节"上市公司组织机构的特别规定"部分，独立董事管理的立法权委托给证监会（第136条）；新增应由审计委员会事前通过事项（第137条）；提高关联董事的披露义务（第139条）；上市公司应当依法披露股东、实际控制人的信息，禁止违法代持上市公司股票(第140条);上市公司控股子公司不得取得该上市公司的股份(第141条);等等。

如第三章概述所述,本章最大的立法技术难题是规则的体系性问题。对于有限公司与股份公司的相同之处,本可以通过引致条款的立法技术实现,但本章仍有部分新增条款的立法科学性亟待提升(如第124条、第128条、第133条)。对于股份公司有规定、有限公司无规定的事项,后者是否能准用?答案大多数是肯定的,但并不绝对。基于一种公众性、大中型规模的假设,股份公司治理规则更多地应体现为强行法特征,所以立法提供了更多的强行性规定、赋权性规定及示范性规定,但基于封闭性、中小微规模的假设,有限公司的任意性规范更多,法律有意给其留出更多的意思自治空间。有限公司欲设置更完备的规则,理应鼓励支持其参照股份公司的规定。

此外,本章修订需要注意新旧法衔接,如相较于《独立董事管理办法》(2023年)第26条,本法第137条作出以下修改:(1)删除披露内部控制评价报告;(2)删除因会计准则变更以外的原因作出会计政策、会计估计变更或者重大会计差错更正。根据"新法优于旧法""上位法优于下位法"的立法法理以及"法无禁止皆自由"的精神,《独立董事管理办法》(2023年)第26条尚未修改之时,上述两事项无须经审计委员会全体成员过半数通过。

本章的任务立足于全力评注本章各条文的原意,既做到与第三章相关联条款的体系互动,又阐明背后的法理并借此解释应用于现实纠纷,如此方得以借由本章一窥股份公司法治之全貌。

第一节 设　立

第九十一条 【股份公司设立方式】

设立股份有限公司,可以采取发起设立或者募集设立的方式。

发起设立,是指由发起人认购设立公司时应发行的全部股份而设立公司。

募集设立,是指由发起人认购设立公司时应发行股份的一部分,其余股份向特定对象募集或者向社会公开募集而设立公司。

◉ 立法意旨

本条是关于股份公司设立方式的规定。

◉ 条文演变历程

本条最早可追溯至1993年《公司法》第74条,“股份有限公司的设立,可以采取发起设立或者募集设立的方式。发起设立,是指由发起人认购公司应发行的全部股份而设立公司。募集设立,是指由发起人认购公司应发行股份的一部分,其余部分向社会公开募集而设立公司”。2005年《公司法》在募集设立的规定中加入定向募集,第78条第3款规定“募集设立,是指由发起人认购公司应发行股份的一部分,其余股份向社会公开募集或者向特定对象募集而设立公司”。2013年调整条文序号为第77条,内容无变动。

此次修法,一审稿顺应授权资本制的引入,对发起设立和募集设立的措辞进行修改,将“发起人认购公司应发行”改为“发起人认购设立公司时应发行”,同时将第3款“向社会公开募集或者向特定对象募集”的顺序进行调换,修改后的表述更符合“私募(定向募集)在前、公募(公开募集)在后”的逻辑顺序思维,其余无修改。二审稿、三审稿承袭一审稿,直至形成本条。

◉ 条文释义

本条对应旧法第77条。

1. 第1款:两种设立方式

股份公司设立方式分为发起设立和募集设立两种。关于此条立法技术的评价有“一褒一贬”。“一褒”是指,旧法第四章“股份有限公司的设立和组织机构”第一节“设立”首条为第76条“设立股份有限公司应当具备的条件”,本次修订以“股份有限公司设立方式”取而代之为章节的榜首规定,凸显股份公司设立的私法自治而非公法强制。无独有偶,类似立法现象出现在本法第42条“有限责任公司的设立方式”与旧法第23条“设立有限责任公司应当具备的条件”。“一贬”是指,本法第97条“不同设立方式下发起人的认购数额”事实上构成内容上的重复。这是一种立法技术不成熟的体现。

总之,该条的意义在于,凸显股份公司设立属私法行为,在本节中起到架构的作用,并科学分类募集设立的方式。

2. 第2款:发起设立

发起设立是由发起人认足全部注册资本额的设立方式。这种设立方式的特点在于公司资本均来自发起人,公司不能公开向发起人之外的任何人募集股份。关于认购股份对应的股款缴纳,旧法第 80 条第 1 款规定,对于以发起设立方式设立股份公司时,发起人可以认缴而非实缴股份,新《公司法》对于所有的股份公司均采实缴制,发起人认购后即应实缴资本。

3. 第 3 款:募集设立

募集设立是由发起人认购公司发行股份的一部分,其余股份向特定对象募集或者向社会公开募集而设立公司。在募集设立的方式下,自公司成立时,股东即由两拨人组成——发起人与认股人。域外法上,德国等个别国家公司法未规定募集设立,仅允许发起设立股份公司。

募集设立方式下,发起人认购部分股份,其余往往向特殊投资者、社会公众溢价发行。这就内蕴了利用公司设立非法集资的风险,故各国公司法多采取措施予以限制,常见措施为要求发起人认购股份额达到一定法定比例。本法第 97 条规定募集设立股份公司的,发起人认购的股份不得少于章程规定的公司设立时应发行股份总数的 35% 。

募集设立又分为定向募集与公开募集。前者是指公司发行的股份除由发起人认购外,其余向特定对象(个人、法人、非法人组织、公司职工等)发行。后者是指公司发行的股份除由发起人认购外,其余向社会公开发行。二者的区分点在于 200 人——《证券法》第 9 条规定,向特定对象发行证券累计超过 200 人的,属于公开发行。本法第 92 条也规定股份公司的发起人不得超过 200 人。概言之,股份公司向不特定对象以及超 200 人的特定对象募集的,均属于公开募集,受《证券法》调整。

◉ **公司治理操作指南**

发起人可以根据实际情况选择发起设立、募集设立的方式设立股份公司。两方式各有利弊:发起设立方式缩短公司设立周期,减少设立费用,降低设立成本,适合中小公司;募集设立的优势在于能够广泛募集社会资金,缓解发起人的出资压力,但设立程序复杂,成本较高,风险较大。由于募集行为的公开性,其更多地受包括证监会在内的政府机关、交易所的监管。

◉ **比较法规范**

《德国股份法》第 29 条;《日本公司法》第 25 条;《美国特拉华州普通公司法》第 101 条;《英国 2006 年公司法》第 7 条;《美国模范商业公司法》第 2.01 节。

◉ 典型案例

广西利众主题餐饮管理有限公司等与林某公司设立纠纷上诉案①

1. 案情简介

陈某伟系广西利众主题餐饮管理有限公司(以下简称利众公司)法定代表人。2015年8月23日,利众公司向林某出具一份《收据》确认收到林某交付的悠时光餐厅投资款15,000元,认购股权为5股。2015年8月31日,林某与利众公司签订《悠时光旗舰店股权众筹委托投资协议书》约定:众筹项目为悠时光旗舰店,项目预计在2015年9月底试营业;林某参与本次众筹项目第1轮众筹,认购股权数量为5股,金额为15,000元。2015年10月2日,利众公司向林某发放《股权证书》,载明项目名称为悠时光餐厅,股权人为林某,出资金额为15,000元,占股5股,占1%(A轮认购)。2017年3月24日,北海市中院作出(2017)桂05民终99号民事判决,确认涉案的悠时光餐厅没有成立,利众公司、陈某伟是悠时光餐厅的发起人。林某提起诉讼主张,悠时光餐厅至今未成立,要求利众公司向其返还15,000元及相应利息,且陈某伟对上述债务承担连带清偿责任。

2. 裁判要旨

一审法院认为,利众公司没有按照涉案《协议书》的约定在2015年9月底成立悠时光餐厅并试营业,故作为发起人的利众公司、陈某伟均负有对认股人林某已缴纳股款及利息返还的连带责任。

二审法院认为,募集设立是股份公司设立与有限公司设立的区别之一,该案中,悠时光餐厅意欲通过募集股份进行设立,利众公司与林某签订涉案《协议书》约定林某以众筹的方式委托利众公司投资参与"悠时光旗舰店股权众筹",而林某认购该项目的5份股权,总金额为15,000元,之后利众公司收取了林某交纳的15,000元,还向林某发放了《股权证书》以证明林某是悠时光餐厅(凯旋店)原始股东。另外,鉴于(2017)桂05民终99号生效民事判决认定涉案悠时光餐厅(凯旋店)没有成立,利众公司、陈某伟是该餐厅的发起人。故该案的募集行为实际为利众公司、陈某伟为设立悠时光餐厅发起的股权募集邀约,林某成功认购了该项目的股权。由此可知,该案是双方因涉案公司是否实际成立以及林某请求返还投资款产生的纠纷,符合公司设立纠纷的法律特征。利众公司、陈某伟没有证据证明已履行涉案《协议书》中的其他义务。因此,利众公司、陈某伟没有完成设立悠时光餐厅的筹备工作。作为发起人的利众公司、陈某伟应当对林某已缴纳的股款及利息具有连带清偿责任。

3. 案件评析

该案的争议焦点为案件性质是否属于公司设立纠纷,即当事人的融资模式是否属于募集设立范围并受公司法调整。司法实践对发起人众筹融资是否受募集设立相关法律

---

① 参见广西壮族自治区北海市中级人民法院民事判决书,(2020)桂05民终83号。

的调整存在争议。有观点认为发起人与投资人之间达成筹集资金设立公司合意后仅签订众筹协议,设立公司的形式不符合公司法要求。该案的审理法院持相反观点,认为发起人基于设立公司的目的与投资人签订众筹契约,由投资人认股并进行融资,系因发起人欲通过募集资金设立公司,应当受到《公司法》关于募集设立规定的调整。二审法院认为,“募集设立是股份有限公司设立与有限责任公司设立的区别之一”,言下之意是,“发起设立”是有限公司与股份公司共有的形式。此论不准确。一方面,发起设立与“股份发行”相关,有限公司只有股权的认缴而非股份的发行;另一方面,有限公司的股东人数为1~50人,股份公司的发起人为1~200人,该案公司设立行为的分析重点在于,利众公司、陈某伟是悠时光意式休闲餐厅的发起人,林某以“众筹”的方式参与该餐厅的设立项目,“众筹”属于向不特定人群的股份发行行为,故应受股份公司募集设立相关规范的规制。根据2018年《公司法》第89条第2款、第91条(新《公司法》第105条)的规定,认股人林某可以按照所缴股款并加算银行同期存款利息,要求发起人利众公司、陈某伟返还之。

第九十二条　【发起人人数与资格】

设立股份有限公司,应当有一人以上二百人以下为发起人,其中应当有半数以上的发起人在中华人民共和国境内有住所。

◉ 立法意旨

本条是关于股份公司发起人人数与资格的规定。

◉ 条文演变历程

本条最早可追溯至1993年《公司法》第75条,其规定:“设立股份有限公司,应当有五人以上为发起人,其中须有过半数发起人在中国境内有住所。国有企业改建为股份有限公司的,发起人可以少于五人,但应当采取募集设立方式。”2005年《公司法》修订时,删除该条第2款关于国有企业改制的规定,并将发起人人数限制在“二人以上二百人以下”。该规定沿用至2018年《公司法》第78条。此次修法,一审稿删除“一人有限公司的特别规定”,并使股份公司与本次修订相匹配,即不再对股份公司发起人人数设置下限。其后的二审稿、三审稿以及新《公司法》均承袭一审稿的内容。

◉ 条文释义

本条对应旧法第78条,有重大修改,不再要求发起人为二人以上。

1. 发起人人数的下限：一人

旧法第 78 条要求股份公司发起人下限是二人，本条降为一人，也即承认了一人股份公司。至此，一人有限公司、一人股份公司均可设立。

还要提示，新《公司法》删除旧法第二章第三节“一人有限责任公司的特别规定”，仅余第 60 条“一人公司的股东决定”（旧法第 61 条）的规定。

2. 发起人人数的上限：二百人

《证券法》第 9 条规定“公开发行证券，必须符合法律、行政法规规定的条件，并依法报经国务院证券监督管理机构或者国务院授权的部门注册。未经依法注册，任何单位和个人不得公开发行证券。证券发行注册制的具体范围、实施步骤，由国务院规定。有下列情形之一的，为公开发行：……（二）向特定对象发行证券累计超过二百人，但依法实施员工持股计划的员工人数不计算在内”。与此相呼应，本条也规定股份公司发起人上限为二百人。如发起人超过二百人，则属于“公开发行证券”，不同于股份公司的“发起设立”，故无论是发起设立还是募集设立，发起人不得超过二百人。

3. 发起人资格限制：半数以上的发起人有中国住所

《公司法》对发起人的唯一资格限制，就是要求半数以上的发起人应在中华人民共和国境内有住所。这是从 1993 年《公司法》以来一直传承的立法规定，注意是住所要求而不是国籍的要求。一方面，此规定便于公司筹办工作及公司设立责任承担的考虑：设立股份公司过程中需要一定数量的常住发起人进行公司筹办的各项活动；另一方面，是一种防止设立欺诈的防御性措施，有利于管理机关监督发起人的设立行为。

作为对比，有限公司的股东无“在中华人民共和国境内有住所”的要求规定。

◉ 公司治理操作指南

与本条规定密切相关的一个问题是，发起人是否需要具备完全行为能力？新《公司法》未对发起人资格作其他限制，第 178 条规定董监高任职消极资格的第一项就是指向无行为能力人、限制行为能力人，那么，发起人是否适用这一规定？一般认为，发起人也应适用《民法典》关于民事主体权利能力和行为能力的相关规定，发起人为自然人时须具有完全行为能力。无行为能力人、限制行为能力人不宜作为发起人，其可以通过法定代理人代理认购股份等多种渠道成为公司股东，但非发起人。

◉ 比较法规范

《德国股份法》第 2 条；《美国模范商业公司法》第 2.01 节；《英国 2006 年公司

法》第7条;《美国特拉华州普通公司法》第101条;中国台湾地区"公司法"第128条。

第九十三条 【发起人职责与发起人协议】

股份有限公司发起人承担公司筹办事务。

发起人应当签订发起人协议,明确各自在公司设立过程中的权利和义务。

◉ 立法意旨

本条是关于股份公司发起人职责与发起人协议的规定。

◉ 条文演变历程

本条自2005年《公司法》颁行以来,并无实质性修订。

◉ 条文释义

本条对应旧法第79条,未见修订。

(一)第1款:发起人及其职责

本款明确发起人的职责在于"承担公司筹办事务",乃是应有之义。根据《公司法解释三》第1条的规定,发起人指为设立公司而签署公司章程、向公司认购出资或者股份并履行公司设立职责的人。详言之:

首先,发起人须为股份公司的认股人。发起设立的,由发起人认购全部公司设立时应发行的股份,募集设立的,由发起人认购公司设立时不低于法定比例的股份。

其次,发起人参与发起行为、履行公司设立的职责。形式角度上在公司初始章程上签字的是发起人,从实质角度上公司发起人应实际参与发起行为。所以对发起人的理解应当兼顾实质与形式:在公司章程上签名的人即可被推定为发起人,未署名者一般不认定为发起人;但若有证据证明其以发起人身份实际参与公司设立,也可以认定为发起人。

最后,发起人应承担公司设立的法律责任。

(二)第2款:发起人协议

本款一则明确发起人订立发起人协议,二则明确发起人协议的内容乃是明确各个发起人在公司设立中的权利义务。

1. 两类公司,两类协议

股份公司的设立主要依赖发起人的发起行为,故需签订发起人协议。发起人协议是在公司设立过程中，由发起人订立的关于公司设立事项的协议。本法第43条规定“有限责任公司设立时的股东可以签订设立协议”，本条规定股份公司“发起人应当签订发起人协议”，某种程度上体现了立法者对两种法定标准公司形态的现实预设之别——有限公司规模较小，更具封闭性，立法者更尊重有限公司股东的意思自治；股份公司规模较大，更具公众性，立法者更倾向统一规制发起人行为。设立协议与发起人协议名称有别，但功能无异。

2. 发起人协议的性质、效力与内容

发起人协议不是公司设立登记时的必备文件，但其在公司设立阶段具有重要意义。发起人协议调整发起人之间的权利义务关系，本质上是一种合伙性质的协议。

一般情况下，发起人协议在形式上与公司章程具有衔接关系，内容上发起人协议的条款多数会进入章程。公司成立后由章程调整股东间、公司与股东间等关系。从效力范围上看，基于合同效力的相对性，发起人协议的效力只及于订立协议的当事人。从效力期间上看，一般来说，发起人协议调整公司设立过程中的法律关系和法律行为，效力从设立行为开始，公司成立一般认为即意味着协议终止。然而此种效力期间并不绝对，公司成立后，对于涉及发起人相互之间个别利益之争议，发起人协议仍是处理相关争议的依据。

发起人协议的内容，一般包括：(1)发起人的名称、住所，法定代表人的姓名、国籍、住所、职务；(2)组建公司的名称、住所；(3)公司的宗旨、经营范围；(4)公司设立的方式、组织形式；(5)公司注册资本、股份总额、类别、发起人认购股份的数额、形式及期限；(6)发起人的权利和义务；(7)违约责任；(8)适用法律及争议的解决；(9)协议的生效与终止；(10)订立协议的时间、地点、发起人签字；(11)其他需要载明的事项。

(三)关于“发起人”一词的用法

我国公司立法在股份公司使用发起人一语，但在有限公司不使用，而用“公司设立时的股东”代之，这一词汇本身是莫名其妙的，也是内蕴逻辑矛盾的——公司成立后，才有股东，才有公司向股东的交付股票、出资证明书等行为，在设立之时，哪来的股东这一身份？实际上这是一种源自路径依赖的立法惰性。《公司法解释三》第1条规定，“为设立公司而签署公司章程、向公司认购出资或者股份并履行公司设立职责的人，应当认定为公司的发起人，包括有限责任公司设立时的股东”。由此可见，有限公司的发起人等于有限公司设立时的股东，繁复用语实无必要！虽然立法词汇有所争议，但我国立法与学界还是坚持区分使用“公司设立时的股东”与“发起人”，用以指称两种不同类型公司的发起设立人。

◉ 比较法规范

《德国股份法》第28条；《韩国公司法》第288条；《美国模范商业公司法》第2.01节；《英国2006年公司法》第7条；《美国特拉华州普通公司法》第101条。

◉ 研究文献

1. 许中缘：《论发起人对公司设立中债务的承担》，载《法学》2021年第12期。

2. 陈群峰：《认真对待公司法：基于股东间协议的司法实践考察》，载《中外法学》2013年第4期。

3. 韩长印：《共同法律行为理论的初步构建——以公司设立为分析对象》，载《中国法学》2009年第3期。

◉ 典型案例

辽宁国发（集团）股份有限公司破产管理人与中国建设银行股份有限公司鞍山分行追收未缴出资纠纷案①

1. 案情简介

1993年，辽宁省电影电视艺术中心、中国人民建设银行辽宁省信托投资股份有限公司鞍山市办事处（以下简称鞍建信）等7家单位共同签订了《设立辽宁国发股份有限公司发起人协议书》，约定：由7家单位共同发起，设立辽宁国发股份有限公司（以下简称辽国发），其中鞍建信投入300万元；发起人各方委托辽宁省电影电视艺术中心负责公司的一切筹建工作；除发生不可抗力事件外，发起人任何一方均不得擅自终止执行本协议，如若违约，违约方应承担由此造成的一切损失。同年5月21日，鞍建信向辽国发董事会递交《关于退出辽宁国发（集团）股份有限公司发起人的报告》，内容如下：辽国发董事会：鞍建信在组建辽国发时，是7家发起人之一，鉴于辽国发刚刚筹建，尚未运营，经研究，决定退出发起人，请董事会按国家有关规定程序办理退出发起人手续。5月22日，辽宁省工商局核准成立辽国发。5月31日，辽国发以董事会的名义作出《关于同意中国人民建设银行辽宁省信托投资股份有限公司鞍山市办事处退出我公司发起人的决议》，并送达鞍建信，内容为：鞍建信：你处《关于退出辽宁国发（集团）股份有限公司发起人的报告》收悉，鉴于辽国发刚刚筹建，你办事处亦未投入资金，经辽国发董事会研究，同意你办事处退出辽国发发起人。2014年3月28日，辽国发破产管理人向建行辽宁省分行致函，要求该行承担其分支机构缴纳认缴出资的民事责任。2012年7月27日，沈阳市中院裁定受理辽国发破产清算一案。鞍建信的主体已经变更为建行鞍山分行。

① 参见最高人民法院民事判决书，(2016)最高法民申2596号。

辽国发破产管理人提出诉讼，要求建行鞍山分行承担鞍建信欠缴出资的连带给付责任。

2. 裁判要旨

一审、二审法院均认为鞍建信已退出辽国发的发起人，不是辽国发的股东。作为鞍建信的权利、义务承接单位，即建行鞍山分行没有义务缴纳鞍建信所认缴的 300 万元出资，辽国发破产管理人上诉所提出的一审判决认定事实及适用法律存在错误的上诉理由不能成立。

再审法院认为，关于原判决是否适用法律错误的问题。首先，关于鞍建信退出发起人是否违背了发起人协议，鞍建信参与签订的《设立辽宁国发股份有限公司发起人协议书》第 7 条第 3 项规定，发起人各方应对公司履行的义务包括执行公司股东会及董事会决议，鞍建信于 1993 年 5 月 21 日向辽国发董事会递交《关于退出辽宁国发（集团）股份有限公司发起人的报告》，请求退出发起人，并要求董事会按国家有关规定程序办理退出发起人手续。辽国发董事会于 1993 年 5 月 31 日作出《关于同意中国人民建设银行辽宁省信托投资股份有限公司鞍山市办事处退出我公司发起人的决议》，并送达鞍建信。鞍建信退出辽国发的发起人是获得了其他各方发起人同意的，没有违背发起人协议。其次，鞍建信在征得辽国发董事会同意的情况下退出发起人，其既无能力主动变更工商登记，又不负有变更工商登记的义务，鞍建信自始未缴纳投资金额，亦从未参与公司的经营，故鞍建信不属于辽国发的股东，不存在股东退股的问题。故建行鞍山分行没有义务缴纳鞍建信的认缴出资。

3. 案件评析

该案的核心问题在于当事人退出公司发起人是否违背发起人协议。该案中，当事人在征得其他发起人同意的情况下退出公司发起人，不违背发起人协议。当事人自始未缴纳出资，未参与经营，不属于公司股东，故不存在股东退股的问题。该案当事人退出发起人不违反法律规定。当事人已退出发起人，故不应承担出资义务。

第九十四条　【股份公司章程制订】

设立股份有限公司，应当由发起人共同制订公司章程。

◉ 立法意旨

本条是关于股份公司设立条件之一即公司章程制订的规定。

◉ 条文演变历程

本条最早可追溯至 1993 年《公司法》第 73 条，“设立股份有限公司，应当具备下列条件：（一）发起人符合法定人数；（二）发起人认缴和社会公开募集的股本达到法定资本最低限额;(三)股份发行、筹办事项符合法律规定;(四)发起人制订公司章程,并经创立大会通过;(五)有公司名称,建立符合股份有限公司要求的组织机构;(六)有固定的生产经营场所和必要的生产经营条件"。2005年《公司法》第77条对第73条的第2项、第4项和第6项作了修改。将第2项的"认缴"改为"认购",并将"社会公开募集"修改为"募集",包括定向募集的方式。将第4项"并经创立大会通过"修改为"采用募集方式设立的经创立大会通过",限定仅募集设立股份公司所制订的公司章程才需要创立大会审议通过。将第6项"有固定的生产经营场所和必要的生产经营条件"修改为"公司住所",更符合公司设立的普遍性要求。2013年《公司法》第76条修正又将第2项修改为"有符合公司章程规定的全体发起人认购的股本总额或者募集的实收股本总额",表明发起设立股份公司采取注册资本认缴制,募集设立股份公司采取注册资本实缴制。

此次修法,一审稿出于体系协调的考虑,删除旧法第76条对股份公司设立条件的列举式规定,仅在第95条保留了原文第4项,并将其修改为"设立股份有限公司,应当由发起人共同制订公司章程",至于募集设立公司章程须经成立大会审议通过的内容,在第106条第1款第2项作单独规定。此后的二审稿、三审稿未再变动,直至形成本条。

◉ 条文释义

本条对应旧法第76条第4项,有较大的修订。

1. 章程乃是公司设立的条件之一

凡是设立公司,都需要以提交初始章程作为设立条件。《公司法》区分有限公司和股份公司,分别用不同条文规定制定(订)初始章程作为公司设立条件,这主要是考虑到募集设立股份公司在制订章程上具有特殊性——需要成立大会决议通过。除此之外,不同类型的公司在制定初始章程上并无本质区别。英美法系的部分国家甚至不区分不同类型的公司,将制定初始章程合并在一个条文规定中。

2. 两类公司章程的制定方式

本法第45条规定有限公司应当由股东共同"制定"初始章程,本条规定股份公司应当由发起人共同"制订"初始章程。"制定"和"制订"的区别在于,前者强调创制章程的确定结果,有限公司股东一致同意而成立公司章程,属于契约的合意行为,故为制定;后者仅强调创制章程的过程,不包括得到确定结果的含义。第103条规定,募集设立股份公司的发起人应当自公司设立时应发行股份的股款缴足之日起30日内召开公司成立大会，以发起设立方式设立股份公司，成立大会的召开和表决程序由公司章程或者发起人协议规定。本法第104条规定"公司成立大会行使下列职权：……（二）通过公司章程"。可见，无论是发起设立还是募集设立的场合，都先由发起人"订立"章程草案，再交付成立大会以简单多数决通过。有限公司的章程采合意制，但发起设立、募集设立的股份公司初始章程都采决议制，适用简单多数决。

本条部分内容可对照参考本法第45条的释义。

◉ 公司治理操作指南

与我国采用单一形式的公司章程不同，英美法系国家的公司章程通常由两个文件组成，一是组织大纲或设立章程（Charters），二是组织章程或章程细则（Bylaws），前者主要规定公司的外部事务，是公司设立和取得法人资格的必备法律文件，需要提交公司注册登记机关。后者主要规定公司的内部事务，涉及公司机关的选择和权力配置、公司管理层的职权与责任等具体规则。我国虽然不承认章程细则的地位，但证监会《上市公司章程指引》使用了这一概念，规定上市公司董事会可依照章程的规定，制定章程细则。

◉ 比较法规范

《日本公司法》第26条；《韩国公司法》第288条；《德国股份法》第2条；《英国2006年公司法》第7条；《美国模范商业公司法》第2.01节；《美国特拉华州普通公司法》第101条；中国台湾地区"公司法"第129条。

◉ 研究文献

1. 薛冰：《公司法中引入公证规则的合理性探析》，载《法学杂志》2017年第10期。
2. 常健：《论公司章程的功能及其发展趋势》，载《法学家》2011年第2期。
3. 朱慈蕴：《公司章程两分法论——公司章程自治与他治理念的融合》，载《当代法学》2006年第5期。
4. 周应江：《论公司法上的设立行为》，载《法学杂志》2006年第5期。

第九十五条　【股份公司章程绝对必要记载事项】

股份有限公司章程应当载明下列事项：

（一）公司名称和住所；

（二）公司经营范围；

（三）公司设立方式；

第95条

（四）公司注册资本、已发行的股份数和设立时发行的股份数，面额股的每股金额；

（五）发行类别股的，每一类别股的股份数及其权利和义务；

（六）发起人的姓名或者名称、认购的股份数、出资方式；

（七）董事会的组成、职权和议事规则；

（八）公司法定代表人的产生、变更办法；

（九）监事会的组成、职权和议事规则；

（十）公司利润分配办法；

（十一）公司的解散事由与清算办法；

（十二）公司的通知和公告办法；

（十三）股东会认为需要规定的其他事项。

◉ 立法意旨

本条是关于股份公司章程绝对必要记载事项的规定。

◉ 条文演变历程

本条最早可追溯至1993年《公司法》第79条，“股份有限公司章程应当载明下列事项：（一）公司名称和住所；（二）公司经营范围；（三）公司设立方式；（四）公司股份总数、每股金额和注册资本；（五）发起人的姓名或者名称、认购的股份数；（六）股东的权利和义务；（七）董事会的组成、职权、任期和议事规则；（八）公司法定代表人；（九）监事会的组成、职权、任期和议事规则；（十）公司利润分配办法；（十一）公司的解散事由与清算办法；（十二）公司的通知和公告办法；（十三）股东大会认为需要规定的其他事项”。2005年修法将该条序号变更为第82条，作了3处修改：一是在第5项增加规定了“出资方式和出资时间”；二是删除了第6项“股东的权利和义务”；三是删除了第7项和第9项中董事会和监事会的“任期”。2013年修法将序号变更为第81条。

此次修法，一审稿对2018年《公司法》第81条作了5处修改：一是将第4项从“公司股份总数、每股金额和注册资本”修改为“公司股份总数，公司设立时应发行的股份数，发行面额股的，每股的金额”，主要是为了和新引入的授权资本制以及无面额股制度相匹配；二是增加第5项规定章程应载明“发行类别股的，类别股的股份数及其权利和义务”，这是为了与类别股有关规定相衔接；三是将原第5项变更为第

6 项,并且删除了“出资时间”的规定,这是为了和新规定的股份公司资本实缴制相匹配;四是将原第 7 项变更为第 8 项,修改了原第 7 项,表明股份公司的章程不再需要载明法定代表人的具体人选,而只需要载明其产生、变更方法,对于有限公司也作了同样的修改;五是将最后一项兜底规定的“股东大会”修改为“股东会”,统一两类公司的股东会名称。二审稿未对一审稿内容作实质性修改,三审稿则将第 5 项“类别股的股份数及其权利和义务”修改为“类别股股东的股份数及其权利和义务”。最终通过的本条再次改动第 4 项,将“公司股份总数,公司设立时发行的股份数,发行面额股的,每股的金额”修改为“公司注册资本、已发行的股份数和设立时发行的股份数,面额股的每股金额”,将第 5 项修改为“发行类别股的,每一类别股的股份数及其权利和义务”,以更契合授权资本制、类别股制度。

◉ 条文释义

本条对应旧法第 81 条,有一定幅度的修改。

基于股份公司可能具有的公众性,明确其绝对必要记载事项,意义重大。基于其公众性和封闭性差异,股份公司和有限公司的章程拥有大小不同的自治空间。《公司法》赋予后者更高程度的自治性,而对前者施加了更多的强制性规范。此差异在公司章程中表现得尤为明显,股份公司有着更多的法定记载事项。本法第 46 条规定有限公司的绝对必要记载事项为 7 项,本条规定股份公司的绝对必要记载事项多达 12 项。即使是相同的记载事项,法律也要求股份公司提供更为详尽和具体的规定。

具言之,两类公司不同的绝对必要记载事项有:

1. 股份公司需要在章程中额外载明公司的设立方式,股份公司设立方式有发起设立和募集设立之分,二者有完全不同的设立程序,这也关系到公司在设立时能否向公众发行股份。

2. 股份公司在章程中除了要载明注册资本外,还需载明已发行的股份数、设立时发行的股份数和面额股的每股金额。一方面,该项区分了注册资本、已发行的股份数和设立时发行的股份数,从而与本法第 152 条规定的授权资本制度相匹配;另一方面,该项明确“面额股的每股金额”,为第 142 条引入的无面额股制度留足空间,第 142 条第 2 款规定,“公司可以根据公司章程的规定将已发行的面额股全部转换为无面额股或者将无面额股全部转换为面额股”,因此,若公司发行“可转换”的面额股或无面额股也属章程绝对必要记载。

3. 股份公司发行类别股的,应当在公司章程中载明每一类别股的股份数及其权利和义务。该项规定是为了与本法第 144 ~ 146 条规定的类别股制度相匹配,有利于保障类别股股东的合法权益。第 145 条规定,"发行类别股的公司,应当在公司章程中载明以下事项:(一)类别股分配利润或者剩余财产的顺序;(二)类别股的表决权数;(三)类别股的转让限制;(四)保护中小股东权益的措施;(五)股东会认为需要规定的其他事项"。第 145 条构成第 95 条第 5 项的特殊法条,也属于章程绝对必要记载事项。

4. 关于组织机构,仅对有限公司概括性要求章程载明"公司的机构及其产生办法、职权、议事规则",但对股份公司明确要求载明"董事会、监事会的组成、职权、议事规则"。

5. 股份公司还需要在章程中额外载明公司的利润分配办法、公司的解散事由与清算办法,以及公司的通知和公告办法。此三类事项在有限公司仅属于任意记载事项,但在股份公司属绝对必要记载事项。

此外,本法第 136 条还规定上市公司章程还有董事会专门委员会的组成、职权以及董监高薪酬考核机制等更多的必要记载事项。

至于本条第 8 项关于"公司法定代表人的产生、变更办法",前文已评述,不赘。

本条释义的部分内容可以参照本法第 46 条的释义部分。

◉ 比较法规范

《日本公司法》第 27 条;《韩国公司法》第 289 条;《德国股份法》第 23 条;《美国模范商业公司法》第 2.02 节;《美国特拉华州普通公司法》第 102 条;中国台湾地区"公司法"第 129 条。

◉ 研究文献

1. 刘俊海:《基于公司理性自治的公司法规范重塑》,载《法学评论》2021 年第 5 期。
2. 郭富青:《公司创制章程条款研究》,载《比较法研究》2015 年第 2 期。
3. 孙英:《论公司章程绝对必要记载事项与公司无效》,载《法学杂志》2010 年第 3 期。
4. 李飞:《法解释论视角下的公司转投资行为》,载《法学》2007 年第 1 期。

第九十六条 【股份公司的注册资本】

股份有限公司的注册资本为在公司登记机关登记的已发行股份的股本总额。在发起人认购的股份缴足前,不得向他人募集股份。

法律、行政法规以及国务院决定对股份有限公司注册资本最低限额另有规定的，从其规定。

◉ 立法意旨

本条是关于股份公司的注册资本的规定。

◉ 条文演变历程

本条最早可追溯至1993年《公司法》第78条，“股份有限公司的注册资本为在公司登记机关登记的实收股本总额。股份有限公司注册资本的最低限额为人民币一千万元。股份有限公司注册资本最低限额需高于上述所定限额的，由法律、行政法规另行规定”。2005年《公司法》第81条的修订：将注册资本的最低限额要求降至500万元，同时对发起设立和募集设立的缴纳出资要求进行了区分，允许发起设立的股份公司发起人分期缴纳出资，公司全体发起人的首次出资额不得低于注册资本的20%，其余部分由发起人自公司成立之日起两年内缴足即可（其中，投资公司可以在5年内缴足），在一定程度上放宽了对股份有限公司注册资本的管制。2013年修法任务是进一步激发中小投资者的创业活力，降低市场准入门槛，第80条取消了对法定注册资本最低限额的要求，以及对发起设立股份公司的首次出资比例、缴足期限的要求。

此次修法，一审稿引入已发行股份的概念，统一了旧法以发起方式设立公司时的认购股本与以募集方式设立公司的实收股本两个表述。一审稿第98条就形成了本条内容，此后的二审稿、三审稿均沿袭之，直至形成本条。

◉ 条文释义

本条对应旧法第80条，属于重大修改条款。

1. 第1款第1句：注册资本

注册资本应当在公司登记机关登记，其中公开募集设立的公司在进行公司注册登记时还要提交验资证明，从而保证出资的真实和足额（参见《国务院注册资本登记管理制度规定（征求意见稿）》第2条）。

新法不再根据发起设立、募集设立分别规定认缴制、实缴制，统一适用实缴制。本句统一规定股份公司的注册资本“为在公司登记机关登记的已发行股份的股本总额”，对于这句话的理解，应该分为发起设立与募集设立分别讨论。

（1）发起设立。发起设立的，发起人即首届全体股东，不存在认股人，本法第98

条规定“发起人应当在公司成立前按照其认购的股份全额缴纳股款”，据此，本句的股份公司注册资本“为在公司登记机关登记的已发行股份的股本总额”，也即实收资本总额，因为全体发起人认购的股份对应的出资额（认缴额）也就是实缴额，反之亦然。

（2）募集设立。募集设立的，注册资本也应为“为在公司登记机关登记的已发行股份的股本总额”，也即实收资本总额，这就意味着授权资本制下章程已授权但尚未发行的股份不计入注册资本。那么，如何防止募集设立方式下的认购股份与实际出资之间出现差额呢？这就是本款末句的立法任务了。

2. 第1款第2句：无实缴，不募集

回到上段提出的问题，首先，公司法要确保发起人实缴，为此走了两步棋，一是确保发起人实缴，也即本法第98条规定的“发起人应当在公司成立前按照其认购的股份全额缴纳股款”；二是本句，“在发起人认购的股份缴足前，不得向他人募集股份”，这是因为募集设立的股份公司除发起人外，还可能涉及公众投资者，如发起人缺乏经济能力，未实际缴纳出资，可能利用公司进行欺诈活动，从而损害广大投资者的权益。其次，要确保认股人实缴。尤其对于公开募集设立股份公司的，其股票有可能在证券交易所上市交易，若允许发起人、认股人分期出资，难以保证出资到位，也可能影响资本市场稳定乃至经济秩序的安定，所以第101条规定公开募集设立股份公司的股款缴足后，应当经依法设立的验资机构验资并出具证明。总之，发起人、认股人均应足额实缴出资。

3. 第2款：最低资本制

本款与本法第47条第2款遥相呼应，无论有限公司还是股份公司，法律、行政法规以及国务院决定对其注册资本有最低限额要求的，从之。

从目前情况看，最低资本制主要适用于商业银行、信托、债券、基金、保险等金融行业，如《商业银行法》第13条规定：“设立全国性商业银行的注册资本最低限额为十亿元人民币。设立城市商业银行的注册资本最低限额为一亿元人民币，设立农村商业银行的注册资本最低限额为五千万元人民币。注册资本应当是实缴资本。国务院银行业监督管理机构根据审慎监管的要求可以调整注册资本最低限额，但不得少于前款规定的限额。”

◉ **研究文献**

李建伟：《授权资本发行制与认缴制的融合——公司资本制度的变革及公司法修订

选择》,载《现代法学》2021 年第 6 期。

◉ 典型案例

胡某义、兴华绿色农业科技发展股份有限公司民间借贷纠纷案[①]

1. 案情简介

兴华绿色农业科技发展股份公司(以下简称兴华公司)成立于 2019 年 6 月 28 日,设立时共设总股本 9500 万元,三位发起人胡某义、王某军、邢某鹏分别承诺入股 3500 万元、3000 万元、3000 万元。兴华公司在已经完成股本总额登记后,发起人股本尚未缴足的情况下,为吸收战略投资入股投资,加快公司发展,又吸引战略投资人杜某国投资 200 万元。投资方式为:王某军、邢某鹏自愿各自让渡 100 万元的原始股,即杜某国的投资入股到王某军、邢某鹏名下各 100 万元,但一直未能进行工商变更登记。2019 年 9 月,杜某国向兴华公司实缴出资共计 100 万元。

2019 年 11 月 14 日,兴华公司的董事长、法定代表人胡某义向杜某国出具借条一份,内容为:"杜某国投资兴华绿色农业科技发展股份公司的壹佰万元股份变为胡某义对杜某国的个人借款,由胡某义个人归还。"同时,胡某义与王某军在杜某国提供的《保证书》的保证人股东栏签字确认,保证内容为:"为保证杜某国打入兴华绿色农业科技公司壹佰万元顺利收回,各股东自愿承担连带还款责任。本公司经营时,优先支付该款。公司不能还款,由各股东承担还款责任。"

但自 2019 年年底以来,兴华公司三位发起人之间矛盾纷起、大打出手,致使兴华公司一直不能正常经营,无任何盈利。为减少损失,原告杜某国起诉要求被告兴华公司法定代表人胡某义归还 100 万元资金,并由共同被告兴华公司承担连带责任。

2. 裁判要旨

一审法院认为,该案的争议焦点是杜某国对兴华公司的投资是否为股权投资。发起人胡某义、王某军、邢某鹏认购兴华公司应发行的全部股份 9500 万元,各发起人的认缴公司注册资本的时间为 2029 年 6 月 18 日,在各发起人认购的股份缴足前,不得向他人募集股份。该案兴华公司虽然给杜某国开具实收资本 100 万元的收据,该公司章程亦有非公开方式发行股份的规定,《兴华绿色农业科技发展股份公司股份设置及运营管理规定》亦记载了王某军、邢某鹏各让渡 100 万元股份给杜某国,但公司发起人胡某义、王某军、邢某鹏并无权利向杜某国转让其股份,转让行为因违反公司法规定而无效。

况且,转让公司股权并非单纯的投入资金,往往增加了股东的人数或变更了股东的持股比例,继而新股东的加入会引起公司股权结构的变化,对公司既有权力格局会产生影响,甚至会引起公司控制权的变化。因此,对此类型投资引起的股东资格确认,不应仅

---

① 参见山东省滨州市滨城区人民法院民事判决书,(2020)鲁 1602 民初 2181 号;山东省滨州市中级人民法院民事判决书,(2021)鲁 16 民终 523 号。

考虑当事人的意思表示,更需要考虑公司法规定的资本制度、股权制度和责任制度等公司制度,只有在符合这些公司制度的前提下,才能依法确认投资人的股东身份。

二审法院认为,关于兴华公司、胡某义上诉主张杜某国100万元款项性质的问题,经查认为,兴华公司为胡某义等三人发起设立的股份公司,虽然杜某国有出资兴华公司的意愿,并在公司管理规定中有王某军、邢某鹏各让渡100万元股份给杜某国的记载,但依照法律规定,在胡某义等三位发起人认购的股份未缴足的情况下,不得向他人募集股份,因此王某军、邢某鹏向杜某国转让其股份的行为因违反公司法规定而无效,因此一审认定杜某国与兴华公司间系融资借贷行为并无不当。因此维持原判。

3. 案件评析

兴华公司三位发起人在公司已经完成设立登记后,在发起人股本尚未缴足的情况下,采用内部约定的方式引入了新的战略投资者杜某国,但又以"变更公司登记不便"为由使其一直被迫处于有实无名的状态。及至兴华公司内讧迭起、濒临解散①,由于各发起人认缴公司注册资本的截止期限远在10年之后,因而并未缴足股本,兴华公司及其发起人又以"股权投资不得抽逃"为由,试图牢牢挽留住杜某国已经实缴的100万元款项。幸而该案中,一审、二审法院都能够认定王某军、邢某鹏二人向杜某国转让其部分股份的行为因违反《公司法》的强制性规定而无效,能够明辨杜某国100万元款项之性质系融资借贷而非股权转让,从而使得兴华公司三位发起人回避"在发起人认购的股份缴足前,不得向他人募集股份"之规定的意图落空。法院之判决得之。

第九十七条 【不同设立方式下发起人的认购数额】

以发起设立方式设立股份有限公司的,发起人应当认足公司章程规定的公司设立时应发行的股份。

以募集设立方式设立股份有限公司的,发起人认购的股份不得少于公司章程规定的公司设立时应发行股份总数的百分之三十五;但是,法律、行政法规另有规定的,从其规定。

◉ 立法意旨

本条是关于不同设立方式下发起人的认购数额的规定。

---

① 参见王某军、兴华绿色农业科技发展股份公司公司解散纠纷一审、二审判决书,案号为:山东省滨州地区(市)中级人民法院民事判决书,(2020)鲁16民初9号;山东省高级人民法院民事判决书,(2020)鲁民终1358号。

◉ 条文演变历程

本条最早可追溯至1993年《公司法》第82～83条，第82条规定，“以发起设立方式设立股份有限公司的，发起人以书面认足公司章程规定发行的股份后，应即缴纳全部股款；以实物、工业产权、非专利技术或者土地使用权抵作股款的，应当依法办理其财产权的转移手续。发起人交付全部出资后，应当选举董事会和监事会，由董事会向公司登记机关报送设立公司的批准文件、公司章程、验资证明等文件，申请设立登记”。第83条规定，“以募集设立方式设立股份有限公司的，发起人认购的股份不得少于公司股份总数的百分之三十五，其余股份应当向社会公开募集”。2005年《公司法》将实缴制改为限期认缴制，第81条规定股份有限公司采取发起设立方式设立的，公司全体发起人的首次出资额不得低于注册资本的20%，其余部分由发起人自公司成立之日起两年内缴足，其中投资公司可以在5年内缴足。2013年《公司法》为了进一步放宽注册资本登记条件，第83条不再限制公司设立时发起人的首次出资比例和缴足出资期限。

此次修法，一审稿第99条就形成了本条内容，此后的各审议稿均沿袭之，直至本条形成。

◉ 条文释义

本条对应旧法第83条第1款、第84条，有内容性修订。

1. 第1款：发起设立的

股份公司的设立方式分为发起设立与募集设立，区别在于：前者要求全体发起人认足公司设立时章程规定的全部发行股份，这意味着不会有认股人的出现，发起人也即公司成立时的全体（原始）股东，其实质与有限公司的设立方式无异。

所以，发起人应当认足公司章程规定的公司设立时应发行的股份。公司设立过程中，首先需要确定公司的总资本额、将总资本额划分为各股份，所有发起人应当认足公司章程规定的公司设立时应发行的股份，并将上述信息记录于公司章程。相较旧法“发起人应当书面认足公司章程规定其认购的股份”，新法表述强调公司设立时应发行股份需“全部”认缴与实缴。并且，根据“法无禁止皆自由”的精神，无论发起人在认购股份时采用书面形式或口头形式，其发起设立的行为均有效，如发起人的承诺购买股份的总和小于公司的全部发行股份，将导致发起设立失败。

准确地说，本款的“公司章程”实为“发起人协议”，因为此时公司尚未设立成立，尚在“制订”状态（本法第94条），章程未经本法第104条规定的公司成立大会通过。不过一般而言,发起人协议中公司设立时应发行的股份与章程规定相同,但在权利救济方面有所不同。若发起人未认足公司设立时应发行的股份,应依发起人协议承担相应的违约责任。

2. 第 2 款:募集设立的

募集设立的,发起人仅认购公司设立时所发行股份的一部分,其余的将面向定向募集对象或者面向公众公开募集(区分标准在 200 人),这意味着除发起人外,募集设立的股份公司原始股东包括发起人股东与认股人股东,其中又分为定向募集与公开募集,后者就是 IPO。关于全体发起人认购的股份比例,我国《公司法》一直规定为"公司设立时应发行股份总额的 35%",但是,如果法律、行政法规有其他规定,从之。

第九十八条 【发起人的实缴义务】

发起人应当在公司成立前按照其认购的股份全额缴纳股款。

发起人的出资,适用本法第四十八条、第四十九条第二款关于有限责任公司股东出资的规定。

◉ 立法意旨

本条是关于股份公司发起人应足额缴纳股款的规定。

◉ 条文演变历程

本条最早可追溯至 1993 年《公司法》第 82 ~ 83 条,彼时完全采用实缴制,第 82 条规定"以发起设立方式设立股份有限公司的,发起人以书面认足公司章程规定发行的股份后,应即缴纳全部股款;以实物、工业产权、非专利技术或者土地使用权抵作股款的,应当依法办理其财产权的转移手续。发起人交付全部出资后,应当选举董事会和监事会,由董事会向公司登记机关报送设立公司的批准文件、公司章程、验资证明等文件,申请设立登记"。第 83 条规定"以募集设立方式设立股份有限公司的,发起人认购的股份不得少于公司股份总数的百分之三十五,其余股份应当向社会公开募集"。

2005 年《公司法》采限期认缴制,第 84 条对原第 82 条进行了几处修订:一是区分一次缴纳股款和分期缴纳股款的应缴股款数额;二是用"非货币财产出资"统一"实物、工业产权、非专利技术或者土地使用权抵作股款"等内容;三是明确发起人不缴纳出资的违约责任；四是重新调整董事会应向公司登记机关报送的文件。第85条对原第83条的修订是：删去“其余股份应当向社会公开募集”，而改为“但是，法律、行政法规另有规定的，从其规定”。2013年《公司法》采认缴制，第82条规定“发起人的出资方式，适用本法第二十七条的规定。”第83条将2005年《公司法》第84条修订为“以发起设立方式设立股份有限公司的，发起人应当书面认足公司章程规定其认购的股份，并按照公司章程规定缴纳出资。以非货币财产出资的，应当依法办理其财产权的转移手续。发起人不依照前款规定缴纳出资的，应当按照发起人协议承担违约责任。发起人认足公司章程规定的出资后，应当选举董事会和监事会，由董事会向公司登记机关报送公司章程以及法律、行政法规规定的其他文件，申请设立登记”。

此次修法又改回实缴制，一审稿第100条规定，“发起人应当按照其认购的股份足额缴纳股款。发起人的出资，适用本法第四十三条、第四十四条第二款关于有限责任公司股东出资的规定”。二审稿、三审稿第98条规定，“发起人应当按照其认购的股份足额缴纳股款。发起人的出资，适用本法第四十八条、第四十九条第二款关于有限责任公司股东出资的规定”。最终通过的本条将三审稿第98条第1款修改为“发起人应当在公司成立前按照其认购的股份全额缴纳股款”，第2款则沿袭之。

◉ 条文释义

本条对应旧法第82条和第83条第1款，有内容修订。

1. 第1款：发起人的实缴义务

发起人“应当在公司成立前按照其认购的股份全额缴纳股款”，明确是无论发起设立还是募集设立，发起人应在股份公司成立前全额实缴股款。

对照旧法规定的股份公司适用认缴制，本款属于重大变化条款，本条与本法第96条共同明确股份公司无论发起设立还是募集设立均采用实缴制。

2. 第2款：引致条款

股份公司发起人的出资，适用有限公司股东的部分出资规则，也即本法第48条、第49条第2款，包括：出资方式；非货币出资的评估作价；货币出资的交付与非货币出资办理相应的移转产权手续等。

◉ 比较法规范

《日本公司法》第208条；《韩国商法》第295条。

第九十九条　【发起人的出资连带责任】

发起人不按照其认购的股份缴纳股款，或者作为出资的非货币财产的实际价额显著低于所认购的股份的，其他发起人与该发起人在出资不足的范围内承担连带责任。

◉ 立法意旨

本条是关于股份公司发起人彼此承担出资连带责任的规定。

◉ 条文演变历程

本条最早可追溯至2005年《公司法》第94条，“股份有限公司成立后，发起人未按照公司章程的规定缴足出资的，应当补缴；其他发起人承担连带责任。股份有限公司成立后，发现作为设立公司出资的非货币财产的实际价额显著低于公司章程所定价额的，应当由交付该出资的发起人补足其差额；其他发起人承担连带责任”。2013年《公司法》调整条文序号为第93条。

此次修订，一审稿第101条规定，“发起人不按照其认购的股份缴纳股款或者作为出资的非货币财产的实际价额显著低于所认购的股份的，应当按照发起人协议对其他发起人承担违约责任”，二审、三审稿沿袭之。此修订在于，进一步明确“不按照其认购的股份缴纳股款或者作为出资的非货币财产的实际价额显著低于所认购的股份”未缴纳出资的两种情况。同时，最终通过的新《公司法》删除“应当按照发起人协议对其他发起人承担违约责任”的规定。

◉ 条文释义

（一）本条的四个解读

本条源自旧法第93条，有一定幅度的修订，同时借鉴了《公司法解释三》第13条第3款的规定。解读其义，还需对照本法第50条关于有限公司的规定一并理解。

1. 适用情形：瑕疵出资与出资欺诈

无论是旧法第93条还是本条，以及《公司法解释三》第13条第3款，都强调股份公司发起人的出资连带责任都适用于以下两种情形：

一是出资瑕疵，无论是表述为“股东在公司设立时未履行或者未全面履行出资义务”，还是表述为“发起人不按照其认购的股份缴纳股款”，都是指股东瑕疵出资情形。

二是出资欺诈，也即“作为出资的非货币财产的实际价额显著低于所认购的股份”的情形。

2. 与有限公司的同制度比较

正如本法第 50 条的释义部分已经指出的，根据旧法第 30 条的规定，有限公司发起人（设立时股东）的出资连带责任仅适用于出资欺诈情形，也即“有限责任公司成立后，发现作为设立公司出资的非货币财产的实际价额显著低于公司章程所定价额的”，但是《公司法解释三》第 13 条第 3 款已经将“股东在公司设立时未履行或者未全面履行出资义务”纳入发起人出资连带责任的适用情形，是扩张解释。本法第 50 条承袭了《公司法解释三》第 13 条第 3 款的立法成果，规定有限公司发起人出资连带责任也适用于瑕疵出资与出资欺诈两种情形。至此，有限公司与股份公司的发起人出资连带责任实现了规则同质化。

3. 责任性质

关于发起人出资连带责任的性质，存在不同解读，一种学说认为属于发起人的合伙责任，也即公司设立期间的发起人之间属于一种合伙关系，故而彼此承担连带责任。另一种学说认为这是一种担保责任。本书认同后一种学说，合伙人关系说混淆了公司设立的行为责任与此处的股东个人出资责任：如果说公司设立期间，发起人为公司设立所为的设立行为导致的行为责任，在公司设立失败的时候各个发起人对外承担连带责任，是有道理的，因为设立行为是为合伙共同事业——成立公司而为的；但是此处的发起人对公司的出资责任，属于纯粹的个人义务，用合伙人关系说理解不妥。本条以及本法第 50 条规定任何发起人不按照认购的出资额或者股份缴纳股款，或者作为出资的非货币财产的实际价额显著低于所认购的出资额或者股份，其他发起人承担连带责任予以补足，是为防止发起人通过设立公司来设局欺诈后来加入公司的股东以及公司债权人的防诈措施，在此意义上，各个发起人不仅要对自己认购的出资额/股份对应的出资义务负责，也要对其他发起人承担担保责任，此种担保属于法定的默示担保，类型上属于连带责任保证。

4. 连带责任的范围

与旧法相比，本条增加“在出资不足的范围内”的表述，用于限定连带责任范围，自然更为严谨。

（二）两个悬而未决的问题

1. 请求权人为何

从本条及与本法第 50 条的文义来看，似乎存在相同的立法漏洞，即请求权主体的缺位。《公司法解释三》第 13 条第 1 款、第 2 款规定发起人出资不实连带责任的请求权主体包括公司、其他股东、公司债权人等。未来新的司法解释是否会继续填补这一立法漏洞？尚待观察。

2. 能否追偿

《公司法解释三》第 13 条第 3 款还规定，其他发起人承担连带责任后可以向出资不实的发起人追偿。如何在发起人内部分配公平责任，理论上存在多种选项，尤其在其他发起人兼任负有催缴义务的董事身份时。实践中类似纠纷频发，需要后期司法解释予以明确。

◉ 公司治理操作指南

公司的财产是公司从事生产经营活动的物质条件，也是公司债权人利益的唯一直接担保。在公司设立之时，公司的财产来源于发起人的出资和其他认股人缴纳的股款。其他认股人缴纳的股款，由于是通过代收股款的银行代收的，一般均会足额缴纳，否则，股份公司不能成立。但是，由于发起人是筹办公司设立事务的人，其在筹办设立事务的过程中，可能利用其筹办之便，不按照公司章程的规定足额缴纳其出资，或者对非货币财产出资的部分进行过高评价。这就必然减损公司实有财产，不仅侵害了公司的利益，也损害了债权人的合理预期。因此为保证公司资本确定，更为了防止发起人之间狼狈为奸、沆瀣一气地制造设立公司欺诈，本条规定任何发起人不按照认购的股份缴纳股款，或者作为出资的非货币财产的实际价额显著低于所认购的股份，其他发起人应当承担连带责任予以补足。这一连带责任的设置，一是为了防止全体发起人舞弊行为。二是提示人们谨慎选择合作创业伙伴，因为即便没有发起人的出资欺诈，但由于其经济实力不足而无法履行出资义务的，其他发起人同样承担连带责任，而且这一连带责任是终身制的，不因为发起人后来转让股权、脱离股东资格而消失。

◉ 比较法规范

《日本公司法》第 212 条、第 213 条、第 285 条、第 286 条。

◉ 研究文献

潘林：《论出资不实股东债权的受偿顺位——对最高人民法院典型案例“沙港案”的反思》，载《法商研究》2018 年第 4 期。

第一百条　【招股说明书与认股书】

发起人向社会公开募集股份，应当公告招股说明书，并制作认股书。认股书应当载明本法第一百五十四条第二款、第三款所列事项，由认股人填写认购的股份数、金额、住所，并签名或者盖章。认股人应当按照所认购股份足额缴纳股款。

◉ 立法意旨

本条是关于向社会公开募集股份的发起人必须公告招股说明书并制作认股书的规定。

◉ 条文演变历程

本条最早可追溯至 1993 年《公司法》第 88 条，“发起人向社会公开募集股份，必须公告招股说明书，并制作认股书。认股书应当载明前条所列事项，由认股人填写所认股数、金额、住所，并签名、盖章。认股人按照所认股数缴纳股款”。2005 年修法将该条移至第 86 条，并将“认股书应当载明前条所列事项”改为“认股书应当载明本法第八十七条所列事项”以明确所适用的条文。2013 年修法调整条文序号为第 85 条。

此次修法，一审稿第 102 条将上述关于认股书应当载明的内容所引用的“第八十六条”改为“第一百六十五条第二款、第三款”，即由所引用的“（一）发起人认购的股份数；（二）每股的票面金额和发行价格；（三）无记名股票的发行总数；（四）募集资金的用途；（五）认股人的权利、义务；（六）本次募股的起止期限及逾期未募足时认股人可以撤回所认股份的说明”改为“（一）发行的股份总数；（二）发行面额股的，每股的票面金额和发行价格，发行无面额股的，股份发行价格；（三）募集资金的用途；（四）认股人的权利和义务；（五）股份种类及其权利和义务；（六）本次募股的起止期限及逾期未募足时认股人可以撤回所认股份的说明。公司设立时发行股份的，还应当载明发起人认购的股份数”。此外，因签名与盖章具有同等效力，一审稿统一将所有条文出现的“签名、盖章”字样调整为“签名或者盖章”；为强化股东的出资责任，将“缴纳股款”改为“足额缴纳股款”。二审稿将“第一百六十五条第二款、第三款”修订为“第一百五十四条第二款、第三款”，并将其移至第 100 条。三审稿则调整文字用语，将“必须公告招股说明书”改为“应当公告招股说明书”；将“由认股人填写认购股数”调整为“由认股人填写认购的股份数”，以兹明确，直至形成本条。

◉ 条文释义

本条对应旧法第 85 条，无实质性内容的修订。

1. 招股说明书

在我国公司法语境中，向社会公开募集股份的发起人必须公告招股说明书。招股说明书是指专门表达募集股份的意思并载明有关信息的书面文件，属于要约邀请（《民法典》第 473 条）。之所以要求公告招股说明书，其目的在于让社会公众知晓发起人募集股份的意图并了解信息，进而吸引社会公众认购股份。此外，信息的公开也有助于认股人等进一步了解公司的情况，从而有利于保护投资者的合法权益，防止发起人或公司违法募股。

本条未明确规定公告招股说明书的具体方式，从《证券法》等相关规定看，设立股份公司公开发行股票，应当向证监会报送招股说明书等有关文件，经证监会注册后才能向社会公开募集，依法披露的信息应当在证监会指定的媒体发布，同时将其置备于公司住所、证券交易所，供社会公众查阅。

需要指出的是，《证券法》规定向不特定对象发行证券以及累计向超过 200 人的特定对象发行证券，都属于公开发行。本条规定的向社会公开募集股份，仅指《证券法》规定的向不特定对象发行证券也即向社会公众发行证券，而不包括累计向超过 200 人的特定对象发行证券这一情形。

2. 认股书

认股书属于公司与认股人之间的合同文本，关于认股书的主要条款，是指本法第 154 条第 2 款、第 3 款所列的招股说明书的 7 个事项。一旦认股人填写了认股数额、金额、住所等且签名（盖章），认股合同即告成立。认股合同乃是诺成、双务、有偿合同，认股人的义务是出资给公司，对应权利是取得相应的股权。

3. 认股人的实缴义务

认股合同成立生效后，认股人应当依约实缴股款。这样，本条末句连同本法第 98 条第 1 款，完成了股份公司的实缴制制度构建：无论是发起人抑或认股人，都负有认股后的实缴义务。

◉ 公司治理操作指南

发起人向社会公开募集股份是一件大事，头绪繁杂，应该确保合法、合规地进行。发行人一要公告招股说明书，详细列明公司的基本情况、经营状况、财务状况、募集资金用途等信息，以便投资者了解公司情况；二要制作认股书，认股书是投资者认购股份的凭证，载明本法第 154 条第 2 款、第 3 款所列各事项。

认股人应在认股书上填写相关信息并签名或者盖章确认，按照所认购股份的金额足额缴纳股款。发起人一要委托银行代收认股人的股款；二要确保认股人已足额缴纳股款，并在股款缴纳完毕后向认股人出具收据，载明认股人的姓名或名称、认购的股份数、金额、缴纳的股款等信息；三要定期公布募集资金的使用情况，以便投资者了解募集资金的使用情况和公司的经营状况。

◉ 比较法规范

《日本公司法》第 58 条、第 59 条、第 199 条、第 203 条、第 208 条；《韩国公司法》第 301 条、第 302 条、第 303 条、第 304 条、第 305 条；《英国 2006 年公司法》第 555 条；中国台湾地区“公司法”第 252 条、第 253 条、第 254 条。

第一百零一条　【公开募集股份公司的验资】

向社会公开募集股份的股款缴足后，应当经依法设立的验资机构验资并出具证明。

◉ 立法意旨

本条是关于公开募集股份公司的验资程序的规定。

◉ 条文演变历程

本条最早可追溯至 1993 年《公司法》第 91 条，“发行股份的股款缴足后，必须经法定的验资机构验资并出具证明。发起人应当在三十日内主持召开公司创立大会。创立大会由认股人组成。发行的股份超过招股说明书规定的截止期限尚未募足的，或者发行股份的股款缴足后，发起人在三十日内未召开创立大会的，认股人可以按照所缴股款并加算银行同期存款利息，要求发起人返还”。2005 年《公司法》第 90 条新增“须经依法设立的验资机构验资并出具证明”的规定，主持召开创立大会的时间改为“股款缴足之日起三十日内”，强调于股款缴足时起算 30 日期限，同时将创立大会的成员明确为发起人与认股人。2013 年修法调整条文序号为第 89 条。

此次修法，一审稿为配合体系架构的调整，将其移至第 103 条，并将“发行”改为“向社会公开募集”；删除本条关于召开创立大会的规定，改由第 105 条第 1 款规定。二审稿配合规范体系架构的调整，将其移至第 101 条，未变动内容，创立大会的规定则改由第 103 条第 1 款规定。三审稿简略调整二审稿第 101 条的文字，将“必须”改为“应当”，直至形成本条。

◉ 条文释义

本条对应旧法第 89 条第 1 款，无实质内容修改。

公开募集设立股份公司，采实缴制，遵循最低资本制规则。无论是发起人抑或认股人的出资，最终都需要经过验资程序，即在股款缴足后由收款银行出具缴纳出资的证明，以保证公司资本的足额、真实、合法，并且防止虚假出资。此规则不适用于有限公司、发起设立股份公司以及定向募集设立股份公司。对此，《国务院注册资本登记管理制度规定（征求意见稿）》第 2 条有详细总结。

◉ 比较法规范

《韩国公司法》第 305 条；《英国 2006 年公司法》第 556 条；中国台湾地区“公司法”第 7 条。

第一百零二条 【股份公司的股东名册】

股份有限公司应当制作股东名册并置备于公司。股东名册应当记载下列事项：

（一）股东的姓名或者名称及住所；

（二）各股东所认购的股份种类及股份数；

（三）发行纸面形式的股票的，股票的编号；

（四）各股东取得股份的日期。

◉ 立法意旨

本条是关于股份公司制作并置备股东名册的规定。

◉ 条文演变历程

本条最早可追溯至 1993 年《公司法》第 134 条，“公司发行记名股票的，应当置备股东名册，记载下列事项：（一）股东的姓名或者名称及住所；（二）各股东所持股份数；（三）各股东所持股票的编号；（四）各股东取得其股份的日期。发行无记名股票的，公司应当记载其股票数量、编号及发行日期”。此后的历次修法仅有条文序号调整，没有内容变化。

此次修法，一审稿第 104 条删除发行无记名股票的规定，删除“发行无记名股票的,公司应当记载其股票数量、编号及发行日期”,同时明确股东名册应置备于公司,但股份在依法设立的证券登记结算机构登记的除外,明确应记载股份种类,明确只有用纸面形式发行的股票需要记载股票的编号。二审稿删除股份在依法设立的证券登记结算机构登记无须制作股东名册的例外,并调整条文序号为第 102 条。三审稿承袭之,直至形成本条。

◉ 条文释义

1. 记名股

本法第 147 条第 2 款规定股份公司“发行的股票,应当为记名股票”,取消无记名股票;旧法第 140 条规定“无记名股票的转让,由股东将该股票交付给受让人后即发生转让的效力”也被一并删除;同时本法第 149 条第 2 款第 3 项规定纸面形式的股票应当载明的事项新增“股票种类”,第 3 款明确纸面形式的股票还要记载股票的编号。

至此,记名股是指将股东的姓名或名称记载于股东名册和股票票面之上的股份。此种股份的特征在于股权的行使具有较强的属人特征,若股票实际持有人非股东名册和股票上记载之人,则无资格行使股东权。

2. 股东名册

在记名股的背景下,股份公司有条件也有必要制作且置备股东名册。股东名册反映股东个人信息和各股东所持股份情况,其上的信息记载既是股东向公司主张权利的重要依据,又是公司向股东履行义务的重要依据。例如,召开股东会或进行公司分红等事宜需要直接通知股东的,公司只需按图索骥即可,由此可见公司制作且置备股东名册这一法定簿册的重要性。再如,本法第 110 条第 1 款规定股份公司股东可以查阅且复制股东名册,股东的这一知情权的实现显然是以公司制作且置备股东名册为前提的。

◉ 比较法规范

《日本公司法》第 121 条;《韩国公司法》第 302 条;《德国股份法》第 67 条;《英国 2006 年公司法》第 113 条;中国台湾地区“公司法”第 169 条。

◉ 研究文献

1. 周昌发:《股东资格认定的制度检讨与理路调适》,载《法商研究》2023 年第 3 期。

2. 葛伟军:《实际股东的学理解释及主要类型》,载《法学》2023 年第 2 期。

3. 葛伟军:《股权代持的司法裁判与规范理念》,载《华东政法大学学报》2020 年第 6 期。

4. 王毓莹:《股权代持的权利架构——股权归属与处分效力的追问》,载《比较法研究》2020 年第 3 期。

◉ 典型案例

云南滇资生物产业有限公司与孙某案外人执行异议之诉①

1. 案情简介

2017 年 4 月 1 日,云南滇资生物产业有限公司(以下简称滇资公司)与被执行人临沧凌丰产业(集团)有限公司(以下简称凌丰公司)签订了《股权转让协议》,以 200 万元受让凌丰公司在临沧临翔沪农商村镇银行股份有限公司(以下简称农商行)的普通股 200 万股。

同年 4 月 13 日,滇资公司向凌丰公司转账支付了 200 万元转让款。4 月 22 日,农商行向滇资公司出具了《股权证》,农商行 2017 年度股东名册中记载滇资公司持有其 200 万股股份,国家企业信用信息公示系统显示滇资公司股权变更日期为同年 4 月 22 日,公示时间为同年 10 月 19 日。

同年 8 月 28 日,黄某飞出具的《承诺书》载明,其作为滇资公司的法定代表人持有农商行 4% 的股份,同意作为农商行第二届监事会监事拟任人。9 月 28 日,农商行向原中国银行业监督管理委员会临沧分局(以下简称临沧分局)就选举黄某飞为该行监事作出报告。

同年 8 月 31 日,农商行向临沧分局就凌丰公司股权转让及受让人滇资公司资格作出报告。

2018 年 5 月 10 日、2019 年 4 月 18 日,滇资公司派员参加了该行 2017 年度、2018 年度股东大会并参与会议审议事项的表决。

因孙某与凌丰公司民间借贷纠纷案,一审法院根据孙某申请裁定查封、扣押、冻结凌丰公司等价值 1300 万元、3000 万元的财产。一审法院于 2017 年 7 月 11 日向临沧市工商局发出协助执行通知书,冻结案涉股份。滇资公司以标的股份所有人向一审法院提出执行异议,请求中止执行标的股份,一审法院于 2018 年 2 月 27 日作出执行裁定,驳回滇资公司的异议请求,滇资公司遂提起案外人执行异议之诉。

2. 裁判要旨

法院认为,案涉股份已经完成权属转移,滇资公司也已实际行使股东权利。股份系股东对公司享有各种权利的集合,主要权利为基于股东资格所获得的对公司享有的财产利益和管理权利。2018 年《公司法》第 139 条第 1 款规定:"记名股票,由股东以背书方式或者法律、行政法规规定的其他方式转让;转让后由公司将受让人的姓名或者名称及住所记载于股东名册。"第 130 条第 1 款规定:"公司发行记名股票的,应当置备股东名册,

① 参见最高人民法院民事判决书,(2020)最高法民再 324 号。

记载下列事项:(一)股东的姓名或者名称及住所;(二)各股东所持股份数;(三)各股东所持股票的编号;(四)各股东取得股份的日期。”因此,非上市股份公司股份权属的转移应当自背书完成或记载于股东名册时即发生效力。就该案而言,农商行的股份持有采取股权证形式,股权证是证明股东持有该行股份的书面凭证,在案涉强制执行措施作出前的2017年4月22日,农商行已经向滇资公司出具了《股权证》,农商行2017年度股东名册中也记载了滇资公司持有200万股,案涉股份的权利已经转移给滇资公司。而且案涉股份权利转移后不久,农商行即提出由滇资公司法定代表人黄某飞担任该行监事的建议,结合农商行所提交的2017年度、2018年度召开股东大会的签到表和股东大会决议所载滇资公司参加股东大会及行使表决权的事实,应当认定农商行已认可滇资公司的股东身份,滇资公司也完成了法律所要求的案涉股份权属转移的要件,合法继受取得了案涉股份。

3.案件评析

股东名册对于股东资格的认定和股权的归属问题具有推定效力。在该案中,股东名册记载是法院判断股权归属的重要依据。需要注意的是,该案纠纷系因公司外第三人孙某与股权转让人凌丰公司的民间借贷纠纷而提起的股权冻结问题,且孙某正是基于凌丰公司系农商行工商公示的发起人、股东,认为其有债务履行能力才同意放贷,但农商行2017年度股东名册中也记载了滇资公司持有200万股,案涉股份的权利已经转移给滇资公司。因此该案股东资格认定问题并非仅在公司内部,股东名册、工商登记等股东资格认定的形式要件尤应重视。当出现工商登记与股东名册不一致情况时,法院应通过是否实际出资以及行使股东权利等实质要件辅助判断,即以滇资公司是否已经履行股东权利这一实质要件判断案涉股份的权属。

第一百零三条 【股份公司的成立大会】

募集设立股份有限公司的发起人应当自公司设立时应发行股份的股款缴足之日起三十日内召开公司成立大会。发起人应当在成立大会召开十五日前将会议日期通知各认股人或者予以公告。成立大会应当有持有表决权过半数的认股人出席,方可举行。

以发起设立方式设立股份有限公司成立大会的召开和表决程序由公司章程或者发起人协议规定。

◉ 立法意旨

本条是关于募集设立、发起设立股份公司的成立大会召开的时间、组成的规定。

◉ 条文演变历程

本条最早可追溯至1993年《公司法》第91条第1款,“发行股份的股款缴足后,必须经法定的验资机构验资并出具证明。发起人应当在三十日内主持召开公司创立大会。创立大会由认股人组成”。2005年修法移至第90条,将创立大会的成员明确为发起人及认股人。2013年修法调整条文序号为第89条。

此次修法,一审稿将募集股份股款缴足后的验资程序及召开成立大会分别规定在第103条、第105条第1款,并作了以下调整:删除“创立大会由发起人、认股人组成”的规定;将“设立大会”统一改为“成立大会”;将“通知各认股人”改为“通知各股东”;将“股份总数过半数”改为“表决权过半数”。第105条第2款新增:“以发起设立方式设立股份有限公司成立大会的召开和表决程序由公司章程或者发起人协议规定”,使得发起设立的股份公司可自行约定成立大会的召开和表决程序,赋予较大的自治权限。二审稿为配合规范体系架构的调整,将一审稿第105条移至第103条,未变动条文内容。审议通过本条时,最终将“成立大会应当有持有表决权过半数的股东出席”改为“成立大会应当有持有表决权过半数的认股人出席”,以臻于精确。

◉ 条文释义

本条对应旧法第89条第1款、第90条第1款,有内容修订。

1. 从创立大会到成立大会

自1993年以来,公司立法用语一直是“创立大会”,此次修改为“成立大会”,更契合公司因发起设立而成立的事实。

2. 两类成立大会

募集设立的,由于涉及发起人与认股人两类未来的股东群体,尤其在公开募集的情形下,认股人还是社会公众,所以立法侧重于对其成立大会召开与表决程序的规制;反之,发起设立的,仅有发起人股东一个群体,所以对其成立大会的召开与表决程序,留给发起人意思自治。本条的两个条款分别对应两类设立方式下的成立大会,详略一看便知,其立法背景大概如此。

3. 第1款:募集设立的成立大会

本款明确三项内容:

(1)召开时间:自公司设立时应发行股份的股款缴足之日起30日内召开。

(2)会议通知与公告:在成立大会召开15日前将会议日期通知各认股人或者予

以公告。这一要求规格相当于有限公司召开股东会的提前通知时间。

(3)会议定足数:应当有持有表决权过半数的认股人出席。募集设立具有一定的公众性,其成立大会的参与人应尽可能具有广泛性,故明确要求“过半数的认股人出席”。反观发起设立的股份公司无此强制要求。注意两个细节,一是此处是表决权过半数的认股人,而不是持有股份过半数的认股人,差距在于股份公司可能发行有类别股,导致这两个概念有所不同;二是此处的认股人是广义上的,是指所有认购了公司已发行股份的主体,包括发起人与认股人(狭义)。

4. 第2款:发起设立的成立大会

第2款属于新增条款。由此明确,发起设立股份公司也要召开成立大会,但其召开与表决程序,法律不作要求,授权公司章程或发起人协议自定即可。

◉ 公司治理操作指南

1. 募集设立成立大会的严谨程序

募集设立股份公司的发起人在应发行股份的全部股款缴足后,必须在30日内组织召开成立大会。这意味着发起人需密切关注股款筹集进度,确保在资金到位后的规定期限内启动成立大会筹备工作。

全体发起人是成立大会的召集人,可以公推一人为主持人(一般是未来的董事长),至少在成立大会召开前15日将会议召开日期、时间、地点以书面或其他有效方式通知所有认股人。如认股人数量众多或分散,要选择通过权威媒体或指定信息披露平台进行公告,以保证所有认股人均有机会知悉并参加大会。

为了保证成立大会的有效性,持有表决权的认股人的过半数出席方可满足会议定足数的要求,并对相关事项进行审议和表决。发起人需要提前做好沟通联络工作,促使尽可能多的认股人参会。

2. 发起设立成立大会的程序自定义

发起设立的股份公司与有限公司的设立并无实质区别,其成立大会的召开、表决程序并非严格按照统一的法律规定执行,可以根据公司章程或发起人协议进行灵活设定,降低设立成本。实际操作时,发起人应坚持规范程序,如详细记录通知送达情况,确保会议召集程序合法合规,准备齐全的会议资料,包括但不限于筹备工作报告、公司章程草案、董事监事候选人名单等。同时,发起人应确保会议依法公开透明,保障全体发起人的参会权、表决权不受侵害。

◉ 比较法规范

《日本公司法》第65条、第67条、第68条;《韩国公司法》第308条、第363条第

1 款和第 2 款;《美国特拉华州普通公司法》第 108 条;《美国模范商业公司法》第 2.05 节;中国台湾地区"公司法"第 143 条、第 144 条。

◉ 研究文献

1. 张其鉴:《股东出资义务约定性及其限制的命题确立与运用——基于债法与公司法二元系统的分析》,载《华东政法大学学报》2023 年第 3 期。

2. 吴至诚:《违法无效合同不当得利返还的比例分担——以股权代持为中心》,载《中外法学》2021 年第 3 期。

3. 曲伶俐:《新〈公司法〉下的虚报注册资本罪新论》,载《政法论丛》2006 年第 4 期。

第一百零四条 【公司成立大会的职权】

公司成立大会行使下列职权:

(一)审议发起人关于公司筹办情况的报告;

(二)通过公司章程;

(三)选举董事、监事;

(四)对公司的设立费用进行审核;

(五)对发起人非货币财产出资的作价进行审核;

(六)发生不可抗力或者经营条件发生重大变化直接影响公司设立的,可以作出不设立公司的决议。

成立大会对前款所列事项作出决议,应当经出席会议的认股人所持表决权过半数通过。

◉ 立法意旨

本条是关于股份公司成立大会的职权的规定。

◉ 条文演变历程

本条最早可追溯至 1993 年《公司法》第 92 条第 2 款、第 3 款。2005 年修法移至第 91 条,并将创立大会的决议程序改为"必须经出席会议的认股人所持表决权过半数通过"。2013 年修法仅将条文序号调整为第 90 条。此次修法,一审稿为配合体系架构的调整,移至第 106 条,将"创立大会"统一调整为"成立大会",并将第 1 款第 3 项、第 4 项内容整并为"选举董事、监事"。二审稿配合规范体系架构的调整,移至第 104 条,未变动条文内容。三审稿将第 2 款的"必须"改为"应当"。审议通过本条时，将第1款第5项的“对发起人用于抵作股款的财产的作价进行审核”改为“对发起人非货币财产出资的作价进行审核”。

◉ 条文释义

本条对应旧法第90条第2款、第3款，只有文字性调整，无实质内容修改。

（一）成立大会及其决议

本条调整的是股份公司的成立大会，而非股东会会议。成立大会类似（孕育中的）股东会会议，作出的决定也叫决议。初步总结，公司法上有7种决议：股东会决议；董事会决议；监事会决议；审计委员会等专门委员会决议；债券持有人会议决议；类别股股东会决议；股份公司成立大会决议；等等。本法第25～27条分别规定决议不成立、可撤销、无效等，但其文义上的适用对象仅为股东会决议、董事会决议，实际上，任何决议都存在效力瑕疵之诉。成立大会与股东会会议具有高度同质性，参与主体均为股东（认股人），均有权选任董监事，故成立大会决议准用股东会决议的效力规则。

（二）第1款：成立大会的职权

本款穷尽式列举了6项成立大会的法定职权，均与公司成立事项息息相关。成立大会，顾名思义，是决定公司成立与否的会议，也是股份公司设立过程中的最后一次决定性行为。本款列举的6项法定职权均是对公司设立行为的重要事项以及是否成立公司的一锤定音。

1. 第一、四、五项职权，属于财务方面的议决事项，都是针对发起人的，包括对于发起人所为的设立行为（筹办情况）、设立费用、非货币出资作价，无论是审议抑或审核，都意在发现发起人是否存在舞弊。实际上，发起人就设立行为对设立中的公司负有勤勉、忠实义务，如有过错导致设立中公司（将来的公司）损失，公司成立后可以请求赔偿。反之，如果成立大会经过审议、审核后予以认可，也是对发起人的设立行为的认可。

2. 第二项职权，通过公司章程。无论发起设立还是募集设立，股份公司的初始章程都由发起人“制订”也即起草章程草案（本法第94条），最后都要交付各自的成立大会表决以简单多数决通过，完成章程的“制定”。区别在于，发起设立的成立大会由全体发起人组成，募集设立的成立大会由发起人与认股人共同组成，在此意义上，前者通过章程草案毫无悬念，但后者通过章程草案还是存在理论上的风险。

3. 第三项职权，选举产生首届非职工董事、监事，以组成公司首届董事会、监事会。

4. 第六项职权，说明成立大会的决议可以是积极的（决定公司成立），也可以是消极的(决定公司不成立)。

(三)第2款:成立大会的多数决

本款规定了简单多数决:出席会议的认股人(包括发起人及狭义认股人)所持表决权的过半数。结合本法第103条,募集设立的股份公司成立大会应当有持有表决权过半数的认股人出席方可举行,那么成立大会有效决议需要"双过半"条件——出席认股人持有表决权过半数、出席会议的认股人所持表决权过半数通过,前者的计算基数是公司设立时发行股份数的表决权,后者的计算基数是出席会议认股人股份数的表决权。

◉ 公司治理操作指南

最后指出,股份公司的初始章程与有限公司存在根本区别:后者的初始章程基于全体股东的合意(一致决),本法第45条规定设立有限公司,股东共同制定章程;但前者初始章程是多数决的表意结果,本条与第94条规定的股份公司"全体发起人制订章程"遥相呼应——发起人仅提出章程草案(制订),最终决定权在于发起人、认股人共同参加的公司成立大会。

◉ 比较法规范

《日本公司法》第73条;《韩国公司法》第309条、第311条、第312条、第313条、第316条;《美国特拉华州普通公司法》第108条;中国台湾地区"公司法"第145条、第146条、第151条。

◉ 研究文献

1. 许中缘:《论发起人对公司设立中债务的承担》,载《法学》2021年第12期。

2. 韩长印:《共同法律行为理论的初步构建——以公司设立为分析对象》,载《中国法学》2009年第3期。

第一百零五条 【不得抽回股本】

公司设立时应发行的股份未募足,或者发行股份的股款缴足后,发起人在三十日内未召开成立大会的,认股人可以按照所缴股款并加算银行同期存款利息,要求发起人返还。

发起人、认股人缴纳股款或者交付非货币财产出资后,除未按期募足股份、发起人未按期召开成立大会或者成立大会决议不设立公司的情形外,不得抽回其股本。

◉ 立法意旨

本条是关于股份公司设立失败时,发起人对认股人的连带责任的规定。

◉ 条文演变历程

本条第1款最早可追溯至1993年《公司法》第91条第2款,“发行的股份超过招股说明书规定的截止期限尚未募足的,或者发行股份的股款缴足后,发起人在三十日内未召开创立大会的,认股人可以按照所缴股款并加算银行同期存款利息,要求发起人返还”。2005年修法移至第90条第2款,2013年调整为第89条第2款,但均未变动条文内容。

本条第2款最早可追溯至1993年《公司法》第93条,“发起人、认股人缴纳股款或者交付抵作股款的出资后,除未按期募足股份、发起人未按期召开创立大会或者创立大会决议不设立公司的情形外,不得抽回其股本”。2005年修法移至第92条,2013年调整为第91条,也均未变动条文内容。

此次修法,一审稿配合体系架构的调整,将前述第89条第2款、第91条一并移至第107条,将“创立大会”调整为“成立大会”,将旧法第89条第2款规定“发行的股份超过招股说明书规定的截止期限尚未募足的”改为“应发行的股份”,此表述更符合授权资本制。二审稿、三审稿均沿袭之,只将条文序号调整为第105条。最后审议通过时,将第2款“交付抵作股款的出资后”改为“交付非货币财产出资后”,以更符合授权资本制的表述。

◉ 条文释义

本条对应旧法第89条第2款、第91条,无实质内容修改。

(一)第1款:设立失败,发起人的连带责任

1. 设立失败三种情形

无论是发起设立还是募集设立,股份公司设立充满风险性,最终导致公司设立失败的有三种情形,一是公司设立时应发行的股份未募足;二是发行股份的股款缴足后,发起人在30日内未召开成立大会的;三是成立大会决议不设立公司(详见本条第2款)。其中,前两种情形与后一种情形的处理结果是不一样的,因为前两种情形,立法默认发起人负有某种责任,或者说具有某种过错。

2. 发起人的连带责任

对于上述前两种情形下的设立失败,认股人可以按照所缴股款并加算银行同期存款利息,要求发起人返还;发起人为多人的,承担连带责任。本款规定的发起人连

带责任，实为发起人的设立行为连带责任在此场景下的具体适用。这一连带责任的具体依据，来自本法第107条的规定，“本法第四十四条、第四十九条第三款、第五十一条、第五十二条、第五十三条的规定，适用于股份有限公司”。其中，第44条第2款规定：“公司未成立的，其法律后果由公司设立时的股东承受；设立时的股东为二人以上的，享有连带债权，承担连带债务。”据此，公司未成立的，发起人与认股人之间的关系非股权关系，而为债权关系，故本条是第44条发起人连带责任在募集设立股份公司设立失败场合下的具体适用。

可见，本款的责任仅适用于募集设立股份公司。

（二）第2款：设立成功，禁止抽回股本

本款的规定适用于所有的股份公司，包括发起设立与募集设立。

依照本法第107条的规定，第53条第1款关于有限公司“公司成立后，股东不得抽逃出资”的规定也适用股份公司。这是公司独立人格、独立财产的必然要求，也是资本法定制中的“资本维持”基本要求。本款属于不得抽回出资的禁止性规定适用于股份公司的具体体现。

本款的立法技巧在于，首先针对“发起人、认股人缴纳股款或者交付非货币财产出资后”的行为模式，然后使用“未按期募足股份、发起人未按期召开成立大会或者成立大会决议不设立公司的情形”等消极性三种场景表述，实际上指向的就是反面——股份公司设立成功的场景或前提，然后顺理成章地得出法律后果——不得抽回其股本。

值得玩味的是，本款使用“不得抽回”而非“不得抽逃”的用语，极其精确，因为本款的应用场景并非公司成立后的场合。对此，读者自可品味之。

◉ 公司治理操作指南

本条第1款规定了募集设立情形下发起人对认股人的连带责任，这一设置对于防止设立公司骗局至关重要。同时也再次提醒股份公司的发起人，慎重选择创业伙伴（发起人），一旦出现个别发起人将认股人的股权款卷走的场景，倒霉的将是其他发起人。

由于公开募集股份的股份由券商承销（本法第155条）、股权款并不直接交付给发起人掌握，而是由银行代收（本法第156条），所以认股人的股权款被发起人卷走的可能性不大，但在非公开募集股份的情形下，就另当别论了。所以，发起人之间作为合伙人关系的相互监督是必要且重要的。

◉ 比较法规范

《英国2006年公司法》第586条;《美国模范商业公司法》第6.20节;中国台湾地区"公司法"第152条、第153条。

◉ 研究文献

1. 王毓莹:《论禁止抽逃出资规则的规范定位》,载《比较法研究》2023年第5期。

2. 吴飞飞:《资本维持原则的当下意蕴及其对偿债能力测试的借鉴》,载《政法论坛》2023年第4期。

3. 张其鉴:《股东出资义务约定性及其限制的命题确立与运用——基于债法与公司法二元系统的分析》,载《华东政法大学学报》2023年第3期。

4. 吴至诚:《违法无效合同不当得利返还的比例分担——以股权代持为中心》,载《中外法学》2021年第3期。

5. 张保华:《分配概念解析——兼评〈公司法司法解释(三)〉中的抽逃出资》,载《政治与法律》2011年第8期。

第一百零六条　【董事会申请设立登记的义务】

董事会应当授权代表,于公司成立大会结束后三十日内向公司登记机关申请设立登记。

◉ 立法意旨

本条是关于首届董事会在成立大会决议成立公司后的申请设立登记义务的规定。

◉ 条文演变历程

本条最早可追溯至1993年《公司法》第94条,"董事会应于创立大会结束后三十日内,向公司登记机关报送下列文件,申请设立登记:(一)有关主管部门的批准文件;(二)创立大会的会议记录;(三)公司章程;(四)筹办公司的财务审计报告;(五)验资证明;(六)董事会、监事会成员姓名及住所;(七)法定代表人的姓名、住所"。2005年《公司法》第93条第1款规定,"董事会应于创立大会结束后三十日内,向公司登记机关报送下列文件,申请设立登记:(一)公司登记申请书;(二)创立大会的会议记录;(三)公司章程;(四)验资证明;(五)法定代表人、董事、监事的任职文件及其身份证明;(六)发起人的法人资格证明或者自然人身份证明;(七)公司住所证明",并增加第2款规定,"以募集方式设立股份有限公司公开发行股票的,还应当向公司登记机关报送国务院证券监督管理机构的核准文件”。2013 年修法调整条文序号为第 92 条，未变动条文内容。

此次修法，一审稿为配合体系架构的调整，移至第 108 条；将“创立大会”调整为“成立大会”。且因董事会无法作为民事主体自行向登记机关申请设立登记，故新增“董事会应授权代表”的规定。删除原第 92 条第 1 款罗列的应报送公司登记机关的文件，因《市场主体登记管理条例》已有申报文件的规定，原第 92 条第 2 款“以募集方式设立股份有限公司公开发行股票的，还应当向公司登记机关报送国务院证券监督管理机构的核准文件”也一并删除。二审稿配合规范体系架构的调整，移至第 106 条，未变动条文内容。三审稿为配合文字用语之统一，将“应授权代表”改为“应当授权代表”，直至形成本条。

◉ 条文释义

本条对应旧法第 92 条第 1 款，增加“董事会应当授权代表”，申请设立登记的义务具体到个人，更具执行性；同时删除关于报请文件的列举，交由《市场主体登记管理条例》规定，避免公司法典内容的琐碎。

需要指出的是，此处的“代表”并非指法定代表人，准确地讲应为“授权代理人”，可为一人，也可为多人。

◉ 公司治理操作指南

股份公司首届董事会负有申请公司设立登记的义务，是一项勤勉义务的规定。在公司成立大会结束后，董事会应尽快确定授权代表，并告知所有董事和相关人员。董事会授权代表可以是一名也可以是多名，作为执行公司设立事务的人员负责向登记机关申请设立登记。

该代表应具备相应的法律知识和业务能力，能够理解和执行设立登记的程序和要求：应在公司成立大会结束后的 30 日内向登记机关提交设立登记申请；申请时应提供公司章程、股东会决议、发起人协议等相关文件；申请提交后，该代表应与登记机关保持密切联系，确保登记过程的顺利进行，如有问题或需要补充材料，及时处理或提供所需材料；设立登记完成后，公司应收到营业执照或其他证明文件，证明公司依法成立。董事会应妥善保管这些文件，确保在必要时能够提供给相关人员查阅。

设立登记完成后，公司按照相关法律法规和公司章程的规定开展经营活动。

◉ 比较法规范

《美国模范商业公司法》第 7.07 节。

第一百零七条　【股份公司设立责任与股东资本充实责任】

本法第四十四条、第四十九条第三款、第五十一条、第五十二条、第五十三条的规定，适用于股份有限公司。

◉ 立法意旨

本条是关于股份公司引致有限公司规定、确立股份公司的设立责任与股东资本充实责任的规定。

◉ 条文演变历程

本条系新增条款。值得注意的是，《公司法》历次修订稿中股份公司的资本充实责任适用范围总体呈现扩张趋势。例如，一审稿和二审稿适用两个条文，三审稿适用4个条文，而最终通过的新《公司法》适用5个条文。还需要注意的是，“发起人的出资连带责任”规定在第99条，不再适用第50条。

◉ 条文释义

本条是新增条款，也是系统性引致条款。

本条系统总结在公司设立与出资的领域，股份公司适用有限公司的若干条款。需注意，此处属“适用”而非“类推适用”的准用，这表明两类公司的资本规制是同一套规则，这是两类公司制度同质化的又一“证据”。

具言之，本法第44条规定公司设立责任，第49条第3款规定瑕疵出资股东的损失赔偿责任，第51条规定董事会催缴义务，第52条规定董事催告失权，第53条规定抽逃出资。以上5个条文的释义部分，前文已经分别提及有限公司、股份公司制度同质化的课题。

第一百零八条　【有限公司变更为股份公司的资本规则的规定】

有限责任公司变更为股份有限公司时，折合的实收股本总额不得高于公司净资产额。有限责任公司变更为股份有限公司，为增加注册资本公开发行股份时，应当依法办理。

◉ 立法意旨

本条是关于有限公司变更为股份公司的资本规则的规定。

◉ 条文演变历程

本条最早可追溯至1993年《公司法》第99条，“有限责任公司依法经批准变更为股份有限公司时，折合的股份总额应当相等于公司净资产额。有限责任公司依法经批准变更为股份有限公司，为增加资本向社会公开募集股份时，应当依照本法有关向社会公开募集股份的规定办理”。2005年《公司法》第96条规定，“有限责任公司变更为股份有限公司时，折合的实收股本总额不得高于公司净资产额。有限责任公司变更为股份有限公司，为增加资本公开发行股份时，应当依法办理”。此处的修改包括：将原先“折合的股份总额应当相等于公司净资产额”修改为“折合的实收股本总额不得高于公司净资产额”，使公司变更后公司资产仍然充实；又因募集设立包括向社会公开募集与向特定对象募集，故将“为增加资本向社会公开募集股份时，应当依照本法有关向社会公开募集股份的规定办理”，调整为“为增加资本公开发行股份时，应当依法办理”，所谓依法办理，则指向《证券法》的相关规定。2013年修法调整条文序号为第95条，没有内容变化。

本次《公司法》修订的一审稿、二审稿及三审稿与旧法相比均未变动，最终通过的新《公司法》就“为增加资本公开发行股份时，应当依法办理”中的“资本”修订为“注册资本”，更加准确。

◉ 条文释义

本条对应旧法第95条，“增加资本”修改为“增加注册资本”，仅有文字变动。

1. 第1句：实收股本总额之折合

依照本法第12条的规定，有限公司与股份公司的组织形式可以相互转化。其中，有限公司转换为股份公司时，由于股份公司采实缴制，所以实收股本总额自然不得超过有限公司的净资产额。所谓净资产额，即公司总资产中的所有者权益部分，也就是资产总额减去负债总额之数额。所有者权益包含实收资本、股份、资本公积、盈余和未分配利润等。若折合后的实收股本总额大于公司净资产，说明该公司前期经营是累计亏损的，要坚守资本维持原则与股份公司的实缴制要求，为避免导致公司价值之虚增，从而导致股东权益虚增，影响债权人之利益，公司法禁止经营不佳的有限公司变更为股份公司。

2. 第2句：注册资本之增加

本句实为一个引致条款。有限公司变更为股份公司，可能因有扩大经营之必要而须增加注册资本，若其公开发行股份，自然依照《证券法》等法律法规办理。

第一百零九条 【股份公司置备文件资料】

股份有限公司应当将公司章程、股东名册、股东会会议记录、董事会会议记录、监事会会议记录、财务会计报告、债券持有人名册置备于本公司。

◉ 立法意旨

本条是关于股份公司重要文件资料的置备的规定。

◉ 条文演变历程

本条最早可追溯至1993年《公司法》第101条，“股份有限公司应当将公司章程、股东名册、股东大会会议记录、财务会计报告置备于本公司”。2005年《公司法》第97条规定，“股份有限公司应当将公司章程、股东名册、公司债券存根、股东大会会议记录、董事会会议记录、监事会会议记录、财务会计报告置备于本公司”。2013年调整序号为第96条。此次修法，将“债券持有人名册”替换为“公司债券存根”。

◉ 条文释义

本条对应旧法第96条。

公司法要求股份公司置备以上7种重要文件资料在公司，是为了随时满足股东主动知情权的需要，也是公司治理规范的应有之义。

◉ 公司治理操作指南

股份公司重要文件资料的置备在实务中可能会遇到以下问题：

1. 资料存储和管理。股份公司需要置备的重要文件资料，本条规定为7类，公司章程还可以扩展其范围。这些资料可能涉及大量的纸质或电子文档，需要有专门的存储和管理系统来确保资料的安全性、完整性和可查询性。

2. 资料更新和维护。由于公司运营和治理的持续性，这些重要资料需要不断更新和维护。例如，股东名册需要随着股东的变化而更新，财务会计报告需要按照会计周期进行编制和更新。这要求公司有专门的人员和流程来负责这些资料的更新和维护工作。

3. 资料查询和提供。根据法律法规和公司章程的规定，股东、债权人等利益相关者有权查询公司的某些重要资料。因此，公司需要建立相应的查询机制，以便及时、准确地提供所需资料。同时，公司还需要考虑如何平衡资料查询的便利性和保密性的需求。

4. 资料保存期限问题。不同类型的文件资料可能有不同的保存期限要求。公司需要了解并遵守相关法律法规和公司章程对资料保存期限的规定，以免因过期销毁而导致无法提供所需资料或面临法律责任。

5. 数字化转型问题。随着信息技术的发展和应用，越来越多的公司开始将重要文件资料数字化。这可以提高资料的管理效率和查询便利性，但也可能带来数据安全、隐私保护等方面的问题。公司需要在数字化转型过程中充分考虑这些问题，并采取相应的措施来确保资料的安全性和完整性。

◉ 比较法规范

《德国股份法》第117条；《日本公司法》第125条；《英国2006年公司法》第386条、第387条、第388条、第389条；《美国模范商业公司法》第16.01节；《美国特拉华州普通公司法》第103条；中国台湾地区"公司法"第22条。

◉ 研究文献

1. 李建伟：《股东查阅会计凭证的公司法修订方案》，载《国家检察官学院学报》2023年第4期。

2. 黄辉：《〈公司法〉修订背景下的股东知情权制度检讨：比较与实证的视角》，载《比较法研究》2023年第3期。

3. 李建伟：《公司无法提供会计账簿的股东知情权实现》，载《重庆理工大学学报（社会科学版）》2022年第3期。

4. 李建伟：《股东查阅会计账簿的"不正当目的"抗辩研究——〈公司法〉第33条第2款的法教义学分析》，载《当代法学》2021年第1期。

5. 李建伟：《股东知情权诉讼研究》，载《中国法学》2013年第2期。

6. 李建伟：《股东知情权的层级结构及其展开——以八个国家、地区的立法比较研究为背景》，载《暨南学报（哲学社会科学版）》2012年第8期。

◉ 典型案例

江苏省盐业集团有限责任公司与北菜（北京）淮盐配送股份有限公司股东知情权纠纷案①

1. 案情简介

北菜（北京）淮盐配送股份有限公司（以下简称北菜公司）成立于2018年9月18日，江苏省盐业集团有限责任公司（以下简称盐业公司）系发起人股东，持有45%的股权，北京菜篮子配送股份有限公司持有另外55%的股权。2021年12月17日，盐业公司出具《查阅公司会计账簿申请书》向北菜公司提出申请：（1）提供北菜公司设立之日起至实际

① 参见北京市第二中级人民法院民事判决书，（2023）京02民终248号。

提供之日前的公司章程、股东会会议记录、董事会会议决议、监事会会议决议和财务会计报告供申请人查阅、复制;(2)提供北菜公司设立之日起至实际提供之日止的公司会计账簿(含总账、明细账、日记账和其他辅助性账簿)和会计凭证(含记账凭证、相关原始凭证及作为原始凭证附件入账备查的有关资料)供申请人查阅;对上述申请,望公司准备好所有资料,于收到本申请之日起7日内作出书面答复。北菜公司章程中并未对股东行使知情权的范围进行特别规定,北菜公司主张该公司原法定代表人朱某文系由盐业公司推荐及委派的,该公司财务报表等财务负责人陈某红已向朱某文提供,故盐业公司事实上已经达到了解该公司财务信息的目的,北菜公司就此提交了微信记录予以佐证;北菜公司另主张盐业公司行使知情权的目的具有不正当性,其经营范围与己方公司实际业务有重叠。

2. 裁判要旨

一审法院认为,2018年《公司法》第96条(新《公司法》第109条)规定"股份有限公司应当将公司章程、股东名册、公司债券存根、股东大会会议记录、董事会会议记录、监事会会议记录、财务会计报告置备于本公司"。2018年《公司法》第97条(新《公司法》第110条)规定"股东有权查阅公司章程、股东名册、公司债券存根、股东大会会议记录、董事会会议决议、监事会会议决议、财务会计报告,对公司的经营提出建议或者质询"。根据查明的事实,北菜公司系依法设立的股份公司,故依据上述法律规定,盐业公司作为股东有权查阅北菜公司的公司章程、股东名册、公司债券存根、股东大会会议记录、董事会会议记录、监事会会议记录、财务会计报告。盐业公司要求北菜公司提供自公司成立以来,即2018年9月18日至2022年9月21日的财务会计报告供该公司查阅的请求,符合法律规定,法院予以支持。另据《公司法》的规定,股份公司的股东并不享有法定的复制权,北菜公司注册登记为股份公司,同时公司章程中也未对股东知情权的范围予以扩大,也未对复制权作约定,盐业公司请求复制、审计上述材料并要求查阅北菜公司会计账簿、会计凭证,与法律规定不符,故对盐业公司上述请求,法院不予支持。

二审法院认为,该案争点为盐业公司是否对北菜公司自公司设立之日起的公司会计账簿、会计凭证享有知情权。依据2018年《公司法》第97条规定,"股东有权查阅公司章程、股东名册、公司债券存根、股东大会会议记录、董事会会议决议、监事会会议决议、财务会计报告,对公司的经营提出建议或者质询"。鉴于北菜公司系股份公司,根据相关法律的规定,盐业公司无权对北菜公司的会计账簿、会计凭证进行查阅,其要求查阅上述材料,缺乏法律依据,不予支持;盐业公司上诉主张北菜公司系按照有限公司模式运行、不具备股份公司的法律特征,应按照2018年《公司法》第33条确定查阅范围,该主张与北菜公司的工商登记情况不符,且缺乏事实及法律依据,不予采纳,一审法院关于北菜公司应向盐业公司提供财务会计报告进行查阅的认定符合相关规定,予以维持。

3. 案件评析

盐业公司在该案中被支持的诉讼请求,在新旧公司法上都有法律依据,未被支持的诉讼请求,在新《公司法》上也有了依据,这就是新《公司法》带来的看得见的有利于少数股东保护的新变化。当然,在新旧版本的公司法上,“会计账簿、会计凭证”仅能查阅不得复制。

第一百一十条 【股份公司股东的查阅权】

股东有权查阅、复制公司章程、股东名册、股东会会议记录、董事会会议决议、监事会会议决议、财务会计报告,对公司的经营提出建议或者质询。

连续一百八十日以上单独或者合计持有公司百分之三以上股份的股东要求查阅公司的会计账簿、会计凭证的,适用本法第五十七条第二款、第三款、第四款的规定。公司章程对持股比例有较低规定的,从其规定。

股东要求查阅、复制公司全资子公司相关材料的,适用前两款的规定。

上市公司股东查阅、复制相关材料的,应当遵守《中华人民共和国证券法》等法律、行政法规的规定。

◉ 立法意旨

本条是关于股份公司股东查阅权的规定。

◉ 条文演变历程

本条最早可追溯至1993年《公司法》第110条,“股东有权查阅公司章程、股东大会会议记录和财务会计报告,对公司的经营提出建议或者质询”。2005年《公司法》第98条规定股东查阅对象为公司章程、股东名册、公司债券存根、股东大会会议记录、董事会会议决议、监事会会议决议、财务会计报告等7种文件资料。2013年修法调整条文序号为第97条。

此次修法,一审稿将股份公司股东知情权置于第112条、第113条分别规定,第112条即旧法第97条的规定,新增第113条规定,“连续一百八十日以上单独或者合计持有公司百分之一以上股份的股东,有理由怀疑公司业务执行违反法律、行政法规或者公司章程的,可以委托会计师事务所、律师事务所等依据执业行为规范负有保密义务的中介机构,在必要范围内,查阅公司的会计账簿、会计凭证。公司拒绝提供查阅的,股东可以向人民法院提起诉讼。本法第五十一条第四款关于有限责任公司股东等保密义务的规定,适用于股份有限公司”。二审稿将股份公司的股东知情权统一规定在第110条,将股东的持股比例要求由1%提升至3%,授权公司章程可以下调，在查阅的正当目的方面与有限公司保持一致。三审稿第110条第1款删去“公司债券存根”这一查阅对象，并对公司会计账簿、会计凭证以及中介机构保密义务的规定进行了引致规定，使其与有限公司的规定保持一致。最终审议通过的本条补充股东要求查阅、复制公司全资子公司相关材料的规定，并强调上市公司股东的查阅、复制权应遵守证券法领域的特殊规定。

◉ 条文释义

本条第1款对应旧法第97条，有修订，其余各款均是新增条款。

(一)第1款：查阅、复制、建议与质询权

1. 查阅、复制

本款对应旧法第97条，股东权利上增加复制权，查阅、复制的对象包括6类公司常见的置备文件资料；对应旧法，删去“公司债券存根”，由旧法的7种变为6种，但对照本法第109条规定的公司主动置备的7种文件资料，唯独少了债券持有人名册。这是何故？难不成债券持有人名册独为公司秘密？令人不解。

2. 建议、质询

股东作为公司的所有者，是剩余控制权与剩余索取权的主体，随时有权对公司的经营提出建议或者质询，自不待言。关于质询权，参照本法第187条的规定，股东质询权的行使有两种场合，一是日常经营管理过程中，二是股东会会议上，二者共同构成质询权体系。

(二)第2款：查阅会计账簿、会计凭证

1. 制度同质化

第2款、第3款、第4款属于新引入的股份公司查阅权规则，乃是强化股份公司尤其是非上市股份公司少数股东保护的重大制度创新，切实地强化了股份公司股东知情权保护水平。第2款、第3款也是有限公司与非上市股份公司制度同质化的体现。

2. 少数股东权

就本款而言，两类公司股东查阅权的其他规则包括前置程序、正当性目的要求等都是一样的，区别在于本法第57条规定的有限公司股东查阅权为单独股东权，不设持股比例与期限的限制，但本款设计为股份公司的少数股东权，对行权股东设有持股比例及期限的要求。本款的重大制度创新还在于，关于行权股东的持股比例，强调公司章程只能降低而不能提高持股比例。这一规定，对于强化少数股东权利保

护、防止控股股东滥用表决权优势压制少数股东具有重大制度价值,但随之带来两个问题:

(1)这一规则能否适用于其他股东权利?因为这实际上是一个关于少数股东权保护的普遍性问题,与本款有相同规定的是本法第115条第2款临时提案权的行权股东持股比例。那么本款以及第115条第2款规定的行权标准仅适用于查阅权、提案权抑或可以扩展到其他股东权,抑或至少扩展到与股东知情权具有同质化的其他股东权,知情权、提案权属于固有权,那么其他固有权能否准用这一规则?对此,公司法文本上并无明确规定,本书持肯定立场。

(2)对于持股期间的要求,公司章程如提出更短的要求,自然从之,但能否提出比本款更长的要求?本款没有明确,从股东知情权的合目的性解释立场,本书不支持公司章程提出更长期间的约款的效力。

3. 能否摘录

此外,对于会计账簿、会计凭证只能"查阅"而不能"复制"。当然,若股份公司章程允许"复制",从之。相关的一个问题是,对于会计账簿、会计凭证能否摘录?这是胜诉股东在查阅权诉讼执行过程中普遍遇到的问题。从股东知情权的合目的性解释立场,本书持肯定说。

(三)第3款:穿透查阅

本款与本法第57条第5款规定的有限公司同制度的规则完全相同。此不赘述。

(四)第4款:上市公司股东查阅权特则

本款属于引致条款,上市公司股东的查阅权、复制权适用《证券法》等法律、行政法规的规定。

股东知情权由积极知情权与消极知情权组成,前者包括股东主动向公司主张查阅、复制、摘录、质询等权利而实现,公司负有给付相关资料信息的义务,后者包括公司报告、披露信息给股东,股东被动获得相关资料信息。实际上,上市公司股东的知情权基本上依赖上市公司信息披露,基本上不存在主动查阅、复制的必要,不像非上市股份公司、有限公司的股东主要依靠积极知情权获得公司的资料信息。所以,类似本法第57条以及本条前三款规定的股东查阅、复制权基本上无必要适用于上市公司。

◉ 公司治理操作指南

与本法第189条规定的股东派生诉讼起诉主体资格为"股份有限公司连续一百

八十日以上单独或者合计持有公司百分之一以上股份的股东”相比，股份公司会计账簿、会计凭证查阅权资格门槛高于派生诉讼资格。无权查阅会计账簿、会计凭证者却有权诉讼，似有不当。即便如此，“连续一百八十日以上单独或者合计持有公司百分之三以上股份的股东”的规定应为效力性强制性规定，章程、股东协议等违反之无效。

在本条适用中应当注意，质询权的义务主体为公司而非董监高。根据本法第187条之规定，股东会要求董监高列席会议的，董监高应当列席并接受股东的质询。但若因此将股东质询权的主体理解为董监高则过分拘泥于该条文义解释而有失偏颇。从第110条第1款对股份公司股东的质询权之规定来看，其义务主体为“公司”。此外，董监高作为公司管理层，对公司经营参与程度较高而对具体情况熟知，因此可代表公司对股东质询进行回应。股东查阅权和质询权皆由第110条进行规定，皆属于股东知情权客体，权利的义务主体也都应指向公司。第187条之规定可理解为股东在质询权行使中的特别规定，但这并不与质询权的义务主体为公司相冲突。对质询权的义务主体的厘清有利于明确质询权救济制度中的被告，以免实践中因股东将公司列为被告而败诉。

◉ 比较法规范

《日本公司法》第433条、第434条；《韩国公司法》第466条、第467条；《德国股份法》第67条、第131条、第132条、第175条、第179a条；《英国2006年公司法》第1136条、第1134条；《美国模范商业公司法》第16.02节；《美国特拉华州普通公司法》第220条；中国台湾地区“公司法”第210条、第229条。

◉ 研究文献

1. 黄辉：《〈公司法〉修订背景下的股东知情权制度检讨：比较与实证的视角》，载《比较法研究》2023年第3期。

2. 上海市第二中级人民法院商事审判庭课题组、朱川、李非易：《股东知情权客体的第三层面：查阅会计凭证的证成与限度——兼谈公司法修订草案第51条》，载《法律适用》2022年第10期。

3. 董新义：《股东对公司所控股公司的知情权》，载《财经法学》2021年第3期。

4. 王建文：《论我国股东知情权穿越的制度构造》，载《法律科学（西北政法大学学报）》2019年第4期。

5. 李建伟：《“实质性剥夺”股东知情权的公司意思效力研究——〈公司法解释四〉第9条的法教义学分析及展开》，载《中外法学》2018年第5期。

6. 李建伟：《股东知情权诉讼研究》，载《中国法学》2013年第2期。

7. 李建伟:《股东知情权的层级结构及其展开——以八个国家、地区的立法比较研究为背景》,载《暨南学报(哲学社会科学版)》2012 年第 8 期。

◉ 典型案例

同兴药业有限公司、广州王老吉药业股份有限公司股东知情权纠纷案①

1. 案情简介

广州王老吉药业股份有限公司(以下简称王老吉公司)成立于 1992 年 12 月 5 日,是未上市的股份公司,同兴药业是其外方股东,与中方股东广州药业股份有限公司(以下简称广州药业)各占 48.0465% 的股份,剩余 3.9070% 的股份由自然人股东持有。

2004 年 10 月 19 日王老吉公司召开股东大会,通过修改同兴药业与广州药业及自然人股东代表所签订的《广州王老吉药业股份有限公司章程》,其中第 32 条约定公司股东享有下列权利中第 7 项约定"持有公司百分之十以上有表决权股份的股东有权单独聘请会计师事务所或其他专业人员对公司的一切相关会计和任何其他财务账簿和记录进行审计。公司不得予以拒绝,并应提供审计所需的全部财务数据、记录及其他有关文件,与审计有关的一切费用均由该股东独立承担"。

2004 年 12 月 23 日,公司章程经由商务部批准,并在广州市工商局登记备案。之后,经王老吉公司 2008 年 1 月 11 日股东大会通过,再次修改了公司章程,该章程尚未经商务部批准、工商局登记备案。《公司章程(2008 版)》与《公司章程(2004 版)》第 32 条第 7 项约定的内容一致。

后同兴药业认为王老吉公司审计报告部分财务数据来源不清,特别是巨额资金安排及财务计划未经董事会审批,对此表示严重质疑。2013 年 5 月 6 日,同兴药业致函王老吉公司告知将委托会计师事务所于 2013 年 5 月 15 日进厂进行财务查账审计;未实现查账目的后,诉至法院请求王老吉公司提供自 2012 年 1 月至今的会计账簿和会计凭证。

2. 裁判要旨

二审法院认为,同兴药业依据关于有限公司股东查阅会计账簿的规定主张对属于股份公司的王老吉公司行使知情权,其法律依据错误。《公司法》经多次修改均未将股份公司会计账簿及会计凭证列入股份公司股东知情权的行使范围。王老吉公司章程中关于王老吉公司需提供会计账簿进行审计的规定超出了《公司法》规定的股东知情权范围,同兴药业应当在法律规定的范围内行使股东知情权,在上述法律规定并未赋予其查阅公司会计账簿及会计凭证权利的情况下,其主张王老吉公司为审计所需提交会计账簿及会计凭证欠缺法律依据。

① 参见广州省高级人民法院民事裁定书,(2017)粤民申 2823 号。

再审法院认为,2018年《公司法》未对股份公司股东查阅公司会计账簿和会计凭证作出规定,第33条是对有限公司股东查阅公司会计账簿的规定,根据该条规定,股东要求查阅公司会计账簿时需要向公司说明查阅目的,如公司有合理根据认为股东查阅会计账簿有不正当目的,可能损害公司合法利益时,可以拒绝提供查阅。该案查明的事实显示,同兴药业董事王某仪是王老吉公司的法定代表人,又是与王老吉公司存在同业竞争关系的加多宝集团的名誉董事长,在王老吉公司主张同兴药业查阅会计账簿和会计凭证存在不正当目的情况下,二审法院结合同兴药业与王老吉公司的公司解散、公司清算等相关纠纷已生效判决查明事实,认为同兴药业取得会计账簿和会计凭证将影响王老吉公司正常生产经营,不存在认定事实所依据的证据未经质证的情况。同兴药业无其他证据推翻二审判决的上述事实认定,法院对同兴药业该申诉理由不予支持。

3. 案件评析

二审法院在法律未对股份公司股东查阅公司会计账簿、会计凭证进行明确规定的情况下,从反义解释拒绝认可股份公司股东有相应的查阅权。但再审法院未采这一裁判思路,而是认为公司章程可以自行规定股东可查阅资料的范围,股份公司股东依据章程规定申请查阅会计账簿时需要说明查阅目的,如存在查阅目的不正当,可能损害公司利益的情形,公司可以拒绝股东查阅会计账簿的要求。这表明实践中对于股份公司股东是否可查阅公司会计账簿、会计凭证以及如何行使这一查阅权等问题,立场不一。

裁判观点不一的背后更实质的问题是,知情权属股东的固有权抑或非固有权?相关法律是强制性规定还是任意性规定?章程是否能对法律关于股东知情权的规定作出修改?此次修法回答了上述问题。

第二节　股　东　会

第一百一十一条　【股份公司股东会的构成及地位】

股份有限公司股东会由全体股东组成。股东会是公司的权力机构,依照本法行使职权。

◉ 立法意旨

本条是关于股份公司股东会组成、性质与职权的规定。

◉ 条文演变历程

本条首见于1993年《公司法》第102条,"股份有限公司由股东组成股东大会。

股东大会是公司的权力机构，依照本法行使职权”。此后一直无实质性修改，2005年修法调整条文序号为第99条，2013年修法调整条文序号为第98条。此次修法用“股东会”取代“股东大会”，统一了两类公司的权力机关称谓。

◉ 条文释义

本条对应旧法第98条，将“股东大会”改为“股东会”，其余内容无变化。

本条与本法第58条规定的有限公司股东会完全一样，是两类公司制度同质化的支撑点，也是《民法典》第80条的具体落实，《民法典》第80条规定：“营利法人应当设权力机构。权力机构行使修改法人章程，选举或者更换执行机构、监督机构成员，以及法人章程规定的其他职权。”

鉴于本条与第58条规定的有限公司股东会的内容完全一致，此处不赘述，详细内容请参见第58条的释义部分。

◉ 研究文献

1. 刘俊海：《论股东会中心主义治理模式的勃兴：评〈公司法（修订草案）〉中股东会的权力机构地位》，载《法学杂志》2023年第5期。

2. 梁上上：《公司权力的归属》，载《政法论坛》2021年第5期。

3. 赵旭东：《股东会中心主义抑或董事会中心主义？——公司治理模式的界定、评判与选择》，载《法学评论》2021年第3期。

4. 许可：《股东会与董事会分权制度研究》，载《中国法学》2017年第2期。

5. 曹兴权：《公司治理模式演化争论的法律思维根源》，载《现代法学》2008年第4期。

6. 虞政平：《构建中国多元化公司治理结构新模式》，载《中外法学》2008年第1期。

第一百一十二条 【股份公司股东会的职权】

本法第五十九条第一款、第二款关于有限责任公司股东会职权的规定，适用于股份有限公司股东会。

本法第六十条关于只有一个股东的有限责任公司不设股东会的规定，适用于只有一个股东的股份有限公司。

◉ 立法意旨

本条是关于有限公司的股东会职权适用于股份公司，以及只有一个股东的有限公司不设股东会的规定适用于股东公司的规定。

◉ 条文演变历程

本条最早可追溯至1993年《公司法》第103条,对股份公司股东大会职权采列举式,但职权范围与有限公司股东会一致。2005年《公司法》改为引致规范,第100条规定“本法第三十八条第一款关于有限责任公司股东会职权的规定,适用于股份有限公司股东大会”。此次修法,一审稿除将“股东大会”改为“股东会”之外,还匹配本次修法新增允许设立一人股份公司的规范,规定一人股份公司不设股东会的引致规范。此后,二审稿、三审稿承袭之,直至形成本条。

◉ 条文释义

本条对应旧法第99条,有较大的修订。

1. 第1款:股份公司股东会的职权

本款是一个引致条款,同时也表明两类公司的股东会职权相同。但是,本法第59条第3款“对本条第一款所列事项股东以书面形式一致表示同意的,可以不召开股东会会议,直接作出决定,并由全体股东在决定文件上签名或者盖章”不适用于股份公司。

问题是,股份公司股东会除享有本法第59条规定的9项职权之外,根据本法的其他规定还享有如下职权(不完全列举):

(1)上市公司在一年内购买、出售重大资产或者向他人提供担保的金额超过公司资产总额30%的(第135条);

(2)公司公开发行新股、改变招股说明书所列资金用途、申请股票上市等事项(第151条以及《证券法》第12~14条);

(3)公司因减资、与持有本公司股份的其他公司合并、将股份用于员工持股计划或者股权激励、转换公司发行的可转换为股票的公司债券、上市公司为维护公司价值及股东权益所必需(第162条);

(4)公司进行财务资助行为(第163条)。

2. 第2款:一名股东的职权

无论一人有限公司还是一人股份公司,一名股东行使其他公司的股东会的职权。

◉ 公司治理操作指南

详细可以参见本法第59条的“公司治理指南”。此处仅增加讨论一个问题,如第59条评注所述,第59条第2款的立法模式引发“除发行公司债券外,其他股东会职权是否不可授权”的歧见，第67条董事会职权第10项的增补规定“股东会授予的其他职权”又暗示股东会具有主动、积极授予职权的能力。此问题要区别对待有限公司、非上市股份公司与上市公司，立法对上市公司股东会转授权的限制更为严格。根据证监会2018年《上市公司治理准则》第14条、2023年《上市公司章程指引》第41条的规定，上市公司股东会的法定职权不得通过授权的形式由董事会或其他机构和个人代为行使，此规定主要考虑到上市公司的公众性，因此由股东会行使法定职权能够更好地保护投资者的利益，而对于有限公司、非上市股份公司中股东会的职权转授，此处不逐项讨论，但需要指出，其转授权规则原则上应当更为宽松。

◉ 比较法规范

参见第59条评注“比较法规范”。

◉ 研究文献

参见第59条评注“研究文献”。

◉ 典型案例

参见第59条评注“典型案例”。

第一百一十三条 【股份公司的股东会定期会议、临时会议】

股东会应当每年召开一次年会。有下列情形之一的，应当在两个月内召开临时股东会会议：

（一）董事人数不足本法规定人数或者公司章程所定人数的三分之二时；

（二）公司未弥补的亏损达股本总额三分之一时；

（三）单独或者合计持有公司百分之十以上股份的股东请求时；

（四）董事会认为必要时；

（五）监事会提议召开时；

（六）公司章程规定的其他情形。

◉ 立法意旨

本条是关于股份公司股东会定期会议以及临时会议的规定。

◉ 条文演变历程

本条最早可追溯至1993年《公司法》第104条，“股东大会应当每年召开一次年会。有下列情形之一的，应当在二个月内召开临时股东大会：（一）董事人数不足本法规定的人数或者公司章程所定人数的三分之二时;(二)公司未弥补的亏损达股本总额三分之一时;(三)持有公司股份百分之十以上的股东请求时;(四)董事会认为必要时;(五)监事会提议召开时”。2005 年《公司法》第 101 条增加“(六)公司章程规定的其他情形”。2013 年修法调整条文序号为第 100 条。此次修法,“股东会”替换“股东大会”,“临时股东会”后加上“会议”二字。

◉ 条文释义

本条对应旧法第 100 条,仅有文字修订。

(一)定期会议(年会)

与有限公司一样,股份公司股东会也分为定期与临时。关于有限公司股东会的召开频次,本法第 62 条没有强行规定,仅规定有限公司股东会会议分为定期与临时,其中定期会议的召开频次由章程规定,公司法不作要求,这体现公司法给予有限公司更多自治空间的意图。

但对于股份公司股东会的召开频次,本条提出底线要求——至少每年度召开一次(年会,定期会议)。实践中,上市公司的年会通常也是一年一次,符合“年会是每年例会”的字面意思;如公司章程规定更多频次,从之。其实,从本法第 59 条关于股东会的诸项职权规定来看,也暗含公司每年至少召开一次股东会的应然之义,毕竟不少涉及年度事项的决策问题。实践中,有限公司定期会议底线也是一年一次,法理是一样的。

(二)临时会议

1.6 种法定情形

就有限公司股东会的临时会议,本法第 62 条仅规定有限公司有权提议召开的 3 类主体,但本条规定了股份公司应当召开临时股东会的 3 类事实情形(第 1 项、第 2 项、第 6 项)、3 类主体(第 3 项、第 4 项、第 5 项),且明确了自具体情形事实发生或者有权主体提出请求、认为必要或者提议时,在两个月内“应当”(而不是可以)召开,具有强制性。

就第 1 项、第 2 项所列情形,可以理解为公司经营管理处于情形危急时刻,召开临时股东会具有危机处置之功效,故法律强行干预。这体现公司法对于股份公司治理的强干预倾向。

2. 召集人

但是,本法第 62 条与本条文义上均未明确召开临时会议的召集人为谁,众所周

知,不锁定召集人,会议无法启动召集程序,股东会会议也就无法召开。就本条而言,需要分别讨论:

(1)在第1项、第2项的事实发生情形下,谁来召集股东会临时会议?由本法第114条的规定来看,第一召集人应当是董事会;如董事会不能履行或者不履行召集股东会临时会议的职责,监事会应当及时召集和主持;如监事会不召集和主持,连续90日以上单独或者合计持有公司10%以上股份的股东可以自行召集和主持。

(2)在第3项情形下,持有公司10%以上股份的股东提出请求的,公司法人机关如何响应?本法第114条第3款作出了特别安排,详见第114条的释义。

(3)在第4项情形下,既然董事会认为有必要,自然由董事会召集,董事长主持(第114条第1款)。

(4)在第5项情形下,参照本法第78条第4项以及第131条的规定,监事会提议召开临时股东会,自然是向董事会提出;董事会接受提议的,自然由董事会召集、董事长主持;否则,监事会自己召集与主持。

(5)在第6项情形下,依照公司章程规定办理即可。如果公司章程仅额外规定应当召开临时股东会的情形,却没有明确如何启动召集程序,请正确定性该情形的性质归类,再参照本条以及本法第114条的相应规定办理。

3. 两个月期间的价值

本条明确规定在发生法定情形后,公司应当在两个月内召开临时股东会,这一规定具有重要意义。司法实务中,有适格(符合第3项规定条件)股东向董事会依法提出召开临时股东会的请求,可能遇到以下三种结果。

(1)如董事会在收到该请求的10日内回信(第114条第3款)将依法在两个月内召集,则本条的立法意图获得了实现。

(2)如董事会在收到该请求的10日内不回复、回信拒绝召集等,行权股东自然可以按照第114条第2款、第3款的规定继续推进,直至自行召集、主张临时股东会,也没有问题。

(3)但是,如有公司董事会在收到该请求的10日内回信说,“本董事会早有计划,准备在六个月后召开临时股东会”。对此,如何处理?在司法实践中,笔者碰到竟有天津等地的法院判决“董事会的决定合理、应予尊重”的裁决。需要指出,这样的裁决是公然违反本条规定的。

4. 临时会议的"流产"

最后要指出,既然本条明令在发生法定情形下的两个月内召开临时股东会,这是一个强制性规范。但是,如因为董事会、监事会的消极不作为导致两个月内未召开临时股东会,如何处理?可否理解为董监事怠于履行勤勉义务,还有可能涉及违反忠实义务(如有利益冲突)?回答是肯定的;如由此造成公司损失,承担违信责任,自不待言。

◉ 公司治理操作指南

临时股东会的召集,看似简单,实则牵扯众多法律规定。会议召集人如有疏忽将会直接导致召集程序违法,进而影响股东会决议的效力。尤其在股东之间存有矛盾,就将召开的会议事项存有重大争议的情况下,严格遵守公司法、公司章程规定的临时股东会召集程序与表决方式更显重要。本条的理解与适用,需要紧密结合本法第114条以及第78条等规定,才能获得关于股份公司股东会会议的启动(召集与主持)的完整知识,就此而言,本条是一个不完全条款,这是适用时尤其需要留意的。

◉ 比较法规范

《德国股份法》第118条;中国台湾地区"公司法"第170条。

◉ 研究文献

李建伟:《论公司决议轻微程序瑕疵的司法认定》,载《政治与法律》2023年第1期。

◉ 典型案例

北京嘉澜盛和投资咨询有限公司与北京移民港因私出入境服务有限公司公司决议撤销纠纷案[①]

1. 案情简介

移民港公司成立于2016年3月30日,类型为有限公司,注册资本100万元,股东嘉澜公司认缴出资33万元,成存公司认缴出资67万元。移民港公司章程规定总经理担任法定代表人,郭某为移民港公司总经理,同时被登记为法定代表人,办公地点位于北京。此外,郭某亦为嘉澜公司的法定代表人。2017年9月28日,郭某收到移民港公司发送的电子邮件,载明由于郭某在职期间严重违反移民港公司有关规章制度,并且作为总经理管理不善、KPI业务指标严重不达标,现通知郭某参加临时股东会议,会议时间为2017年9月30日下午2时,会议地点位于上海市。庭审中,移民港公司主张通过邮寄、手机通信等方式向郭某发送了会议通知,并提交了邮寄详情单截图、手机通信记录截图予以佐证。

① 参见北京市朝阳区人民法院民事判决书,(2018)京0105民初59827号。

第113条

2017年9月30日，移民港公司召开临时股东会议，出席股东为成存公司，作出股东会会议决议包括修改公司章程中关于法定代表人的规定，将总经理担任法定代表人修改为执行董事担任法定代表人；解除郭某总经理聘用，由执行董事侯某兼任等内容。嘉澜公司认为，移民港公司及成存公司未能依法提前15日通知嘉澜公司召开临时股东会，该会议的召集程序已经违反了法律规定。因此，嘉澜公司诉至法院，要求撤销2017年9月30日作出的股东会决议。

2. 裁判要旨

审理法院认为，从2017年9月28日郭某收到的电子邮件内容来看，该邮件的发送对象为郭某，邮件内容亦针对郭某作为总经理管理不善、KPI业务指标严重不达标等，并通知郭某参加会议，既未明确通知嘉澜公司，又未载明会议的具体议题，无法认定为向嘉澜公司发出会议通知。此外，移民港公司主张于会前向郭某邮寄了开会通知并由郭某签收，但移民港公司提供的证据不足以证明该主张。从决议内容可见，该次股东会的议题包括解聘郭某总经理职务、修改公司章程中关于法定代表人选任等涉及公司运营的事项，与股东嘉澜公司的利益关系重大。即使移民港公司邮寄会议通知的情况是真实的，但其明知会议召开地点位于上海市，而郭某于北京市，仅提前两天发出会议通知，客观上无法保障嘉澜公司作为股东参加会议，亦无法保证嘉澜公司就议题正常行使权利。因此，法院认定移民港公司2017年9月30日股东会在召集程序方面违反法律规定，予以撤销。

3. 案件评析

本案的争议焦点在于移民港公司于2017年9月30日召开的股东会在召集程序、表决方式方面是否违反了法律、行政法规或者公司章程，或者决议内容违反公司章程的规定，形成的涉案股东会决议是否应予撤销。从决议可撤销制度的立法宗旨来看，该制度的设立宗旨在于规范公司治理，防止少数股东的权利被架空，通过否定以违法程序假借多数决而成立的决议的效力，抑制股东无视决议程序侵害少数股东利益的现象，有助于贯彻程序正义的原则。而法律或者公司章程关于“召开股东会应于会议召开十五日前通知全体股东”的规定的意义，除告知股东会议召开的时间、地点等基本信息之外，更为重要的是确保股东提前获知会议议题所需要的信息，以便提前了解会议内容、做好相应的会议准备，进而形成相关意见，参与会议表决，充分行使股东权利。

第一百一十四条 【股份公司股东会会议的召集与主持】

股东会会议由董事会召集，董事长主持；董事长不能履行职务或者不履行职务的，由副董事长主持；副董事长不能履行职务或者不履行职务的，由过半数的董事共同推举一名董事主持。

董事会不能履行或者不履行召集股东会会议职责的，监事会应当及时召集和主持；监事会不召集和主持的，连续九十日以上单独或者合计持有公司百分之十以上股份的股东可以自行召集和主持。

单独或者合计持有公司百分之十以上股份的股东请求召开临时股东会会议的，董事会、监事会应当在收到请求之日起十日内作出是否召开临时股东会会议的决定，并书面答复股东。

◉ 立法意旨

本条是关于股份公司股东会召集人、主持人的规定。

◉ 条文演变历程

本条最早可追溯至1993年《公司法》第105条，“股东大会会议由董事会依照本法规定负责召集，由董事长主持。董事长因特殊原因不能履行职务时，由董事长指定的副董事长或者其他董事主持。召开股东大会，应当将会议审议的事项于会议召开三十日以前通知各股东。临时股东大会不得对通知中未列明的事项作出决议。发行无记名股票的，应当于会议召开四十五日以前就前款事项作出公告。无记名股票持有人出席股东大会的，应当于会议召开五日以前至股东大会闭会时止将股票交存于公司”。2005年《公司法》第102条规定：“股东大会会议由董事会召集，董事长主持；董事长不能履行职务或者不履行职务的，由副董事长主持；副董事长不能履行职务或者不履行职务的，由半数以上董事共同推举一名董事主持。董事会不能履行或者不履行召集股东大会会议职责的，监事会应当及时召集和主持；监事会不召集和主持的，连续九十日以上单独或者合计持有公司百分之十以上股份的股东可以自行召集和主持。”其对内容作了以下修订：增加董事长不履行职务时，由副董事长主持召开股东会；增加副董事长不能或者不履行职务时，由半数以上董事共同推举一名董事主持股东会；增加在董事会不能或者无法履行召集和主持股东会时，监事会应当及时召开和主持股东会；增加监事会不能或者不履行召集和主持义务时，连续90日以上单独或者合计持有公司10%以上股份的股东可以自行召集和主持股东会。2013年修法调整条文序号为第101条。

此次修法，一审稿第117条为顺应公司治理章节的术语变化，不再区分股东大会和股东会，将二者统一为股东会。三审稿时本条第1款修改为：“股东会会议由董事会召集，董事长主持；董事长不能履行职务或者不履行职务的，由副董事长主持；

副董事长不能履行职务或者不履行职务的，由过半数的以上董事共同推举一名董事主持。”审议通过时新增本条第3款，形成本条。

◉ 条文释义

本条对应旧法第101条。除新增第3款外，第1款、第2款无实质修改。

(一)本条的规定背景及立法意旨

公司治理的“高层政治”逻辑是，要召开股东会，先要召开董事会，因为董事会是正常政治秩序下股东会的唯一召集人，董事会开会要形成决议，决定股东会召开的地点、时间与议程，一旦召集股东会，由董事长主持，董事长也是正常政治秩序下的股东会的唯一主持人。

那么如何召开董事会呢，董事长是正常政治秩序下的董事会的唯一召集人、主持人。由此可见，在正常政治格局之下，董事长乃是公司高层政治生活的唯一发动者，如果其履职正常，一切都会按部就班；否则，公司下一步就可能陷入治理僵局。

所以，无论出于何种原因，如果董事长“不能履行职务或者不履行职务的”，如何安排替代性(预备性)制度安排以打破可能的治理僵局，是公司法、公司章程必须规定的。尤其对于有“两权分离”制度预设的股份公司而言，这是公司政治的头等大事。

本条以及类似规定的本法第63条(有限公司)就是解决上述预设问题的，相较之下，两个条文的安排基本相同，这也是两类公司制度同质化的标志，但是本条多出新增的第3款，是为股份公司打破治理僵局的独有制度设计，当然，有限公司章程也完全可以借鉴，将本条第3款植入章程之中。

(二)层层递进的制度设计：第1款、第2款、第3款

1. 股东会会议召集人的设计

有召集人，才有召集行为；有召集行为，才有会议。召集人乃是股东会会议的启动者，召集人不适格，股东会会议程序一开始便存在严重瑕疵，即便勉强通过决议，决议也将是可撤销甚至是不成立的。①

为确保召集人到位以能够召开股东会会议，本条共预设了4个层次：

(1)董事会召集。

---

① 参见李建伟、王力一：《公司决议不成立之诉实证研究——〈公司法解释四〉出台前审判创新实践的价值发现》，载《经贸法律评论》2020年第3期，第73~101页。

(2)董事会不能履行或者不履行召集股东会会议职责的,监事会召集和主持。

(3)监事会不召集和主持的,连续90日以上单独或者合计持有公司10%以上股份的股东自行召集和主持。

(4)单独或者合计持有公司10%以上股份的股东也可以走另外一条路:请求召开临时股东会会议,董事会、监事会应在收到请求之日起10日内作出是否召开临时股东会会议的决定,并书面答复股东;如决定召开,则董事会、监事会也相应地成为召集人。这类似于持有公司10%以上股份的少数股东的软"逼宫"行为。

以上4个层次的前三个层次,乃是存在层层递进的前后关系,前一层构成后一层的前置程序,不容许越过前者程序径直行权。

2. 股东会会议主持人的设计

有了召集人,就会有会议通知等程序的正常展开,一旦股东会会议如期召开,就必须解决谁是主持人的问题;否则,会议无法进行。所以,主持人(chairman)乃是股东会会议进行的指挥长,主持人不适格,股东会会议程序也会有严重瑕疵,即便勉强通过决议,决议也可能是可撤销的。①

为确保主持人到位以能够指挥股东会会议的进行,本条共预设了4个层次:

(1)董事会召集股东会的主持人。正常政治秩序下,董事会召集的股东会会议,由董事长主持;董事长不能履行职务或者不履行职务的,由副董事长主持;副董事长不能履行职务或者不履行职务的,由过半数的董事共同推举一名董事主持。

(2)监事会召集股东会的主持人。董事会不履行召集职能的,监事会召集股东会,此时监事会也是主持人。

(3)少数股东自行召集股东会的主持人。监事会不召集、主持的,连续90日以上单独或者合计持有公司10%以上股份的股东可以自行召集股东会,此时该股东也是主持人。

(4)少数股东请求召开的临时股东会的主持人。如单独或者合计持有公司10%以上股份的股东请求召开临时股东会会议,董事会、监事会决定召开临时股东会会议的,则董事会召集的股东会上,董事长作主持人;监事会召集的股东会上,监事会是主持人。

---

① 参见李建伟、王力一:《公司决议不成立之诉实证研究——〈公司法解释四〉出台前审判创新实践的价值发现》,载《经贸法律评论》2020年第3期,第73~101页。

以上4个层次的前三个层次，存在层层递进的前后关系，前一层构成后一层的前置程序，不容许越过前者程序径直行权。

（三）第2款：持有公司10%以上股份的股东自行召集、主持股东会

少数股东的自行召集、主持股东会会议权，是公司治理的一项重要制度安排，也是打破公司治理僵局的最后一道有力保障，对于少数股东权益的保护至关重要。对比本法第63条第2款，两类公司的同一制度设计，有技术上的若干差异。

1. 前置程序

少数股东要充当股东会自行召集人、主持人，需要依法履行法定的前置程序，否则将构成不适格的召集人、主持人。该前置程序具体是指，需要分别致信请求董事会、监事会召集，如在合理期间内未获回应或者遭到拒绝，方可自行召集、主持。

2. 持股比例

两类公司的股东享有该项权利的持股比例要求相同。但是，股份公司明确规定"单独或者合计持有"的计算规则，但有限公司没有这样的表述，这令人不禁疑问——有限公司自行召集、主持股东会的少数股东的10%表决权比例之计算，是否可以单独计算，也可以合计计算？本书持肯定说。

3. 持股期间

有限公司没有股东持股期间的要求，但股份公司附加有持股90日的底线要求，相较之下，股份公司的要求更高。那么，有限公司章程可否对行权股东设置持股期间的要求？这涉及类似自行召集、主持股东会权的权利性质之争，如认为属于股东固有权，一般认为不支持公司章程在公司法之外增设行权障碍，因为这构成对少数股东固有权的变相限制乃至于实质性剥夺。[①]

4. 能否通过有效的决议

还需指出，少数股东自行召集、主持股东会的权利在两类公司的制度价值是不同的。假设一个持股10%的股东成功召集、主持了股东会，但是没有其他股东与会，股东会开成了独角会，那么在有限公司，该股东因为无法达到通过决议需要的多数决而无法作出有效的决议，原因请参见本法第66条第2款、第3款；但在股份公司，这根本不是一个事，原因参见本法第116条第2款、第3款。

---

① 参见李建伟：《"实质性剥夺"股东知情权的公司意思效力研究——〈公司法解释四〉第9条的法教义学分析及展开》，载《中外法学》2018年第5期，第1339～1359页。

5. 公司章程可以提升行权股东持股比例吗

最后是一个疑问，对比本法第 110 条、第 115 条关于查阅权、临时提案权的股东持股比例规定，这两个条文都明确规定公司章程可以减低、不得提高行权股东的持股比例，那么本法第 63 条及本条的行权股东持股比例是否也适用第 110 条、第 115 条的规定？这的确是一个有趣的话题，法理同上文关于有限公司章程能否增设行权股东的持股期间，更详细的内容请参见第 110 条的释义部分。

（四）第 3 款：持有公司 10% 以上股份的股东提议召开临时股东会

1. 本款的贡献

第 3 款规定，“单独或者合计持有公司百分之十以上股份的股东请求召开临时股东会会议的，董事会、监事会应当在收到请求之日起十日内作出是否召开临时股东会会议的决定，并书面答复股东”。这是新增条款。值得注意的是，第 3 款未见于一审稿、二审稿以及三审稿，准确地说，这是“最新增”的条款。可见，立法者非常看重该款的内容。那么，本款意在解决什么问题的呢？主要的出发点是解决本法第 113 条第 3 项的后续衔接问题，同时与本条第 2 款前后相接；否则，立法者认为以上两个关联规定都是有头无尾的规范。

贡献之一：本法第 113 条第 3 项仅规定，持股 10% 以上股份的股东有权提议召开临时股东会，却未明确该提议向谁提出？本款揭示了答案——该请求向董事会、监事会提出。

贡献之二：本款进一步明确限期决定及书面答复的义务。董事会、监事会接到请求后，应在 10 日内作出召开抑或不召开的决定并书面答复该股东。公司法明确课以董事会、监事会的限期决定及书面答复义务，意义重大。实务中，由于很多公司治理相当不规范，各方当事人的诚信度很低，相互信任感也很低，如少数股东自行召集、主持股东会，其背景多是公司发生股东内斗，此时少数股东着急要求董事会、监事会召集股东会会议，去函的“收获”往往是无人接收、查无此人、拒绝接收等，或者接收函件后不答复、不召集、不主持，这使问题更加复杂恶化。董事会、监事会延误前置程序，用心不善。本款至少有助于部分解决后端的问题——仅给董事会、监事会 10 日的时间作决定并必须书面答复，否则也视为拒绝召集。这样就有助于加快少数股东自行召集、主持股东会的进程。

贡献之三：限期董事会、监事会召集股东会。联系本法第 113 条可知，如董事会、监事会收到行权股东请求后作出召集股东会的决定，不得变相拖延会议的召开，而必须在两个月内召开。该两个月的计算,应该统一从行权股东提出召开临时股东会的请求送到董事会之日起计算,对于程序在后的监事会,不应再重新从其收到请求之日计算。如此,考虑到召集临时股东会仅需要提前 15 日通知全体股东的规定(本法第 115 条第 1 款),留给监事会的准备召集程序的时间是充裕的,更何况程序在前的董事会。

2. 衍生更多的问题

问题是,该款在解决一部分问题的同时,又进一步制造了更多的问题,在此一并予以讨论:

问题 1:一个还是两个 10 日?持有公司 10% 以上股份的股东提出召开临时股东会请求,结合本法第 114 条第 2 款的规定,向董事会、监事会提出也应该有一个先后顺序,先向董事会提出;如在合理期间内未获得回应或者遭到拒绝,再向监事会提出,等待监事会的决定及回复。这样一来,就有了两个 10 日的等待期。有人认为,为节省时间,可以同时向董事会、监事会提出请求以求得 10 日等待期的同时计算,这样的解读用意固然是好的,但不符合本条第 2 款的立法意图。

问题 2:董事会、监事会皆不履职的,怎么办?问题是,如果连续向董事会、监事会提出请求后,均未获得回应或者遭到拒绝的,行权股东下一步怎么办?固然,行权股东可以回到本条第 2 款,自行召集、主持临时股东会——这正是本款与同条第 2 款的逻辑衔接之所在。但是,如行权股东不自行召集、主持临时股东会,那么又如何实现本法第 113 条规定的"有下列情形之一的,应当在两个月内召开临时股东会会议"的强制性要求呢?这就是问题之所在,正如第 113 条的释义已经指出,事后的确可以追究董事、监事怠于履职的违信责任,但是终究没有解决临时股东会强制召开的根本问题。

问题 3:奇怪的是,有限公司的同名制度(本法第 63 条)并没有本条第 3 款的规定,那么这一款项是否适用于有限公司?为何两类公司的立法有如此不同?不得而知,尚需讨论。

◉ 公司治理操作指南

上文提到,本法第 113 条是一个非完全规范,如不联系第 114 条,是无法适用的;反过来,对于第 114 条也是如此,本条也是一个非完全规范,也需要联系第 113 条才能落地适用。

本条的落地适用,在司法实践中非常复杂,这是由我国普遍的较低水平的公司治理现状决定的,笔者被实务界人士咨询的很多公司治理问题皆与第 113 ~ 114 条密切相关。有以下几个问题尚需一一介绍。

1. 如公司未设董事会、监事会,则本条的董事会、监事会替换为一名董事、一名监事即可,设立审计委员会的,将监事会替代为审计委员会即可,此处不赘述。

2. 少数股东自行召集、主持临时股东会的,如何履行召集人职责包括通知公司股东与会呢? 这可能需要提前查阅、复制股东名册,作为预备措施。如果来不及,有人认为,股东名册为公司必须置备(本法第 110 条),董事会、监事会作为公司常设法人机关往往掌握股东地址、联系方式等基本信息。即便董事会、监事会书面拒绝召开临时股东会,行权股东也有权要求其提供送达全体股东的相关信息。否则,为董事、监事违反对公司的信义义务的行为。

3. 更需要关注的是,如少数股东成功召集、主持临时股东会,假设其他股东拒不响应出席股东会,该股东能否凭借一己之力作出有效的股东会决议? 在有限公司场景下,这要看该股东的表决权重,但对于股份公司完全不成问题,参照本法第 116 条规定可知,由于股份公司股东会的多数决建立在与会股东表决权的过半数或者 2/3 以上,故只要该股东的表决权达到合法自行召集、主持的要求,其凭借一己之力作出合法的股东会决议,几乎毫无悬念(除非公司章程另有规定)。这完全不同于有限公司的情形,详见第 63 条的释义。

◉ 比较法规范

《德国股份法》第 121 条;《日本公司法》第 298 条;《英国 2006 年公司法》第 204 条、第 302 条、第 303 条、第 305 条;《美国模范商业公司法》第 7.02 节;《美国特拉华州普通公司法》第 211 条;《韩国商法》公司编第 362 条;中国台湾地区"公司法"第 171 条。

◉ 研究文献

1. 刘俊海:《论股东会中心主义治理模式的勃兴:评〈公司法(修订草案)〉中股东会的权力机构地位》,载《法学杂志》2023 年第 5 期。

2. 赵旭东:《股东会中心主义抑或董事会中心主义?——公司治理模式的界定、评判与选择》,载《法学评论》2021 年第 3 期。

3. 许可:《股东会与董事会分权制度研究》,载《中国法学》2017 年第 2 期。

4. 邓峰:《中国法上董事会的角色、职能及思想渊源:实证法的考察》,载《中国法学》2013 年第 3 期。

5. 叶林:《股东会会议决议形成制度》,载《法学杂志》2011 年第 10 期。

◉ 典型案例

大连三德投资有限公司与铁岭银行股份有限公司公司决议纠纷案①

1. 案情简介

2017 年 11 月 3 日,铁岭银行股份有限公司(以下简称铁岭银行)的股东辽宁铁法能源有限公司(以下简称铁法公司,持股 9.97%)与另一股东股东铁岭交通投资有限公司(以下简称交投公司,持股 3.49%)以提案人的名义提出召开临时股东大会,要求修改公司章程,并于 2017 年 11 月 21 日召开会议作出决议,会议由副董事长孙某升主持。另一股东大连三德投资有限公司(以下简称三德公司)认为铁岭银行两股东越过监事会召集临时股东大会违反 2018 年《公司法》第 101 条(新《公司法》第 114 条)的规定,临时股东大会通知程序存在严重瑕疵,股东大会作出决议违反法律规定,是无效的决议,应依法予以撤销。

2. 裁判要旨

该案争议焦点:(1)铁法公司是否具有提出召集临时股东大会的主体资格;(2)关于本次临时股东大会通知股东的程序是否合法以及是否有瑕疵的问题;(3)股东直接召集本次临时股东大会以及副董事长孙某升主持本次股东大会是否违反 2018 年《公司法》的规定;(4)三德公司提出铁岭银行剥夺其参加临时股东大会权利的问题。

一审法院认为,被告铁岭银行设有监事会,但其诉讼中未提供证据证明监事会不能履行召集和主持股东大会会议职责,而径行由连续 90 日以上合计持有公司 10% 以上股份的股东自行召集,违反公司法关于股东大会召集程序的强制性规定;在通知股东参加会议程序上,邮寄的通知因收件人电话号码为被告方,导致参加股东大会的通知不能被原告接收到,事后原告得知召开股东大会一事,赶到会议现场,被告拒绝原告当天参加股东大会,这些都是违反法律强制性规定的;铁法公司将其持有的股份表决权委托给铁岭公共资产投资运营有限公司,此时其再与另一占股 3.49% 的股东以合计持有超过 10% 的股份的公司名义,提出召开临时股东大会,此行为也不合规。

二审法院认为,铁岭银行的股东铁法公司及交投公司均是持有表决权的股东,且持有的表决权的股份超过了 10%,符合《公司法》《公司章程》关于股东提议召集临时股东大会的主体条件;铁岭银行公司章程规定"本行发出的通知,以公告方式进行的,一经公告,视为所有相关人员收到通知",铁岭银行于 2017 年 11 月 6 日在《铁岭日报》第 5 版将相关会议通知内容刊载公告符合规定,铁岭银行已经履行了通知义务;三德公司主张没有收到铁岭银行的邮寄通知,但因铁岭银行已经履行了通知义务,且按照三德公司预留的地址邮寄,因没人签收邮件被退回,铁岭银行没有过错,此次股东大会在会议通知程序上符合规定,并无不当;铁岭银行已具备章程规定的召开临时股东大会的情形,但其未在

---

① 参见辽宁省铁岭市中级人民法院民事判决书,(2018)辽 12 民终 2665 号。

法定期限内召开。以上事实足以表明其董事会、监事会不能正常履行职责以及不按规定召开临时股东大会，严重影响了铁岭银行的正常运行，在此种情况下，有权股东自行提议召开临时股东大会符合法律和公司章程的规定；在董事长不能行使董事长的权利义务时由副董事长行使董事长权利义务符合公司法相关规定。

3. 案件评析

铁岭银行的两个股东铁法公司、交投公司合计持股 13.46%，具有提出召集临时股东大会的主体资格。铁法公司将其股东权利授权铁岭公共资产投资运营公司后又撤销该授权，其仍具有股东权利。2018 年《公司法》第 101 条（新《公司法》第 114 条）规定，董事会、监事会不能正常履行职责以及不按规定召开临时股东大会时，连续 90 日以上单独或者合计持有公司 10% 以上股份的股东可以自行召集和主持临时股东大会。持有 10% 以上股份的股东召开股东会时通过公告方式通知股东，程序符合规定，作出股东会决议合法有效。股东大会会议由董事会召集，董事长主持，董事长不能履行职务或不履行职务的，由副董事长主持。铁岭银行的董事长不能行使董事长权利时，副董事长行使董事长权利主持会议也符合相关规定。

第一百一十五条　【股份公司股东会的召开程序】

召开股东会会议，应当将会议召开的时间、地点和审议的事项于会议召开二十日前通知各股东；临时股东会会议应当于会议召开十五日前通知各股东。

单独或者合计持有公司百分之一以上股份的股东，可以在股东会会议召开十日前提出临时提案并书面提交董事会。临时提案应当有明确议题和具体决议事项。董事会应当在收到提案后二日内通知其他股东，并将该临时提案提交股东会审议；但临时提案违反法律、行政法规或者公司章程的规定，或者不属于股东会职权范围的除外。公司不得提高提出临时提案股东的持股比例。

公开发行股份的公司，应当以公告方式作出前两款规定的通知。

股东会不得对通知中未列明的事项作出决议。

◉ 立法意旨

本条是关于公司股东会会议的召开程序的规定。

◉ 条文演变历程

本条最早可追溯至 2005 年《公司法》第 103 条，“召开股东大会会议，应当将会议召开的时间、地点和审议的事项于会议召开二十日前通知各股东；临时股东大会应当于会议召开十五日前通知各股东；发行无记名股票的，应当于会议召开三十日前公告会议召开的时间、地点和审议事项。单独或者合计持有公司百分之三以上股份的股东，可以在股东大会召开十日前提出临时提案并书面提交董事会；董事会应当在收到提案后二日内通知其他股东，并将该临时提案提交股东大会审议。临时提案的内容应当属于股东大会职权范围，并有明确议题和具体决议事项。股东大会不得对前两款通知中未列明的事项作出决议。无记名股票持有人出席股东大会会议的，应当于会议召开五日前至股东大会闭会时将股票交存于公司”。2013 年修法调整条文序号为第 102 条。

此次《公司法》修订中，一审稿删除“发行无记名股票的，应当于会议召开三十日前公告会议召开的时间、地点和审议事项”，将有权提案的股东资格降低至 1%，新增“选举、解任董事、监事以及本法第一百一十九条第三款规定的事项，不得以临时提案提出”，新增“公开发行股份的公司，应当以公告方式作出前两款规定的通知”，删除“无记名股票持有人出席股东大会会议的，应当于会议召开五日前至股东大会闭会时将股票交存于公司”。二审稿新增“董事会应当在收到提案后二日内通知其他股东，并将该临时提案提交股东会审议；但临时提案违反法律、行政法规或者公司章程的规定，或者不属于股东会职权范围的除外”。三审稿新增“公司不得提高提出临时提案股东的持股比例”。最终通过稿删除了“选举、解任董事、监事以及本法第一百一十六条第三款规定的事项，不得以临时提案提出”的规定，并在三审稿基础上就“股东会会议”词语作细微调整。

◉ 条文释义

本条对应旧法第 102 条，有重大的内容修订。

（一）第 1 款、第 3 款：会议通知

召集人作出召开股东会的决定后，第一项工作就是履行会议通知。如果说确定召集人是股东会的第一道程序，那么会议通知就是第二道程序。会议通知的要点包括：

1. 通知的时间。年会等定期股东会会议，需要提前 20 天通知，临时会议需要提前 15 天通知。《民法典》第 137 条第 2 款规定“以非对话方式作出的意思表示，到达相对人时生效”，通知虽非意思表示，但可以准用这一规定，也即此处的 20 天、15 天应理解为通知到达受通知股东后起算；若公司章程另有规定的，该期间应当不少于上述 20 天、15 天的要求。

2. 通知对象。会议通知对象是各股东，这与本法第 111 条关于股份公司股东会

由全体股东形成对应。

3. 通知的内容，明确会议通知内容的三要素：地点、时间与审议的事项。缺一不可，需要一一讨论。

(1)会议地点。会议地点由召集人决定，便利与会者参会，具有合理性即可，一般放置在公司住所的会议室，也可以放置在其他关联地点。

(2)会议时间。实务中有两类会议时间的通知，一是仅确定会议开始时间，如 2024 年某月某日上午 9 时开始；二是确定会议起始时间，如 2024 年某月某日上午 9～12 时举行。应当说前者更具有合理性，因为一旦确立结束时间，逾期不能完成会议议程的，能否顺延时间继续召开？应当说是并不妥当的，如此，需要另行通知会议时间，徒增浪费与烦恼。

(3)审议的事项。关于审议的制度价值在于本条第 2 款，详见下文。需要特别注意，本法第 64 条第 1 款未涉及有限公司股东会会议通知的内容要求，这不是立法漏洞，可以理解为立法者有意疏漏，留给有限公司治理更大的自治空间，如有限公司章程可以规定股东会会议通知的内容要求；若无，有限公司可以参照本条第 1 款的规定执行。

4. 通知人。本款文义虽未指出会议通知的主体是谁，但结合上条规定可知，应为此次股东会会议的召集人。

5. 公告通知。具有公众性的公开发行股份公司即上市公司，应以公告方式将会议通知与临时提案通知各股东。

(二)第 2 款、第 3 款：临时提案权制度

1. 股东临时提案的价值

股东参加股东会，几乎是股东在正常政治秩序下参与公司治理的唯一平台，对于少数股东更是如此。决定股东参加股东会的价值大小的，是列入会议议程的审议事项。比如，少数股东特别期待年会能够作出分红的决议，但是如果股东会的审议事项根本没有列入分配股利的议案，那么少数股东的愿望显然落空，连成为异议股东的机会都被剥夺了。

前文指出，正常政治秩序下，董事会是股东会的召集人，董事长是主持人，这意味着董事会是决定提案列入股东会议案的唯一有权主体，那么董事会如何决定哪些提案列入议案呢？这实际上需要董事会开会，这就是每次股东会之前应有一场董事会的逻辑。然而，由于我国普遍股权结构高度集中，很多时候实际由董事长、总经

理、双控人等主体决定议案的列入。本款的价值在于打破董事会对提案、议案的垄断与操纵，赋予少数股东临时提案权，意在赋权股东有机会打破董事会（背后通常是双控人）对股东会审议事项的垄断，让股东会有机会审议少数股东“参政议政”的意思表示。

2. 行权股东的持股比例及期间

旧法规定提出临时提案的股东持股比例为3%，本款降低为1%，强化少数股东保护的良苦用心可见一斑；为了巩固这一比例要求，本款进一步明确公司不得提高该比例，也即公司不得通过章程、股东会决议、董事会决议等任何形式的意思表示提高该比例。这是强化少数股东保护的突出修法成果。

还需要讨论的是，实务中有公司章程对行权股东还设有持股期间的要求，这是变相限制乃至剥夺股东临时提案权的做法，是无效的，法理依据与上段不得提高行权股东持股比例是一样的。关于此点，详见后文的“公司治理操作”部分的讨论。

3. 临时提案的提交

本款明确三个规则，一是时间要求，也即在股东会会议召开10日前提出临时提案，二是形式要求是书面的临时提案，三是提交对象是董事会。应当注意，此处的董事会是一种简便的提法，更准确的提法应该是召集人，即在正常政治秩序下董事会是股东会唯一召集人，所以自然提交给董事会，但是在董事会不履职时，召集人可能是监事会或者自行召集、主持股东会的持有公司10%以上股权的股东，此时的书面临时提案应该提交给相应的监事会、持有公司10%以上股权的股东等。

4. 董事会的审查权

鉴于提案权纠纷日益增多，此处详细讲解。

少数股东提出临时提案后，并不是自动成为股东会议程的审议事项，需要经过董事会审查程序，经董事会认可的列入审议事项的才被叫作“议案”，未列入的不是。但是，如有少数股东的临时提案被董事会否定，那么提案权纠纷诉讼一触即发。这甚至激发少数股东的极端行为，如资本市场出现的ST慧球1001项股东提案事件①，就是这样发生的。此类纠纷案件的审查焦点是董事会的审查权是形式

① 参见杨晓波：《观象台：ST慧球自导自演奇葩秀　千项议案乱飞伤了谁?》，载新华网2017年1月10日，https://opinion.huanqiu.com/article/9CaKrnJZEDH。

审查还是实质审查？有人认为董事会只能形式审查，有人认为可以实质审查，还有人认为形式审查与实质审查兼具。从本款规定看，除了形式审查之外还包含某种程度的实质审查或审慎的实质审查义务。

(1)形式审查。第一，没有明确的议题与具体的决议事项的不列入。比如，有股东向公司董事会递交临时提案，内容为“建议此次股东会讨论公司文化建设”。第二，不属于股东会职权的，董事会有权决定不列入。比如，有股东向公司董事会递交临时提案，内容为“股东会撤销张三总经理职务，任命李四为总经理”，但是总经理是由董事会聘任的。

(2)实质审查。如果临时提案的内容违反法律、行政法规或者公司章程的规定，不予列入。问题是，除了对内容的违法违章性审查外，董事会可否对临时提案的商业合理性进行审查？本书的回答是否定的。比如，有股东递交给某农业公司董事会的临时提案“提议公司投资5000亿元到光刻机项目”，内容并不违法违章，但可能不具有商业合理性，但关于商业合理性的判断是一个见仁见智的问题，不宜由董事会代替股东会判断。

(3)审查主体的类推扩张。本款规定股份公司董事会负责审查股东临时提案，立论前提是董事会为股东会的正牌召集人，但是，股份公司股东会会议的召集人具有多元性，根据本法第114条的规定，在董事会无法履职或怠于履职的，由监事会或“连续九十日以上单独或者合计持有公司百分之十以上股份的股东”召集和主持股东会会议时，这两种情形下董事会应被推定为不担负审查职责，而应该理解为谁是召集人谁来担负审查职责，可见提案审查权的主体不应局限于董事会。

(4)董事会的通知义务及审查后的分类处理。本款规定，董事会应当在收到股东的临时提案后2日内通知其他股东，无论该提案是否应该提交股东会审议，都应当予以原样通知。随即董事会应当对临时提案审查后分类处理：

——认为应该列入股东会审议事项的，该临时提案提交股东会审议，但董事会不得修改临时议案的内容；

——认为不符合临时提案的上述形式要件(没有明确的议题与具体的决议事项；不属于股东会职权的)或者实质要件(内容违法违章)的，不提交股东会审议。

5. 有限公司的准用

本款关于股东临时提案权的规定，并未出现在有限公司的章节，那么有限公司的股东临时提案如何解决？最好的方案是公司章程自治，仿照本款的规定确立有关约款;如无章程约款,有限公司参照适用本款的规定,并无大碍。

(三)第3款:上市公司的两个公告通知

本款规定,上市公司将召开股东会会议通知与股东提出的提案都应当通知全体股东,通知的方式是公告。正因为需要公告,所以上市公司的股东会召开的信息及其审议事项都是没有秘密的。在此意义上,股东临时提案权具有信息披露功能,由于外部投资者获取信息的主要来源依赖公司的公告,股东不恰当行使临时提案权的行为可能释放虚假信息,误导市场投资者并进一步影响公司股价,所以不排除有人恶意利用提案的机会制造资本市场事件。宇顺电子临时提案事件就是典型的案例。① 2014年4月17日,在年度股东大会召开前夕,深圳市宇顺电子股份有限公司发布《关于2013年年度股东大会增加临时提案的公告》,声称于2014年4月15日收到其两名机构股东南京瑞森投资管理合伙有限公司、西藏瑞华投资发展有限公司的书面来函,二者联手向其提出临时提案,内容为以资本公积金转增股本的方式,向全体股东每10股转增12股的年度分配预案,而这与之前宇顺电子股份有限公司董事会的“不分配方案”不一致。虽然2014年4月28日公布的股东大会决议公告表明,该临时提案最终并未获得通过,但由于这份临时提案具有一定的突发性,超出了市场预期,极大地激发了市场热情,在临时提案公布的当日,宇顺电子股价涨幅达9.81%,成交额达6321万元。但据宇顺电子董事会称,因每股未分配利润为负,且公司2014年整体经营规模扩大,对资金的需求量较大,为兼顾长远利益,2013年度不进行利润分配,也不实施资本公积金转增股本。以公司不到20元的股价来看,通过高送转除权的需求也并不迫切。因此,两名机构股东的临时提案并无实际通过可能。事实上,该两名股东均为2013年通过认购定增股份进驻宇顺电子,分别持有1000万股,并即将于2014年5月3日解禁。该两名股东经过临时提案事件,获益颇丰,其选择在此时间节点提交并无实际通过可能的提案,大有滥用股东临时提案权催涨股价然后套现牟利的嫌疑。

(四)第4款:议案与决议的关系

本款确立了股东会审议事项的制度价值——股东会不得对通知中未列明的事项作出决议。这是因为,既然未列入会议议程,就不能交付表决,否则违法;不能交

① 参见陈霞:《宇顺电子“10转12”临时提案未获股东大会通过》,载证券时报网,https://cs.com.cn/ssgs/gsxw/201404/t20140425_4375057.html。

付表决，也就不能决议，否则该决议不能成立。

本款的规定，与本法第27条第2项的规定形成呼应，该项规定"股东会、董事会会议未对决议事项进行表决"的决议不成立。

最后的问题是，本款没有出现在有限公司的章节，应当理解为股份公司的规则更为立法者眷顾，立法者觉得有限公司不必要予以规定。但按其法理，本款的规定当然也可以适用于有限公司。

◉ **公司治理操作指南**

1. 一个重要的立法政策选择：临时提案股东需要持股期间的要求吗

从公司的立场来看，是否需要对行权股东提出持股期间的要求以适当抑制恶意提案的现象？尤其对于上市公司而言，还存在部分股东滥用提案权操纵股价之忧。从已有的经验来看，上市公司的股份流通高度自由，股东的临时提案权极易被与公司敌对的竞争对手利用，通过短期持股达到扰乱公司正常经营之目的，如通过恶意收购，提出干扰性提案，阻挠股东会的正常运行，由此股东提案权或沦为操纵证券市场的工具。域外美、日、韩等国公司立法都规定一年或者6个月不等的持股期间要求。我国《公司法》没有规定持股期间的要求，遗留的问题是，如有公司章程提出了相对合理的持股期间要求，此条款是否属于能得到司法尊重的公司自治意思，抑或违反公司法的强制性规定而归于无效。目前的司法裁判主要是从反恶意收购的法律政策来考察的。比如，2018年5月10日，上海市奉贤区人民法院一审判决支持中证中小投资者服务中心诉请，认定上市公司海利生物公司章程关于限制股东权利的反收购条款无效，这一案件是中证中小投资者服务中心在持股行权过程中对海利生物公司章程自治条款侵权行为提出质询并要求其更改遭拒后以股东身份提起的诉讼，也是中证中小投资者服务中心的首例股东诉讼，审理法院认为：根据2013年《公司法》第102条第2款（新《公司法》第115条第2款）的规定，只要持有3%的股份，股东就有选择包括非独立董事候选人在内的管理者的权利即提名权（提案权的下位概念），在权利的行使上未附加任何限制条件，但被告海利生物在有关《公司章程》中设定"连续90天以上"的条件违反了2013年《公司法》的规定，限制了部分股东就非独立董事候选人提出临时提案的权利，相关条款内容应认定为无效。

本条的规定也没有明确解决这一问题，但从"公司不得提高提出临时提案股东的持股比例"立法思维循迹，立法似乎倾向后一结论。

第
115
条

2. 临时提案无禁区

此次修法过程中，三审稿曾规定，选举、解任董事、监事以及本法第一百一十六条第三款（修改公司章程、增加或者减少注册资本的决议，以及公司合并、分立、解散或者变更公司形式）规定的事项，不得以临时提案提出。但这一规定在审议通过时被删除，那么这也就意味着上述事项可以临时提案方式提出。

◉ 比较法规范

《日本公司法》第 303 ~ 305 条；《美国证券交易法》第 14A－8 节；《德国股份法》第 124 条；《韩国商法》第 362 条；《加拿大商业公司法》第 137 条；中国台湾地区“公司法”第 172 条。

◉ 研究文献

1. 李建伟：《决议行为特殊效力规则的民法解释》，载《法学杂志》2021 年第 7 期。
2. 梁上上、朱大明、[日]加藤贵仁：《中日股东提案权的剖析与借鉴——一种精细化比较的尝试》，载《清华法学》2019 年第 2 期。
3. 王敏：《美国上市公司股东提案适当议题制度及其启示》，载《政治与法律》2011 年第 4 期。
4. 肖和保：《股东提案权制度：美国法的经验与中国法的完善》，载《比较法研究》2009 年第 3 期。

◉ 典型案例

中证中小投资者服务中心有限责任公司与上海海利生物技术股份有限公司公司决议效力确认纠纷案①

1. 案情简介

被告上海海利生物技术股份有限公司（以下简称海利生物）为股份有限公司，原告为中证中小投资者服务中心有限责任公司（以下简称投服中心）。

2014 年 6 月 30 日，海利生物发出《上海海利生物技术股份有限公司 2015 年第一次临时股东大会决议公告》，该公告中有关议案审议情况第 14 项为关于修订公司章程并办理工商变更登记，该议案以 100% 同意的比例通过。根据上述股东大会作出的决议内容，海利生物办理了公司章程的工商变更登记。该份章程中第 82 条第 2 款第 1 项的内容为：“董事会、连续 90 天以上单独或合并持有公司 3% 以上股份的股东有权向董事会提出非独立董事候选人的提名，董事会经征求被提名人意见并对其任职资格进行审查后，向股东大会提出提案。”

① 参见上海市奉贤区人民法院民事判决书，(2017)沪 0120 民初 13112 号。

2017 年 4 月 17 日，投服中心通过邮件方式向被告递交《股东质询建议函》，认为公司章程中“连续 90 天以上单独或合并持有公司 3% 以上股份”的内容不合理地限制了股东对董事、监事候选人的提名权，并将归属于股东大会的董事候选人审查、决策权变相转移至董事会，违反了 2013 年《公司法》及相关规定，建议取消此限制类条款。

2017 年 4 月 24 日，海利生物作出回复，认为 2013 年《公司法》《上市公司章程指引》等法律、法规及规范性文件虽然没有对单独或合计持有 3% 以上股份的股东提名董事、监事候选人的权利作出持股时间上的限制，但也没有对《公司章程》能否就该条款进行自行规定作出禁止性规定，《上市公司章程指引》第 82 条的注释明确公司应当在章程中规定董事、监事提名的方式和程序，该等规定赋予《公司章程》在未违反法律法规及规范性文件禁止性规定的前提下对公司董事、监事提名权进行自治性设定的权利。

2017 年 6 月，原告提起诉讼，要求确认海利生物 2015 年第一次临时股东会决议通过的《公司章程》第 82 条第 2 款第 1 项的内容无效。

2. 裁判要旨

法院认为，根据 2013 年《公司法》的规定，公司股东依法享有资产收益，参与重大决策和选择管理者等权利。在权利的具体行使方式上，单独或者合计持有公司 3% 以上股份的股东，可以在股东大会召开 10 日前提出临时提案并书面提交董事会。上述规定表明，只要具有公司股东身份，就有选择包括非独立董事候选人在内的管理者的权利，在权利的行使上并未附加任何的限制条件。分析海利生物在 2015 年第一次临时股东大会决议中有关《公司章程》第 82 条第 2 款第 1 项的内容，其中设定“连续 90 天以上”的条件，违反了 2013 年《公司法》的规定，限制了部分股东就非独立董事候选人提出临时提案的权利，该决议内容应认定为无效。

海利生物虽于 2017 年第三次临时股东大会作出决议，通过了修订《公司章程》的议案，取消了“连续 90 天以上”的限制条件，但鉴于上述限制条件存在于 2015 年第一次临时股东大会决议中，该决议自作出之日起即客观存在且发生效力，后作出的股东大会决议与此前形成的股东大会决议分属相互独立的不同法律行为，并不能当然补正此前股东大会中相关内容的法律效力。另考虑到海利生物作出 2017 年第三次临时股东大会决议的时间在投服中心提起本案诉讼之后，庭审中经询问，海利生物对投服中心的诉讼请求及事实和理由亦未持异议。综合以上因素，法院仍支持投服中心的诉讼请求。就海利生物而言，其在投服中心的起诉后修订《公司章程》，消除限制条件，且在庭审中同意投服中心的主张，上述行为对依法完善公司治理规则亦有积极意义，法院予以认同。

3. 案件评析

该案是关于投服中心的首例股东诉讼，涉及其持股行权业务。海利生物在股东权的行使上，附加了“连续 90 天以上”的条件，与 2018 年《公司法》第 102 条第 2 款（新《公司法》第 115 条第 2 款）的规定相矛盾冲突，只要具有股东身份，就有选择包括非独立董事候选人在内的管理者的权利，不得任意提高行权门槛。因此，限制了股东提出临时提案的权利的条款内容应认定为无效。

第一百一十六条 【股份公司的决议多数决】

股东出席股东会会议,所持每一股份有一表决权,类别股股东除外。公司持有的本公司股份没有表决权。

股东会作出决议,应当经出席会议的股东所持表决权过半数通过。

股东会作出修改公司章程、增加或者减少注册资本的决议,以及公司合并、分立、解散或者变更公司形式的决议,应当经出席会议的股东所持表决权的三分之二以上通过。

◉ 立法意旨

本条是关于股份公司股东表决权以及分类决议事项的多数决比例的规定。

◉ 条文演变历程

本条最早可追溯至1993年《公司法》第106条、第107条,前者规定“股东出席股东大会,所持每一股份有一表决权。股东大会作出决议,必须经出席会议的股东所持表决权的半数以上通过。股东大会对公司合并、分立或者解散公司作出决议,必须经出席会议的股东所持表决权的三分之二以上通过”。后者规定“修改公司章程必须经出席股东大会的股东所持表决权的三分之二以上通过”。

2005年修法整合以上两个条文于一条,第104条规定“股东出席股东大会会议,所持每一股份有一表决权。但是,公司持有的本公司股份没有表决权。股东大会作出决议,必须经出席会议的股东所持表决权过半数通过。但是,股东大会作出修改公司章程、增加或者减少注册资本的决议,以及公司合并、分立、解散或者变更公司形式的决议,必须经出席会议的股东所持表决权的三分之二以上通过”。此次修法,一审稿新增“类别股股东”表决权行使的例外,“股东大会”调整为“股东会”。三审稿将“必须”修改为“应当”,最后通过的法律与三审稿无区别。

◉ 条文释义

本条对应旧法第103条,除增加类别股表决权的例外,无其他内容实质修改。

(一)资本多数决的一般原理

股东会决议是股东会就提请会议审议的提案依法定程序进行表决形成的决议,是股东会形成团体意思的唯一法定形式。股东会决议在性质上属于组织法上的民事法律行为，适用集体决策机制（collective decision）中的“多数决规则”（majority voting rule），即集体中的每一个成员根据自己的意思单独行使表决权（决议的构成要素），依据多数决原则形成集体意思。虽然股东会决议不以全体股东的意思表示一致为成立要件，也不强制要求全体股东都参与表决，但一旦形成，对公司、全体股东（包括反对股东、弃权股东、离席股东及其他未参与表决股东等）、董监高等均具约束力。

理论上，股东会决议分为可决决议和否决决议，前者又称积极决议（positive decisions），即受到多数决赞成而获得通过的决议；反之，即为后者，又称消极决议（negative decisions）。

立法根据决议事项通过的多数标准不同，将股东会决议分为普通决议和特别决议，后者是就法律、公司章程规定的特殊事项作出的决议，需要全体或者出席股东表决权的绝对（复杂）多数（super majority）通过，除此之外都属于前者，只需要全体或者出席股东表决权的简单多数（simple majority）通过。各国、各地区的公司法一般都列举特别决议的事项，除此之外的事项则为普通决议的事项。对特别决议，各国、各地区的公司法规定绝对多数的标准，有的是 2/3 以上的表决权（如法国），有的是 3/4 以上的表决权（如德国）。

可见，普通决议和特别决议的区别在于决议通过的法定比率要求不同。决议通过的法定比率（voting requirement），指法律要求决议的形成必须经有表决权股份的多数通过。决议通过的法定比率与出席股东法定足数之间密切相连。法定比率的计算基数，有的国家规定是出席股东所持表决权总数，有的国家规定是公司表决权总数，差异在于对待不参与表决股东的态度不同：在前者，不参与表决股东所持表决权不计入计算基数，而后者恰好相反。在法定比率相同的前提下，显然前者所实质要求的多数决比例更高。此外，回避表决权的股东所持表决权不应计入出席会议有表决权的股份总数。在法律规定之外，不少国家的公司法允许公司章程对法定比率作特别规定，提高或者降低法定比率。①

（二）第 1 款：“一股一权”原则及其例外

1. 第 1 句本文：股权平等下的“一股一权”原则

依本款规定可知，股份公司股东出席股东会会议，所持每一股份有一表决权，即

① 参见李建伟：《公司法学》（第 5 版），中国人民大学出版社 2022 年版，第 306 页。

一股一权原则。各国、各地区的公司法大多规定一股一权原则。股东的经济利益主要表现为以盈余分配和公司剩余财产分配为内容的剩余索取权,这是股东享有表决权的根源所在,表决权必须恰当地反映出表决者与表决结果的利益大小;否则,表决结果将会与表决者的利益偏好产生偏差。这一标准应用于公司治理上就转化为"表决权与剩余利益相适应"。在一股一权原则之下,股东的利益通过其持有的股份可以得到准确的测量,其享有的表决权可以基于其持有的股份进行等比例的转换。如此一来,股东剩余利益与股东表决权重实现了完美的结合。① 因此,股东在行使表决权时,通常遵循一股一权原则,这也是公司资本民主的体现。② 根据这一原则,拥有更多股份的股东拥有更多的表决权,因此他们在公司事务决策中拥有更多的话语权和决定权。③

2. 第 1 句但书:股东平等原则下的例外:类别股除外规则

相较于旧法第 103 条,本款新增"类别股股东除外"的规定,是在引入类别股之后对一股一权原则的突破。类别股相对于普通股,后者是指传统的、完整具有股权各项权能的股份,前者是指股东权利在某些方面有所扩张或限制的股份类型,理论基础是股权的各项子权利可相互分离,重新组合。④ 此种权利构造更加全面地阐释了股东平等原则。

股东平等原则是指股东之间基于股东地位享有权利或者承担义务时,应当享有平等待遇,具体包括形式平等与实质平等。形式平等即一股一权,意味着凡是持有相同类型股份的股东,依据其持有股份的数量,依法享有同等的权利、承担同等的义务,并承担同等的责任;实质平等强调股东依照其所持有的股份类型以及股份数量获得平等待遇,即拥有同一种类型股份的股东依据其持股数量享有股东权利。实质平等意味着"同等状况同等对待;不同状况不同对待",也即同股同权。差异化平等只能建立在不同类别的股份之上,而不得建立在其他因素之上。⑤ 在此意义上,股东平等原则相较于股权平等原则,是更为深刻的具有实质意义的法律原则。

本法第 146 条引入类别股股东会决议规则,规定"发行类别股的公司,有本法第

---

① 参见冯果:《股东异质化视角下的双层股权结构》,载《政法论坛》2016 年第 4 期,第 128 页。

② 参见冯果:《公司法》(第 3 版),武汉大学出版社 2017 年版,第 213 页。

③ 参见赵旭东主编:《新公司法讲义》,法律出版社 2024 年版,第 243 页。

④ 参见朱慈蕴、沈朝晖:《类别股与中国公司法的演进》,载《中国社会科学》2013 年第 9 期,第 149 页。

⑤ 参见赵玲:《我国类别股创设的法律路径》,载《法学杂志》2021 年第 3 期,第 79 页。

一百一十六条第三款规定的事项等可能影响类别股股东权利的,除应当依照第一百一十六条第三款的规定经股东会决议外,还应当经出席类别股股东会议的股东所持表决权的三分之二以上通过。公司章程可以对需经类别股股东会议决议的其他事项作出规定”。由此可知,新《公司法》对于分类表决事项的规定呈现出“列举加概括”的立法模式:首先,涉及修改公司章程、增加或者减少注册资本的决议,以及公司合并、分立、解散或者变更公司形式的决议,除股东大会特别决议之外,还需经可能受损害的类别股股东会议的特别决议;其次,由于法律列举明显不能囊括实践中出现的各种情形,故而通过对“可能影响类别股股东权利”此实质要件的概括式规定来进行兜底,此处“等”字为等外等,其余存在“影响类别股股东权利”的可能的事项亦应当由类别股股东分类表决。

3. 第 2 句:库存股无表决权

本款末句规定“公司持有的本公司股份没有表决权”,即为库存股无表决权规则。如允许公司自持股份数参与股东会表决,将影响会议目的的实现,同时混同了公司与股东之间的身份与关系,形成自我表决。因此,各国、各地区的公司法均规定公司持有的本公司股份没有表决权,我国亦然。[①]

(三)第 2 款:普通决议的多数决

本款规定,股份公司普通决议须经出席会议的股东所持表决权过半数(不包括本数)通过。股东会在决议公司的普通事项时,获得简单多数赞成即可通过的决议,为普通决议。所谓“简单多数”,在有限公司,是指代表过半数表决权的股东(本法第 66 条第 2 款);在股份公司,是指代表出席会议股东持有的过半数表决权的股东(本款)。这一差异实际上蕴含另一重规则:股份公司股东会没有定足数的要求,但是有限公司有要求,关于此点,详见第 66 条释义部分。

对于普通决议适用的事项,法律一般不作范围划定,一般理解为法定的特别决议决定事项之外的均属之。

(四)第 3 款:特别决议的多数决

本款规定,股份公司特别决议须经出席会议的股东所持表决权的 2/3 以上(包括本数)通过,是为股份公司特别决议的绝对多数决。本款规定同样透露出,即便对于特别决议,股份公司股东会也没有定足数的要求。

① 参见王翔主编:《中华人民共和国公司法释义》,中国法制出版社 2024 年版,第 167 页。

适用特别决议的事项有七:修改公司章程;增加注册资本;减少注册资本;公司分立;公司合并;变更公司形式;公司解散。此外,本法第135条还规定上市公司在1年内购买、出售重大资产或者担保金额超过公司资产总额30%的,也适用特别决议规则。

问题是,除此之外,股份公司章程是否可以增加适用特别决议的事项?详见下段的讨论。

◉ 公司治理操作指南

一个实务问题:股份公司章程能否提高股东会决议的多数决比率?

一般认为,公司法关于法定比率的规定属于强制性规范,不能以章程降低之①,但对于是否可以提高,存在认识不同。否定者的主要理由是:(1)实质赋予了少数股东否决权,对多数股东不公平,且违背股份平等、股份多数决原则;(2)造成股东会难以形成决议,诱发公司僵局;(3)最终影响公司效率,损害全体股东的利益。这些理由不无道理,从商业合理性立场度之,对少数股东的保护固不能以过分牺牲公司效率为代价,尤其对于公众公司而言。但这些理由并不能足以否定意定高比例的多数决的合法性、正当性,因为其不足以对抗更高价值的法益——公司自治。无论是有限公司还是股份公司章程,一方面可以增加适用特别决议的事项,另一方面可以在法定基础上提高该法定比率。

◉ 比较法规范

《德国股份法》第133条、第134条;《韩国商法》第369条;《日本公司法》第308条、第309条;《美国特拉华州普通公司法》第212条、第216条;中国台湾地区"公司法"第174条、第179条、第185条。

◉ 研究文献

1. 叶林:《股东会会议决议形成制度》,载《法学杂志》2011年第10期。

2. 罗培新:《公司法强制性与任意性边界之厘定:一个法理分析框架》,载《中国法学》2007年第4期。

---

① 参见周游:《新公司法条文解读与适用指引:案例·规则·文献》,法律出版社2024年版,第254页。

第一百一十七条　【股份公司的累积投票制】

股东会选举董事、监事，可以按照公司章程的规定或者股东会的决议，实行累积投票制。

本法所称累积投票制，是指股东会选举董事或者监事时，每一股份拥有与应选董事或者监事人数相同的表决权，股东拥有的表决权可以集中使用。

◉ 立法意旨

本条是关于股份公司累积投票制的规定。

◉ 条文演变历程

本条最早可追溯至2005年《公司法》第106条，该条规定，“股东大会选举董事、监事，可以依照公司章程的规定或者股东大会的决议，实行累积投票制。本法所称累积投票制，是指股东大会选举董事或者监事时，每一股份拥有与应选董事或者监事人数相同的表决权，股东拥有的表决权可以集中使用”。2013年修法调整条文序号为第105条。此次修法，一审稿为统一表述，第120条规定的累积投票制将“股东大会”改为“股东会”。二审稿、三审稿沿袭，直至形成本条。

◉ 条文释义

本条对应旧法第105条，内容无实质修改。

1. 第1款：累积投票制的适用对象

累积投票制适用对象为股份公司的董事、监事选举等差额选举“人事”场合，并不能适用于不具有差额性的“非人事”场合，如就分红事项的表决，无法适用累积投票制。

本款指向股份公司，但主要是就非上市股份公司而言的，对于上市公司，为加强对中小投资者的保护，证监会《上市公司治理准则》第17条规定“单一股东及其一致行动人拥有权益的股份比例在30%及以上的上市公司，应当采用累积投票制”。也就是说，此类上市公司强制推行累积投票制。

依照本款，非上市股份公司以及《上市公司治理准则》第17条规定的强制适用累积投票制之外的其他上市公司，适用累积投票制的政策是：以直接投票制为默认规则，累积投票制在经过公司选择后方可适用，也即属于选入式（opt in）规则，只有公司章程规定或者股东会决议采用的，方可采用。

有限公司是否可以适用以及如何适用该制度？从本条的体系位置看，累积投票制虽被规定适用于股份公司,但不妨碍有限公司通过章程、股东会决议等自治方式对累积投票制的选择适用。

2. 第 2 款:董监事选举的两种方式

股东会负责的职工董事、职工监事以外的董监事选举,可以采用直接投票制,也可以采用累积投票制。二者的区别及其机理在于,累积投票制有利于广大的少数股东,使得其更有机会选举自己的代言人进入董事会、监事会。

直接投票制,是股东会通过决议通用的表决方式,指在行使表决权时,针对一项议案,股东只能将其表决票数一次性直接投在该议案上。在直接投票的方式下,只要表决符合法定的人数或者票数,决议就可获得通过。

累积投票制,是仅适用于选举董事、监事的表决方式,指股东会选举董事或者监事时,每一股份拥有与应选董事或者监事人数相同的表决权,股东拥有的表决权可以集中使用。

这两种投票制均以"同股同权""一股一权"为基础,但在表决票数的计算和具体投向上存在根本差异:在直接投票制中,针对一项决议,股东只能将其表决票数一次性直接投在这项决议上;在累积投票制中,股东可以将其在选举每位董事、监事上的表决票数累加,即股东在选举董事、监事时的总票数为其持有股份决定的表决票数乘以须选举的董事、监事的人数,股东可以选择将总票数集中投在一个或者分散投在数个候选人名下。①

例如,A 股份公司有 100 股,要选 5 名董事,选举一名董事一股一票,两个股东甲、乙分持 82 股、18 股。在直接投票制下,选举一个董事需要通过一项决议,获得过半数票的候选人即当选,那么,甲、乙分别推举 5 名董事候选人,双方不存在合作机制,则选举的结果是:甲推举的 5 名候选人分别获得 82 票赞成、18 票反对,全部当选;乙推举的 5 名候选人分别获得 18 票赞成、82 票反对,全部落选。显然,股东只要持有表决权的过半数,就可以决定全部人选。

在累积投票制下,甲、乙可以投出的总票数分别为 410 票、90 票,是将全部投票集中投给推举的某一位候选人或者分散投给若干候选人,由股东自己决定,得票最多的前 5 位候选人当选。甲的立场是,把自己推选的候

① See *Black's Law Dictionary*, West Publishing Co., 1979, p. 343.

选人尽可能多地当选，所以选择分散投票策略；对乙而言，只要能够确保自己推选的一个候选人当选，就比直接投票制的结果更优，明智的策略自然是集中投票。如彼此清楚对方的意图且信息处于同等水平，最后的博弈结果将是：甲推举的5名候选人分别得票为91、91、91、91、46；乙推举的5名候选人分别得票为90、0、0、0、0。结果是甲、乙各有4名、1名候选人当选，乙的愿望成功实现。

如排除影响股东投票选择的其他复杂因素，仅从概率论来讲，累积投票中确定选举出一名董事所需的最低股份数(X)的公式：$X \geq S/(D+1)+1$。

其中，S代表表决权股份总数，D代表待选董事总数，代入上例中，选举1名董事所需的股份数就是：$100/(5+1)+1=17.67$(股)，所以乙股东(18股)能够确保一个董事席位的秘密就在这里。但如果甲、乙的股份数分别是83、17，即使采用累积投票制，乙也不能确保一个董事席位。或者再假设上例中有3个股东甲、乙、丙，其股份数分别是82、17、1，其他要素不变，则如果乙、丙结成一致行动人，可以确保共同推举的一人当选；否则，甲推选的人全部当选。类推，选出N名董事所需股份数(Y)的公式：$Y \geq NS/(D+1)+1$。

在这个意义上，在投票不分类别的公司中，多数股东一般有权决定所有的董事任免，即使公司存在类别股，但如果只采取直接投票的方式，则各类股也只能按每股一票计算，因此这种投票方式往往造成明显的多数股压倒少数股的现象，少数股权的股东将无法选出一个代言人进入董事会；累积投票则可以让少数股东有机会把其代言人选入董事会，防止多数股东利用表决权优势完全控制董事、监事人选。可见，累积投票制对于限制多数股东滥用表决权与保护少数股东都具有重要制度价值。

◉ 公司治理操作指南

在选择适用累积投票制后，应注意其相应程序：(1)适格的股东提出关于候选人提案；(2)股东会通过直接投票制决定候选人的提名是否通过；(3)候选人提案经股东会决议通过后，以累积投票制将候选人选入董事会、监事会。但在第一步和第二步的适用过程中仍旧存在问题。首先，以往学理研究通常将股东提案权和董事提名权混为一谈，认为董事提名可自然依照股东提案的法律规定。此次修法，三审稿第115条第2款曾明确规定选举、解任董事、监事不得以临时提案提出，虽未明确董事、监事提名权如何行使，但将董事提名权与股东提案权进行了制度分野，然此规定未保留。本法第115条将提起临时提案权的股东持股比例要求由3%下调为1%，对于少数股东通过临时提案进行董事、监事候选人提名有较大助益。在实践中,董事提名的具体制度仍主要通过公司章程进行规定,应注重在章程中回应立法主旨,设计对少数股东较为友好的董事提名具体规则。

其次,董事提名能否得以通过仍旧以直接投票制为基础,决策权仍由控股股东掌握。但这并不意味着累积投票制毫无意义,相反少数股东应重视章程中对于股东的董事提名权的相关规定。

◉ 比较法规范

《日本公司法》第 89 条、第 342 条;《韩国公司法》第 382 条之二、第 542 条之七;《美国模范商业公司法》第 7.28 节;《美国特拉华州普通公司法》第 214 条;中国台湾地区"公司法"第 198 条。

◉ 研究文献

1. 伍坚:《缺省性公司法规则的构造——基于减少交易成本和代理成本的分析》,载《法学研究》2023 年第 5 期。

2. 钱玉林:《累积投票制的引入与实践——以上市公司为例的经验性观察》,载《法学研究》2013 年第 6 期。

3. 伍坚:《论公司法上的缺省性规则——兼评新〈公司法〉相关规定之得失》,载《法学》2007 年第 5 期。

第一百一十八条 【股份公司的股东表决权委托】

股东委托代理人出席股东会会议的,应当明确代理人代理的事项、权限和期限;代理人应当向公司提交股东授权委托书,并在授权范围内行使表决权。

◉ 立法意旨

本条是关于股份公司股东表决权委托的规定。

◉ 条文演变历程

本条最早可追溯至 1993 年《公司法》第 108 条,该条规定,股东可以委托代理人出席股东大会,代理人应当向公司提交股东授权委托书,并在授权范围内行使表决权。此后的修法均未改动内容,仅有条文序号调整。此次修法,二审稿增加了关于委托书内容的规定,"委托书应当明确代理人代理的事项、权限和期限的规定",三审稿沿袭,直至形成本条。

◉ 条文释义

本条对应旧法第106条，有内容增加。

（一）股东可以委托投票

1. 乃应有之义

《民法典》第161条第2款规定：“依照法律规定、当事人约定或者民事法律行为的性质，应当由本人亲自实施的民事法律行为，不得代理。”据此，凡不具有人身性的行为，皆可委托为之，股东出席股东会及其投票行为，并不具有人身性，所以股东可以委托他人投票，当为应有之义，除非法律、公司章程另有规定。

2. 有限公司也适用

本条规定是否适用于有限公司，基于有限公司的封闭性或曰人合性，股东能否委托他人出席？或存疑问，存在肯定说与否定说。实际上有限公司的股东投票也完全适用委托代理制度，此与其封闭性或曰人合性实为风牛马不相及。

但是，为什么有限公司一章不做规定而仅仅规定在股份公司？这一提问问得好。实际上这一立法现象在第三章、第五章的对比中处处可见，合理的解释是：一方面，立法者觉得有限公司的治理，应该由立法留足自治空间，立法不宜作出过于细碎的规定；另一方面，这与我国1993年以来公司立法的路径依赖有关——有限公司安排在前、股份公司在后的立法体例带来的无数立法适用困惑。类似的条文比如本法第125条规定股份公司董事可以委托其他董事出席董事会，但是在第三章的有限公司中也没有同样条文的规定，但并不影响有限公司董事出席会议也可适用委托代理制度。

3. 与董事委托投票的区别

对照本条与第125条不难发现，股东与董事皆可适用委托代理制度委托其出席会议与投票，但主要区别有二：(1)股东委托的代理人是指本人以外的任何人，自然人、法人与非法人组织皆可，具有行为能力即可，可以具有股东身份也可以不具有；但是董事委托的受托人必须是本公司的其他董事，这是出于董事会涉及商业秘密以及商业决策的能力等考量，且董事投票是可以追责的。(2)股东委托代理人无须任何条件，但凭自己的意愿即可；但是董事委托代理人是有条件的，限于“因故不能出席者”（第125条第1款）。这是因为董事出席董事会不仅是权利（力）而且是职责，涉及对公司负有的勤勉义务，但股东出席股东会且投票乃是纯粹的权利。

4. 监事可以委托代理吗

公司法对于两类公司的监事会会议的规定，都没有出现委托出席的字样。但是依据前述的委托代理一般原理,并不能得出监事不能适用委托代理的结论,公司法之所以没有规定,多是出于细碎之事,不予规定的考虑而非其他,这对于相对立法较为粗略的中国公司法更是如此。

如果监事出席监事会及投票适用委托代理,应当比照本法第125条董事委托代理投票的规定,而不是本条的规定。

(二)委托授权书与授权投票

为避免影响决议的效力,减少瑕疵机会,代理人需要在会前向公司提交书面的授权委托书,实践中公司一般会要求在会议召开前多少天提交,以便查验。

新法增加委托书应当明确代理人代理的事项、权限和期限的规定,是对于实务中容易滋生纠纷的环节的经验总结。根据《民法典》的委托代理基本原理,只有代理人在授权范围内行使代理权,代理行为才能对被代理人发生法律效力;否则,形成无权代理,代理行为处于效力待定状态,若委托人不予追认,则该行为终局性不发生效力。对于众人参与且实行多数决的决议而言,一旦出现某些成员的无权代理行为,其引发的决议效力瑕疵的复杂性将远超合同。所以公司应当尽力避免出现此种情形,会前查验授权委托书的意义,正在于此。

一旦出现受托人的越权代理投票,公司应该拒绝其超出授权范围的投票或者将其作为废票处理。在公司未能识别无权代理行为之场合,若可适用表见代理、商事代理等规则,亦不应对公司决议效力产生影响。

倘若代理人违背委托人的指示,但未超过其授权范围,此时表决行为对公司有效,由此给委托人造成的损失,委托人可以要求代理人承担赔偿责任。

总之,只要公司股东会的召集人、主持人、监票人等尽职尽责,依照本条的规定在前端严格把关,妥善处置,超出授权范围的投票行为就可能被杜绝,效力待定、表见代理、商事代理适用的可能性也会极大降低。

◉ 公司治理操作指南

1. 股东代理人出席会议的程序要点

在公司治理实践中,股东委托代理人出席会议主要有表决权委托与表决权征集两种方式。对于后者,《证券法》第90条明确规定上市公司董事会等主体可以作为征集人,自行或者委托证券公司、证券服务机构,公开请求上市公司股东委托其代为出席股东大会,并代为行使提案权、表决权等股东权利。同时,该条还禁止征集人以有偿或变相有偿的方式公开征集股东权利。

股东委托代理人出席会议时有以下程序性事项需要特别关注:(1)股东需要提前将授权委托书提交给公司,以便公司核查授权委托书的真伪。(2)不同于董事仅能委托其他董事出席会议,股东可以委托股东或非股东出席会议。实践中,委托具备法律与商业实践经验的律师出席股东会会议是较为合理的选择。(3)授权委托书需要明确是全权授权还是一般授权,其区别在于代理人是否有权根据会议情况现场作出投票决定。若股东对于全部或者部分决议事项已经事先作出具体投票决定,则公司需要根据股东意思进行计票,否则可能导致决议出现效力瑕疵。

2. 上市公司表决权委托协议的特殊性

在上市公司治理实践中,表决权委托被广泛用于控制权交易、财务报表合并、稳定公司控制权等场合中。相较于一般的委托合同,上市公司表决权委托协议的权利义务安排具有一定特殊性:(1)表决权的行使往往以代理人意志为准,而非根据委托人的指示。根据《民法典》第922条的规定,受托人需要根据委托人的意志来行事。而在上市公司治理实践中,当事人往往在表决权委托协议中约定,受托人可自行决定表决事项,委托方需无条件服从代理人在表决事项上的决定。(2)表决权的行使往往是无偿的。《民法典》第928条第1款规定,受托人完成委托事务的,委托人应当按照约定向其支付报酬。而在上市公司表决权委托协议中,当事人通常在表决权委托协议文本中表述为无偿委托。(3)上市公司表决权委托协议通常约定委托方不得单方撤销委托,《民法典》第933条规定了委托合同双方当事人的任意解除权。针对表决权委托中"不可撤销"条款的效力,将在下文"典型案例"部分进行评述。

在监管层面,由于表决权委托往往牵涉控制权交易等问题,因此由证券监管部门全面规范表决权委托代理。《深圳证券交易所上市公司收购及股份权益变动信息披露业务指引(征求意见稿)》和《上海证券交易所上市公司收购及股份权益变动信息披露业务指引(征求意见稿)》中均明确要求上市公司明确披露表决权委托的委托权限、委托期限、解除条件等内容。同时,上述两指引均明确将表决权委托视为一致行动关系,并按照一致行动关系进行监管。表决权委托协议缔结后又提前解除的,委托人和受托人在原有期限内继续遵守原有限售、一致行动的义务和承诺。尽管此规范没有正式施行,但仍对证券监管和上市公司合规治理具有重要意义。另据《上市公司收购管理办法》的规定,如表决权委托的委托人和受托人合计持股比例超过30%,表决权委托将可能触发要约收购义务。

◉ 比较法规范

《美国模范商业公司法》第7.22节;《美国特拉华州普通公司法》第211条;《英

国2006年公司法》第285条、第324~331条;《德国股份法》第134条第3款;《日本公司法》第310条;《韩国公司法》第368条第2款;中国台湾地区“公司法”第177条。

◉ 研究文献

李建伟、林树荣:《〈公司法〉修改背景下股东表决权不统一行使规则》,载《财经法学》2022年第6期。

◉ 典型案例

朱某华等与深圳市中和房地产开发有限公司股东资格确认纠纷案①

1. 案情简介

朱某华与马某轩均是深圳市中和房地产开发有限公司(以下简称中和公司)的持股人。2009年2月13日,马某轩出具一份授权委托书,内容为:鉴于本委托人所持有的中和公司10%的出资额(该出资额实际全部由本公司另一股东朱某华出资),现将该10%出资额中的表决权永久委托朱某华独立行使。本授权委托书为不可撤销的委托或声明。次日,马某轩出具一份收条,内容为:收到朱某华15万元保证金。如马某轩违反或撤销2009年2月13日签署的授权委托中的授权、承诺及本收条的条款、承诺,则应双倍支付该保证金给朱某华。2010年4月20日,马某轩出具一份声明,声明其于2009年2月13日签署的将中和公司10%的表决权委托给朱某华行使的授权委托书作废。对此,朱某华提起诉讼,要求法院确认朱某华为马某轩所持中和公司10%的股权的实际出资人及股东;确认马某轩所持中和公司10%的股权包括表决权在内的股东权益由朱某华享有;马某轩依约偿还朱某华30万元。

2. 裁判要旨

一审法院认为,根据马某轩向朱某华出具的声明,双方形成委托合同关系。按照《合同法》第410条(《民法典》第933条)的规定,当事人可随时撤销委托,该规定系法律授予的权利,而非强制性规范,故马某轩在声明中表示为不可撤销的委托系其自愿放弃权利。其在收条中承诺若撤销该声明,双倍返还保证金,一方面设置了保证金返还的条件,另一方面为其违反不可撤销承诺设置了违约责任。马某轩于2010年4月20日书面撤销声明系违约行为,保证金退还的条件成就,马某轩应予以退还保证金15万元并承担违约责任,违约责任应相当于违约所造成的损失。朱某华未举证证明其损失,但由于马某轩确实存在撤销委托的违约行为,该院酌情确定马某轩支付朱某华违约金1万元。故马某轩须退还朱某华保证金及支付违约金共16万元,对朱某华过高部分的请求,不予支持。

二审法院认为,一审法院判决结果并无不当,应予维持,但是依据是,马某轩作为中

① 参见广东省深圳市中级人民法院民事判决书,(2013)深中法商终字第1786号。

和公司10%的股份的持有人,向朱某华出具声明授权其行使该部分股权的表决权系法律赋予的权利,可以随时撤销委托,但基于撤销行为给朱某华造成损失应予赔偿。

3. 案件评析

本案中,一审、二审法院对于表决权委托协议中不可撤销条款的效力作出了不同的认定,代表了实践中两种不同的裁判立场。一审法院认为,委托合同关系中的任意解除权系任意性规定,而非强制性规定,因此双方可以约定排除任意解除。在(2018)最高法民终1344号民事判决书中,最高人民法院肯认商事领域不可撤销授权条款的有效性,认为此类条款不违反法律、行政法规的强制性规定,不损害社会公共利益。与之相对,二审法院则认为,委托合同中任意解除权系强制性规定,当事人合意排除任意解除权的约定不具有法律效力。(2007)闵民二(商)初字第1535号民事判决书亦持相同的裁判立场,法院认为,委托合同以人身信赖关系为基础,若当事人之间不存在信赖关系则委托合同丧失存在基础,故委托合同任意解除权的规范为强制性规定,当事人在表决权委托协议中约定的不可撤销条款无效。

综上,司法实践对于表决权委托协议中不可撤销条款的效力存在较大争议,背后是受托人信赖利益保护与委托人法定利益之间的平衡。应当认为,作为一种商事合同,表决权委托协议具有不同于普通委托合同的特殊性,当已经明示不可撤销性以及存在特定利益关系时,应当肯认不可撤销条款的效力,以此来保障交易安全、实现当事人意思自治的需求。另外,即使认为委托合同任意解除权系强制性规范,根据《民法典》第933条第2句的规定,违约人应当对于行使任意解除权给对方造成的损失承担相应赔偿责任。

第一百一十九条 【股份公司的股东会会议记录】

股东会应当对所议事项的决定作成会议记录,主持人、出席会议的董事应当在会议记录上签名。会议记录应当与出席股东的签名册及代理出席的委托书一并保存。

◉ 立法意旨

本条是关于股份公司股东会会议记录作成及其保存的规定。

◉ 条文演变历程

本条最早出现在1993年《公司法》第109条,该条规定,“股东大会应当对所议事项的决定作成会议记录,由出席会议的董事签名。会议记录应当与出席股东的签名册及代理出席的委托书一并保存”。2005年《公司法》第108条补充规定主持人亦应当签名,2013年修法调整条文序号为第107条。此次修法,没有修订该条内容。

◉ 条文释义

本条对应旧法第107条，内容无实质修改。

1. 作成

(1)重要性。股东会会议记录是载明股东会所议事项以及相关会议内容的书面文件，属于股份公司必须置备的文件资料之一，股东可以随时查阅。

(2)作成。股东会举行会议时，负责召集会议的董事会以及主持会议的董事长应当安排人员，详细记录会议的情况，就“所议事项的决定”作成会议记录。

上市公司的股东会会议记录要求得非常细致，可资参考。《上市公司股东大会规则》第41条规定，上市公司股东会会议记录由董事会秘书负责，会议记录应记载以下内容：(1)会议时间、地点、议程和召集人姓名或名称；(2)会议主持人以及出席或列席会议的董事、监事、董事会秘书、经理和其他高级管理人员姓名；(3)出席会议的股东和代理人人数、所持有表决权的股份总数及占公司股份总数的比例；(4)对每一提案的审议经过、发言要点和表决结果；(5)股东的质询意见或建议以及相应的答复或说明；(6)律师及计票人、监票人姓名；(7)公司章程规定应当载入会议记录的其他内容。另外，《上市公司章程指引》第73条对于既发行内资股又发行境内上市外资股的公司以及未完成股权分置改革的公司的股东会会议记录内容，还有特殊规定。

(3)签名。在作成会议记录后，由两类人签名：主持人及出席会议的董事。此外，《上市公司股东大会规则》规定上市公司的股东会会议记录，除出席会议的董事和会议主持人签名外，出席会议的监事、董事会秘书、召集人或其代表也应当签名。

2. 保存

股东会会议记录，应当与现场出席股东的签名册以及代理出席的委托书“三位一体”一并保存。除股东委托他人出席的委托书之外，董事、监事委托他人出席的委托书也需要保存。如存在网络表决及其他方式表决的情况，也应将相关资料一同保存。根据《上市公司股东大会规则》的规定，会议记录及相关资料的保存期限不少于10年。

股东会会议的准确、完整记录和妥善保存，在公司法上具有多重规范意义：

(1)股东会会议的记录具有证据效力。由于股东会会议记录记载出席人员、表决结果等信息，其可以证明会议符合出席定足数、待决事项经过表决，这对于公司决议效力的司法认定具有重要意义。当然，欠缺股东会会议记录不必然影响公司决议效力，对此可参见下文“典型案例”。

(2)股东会会议的记录和保存是股东知情权行使的现实基础。根据本法第110条规定,股东有权查询股份公司的股东会会议记录。股东会会议记录的完整记录和保存有利于没有出席会议的股东和日后加入公司的新股东充分了解公司经营管理和战略发展的基本信息,从而参与公司决策。对于上市公司而言,股东会会议记录的披露是投资者了解公司经营发展现状的重要信息渠道,对于投资者维护自身合法权益具有重要意义。

(3)股东会会议记录对于异议股东行使回购权具有重要意义。根据本法第161~162条规定,当出现法定情形时,对于股份公司特定决议投反对票的异议股东可以请求公司回购股权。据此,行权股东需要凭借股东会会议记录证明自己为“异议股东”,也就是对于某项决议投了非赞成票(弃权、反对),否则不能成为适格的行权股东。

◉ 公司治理操作指南

从公司治理的角度来说,对于股东会会议、董事会会议等公司会议进行规范记录并妥善保管相关会议资料,是公司合规治理的基本要求。对于股东会会议涉及的从召集、通知、提案、会议记录、投票到决议的相关文件原件,公司均应妥善保管,防止在未来发生纠纷或应对监管部门调查时,缺乏必要证据维护自身合法权益。随着电子化、信息化水平的提高,许多公司形成了线上召开股东会会议的惯例。但需要注意,线上召开的股东会会议最好进行录音录像,且全程打开摄像头确保本人参会。另外,线上股东会会议也需要相关主体及时电子签字。

对于上市公司而言,目前证券监管部门对于股东会会议记录的监管仍较为严格。从监管实践来看,若公司存在股东会会议记录内容缺失、记录与实际状况不符、记录人不合规、欠缺签字、未及时归档出席表决的委托书以及委托书未加盖公章等情形,可能将会面临监管部门的处罚。鉴于此,公司应当加强股东会会议的合规建设,在公司章程中对股东会会议记录的内容进行细化规定,明确股东会记录和保存的责任人、保管期限、保存方式等实体和程序性规定。

对于少数股东而言,对于股东会会议尤其是其没有参加的股东会会议,最好保留一份会议记录复印件,由此可为未来发生的相关诉讼留有必要的证据。

◉ 比较法规范

《美国模范商业公司法》第16.01节;《美国特拉华州普通公司法》第224条;《英国2006年公司法》第355~358条;《德国股份法》第130条;《日本公司法》第318

条;《韩国公司法》第373条;中国台湾地区"公司法"第183条。

◉ 研究文献

1. 李建伟、王力一:《公司决议不成立之诉实证研究——〈公司法解释四〉出台前审判创新实践的价值发现》,载《经贸法律评论》2020年第3期。

2. 叶林:《股东会会议决议形成制度》,载《法学杂志》2011年第10期。

◉ 典型案例

上海美表新材料有限公司等与沈某三等公司决议效力确认纠纷案①

1. 案情简介②

上海美表新材料有限公司(以下简称美表新公司)注册成立于2005年1月27日。2009年3月4日,三位股东何某良、沈某三与陈某萍订立公司章程,确认认缴出资额分别为人民币12.50万元、18.75万元、18.75万元。陈某萍担任公司执行董事、法定代表人,何某良担任公司监事。2012年6月7日,何某良通过邮寄方式发函给陈某萍称,陈某萍作为美表新公司的执行董事任期已届满,提议由陈某萍召开股东会,讨论执行董事选举等事宜。2012年6月13日,何某良再次通过邮寄方式发通知书给陈某萍称,原美表新公司执行董事、法定代表人、监事任期已满,由于执行董事、法定代表人因故未及时履行职责,现由公司监事何某良召集召开股东会会议,定于2012年6月29日召开全体股东会议,商议选举公司执行董事、监事等事宜。2012年6月29日,美表新公司作出股东会决议,确认本次会议由何某良提议召开,应到股东3人,实到2人,占62.5%的股权,形成决议为:(1)解除陈某萍执行董事,法定代表人职务;选举沈某三为公司执行董事,法定代表人。(2)选举何某良为公司监事。(3)公司召开股东会决议后,应向有关登记机关申请变更登记。2012年7月6日,何某良、沈某三将该决议邮寄至陈某萍。

后何某良、沈某三对美表新公司提起诉讼,要求确认2012年6月29日的股东会决议有效。

2. 裁判要旨

一审法院从三个方面分析了股东会决议的效力问题。其一,就形成决议的股东会是否实际召开,何某良、沈某三发通知提议召开股东会以及之后形成股东会决议的这两项事实足以推定股东会的实际召开。何某良、沈某三虽然未能提供股东会记录,但这并不影响对股东会召开事实的认定。其二,就决议是否存在无效情形。公司章程规定,股东会有权选举决定公司的执行董事和监事,因此,系争股东会作出解除原执行董事和法定

① 参见上海市第一中级人民法院民事判决书,(2013)沪一中民四(商)终字第2059号。

② 本案虽为有限公司股东会会议记录缺乏而导致的决议纠纷,属于对新《公司法》第64条第2款理解与适用的裁判案例,但是因第64条第2款的文义表达与规范原理与第119条股份公司股东会会议记录规范相通,故在此处引用此案例进行分析。

代表人，以及选举新任执行董事、法定代表人和监事的决议，系在股东会权限范围之内，不存在无效情形。其三，就决议是否可撤销，被告辩称的召集权人是否适格、提议程序是否合法、公司是否审批提议、主持人资格和条件的确定、股东会表决程序、股东会形成决议的送达等问题均属于召集程序和表决方式范围内的问题。即使上述三个方面存在程序瑕疵，由于陈某萍作为公司股东未在作出决议的60日内提出撤销，因此决议不能被撤销。综合上述，一审法院确认涉案股东会决议有效。

二审法院确认了一审法院的裁判理由和判决结果。针对股东会会议记录的问题，进一步指出，没有股东会记录，不是认定股东会决议不存在或者无效的依据。因此，对于原审被告及第三人提出的没有股东会会议记录，无法证明原审原告召开过股东会的主张，法院不予支持。

3. 案件评析

本案的焦点是关于股东会会议记录欠缺对决议效力的影响。二审法院明确指出，没有股东会记录，不是认定股东会决议不存在或者无效的依据。这说明股东会会议记录仅具有证据效力，而非决议有效的必要要件。当股东会会议存在其他程序性瑕疵，如公司无法提供会议通知，致使法院对会议是否实际召开存疑之时，公司若仍然无法提供会议记录等备案、记录性文件，此时法院有可能认定决议不成立。如果仅仅以缺乏会议记录而认定决议不成立，并没有法律依据。

第三节　董事会、经理

第一百二十条　【股份公司董事会的组成、任期及职权】

股份有限公司设董事会，本法第一百二十八条另有规定的除外。

本法第六十七条、第六十八条第一款、第七十条、第七十一条的规定，适用于股份有限公司。

◉ 立法意旨

本条是关于股份公司董事会的职权、职工董事以及董事选任、辞任、解任的规定。

◉ 条文演变历程

本条最早可追溯至1993年《公司法》第112条，该条规定，“股份有限公司设董事会，其成员为五人至十九人。董事会对股东大会负责，行使下列职权：（一）负责召集股东大会,并向股东大会报告工作;(二)执行股东大会的决议;(三)决定公司的经营计划和投资方案;(四)制订公司的年度财务预算方案、决算方案;(五)制订公司的利润分配方案和弥补亏损方案;(六)制订公司增加或者减少注册资本的方案以及发行公司债券的方案;(七)拟订公司合并、分立、解散的方案;(八)决定公司内部管理机构的设置;(九)聘任或者解聘公司经理,根据经理的提名,聘任或者解聘公司副经理、财务负责人,决定其报酬事项;(十)制定公司的基本管理制度"。2005年《公司法》关于有限公司董事任期和董事会职权的规定对该条规定进行了引致,将前述规定适用于股份公司,并增加了职工代表董事的内容。除第47条第7项新增"变更公司形式"、第9项决定公司经理报酬事项和新增第11项"公司章程规定的其他职权"外,2005年《公司法》第47条规定的董事会职权与1993年《公司法》第112条完全一致。2013年修法将条文序号调整为第108条。

此次修法,一审稿将股份公司董事会人数修改为"三人以上",取消了19人的上限,新增董事身份认定"董事会成员可以按照公司章程的规定确定为执行董事和非执行董事",并对有限公司董事会的职权、职工代表、董事任期、辞职和解任做了引致规定。二审稿删除"董事会成员可以按照公司章程的规定确定为执行董事和非执行董事"。自三审稿始,修法文本删除"董事会成员为三人以上"的规定,仅规定股份有限公司设董事会,以及规模较小或者股东人数较少的股份有限公司,可以不设董事会的例外情形。

◉ 条文释义

本条对应旧法第108条,系典型的引致条款,有系列性内容修订。

1. 第1款:董事会与一名董事

股份公司设董事会,但也允许规模较小或者股东人数较少的股份公司,实际上就是中小型的非上市股份公司,只设一名董事。

2. 第2款:董事会职权

本法第67条关于有限公司的董事会职权的规定也适用于股份公司。如同本法第67条释义所述,股份公司的董事会同样不是股东会的附庸,有自己独立的法定职权。与之相类,股份公司的董事会职权也删去旧法"(四)制订公司的年度财务预算方案、决算方案"。

上市公司的董事会职权规定更为细致。《上市公司章程指引》第107条对董事会职权的细化规定多达16项。鉴于对上市公司投资人保护的必要性,董事会职权更强调法定职权以外的特殊权限来源于股东会授予。例如,在股东会授权范围内决定公司对外投资、收购出售资产、资产抵押、对外担保事项、委托理财、关联交易、对外捐赠、向优先股股东支付股息等事项。

3. 董事会规模与组成

本法第68条第1款关于有限公司董事会由三人以上组成,以及300个员工以上规模且不设监事会的企业必设职工董事的规定,也适用于股份公司。此前,2018年《公司法》第108条规定股份公司董事会规模为5～19人,且没有对职工董事的设置提出强制要求。

4. 董事任期及留守董事

本法第70条关于有限公司董事的任期以及留守董事的规定,也适用于股份公司,详情见第70条的释义部分。

5. 董事无因解任及赔偿请求权

本法第71条关于有限公司董事可以被公司无因解任及获得赔偿的规定,也适用于股份公司,详情见本法第71条的释义部分。

◉ 公司治理操作指南

股份公司人数将再无上限,下限与有限公司相同均为3人,股份公司此后可更灵活地组建本司董事会。是否设置非执行董事,公司可结合上市需求与本法第121条审计委员会规则考量;若公司不设审计委员会,为全面监督可设非执行董事以配合监事会,但这并不影响在董事会内设置职工董事。

◉ 比较法规范

《日本公司法》第348条、第362～364条;《韩国公司法》第393条、第393条之二、第395条;《德国股份法》第76～78条、第81～83条、第91条;《美国模范商业公司法》第8.01节;《美国特拉华州普通公司法》第141条第1款;中国台湾地区“公司法”第192～193条。

◉ 研究文献

1. 甘培忠、马丽艳:《董事会中心主义治理模式在我国公司法中的重塑》,载《财经法学》2021年第5期。

2. 施天涛:《让监事会的腰杆硬起来——关于强化我国监事会制度功能的随想》,载《中国法律评论》2020年第3期。

3. 叶林、刘向林:《论我国公司法立法结构的变革》,载《政法论丛》2010年第3期。

第一百二十一条 【股份公司审计委员会】

股份有限公司可以按照公司章程的规定在董事会中设置由董事组成的审计委员会,行使本法规定的监事会的职权,不设监事会或者监事。

审计委员会成员为三名以上,过半数成员不得在公司担任除董事以外的其他职务,且不得与公司存在任何可能影响其独立客观判断的关系。公司董事会成员中的职工代表可以成为审计委员会成员。

审计委员会作出决议,应当经审计委员会成员的过半数通过。

审计委员会决议的表决,应当一人一票。

审计委员会的议事方式和表决程序,除本法有规定的外,由公司章程规定。

公司可以按照公司章程的规定在董事会中设置其他委员会。

◉ 立法意旨

本条是关于股份公司董事会设置审计委员会的规定。

◉ 条文演变历程

本条系新《公司法》的新增条款。

◉ 条文释义

本条系新增条文,引入重大制度创新,信息量大。

(一)第1款:股份公司监督机构的三选一

本法第69条等规定的有限公司监督机构设置是四选一,在审计委员会、监事会、一名监事与什么机构都不设之间,四选一;本款规定股份公司监督机构是三选一,在审计委员会、监事会、一名监事之间,三选一。

相同之处在于:只要设审计委员会,可以不再设置监事会或一名监事,是选择其一关系;审计委员会行使监事会的法定职权。

(二)第2款:审计委员会的组成

不同于第69条关于有限公司审计委员会组成的规定相对简略,本款规定相对周详,也是难点,故详细解读之。

1. 规模

审计委员会不少于3人,这是委员会制的应有之义,否则难以成为"会",该规定也应该适用于有限公司。

2. 职工董事可以出任审计委员会成员

既然审计委员会乃是董事会下设的，其成员当然由董事组成，自不待言。此外，本款明确职工董事进入审计委员会，此与第69条关于有限公司的规定相同，是两类公司的共同规则。实际上，职工董事进入审计委员会具有天然的优势，因为职工关系不属于“可能影响其独立客观判断的关系”。

3. 任职资格

任职资格分为全员的任职资格要求以及过半数的成员资格要求两个层次。

(1)全员的任职资格。由于审计委员会下设在董事会，所以其成员均是董事会成员，自不待言，前文所说的职工董事充任审计委成员，就是这个背景。

(2)过半数的成员资格。比如某公司审计委由5人组成，则至少有3人需要同时符合以下两个条件。

一是“不得在公司担任除董事以外的其他职务”，“其他职务”如何理解？由于本款末句特意明确“公司董事会成员中的职工代表可以成为审计委员会成员”，所以此处的“其他职务”不包括职工董事担任的公司职务——实务中，职工董事多由一线员工或者中层干部充任，如车间主任、工会副主席，所以该职工董事担任的该职务不在本款的“其他职务”之列；但是，如果某公司副总兼董事，就不符合该条件，这句话的意思就是过半数审计委员会成员不得是执行董事。

二是具有独立性。也就是说，“不得与公司存在任何可能影响其独立客观判断的关系”，审计委员会既然行使监事会的职权，意味着其职责在于监督执行董事与高管，本法第76条第4款规定“董事、高级管理人员不得兼任监事”也适用于审计委员会，但鉴于审计委员会下设于董事会，所以此处的“董事”可限缩解释为“执行董事”，那么，这意味着董事会成员中的下列类型董事——独立非执行董事、外部董事、职工董事充任审计委员会成员，毫无障碍；但是不具有独立性的另外两类董事——执行董事、非独立非执行董事（如控股股东委派、推选的不执行公司事务的董事），如充任审计委员会成员，不得超过全体成员的半数。

需要注意，有限公司的审计委员会过半数成员未强调本款讨论的上述两个条件，这是否意味着其任职资格可以适度放宽？本书认为，有限公司可以参照适用本条规定进一步规范审计委员会，自不待言；是否可以作出与本条相反的规定？应该明确，两类公司的审计委员会组成的基本法理是一样的，只是有限公司审计委员会在成员任职资格、决议程序和表决规则等方面，可以适当放宽。

(三)第3款:审计委员会决议的多数决

本款规定的审计委员会多数决,实际上与本法第81条第3款关于监事会的规定是一样的,仅规定了简单多数决,即经全体审计委员会成员的过半数通过。当然,公司章程规定中有更高比例的多数决要求的,从之。

(四)第4款:审计委员会的表决规则

董事会、监事会及审计委员会,都属于由个人组成的法人机关,其成员的议决权平等,故其多数决的投票与计票规则,均实行一人一票(本法第124条第2款、第81条第4款),董事长、监事长(主席)、审计委员会主任委员(主席)均无特权。

(五)审计委员会的议事方式与表决程序

本条第3款、第4款、第5款分别明确了审计委员会的议事方式和表决程序。鉴于本法关于监事会的议事规则非常周详,所以立法对于审计委员会的规则相对简略,不纠结于细碎之事,审计委员会行使监事会职权,故关于其议事方式与表决程序等相关规定自然可以准用监事会制度。例如,监事会设主席一人,审计委员会也可比照设主任委员(主席)一人,审计委员会主任召集和主持审委会等。当然,若章程另有规定,从章程。正因为公司法规定过于简约,公司章程的规定更显重要,各家公司可以从自身的实情出发,重点参酌公司法关于监事会的议事方式与表决程序的规定,完善自己的章程。

需要指出,本法第25~27条分别规定公司决议无效、可撤销、不成立等,其文义上仅指向股东会决议、董事会决议,但正如前文已经指出的,决议瑕疵之诉规则也适用于监事会决议、审计委员会决议、类别股股东会决议、债券持有人会议决议等。例如,依照本款,审计委员会决议存在第26条规定的程序违法违章或者内容违反章程等情形的,照样是可撤销的。

(六)第6款:其他专门委员会

本款规定股份公司还可以设其他专门委员会,如提名委员会、薪酬委员会、执行委员会、诉讼委员会,以及环境、社会和公司治理委员会(ESG委员会)等。

实务中,非上市股份公司很少设其他专门委员会,但上市公司有非常严格的包括执行、提名、薪酬委员会以及ESG委员会的相关规定,可参见第136~137条的释义部分。

◉ 公司治理操作指南

设立审计委员会的公司可以不设监事会或监事。公司治理模式并无天生优劣,新《公司法》旨在赋予公司更多自治空间，便于我国公司“走出去”和外商投资。本次修法体现了“强化单层制下董事会监督职能”和“优化双层制监事会制度”两条主线并行的思路；同时，审计委员会制度也有望解决我国公司监督力量偏弱、公司监事会与独立董事职权划分困难、董事会独立性不够，以及董事会功能形式化的问题。在审计委员会操作实务中，较为重要的是对其成员独立性要求的把握。对此，可参考以下两个方面。

一是实务中可参考美国注册会计师协会财务专家资格判断的建议。

二是实践中最有可能歪曲财务报告的是管理层，因此审计委员会的独立性主要是指独立于管理层。各国关于审计委员会成员的独立性标准，通常都包括四个方面的要求：其一，财务关系和权益，即不应以获利为目的直接或间接拥有或控制公司证券的实质收益；其二，商业关系，即不应是公司的商业合伙人，或公司及其关联公司的董事；其三，雇佣关系，即不应是公司或其关联公司的雇员；其四，家庭关系，即不应是公司高层管理人员，或与公司或其关联公司有实质权益关系的雇员的家属。其中，财务关系和雇佣关系是两个最为普遍的标准。

此外，应特别强调以下理念：公司董事应只对公司履行义务；公司董事只对公司和公司全体股东尤其是中小股东负责、对有利于公司利益扩大的利益相关方负责，而不应向推荐其出任董事职位的股东负责，无论该股东是否为控制股东。

◉ 比较法规范

《美国萨班斯法案》第 301 节，相同内容增补至《1934 年证券交易法》第 10A 节（m）段；英国《卡德伯利报告》附录 4、《公司治理联合准则》第 4 节；《德国股份法》第 107 条第 3 款；《日本公司法》第二编“股份公司”第四章第 9 节第 399 条、第 9 节之二“监察等委员会”；中国台湾地区“上市上柜公司治理守则”第 28 条、第 29 条；中国台湾地区“证券交易法”第 14 条之四、第 14 条之五。

◉ 研究文献

1. 林一英：《公司监督机构的立法完善：超越单层制与双层制》，载《法学杂志》2022 年第 4 期。

2. 刘斌：《公司治理中监督力量的再造与展开》，载《国家检察官学院学报》2022 年第 2 期。

3. 林少伟：《董事异质化对传统董事义务规则的冲击及其法律应对：以代表董事为研究视角》，载《中外法学》2015 年第 3 期。

第一百二十二条 【董事长、副董事长的产生及其职权】

董事会设董事长一人,可以设副董事长。董事长和副董事长由董事会以全体董事的过半数选举产生。

董事长召集和主持董事会会议,检查董事会决议的实施情况。副董事长协助董事长工作,董事长不能履行职务或者不履行职务的,由副董事长履行职务;副董事长不能履行职务或者不履行职务的,由过半数的董事共同推举一名董事履行职务。

◉ 立法意旨

本条是关于股份公司董事长、副董事长的产生及其职权的规定。

◉ 条文演变历程

本条最早可追溯至1993年《公司法》第113～114条,第113条规定,“董事会设董事长一人,可以设副董事长一至二人。董事长和副董事长由董事会以全体董事的过半数选举产生。董事长为公司的法定代表人”。第114条规定,“董事长行使下列职权:(一)主持股东大会和召集、主持董事会会议;(二)检查董事会决议的实施情况;(三)签署公司股票、公司债券。副董事长协助董事长工作,董事长不能履行职权时,由董事长指定的副董事长代行其职权”。2005年《公司法》第110条将1993年《公司法》第113～114条的内容合并,取消副董事长的1～2人的人数限制,董事长不再当然担任法定代表人,并删除了董事长的职权中的“签署公司股票、公司债券”及“董事长不能履行职务时,由董事长指定的副董事长代行其职权”的规定,增加了副董事长不能履行职务或者不履行职务的,由半数以上董事共同推举一名董事履行职务的规定。2013年修法仅将条文序号调整为第109条。此次修法,三审稿第122条将“由半数以上董事共同推举一名董事履行职务”改为“由过半数的董事共同推举一名董事履行职务”,直至形成本条。

◉ 条文释义

本条对应旧法第109条,将该条第2款中“半数以上”修改为“过半数”,其余内容无修改。

(一)第1款:董事长、副董事长的设置与产生方式

股份公司的董事会必设董事长,人数为一;任设副董事长,人数不限。这一规定与有限公司相同(第68条第2款)。

董事长、副董事长的产生方式法定化，即由董事互选产生，这一机制不同于有限公司，有限公司的董事长、副董事长的选举办法由章程自定（第68条第2款），也不同于国有独资公司，后者采用行使出资人职责的机构在董事会成员中指定（第173条第4款）。此差别表明，股份公司的董事长与副董事长的选任独立性更强。

选举董事长、副董事长的多数决是全体董事的过半数，此种选举场合不存在董事回避问题，每个人都可以“我选我”。

（二）第2款

1. 第1句：董事长的职权

其实是形式化、礼仪性的，具体是三项：召集与主持董事会；检查董事会决议的实施情况；主持股东会（第114条）。

2. 第2句第1分句：副董事长的职权

协助董事长工作，以及下文的替代董事会行使职权。

如副董事长为多人，如何就协助工作进行分工？此应为公司自治的事项，公司法不再规定这等细碎之事。

3. 第2句第2分句：打破僵局的备选机制

其实副董事长的关键作用恰恰体现在，一旦董事长不履职或者不能履职，其必须顶上去；当然，如副董事长也不履职或者不能履职，由过半数董事推举一名董事履职。此处的不能履职或者不履职的含义，应该限缩解释，如随着数字技术的普及，对于无法亲自到会的董事会会议，董事长可以通过视频会议等方式召集、主持会议，具体参见前文第72条释义部分。

◉ 公司治理操作指南

董事会作为公司治理的中心，在正常秩序下，董事会乃是股东会的召集人，董事长乃是董事会的召集人、主持人，在此意义上，董事长乃是公司高层治理活动的唯一适格发动者。股东会、董事会的召集和主持程序十分重要，召集程序违法可能导致决议被撤销。董事会由董事长召集和主持为一般情形，但实践中可能会出现董事长客观上无法履行或者主观上不愿履行召集和主持董事会职务的情况，本条规定此时由副董事长召集和主持董事会会议。

董事长在客观上无法履行职务时，可以委托副董事长召集和主持董事会会议，副董事长应当在董事会会议中说明自己受董事长委托的情况。需要注意的是，这种副董事长受董事长委托召集、主持董事会会议的情况，与董事长不能履行或不愿履行职务时副董事长依据本条规定代替式的召集、主持的情况完全不同,前者的召集、主持权来自董事长的委托,而后者的权利源于法律直接规定。

某些股份公司有数个副董事长,当董事长不能履行或者不履行职务时,应当如何确定召集和主持董事会会议的副董事长人选,新《公司法》未作规定,应当由公司章程或者董事会会议规则予以明确。

◉ 比较法规范

《日本公司法》第 366 条;《韩国公司法》第 390 条;中国台湾地区“公司法”第 203 条。

◉ 研究文献

1. 梁开银:《我国公司法定代表人规则的重塑》,载《法商研究》2023 年第 1 期。
2. 潘林:《论公司机关决策权力的配置》,载《中国法学》2022 年第 1 期。
3. 李建红:《央企董事会建设述评》,载《华东政法大学学报》2012 年第 3 期。

第一百二十三条 【董事会会议的类型及其召开程序】

董事会每年度至少召开两次会议,每次会议应当于会议召开十日前通知全体董事和监事。

代表十分之一以上表决权的股东、三分之一以上董事或者监事会,可以提议召开临时董事会会议。董事长应当自接到提议后十日内,召集和主持董事会会议。

董事会召开临时会议,可以另定召集董事会的通知方式和通知时限。

◉ 立法意旨

本条是关于股份公司董事会会议类型及其召开程序的规定。

◉ 条文演变历程

本条最早可追溯至 1993 年《公司法》第 116 条,该条规定,“董事会每年度至少召开二次会议,每次会议应当于会议召开十日以前通知全体董事。董事会召开临时会议,可以另定召集董事会的通知方式和通知时限”。2005 年《公司法》第 111 条增加“代表十分之一以上表决权的股东、三分之一以上董事或者监事会,可以提议召开临时董事会会议。董事长应当自接到提议后十日内,召集和主持董事会会议”的内容。2013 年修法时调整条文序号为第 110 条。此后未再修订此条内容。

◉ 条文释义

本条对应旧法第 110 条,无内容修改。

1. 两类会议

公司法较为详细地规范了股份公司的董事会会议,并将其分为定期会议和临时会议两种。定期会议是根据公司章程的规定例行召开的董事会会议,又称为例行会议。临时会议是根据特定主体的提议临时召开的董事会会议,临时会议的召开是不定期的,在例行会议之间出现需要董事会举行会议的特殊情况时,由特定主体提议召开。公司法并未规定有限公司董事会的会议类型,应当理解为授权公司章程自行规定。

2. 第 1 款:定期会议

新《公司法》更加突出董事会在公司经营管理中的地位,董事会是公司治理的中心,不仅是公司的执行机构,同时也承担了决策机构和监督机构的职能。董事会职权的行使对于公司经营至关重要,而董事会行使职权的方式之一就是召开董事会会议形成决议,如果董事会一直不召开会议,就无法进行正常的经营决策,可能会损害公司及其股东的利益。因此,为确保董事会职权正常行使,本条要求股份公司每年度至少召开两次董事会会议,但对定期会议的次数上限未作规定,由公司章程对定期会议的会次和会期等做具体规定。

许多国家的公司法规定董事会的定期会议无须特别的通知,但本款规定每次定期会议应当在会议召开 10 日前通知全体董事和监事。根据《上市公司章程指引》(2023 年修订)第 117 条的规定,董事会会议通知的内容包括:会议日期和地点;会议期限;事由及议题;发出通知的日期。出于保护公司商业秘密,议题的具体内容不必在通知中注明,董事会应按照公司章程规定的通知方式将上述内容通知全体董事和监事。通知监事,是因为监事要列席董事会会议(本法第 79 条)。

3. 第 2 款、第 3 款:临时会议

(1)提议人。在定期会议的会期之内出现需要召开董事会的情况时,以下主体有权提议召开临时董事会会议:代表 1/10 以上表决权的股东;1/3 以上董事;监事会。董事长在接到以上提议后,应当在 10 日内召集、主持临时董事会,这说明提议权是有实质意义的;董事长不召集、主持的,属于违反勤勉义务的行为。

(2)会议通知。与定期会议通知相比,临时会议的通知方式和通知时限更灵活,可以不按照章程规定的一般通知方式通知全体董事和监事,也可以不受 10 日通知时限的限制,只需按照公司章程规定的具体通知方式和通知时限通知全体董事和监事即可。

◉ 公司治理操作指南

股份公司每年度至少召开两次董事会会议,但实际上每年两次的董事会是无法满足股份公司经营管理的需要。以上市公司为例,上市公司每年度召开董事会的次数不会少于6次,因为上市公司的年度报告、中期报告以及季度报告等信息披露文件需要经董事会会议审议。有研究表明,上市公司信息披露质量与董事会召开次数是呈正相关的,上市公司需要保证一定董事会会议次数。当然,董事会召开次数并非越多越好,通常情况下有两种公司频繁召开董事会,一种是正处于快速发展阶段的公司,另一种是经营陷入"危机"的公司,这两种情况都需要董事会经常召开会议频繁作出决策。一般情况下公司应当根据其正常经营的需求确定董事会会议的召开次数,以实现良好的公司治理。

◉ 比较法规范

《日本公司法》第367条、第368条;《韩国公司法》第390条;《美国模范商业公司法》第8.20节、第8.22节;中国台湾地区"公司法"第204条。

◉ 典型案例

云南腾药制药股份有限公司、李筱玲公司决议撤销纠纷案①

1. 案情简介

2019年12月8日,云南腾药制药股份有限公司(以下简称腾药公司)董事李某廷、赵某霞、曾某姿向董事长赵某贤提议召集临时董事会。2019年12月9日,董事长赵某贤同意召集临时董事会并发出《会议通知》,《会议通知》载明召开时间为2019年12月15日,采用通信方式通知董事会成员,并准许成员通过书面方式表决。此外,该通知还有会议联系方式、会议议案、会议表决意见等内容,并要求董事会成员在2019年12月15日上午9时前按《会议通知》列明的传真、电子邮件方式将书面表决意见提交至会议联系人,否则视为缺席会议。董事赵某贤于2019年12月10日签署了表决意见、会议记录和会议决议,董事曾某姿于2019年12月11日签署了表决意见、会议记录和会议决议,董事赵某霞、李某廷于2019年12月13日签署了表决意见、会议记录和会议决议,董事李某宏于2019年12月15日签署了表决意见、会议记录和会议决议。后腾药公司公布了第三届董事会20191215会议决议,审议通过《关于解聘李某玲总经理职务的议案》《关于提名李某廷担任总经理的议案》《关于总经理交接工作纪律的议案》。为此,李某玲提起诉讼请求

① 参见云南省保山市中级人民法院民事判决书,(2020)云05民终724号。

撤销董事会20191215会议决议。

2. 裁判要旨

一审法院认为，股东会、董事会的会议召集程序、表决方式违反法律、行政法规或者公司章程，或者决议内容违反公司章程的，股东可以自决议作出之日起60日内请求法院撤销，本案中被告腾药公司第三届董事会20191215会议决议系与会董事未全部表决完毕，就已经事先制作并签署的，不符合会议规则及惯例，存在严重的瑕疵。依照2018年《公司法》第22条第2款的规定，判决：撤销被告腾药公司第三届董事会20191215会议决议。

二审法院认为，董事长赵某贤并未按照《会议通知》载明的时间于2019年12月15日实际主持并召开会议进行表决，而涉案《会议记录》《会议决议》是由工作人员在董事赵某贤、李某廷、赵某霞、曾某姿事先在签署页签名和董事李某宏当日签名及董事李某玲、蔺某辉未签名基础上形成的，故一审法院认为《会议决议》不符合会议规则及惯例，存在严重瑕疵，判决撤销腾药公司第三届董事会20191215会议决议是合理的。

3. 案件评析

腾药公司的三名董事提议召开临时董事会会议，如根据新《公司法》第123条的规定，1/3以上董事可以提议召开临时董事会会议，董事长应当自接到提议后10日内，召集和主持董事会会议。腾药公司董事会成员共7人，提议董事超过1/3，董事长赵某贤应当于10日内召集董事会会议，并按照发布的《会议通知》载明的会议程序主持董事会会议。但在本案中，董事长赵某贤并未按照《会议通知》载明的时间于2019年12月15日实际主持并召开会议进行表决，且《会议记录》上的部分签字是在会议表决前就已经签署，存在严重的程序瑕疵，损害了董事兼股东李某玲（一审原告）的利益。因此本案应当根据2018年《公司法》第22条第2款（新《公司法》第26条）规定撤销该董事会决议。

第一百二十四条 【董事会议事规则及会议记录】

董事会会议应当有过半数的董事出席方可举行。董事会作出决议，应当经全体董事的过半数通过。

董事会决议的表决，应当一人一票。

董事会应当对所议事项的决定作成会议记录，出席会议的董事应当在会议记录上签名。

立法意旨

本条是关于股份公司董事会会议的议事规则以及会议记录作成的规定。

◉ 条文演变历程

本条最早可追溯至1993年《公司法》第117条,该条规定,“董事会会议应由二分之一以上的董事出席方可举行。董事会作出决议,必须经全体董事的过半数通过”。2005年《公司法》第112条将“由二分之一以上的董事出席”改为“有过半数的董事出席”,并增加“董事会决议的表决,实行一人一票”的规定。2013年修法调整条文序号为第112条,没有内容修订。此次修法,一审稿第128条将原第111条的“实行一人一票”修改为“应当一人一票”,并将第112条第2款的“董事会应当对会议所议事项的决定作成会议记录,出席会议的董事应当在会议记录上签名”修改为“董事会应当对所议事项的决定作成会议记录,出席会议的董事应当在会议记录上签名”。三审稿此后仅有条文序号调整而无内容变动,直至形成本条。

◉ 条文释义

本条对应旧法第111条、第112条第2款,无实质内容的修改。本条与关于有限公司规定的第73条的后三个条款完全一样,本可以使用引致条款完成立法任务,于此不得不质疑立法技术运用的灵活性。

1. 第1款第1句:董事会出席定足数

定足数是保证股东法人机关会议符合成立要件的基本要素,但是并非所有法人机关会议都要规定定足数,如股权比较分散的股份公司的股东会,若公司法贸然普遍地要求定足数,很可能导致少部分股份公司股东会无法合规召开的问题。

公司法关于定足数的规定有显性与隐性两种模式,前者如本句,后者如本法第66条关于有限公司股东会定足数的隐性规定——既然要求有限公司股东会通过决议需要全体股东表决权的过半数或者2/3以上,那么当然的推论是,有限公司股东会的定足数也分别是全体股东表决权的过半数或者2/3以上。

“董事会会议应当有过半数的董事出席方可举行”,要做两种情形下的不同解读:

(1)一般情形下,此处的“董事”是指全体董事;

(2)有关联董事依法回避的,此处的“董事”是指无关联董事的全体(详见本法第139条)。

2. 第1款第2句:董事会的多数决

本句规定,董事会决议通过的多数决规则是,某项议案应当经全体董事的过半数赞成,才能获得通过。就此规定,需要申明这一规定属于董事会普通决议的一般

规则,在三种情况下适用特别规定:

(1)公司法等法律规定更高多数决比例的,属于特别规定,从之,如本法第153条规定授权资本制下的董事会对于新股发行决议时需要全体董事2/3以上多数通过。

(2)公司章程如规定某些议案的表决需要更高比例的多数决,也从之,但是不得将多数决比例降低到过半数这一警戒线以下。

(3)该多数决的计算公式,分母是"全体董事",但是如有关联董事依法回避的,该计算公式的分母为"无关联董事全体",详见本法第139条的规定。

3.第2款:董事会表决规则

源于圆桌机制的董事会,践行成员的平等参与权、议决权,所以董事会决议的表决遵行一人一票的投票、计票规则乃理所当然。旧法曾经表述为"实行一人一票",新《公司法》修正为"应当一人一票",二字之改,立法者用意深刻。

本款属于强制性规定,不容公司章程另设其他规则;同时也是效力性规定,如有违反,构成董事会决议的程序瑕疵,可予以撤销。实践中有公司章程规定所谓董事长再投一票的做法,实属可悲可叹可笑。

4.第3款:董事会会议记录

本款规定,董事会应当对所议事项的决定作成会议记录,由出席会议的董事在会议记录上签名。详言之,董事会举行会议时,由会议的召集人、主持人(通常是董事长)指定专门人员对会议举行情况、决议事项以及表决结果进行记录,并作成会议记录,所有出席会议的董事均应在会议记录上签名。

董事会会议记录有以下几点法律意义:(1)通过会议记录上的董事签名可以判断董事的出席人数是否满足了定足数;(2)股东可以查阅董事会会议记录以了解董事的履职情况;(3)确定董事是否要对董事会决议担责,本法第125条规定,董事会的决议违反法律、行政法规或者公司章程、股东会决议,给公司造成严重损失的,参与决议的董事对公司负赔偿责任,经证明在表决时曾表明异议并记载于会议记录的,该董事可以免除责任。据此,会议记录记录的董事在表决时提出的异议(包括反对票、弃权票),是免除该董事责任的直接证据。

◉ 公司治理操作指南

董事长是董事会的召集人、主持人,但在董事会决议的表决投票时,董事长投票的权力与其他董事并无区别。长期以来,实践中有一种错误的观点认为,董事会表决出现赞成票与反对票的票数相等时，董事长投票的效力高于其他董事，从而能够决定决议的通过与否，甚至有人认为董事长能够再投一票，有的公司堂而皇之地将此规定写入公司章程。这种观点有两个明显的错误，一是当 10 人董事会投票出现 5∶5 的时候，并没有出现表决僵局，表决结果已经出来了——由于该议案未获得过半数全体董事的赞成，该议案未获得通过；二是与董事会作为合议制机关的民主精神严重不符，赋予了董事长表决特权，打破董事之间的表决权平衡，在法理上完全不具有正当性。

董事会作为集思广益的合议机构，在董事会的议案表决前，董事会成员往往要对议案进行共同讨论，虽然公司法没有规定，但讨论的环节在董事会会议过程中是非常有必要的。设想，一个关系到公司重大利益的经营方案，未经提案人对议案详细说明，也未对议案的相关细节展开讨论，就直接付诸表决，如此形成的决议如何反映董事会整体意志和实现公司利益最大化？一个好的决议一定是经过董事会充分讨论的，在讨论过程中，参会董事可以为作出符合公司利益的表决获取更多信息而对议案说明人进行提问，也可以就相关信息询问列席会议的经理，董事就所议事项自由发言、提出意见，甚至在必要时可以对议案进行修改。董事会的科学决策正是来自充分讨论中对不对称信息的消除、对方案可能的收益与风险的充分展示。因此，对董事会议案的讨论是董事会作出科学民主决策必不可少的环节。

◉ 比较法规范

《日本公司法》第 369 条；《韩国公司法》第 391 条；《美国特拉华州普通公司法》第 141 条；《美国模范商业公司法》第 8.24 节；中国台湾地区“公司法”第 206 条、第 207 条。

◉ 研究文献

1. 蒋大兴：《公司组织意思表示之特殊构造——不完全代表/代理与公司内部决议之外部效力》，载《比较法研究》2020 年第 3 期。

2. 温长庆：《论公司决议的形成规则及其在回避表决时的运用——从“万科董事会决议”的争议点切入》，载《法商研究》2018 年第 1 期。

3. 沈贵明：《论公司法对董事会决议表决的规范——我国〈公司法〉第 112 条规定的失误与修正》，载《法学》2011 年第 6 期。

◉ 典型案例

张某与万×企业股份有限公司公司决议撤销纠纷案①

1. 案情简介

2016年6月17日，万×企业股份有限公司在深圳市盐田区××中心召开第十七届董事会第十一次会议。会议应到董事11名，亲自出席及授权出席董事11名。乔某波董事因公务原因未能亲自出席会议，授权陈某董事代为出席会议，并行使表决权；独立董事海某因公务原因未能亲自出席会议，授权独立董事华某代为出席会议并行使表决权。在该次会议准备进行表决时，独立董事张某平申请回避表决，其他董事对此均未提出异议。该次董事会会议对于公司发行股份购买资产以及暂不召开临时股东大会等12项议案进行审议并表决。其中，除第2项议案中第1项、第10项、第11项、第12项子议案以及第12项议案的表决结果为"同意10票，反对0票，弃权0票"外，其余议案的表决结果均为"同意7票，反对3票，弃权0票"。公司的一个自然人股东张某以独立董事张某平丧失独立性，董事会未对其回避申明进行必要审查为由向一审法院提起诉讼，请求判令撤销万×公司第十七届董事会第十一次会议通过的12项董事会决议。

2. 裁判要旨

一审法院认为，本案系公司决议撤销纠纷。董事会形成决议系公司自治的结果，公司决议撤销案件系司法权对公司治理的介入，因此在审查董事会决议效力时需要遵循适度谦抑性的原则。因为董事会会议的通知、提案和议程的确定、主持、表决结果的宣布、决议的形成、会议记录、签署等事项均不存在违反法律、行政法规或者公司章程的情形，决议内容也不存在违反公司章程的情形，所以一审法院确认上述事项不存在导致涉案董事会决议被撤销的情形。

二审法院认为，二审亦主要审查召集程序、表决方式是否违反法律、行政法规或公司章程，张某平是否丧失独立董事的独立性、是否还具备独立董事的任职资格，应由万×公司依照公司章程规定进行审查，在本案中，涉案董事会会议的通知、提案和议程的确定等召集程序均不存在导致涉案董事会决议被撤销的情形，一审法院已作详尽论述，并无不妥。

3. 案件评析

本案是关于股份公司董事会决议是否应当撤销的纠纷。根据2013年《公司法》第22条第2款(新《公司法》第26条)的规定，董事会决议只有在会议召集程序、表决方式违反法律、行政法规或者公司章程，或者决议内容违反公司章程时，股东才能请求法院撤销。本案中，万×公司第十七届董事会第十一次会议通过的12项董事会决议的议事程序，如出席人数和表决通过比例，完全符合2013年《公司法》第111～112条(新《公司法》第124

---

① 参见广东省深圳市中级人民法院民事判决书，(2017)粤03民终8665号。

条)规定的议事规则和公司章程的要求,不存在董事会决议被撤销的情形。至于独立董事张某平是否丧失独立性,由于张某平未参加表决,并不会影响董事会决议通过的效力,故应认定该万×公司第十七届董事会第十一次会议通过的12项董事会决议为有效的决议。

第一百二十五条 【董事会会议的出席及责任承担】

董事会会议,应当由董事本人出席;董事因故不能出席,可以书面委托其他董事代为出席,委托书应当载明授权范围。

董事应当对董事会的决议承担责任。董事会的决议违反法律、行政法规或者公司章程、股东会决议,给公司造成严重损失的,参与决议的董事对公司负赔偿责任;经证明在表决时曾表明异议并记载于会议记录的,该董事可以免除责任。

◉ 立法意旨

本条是关于董事会会议的出席与代理出席,以及董事对董事会决议承担责任的规定。

◉ 条文演变历程

本条最早可追溯至1993年《公司法》第118条,该条规定,"董事会会议,应由董事本人出席。董事因故不能出席,可以书面委托其他董事代为出席董事会,委托书中应载明授权范围。董事会应当对会议所议事项的决定作成会议记录,出席会议的董事和记录员在会议记录上签名。董事应当对董事会的决议承担责任。董事会的决议违反法律、行政法规或者公司章程,致使公司遭受严重损失的,参与决议的董事对公司负赔偿责任。但经证明在表决时曾表明异议并记载于会议记录的,该董事可以免除责任"。2005年《公司法》第113条将"委托其他董事代为出席董事会"改为"委托其他董事代为出席",在会议记录的规定中删除了记录员在会议记录上签名的规定,第3款董事对董事会决议责任中,增加了董事会决议违反股东大会决议的情形。

此次修法,一审稿将会议记录的规定移至第128条,在第129条增加了"本法第七十二条至第七十五条关于有限责任公司董事会决议无效、可撤销、不成立的规定,适用于股份有限公司"的规定。但该规定在后续的二审稿第125条被删除。三审稿第125条对二审稿的部分表述进行了修改,直至形成本条。

◉ 条文释义

本条对应旧法第112条,除将该条第2款移至第124条外,其余内容未修改。

(一)第1款:亲自出席与委托出席

1. 第1分句:亲自出席为原则

出席会议并为公司利益最大化作出决策判断,乃是董事尽勤勉义务的基本要求,所以不同于股东出席股东会是纯粹的权利,出席董事会会议之于董事乃职责,所以“应当由董事本人出席”的表述,自然是强制性规定。

2. 第2分句:有因委托代理为例外

作为例外,如董事“因故”不能出席,也可以委托本公司其他董事代为出席并表决,此处有三个细节:(1)所谓“因故”,应该是指有合法、合理的理由;(2)受托人限定为本公司其他董事,这与股东委托他人(此处的他人,是指股东以外的任何人)出席股东会不同;(3)代理出席的,委托人应出具委托书提交给公司,且载明授权范围。

为强调董事出席会议的基本职责履行,证监会对于上市公司独立董事不亲自出席的缺席会议频次有严格限制,2023年《独立董事管理办法》规定,独立董事连续两次未能亲自出席董事会会议,也不委托其他独立董事代为出席的,不得继续担任独立董事职务。

此处还要附带说明两点。

(1)本款规定股份公司的董事可以书面委托其他董事代为出席、投票。出席与投票无论是事实行为还是法律行为,都不具有人身性,都可以适用委托,并无疑问,所以,有限公司可否适用这一制度?关于这一问题虽有肯定论与否定论之争,但答案应是肯定的,具体参见第118条的释义部分。

(2)两类公司的监事会议事规则里没有委托投票的规定,出现同样的问题时,可否适用这一制度?鉴于董事与监事的同质性,以及《民法典》第161条第2款关于委托代理制度适用的一般原理,答案也是肯定的。

(二)第2款:董事的议决责任及免除机制

1. 议决责任

董事的议决应该基于公司利益最大化且尽到了作为管理者通常应有的合理注意义务(本法第180条第2款),所以董事的勤勉尽责决定了董事需要对董事会决议负责,这与股东出席股东会对于股东会决议的议决责任截然不同,读者可以自己思考一下为什么。

此处的议决责任的含义是:一旦董事会决议违法(法律、行政法规)、违章或者违反股东会决议,给公司造成严重损失,参与决议的董事对公司负赔偿责任。

2. 免责机制

但是,上段所说的赔偿责任,并非所有参与决议的董事都当然承担。对于上述决议“经证明在表决时曾表明异议并记载于会议记录的”,该董事免责。此处的细节有二:其一,董事会会议记录很重要;其二,表明异议,包括投反对票与弃权票。

需要附带指出,第2款关于董事表决责任的免责规定,并未出现在有限公司的章节,能否适用于有限公司?答案也是肯定的,原因见本法第118条释义第二点之立法体例检讨部分。

◉ 公司治理操作指南

董事在面对董事会议案时,应当充分考虑该议案的通过及付诸执行是否会对公司造成损害,即尽到合理的注意义务。当发现议案违法、违反章程或者违反股东会决议时,要敢于做“少数派”董事,避免自己因表决而被追责。董事认为董事会议案不妥时,有三种方法可以狙击议案的通过:缺席、弃权和投反对票。有观点认为,缺席和弃权不应当成为对董事会决议的免责事由,因为出席董事会并投票是董事的义务,不能随意放弃。但依本法第124条的规定,董事会决议需要“全体董事过半数”赞成才能通过,所以不出席、投弃权票和投反对票一样都具有阻止议案通过的作用。据此应当认为,只要在会议记录上记载了弃权投票,该董事即可免责。

◉ 比较法规范

《韩国公司法》第399条;《美国模范商业公司法》第8.20节、第8.31节;中国台湾地区“公司法”第193条、第205条。

◉ 研究文献

1. 王建文:《论董事“善意”规则的演进及其对我国的借鉴意义》,载《比较法研究》2021年第1期。

2. 马太广:《论日本公司法理论上的董事责任行为及其启示》,载《政治与法律》2008年第9期。

3. 任自力、曹文泽:《论公司董事责任的限制》,载《法学家》2007年第5期。

◉ 典型案例

彭某与中安科股份有限公司等证券虚假陈述责任纠纷案[①]

1. 案情简介

2013年4月,中安科股份有限公司(以下简称中安科公司)启动重大资产重组项目,

① 参见上海市金融法院民事判决书,(2019)沪74民初2509号。

拟向深圳市中恒汇志投资有限公司(以下简称中恒汇志公司)以非公开发行股份的方式购买中恒汇志公司持有的中安消技术有限公司(以下简称中安消公司)100%股权。2013年11月15日、2014年3月12日,中安科公司就涉案重大资产重组置入资产评估项目召开了两次专家评审会议。

2014年4月25日,银信评估公司出具《评估报告》。

2014年6月10日,中安科公司第八届第十四次董事会审议通过重大重组议案,董事邱某、朱某、蒋某、殷某、常某表决同意,关联董事黄某等回避表决,以上6名董事中黄某、邱某、朱某是执行董事,分别担任董事长、总经理、财务总监一职,殷某、常某、蒋某是独立董事。2014年6月11日,中安科公司发布《关联交易报告书(草案)》,披露了中安科公司通过向中恒汇志公司非公开发行股份的方式购买中恒汇志公司持有的中安消公司的100%股权。当日,中安科公司公告了包括资产评估报告在内的重大资产重组文件。

2015年1月23日,本次配套募集资金新增股份完成登记。至此,中安科公司本次重大资产重组实施完成。

2016年12月24日,中安科公司发布《关于收到中国证券监督管理委员会调查通知书暨风险提示公告》,载明:因公司涉嫌违反证券法律法规,证监会决定对公司进行立案调查。2019年5月31日,中安科公司发布关于收到证监会行政处罚决定书的公告。证监会认定中安科公司在其2014年6月11日发布关联交易报告书中所披露的置入资产评估值及2013年度营业收入存在严重虚增,构成证券市场虚假陈述。同时受到处罚的还有本案其余被告,包括多家中介机构等。

原告彭某向法院提出诉请:(1)判令中安科公司赔偿彭某投资差额损失、佣金及印花税损失合计1,248,012元;(2)其余各被告承担连带赔偿责任。

2. 裁判要旨

审理法院认为,本案6名董事中,被告殷某、常某、蒋某为独立董事,未在中安科公司任职。作为独立董事,被告殷某、常某、蒋某并不参与公司的经营活动,仅是对公司的经营决策提供建议和监督,况且本案中他们是对重大资产重组所涉的标的公司中安消公司的经营状况进行表决。同时,专业中介服务机构对本次重大资产重组置入资产进行了审计和评估,也未发现置入资产存在营业收入及评估值虚增的情形。对于被告殷某、常某、蒋某这3名外部董事而言,既不参与公司经营,又非专业人士,还要求其持续关注标的公司"班班通"项目的履行进程,并对已经专业机构评审的项目进行审核,未免过于苛刻。故被告殷某、常某、蒋某应予免责,被告黄某、邱某、朱某系被告中安科公司的内部(执行)董事,其对于公司所负有的勤勉义务标准理应高于独立董事。该3名董事当时分别担任中安科公司董事长、财务总监、总经理一职,有义务对交易对方及标的公司提供的相关资料尽到谨慎审核义务,现他们未能提供证据证明其已尽到勤勉之责,故应对被告中安科公司在重大资产重组中存在虚假陈述行为致使投资者彭某遭受损失承担相应的民事责任。对于该3名董事的赔偿责任范围,应结合其过错程度进行考量。

3. 案件评析

本案的关键,在证券虚假陈述责任纠纷中,对公司的不同董事是否尽到勤勉义务是否需要区分认定,从而确定董事是否应当对公司虚假陈述承担责任。《证券法》第85条明确规定虚假陈述的民事责任,其中规定董监高的过错推定责任,董事必须证明自己不具有过错,才能免除赔偿责任。实践中董事如何证明自己对避免虚假陈述已经勤勉尽责一直是个难题,且董事作为公司的上位决策者,要求董事尤其是独立董事对上市公司的信息披露做到积极审查,显然是不切实际的。本案中,法院认为独立董事与内部董事的职责并不相同,故对于二者所应承担的责任也应有所区分,值得肯定。证监会最近在虚假陈述的行政处罚实践中也与本案的观点相一致,对证监会2022年度行政处罚进行分析可以发现,证监会在20起虚假陈述案中发现(除两起案例外),其他都未处罚签字的独立董事,在执行董事中,也只处罚了确实参与或者知悉虚假陈述的董事。在2023年北京金融法院宣判的乐视公司虚假陈述案中①,也对乐视公司的不同董事承担的责任大小作了区分。

第一百二十六条 【经理的设置、任职与职权】

股份有限公司设经理,由董事会决定聘任或者解聘。

经理对董事会负责,根据公司章程的规定或者董事会的授权行使职权。经理列席董事会会议。

立法意旨

本条是关于股份公司经理的设置、任职及职权的规定。

条文演变历程

本条最早可追溯至1993年《公司法》第119条,该条规定,"股份有限公司设经理,由董事会聘任或者解聘。经理对董事会负责,行使下列职权:(一)主持公司的生产经营管理工作,组织实施董事会决议;(二)组织实施公司年度经营计划和投资方案;(三)拟订公司内部管理机构设置方案;(四)拟订公司的基本管理制度;(五)制定公司的具体规章;(六)提请聘任或者解聘公司副经理、财务负责人;(七)聘任或者解聘除应由董事会聘任或者解聘以外的负责管理人员;(八)公司章程和董事会授予的其他职权。经理列席董事会会议"。2005年修法时为避免法律规定的冗长,采用了技术性的引致性条款,第114条规定"股份有限公司设经理,由董事会决定聘任

---

① 参见北京金融法院民事判决书,(2021)京74民初111号。

或者解聘。本法第五十条关于有限责任公司经理职权的规定,适用于股份有限公司经理"。2013 年修法调整条文序号为第 113 条,内容未变。

此次修法,一审稿第 131 条第 1 款规定股份公司任意设置经理,但二审稿又改回了强制设置模式,三审稿、本次修法承袭之。

针对本条第 2 款,旧法与一审稿均适用有限责任公司经理职权,自二审稿始,删除此规定,新增规定"经理对董事会负责,根据公司章程的规定或者董事会的授权行使职权。经理列席董事会会议",直至本次修法通过未做更改。

◉ 条文释义

本条对应旧法第 113 条,第 2 款为新增条款。

1. 第 1 款:强制设置

本法第 74 条规定有限公司规定"可以设经理",本条规定股份公司"设经理"。这表明经理在前者中的设置是任意性的,在后者中是强制必设的。

关于有限公司经理的设置,不存在什么争议,但关于股份公司的经理如何设置,学理上存在争议,立法上也存在摇摆。从此次修法的进程看,一审稿第 131 条第 1 款采任意设置模式,但二审稿及其以后的版本又改回了强制设置模式。

在学术争论上,股份公司必设经理,这一背景是股份公司更多被假设为真实存在"两权分离",所以经理作为职业经理人(公司管理层)的首席,自然是必设的,否则群龙无首。进一步地,股份公司也可采一名董事兼任经理,或者董事会成员兼任经理的制度(本法第 127 ~ 128 条)。支持股份公司不强制设置经理的观点认为,组织机构的设置规范应视不同机构设置的现实需要而分别定性,一审稿即采这种立场,此观点受域外立法的影响。《日本公司法》将经理规定为任意机构,主要原因在于,在日本,经理并非业务执行机关,业务执行机关是董事会,经理只是得到授权才执行业务的辅助执行机关;我国公司治理实践中,经理至少在事实上扮演了主要业务执行机关的角色。在新《公司法》中,董事会被设计为议事决策机关、执行机关兼监督机关,其中的执行职能(职权)主要是依托经理获得实现的。因此,后续的二审稿及其以后版本最终采用了必设模式。

2. 第 2 款第 1 句前段:经理对董事会负责

对照本法第 74 条第 2 款,有限公司经理也对董事会负责。这一负责制的背后,一则经理被定为董事会这个执行机关的辅助机关;二则经理是由董事会聘任、解聘的;三则经理的职权也是章程授予或者董事会授予的。

3. 第 2 款第 1 句后段：意定职权

旧法第 49 条规定了经理的 8 项法定职权，本款删除，转而采用意定职权模式，经理职权由章程规定或者由董事会授权行使。

对照本法第 74 条第 2 款，可知在经理职权的安排上并没有区分有限公司与股份公司，这种做法是否符合我国公司治理现状，尚需思量。有限公司股东人数较少，规模较小，经营管理可以由股东或董事来掌控，经理的意义相对来说没有那么大，任设经理模式以及意定职权模式更有利于公司自治，也符合提升公司运营效率的目标。股份公司的经理机构要发挥其应有的作用，是否需要赋予其应有的法定职权？通过意定方式设定经理的职权范围，可能会出现千人千面的情形，有人担心经理职权的过多或过少，都不利于股份公司的治理。

4. 第 2 款第 2 句：列席董事会

这是假设经理不是董事会成员的例外情形，如经理是董事会成员，自然无须列席，实务中，经理通常为董事会成员。

经理列席董事会有其必要性与重要性。一则经理作为董事会这一执行机关的辅助执行机关，自然要了解董事会的决策；二则经理要对董事会负责，列席会议有利于落实负责制；三则董事会的很多议案要借助于经理为首的高管班子（管理层）提供方案，列席会议有利于上情下达。

◉ 比较法规范

《法国商事公司法》第 117 条、第 124 条；《韩国商法》第 11 条；中国台湾地区“公司法”第 31 条。

◉ 研究文献

1. 赵旭东：《再思公司经理的法律定位与制度设计》，载《法律科学（西北政法大学学报）》2021 年第 3 期。

2. 赵旭东：《公司法修订中的公司治理制度革新》，载《中国法律评论》2020 年第 3 期。

第一百二十七条 【董事兼任经理】

公司董事会可以决定由董事会成员兼任经理。

◉ 立法意旨

本条是关于股份公司董事会成员可兼任经理的规定。

◉ 条文演变历程

本条最早可追溯至1993年《公司法》第120条，该条规定，“公司根据需要，可以由董事会授权董事长在董事会闭会期间，行使董事会的部分职权。公司董事会可以决定，由董事会成员兼任经理”。2005年《公司法》第115条修改为“公司董事会可以决定由董事会成员兼任经理。”2013年修法调整条文序号为第114条，但内容未作变动并沿袭至今。

◉ 条文释义

本条对应旧法第114条，内容无变化。

经理是由董事会聘任并对董事会负责、主持公司生产经营管理工作与组织实施董事会决议的自然人。在大陆法上，经理是业务执行机关，主要享有内部的管理权能和对外的代表权能的经理权。经理权作为一般性概念，是基于经理职位而取得的所有必需的权利（力）。我国民商法没有确立经理权概念，只列举了经理职权，其含义与经理权也不完全相同。此外，经理作为业务执行机关的定位常受质疑，主要原因在于其与董事会的冲突。董事会也被视为执行机构，一个公司不可能同时存在两个业务执行机关，理解该问题的关键在于理解理论与实践的冲突。

董事会作为集体决议机构，效率上达不到业务执行的要求，对外不能代表公司执行对外业务，事实上处理公司执行业务的机构是经理而非董事会。认为董事会是公司业务执行机关的判断许多时候是对既往历史事实的阐述而非对现实情况的总结。肯认经理作为事实上的业务执行机构，因此立法规定公司董事会可以决定由董事会成员兼任经理，实则是回应了现实的需要。

多数股份公司的董事还具有股东身份，其担任经理可以更好地为公司利益决策与执行，也有利于提高效率。本条规定由董事会而非股东会决定由董事会成员兼任经理，因为实质上这属于经理聘任的规定，是本法第126条第1款董事会聘任经理规范的逻辑延伸。

这一规定没有出现在有限公司章节，但可以适用于有限公司。

◉ 公司治理操作指南

公司组织机构的职权分配总需一个中心，现代公司法奉行董事会中心主义。很多股份公司将股东会职权通过章程转授予董事会以及取消经理职权法定的规定，促进董事会中心主义的形成。当董事兼任经理时，不仅可以高效、准确地对公司经营业务进行决策，也可以真正地落实董事会的业务执行机构的定位，将权力核心聚焦于董事会。

◉ 比较法规范

《美国模范商业公司法》第8.40节。

◉ 研究文献

赵旭东:《再思公司经理的法律定位与制度设计》,载《法律科学(西北政法大学学报)》2021年第3期。

第一百二十八条 【一名董事的设置与职权】

规模较小或者股东人数较少的股份有限公司,可以不设董事会,设一名董事,行使本法规定的董事会的职权。该董事可以兼任公司经理。

◉ 立法意旨

本条是关于股份公司设置一名董事及其职权、兼职的规定。

◉ 条文演变历程

本条系新《公司法》的新增条款。

◉ 条文释义

1. 一名董事

此前该制度仅适用于有限公司,本条规定也适用于股份公司,尤其引入一人股份公司之后,更显迫切。对于公司治理结构的简化,有限公司与非上市股份公司的差异很小,是两类公司制度同质化的又一例证。

2. 一名董事的职权

正如本法第75条释义指出的,一名董事就是该类公司的执行机构,与设立董事会的公司的董事会地位一样,只不过一个是独任制法人机关,另一个是集体法人机关,所以其法定职权是一样的。

3. 董事兼任经理

与本法第75条关于有限公司的规定也是一样的。设立董事会的,某个董事会成员可以兼任经理;只设一名董事的,该董事也可兼任经理。

4. 立法技术可以再提升

但就立法技术而言,本条与本法第75条一模一样。立法技术上似乎应采引致条款,更显立法的简洁与科学。

◉ 公司治理操作指南

在我国将近100万家非上市股份公司中,有不少公司规模较小或者股东人数较少,为减轻公司治理成本,本条准许其根据自身需要,合理安排公司结构,不设董事会而仅设一名董事。如需进一步精简组织机构,该董事可以兼任经理。如此一来,小规模的股份公司组织机构的至简设置模式是:一名股东、一名董事兼经理、一名监事。

一名董事的职权与其他公司董事会的职权完全一样。那么,董事会行使职权的主要方式是召开董事会做决议(resolution),一名董事如何行权?答案是做决定(decision)——正如前文指出的,一名股东用决定形式任命董事;该董事用决定形式任命经理,以保证行权的规范性。假设一人股份公司的股东是张三,张三可以股东身份任命自己为董事,然后再以董事身份任命自己为经理,这并无不可,但是两个任命决定需要符合程序规范。

◉ 比较法规范

《德国股份法》第76条;《日本公司法》第331条;《美国特拉华州普通公司法》第141条;中国台湾地区"公司法"第128条。

第129条

◉ 研究文献

1. 邹海林:《〈公司法〉修订的制度创新:回顾与展望——以〈公司法〉修订草案二次审议稿为蓝本》,载《法律科学》2023年第8期。

2. 胡改蓉:《〈公司法〉修订中国有公司制度的剥离与重塑》,载《法学评论》2021年第4期。

3. 赵旭东:《中国公司治理制度的困境与出路》,载《现代法学》2021年第2期。

4. 李建伟:《董事会规模强制规制模式的解释与反思》,载《法学杂志》2019年第10期。

5. 李建伟:《国有企业特殊法制在现代公司法制中的生成与安放》,载《中南大学学报(社会科学版)》2017年第3期。

第一百二十九条　【董监高薪酬的定期披露】

公司应当定期向股东披露董事、监事、高级管理人员从公司获得报酬的情况。

◉ 立法意旨

本条是关于股份公司定期披露董监高报酬的规定。

◉ 条文演变历程

本条自 2005 年《公司法》第 117 条制订以来，仅在 2013 年修法时将序号调整为第 116 条，此后无修订。

◉ 条文释义

本条对应旧法第 116 条，内容无修改。

管理层的薪酬是公司经营成本的重要构成，关系到公司财产的流出，与股东利益紧密相关，故本条施以公司披露管理层报酬的义务，以保证股东对公司财产使用的知情与监督，背景是关于股份公司"两权分离"的制度预设，所以本条仅适用于股份公司，不适用于有限公司，这是两类公司董事会为数不多的规则区分之一（详见第三章第二节第 67 ~ 75 条部分、第五章第三节）。股份公司"两权分离"相对明显，股东不易知晓公司内部经营管理的日常信息，故以此强制性规定补强股东的信息弱势。

不过，根据本法第 59 条、第 112 条的规定，董事、监事的报酬由股东会决定，第 67 条、第 120 条规定，经理的报酬由董事会决定。其他高管的报酬主要由董事会决定。据此，向股东披露除董事、监事之外的管理层报酬，也是股东监督董事是否在报酬制定问题上尽到忠诚与勤勉义务的有效路径。

◉ 研究文献

1. 郑观：《欧美主要国家上市公司董事薪酬制度之变迁》，载《环球法律评论》2015 年第 1 期。

2. 杜晶：《上市公司管理报酬法律制度的理论与现实》，载《清华法学》2009 年第 3 期。

3. 李建伟：《高管薪酬规范与法律的有限干预》，载《政法论坛》2008 年第 3 期。

第四节　监　事　会

第一百三十条　【股份公司监事会的组成与任期】

股份有限公司设监事会，本法第一百二十一条第一款、第一百三十三条另有规定的除外。

监事会成员为三人以上。监事会成员应当包括股东代表和适当比例的公司职工代表，其中职工代表的比例不得低于三分之一，具体比例由公司章程规定。

监事会中的职工代表由公司职工通过职工代表大会、职工大会或者其他形式民主选举产生。

监事会设主席一人，可以设副主席。监事会主席和副主席由全体监事过半数选举产生。监事会主席召集和主持监事会会议；监事会主席不能履行职务或者不履行职务的，由监事会副主席召集和主持监事会会议；监事会副主席不能履行职务或者不履行职务的，由过半数的监事共同推举一名监事召集和主持监事会会议。

董事、高级管理人员不得兼任监事。

本法第七十七条关于有限责任公司监事任期的规定，适用于股份有限公司监事。

◉ 立法意旨

本条是关于股份公司监事会设置、组成和会议召集、主持以及监事任职、任期的规定。

◉ 条文演变历程

本条最早可追溯至 1993 年《公司法》第 124 条和第 125 条，前者规定“股份有限公司设监事会，其成员不得少于三人。监事会应在其组成人员中推选一名召集人。监事会由股东代表和适当比例的公司职工代表组成，具体比例由公司章程规定。监事会中的职工代表由公司职工民主选举产生。董事、经理及财务负责人不得兼任监事”。后者规定“监事的任期每届为三年。监事任期届满，连选可以连任”。2005 年《公司法》第 118 条对以上条款作大幅修订：(1)明确职工监事民主选举的产生途径是职工代表大会、职工大会或者其他形式；(2)明确职工代表的比例不得低于三分之一；(3)规定监事会可以设监事会主席和副主席，监事会主席和副主席可以召集和主持监事会会议，以此取代以前的召集人制；(4)明确监事会主席和副主席的产生方式；(5)明确监事会主席、副主席和监事依次履行召集和主持监事会职能的顺序；(6)将“董事、经理及财务负责人不得兼任监事”修改为“董事、高级管理人员不得兼任监事”，高管的外延更加丰富；(7)将监事会任期改用援引方式，以节省立法资源。此后 2013 年修法调整条文序号为第 117 条。

此次修法，二审稿第 130 条第 1 款明确限定股份公司在设置审计委员会、监事会、一名监事等三种模式中选择其一。三审稿修改第 3 款，将推举监事的“半数以上”修改为“过半数”,以求精确。直至形成本条。

◉ 条文释义

本条对应旧法第117条,有重大修订。

1. 第1款:设置

包括上市公司在内的所有股份公司,设立监督机构的模式是三选一:设立监事会;设立一名监事;设立审计委员会。其中,上市公司的审计委员会不仅承担监事会的职责,还承担特殊职责(详见本法137条)。

2. 第2款:组成

如同董事会一样,监事会人数为三人以上,不设上限。其组成成员中股东代表、职工代表都是必设的,其中职工监事不少于1/3,对此比例,应当理解为公司章程可以在此基础上再提高而不得降低。职工监事通过民主程序选举出,包括职代会选举;工会选举(如公司未设职工代表大会);其他民主方式产生(公司未设工会)。

3. 第3款:主席、副主席

必设主席,限定一人;任设副主席,不限人数。

主席的职权其实是形式化、礼仪性的:召集与主持监事会。

副主席的职权(职责)是候补性的,一旦主席不/不能履职,其必须顶上去。可能的疑惑是,有的公司监事会副主席不止一人,此时副主席们如何分工?对此,交由公司自治,公司法不再规定这等细碎之事,但需说明,过多职位设置很多时候不仅叠床架屋,而且徒增扯皮。

当然,如果副主席也不履职或者不能履职,则由过半数监事推举一名监事履职。此处的不能履职或者不履职的含义,参见本法第72条的释义部分。

4. 第4款:独立性

基于“自己不监督自己”的法理,董事、高管自然不能兼任本公司监事。此法理也准用于审计委员会,只是公司法仅对审计委员会的过半数成员提出独立性要求(详见本法第121条第2款)。

5. 第5款:任期

本款为引致条款,根据本法第77条规定,关于监事的任期两类公司是一样的,都是绝对的“每届三年”。但是对照董事、监事的任期制,有两个细节提示读者注意:

(1)根据本法第70条及第120条第2款规定,董事的任期由公司章程规定,公司法仅要求“每届任期不得超过三年”,并非绝对的“每届三年”。这一设置是为了给公司实行董事交错任期制提供空间。

(2)公司法明确两类公司的董事可以"连选连任",监事也可以"连选连任"。所以理论上董事、监事都是可以一直干下去的。

◉ 公司治理操作指南

公司法为股份公司监督机构提供单层制和双层制两种模式,双层制下又提供仅设一名监事和设置监事会两个选项。除仅设一名监事的模式需要满足公司规模较小或者股东人数较少的法定条件之外,股份公司在监督模式的选择上遵循公司自治,由公司章程自由规定。对于小规模的股份公司而言,股东自己就可以履行监督职能,选择仅设一名监事是成本最低也是最优的。针对规模较大的公司,究竟选择单层制抑或双层制,总体看并无优劣之分,需要公司结合司情具体分析。双层制的特点在于,董事会和监事会的职权分工明确,不会出现监督职能和业务执行的冲突,监事的地位较为独立;但是,监事会获取信息的能力较董事会更差,一般仅能实现事后监督,无法监督业务的妥当性,监督的范围和效率不如单层制。单层制的特点在于,监督者获取监督信息的成本更低,能够一并监督业务的合法性和妥当性,实现事前监督,但监督的独立性相对较差,容易出现利益冲突,相比监事会难以保障职工参与权。

还有一点需要指出,由于单层制下的审计委员会设在董事会之下,且过半数成员不得为执行董事、高管,且其他成员都是董事,加之审计委员会不得低于 3 人组成,这意味着设立审计委员会的董事会要足够大,所以设立审计委员会的公司董事会需要一定规模,否则难以配齐审计委员会成员。

◉ 比较法规范

《日本公司法》第 335 条、第 336 条、第 391 条、第 392 条;《韩国公司法》第 409 条、第 410 条、第 411 条;《德国股份法》第 95 条、第 96 条、第 102 条、第 107 条、第 110 条;中国台湾地区"公司法"第 217 条、第 222 条。

◉ 研究文献

1. 崔文玉:《公司治理优化视域下的监事会制度重塑及其功能实现》,载《现代法学》2022 年第 6 期。

2. 赵旭东:《中国公司治理制度的困境与出路》,载《现代法学》2021 年第 2 期。

3. 施天涛:《让监事会的腰杆硬起来——关于强化我国监事会制度功能的随想》,载《中国法律评论》2020 年第 3 期。

4. 赵旭东:《公司法修订中的公司治理制度革新》,载《中国法律评论》2020 年第 3 期。

5. 郭雳:《中国式监事会:安于何处,去向何方?——国际比较视野下的再审思》,载《比较法研究》2016年第2期。

6. 周龙杰:《论法人监事的引入》,载《当代法学》2012年第3期。

◉ 典型案例

广州东凌国际投资股份有限公司、中国农业生产资料集团公司公司决议效力确认纠纷案①

1. 案情简介

中国农业生产资料集团公司(以下简称中农公司)是广州东凌国际投资股份有限公司(以下简称东凌国际)的股东,持股比例为19.15%。东凌国际董事会于2017年6月3日发出召开2016年年度股东会的公告,中农公司于2017年6月12日提请董事会增加2016年年度股东大会审议4项临时提案:(1)关于提请罢免徐某平监事职务的议案;(2)关于不予确认周某萍女士为公司监事的议案;(3)关于补选公司监事的议案(一);(4)关于补选公司监事的议案(二)。

东凌国际董事会于2017年6月14日经审议作出案涉第六届董事会第三十九次会议决议,东凌国际董事会不同意将中农公司提请的4项临时提案提交东凌国际2016年年度股东大会审议,理由是:(1)法律法规及公司章程除明确规定监事会应当包括股东代表和适当比例的公司职工代表,其中职工代表比例不得低于1/3外,并无其他关于监事会组成结构方面的限制。因非职工代表监事辞职后导致监事会人数低于法定人数3人,东凌国际需补选1名监事以保证监事会的正常运作,但目前相关法律法规并未规定非职工代表监事辞职后仅能补选非职工代表监事。东凌国际监事会现由1名股东代表监事和两名职工代表监事共同组成,并不违反法律和公司章程规定。(2)周某萍当选职工代表监事合法有效。周某萍女士通过公司职工大会当选职工代表监事符合公司法及公司章程规定的程序和形式。(3)中农公司提出罢免徐某平监事职务的议案、不予确认周某萍女士为公司监事的议案以及补选监事的两项议案是建立在周某萍当选监事违法的基础之上,但周某萍当选监事并无违法违规之处。因此,中农公司所提4项议案于法无据,进而不同意将该4项议案提交股东大会进行表决。

原告中农公司以被告东凌国际私自更换通过股东大会选举的监事,侵害股东权益为由,向法院起诉,请求撤销被告第六届董事会第三十九次会议决议。

2. 裁判要旨

一审法院认为,中农公司提交4项临时提案均是有关非职工代表监事的选举、更换、任免议案,属于股东大会的职权范围,有明确议题和具体决议事项,且符合法律、行政法规和公司章程有关规定,具备提案的形式要件。东凌国际董事会审查后决定不予提交股

---

① 参见广州市中级人民法院民事判决书,(2018)粤01民终17313号。

东大会审议实质上剥夺了股东的提案权，侵犯了中农公司的股东权利。判决：支持原告诉讼请求，撤销案涉董事会决议。

二审法院认为，本案是因职工代表监事取代原股东代表监事而引发的纠纷，即东凌国际在改选监事为周某萍之后，因监事人员构成比例发生变化而引起争议。公司法有关监事中职工代表比例不得低于1/3的规定，其目的是保护职工权益，强化职工作为公司利益相关者的地位，并不是否定股东对公司的管理地位，在公司章程没有对监事的构成比例作出进一步规定的情况下，发生构成比例调整的情况应该经过公司权力机构股东大会的决定。现东凌国际有关监事人员由职工代表取代原股东代表，实质上行使了股东大会对于监事人员构成比例的决定权。中农公司作为东凌国际的股东之一，提出的29号提案、30号提案、31号提案、32号提案，均是针对东凌国际有关监事人员的任免问题，属于公司章程第43条规定股东大会的职权范围，东凌国际董事会作出不提交股东大会审议的决议缺乏依据，原审法院予以撤销该决议并无不当。判决：驳回上诉、维持原判。

3. 案件评析

新《公司法》规定股份公司的监事会由职工代表和股东代表组成，前者不低于1/3，东凌国际公司章程对监事会中职工代表的比例也仅作相同规定，而没有明确具体的比例。本案中，东凌国际未经股东大会决议擅自将股东代表更换为职工代表。二审法院认为，虽然更换后的监事会组成人员比例仍然满足职工代表不得低于1/3的要求，但在公司章程没有对监事的构成比例作具体规定的情况下，只要股东代表和职工代表之间的比例发生变化，就应当提交股东大会决议。

新《公司法》第59条第1款第1项规定"选举和更换董事、监事"是股东会的职权，第112条第1款规定股份有限公司的股东会适用之。然而，并非所有监事更换均属股东会职权，监事会的"职工监事/非职工监事"比例更换变动需要区分三种情况讨论：(1)在因为职工监事解任后的比例触及1/3底线时，职工监事补选需要经职工代表大会、职工大会等民主形式产生。(2)因为非职工监事解任后，监事会的人数不足3人，监事的补选应经股东会产生。(3)非职工监事解任后，监事会的人数既未不足3人也未触及1/3底线，且章程未作规定时，那么此时缺任监事既可以通过职工代表大会、职工大会产生职工监事，也可以通过股东会产生非职工监事。按此理解，本案显属第三种情况。东凌国际通过职工大会更换监事无误。中龙公司的提案则因为违反新《公司法》第115条第2款"不属于股东会职权范围"而使得董事会有权不交由股东会审议。当然，股东也可以通过临时提案就职工监事"与公司存在任何可能影响其独立客观判断的关系"提出选任异议，要求股东会改选或主张董事会决议因违反新《公司法》第180条忠实义务而归于无效。但这毕竟是两码事。就此而言，本案一审法院机械地将所有的监事变动的权限理解为归股东会所有，二审法院则混淆"监事更换的有权机关"与"监事缺乏独立性"的诉由，裁判失当。

第一百三十一条 【监事会的职权及履职费用承担】
本法第七十八条至第八十条的规定,适用于股份有限公司监事会。
监事会行使职权所必需的费用,由公司承担。

◉ 立法意旨

本条是关于股份公司监事会适用有限公司监事制度的部分规则的规定。

◉ 条文演变历程

本条最早可追溯至1993年《公司法》第126条,该条规定,“监事会行使下列职权:(一)检查公司的财务;(二)对董事、经理执行公司职务时违反法律、法规或者公司章程的行为进行监督;(三)当董事和经理的行为损害公司的利益时,要求董事和经理予以纠正;(四)提议召开临时股东大会;(五)公司章程规定的其他职权。监事列席董事会会议”。2005年修法时采引致条文的形式,第119条规定有限公司监事会职权的规定适用于股份公司,并规定监事会行使职权所必需的费用由公司承担。

此次修法,自一审稿始明确有限公司的监事会职权等相关规定适用于股东公司。其后各版本没有变动,直至形成本条。

◉ 条文释义

本条对应旧法第118条,内容无实质修改。

本条是引致条文,本法第78~80条是关于有限公司监事会职权、监事对董事、高管监督的规定,适用于股份公司,是两类公司制度同质化的例证。

1. 第1款:监事会职权

本款为引致条款,鉴于本书在第三章对于第78~80条已经作出详细释义,读者自参考之,此处不再赘述。

2. 第2款:监事会行权费用由公司承担

前文也已指出,监事会行权必要费用由公司承担,是应有之义,公司法规定是对于现实生活中由于监事会不掌控财权所引发的行权困境的立法因应。但从立法技术看,本款的内容在新《公司法》有限公司部分规定于第82条,为何不同样采用引致条款在本条第1款一并解决?此等立法技术亟待检讨。

◉ 比较法规范

《日本公司法》第381~386条;《韩国公司法》第412条、第412(4)(5)条;《英国2006年公司法》第499条、第500条;《德国股份法》第111条、第112条;中国台湾地区"公司法"第218~221条、第223条。

◉ **研究文献**

刘斌:《公司治理中监督力量的再造与展开》,载《国家检察官学院学报》2022年第2期。

第一百三十二条　【股份有限公司监事会会议制度】

监事会每六个月至少召开一次会议。监事可以提议召开临时监事会会议。

监事会的议事方式和表决程序,除本法有规定的外,由公司章程规定。

监事会决议应当经全体监事的过半数通过。

监事会决议的表决,应当一人一票。

监事会应当对所议事项的决定作成会议记录,出席会议的监事应当在会议记录上签名。

◉ **立法意旨**

本条是关于股份公司监事会会议制度的规定。

◉ **条文演变历程**

本条最早可追溯至1993年《公司法》第127条,该条规定,"监事会的议事方式和表决程序由公司章程规定"。2005年《公司法》第120条新增4项内容:一是明确监事会至少6个月召开一次会议;二是授权监事享有临时监事会会议的提议权;三是明确规定监事会决议应当经半数以上监事通过;四是规定了监事会会议的会议记录制度。2013年修法调整条文序号为第119条,内容不变。

此次修法,一审稿第136条将原第119条第3款"半数以上"修改为"过半数",二审稿承袭之;三审稿则再增加一款,明确规定监事会决议的表决应当一人一票,以落实监事会的民主管理,直至形成本条。

◉ **条文释义**

本条对应旧法第119条,有文字修订并新增第4款。

(一)立法技术的两个参照

1. 与本法第81条关于有限公司监事会会议制度的规定相比,仅有定期会议的区分(有限公司每年底限一次,股份公司每年底限两次),其余都是一样的。

2. 与本法第123~125条等关于股份公司董事会的会议制度相对详细规定相

比,股份公司监事会的会议制度较为简略,主要留给公司章程等自治。

(二)本条的简要释义

第1款将股份公司监事会会议分为定期会议与临时会议。前者要求6个月一次,每年至少两次,此与本法第123条要求的董事会定期会议频次是一样的。后者由监事提议即可召开,此处的监事,应该是指一名监事即可,除非章程另有规定。与本法第123条关于董事会临时会议规定相比,监事会临时会议规则稍显简单。立法不规定琐碎之事,立法者大概是这样认为的。

除了第1款关于定期监事会会议有所不同外,本条其他各款的内容,与本法第81条关于有限公司监事会会议制度的规定都是一样的,详情可以参见本法第81条的释义。

◉ **比较法规范**

《日本公司法》第393条;《德国股份法》第107条、第108条、第110条。

◉ **研究文献**

施天涛:《让监事会的腰杆硬起来——关于强化我国监事会制度功能的随想》,载《中国法律评论》2020年第3期。

第一百三十三条 【设一名监事】

规模较小或者股东人数较少的股份有限公司,可以不设监事会,设一名监事,行使本法规定的监事会的职权。

◉ **立法意旨**

本条是关于股份公司不设监事会而仅设一名监事的规定。

◉ **条文演变历程**

本条系新增条款。一审稿第137条新增"规模较小的股份有限公司,可以不设监事会,设一至二名监事,行使本法规定的监事会的职权",三审稿在此基础上修改为"规模较小或者股东人数较少的股份有限公司",直至形成本条。

◉ **条文释义**

关于本条的内容,有两个条文可资对照。

1. 此前,该制度仅适用于有限公司,现也适用于股份公司,尤其引入一人股份公司之后,其现实需求更显迫切。此规定是有限公司与非公众性股份公司的制度同质化的又一例证,与本法第 128 条关于股份公司设置一名董事的规定如出一辙。

2. 本条与本法第 83 条关于有限公司设置一名监事以及监事职权的规定一模一样。不同的是,部分有限公司还可以不设一名监事,也即前文所说的有限公司监督机构采四选一(监事会;一名监事;审计委员会;不设任何监督机构),但本条确立了股份公司监督机构采三选一(监事会;一名监事;审计委员会)。

◉ **研究文献**

刘斌:《公司机构设置的组织法逻辑与改革路径》,载《法律适用》2021 年第 7 期。

第五节　上市公司组织机构的特别规定

第一百三十四条　【上市公司的定义】

本法所称上市公司,是指其股票在证券交易所上市交易的股份有限公司。

◉ **立法意旨**

本条是关于上市公司定义的规定。

◉ **条文演变历程**

本条最早可追溯至 1993 年《公司法》第 151 条,该条规定,"本法所称上市公司是指所发行的股票经国务院或者国务院授权证券管理部门批准在证券交易所上市交易的股份有限公司"。2005 年《公司法》第 121 条修订为"本法所称上市公司,是指其股票在证券交易所上市交易的股份有限公司"。2013 年修法调整条文序号为第 120 条,此后未再修订此条内容。

◉ **条文释义**

本条对应旧法第 120 条,没有修订。

哲学家维特根斯坦说,人类百分之八十以上的争议都源于概念之争。公司法关于上市公司设置了多处特殊规则,理解与适用这些规则,首先需要厘清上市公司的定义。

根据本条规定,上市公司的定义要点为:

1. 上市公司的组织形式为股份公司,有限公司不发行等额股份,无法上市。

2. 股票在证券交易所上市交易。可见上市公司的概念取决于证券交易所的定义。证券交易所,是为证券集中交易提供场所和设施,组织和监督证券交易,实行自律管理的法人。

此处需要厘清“证券交易所”与“证券交易场所”的区别。“证券交易场所”是“证券交易所”的上位概念,本条定义的上市公司只能是“证券交易所”上市交易的股份公司。按照《虚假陈述若干规定》规定,某一金融产品是否适用虚假陈述民事赔偿责任,在于证券是否发行和交易在“证券交易场所”内,即第34条第1款规定的“证券交易所、国务院批准的其他全国性证券交易场所。”上海、深圳、北京三家“证券交易所”以及北京新三板系统(全称“全国中小企业股份转让系统”),都是全国性证券交易场所,其中北交所全名是北京证券交易所有限责任公司,是全国中小企业股份转让系统有限责任公司(简称“股转公司”,即新三板)的全资子公司。业内已经习惯将新三板的主管机构股转公司等同于新三板,因此,广义的新三板(大新三板)包括基础层、创新层、精选层。2021年9月3日北交所已完成工商注册。从隶属关系上,可以理解为仅有精选层改名为北交所。北交所的设立,意味着中小企业尤其是善创新、搞研发的“专精特新”小巨人企业将迎来黄金时代。根据工业和信息化部公布的三批“专精特新”小巨人企业名单,A股上市公司中约有306家,新三板挂牌公司中约有358家,超过A股主板+科创板+创业板总和。

新三板系统,是“国务院批准的其他全国性证券交易场所”。“国务院批准的其他全国性证券交易场所”的提法,源于《证券法》第37条规定,全国人大法工委《证券法释义》仅提及全国中小企业股份转让系统市场(“新三板”市场)属于“国家批准设立的其他证券市场”。此外,侵权民事赔偿案件还提及区域性股权市场可以“参照适用”虚假陈述民事赔偿责任。因此,学理上的最广义“证券交易场所”包括深沪京三家证券交易所、国务院批准的其他全国性证券交易场所(新三板)与区域性股权市场;立法上的证券交易场所仅包括深沪京与新三板系统。

深沪京三市的交易证券包括股票、债券等证券。故反过来,仅有债券在证券交易所上市交易的股份公司,并非上市公司。

◉ 研究文献

1. 缪若冰:《中国证监会的制度环境及法律影响:组织社会学的分析》,载《中外法学》2020年第1期。

2. 陈洁:《科创板注册制的实施机制与风险防范》,载《法学》2019年第1期。

3. 刘道远:《中国证券市场国际化改革的法律困境及其破解——以美国证券法制为镜鉴》,载《法商研究》2016年第4期。

4. 刘俊海:《打造投资者友好型证券法　推动资本市场治理现代化》,载《法学论坛》2015 年第 4 期。

5. 李文莉:《证券发行注册制改革:法理基础与实现路径》,载《法商研究》2014 年第 5 期。

第一百三十五条　【处置公司重大资产的决议通过比例】

上市公司在一年内购买、出售重大资产或者向他人提供担保的金额超过公司资产总额百分之三十的,应当由股东会作出决议,并经出席会议的股东所持表决权的三分之二以上通过。

◉ 立法意旨

本条是关于上市公司的法定特殊事项需经股东会绝对多数决通过的规定。

◉ 条文演变历程

本条最早可追溯至 2005 年《公司法》第 122 条,该条规定,“上市公司在一年内购买、出售重大资产或者担保金额超过公司资产总额百分之三十的,应当由股东大会作出决议,并经出席会议的股东所持表决权的三分之二以上通过”。2013 年修法调整条文序号为第 121 条。此次修法,一审稿明确担保金额为“向他人提供担保的金额”,“股东大会”改为“股东会”。二审稿、三审稿及最终修法文本从之。

◉ 条文释义

本条对应旧法第 121 条。新增“向他人提供担保”,其余内容无修改。

1. 适用对象

首先,本条包含购买重大资产、出售重大资产、对外担保(为他人而非为上市公司自身提供担保)等三类交易行为,应该是分别分类计算,而不是彼此叠加计算的。

其次,对于单类交易额度而言,其司法适用的难点在于,如何累积计算超过公司资产总额的 30%?“公司资产总额的 30%”是一个动态的变数,公司资产总额的基准日为何,需要进一步明确。

再次,如果购买、出售、担保的任何一类交易的一单交易额度都未超出 30% 的话,就需要在一个会计年度内累积计算,那么究竟哪一单交易触发了 30% 的临界点,这是一个技术活。

最后,本条还内含一个立法规则:如某上市公司在一年内购买、出售重大资产或者对外担保金额不足公司资产总额 30%，结合本法关于股份公司董事会、股东会职权的有关规定，可以推定为这些单项交易事项可能交付董事会决议。如果放在董事会职权采剩余控制权的立法模式的背景下，就更好理解了。惜乎本次立法未采纳该立法模式。

2. 上市公司为自己担保

上市公司为自身债务提供担保的，无须适用本条的绝对多数决。上市公司为自身债务担保不会损害公司、股东及既有债权人的利益，依照本法第 15 条规定，无须交付董事会、股东会决议，更无须股东会的绝对多数决。可见，本条与总则部分第 15 条“公司向其他企业投资或者为他人提供担保”保持一致。

3. 绝对多数决

本条关于上市公司股东会的议决事项以及绝对多数决的要求，可视为对本法第 116 条第 3 款关于股份公司股东会多数决事项的特别规定。

◉ 公司治理操作指南

本条涉及两类交易，一是“购买、出售重大资产”，应如何理解？可以参考证监会 2023 年发布《上市公司重大资产重组管理办法》第 12 条规定的上市公司重大资产重组的标准：上市公司及其控股或者控制的公司购买、出售资产，交易标的资产总额、资产净额分别占上市公司最近一个会计年度经审计的合并财务会计报告期末资产总额、期末净资产额的比例达到 50% 以上，其中资产净额超过 5000 万元的；以及交易标的的资产在最近一个会计年度所产生的营业收入占上市公司同期经审计的合并财务会计报告营业收入的比例达到 50% 以上，且超过 5000 万元人民币的。据此理解，达成以上任一条件，则可以构成重大资产的处置。

二是“在一年内向他人提供担保的金额超过公司资产总额百分之三十的”，除上市公司对外担保单次金额超过公司资产总额 30% 的，还应当包括对外担保累计金额超过公司资产总额 30% 后继续作出的对外担保决议。

如构成《上市公司重大资产重组管理办法》规定的重大资产重组，需按照该规定第 11 条的标准，就相关交易符合相应要求作出充分说明并予以披露。

◉ 研究文献

1. 高圣平：《上市公司对外担保特殊规则释论——以法释〔2020〕28 号第 9 条为中心》，载《法学》2022 年第 5 期。

2. 罗培新：《股东会与董事会权力构造论：以合同为进路的分析》，载《政治与法律》2016 年第 2 期。

3. 龙翔、陈国奇:《公司法语境下的重大资产出售定位——兼评〈公司法〉第 75 条、第 105 条和第 122 条》,载《法学家》2011 年第 3 期。

◉ 典型案例

甲公司诉乙公司普通破产债权确认纠纷案①

1. 案情简介

乙公司系上市公司,持有甲公司 70% 的股权。2012 年 10 月 15 日,甲公司召开股东会形成《股东会决议》一份,载明:甲公司截至 2012 年 9 月 30 日有未分配利润 59,808,217.41 元,按照持股比例向股东分红,乙公司分配红利为 1400 万元。2013 年 4 月 17 日,甲公司通过银行转账向乙公司汇入分红款 1400 万元。

2014 年 7 月,甲公司相继作出《董事会决议》《股东会决议》,撤销了 2012 年 10 月 15 日的《股东会决议》,即撤销了向股东乙公司分配的 1400 万元。2014 年 9 月 27 日,甲公司将该 1400 万元作为其应收账款计入记账凭证。

乙公司在案涉两份《股东会决议》上盖章时,均未向甲公司提供相应的股东会决议,乙公司亦未就 2014 年 7 月《董事会决议》及随后的《股东会决议》进行披露,亦未就上述《股东会决议》的内容召开董事会或股东大会。

2014 年 11 月 19 日,法院裁定受理乙公司破产重整。同年 12 月 25 日,法院裁定受理甲公司破产重整。因双方对上述 1400 万元产生争议,甲公司遂诉至法院,请求判令:确认甲公司对乙公司享有 1400 万元债权。

2. 裁判要旨

2014 年修正的《证券法》第 67 条(2019 年《证券法》第 80 条)规定:“发生可能对上市公司股票交易价格产生较大影响的重大事件,投资者尚未得知时,上市公司应当立即将有关该重大事件的情况向国务院证券监督管理机构和证券交易所报送临时报告,并予公告,说明事件的起因、目前的状态和可能产生的法律后果。下列情况为前款所称重大事件:(一)公司的经营方针和经营范围的重大变化;(二)公司的重大投资行为和重大的购置财产的决定;(三)公司订立重要合同,可能对公司的资产、负债、权益和经营成果产生重要影响;(四)公司发生重大债务和未能清偿到期重大债务的违约情况……”据此,上市公司的资产与负债情况影响社会公众的利益,故包括处置重大资产在内的影响公司资产与信用的诸多事项需对全体股东进行公告披露,且就某些决定应在披露前召开股东会并形成有效决议。如未经股东会同意而处置重大资产,应属重大违规行为,侵害了众多投资者的利益,扰乱了证券市场的秩序,依照《合同法》第 52 条第 5 项(《民法典》第 153 条第 1 款)的规定应认定为无效。本案中,乙公司同意就其公司已经获得并入账的 1400 万元分红撤销并返还甲公司,实际系处分乙公司的重大资产,且会对乙公司的资产、负债、

---

① 《上市公司处置重大资产需要经过股东会决议通过吗? |案件快递 211 期》,载微信公众号“无锡市中级人民法院”。

权益等产生重要影响,乙公司既未就上述事项形成有效的股东会决议,亦未就该事项进行披露,而直接在2014年7月的《股东会决议》中盖章,该行为应认定为无效。判决:驳回甲公司的诉讼请求。

3. 案件评析

法律对上市公司处置重大资产或对外担保规定了更为严格的程序,其不仅要遵守2013年《公司法》第16条(新《公司法》第15条)的一般规定,处置资产及担保的限额也受到严格限制,即资产处置及担保的数额超过了法律规定限制时,批准上市公司资产处置及对外担保的法定机关就得由股东大会来决定。这是由上市公司性质及商业地位的特殊性决定的。上市公司的一切商业运作均呈现透明化,股东的高度流动性导致了利益主体的不特定化,上市公司处置公司重大资产和对外担保的行为牵涉广大股东的利益,极有可能对公司本身利益及市场地位造成影响,也影响证券市场秩序,所以上市公司处置重大资产和对外担保的程序要求应比封闭公司的要求更高。本案中,乙公司作为上市公司,所获取的1400万元分红实际已成为公司资产的一部分。后乙公司将上述1400万元分红返还给甲公司,实际是处置其公司重大资产,且会对乙公司的资产、负债、权益等产生重要影响,该行为应获得股东会的同意。但乙公司并未就此召开股东会也未召开董事会,作为相对方的甲公司也未审查乙公司返还分红的行为是否经过了董事会或者股东会的同意,应认定乙公司处置上述1400万元的行为无效。

第一百三十六条　【独立董事与上市公司章程必要记载事项】

上市公司设独立董事,具体管理办法由国务院证券监督管理机构规定。

上市公司的公司章程除载明本法第九十五条规定的事项外,还应当依照法律、行政法规的规定载明董事会专门委员会的组成、职权以及董事、监事、高级管理人员薪酬考核机制等事项。

◉ 立法意旨

本条是关于上市公司必设独立董事以及章程特别记载事项的规定。

◉ 条文演变历程

本条最早可追溯至2005年《公司法》第123条,该条规定,“上市公司设立独立董事,具体办法由国务院规定”。2013年修法调整条文序号为第122条。此次修法,一审稿增设“独立董事不得在上市公司担任除董事以外的其他职务,且不得与上市公司存在任何可能影响其独立客观判断的关系”。二审稿删除之,改为“上市公司设独立董事,具体管理办法由国务院证券监督管理机构规定”。三审稿保留之,审议通过时又增设第二款"上市公司的公司章程除载明本法第九十五条规定的事项外,还应当依照法律、行政法规的规定载明董事会专门委员会的组成、职权以及董事、监事、高级管理人员薪酬考核机制等事项"。就此形成本条。

◉ 条文释义

本条对应旧法第 122 条,有重大修订。

(一)第 1 款:独立董事及其立法

1. 独立董事的设置

独立董事,又称独董,全称"独立非执行董事",独立,是指与其所受聘的上市公司及其主要股东、实际控制人不存在直接或者间接利害关系,或者其他可能影响其进行独立客观判断的关系,非执行,是指其不在上市公司担任除董事外的其他职务。由此,独董在董事会组成上区别于其他主体:执行董事、职工董事、外部董事、非独立非执行董事等。

2. 独董管理立法

旧法将独立董事管理办法的立法权授予国务院,后者虽一直没有完成该立法任务,但在 2023 年 4 月发布了《国务院办公厅关于上市公司独立董事制度改革的意见》;新《公司法》将该立法权授权给证监会,目前,该立法任务已经初步完成,即证监会根据该改革意见于 2023 年 8 月颁布《独立董事管理办法》。《独立董事管理办法》第 2 条规定,"独立董事是指不在上市公司担任除董事外的其他职务,并与其所受聘的上市公司及其主要股东、实际控制人不存在直接或者间接利害关系,或者其他可能影响其进行独立客观判断关系的董事。独立董事应当独立履行职责,不受上市公司及其主要股东、实际控制人等单位或者个人的影响"。

(二)第 2 款:上市公司章程特殊记载事项

本款系新增条款,规定了上市公司章程的特殊必备条款,即董事会专门委员会以及董监高薪酬考核机制等事项。关于董事会专门委员会的相关规定,《独立董事管理办法》第三章"职责与履职方式"对"董事会专门委员会会议"以及"独立董事专门会议"作出了较为详细的规定,明确了独立董事在其中的相应职责以及履行方式,可资参考。

◉ 公司治理操作指南

《独立董事管理办法》第 5 条就上市公司独立董事在董事会中的任职比例以及资格要求作出了规定,沿用了 1/3 的比例以及至少包括一名会计专业人士的要求。明确规定独立董事在董事会专门委员会中的任职比例以及履行要求。要求上市公司应当在董事会中设置审计委员会,审计委员会成员应当为不在上市公司担任高级管理人员的董事,其中独立董事过半数,并由独立董事中会计专业人士担任召集人。同时规定上市公司可以根据需要在董事会中设置提名、薪酬与考核、战略等专门委员会。其中提名委员会、薪酬与考核委员会中独立董事应当过半数并担任召集人。

《独立董事管理办法》第 24 条第 1 款针对应由独立董事专门会议进行审议的事项作出了引致规定,“上市公司应当定期或者不定期召开全部由独立董事参加的会议(以下简称独立董事专门会议)。本办法第十八条第一款第一项至第三项、第二十三条所列事项,应当经独立董事专门会议审议”。第 45 ~ 46 条分别就独立董事“履职尽责情况及其行政责任的认定”以及“能够证明其已履行基本职责,可以认定其没有主观过错,不予行政处罚的情形”予以明确。

◉ 比较法规范

《韩国公司法》第 542 条之八。

◉ 研究文献

1. 黄辉:《独立董事的法律义务与责任追究:国际经验与中国方案》,载《中外法学》2023 年第 1 期。

2. 傅穹:《司法视野下独立董事的责任反思与制度创新》,载《法律适用》2022 年第 5 期。

3. 刘俊海:《上市公司独立董事制度的反思和重构——康美药业案中独董巨额连带赔偿责任的法律思考》,载《法学杂志》2022 年第 3 期。

4. 王涌:《独立董事的当责与苛责》,载《中国法律评论》2022 年第 3 期。

5. 曾洋:《重构上市公司独董制度》,载《清华法学》2021 年第 4 期。

◉ 典型案例

顾某骏、刘某君等 11 名投资者诉康美药业股份有限公司证券虚假陈述责任纠纷特别代表人诉讼案①

1. 案情简介

2020 年 12 月 31 日,顾某骏、刘某君经 11 名原告共同推选为拟任代表人,就康美药业股份有限公司(以下简称康美药业)证券虚假陈述责任纠纷提起普通代表人诉讼,要求康美药业、马某田、许某瑾等 22 名被告赔偿其投资损失。2021 年 3 月 30 日,原告申请追加

① 参见广东省广州市中级人民法院民事判决书,(2020)粤 01 民初 2171 号。

广东正中珠江会计师事务所(特殊普通合伙)(以下简称正中珠江会计)等5名当事人为本案被告,请求判令其与前述22名被告承担连带赔偿责任。2021年4月8日,中证中小投资者服务中心有限责任公司(以下简称投服中心)受56名投资者的特别授权,申请作为代表人参加诉讼。经最高人民法院指定管辖,广州市中院适用特别代表人诉讼程序审理该案。法院查明,康美药业披露的财报中存在虚增营业收入、货币资金等情况,正中珠江会计出具的审计报告存在虚假记载。经专业机构评估,扣除系统风险后投资者实际损失为24.59亿元。

2. 裁判要旨

审理法院认为,康美药业进行虚假陈述,造成了投资者投资损失,应承担赔偿责任。马某田、许某瑾等组织策划财务造假,正中珠江会计及相关审计人员违反执业准则,均应对投资者损失承担全部连带赔偿责任。康美药业部分董监高虽未直接参与造假,但签字确认财务报告真实性,应根据过失大小分别在投资者损失的20%、10%及5%范围内承担连带赔偿责任。2021年11月12日,广州市中院作出相应判决。宣判后当事人均未上诉,判决已发生法律效力。

其中,广州市中院认为江某平、李某安、张某为兼职的独立董事,不参与康美药业日常经营管理,过失相对较小,判令其在投资者损失的10%范围内承担连带赔偿责任;郭某慧、张某为兼职的独立董事,过失相对较小,且仅在《2018年半年度报告》中签字,判令其在投资者损失的5%范围内承担连带赔偿责任。

3. 案件评析

本案是我国首例采用特别代表人诉讼方式进行的证券虚假陈述责任纠纷案件,标志着投资者"默示加入、明示退出"的中国式集体诉讼司法实践成功落地。同时,本案判决中创设性适用了比例连带责任,将董监高根据过失大小纳入一定比例连带责任的责任承担范围内。此举无疑是为保护证券市场中小投资者利益而作出的特别安排,但也有学者指出,"比例连带责任亟待理论正当性的证成及其适用解释,以切实解决商事审判中的类案问题,其中典型难题包括比例如何确定、内部如何追偿等"①。

通过比例连带的责任承担方式,将独立董事按照过错大小纳入证券虚假陈述的责任范围内,一时引发了独立董事离职热潮。究其根本,是独立董事在上市公司治理中履职方式与相应权利难以得到保障、进而导致的权责不统一所引发的市场反应。虽然在理论上比例连带责任的性质仍需厘清,但其适用也在一定程度上促进了证券市场中小投资者的利益保护制度创新,并有助于中国式独立董事制度走向成熟。

---

① 李建伟、李欢:《证券虚假陈述比例连带责任的理论证成及其修正适用》,载《证券市场导报》2023年第8期。

第一百三十七条 【上市公司审计委员会的特别职权】

上市公司在董事会中设置审计委员会的，董事会对下列事项作出决议前应当经审计委员会全体成员过半数通过：

（一）聘用、解聘承办公司审计业务的会计师事务所；

（二）聘任、解聘财务负责人；

（三）披露财务会计报告；

（四）国务院证券监督管理机构规定的其他事项。

◉ 立法意旨

本条是关于上市公司审计委员会特别职权及其多数决的规定。

◉ 条文演变历程

本条系《公司法》新增条款。审计委员会制度源于美国，最早见于20世纪70年代纽约证券交易所要求上市公司必须设立由独立董事组成的审计委员会。证监会和原国家经济贸易委员会于2002年联合发布《上市公司治理准则》（已失效），首次引入审计委员会，该准则第52条规定，上市公司董事会可以按照股东大会的有关决议，设立战略、审计、提名、薪酬与考核等专门委员会。此时审计委员会的设立还仅是针对上市公司的一个指引性规定。2002年《股份制商业银行公司治理指引》（已失效）第64条第1款规定，“监事会应当设立审计委员会，负责拟定对本指引第五十七条第（一）、（二）、（四）、（五）、（六）项所列事项进行审计的方案”。2007年深圳证券交易所发布的《中小企业板上市公司内部审计工作指引》（已失效）第6条规定，上市公司应当在董事会下设立审计委员会，制定审计委员会议事规则并予以披露。2018年证监会修订《上市公司治理准则》第38条规定，上市公司董事会应当设立审计委员会，并可以根据需要设立战略、提名、薪酬与考核等相关专门委员会。

此次修法，二审稿加入“审计委员会过半数通过的事项”条款，基本借鉴自2023年证监会颁布的《独立董事管理办法》第26条规定，但是在审议事项上删除了“披露内部控制评价报告”“因会计准则变更以外的原因作出会计政策、会计估计变更或者重大会计差错更正”两项内容。最终本条保留“审计委员会过半数通过的事项”条款，以法典形式将此制度予以确立。

◉ 条文释义

本条系新增条文，源自2023年颁布的《独立董事管理办法》第26条，内容也有修改。

1. 上市公司审计委员会的职权配置

本法第121条规定,股份公司董事会下设的审计委员会行使监事会职权,即指向本法第78条、第131条规定的7项职权。本条规定,上市公司审计委员会除了行使监事会的上述职权外,还享有本条规定的4项职权。

这4项职权,是上市公司审计委员会的特别职权,不适用于有限公司以及非上市股份公司,但后者可以见贤思齐,由公司章程规定之。

2. 决议

这4项事务的决议,属于普通决议,由全体审计委成员的过半数通过。

3. 其他专门委员会

上市公司董事会必设审计委员会、薪酬委员会、提名委员会,以及有些上市公司设置的战略委员会、执行委员会、ESG委员会、诉讼委员会等,已经实践了很多年,其相应的职责在上市公司监管者(证监会、交易所)的规范性文件中都有规定。

◉ 公司治理操作指南

对照《独立董事管理办法》第26条,本条有不同的规定:(1)删除披露内部控制评价报告;(2)删除因会计准则变更以外的原因作出会计政策、会计估计变更或者重大会计差错更正。根据“新法优于旧法”“上位法优于下位法”的法理以及“法无禁止皆自由”的精神,在该办法第26条修改之前,上述两事项无须经审计委员会全体成员过半数通过。

第一百三十八条 【董事会秘书】

上市公司设董事会秘书,负责公司股东会和董事会会议的筹备、文件保管以及公司股东资料的管理,办理信息披露事务等事宜。

◉ 立法意旨

本条是关于上市公司设立董事会秘书及其相关职责的规定。

◉ 条文演变历程

本条最早见于2005年《公司法》第124条,2013年修法调整条文序号为第123条,并无内容修订。

◉ 条文释义

本条对应旧法第123条,条文内容无修改。

1. 必设机构

董事会秘书,简称董秘,按照本法第 265 条第 1 项规定,属于上市公司的高管之一,实践中多由副董事长、财务总监或者总法律顾问担任,对其是否必须具备董事身份倒没有要求,但一般需具有法律、财务知识背景。

本条规定,董秘乃是上市公司独特的机构设置,属于强制性的设置要求。

2. 法定职责

董秘的法定职责(权)可进行内外划分:内部的事务(两会筹备、文件保管以及文件)以及外部的事务(办理信息披露)。形象地说,董秘就是公司的“内务部长”加“外交部长”(新闻发言人)。

第一百三十九条 【关联董事回避表决】

上市公司董事与董事会会议决议事项所涉及的企业或者个人有关联关系的,该董事应当及时向董事会书面报告。有关联关系的董事不得对该项决议行使表决权,也不得代理其他董事行使表决权。该董事会会议由过半数的无关联关系董事出席即可举行,董事会会议所作决议须经无关联关系董事过半数通过。出席董事会会议的无关联关系董事人数不足三人的,应当将该事项提交上市公司股东会审议。

◉ 立法意旨

本条是关于上市公司关联董事的表决权回避的规定。

◉ 条文演变历程

本条最早可追溯至 2005 年《公司法》第 125 条,该条规定,“上市公司董事与董事会会议决议事项所涉及的企业有关联关系的,不得对该项决议行使表决权,也不得代理其他董事行使表决权。该董事会会议由过半数的无关联关系董事出席即可举行,董事会会议所作决议须经无关联关系董事过半数通过。出席董事会的无关联关系董事人数不足三人的,应将该事项提交上市公司股东大会审议”。2013 年修法调整条文序号为 124 条。

此次修法,一审稿将“所涉及的企业有关联关系的”改为“所涉及的企业或者个人有关联关系的”,完善关于“关联关系”的定义;增加“该董事应当及时向董事会书面报告”,完善关联董事的披露义务,是为回避表决所不可或缺的配套制度。二审稿、三审稿承袭之,直至形成本条。

◉ 条文释义

本条对应旧法第 124 条，有一定程度的修订。

（一）我国公司法的回避规定总结

1. 法律规定的表决权回避

综观整部公司法典，关于管理股东、关联董监高回避表决的规定，仅见于三个条文，简录如下：

（1）关联担保。第 15 条规定，公司为公司股东、实际控制人提供担保的，交由股东会决议，该股东或者受实际控制人支配的股东回避表决。这一规定适用于所有的公司。

（2）上市公司关联董事。也即本条的规定，仅适用于上市公司。

（3）公司董事从事自我交易、利用公司商业机会、从事竞争业务。第 185 条规定，第 182～184 条分别对应规定的以上三类交易，关联董事要回避表决。这一规定适用于所有的公司。

综上可见，我国公司法关于关联股东、关联董事的回避规定是比较克制的，不是很多人想当然地认为只要发生关联交易，就要执行回避规定，如第 22 条关于双控人、董监高从事关联交易的规定，并未提出回避表决的要求。

2. 司法裁判推理的表决权回避

除了公司法典的明文规定，最近这些年来司法机关在一些类型的案件裁判中基于合目的性解释，也创造性地发展出一些表决权回避规则，比如《公司法解释三》第 17 条规定，对于瑕疵出资、抽逃出资的股东，经公司催告缴纳或者返还，其在合理期间内仍未缴纳或者返还出资，公司以股东会决议解除该股东的股东资格，此处的“股东会决议”应该适用被除名股东的回避表决；①要不然，就会得出一个不公平的结论：多数股东瑕疵出资、抽逃出资的，不能被除名；反之，少数股东可以被除名。

3. 公司章程规定的表决权回避

除了上述法律规定与司法裁判规则确认的关联股东、关联董事回避情形外，公司章程还可以根据司情规定其他的回避表决情形，如有规定，关联股东、关联董事理

第
139
条

① 参见上海市第二中级人民法院民事判决书，（2014）沪二中民四（商）终字第 1261 号。在本案中，两个合计持股 1% 的自然人股东一致同意作出股东会决议，将持股 99% 的机构股东除名。两级法院裁判该股东会决议有效，以被除名股东要回避表决，该决议获得了有权表决股东 100% 的同意，符合多数决要求。

当遵守,否则,依照本法第 26 条规定,该决议可能因为违反公司章程的规定而可被撤销。

综上,公司法对于关联股东的回避规定非常克制,这是因为过于严厉的回避规定,虽然可以最大限度地避免双控人的不当利益输送行为,但也可能导致在极端情况出现少数股东掌控公司的经营管理权的情形,这无疑是代理成本更高的制度安排。

公司法对上市公司与非上市公司的关联董事科以宽严不同的回避规则,上市公司董事但凡有关联关系,均需关联董事主动信息披露与申请回避;但非上市公司董事仅限于《公司法》第 182 ~ 184 条规定的三类特定交易类型,由此足见法律对于上市公司的治理要求更为严格。

(二)本条的解读

1. 第 1 句前段:关联董事的定义与识别

如何识别某董事属于某个议决事项的关联董事?除了本条规定之外,还适用两类条款,一是本法第 265 条第 4 项,该条规定,“关联关系,是指公司控股股东、实际控制人、董事、监事、高级管理人员与其直接或者间接控制的企业之间的关系,以及可能导致公司利益转移的其他关系。但是,国家控股的企业之间不仅因为同受国家控股而具有关联关系”。二是上市公司章程的自身规定,比如 2016 年“华万之争”中的《万科公司章程》第 126 条这样定义关联董事:“董事个人或者其所任职的其他企业直接或者间接与公司已有的或者计划中的合同、交易、安排有关联关系时(聘任合同除外),不论有关事项在一般情况下是否需要董事会批准同意,均应当尽快向董事会披露其关联关系的性质和程度。”根据以上规定,可以看出关联董事的定义实由其背后的“关联关系”决定,该关联关系的定义取决于两个质的规定:(1)从主体的质来看,所议决事项涉及的两类主体,一是个人(自然人),如某项交易与董事本人及其一定法定/章定范围内的亲属存在关联关系的,需要强调指出,本款的“或者个人”乃新增规定,含义深远,意在补充立法的漏洞;二是企业(其实此处使用“企业”一词与自然人作为相对范畴,不科学,应该用法人、非法人组织才对,姑且称之),即与公司意欲发生某项交易的某企业,该企业与某个董事存在关联关系,如该企业是该董事本人及其近亲属设立、投资、担任高管等情形,或者该企业委派、提名了该股东董事。(2)从关联关系的定义看,一是存在控制关系(董事与其直接或者间接控制的企业之间的关系);二是可能导致公司利益转移的其他关系。“控制”一词的理解是限定的，争议不大，但是“其他”关系是开放性的，需要借助公司章程约款以及根据个案的情形由法官酌定。

2. 第1句后段：信息披露

欲回避，必信息披露。不信息披露，无回避。可见，如实向公司信息披露，即向公司董事会书面报告自身与该议决事项的关联关系，乃是下一步回避表决的前提。

3. 第2句：回避

关联董事的回避表决的具体含义是指：不得对该项决议行使表决权，不得授权其他董事代理行使表决权，也不得代理其他董事行使表决权。关联董事自己负有主动的信息披露义务与回避表决义务；否则，将涉嫌违反对公司的忠实义务（为私利而滥权）。

4. 第3句：定足数与多数决的特殊计数规则

依照本法第124条规定，股份公司董事会会议的定足数为“过半数的董事出席”，多数决规则是“全体董事的过半数通过”，但在有关联董事回避的情形下，董事会会议的定足数为“过半数的无关联关系董事出席”，多数决规则是“无关联关系董事过半数通过”。举例说明：如某上市公司董事会有9人，正常情况下需要至少5名董事出席方可举行、至少5票赞成方可通过决议，但如有1名董事依法回避表决，则仍需要至少5名董事出席方可举行、至少5票赞成方可通过决议；如有2名董事依法回避表决，则需要至少4名董事出席方可举行、至少4票赞成方可通过决议。

5. 第4句：决议事项的上提

如出现大规模的关联董事回避表决，董事会能否继续议决某些事项？本句给出的应对方案是将决议事项上提，即“出席董事会会议的无关联关系董事人数不足3人的，应当将该事项提交上市公司股东会审议”。举例说明：如某上市公司董事会有9人，其中控股股东推选的董事占据5席，现就控股股东与公司的某项关联交易进行表决，剩余的4位非关联董事照样可以举行董事会，只要获得3票赞成，该决议即可获得通过；如该4位非关联董事只有3位出席董事会，照样可举行董事会会议，只要获得2票赞成，该决议照样可以通过；但如果只有2位非关联董事与会，或者控股股东委派的董事占据董事会的7席，则董事会会议无法举行，该议案应交由股东会决议。

由上可见，关联董事回避表决与缺席董事会的董事相比，二者的相同点都是不参与投票，不同点在于后者计入多数决的分母，前者不计入分母，但后者计入分母，这一点非常关键,参见2016年6月17日“华万之争”的万科董事会决议之争。

6. 引申

上述关联董事的议事回避规则,对于关联监事、关联高管也有参照适用的制度价值。

◉ 公司治理操作指南

人们关注的一个热点问题是,如果关联股东、关联董事不执行表决回避的决定,又当如何?对此问题,需要从两个视角来回答。

1. 对于公司决议的效力影响。若董事未就决议事项所涉及的企业或者个人有关联关系向董事会作出书面报告,且未回避表决,可能使此项董事会决议存在不成立或可撤销的事由,如决议事后被否定,公司据此决议与外部善意相对人形成的民事法律关系不受影响;如因此造成损失,关联董事也需承担相应责任。

2. 对于关联交易公允性评价的影响。《公司法解释五》第1条第1款规定,“关联交易损害公司利益,原告公司依据民法典第八十四条、公司法第二十一条规定请求控股股东、实际控制人、董事、监事、高级管理人员赔偿所造成的损失,被告仅以该交易已经履行了信息披露、经股东会或者股东大会同意等法律、行政法规或者公司章程规定的程序为由抗辩的,人民法院不予支持”。对于这一规定的引申解释,可以解读为确立了中国版的关联交易安全港规则(the rule of safe harbor),以关联董事与公司的自我交易(self-dealing)为例,如某董事与公司发生一起自我交易(关联交易),关联人举证其履行了正当程序(信息披露+回避+交付股东会、董事会决议),并不能由此认定关联交易的公允性;但是可以引发举证责任的分配规则变化——如能举证程序正当,则该关联交易被推定为是公允的,如有股东起诉要求确认撤销该不公允的自我交易,则原告股东承担该交易不公允的举证责任;反之,则由关联人举证该关联交易是公允的。

◉ 研究文献

温长庆:《论公司决议的形成规则及其在回避表决时的运用——从“万科董事会决议”的争议点切入》,载《法商研究》2018年第1期。

◉ 典型案例

华万之争中的关联董事回避表决及其计票规则[①]

1. 事件回顾

2016 年 6 月 17 日，万科企业股份有限公司（以下简称万科）召开董事会，表决增发股份引入深圳地铁重组预案。若重组成功，深圳地铁将成为万科的第一控股股东，而深圳市宝能投资集团有限公司和华润（集团）有限公司（以下简称华润）降为第二、第三股东。《万科公司章程》第 137 条规定，关于增发股票的董事会议案须经全体董事 2/3 以上赞成方可通过。

当时的万科董事会成员共有 11 人，包括王某、乔某波、郁某、孙某一、魏某、陈某、王某金、张某平、华某、罗某美、海某共 11 人；其中万科管理层与华润推选的董事各占 3 席，另外 5 人中独立董事占 4 席。董事会会议应到会董事 11 人，出席及授权出席董事 11 人。万科董事会关于"增发股份引入深圳地铁重组预案"表决结果的算术推演是：华润推选的 3 名董事投了反对票，独立董事张某平[②]以利益冲突为由申请回避，其余 7 名董事投赞成票。具言之，独立董事张某平向董事会书面申明：就本次会议所审议的 12 项议案，由于其本人任职的美国黑石集团正在与万科洽售在中国的一个大型商业物业项目带来潜在的关联与利益冲突，存在《万科公司章程》第 152 条所述的关联关系，特此回避本次会议 12 项议案的投票表决。对于张某平的回避表决，各方不持异议。

会后，华润和万科管理层对决议的计票规则产生巨大分歧。2016 年 6 月 17 日晚间，

---

① 参见彭冰：《万科与华润算算术，估计王石大胜》，载微信公众号"北京大学金融法研究中心"2016 年 6 月 18 日，https://mp. weixin. qq. com/s? src = 3&timestamp = 1713080829&ver = 1&signature = IxB8G1mg4F0XbCD4AJNFH0rUzdHONvS5FEVjiFN7r8wzwZliSr2RUUGzKiu - Etx3AnG5oo5Q0jx * uAcOP9SQc7yENB * MiEMEaJcdkm9zP7IrcOnGTZwDHTT3yVrM - SA0a - eGGtZD * wDIh8JuSJ5evfHD - tWiV b - NImt * gwTnZy4 = ；钱瑜、阿茹汗：《万科大股东之位花落谁家　华润将坚决反对到底》，载人民网，http://money. people. com. cn/stock/GB/n1/2016/0620/c67815 - 28457221. html；邓峰：《从万科案看公司法中的"魔鬼细节"》，载微信公众号"南方周末"2016 年 6 月 30 日，https://mp. weixin. qq. com/s? src = 3&timestamp = 1713080972&ver = 1&signature = YZ - OKDymyviC * ROxwvromGq8TTtyenPc93JVkOKALwijuZiHarizwjBDtuTmVj9yzwl9RzOUwV - skE3o5zr9G2SN9XKHl451B79hb5PSaokQLgaM6cI * 9KlQL0YQDYn7VhjEBhn69uinYbxYJn1t0bW1qwEFiImhgmjn7xR5PLo = ；华润：《6. 17 万科重组预案是否获通过？法学专家论证会形成的四点法律意见书》，载微信公众号"华润"2016 年 7 月 4 日，https://mp. weixin. qq. com/s? src = 3&timestamp = 1713081003&ver = 1&signature = hhixIU4HEAHNN1RlDtbqzQKEXV0RvPpgOX0Yu0Qfuvzr2 - R05l9qzmnkKzqq9uaeoGwBJADxWGuXb * 4LBl1D5DGp6SNPcyAdT4Ii * rK57BI * glkojvqq66SFjmGGfn6 * af9 - zD9S8v9MxPqcX * WqzjLupPOkbSEOyw1maaKuiOc = ；安丽芬：《两小股东诉万科案庭审直击：激辩独董资格、"回避表决"问题》，载界面新闻网 2016 年 12 月 13 日，https://m. jiemian. com/article/1011498. html。本案例分析根据以上参考文献综合而成。

② 张某平 2010 年 8 月获选为万科独立董事时，担任国际投行瑞信的中国区首席执行官，2015 年 7 月出任美国黑石集团大中华区主席。2015 年 6 月，万科与黑石合作成立了万科物流地产公司。

华润宣布，参与该决议的11名董事中，张某平申请回避不成立，分母仍应为11票，其中7票赞成、3票反对、1票弃权，因此决议未获2/3以上多数董事通过（11×2/3）。万科管理层宣布，张某平申请回避成立，董事会有效票数为10票，其中7票赞成、3票反对，因此决议满足2/3以上多数董事通过（10×2/3）。一时间，此事件成为全国财经媒体的关注焦点。

2. 焦点问题

此次董事会表决涉及两大问题：一是关联董事因回避而投的弃权票计入分母与否？二是张某平的回避表决是否合法？

问题一：关联董事回避的，不计入多数决的分母

首先，公司章程约定优先适用于公司法所规定的计票规则，根据万科公司章程规定，董事会决议通过的计票规则是2/3以上。根据2013年《公司法》第111条（新《公司法》第124条）可知，股份公司董事会决议应当经全体董事的过半数通过。此规定的分母是全体董事而非出席会议董事，董事出席与否，均计入总分母，“过半数通过”的意思是，须超过1/2的董事投赞成票，其中弃权、反对、缺席投票的效果都一样的，因为只有赞成票才算“通过”，所以多数决的计票要点在于赞成票（分子）与董事会人数（分母）两个数值。本案中，董事会人数为11人，过半数的底限是6票赞成。但需要注意，虽然2013年《公司法》第111条未规定章程例外条款，但学界一般认为，章程可以规定比过半数更高的通过比例，《万科公司章程》第137条规定，关于增发股票的董事会议案须经全体董事2/3以上赞成方可通过。按照章程约定优先的原理，万科关于“增发股份引入深圳地铁重组预案”的董事会决议的计票规则不是过半数而是2/3以上。

其次，计票规则中的“董事”系指无关联董事，而不是全体董事。2013年《公司法》第124条（新《公司法》第139条）规定，“上市公司董事与董事会会议决议事项所涉及的企业有关联关系的……董事会会议所作决议须经无关联关系董事过半数通过……”《万科公司章程》第152条规定，“董事会会议所做决议须经无关联关系董事过半数通过”，关联董事既然不能参与表决，也就不计入票数分母。回到本案，如张某平的回避是合法的，则多数决的计票要以10人为分母。对《万科公司章程》第137条、第152条体系解释可知，万科关于“增发股份引入深圳地铁重组预案”应该是无关联董事的2/3以上通过。质言之，关联董事回避的，不计入多数决的分母。

问题二：张某平的回避合法有效

除董事会召开之时主张的申明外，张某平于2016年6月25日出具《回复函》进一步确认：“本人所任职的黑石集团管理的房地产基金正在与万科洽售一项大型商业物业项目，该项交易标的涉及在中国的多个商场。……本次交易引进地铁集团对万科而言是其实施从传统的住宅开发商向城市配套服务商这一重要业务转型的契机，该交易完成后万科需要加强商业物业项目开发、管理能力。本人认为，从商业逻辑上来看本次交易的通过与否可能影响黑石商业收购项目的通过与否，本人对本次交易的独立商业判断因而可

能受到影响。基于诚信勤勉和忠实之目的,本人在本次会议上披露了上述可能影响本人独立商业判断的原因,并本着审慎的原则,本人在本次会议上作出予以回避表决的意思表示。”对照之下,《万科公司章程》第126条规定,“董事个人或者其所任职的其他企业直接或者间接与公司已有的或者计划中的合同、交易、安排有关联关系时(聘任合同除外),不论有关事项在一般情况下是否需要董事会批准同意,均应当尽快向董事会披露其关联关系的性质和程度”。据此,应认定张某平属于关联董事,其回避的决定合法有效。需要注意,由于外界不了解黑石与万科交易的具体内容,外人确实很难判断,张某平向董事会信息披露后,应当交给董事会判断,因为是否存在关联关系,是一种法律判断也是商业判断,法院一般会遵循董事会的善意决定。

第一百四十条　【上市公司的股权信息披露】

上市公司应当依法披露股东、实际控制人的信息,相关信息应当真实、准确、完整。

禁止违反法律、行政法规的规定代持上市公司股票。

◉ 立法意旨

本条是关于上市公司应当披露股东、实际控制人的信息,并禁止违规代持股票的规定。

◉ 条文演变历程

本条系新增条款。一审稿无此条文,二审稿增设此条文,后三审稿及最终通过本条保留之。

◉ 条文释义

本条系新增条款,也是一条明显的引致条款,系吸收《证券法》第78条第2款、《上市公司信息披露管理办法》第14条等相关规定,也是本法第143条要求的股份公司股票发行公平、公正原则的具体落地。

(一)本条的立法意旨展开

本条旨在澄清上市公司的股权结构信息,确保上市公司的包括控股股东在内的所有股东以及实际控制人清晰可查,避免有人逃避资本市场监管,进而实施不当关联交易损害上市公司及其少数股东、债权人的利益,破坏证券市场秩序。

(二)第1款:披露股东、实际控制人的信息

不同于非上市公司,我国上市公司治理与监管的基本经验是,每一家上市公司

都要声明与披露实际控制人，即每一家上市公司都有相应的实际控制人。因为监管者（证监会、证券交易所）对于上市公司的监管举措很大程度上都建立在对实际控制人（以及控股股东）的监管上，这是目前我国资本市场监管的抓手，也是独具中国特色的现代企业制度与上市公司监管制度的突出体现。

（三）第2款：上市公司股权代持协议无效

本款是强制性规定，进一步属于强制性规定中的效力性规定，如有违反，上市公司的股权代持协议无效。

对于股权代持协议，总结我国公司法及司法政策。目前的裁判立场有以下几点。

1. 非上市的非金融类普通公司的代持，只要其本身不具有其他违反法律、行政法规强制性规定的，有效，即我国法律并不禁止此类公司的股权代持行为。

2. 上市公司的股权代持协议无效，依据为本款，意在维护资本市场秩序。

3. 商业银行、信托、基金、证券、保险等金融类公司的股权代持协议无效，意在维护金融安全（经济安全）。实际上，《商业银行法》《信托法》《证券法》《信托投资基金法》《保险法》等并无禁止相应类型金融公司的股权代持，但是对应的监管部门，如银监会、保监会（现国家金融监管总局、证监会）等监管部门颁布的行政规章往往有禁止性规定，但是依据民法典关于只有违反法律、行政法规的强制性规定、违反公序良俗的合同方才无效的规定，违反这些金融类行政规章的强制性规定的代持协议并不能认定为无效。司法机关裁定其无效的路径是：这些金融类行政规章的禁止性规定是为上位法所维护的社会公共利益而设，违反这些规定视同违反公序良俗中的公共秩序（社会公共利益）。正如福建伟杰投资有限公司、福州天策实业有限公司营业信托纠纷案的二审民事裁定书①所展示的裁判进路。该案的背景是，保监会颁布的《保险公司股权管理办法》对单个股东持有保险公司股权比例有禁止性规定，案涉当事人通过股权代持协议意图规避这一禁止性规定，最高人民法院裁定确认这一规避禁止性规定的股权代持协议无效，核心说理是："如允许隐名持有保险公司股权，将使得真正的保险公司投资人游离于国家有关职能部门的监管之外，如此势必加大保险公司的经营风险，妨害保险行业的健康有序发展。加之由于保险行业涉及众多不特定被保险人的切身利益，保险公司这种潜在的经营风险在一定情况下还将危及

① 参见最高人民法院民事裁定书，(2017)最高法民终529号。

金融秩序和社会稳定，进而直接损害社会公共利益。”

◉ 公司治理操作指南

1. 关于第1款的法律适用

本条第1款属于引致条款，与此相关联的上市公司信息披露规定，主要还有：

《证券法》第78条第2款规定：“信息披露义务人披露的信息，应当真实、准确、完整，简明清晰，通俗易懂，不得有虚假记载、误导性陈述或者重大遗漏。”

证监会公布的《首次公开发行股票并上市管理办法》（已失效）第13条规定：“发行人的股权清晰，控股股东和受控股股东、实际控制人支配的股东持有的发行人股份不存在重大权属纠纷。”第25条规定：“发行人应完整披露关联方关系并按重要性原则恰当披露关联交易。关联交易价格公允，不存在通过关联交易操纵利润的情形。”

《上市公司信息披露管理办法》第27条规定：“涉及上市公司的收购、合并、分立、发行股份、回购股份等行为导致上市公司股本总额、股东、实际控制人等发生重大变化的，信息披露义务人应当依法履行报告、公告义务，披露权益变动情况。”

2. 关于第2款的司法适用

本款是关于禁止违法代持上市公司股票的首次法律层面的规定，意义重大。在本条规定之前，我国法律、行政法规层面并无明确规定禁止代持上市公司股票的规定，对此类代持协议的效力认定，司法实务中存有两种裁判思路：

一是认定该协议违反社会公共利益（公序良俗）而归于无效，援用《民法典》第153条第2款。

二是如代持协议导致公司股东、实际控制人的信息披露不真实、不完整、不准确，则认定该代持行为因违反《证券法》关上市公司强制信息披露义务的规定而归于无效。

本款出台后，上述两种迂回的裁判路径可以休矣，因本款系法律的效力性强制规定，如有违反，自然归于无效。

◉ 比较法规范

《韩国公司法》第542条之九。

◉ 典型案例

熊某杰诉王某荣、康某熊股权转让纠纷案[①]

1. 案情简介

原告熊某杰与被告康某雄于2014年11月签署《股权转让合同》,合同约定被告康某雄将其持有的天成公司4.05%的股权以1500万元的价格转让给原告熊某杰,双方约定受让股权不进行过户登记,如因天成公司参与上市公司定向发行股份购买股权,则康某雄代熊某杰持有的股权转换为股份,双方暂不进行股份过户登记,而是采取在锁定期届满后在二级市场出售的方式,实现熊某杰获得收益的目的。同日被告王某荣向原告熊某杰出具了《担保函》,担保函载明其作为天成公司的控股股东,承诺如天成公司并购入上市公司的最终评估值低于6.17亿元将按照6.17亿元的60%作价实际到达原告指定账户的股权转让款应得股份差额部分的股份。2015年7月,天成公司被陕西建设机械股份有限公司收购。2016年1月,康某雄、熊某杰、王某荣签署了《股权转让合同之补充协议》,约定因天成公司估值变化导致康某雄、王某荣实际获得建设机械股份减少,经协商,被告王某荣承诺补偿原告熊某杰建设机械股份数950,000股(一年期解禁),补偿方式为待一年期解禁后一个月内,以本人持有的建设机械股份中的950,000股按双方协定的价格将其卖出后所得资金划转至原告熊某杰账户,或按双方协定的价格以现金方式支付给原告熊某杰。后因被告王某荣的原因造成股票未能按期解禁,也未以协定价格向原告熊某杰支付现金,原告熊某杰主张被告王某荣按一年期解禁后一个月内的平均收盘价8.93元计算950,000股建设机械的应补偿金额8,483,500元。

2. 裁判要旨

二审法院认为,熊某杰、康某雄签订的《股份转让合同》,虽然名为"股权转让",但签订在天成公司即将重组上市、天成公司股权即将置换为上市公司股份之时,内容中约定"股权转让"的股权、股份不过户,置换所得股票"完整的所有权"由熊某杰享有等,实际操作过程也正是熊某杰变卖了康某雄名下通过股权置换所得的上市公司股票、获得了收益。上述内容表明,双方签订协议的基础是天成公司被并购上市之后对于股权转让的事实不予披露,双方交易的股权不予过户,该股权仍以康某雄名义持有,但由熊某杰获取公司上市后的股权收益,其目的不在于取得天成公司的股权,而是通过以代持方式先取得天成公司股权为手段,以达到构建上市公司股份隐名代持关系,最终实现股票收益的目的。因此,虽然缔约时天成公司尚为有限公司,但该《股权转让合同》的缔约背景、内容、与操作过程反映熊某杰的目的不在于取得该有限公司的股权,而是为了获得天成公司被并购上市后的上市公司股票收益。故诉争合同的签订背景、主要内容与履行过程均反映

---

① 参见自贡市中级人民法院民事判决书,(2019)川03民终1827号;四川省高级人民法院民事判决书,(2020)川民申2489号。

出，当事人的主要目的就在于构建上市公司股份隐名代持关系，并实际付诸了实施。

证监会《首次公开发行股票并上市管理办法》第13条规定“发行人的股权清晰，控股股东和受控股股东、实际控制人支配的股东持有的发行人股份不存在重大权属纠纷”。因此，上市公司必须股权清晰，不存在重大权属纠纷，信息披露真实、准确、完整，这是证券市场监管的基本要求。上市公司股东信息披露不实，会影响证券监管部门对内幕交易、关联交易审查、高管人员任职回避等证券市场情况的监管，也是上市公司兼并重组等的审查重点。上述规则属于证券市场基本交易规范，关系到以信息披露为基础的证券市场整体法治秩序和广大投资者合法权益。本案所涉“股权转让”行为实为上市公司股份代持，违反的正是有关金融安全、证券市场秩序、广大证券投资者权益的效力性强制性规定，并对这些权益直接构成危害，而非仅违反经营范围、交易时间、交易数量等行政管理性质的强制性规定。依照《合同法》第52条(《民法典》第153条)的规定，熊某杰、康某雄之《股权转让合同》所涉及的有关“股权转让”的目的和内容约定，因损害社会公共利益、违反法律、行政法规的效力性强制性规定均属无效。

再审法院亦认可二审法院关于《股权转让合同》实质上是为达到构建上市公司股份隐名代持关系的观点，其适用《合同法》第52条第4项、第5项之规定认定案涉《股权转让合同》因损害社会公共利益、违反法律、行政法规强制性规定属无效合同正确。

3. 案件评析

上市公司股权禁止隐名代持，因为上市公司股东信息披露不实，会直接影响证券监管部门对内幕交易、关联交易审查、高管人员任职回避等证券市场基本监管要求，影响广大非特定投资者的合法权益，也是上市公司兼并重组等的审查重点。因此，《证券法》《上市公司信息披露管理办法》等法律法规就全面完善股东信息披露、禁止股权代持作出相应规定，同时可能使得相应《股权转让合同》因损害社会公共利益乃至违反法律、行政法规强制性规定被认定为无效。本条将股东信息披露、禁止股权代持写入公司法条文中，明确了上市公司股东、实际控制人的信息披露义务，以及股权代持的禁止性规定，进一步完善了上市公司治理。

第一百四十一条　【交叉持股的限制】

上市公司控股子公司不得取得该上市公司的股份。

上市公司控股子公司因公司合并、质权行使等原因持有上市公司股份的，不得行使所持股份对应的表决权，并应当及时处分相关上市公司股份。

◉ 立法意旨

本条是关于禁止与限制上市公司、控股子公司之间交叉持股的规定。

◉ 条文演变历程

本条系新增条款。一审稿无此条文,二审稿增设此条文,后三审稿及最终通过文本保留之。

◉ 条文释义

本条系新增条款,仅适用于上市公司。

1. 交叉持股及其立法政策

交叉持股有多种类型,最常见的有两类,一是母子公司相互持股,如甲公司100%持有乙公司股权,乙公司持有甲公司的80%股权;二是循环持股,比如甲公司持有乙公司的100%股权,乙公司持有丙公司的80%股权,丙公司持有甲公司的70%股权。前一种情形下,母子不分,后一种情形下,辈分更乱。

可以用两句话评价交叉持股现象:第一,有些时候属于正常的市场现象,也无法避免,如甲公司持有乙公司的100%股权,丙公司持有甲公司的8%股权,现在乙兼并丙公司,从而获得甲公司的8%股权。本例中,甲、乙母子公司的交叉持股是因为乙、丙公司间的兼并行为引发的法律后果,并非刻意追求的结果。第二,如果是子公司主动追求(或者在母公司的授意安排下)的投资结果,可能存在一系列的弊端,需要公司法的关注与规制,比如上面关于甲、乙、丙公司循环交叉持股的举例,丙公司对于甲公司的控股,可能是乙公司管理层安排的结果,这将会最终导致乙公司管理层最终控制整个公司集团的结果,这就叫内部人控制(insider control)。

基于不同的历史传统及立法政策的不同,各国、各地区公司法对于交叉持股的规制不尽相同。此前,我国公司法典层面没有关注交叉持股,本条引入上市公司交叉持股规则,但也仅限于上市公司,不适用于非上市公司,即我国公司法对于不涉及上市公司的公司集团内部的母子公司交叉持股持开放的立法立场。对照可见,本条规定保护的法益,可能不仅在于上市公司的治理规范,更在于资本市场秩序。

具体来讲,本条吸收借鉴了证券市场的软法规范,如《上海证券交易所股票上市规则(2023年8月修订)》3.4.15规定:“上市公司控股子公司不得取得该上市公司发行的股份。确因特殊原因持有股份的,应当在1年内消除该情形。前述情形消除前,相关子公司不得行使所持股份对应的表决权。”

2. 第1款:禁止控股子公司主动取得上市公司股份

本款的立法意旨,在于绝对禁止上市公司的控股子公司取得母公司的股份。本款是公司法典的效力性强制性规定，如有违反，将导致上市公司控股子公司取得母公司股份的行为如股权转让合同无效。

3. 第 2 款：限制非主动的交叉持股

此处的主动、非主动的分类并不十分严谨，后者大致是指对于如因合并、质权实现等原因导致控股子公司不可避免地持有上市公司股份的现象。本款不禁止此类法律事实发生的交叉持股，但设有两个规制：

一是控股子公司持股期间，不得行使表决权，此举旨在防止上市公司管理层利用交叉持股架空公司股东权利、取得绝对控制，进而保障公司内外部有效治理。

二是及时处分以终止持股的状态。“及时”是多长时间？《上海证券交易所股票上市规则（2023 年 8 月修订）》等规定对此状态的消除时长为 1 年；违反之，控股子公司应受行政处罚。

◉ 研究文献

李晓春：《论公司交叉持股法律规范体系构建》，载《政治与法律》2013 年第 6 期。

第六章　股份有限公司的股份发行和转让

【本章概述】

本章规范股份公司的股份发行和转让，与第五章“股份有限公司的设立和组织机构”共同组成股份公司的特别规范群。

在第一节“股份发行”部分，新增或有删减的条款主要包括：引入无面额股制度（第142条）；新增类别股制度（第144～146条）；完善纸质股票的应记载内容（第149条）；完善发行新股决议事项（第151条）；引入授权资本制（第152～153条）；完善招股说明书应载明事项（第154条）；明确公开募集股份的主体为公司（第155～156条）。

在第二节“股份转让”部分，新增或有删减的条款主要包括：明确股份可以对外和对内转让（第157条）；删除无记名股票的规定（第159条）；明确限制双控人的股份转让以及股份限制转让期内质押的处理（第160条）；新增股份公司异议股东股份回购请求权规则及股份回购特则（第161～162条）；新增禁止财务资助规则（第163条）；新增上市公司信息披露原则性规定（第166条）；新增股份公司股东继承规则（第167条）。

整体而言，此次修法进一步提升了股份公司募集资本的灵活性，例如无面额股制度解除了禁止折价发行的枷锁，公司可以按照市场价格融入资金，提高公司的资产规模和偿债能力。再如通过类别股制度可以将对财产收益权、表决控制权、股份转让自由权等有不同偏好的投资者汇集到同一公司中，合理分配股东之间的利益和风险，满足风险资本和创业者的不同偏好。考虑到我国股份公司面临着“融资难、融资贵”的问题，通过无面额股制度的引入、类别股制度的引入、纸质股票应记载内容的完善、公司发行新股决议事项的完善、授权资本制的引入、招股说明书应载明事项的完善、公开募集股份主体的修订等规则，进一步助力公司融资。这些规则的完善与增订考虑了不同发展阶段的公司需求，既有化解公司经营困境下融资难的无面额股制度，也有帮助公司进一步成长并扩大规模的授权资本制，还有满足不同类型投资者需求的类别股制度。此外，在“股份转让”一节，在股份转让自由原则的指引下进一步细化了股份流转的法律规制，例如细化了股份转让的原则性规定，明确了股份可以对内、对外转让，以此夯实股份转让自由原则。为了保障公司财产的稳定性，遏制投机行为，保护公司、股东以及公司债权人等主体的利益，在强调股份转让自由原则的同时，对股份转让进行了多种限制，例如明确公司章程可约束股份转让，股份转让场所的限制，董监高持股时的转让限制，公司收购自身股份的限制，接受本公司股份作为质权标的的限制等。除此之外，为了保障公司资本真实，保护少数股东和债权人利益以及遏制杠杆收购，还引入了禁止财务资助规则。综上所述，为进一步贯彻落实构建现代企业制度与弘扬企业家精神的立法宗旨，此次修法对股份公司股份发行与转让规则进行了较大幅度的修订。

相较第四章有限公司股权转让规则，本章内容更为细致，但这样的比较仍是狭隘的，因为本章存在诸多“实质性引致条款”，要妥适理解与适用股份发行与转让规则，就不能局限于本章。以上市公司为例，虽公司法有调整上市公司二级市场股票交易的规则，但更全面的规范体系在《证券法》等其他法律、行政法规、证监会发布的行政规章以及证券交易所的软法规范之中。此外，很多“新增”条款早有原型，例如类别股制度在写入公司法之前，代表性的规范性文件为 1992 年深圳市人民政府公布的《深圳市股份有限公司暂行规定》，其中多种类型优先股的规定具有相当的前瞻性。随着我国资本市场的逐渐发展，类别股制度后期的探索扩张至全国范围且主要集中于公众公司，实践越发广泛，体系越发成熟。国务院 2013 年发布的《优先股试点的指导意见》，证监会 2014 年发布的《优先股试点管理办法》对公众公司优先股的规则体系进行了相对完善的设计。综上可见，体系性思维是深入理解本章规定的不二法门。

第一百四十二条 【股票面额制度】

公司的资本划分为股份。公司的全部股份，根据公司章程的规定择一采用面额股或者无面额股。采用面额股的，每一股的金额相等。

公司可以根据公司章程的规定将已发行的面额股全部转换为无面额股或者将无面额股全部转换为面额股。

采用无面额股的，应当将发行股份所得股款的二分之一以上计入注册资本。

立法意旨

本条是关于股票面额制度的规定。

条文演变历程

从公司法修订历程来看,股份面额制度表现出了非常鲜明的“由严到宽”的放松趋势。2004 年修法时放开了对于溢价发行的审批限制,不再要求“以超过票面金额为股份发行价格的,须经国务院证券管理部门批准”,2005 年修法进一步删除“股票溢价发行的具体管理办法由国务院另行规定”,至此溢价发行全面放开。但直到本次修法前,并未涉及无面额股制度和折价发行的问题,一直沿用旧法第 127 条“股票发行价格可以按票面金额,也可以超过票面金额,但不得低于票面金额”的规定。在此次修法中,无面额股制度的引入推动股份面额制度走向新局面,在股票面额制度双体系并行的立法模式下,公司享有极大的自治权。

条文释义

本条对应旧法第 125 条,有重大修改。

1. 制度背景之一:第 1 款第 1 句的“股份”(share)

依照本法第 4 条,有限公司股东“以其认缴的出资额”为限对公司债务担责,股份公司股东“以其认购的股份”为限对公司债务担责。这一关于两类公司股东有限责任的不同表述并无实质差异,但有形式上的差异,即公司的股本金是否划分为等额单位(股份),对此,股份公司进行了划分,但有限公司仅有笼统的出资额以及换算为公司注册资本金(股本金)的相应比例。比如,A 有限公司注册资本金 1000 万元,甲为股东,法律仅关注甲的出资额度(如 100 万元)以及该出资所占公司注册资本金的比例(如 10%)。与有限公司不同,股份公司的股本金划分为等额单位,这是本款第 1 句“公司的资本划分为股份”的来历,也决定了本款第 3 句“采用面额股的,每一股的金额相等”的必然性。

股份公司资本金划分为等额单位具有巨大的计算便利性,这既体现在股份发行上也体现在股份交易上。举例说明:假设 B 股份公司发行股本 1000 万股,每股定价可为 1 元,也可为 100 元,前者募集的注册资本金(股本金)为 1000 万元,后者募集的股本金为 10 亿元。在股份发行环节,认购 B 股份公司的股本金只需要关注股份数。股份数(标准单位)与每股的单位价格即决定了认股人需缴纳给公司的出资数额。如果将来股东要出售股份,同样只需要关注两个环节——出售的股份数与每股的单位价格。

但要指出，上述形式化的区分意义有限，股份公司的等额股份与有限公司股权占比之间可以实现轻松换算。例如，甲拥有A有限公司10%的股权，乙拥有B股份公司100万股。前者可以换成以下说法：假设A有限公司有100股，那么甲持有10股。对于后者，更为关键的同样是乙在公司股权结构中的分量。假设B股份公司总股本为1000万股，人们也会很快换算为乙持有B股份公司10%的股权，即乙是B股份公司10%的股东。可见这一形式化区别不足以支撑建构有限公司与股份公司法治的不同根基。相关内容的详细分析可以参考本法第2条的释义部分。

2. 制度背景之二：第1款第2句、第3句：股票面额

既然股份公司的股份为等额单位，那么依照同股同权原则，每一股份的金额应当一致。理论上如此，但尚需考虑每股的票面金额是否确定这一技术问题。

以股票是否载有票面金额为标准进行分类，可以将股份公司的股票分为面额股与无面额股，前者指股票票面记载票面金额的股份，后者指股票票面不记载票面金额的股份。股票面额制度作为重要的资本形成制度之一，与注册资本、资本公积金等制度结合，形成了相互牵连、运行稳定的公司资本规范体系。在传统公司法上，股份的票面金额明定理所当然，但随着公司成长模式的转变，法定资本制的放宽已经成为诸多国家和地区的立法趋势。人们对面额股制度逐渐“祛魅”，面额股制度以债权人保护、股东平等为核心的制度功能已然消减，而僵硬的规则设计又有着不可忽视的弊端。本条顺应国际趋势而引入无面额股制度，有利于股份公司募集股份功能的拓展。在法定资本制下，股份公司的注册资本即为票面金额与已发行股份总数的乘积，由于面额股不可折价发行，无面额股不存在这一问题，所以，引入无面额股有利于增加公司融资的灵活性，尤其对于存在融资难的公司而言，更有利于推动资本市场的健康发展。

3. 第1款第2句、第3句：票面金额的二选一

本款兼采面额股制度与无面额股制度，形成了对无面额股制度“赋权型”的规制路径。这种并行式的立法模式授予了企业自主选择发行面额股或者无面额股的权利，对现有制度的冲击相对较小，部分股票流动性较弱的中小公司无须承担不必要的转换成本。与此同时，本款明确规定同一公司只能择一采用，而不能搞“混合发行”。如有转换，根据公司章程的规定应将全部股票进行转换，不得混合使用两种制度。限制原因在于，同一公司两类股票并存不利于投资者准确判断公司价值，加大了价格发现的难度，更不利于保证公司股东的平等权益。

4. 第 2 款:面额股与无面额股的转换

本款明确规定可根据公司章程将面额股与无面额股互相转换。在公司正常存续期间,除特殊情形下修改公司章程进行转换外,特定公司股票面额制度的转变多发生于新股发行时,公司根据新的融资需求修改章程,发行与公司设立时不同的股份类型。仍需注意,公司只能以"全有全无"的方式采取一种股票面额制度,转换必须覆盖全部股份,而不能搞部分的转换。

5. 第 3 款:无面额股下的会计规则

就会计账簿记载而言,在面额股制度下,所有者投入的资本被分别计入"股本"也即注册资本,与"股本溢价"也即资本公积金中,注册资本的数额通过"股票的票面价值"与"股份总数"的乘积计算。但在无面额股制度下,上述会计规则被打破。本款规定公司应当将发行股份所得股款的 1/2 以上计入注册资本,余额相应计入资本公积金,公司有权决定是否设置资本公积金科目以及计入资本公积金科目的所得股款比例。

一方面,在公司选择不设资本公积金科目时,相当于在法律上将资本公积金等同于注册资本,从而消除了资本公积金与注册资本的法律差异,这既是符合逻辑的,也与域外公司法无面额股的配套资本规则趋近。① 另一方面,在公司选择设置资本公积金科目时,立法要求在会计处理上仍旧区分"注册资本——股本"与"资本公积金——股本溢价"科目也具有合理性。考虑到在现有资本制度下资本公积金亦可以用于补亏,但劣后于任意公积金与法定公积金,单独列示具有一定的必要性。此外,外部投资者与现有股东可以协商确定认购款计入资本公积金的比例,既保障新老股东的权益实质平等,又使创始股东能保有足够的表决权。这种比例的变动具有稳定公司内部关系的功能,可以保障股东持有的权益比例在公司市值剧烈波动的情况下保持不变。②

◉ 公司治理操作指南

现有的股票面额制度赋予了公司极大的自治权,大到对于面额股或无面额股制度的选择,小到资本公积金计入比例、新股发行价格等。各公司应"量体裁衣",由股东会根据自身需求作出相应选择。值得讨论的是,有学者主张授权资本制下无面额

---

① 参见张其鉴:《公司法修订背景下我国资本制度研究的主要误区及其修正》,载《法学评论》2022 年第 5 期,第 135 ~ 150 页。

② 参见叶林、张冉:《无面额股时代公司资本制度的体系性调适》,载《国家检察官学院学报》2023 年第 6 期,第 20 页。

股的发行价格应交由董事会根据市场情况进行合理灵活的规定，如此方能与股东会中心主义向董事会中心主义的公司治理结构变迁不谋而合。① 但根据本法第151条“公司发行新股，股东会应当对下列事项作出决议：……（二）新股发行价格……公司发行新股，可以根据公司经营情况和财务状况，确定其作价方案”，可见股东会才是发行价格的决定者，董事会仅负责制定作价方案。当然，在方案制定时，董事会应根据市场行情和公司经营状况进行商业判断，忠实、勤勉地履行定价义务，否则将因违反信义义务而承担相应责任。

◉ 比较法规范

《德国股份法》第9条第1款；《美国特拉华州普通公司法》第153条；《韩国公司法》第329条；中国台湾地区“公司法”第156条。

◉ 研究文献

叶林、张冉：《无面额股时代公司资本制度的体系性调适》，载《国家检察官学院学报》2023年第6期。

第一百四十三条　【股份发行的原则与规则】

股份的发行，实行公平、公正的原则，同类别的每一股份应当具有同等权利。

同次发行的同类别股份，每股的发行条件和价格应当相同；认购人所认购的股份，每股应当支付相同价额。

◉ 立法意旨

本条是关于股份发行的基本原则与定价规则的规定。

◉ 条文演变历程

同股同权原则滥觞于股权分置改革，被用于解决法人股、职工股、集体股等特殊股东身份的股权引发的产权不清、责任不明问题，一度被视为破除计划经济桎梏，培养市场经济平等自由精神的有力工具。1993年《公司法》第130条写入同股同权原则；2005年《公司法》第127条删除了公开原则的规定，2013年修法该规定调整为第126条；2023年本条对第126条作文字性修订，将“任何单位和个人”替换为“认购

---

① 参见官欣荣：《论我国无面额股制度之推行》，载《华南理工大学学报（社会科学版）》2013年第5期，第62页。

人”,立法表述更加精练。

需要说明,尽管历次修改均未实质变动同股同权原则的表述,但“同股同权”的内涵随着公司融资实践的不断深入而更新,由股东同质化时期刻板的“一股一权”向股东异质化要求下的“同类别同权”发展,其与类别股制度相关联。[①] 2005 年《公司法》第 132 条规定“国务院可以对公司发行本法以外的其他种类的股份,另行作出规定”,为股东权利的多元化配置预留了制度空间,但第 104 条对“一股一权”原则的坚持又造成了类别股设置的障碍。2013 年修法将这两个条文序号分别调整为第 131 条、第 103 条,没有内容变动。本次修法正式引入类别股,“同股同权”被注入新的内涵,股份平等原则由形式走向实质,相应规定也进行了配套修订,因此旧法第 131 条被删除,第 103 条被改为第 116 条,加入“类别股股东除外”的但书规定。

◉ 条文释义

本条对应旧法第 126 条,仅有文字修订。

1. 第 1 款之一:公平原则、公正原则

1993 年《公司法》第 130 条第 1 款规定“股份的发行,实行公开、公平、公正的原则”,即股票发行的“三公”原则。“三公”原则,是美国首席大法官布兰迪斯倡导的“阳光是最好的防腐剂,灯泡是最好的警察”的资本市场法治原则在股票发行环节的贯彻。如本法第 140 条要求上市公司的信息公开与禁止股权代持,就是上市公司贯彻“三公”原则的具体要求,比非上市公司更为严格。2005 年修法删除了公开原则的规定,只保留了公平、公正原则。这是因为根据现行《证券法》,公开原则仅适用于公司面向不特定对象或者面向累计超过 200 人的特定对象发行股票的情形。

2. 第 1 款之二:同股同权原则

“同股同权”作为股份发行的基本原则,是股份平等理念在股权结构中的体现,确立了风险收益相匹配的基本法则,其基本含义有二:一是股份发行应当同股同权(狭义)、同股同利;二是股份发行应当同股同价。[②] 狭义上同股同权的含义包括:股份权利的比例性配置,即同种类下每一股份所承载的表决权、收益权等股东权利同

---

① 参见傅穹、肖华杰:《我国股份有限公司类别股制度构建的立法路径》,载《西南民族大学学报(人文社科版)》2019 年第 8 期,第 117 页。

② 参见朱慈蕴:《公司法原论》,清华大学出版社 2011 年版,第 216 页。

等;①不同类别股权之间的权利不具有可类比性,每位股东由于持股数量不同,其享有的权利也有所差异。

在传统股东同质化的假设下,股东对股权的控制权利益和经济利益被拟制为偏好一致,"一股一权"是"同股同权"必然的推论,②股份平等被绝对化和形式化。但随着股东异质化浪潮的袭来,类别股的引入使同股同权的内涵超越"一股一权"的简单形态,为满足异质化股东的不同需求,部分股权配置突破 1:1 的单一形态,一股不必然对应着一份表决权或收益权,不同种类的股份之间不再权利等同。这催生了对于股份平等原则的内涵重述,使股份平等原则由形式走向实质,由绝对走向相对。具言之,"同股同权"仅适用于同种类股份,非同种类股份不能涵摄于同股同权规则中。股权平等原则的实质内涵并不指向所有股份均享有相同的权利,类别股将"所有股份一律平等"修正为"同一类型的股份平等"。

3. 第 2 款:同股同价规则

本款是同股同价内涵的规定,是同股同权原则在股票发行价格上的体现。在一级市场中,公司作为发行人要确保每一期的每股发行条件与价格相同,不得在同期同股设定不同价格。从认购人的角度来看,认购人所认购的每股应支付相同价额。

◉ 研究文献

汪青松、赵万一:《股份公司内部权力配置的结构性变革——以股东"同质化"假定到"异质化"现实的演进为视角》,载《现代法学》2011 年第 3 期。

第一百四十四条 【类别股的发行】

公司可以按照公司章程的规定发行下列与普通股权利不同的类别股:

(一)优先或者劣后分配利润或者剩余财产的股份;

(二)每一股的表决权数多于或者少于普通股的股份;

(三)转让须经公司同意等转让受限的股份;

(四)国务院规定的其他类别股。

---

① 参见李洪健:《同股同权规则的再释义与我国公司股权结构改革》,载《西南政法大学学报》2018 年第 5 期,第 33 页。

② 参见汪青松、赵万一:《股份公司内部权力配置的结构性变革——以股东"同质化"假定到"异质化"现实的演进为视角》,载《现代法学》2011 年第 3 期,第 34 页。

公开发行股份的公司不得发行前款第二项、第三项规定的类别股；公开发行前已发行的除外。

公司发行本条第一款第二项规定的类别股的，对于监事或者审计委员会成员的选举和更换，类别股与普通股每一股的表决权数相同。

◉ 立法意旨

本条是关于股份公司发行类别股的基本规定。

◉ 条文演变历程

类别股在写入公司法之前，类别股的立法规制主要集中于法规、规章层面，呈现适用范围逐步扩张的趋势。在前期规定中，具有代表性的规范性文件为1992年深圳市人民政府公布的《深圳市股份有限公司暂行规定》，其中关涉多种类型优先股的规定具有相当的前瞻性。[①] 随着我国资本市场的发展，类别股制度的探索扩张至全国范围且主要集中于公众公司，实践越发普遍，体系越发成熟。国务院2013年颁布的《关于开展优先股试点的指导意见》，证监会2014年发布的《优先股试点管理办法》（2023年修订），都对公众公司优先股规则进行了相对完善的设计。至此，类别股中最为重要的分支——优先股开始以部门规章的形式得到认可。

此外，我国还曾在文化企业、国企改革的过程中尝试“特殊管理股”，本质上，“特殊管理股”就是类别股中的“双重股权结构”的中国化表达。[②] 而更普遍意义上的多重表决权制度始于证监会允许存在差异化表决权安排的红筹企业以发行中国存托凭证的方式回归A股市场。此后，2018年，国务院下发《“双创”升级版的意见》，支持科技企业实行“同股不同权”治理结构；2019年，上海证券交易所开始接受存在表决权差异化安排的公司的上市申请。[③]

公司法对于类别股始终采取了相对谨慎的态度，1993年《公司法》第135条规定“国务院可以对公司发行本法规定的股票以外的其他种类的股票，另行作出规定”，此后多次修正仅进行文字性的修改。这种授权性规定为下位法探索类别股及相关法律制度保留了空间。本次修法，一审稿第157条规定，“公司可以按照公司章

---

① 参见王丹：《〈公司法〉修订背景下有限责任公司适用类别股的实践路径与理论证成》，载《财经法学》2023年第4期，第54页。

② 参见吴高臣：《国家特殊管理股的法律性质》，载《法学杂志》2018年第1期，第47页。

③ 参见赵玲：《我国类别股创设的法律路径》，载《法学杂志》2021年第3期，第82页。

程的规定发行下列与普通股权利不同的类别股：（一）优先或者劣后分配利润或者剩余财产的股份；（二）每一股的表决权数多于或者少于普通股的股份；（三）转让须经公司同意等转让受限的股份；（四）国务院规定的其他类别股。公开发行股份的公司不得发行前款第二项、第三项规定的类别股；公开发行前已发行的除外”。二审稿第144条在一审稿第157条的基础上增加了第3款规定，即“公司发行第一款第二项规定的类别股的，对于监事或者审计委员会成员的选任，类别股与普通股每一股的表决权数相同。”三审稿第144条对第3款进行了细微调整：一是在“公司发行”后加入“本条”；二是将“选任”修改为“选举和更换”，《公司法》沿用三审稿的表述。

◉ 条文释义

本条为新增条文。

（一）类别股的制度价值与立法模式

1. 制度价值

随着资本市场的不断发展，股东由同质化走向异质化，不同的股东之间不仅具有投资目标和认知的差异，更有不同选择偏好。此时，如果公司发行股份能满足不同投资者的需求，将显著放大股份公司聚集资本的效应，股份公司的制度价值将得到最大限度的发挥。为此，公司法必须克服单纯普通股制度下单一化股权结构的历史惯性，引入类别股制度。

根据既往的公司立法，在禁止权利分离原则的要求下，股东的具体权利不得与其成员资格相分离，股东的经济性权利与其参与性权利也不得分离。① 此时，公司股权比例配置即是公司权力配置，②股东按照其经济利益的比例行使表决权，进而实现对公司不同程度的控制。但融资工具的发展突破了禁止权利分离原则的桎梏，股权的经济效益与表决控制的等比例传统被打破，股份种类呈现出多元化的发展状态，类别股由此出现。本次修法引入类别股制度为我国公司股权结构优化提供了重要的制度保障。类别股的本质功能在于为商业社会进行制度供给以降低交易成本，“通过一系列制度安排，降低公司融资成本，提高融资规模，维护交易安全”③。

---

① 参见汪青松：《论股份公司股东权利的分离——以“一股一票”原则的历史兴衰为背景》，载《清华法学》2014年第2期，第103~104页。

② 参见于莹、梁德东：《我国双层股权结构的制度构造》，载《吉林大学社会科学学报》2021年第2期，第67页。

③ 刘俊海：《现代公司法》，法律出版社2008年版，第9页。

2. 法定主义的立法模式

类别股与普通股相对,是在股东权利义务方面有特殊配置的股份类型,与普通股并列而互不包含。本条将类别股的发行主体范围限定为股份公司,同时对类别股的具体类型进行列举式规定,此为类别股的法定主义模式,该模式借助强制性规范,将类别股的种类、内容及设置方法限定在立法划定的范围内。① 这一立法模式强调公司章程的自治边界,但仍旧为契约安排预留了必要空间。在类型法定下,类别股的创设、细化与组合等方面仍存在较大的自治空间。

类别股的种类法定在于保障财产权的流通性,与物权法定的理由类似,种类与内容不受限的类别股可能影响市场秩序与交易安全。公司法在股份公司中进一步限制类别股的种类,目的在于使公众股东了解类别股在股权权益上的变化。由于公众股东存在普遍的"搭便车"心态,监督经营者的意愿和能力不足,若公司随意通过章程设计类别股,少数股东的利益极易受损。类别股种类法定的前端控制与保障公众投资者的政策取向密切相关。

类别股法定的立法模式沿袭德日等大陆法系的立法传统,对类别股的种类进行限制,以避免过度的自治导致相关主体利益受损。相较于英美等具有判例法传统的普通法系国家,我国尚不具有成熟的投资者群体及完善的司法机制,采取类别股法定模式,清晰划定契约自治与法律规制的边界,是符合我国现有市场发展水平的立法选择。

(二)第 1 款:类别股的具体种类

类别股的本质在于特殊类别股东相对于普通股东所具有的权利扩张或者限制,对实践中现有的类别股种类进行抽象,可以将不同种类的子权利组合为类型化标准。

本款前三项引入的类别股具体类型包括三类:分红优先/劣后股,剩余财产分配优先/劣后股,表决权膨胀/限缩股,转让受限股,分别对应财产权、表决权、处分权的差异化安排。此种划分与同样遵循法定主义的日本公司法具有一定的相似性,大致对应"从公司获取财产权利的类别股"和"与公司控制权相关的类别股""与股权转让限制相关的类别股",另有"与股份存续期间相关的类别股"也已经在实践中

① 参见李燕、郭青青:《我国类别股立法的路径选择》,载《现代法学》2016 年第 2 期,第 75 页。

存在。[①]

值得注意，"附带拒绝权的类别股"和"与董事、监事选任相关的类别股"等"与公司控制权相关的类别股"，可以从表决权子权利差异化安排的类别股中解释出来，本款在类别股问题上的简练表述，为未来公司实务的创新留下了充足的弹性空间。

(1)第1项：优先或劣后分配利润、剩余财产的股份，涉及利润分配权与剩余财产分配权子权利的差异化安排。该类别股以优先股为典型，是类别股实践中最为常见和最早出现的种类。公司优先股股东享有在利益分配或剩余财产分配层面的优先权利，而其代价往往是对于公司经营话语权的让渡，即以分离部分股权权能为代价换取一部分债权权能，具有股债融合的属性。[②]

(2)第2项：表决权数多于或者少于普通股的股份，涉及表决权子权利的差异化安排。每一股表决权数少于普通股的为低级表决权，主要针对公众投资者发行，每一股表决权数多于普通股的为超级表决权，主要为内部人持有。表决权差异化安排所形成的双层乃至多层股权结构，将公司治理从经济参与中剥离，[③]是创始人股东保持控制权的主要手段。

(3)第3项：转让须经公司同意等转让受限的股份，涉及处分权子权利的差异化安排。该类别股的核心功能在于防止股权扩散。例如，公司在发行附带拒绝权或复数表决权股份时，为避免此类股份落入第三人手中，对此类股份附加限制转让条件，这也体现了类别股存在组合上的自治空间。再如，公司通过协议直接授予其雇员的，要求在特定期间届满或既定财务目标达成之前不能出售、转让或者质押的股份，这类股份被用作现代企业实施人力资本战略的重要工具。[④]

(4)第4项：兜底条款的其他类别股，为未来的类别股创新发展奠定空间。除明确列举的三种常见类别股外，第四项进行了兜底性规定，授权国务院继续规定其他种类的类别股，这是类型法定主义的集中体现。该项为可转换股、可回赎股、追踪股

---

① 参见朱大明：《公司法立法指导原则的研究——以日本公司法现代化改革为中心》，载《清华法学》2022年第2期，第35页。

② 参见于莹、潘林：《优先股制度与创业企业——以美国风险投资为背景的研究》，载《当代法学》2011年第4期。

③ 参见郭青青：《类别股的类型化建构及其适用》，载《河北法学》2016年第2期，第171页。

④ 参见汪青松：《股份公司股东权利多元化配置的域外借鉴与制度建构》，载《比较法研究》2015年第1期，第52页、第59页。

等对财产类子权利有特殊安排的类别股,附董事选任权股、领售股等对控制类子权利有特殊安排的类别股获得法律认可保留了可能性。①

(三)第2款:类别股的发行限制

本款是对类别股的发行限制规则。在类别股发行方面,公众公司仅允许发行财产权特别股,不得发行对表决权子权利存在差异化安排的类别股以及转让自由受到限制的类别股,但在公开发行前已发行的股份可以维持。这为公司在公开募集之前引入以上两类类别股留下空间。

(1)禁止第1款第2项类别股在公众公司发行,系出于保证上市公司控制权正常变动的考虑。该类别股塑造的双重股权结构可能使公司控制权结构剧烈变化,有碍证券市场稳定,损及投资者利益。因此,有必要限制公众公司在公开发行后新发行此类股份,但公开发行前的控制权结构信息可为后加入的投资者提前获知,对未公开发行前已经作出的表决权差异化安排可以放宽要求,"阿里巴巴上市门"事件正是此类现象的最佳注脚。

(2)禁止第1款第3项类别股在公众公司发行,系出于保证公众公司股份流动性的考虑。通过出售股份退出公众公司是公开市场中的投资者保护自身利益的重要手段,保障股份流动性是保护投资者的关键所在。股份的流动性与股份的标准化程度密切相关,限制转让受限的类别股发行有助于标准化的维持。而公开发行前已发行的转让受限类别股对证券市场投资者的利益影响较小,故允许该类股票在公开发行后继续存在。

(四)第3款:类别股内容的限制

本款是对类别股的内容限制规则。对表决权差异化安排下的类别股内容进行限制,系出于保障监督机构正常履行职责的考虑。监事会、审计委员会代表全体股东的利益对董事会、经理层进行监督,要避免董事会、经理层被部分股东所控制,关键即在于保证董事会、经理层选任过程的独立性。在双重股权结构的安排下,以表决权为核心的控制权容易集中到每股表决权比例较高的股东手中,股东进而控制监督机构的选举而使后者产生依附性。通过对类别股内容的限制,各股份的监督机构成员选举权得以实现"一股一权",得以尽量避免控制权集中导致的监督机构依附问题。

◉ 公司治理操作指南

在法定主义类别股的立法模式下,公司的类别股实践应当尽量实现法律强制与

① 参见郭青青:《类别股的类型化建构及其适用》,载《河北法学》2016年第2期,第168~170页。

公司章程间的良性互动。一方面,根据类别股法定原则,公司须在法律规定的类别股范围内设置,且遵守对类别股公示的要求;另一方面,投资者与公司可以通过章程实现自治,在法定的空间内通过类别股的细化与组合实现不同的投融资目的。

需要注意,本条虽适用于股份公司,但具有封闭性的有限公司完全具有类别股的适用空间。试举一例:本法第65条授权公司章程对股东表决权作出例外规定,即在有限公司内部形成了表决权差异化安排的类别股的形态。考虑到有限公司不存在对公众利益的威胁,理应具有更广泛的章程自治权,对于类别股的约定只要不违反法律、行政法规的强制性规定或法律原则,都能得到法律认可。[①] 但有限公司的股权差异化安排也需要遵循《公司法》对于类别股所设计的配套制度,一方面应通过章程公示其内部股权结构及类别股设计,另一方面必须落实类别股股东会议,以防止多数股东损害类别股股东的权利。

◉ 比较法规范

《美国模范商业公司法》第6.01节;《英国2006年公司法》第629条;《德国股份法》第11条;《日本公司法》第108条;《韩国公司法》第344条;中国台湾地区“公司法”第157条。

◉ 研究文献

1. 赵玲:《我国类别股创设的法律路径》,载《法学杂志》2021年第3期。

2. 李燕、郭青青:《我国类别股立法的路径选择》,载《现代法学》2016年第2期。

3. 汪青松:《股份公司股东权利多元化配置的域外借鉴与制度建构》,载《比较法研究》2015年第1期。

4. 朱慈蕴、沈朝晖:《类别股与中国公司法的演进》,载《中国社会科学》2013年第9期。

第一百四十五条 【类别股的章程记载事项】

发行类别股的公司,应当在公司章程中载明以下事项:

(一)类别股分配利润或者剩余财产的顺序;

(二)类别股的表决权数;

(三)类别股的转让限制;

(四)保护中小股东权益的措施;

(五)股东会认为需要规定的其他事项。

---

① 参见赵玲:《我国类别股创设的法律路径》,载《法学杂志》2021年第3期,第82页。

◉ 立法意旨

本条是关于类别股章程记载事项的规定。

◉ 条文演变历程

证监会2014年《优先股试点管理办法》第8条明确规定,发行优先股的公司除按《优先股试点的指导意见》制定章程有关条款外,还应当按本办法在章程中明确优先股股东的有关权利和义务。本条对章程记载事项的规定吸收了法律文件的既有内容,规定发行优先股的公司应当在章程中载明其分配利润或者剩余财产的顺序,同时明确了其他种类类别股在章程中所应记载的事项,本质上是要求公司章程准确划定类别股股东的权利义务。立法采取了一贯的引导性态度,除少量列示事项外,为满足不同公司的差异化需求而保留了极大的章程自治空间。在此次修法中,一审稿中没有本条规定,二审稿第145条首次新增了本条规定,三审稿及最终通过的《公司法》第145条未再有变化。

◉ 条文释义

本条系新增条款,强调在公司章程的绝对必要记载事项之外,发行类别股的公司的章程还有多个与类别股相关的绝对必要记载事项。

1. 绝对必要记载事项的制度价值

在类别股法定主义模式下,公司在法定范围内有充分的自治权,异质化股东可以通过协商创建各类类别股以满足差异化的投融资需求。此种自治性安排通过公司章程予以固定,明确界定各种类类别股股东的权利义务,是定分止争的重要依据。类别股股东具有股东身份,董事对其负有信义义务,但信义义务不足以对类别股股东利益进行全面保护,当类别股股东所享有的特殊股东权利受损或者与其他股东发生利益冲突时,仍需回归组织章程以寻求救济。由于类别股股东的特殊权利源于自治,特殊权利的主要依据是公司章程中的相关条文,①因此公司章程的妥善记载至关重要。

与此同时,类别股虽基于投资者与公司间的合意创设,但因其具有对世性,存在影响第三人利益的可能。因此,类别股必须具有外部可识别的表征,即通过章程予以记载和公示。公司章程公示类别股的相关信息,一方面是为了对原有股东进行充

---

① 参见楼建波、马吾叶:《优先股与普通股股东间利益冲突的处理原则——美国司法实践的演进及其启示》,载《证券法苑》2015年第3期,第9页。

分的信息披露，使原有股东有机会了解公司股权结构的变化并重新评估投资风险；另一方面是使可能对公司具有投资意愿的投资人或者债权人在进行投资决策时获得充分的信息，进而决定其投资工具类别的选择。①

2. 五类事项的解读

发行类别股的公司的章程所设置的与类别股相关的条款是章程的绝对必要记载事项，本条对应记载事项采取了"列举 + 兜底"的规定方式，前三项分别指向 3 类法定类别股，第 4 项则是对于所有发行类别股的公司的章程提出的统一要求，第 5 项是兜底性规定。

(1)公司发行优先或劣后分配利润、剩余财产的股份，章程需明确类别股分配利润或者剩余财产的顺序，区分各股权群落并明确利润给付的梯级顺位。

(2)公司发行每一股的表决权数多于或者少于普通股的股份，章程应明确类别股的表决权数，呈现公司双层或多层股权结构下的控制权归属。

(3)公司发行转让须经公司同意等转让受限的股份，章程应明确规定类别股的转让限制，明确划定股份转让受限的边界。

(4)第 4 项要求公司章程载明保护中小股东权益的措施，是所有发行类别股的公司的章程必须记载的事项，要求各公司"量体裁衣"地设置适宜本公司的少数股东保护机制。在实践中，公司可以参照《优先股试点管理办法》(2023 年修订)中的保护性规定进行设计。

(5)第 5 项是兜底式规定，赋予股东会对章程记载事项的自治权，即公司可以通过股东会决议修改章程以实现对类别股相关事项的设计与变更。本条使用"应当"一词，为强制性规定，但射程仅限于前四项，第 5 项属于非绝对必要记载事项，这为公司留下了自治空间，充分回应了股东异质化背景下类别股的多元化规则需求。

3. 本条各项的适用

综合分析，发行类别股的公司的章程并非必须同时载明以上 5 项内容：

(1)前三项与法定类别股分别对应，视公司是否存在该种类类别股而定；

(2)第 4 项"保护中小股东权益的措施"是对类别股股东进行特殊保护的统一要求；

(3)第 5 项属于赋权事项，属于非绝对必要记载事项。

---

① 参见朱慈蕴、沈朝晖：《类别股与中国公司法的演进》，载《中国社会科学》2013 年第 9 期，第 151 页。

研究文献

朱慈蕴、沈朝晖:《类别股与中国公司法的演进》,载《中国社会科学》2013 年第 9 期。

第一百四十六条 【类别股股东会决议】

发行类别股的公司,有本法第一百一十六条第三款规定的事项等可能影响类别股股东权利的,除应当依照第一百一十六条第三款的规定经股东会决议外,还应当经出席类别股股东会议的股东所持表决权的三分之二以上通过。

公司章程可以对需经类别股股东会议决议的其他事项作出规定。

立法意旨

本条是关于类别股股东会决议的规定。

条文演变历程

本条系新增条文,其雏形最早可追溯至 2014 年证监会《优先股试点管理办法》和《国务院关于开展优先股试点的指导意见》。2014 年《优先股试点管理办法》第 10 条规定,“出现以下情况之一的,公司召开股东大会会议应通知优先股股东,并遵循《公司法》及公司章程通知普通股股东的规定程序。优先股股东有权出席股东大会会议,就以下事项与普通股股东分类表决,其所持每一优先股有一表决权,但公司持有的本公司优先股没有表决权:(一)修改公司章程中与优先股相关的内容;(二)一次或累计减少公司注册资本超过百分之十;(三)公司合并、分立、解散或变更公司形式;(四)发行优先股;(五)公司章程规定的其他情形。上述事项的决议,除须经出席会议的普通股股东(含表决权恢复的优先股股东)所持表决权的三分之二以上通过之外,还须经出席会议的优先股股东(不含表决权恢复的优先股股东)所持表决权的三分之二以上通过”。《优先股试点的指导意见》之一第 5 条规定,“表决权限制。除以下情况外,优先股股东不出席股东大会会议,所持股份没有表决权:(1)修改公司章程中与优先股相关的内容;(2)一次或累计减少公司注册资本超过百分之十;(3)公司合并、分立、解散或变更公司形式;(4)发行优先股;(5)公司章程规定的其他情形。上述事项的决议,除须经出席会议的普通股股东(含表决权恢复的优先股股东)所持表决权的三分之二以上通过之外,还须经出席会议的优先股股东(不含表决权恢复的优先股股东)所持表决权的三分之二以上通过”。

此次修法,一审稿第 158 条引入类别股股东会议规则,“发行类别股的公司,有本法第一百一十九条第三款规定的事项,可能对类别股股东的权利造成损害的,除应当依照第一百一十九条第三款的规定经股东会决议外,还应当经出席类别股股东会的股东所持表决权三分之二以上通过。公司章程可以对需经类别股股东会决议的其他事项作出规定”。一审稿第158条在随后的二审稿、三审稿中条文序号变更为第146条,具体内容仅有文字性微调,直至形成本条。

◉ 条文释义

本条为新增条文,在传统公司法的股东会决议、董事会决议、监事会决议之外增加一类公司决议——类别股股东会决议。

(一)第1款:类别股股东会决议

1. 必经类别股股东会决议的法定事项

类别股是为满足不同股东对财产权益和公司控制权的偏好而创设的,分类表决是基于照顾不同利益诉求的股东群体,而在股东会一般表决机制基础上衍生出的特别表决机制。[①] 类别股股东会议以类别股股东为全体成员,为表决权弱势群体参与公司治理提供了有效通道。

需要说明,在发行类别股的股份公司中,类别股通常是少数派,普通股才是控股方。因此,本款设计之实质在于赋予类别股股东作为少数派的否决权,借此维护类别股股东的利益。[②] 当然,类别股表决权是一把“双刃剑”,既有助于抑制占据公司控制地位的普通股东滥用多数决侵害类别股股东利益,又因有否决公司决议的实质功能而存在妨害公司行为自由和经营灵活性的可能。[③] 这两个利益平衡的重要节点就是类别股分类表决的适用范围。

在适用范围上,本款采取“具体列举+兜底规定”的方式。首先,具体列举事项涉及本款引致的本法第116条第3款,即涉及修改公司章程,增加或者减少注册资本,以及公司合并、分立、解散或者变更公司形式等7项决议。对于这7项决议,股份公司股东会需进行特别决议,此外还需经类别股股东会的特别决议。详言之:

(1)修改公司章程。章程被奉为公司自治的“宪章”,是类别股权益具体内容的

---

① 参见王建文:《论我国类别股股东分类表决制度的法律适用》,载《当代法学》2020年第3期,第123页。

② 参见陈景善:《类别股之组织法规范与资本制度衔接》,载《北京理工大学学报(社会科学版)》2022年第6期,第68页。

③ 参见刘胜军:《类别表决权:类别股股东保护与公司行为自由的衡平——兼评〈优先股试点管理办法〉第10条》,载《法学评论》2015年第1期,第99页。

载体,修改其中与类别股相关的内容有必要由类别股股东会议单独决议。目前的疑虑在于,本款规定是否存在过度扩大的倾向,如章程内容与类别股利益不相关,此时坚持类别股股东会决议似乎并不必要,也有程序冗余之嫌。

(2)增加或者减少注册资本。注册资本的变动属于公司的重大变动事项,应当由类别股股东会议单独决议。在增资时,存在稀释既有股份而影响控制权的可能,若发行新种类类别股更是会严重影响类别股股东的利益;在公司法允许定向减资的前提下,减资行为有使次级资本不充足的隐患,①类别股中的优先股股东被迫承担更多公司经营的风险,却只能收取固定的优先股股息,其风险与收益不匹配,减资存在严重损及优先股股东利益的风险。

(3)公司合并、分立、解散或变更公司形式的决议,涉及公司根本性的结构变化,存在对类别股股东利益产生重大影响的可能,也应当由类别股股东进行分类表决。

(4)可能影响类别股股东权利的其他情形。本款的具体列举并不能囊括在实践中出现的各种情形,故通过对"可能影响类别股股东权利"这一实质要件的概括式规定进行兜底,"等"字为"等外等"。

2. 类别股股东会单独召集

至此,对"可能影响类别股股东权利"的法定事项,本款要求"两次开会、两次表决、两次计票、两个决议"。唯如此,才能确保类别股股东会的独立性。② 与此相对的另一种分类表决方案是"一次开会、一次表决、两次计票、两个决议"。前一方案强调单独召集类别股股东会,虽减损效率,但在保护类别股股东权益方面具有优势,可以最大限度上避免普通股股东对类别股股东的压制,保证类别股股东可以独立对自身利益相关的事项进行判断。

3. 类别股股东会决议的多数决

公司法并未就此设计特别的程序规则,一般认为,类别股表决权的行使应以集体行使为基本方式,准用普通股东会的程序规则,但不适用普通股东会关于职权、召集和决议要件的规定。在通过规则上,本款规定类别股股东会决议应当经出席类别

---

① 次级资本是指普通股股本,由于其对公司的请求权处于最后顺位,只有在满足债券和优先股等高级证券的请求权后才能实现剩余分配,因此其属于次级资本。参见刘胜军:《类别表决权:类别股股东保护与公司行为自由的衡平——兼评〈优先股试点管理办法〉第10条》,载《法学评论》2015年第1期,第110页。

② 参见刘俊海:《建立社会公众股股东单独表决制度的有关问题》,载《中国金融》2004年第23期,第54页。

股股东会议的股东所持表决权的2/3以上通过，即适用绝对多数决规则。一般认为，公司章程可以提升该绝对多数决比例，但不得降低。

（二）第2款：经类别股股东会决议的章定事项

本款赋权公司章程在第1款之外，对需经类别股股东会决议的其他事项作出自治性规定。本款授予了公司章程扩大分类表决适用范围的权利，且没有与类别股股东权益直接关联的限制，这赋予了类别股股东对于分类表决事项更多的自治权。如此，不仅有助于满足公司和类别股股东的个性化需要，还能覆盖类别股股东权益被间接侵害的情形，实现对类别股股东权益保护的"前端控制"。[①] 就本款的法律适用，需强调两点：

1. 赋权公司章程做加法。公司章程可以将其他事项纳入类别股股东会应决议的范畴，这些事项为公司章程的任意记载事项。立法罗列的事项相对有限，但过多的罗列会影响公司经营的效率。为平衡类别股股东保护与公司运营效率，公司法放弃了过度的强制要求，授权公司章程进行更为弹性的规定。

2. 禁止公司章程做减法。公司章程可以扩大分类表决事项范围，但不得反向为之，这是对当前多数公司治理状态预判后的立法选择。由于类别股股东大多处于相对劣势的状态，公司章程由普通股股东控制的可能性较大，类别股股东通过分类表决制度恶意干预公司经营的可能性较低，公司法暂时扩大了对类别股股东的保护力度，使分类表决制度呈现一定程度的扩张适用样态。

◉ 公司治理操作指南

公司落实分类表决制度的合理方案是"两次开会、两次表决、两次计票、两个决议"，以确保类别股股东会的独立性。相较于"一次开会、一次表决、两次计票、两个决议"，单独召集类别股股东会有助于确保类别股股东独立对自身利益相关事项进行判断。更重要的是，在一次会议的情况下，存在关涉类别股股东利益事项的决议尚未作出，而分类表决事项便不存在的可能，且类别股股东容易不知自身利益受损而缺席会议，导致保护力度不足。

当然，"两次开会、两次表决、两次计票、两个决议"模式必然减损效率，在现行法尚无明确规定的情况下，公司应综合优缺点，结合本公司实际情况对章程进行妥善

---

① 参见王建文：《论我国类别股股东分类表决制度的法律适用》，载《当代法学》2020年第3期，第126页。

规定。

◉ 比较法规范

《日本公司法》第322条;《美国模范商业公司法》第9.21节、第10.04节、第11.04节;《德国股份法》第179条;《美国特拉华州普通公司法》第242条;《英国2006年公司法》第630条;中国台湾地区“公司法”第159条第1款。

◉ 研究文献

1. 王建文:《论我国类别股股东分类表决制度的法律适用》,载《当代法学》2020年第3期。

2. 刘胜军:《类别表决权:类别股股东保护与公司行为自由的衡平——兼评〈优先股试点管理办法〉第10条》,载《法学评论》2015年第1期。

第一百四十七条 【股票】

公司的股份采取股票的形式。股票是公司签发的证明股东所持股份的凭证。

公司发行的股票,应当为记名股票。

◉ 立法意旨

本条是关于股份公司的股份形式暨股票的基本规定。

◉ 条文演变历程

本条可追溯至1993年《公司法》第129条,“股份有限公司的资本划分为股份,每一股的金额相等。公司的股份采取股票的形式。股票是公司签发的证明股东所持股份的凭证”。1993年《公司法》第133条第2款规定,“对社会公众发行的股票,可以为记名股票,也可以为无记名股票”。2005年修法第133条第2款内容修订为第130条第1款,“公司发行的股票,可以为记名股票,也可以为无记名股票”,并将第129条修改为第126条,但并无实质修订。2013年修法分别调整为2005年《公司法》第130条、第126条条文序号为第129条、第125条。

此次修法,一审稿保留了旧法第125条第2款的内容,作为一审稿第159条第1款,同时在对旧法第129条第2款修改的基础上形成了一审稿第159条第2款。旧法第129条第2款规定,“公司向发起人、法人发行的股票,应当为记名股票,并应当记载该发起人、法人的名称、姓名,不得另立户名或者以代表人姓名记名”。一审稿

第 159 条第 2 款则规定，“公司发行的股票，应当为记名股票”。二审稿、三审稿及最终通过的《公司法》均未再有变化，条文序号除外。

◉ 条文释义

（一）第 1 款：股票的内涵

本款对应旧法第 125 条第 2 款，没有内容变化。

如本款所述，公司的股份采取股票的形式，股票是公司签发的证明股东所持股份的凭证。股票是股份法定的外在表现形式和载体，也是股权凭证。股票与股份形同表里，在很多情况下被视为同一个概念。二者的关系，从股份的角度来看，股份是股票依附的内容，股份不存股票也就毫无价值；从股票的角度来看，股票的存在价值在于使股份实现证券化，从而使股份公司资本的实物形态与价值形态分离，提高股份公司财产的运行效率。

股票的法律特征如下：

1. 证券。股票完全符合证券的定义。

2. 证权证券。证权证券和设权证券相对应，区别在于前者以证明权利的存在为功能，后者以设定权利为功能。股权因股份的认缴而产生，不因股票的发行而创设，因此股票不是设权证券，仅证明已产生的股权。

3. 有价证券。股票的价值在于股份的价值，即股票的价值取决于该股份所代表的资本金额及股权的大小。有价证券代表的权利与证券不可分离，证券转移则权利随之转移，但在股票无纸化的趋势下随同移转的应用场景大大减少。

4. 要式证券。股票的要式性集中体现在《公司法》第 149 条，“股票采用纸面形式的，应当载明下列主要事项：（一）公司名称；（二）公司成立日期或者股票发行的时间；（三）股票种类、票面金额及代表的股份数，发行无面额股的，股票代表的股份数。股票采用纸面形式的，还应当载明股票的编号，由法定代表人签名，公司盖章。发起人股票采用纸面形式的，应当标明发起人股票字样”。

5. 流通证券。股份的自由转让意味着股票的自由转让。

6. 永久证券。股票没有固定期限，除非公司终止，这有别于公司债券。股票的失效原因有二：公司注销股份时相应股票无效；记名股票丧失后，经公示催告程序，法院作出除权判决。

（二）第 2 款：记名股票

本款对应旧法第 129 条第 1 款，重大修订在于，旧法规定股票可记名也可不记名，但本款规定只能记名。

记名股票有利于公司了解、掌握股东的人数与股票的流向。记名股票的转让必须依据法律和公司章程规定的程序进行，且需依照一定的转让条件。[①] 记名股票与记名股东的关系特定，股票遗失时，股东资格与权利并不消灭，此时可依法定程序向公司挂失，要求公司补发新股票。

◉ 比较法规范

《德国股份法》第 8 条；《日本公司法》第 107 条；《英国 2006 年公司法》第 504 条；《美国模范商业公司法》第 6.01 节；《美国特拉华州普通公司法》第 151 条；《韩国商法》第 329 条；中国台湾地区“公司法”第 156 条。

◉ 研究文献

1. 杨立新：《股权和其他投资权的民法保护方法》，载《法律科学(西北政法大学学报)》2023 年第 2 期。

2. 朱慈蕴：《中国公司资本制度体系化再造之思考》，载《法律科学(西北政法大学学报)》2021 年第 3 期。

3. 潘林：《优先股与普通股的利益分配——基于信义义务的制度方法》，载《法学研究》2019 年第 3 期。

4. 沈朝晖、[日]饭田秀总、段磊：《中日公司新股发行制度的功能主义比较》，载《清华法学》2019 年第 2 期。

5. 邢会强：《我国〈证券法〉上证券概念的扩大及其边界》，载《中国法学》2019 年第 1 期。

6. 汪青松：《论股份公司股东权利的分离——以“一股一票”原则的历史兴衰为背景》，载《清华法学》2014 年第 2 期。

7. 刘小勇：《论股份有限公司与有限责任公司的统合——日本及其他外国法关于公司类型的变革及启示》，载《当代法学》2012 年第 2 期。

8. 任尔昕：《关于我国设置公司种类股的思考》，载《中国法学》2010 年第 6 期。

◉ 典型案例

山东荣信水产食品集团股份有限公司、刘某股东资格确认纠纷案[②]

1. 案情简介

2012 年 1 月 1 日山东荣信水产食品集团股份有限公司(以下简称荣信公司)向刘某

---

① 参见蔡元庆：《股份有限公司章程对股权转让的限制》，载《暨南学报(哲学社会科学版)》2013 年第 3 期。

② 参见山东省日照市中级人民法院民事判决书，(2023)鲁 11 民终 422 号。

出具出资证明书，载明：股东名称刘某，公司名称荣信公司，股东出资额15,000元，公司登记日期为1992年12月，核发日期为2012年1月。2016年7月28日，荣信公司以刘某无视公司制度，严重违反劳动纪律为由，向其出具"关于与刘某解除劳动合同的决定"。荣信公司主张根据公司内部管理办法，公司成员违反规章制度被公司辞退和予以除名的，公司董事会有权收回该成员全部股权，刘某被公司解除劳动合同后不具有股东资格。2023年2月，刘某为确认其股东资格向法院提起确认之诉。

2. 裁判要旨

本案争议焦点为：(1)刘某的诉讼请求是否已过诉讼时效；(2)刘某是否为荣信公司股东。

一审法院认为，刘某的诉讼请求属于确认之诉，不受诉讼时效限制。股东确认其股东资格应当证明：已向公司出资或者认缴出资，且不违反法律法规强制性规定；已受让或者以其他形式继受公司股权，且不违反法律法规强制性规定。刘某为确认其股东资格已提供荣信公司向其出具的出资证明书，且是否经工商登记不是刘某享有股权的必要条件；荣信公司主张已收回刘某的股权，但未能证实荣信公司董事会已通过法定程序收回。因此，支持刘某确认自身为荣信公司股东的请求。

二审法院维持一审判决，认为刘某请求确认股东资格，属于确认之诉，不受诉讼时效的限制。荣信公司主张刘某仅持有"内部股权证"，不能被认定为公司股东，2018年《公司法》第125条并未明确规定持有股票可被认定为股东必须以公司上市为前提。荣信公司章程关于上市前仅以登记名册中的股东为公司股东的规定因违反2018年《公司法》第125条而无效，且荣信公司是股份公司，其股东认定并不要求登记于股东名册。荣信公司不得以股东身份除实质要件外还需登记于股东名册为由主张刘某不具有股东资格。

3. 案件评析

荣信公司已向刘某出具"内部股权证"，在荣信公司出具"关于与刘某解除劳动合同决定"后，董事会未按法定程序办理股权收回程序。原则上股份公司股东应持有公司股票，但股票仅为公司股份的证明载体，应允许公司股份有其他表现形式，如本案的股权证。刘某持有的"内部股权证"虽有"内部"字样且名称亦非股票，但证明了刘某持有荣信公司等额划分的股份，符合2018年《公司法》第125条（新《公司法》第147条）的规定，因此法院确认刘某具有股东资格。

第一百四十八条　【面额股股票的发行价格】

面额股股票的发行价格可以按票面金额，也可以超过票面金额，但不得低于票面金额。

◉ 立法意旨

本条是关于面额股票发行价格的规定。

◉ 条文演变历程

禁止股票折价发行是我国一直坚持的股票发行制度,1993 年《公司法》第 131 条第 1 款规定,“股票发行价格可以按票面金额,也可以超过票面金额,但不得低于票面金额”。该规定在此后数次修法过程中(此次修正除外)除条文序号外再无内容性修订。此次修法,一审稿第 160 条将 2018 年《公司法》第 127 条中的“股票”发行价格不得低于票面金额改为“面额股股票”发行价格不得低于票面金额,其他内容未有变化。此后,二审稿、三审稿及最终通过的《公司法》在内容上均未再有变化。

◉ 条文释义

本条对应 2018 年《公司法》第 127 条,对面额股股票的发行价格进行限制,句首增加“面额股”字样,是引入无面额股背景下的应然调整。

1.3 种定价策略

面额股的发行价格包括 3 种:平价发行,即股票的发行价格与票面价格相等;溢价发行,即股票的发行价格高于票面价格;折价发行,即股票的发行价格低于票面价格。本条允许面额股平价发行或溢价发行,不允许折价发行。无面额股则不存在折价的问题。

股份公司通过发行股票募集公司设立、增资所必需的资本。每股股票票面价值相同,发行的所有股票的票面价值总额等于股份公司资本总额。依资本充实原则,股票只有平价、溢价发行,所募集到的资金才能等于、高于公司资本。折价发行则筹集所得的资金必然低于公司资本总额,有违资本法定原则。同时,按照《公司法》第 213 条的规定,公司超过股票票面额发行股份所得的溢价款列为资本公积金,属于股份所有者权益的一部分。平价发行的,股票价格即为票面金额。

2. 如何定价

《公司法》第 151 条第 2 款规定,“公司发行新股,可以根据公司经营情况和财务状况,确定其作价方案”。一般情形下,公司法并不干预定价自由。

《证券法》第 32 条规定股票发行价格由发行人与承销的证券公司协商确定。在实践中,证监会《证券发行与承销管理办法》规定了公司首次公开发行股票及上市公司发行股票的发行价格确定办法。首次公开发行上市的,公司可通过向网下投资者询价的方式确定发行价,也可以通过与主承销商自主协商直接定价等方式确定发行价。公开发行股票数在2000万股(含)以下且无老股转让计划的,应当通过直接定价的方式确定发行价。发行人和主承销商应当在招股意向书或招股说明书和发行公告中披露本次发行股票的定价方式。

◉ 公司治理操作指南

在实践中,公司一般会将股票的面额设置为1元。在实务中有一种做法与以低价发行股票,向公司外部人募集资金的方式相类似,即低价定向增发。具体而言,即通过向特定范围内的对象低价增发股票募集资金。此处的"低价"并非低于票面价值,而是低于股票的市场价,但要同时符合证监会关于上市公司非公开发行股票价格下限的规定。① 此做法出于多种不同考量:其一,在公司出现短暂资金流转困难时为公司融资;其二,调整、优化公司的财务结构;其三,将发行低价股作为一种新的并购的方式;等等。总之,低价定向增发是公司经营或者资本调整的手段,是否属于利好取决于公司的经营状况以及增发股票引入资本的优劣等多种因素。

◉ 比较法规范

《德国股份法》第8条;《美国特拉华州普通公司法》第153条;《英国2006年公司法》第765条;《韩国公司法》第417条;中国台湾地区"公司法"第140条。

◉ 研究文献

1. 李建伟:《授权资本发行制与认缴制的融合——公司资本制度的变革及公司法修订选择》,载《现代法学》2021年第6期。
2. 张志坡:《论优先股的发行》,载《法律科学(西北政法大学学报)》2015年第2期。
3. 李智:《股票折价发行禁止之反思》,载《法商研究》2005年第1期。

第一百四十九条 【纸面形式的股票记载事项】

股票采用纸面形式或者国务院证券监督管理机构规定的其他形式。

股票采用纸面形式的,应当载明下列主要事项:

(一)公司名称;

(二)公司成立日期或者股票发行的时间;

① 参见证监会规章《上市公司证券发行管理办法》第38条第1项,"(一)发行价格不低于定价基准日前二十个交易日公司股票均价的百分之八十"。

(三)股票种类、票面金额及代表的股份数,发行无面额股的,股票代表的股份数。

股票采用纸面形式的,还应当载明股票的编号,由法定代表人签名,公司盖章。

发起人股票采用纸面形式的,应当标明发起人股票字样。

◉ 立法意旨

本条是关于纸面形式股票记载事项的规定。

◉ 条文演变历程

纸面形式股票记载事项的规定,最早可追溯至 1993 年《公司法》第 132 条,“股票采用纸面形式或者国务院证券管理部门规定的其他形式。股票应当载明下列主要事项:(一)公司名称;(二)公司登记成立的日期;(三)股票种类、票面金额及代表的股份数;(四)股票的编号。股票由董事长签名,公司盖章。发起人的股票,应当标明发起人股票字样”。该规定在公司法历次修改中有文字性调整,总体内容变化不大。此次修法,实质不同是增加了关于无面额股票代表股份数的规定。一审稿在旧法第 128 条第 2 款基础上修改形成了第 161 条第 2 款,主要修改内容如下:第 2 项“公司成立日期”修改为“公司成立日期或者股票发行的时间”;第 3 项“股票种类、票面金额及代表的股份数”修改为“股票种类、票面金额及代表的股份数,发行无面额股的,股票代表的股份数”;第 4 项“股票的编号”的内容调整至第 161 条第 3 款,“股票采用纸面形式的,还应当载明股票的编号”。此后,二审稿第 149 条第 2 款又将一审稿第 161 条第 2 款所规定的“股票应当载明下列主要事项”修改为“股票采用纸面形式的,应当载明下列主要事项”。三审稿及《公司法》未再改动。

◉ 条文释义

本条对应旧法第 128 条,修订内容与纸面形式股票及引入无面额股相关。

1. 第 1 款:股票形式

传统股票多采取纸面形式,即实物券式;但当前向社会公开发行的股票一般采簿记券式,即以在证券登记结算机构记载股东账户的方式发行股票。随着电子技术在证券业务领域的广泛运用,股票的形式变得多样,不再限于纸面和簿记券式两种类型,还包括磁卡形式、电子形式。只要该形式能真实准确地记载股票内容,方便股东持有、交易即可。

鉴于传统股票形式为纸面形式,本条规定股票可以延续传统的纸面形式。为防止欺诈行为,股票采取纸面形式以外的其他形式应符合证监会的规定。

2. 第 2 款:纸面股票的必要记载事项

股票的要式性表明只有股票形式和记载内容符合法律,才具有法律效力。本条规定纸面形式股票的记载事项应当包括以下信息:

一是公司的基本情况,也即第 1 项、第 2 项的两类信息:(1)公司的名称;(2)公司成立日期。

二是股票的基本情况,包括第 2 项、第 3 项的几类信息:

(1)股票的发行时间。

(2)股票的种类,是普通股还是类别股,如属后者,是何种类别股。

(3)面额股股票的票面金额及代表的股份数,或者无面额股票代表的股份数。票面金额即股票的票面价值,按照本法第 148 条关于股票发行价的规则,面额股必须标明票面金额,股票所代表的股份数是证明股东在公司享有多大权利的基本依据。

3. 第 3 款:纸面股票的 3 种形式要件

本款规定纸面形式的股票应具备 3 种形式要件:编号、法定代表人签名与公司盖章。股票是一种公司签发的要式证券,本款要求股票必须由法定代表人签名并由公司盖章。

4. 第 4 款:发起人纸面股票的特殊记载

发起人股票采纸面形式的,还应标明"发起人股票"字样。发起人对公司举足轻重,为了防止舞弊欺诈以及增强投资者信心,本法第 160 条等对发起人股票转让设有限制。为落实此类规定,发起人股票标明"发起人股票"字样,有助于执法落实,维护交易安全。

◉ 比较法规范

《德国股份法》第 10 条;《美国特拉华州普通公司法》第 151 条;《韩国公司法》第 182 条;《日本公司法》第 216 条;中国台湾地区"公司法"第 162 条。

第一百五十条　【股份公司交付股票的时间】

股份有限公司成立后,即向股东正式交付股票。公司成立前不得向股东交付股票。

◉ 立法意旨

本条是关于股份公司向股东交付股票的时间的规定。

◉ 条文演变历程

本条最早可追溯至1993年《公司法》第136条,“股份有限公司登记成立后,即向股东正式交付股票。公司登记成立前不得向股东交付股票”。在数次修改中这一规定仅有序号调整。

◉ 条文释义

本条对应旧法第132条,没有修订。

1. 公司成立前不得交付股票

股份公司的股票是代表股东权利的有价证券,具有流通性,可以自由转让,因此股票应当具有确定性,即股票代表的权利应当是确定的,无瑕疵,以保证交易安全,维护交易秩序。本条规定,股份公司只有在公司登记成立以后才能向股东正式交付股票,且反向强调此前不得向股东交付股票。这是因为,如允许公司在登记成立前向股东交付股票,同时允许该股票在市场上进行流通,那么一旦设立中的公司最后没有成立,该股票所代表的股东权利就不存在,围绕该股票发生的交易都会受到影响。其他国家公司法对这一问题也有类似规定。如《日本商法典》规定股票非于公司成立后或者新股股款缴纳期日后,不得交付。

2. 公司成立后即交付股票

在公司成立以后,应当立即向股东交付股票,不得迟延。特别是股份公司发行无记名股票,由于该股票是股东行权的唯一依据,如公司迟延交付股票,将可能损害股东的利益。当然,新《公司法》禁止发行无记名股票。

◉ 比较法规范

《日本公司法》第50条;《韩国公司法》第340条之四。

◉ 典型案例

耿某藻与沈阳爱威科技发展股份有限公司股东资格确认纠纷案①

1. 案情简介

2001年4月26日,沈阳爱威科技发展股份有限公司(以下简称爱威股份公司)向耿某藻出具的“股权证”记载:“股东姓名:耿某藻,持有股数:叁万股。”耿某藻称其于2000年12月以现金形式向沈阳爱威鼠害防治工程有限公司(以下简称爱威有限公司)出资,

① 参见辽宁省沈阳经济技术开发区人民法院民事判决书,(2019)辽0191民初3999号。

收据已丢失。

爱威股份公司工商登记信息记载：爱威有限公司于1998年10月13日成立，注册资本为780万元；2001年2月20日，该公司名称变更为爱威股份公司，注册资本变更为1106万元。

耿某藻提出诉讼请求，要求确认自己的股东资格，以及要求爱威股份公司协助自己办理股权登记。

2. 裁判要旨

法院认为，股份公司成立后即向股东正式交付股票。公司成立前不得向股东交付股票。爱威股份公司2001年2月20日由爱威有限公司变更而来，2001年4月26日，爱威股份公司即向耿某藻出具叁万股记名“股权证”。耿某藻出资30,000元显然系“预购”股份公司股份，并非针对爱威有限公司已有注册资本780万元，爱威股份公司变更企业性质为股份有限公司后亦向原告出具了“股权证”。故确认耿某藻持有爱威股份公司30,000股。

3. 案件评析

新《公司法》第150条（2018年《公司法》第132条）是程序性规定，基于此条款产生的诉讼多为股东资格确认之诉。基于融资或者其他需要，一些公司会在自己即将变更名称但尚未完成变更登记时将变更后的公司的股权进行出售，在本案中法官认为该行为违反了公司设立前不得向股东交付股票的规定，但若存在明确的股权转让行为和对价支付行为，该行为则可以被认定为对变更后的公司股权的预购。

第一百五十一条　【新股发行的股东会决议事项】

公司发行新股，股东会应当对下列事项作出决议：

（一）新股种类及数额；

（二）新股发行价格；

（三）新股发行的起止日期；

（四）向原有股东发行新股的种类及数额；

（五）发行无面额股的，新股发行所得股款计入注册资本的金额。

公司发行新股，可以根据公司经营情况和财务状况，确定其作价方案。

◉ 立法意旨

本条是关于股份公司发行新股时股东会决议事项的规定。

◉ 条文演变历程

本条第1款源于1993年《公司法》第138条，“公司发行新股，股东大会应当对下列事项作出决议:(一)新股种类及数额;(二)新股发行价格;(三)新股发行的起止日期;(四)向原有股东发行新股的种类及数额”。该规定在此后多次修订中变化不大。此次修法,第1款新增第5项关于无面额股的规定,“发行无面额股的,新股发行所得股款计入注册资本的金额”。第2款关于确定作价方案的提示性规定,源自旧法第135条,没有修订。

◉ 条文释义

1.第1款:新股发行的股东会决议事项

本款对应旧法第133条,第1款新增第5项。无面额股是新制度,与其相关的都是新增款项,同时也是对第142条第3款关于无面额股会计规则的回应。

新股发行,是指公司成立后再次发行股份的行为。根据本法第112条第1款、第59条第1款规定,新股发行属于股东会的法定权限,在未授予董事会新股发行权时,发行新股需经股东会决议。本款对于决议内容进行规定,共有五项内容:

(1)新股的种类和数额,即发行普通股还是类别股,以及本次新股发行的数额是多少。

(2)新股的发行价格,本条第2款对于作价方案有具体规定。

(3)新股发行的起止日期,即本次新股发行的期限。根据《证券法》第33条的规定,上市公司若采取代销方式发行股票,代销期限届满,向投资者出售的股票数量未达到拟公开发行股票数量70%的,为发行失败。

(4)向原有股东发行新股的种类和数额。根据《公司法》第227条第2款的规定,股份公司股东原则上并不享有优先认购权。此处要求在决议中明确向原有股东发行新股的种类和数额,旨在更好维护原有股东的权益。

(5)发行无面额股的,决议需明确新股发行所得股款计入注册资本的金额。发行无面额股需处理发行所得股款与注册资本、资本公积金之间的关系。根据本法第142条第3款的规定,发行无面额股的,所得股款的1/2以上计入注册资本,因此公司可在决议中确定不低于1/2的股款计提比例。

在决议程序上,本法第116条第3款规定,发行新股决议属于增资决议,应经出席会议股东所持表决权的2/3以上通过。对于拟公开发行新股的公司而言,其发行行为还需遵守《证券法》《上市公司证券发行注册管理办法》等法律、行政法规及部门规章的规定,依法报经证监会注册,并进行相应的信息披露。

2. 第 2 款:新股定价的市场法则

本款源自旧法第 135 条,没有修订。

本款对新股发行的作价方案进行提示性规定,不具有强制性,意在提示公司可以根据自身经营情况和财务状况具体确定作价方案。

本法第 148 条对面额股的发行价格作出规定,禁止折价发行,无面额股的发行价格则更灵活,有利于公司融资。在市场经济体制下,新股价格应随行就市。如公司成立时发行 10 亿股,每股 1 元,全部计入注册资本。3 年后公司市值评估为 36 亿元,未来向好,此时增发 5 亿股,定价的确定、新股东的占比等因素都可以根据市场情况进行设计。常见的方案可能是:公司注册资本金增加至 15 亿元,发行 5 亿股募集资金 12 亿元,每股 2.4 元,其中 5 亿元计入注册资本,新股东股权合计占比 1/3,其余 7 亿元计入资本公积金。

◉ 公司治理操作指南

在实际操作中,就新股发行价的确定,公司需全面考虑自身融资计划、盈利状况、发展前景等。对于上市公司而言,新股发行价的确定还需要综合考量股票市场情况,包括一级市场的供求情况,二级市场的股价水平、走势、市盈率,同类股票的价格以及同期银行利率等因素,以确保顺利筹集资金。

上市公司发行新股时还需遵守监管机关的价格管制。根据《上市公司证券发行注册管理办法》第 54 条的规定,上市公司向不特定对象发行股份的,发行价格应当不低于公告招股意向书前 20 个交易日或者前 1 个交易日公司股票均价。根据该办法第 56 条的规定,上市公司向特定对象发行股票,发行价格应当不低于定价基准日前 20 个交易日公司股票均价的 80%。此规定旨在防止上市公司新股发行价格过低,避免新旧股东之间的利益冲突,保护投资者合法权益。

◉ 比较法规范

《美国特拉华州普通公司法》第 153 ~ 154 条;《德国股份法》第 182 条;《韩国公司法》第 416 条;《日本公司法》第 199 条。

◉ 研究文献

1. 叶林、张冉:《无面额股时代公司资本制度的体系性调适》,载《国家检察官学院学报》2023 年第 6 期。

2. 沈朝晖、[日]饭田秀总、段磊:《中日公司新股发行制度的功能主义比较》,载《清华法学》2019 年第 2 期。

第一百五十二条　【授权资本制】

公司章程或者股东会可以授权董事会在三年内决定发行不超过已发行股份百分之五十的股份。但以非货币财产作价出资的应当经股东会决议。

董事会依照前款规定决定发行股份导致公司注册资本、已发行股份数发生变化的，对公司章程该项记载事项的修改不需要由股东会表决。

◉ 立法意旨

本条系关于授权资本制的规定。

◉ 条文演变历程

本条是新增条文。在此次修法中一审稿第 97 条规定，“公司章程或者股东会可以授权董事会决定发行公司股份总数中设立时应发行股份数之外的部分，并可以对授权发行股份的期限和比例作出限制”。此条款仅对董事会发行股份的期限和比例可限制作出提示性规定，未作出强制性规定。二审稿第 152 条规定，“公司章程或者股东会可以授权董事会在三年内决定发行不超过已发行股份百分之五十的股份。但以非现金支付方式支付股款的应当经股东会决议”，明确了董事会发行股份的授权期限和数量上限，同时规定以非现金方式支付股款的决定权归属股东会。三审稿沿袭二审稿的内容。最终通过的《公司法》有两处修订：一是本条第 1 款将“非现金支付方式支付股款”修改为“非货币财产作价出资”，在逻辑上更加周延，在体系上与第 48 条规定的“非货币财产作价出资”的表述一致。二是新增第 2 款，即“董事会依照前款规定决定发行股份导致公司注册资本、已发行股份数发生变化的，对公司章程该项记载事项的修改不需要由股东会表决”。

◉ 条文释义

本条与第 153 条均为新增条款，共同构建了中国版的授权资本制，属于股份公司股份发行制度的重大创新。

（一）法定资本制与授权资本制的区别

公司资本是通过股份（包括有限公司的资本）的发行而形成，它可以在公司设立时一次形成，也可以在公司成立后分次形成。各国公司法对资本形成方式有不同的设计，由此产生了 3 种资本形成制度，即法定资本制、授权资本制和折中资本制。法定资本制指公司设立时章程明确规定公司资本总额，并需一次性发行、一次性认足。授权资本制指章程载明公司资本额，公司设立时资本额不必全部发行，可授权董事会嗣后发行。折中资本制可进一步分为折中授权资本制和许可资本制。前者指公司设立时，章程载明资本额，首次发行及认购部分资本公司即可成立，未发行部分授权董事会根据需要发行，但首次发行的资本不得低于资本额的法定比例。后者亦称认许资本制，指公司设立时章程载明公司资本额，一次发行并认足公司方得成立，同时公司章程可以授权董事会在公司成立后一定期限内，在公司资本一定比例的范围内，发行新股而无须股东会决议。折中授权资本制和许可资本制分别以授权资本制和法定资本制为制度基础。

大体上讲，对于投资者而言，授权资本制最为宽松，折中资本制次之，法定资本制束缚最多。但每一种资本制的宽严度仍然有较大的伸缩空间，法定资本制更是如此。法定资本制是一种结构多元和复杂的规范系统，包含了出资形式多寡，出资期限长短，法定最低额度高低，出资结构要求有无等多种子项目的选择及其组合，不同的组合表明在法定资本制框架下宽严不一的政策选择。本条规定股份公司章程或股东会可授予董事会新股发行权，标志着授权资本制的引入，是《公司法》的重大制度创新。

（二）授权资本制的制度优势

与法定资本制相比，授权资本制有三大优势：(1)公司不必一次发行全部股份，降低公司设立成本，避免资金闲置；(2)授权董事会自行决定发行资本，不需经股东会决议，简化了公司的增资程序，更有效率；(3)董事会根据公司经营情况发行资本，融资的灵活性和机动性提升，同时董事会决策可能更具专业性、科学性，更能适应市场经济和资本市场的发展需求。

自1993年以来，我国一直实行法定资本制，根据本法第112条、第151条的规定，公司新股发行权原则上由股东会享有，系股东享有公司重大事项决定权的体现，本条允许将新股发行权授予董事会，首次引入了授权资本制，这是董事会中心主义模式的标志性制度构造，与董事会中心主义模式相适应。

（三）中国版授权资本制的基本构造

1. 本条第1款及第153条：董事会的发行权及限制

综合来看，与英美授权资本制相比，我国关于董事会的职权限制较为严格，可谓“迷你版”授权资本制，引入新制度初期的谨慎与慎重也是可取的立场。本条及第153条的立法背景在于，授权资本制使公司新股发行权由股东会转移至董事会，由此可能带来两对利益冲突：董事与股东之间的利益冲突以及不同股东之间的利益冲突。具体而言,不正当的股份发行可能使公司原有股东利益因发行价格不公允受损,也可能使股东股权因发行对象问题而被稀释。鉴于此,有必要对董事会的发行权进行规制,以降低公司代理成本。本条及第153条借鉴域外立法经验,综合采取了授权期限、授权比例、出资形式等方面措施对董事会的股份发行权进行授权兼限制。总体而言,被授权决定股份发行的董事会职权及其限制体现在:

(1)授权期限为3年。本条规定股东会或公司章程授权董事会发行新股的最长期限为3年。此举有利于保护公司股东,尤其是中小股东的利益,防止因董事会长期享有新股发行权而损害股东利益。

(2)发行额度上限。本条规定董事会发行新股数额不超过公司已发行股份的50%。

(3)发行对价限制。本条规定股东以非货币财产出资的,仍应经股东会同意。新股发行的价格涉及新旧股东之间的利益冲突,由股东会决定以非货币财产出资的新股发行,旨在避免定价不当导致原有股东利益受损,防止不同股东之间利益失衡。

(4)董事会决议采绝对多数决。此点的内容详见本法第153条。

2. 第2款:公司章程修改的决议豁免

本款规定董事会发行股份后修改公司章程中的注册资本和已发行股份数不需要股东会表决。此规定系董事会享有新股发行权的必然逻辑结果,彰显了对效率的尊重。

(四)授权资本制下的公司资本金的几个概念辨析

授权资本制引入后会带来公司资本和财务会计制度的体系化变动。鉴于此,有必要对公司法理论、实务涉及的多个资本概念之内涵和关联进行阐释。

1. 注册资本金,指公司章程记载并经公司登记机关审查登记的股本金。

2. 已发行资本金,指授权资本制之下,已经发行的股份对应的股本金,即授权资本制下的注册资本金。

3. 待发行资本金,与“已发行资本金”相对,指授权范围内未发行股份所对应的股本金。

4. 已认缴资本金,指已经发行的股本中的已经被发起人、认股人认缴的股份对应的资本金部分。

5. 待认缴资本金,与“已认缴资本金”相对应,系指已经发行的股本中的尚未被发起人、认股人认缴的股份对应的资本金部分。

6. 实缴资本金，可能存在两个极端情形：一是公司注册资本金一次性发行，一次性募足，一次性缴足，此时注册资本金与实缴资本金一致；二是注册资本金分次发行，每次发行的部分认缴且分次实缴，此时注册资本与实缴资本就会出现分离。

7. 待实缴资本金，与"实缴资本金"相对应，系指已经发行且认缴的股份对应的股本金中的尚未实缴的部分。

需说明，由于股份公司实行实缴制而非认缴制，待实缴意味着股东构成瑕疵出资。

◉ 公司治理操作指南

将授权资本制度引入股份公司，极大便利了股份公司的筹资行为，提升了股份公司的筹资能力。同时，授权资本制可能带来公司董事与股东之间以及不同股东之间的利益冲突。我国股权结构相对集中，董事会往往处于控股股东的控制之下，新股发行造成中小投资者利益受损的潜在风险也较大。为防范公司治理风险，降低代理成本，需对董事会新股发行权建立相应的约束和控制机制。

一方面，股东根据公司经营状况、融资需求等因素，设计差异化的章程约款，如考虑在章程中对授权期限、授权比例进行更细致的规定，同时可规定在新股发行导致控制权变动或者以特别有利价格发行新股时，董事会要对股东会作书面报告或者直接由股东会决议，以避免利益冲突，维护股东利益。

另一方面，董事应就公司新股发行承担信义义务。在形式合法方面，董事会应遵守公司法、公司章程关于授权期限、授权比例、决议程序等规范；在实质合法方面，董事会应以公司利益最大化为目标，确保新股发行目的的正当性，科学决策，合理定价，若违反法律、章程的规定，股东可以诉请确认董事会决议无效，并要求有过错的董事承担违信责任。

◉ 比较法规范

《美国模范商业公司法》第 6.01 节；《美国特拉华州普通公司法》第 151 ~ 152 条；《英国 2006 年公司法》第 551 条；《德国股份法》第 202 条、第 205 条；《韩国公司法》第 416 条；《日本公司法》第 200 条。

◉ 研究文献

1. 冯果：《论授权资本制下认缴制的去与留》，载《政法论坛》2022 年第 6 期。

2. 沈朝晖：《授权股份制的体系构造——兼评 2021 年〈公司法〉（修订草案）相关规定》，载《当代法学》2022 年第 2 期。

3. 陈景善：《授权资本制下股份发行规制的重构》，载《华东政法大学学报》2022 年第

2 期。

4. 李建伟:《授权资本发行制与认缴制的融合——公司资本制度的变革及公司法修订选择》,载《现代法学》2021 年第 6 期。

5. 朱慈蕴:《中国公司资本制度体系化再造之思考》,载《法律科学(西北政法大学学报)》2021 年第 3 期。

6. 徐强胜:《我国公司人格的基本制度再造——以公司资本制度与董事会地位为核心》,载《环球法律评论》2020 年第 3 期。

7. 赵树文:《系统论范式下我国公司资本规制立法的完善》,载《法商研究》2017 年第 5 期。

8. 蒋大兴:《质疑法定资本制之改革》,载《中国法学》2015 年第 6 期。

第一百五十三条 【授权资本制的董事会决议多数决】

公司章程或者股东会授权董事会决定发行新股的,董事会决议应当经全体董事三分之二以上通过。

◉ 立法意旨

本条系授权资本制下的发行新股董事会决议多数决的规定。

◉ 条文演变历程

在此次修法中,一审稿第 164 条规定,“公司章程或者股东会授权董事会决定发行新股的,董事会决议应当经全体董事三分之二以上通过。发行新股所代表的表决权数超过公司已发行股份代表的表决权总数百分之二十的,应当经股东会决议”。二审稿仅保留关于董事会发行新股决议需绝对多数决的规定,删除了一审稿第 164 条第 2 句关于发行新股数额超过已发行股份 20% 需经股东会决议的规定,放松了对董事会发行权的数额管制。三审稿没有改动,直至形成本条。

◉ 条文释义

本条与本法第 152 条均系新增条款。

如本法第 152 条释义所指出,中国版授权资本制对于董事会信任有限,对董事会发行股份的职权多有限制,包括本条规定的,董事会在作出发行新股的决议时,需经全体董事 2/3 以上通过。对董事会决议提出绝对多数决的要求,系本法第 152 条的配套规定,旨在加强对董事会发行权的约束,保护股东尤其是少数股东的合法权益。

若董事会违反法律、公司章程的规定作出新股发行决议，将导致决议效力瑕疵；如决议未达绝对多数比例，依据本法第 27 条第 4 项规定，决议不成立；如违反本法第 151 条或者公司章程关于董事会发行新股的授权期限、数额等限制，决议无效或可撤销。

◉ 比较法规范

中国台湾地区“公司法”第 266 条。

◉ 研究文献

参见本法第 152 条研究文献。

第一百五十四条　【公开募集股份的注册制及招股说明书内容】

公司向社会公开募集股份，应当经国务院证券监督管理机构注册，公告招股说明书。

招股说明书应当附有公司章程，并载明下列事项：

（一）发行的股份总数；

（二）面额股的票面金额和发行价格或者无面额股的发行价格；

（三）募集资金的用途；

（四）认股人的权利和义务；

（五）股份种类及其权利和义务；

（六）本次募股的起止日期及逾期未募足时认股人可以撤回所认股份的说明。

公司设立时发行股份的，还应当载明发起人认购的股份数。

◉ 立法意旨

本条是关于股份公司公开募集股份的注册制及招股说明书内容的规定。

◉ 条文演变历程

本条可追溯至 1993 年《公司法》第 87 条、第 139 条和第 140 条。其中，第 87 条规定：“招股说明书应当附有发起人制订的公司章程，并载明下列事项：（一）发起人认购的股份数；（二）每股的票面金额和发行价格；（三）无记名股票的发行总数；（四）认股人的权利、义务；（五）本次募股的起止期限及逾期未募足时认股人可撤回所认股份的说明。”第 139 条规定：“股东大会作出发行新股的决议后，董事会必须向国务院授权的部门或者省级人民政府申请批准。属于向社会公开募集的,须经国务院证券管理部门批准。"第 140 条规定:"公司经批准向社会公开发行新股时,必须公告新股招股说明书和财务会计报表及附属明细表,并制作认股书。公司向社会公开发行新股,应当由依法设立的证券经营机构承销,签订承销协议。"

2005 年《公司法》修订则将 1993 年《公司法》第 139 条和第 140 条整合并修订为第 135 条新股发行公告、募股方式及缴纳股款方式,规定:"公司经国务院证券监督管理机构核准公开发行新股时,必须公告新股招股说明书和财务会计报告,并制作认股书。本法第八十八条、第八十九条的规定适用于公司公开发行新股。"2005 年《公司法》第 87 条则新增第 4 项内容,即"募集资金的用途"。2013 年《公司法》的修正,仅将前者的序号调整至第 134 条,后者变为第 86 条。

此次修法,一审稿整合旧法第 134 条和第 86 条形成第 165 条,规定:"公司向社会公开募集股份,必须经国务院证券监督管理机构注册,公告招股说明书。招股说明书应当附有公司章程,并载明下列事项:(一)发行的股份总数;(二)发行面额股的,每股的票面金额和发行价格,发行无面额股的,股份发行价格;(三)募集资金的用途;(四)认股人的权利和义务;(五)股份种类及其权利和义务;(六)本次募股的起止期限及逾期未募足时认股人可以撤回所认股份的说明。公司设立时发行股份的,还应当载明发起人认购的股份数。"二审稿第 154 条第 2 款第 2 项则将一审稿第 165 条第 2 款第 2 项的"发行面额股的,每股的票面金额和发行价格,发行无面额股的,股份发行价格"修改为"面额股的票面金额和发行价格或者无面额股的发行价格"。三审稿第 154 条对二审稿进行了两处的修订:一是将第 1 款的"必须"修改为"应当";二是将第 2 款第 6 项的"期限"修改为"日期"。新法沿袭三审稿的内容。

◉ 条文释义

本条对应旧法第 85 ~ 86 条及第 134 条,修订幅度较大。

(一)第 1 款:公开募集股份的注册制

长期以来我国的公开募集股份采核准制,即需要递交公开募集申请并经过证监会批准。现改为注册制,即需要向证监会申请注册。

经注册后,发行人应面向社会公众公告招股说明书,以便吸引社会公众认购股份。招股说明书是股票发行人向社会公众公开发行股票时,依照法律规定的格式、内容和程序向社会公众公开相关信息,并邀请公众认购公司股票的规范性文件。依照《民法典》第 473 条,招股说明书在性质上属于要约邀请,其内容是希望公众向公司提出购买股票的要约，而非以缔结合同为目的并希望相对人承诺的意思表示。

一般认为，招股说明书的法律特征包括：

(1)法定性。招股说明书的记载事项、方式和格式等均为法定，发行人不得随意删减。

(2)招股说明书的签署人须对所记载事项作出直接承诺，不得虚假陈述，各种证券中介组织需要在各自的专业范围内对相关文件的真实性、准确性和完整性作出声明和承担相应责任。

(3)招股说明书须报证监会注册，经认可后向不特定的社会公众公开。①

(二)第2款：招股说明书的内容

股份公司向社会公开募集股份需要公告招股说明书，本款规定招股说明书应当载明的事项有六：

1. 发行的股份总数，指公司本次发行向社会募集的股份总数。

2. 面额股的票面金额和发行价格或者无面额股的发行价格。公司发行面额股的，要公布其每一份额的股份所代表的货币数额和发行股票时每一股的价格；发行无面额股的，要公布无面额股的发行价格，以便认股人认购公司股票，计算所购股票代表的公司资本数额及所占的比例。②

3. 募集资金的用途。募集资金用途是对投资者的承诺，对公司今后的生产经营活动有约束力，公司不能将资金挪作他用。③

4. 认股人的权利义务。认股人的权利包括要求代收股款的银行或其他金融机构出具收款单据，参加创立大会并依法行使表决权，要求未按期募足股份或未按期召开创立大会的发起人依法返还认股人股款及同期银行存款利息等。认股人的义务包括按照所认股数缴纳股款，不得擅自抽回股本等。在招股说明书中载明认股人的权利义务，目的在于使投资者清楚了解自己一旦认购股份便会与公司产生权利义务关系。

5. 股份种类及其权利义务。本法第144条是类别股的发行规则，明确股份公司可以发行财产分配型类别股、表决权型类别股、限制转让型类别股以及国务院规定的其他类别股，并限定公开发行股份的公司可发行的类别股种类。

① 参见冯果主编：《证券法》(第2版)，武汉大学出版社2022年版，第232页。

② 参见赵旭东主编：《新公司法条文释解》，法律出版社2024年版，第335页。

③ 参见宋燕妮、赵旭东主编：《中华人民共和国公司法释义》，法律出版社2019年版，第180页。

6. 本次募股的起止日期及逾期未募足时认股人可以撤回所认股份的说明。

（三）第 3 款：公司设立时的特别记载事项

公司设立时发行股份的，还应当载明发起人认购的股份数。发起人认购股份的总额及每个发起人认购的股份数可以向公众展示发起人的出资情况，提供投资风险的判断依据。

◉ 比较法规范

《美国模范商业公司法》第 2.02 节；《韩国公司法》第 544 条、第 287 条之三；《英国 2006 年公司法》第 32 条；中国台湾地区“公司法”第 156 条。

第一百五十五条 【股票承销】

公司向社会公开募集股份，应当由依法设立的证券公司承销，签订承销协议。

◉ 立法意旨

本条是关于公开募集股份应由证券公司承销的规定。

◉ 条文演变历程

股票承销最早规定在 1993 年《公司法》第 89 条，“发起人向社会公开募集股份，应当由依法设立的证券经营机构承销，签订承销协议”。此后多轮修法（此次修法除外）均无变动，一直延续由证券公司承销股票的制度惯性。此次修法，一审稿第 166 条将募集股份主体由发起人改为公司，直至形成本条。

◉ 条文释义

本条对应旧法第 87 条，修订在于句首主语由“发起人”更换为“公司”。

公开募集股份的公司须与券商签署承销协议，不得自己销售股票。这是考虑到向社会公开募集股份所涉人数众多，自行发行股票的工作量太大，不利于公司足额募集股份。同时，通过证券公司承销证券可以由证券公司对发行文件的真实性、准确性、完整性进行核查，有利于保护公众投资者的合法权益。①

承销指证券公司在规定的期限内销售发行人所发行的股票，并按约定收取佣金

---

① 参见朱海城：《从〈公司律〉到〈公司法〉：近代中国股票发行制度与实践研究》，载《社会科学》2018 年第 7 期。

或约定报酬的行为。承销有代销与包销两种方式。[①] 代销指证券公司代发行人发售股票，在承销期结束时，将未售出的股票全部退还发行人的承销方式；包销指证券公司将发行人的股票按照协议全部购入或在承销期结束后将未售出的剩余股票全部自行购入的承销方式。代销与包销的共同之处在于都将股票经由证券公司外销，核心区别在于：代销中的承包商没有风险，卖不完的股票退还发行人，发行人承担发行失败的风险；包销则是未售出的股票由承销商自己承担，发行人不存在发行失败的风险。采取哪种方式较为妥当，要根据发行人的具体情况以及市场状况来决定。

依法设立的证券公司指经证监会审查批准，可以经营证券承销与保荐业务的证券公司。根据《证券法》第27条的规定，公开发行证券的发行人有权依法自主选择承销的证券公司。选定后，证券公司应当同公司签订承销协议，明确双方权利与义务。《证券法》第28条明确了代销或包销协议的记载事项，股份公司与证券公司应将相应事宜记载于承销协议之中。

◉ 公司治理操作指南

股票承销作为公司募集股份中非常重要的环节，需要注意以下要点：

1. 承销商的选择。公司应选择具有良好声誉和丰富经验的承销商，以提高市场认可度，确保股票顺利发行。同时，公司应与承销商建立良好的合作关系，双方在发行过程中应当密切配合，共同推动发行进程。

2. 尽职调查。在股票承销过程中，公司和投资者都需要进行尽职调查。公司应评估承销商的能力、专业知识和资源，以确保承销商能够提供高质量服务。投资者应评估公司的财务状况、业务模式和市场前景，以作出明智的投资决策。

3. 定价策略。股票定价是股票承销中的关键环节，公司应根据市场情况和自身价值制定合理的定价策略，以吸引投资者，保护股东利益。在定价过程中，公司应与承销商充分沟通，确保定价的合理性和可行性。

4. 信息披露。在股票承销过程中，公司应按照相关法律法规的要求，及时、准确、完整地披露相关信息，以确保投资者作出明智的投资决策，同时公司应保证所披露信息的真实性与准确性，防止虚假信息对投资者造成误导。

5. 风险控制。股票承销涉及的风险多种多样，如流动性风险、市场风险和信用风险等。公司应建立健全的风控体系，对各种可能出现的风险进行充分评估和监

① 参见杨峰：《我国实行股票发行注册制的困境与路径分析》，载《政法论丛》2016年第3期。

控,降低风险对公司及投资者的负面影响。

6. 合规性。公司应与承销商共同确保发行过程的合规性,防止出现内幕交易、利益输送等违法行为。

在整个承销过程中,公司与承销商属于密切合作关系,应确保股票发行的顺利进行和市场认可,同时应注重保护投资者和股东的利益。

◉ 比较法规范

《德国股份法》第186条;《日本公司法》第199条;《英国2006年公司法》第551条;《美国模范商业公司法》第6.21节;《美国特拉华州普通公司法》第152条;《韩国商法》第416条;中国台湾地区"公司法"第268条。

◉ 研究文献

杨峰:《我国实行股票发行注册制的困境与路径分析》,载《政法论丛》2016年第3期。

第一百五十六条 【代收股款】

公司向社会公开募集股份,应当同银行签订代收股款协议。

代收股款的银行应当按照协议代收和保存股款,向缴纳股款的认股人出具收款单据,并负有向有关部门出具收款证明的义务。

公司发行股份募足股款后,应予公告。

◉ 立法意旨

本条是关于公司公开募集股份应当同银行签订代收股款协议的规定。

◉ 条文演变历程

代收股款的规定最早规定在1993年《公司法》第90条,"发起人向社会公开募集股份,应当同银行签订代收股款协议。代收股款的银行应当按照协议代收和保存股款,向缴纳股款的认股人出具收款单据,并负有向有关部门出具收款证明的义务"。此后多轮修法(此次修法除外)均无内容性修订。此次修法,一审稿第167条规定,"公司向社会公开募集股份,应当同银行签订代收股款协议。代收股款的银行应当按照协议代收和保存股款,向缴纳股款的认股人出具收款单据,并负有向有关部门出具收款证明的义务。公司发行股份募足股款后,应予公告"。此处包含两个修订:将旧法第88条的股份募集主体由发起人变更为公司;取消旧法第136条向公司登记管理机关办理变更登记的要求,转采公告制度。最终形成本条。

◉ 条文释义

本条前两款对应旧法第 88 条，第 1 款开头主语由“发起人”更换为“公司”；第 3 款对应旧法第 136 条，删除了“必须向公司登记机关办理变更登记”的内容。

1. 第 1 款：代收股款协议

公司向社会公开募集股份，虽通过证券公司承销，但证券公司不直接收取股款。本条规定股款应当通过银行代收。银行提供通道服务，意在暂时隔离发行人、券商与股款，保护认股人利益。

2. 第 2 款：银行的义务

代收股款的银行与公司签订的代收股款的协议，是设立二者间民事权利义务的合同。代收股款的银行所负的主要义务有：

（1）按照协议代收和保存股款。代收股款协议签订后，代收股款的银行应依约代公司收取募集股份所得股款，并将该股款保存于银行，以保障资金安全。

（2）向缴纳股款的认股人出具收款单据。认股人在缴纳股款后，应当有证明其已缴纳股款的书面文件。代收股款的银行对向其缴纳股款的认股人，负有出具收到该认股人缴纳股款单据的义务，使认股人可以持有缴纳股款的凭据。

（3）向有关部门出具收款证明。为使有关部门知悉公司的资金情况，以便对股票发行进行监督和管理，对所收股款进行审核验资，代收股款的银行还负有向有关部门如登记机关、法院等出具收款证明的义务。[①]

3. 第 3 款：公告义务

公司募足股款后，应当公告，以便投资者了解情况和监督机关开展监督管理工作。

◉ 公司治理操作指南

代收股款的要点包括以下几点。

1. 合法合规。公司必须确保代收股款的操作符合相关法律法规的要求。公司应避免任何形式的违法行为，确保代收股款活动的合法合规。

2. 风险管理。代收股款涉及的风险多种多样，例如流动性风险、信用风险等。公司应建立健全风险管理机制，对代收股款可能带来的风险进行评估与监控，以降

① 参见叶林：《以信息披露为核心构建股票发行注册制》，载《中国金融》2023 年第 10 期，第 39～40 页。

低风险对公司和投资者的负面影响。

3. 内部控制与审计。公司应建立健全的内部控制机制，确保代收股款活动的合规性、安全性；同时应定期对代收股款活动进行内部审计，检查和监督相关操作的合规性和有效性。

4. 合作与监管。公司应与代收股款的银行建立良好的合作关系，共同确保代收股款活动的顺利进行；同时，公司应积极配合监管机构的检查和监管，遵守相关法律法规的要求。

◉ 比较法规范

《德国股份法》第 67 条；《日本公司法》第 215 条；《英国 2006 年公司法》第 546 条；《美国模范商业公司法》第 6.21 节；《美国特拉华州普通公司法》第 161 条；《韩国商法》第 416 条；中国台湾地区“公司法”第 134 条。

◉ 研究文献

1. 章武生：《美国证券市场监管的分析与借鉴》，载《东方法学》2017 年第 2 期。

2. 杨峰：《我国实行股票发行注册制的困境与路径分析》，载《政法论丛》2016 年第 3 期。

3. 陈洁：《论保荐机构的担保责任》，载《环球法律评论》2010 年第 6 期。

◉ 典型案例

国网电力科学研究院有限公司与南京高能信息产业股份有限公司股东资格确认纠纷案①

1. 案情简介

1994 年 5 月 27 日，南京市经济体制改革委员会对南京市五星高能通信有限公司作出批复，同意由该公司以及上海万国证券公司南京市证券公司联合业务部等共同设立南京五星高能股份有限公司（以下简称五星公司）。

1994 年 6 月 27 日，南京会计师事务所出具《关于南京五星高能股份有限公司实收资本补充验证报告》，证明募集法人股、内部职工股均已如实进入公司银行账户。

根据工商调档资料，1994 年 6 月 20 日，电力工业部电力自动化研究院（以下简称电力研究院）出具“委派书”，内容为现派黄某果出任五星公司董事一职。1994 年 6 月 28 日，五星公司创立大会选举第一届董事会成员，其中有黄某果，并有其签字。1996 年 7 月 20 日，五星公司再次召开股东大会作出人事变更决议，在签字人员中有黄某果。根据调档的工商资料，1996 年，《自评报告》记载电力研究院投入 50 万元。

1996 年 12 月 10 日，五星公司向市工商局高新区分局报送《关于申请重新规范登记

① 参见江苏省南京市中级人民法院民事判决书，（2020）苏 01 民终 10750 号。

的报告》,所附各股东单位签章共计 30 家,其中有电力研究院。

1996 年 12 月 28 日,南京市经济体制改革委员会发文通知五星公司,根据该公司报告的文件材料,可以重新登记。1997 年 3 月 20 日,五星公司向登记机关提交上述材料申请登记,后变更名称为现名称"南京高能信息产业股份有限公司"(以下简称高能公司),高能公司 2000～2004 年向登记机关提供的《公司年检报告书》均载明公司法人股有电力研究院,实缴出资 50 万元。

高能公司提供了电力研究院 2001～2012 年向登记机关提供的《年检报告》,上述报告的对外投资一栏均未记载对高能公司的股权投资情况。

电力研究院向法院提起诉讼请求确认其股东资格。

2. 裁判要旨

关于本案现有证据能否认定电力研究院系持有高能公司 50 万元法人股股东的问题,二审法院认为:《民事诉讼法解释》第 90 条规定,"当事人对自己提出的诉讼请求所依据的事实或者反驳对方诉讼请求所依据的事实,应当提供证据加以证明,但法律另有规定的除外。在作出判决前,当事人未能提供证据或者证据不足以证明其事实主张的,由负有举证证明责任的当事人承担不利的后果"。在本案中,电力研究院要求法院确认其系持有高能公司 50 万元法人股的股东,根据《公司法解释三》第 22 条,电力研究所应当证明其已经依法向高能公司出资或者认缴出资,且不违反法律法规强制性规定。就电力研究院有无依法向高能公司实际出资,电力研究院提供了高能公司的《验资报告》《自评报告》《关于申请重新规范登记的报告》等证据予以证明。一审法院已对高能公司设立时相关银行账户进账情况进行了调查,但因高能公司设立于 1994 年,至今已 20 余年,相关银行凭证客观上已无法查询。在二审中电力研究院亦确认无法向原验资机构调取当初的验资材料。再结合高能公司关于登记的发起人和社会法人股股东公司是为了设立股份公司而准备的,并无股东实际出资的陈述,以及电力研究院在 2001～2012 年向登记机关提供的《年检报告》中均未记载对高能公司的股权投资情况,一审法院认定就本案现有证据无法确认电力研究院系高能公司的股东,并据此驳回电力研究院的诉讼请求并无不当。

3. 案件评析

如果银行代收股款的凭据保存完好,本案的纠纷可能就不会发生,发生后也有充分证据予以证明,有利于消弭纷争。本案的纠纷发生,很大程度上是因为时过境迁,相关银行凭证客观上已无法查询。

根据本条规定,代收股款协议签署后,银行依约代收股款并保存。同时银行对向其缴纳股款的认股人负有出具收到该认股人已经缴纳股款的单据的义务,确保认股人持有已缴纳股款的凭据;银行还负有向有关部门出具收款证明的义务,以使有关部门能够知悉公司的资金情况,便于审核验资。公司募足股份后还负有公告义务,以实现对投资者的保护。各方应遵循本规定,以防止类似纠纷的发生。

第一百五十七条　【股份转让原则】

股份有限公司的股东持有的股份可以向其他股东转让，也可以向股东以外的人转让；公司章程对股份转让有限制的，其转让按照公司章程的规定进行。

◉ 立法意旨

本条是关于股份公司股份转让自由原则的规定。

◉ 条文演变历程

本条最早可追溯至1993年《公司法》第143条，“股东持有的股份可以依法转让”。该规定在此后多轮修法（此次修法除外）中没有变动。在此次修法中，一审稿第168条作了如下修改：一是将旧法第137条表述优化为“股份有限公司的股东持有的股份可以向其他股东转让，也可以向股东以外的人转让”，丰富了股份转让对象的描述；二是新增内容“公司章程规定转让受限的股份，其转让按照公司章程的规定”，即允许股份公司章程限制股份转让。二审稿、三审稿未改动。新法将一审稿新增内容进一步优化表述为“公司章程对股份转让有限制的”。

◉ 条文释义

本条第1分句对应旧法第137条，有文字表述上的变化，无实质内容修订。第2分句为新增规定。

1. 第1分句：股份转让对象

旧法第137条规定“股东持有的股份可以依法转让”，其具体指向不明。本句进一步细化规定，落脚点在于股份转让的对象，即不仅可以向公司内其他股东转让，还可以向股东外的人转让。这一修订有意与第84条第1款、第2款有限责任公司股权转让对象限制进行对照：股份公司的股份转让不区分内外；但有限公司的股权转让因区分内外而不同，内部转让自由，外部转让受限。这一规定契合股份公司的资合属性，股份公司股份转让自由度应高于有限公司，本句可谓确立了股份转让自由原则。

既然股东转让股份可以向其他股东转让，也可以向股东以外的人转让，此处“股东以外的人”是否包括公司自身？股东转让股份给本公司也是一种股份交易，但由于其后果是公司持有自己的股份，故称为“回购”。站在公司的立场，无论是被动的股份回购还是主动的股份回购，都受到各国家和地区公司法的特别限制。具体到新《公司法》，详见第161～162条的规定。

2. 第 2 分句：股份转让的章程限制

本句在第 1 分句确立了股份公司股份内外转让自由原则的前提下，允许章程设置转让限制约款，股东转让按照公司章程的规定进行。本句为新增规定，属于根本性变动，引入该规定的考量有二：

一是与类别股规则相衔接。本法第 144 条引入类别股发行规则，该条第 1 款第 3 项规定股份公司可以发行“转让须经公司同意等转让受限的股份”的类别股。本句股份转让的章程限制规则与第 144 条完成了体系联动。

二是满足封闭性不同的公司的治理需求。股份公司的开放性并不相同，上市股份公司与非上市股份公司的开放性不可同日而语，允许章程限制股份转让为封闭性较强的非上市股份公司保留了自治空间。这同时是有限公司与股份公司制度同质化的又一例证。

◉ 公司治理操作指南

在实践中可能出现禁止股份外部转让，限制股份外部转让，限制股份内部转让，强制股份内部转让等各种类型的公司章程条款，其效力判定并无特别规定，须结合具体情况分析。在司法裁判中，须区分两阶段循序审查：

（1）合同法的审查。基于合同法的视角，根据法律行为效力的一般规则进行判断，违反法律、行政法规效力性强制性规定和违背公序良俗的章程条款无效。

（2）组织法的审查。若公司章程的限制对股东转让股份的权利或其他股东权利构成“实质性剥夺”，则该约款可能被判定为无效。

◉ 比较法规范

《日本公司法》第 107 条、第 127 条；《韩国公司法》第 335 条；《德国股份法》第 68 条；《英国 2006 年公司法》第 544 条；《美国模范商业公司法》第 6.27 节；《美国特拉华州普通公司法》第 202 条；中国台湾地区“公司法”第 163 条、第 356 - 1 条、第 356 - 5 条。

◉ 研究文献

1. 钱玉林：《我国〈公司法〉体系的重构——一种解释论的观点》，载《政治与法律》2021 年第 2 期。

2. 李建伟：《“实质性剥夺”股东知情权的公司意思效力研究——〈公司法解释四〉第 9 条的法教义学分析及展开》，载《中外法学》2018 年第 5 期。

3. 王保树：《公司法律形态结构改革的走向》，载《中国法学》2012 年第 1 期。

◉ 典型案例

张家港保税区千兴投资贸易有限公司与梦兰星河能源股份有限公司股东资格确认纠纷案①

1. 案情简介

梦兰星河能源股份有限公司(以下简称梦兰星河公司)章程规定股东持有的股份可以依法转让,但同时规定股东对外转让股份时应事先取得其他股东一致同意,且其他股东享有优先受让权和同售权。2018 年 4 月 28 日,梦兰星河公司股东之一江苏梦兰集团有限公司(以下简称梦兰集团公司)向其他股东发出“股权转让通知”,表示其拟向股东之外的沙钢公司出售部分股份,梦兰星河公司及其多名股东于 2018 年 5 月24 日回函表示该项股份转让存在法定障碍,要求梦兰集团公司清除该障碍并召开股东会表决,但梦兰集团公司未对该事项进行回应。2018 年 5 月 7 日,梦兰集团公司与千兴投资公司签订《股权转让协议》约定将 3000 万股股份转让给千兴投资公司且千兴投资公司已付款。2019 年 1 月,千兴投资公司诉至法院,要求梦兰星河公司为其办理股东变更登记。

2. 裁判要旨

一审法院认为,梦兰星河公司章程对股东向第三方转让股份作出限制性规定,尽管该修订后的公司章程并未在工商档案中备案,未起到公示作用,但因梦兰星河公司时任各股东均已盖章确认,故在公司内部公司章程对公司股东应当具有约束力,股东在对外转让股份时也应遵守章程规定。千兴投资公司与梦兰集团公司所签《股权转让协议》约定的合同生效条件之一,亦为目标公司股东会作出同意目标股份转让的决议或者其他股东放弃优先受让权,说明合同双方在签订《股权转让协议》时知晓案涉股份转让并非合同双方达成合意即可发生效力,还需征得相关方同意等方可完成股份转让行为。千兴投资公司虽称梦兰集团公司已将案涉股份转让事宜通知了梦兰星河公司及各股东,但梦兰星河公司及其股东均未表示同意转让,亦未明确表示放弃优先受让权等相关权利,故案涉《股份转让协议》对梦兰星河公司并未发生法律效力,一审法院驳回千兴投资公司确认股东身份等诉讼请求。

二审法院认为,本案的焦点问题是案涉股份转让条件是否已成就,即该转让行为是否符合梦兰星河公司章程规定。首先,无证据显示梦兰集团公司在对外转让股份前曾与其他股东充分协商,梦兰集团公司虽发出“股权转让通知”,但梦兰星河公司及其股东在收到通知后明确回函,且提出的理由合理、正当,梦兰集团公司该时点并未解决该问题并及时提请股东大会讨论。其次,2018 年 4 月 28 日“股权转让通知”称股份受让对象为“沙钢集团”,与实际受让主体千兴投资公司不一致。虽然千兴投资公司主张梦兰集团公司于 2019 年 1 月向其他股东寄出的落款日期为 2018 年 4 月 28 日的“股份转让通知”,明确

① 参见最高人民法院民事判决书,(2020)最高法民终 1224 号。

主体问题，但该通知内容属于告知股份转让，并非与其他股东商讨行使优先购买权或同售权，形式并不完备。最后，并无证据显示梦兰集团公司将股份转让事项已实质通知到梦兰星河公司另一股东孙某，不符合章程第 24 条规定的“一致同意”。因此，案涉《股权转让协议》不符合公司章程的规定，对梦兰星河公司不发生效力。

3. 案件评析

本案虽为股东资格确认之诉，但争议焦点为违反公司章程的股份转让是否发生法律效力。

梦兰星河公司章程明确规定股东对外转让股份时需事先取得其他股东一致同意，其他股东享有优先受让权以及同售权，故在未满足转让条件的情形下，股份转让协议无法对目标公司发生效力。此外，本案存在一些值得注意的细节，如公司章程虽未在工商档案备案，但由于《股份转让协议》体现了章程限制股份转让的内容，故受让人不能以章程未公示抗辩。股份对外转让时，股份实际受让人应与向其他股东通知的受让人一致。股份对外转让时是否必须通知全体股东并取得一致同意等事项也应符合公司章程。由于在本案中 2018 年《公司法》并未明确公司章程是否可以对股份公司的股份转让事项进行限制，故裁判依据是 2018 年《公司法》第 11 条（新《公司法》第 5 条）关于公司章程的一般规定。今后类似案件可依据新《公司法》第 157 条裁判。

第一百五十八条　【股份转让的场所与方式】

股东转让其股份，应当在依法设立的证券交易场所进行或者按照国务院规定的其他方式进行。

◉ 立法意旨

本条是关于股份公司股份转让场所和方式的规定。

◉ 条文演变历程

1993 年《公司法》第 144 条明确“股东转让其股份，必须在依法设立的证券交易场所进行”。2005 年修法为给柜台交易等其他证券交易方式提供制度空间，2005 年《公司法》第 139 条加入“或者按照国务院规定的其他方式进行”的规定，[①]并将原条文的“必须”修改为“应当”。2013 年修法该规定调整序号至第 138 条。本次修法维持原有表述。

① 参见范健、王建文：《商法学》（第 5 版），法律出版社 2021 年版，第 198 页。

◉ 条文释义

本条源自旧法第 138 条,无修订。

本条为引致条文,明确各类股份公司的股票转让应当遵守相关法律法规的要求。股份公司分为上市公司与非上市股份公司,各类公司基于自身特点在不同交易场所以不同方式进行股份转让,适用的规则各有不同。

根据本法第 165 条,上市公司股票应依照有关法律、行政法规及证券交易所交易规则上市,本条与第 165 条构成了一般规定与特殊规定的关系,明确了上市公司股份转让应当在证券交易所集中竞价交易系统进行。目前有上海证券交易所、深圳证券交易所、北京证券交易所三家证券交易所,其中北京证券交易所由新三板精选层整体平移而来,聚焦于创新型中小企业。

与上市公司相对,非上市股份公司的股票转让可以依照国务院规定的其他方式进行:

(1)作为"新三板"的全国中小企业股份转让系统。该系统"是经国务院批准,依据证券法设立的全国性证券交易场所,主要为创新型、创业型、成长型中小微企业发展服务"。根据全国人大常委会法工委,卞耀武主编的《中华人民共和国证券法释义》对于《证券法》第 37 条第 1 款"国务院批准的其他全国性证券交易场所"的解释,"新三板"是公开发行的证券在现阶段除证券交易所外唯一的交易场所。其由"全国中小股份转让系统有限责任公司"负责运营,允许境内所有符合条件的股份公司申请挂牌,是非上市公众公司转让股份的主要场所。

(2)区域性股权交易市场。该市场是为特定企业提供股权、债权转让和融资服务的私募市场,一般由省级政府批准并在省级行政区划内提供设施和服务。现全国共有约 40 家区域性股权市场,是我国多层次资本市场的重要组成部分。

(3)证券公司柜台市场。该市场是指证券公司在集中交易场所外,为与交易对手方进行交易或与投资者进行交易提供服务的场所或平台,由证券业协会发布的《证券公司柜台市场管理办法(试行)》进行规范。

理解本条的核心在于对"证券交易场所"的明确。按照《虚假陈述若干规定》第 1 条第 1 款,某一金融产品是否适用虚假陈述民事赔偿责任,在于证券发行、交易的过程是否在"证券交易场所"内发生;根据第 34 条第 1 款"证券交易场所,是指证券交易所、国务院批准的其他全国性证券交易场所",即直接指向三家证券交易所以及新三板系统;除此之外,第 1 条第 2 款还提及区域性股权市场可以"参照适用"虚假陈述民事赔偿责任。可以说，最广义的证券交易场所包括深沪京三家证券交易所，国务院批准的其他全国性证券交易场所，也即全国中小企业股份转让系统与区域性股权交易市场；但严格意义上唯有三家证券交易所与“新三板”属于证券交易场所。

除广义的证券交易场所外，“国务院规定的其他方式”主要指柜台交易方式，但随着资本市场的发展，其外延亦有扩张的空间。

◉ 公司治理操作指南

相较于上市公司，非上市股份公司的指引和配套制度的建设并不完善，故在实践中出现了非上市股份公司股份进行场外交易的情形。由于立法存在空白，对于场外交易的效力判断，在司法裁判中曾出现因场外交易而判定股份转让协议无效的裁决。① 一般认为，本条并非效力性强制性规范，违反本条进行场外交易不宜认定为无效，这一裁判立场目前得到司法实践的认可。

◉ 研究文献

1. 邢会强：《新三板市场的法律适用与“新三板监管法”的制定》，载《现代法学》2018年第1期。

2. 蔡奕：《证券法发行上市条款的重大修订解读》，载《法学》2006年第2期。

◉ 典型案例

第158条

荆某国与陈某明、湖南大康国际农业食品股份有限公司股权转让纠纷案②

1. 案情简介

2008年8月20日，陈某明与荆某国签订股份转让协议，约定将陈某明所持湖南大康牧业股份有限公司（以下简称大康牧业公司）的190万股转让给荆某国，并约定自股份转让之日起，该部分股份的权利义务由荆某国承继。2008年11～12月荆某国分批支付转让款，2008年12月30日陈某明出具收齐转让款的收据。2010年11月18日，大康牧业公司在深交所上市，陈某明为发起人、控股股东和实际控制人、董事长。在大康牧业公司首次公开发行股票的招股说明书中，股东名册中并无荆某国。截至2016年6月30日，荆某国受让的陈某明190万股大康牧业公司股票已增至2859.12万股，已派发现金红利321,100元。

荆某国提起诉讼，主张陈某明应向其交付2858.12万股股票或支付相应对价，并支付股票对应的分红、送股、配股、转增股等派生权益和现金红利。陈某明及大康牧业公司（后更名为大康农业公司）辩称股份转让因违反2013年《公司法》中关于转让场所的规定

① 参见上海市第一中级人民法院民事判决书，(2009)沪一中民三(商)终字第57号。

② 参见最高人民法院民事判决书，(2018)最高法民终60号。

及《证券法》(2014年修正)的相关规定,案涉股份转让协议无效,故荆某国不享有相关权益。

2. 裁判要旨

本案的关键是股份转让协议的效力问题,核心在于对2013年《公司法》第138条(新《公司法》第158条)规范性质的理解。

一审法院认为,虽然陈某明违反了2013年《公司法》第138条(新《公司法》第158条),未在依法设立的证券交易场所或按照国务院规定的其他方式进行交易,但不能否定荆某国个人通过合法的民事行为取得股份的权利,也不影响《股份转让协议》的效力。

二审法院基本赞同一审观点,认为2013年《公司法》第138条(新《公司法》第158条)对股权转让关系效力并无影响。陈某明转让其持有的大康农业公司股份是对自己权利的正常处分,不违反法律、行政法规的强制性规定。

3. 案件评析

虽公司法对股份公司的股份转让场所进行了规定,但该规定不应被定性为效力性强制性规定,是否在规定场所进行股份转让不影响股份转让协议的效力。在本案中,陈某明与荆某国进行股份转让时的标的为非上市股份公司的股票,该股票交易场所的规定较为宽松模糊,且陈某明的转让行为是对自己所享有的权利的正常处分,不违反法律、行政法规的强制性规定,故案涉股份转让协议有效。基于该协议的内容及荆某国的诉讼请求,陈某明应向荆某国支付相应的股票对价和派生权益。

第一百五十九条 【股份变动模式】

股票的转让,由股东以背书方式或者法律、行政法规规定的其他方式进行;转让后由公司将受让人的姓名或者名称及住所记载于股东名册。

股东会会议召开前二十日内或者公司决定分配股利的基准日前五日内,不得变更股东名册。法律、行政法规或者国务院证券监督管理机构对上市公司股东名册变更另有规定的,从其规定。

◉ 立法意旨

本条是关于股份公司股票转让方式也即股份变动模式的规定。

◉ 条文演变历程

本条第1款、第2款分别涉及股份变动模式和封闭期间股东名册变更禁止两项内容。就第1款的股份变动模式而言,1993年《公司法》采取对记名股、不记名股的转让区分规定的方式,其中第145条第1款、第2款规定,“记名股票,由股东以背书方式或者法律、行政法规规定的其他方式转让。记名股票的转让，由公司将受让人的姓名或者名称及住所记载于股东名册”。1993 年《公司法》第 146 条规定，“无记名股票的转让，由股东在依法设立的证券交易场所将该股票交付给受让人后即发生转让的效力”。新法废除不记名股，其转让规定也就此删除，仅规定记名股票的转让，但对于股票转让方式的规定与此前关于记名股的规定保持一致。就转让后的股东名册变更记载而言，该规定在 1993 年《公司法》中作为独立的第 2 款存在，此种体系安排使股东名册记载对股票转让效力的影响不明。2005 年修法将该内容并入第 140 条第 1 款，用分号与股票转让的规定连接，规定“转让后”由公司将受让人信息记载于股东名册，从而明确了是否记载于股东名册不影响股份转让的效力，这一规定方式在本条得以延续。

就本条第 2 款的股东名册封闭期间而言，1993 年《公司法》规定股东会召开前 30 日不得进行过户登记，2005 年修法调整为 20 日，使法律规定更符合实践需求。在此次修法中，二审稿增加了法律、行政法规及证监会可对股东名册变更登记另行规定的内容，使公司法能和证监会等规定更好地衔接，满足公司的实践需求。本条延续了这一变动。

◉ 条文释义

本条对应旧法第 139 条、第 140 条，有细节改动。为配合新《公司法》体系，删除无记名股票转让方式的规定，完成了股份公司股份变动模式的统一。

（一）第 1 款：股份变动模式

本款明确了股份公司股票转让的权利变动模式。

1. 股份转让采债权形式主义

多数股份遵循“股份转让合同生效 + 背书 = 股份转让”的公式。在存在有效股权转让协议的前提下，股票转让方式的规定直接关系到股权变动的法律效果。对于实物券式股票，其主要转让方式是背书。背书指背书人为转让股东的权利在股票背面或股票所黏附的粘单上记载有关事项并签章的行为，具体可参照《票据法》的相关规定进行。背书一经完成，即发生股权变动的法律效果。

对于簿记式的记名股票，其转让可以按照“法律、行政法规规定的其他方式进行”，如在证券登记结算公司和证券交易所的托管之下进行。①

① 参见李建伟：《公司法学》（第 5 版），中国人民大学出版社 2022 年版，第 252 页。

上市公司，除本条之外还需遵循证券法、交易所交易规则、证券登记规则等相关规定，以证券登记结算公司的过户登记作为权利变动的生效要件。①

最后，对比本法第 201 条可知，股份公司的股份转让与公司债券转让的变动模式一致。

2. 股东名册变更记载属于对抗要件

完成股份转让后还需公司对新股东办理过户手续。过户手续本质上是在股票转让行为完成后，对于该权属变动结果的确认与记录。股东名册上的记载行为不影响股权转让的效力，而属对抗要件，未在股东名册上登记的股票受让人不能依股东身份向公司主张股权，但可以将股票再向第三人转让。同时，本条规定表明，股票受让人有权请求公司办理过户手续，转让人也负有协助义务，这与有限公司的股权变动一致。

（二）第 2 款：股东名册的封闭期间暂停股票变更登记

本款规定了封闭期间，即“股东会会议召开前二十日内或者公司决定分配股利的基准日前五日内”。由于股东名册变更登记并非转让的生效要件，在封闭期间内，股票仍可转让。封闭期间的规定是为了在进行股东会会议或分配股利等与股东权益密切相关的事项前，明确行权股东的范围和身份，故在封闭期间内不得进行股东名册变更记载。如在封闭期间内股票受让人申请变更登记，公司有权拒绝。

在此前的实践中，由于封闭期间规定较长，监管机构的认可，对港股等境外上市股票规定不一致，无纸化证券改革等，本款实质上被架空，境内上市公司多采股权登记日的做法回避封闭期间，港股公司也往往在公司章程中对封闭期间另行规定。本款增加了法律、行政法规及证监会可对股东名册变更登记另行规定的内容，使公司法与《上市公司股东大会规则》等证监会部门规范性文件更好地衔接，一定程度上解决了本条长期被实质架空的尴尬。

◉ 公司治理操作指南

在股份公司的股份转让过程中，由于股份转让效力的产生与股东资格的确认条件分离，且股东名册的变更由公司负责，需要由股权受让人请求公司协助完成，故在实践中可能出现受让人已取得标的股权但未被登记入股东名册的情形，从而产生股

① 参见王毓莹：《股权代持的权利架构——股权归属与处分效力的追问》，载《比较法研究》2020 年第 3 期，第 21 页。

东名册记载纠纷或股东资格确认纠纷。在司法实践中需结合多种因素综合审查：(1)对于股权转让事项，需审查股权转让协议作为负担行为的效力，并审查股票转让行为是否符合背书转让或法律规定的其他要件；(2)对于股东资格确认的形式要件，需考察受让人是否被记录于股东名册或公司章程；(3)交易所的相关凭证以及受让人是否已经实质行使股东权利等因素，也可作为重要参考依据。

◉ 比较法规范

《日本公司法》第130条、第133条；《韩国公司法》第335条之七、第336条、第337条、第354条；《德国股份法》第68条；《美国特拉华州普通公司法》第201条、第213条；中国台湾地区"公司法"第164条、第165条。

◉ 研究文献

1. 葛伟军：《实际股东的学理解释及主要类型》，载《法学》2023年第2期。

2. 李建伟：《公司认可生效主义股权变动模式——以股权变动中的公司意思为中心》，载《法律科学(西北政法大学学报)》2021年第3期。

3. 施天涛：《商事法律行为初论》，载《法律科学(西北政法大学学报)》2021年第1期。

4. 王毓莹：《股权代持的权利架构——股权归属与处分效力的追问》，载《比较法研究》2020年第3期。

5. 崔香梅：《我国股票善意取得制度的立法缺失与完善》，载《法学》2010年第11期。

◉ 典型案例

海某宝与陕西天斗工贸股份有限公司股东名册记载纠纷案①

1. 案情简介

陕西天斗工贸股份有限公司(以下简称天斗公司)为非上市股份公司。2015年12月9日，牛某华与海某宝签订协议约定牛某华将其名下954.93万股天斗公司股票折价转让给海某宝以抵偿其所欠债务。原告海某宝依据股票转让协议和通过公证方式向被告天斗公司送达案涉181人的《股权转让协议》《公证书》《告知书》，海某宝要求天斗公司变更股东名册，确认海某宝的股东资格，天斗公司以无法核实股权转让的真实性为由拒绝其要求。海某宝遂向法院提起诉讼。

2. 裁判要旨

一审法院认为，原告主张已受让被告天斗公司发行的记名股票，按照法律规定应采用背书方式或法律、行政法规规定的其他方式转让，但原告所持股票上均无背书，未在证券交易所或政府设立的股权交易中心交易，也未提供证据证明转让符合法律、行政法规规定的其他转让形式，亦未按照天斗公司股票管理细则和股票管理办法的规定，由转让

① 参见陕西省渭南市中级人民法院民事判决书，(2019)陕05民终1845号。

人和受让人持身份证件同时到公司进行变更登记，加之原告所举公证书部分转让人的身份证号码为15位，明显违背《居民身份证法》，故原告所主张的转让行为真实性无法证实，其要求变更股东名册的诉请依法不予支持。

二审法院认为，本案争议焦点为涉案股票转让和股东身份变更是否符合法律规定。天斗公司属非上市的股份公司，股份可以转让，但记名股票应由原股东与受让人以股票背书、公司登记的方式完成转让。天斗公司的股票管理细则和股票管理办法亦对记名股票的转让方式（由转让人和受让人持身份证件同时到公司进行变更登记）进行了明确规定，该内容不违反《公司法》，其合法性应予支持。海某宝提供的涉案股票均为记名股票，海某宝虽提供了《股权转让协议》《公证书》《告知书》等，但未严格按《公司法》、天斗公司章程及股票管理办法的要求进行股票背书及公司登记，无法证实转让行为的真实性，也就无法要求天斗公司进行股东名册的变更。

3. 案件评析

股东名册的变更登记应以发生真实有效的股票转让为前提，而股票转让效力的重要判断标准为是否以背书或者其他法定方式完成了股票转让，转让时应遵守公司章程有关股票转让的规定。在本案中，股票的受让人虽与出让人达成股票转让协议，但没有按照公司法、公司章程规定的方式进行转让，故法院并未确认股票转让的效力。此外，除了对公司法规定的股票转让方式进行审查，法院在审查时也参考了受让人提供的《公证书》等内容，辅助检验案涉股票转让的效力，但由于相关证据本身存在重大瑕疵，故仍不能认定股票转让的真实性，受让人也无法请求公司进行股东名册的变更登记。

第一百六十条　【股份限售】

公司公开发行股份前已发行的股份，自公司股票在证券交易所上市交易之日起一年内不得转让。法律、行政法规或者国务院证券监督管理机构对上市公司的股东、实际控制人转让其所持有的本公司股份另有规定的，从其规定。

公司董事、监事、高级管理人员应当向公司申报所持有的本公司的股份及其变动情况，在就任时确定的任职期间每年转让的股份不得超过其所持有本公司股份总数的百分之二十五；所持本公司股份自公司股票上市交易之日起一年内不得转让。上述人员离职后半年内，不得转让其所持有的本公司股份。公司章程可以对公司董事、监事、高级管理人员转让其所持有的本公司股份作出其他限制性规定。

股份在法律、行政法规规定的限制转让期限内出质的，质权人不得在限制转让期限内行使质权。

◉ 立法意旨

本条是关于股份公司特定主体所持有的股份在特定期限内限售的规定。

◉ 条文演变历程

本条最早可追溯至1993年《公司法》第147条，“发起人持有的本公司股份，自公司成立之日起三年内不得转让。公司董事、监事、经理应当向公司申报所持有的本公司的股份，并在任职期间内不得转让”，该规定并没有区分股份是否公开发行，仅规定发起人自公司成立3年内不得转让其所持股份，并要求管理层对其所持股份履行申报义务，以及不得在任职期间内转让。2005年《公司法》第142条大幅修改：(1)将对发起人转让股份的时间限制缩短为1年；(2)增加对公司公开发行前已发行的股份的1年限售期规定；(3)调整对董监高持股的限制，将完全禁止转让修改为限定每年转让的比例和股票上市交易后1年的限售期；(4)增加了管理层离职后的隔离期；(5)授权公司章程作出其他限制性规定。

2013年修法将该规定序号调整为第141条。此次修法，不再限制非上市公司发起人的股份转让，将上市公司的股东、实际控制人纳入限售对象，结合证监会近期发布的关于严格限制双控人恶意减持的规定，这一修改的本意是授权证监会进行细化的政策性规定。其中，一审稿将公司公开发行股份前已发行的股份的限售的期限明确限制为3年，二审稿不再作强制性规定，这样的方式沿袭到本条。此外，对于董监高的股份申报及任期内、离职后的限售，未予调整。最后，本条加入第3款关于质押股票行使质权的限制。

◉ 条文释义

本条对应旧法第141条，有重大改动。

(一)为何限售，如何限售

股份限售，即股份转让的限制，包括转让期间、转让份额等方面的限制。

由于公司公开发行股票并上市的融资活动可能吸引大量资金注入，故公司内部人存在足够的动力进行投机、欺诈活动，为满足上市条件弄虚作假，在上市后尽快卖出持有的股份变现，损害公众投资者的利益。此外，内部人减持往往会向证券市场释放利空信号，造成市场的波动甚至是混乱。基于上述原因，公司法对特定主体的股份转让有必要设置适当的限制。

限售的方式，请读者关注3个视角：

一是限售政策区分上市公司与非上市股份公司，主要指向上市公司，需要赋予证监会机动权力；

二是限售对象主要指向三类人：发起人，双控人以及管理层（董监高），对于这三类人的限售程度各不相同，包括出售额度、限售期间长短等；

三是限售依据除了公司法、证券法等法律、行政法规之外，公司章程也可以设置其他限制性规定，但应在包括本条在内的法律规定的基础上进行增量限制，而不得减损法律既有规定的限制措施，否则该章程约款因违法而归于无效。

（二）第 1 款：公开发行股份前已发行股份的限售

1. 上市后限售

此时限售期与上市行为挂钩，即要求公司在证券交易所上市交易之前的存量股自上市交易之日起 1 年内不得转让。

对公开发行股份前存量股份的限售，是为了避免扰乱证券市场秩序，影响公司的正常运营。[①]《证券法》第 37 条规定："公开发行的证券，应当在依法设立的证券交易所上市交易或者在国务院批准的其他全国性证券交易场所交易。非公开发行的证券，可以在证券交易所、国务院批准的其他全国性证券交易场所、按照国务院规定设立的区域性股权市场转让。"在实践中公司股票上市交易后，其价格往往比上市前的股价高出很多，因此出现了低价抢购所谓原始股，在公司上市后大量抛售以赚取巨额差价的现象，扰乱了证券市场秩序，也影响了公司的正常运营。[②] 因此，本款规定公司公开发行股份前已发行股份的限售规则，特别关注上市公司的股东、实际控制人的股份转让，意义重大。

2. 非上市股份公司发起人股份不再被限售

相较旧法，本款删去"发起人持有的本公司股份，自公司成立之日起一年内不得转让"的内容，取消了非上市股份公司发起人持有股份转让的禁锢，股份限售大大减少，这也是有限公司、非上市股份公司制度同质化的一个例证。

3. 赋权证监会限制上市公司双控人的减持

重大修订还在于增加次句"法律、行政法规或者国务院证券监督管理机构对上市公司的股东、实际控制人转让其所持有的本公司股份另有规定的，从其规定"，这一规定意在授权证监会进行政策性规定。早在 2023 年 8 月 27 日，证监会就发布了

① 参见何建编著：《公司法条文对照与适用要点》，法律出版社 2024 年版，第 258 页。

② 参见宋燕妮、赵旭东主编：《中华人民共和国公司法释义》，法律出版社 2019 年版，第 281 页。

进一步规范股份减持行为的相关规定，意在规制恶意减持行为。上市公司存在破发、破净情形，或者最近3年未进行现金分红，累计现金分红金额低于最近3年年均净利润30%的，双控人不得通过二级市场减持本公司股份。这一减持规定的鲜明特点在于，将控股股东和实际控制人减持条件和上市公司分红及股价挂钩。本法第160条的变化与之是联动修订，这样的规定方式考虑到了上市公司的内部治理问题多与双控人相关，为防止二者通过对股东会、董事会、监事会的不当控制牟取私利，损害公司及其少数股东、其他利益相关方的合法权益，故增设赋权规定。而对于赋权的具体内容，本句并未直接规定。

（三）第2款：董监高持有股份的限售

对董监高减持股份设限，主要基于两个理由：一是避免董监高与公司利益冲突。公司公开发行股份融资的目的在于推动公司进一步发展，而不是为董监高减持套现提供便利。二是保护公众投资者合法权益，因为董监高在公司中处于控制地位，相对于外部投资者具有信息优势，为保护公众投资者合法权益，防止董监高利用控制权和信息优势牟取不正当利益，对其减持行为作出适当限制是保护公众投资的重要手段。① 本款规定的董监高限售规则，可以分解如下：

1. 股份公司一般规定的三规则

（1）申报义务。董监高对股份持有和转让情况有申报义务，这一要求与上市公司的权益披露的监管规则保持一致。

（2）任期内限额出售。在任职期间内董监高每年可转让份额为其当期持股数额（每年都在变化）的25%，而非绝对禁止其股份转让，这样的规定使管理层有机会分享公司经营带来的股份增值收益，更加公平合理。

（3）离任后一段期间内禁售。董监高离职后半年内，不得转让其所持有的公司任何股份，这是为管理层转让股票设置必要的隔离期。

2. 上市公司特则

对于上市公司董监高还有额外一项限售举措：在公司股票上市后1年内禁售，这一限制程度与公司股东、实际控制人保持一致。

3. 章程对于董监高的增限措施

本款授权公司章程对董监高的股份转让作出更严格的限制。这句话有两层含

---

① 参见宋燕妮、赵旭东主编：《中华人民共和国公司法释义》，法律出版社2019年版，第281页。

义:一是公司章程是在本条等法律规定的基础上额外设限;二是如果章程对法律的已有限售措施作进一步规定,只能更加严格而不是放松,比如董监高任期内限售额度为不超过所持股份的25%,公司章程可以进一步设限为12.9%而不能是29%。董监高减持股份对公司经营管理有更直接的影响,对董监高股份转让进行合理限制能够让管理层的利益与公司的经营业绩更大程度地联系起来,敦促董监高履行信义义务,防止董监高利用职务之便进行内幕交易,牟取非法利益。

(四)第3款:质押股份的限售

1. 限售期内股份设定质权:效力与履行

本款为新增的质押股份的转让限制规则,立法区分了限售期内质权的设定与行使,首先肯定限售期股份出质的效力,同时设置质权行使障碍,即质权人不得在限制转让期限内行使质权,不得变相进行股份转让。简言之,限售股可以设定质权,但在限售期内不得行权变卖,否则等同于变相转让。

2. 非效力性规定

本款属于强制性(禁止性)规定,但是否属于效力性强制性规定有待探究。《民法典合同编通则司法解释》第18条规定,“法律、行政法规的规定虽然有‘应当’‘必须’或者‘不得’等表述,但是该规定旨在限制或者赋予民事权利,行为人违反该规定将构成无权处分、无权代理、越权代表等,或者导致合同相对人、第三人因此获得撤销权、解除权等民事权利的,人民法院应当依据法律、行政法规规定的关于违反该规定的民事法律后果认定合同效力”。据此,应该认为本款并非效力性强制性规定,禁售期内的股票可以设定质权,仅禁止质权行使,如果主债务到期,但设定质权的股票仍然在禁售期,质权不得要求变现以实现其优先受偿权。总之,根据该司法解释第18条,本款之违反不会导致合同无效,仅导致质权行使障碍。

◉ 公司治理操作指南

公司治理实践与本条密切相关的问题是,股东违反禁售规定擅自出售自持股份是否导致合同无效?答案是肯定的,第1款、第2款属于效力性强制性规范,这也是司法实践的裁判路径。如果当事人明知有限售规定,转而在合同中附条件或附期限生效的则不影响合同效力。例如,在张桂平诉王华股权转让合同纠纷案中,审理法院认为,发起人持有的本公司股份,自公司成立之日起3年(1993年《公司法》是3年,现行法是1年——作者注)内不得转让,股份公司的发起人在公司成立后3年内与他人签订股权转让协议,约定在公司成立3年后为受让方办理股权过户手续,并在协议中约定将股权委托受让方行使的，该股权转让合同不违反《公司法》的上述规定，股权转让合同合法有效。①

◉ 比较法规范

中国台湾地区“公司法”第22－1条。

◉ 研究文献

1. 赖虹宇：《我国金融机构股东加重责任的扩张与规范》，载《中国法学》2023年第4期。

2. 王建文：《论我国构建控制股东信义义务的依据与路径》，载《比较法研究》2020年第1期。

3. 洪艳蓉：《股票质押式回购的法律性质与争议解决》，载《法学》2019年第11期。

4. 阳建勋：《公司治理与金融监管互动中的银行股东道德风险规制》，载《现代法学》2018年第4期。

5. 朱庆：《论股份回购与操纵市场的关联及其规制》，载《法律科学（西北政法大学）》2012年第3期。

6. 朱庆：《股份回购操纵市场“灰色地带”的形态及其法律规制》，载《法学》2011年第9期。

7. 蒋学跃：《创业板IPO存量发行法律制度研究》，载《政治与法律》2010年第2期。

◉ 典型案例

山东天泺贸易有限公司、唐某仁等执行异议之诉案②

1. 案情简介

本案第三人郭某仁曾与被告唐某仁签订担保合同，约定郭某仁对银泽公司向唐某仁的800万元借款承担连带担保责任。该笔借款届期未还，唐某仁于2015年申请查封郭某仁在济南市高新区天业小额贷款股份公司（以下简称天业小贷公司）所持有的1000万元股权，并申请强制执行。原告天泺公司向法院提出执行异议，认为郭某仁所持天业小贷公司的股权已于2012年转让完毕，郭某仁身份仅为受托持股的名义股东，请求停止对原告实际持有的天业小贷公司的股权的强制执行。该异议经审查后被裁定驳回，天泺公司后又提起执行异议之诉。天泺公司关于不得执行标的股权并解除查封的诉讼请求在一、二审均被驳回，天泺公司后向山东省高院申请再审。

经查，2011年11月，天业小贷公司成立，天泺公司与郭某仁均为天业小贷公司的发起人、股东，各出资1000万元，出资比例为10%，另有一主发起人出资比例为30%，郭某

---

① 参见山东天泺贸易有限公司、唐某仁等执行异议之诉案，载《最高人民法院公报》2007年第5期。

② 参见山东省烟台市中级人民法院民事判决书，(2016)鲁06民终2695号；山东省高级人民法院民事裁定书，(2018)鲁民再189号。

仁还为公司董事。公司章程规定,除主发起人外的其他股东持有的股份在2年内不得转让,董事、高级管理人员持有的股份在任职期间内不得转让。2012年7月,第三人郭某仁与原告签订了《股权转让协议》,约定郭某仁将持有的天业小贷公司5%的股权以人民币550万元的价款转让给原告天泺公司。另外,济南高新技术产业开发区人民法院在另案判决中确认了天泺公司享有该5%的股权。

2. 裁判要旨

一审、二审法院均认为,郭某仁与天泺公司的《股权转让协议》违反2013年《公司法》和天业小贷公司章程,该协议为无效协议。由于济南高新技术产业开发区人民法院的判决作出时间晚于涉案股权的查封时间,故天泺公司不能依据该生效判决排除执行。

山东省高院再审认为,2013年《公司法》第141条(新《公司法》第160条)的目的在于加重发起人、股东、董事、高级管理人员对公司的责任,减少其谋取不法利益的可能性。该规定限制股份转让,并非禁止股份转让,不属于法律法规的效力性强制性规定,违反该规定的股份转让并不当然无效。违反天业小贷公司的公司章程亦非导致股权转让无效的事由。执行异议之诉审查的是当事人和案外人之间对执行标的实体权利的争议,在本案中,判断天泺公司的执行异议之诉请求是否成立,应当结合天泺公司提交的相关证据,通过对天泺公司与郭某仁签订的《股权转让协议》是否为双方真实意思表示,签订时间是否真实,协议是否实际履行以及具体履行情况等事实进行审查,进而判断天泺公司对涉案股权是否享有足以排除强制执行的实体民事权益。原一审、二审法院对上述基本事实未予审查,而直接以股权转让违反公司法及公司章程相关规定为由,并依照权利外观审查认定涉案股权的权利人不当,应予纠正。故裁定撤销一审、二审判决,发回重审。

3. 案件评析

关于违反2013年《公司法》第141条(新《公司法》第160条)及公司章程之股权转让协议的效力问题,有关限制转让的规定并不指向负担行为,股权转让协议并不因此无效。股权转让是否会产生相对于公司以及其他相对人的足以排除强制执行的效力,则不受本条规定的影响,需要对协议本身的内容以及实际股东权利的行使情况进行实质审查。在本案中,天泺公司与郭某仁之间的《股权转让协议》本身真实有效,且天泺公司已实际享有股东权利,故天泺公司应被认为是涉案股权的实际权利人,并基于此认为天泺公司享有足以排除强制执行的实体民事权益。此外,唐某仁对于案涉股权属于非交易第三人也是本案的重要因素。

第一百六十一条 【异议股东股份回购请求权】

有下列情形之一的,对股东会该项决议投反对票的股东可以请求公司按照合理的价格收购其股份,公开发行股份的公司除外:

(一)公司连续五年不向股东分配利润,而公司该五年连续盈利,并且符合本法规定的分配利润条件;

(二)公司转让主要财产;

(三)公司章程规定的营业期限届满或者章程规定的其他解散事由出现,股东会通过决议修改章程使公司存续。

自股东会决议作出之日起六十日内,股东与公司不能达成股份收购协议的,股东可以自股东会决议作出之日起九十日内向人民法院提起诉讼。

公司因本条第一款规定的情形收购的本公司股份,应当在六个月内依法转让或者注销。

◉ 立法意旨

本条是关于股份公司异议股东评估权(股份回购请求权)的规定。

◉ 条文演变历程

本条系新增条文,基本内容与本法第89条关于有限公司异议股东回购请求权的内容基本一致,可视为该制度适用范围扩张的产物。

此次修法,一审稿第172条第1款将旧法第74条中作为回购请求权对象的“股权”修改为“股份”,同时新增“公开发行股份的公司除外”这一规定作为该回购请求权的适用例外,并删去旧法第74条第1款第2项中的“合并、分立”情形。一审稿第172条第2款主要进行文字性优化,包括将“股东会会议决议”修改为“股东会决议”,将“决议通过”修改为“决议作出”。除此之外,一审稿还新增第3款规定,“公司依照本条第一款规定收购的本公司股份,应当在六个月内依法转让或注销”。二审稿、三审稿第161条沿袭一审稿第172条规定,最终新《公司法》第161条第3款对新增内容的表述做了优化,“公司因本条第一款规定的情形收购的本公司股份,应当在六个月内依法转让或注销”。

◉ 条文释义

(一)股份公司异议股东的新救济

异议股东回购请求权,是指对公司重大变更事项持异议的股东请求公司回购其股权的权利,是少数股东利益受损时退出性的救济渠道。

旧法第 74 条规定该制度仅适用于有限公司,对股份公司的规定仅限于规定公司主动回购事由的第 142 条第 1 款第 4 项提及的公司合并、分立。考虑到存在大量非上市股份公司,其封闭性与有限公司并无二致,股东人数少且退出渠道有限,与有限公司具有相当的同质性,其少数股东同样面临控股股东压制问题,亦需法律提供特殊的救济渠道,故本条引入股份公司的异议股东回购请求权,属于重大制度创新,是对于既往股份公司少数股东救济制度供给不足的强力回应。

(二)两类公司的制度比较之一:相同点

1. 第 1 款:请求主体一致

股份公司与有限公司的请求主体均为公司股东且为少数股东,少数股东乃基于当然推理,如果是多数股东,其对于第 1 款列举的各项决议之通过具有决定权或至少具有否决权,自然无须援用本条寻求救济。

进一步来讲,本条的行权股东,应满足具备股东资格,对股东会决议持反对意见且股东会决议成立并生效。作为例外,本法第 219 条规定在母子公司简易合并的情形下,无须经子公司股东会决议,此时子公司少数股东虽不构成形式上的异议股东,却依然有权请求回购。

2. 第 1 款:适用事由重合

本条第 1 款所列的前三项情形,加上第 162 条第 1 款第 4 项的规定,与第 89 条所列的情形完全重合。这说明两类公司适用异议股东回购请求权的情形大量重合。

3. 第 2 款:救济程序相同

首先,股东与公司之间的协商期限是自股东会决议作出之日起 60 日内。其次,若协商后不能达成股份收购协议,股东可自决议作出之日起 90 日内提起诉讼。

4. 第 3 款:善后

公司回购所得的库存股应在 6 个月内处理,需向股东或股东之外的其他主体转让,否则注销该股份,也即引发公司减资。

5. 第 1 款:合理价格的确定

如法院受理异议股东的回购请求且支持其请求,但诉讼双方在诉讼中仍无法达成合意价格,法院如何确定最终的收购价格(合理价格)?这就是"评估权"的要义,此时法院将聘请第三方评估机构对公司价值也即股份的价格进行评估,无论是通过未来收益法还是通过净资产评估法,都会得出一个可以接受的合理价格。关于股价的评估办法,两类公司并无差异。

(三)两类公司的制度比较之二:差异

股东压制不适用于股份公司。对比本法第 89 条第 3 款,控股股东滥用权利引发的少数股东行使异议回购请求权的情形未被吸纳进本条。非上市股份公司虽与有限公司具有高度的同质性,但仍旧具有自身特性,类推适用本法第 89 条第 3 款规定不具备充分的合理性。

(四)第 1 款:上市公司原则上不适用异议股东的回购请求权

考虑到上市公司的特殊性,本条借鉴《美国特拉华州普通公司法》的立法经验确立了公开市场例外原则,即上市公司不适用异议股东回购请求权。

上市公司的股票具有强流动性,股东在公开市场进行股票交易便能以相对公允合理的价格获得退出公司的渠道,无须以异议股东股份回购请求权进行救济。① 例外的是合并、分立两种情形不包括在本条中,这两种情形引发的股东回购请求权的行使不受公开市场例外原则约束。

按照体系解释,公开发行股份指以《证券法》第 9 条第 2 款规定的方式发行,包括"(一)向不特定对象发行证券;(二)向特定对象发行证券累计超过二百人,但依法实施员工持股计划的员工人数不计算在内;(三)法律、行政法规规定的其他发行行为"。但鉴于本法第 162 条仍将合并、分立规定于股份公司回购股份部分,从文义观察,公开市场例外规则只排除长期不分红,转让主要财产和修改章程使公司继续存续三类回购情形,上市公司的股东在公司合并、分立时仍可以主张异议股东股份回购请求权。

有人质疑这一安排为立法漏洞,需要法官在司法裁判中通过目的性限缩方法限缩本法第 162 条的适用情形,或者将公开市场例外规则类推适用至本条规定的合并与分立场合。这一观点的合理性有待最高人民法院的司法解释予以回应。

◉ 公司治理操作指南

股份公司的异议股东股份回购请求权属于新制度,其未来的实施状况值得关注。结合有限公司的经验,本条的司法适用可能也会在"对股东会该项决议投反对

---

① 参见楼秋然:《公开市场例外规则:理论反思与制度建构——兼评〈公司法(修订草案)〉第 172 条》,载《证券市场导报》2022 年第 7 期,第 2 ~ 12 页。

票的股东”也即“异议股东”的认定上存在争议,可能存在以下几种情形。

一是符合本条的文义,即如召开股东会,在相关议案的决议表决过程中投反对票、弃权票,记载于会议记录,或有其他同等证明。注意此处的异议要进行广义解释,对于阻止一项议案的通过而言,反对票与弃权票的价值等同。

二是无论是否形成决议,股东在股东会上就该事项提出了反对意见,记载于会议记录。

三是股东因非自身原因未参加股东会会议,但在合理期限内对该事项表达异议。

四是公司满足了本条列举的相关情形,但在例如本法第219条规定的情形下无须召开股东会,或者公司没有提出议案,没有形成决议的,比如控股股东控制的董事会不提出分红议案,但有股东确实表达了异议。

解决以上问题的关键在于,要立足本条的立法目的进行合目的性解释。本条通过赋予对公司重大变更事项持异议的股东以股份回购请求权,保障异议股东在面对“多数决”的压制时能够实现公平退出。在对法定股权回购情形进行审查时,不应过分拘泥于本条的字面意思,而应当实质审查在公司治理及重大经营事项中是否出现了足以导致股东对于公司预期产生根本性变化的情形,以及股东是否合理地表达了异议,股东自身是否存在过错等因素,综合考量研判。

◉ 比较法规范

《日本公司法》第116条;《韩国公司法》第360条之五、第374条之二;《美国模范商业公司法》第13.02节;《美国特拉华州普通公司法》第262条。

◉ 研究文献

1. 薛亦飒:《股份回赎制度独立构造论》,载《法律科学(西北政法大学学报)》2023年第6期。

2. 楼秋然:《评估权中的少数股权折价问题研究》,载《政治与法律》2016年第2期。

3. 吴飞飞:《论公司章程的决议属性及其效力认定规则》,载《法制与社会发展》2016年第1期。

4. 林凯:《异议表意机制的法律分析——以我国上市公司合并协议中的现金选择权条款为背景》,载《政治与法律》2014年第1期。

5. 张国平、汪亚菲:《论我国股东直接诉讼规则的不足与完善》,载《政治与法律》2012年第9期。

6. 李文莉:《公司股东现金选择权制度构建探析》,载《政治与法律》2012年第5期。

7. 梁爽:《完善股东回购请求权价格认定制度的探讨——以日本法为参照》,载《政治与法律》2011 年第 12 期。

8. 陈国奇:《事实合并理论研究——以美国法为中心》,载《政治与法律》2008 年第 8 期。

第一百六十二条　【股份公司股份回购】

公司不得收购本公司股份。但是,有下列情形之一的除外:

(一)减少公司注册资本;

(二)与持有本公司股份的其他公司合并;

(三)将股份用于员工持股计划或者股权激励;

(四)股东因对股东会作出的公司合并、分立决议持异议,要求公司收购其股份;

(五)将股份用于转换公司发行的可转换为股票的公司债券;

(六)上市公司为维护公司价值及股东权益所必需。

公司因前款第一项、第二项规定的情形收购本公司股份的,应当经股东会决议;公司因前款第三项、第五项、第六项规定的情形收购本公司股份的,可以按照公司章程或者股东会的授权,经三分之二以上董事出席的董事会会议决议。

公司依照本条第一款规定收购本公司股份后,属于第一项情形的,应当自收购之日起十日内注销;属于第二项、第四项情形的,应当在六个月内转让或者注销;属于第三项、第五项、第六项情形的,公司合计持有的本公司股份数不得超过本公司已发行股份总数的百分之十,并应当在三年内转让或者注销。

上市公司收购本公司股份的,应当依照《中华人民共和国证券法》的规定履行信息披露义务。上市公司因本条第一款第三项、第五项、第六项规定的情形收购本公司股份的,应当通过公开的集中交易方式进行。

公司不得接受本公司的股份作为质权的标的。

◉ 立法意旨

本条是关于股份公司主动回购本公司股份以及例外的被动回购股份的规定。

◉ 条文演变历程

1993 年《公司法》第 149 条规定,“公司不得收购本公司的股票,但为减少公司资本而注销股份或者与持有本公司股票的其他公司合并时除外。公司依照前款规定收购本公司的股票后,必须在十日内注销该部分股份,依照法律、行政法规办理变更登记,并公告。公司不得接受本公司的股票作为抵押权的标的”。由此确立了禁止回购本公司股份的原则,例外事由仅有公司减资与合并,在这两种情形下回购均要求在10日内注销标的股份,并进行相应的登记和公告程序。此外,还规定了关于接受本公司股票质押的禁止性规定。2005年《公司法》第143条规定,“公司不得收购本公司股份。但是,有下列情形之一的除外:(一)减少公司注册资本;(二)与持有本公司股份的其他公司合并;(三)将股份奖励给本公司职工;(四)股东因对股东大会作出的公司合并、分立决议持异议,要求公司收购其股份的。公司因前款第(一)项至第(三)项的原因收购本公司股份的,应当经股东大会决议。公司依照前款规定收购本公司股份后,属于第(一)项情形的,应当自收购之日起十日内注销;属于第(二)项、第(四)项情形的,应当在六个月内转让或者注销。公司依照第一款第(三)项规定收购的本公司股份,不得超过本公司已发行股份总额的百分之五;用于收购的资金应当从公司的税后利润中支出;所收购的股份应当在一年内转让给职工。公司不得接受本公司的股票作为质押权的标的”。该规定将股份回购的法定事由增加至4种,增加了股权激励和异议股东评估权两种情形,增加了对决策程序的规定,要求除异议股东评估权之外的情形均需经股东大会决议;修改了对标的股份的处置期限,减资情形下的注销期限保持不变,延长了合并情形下的处置期限并增加了处置方式,二者均需在6个月内转让或注销;用于职工激励的回购不得超过已发行股份总额5%,收购资金来源为公司的税后利润,并且在1年内转让给职工。2013年修法该规定调整为第142条。

上述规定的问题在于未充分考虑上市公司回购股份的市场需求,严格的程序和配套制度使股份回购的市场功能不能得到有效发挥,①故2018年《公司法》进行了下列修改:(1)补充允许股份回购的情形,把“将股份奖励给本公司职工”这一情形修改为“将股份用于员工持股计划或者股权激励”,同时增加“将股份用于转换上市公司发行的可转换为股票的公司债券”和“上市公司为维护公司价值及股东权益所必需”两种情形。(2)适当简化股份回购的决策程序,提高回购的数额上限,延长持有回购股份的期限,规定公司因将股份用于员工持股计划或者股权激励,用于转换上市公司发行的可转换为股票的公司债券,以及上市公司为避免公司遭受重大损

① 参见范健、王建文:《商法学》,法律出版社2021年版,第198页。

害,维护公司价值及股东权益所必需而收购本公司股份的,可以依照公司章程的规定或者股东会的授权,经2/3以上董事出席的董事会会议决议,不必经股东会决议。因上述情形收购本公司股份的,公司合计持有的本公司股份数不得超过本公司已发行股份总额的10%,并应当在3年内转让或者注销。(3)补充上市公司股份回购的规范要求,为防止上市公司滥用股份回购制度,引发利益输送行为,规定上市公司收购本公司股份应当依照证券法的规定履行信息披露义务,除国家另有规定外,上市公司收购本公司股份应当通过公开的集中交易方式进行。

此次修法仅在2018年修正的基础上将第5项关于可转换债券规定中的“上市”二字删除。在资本市场中有不少非上市公司发行可转债,随着近年来证监会等监管部门对可转债发行条件的放宽,可转债市场有望进一步扩容,其中不乏非上市股份公司的参与。基于此,本条将公司回购的法定事由进一步向非上市股份公司放宽。

◉ 条文释义

(一)股份回购基本政策:原则禁止,例外允可,尽早处置

股份发行后,认购股份的人即为公司股东。本法第157条规定,股东转让股份自由,可以向股东转让,也可以向股东以外的人转让,正如本书在第157条释义所指出的,“股东以外的人”其实也包括公司自身,向公司转让,称为股份回购。股份回购导致公司持有自己的股份,造成权利主体与义务主体合一,显然不是股份制度的常态,故受到各国、各地区公司法的限制。我国亦不例外,本条使用512个字符的巨大篇幅,确立了“原则禁止,例外许可,尽早处置”的基本规则。

(二)第1款:股份回购的法定例外情形

本款第1句明确了“公司不得收购本公司股份”的基本立场,而后规定若干例外,确立了对股份公司股份回购“原则禁止,例外许可”的基本规则。在某种程度上,股份公司进行股份回购是一项经营策略上的选择,能够发挥激励职工和保护异议股东等功能,不应被完全禁止;但同时股份回购也存在风险,容易诱发公司内幕交易及操纵股价等违法行为,对公司、少数股东、债权人及外部投资者利益造成损害,故仅允许少数例外。

综合本法第161条及本款可以总结出,股份公司回购股票的法定例外情形包括本条及上条合并规定的4种被动回购、5种主动回购情形。本款规定了6种情形:

1.减少注册资本。依照法定程序进行减资,减资是目的,手段是股份公司需要回购股份并注销。减资可以是面向所有股东的同比减资也可以是面向部分股东的

不同比减资。

2. 与持有本公司股份的其他公司合并。设 B 公司持有 A 公司的股份 1000 万股,现 A 公司兼并 B 公司,B 公司的所有权利义务归于 A 公司,此时 A 将自持 1000 万股,客观上构成回购。

3. 将股份用于员工持股计划或者股权激励。股份公司要实施员工持股计划、股权激励,需要手中持有本公司股份,股份可以从市场上购买,也即回购。

4. 股东因对股东会作出的公司合并、分立决议持异议,要求公司收购其股份也即形同本法第 161 条的异议股东回购请求权。在涉及公司合并、分立事项时异议股东一旦行使股份回购请求权,公司就负有回购义务,回购价格通过协商或司法裁判确定。这一情形也包括本法第 219 规定的简易合并,在此种情形下被母公司控股 90% 以上的子公司被合并不以股东会决议为前提,少数股东也就无所谓异议与否,均可主张回购请求权。

5. 将股份用于转换公司发行的可转换债券。股份公司发行可转换债券,一旦债券持有人主张债转股,股份公司需持有股份用以转换。

6. 上市公司为维护公司价值及股东权益所必需。基于上市公司维护市值的需要,允许上市公司动用资金进行托市行为,在股价低于乃至严重低于上市公司净资产时,上市公司可以回购部分股份以抬升股价,避免股价与公司真实价值的严重偏离,维护公司及股东利益。

在以上 6 种情形中,第四种为被动回购,连同本法第 161 条的 3 项规定共有 4 种被动回购情形(不再展开,详见本法第 161 条的释义部分)。其他 5 项皆为主动回购,5 种主动回购的法定情形是股份公司相比有限公司所特有的,这是两类公司的公开性不同所致。

总体而言,股份公司共存在"4 种被动回购 +5 种主动回购"。

(三)章程是否可以约定增加回购情形

除法定回购情形,立法并未授权其他法律法规或公司章程规定其他回购情形。《九民纪要》认可外部投资人与目标公司进行业绩对赌的效力,如对赌失败,则公司负有回购义务。这一回购情形究竟属于法定情形之外的约定回购情形,还是纳入法定回购情形存在争议。从《九民纪要》及主流司法实践来看,还是认为此情形属于本条第 1 款第 1 项的"减少注册资本"情形。总体来说,可以认为意定回购不被允许,公司章程或者公司意思自治不能创设法定回购情形以外的其他回购情形,除非能够纳入某种法定回购情形。

(四)第2款:股份回购的决议程序

本款规定了公司股份回购的分别决议程序,具言之:

1. 第1项、第2项本属于股东会绝对多数决的决议事项,故相应回购也应交付股东会,经与会股东代表表决权的2/3以上多数决通过。

2. 在第3项、第5项、第6项情形下,股份回购的决议程序相对简单,可以在公司章程或股东会的授权下,经2/3以上董事出席的董事会决议即可完成决策程序,可以更加便捷高效地发挥股份回购的市场功能。

3. 在第4项情形下,以异议股东请求权的行使为前提,无须公司决议。

(五)第3款:股份回购后的处置

本款规定了公司回购股份的处理及限制,包括回购股份的数额上限和公司对标的股份的持有期限两方面,具言之:

1. 第1项,即公司减资时,标的股份应自收购之日起10日内注销。

2. 第2项、第4项,即在公司合并和异议股东评估权情形下,标的股份应转让或者注销,期限为6个月内。注销的,走减资程序。

3. 第3项、第5项、第6项,也即在股权激励、可转债转换和维护市值情形下,标的股份额度不得超过本公司已发行股份总额的10%,应转让或注销,期限设置为3年。注销的,走减资程序。

(六)第4款:上市公司回购股份特则

本款强调对上市公司股份回购的特殊规范,要求有二:

1. 信息披露义务。本款第1句属于引致规范,要求上市公司回购股份遵循信息披露义务,具体内容交由《证券法》规范。

2. 集中竞价交易。上市公司在第3项、第5项、第6项情形下的股份回购,应通过集中交易方式进行。除此之外,证监会《上市公司股份回购规则》等部门规章以及证券交易所的相关软法都对上市公司股份回购事项提出了规范要求。

(七)第5款:禁止接受本公司股份质押

本款意在防止公司规避法定事由回购股份。本款为禁止性规定,但不属于效力性规定。需指出,本款是在第1款原则上禁止公司回购股权的背景下作出的规定,公司接受以自己的股份为标的设立的质权,将来有可能变现也有可能不变现,并不当然导致公司回购股权。如不发生公司取得自己股份的情形,也就不违反法律、行政法规的强制性规定，只是在变现方式上不得由公司折价取得股份以实现优先受偿权，此时尚有拍卖、变卖两种方式供公司选择。因此，根据《民法典合同编通则司法解释》第18条，本款不属于效力性强制性规定。

◉ 公司治理操作指南

1. 自持股份的权利限制。在公司将回购的股份处理之前，公司对于标的股份无表决权、分红权、剩余财产分配权等。

2. 与公司对赌。外部投资人与目标公司订立"对赌协议"，业绩未达标引发的股份回购裁判问题，是与本条密切相关的重要实务问题。

在对赌失败的情况下，法律后果之一即为目标公司向投资人回购标的股份。联系本条，可能适用的法定回购事由仅有第1项"减少公司注册资本"，故与目标公司"对赌"引发的股份回购与公司减资密切相关。根据《九民纪要》第5条，在无其他法定无效事由的情形下，与目标公司签订的"对赌协议"有效，但若投资方主张实际履行，法院需对是否满足股份回购事由进行实质审查。基于债权人利益保护，公司须根据本法第224条的规定完成减资程序后才能进行回购。《九民纪要》同时指出，由于公司减资程序属于公司自治事项，司法不宜介入，故目标公司履行减资程序不具有可诉性。[①] 为避免投资人陷入协议有效但无法请求强制履行的困境，在投资方与目标公司签订协议时，应明确减资程序履行相关问题，为"对赌协议"的履行减少障碍，否则对于投资人而言，协议有效，履行不能，违约救济依然不可得。

◉ 比较法规范

《日本公司法》第155条、第182条之四；《韩国公司法》第341条、第341条之二、第341条之三；《德国股份法》第56条、第71条、第71e条、第237条；《英国2006年公司法》第670条、第684条、第685条、第690条、第693条、第706条；《美国模范商业公司法》第6.01节、第6.31节；《美国特拉华州普通公司法》第151条、第160条、第262条；中国台湾地区"公司法"第167条、第167－1条、第316－2条、第317条。

◉ 研究文献

1. 薛亦飒：《股份回赎制度独立构造论》，载《法律科学(西北政法大学学报)》2023年第6期。

---

① 参见最高人民法院民事审判第二庭编著：《〈全国法院民商事审判工作会议纪要〉理解与适用》，人民法院出版社2019年版，第120页。

2. 王毓莹:《论禁止抽逃出资规则的规范定位》,载《比较法研究》2023 年第 5 期。

3. 吴飞飞:《资本维持原则的当下意蕴及其对偿债能力测试的借鉴》,载《政法论坛》2023 年第 4 期。

4. 王东光:《对赌协议的效力及司法裁判路径》,载《现代法学》2023 年第 3 期。

5. 张其鉴:《公司法修订背景下我国资本制度研究的主要误区及其修正》,载《法学评论》2022 年第 5 期。

6. 刘俊海:《论公司生存权和发展权原则——兼议〈公司法〉修改》,载《清华法学》2022 年第 2 期。

7. 潘林:《论公司机关决策权力的配置》,载《中国法学》2022 年第 1 期。

8. 王军:《抽逃出资规则及公司分配制度的系统性改造》,载《法学研究》2021 年第 5 期。

9. 朱慈蕴:《中国公司资本制度体系化再造之思考》,载《法律科学(西北政法大学学报)》2021 年第 3 期。

10. 张保华:《对赌协议下股份回购义务可履行性的判定》,载《环球法律评论》2021 年第 1 期。

11. 贺剑:《对赌协议何以履行不能?——一个公司法与民法的交叉研究》,载《法学家》2021 年第 1 期。

12. 潘林:《股份回购中资本规制的展开——基于董事会中心主义的考察》,载《法商研究》2020 年第 4 期。

13. 刘燕:《"对赌协议"的裁判路径及政策选择——基于 PE/VC 与公司对赌场景的分析》,载《法学研究》2020 年第 2 期。

14. 潘林:《重新认识"合同"与"公司"——基于"对赌协议"类案的中美比较研究》,载《中外法学》2017 年第 1 期。

15. 李振涛:《护盘式股份回购制度的演进及其设计——基于证券市场异常波动应对的视角》,载《政法论坛》2016 年第 4 期。

16. 李晓春:《公司违法买回自己股份的效力认定及法律责任》,载《政治与法律》2015 年第 8 期。

17. 李晓春:《论公司买回自己股份之财源限制——比较法考察及我国立法模式之选择》,载《法商研究》2015 年第 4 期。

18. 朱庆:《论股份回购与操纵市场的关联及其规制》,载《法律科学(西北政法大学学报)》2012 年第 3 期。

19. 朱庆:《股份回购操纵市场"灰色地带"的形态及其法律规制》,载《法学》2011 年第 9 期。

20. 邓峰:《资本约束制度的进化和机制设计——以中美公司法的比较为核心》,载《中国法学》2009 年第 1 期。

◉ 典型案例

江苏华工创业投资有限公司与扬州锻压机床股份有限公司、潘某等请求公司收购股份纠纷案①

1. 案情简介

2011年7月6日，江苏华工创业投资有限公司（以下简称华工公司）与扬州锻压机床股份有限公司（以下简称扬锻集团公司）、潘某、董某等共同签订《增资扩股协议》，约定华工公司以现金2200万元对扬锻集团公司增资，其中200万元作为注册资本，2000万元列为资本公积金。同日，潘某、董某等与扬锻集团公司、华工公司签订《补充协议》，约定了华工公司有权要求扬锻集团公司回购其所持有的全部股份的情形以及回购相关事项和违约责任等内容。2011年7月20日，华工公司向扬锻集团公司实际缴纳新增出资2200万元，扬锻集团公司出具收据，载明收款事由为投资款。2014年11月25日，华工公司致函扬锻集团公司，表明因扬锻集团公司不能如期上市，故要求扬锻集团公司根据《补充协议》回购华工公司持有的全部股份。

华工公司向一审法院起诉请求判令扬锻公司及潘某、董某回购华工公司持有的扬锻公司股份，一审法院驳回了该诉请；华工公司不服并提起上诉，二审法院再次驳回了该诉请；华工公司提起再审申请。

2. 裁判要旨

一审、二审法院均认为，在公司有效存续期间，股东基于其投资可以从公司获得财产的途径只能是依法从公司分配利润或通过减资程序退出，而公司回购股权必须基于法定情形并经法定程序，该协议回购约定不属于2018年《公司法》第142条（新《公司法》第162条）规定的可以收购的法定情形，损害了公司、其他股东及债权人的利益，违背了公司资本维持和法人独立财产原则，故回购的约定当属无效。

第162条

再审法院认为，华工公司、扬锻集团公司及扬锻集团公司全体股东关于华工公司投资收益的约定，不违反国家法律、行政法规的禁止性规定，不存在合同无效的法定情形，亦不属于格式合同或格式条款，不存在显失公平，故案涉对赌协议有效。扬锻集团公司回购标的股份，属于2018年《公司法》第142条（新《公司法》第162条）规定的股份公司收购自身股份的例外情形，且在扬锻集团公司章程中也存在类似规定，故该规定对全体股东具有约束力。扬锻集团公司履行法定程序，支付股份回购款项，并不违反公司法的强制性规定，亦不会损害公司股东及债权人的利益。华工公司在向扬锻集团公司注资后，同时具备扬锻集团公司股东及该公司债权人的双重身份，如允许扬锻集团公司及原扬锻集团公司股东违反对赌协议的约定拒绝履行股份回购义务，则不仅损害华工公司作为债权人应享有的合法权益，亦会对华工公司股东及华工公司债权人的利益造成侵害，

① 参见江苏省高级人民法院民事判决书，(2019)苏民再62号。

有违商事活动的诚实信用原则及公平原则。基于上述原因，案涉对赌协议具备履行的可能性。故再审法院判决扬锻集团公司支付股份回购款。

3. 案件评析

对赌协议的效力问题与对2018年《公司法》第142条(新《公司法》第162条)的理解密不可分。在早期司法实践中，最高人民法院在海富案确立了“与目标公司对赌无效，与股东对赌有效”的裁判规则，随着公司法理论、公司实务探讨的深入，在司法审判中出现了如本案裁判思路的新动向。2018年《公司法》第142条(新《公司法》第162条)规定了允许公司回购股份的法定情形，对赌协议原则有效，且只要符合法定情形并符合程序性规定即具备可履行性。

第一百六十三条 【禁止财务资助及其例外】

公司不得为他人取得本公司或者其母公司的股份提供赠与、借款、担保以及其他财务资助，公司实施员工持股计划的除外。

为公司利益，经股东会决议，或者董事会按照公司章程或者股东会的授权作出决议，公司可以为他人取得本公司或者其母公司的股份提供财务资助，但财务资助的累计总额不得超过已发行股本总额的百分之十。董事会作出决议应当经全体董事的三分之二以上通过。

违反前两款规定，给公司造成损失的，负有责任的董事、监事、高级管理人员应当承担赔偿责任。

◉ 立法意旨

本条是关于禁止股份公司对外提供财务资助及其例外的规定。

◉ 条文演变历程

1993年《公司法》第60条规定，“董事、经理不得挪用公司资金或者将公司资金借贷给他人。董事、经理不得将公司资产以其个人名义或者以其他个人名义开立帐户存储。董事、经理不得以公司资产为本公司的股东或者其他个人债务提供担保”。该规定同时适用于有限公司和股份公司。2005年《公司法》第116条规定，股份公司“不得直接或者通过子公司向董事、监事、高级管理人员提供借款”，第149条第1款第3项规定董事、高级管理人员不得“违反公司章程的规定，未经股东会、股东大会或者董事会同意，将公司资金借贷给他人或者以公司财产为他人提供担保”。2013年修法分别将两处规定调整序号为第115条、第148条。

此次修法，从公司法的视角将借贷禁止升华为财务资助禁止，全面提升了禁止财务资助规范的效力位阶，并将规制范围扩大到非上市股份公司。本条吸收了《深圳证券交易所上市公司自律监管指引第1号——主板上市公司规范运作》(2023年12月修订)第6.1.1条、《深圳证券交易所上市公司自律监管指引第2号——创业板上市公司规范运作》(2023年12月修订)第7.1.1条等规定，但相比于前述自律性规范，本条规定的例外允许情形更为狭窄。具言之，一审稿第174条规定："公司及其子公司不得为他人取得本公司的股份提供赠与、贷款、担保以及其他财务资助。公司实施员工持股计划或者金融机构开展正常经营业务的除外。为公司利益，经股东会决议，或者董事会按照公司章程或者股东会的授权作出决议，公司可以为他人取……"二审稿第163条删去一审稿第174条中的"或者金融机构开展正常经营业务"。三审稿第163条则将二审稿第163条第1款中的"贷款"修订为"借款"。最终颁布的《公司法》对三审稿进行了如下两处修订：一是将三审稿第163条第1款"公司及其子公司不得为他人取得本公司的股份提供赠与、借款、担保以及其他财务资助，公司实施员工持股计划的除外"修订为"公司不得为他人取得本公司或者其母公司的股份提供赠与、借款、担保以及其他财务资助，公司实施员工持股计划的除外"；二是删除了三审稿第163条第3款中的"为他人取得本公司股份提供财务资助"。

◉ 条文释义

本条为新增条文，实质上基于旧法第115条增订而来。

(一)立法逻辑

本条采取"原则禁止，例外允许"的立法模式，以"原则——一般例外—具体例外—法律责任"的结构展开。本条文的规制能够在一定程度上保障公司资本真实，保护中小股东和债权人利益以及遏制杠杆收购。① 本规范的调整范围为股份公司。

(二)禁止财务资助的3项政策

1.第1款前半句：禁止原则

本款确立了禁止财务资助的一般原则。为了防范循环增资，变相以公司资产履行对赌协议，变相抽逃出资等实践中的欺诈性行为，禁止公司为他人取得本公司或本公司母公司的股份提供财务资助被作为一般原则。通过对一般原则的解读，禁止

① 参见沈朝晖：《财务资助行为的体系化规制——兼评释2021〈公司法(修订草案)〉第174条》，载《中国政法大学学报》2022年第5期，第104~117页。

原则构成要件如下：

(1)适用情形，为取得公司股份。“取得”应作广义理解，“取得”的对象既包括已发行股份也包括新股，“取得”的数量和方式不影响对行为性质的判定。考虑到子公司与控股股东之间往往存在较高的关联性，母公司可能通过对其子公司的控制实现向第三方的利益输送，从而实现间接财务资助，故本条将本公司、母公司的股份均囊括在规制范围内。

(2)行为要件，公司为相对方提供财务资助。关于“财务资助”的定义，本款采“列举＋兜底”的定义方式，包括“提供赠与、借款、担保以及其他财务资助”。

(3)目的要件，即资助行为是为帮助相对方取得公司股份。这一构成要件强调前两个要件的直接因果关系，而非要求资助行为在取得行为之前。

2. 第1款后半句：无条件例外（员工持股计划）

本款末句的除外规定，属于无条件例外，[①]仅限于员工持股计划。员工持股计划能够提升公司治理的民主性，起到对关键员工的激励作用，故允许公司在一定范围内为员工提供财务资助，作为激励机制。

3. 第2款：附条件例外

本款为禁止财务资助原则的附条件例外，采公司批准规则和资本比例规则，并未采取澳大利亚等国立法模式中的实质损害模式。本款的规制模式是对许可的例外情形进行事前审查和防控，并提供相对具体的判断标准。具言之，规制条件有三：

(1)主观要件：“为公司利益”。此种商业判断规则下的审查视角体现出了对董事商业决策的尊重。

(2)程序要件：公司有效决议。需经过股东会决议，或者基于公司章程规定或股东会授权由董事会作出决议，但需绝对多数决通过。结合本法第139条规定，若上市公司财务资助对象为公司董事或与董事具有关联关系的人，则关联董事应回避表决。有疑问的是，本条未对股东会决议的表决程序作出规定，能否类推适用本法第15条第3款要求关联股东回避表决？本条没有明确，在解释论上应予以肯定。

(3)额度要件：资助数额上限为发行股本总额的10%。此种额度限制与绝对多数决相结合的规制模式，与本法第152～153条的授权资本制规制模式相类似。

① 参见沈朝晖：《财务资助行为的体系化规制——兼评释2021〈公司法（修订草案）〉第174条》，载《中国政法大学学报》2022年第5期，第104～117页。

（三）第3款：违法财务资助的法律责任

在法律效果层面，从保护公司、少数股东与债权人利益的规范目的出发，本条属于效力性强制性规范，违反本规定的财务资助行为无效。

本款规定违法财务资助行为发生导致公司损失的，负有责任的董监高应对公司承担赔偿责任。这与本法关于未尽催缴义务（第51条）、抽逃资本（第53条）、违法分红（第211条）、违法减资（第226条）等情形下的法律责任如出一辙，都涉及对董监高违反忠实义务、勤勉义务的司法判断。

◉ 公司治理操作指南

除本条外，关于公司财务资助的规制还见于《上市公司收购管理办法》《上市公司股权激励管理办法》《公司债券发行与交易管理办法》《非上市公众公司收购管理办法》《上市公司监管指引第8号——上市公司资金往来、对外担保的监管要求》等部门规章或行业规范中，故股份公司应综合相关法律法规建立公司内控体系，确保相关的财务行为合规。

在财务资助行为的定义方面，上海证券交易所、深圳证券交易所也采用列举式的定义方法，列举的情形更全面。综合相关规则及实务案例可以发现，是否存在真实商业背景，提供的资金或其他非货币利益是否公允，是否存在利益输送的可能性均为财务资助行为的判断标准。对于财务资助行为的规制对象，除了本条规定的董监高外，还包括双控人、上市公司收购人、股权激励对象、参与公司相关证券认购的投资者、关联人等主体。对公司进行财务资助的审查披露程序，也需要同时满足公司法及证券交易所的相关规则。在本条之前，有关禁止财务资助规则仅适用于上市公司，相关规定见于上列证监会及证券交易所的规定。本条吸收借鉴了前述规定，在公司法层面构建了禁止财务资助制度体系，且适用于所有的股份公司，不再仅局限于上市公司。

◉ 比较法规范

《日本公司法》第120条；《德国股份法》第71a条、第93条；《英国2006年公司法》第677条、第678条、第679条、第681条、第682条。

◉ 研究文献

1. 张弓长：《论公司财务资助的价值面向和规制结构》，载《华东政法大学学报》2023年第3期。

2. 皮正德：《禁止财务资助规则的公司法建构》，载《法学研究》2023年第1期。

3. 林一英等：《公司法修订的立法选择笔谈》，载《政法论坛》2022年第4期。

4. 李建伟、岳万兵:《股份有限公司向管理层贷款的规制模式反思——兼论〈公司法〉第115条的废止》,载《广东社会科学》2020年第6期。

第一百六十四条　【公示催告股票失效与补发】

股票被盗、遗失或者灭失,股东可以依照《中华人民共和国民事诉讼法》规定的公示催告程序,请求人民法院宣告该股票失效。人民法院宣告该股票失效后,股东可以向公司申请补发股票。

◉ 立法意旨

本条是关于股票被盗、遗失或灭失后的公示宣告失效及补发程序的规定。

◉ 条文演变历程

股票被盗、遗失或者灭失后通过公示催告程序宣告失效的规定最早可追溯至1993年《公司法》第150条,"记名股票被盗、遗失或者灭失,股东可以依照民事诉讼法规定的公示催告程序,请求人民法院宣告该股票失效。依照公示催告程序,人民法院宣告该股票失效后,股东可以向公司申请补发股票"。2005年《公司法》第144条将"民事诉讼法"改为"《中华人民共和国民事诉讼法》",并将条文从两款合为一款。2013年修法将条文序号调整为第143条。此次修法,一审稿第175条将"记名股票"改为"股票",在不允许发行无记名股票的背景下,"记名"二字成为赘语。二审稿、三审稿未改动,直至形成本条。

◉ 条文释义

本条对应旧法第143条,句首删除了"记名"二字,但外延仍为"记名股票",因为新《公司法》规定股份公司发行的股票应当为记名股票(第147条)。

本条是引致条款,引致适用《民事诉讼法》第十八章公示催告程序的相关规定。《民事诉讼法》第十八章规定了可以背书转让的票据的公示催告程序,公示催告程序是非诉程序。当票据持有人的票据被盗、遗失或灭失,可以向票据支付地的基层法院申请,由法院通知支付人停止支付,并作出公告,催促利害关系人申报权利。如有利害关系人申报,则裁定公示催告程序终结,通知申请人与支付人,当事人可以通过民事诉讼的方式解决纠纷;如没有利害关系人申报,则法院作出宣告票据无效的除权判决,票据持有人在判决公告之日可向支付人请求支付。

公示催告程序的规则以《票据法》上的票据为适用原型,适用于股票时,在支付人、停止支付、请求支付等概念的理解上需结合股票的性质,如停止支付应当理解为停止股票所指涉股东权利的行使。同时,法院作出宣告票据无效的除权判决后,持票人并不必然可以请求公司进行特定支付。当记名股票被盗、遗失或者灭失时,股东可以向法院申请公示催告,向法院递交的申请书,要写明股票的主要内容和申请的理由、事实;法院受理后,应当同时通知公司停止该股票所指涉股东权利的行使,并在3日内发出公告,催促利害关系人申报权利;公示催告的期间,由法院根据情况决定,但不得少于60日;利害关系人认为申请人的申请不符合事实的,应在公示催告期间向法院申报;在公示催告期间,没有利害关系人申报的,法院作出股票失效的判决。判决应当公告,并通知公司。股东依据此判决可以请求公司补发股票。

相较于股票,公示催告程序对于《票据法》上的票据具有更重要的意义。对于后者,票据上的权利不能脱离票据而独立存在,行使票据权利以提示票据为必要,而股权的行使显然不以股票的提示为必要。当然,从预防纠纷的角度,及时宣告股票失效并请求补发仍有重要的实践价值。

◉ 比较法规范

《日本公司法》第221～233条;《美国特拉华州普通公司法》第167条。

◉ 研究文献

1. 邢海宝:《票据公示催告的限缩与转向》,载《法学》2018年第5期。
2. 杨忠孝:《论票据公示催告程序的制度完善》,载《政治与法律》2009年第6期。
3. 叶永禄:《论票据丧失司法救济制度之完善》,载《法学家》2007年第3期。
4. 李伟群:《除权判决的效力与票据善意取得之间的关系——从中、日票据法比较的角度》,载《法学》2006年第6期。

第一百六十五条 【上市公司的股票交易】

上市公司的股票,依照有关法律、行政法规及证券交易所交易规则上市交易。

◉ 立法意旨

本条是关于上市公司股票交易的规定。

◉ 条文演变历程

本条一开始就是引致规范,最早规定在1993年《公司法》第154条,"经批准的上市公司的股份,依照有关法律、行政法规上市交易”。《公司法》于1993年制定时,1998年《证券法》尚未出台,因此1993年《公司法》对上市公司股票上市和交易作初步规定实有必要。2005年修法增加了依照证券交易所规则上市交易的规定,2005年《公司法》第145条规定“上市公司的股票,依照有关法律、行政法规及证券交易所交易规则上市交易”。2013年该规定调整序号为第144条,无实质修订。在本次修法中,三审稿及本条均承袭前述内容。

◉ 条文释义

本条源自旧法第144条,没有修订,为完全意义上的引致条款。

上市公司指所发行的股票在依法设立的证券交易所上市交易的股份公司。证券法是公司法的延伸,公司法负责提供公司股份发行与交易的基本规则,但有关上市公司股票交易的详细规定则交由证券法处理。如此,上市公司股票交易主要适用3类法律(广义):一是《证券法》等资本市场法律、法规;二是证监会发布的行政规章;三是证券交易所的软法规范。

具体而言,上市公司的股票交易只能在证券交易所的竞价交易系统进行,从体系解释的角度来看,本条与本法第158条关于股份公司股份转让方式的规定属于特别法与一般法的关系,本条的证券交易场所仅指深沪京“证券交易所”,与本法第134条关于上市公司的定义一致,相互呼应。

◉ 比较法规范

《德国股份法》第182条;《日本公司法》第128条;《英国2006年公司法》第544条;《美国模范商业公司法》第6.27节;《美国特拉华州普通公司法》第202条;《韩国商法》第335条;中国台湾地区“公司法”第268条。

◉ 研究文献

1. 叶林:《公司债券非公开发行的规范模式》,载《法学研究》2021年第3期。

2. 钱玉林:《股权转让行为的属性及其规范》,载《中国法学》2021年第1期。

3. 张双根:《论股权让与的意思主义构成》,载《中外法学》2019年第6期。

4. [日]神田秀树、朱大明:《日本公司法中的股份交换与股份转移制度》,载《清华法学》2015年第5期。

5. 赵维加:《论股票投资金融消费者保护》,载《东方法学》2013年第3期。

6. [日]神田秀树、朱大明:《日本上市公司的公司治理》,载《清华法学》2012年第5期。

第一百六十六条　【上市公司信息公开】

上市公司应当依照法律、行政法规的规定披露相关信息。

◉ 立法意旨

本条是关于上市公司信息披露义务的规定。

◉ 条文演变历程

关于上市公司信息披露的规定最早在1993年《公司法》第156条，“上市公司必须按照法律、行政法规的规定，定期公开其财务状况和经营情况，在每会计年度内半年公布一次财务会计报告”。此后（此次修法前）该规定仅有序号调整，内容没有变化。

此次修法，一审稿第177条规定在此前披露的基础上还需公开财务会计报告，并取消在每会计年度内半年公布一次财务会计报告，也即“上市公司必须依照法律、行政法规的规定，公开其财务状况、经营情况及重大诉讼和财务会计报告”。二审稿第166条取消了对披露内容的具体规定，使本条成为完全的引致规范，也即“上市公司必须依照法律、行政法规的规定披露相关信息”。三审稿第166条仅将“必须”修改为“应当”。最终颁布的新《公司法》未再修订三审稿的内容。

◉ 条文释义

本条对应旧法第145条，有内容修订。

从立法科学性来看，相较于旧法详列公告的若干内容，本条表述为“披露相关信息”更显立法科学性。本条是完全的引致条款，自然无须挂一漏万地列举信息披露内容，上市公司信息披露制度的完整规定存在于证券法等其他法律、法规及证券交易所的软法规范体系中。

◉ 公司治理操作指南

信息披露制度是上市公司治理及资本市场规制的核心规则与基础规范，上市公司股票在证券交易所交易，关涉社会公众投资者的利益与资本市场秩序，要求上市公司信息披露是保护投资者与监管资本市场的基本手段，也是证券活动公开原则的具体体现，有助于投资者做出合理的投资决策，保护投资者合法权益。①

---

① 参见张梁：《上市公司董监高信息披露异议制度何去何从——以新〈证券法〉第82条第四款为视角》，载《法学评论》2022年第3期。

上市公司信息披露的合法合规性，主要在于两个方面：一是信息披露的格式，上市公司应按照证券、部门规章和软法规范文件的要求，在规定的时间内披露定期报告和临时报告，以及证券交易所要求披露的股价敏感信息；[①]二是信息披露的内容，披露的信息必须真实、准确、完整，不得有虚假记载、误导性陈述或者重大遗漏。[②]

◉ 比较法规范

《德国公司治理法典》第3条、第4条、第5条；《日本公司法》第440条；《英国2006年公司法》第82条；《美国模范商业公司法》第16.20节、第16.21节；《韩国商法》第287条第33款；中国台湾地区"证券交易法"第14－1条。

◉ 研究文献

1. 张梁：《上市公司董监高信息披露异议制度何去何从——以新〈证券法〉第82条第四款为视角》，载《法学评论》2022年第3期。

2. 袁崇霖：《公司机会规则的反思与体系建构》，载《法学研究》2022年第2期。

3. 伍坚：《论我国大额持股披露制度的完善》，载《法学》2018年第5期。

4. 陈洁：《上市公司协议收购信息披露的逻辑与规范》，载《法学》2018年第3期。

5. 黄韬、乐清月：《我国上市公司环境信息披露规则研究——企业社会责任法律化的视角》，载《法律科学(西北政法大学学报)》2017年第2期。

6. 梁清华：《论我国私募信息披露制度的完善》，载《中国法学》2014年第5期。

7. 朱庆：《论股份回购与操纵市场的关联及其规制》，载《法律科学(西北政法大学学报)》2012年第3期。

8. 李建伟：《论英国公司股东知情权制度》，载《社会科学》2009年第12期。

9. 马其家、张婧：《上市公司财务欺诈及其法律规制》，载《法学杂志》2008年第1期。

◉ 典型案例

中国高科集团股份有限公司与胡某玉等证券虚假陈述责任纠纷案[③]

1. 案情简介

中国高科集团股份有限公司(以下简称中国高科)是一家上市公司，2013年4月27日，中国高科公布《2012年年度报告》。2015年7月24日，中国高科发布《关于收到证监会调查通知书的公告》(以下简称《立案调查公告》)，公告载明："公司于2015年7月23

① 参见郑依彤、李晋：《新〈证券法〉语境下的我国信息披露制度完善探讨——以重大安全事项为核心》，载《云南师范大学学报(哲学社会科学版)》2020年第4期。

② 参见黄韬、乐清月：《我国上市公司环境信息披露规则研究——企业社会责任法律化的视角》，载《法律科学(西北政法大学学报)》2017年第2期。

③ 参见北京市高级人民法院民事判决书，(2021)京民终955号。

日收到证监会《调查通知书》(编号:京调查通字15046号)。因公司涉嫌未披露关联方交易等信息披露违法违规事项,决定对公司立案调查。"

2017年5月10日,证监会发布"行政处罚决定书",对中国高科及相关人员的违法违规行为作出认定和处罚,认定中国高科存在以下违法事实:第一,相关主体之间的关联关系;第二,中国高科对于与武汉天馨、武汉天赐之间发生的关联交易未按规定履行信息披露义务,中国高科2012年年报未按规定披露与武汉天馨、武汉天赐之间发生的关联交易,中国高科2011年亏损586万元,该笔关联交易对中国高科净利润造成重大影响。证监会认为中国高科及其相关负责人未按照规定披露关联交易的行为违反相关规定,故对中国高科责令改正,给予警告,并处以60万元罚款,同时亦对相关责任人予以处罚。

曾某平等12个投资者在2013年4月27日至2015年7月24日进行了关于中国高科股票的交易,在2015年7月24日至8月7日及以后卖出或继续持有中国高科股票。曾某平等12个自然人投资者提起诉讼要求中国高科承担证券虚假陈述责任,对于在诉讼请求中主张的投资差额损失部分的印花税和佣金,明确投资差额损失部分的印花税按千分之一计算,佣金部分按万分之三计算,中国高科对此不持异议。

2. 裁判要旨

本案争议焦点是虚假陈述实施日、揭露日如何确定。其中,关于虚假陈述实施日的确定,法院认为2013年4月27日为本案虚假陈述实施日,理由如下:根据《最高人民法院关于审理证券市场因虚假陈述引发的民事赔偿案件的若干规定》(已失效)第20条第1款,中国高科于2013年4月27日发布《2012年年度报告》,但在该年报中未披露与武汉天馨、武汉天赐之间发生的关联交易,该日是中国高科最早做出虚假陈述之日,故应确认该日为虚假陈述实施日。

关于虚假陈述揭露日的确定,法院认为2015年7月24日应为本案的虚假陈述揭露日,理由如下:《最高人民法院关于审理证券市场因虚假陈述引发的民事赔偿案件的若干规定》(已失效)第20条第2款规定:虚假陈述揭露日,是指虚假陈述在全国范围发行或者播放的报刊、电台、电视台等媒体上,首次被公开揭露之日。对于虚假陈述揭露日的认定应从以下3个方面进行分析和判断,一是虚假陈述行为应为首次公开披露;二是披露应是在全国范围发行;三是该种披露必须对证券投资者具有强烈的警示作用。在本案中,2015年7月24日,中国高科发布调查公告,首次向投资者公布自身被证监会进行立案调查,且证监会亦以中国高科未披露其与关联公司之间发生的关联交易为由对其进行了行政处罚,《立案调查公告》的内容与证监会最终认定并进行处罚的内容一致。同时,在中国高科发布上述公告后,在2015年7月24日至28日的交易日,中国高科的股票价格呈现了连续大幅下跌的趋势,已构成陡峭波动,足以对市场起到足够的警示作用,故该日应确认为虚假陈述揭露日。

3. 案件评析

上市公司信息披露是保护投资者利益的重要手段。通过信息披露,投资者可以了解上市公司的经营状况、财务状况、风险因素等方面的信息,从而作出更明智的投资决策。同时信息披露有助于提高市场的透明度,透明度是资本市场健康发展的重要基石,只有当市场参与者都能够获得充分的信息时,市场才能实现有效的资源配置。信息披露能够减少内幕交易和操纵市场的行为,增强市场的公平性和公正性。

第一百六十七条 【股份公司股东资格继承】

自然人股东死亡后,其合法继承人可以继承股东资格;但是,股份转让受限的股份有限公司的章程另有规定的除外。

◉ 立法意旨

本条是关于股份公司股东资格继承的规定。

◉ 条文演变历程

有关自然人死亡后股权继承的规定,最早可追溯至2005年《公司法》第76条关于有限公司的规定,“自然人股东死亡后,其合法继承人可以继承股东资格;但是,公司章程另有规定的除外”。该规定为股权继承提供了缺省性规则,即以“自然人股东的合法继承人可以继承股东资格”为默认规则,以“公司章程另有规定的除外”作为选出条款。从体系上看,该条位于2005年《公司法》第三章“有限责任公司的股权转让”,仅适用于有限公司而不适用于股份公司。2013年修法将该规定条文序号调整为第75条。

此次修法,一审稿在第七章“股份有限公司的发行和转让”第二节“股份转让”设置第178条引入本条,条文构造与有限公司的上述规定相同,采缺省性规则下的“默认规则+排除规则”模式,但书部分表述为“股份转让受限的股份有限公司的章程另有规定的除外”,区别于有限公司的相应表述。后二审稿、三审稿未有改动,直至形成本条。

第167条

◉ 条文释义

本条系新增条文,与规定有限公司股东资格继承问题的旧法第75条相比,差异在于但书部分,旧法第75条表述为“公司章程另有规定的除外”,本条表述为“股份转让受限的股份有限公司的章程另有规定的除外”。

1. 股份公司股份继承规则的漏洞填补

如本法第90条释义部分指出的,股权为财产权,自然得以继承,但长期以来,我国公司法仅提供有限公司股权继承的规范，股份公司的股权继承规则缺失，而在实践中该类纠纷早已有之，[①]本条填补了这一立法空白。

在本条之前，关于股份可以继承人们没有分歧，人们的分歧在于股份公司能否以章程形式对自然人股东死亡后的股份继承进行限制？[②] 本条解决了审理股份继承纠纷案件的无法可依问题，也明确了相应章程约款的效力。

2. 股份继承能否被公司章程限制？

(1)继承客体之争

本条从文义上将股份继承的客体表述为“股东资格”，但真正继承的客体是被继承人生前所拥有的公司股份，还是股份所对应的股权抑或股东资格，司法实践和学理上一直存在混用现象且未有定论。

股份与股权之间的关系类似于物与物权。股权是承载于股份之上的股东享有的权利总和，包含财产性权利和非财产性权利。股东资格可被解释为“为取得股权所必须具备的身份或地位”。一般认为股东资格和股权虽基于出资同时获得，但财产权享有、身份权行使都需具备股东资格，股东资格意味着股权具有主体性，享有股权必然意味着行使主体具备股东资格。在此基础上，有观点主张在继承客体的讨论中应更注重二者存在何种区别。股东资格的继承不等于股权继承，被继承人生前股权被法院冻结的，不影响继承人取得的股东资格。即便股权的财产性和身份性已经以股东资格为中心融为一体，也不能因此得出股东资格的继承等于股权继承这一结论。

就有限公司的股权继承客体而言，学界围绕着有限公司的人合性维持产生了不同观点。一是捆绑式继承，即股权中的体现财产价值的自益权和具有管理性质的共益权为股东完整享有和行使，具有不可分割性，在章程预先未作限制或排除时，继承人可直接继承股东资格并取得相应股权。[③] 二是分离式继承，即在股东资格继承不

第167条

---

① 参见广东省深圳市龙华区人民法院民事判决书，(2018)粤0309民初6506号。

② 有学者认为，如股份公司章程对股东资格继承预先作出排除性或者限制性规定，应对此等规定作出否定性评价。参见王冠华：《股东资格继承疑难问题解析》，法律出版社2022年版，第98页。也有学者认为，股东资格继承的本质是股东的出资转让，具有较高人合性的非公众股份公司司应允许章程对股份转让作出限制，但资合性较强的上市公司和非上市公众公司章程如对股份转让限制，应视为无效。参见赵万一、王兰：《有限公司股权继承法律问题研究》，载《华东政法大学学报》2006年第2期，第54页；甘培忠、欧阳泽蔓：《股份有限公司章程限制股份转让法律问题分析》，载《法律适用》2015年第2期，第35页。

③ 参见刘俊海：《新公司法的制度创新：立法争点与解释难点》，法律出版社2006年版，第352～353页；王冠华：《股东资格继承疑难问题解析》，法律出版社2022年版，第64页。

为章程限制或排除的前提下，股东可继承的只是自益权或财产利益，共益权或具有身份性质的利益不能被继承，此时只能由继承人通过其他渠道如公司章程的事先规定获取。① 两种观点的差异在于是否允许公司意思在股东资格继承中的介入，以及是否应基于有限公司的人合性维护允许股东向外部第三人转让股权规定的适用。

相比有限公司，股份公司的股东资格继承（抑或股份继承，抑或股权继承）并不存在所争论的这一问题。股份公司为纯粹资合公司，即便基于股权的分离式继承而考虑适用股份转让规定，一般情况下也不存在优先购买权的适用问题。故对于股份公司股东资格继承的客体的界定，应坚持股权和股东身份在继承上的双重意义。

（2）章程可以限制股份继承

股份公司章程可以限制股份继承，法律依据有二：一是根据本法第157条，股东所持股份公司的股份可以转让，但“公司章程对股份转让有限制的，其转让按照公司章程的规定进行”，股份继承属于股份转让的形式之一，自然也适用第157条规定的基本法理；二是本法第144条第1款第3项，允许股份公司发行“转让需经公司同意等转让受限的股份”，对于此等股份的继承，同样适用公司章程的相应限制规定。本条的但书规定一语双关，呼应了以上两个条文。

◉ 公司治理操作指南

适用本条应注意股份公司章程对股东资格继承限制的边界。公司章程设约款限制股东资格继承，可分为对继承人的限制和对继承人的排除两种情形。就前者而言，应注意股份公司章程对股东资格继承的限制不应比外部第三人取得股权更为严格，否则会超出必要限度，②其效力可能将受法律质疑。就后者而言，指股份公司在章程规定全部或部分继承人不能取得股东资格。此时如继承人无权继承股东资格，不应影响其相应财产权益继承权的享有与行使。

◉ 比较法规范

《日本公司法》第162条、第174条；《韩国公司法》第219条、第246条；《德国股份法》第69条。

---

① 参见周游：《股权利益分离视角下夫妻股权共有与继承问题省思》，载《法学》2021年第1期，第173～177页；赵万一、王兰：《有限公司股权继承法律问题研究》，载《华东政法大学学报》2006年第2期，第53页。

② 参见王林清、杨心忠：《公司纠纷裁判精要与规则适用》，北京大学出版社2014年版，第99～100页。

◉ 研究文献

1. 赵玉:《股权继承规则的系统性改造》,载《法律科学(西北政法大学学报)》2024 年第 1 期。

2. 周游:《股权利益分离视角下夫妻股权共有与继承问题省思》,载《法学》2021 年第 1 期。

3. 沈贵明:《未成年人取得股东资格路径的正当性分析》,载《法学》2010 年第 7 期。

4. 孙瑞玺:《有限责任公司章程限制或排除股权继承的内容及效力》,载《法学论坛》2010 年第 6 期。

5. 袁秀挺:《股东资格继承及其例外之司法解读陶某诉某有限公司股东权纠纷案》,载《法律适用》2007 年第 5 期。

6. 张澎:《论公司章程在有限责任公司股权继承中的作用》,载《法律适用》2007 年第 1 期。

◉ 典型案例

赵某 1、李某等法定继承纠纷案①

1. 案情简介

鹤壁佳多科工贸股份有限公司(以下简称佳多科公司)成立于 2004 年 7 月 23 日,赵某英系该公司发起人之一并任法定代表人,持有 79.34% 的股份。

关于股东的股权继承,佳多科公司章程并未规定限制性条款,该公司向其股东颁发的股权证书封皮内侧的关于股份管理的规定第 1 条第 3 款载明:“在佳多科工作多年病、老、死、因公致残或丧失劳动能力者,可终生享有股权权益,持有人按序处理股权权益:(1)指定继承人。(2)按公司董事会裁决执行。(3)法律规定继承。”

2021 年 4 月 1 日,赵某英因病去世。赵某 2、李某、王某分别系赵某英的儿子、母亲、妻子,赵某 1 系赵某英女儿。赵某 1 亦系佳多科公司员工,赵某英去世后,赵某 1 实际负责佳多科公司的经营和管理。赵某 2、王某、李某因股权分割事宜与赵某 1 协商未果,向法院提起诉讼。

2021 年 10 月 22 日,佳多科公司召开了第六届董事会第三次会议,出席本次董事会成员应到 7 人,实到 7 人,形成如下决议:赵某 2、王某、李某非公司员工,未参与公司经营,公司董事会不同意赵某 2、王某、李某成为公司股东并拥有股东资格,关于赵某 2、王某、李某对赵某英持有的公司股份享有的相应财产权益,其可另行与公司协商解决;赵某 1 系公司员工,并参与公司经营,对于持有的公司股份所应享有的份额,可由其本人选择成为公司股东并拥有股东资格,或者选择享有持有股份所对应的财产权益并另行与公司协商解决。

① 参见河南省鹤壁市中级人民法院民事裁定书,(2022)豫 06 民申 34 号。

2. 裁判要旨

法院认为，佳多科公司系股份公司，相较于有限公司，股份公司更具资合性及开放性，公司规模较大，公司内部治理及架构较为成熟。为激发股份公司市场活力，我国公司法对股份公司的股权转让并未进行过多限制。因此，股权的法定继承在本案中具备适用空间。公司章程作为公司筹备、设立、运行的纲领性文件，应当对关于股东权利限制的条款进行明确记载，并登记备案于登记部门。在本案中，根据当事人提交的有效证据分析，公司章程并未对股权的法定继承与自然人股东死亡后其合法继承人继承股东资格进行限制性约定，佳多科公司提交的《佳多科股份管理规定》仅在股权证书封皮中予以记载，且系在该公司变更为股份公司之前形成，在此基础上佳多科公司作出的董事会决议，对赵某2、王某、李某均不具有约束力。现赵某1、佳多科公司依据该股份管理规定及董事会决议排除赵某2、王某、李某作为法定继承人对赵某英股东资格的继承，于法无据，不应支持。赵某2、王某、李某要求共同分割赵某英在佳多科公司的股权，并要求赵某1、佳多科公司配合办理股权变更手续的诉讼请求，符合法律规定。

3. 案件评析

本案的特殊情形在于，股份公司章程并未限制股东资格的继承，但在自然人股东死亡后，公司以董事会决议的形式排除了未参与公司经营的继承人的股东资格，该董事会决议并无效力依据。对股东继承的排除仅限于公司章程。不可否认的是，公司自治形式并非仅限于章程，还有股东协议、股东会决议等体现全体股东意志的方式，但董事会决议显然不能体现股东意志，其决议也不能产生与章程、股东会决议一致的效力。法律之所以规定由章程对股东继承进行排除，理由在于章程的制定和修改属于绝对多数决事项，可较充分地体现股东意志，而董事会作出的决议并无这一特点。

第七章　国家出资公司组织机构的特别规定

【本章概述】

国家出资公司是本次公司法修订的新设章节，承继了旧法第二章“有限责任公司的设立和组织机构”第四节“国有独资公司的特别规定”的基本内容，并在此基础上进行了细节的修订、增补及扩充。

新增或有变动的条款主要包括：国家出资公司的范围（第168条）；国家出资公司履行出资人职责的主体（第169条）；国家出资公司中党组织的功能（第170条）；修改履行出资人职责机构的职权（第172条）；完善国有独资公司董事会的构成及产生规则（第173条）；修改国有独资公司监督机构的设置（第176条）；国家出资公司建立内部合规管理体系（第177条）等。

整体而言，虽然国家出资公司组织机构规则多以旧法关于国有独资公司的规则为蓝本，但存在明显的强化管控趋势，条文内容的变动幅度不小。例如，从规制范围上看，新法将原仅适用于国有独资公司的特别规则扩张至国有资本控股公司，故受本章特别调整的有限公司与股份公司数量将大幅增加。此外，新法明确强调国家出资公司中的党组织具有研究讨论公司重大经营管理事项，支持公司的组织机构依法行使职权的职能，更强调党组织对国家出资公司的领导。另外，本章规定国有独资公司中外部董事必须超过半数，且监督机构必须在审计委员会、监事会或监事之间进行三选一等，这些均体现了新法对国家出资公司的特别规制。强化国家出资公司的治理规则，体现了国家管理国有资产的审慎态度，同时也有助于顺应国有企业现代化改革趋势。不过，本章关于国家出资公司组织机构的特别规定仅有9条，实践中可能遇到的诸多问题，或仍需司法解释或其他法律法规进一步回应。

本章有一个重要的实践问题是，虽然本法第170条明确了党组织在重大经营事项上的领导作用，但其与董事会、经理等公司决策层的权力划分及程序，或仍待进一步探索。质言之，相关法律法规及政策文件对国有企业党组织的权力行使及其程序已经存在一系列规定，但如何在党组织领导与管理层决策之间、收权与放权、谨慎与效率之间寻得平衡，仍为一个颇具探讨意义的课题。除此之外，新法规定国家出资公司必须建立风控与内部合规制度，但企业合规这一课题在国内仍属新兴领域，如何理解合规，如何建立一套行之有效的内部合规体系，还仰赖更多的理论与实践智慧的积累。通而观之，对本章关于国家出资公司组织机构特别规定的理解，要建立其本质是国家代表全体公民进行投资及权利行使的逻辑之上，由此便更易把握为何国家出资公司应适用更为严格的公司法规则，同时也便于理解履行出资人职责的机构范围及其职权等特殊制度。

第一百六十八条　【国家出资公司的概念、类型与法律适用】

国家出资公司的组织机构，适用本章规定；本章没有规定的，适用本法其他规定。

本法所称国家出资公司，是指国家出资的国有独资公司、国有资本控股公司，包括国家出资的有限责任公司、股份有限公司。

◉ 立法意旨

本条是关于国家出资公司的定义、类型以及法律适用的规定。

◉ 条文演变历程

本条最早见于1993年《公司法》第64条，该条规定："本法所称国有独资公司是指国家授权投资的机构或者国家授权的部门单独投资设立的有限责任公司。国务院确定的生产特殊产品的公司或者属于特定行业的公司，应当采取国有独资公司形式。"由此明确了国有独资公司的概念，将出资主体限定为"国家授权投资的机构"或者"国家授权的部门"，将出资方式限定为单独投资，将组织形式限定有限公司。

2005年《公司法》第65条作出如下修改：（1）修改出资主体的表述，从"国家授权投资的机构"或者"国家授权的部门"变更为"国家"。（2）增加履行出资人职责的机构，明确规定为"国有资产监督管理机构"。（3）明确国有独资公司优先适用第二章第四节的特别规定。2013年修法调整条文序号为第64条。

此次修法，一审稿第143条作如下修改：（1）引入"国家出资公司"的新概念。将"国有独资公司"纳入其中。此外，还包括"国有资本控股公司"。（2）明确"国家出资公司"优先适用《公司法》第六章的特别规定。（3）组织形式上包括有限公司以及股份公司。二审稿将整章调整为第七章，二审稿、三审稿第168条均沿袭上述第143

条的内容,直至形成本条。

◉ 条文释义

本条系新增条文。

(一)新法的调整范围变化:从国有独资公司到国家出资公司

国有公司是中国特色社会主义市场经济的重要构成部分,也是经济基础。自1993年《公司法》设单节规定“国有独资公司”以来,此次修法设专章(第七章)统一规定“国家出资公司”。本法第七章的许多条款承袭自旧法“国有独资公司”专节规定,从国有独资公司到国家出资公司、从专节到专章,这是一次质的飞越。

(二)第1款:国家出资公司的法律适用

国家出资公司包括多种公司类型,其中的国有独资公司为有限公司,国有资本控股公司则包括有限公司和股份公司。但无论其采取何种组织形式,都应当优先适用本章的特别规定,因为本章节规定为特别法规范;此章没有规定的,再适用《公司法》其他章节的相应规定。

(三)第2款:国家出资公司的概念及外延

本款列举了国家出资公司的类型。具言之,从持股模式上,包括国有独资公司、国有资本控股公司;从组织形式上,包括有限公司、股份公司(包括上市公司);从组织形式上,国有独资公司的组织形式只能是有限公司,但国家出资公司中的国有资本控股公司既可以是有限公司也可以是股份公司。

从持股模式上看,“国家出资公司”的类型被包含于《企业国有资产法》的“国家出资企业”。依据《企业国有资产法》第5条规定,“国家出资企业”包括国有独资企业、国有独资公司、国有资本控股公司、国有资本参股公司。可见国家出资企业的外延远大于国家出资公司,主要区别在于“国有独资企业”(全民所有制工业企业)以及“国有资本参股公司”。对于后者,《国有企业参股管理暂行办法》第2条规定,“国有资本参股公司”是指国有企业在所投资企业持股比例不超过50%且不具有实际控制力的公司。

总之可见,无论是从持股模式还是组织形式,国家出资公司都扩充了国有独资公司的外延,充分反映了国有公司股权多元化的实践。

(四)国资企业体系的概念辨析

为进一步方便读者了解我国广泛存在的、掌握国民经济命脉的、类型丰富的国资企业体系,尤其精准掌握国有独资公司、国有资本控股公司的概念,结合本法以及《企业国有资产法》等立法规范，对于以下关联概念进行层层递进式的一一介绍。

1. 国有企业

国有企业，对应的概念是民营企业、外资企业，是从企业所有制性质的角度进行的分类。从经济学的角度来看，国企、民企、外企乃是当今中国经济发展的“三驾马车”。从法律意义上讲，国有企业这一概念，是关于国家出资设立企业的最宽泛概念，在外延上包括国家出资企业与国有公司。其中，前者是指依据1988年《全民所有制工业企业法》设立的全民所有制企业，这些企业的名称里通常带有公司字样，但不包含“有限”“有限责任”“股份有限”的字样，依本法不归《公司法》调整（本法第2条、第7条）；后者为依照本法设立的、国有资本独资或控股的公司。

2. 国家出资企业（全民所有制国有企业）

所谓全民所有制工业企业，是指依照1988年《全民所有制工业企业法》设立的、出资全部来自国家（中央政府或者地方政府）的企业法人，由国务院国资委监管，即代行出资人管理职能的100家左右的央企多数属于此类，各地的省市县国资委监管的地方国企也有不少属于此类。如果是中央政府（国务院）出资设立的，就是中央企业，简称央企，如果是地方政府出资设立的，就是地方国企，具体又可以分为省属国企、市属国企、县属国企、镇属国企等。

从2017年开始，全民所有制工业企业的存量基本上被消解了，目前主要集中在金融、文化产业以及个别其他特殊行业。具言之，2017年7月国务院办公厅发布《中央企业公司制改制工作实施方案》（国办发〔2017〕69号），要求2017年年底前，按照《全民所有制工业企业法》登记、国务院国资委监管的中央企业（不含中央金融、文化企业），全部改制为按照《公司法》登记的有限责任公司或股份有限公司。与此同时，地方传统国有企业也按照类似的改制方案要求加快改制。因此，在2017年年底前，一大批中央企业（央企）进行了由全民所有制工业企业到国有独资公司的改制，这从名称上就能反映出来，比如中国石油天然气集团公司（全民企业）改名为中国石油天然气集团有限公司、中国航空集团公司（全民企业）改名为中国航空集团有限公司等。名称变化的背后是由“国家出资企业”改制为“国有独资公司”（组织形式为有限公司），由受《全民所有制工业企业法》调整到受《公司法》调整。但是，仍然由一批金融、文化领域的企业仍然保持了全民所有制工业企业身份。

3. 国有公司

广义上的国有公司,是指依照本法、由国有资本参与设立的有限公司或者股份公司。依照国有资本的控股程度,又分为国家出资公司(包括国有独资公司、国有资本控股公司)以及国有参股公司。

4. 国家出资公司(国有独资公司与国有资本控股公司)

新《公司法》引入了国家出资公司的概念,仅包括了两类公司,即国有独资公司、国有资本控股公司。

(1)国有独资公司。根据旧法第64条的规定,国有独资公司是指"国家单独出资、由国有资产监督管理机构履行出资人职责的有限公司"。在新《公司法》第七章所指的"国家出资公司"之下,应将其理解为"国家单独出资、由履行出资人职责的机构履行出资人职责的有限公司、股份公司"。

需要注意的是,虽然形式上国有独资公司也只有一个"股东",但其并非《公司法》语境下的"一人公司",其仅仅在股东只有一人的形式上与一人公司相似,但其本质上在于出资人身份的特殊性——出资人是国家,国家是唯一股东,国家作为一种抽象的存在无法履行股东职责,故国家授权由"履行出资人职责的机构"代为履行出资人职责。比如前述的中国石油天然气集团有限公司,即属之,具体由国资委受国务院委托代为履行出资人职责。

(2)国有资本控股公司,是指由国有资本绝对控股或相对控股的公司。依照本法第265条第2项之规定,"控股股东,是指其出资额占有限责任公司资本总额超过百分之五十或者其持有的股份占股份有限公司股本总额超过百分之五十的股东;出资额或者持有股份的比例虽然低于百分之五十,但依其出资额或者持有的股份所享有的表决权已足以对股东会的决议产生重大影响的股东"。据此,国有资本控股公司又可以分为三类:

其一,国有资本100%控股的公司。比如,某国有独资公司的全资子公司,即属此类(注意这一子公司不再是国有独资公司)。

其二,国有绝对控股公司。国有股东持股比例超过50%低于100%的公司,比如某国有独资公司持股80%的有限公司、股份公司。

其三,国有相对控股公司。如国有股东虽然持股低于50%,但依其出资额或者持有的股份所享有的表决权已足以对股东会的决议产生重大影响的,即属此类。例如,上市公司相对控股的持股比例可以在20%~30%,如A国有资本控股公司持股

B 上市公司的 28% 股权且属于第一大股东，该 B 公司即属于国有相对控股公司。

需要指出，此处的"国有股东"泛指履行出资人职责的机构、国家出资企业、国有独资公司以及国有资本控股公司本身。比如，中国石油天然气股份有限公司是一家在上海证券交易所、纽约证券交易所的上市公司，其控股股东就是中国石油天然气集团有限公司，所以中国石油天然气股份有限公司就是一家国有资本控股公司。

(3)国有全资公司。严格来说，本章规定国家出资公司仅包括国有独资公司与国有资本控股公司，该种规定实际上有欠严谨，因为还有一类公司在国有资本的纯度上与国有独资公司一样，但高于国有资本控股公司，理当属于国家出资公司的概念，这一类公司称为"国有全资公司"。国有全资公司，是指由有两个及两个以上的履行出资人职责的机构或者国有独资公司设立的有限公司、股份公司。比如，为响应党中央的京津冀一体化规划，京津冀三省份的国资委各自出资 1 亿元成立的某有限公司(或者股份公司)，即属此类。当然，在目前本法第七章的概念体系下，国有全资公司也可以归属于国有资本控股公司之列，属于国有资本 100% 控股的公司。

5. 国家资本参股公司

国家资本参股公司简称国有参股公司，是指有国家出资，但国有股权不占控股地位的公司。在近年来的混改活动以及地方国资委债转股的活动中，往往形成了一些国有股东单位持股较低比例的参股有限公司、股份公司。国有参股公司不在本法第七章的规范之类，国有股东处于公司的少数股东地位。

6. 国有控制公司

上述关于各类公司控股、参股的概念均是建立在单纯的股权控制机制进行讨论的。但在实践中，控制一家公司的机制并不限于股权控制，还有股权之外的其他控制机制，即本法第 265 条第 3 项规定的"实际控制人，是指通过投资关系、协议或者其他安排，能够实际支配公司行为的人"。据此，如一家非处于控股地位的国有股东单位凭借与其他股东结成一致行动人协议安排而被认定为一家公司的实际控制人的，那么该公司即为国有控制公司。

国有控制公司，在实务中也接受国家出资公司的特别规范。

◉ 比较法规范

《德国股份法》第 394 条、第 395 条；《日本公司法》第 2 条；中国台湾地区"公司法"第 102 条。

◉ 研究文献

1. 汪青松：《国家出资公司治理模式选择与法律制度保障》，载《政治与法律》2023 年第9期。

2. 胡国梁:《国家出资公司进入〈公司法〉的逻辑理路》,载《政治与法律》2022年第12期。

3. 李建伟:《国有企业特殊法制在现代公司法制中的生成与安放》,载《中南大学学报(社会科学版)》2017年第3期。

4. 陆川:《国家出资企业不应包括国家参股企业》,载《法学》2008年第6期。

第一百六十九条 【国家出资公司履行出资人职责的机构】

国家出资公司,由国务院或者地方人民政府分别代表国家依法履行出资人职责,享有出资人权益。国务院或者地方人民政府可以授权国有资产监督管理机构或者其他部门、机构代表本级人民政府对国家出资公司履行出资人职责。

代表本级人民政府履行出资人职责的机构、部门,以下统称为履行出资人职责的机构。

◉ 立法意旨

本条是关于国家出资公司出资人职责的机构的规定。

◉ 条文演变历程

本条是新增条文,在此次修法之前,2018年6月,中共中央、国务院印发《关于完善国有金融资本管理的指导意见》,明确将国有金融资本出资人职责统一赋予各级财政部门。国有金融资本属于国家所有,即全民所有。国务院代表国家行使国有金融资本所有权,国务院和地方政府依照法律法规,分别代表国家履行出资人职责。按照权责匹配、权责对等、权责统一的原则,各级财政部门根据本级政府授权,集中统一履行国有金融资本出资人职责。这个规定为后续的其他国有企业出资人职责的规范做出立法参考。2019年11月,国务院办公厅印发《国有金融资本出资人职责暂行规定》,明确财政部门以管资本为主加强国有金融资产监管。除国有金融资产出资人职责的规定外,2021年国务院国资委印发了《国资委履行出资人职责的多元投资主体公司利润分配管理暂行办法》,规定了在国有多元化公司里国务院授权国资委履行出资人职责。

◉ 条文释义

本条系新增条文。

1. 第 1 款:国家出资公司的实际出资人与履行出资人职责的机构

国家出资公司的实际股东是国家,背后是全民,大致遵循全体人民——人民代表大会——履行出资人职责的主体(各级政府)——被授权代表本级人民政府履行出资人职责的机构(财政部门、国资委、受权经营国资单位等)——国家出资公司管理层的委托代理长链条。

本款明确国务院(中央政府)、地方各级政府为代表国家履行出资人职责,各级政府再授权其下属的机构(国资委,负责非金融类国资;财政部门,负责金融类国资)、部门(受权经营国资单位,如中国中信集团、中国光大集团等),代表本级人民政府履行出资人职责。这些机构、部门,本法将其统称为"履行出资人职责的机构"。

关于本条的"履行出资人职责的机构",可以理解为存在两类主体:一是代表主体,二是受权主体。一方面,代表主体是指国务院以及各级地方政府。代表主体具有天然的代表权,无须任何前置程序便可代表国家成为"履行出资人职责的机构"。另一方面,受权主体是指国资委、财政部门以及其他机构,受权主体必须经代表主体的授权,才能成为"履行出资人职责的机构"。

2. 第 2 款:"履行出资人职责的机构"的称谓及所指的历史变革

以上这些机构被 2008 年发布的《企业国有资产法》概括称为"履行出资人职责的机构",此次修法从之,取代了旧法的"国有资产监督管理机构"。

履行出资人职责的机构,实务中又称"出资人代表机构"等。本条明确谁有资格充当"履行出资人职责的机构"。学界长期呼吁经营性国有资产的统一管理,但现实中仍然是"各管一摊"的局面。除了各级国资委,还有财政部门以及党政部门和事业单位,都在管理自己的国有企业,如金融国资、文化国资、高校国资等。旧法第 64 条规定,国有独资公司的出资人代表机构只有"本级人民政府国有资产监督管理机构",但"国有资产监督管理机构"按照法律规定仅特指国资委系统,至少包括国务院、省、市、县四级政府的国资委(局、办),而不包括财政部门等其他部门。由于法律规定与现实情况不符,所以要把"其他部门、机构"一并囊括,故而有了"履行出资人职责的机构"。虽然这样做可能会让"各管一摊"的局面进一步"合法化",但考虑到目前确有一些国有企业的特殊性太明显,不宜全部划归国资委体系监管,故本条的规定也属符合实践之举。相较于旧法履行出资人职责的只能是国有资产监督管理机构,其他部门、机构的新增进来是适应实践的需要,使《公司法》关于国家出资公司的特别规定有了更大范围的适用空间,避免仅仅因履行出资人职责的主体不是国有资产监督管理机构而不能适用本章的特别规定。

◉ 比较法规范

《德国股份法》第394条、第395条；中国台湾地区“公司法”第27条。

◉ 研究文献

1. 汪青松：《国家出资公司治理模式选择与法律制度保障》，载《政治与法律》2023年第9期。

2. 胡国梁：《国家出资公司进入〈公司法〉的逻辑理路》，载《政治与法律》2022年第12期。

第一百七十条 【国家出资公司中党的领导地位】

国家出资公司中中国共产党的组织，按照中国共产党章程的规定发挥领导作用，研究讨论公司重大经营管理事项，支持公司的组织机构依法行使职权。

◉ 立法意旨

本条是关于国家出资公司的党的领导地位的规定。

◉ 条文演变历程

本条系新增条文，在一审稿第145条加入，随后二审稿、三审稿以及新《公司法》第170条承继之，未有变动。

◉ 条文释义

本条系新增条文。

1. 本条的政策背景

中共中央、国务院2015年发布《关于深化国有企业改革的指导意见》，要求国有企业改革需要完善现代企业制度，充分发挥党组织的政治核心作用，加强和改进党对国有企业的领导，将党建工作总体要求纳入国有企业章程，明确党组织在国有企业公司治理结构中的核心地位。随着配套制度的逐步出台，党组织参与国有企业公司治理决策的途径和方式已逐渐完善。

国家出资公司作为主要的国有企业类型，自然适用以上政策规定。

2. 中国共产党的领导地位

本条的任务是实现中国共产党的执政党政策向法律规范的转化，在立法上确立发挥党对国家出资公司领导作用，具体体现为以下几个方面：(1)明确国有出资公司中党的领导;(2)党的领导的实现途径是通过国家出资公司中的中国共产党的组织,按照中国共产党章程进行的;(3)党的领导的具体方式是,研究讨论公司重大经营管理事项,支持公司的组织机构依法行使职权。

3. 中国共产党领导地位的具体规则:“三重一大”政策解读

中共中央办公厅、国务院办公厅于2010年6月5日出台《关于进一步推进国有企业贯彻落实“三重一大”决策制度的意见》规定,国有企业“三重一大”事项应坚持集体决策原则,由国有企业党委(党组)、董事会、经理层等决策机构集体讨论决定。2015年6月5日中共中央全面深化改革领导小组召开第十三次会议,审议通过了《深化国有企业改革若干意见》。该意见强调坚持党的领导是我国国有企业的独特优势,提出要坚持党的建设与国有企业改革同步谋划、党的组织及工作机构同步设置,实现体制对接、机制对接、制度对接、工作对接,要把加强党的领导和完善公司治理统一起来,明确国有企业党组织在公司法人治理结构中的法定地位,确保党的领导、党的建设在国有企业改革中得到体现和加强。围绕着“坚持党对国有企业的领导不动摇”这一基本原则,国务院国资委等主管部门连续出台的若干文件都是在沿着这一方向而进行制度设计,如中共中央于2019年12月30日发布的《中国共产党国有企业基层组织工作条例(试行)》,国务院国资委、财政部于2020年12月31日发布并施行的《国有企业公司章程制定管理办法》等。

综上,“三重一大”是党领导国企的重要体现,结合前述规定,其范围主要包括:

(1)重大决策事项,是指依照公司法、全民所有制工业企业法、企业国有资产法、商业银行法、证券法、保险法以及其他有关法律法规和党内法规规定的应当由股东会、董事会、未设董事会的经理班子、职工代表大会和党委(党组)决定的事项。主要包括企业贯彻执行党和国家的路线方针政策、法律法规和上级重要决定的重大措施,企业发展战略、破产、改制、兼并重组、资产调整、产权转让、对外投资、利益调配、机构调整等方面的重大决策,企业党的建设和安全稳定的重大决策,以及其他重大决策事项。

(2)重要人事任免事项,是指企业直接管理的领导人员以及其他经营管理人员的职务调整事项。主要包括企业中层以上经营管理人员和下属企业、单位领导班子成员的任免、聘用、解除聘用和后备人选的确定,向控股和参股企业委派股东代表,推荐董事会、监事会成员和经理、财务负责人,以及其他重要人事任免事项。

(3)重大项目安排事项,是指对企业资产规模、资本结构、盈利能力以及生产装备、技术状况等产生重要影响的项目的设立和安排。主要包括年度投资计划,融资、担保项目,期权、期货等金融衍生业务,重要设备和技术引进,采购大宗物资和购买服务,重大工程建设项目,以及其他重大项目安排事项。

(4)大额度资金运作事项,是指超过由企业或者履行国有资产出资人职责的机构所规定的企业领导人员有权调动、使用的资金限额的资金调动和使用。主要包括年度预算内大额度资金调动和使用,超预算的资金调动和使用,对外大额捐赠、赞助,以及其他大额度资金运作事项。

根据前述规定,"三重一大"事项决策的基本程序是:

(1)"三重一大"事项提交会议集体决策前应当认真调查研究,经过必要的研究论证程序,充分吸收各方面意见。重大投资和工程建设项目,事先充分听取有关专家的意见。重要人事任免,事先征求国企和履行国有资产出资人职责机构的纪检监察机构的意见。研究决定企业改制以及经营管理方面的重大问题、涉及职工切身利益的重大事项、制定重要的规章制度,听取企业工会的意见,并通过职工代表大会或者其他形式听取职工群众的意见和建议。

(2)决策事项提前告知所有参与决策人员,为所有参与决策人员提供相关材料。必要时,可事先听取反馈意见。

(3)党委(党组)、董事会、未设董事会的经理班子应当以会议的形式,对职责权限内的"三重一大"事项作出集体决策。不得以个别征求意见等方式作出决策。紧急情况下由个人或少数人临时决定的,应在事后及时向党委(党组)、董事会或未设董事会的经理班子报告;临时决定人应当对决策情况负责,党委(党组)、董事会或未设董事会的经理班子在事后按程序追认。经董事会授权,经理班子决策"三重一大"事项的,按照相关规定执行。

(4)决策会议符合规定人数方可召开。与会人员要充分讨论并分别发表意见,主要负责人应当最后发表结论性意见。会议决定多个事项时,应逐项研究决定。若存在严重分歧,一般应当推迟作出决定。

(5)决策作出后,企业应当及时向履行国有资产出资人职责的机构报告有关决策情况;企业负责人应当按照分工组织实施,并明确落实部门职责和责任人。参与决策的个人对集体决策有不同意见,可以保留或者向上级反映,但在没有作出新的决策前,不得擅自变更或者拒绝执行。如遇特殊情况需对决策内容作重大调整,应当重新按规定履行决策程序。

(6)董事会、未设董事会的经理班子研究“三重一大”事项时，应事先与党委(党组)沟通，听取党委(党组)的意见。进入董事会、未设董事会的经理班子的党委(党组)成员。应当贯彻党组织的意见或决定。企业党组织要团结带领全体党员和广大职工群众，推动决策的实施，并对实施中发现的与党和国家方针政策、法律法规不符或脱离实际的情况及时提出意见；如得不到纠正，应当向上级反映。

4. 需要厘清的几个问题

国企改革一方面需要落实党组织的领导核心作用，另一方面也要完善现代企业制度，支持董事会、监事会、经理层充分履行职责，因此一般认为党组织的前置讨论仅享有否决权，通过党组织前置讨论的事项仍应由公司的董事会、经理层作出最终决策。要妥善处理好各治理主体的关系，董事会、经理层等治理主体要自觉维护党组织权威，根据各自职能分工发挥作用，既要保证董事会对重大问题的决策权，又要保证党组织的意图在重大决策中得到体现。

实践中，要注意厘清党组织、董事会与经理层的权责边界。党组织“发挥领导作用”与“发挥政治核心作用”是完全不同的。“领导作用”就是指国有企业的党组织要管生产经营，只是“讨论”而不是“决定”。民营企业如果符合条件，也要设立党组织，但他们是发挥“政治核心”作用，主要管意识形态。将党的领导融入国家出资公司的框架内，有助于确保对国家出资公司经营管理人员的有效监督、增强国家出资公司的公益性。该条是基于我国社会主义制度的规定，也是此次修订公司法的重要内容之一。

习近平总书记曾在全国国有企业党的建设工作会议上强调，“坚持党的领导、加强党的建设，是我国国有企业的光荣传统，是国有企业的‘根’和‘魂’，是我国国有企业的独特优势”“中国特色现代国有企业制度，‘特’就特在把党的领导融入公司治理各环节，把企业党组织内嵌到公司治理结构之中，明确和落实党组织在公司法人治理结构中的法定地位，做到组织落实、干部到位、职责明确、监督严格”。[①] 这就强调了党的组织在国有企业发展中的重要作用。相应地，中共中央于 2019 年 12 月 30 日发布了《中国共产党国有企业基层组织工作条例(试行)》，并发出通知，要求各地区各部门认真遵照执行。其中，该条例第 11 条和第 12 条是关于党委发挥领导作

① 《习近平在全国国有企业党的建设工作会议上强调：坚持党对国企的领导不动摇》，载新华网 2016 年 10 月 11 日，http://www.xinhuanet.com/politics/2016－10/11/c_1119697415.htm。

用，参与企业经营的作用和职责。其第 11 条规定："国有企业党委（党组）发挥领导作用，把方向、管大局、保落实，依照规定讨论和决定企业重大事项……"其第 12 条规定："国有企业党支部（党总支）以及内设机构中设立的党委围绕生产经营开展工作，发挥战斗堡垒作用……"之前，我国国有企业的改革与发展均以政策为主要依据，相关法律规范呈碎片化，缺乏系统性，在实践中往往难以得到很好的执行；如今通过这些规定，我国立法在国有出资公司中发挥党组织领导作用方面增加规则的供给，为党组织参与国企经营管理提供制度保障与依据。

◉ 研究文献

于莹：《公权力嵌入国有公司治理：理据及边界》，载《政法论坛》2024 年第 1 期。

◉ 典型案例

天津房地产集团有限公司原党委副书记、原总经理熊某宇，因不作为不担当问题被问责。据《天津日报》2018 年 8 月 30 日报道，熊某宇作为党员领导干部，政治意识不强，执行政治纪律和政治规矩不严，存在于办公室摆放有迷信色彩的物品和离岗离津未书面请假报备的情况；工作责任心不强，管理不到位，对重要问题不敢抓不敢管，有好人主义、守摊求稳思想，2017 年以来集团相继发生因与股东沟通不畅造成上市公司议案首次表决未获通过、项目工程质量问题等事件，造成不良影响和严重的国有资产损失；工作执行力不强，钻研业务少，对企业基本情况了解不深、掌握不实，在化解集团债务风险上不能主动作为。依据《中国共产党问责条例》等有关规定，免去熊某宇天津房地产集团有限公司党委副书记、常委、委员、总经理职务。

熊某宇被问责的原因之一是"2017 年以来集团相继发生因与股东沟通不畅造成上市公司议案首次表决未获通过"。根据天津房地产集团有限公司公示的工商信息可以发现，自 2017 年以来，其只有 2017 年 1 月 6 日股东大会的第 3 项议案被否决，议案的简介为："审议公司关于修改《公司章程》的议案，该议案为根据《深化国有企业改革若干意见》、天津市委和国资委的相关要求，在《公司章程》中加入有关党委党建的相关章节。"修改章程的议案是特别议案，必须经与会股东 2/3 以上多数通过，而天津房地产集团有限公司股东对此项议案的同意票数比例为 62.5012%，离 66.67% 的通过比例差了 4%。而后天津房地产集团有限公司在 2017 年 5 月 5 日再次召开股东会，以 99.8658% 的赞成票通过修改章程的议案，消除前一表决产生的不良影响。

2019 年 3 月，据天津市纪委监委消息：天津房地产集团有限公司原党委副书记、总经理熊某宇涉嫌严重违纪违法，目前正在接受纪律审查和监察调查。2019 年 12 月，天津房地产集团有限公司原党委副书记、总经理熊某宇（正局级）涉嫌受贿，被提起公诉。此外，2019 年 5 月，天津房地产集团有限公司党委书记、董事长邸某因涉嫌受贿、贪污、国有公司人员失职罪被提起公诉；2019 年 7 月，天津房地产集团有限公司党委常委、副总经理张某政涉嫌受贿罪被提起公诉；2021 年 7 月，天津房地产集团有限公司副总经理张某杰涉嫌国有公司人员滥用职权罪、受贿罪被提起公诉。

第一百七十一条　【国有独资公司的章程制定】

国有独资公司章程由履行出资人职责的机构制定。

◉ 立法意旨

本条是关于国有独资公司章程制定主体的规定。

◉ 条文演变历程

本条最早可追溯至1993年《公司法》第65条，“国有独资公司的公司章程由国家授权投资的机构或者国家授权的部门依照本法制定，或者由董事会制订，报国家授权投资的机构或者国家授权的部门批准”。2005年修法时将条文序号变更为第66条，章程的制定主体修改为国有资产监督管理机构，沿袭了制定主体可自行制定章程，也可由董事会制订报制定主体批准的规定。2013年修法将条文需要调整为第65条，内容未修改。

此次修法，一审稿第146条将国有独资公司章程的制定主体变更为履行出资人职责的机构，继续沿袭履行出资人职责的机构可自行制定章程，也可由董事会制定报履行出资人职责的机构批准的规定。依据一审稿第144条的规定，“履行出资人职责的机构”是指国务院或者地方人民政府，上述主体可以授权国有资产监督管理机构或者其他部门、机构代其履行出资人职责。前置的授权程序，限制了国有资产监督管理机构履行出资人职责的权力。二审稿第171条删除由董事会制定报履行出资人职责的机构批准的规定，章程只能由履行出资人职责的机构负责制定，其余规定沿袭一审稿第146条。三审稿未再改动，直至形成本条。

◉ 条文释义

本条对应旧法第65条的前半段，有实质性的内容删除。

1. 本条的立法背景

在普通的有限公司或者股份公司中，公司章程由股东们制定。具体来说，有限公司、发起设立股份公司由全体股东共同制定(采合意制)，募集设立股份公司由全体发起人制定，再交由成立大会以简单多数决通过。对于一人股份公司、有限公司，公司章程自然由一人股东制定。但是，作为没有股东会，也不存在法律意义上之股东的国有独资公司而言，谁来制定其章程，的确需要公司法的特别规定。

2. 特殊的章程制定人

旧法第 65 条规定国有独资公司制定章程的两条路径：一是由国有资产监督管理机构制定；二是由国有独资公司董事会制定，报国有资产监督管理机构批准。两条路径，任选其一。本条则有两处重要修订：一是章程的制定主体从"国有资产监督管理机构"调整为"履行出资人职责的机构"，这是前述立法指称的调整，并非实质变动；二是删除了旧法的第二条路径，国有独资公司董事会无权参与制定章程。这一内容调整，折射出目前制度下国有独资公司的权力更向"履行出资人职责的机构"集中的趋向。

◉ 公司治理操作指南

本条仅规范国有独资公司章程由履行出资人职责的机构制定，但没有规定修订程序，那么谁是章程的修订者呢？依照公司章程制定、修订的原理，谁制定，谁修订，所以国有独资公司章程的修订者也是履行出资人职责的机构。

◉ 研究文献

1. 于莹：《公权力嵌入国有公司治理：理据及边界》，载《政法论坛》2024 年第 1 期。
2. 汪青松：《国家出资公司治理模式选择与法律制度保障》，载《政治与法律》2023 年第 9 期。

第一百七十二条 【国有独资公司的股东会职权行使】

国有独资公司不设股东会，由履行出资人职责的机构行使股东会职权。履行出资人职责的机构可以授权公司董事会行使股东会的部分职权，但公司章程的制定和修改，公司的合并、分立、解散、申请破产，增加或者减少注册资本，分配利润，应当由履行出资人职责的机构决定。

◉ 立法意旨

本条是关于国有独资公司中股东会职权之行使的规定。

◉ 条文演变历程

本条最早可追溯至 1993 年《公司法》第 66 条，其规定："国有独资公司不设股东会，由国家授权投资的机构或者国家授权的部门，授权公司董事会行使股东会的部分职权，决定公司的重大事项，但公司的合并、分立、解散、增减资本和发行公司债券，必须由国家授权投资的机构或者国家授权的部门决定。"2005 年《公司法》第 67

条在 1993 年《公司法》第 66 条的基础上，规定国有独资公司股东会的职权由国有资产监督管理机构行使，且规定公司的合并、分立、解散、增减资和发行公司债券一律由国有资产监督管理机构决定。此外，2005 年《公司法》第 67 条还增设一句规定："重要的国有独资公司合并、分立、解散、申请破产的，应当由国有资产监督管理机构审核后，报本级人民政府批准。前款所称重要的国有独资公司，按照国务院的规定确定。"2013 年《公司法》第 66 条、2018 年《公司法》第 66 条均沿袭了 2005 年《公司法》第 67 条的内容。

此次修法一审稿第 147 条在 2018 年《公司法》第 66 条的基础上进行了修改，除了在表述上与国家出资公司章节的整体变动协同，将"国有资产监督管理机构"改为"履行出资人职责的机构"，还将公司章程的制定和修改、公司的利润分配两项新增为需要由履行出资人机构职责的机构决定的事项，但同时也将决定公司债券发行的权力下放至董事会，不再必须由履行出资人职责的机构（旧法表述为"国有资产监督管理机构"）决定。此外，修订草案也删除了重要的国有公司合并、分立、解散、申请破产等情形需要由国有资产监督管理机构报送本级人民政府批准的规定。二审稿、三审稿及新《公司法》第 172 条均沿袭了一审稿的规定。

◉ 条文释义

本条对应旧法第 66 条，内容有调整。

对于不设股东会的各类公司而言，谁来行使相当于其他公司的股东会的职权，就成为一个问题。对此，一人有限公司、股份公司的解决办法是由其一名股东行使相当于其他公司股东会的职权（本法第 60 条、第 112 条第 2 款）。但是对于国有独资公司而言，其无法适用一人公司的规定，因为其连一名法律意义上的股东都不具备，因此需要另辟蹊径。

本条确立的体制是：由履行出资人职责的机构行使，但也可部分授权给公司董事会。但是，相当于其他公司股东会需要 2/3 以上绝对多数通过的六项职权（章程制定与修改、分立、合并、解散、增资、减资）以及另外两个事项（申请破产、分配利润），明确规定不得转授权给董事会。这一体例与旧法第 66 条无异。

◉ 公司治理操作指南

本条规定仅适用于国有独资公司，其他类型的国家出资公司有股东会，其职权行使与其他普通公司无异。

《公司法》对于国有独资公司组织机构的特殊设计，重要的价值之一就是要帮助董事会从“形同虚设”到“名副其实”、从“橡皮图章”到“治理中心”。公司权力归属于董事会成为公司治理的常态,是公司法的心脏条款。随着国企改革的深入,“管人、管事、管资产”的模式正在被“管资本”模式所替代。“管资本”强调公司治理而非直接管理,通过委派董事表达出资人意志。本条的立法意图,即是将相当于其他公司股东会的核心职权保留在履行出资人职责的机构,同时释放向董事会进一步扩大经营决策权的空间。

《企业国有资产法》亦规定,对于重要国有企业,特别重大事项要由本级人民政府批准,履行出资人机构也无权独自决定;重要的国有独资企业、国有独资公司、国有资本控股公司的合并、分立、解散、申请破产以及法律、行政法规和本级人民政府规定应当由履行出资人职责的机构报经本级人民政府批准的重大事项,履行出资人职责的机构在作出决定或者向其委派参加国有资本控股公司股东会会议、股东大会会议的股东代表作出指示前,应当报请本级人民政府批准。这些规定与新《公司法》已经形成内在冲突,亟须修订。目前《企业国有资产法》已经列入全国人大常委会修法规划。

◉ 研究文献

1. 汪青松:《国家出资公司治理模式选择与法律制度保障》,载《政治与法律》2023 年第 9 期。

2. 梁上上:《公司权力的归属》,载《政法论坛》2021 年第 5 期。

3. 刘凯湘、刘晶:《我国股东会中心主义的历史成因——以国有企业改制为线索》,载《法学论坛》2021 年第 6 期。

第一百七十三条 【国有独资公司的董事会】

国有独资公司的董事会依照本法规定行使职权。

国有独资公司的董事会成员中,应当过半数为外部董事,并应当有公司职工代表。

董事会成员由履行出资人职责的机构委派;但是,董事会成员中的职工代表由公司职工代表大会选举产生。

董事会设董事长一人,可以设副董事长。董事长、副董事长由履行出资人职责的机构从董事会成员中指定。

◉ 立法意旨

本条是关于国有独资公司董事会职权、成员组成、产生方式的规定。

◉ 条文演变历程

本条最早可追溯至1993年《公司法》第68条，其规定："国有独资公司设立董事会，依照本法第四十六条、第六十六条规定行使职权。董事会每届任期为三年。公司董事会成员为三人至九人，由国家授权投资的机构或者国家授权的部门按照董事会的任期委派或者更换。董事会成员中应当有公司职工代表。董事会中的职工代表由公司职工民主选举产生。董事会设董事长一人，可以视需要设副董事长。董事长、副董事长，由国家授权投资的机构或者国家授权的部门从董事会成员中指定。董事长为公司的法定代表人。"2005年修法删除了国有独资公司董事会规模限制的单独规定，改为适用有限公司董事会规模限制的一般规定。同时将"国家授权投资者的机构或者国家授权的部门"改为"国有资产监督管理机构"。

2017年国务院办公厅发布《关于进一步完善国有企业法人治理结构的指导意见》，规定"到2020年，国有独资、全资公司全面建立外部董事占多数的董事会"，要求完善加强外部董事选聘和管理制度。2021年一审稿将上述政策规定上升至法律层面，新增规定"国有独资公司的董事会成员中，应当过半数为外部董事"。另外，将"国有资产监督管理机构"修改为"履行出资人职责的机构"，删除了董事会任期的规定。二审稿、三审稿未予改动，直至形成本条。

◉ 条文释义

本条对应旧法第67条，存在多处的制度性修改。

1. 本条立法需求的产生背景

由于不设股东会，这导致普通公司的董事产生方式、董事长及副董事长的产生方式、董事会职权的规定可能不能适用于国有独资公司；又由于国有独资公司的全民所有制性质，所以对于其董事会组成人员也有特殊的要求。这就是本条的立法背景，亟须立法提供特殊的规则来解决国有独资公司面临的特殊治理课题。

2. 第1款：董事会的职权

本款是一个引致条款，所谓"依照本法规定"，一是指本法第67条规定的普通公司的法定职权，二是指根据本法第172条规定还可以根据履行出资人职责的机构的授权行使股东会的部分职权，可见国有独资公司董事会比普通公司董事会的职权更大。但是，本款规定的国有独资公司董事会职权，并不适用于国有资本控股公司董事会。

3. 第2款：董事会的组成

（1）外部董事。国有独资公司董事会组成的最大特色，在于成员应有过半数的外部董事。2004年《国务院国有资产监督管理委员会关于国有独资公司董事会建设的指导意见(试行)》曾规定,“外部董事指由非本公司员工的外部人员担任的董事。外部董事不在公司担任除董事和董事会专门委员会有关职务外的其他职务,不负责执行层的事务”。由此定义外部董事的两个特征:非职工董事;非执行董事。其实,外部董事基本上类似于上市公司的独立董事,只是不同场景的不同称呼。由于外部董事不在公司任职,与公司没有利益关联,因此其能够促进董事会内部的制衡,防止国企领导人“一言堂”和内部人控制的现象,并利用其专业知识和商业经验提升国企内部决策的科学性和有效性。

(2)职工董事。本款还规定,国有独资公司董事会必设职工代表,即职工董事。坚持和完善职工董事制度是加强国企民主管理、落实职工民主管理与监督的重要保障。这一要求,不同于员工人数300人以上且未设职工监事的有限公司(不区分所有制类型)都需要强制性设置职工董事(本法第68条),所有的国有独资公司必设职工董事,这体现了国有独资公司所有制的特性。

(3)执行董事。引入外部董事,这是党的十八大以来国企改革的一项重要成果,且外部董事必须过半数,加上必设的职工董事,这样一来,国有独资公司的董事会成员就有三类:外部董事;职工董事;执行董事(管理层兼任)。其中,执行董事不占多数,这极大改变了过去国企董事会与管理层“两个牌子,一班人马”的不合理现象。

4.第3款:董事的产生方式

(1)非职工董事的委派制。不同于其他普通公司的非职工董事由股东会选举产生(本法第59条第1款第1项),或者由唯一股东决定(本法第60条),国有独资公司的非职工董事,即外部董事、执行董事都实行委派制,具体由履行出资人职责的机构委派。委派制的背后是,选举非职工董事本是股东会的法定职权,由于国有独资公司既不存在股东会,也不存在法律意义上的唯一股东,所以该项职权按照本法第171条规定只能由履行出资人职责的机构行使,即体现为本款规定的委派董事。这既是公司法基本原理于国家出资公司治理领域的贯彻,也符合国家作为出资人对于国有独资公司进行管理和控制的现实需要。

(2)职工董事的职代会选举制。国有独资公司的职工董事由也只能由职工代表大会选举产生。细心的读者或许自己注意到,本法第68条规定普通有限公司“董事会中的职工代表由公司职工通过职工代表大会、职工大会或者其他形式民主选举产生”,即民主选举形式至少有三种路径,为何国有独资公司绝对的只有一条路径呢?

这是因为,不同于其他所有制形式的非国有公司,中国的国有独资公司必设职代会,所以本款的规定也就可以理解了。此前,根据2006年国务院国资委发布的《国有独资公司董事会试点企业职工董事管理办法(试行)》的规定,职工董事候选人有公司工会提名和职工自荐两种产生方式,在候选人确定后由公司职工代表大会、职工大会或其他形式以无记名投票的方式差额选举产生职工董事。在选举前,公司党委(党组)应就职工董事人选征得国资委同意。此次修法已经统一了国有独资公司职工董事的产生方式。

5. 第4款:董事长、副董事长的设置与产生

本款规定,(1)国有独资公司董事会必设董事长一人,任设副董事长且人数不限;(2)董事长、副董事长的产生方式为履行出资人职责的机构指定,这既不同于有限公司的章程自治,也不同于股份公司的董事会选举。国有独资公司的董事长不存在主持股东会的职权,但在召集和主持董事会、检查董事会决议实施等方面的职权与其他公司董事长相同。

根据《国务院办公厅关于进一步完善国有企业法人治理结构的指导意见》,国有独资公司的法定代表人由董事长担任,承担较重的管理责任,因此由履行出资人职责的机构确定具体的董事长、副董事长人选,有利于加强出资人机构对于公司的控制,确保董事会对于出资人机构负责。

◉ 公司治理操作指南

国有独资公司董事会组成的合规要点是确保成员中具有符合公司法规定的外部董事和职工董事。本条规定,国有独资公司董事会成员中因有职工董事和过半数的外部董事,执行董事占少数。就外部董事而言,《完善国有企业法人治理结构的指导意见》提出,外部董事人选由出资人机构商有关部门提名,并按照法定程序任命。目前,外部董事主要来自退出企业现职岗位的领导人员、有关中介机构知名人士、高校科研人员、民营企业管理人员等。针对实践中存在的外部董事来源过窄、独立性不足、权责利不匹配等问题,国有独资公司应进一步完善外部董事选聘和管理制度,拓宽外部董事来源渠道,健全外部董事激励约束机制,促进外部董事勤勉履职。

关于职工董事,依据《国有独资公司董事会试点企业职工董事管理办法(试行)》的规定,国有独资公司董事会中至少应有1名职工董事。该管理办法同时规定了担任职工董事的积极资格、消极条件,要求在参与公司治理时职工董事发表意见要充分考

虑出资人、公司和职工的利益关系,全面、准确反映职工意见,维护职工的合法权益,公司要为职工董事履行工作职责提供必要条件,加强业务培训,避免“花瓶化”倾向。

◉ 比较法规范

中国台湾地区“公司法”第128－1条。

◉ 研究文献

1. 汪青松:《国家出资公司治理模式选择与法律制度保障》,载《政治与法律》2023年第9期。

2. 王新红:《国企改革:股份制企业治理机制的中国式探索》,载《法学》2018年第1期。

3. 蒋建湘:《委托代理视角下国企公司治理的改进》,载《法律科学(西北政法大学学报)》2014年第6期。

第一百七十四条 【国有独资公司经理】

国有独资公司的经理由董事会聘任或者解聘。

经履行出资人职责的机构同意,董事会成员可以兼任经理。

◉ 立法意旨

本条是关于国有独资公司经理任职的规定。

◉ 条文演变历程

本条最早可追溯至1993年《公司法》第69条,其规定:“国有独资公司设经理,由董事会聘任或者解聘。经理依照本法第五十条规定行使职权。经国家授权投资的机构或者国家授权的部门同意,董事会成员可以兼任经理。”后沿袭至今,此次修法删去了“国有独资公司设经理”的表述。

◉ 条文释义

本条源自旧法第68条,没有实质性修改。

1. 第1款:经理必设

虽然在立法表述上删去了旧法开头的“国有独资公司设经理”的强制性规定。但不应理解为经理成为国有独资公司的选设机构。从本款表述来看,经理依然是国有独资公司的必设机构。

2. 第1款:经理的选聘

国有独资公司的经理在产生方式、职权等方面与普通公司并无区别。经理由董事会决定聘任或者解聘，经理对董事会负责，根据公司章程的规定或者董事会的授权行使职权，经理在召开董事会会议时列席董事会会议等。

3. 第2款：经理的兼任

形式上不同于其他公司的是，国有独资公司的董事会成员要兼任经理的，需要履行出资人职责的机构同意，这一特别程序可谓特色。

这一规定的背后，实际上是关于出资人职责的机构与董事会之间的分权特别规定。按照公司法的一般原理，既然经理由董事会选聘，那么如由董事会成员兼任之，也属于经理选聘的一种特殊情形，由董事会决定即可。但是，本款偏偏规定要经过履行出资人职责的机构同意，这是对于董事会的削权。其制度逻辑应该理解为，过去很长一段时期以来，包括国有独资公司在内的国企董事会与管理层重合性严重，甚至有“两个牌子，一班人马”的局面，这很不正常，也不科学、更不合理，在新法实行董事会中心主义以及强调国有独资公司外部董事、职工董事占据董事会成员多数的背景下，进一步规定董事会成员兼任经理这一重要管理职位的决定权不在董事会，更有利于减少董事会与管理层的重合性，强化董事会对于管理层的监督职能，这一制度设计无疑有利于防止内部人控制。

◉ 公司治理操作指南

在董事兼任经理尤其董事长兼任经理的情形下，要高度警惕董事长凌驾于董事会之上，甚至出现“一言堂”现象，导致董事会的空洞化。在董事不兼任经理，分别行使公司职权的情况下，要警惕董事长滥用职权，代替经理参与公司管理，一个人干两个人的活。总之，分工、分权、制衡，是朝向科学、规范、有效的公司治理的正确方向，而不是相反。

◉ 研究文献

1. 胡改蓉：《〈公司法〉修订中国有公司制度的剥离与重塑》，载《法学评论》2021年第4期。

2. 李建伟：《国有企业特殊法制在现代公司法制中的生成与安放》，载《中南大学学报（社会科学版）》2017年第3期。

第一百七十五条 【国有独资公司的董事、高管兼职限制】

国有独资公司的董事、高级管理人员，未经履行出资人职责的机构同意，不得在其他有限责任公司、股份有限公司或者其他经济组织兼职。

◉ 立法意旨

本条是关于规范国有独资公司董事、高管外部兼职之限制的规定。

◉ 条文演变历程

本条最早可追溯至1993年《公司法》第70条，其规定："国有独资公司董事长、副董事长、董事、经理，未经国家授权投资的机构或者国家授权的部门同意，不得兼任其他有限公司、股份公司或者其他经营组织的负责人。"2005年《公司法》第70条将"负责人"的表述更改为"不得在其他有限责任公司、股份有限公司或者其他经济组织兼职"；2013年修法调整条文序号为第69条，此次修法在立法语言上进行了精简。

◉ 条文释义

本条源自旧法第69条，除了国有资产监督管理机构替换为履行出资人职责的机构外，没有实质性内容修订。

1. 本条的本意

国有独资公司的董事、高管在公司外兼职，需经履行出资人职责的机构同意，是其特殊制度安排，也可以视为上条董事会成员兼任经理制度的一种延续。

2. 本条的"董事"解释

本款的董事，文义上包括国有独资公司的所有董事，但细究起来，对于三类董事的具体要求各不相同。

(1)职工董事。由于担任职工董事的前提是本人具有该国有独资公司的职工身份，考虑到国企适用《劳动法》《劳动合同法》的严格性，一个员工只能同时在一家国企具有职工身份，所以该职工出任国有独资公司的职工董事，只有在一个公司的一次机会。所以，该职工在其他经济组织兼职的可能性一般很小；如有发生，也得经过履行出资人职责的机构同意。

(2)执行董事。执行董事首先在国有独资公司有两个身份：一是董事；二是高管。这足以说明执行董事无论是从董事身份来讲还是从高管身份来讲，都要接受本条的规制。同时，执行董事都是国有独资公司的高级干部，更通俗地说，属于体制内人士。一方面，这个群体在国有独资公司的集团体系中往往身兼数职，比如受本公司乃至上级部门委派、推荐去担任下属各类子公司、参股公司的董监高；另一方面，其人事管理归口于本级人民政府的国资委、财政部门等履行出资人职责的机构，甚至组织部门。对于这一群体在外的兼职行为，党的十八大以来规制愈加严格，在此背景下，本条特别规定其在其他经济组织兼职（不包括在协会、学会等担任学术职务、顾问职务等），要经过履行出资人职责的机构同意这一特殊程序。

（3）外部董事。一方面，外部董事往往有本职工作，比如某高校教授，如其担任了某国有独资公司的外部董事，再去其他经济组织兼任外部董事、独立董事等，需要经过履行出资人职责的机构同意，但是其本职工作，即在担任国有独资公司外部董事之前的任职，自然不需要经过履行出资人职责的机构同意，不能本末倒置。另一方面，外部董事之“外部性”在于外部董事与其担任董事的国有独资公司之间存在类似于独立董事与任职的上市公司之间的“独立性”关系，也就是不应存在任何可能影响其公正履行外部董事职务的利益关系。这一定义本身表明外部董事任职国有独资公司后，如在其他经济组织兼职，要接受利益关系的外部性，也就是类于独立性的检验，这一检验的机构非履行出资人职责的机构莫属。

◉ 公司治理操作指南

国有独资公司章程应遵循公司法律规范的相关内容，一方面遵循《公司法》《企业国有资产法》，写明未经履行出资人职责的机构同意董事、高管不得在其他有限公司、股份公司或者其他经济组织兼职；另一方面，遵循以国务院国资委《关于国有独资公司董事会建设的指导意见（试行）》为代表的部门规范性文件，要求外部董事与其任职的国有独资公司之间不存在任何可能影响其公正履行外部董事职务的关系。

◉ 研究文献

1. 胡改蓉：《〈公司法〉修订中国有公司制度的剥离与重塑》，载《法学评论》2021年第4期。

2. 李建伟：《国有企业特殊法制在现代公司法制中的生成与安放》，载《中南大学学报（社会科学版）》2017年第3期。

第一百七十六条　【国有独资公司的审计委员会】

国有独资公司在董事会中设置由董事组成的审计委员会行使本法规定的监事会职权的，不设监事会或者监事。

◉ 立法意旨

本条是关于国有独资公司设置审计委员会的规定。

◉ 条文演变历程

此次修法过程中，一审稿第153条规定“国有独资公司按照规定不设监事会或者监事，在董事会中设置由董事组成的审计委员会等专门委员会，审计委员会的成员应当过半数为外部董事。审计委员会负责对公司财务、会计进行监督，并行使公司章程规定的其他职权”。从行文措辞看，“按照‘规定’不设监事会或监事”是对中共中央2018年出台的《深化党和国家机构改革方案》中“将国有重点大型企业监事会的职责划入审计署，不再设立国有重点大型企业监事会”这一“规定”的法律层面回应，①但《深化党和国家机构改革方案》中所称“监事会”与一审稿所称“监事会”并非同质。具言之，《深化党和国家机构改革方案》意在终结实行了20多年之久的国有重点大型企业的外派监事会制度，消除外部行政监督体制之弊端，进一步推进政企分离，兴利除弊，最终深化国有企业治理改革；而一审稿意在调整国有独资公司内部治理机构，由审计委员会代替监事会行使公司内部监督权，以解决监事会形同虚设、内部权力制衡机制失衡问题。质言之，前者是从外部监督转向内部监督的问题，后者是如何更好分配内部监督权力问题。只不过在立法者看来，监事会似乎并非国有独资公司内部监督的有效主体，立法转而通过设立审计委员会更好地行使监督职权。

二审稿第176条沿袭一审稿的核心观点，该条规定“国有独资公司不设监事会或者监事，在董事会中设置审计委员会，行使本法规定的监事会职权”。相较于一审稿的主要区别在于审计委员会的职权范围：一审稿将审计委员会的职责范围界定在财务、会计监督以及章程规定的其他职权，也就是将审计委员会的法定职责主要定位于财会方面的监督；二审稿规定国有独资公司审计委员会行使公司法规定的监事会全部职权。一审稿、二审稿改弦易辙地规定国有独资公司不设监事会、监事的改革，激起学界、国企实务界的争议浪潮，到了三审稿第176条的态度有所缓和，其规定“国有独资公司在董事会中设置由董事组成的审计委员会行使本法规定的监事会职权的，不设监事会或者监事”。直至形成本条。

◉ 条文释义

本条系新增条文。

1.“三选一”的监督机制

本条规定，国有独资公司的监督机构在审计委员会、监事会与1名监事的三种

① 参见蒋大兴：《国资监管职能的重组——如何应对国企外派监事会的取消？》，载《南开学报》2019年第3期，第90页。

选项之间择一,即"三选一"模式。这有别于普通有限公司的监督机构在监事会、监事、审计委员会、不设监事会/监事/审计委员会之间"四选一"模式(本法第 69 条、第 76 条、第 83 条)。

2. "三选一"的决定权

"三选一"的选项决定权在谁手里? 本条没有释明。在普通有限公司中,监事会、监事抑或审计委员会的设置与不设置都属于股东会职权,也是公司章程规定的事项,章程的制定、修订也在全体股东;相比之下,国有独资公司的章程制定权在履行出资人职责的机构,故解读为由履行出资人职责的机构决定审计委员会的设置较为合理。

3. 国有独资公司监督机制柔性革新的背景与前途

2017 年国务院办公厅出台《关于进一步完善国有企业法人治理结构的指导意见》,指出国企董事会应当设立审计委员会等专门委员会,其中审计委员会应由外部董事组成。经查询现有的 131 家央企官方网站可以发现,多数企业在组织机构中都设置了审计委员会(或被称为审计与风险管理委员会),且不设监事会。在本条的加持之下,国有独资公司未来或普遍不再设监事会、监事,而通过董事会审计委员会发挥监督职能。

长期以来,监事会制度饱受批评,人们普遍认为其难以有效发挥内部制衡功能,仿佛"橡皮图章"般的存在。监事会的弊病在实践中也暴露无遗,其没有发挥出有效监督国有企业经营、保障国有资产不受侵害、保值增值的作用,预设监督功能的失效已然是我国公司治理体系中的一项顽疾。这是此次修法引入审计委员会的基本背景。

其实,监督机制的改革有多个制度方向,比如强化监事会职权、取消监事会,以及提供多种监督机构的备选机制等。最终,立法选择了柔性的改革方案,既没有强化监事会职权,也没有强制取消监事会,而是走了第三条路线,可谓柔性的改革方案。那么,审计委员会相较于监事会的优势在哪里? 一般认为,其突出表现在独立性、专业性。当然,究竟其在未来的公司治理实践中效果如何,还需要时间。

◉ 公司治理操作指南

《进一步完善国有企业法人治理结构的指导意见》提出,国企董事会应当设立审计委员会等专门委员会。国有独资公司作为国企改革的先手,本条也是为其他国企改革设了一个"风向标",通过"先立后破"的方式,国有独资公司未来将逐步不再设监事会、监事,发挥董事会的审计委员会的监督职能。

2018 年 3 月,中共中央印发《深化党和国家机构改革方案》,提出为整合审计监督力量,减少职责交叉分散,避免重复检查和监督盲区,增强监督功能,不再设立国有重点大型企业监事会。故本条内容实为对党中央关于深化国有企业监事会改革的要求的贯彻落实。

就审计委员会的独立性而言,该意见指出审计委员会应由外部董事组成。外部董事与出资人机构联系紧密,是出资人或国有股东利益的代表,代表所有人监督制约董事与经理层,独立性更强也更加名正言顺。就专业性而言,该意见规定选聘一批现职国有企业负责人转任专职外部董事,扩大专职外部董事队伍,一方面能够保障对所在公司监督的深入性与专业性,另一方面通过负责定期报告所在国企外部董事履职情况,能够保障外部董事监督的有效性。

◉ 比较法规范

《德国股份法》第 107 条;《日本公司法》第 399 条之二。

◉ 研究文献

1. 胡改蓉:《〈公司法〉修订中国有公司制度的剥离与重塑》,载《法学评论》2021 年第 4 期。
2. 赵旭东:《公司法修订中的公司治理制度革新》,载《中国法律评论》2020 年第 3 期。
3. 蔡伟:《公司内部监督责任体系的困境:基于对监事的再考察》,载《中外法学》2018 年第 6 期。
4. 石少侠:《我国新〈公司法〉中的公司治理结构?》,载《当代法学》2007 年第 6 期。
5. 李建伟:《论国有独资公司的组织机构及其立法完善》,载《中国软科学》2000 年第 11 期。

第一百七十七条 【国家出资公司的合规管理】

国家出资公司应当依法建立健全内部监督管理和风险控制制度,加强内部合规管理。

◉ 立法意旨

本条是关于国家出资公司合规管理的规定。

◉ 条文演变历程

科以国家出资公司合规管理义务,是此次修法的重大制度创新,也是合规相关内容的首次入法。已有的合规制度规定多散见于一些特定行业或特定类型的公司的监管机构的规范性文件中，包括不限于《商业银行合规风险管理指引》《保险公司合规管理办法》《中央企业合规管理指引（试行）》《企业境外经营合规管理指引》《证券公司和证券投资基金管理公司合规管理办法》等。本条仅明示了国家出资公司合规管理的强制性义务，在合规义务的纵向具体规则设计与横向其他类型公司的要求上，均留下了较大的立法空白，也可以理解为余下公司的自治空间。可以预见，在本条确立合规管理的法律依据后，将会迎来国家出资公司新的合规建设高潮，并进一步带动整个市场的合规制度完善，公司治理走向合规时代。

◉ 条文释义

本条系新增条文。

1. 合规管理，国企先行

合规管理是近年来党中央、国务院力推的一项重大制度改革，也是国务院国资委在国企改革领域取得重大成效的一项改革成果，构成中国特色现代企业制度与国有企业管理体制的创新发展成果之一。可以说，公司合规在我国的兴起源于对实践需求的被动性回应。本条将合规治理体系引入到国家出资公司，实际上是对既有实践的承认，也是改革成果的立法化。

合规管理是对于所有公司的要求，但在公司法的框架内，国家出资公司先行。2022 年 8 月，国务院国资委颁布了《中央企业合规管理办法》，其第 3 条规定："本办法所称合规，是指企业经营管理行为和员工履职行为符合国家法律法规、监管规定、行业准则和国际条约、规则，以及公司章程、相关规章制度等要求。本办法所称合规风险，是指企业及其员工在经营管理过程中因违规行为引发法律责任、造成经济或者声誉损失以及其他负面影响的可能性。本办法所称合规管理，是指企业以有效防控合规风险为目的，以提升依法合规经营管理水平为导向，以企业经营管理行为和员工履职行为为对象，开展的包括建立合规制度、完善运行机制、培育合规文化、强化监督问责等有组织、有计划的管理活动。"此规定明确界定了公司合规、合规风险及合规管理的内涵。该办法规定，在国有企业合规过程中，中央企业党委（党组）发挥把方向、管大局、促落实的领导作用，董事会发挥定战略、作决策、防风险作用，经理层发挥谋经营、抓落实、强管理作用。董事会的主要合规职责包括：(1) 审议批准合规管理基本制度、体系建设方案和年度报告等。(2) 研究决定合规管理重大事项。(3) 推动完善合规管理体系并对其有效性进行评价。(4) 决定合规管理部门设置及职责。经理层的主要合规职责包括:(1)拟订合规管理体系建设方案,经董事会批准后组织实施。(2)拟订合规管理基本制度,批准年度计划等,组织制定合规管理具体制度。(3)组织应对重大合规风险事件。(4)指导监督各部门和所属单位合规管理工作。该办法还规定,中央企业主要负责人作为推进法治建设第一责任人,并要求中央企业设立合规委员会,结合实际情况设立首席合规官,在业务及职能部门设置合规管理员等机构,切实保障中央企业的合规经营。

2. 合规管理的基本内涵

本法第 19 条规定的公司合法性义务是公司合规义务的基础,合规义务是在此基础上的进一步发展,内涵上远远超过单纯的合法性义务。公司合规包含两层要求,即合规与正直:第一,阻止非法行为,强调的是减少雇员的非法行为风险,公司由此可以降低所承担的上级责任;第二,合规体系通常会趋向和正向价值化规范相符合,包括被称为商业伦理规则或者与社会责任相关的内容。在从事经营活动时,公司不仅应当遵守法律法规,更应当履行遵守社会公德、商业道德的道德层面义务。

从履行层面上看,合规义务的达成具有多层次的需求,包括外部行为和内部组织关系两类规范的落实,所涉及的制度规范可分为三种类型:一是合规制度所指向的行为规范,以及公司及其职员需要遵守的相关法律法规及公司内部规范;二是公司合规实施性规范,以及公司为落实行为规范的要求使公司及其职员的行为合规而制定的公司内部流程、准则;三是公司合规组织性规范或称功能性合规规范,主要针对公司内部合规职责的分配、合规义务的内容以及合规工作的组织等问题。后两种分别指向合规管理与合规治理。

在组织法的框架下,本条对国家出资公司科加的建立健全内部监督管理和风险控制制度的义务,本质上是合规管理层面的要求,公司在履行该义务时应当以供给合理有效的内部合规实施性制度为核心。与此相对,《公司法》本身对于公司合规的规定应当以合规治理规范的建构为核心,明确公司落实合规管理义务的组织机构、相应职责分配及具体职责内容。应当注意,合规管理所指向的合规实施性规范固然应当由公司自治,依据自身需求"量体裁衣",不应当由法律予以过度干预。考虑到公司异质化所致的合规成本收益比差异化的现象,法律对于公司合规组织性规范的设计同样应当克制。故而,《公司法》并未对合规治理体系进行具体设计,而是交由效力层级较低的法律文件进行差异化、分散化的规定。

3. 政策性规范

本条对于合规管理仅仅作了相对概括性的规定，保持了一定的谦抑性。对合规的具体内容未予明确，也没有将合规治理体系进一步扩大至其余公司类型。可以说，本条关于合规管理的设计从广度和深度上均作极为克制的表达。

虽然使用了“应当”二字，但该条本质上为政策性规范，仅具有倡导属性。按照《民法典合同编通则司法解释》第 16 条第 1 款第 3 项的规定，合同违反法律、行政法规的强制性规定，若该规定旨在要求当事人一方加强风险控制、内部管理等，对方无能力或者无义务审查合同是否违反强制性规定，且认定合同无效将使其承担不利后果，则人民法院可以依据《民法典》第 153 条第 1 款关于“该强制性规定不导致该民事法律行为无效的除外”的规定，认定该合同不因违反强制性规定无效。据此，纵使国有出资公司没有进行依法有效的合规管理，违反该条规定，其所签订的对外合同效力也不受影响。

4. 合规管理的义务主体

现有法律体系中合规义务的落实主要通过对于董事义务的阐释与析出来完成，也就是享有公司经营管理的决策权、执行权与监督权的董事被视为公司合规义务的主要承担者。从路径上看，合规义务进入董事义务或由信义义务引入，或独立于信义义务。学术研究主张前一种的学者居多，又进一步分为三类观点：或认为应通过扩张解释将合规义务纳入忠实义务中；或纳入勤勉义务中；或将“忠实 + 勤勉”的二元结构扩张为“忠实 + 勤勉 + 诚信”的三元结构，以诚信义务涵盖合规义务。无论学理上将合规义务放置于董事义务体系的任一逻辑结构中，董事的合规义务承担者身份都是唯一的前提。

◉ 公司治理操作指南

现有立法在公司合规治理的问题上保留了适当的自治空间，防止造成公司治理成本的不当加剧，是一种应予以肯定的立法策略。好的合规治理体系“因人而异”，各公司应基于对合规治理体系的制度成本与收益的考量，具体设计适合于自身的合规体系，进而建立健全内部监督和风险控制的合规管理制度，有效地落实合规管理义务。对普通公司而言，公司法虽然尚未提出合规管理的要求，董事也应当积极行为建立健全本公司的合规机制，在合规事项上承担最终责任。

◉ 研究文献

1. 崔文玉：《公司治理的新型机制：商刑交叉视野下的合规制度》，载《法商研究》2020

年第6期。

2. 杨力:《寻找商业目标与公司合规之间的最大公约数》,载《政法论丛》2020年第2期。

3. 赵万一:《合规制度的公司法设计及其实现路径》,载《中国法学》2020年第2期。

4. 邓峰:《公司合规的源流及中国的制度局限》,载《比较法研究》2020年第1期。

第八章　公司董事、监事、高级管理人员的资格和义务

【本章概述】

本章专门规范公司董监高的任职资格和义务，整体而言，本次修法明确并强化了董监高的信义义务。与其他章节所规定的董监高在维护公司资本充实、减资、分红等方面的责任共同完善了董监高的信义义务体系。

本章修订以新增条款为主，主要包括董监高缓刑考验期的资格禁止（第178条），忠实义务与勤勉义务的实质内容（第180条），董监高对关联交易、利用公司商业机会、从事竞业行为的信息披露义务及决议规则（第182~184条），双重股东派生诉讼（股东代表诉讼、股东代位诉讼，第189条第3款），董事、高管对第三人责任（第191条），实际控制人与董事、高管的连带责任（第192条）以及董事责任保险制度（第193条）。

董监高分别执掌公司的决策权、监督权、执行权，同时又未必是公司的所有人，而是由股东会选举或由董事会聘任的公司“代理人”。因此，本章最大的立法技术难题在于如何降低董监高行权中产生的代理成本。首先，新《公司法》对责任主体和责任内容进行了扩充，明确董事及影子董事忠实义务、勤勉义务的内涵及类型；其次，加强对关联交易的规范，对关联方进行示例式列举，并明确董监高对关联交易的信息披露义务；再次，鼓励公司章程规定表决回避制度，在程序上完善董监高与公司利益冲突时的处理方案；最后，通过董事责任保险制度，降低董事因工作疏忽、不当行为而被追究个人赔偿责任的任职风险。总之，新《公司法》尝试在扩张董事职权与强化董事责任两方面进行双向优化，实现良法善治。

第一百七十八条　【董监高消极任职资格】

有下列情形之一的，不得担任公司的董事、监事、高级管理人员：

（一）无民事行为能力或者限制民事行为能力；

（二）因贪污、贿赂、侵占财产、挪用财产或者破坏社会主义市场经济秩序，被判处刑罚，或者因犯罪被剥夺政治权利，执行期满未逾五年，被宣告缓刑的，自缓刑考验期满之日起未逾二年；

（三）担任破产清算的公司、企业的董事或者厂长、经理，对该公司、企业的破产负有个人责任的，自该公司、企业破产清算完结之日起未逾三年；

（四）担任因违法被吊销营业执照、责令关闭的公司、企业的法定代表人，并负有个人责任的，自该公司、企业被吊销营业执照、责令关闭之日起未逾三年；

（五）个人因所负数额较大债务到期未清偿被人民法院列为失信被执行人。

违反前款规定选举、委派董事、监事或者聘任高级管理人员的，该选举、委派或者聘任无效。

董事、监事、高级管理人员在任职期间出现本条第一款所列情形的，公司应当解除其职务。

◉ 立法意旨

本条是关于董监高消极任职资格的规定。

◉ 条文演变历程

本条最早可追溯至1993年《公司法》第57条，该条列举了不得担任公司的董事、监事、经理的5种情形，并且规定公司违反前款规定选举、委派董事、监事或者聘任经理的，该选举、委派或者聘任无效。2005年《公司法》修订时在第147条将主体从"公司的董事、监事、经理"扩大为"公司的董事、监事、高级管理人员"，修改了部分表述，新增第3款"董事、监事、高级管理人员在任职期间出现本条第一款所列情形的，公司应当解除其职务"。2013年修法调整条文序号至第146条。此次修法新增两处内容：(1)第1款第2项增加"被宣告缓刑的，自缓刑考验期满之日起未逾二年"，明确缓刑情形下较短的限制期间，层次分明，罪罚相当；(2)第1款第5项增加"被人民法院列为失信被执行人"，为限制性条件，增加了可执行性，此前实务的难点是登记机关很难确定何谓"所负数额较大的债务"。

◉ 条文释义

本条对应旧法第146条,有内容修订。

(一)第1款:消极资格

董监高是公司管理层,为保障公司选择妥当之人出任管理职务,以践行忠实、勤勉义务,现代公司法普遍对其作出消极的资格限制,明确不得担任公司董监高的若干情形,也即本款第1~5项。

1. 行为能力欠缺者。这是指无民事行为能力人、限制民事行为能力人不得出任董监高,反向解释则是,只有完全行为能力人才能出任。依据《民法典》,8周岁以上、18周岁以下的未成年人,以及不能完全辨认自己行为的成年人为限制民事行为能力人;不满8周岁的未成年人,以及不能辨认自己行为的成年人为无民事行为能力人。

需要说明,《民法典》第18条第2款规定16~18周岁,以自己的劳动收入为主要生活来源的人视为完全行为能力人,那么视为之时能否出任董监高?我们认为,本款立足于为公司选择妥当的人士出任董监高,理应严格限制,也即限于狭义的完全行为能力人。

2. 犯罪者。具体包括两种情形:(1)因贪污、贿赂、侵占财产、挪用财产或破坏社会主义市场经济秩序而被判处刑罚的,上述罪行的共同特点在于,属于与市场经济秩序密切相关的经济犯罪,被判处刑罚的犯罪人员具有经济犯罪的主观动机。(2)因犯罪被剥夺政治权利的。依据《刑法》第54条规定,剥夺政治权利是剥夺选举权和被选举权;言论、出版、集会、结社、游行、示威自由的权利;担任国家机关职务的权利;担任国有公司、企业、事业单位和人民团体领导职务的权利。

具备以上情形之一的,又分两档进行任职限制:一是执行期满未逾5年;二是被宣告缓刑,自缓刑考验期满之日起未逾2年。

3. 破产责任人。第3项所列人员,是担任破产清算的公司、企业的董事或者厂长、经理,对该公司、企业的破产负有个人责任的。此种情形,足以说明其经营管理能力不足、短期内暂不适合继续担任公司管理层,具体期限是自该公司、企业破产清算完结之日起3年内。

4. 违法经营责任人。第4项所列人员,是担任因违法被吊销营业执照、责令关闭的公司、企业的法定代表人并负有个人责任的。此种情形,足以说明其经营管理能力不足、短期内暂不适合继续担任公司管理层,具体期限是自该公司、企业被吊销营业执照、责令关闭之日起3年内。

5. 失信被执行人。第5项是个人因负数额较大债务到期未清偿被法院列为失信被执行人。此处强调“列为失信被执行人”而非其他原因——比如,某人担任某公司法定代表人,因为公司债务不能履行而被采取限制高消费措施就不属于本项调整的情形,不影响此人的任职资格。本项的具体期限指被列为失信被执行人期间。

(二)第2款:效力性规定

若公司选举(股东会选举非职工董监;职代会、工会选举职工董、监事)、委派(履行出资人职责的机构委派董、监事)、聘任(高管由董事会聘任)的当事人选具备前述消极要件,其效力如何?本款明确,相应的选举决议、委派决定、聘任决议无效,这表明本款属于效力性强制规定。

(三)第3款:及时解职

若董监高任期内具备某种消极条件应如何处理?本款给出的答案是“公司应当解除其职务”,对此解读有三:(1)在任董监高出现消极任职资格并不自然解任,需公司作相应的解任程序——董、监事被股东会、职代会或者工会等选举的,由股东会免去其职务;由履行出资人职责的机构委派的,由该机构免去其职务;高管由董事会聘任的,则由董事会解聘。(2)在公司解任前,出现消极资格情形的董监高仍然任职。(3)要求公司应及时解除,否则董监高违法任职的事实将处于持续状态。若公司不及时解职,该人继续担任董监高,此时公司应承担何种法律责任?董事会如未及时解除出现消极资格的经理职务,董事是否违反勤勉义务?关联董事是否因此违反忠实义务?前述问题有待司法实践进一步明确。

◉ 公司治理操作指南

公司在选举、委派董、监事或聘任高管时,应当对相关人员进行全面详细的人事调查,以明确是否存在上述消极资格的若干情形,否则将出现尴尬局面,也表明公司治理的不规范。实务中,如独立董事、外部董事的任职,需本人签署关于不具备消极资格的声明,本人应当对声明的真实性负责。如董监高任职期间出现消极资格,则应及时解除其职务,以避免违法情形的持续。

本条有关董监高消极资格的规定属于一般规定,同时《证券法》《保险法》《信托法》《证券投资基金法》等其他商事部门法还对行业公司董监高有更严格的任职资格限制,属于特别法的规定,应优先适用。同时,《证券法》等对于一些严重违法行为有更严厉的任职处罚,比如证券市场永久禁入等,这也属于应优先适用的特别法规范。

◉ 比较法规范

《英国2006年公司法》第157～161条;《德国股份法》第76条;中国台湾地区“公司法”第30条。

◉ 研究文献

叶敏:《公司董事法定任职资格问题研究》,载《法学》2006年第3期。

◉ 典型案例

熊某与上海红富士家纺有限公司公司决议效力确认纠纷案[①]

1. 案情简介

截至2014年2月28日,被告[上海红富士家纺有限公司(以下简称红富士公司)]的自然人股东为董某龙、苏某、董某、毛某虹、王某某、毛某英、王某敏和原告熊某。原告熊某出资比例为5.82%。2013年10月17日,被告股东会决议上决定设监事1名,由林某相担任。2014年5月9日,被告委托会计师事务所对董某龙进行执行董事离任审计。同年9月29日,审计报告显示被告公司诸多方面存在严重问题,公司的资本公积金38,640,000余元被非法转出。2016年11月21日,被告召开2016年第一次股东会,决议调整林某相的监事身份。原告遂起诉撤销该股东会决议,获法院支持,林某相仍为监事。同年12月,监事林某相以被告公司诉讼代表人身份起诉董某龙和苏某(系夫妻关系),要求其转回擅自转出的资本公积金,法院确认资本公积金属于“只进不出”,不能被调整和转出。2017年6月17日,被告召开2017年第一次股东会,并形成决议由董某龙连任执行董事。

原告认为,该决议内容违反法律,体现在:根据2018年《公司法》第146条对董监高任职资格的规定,个人所负数额较大的债务到期未清偿的,不得担任公司的董监高,公司违反前款规定选举、委派董、监事或者聘任高管的,该选举、委派或者聘任无效。董某龙负有数额较大债务到期未清偿,也存在较多损害公司权益的行为,已被列为失信被执行人,故股东会决议由董某龙连任执行董事即担任法定代表人违反上述法律的规定。被告2017年第一次股东会决议违反法律规定,应当自始无效。

被告辩称,公司法规定的是个人负债数额较大的不得担任法定代表人,个人负债只是以个人名义对外举债,而本案中董某龙是以个人名义为公司运营进行担保所产生的负债,即董某龙是为经营被告而背负债务,不符合2018年《公司法》第146条所规定的情形。

2. 裁判要旨

一审法院认为:公司法虽规定公司违反规定选举、委派个人所负数额较大的债务到

① 参见上海市闵行区人民法院民事判决书,(2018)沪0112民初28564号;上海市第一中级人民法院民事判决书,(2019)沪01民终8327号。

期未清偿的董、监事或者聘任高管的，该选举、委派或者聘任无效，但公司法对“数额较大”的标准未予明确，是否构成“数额较大”需结合公司内部的价值判断。本案中，董某龙虽对外负债，但根据生效判决所记载的内容来看，其对外负债均是由于对被告或被告全资控股公司对外借款、债务进行担保。由于被告不能清偿对外债务，董某龙对被告债务承担担保责任，系董某龙为公司所负债务，有利于被告利益；并且被告以召开股东会的形式投票表决，以多数通过了对董某龙的任免。因此，董某龙并不符合不得担任董监高的法定情形。综上，原告主张系争决议无效的理由不成立，法院不予支持。

二审法院认为：二审中熊某提供证据欲证明董某龙尚欠案外人王某 17,700 万元债务，虽然红富士公司对此不予确认，但从本案已查明的事实及双方当事人的陈述来看，董、苏夫妻负有较大数额的债务且因到期未清偿而被人民法院列为失信被执行人。因此，本院认为董、苏依法不能担任红富士公司的董监高，熊某的上诉请求成立，应予支持，原审判决不当，法院予以改判。

3. 案件评析

除二审新查明的董、苏夫妻其他个人债务这一事实，仅就董某龙因为红富士公司及其全资控股公司担保而承担的债务来看，两审法院对此存在认定差异：一审法院认为此“系董为公司所负债务，有利于红富士公司的利益”，二审法院认定仍属于个人债务。此处一审法院的认识错误在于——此时法律应厘清该笔债务在性质上是否为个人债务，而非探究债务发生的原因是否为公司利益。质言之，个人因为公司债务提供担保而承担的担保责任同样属于个人债务。

第一百七十九条 【董监高的守法合规义务】

董事、监事、高级管理人员应当遵守法律、行政法规和公司章程。

◉ 立法意旨

本条规定董监高的守法合规义务。

◉ 条文演变历程

本条最早可追溯至 1993 年《公司法》第 59 条第 1 款：“董事、监事、经理应当遵守公司章程，忠实履行职务，维护公司利益，不得利用在公司的地位和职权为自己谋取私利。”2005 年《公司法》第 148 条第 1 款将前文的表述修改为“董事、监事、高级管理人员应当遵守法律、行政法规和公司章程，对公司负有忠实义务和勤勉义务”。2013 年修法调整条文为第 147 条第 1 款，内容不变。本次修法该款单独成条，仅保留前半句的表述。

◉ 条文释义

本条源自旧法第 147 条第 1 款前半句，无修订，仅独立成条。

董监高应当遵守法律、行政法规，这是管理层任职的守法要求；另依本法第 5 条规定，设立公司应当依法制定公司章程，公司章程对董监高具有约束力，故董监高也应当遵守公司章程。实际上守法合规的义务主体还包括股东，本法第 21 条亦规定"公司股东应当遵守法律、行政法规和公司章程……"

该款独立成条，意在强调董监高职务行为应守法合规，具体指向遵守法律、行政法规及公司章程，从而为后文关于信义义务及违信责任的规定做好铺垫——例如，本法第 188 条规定董监高对公司的赔偿责任，其前提就是董监高违反法律、行政法规及公司章程；再如第 125 条第 2 款规定董事会决议违反法律、行政法规及公司章程的，参与决议的董事要承担由此导致公司严重损失时的赔偿责任，除非具有该条规定的免责情形。

◉ 公司治理操作指南

我国职业经理人队伍的健康成长，一定建立在守法合规的职业操守之上，这是目前我国职业经理人队伍所欠缺的。建议实务中根据公司所处的行业及其业务特性，梳理与公司业务密切相关的法律、行政法规，提醒董监高关注相关的法律、行政法规中的要求，熟悉公司的章程特约，严格依法依章开展经营管理行为，这是依法治企的开始。

◉ 比较法规范

《德国股份法》第 82 条；中国台湾地区"公司法"第 34 条、第 52 条。

◉ 研究文献

1. 王建文：《我国董事信义义务制度的扩张适用：一般规定的确立》，载《当代法学》2023 年第 1 期。

2. 梁爽：《美、日公司法上的董事合规、内控义务及其对我国的启示》，载《中外法学》2022 年第 2 期。

◉ 典型案例

王某等与刘某鹏损害公司利益责任纠纷案①

1. 案情简介

瑞盛建宁有限公司（以下简称瑞盛建宁公司）成立于 2016 年 5 月 10 日。自 2018

第
179
条

① 参见北京市大兴区人民法院民事判决书，(2019) 京 0115 民初 871 号；北京市第二中级人民法院民事判决书，(2020) 京 02 民终 2890 号。

年3月22日，公司登记股东为刘某鹏、王某。王某为公司执行董事、经理，袁某为公司监事。2018年《公司章程》第7条载明：股东刘某鹏，认缴出资额28万元；股东王某，认缴出资额172万元。王某主张：因瑞盛建宁公司向郑某借款100万元用于收购雪印公司，作为报酬，瑞盛建宁公司同意由郑某持有雪印公司40%的股份，其中39%由瑞盛建宁公司代持，若瑞盛建宁公司后期将借款还清，则瑞盛建宁公司收回其中的30%股权，剩余10%留给郑某，故瑞盛建宁公司与郑某签订了《合作框架协议》及《股权代持协议》。之后，因瑞盛建宁公司未向郑某偿还任何借款，故郑某事实上获得了雪印公司40%的股权，瑞盛建宁公司只是将其所持有的雪印公司60%的股份转让给郑某。

原告刘某鹏诉称：王某系瑞盛建宁公司执行董事兼经理。任职期间，王某利用担任法定代表人的职务便利，恶意将瑞盛建宁公司持有的雪印公司99%份额股权转让给郑某，并于2018年9月27日办理股权变更登记。雪印公司是优质公司，其机器设备、库存等资产价值几百万元，王某却无偿转让给郑某，明显属于恶意，严重侵害瑞盛建宁公司的权益，因此王某应当赔偿瑞盛建宁公司相关损失。故请求判令王某赔偿瑞盛建宁公司经济损失暂计100万元，判令瑞盛建宁公司赔偿律师费等。

2. 裁判要旨

一审法院认为：关于王某是否违反对瑞盛建宁公司负有的忠实、勤勉义务，首先，王某明知对外转让股权需经股东会决议；其次，根据瑞盛建宁公司章程的规定，王某作为公司执行董事兼控股股东，其有能力亦有义务在对外转让瑞盛建宁公司所持有的雪印公司股权之前组织召开股东会，并就该事项进行表决。综上，王某违公司法和公司章程的规定，未尽忠实、勤勉义务。

二审法院认为：王某在未经股东会决议，亦未经另一股东刘某鹏同意的情况下，擅自以公司的名义将公司所持有的雪印公司股权转让给郑某，违反了公司法和公司章程的规定，未尽忠实、勤勉义务。

3. 案件评析

王某作为公司执行董事、经理兼股东，在未经公司股东会决议，亦未经另一股东刘某鹏同意的情况下，擅自以公司名义将公司所持有的雪印公司股权转让给郑某，违反了公司法和公司章程的规定，未尽忠实、勤勉义务，王某应承担因此给公司造成的损失。

第一百八十条 【董监高的忠实义务、勤勉义务，影子董事】

董事、监事、高级管理人员对公司负有忠实义务，应当采取措施避免自身利益与公司利益冲突，不得利用职权牟取不正当利益。

董事、监事、高级管理人员对公司负有勤勉义务，执行职务应当为公司的最大利益尽到管理者通常应有的合理注意。

公司的控股股东、实际控制人不担任公司董事但实际执行公司事务的，适用前两款规定。

◉ 立法意旨

本条规定董监高的忠实义务、勤勉义务以及公司双控人的义务要求。

◉ 条文演变历程

本条最早可追溯至1993年《公司法》第59条："董事、监事、经理应当遵守公司章程，忠实履行职务，维护公司利益，不得利用在公司的地位和职权为自己谋取私利。董事、监事、经理不得利用职权收受贿赂或者其他非法收入，不得侵占公司的财产。"2005年《公司法》第148条对其进行修订：一是将"经理"修改为"高级管理人员"；二是在章程外，明确董监高还应当遵守法律和行政法规；三是将"忠实履行职务，维护公司利益，不得利用在公司的地位和职权为自己谋取私利"修改为"对公司负有忠实义务和勤勉义务"。新《公司法》第180条对旧法进行了大幅的修订：一是明确忠实、勤勉义务的基本内涵，并完善了二者的具体内容。二是新增第3款，明确公司的双控人不担任公司董事但实际执行公司事务的，对公司负有忠实、勤勉义务。

◉ 条文释义

本条对应旧法第147条第1款后半句，由一句话扩展为一条（三款），有重大变化。

（一）信义义务及其相关概念

1. 信义义务的概念

信义义务并非内生于本土，系英美法系的舶来品。从词源上看，英语中"fiduciary"来源于拉丁文中的"fides"和"trust"，有诚信与信任的含义，与trust（信托）是近义词，可作名词和形容词使用，作名词时译为"受托人"，作形容词时有"信托的、受信托"的意思。[①] 目前国内学者对"fiduciary"没有统一译法，有的译作"受

① 参见［英］Elizabeth A. Martin 编：《牛津法律词典》，上海外语教育出版社2007年版，第20页。

信”[①],有的译作“信赖”[②]或“信任”[③],有的直译为“被信任者”[④],还有的将其作为trust(信托)的同义词,将“fiduciary relationships”译作“信托关系”。[⑤] 何美欢教授在其著作《香港代理法》中将“fiduciary relationships”译为“信义义务”,是较早将“fiduciary”译作“信义”的汉语法学文献。[⑥] 从使用频率和地域上看,“信义”是目前大陆学者采用的主流译法,也偶有学者使用“受信”,其余译法则不多见。我国台湾地区学者多将“fiduciary”译作“受托”,进而将“fiduciary relationships”和“fiduciary duty”分别译作“受托关系”和“受托义务”。[⑦]

2. 信义义务与信义法

信义法是一门独立的知识体系,其“调整具有权利不对称性特征的关系”[⑧]。而信义义务是该体系中当事人所负的义务,二者是种属关系。不过,因信义义务先于信义法发展起来,并且信义义务是信义法的核心内容,一定程度上导致了信义义务和信义法混用的局面,甚至有学者对两者不作区分。但二者之间的区别不容忽视,“信义法是活跃的、令人兴奋的法律分支,其潜力才刚刚开始为人们所挖掘”[⑨],包括其适用范围、相关原则和具体规则等,而信义义务是一种为他人最大利益使用权力或者行为的义务。

3. 信义义务与诚实信用原则

诚实信用是民法的基本原则,起到控制法律关系内容、填补合同漏洞或辅助解释合同条款的作用。信义义务和诚实信用的适用范围存在明显区别,诚实信用作为民法的帝王原则,适用于民事法律行为的全方面与全过程,但信义义务只适用于存在“委托—代理”关系或当事人之间的关系具有“信任”因素的情况。由此,信义关系严格禁止当事人之间的利益冲突,而诚实信用则不以为忤。从法理学关

---

① 参见翁小川:《受压迫股东的救济路径研究:股东受信义务与法定压迫救济制度》,载《比较法研究》2021年第4期,第187~200页。

② 参见黄隆丰:《两岸证券投资基金规范之比较研究》,台北,元照出版有限公司2012年版,第140页。

③ 参见廖大颖:《公司制度与企业金融之法理》,台北,元照出版有限公司2012年版,第56页。

④ 参见沈达明编著:《衡平法初论》,对外经济贸易大学出版社1997年版,第362页。

⑤ 参见杨桢:《英美契约法论》(第3版),北京大学出版社2003年版,第176页。

⑥ 参见何美欢:《香港代理法》(上册),北京大学出版社1996年版,第409页。

⑦ 参见黄朝琮:《受托义务之对象》,载《政大法学评论》第145期(2016年),第1~30页。

⑧ [美]安德鲁·S. 戈尔德、[美]保罗·B. 米勒编著:《信义法的法理基础》,林少伟、赵吟译,法律出版社2020年版,第1页。

⑨ Leonard Rotman, *Fiduciary Law*, Thomson Press, 2005, p. 3.

于原则和规则区分的角度来讲，诚实信用尚属法律原则，而信义义务已经进化为法律规则。

4. 信义义务与忠实义务、勤勉义务

我国现行法上的信义义务主要是指，公司法中规定的公司董监高对公司的忠实、勤勉义务。“在我国公司法中，勤勉义务和忠实义务是相互独立的不同法律义务：勤勉义务主要是指董事依法遵章，在授权范围内行使职权，或要求董事尽到一个具备相同知识、技能的理性人在相同情况下的谨慎；忠实义务规则调整的是董事的自利行为及与公司有利益冲突的行为。”①忠实义务是信义义务的子义务。至于信义义务和勤勉义务的关系，我国学者大多认为，勤勉义务（duty of care）就是注意义务，其旨在强调董事行为本身和作出决策的过程是否尽职、到位。英美法学者对此观点进一步解释，注意义务（勤勉义务）具有坚实的道德基础，为道德义务的体现，当一个人承担一项含有损害他人之风险的任务时，其即负有谨慎勤勉履行职责的道德义务。② 可见，信义义务与忠实义务和勤勉义务（注意义务）之间是种属关系，后者是前者规则体系中的两大支柱。

（二）中国法中的信义义务规范

1. 合同法中的信义义务

有学者认为信义义务和合同义务泾渭分明，因为前者属于法定义务，而后者属于意定义务。但即使反对将合同义务等同于信义义务的学者，也不得不承认“在合同当事双方存在信义法所保护的特殊范畴，即双方力量显著不对等，一方对另一方的重要利益事项有自由裁量权，一方当事人的利益具有脆弱性的特殊合同关系之中，当事双方的法律关系存在合同关系和信义关系的部分重叠”③，例如“委托、行纪、居间、承揽、服务等都有信义义务的‘痕迹’”。

2. 信托法中的信义义务

我国信托法立法在理念上将信托作为一种理财制度，或称之为财产管理制度，在法律结构上，衔接大陆法系的委托代理理论，将信托定位为委托人将财产委托管

---

① 王建文：《论董事“善意”规则的演进及其对我国的借鉴意义》，载《比较法研究》2021年第1期，第105~118页。

② See Melvin Aaron Eisenberg, *The Duty of Care of Corporate Directors and Officers*, 51 U. Pitt. L. Rev. 945 (1990).

③ 许德风：《道德与合同之间的信义义务——基于法教义学与社科法学的观察》，载《中国法律评论》2021年第5期，第140~153页。

理和处分的行为。可以说,信托法天然地有信义义务因素。《信托法》对信义义务的规定集中在第四章"信托当事人"之下第二节"受托人"之中,其中第25条是对信义义务的总括性规定,使用了"最大利益"这一表述。另外,该条将诚实、信用与"谨慎"并列,所以在实践当中,判定"谨慎"可以参照大陆法系中的诚实信用原则。

3. 公司法中的信义义务

我国公司法中的信义义务,实践中基本指董监高对公司负有的忠实、勤勉义务。明晰我国公司法中的信义义务以及其与忠实义务、勤勉义务之构成关系,需要从后者的原因和定位两方面考察。从忠实义务和勤勉义务的产生来看,"董事基于股东的信任取得了法律和公司章程赋予的参与公司经营决策的权力,就应当在遵循法律和公司章程的前提下,为公司的最大利益服务"①。换言之,股东因"信任"而赋权,是董监高忠实、勤勉义务的产生原因。从对忠实、勤勉义务的定位来看,我国公司法将其定位为"董事、监事和高级管理人员对公司的诚信义务",实与信义义务共享道德底色。新《公司法》中关于董监高的信义义务的规定有了重大变化。首先,丰富了忠实与勤勉义务的具体内涵和标准,规定前者"需以公司利益为先"和"不得牟取不正当利益",后者将注意义务的标准界定为"尽到管理者应有的合理注意";其次,引入双控人的信义义务,扩大义务主体范围。

(三)第1款:忠实义务

1. 忠实义务的本质

本款的最大贡献在于明确忠实义务的本质。违反忠实义务的本质是为自己的私利滥用权利以谋求不法利益,简称"为私益而滥权",属于消极义务,其具体构成为:(1)董监高的利益与公司利益处于冲突之中(conflicting of interest);(2)滥用职权便利(abusing of rights);(3)为自己谋取不正当利益(tunneling)。最经典的违反忠实义务的行为就是不当关联交易行为(unfair self-dealing),关联董监高的合规操作应是如实向股东会、董事会报告利害关系,而后回避表决。

2. 忠实义务的类型化

一方面,由于利益冲突无所不在且不同类型的利益冲突存在程度之别,法律对其规制程度并不相同,有的是绝对禁止,有的是相对禁止,有的则可以附条件的允许;另一方面,公司法对忠实义务的定义难免抽象概括,立法的类型化有助于法律适

① 安建主编:《中华人民共和国公司法释义》,法律出版社2005年版,第211页。

用。因此,公司立法有必要对忠实义务之违反行为适当类型化。本法第 181 ~ 184 条就是忠实义务类型化的产物,其中第 181 条规范的行为绝对禁止,但第 182 ~ 184 条所规范的三类行为并不绝对禁止,而是在符合正当程序或其他例外情形时允许。

(四)第 2 款:勤勉义务

1. 勤勉义务的内涵

本款最大贡献在于明确勤勉义务的实质。勤勉义务要求受信人不仅具备处理好受托事务的能力,而且需要积极行使该项能力完成受托事务,因而属于积极义务。应当为公司的最大利益而行事,这是董监高职务行为的唯一标准。此义务的职业性标准(professional standard)是基于现代商业组织的职业性要求管理者尽到通常应有的合理注意。"合理注意"的最终判断标准是商事判断规则,但在当前立法中仍然缺失。实际上,商事判断规则正是公司法立法主旨中"弘扬企业家精神"的重要保障制度。

勤勉义务要求受信人不仅具备处理好受托事务的能力,而且需要积极行使该项能力完成受托事务,这应当符合一个理性的谨慎人应有的注意义务。用相对模糊的勤勉义务评价受信人表现的合格与否是困难的,但过于明确、严格的勤勉义务与受信人在受托事务上的自由裁量权之间又存在张力,甚至冲突。在此意义上,勤勉义务的立法规范只能就受信人履行义务的行为提出原则性要求,受信人是否履行了勤勉义务,需要法院在个案中具体判断。

2. 勤勉义务的类型化

与忠实义务类似,勤勉义务同样存在立法予以类型化的必要,但本章并未如忠实义务那样将违反勤勉义务的行为集中类型化,关于勤勉义务违反的行为见于其他章节的多个条文。如在公司出资环节,本法第 51 ~ 52 条规定董事会负有催缴义务,对瑕疵出资股东应发出催缴通知书,如在催缴期限内未获回应,需决定催交到底或作出决议发出失权通知,即属于勤勉义务的要求。如违反并造成公司损失,负有责任的董事对公司承担赔偿责任(第 51 条),即属于违反勤勉义务引发的违信责任。

(五)第 3 款:中国版的影子董事

1. 影子董事

本款引入影子董事,属于重大制度引入。影子董事指通常置身幕后,指示或操纵台前董事以实现其控制公司目的之人。① 根据《英国 2006 年公司法》第 251 条的规定，影子董事指公司董事习惯于根据其指导或指示而行事的人，但这一标准仍有待判例明确。判例法上，英国法院对影子董事之构成有更为具体的界定。在 1994 年的 Re Hydrodam(Corby)Ltd. 案中，法院将影子董事的构成要件界定为：(1)影子董事于幕后操纵形式董事或事实董事，不直接参与公司业务的决策执行；(2)影子董事对公司业务执行决策具有支配和控制的影响力，足以使得董事会遵守其指令；(3)此种支配控制力须达到持续影响程度，使董事会习惯于服从影子董事之指令；(4)不必须以支配控制公司的所有行为为限。② 在本款中，双控人虽形式上不出任董事，但通过自己的影子(委派董事)或自己充当提线人指挥公司董事(木偶)，从而实际执行公司事务的，视同董事，需要对公司承担忠实、勤勉义务。对实际执掌公司事务的双控人课以董事的勤勉、忠实义务，属于实质认定规则的适用，这一规定对普遍存在高集中度股权结构的中国公司而言，具有较大的现实意义。

2. 中国公司盛行影子董事

由于我国大多数公司的股权结构较为集中，控股股东普遍存在，又由于东亚社会的文化特质，更加剧了双控人文化的盛行。加上现阶段我国个人财富普遍不透明，代持股份现象盛行，这为形形色色的实际控制人提供了广阔的法律空间。这些双控人几乎都会染指公司事务，无论是亲自赤膊上阵，还是通过代言人机制大搞“提线木偶”游戏。他们的存在及或明或暗的控制行为为公司治理的规范带来了较大的挑战，如果不将这些人的行为纳入公司治理的规范对象，我国的公司治理永远面临法律与现实两张皮的问题。所以，公司法需要借助一个制度通道，将实际执行公司事务的双控人纳入董事信义义务体系。

以肖建华控制的明天系为例。③ 据《新财富》杂志调查，明天系掌控 9 家上市公司，控股、参股 30 家金融机构。这 30 家金融机构，具体包括 12 家城商行、6 家证券公司、4 家信托公司、4 家保险公司、2 家基金公司、1 家期货公司、1 家资产管理公司，其资产总规模近万亿元。同时，通过内部严格的保密机制、公关团队、媒体控制等手

---

① See Stephen Griffin, *Company Law: Fundamental Principles*, 4th ed., Pearson Longman, 2006: 291 - 292.

② See Re Hydrodam (Corby) Ltd. [1994] B. C. C. 161, at 163.

③ 参见《中国最神秘金融巨鳄肖建华：掌控资产近万亿》，载中国新闻网，https://www.chinanews.com/cj/2013/04-18/4740743.shtml? from = singlemessage。

段，明天系一直以高度隐形的状态长期存在，十分神秘。明天系形成明天科技、西水股份、华资实业、爱使股份等上市公司和以交通、能源、媒体、影视、机场、飞机租赁等为核心的实体产业横轴，以恒泰证券、新时代证券、包商银行、哈尔滨银行、潍坊银行、天安财险、天安人寿、生命人寿、华夏人寿、新时代信托等为核心的金融产业纵轴，确立了产融结合的构架。

对于彼时规模庞大的明天系诸多公司而言，肖建华几乎未在任何公司担任任何的管理层职务，甚至也不持有任何公司的股份，但是谁都不否认整个明天系都控制在肖建华手中。肖建华通过庞大的家族关系、血缘关系、学缘关系、地缘关系等人身关系，借由股权代持、人事控制等各种控制权安排，完美实现了对明天系所有公司的控制。根据以上事实，足以认定肖建华是明天系的实际控制人，这是第一步。接下来第二步是，该控制人虽不担任明天系下任何一家公司的董事职务，但时刻掌控明天系的管理实务，为典型的影子董事。

3. 对影子董事的规范

根据本款，双控人被认定为影子董事的，意味着其受到双重规制：(1)公司法关于双控人的规制，如第 15 条、第 22 条等；(2)公司法关于董事的规制，如包括本条在内的本章诸多条文。

◉ 公司治理操作指南

近年来，影子董事违规操纵企业经营管理活动的例子层出不穷，双控人等滥用公司控制权侵犯债权人、少数股东利益的行为大量发生。新《公司法》引入影子董事制度，对于督促中国企业及企业家建立规范的公司治理结构，保护公司、少数股东及公司债权人利益，具有重大意义。

◉ 比较法规范

《英国 2006 年公司法》第 170 ~ 177 条、第 250 条、第 251 条；《澳大利亚公司法》第 180 ~ 182 条；《德国股份法》第 93 条。

◉ 研究文献

1. 杨秋宇：《信托受托人忠实义务的功能诠释与规范重塑》，载《法学研究》2023 年第 3 期。

2. 王建文：《我国董事信义义务制度的扩张适用：一般规定的确立》，载《当代法学》2023 年第 1 期。

3. 傅穹：《公司利益范式下的董事义务改革》，载《中国法学》2022 年第 6 期。

4. 刘斌：《重塑董事范畴：从形式主义迈向实质主义》，载《比较法研究》2021 年第

5 期。

5. 林少伟:《董事横向义务之可能与构造》,载《现代法学》2021 年第 3 期。

6. 王建文:《论董事“善意”规则的演进及其对我国的借鉴意义》,载《比较法研究》2021 年第 1 期。

7. 叶林:《董事忠实义务及其扩张》,载《政治与法律》2021 年第 2 期。

8. 徐化耿:《信义义务的一般理论及其在中国法上的展开》,载《中外法学》2020 年第 6 期。

9. 王建文:《论我国构建控制股东信义义务的依据与路径》,载《比较法研究》2020 年第 1 期。

10. 王莹莹:《信义义务的传统逻辑与现代建构》,载《法学论坛》2019 年第 6 期。

11. 叶金强:《董事违反勤勉义务判断标准的具体化》,载《比较法研究》2018 年第 6 期。

12. 陈鸣:《董事信义义务转化的法律构造——以美国判例法为研究中心》,载《比较法研究》2017 年第 5 期。

13. 郑佳宁:《目标公司董事信义义务客观标准之构建》,载《东方法学》2017 年第 4 期。

14. 姜雪莲:《信托受托人的忠实义务》,载《中外法学》2016 年第 1 期。

15. 李燕、杨淦:《董事注意义务的司法审查标准刍议》,载《法律适用》2013 年第 12 期。

16. 朱羿锟:《论董事问责的诚信路径》,载《中国法学》2008 年第 3 期。

◉ 典型案例

上海川流机电专用设备有限公司诉李某华损害公司利益责任纠纷案①

1. 案情简介

原告上海川流机电专用设备有限公司(以下简称川流公司)有三名股东,其中最大股东罗某占 50% 股份,任法定代表人、执行董事、总经理和财务负责人,第二股东李某华占 30% 股份,任监事和营销部经理。罗某因患病须住院治疗,遂召开总经理例会宣布在其住院期间由李某华负责全面工作。会后,罗某出具任命书一份,载明“因公司工作需要及总经理身体原因,从即日起由李某华负责公司的全面日常工作;我谨代表公司祝愿他在新的岗位上取得更大成绩”。李某华在全面负责川流公司日常工作期间,以川流公司的名义与案外人日华真空电子(天津)有限公司开展 UV 手机外壳涂装线项目业务,直至其离开川流公司,尚有 110 万元项目款未收回。川流公司遂提起本案诉讼称李某华在全面负责公司工作期间未尽勤勉义务,导致公司蒙受巨大损失,请求判令李某华赔偿 110

① 参见上海市第一中级人民法院民事判决书,(2009)沪一中民三(商)终字第 969 号。

第180条

万元。

2. 裁判要旨

一审法院认为：李某华身为川流公司的监事，之后又代行总经理之职，两类职责出现交叉，后果是其作为监事的任职无效，应认定李某华为川流公司的高管。李某华未对公司的经营尽到合理审慎的注意，仅以口头方式订立协议，亦未能提供能够证明合同履行情况的文件资料，致使川流公司的应收款债权无法得到有效救济，明显违反了勤勉义务，应当对川流公司因此遭受的损害承担赔偿责任。遂判决支持原告的赔偿诉请，二审维持原判。

3. 案件评析

本案的争议焦点有二：一是李某华是否是公司法意义上的高管，二是李某华是否违反了勤勉义务。涉及两个法律问题：一是监事出任高管这一兼任行为的性质及法律后果，二是高管违反勤勉义务的构成要件。

同一公司的高管与监事互相兼任的认定应当综合形式与实质要件，具有高度人合性的封闭公司在决策过程中时常发生形式要件瑕疵的情形，司法应从公司法保护公司利益，促进经济发展的立法原则出发，考察股东真意，有条件地认可瑕疵决议的效力，避免因决议无效导致公司陷入僵局。对公司高管勤勉义务的认定应以客观标准为一般标准，兼顾个案正义，结合具体案情在一般判断标准允许的范围内作出更为妥当和准确的判定。①

第一百八十一条　【董监高违反公司忠实义务的若干行为】

董事、监事、高级管理人员不得有下列行为：

(一)侵占公司财产、挪用公司资金；

(二)将公司资金以其个人名义或者以其他个人名义开立账户存储；

(三)利用职权贿赂或者收受其他非法收入；

(四)接受他人与公司交易的佣金归为己有；

(五)擅自披露公司秘密；

(六)违反对公司忠实义务的其他行为。

◉ 立法意旨

本条是关于董监高违反公司忠实义务的类型化规定。

---

① 参见沈竹莺：《公司监事兼任高管的法律后果及其勤勉义务》，载《人民司法·案例》2011年第2期，第96页。

◉ 条文演变历程

本条最早可追溯至2005年《公司法》第148条第2款和第149条,前者规定:“董事、监事、高级管理人员不得利用职权收受贿赂或者其他非法收入,不得侵占公司的财产。”后者则规定:“董事、高级管理人员不得有下列行为:(一)挪用公司资金;(二)将公司资金以其个人名义或者以其他个人名义开立账户存储;(三)违反公司章程的规定,未经股东会、股东大会或者董事会同意,将公司资金借贷给他人或者以公司财产为他人提供担保;(四)违反公司章程的规定或者未经股东会、股东大会同意,与本公司订立合同或者进行交易;(五)未经股东会或者股东大会同意,利用职务便利为自己或者他人谋取属于公司的商业机会,自营或者为他人经营与所任职公司同类的业务;(六)接受他人与公司交易的佣金归为己有;(七)擅自披露公司秘密;(八)违反对公司忠实义务的其他行为。董事、高级管理人员违反前款规定所得的收入应当归公司所有。”

2013年修法将条文序号分别调整为第147条第2款、第148条。新《公司法》整合旧法第147条第2款所列的两类行为进入本条,删去第148条第3项的内容(旧法第148条第1款第3项关于对外担保的规定与新法第15条重复,关于对外借贷的规定则转移到新法第163条),同时鉴于旧法第148条第1款第4项、第5项的重要性及其与其他项的性质区别——其他项为绝对禁止行为,但是以上两项对应的三类行为并非绝对禁止,将以上两项涉及的三类行为分别独立成条,形成新第182~184条,余下各项内容并入本条。

◉ 条文释义

本条对应旧法第147条第2款、第148条,有内容修订。

本条所列各项行为都涉及董监高等职业经理人的基本职业操守,也是基本道德准则,属于法律的红线,是董监高的绝对禁止行为;如有违反,则必然构成违反忠实义务的行为,除承担民事责任外,往往还可能承担刑事责任。与旧法相比,最大变化是将监事纳入规制对象,实行董监高一体化规制。

◉ 公司治理操作指南

本条列举了常见的董监高违反忠实义务的具体行为,值得公司警醒关注。董监高拥有经营管理权,容易滥用职权牟取不正当利益,进而损害公司利益。一支成熟、合规的职业经理人队伍应当视本条所列的各项行为为底线,绝不可触碰。

◉ 比较法规范

《英国2006年公司法》第175~177条;《韩国公司法》第382条之二、第382条之四。

◉ **研究文献**

1. 杨秋宇:《信托受托人忠实义务的功能诠释与规范重塑》,载《法学研究》2023 年第 3 期。

2. 叶林:《董事忠实义务及其扩张》,载《政治与法律》2021 年第 2 期。

3. 徐化耿:《信义义务的一般理论及其在中国法上的展开》,载《中外法学》2020 年第 6 期。

◉ **典型案例**

安徽阜阳保利汉铭投资有限公司与叶某开损害公司利益责任纠纷案①

1. 案情简介

原告安徽阜阳保利汉铭投资有限公司(以下简称保利公司)认为,2014 年 6 月至 2020 年 1 月,被告叶某开在担任公司法定代表人(及执行董事兼总经理)期间,于 2017 年 10 月 25 日未经原告公司股东会决议同意,利用职务便利,擅自从原告账户转款共计 7000 万元至其个人账户,经原告多次催要,至诉讼时未还。被告上述行为,严重影响了原告公司的利益,给公司造成了极大损失,为此诉至法院。

被告叶某开辩称,该 7000 万元与安徽省万霖房地产开发有限公司(以下简称万霖公司)有关,与保利公司无关,保利公司的股东是被告和万霖公司,被告和万霖公司于 2014 年 4 月 27 日签订了股权转让合同,被告将保利公司 37% 的股权转让给万霖公司,合同约定股权转让价格为 1.184 亿元,万霖公司另补偿 4000 万元,实际股权价格应为 1.584 亿元。该 7000 万元是万霖公司将应付给被告的股权转让款借给保利公司使用所应向被告支付的利息。

2. 裁判要旨

法院认为,被告在担任原告公司执董兼总经理期间,违反其对公司的忠实义务,向其个人账户转款 7000 万元,应当认定为损害原告公司的利益,应依法返还案涉款项,并承担相应赔偿责任。

3. 案件评析

对于"将公司资金以其个人名义或者以其他个人名义开立账户存储"的案件,实务中常见的是,面对公司出具的转账凭证等转账依据,如高管不能就公司转账目的、转账用途等说明转账合规并提出证据(如转账凭证上备注或附言、股东会决议、公司借款凭证等),则高管将面临败诉并担责的风险。

① 参见安徽省阜阳市中级人民法院民事判决书,(2020)皖 12 民初 344 号。

第一百八十二条 【董监高的自我交易行为】

董事、监事、高级管理人员,直接或者间接与本公司订立合同或者进行交易,应当就与订立合同或者进行交易有关的事项向董事会或者股东会报告,并按照公司章程的规定经董事会或者股东会决议通过。

董事、监事、高级管理人员的近亲属,董事、监事、高级管理人员或者其近亲属直接或者间接控制的企业,以及与董事、监事、高级管理人员有其他关联关系的关联人,与公司订立合同或者进行交易,适用前款规定。

◉ 立法意旨

本条是关于董监高自我交易行为的基本规范。

◉ 条文演变历程

本条可追溯至2005年《公司法》第149条第1款第4项,其禁止董事、高管"违反公司章程的规定或者未经股东会、股东大会同意,与本公司订立合同或者进行交易"。2013年修法将序号调整为第148条第1款第4项。此次修法该款独立成条,内容变化有四处:一是将监事增列为关联交易程序的规范对象;二是允许公司章程规定董事会或股东会作为关联交易的批准机关,不强制规定应由股东会决定;三是规定了关联交易的信息披露规则;四是扩大关联方的主体范围。此外,结合第185条,关联董事需回避表决。

◉ 条文释义

本条对应旧法第148条第1款第4项,有实质性内容修订。

本条的理解需紧密联系本法第22条、第265条,《公司法解释五》第1条、第2条等关联条款。

(一)自我交易

关于关联交易的性质与特征,参见本书第22条的解读,本条不再重复。

公司法上的关联交易,根据关联人身份的不同,可分为双控人与公司的关联交易和董监高与公司的关联交易,后者即本条规范的董监高自我交易(self-dealing),指董监高及其利害关系人与公司之间的交易。

比之旧法,本条界定的自我交易主体得到了大幅扩展,首先,旧法仅规范董事、高管,本条扩及监事;其次,旧法仅规范董事、高管与公司的直接自我交易,本条扩及间接自我交易。以董事为例,由于董事掌握公司经营管理权,比监事更有机会进行自我交易，依照本条规定可以进一步分为如下两类。

一是直接自我交易（direct self-dealing），即董事本人与公司的交易。

二是间接自我交易（indirect self-dealing），又分为四类：（1）董事的关联人与公司的交易，本条关联人还包括董事的近亲属，即董事的父母、配偶、子女、祖父母、孙子女外孙子女、兄弟姐妹；（2）董事任职或投资的其他企业与公司的交易；（3）董事近亲属任职或投资的其他企业与公司的交易；（4）与董事有其他关联关系的关联人与公司的交易，此处的其他关联人是兜底概念，指除董事近亲属、董事及其近亲属任职或投资企业以外的其他存在关联关系的人，具体需参照第265条第4项关于关联关系的界定，实践中可能包括特定利害关系人、同居人、近亲属外的其他亲属与公司的交易，乃至这些“其他关联人”任职、投资的企业等。

（二）自我交易的规范体系

董事自我交易如同其他关联交易一样也是一柄“双刃剑”：一方面，其可以增加公司的交易机会、节约交易成本、提高交易效率；另一方面，由于交易双方存在利益冲突但交易实由董事一方决定（two parties, one head），董事一旦违反忠实义务就容易形成非公允交易，导致公司利益受损。因此，法律有必要规制董事自我交易。关联交易的规范体系并不限于公司法，还有《会计法》《税法》《证券法》等多个部门法以及财政部所制定的《企业会计准则——基本准则》，有一个洋洋大观的规范体系。

在新《公司法》内部，第22条属于公司关联交易的一般条款，本条则属于针对董监高自我交易的专门条款，属于一般规范与特别规范的关系，同时关于关联交易的范围界定，离不开第265条对高管、关联关系等重要概念的规定。

（三）自我交易的正当程序

旧法仅从反面规定董事、高管与本公司为关联交易，不得在违反公司章程规定或者未经股东会同意时进行。从正面来讲，正当的自我交易需具备正当程序，结合本法第185条，正当程序包括如下三点。

1. 信息披露，即要求关联董监高应将与订立合同或者进行交易有关的事项向董事会或股东会报告。

2. 回避，如果董事会决议，则关联董事应回避表决，由非关联董事全体过半数或者更高要求的多数决通过；如果股东会决议，则不存在关联董监高回避问题，但关联股东是否回避应视法律、章程规定而定。

3. 表决，即按照公司章程的规定经董事会或股东会决议通过。“按照公司章程的规定”指公司章程应对某类自我交易的议决机关在股东会与董事会之间作出选择，如章程没有规定或者规定不明，关联董监高可以要求两个法人机关的任一机关作出决议，但不能自己决定。否则，司法实践倾向于认定这一行为违反公司法的规定。①

如董监高的自我交易履行了正当程序，依照《公司法解释五》第1条，此时并不当然代表该自我交易为公允交易，也即正当程序并不排除实体争议。但是，借鉴美国公司法上的安全港规则（the rule of safe harbor），《公司法解释五》第1条的规定精神是，如果公司起诉或由股东提起代位诉讼要求确认某自我交易无效或者要求关联董监高赔偿，关联人举证其履行了正当程序，此时应由原告来证明该交易非公允；如关联人不能证明其履行了正当程序，则其应负责举证该自我交易为公允交易。我国司法实践支持这一做法。

（四）非公允自我交易的救济特则

关于包括董监高自我交易在内的关联交易合同的效力认定，适用《民法典》有关合同效力的一般规定，公司法并未从组织法的视角提供有关关联交易合同的特殊效力规则。

在救济上，公司可以提起关联交易合同的效力瑕疵之诉，如公司因其意思被董监高控制而无法起诉，股东可依法提起股东代位诉讼要求确认自我交易合同无效、不生效力或选择撤销之（《公司法解释五》第2条）。

因非公允自我交易导致公司利益受损的，公司可请求关联董监高承担赔偿责任，同时可以对获益的董监高行使归入权。针对前述请求，公司可提起给付之诉，如公司因为其意思被董监高控制而无法提起诉讼，股东可依法提起股东代位诉讼（《公司法解释五》第1条）。

（五）违反本条的法律责任

详见第22条第2款及第186条、第188条，包括赔偿责任与归入权，此处不赘述。

◉ 公司治理操作指南

虽然本条提供了董监高与本公司关联交易的基本规范，但很多细节尚需公司章程予以落实。首先，公司章程应规定相关事项由董事会还是股东会决议通过，此为

① 参见重庆市高级人民法院民事判决书，(2020)渝民终543号。

相对必要记载条款。本条仅赋权给董事会、股东会,而未明确二者如何分工,公司章程应解决最后一厘米的问题。其次,鉴于本条从旧法规定的股东会批准改为董事会、股东会批准,并且将董事会列在股东会之前,公司章程应充分领会立法精神,建议公司章程将更多的关联交易事项交与董事会决议而非股东会,这一安排更加符合商事交易的效率性原则。再次,建议公司章程就董监高的利害关系人作出更具实操性的规定,本条列明了董监高的近亲属,其范围当然适用《民法典》的规定。但如有必要,章程完全可以扩大利害关系人的范围。最后,建议章程中明确利害人员的表决回避规则、关联人员报告的具体流程、期限要求与内容要求等。

结合近年来的司法案例,不正当的董事自我交易所涉及的交易类型主要包括借贷、租赁、担保、专利转让等。实践中,法院可能认为,董监高与公司进行交易的效力需要从"程序的合法性"与"是否有利于公司利益"两方面综合判断。例如,在罗某宇与广州市九佛电器有限公司民间借贷纠纷案①中,原告罗某宇为被告公司高管,原告与被告公司订立借款合同向被告公司出借资金,法院认为原告与被告签订的两份《借款协议书》在程序上存在重大瑕疵,案涉借款存在利益输送的可能性,极易损害公司及股东的合法利益,故认定协议无效。

◉ 比较法规范

《韩国公司法》第398条;《英国2006年公司法》第182条、第183条;《日本公司法》第356条。

◉ 研究文献

1. 朱广新:《代理制度中自我交易规则的适用范围》,载《法学》2022年第9期。
2. 迟颖:《有限责任公司董事自我交易制度建构与司法适用》,载《法学家》2021年第3期。
3. 施天涛:《公司法应该如何规训关联交易?》,载《法律适用》2021年第4期。
4. 孙英:《论董事自我交易的法律规制——以〈公司法〉第149条的适用与完善为核心展开》,载《法学》2010年第6期。
5. 施天涛、杜晶:《我国公司法上关联交易的皈依及其法律规制——一个利益冲突交易法则的中国版本》,载《中国法学》2007年第6期。

① 参见广东省广州市白云区人民法院民事判决书,(2020)粤0111民初29944号。

◉ 典型案例

普旭真空设备国际贸易（上海）有限公司与陈某损害公司利益责任纠纷案[①]

1. 案情简介

2012 年 10 月 18 日，普旭真空设备国际贸易（上海）有限公司（以下简称普旭公司）、陈某双方签订《总经理劳动合同》，约定内容为“2. 总经理职责。应当履行其作为公司总经理的职责，其拥有管理和统筹公司所有部门的权利。双方同意应就上述职责的行使情况向 Busch-Holding GmbH 汇报。……10. 交通、移动电话和电脑。总经理有权使用公司为其配备的车辆，车辆所有权属于公司，具体的型号和规格为 Busch-Holding GmbH 书面确定。基于私人目的使用车辆所产生的个人税款应当由总经理承担。对于总经理私人长途旅行，车辆使用由总经理个人承担。总经理乘坐飞机及火车时应当乘坐经济舱”。

《Busch 经理守则》规定，“Busch 经理只有在事先获得 Busch-Holding GmbH 书面同意的情况下，方可从事下列业务：如果违反以下任何规定，Busch 经理应负有个人责任。Busch 经理有义务将以下授权充分告知其法定授权代表人。经理对其法定授权代表人及下属员工的行为负有完全责任……4. 全职或兼职聘用任何相关人员或姻亲关系人员或亲密人员或与上述人员建立任何商业关系”。

2016 年 6 月 13 日，普旭公司与案外人××公司签订《汽车租赁合同》一份，约定由普旭公司租赁陈某车牌号为沪 A×××某某的 VOLVO S80 型车辆 1 台，车辆租金为 1 个月 9000 元，合同有效期为 2 年。

2018 年 4 月 24 日，普旭公司与案外人××公司再次签订《汽车租赁合同》一份，约定由普旭公司租赁陈某车牌号为沪 A×××某某的 VOLVO S80 型车辆 1 台，车辆租金为 1 个月 8500 元，合同有效期为 1 年。

案涉车辆的所有人方某，系陈某岳母，车辆性质为非营运。上海××有限公司营业执照所公示的营业范围并无汽车租赁业务。

2019 年 7 月 25 日，陈某以普旭公司于 2019 年 4 月 12 日违法与其解除劳动合同为由，向上海市闵行区劳动人事争议仲裁委员会申请仲裁，要求普旭公司赔偿其各项损失。2019 年 9 月 27 日，上海市闵行区劳动人事争议仲裁委员会作出闵劳人仲（2019）办字第 4690 号《裁决书》，裁定确定普旭公司、陈某解除劳动合同关系，并要求普旭公司支付陈某各项费用合计 377,797.65 元。

2. 裁判要旨

关于陈某在涉案车辆租赁交易中是否合法正当，是否使普旭公司受到损害，一审法院认为，陈某在普旭公司担任总经理，属于公司高管，其应否承担损害赔偿责任，取决于

① 参见上海市第一中级人民法院民事判决书，（2020）沪 01 民终 4296 号。

其在执行职务时是否存在违反法律、行政法规或公司章程的行为,公司是否受到损害,违法行为与损害事实之间是否具有因果关系以及行为人主观上是否有故意或过失。陈某明知涉案车辆系其岳母所有,而对普旭公司进行隐瞒并签订《汽车租赁合同》,其行为违反了《Busch 经理守则》的相关规定,故陈某的上述行为存在一定的过错。

二审法院认为,陈某担任总经理的普旭公司与××公司签署《汽车租赁合同》,其中所涉租赁车辆的所有人为陈某的岳母,陈某对此应属明知,但未依公司章程和法律的规定向普旭公司事先充分告知,明显违反了法律规定和普旭公司的章程,其行为构成自我交易,故其利益方从案涉租赁合同中的获利应由陈某承担返还之责。普旭公司上诉行使归入权,具备法律依据,应予支持。

3. 案件评析

总经理陈某作为高管,在未充分披露姻亲利害关系的情况下,通过××公司将其岳母所有的车辆租赁给普旭公司用于总经理配车等经营事项,有关该行为是否构成自我交易及陈某应否承担法律责任的问题,一审、二审法院给出了不同论证。基本共识为,高管与本公司订立合同或进行交易的行为应遵循公司章程或经过股东会的合法决策程序(包括事先批准程序与事后追认程序)。唯有如此,其效力才能获得认可。

第一百八十三条 【禁止篡夺公司机会规则】

董事、监事、高级管理人员,不得利用职务便利为自己或者他人谋取属于公司的商业机会。但是,有下列情形之一的除外:

(一)向董事会或者股东会报告,并按照公司章程的规定经董事会或者股东会决议通过;

(二)根据法律、行政法规或者公司章程的规定,公司不能利用该商业机会。

◉ 立法意旨

本条是关于禁止董监高篡夺公司机会的规定。

◉ 条文演变历程

本条最早可追溯至2005年《公司法》第149条第1款第5项前半句,该项的内容是,董事、高管不得"未经股东会或者股东大会同意,利用职务便利为自己或者他人谋取属于公司的商业机会,自营或者为他人经营与所任职公司同类的业务"。该项的规定存在一个严重弊端:将公司机会规则与竞业禁止规则规定在一项,由于裁判文书引用某一条款时不得片段式地引用某条某款某项,两类不同案型只好引用同一项规定,这难免造成混淆。2013年将条文序号调整为第148条第1款第5项。此次修法相较于旧法,变化有五处(实为六处):(1)将该项前半句独立为一条,公司机会规则与竞业禁止规则分条而治,相互混淆成为历史;(2)增列监事为禁止篡夺公司机会的主体;(3)增加信息披露程序,即"向董事会或者股东会报告";(4)将原规定"经股东会或者股东大会同意"修改为"并按照公司章程的规定经董事会或者股东会决议通过",议决机关由单一的股东会修改为董事会或股东会且董事会前置,传达了立法精神;(5)增加"根据法律、行政法规或者公司章程的规定,公司不能利用该商业机会"的除外事由。此外,结合第185条,还增加了关联董事的回避规定。

◉ 条文释义

本条对应旧法第148条第1款第5项前半句,有内容修订。

(一)公司机会理论

公司机会理论(corporate opportunity doctrine),是英美法系的重要理论,指限制或者禁止董事把属于公司的商业机会转归自己利用而从中谋利。在各国公司实践中,评估一项机会是否属于公司机会的考量因素包括:是否与公司能力(capacity)相关;是否属于公司经营范围;公司是否具有利益或期待利益;是否与公司构成竞争;是否与董事职务的履行相关等。

一方面,由于董监高执掌公司经营管理大权,其有机会为私利而篡夺公司机会,公司法理应予以警惕并严格规制,以维护公司利益;董监高利用职务便利为自己或他人谋取属于公司的商业机会,属于违反忠实义务的行为,一般情形下应予禁止。但在另一方面,出于鼓励交易、充分市场竞争的考虑,各国公司法一般并不绝对禁止董监高利用公司机会,而是允许其在特殊情形下合法利用之。本条规定即体现了上述现代公司法的基本精神。

(二)第1句:原则禁止篡夺公司机会

禁止董监高利用职务便利为自己或他人谋取属于公司的商业机会,此为禁止篡夺公司机会的原则性规定。

(三)但书:两种豁免情形

1. 履行正当程序

董监高已经向董事会或股东会报告,并按照公司章程的规定经董事会或股东会决议通过的,可以利用公司机会。需要明确,董事会或股东会决议"放弃公司机会"时应明确放弃的范围或类型,不能概括性放弃商业机会,这意味着原则上股东会、董事会决议应根据董监高的信息披露一事一议,而不是概括性放弃。反之,若允许公司概括性放弃公司机会,将严重损害公司的独立人格,也架空了忠实义务的规定。

2. 公司不能利用

如何解读“根据法律、行政法规或者公司章程的规定,公司不能利用该商业机会”? (1)所谓“根据法律、行政法规或者公司章程的规定”,主要指公司章程另有规定的情形,因为法律、行政法规少有此类规定。(2)“公司不能”既包括事实上的不能,又包括法律上的不能,前者如公司不具备实施某一交易机会的财力或人力,如某餐厅总经理接到某公司年会 50 桌晚宴的订单要约,但当晚该餐厅的大宴会厅已被预订而无法接单。事实上不能的常见情形是“财务不能”(financial incapacity),如公司不能凑足参加某招投标的保证金。法律上的不能如公司利用该机会将违法、越权等。以财务不能为例,在实践中,获得公司机会的人应先将该机会报告并提交公司,公司作出拒绝决定后,如有人提出异议,法院应允许董监高以公司财务不能作为抗辩事由,由其举证公司的拒绝决定符合经营判断规则,或者对公司是公平的。故董监高不能简单以公司财务不能为由而利用职务便利为自己或他人谋取属于公司的商业机会,而是应当论证公司财务不能且在穷尽方法后仍未能帮助公司解决财务不能障碍,该种判断符合经营判断规则,或者对公司是公平的。

(四)违反本条的法律责任

详见第 186 条、第 188 条,包括赔偿责任与归入权,此处不赘述。

◉ 公司治理操作指南

禁止公司机会篡夺规则的完善与践行,离不开公司章程的进一步规定。公司章程有必要规定公司机会的认定与利用规则,详细规定董监高正当利用公司商业机会的报告流程与内容要求、董事会或者股东会的表决方式等,避免董监高不当利用职务便利为自己或他人谋取属于公司的商业机会。对于重要的除外事由,也即根据法律、行政法规或者公司章程的规定,当公司不能利用该商业机会时,董监高可以正当利用该商业机会,公司章程可以用列举方式厘定“公司不能利用商业机会”的具体情形,并避免概括性放弃全部公司机会。

◉ 比较法规范

《英国 2006 年公司法》第 175 条;《韩国公司法》第 397 条之二。

◉ 研究文献

1. 袁崇霖:《公司机会规则的反思与体系建构》,载《法学研究》2022 年第 2 期。

2. 沈贵明:《公司商业机会的司法认定》,载《法学》2019 年第 6 期。

3. 杨川仪:《美国公司法公司机会原则探析——以美国缅因州东北海岸高尔夫俱乐部诉哈里斯案为例》,载《当代法学》2013 年第 3 期。

4. 侯怀霞:《我国“禁止篡夺公司机会原则”司法适用研究》,载《法商研究》2012 年第 4 期。

5. 周天舒:《探寻“牟取公司机会禁止原则”的决定因素》,载《法学杂志》2011 年第 5 期。

6. 车传波:《公司机会准则的司法裁判》,载《法律科学(西北政法大学学报)》2010 年第 5 期。

7. 冯果:《“禁止篡夺公司机会”规则探究》,载《中国法学》2010 年第 1 期。

8. 赵渊:《析英国新公司法中“禁止篡夺公司商事机会”规则》,载《政治与法律》2007 年第 6 期。

◉ 典型案例

林某恩与李某山等损害公司利益纠纷案①

1. 案情简介

香港新纶公司股东为李某山(持股 50%)、林某恩(持股 50%),于 2004 年成立子公司江西新纶公司。华通公司于 2004 年成立,股东为李某山、涂某雅,华通公司是万和公司的唯一股东,之后分别于 2005 年与 2006 年将其持有的万和公司全部股权转让给力高公司。

2004 年 3 月 11 日,香港新纶公司与南昌县某管理委员会签订《合同书》,约定由香港新纶公司兴办“江西新纶公司”投资项目,南昌县某管理委员会以挂牌方式依法出让 700 亩商住用地给甲方。但 2005 年 9 月 22 日,万和公司向南昌县国土资源局(现已撤销)交纳 6000 万元土地出让款。2005 年 12 月 7 日,甲方香港新纶公司,乙方南昌县国土资源局,丙方万和公司签订《补充协议书》,内容为:甲方根据甲乙双方于 2005 年 9 月 19 日签订的《协议书》向乙方提供的 700 亩项目用地土地出让金预付款人民币 6000 万元整系丙方所有,其全部权益也归丙方。2006 年 3 月 7 日,南昌县相关部门发布国有土地使用权出让公告,万和公司参与竞买。2006 年 4 月 7 日,南昌县国土资源局与万和公司签订成交确认书,确认万和公司竞得该国有土地使用权。

对此,原告林某恩以被告李某山、涂某雅、华通公司共同侵犯香港新纶公司的商业机会等为由,请求法院判令:李某山赔偿因其谋取第三人香港新纶公司商业机会造成的经济损失;李某山谋取的上述收入归香港新纶公司所有;涂某雅、华通公司因共同侵权承担连带赔偿责任。

① 参见最高人民法院民事判决书,(2012)民四终字第 15 号。

2. 裁判要旨

本案围绕700亩土地使用权出让的纠纷，原告方是林某恩，被告方是李某山、涂某雅、华通公司。一审法院认为，本案一审的争议焦点是：(1)原告林某恩能否提起股东代位诉讼；(2)被告李某山是否利用职务便利谋取属于香港新纶公司的商业机会；(3)如谋取商业机会成立，法律责任及责任主体为何。

关于被告李某山是否利用职务便利谋取属于香港新纶公司的商业机会，香港新纶公司积极履行《合同书》约定的设立企业的义务，并最终符合受让700亩土地使用权的条件，应认定受让700亩土地使用权的商业机会属于香港新纶公司。在实际运作中，李某山以江西新纶公司为获得受让700亩土地使用权的引资企业，同时以华通公司为股东在南昌县另外设立万和公司，作为受让700亩土地使用权的主体。未经香港新纶公司董事会或股东会的同意，李某山以香港新纶公司名义与南昌县国土资源局、万和公司签订《补充协议书》，将受让700亩土地使用权的商业机会转让给万和公司。因此，应认定李某山谋取了属于香港新纶公司的商业机会，给香港新纶公司造成了损失。

二审法院认为，本案焦点是李某山、涂某雅、华通公司的行为是否构成单独或共同侵权，从而剥夺了香港新纶公司的商业机会，进而损害香港新纶公司的合法权益。经分析，案涉700亩土地使用权并非当然专属于香港新纶公司的商业机会；加上在林某恩明确要求保本撤资的情况下，香港新纶公司已不可能如约履行投资及在江西设立房地产企业等义务，更不可能为获得700亩土地使用权这一商业机会而做出任何实质性努力。因此，应当认定林某恩在本案中没有积极履行股东、董事义务，香港新纶公司也未积极履行投资、设立房地产企业等义务。另外，林某恩对香港新纶公司可能获得700亩土地使用权的商业机会是明知的，李某山、涂某雅、华通公司没有隐瞒这一商业机会，也没有采取欺骗手段骗取林某恩放弃该商业机会。故李某山、涂某雅、华通公司在本案中的行为，不但不应被认定为侵权行为，反而应当定性为为避免香港新纶公司违约而采取的合法补救行为，是各方为维护其自身权益而采取的正当经营或者交易行为。

3. 案件评析

本案系香港特别行政区股东代表香港特别行政区公司向另一香港特别行政区股东及他人提起的损害公司利益之诉。股东代表公司提起诉讼主张另一股东利用实际控制公司及全资子公司的地位，采取非正当手段，剥夺了本属于公司的商业机会。此时须证明另一股东存在剥夺或谋取公司商业机会的行为，即采取欺骗、隐瞒或威胁等不正当手段，使公司在不知情的情况下放弃该商业机会，或在知情的情况下不得不放弃该商业机会。公司没有证据证明另一股东存在上述行为，并且该商业机会并非专属于公司，而是满足投资要求及法定程序的任何公司均可获取。因此，股东代表公司提起诉讼主张另一股东损害公司利益的，不予支持。

第一百八十四条 【董监高的竞业禁止义务】

董事、监事、高级管理人员未向董事会或者股东会报告,并按照公司章程的规定经董事会或者股东会决议通过,不得自营或者为他人经营与其任职公司同类的业务。

◉ 立法意旨

本条是关于公司董监高竞业禁止义务的规定。

◉ 条文演变历程

本条可追溯至2005年《公司法》第149条第1款第5项后半句,即董事、高管不得“未经股东会或者股东大会同意……自营或者为他人经营与所任职公司同类的业务”。2013年修法序号调整为第148条第1款第5项。此次修法与旧法相比有四处(实为五处)变化:(1)将该项后半句的竞业禁止规范独立成条;(2)增列监事为竞业禁止的义务主体;(3)增加信息披露程序,即“向董事会或者股东会报告”;(4)议决机关由单一的股东会修改为董事会或股东会且董事会置前,暗含立法精神。此外,结合第185条,增加关联董事的回避规则。

◉ 条文释义

本条对应旧法第148条第1款第5项后半句,有内容性修订。

(一)竞业

竞业,即经营有竞争关系的同类业务。按照该定义,竞业的构成要件有以下三点。

1. 同类业务。关于“同类的业务”的内涵,公司开展的业务通常包括主营业务和非主营业务,实践中一般会结合公司登记的经营范围和实际情况综合判断公司的业务范围。一方面,出于市场竞争的维护,“同类的业务”应限定解释为公司现营业务;另一方面,基于维护公司利益的考虑,对“同类的业务”的外延进行扩张解释,即也可以包括正在进行开业准备以及暂时休业的事业。①

2. 存在竞争关系。此要件存在争议,有观点认为“同类的业务”不以存在竞争关系为要件。但既然是“竞业”,如不存在竞争关系,又何来禁止之理由?此处的竞争关系包括存在直接竞争关系以及存在间接竞争关系,如不存在竞争关系,即便同类

① 参见傅穹:《公司利益范式下的董事义务改革》,载《中国法学》2022年第6期,第215页。

也不宜认定为竞业禁止的对象。如张三担任北京一家餐饮公司的总经理，主营海鲜，如其参股一家乌鲁木齐的海鲜馆，似乎不应在禁止之列。

3. 自营或者为他人经营。“自营”“为他人经营”指董监高参与其他事业的经营管理，不包括单纯的投资行为。如张三受聘担任某市一家老字号烤鸭店的总经理，自然不得在本市担任另一家烤鸭店的总经理、董事长或进行自营，但张三可否购买上市公司全聚德的股票呢？本条似乎并不禁止此种投资行为。

（二）基本原则：竞业禁止

本条旨在规制董监高兼职经营可能带来的同业竞争问题，一般情形下，董监高承担竞业禁止义务是忠实义务的基本要求，竞业也是董监高不可逾越的红线。

（三）例外：竞业许可

结合本法第 185 条，被许可的竞业行为建立在以下正当程序之上：信息披露（关联董监高向董事会、股东会如实报告）+ 回避（本人回避表决）+ 批准（依照章程规定由董事会或股东会批准）；否则即非法竞业，构成忠实义务的违反。需要提示，本条使用“董事会或者股东会决议通过”，说明董事会或股东会任一机关决议即可，具体机关由公司章程规定。若公司章程未规定或规定不明，任一机关决议均无不可。

（四）违反本条的法律责任

详见本法第 186 条与第 188 条，包括赔偿责任与归入权，此处不赘述。

◉ 公司治理操作指南

实践中，董监高对外兼职一般存在以下情况：上市公司中，董监高的对外兼职情况需披露且应符合证监会与交易所的要求，一般不存在同业竞争情况。非上市公司，尤其是小规模公司，股东与董监高常有较高的重合度，公司可能不会要求董监高就竞业情况进行报告和决议。实践中，还有公司在增资扩股时会新增董事、监事席位，由投资人进行提名或委派，此时公司一般并不了解此类人员的兼职情况，在其未主动向公司报告时，公司应主动询问核实。

◉ 比较法规范

《德国股份法》第 88 条；《日本公司法》第 356 条、第 365 条；《韩国公司法》第 287 条之十、第 397 条；《英国 2006 年公司法》第 80 条、第 175 条；中国台湾地区“公司法”第 108 条、第 209 条。

◉ 研究文献

1. 傅穹：《公司利益范式下的董事义务改革》，载《中国法学》2022 年第 6 期。

2. 翟业虎:《竞业禁止的域外法律实务考察》,载《法学杂志》2013 年第 12 期。

3. 肖海军、危兆宾:《公司表决权例外排除制度研究》,载《法学评论》2006 年第 3 期。

◉ 典型案例

福建亚通新材料科技股份有限公司诉刘某敏等损害公司权益纠纷案①

1. 案情简介

2005 年 1 月 24 日,原告福建亚通新材料科技股份有限公司(以下简称福建公司)与辽宁福耀汽车玻璃实业有限公司(以下简称福耀公司)、伟升(香港)有限公司合资成立辽宁宝通新材料科技有限公司(本案第三人,以下简称宝通公司),从事生产、销售 PE 双壁波纹管、PVC/PE 塑钢复合缠绕管及带材等业务,被告刘某敏在该公司任董事长,黄某珊任董事。2005 年 7 月 27 日,三方股东签订协议,约定:各股东或股东代表及其直系亲属在本公司业务区域内不得从事与本公司有竞争性产品的生产和销售业务,否则对本公司所造成的一切损失予以赔偿。

2005 年 7 月 26 日,被告黄某珊与沈阳福敏实业有限公司共同组建新公司沈阳富裕新材料管业有限公司(以下简称富裕公司),黄某珊担任经理,该公司业务与宝通公司相同。2005 年 9 月,被告刘某敏以房产投资 400 万元,成为宝通公司股东,占股 37%,黄某珊占股 15%,刘某敏为该公司执行董事,黄某珊为监事。之后,刘某敏辞去执行董事职务。原告认为,宝通公司董事刘某敏、黄某珊未经董事会同意,共同与他人注册成立富裕公司,生产经营与宝通公司同类的业务,违反对公司的忠实义务,请求法院判令被告刘某敏、黄某珊停止经营富裕公司,并将在富裕公司的股份转让给他人;将违法收入 1 元归宝通公司所有,富裕公司承担连带责任。在审理过程中,被告刘某敏、黄某珊均辞去了在宝通公司的董事职务。2005 年 12 月 26 日,经三方股东协商,对宝通公司进行清算,停止经营活动。

2. 裁判要旨

法院认为,富裕公司生产的产品与原告相同,属同类经营。在宝通公司未歇业时,被告刘某敏即成为富裕公司股东,虽未以自己名义参与经营,但其直接目的是从该公司获取收益,追求经济利益。黄某珊不仅为该公司股东,而且担任监事,直接参与富裕公司的经营活动,故二被告的行为已构成对竞业禁止义务的违反。对于原告提出的要求刘某敏、黄某珊停止侵权,并将其在富裕公司的股份转让他人的主张,因被告刘某敏、黄某珊已辞去宝通公司的董事职务,并且宝通公司处于歇业状态,各股东之间也已达成清算协议,即竞业的对象已不存在,故对该主张不予支持。对于原告要求刘某敏、黄某珊将违法收入 1 元归宝通公司所有的主张,是公司归入权的正当行使,应予支持。但因富裕公司与宝通公司没有直接法律关系,损害宝通公司的主体也不是富裕公司,原告无权要求富裕

① 参见沈阳市中级人民法院民事判决书,(2006)沈中民四权初字第 1 号。

公司承担连带责任。依照2005年《公司法》第149～150条、第152条(新《公司法》第184条、第188～189条)之规定判决被告刘某敏、黄某珊支付宝通公司1元钱,驳回原、被告的其他诉请。

3. 案件评析

刘某敏、黄某珊为公司董事,负有竞业禁止义务。刘某敏虽未直接参与富裕公司经营,但为其股东。黄某珊则兼具股东与监事身份,直接参与富裕公司的经营活动。富裕公司生产的产品与原告相同,依照"同类业务"的规定构成同业竞争,二者违反了竞业禁止义务。

第一百八十五条　【特定交易的关联董事回避表决】

董事会对本法第一百八十二条至第一百八十四条规定的事项决议时,关联董事不得参与表决,其表决权不计入表决权总数。出席董事会会议的无关联关系董事人数不足三人的,应当将该事项提交股东会审议。

◉ 立法意旨

本条是关于特定交易中关联董事回避表决的规定。

◉ 条文演变历程

一审稿见于第183条第1款,规定自我交易的场景下,董事会决议时,关联董事不得参与表决,其表决权不计入表决权总数。二审稿第183条第1款增加董事会不足3人时的处理,即"出席董事会的无关联关系董事人数不足三人的,应将该事项提交股东会审议"。三审稿将二审稿第183条有关回避的规定独立成条(三审稿第186条),其适用范围扩张至自我交易、利用公司机会、从事同类业务三种利益冲突行为。新《公司法》中该条迁移至第185条,相较于三审稿仅进行表述优化,无实质变动。

◉ 条文释义

本条系新增条款。

(一)关联董事回避表决的正义性

法谚云,任何人不做自己的法官,这揭示了关联董事回避的理据。忠实义务本质是避免"为私利而滥权",董监高应避免自己与公司发生利益冲突。在利益冲突面前,回避表决是避免权利滥用的必然要求。以此观之,关联董事回避的正义性与必要性不言自明。

（二）前半段：回避表决的适用场合法定

1. 三个法定场合

尽管关联人回避表决具有正义性，但由于关涉公司决议的意思形成，公司法并未要求关联人在任何关联场合下都进行回避表决。新《公司法》目前安排的回避表决仅限于以下三个条文。

（1）第 15 条：公司为股东、实际控制人提供担保的，股东会决议中关联股东回避表决。这一规定适用于所有的公司。

（2）第 139 条：上市公司董事会决议的，关联董事一律回避表决。此规定仅适用于上市公司，同时适用于上市公司董事所有关联事件的议决。可见，上市公司在关联关系的规制上更为严格。

（3）本条：非上市公司董事的回避议决事项仅限于本条所列的三个事项，也即第 182～184 条规定的自我交易、利用公司机会、竞争业务开展。本规定适用于所有公司，但仅限于此三类行为的议决。

2. 寄望公司章程的扩张规定

显然，公司法关于法定回避表决的规定是非常克制的。若公司认为以上法律规定不堪足用，便可以通过公司章程约款扩展关联股东、关联董事的适用情形。如有约款规定，则为幸事，这是公司走向规范化公司治理的必要之举。如未规定，法律也并不强求，公司章程的制定者可能自有难言之隐，抑或浑然不觉，此时法律提供底线性保障。

（三）后半段：回避表决的计票规则

本条后半段规范了关联董事回避表决的计票规则，其内容有二。

1. 关联董事不得参与表决，其表决权不计入表决权总数。

2. 如果大规模董事因关联关系回避，导致出席董事会的无关联关系董事人数不足三人，此时董事会的组成不再合法，应将该事项提交股东会审议。这一规定是董事会与股东会职权在特殊场合下的移转。

◉ **公司治理操作指南**

2005 年《公司法》在第 125 条规定了上市公司关联董事表决回避，但并未规定非上市公司的回避表决事项，在长期的公司治理中，非上市公司一般并不进行关联董事回避表决，除非公司的章程另有规定。应该说，关联董事表决回避制度的适当扩张是公司治理走向规范化、现代化的标志性事件。

关联董事回避表决的制度设计具有体系性，在此提示四点。

(1)关联董事依法回避表决的，不属于缺席董事会，故而其席位不计入多数决的分母，区别于董事缺席表决。如某公司董事会有9名董事，如其中两人回避表决，则参加会议的仅7人，此时有过半数无关联董事的赞成票即可通过普通决议案，即赞成票至少为4票；反之，如9名董事中有两人缺席，则剩余参加会议的仅有7人，通过普通决议案需要全体董事的过半数，即赞成票至少为5票。个中法理可以总结为：缺席董事意味着对议案投非赞成票，但回避董事应回避表决，不作如此定性。

(2)如因大规模回避导致参与议决的董事人数低于法定最低数，则上提股东会进行表决。实践中，一些公司董事会规模较小，很容易出现此种情形。

(3)若有关联董事未就议决事项进行回避，则属于决议效力瑕疵问题，可能导致决议不成立(如扣除该董事后董事会出席不足定足数或未到多数决要求)或存在程序瑕疵而可撤销。

(4)监事会议决时关联监事是否也需要回避表决？我们认为，此时法理与关联董事的回避相同，在公司法并未作出要求的情况下需要公司章程进行规定。

◉ 比较法规范

《日本公司法》第369条。

◉ 研究文献

1. 李建伟：《公司决议无效的类型化研究》，载《法学杂志》2022年第4期。

2. 温长庆：《论公司决议的形成规则及其在回避表决时的运用——从"万科董事会决议"的争议点切入》，载《法商研究》2018年第1期。

3. 肖海军、危兆宾：《公司表决权例外排除制度研究》，载《法学评论》2006年第3期。

第185条

◉ 典型案例

北京城韵房地产开发有限公司等与北京城建东湖湾地产开发有限公司决议纠纷案①

1. 案情简介

2017年5月5日，北京城建东湖湾地产开发有限公司(以下简称东湖湾公司)向各董事发出东湖湾公司关于召开第三届第二十次董事会的通知，内容包括会议时间、地点、会议内容等。东湖湾公司提交了内容为东湖湾公司三会材料签收单(含对贾某森董事、左某东董事的通知)作为证据，显示三会签收单已于2017年5月5日由吴某签收。一审诉

① 参见北京市第三中级人民法院民事判决书，(2022)京03民终12840号。

讼中,北京城韵房地产开发有限公司(以下简称城韵公司)和北京城建房地产开发有限公司(以下简称城建公司)作为公司股东与东湖湾公司均认可吴某为城韵公司时任总裁办公室主任及城韵公司时任监事,但城韵公司、贾某森、左某东称未授权吴某签署上述材料。

东湖湾公司提交北京市海诚公证处于2019年5月31日作出的公证书一份,内容为东湖湾公司员工何某和吴某的短信记录,短信记录证明公司员工已跟吴某确认了贾某森、左某东等都参加会议。城建公司向一审法院提交东湖湾公司第三届第二十次董事会会议议程和议案,并称该材料系召开董事会通知的附件,随通知一并发送给各董事。议程内容包括了会议时间、会议地点、会议议程、议案内容等。2017年5月20日,东湖湾公司作出董事会决议,并形成会议纪要,内容与董事会决议一致,尾部有郑某臣、史某和陈某签字。2017年6月30日,城韵公司向东湖湾公司和城建公司发送《关于东湖湾公司股东会会议、董事会会议及相关决议的异议函》,对东湖湾公司股东会、董事会作出的《股东会决议》《东湖湾公司第三届第二十次董事会决议》及相关行为提出异议。

2. 裁判要旨

一审法院认为:2017年5月20日,东湖湾公司作出的董事会决议因内容违反法律强制性规定,损害了东湖湾公司及城韵公司的利益,应属无效,城韵公司可另行主张其权利。对于城韵公司要求确认案涉董事会决议不成立的诉请不予支持。

二审法院认为:决议无效与决议不成立系截然不同的命题,决议无效的判断对象是已成立的董事会决议,城韵公司在一审起诉时其诉请为要求法院确认董事会决议不成立,并未起诉要求确认决议无效,故一审法院认定涉案董事会决议应属无效,属于超出诉讼请求范围审查,城韵公司可另行主张其权利。城韵公司认为一审法院应依职权审查董事会决议效力的上诉理由不能成立,不予支持。

3. 案件评析

本案争议焦点虽然不在于关联董事是否应回避表决,若未回避决议是否有效,但一审、二审法院均注意到该问题并表达了不同看法。在2018年《公司法》未明确规定非上市公司关联董事回避表决规则的背景下,一审法院认可且支持公司股东、董事应对全部关联事项回避表决,洞悉了回避制度的本质目的在于防止与公司存在利益冲突的利害关系人利用表决权牟取私利,损害公司及其他股东利益。在无法律明确规定的情况下,一方面取决于公司章程是否进行约定,公司法给予了公司充分的自治空间;另一方面取决于其行为是否损害公司及股东的利益,虽立法理念支持法无禁止即可为,但前提是不损害公司及股东的合法权益。

第一百八十六条 【公司归入权】

董事、监事、高级管理人员违反本法第一百八十一条至第一百八十四条规定所得的收入应当归公司所有。

◉ 立法意旨

本条是关于公司归入权的规定。

◉ 条文演变历程

本条最早可以追溯至1993年《公司法》第61条、第214~215条，规定了公司行使归入权的四种情形：董事、经理违反竞业禁止义务；董事、经理挪用公司资金；董事、经理将公司资金借贷给他人；董事、经理以公司资产对各种债务提供担保。1998年《证券法》第42条首次规定了短线交易中的公司归入权，规制主体仅限于股东。2005年《证券法》第47条将短线交易规制主体扩张至上市公司董监高，该内容经微调后规定于2019年《证券法》第44条。

2005年《公司法》改变了公司归入权的分散式立法模式，第149条第1款列举了董事、高管违反忠实义务的行为，并在第2款明确违反前款规定时公司可以行使归入权，也即"董事、高级管理人员不得有下列行为：（一）挪用公司资金；（二）将公司资金以其个人名义或者以其他个人名义开立账户存储；（三）违反公司章程的规定，未经股东会、股东大会或者董事会同意，将公司资金借贷给他人或者以公司财产为他人提供担保；（四）违反公司章程的规定或者未经股东会、股东大会同意，与本公司订立合同或者进行交易；（五）未经股东会或者股东大会同意，利用职务便利为自己或者他人谋取属于公司的商业机会，自营或者为他人经营与所任职公司同类的业务；（六）接受他人与公司交易的佣金归为己有；（七）擅自披露公司秘密；（八）违反对公司忠实义务的其他行为。董事、高级管理人员违反前款规定所得的收入应当归公司所有"。2013年修法调整条文序号为第148条。

此次修法，一审稿第186条单独规定了归入权，明确"董事、监事、高级管理人员违反本法第一百八十二条至第一百八十五条规定所得的收入应当归公司所有"。其中，第182~185条即有关忠实义务的具体规定。此后，各审议稿没有内容变化，并保留至新《公司法》。

◉ 条文释义

本条对应旧法第148条第2款，有内容修订。

（一）归入权

公司归入权指公司对内部人违反忠实义务等特定行为所获得的溢出收益收归

所有的权利。[①] 公司归入权的实质是对各方进行利益平衡,是公司内部人违反忠实义务时法律赋予公司的特别救济手段,目的在于阻却机会主义行为的发生。对谁主张归入权与对何种行为主张归入权,往往取决于忠实义务的义务主体与所规制的行为,但二者并非当然重合,如德国法与日本法上仅对董事从事同业经营的行为规定了公司归入权。归入权制度的立法意旨之争聚焦于以下两点:一是归入权的立法目的在于补偿公司的所受损失还是阻遏董事的违信行为,二是归入权的规范构成是以返还董事的不当得利为限还是要求董事交出全部实际所得,即归入权的规范意旨是返还还是交出。[②]

公司归入权的构成要件是公司行使归入权的法定实体要件。我国公司行使归入权必须符合以下四个法定要件。

其一,归入权的行使对象原则上为公司的董监高等公司内部人。若上述人员利用配偶、子女及他人的名义实施了归入权规制的特定行为,该他人也成为公司归入权的行使对象。

其二,行为人在客观上实施了违反法定义务的特定行为。如违反同业竞争禁止义务、挪用公司资金或将公司资金借贷给他人和以公司资产为本公司的股东或者其他个人债务提供担保、短线交易等行为。

其三,行为人从该特定行为中获取了利益。若行为主体没有取得任何收入,公司就不能行使归入权。取得的收入既可以是货币形态,又可以是实物形态,既可以是公开的收入,又可以是隐性收入。

其四,特定行为和获取利益之间有因果关系。只有行为人的特定行为和取得收入之间存在因果关系,公司才能对其行使归入权。

(二)本条的规范内容

1. 归入权的权利主体:公司

依照归入权的定义,其请求主体限于公司。如公司意思被义务人控制,则少数股东可以提起代位诉讼。

2. 归入权的义务主体:董监高

在对谁主张归入权的问题上,新法将监事纳入其中,这从属于第 181 ~ 184 条关于忠实义务规制主体的扩充。监事是忠实义务的当然义务人,将监事纳入归入权的

---

① 参见周淳:《公司归入权的体系定位与规范构造》,载《财经法学》2021 年第 3 期,第 34 ~ 36 页。

② 参见周淳:《公司归入权的体系定位与规范构造》,载《财经法学》2021 年第 3 期,第 35 页。

规制主体符合实践需求,也与《证券法》中短线交易归入权的规制主体保持了一致。

3. 归入权的主张场合:违反忠实义务

在对何种行为主张归入权的问题上,本条明确限于第 181 ~ 184 条的具体列举,在此意义上是封闭的。当然,鉴于第 181 条第 6 项设有兜底条款,即“违反对公司忠实义务的其他行为”,本条也可以理解为非封闭性规定,即董监高违反忠实义务的行为若获利,均可适用归入权。

4. 归入权的客体

在归入权客体的认定上,本条规定“所得的收入应当归公司所有”。所谓“所得的收入”,司法实践中一般认为限于“净收益”。司法裁判的难题在于举证责任的承担,我们认为由于公司并不掌握董监高从事违反忠实义务行为的有关资料,让公司负担全部举证责任并不公正。若公司能够提供初步证据证明董监高违反忠实义务获得了收入,即完成了初步举证。对于“所得的收入”的具体内容,应该由被告负责举证。如被告并未提供相关材料,法院可结合其他因素酌情确定,如有必要也可以委托第三方审计。

◉ 公司治理操作指南

司法实践中,法院在“所得的收入”之计算上往往同案不同判。以董监高与公司从事竞争行为的案型为例,司法实践中存在将工资薪金、竞业公司的税前利润、竞业公司的可分配利润、营业收入与股权增值等多种所得纳入归入范围的认定思路。[①]其根源于对归入权规范目的的不同认识。鉴于此,建议公司章程设立约款明确归入范围的计算方式,以减少争议,同时增强章程的威慑力。

在诉讼实务中,若行使归入权难以填补公司的损害,公司可以考虑进一步主张损害赔偿请求权。首先行使归入权将违信主体的收益归入公司。在无法确定收益或归入权无法填补公司损失时,其次行使损害赔偿请求权进一步救济自身权益。实践中,支持两者叠加行使的判决不在少数。

在归入权裁判实务中,被告往往以自己不属于公司高管进行抗辩(相较之下,很少有人以不属于董监事进行抗辩,这说明董监事的身份相对明晰)。究其原因,在于一些高管人员可能存在身份不清、职责不明的问题,法院此时很可能采用“实质重于形式”的裁判规则进行个案认定。对此,我们的建议是:(1)根据第 265 条第 1 项,公

① 参见周淳:《公司归入权的体系定位与规范构造》,载《财经法学》2021 年第 3 期,第 47 页。

司高管除了法定人员，还可以由公司章程规定，建议公司章程予以明确，以避免争端；(2)在任免相关人员职务的董事会决议、文件、公告以及聘任合同中对该人员的职务、管理职责等予以明确。

◉ 比较法规范

《德国股份法》第88条；《日本公司法》第423条；《韩国公司法》第397条、第397条之二；中国台湾地区"公司法"第23条第3款。

◉ 研究文献

1. 傅穹：《公司利益范式下的董事义务改革》，载《中国法学》2022年第6期。

2. 周淳：《公司归入权的体系定位与规范构造》，载《财经法学》2021年第3期。

3. 任秀芳：《论我国公司归入权的适用规则及其完善》，载《政治与法律》2009年第4期。

4. 邓峰：《公司利益缺失下的利益冲突规则——基于法律文本和实践的反思》，载《法学家》2009年第4期。

◉ 典型案例

上海德盾实业有限公司诉邓某军等损害公司利益责任纠纷案①

1. 案情简介

上海德盾实业有限公司(以下简称德盾实业)系于2012年3月8日设立的有限公司，注册资本为500万元，股东为邓某军(认缴出资150万元)、王某(认缴出资275万元)、王某宏(认缴出资75万元)，经营范围为消防气体安全等设备的生产与销售等。邓某军自2012年10月17日起担任德盾实业的法定代表人，并且实际管理德盾实业的经营。

2013年11月与12月，邓某军与王某宏分别设立上海申盾消防设备有限公司(以下简称申盾公司)与上海德盾科技有限公司(以下简称德盾科技)，两公司与德盾实业的经营范围基本一致。2014年3月14日，德盾实业持有的消防产品认证证书转至申盾公司名下。2014年4月1日，王某宏代表申盾公司，就王某租赁的厂房与案外人上海民立冲压件厂签订新的租赁合同。

王某宏以德盾实业名义向德盾实业客户发送《公司更名通知函》，其中记载为尊敬的客户、供应商及相关单位：由于公司发展需要，自2014年4月1日起，本公司由"上海德盾实业有限公司"正式更名为"上海申盾消防设备有限公司"。在国家公安部消防产品合格评定中心的备案已于2014年3月24日，正式由德盾实业更名为申盾公司，相关正式认证证书也已更名发放。届时以德盾实业名称签署的协议或合同，权利义务均不受影响，联络人、服务电话及通信地址维持不变。

① 参见上海市闵行区人民法院民事判决书，(2019)沪0112民初19312号。

第186条

邓某军、王某宏设立公司时未告知德盾实业或经其股东大会同意。德盾实业向法院起诉，请求判令被告邓某军、王某宏向原告赔偿在第三人申盾公司、申盾公司宝鸡分公司、德盾科技处取得的权益性收入。

2.裁判要旨

一审法院认为，其一，关于申盾公司、申盾公司宝鸡分公司、德盾科技是否存在收益，原告主张对二被告在第三人处的收入行使归入权，应对二被告在第三人处有收益负有证明责任。原告对此申请审计，但二被告不能提供账簿，故审计无法进行。但是，从二被告提供的第三人的财务报表来看，德盾科技和申盾公司自设立以来均存在一定的权益性收入，故原告请求对二被告的收入行使归入权，具有相应的事实基础。其二，关于二被告在第三人处取得收入的计算期间。由于原告于2015年4月13日前已知道或应当知道权利受到侵害，原告于2018年6月7日提起诉讼时，3年前持续的侵权行为已超过诉讼时效，故在确定二被告权益性收入时应参照自2015年6月7日以后至2020年2月止的相应收入数据。其三，本案的侵权行为系二被告基于共同故意和共同行为所形成的，二被告行为亦构成共同侵权。因此，二被告对侵权负有连带责任。综上，本院酌情确定二被告向原告偿付的收入金额为185万元。

关于二被告是否系原告的高管，二审法院认为对高管的认定应采取实质性认定的态度，虽原告不能提供证据证明王某宏担任原告高管，但原告属于生产经营性企业，该类企业的生产技术属于重要经营要素，被告在原告处掌握生产经营方面的重要商业信息，故担任重要管理职责，原告主张王某宏为公司高管的身份应予确认。

关于二被告是否实施侵权行为，二审法院认为二被告设立申盾公司和德盾科技后经营了原告的同类业务，谋取原告的交易机会，其设立公司时也未告知原告或经原告股东大会同意。虽邓某军自认转移资质系由其一人决定，但王某宏作为原告生产技术方面的负责人，之后又共同经营申盾公司和德盾科技，对资质转移完全不知情与常理不符，二被告构成共同侵权。

关于原告提起本案诉讼是否已过诉讼时效，二审法院认为设立同业竞争企业的侵权行为应为持续性、连续性行为。申盾公司和德盾科技仍在持续经营，王某宏仍为第三人大股东，侵权行为持续至今。王某曾于2018年6月7日以原告股东名义提起派生诉讼，虽法院驳回王某起诉，但其作为原告的法定代表人，可见原告也一直主张权利。原告提起本案诉讼并未超过诉讼时效。

关于二被告向原告赔偿损失的范围和责任形式，第三人未能提供财务账簿，仅提供申盾公司、德盾科技在税务机关报备的报表。从第三人的财务报表来看，德盾科技和申盾公司自设立以来均存在一定的权益性收入，故原告请求行使归入权具有事实基础。在税务机关报备的财务报表虽不能真实反映第三人的全部经营情况，但能真实反映第三人的营业收入情况，财务报表数据中的营业收入应作为法院在确定二被告权益性收入时的重要参考依据。

3. 案件评析

本案争议焦点同时涉及公司归入权的规制对象、规制行为与归入范围的认定,二审法院的判决体现了实质重于形式的审判理念。在规制对象的认定上,二审法院基于德盾实业的业务范围与行业特点,认定生产技术属于生产经营企业重要的经营要素,进而判定掌握原告生产经营方面重要商业信息的王某宏属于高管,实现了对高管的实质认定。在诉讼时效的认定上,设立同业竞争企业属于持续性行为,法定代表人提起派生诉讼中断诉讼时效的裁判要旨值得关注,但后者与法定代表人的身份无关。

在归入权范围的认定上,对于二被告的具体所得原告举证不能,二审法院以第三人在税务机关报备的财务报表为参考依据,虽此方法可能忽略营业外收入,但在第三人未提供财务账册的情况下不失为确定归入权行使范围的方式。司法实践中,法院还可能从行业利润率、平均利润等角度酌定数额。

第一百八十七条 【股东的质询权】

股东会要求董事、监事、高级管理人员列席会议的,董事、监事、高级管理人员应当列席并接受股东的质询。

◉ 立法意旨

本条是关于股东质询权的规定。

◉ 条文演变历程

本条可以回溯至2005年《公司法》第151条第1款,2013年修法调整条文序号为第150条第1款,新《公司法》无实质性修订。

◉ 条文释义

本条对应旧法第150条第1款,无修订。

(一)股东质询权

股东质询权是股东知情权的重要组成部分,是指股东有权就与公司有关的重大问题,向列席会议的管理层提出问题,并要求答复的权利。① 股东质询权旨在使股东获得行权所需的必要资讯。作为集合型的股东权利,股东知情权包含积极权能(查阅权、质询权)和消极权能(信息接收权,对应公司的信息披露义务)。② 相应地,股

① 参见李建伟:《股东知情权诉讼研究》,载《中国法学》2013年第2期,第84页。

② 参见李建伟、姚晋升:《论股东知情权的权利结构及其立法命题》,载《暨南学报(哲学社会科学版)》2009年第3期,第77页。

东知情权体系包括公司法上的查阅权、质询权制度和公司法、证券法上的信息披露制度。其中,质询权具有主动性、对抗性与针对性,属于知情权体系中主动进攻的“锐利武器”,甚至不乏咄咄逼人之姿态。

股东通过行使质询权,可以进一步了解公司状况,为股东参加股东会、行使表决权奠定基础。如董监高未能按要求列席会议并接受股东质询,则属于勤勉义务之违反,股东可以依据第 190 条提起直接诉讼请求赔偿。

(二)质询权的行使细节

1. 行权场合

股份公司股东的质询权不仅包括在股东会上向列席会议的董监高提出问题(本条),还包括日常对公司的经营提出质询(第 110 条),但有限公司股东只能依本条规定在股东会上行使质询权。

2. 质询的内容

一般而言,股东质询应当写明质询对象与质询内容,由受质询者口头或书面答复。一些软法规范规定了股东质询权的内容,如《非上市公众公司监督管理办法》(2023 年修订)(证监会令第 212 号)第 10 条第 2 款前半句规定的“股东大会的提案审议应当符合规定程序,保障股东的知情权、参与权、质询权和表决权”,《上市公司股东大会规则》(2022 年修订)(证监会公告〔2022〕13 号)第 29 条规定的“董事、监事、高级管理人员在股东大会上应就股东的质询作出解释和说明”。

与第 110 条的日常质询相比,本条规定的股东会质询更为重要,董监高出席会议并非简单列席,而是随时准备接受质询,本条对董监高的回答义务要求更高。面对股东质询,董监高负有如实、及时、完整答复的义务,否则将违反勤勉义务。例如,董监高被要求列席股东会会议却无正当理由拒不出席,即属违反勤勉义务。

◉ 公司治理操作指南

股东会要求董监高列席会议的,公司应及时通知相关人员,董监高应列席并接受股东质询。股东的质询意见或建议及相应答复或说明应当载入会议记录。根据本法第 79 条第 1 款,监事可以主动列席董事会并对董事提出质询。但本条所规定的并非主动列席,而是经股东会通知后列席,这一通知程序如何发起?从实操来看,此时应由召集人事先确定并通知。正常情况下,由于董事长是主持人,可推定其必须出席。同时由于董事会是召集人,董事会成员通常也需出席。在上市公司股东年会上,由于涉及少数股东的出席与提问,一般至少会安排一名独立董事作为独立董事代表出席，并非所有独立董事都出席。公司高管则很少全部出席股东会会议。有关通知程序的详细规则，可参照《上市公司股东大会会议规则》(2022 年修订)的相关规定。

◉ 比较法规范

《德国股份法》第 131 条;《欧洲议会和理事会关于上市公司股东行使若干权利指令》(2007/36/EC)第 9 条。

◉ 研究文献

1. 徐强胜、孙浩天:《论股东会上股东质询的功能与实现》，载《财经法学》2023 年第 5 期。

2. 李建伟:《股东知情权诉讼研究》，载《中国法学》2013 年第 2 期。

3. 李建伟、姚晋升:《论股东知情权的权利结构及其立法命题》，载《暨南学报(哲学社会科学版)》2009 年第 3 期。

4. 李建伟:《论上市公司股东的质询权及其行使》，载《证券市场导报》2006 年第 3 期。

5. 钱玉林:《论股东的质询权》，载《比较法研究》2005 年第 1 期。

◉ 典型案例

山东天安化工股份有限公司与冯某泉股东知情权纠纷案①

1. 案情简介

山东天安化工股份有限公司(以下简称天安公司)于 2008 年 7 月 2 日成立，法定代表人为朱某根，公司注册资本为 8569.191100 万元人民币，其中股东金陵华软科技股份有限公司的股权份额为 87.429%，股东冯某泉的股权份额为 7.34%。

2019 年 4 月 21 日，冯某泉向天安公司发出“关于要求查阅公司会计报告、会计账簿、审计报告、验资报告等资料”的申请，同年 5 月 6 日，天安公司向冯某泉回函答复:(1)依据 2018 年《公司法》第 97 条，冯某泉可以查阅公司章程、股东名册、公司债券存根、股东大会会议记录、董事会会议决议、监事会会议决议、财务报告但无权复制。(2)2018 年《公司法》第 97 条未对股份公司股东查阅、复制会计账簿进行规定。该请求没有法律规定无法配合。(3)对查阅、复制致同会计师事务所的两份报告，经查不是公司委托。公司无权提供，公司无法配合。对符合 2018 年《公司法》第 97 条规定的允许查阅，但不允许复制。2018 年《公司法》第 97 条未规定，不允许查阅会计账簿。(4)关于分红问题的情况，已向冯某泉说明。(5)银行关于委托专业会计人员陪同查阅的问题，冯某泉提出名单，公司核实无误后可以查阅。冯某泉对此答复不满意，故提起诉讼。

---

① 参见山东省临邑县人民法院民事判决书，(2019)鲁 1424 民初 1339 号;山东省德州市中级人民法院民事判决书，(2019)鲁 14 民终 3036 号。

2. 裁判要旨

一审法院认为,股东享有知晓公司实际经营状况,包括盈利及亏损情况的权利。本案中原告冯某泉作为公司股东,对公司多年来的经营情况并不完全了解,原因在于掌握公司日常经营权的第一大股东金陵华软科技股份有限公司(股权变更前为苏州天马精细化学品股份有限公司)几年来向原告提交的财务资料、经营情况说明等并不能全面、客观、真实地反映公司的实际经营、盈利及亏损情况,存在故意隐瞒公司盈利状况的可能。因此,原告提出的四项诉讼请求属于原告的合法权益,不会给公司造成任何损失,也不会造成过高成本,应予支持。如不支持原告诉请,将违背民法的平等、公平、诚信原则,也违反公司法的基本原则,对于一个实际出资的股东并不公平。

二审法院认为,本案的争议焦点为:(1)原审判决是否突破了《公司法》关于股东知情权的范围。(2)被上诉人对公司不分配红利的质询是否属于股东知情权的范畴。关于后者,根据2018年《公司法》第150条第1款,质询属于公司内部事务,股东质询的对象是公司内部的董监高,而非公司,公司没有书面答复股东质询的法定义务。因此,冯某泉要求天安公司接受质询,没有法律依据。原审法院判令天安公司向冯某泉书面答复拒不分配红利的质询,不符合法律规定,没有法律依据,应予纠正。

3. 案件评析

股东依法享有质询权,其所质询的事务应属于公司内部事务,指向对象则是公司内部的董监高,而非公司。本案中,冯某泉要求天安公司接受质询,没有法律依据。

第一百八十八条　【董监高的违信责任】

董事、监事、高级管理人员执行职务违反法律、行政法规或者公司章程的规定,给公司造成损失的,应当承担赔偿责任。

◉ 立法意旨

本条是关于董监高违信责任的规定。

◉ 条文演变历程

本条最早可以追溯至1993年《公司法》第63条:“董事、监事、经理执行公司职务时违反法律、行政法规或者公司章程的规定,给公司造成损害的,应当承担赔偿责任。”2005年《公司法》新增“公司董事、监事、高级管理人员的资格和义务”一章,于该章第150条规定“董事、监事、高级管理人员执行公司职务时违反法律、行政法规或者公司章程的规定,给公司造成损失的,应当承担赔偿责任”,在条文表述上将“经理”修改为“高级管理人员”,将“损害”修改为“损失”。2013年修法调整条文序号为第 149 条。此次修法,一审稿第 187 条有文字性调整,将“执行公司职务时”修改为“执行公司职务”,去掉“时”字,未作实质性内容修改。随后的二审稿未变动,三审稿调整至第 188 条,直至形成本条。

◉ 条文释义

本条对应旧法第 149 条,无内容修订。

1. 违信责任

违信责任,即违反信义义务的民事责任,本质上是一种侵权责任,符合一般侵权责任的四要件,即加害行为、损害后果、因果关系及过错。实际上,本法多处规定董监高违反信义义务的违信责任,例如,未履行催缴义务(第 51 条)、协助抽逃出资(第 53 条)、违法分红(第 211 条)、违法减资(第 226 条)等引发的负有责任的董监高对公司的赔偿责任。本条是关于违信责任的一般规定。

2. 豁免

根据第 125 条第 2 款的规定,董事会的决议违反法律、行政法规或公司章程、股东会决议,给公司造成严重损失时,参与决议的董事经证明在表决时曾表明异议并记载于会议记录的,该董事免责。

◉ 公司治理操作指南

在法律未有明确规定的情况下,公司章程能否事先概括性地规定董监高违信责任的豁免(免除责任、限制责任)条款?有观点认为,公司章程的免责条款与董监高承担忠实、勤勉义务的基本原则相违背,应为无效。[①] 此处涉及公司法强制性规则与任意性规则的识别问题,须判断董监高承担违信责任的规则究竟属于强制性规则还是任意性规则。

美国学者爱森伯格教授将公司法规则划分为结构性规则、分配性规则和信义性规则,其中信义性规则规定经理人和控制股东的义务。[②] 本条关于董监高违信责任的规定即属于信义性规则,其是对公司与董监高之间基本权利义务的默认安排,明确了后者的行为准则。即使在公司合同理论框架下,公司作为长期合同所固有的不完备性也使股东合意面临信息不足、认识错误等漏洞,此时信义性规则发挥漏洞填

---

① 参见甘培忠:《公司监督机制的利益相关者与核心结构——由中国公司法规定的监督机制观察》,载《当代法学》2006 年第 5 期,第 29 页。

② 参见[美]M. V. 爱森伯格:《公司法的结构》,张开平译,载王保树主编:《商事法论集》第 3 卷,法律出版社 1999 年版,第 390 ~ 392 页。

补的作用。[①] 信义性规则实际上提供了一种事后的公平性标准,[②]保护公司、股东免受董监高投机行为的侵害。准此而言,信义性规则应为强制性规则,在法律未授权之时,公司章程无权规定董监高违信责任的免责条款,以避免突破信义义务的法律约束。

◉ 比较法规范

《德国股份法》第 93 条、第 116 条;《日本公司法》第 423 ~ 427 条;《韩国商法》第 399 条、第 400 条、第 414 条;《美国模范商业公司法》第 2.02 节第 2 款、第 8.31 节;《美国特拉华州普通公司法》第 102 条第 2 款第 7 项;《英国 2006 年公司法》第 178 条、第 232 条、第 239 条、第 1157 条;中国台湾地区“公司法”第 23 条、第 224 条、第 226 条。

◉ 研究文献

1. 王建文:《我国董事信义义务制度的扩张适用:一般规定的确立》,载《当代法学》2023 年第 1 期。
2. 曾祥生:《董事责任规制的困境与应对——以董事个体差异为视角》,载《法学杂志》2022 年第 6 期。
3. 傅穹:《公司利益范式下的董事义务改革》,载《中国法学》2022 年第 6 期。
4. 林一英:《董事责任限制的入法动因与路径选择》,载《政法论坛》2022 年第 4 期。
5. 叶林:《董事忠实义务及其扩张》,载《政治与法律》2021 年第 2 期。
6. 王建文:《论董事“善意”规则的演进及其对我国的借鉴意义》,载《比较法研究》2021 年第 1 期。
7. 丁勇:《董事执行股东会决议可免责性研究》,《法学》2020 年第 5 期。
8. 叶金强:《董事违反勤勉义务判断标准的具体化》,载《比较法研究》2018 年第 6 期。
9. 梁爽:《董事信义义务结构重组及对中国模式的反思:以美、日商业判断规则的运用为借镜》,载《中外法学》2016 年第 1 期。
10. 马一德:《公司治理与董事勤勉义务的联结机制》,载《法学评论》2013 年第 6 期。
11. 陈本寒、艾围利:《董事注意义务与董事过失研究——从英美法与大陆法比较的角度进行考察》,载《清华法学》2011 年第 2 期。
12. 马太广:《论日本公司法理论上的董事责任行为及其启示》,载《政治与法律》2008

① 参见罗培新:《公司法强制性与任意性边界之厘定:一个法理分析框架》,载《中国法学》2007 年第 4 期,第 78 页。

② 参见[美]杰弗里·戈登:《公司法的强制性结构》,载[美]弗兰克·H. 伊斯特布鲁克等:《公司法的逻辑》,黄辉编译,法律出版社 2016 年版,第 111 ~ 112 页。

年第9期。

13. 任自力:《公司董事的勤勉义务标准研究》,载《中国法学》2008年第6期。

14. 任自力、曹文泽:《论公司董事责任的限制》,载《法学家》2007年第5期。

◉ 典型案例

甘肃省地质矿产勘查开发局第一地质矿产勘查院、刘某妨损害公司利益责任纠纷案①

1. 案情简介

庄浪县金龙矿业有限责任公司(以下简称金龙公司)法定代表人为刘某妨,持股52%,甘肃省地质矿产勘查开发局第一地质矿产勘查院(以下简称一勘院)持股20%。2014年金龙公司被判决归还庄浪县农村商业银行等金融机构借款本息,执行中金龙公司因无力履行,申请评估、拍卖公司全部资产。2017年法院执行人员在一勘院向原金龙公司会计高某新告知执行情况,要求其提交金龙公司资产会计凭证,并向一勘院送达责令交出票证通知书。之后,法院向金龙公司送达资产评估报告,金龙公司向法院提交评估异议申请书,法定代表人刘某妨向法院执行人员表示评估价值低于实际价值,不同意以评估价作为拍卖价。2017年8月法院进行公开网络司法拍卖,庄浪新金矿业有限公司(以下简称新金公司)委托刘某呈代为参加竞买并以最高价胜出。2017年10月,一勘院提出执行异议要求停止对金龙公司的拍卖,被法院裁定驳回。一勘院遂以刘某妨在法院执行期间没有正确履行职责造成公司实质性损害为由,诉请刘某妨对公司损失承担500万元的赔偿责任。

2. 裁判要旨

一审法院认为:首先,一勘院提起股东代位诉讼距公司监事会函复未满30天,提诉条件存在瑕疵。其次,一勘院对评估、拍卖事宜明知且评估报告送达后刘某妨即提交评估异议申请书,不同意以评估价作为拍卖价,一勘院提交的证据不足以证实刘某妨违反对金龙公司的勤勉、忠实义务。最后,一勘院关于500万元损失的请求依据明显不足。

二审法院认为:首先,刘某妨身为董事长应将执行拍卖事实向股东告知,但不论刘某妨是否召集股东会,或是否采取合理方式告知其他股东,对法院的执行程序都不会产生必然影响。因此,刘某妨对金龙公司资产在执行拍卖过程中的价值贬损不存在过错。其次,刘某呈作为新金公司委托代理人参加网络司法拍卖程序合法,不存在由刘某呈竞买金龙公司资产后导致金龙公司资产价值受损的后果。最后,不能将金龙公司资产评估价格与最终拍卖成交价格之间的差异,视为金龙公司由此产生的损失。

最高人民法院再审认为:金龙公司资产受到损失是由商业风险和其他因素共同造成的,与刘某妨履行勤勉、忠实义务存在瑕疵无因果关系,并且不能认定刘某妨与新金公司

① 参见最高人民法院民事裁定书,(2019)最高法民申4427号。

存在关联交易，刘某妨无须承担赔偿责任。一勘院主张刘某妨违反勤勉忠实义务、利用关联交易造成金龙公司利益受损，应当承担赔偿责任，没有事实和法律依据。

3. 案件评析

本案系审查董事是否违反忠实、勤勉义务进而造成公司损失的案例。最高人民法院从行为违法性、损害结果及因果关系进行说理。关于行为违法性，刘某妨作为董事未及时将公司资产拍卖的事实告知公司股东，履行勤勉义务存在瑕疵，但未实质影响一勘院的知情权，并且刘某妨同时对资产评估提出异议要求重新评估，尽到了应有的谨慎和注意义务。新金公司虽与刘某妨存在关联关系，但系通过司法拍卖程序合法竞价成交，不构成关联交易，刘某妨未违反忠实义务。在损害结果上，因第一次流拍，金龙公司拍卖成交价显著低于评估价，客观上存在价值减损。在因果关系上，刘某妨的行为与金龙公司遭受损失之间不存在因果关系，故无须对金龙公司的损失承担赔偿责任。

第一百八十九条　【股东代位诉讼】

董事、高级管理人员有前条规定的情形的，有限责任公司的股东、股份有限公司连续一百八十日以上单独或者合计持有公司百分之一以上股份的股东，可以书面请求监事会向人民法院提起诉讼；监事有前条规定的情形的，前述股东可以书面请求董事会向人民法院提起诉讼。

监事会或者董事会收到前款规定的股东书面请求后拒绝提起诉讼，或者自收到请求之日起三十日内未提起诉讼，或者情况紧急、不立即提起诉讼将会使公司利益受到难以弥补的损害的，前款规定的股东有权为公司利益以自己的名义直接向人民法院提起诉讼。

他人侵犯公司合法权益，给公司造成损失的，本条第一款规定的股东可以依照前两款的规定向人民法院提起诉讼。

公司全资子公司的董事、监事、高级管理人员有前条规定情形，或者他人侵犯公司全资子公司合法权益造成损失的，有限责任公司的股东、股份有限公司连续一百八十日以上单独或者合计持有公司百分之一以上股份的股东，可以依照前三款规定书面请求全资子公司的监事会、董事会向人民法院提起诉讼或者以自己的名义直接向人民法院提起诉讼。

◉ 立法意旨

本条是关于股东代位诉讼的规定，可以分为单重股东代位诉讼与双重股东代位诉讼。

◉ 条文演变历程

本条前三款最早可追溯至 2005 年《公司法》第 152 条,2013 年修法调整条文序号为第 151 条。鉴于公司法对该制度的规定不够具体,《公司法解释一》第 4 条解释了股份公司股东范围限制的具体含义,《公司法解释四》第 23 ~ 24 条规定了当事人的诉讼地位,第 25 条规定了胜诉利益的归属,第 26 条规定了诉讼费用的承担。《九民纪要》进一步对股东身份的取得时间、前置程序、反诉与调解四个方面进行完善。

此次修法,一审稿第 188 条删去"不设监事会的有限责任公司的监事"和"不设董事会的有限责任公司的执行董事",并增设第 4 款,明确"董事会、董事、高级管理人员、监事会、监事,包括全资子公司的董事会、董事、高级管理人员、监事会、监事",以此构建双重股东代位诉讼制度。其后二审稿并未改动,三审稿仅调整为第 189 条,新《公司法》对第 4 款进行了修改,明确"公司全资子公司的董事、监事、高级管理人员有前条规定情形,或者他人侵犯公司全资子公司合法权益造成损失"时股东代位诉讼的适用。

◉ 条文释义

本条对应旧法第 151 条,有重大内容修订,也即新增第 4 款关于双重股东代位诉讼的规定。

(一)股东代位诉讼的法律属性

股东代位诉讼又称股东代表诉讼、股东派生诉讼或股东衍生诉讼,指管理层及其以外的他人侵害公司利益而公司怠于提起诉讼时,符合法定条件的股东可以为公司利益、以自己名义提起诉讼,请求侵害人对公司担责。在公司所有权与经营权分离的背景下,为强化对公司管理层的责任追究,平衡股东所有与经营者控制,股东可作为财产委托人通过诉讼救济公司权益,从而间接救济自身权益。①

对于股东代位诉讼的法律属性,学术界及实务界争论颇多。有观点认为,股东代位诉讼是代位性诉讼,理由在于股东代位诉讼是一种间接诉讼,提起该诉讼乃基于共益权,胜诉效果表现为公司取得利益或避免损失,而结果又间接使公司股东、债权人受益。另有观点则认为股东代位诉讼是代表性诉讼,体现在除提起诉讼的原告

---

① 参见李建伟:《股东双重派生诉讼的制度构成与规范表达》,载《社会科学研究》2023 年第 2 期,第 63 页。

股东外,公司还存在其他股东,为避免多重诉讼,各国立法大多规定起诉股东的诉讼行为效力及于其他股东与公司。多数观点则认为,股东代位诉讼在诉讼制度上兼具代表性与代位性,是一种双重属性的诉讼制度。

本书认为,尽管股东代位诉讼兼具代位性与代表性,但两者仍有主次之分。客观上讲,股东代位诉讼是基于公司的法律救济权而派生出的,这种权利不同于传统意义上股东因其出资而产生的股权,其来源于公司而由股东行使。在公司怠于行使诉讼权利时,股东间接为自己的利益以自己的名义提起诉讼,既非以公司名义,也不是以所有股东的名义,从这个意义上讲,股东代位诉讼更接近于民事诉讼中的代位权诉讼,代位性是股东代位诉讼的主要属性。

(二)单重股东代位诉讼的基本构造

1. 原告资格

本条第 1 款在区分公司类型的基础上对股东代位诉讼的原告资格进行了规定,即有限公司的股东、股份公司连续 180 日以上单独或者合计持有公司 1% 以上股份的股东。相较有限公司,公司法在股份公司中更加注重公司自治与司法干预间的平衡。但对于有限公司与部分封闭型股份公司,公司法在制度上进行了区分处理,其正当性值得进一步思考。从文义来看,新《公司法》有关原告资格的规定较为明确,但在司法实践中存在以下争议情形。

其一,受让股权的股东。就此问题,《九民纪要》第 24 条明定:“股东提起股东代表诉讼,被告以行为发生时原告尚未成为公司股东为由抗辩该股东不是适格原告的,人民法院不予支持。”可见,现股东在满足条件时有资格对损害公司的行为提起诉讼,即使该行为发生在其成为股东之前。

其二,失去股东资格的股东。从法条文本来看,股东代位诉讼的适格原告为现股东。若失去股东资格,其能否对持股期间侵害公司的行为提起诉讼法律未设明文。从司法实践来看,股东代位诉讼的原告资格与现股东的身份绑定。即使股东在起诉时具有股东资格,若其在诉讼中丧失股东身份,则将同时丧失提起股东代位诉讼的权利,此时法院将依法驳回起诉,在(2019)最高法民申 4358 号案例中,最高人民法院的观点即为典例。

其三,隐名股东。如前所述,股东代位诉讼的原告资格与现股东身份高度绑定。隐名股东仅基于其与名义股东之间的债权关系而享有投资收益,并非公司法意义上的股东。当然,其可能基于代持关系指示名义股东提起股东代位诉讼。

其四,控股股东。在中融国际信托有限公司、广西建设燃料有限责任公司买卖合同纠纷案[(2020)最高法民终208号]中,最高人民法院认为,持有控股股权不应成为否定控股股东具有股东代表诉讼原告资格的理由。在公司的经营管理过程中,公司控股股东实际无法主导公司经营的情况亦有存在,认定控股股东享有股东代表诉讼原告资格符合现实之需,亦有利于公司利益的救济。可见,虽股东代位诉讼以少数股东保护为制度初衷,但并未一概排除多数股东乃至控股股东提起诉讼的资格。

此外,在原告资格的认定上应关注特别法规范。如投资者保护机构提起股东代表诉讼时,其持股期限和比例不受限。《证券法》第94条第3款规定:"发行人的董事、监事、高级管理人员执行公司职务时违反法律、行政法规或者公司章程的规定给公司造成损失,发行人的控股股东、实际控制人等侵犯公司合法权益给公司造成损失,投资者保护机构持有该公司股份的,可以为公司的利益以自己的名义向人民法院提起诉讼,持股比例和持股期限不受《中华人民共和国公司法》规定的限制。"

2. 被告的范围

本条将股东代表诉讼的被告分为两类,一是第1款规定的董事、高管。结合新《公司法》第188条,一般认为此处也包含监事。二是第3款规定的董监高以外的"他人",首先指管理层之外的实际控制人,其次指董监高、实际控制人的利害关系人。《公司法解释五》第1条同样明确了控股股东、实际控制人、董事、监事、高级管理人员可以作为股东代位诉讼的被告。

相较美国公司法,我国股东代位诉讼最大的特殊性就在于本条第3款中"他人"的设定,中、美公司法的差异如实反映了两国公司治理主要矛盾的不同。美国公司的股权结构多为分散型,不存在实际控制人,公司法始终将管理层的代理成本作为公司治理规范的主要规范对象,股东代位诉讼也主要指向管理层。而在中国公司实践中,股权结构多为集中型,多存在实际控制人,公司法需要将多数股东带给少数股东的代理成本作为公司治理规范的主要规范对象。股东代位诉讼虽也指向管理层,但其并非主要的被告类型,解决实际控制人及其利害关系人以及实际控制人操纵下的管理层带来的代理成本问题才是制度的关键。

此外,《公司法解释二》第23条规定,若清算组成员从事清算事务时给公司造成损失且公司已经清算完毕注销,此时具有原告资格的股东可以直接以清算组成员为被告、其他股东为第三人向人民法院提起诉讼。可见,清算组成员可以作为股东代位诉讼的被告。

司法实践中的争议问题在于合同相对人能否成为股东代位诉讼的被告。在陈某勇与浙江万达建设集团有限公司等损害公司利益责任纠纷案中，最高人民法院认为关于股东代表诉讼的诉因范围问题，条文文义并未排除合同之诉，不能当然认为股东代表诉讼的诉因仅限于侵权之诉。但总体而言，公司外部人不同于公司内部人，对于公司外部人，公司机关一般并未丧失提起诉讼的能力。

3. 公司的诉讼地位

对于股东代位诉讼中公司的诉讼地位，《公司法解释三》将公司规定为第三人，但并未明确第三人的类型，也未明确公司的诉讼权利，学理上存有较大争议。从司法实践来看，不同法院对股东代表诉讼中公司诉讼地位的处理尚不一致，但列为第三人的占绝对优势，并且大部分案例中，公司在一审程序作为无独立请求权的第三人。

4. 前置程序的满足

本条第 2 款规定了股东代位诉讼的前置程序。通常情形下，有原告资格的股东需经前置程序才能向法院提起诉讼。具体而言，前置程序要求监事会或董事会收到本条第 1 款规定的股东书面请求后拒绝提起诉讼，或自收到请求之日起 30 日内未提起诉讼。公司机关在派生诉讼中的参与，一方面符合经济效率，公司机关作为内部人更了解公司情况，而股东代位诉讼是一种异态机制，由公司自行起诉更妥帖；另一方面也可以发挥防止滥诉、过滤不当诉讼的职能。[①] 前置程序的满足需要时间成本，而在特定情形下，要求股东履行前置程序则不必要或不合理，前置程序的豁免制度有其必要性。

5. 前置程序的豁免

本条第 2 款规定了前置程序的豁免情形，即情况紧急、不立即提起诉讼将会使公司利益受到难以弥补的损害。《九民纪要》第 25 条则明确规定，前置程序针对的是公司治理的一般情况，即在股东向公司有关机关提出书面申请之时，存在公司有关机关提起诉讼的可能性。如相关事实表明根本不存在该种可能性，人民法院不应当以原告未履行前置程序为由驳回起诉。可见，在法律框架下前置程序的豁免可分为两类：其一，公司治理失灵，不存在公司内部机关提起诉讼的可能性，履行前置程

---

① 参见李建伟：《股东派生诉讼前置程序的公司参与》，载《中国法律评论》2022 年第 3 期，第 78 页。

序无必要。其二,情况紧急,不立即提起诉讼将使公司利益受到难以弥补的损害,履行前置程序不合理。

对于公司治理失灵的情形,最高人民法院民二庭编著的释义类型化如下:(1)公司相关机关不存在或者因公司陷入经营僵局当中,相应的公司机关或者有关人员已不在其位或不司其职,股东无从提起请求。(2)股东准备起诉董事或者高管,按照前置程序要求应先书面请求公司监事会或者监事以公司名义起诉。假如该董事与监事受同一名股东或者实际控制人控制,则监事根本不可能起诉该董事。(3)应当向其进行先诉请求的董事或者监事本身即为被告。(4)董事会多数成员或者执行董事本身与他人损害公司利益的行为有利害关系。(5)虽然董事会成员或者执行董事本人与所诉称的损害公司利益行为不存在利害关系,但可能受到与行为有关的利害关系人控制而失去独立性,则可能免除先诉请求。① 上述类型化在司法实践中被部分法院引用,但新《公司法》已不再使用执行董事的表述,在参考时需结合新法理解相关用语的含义。

同时,对于情况紧急,学理上曾有类型化探讨:(1)公司丧失或即将丧失对大额资产的控制且具有挽回的可能性;(2)公司相关权利行使的期间或者诉讼时效即将经过;(3)正在进行的、持续的、具有扩张性的侵害公司利益的其他行为。②

6. 诉讼后果的两种情形

股东提起代位诉讼后,若胜诉或部分胜诉,依据《公司法解释四》第 25 条,胜诉利益归属于公司。同时依据《公司法解释四》第 26 条,公司应承担股东因参加诉讼支付的合理费用。若股东败诉,此时不存在胜诉利益的归属问题,公司也无须承担股东因参加诉讼支付的费用。

对于此处的合理费用,除诉讼费外是否包含律师费、调查费、评估费、公证费等,法律未设明文。《公司法解释四(征求意见稿)》第 35 条第 3 款曾规定,股东胜诉后,请求公司承担合理的律师费以及为诉讼支出的调查费、评估费、公证费等合理费用的,应予支持。但正式稿并无该条款。此外,有论者认为股东代表诉讼成本与收益严重不平衡,原告仅依股权比例享有胜诉成果,却须承担败诉后的全部费用。该规

---

① 参见最高人民法院民事审判第二庭编著:《〈全国法院民商事审判工作会议纪要〉理解与适用》,人民法院出版社 2019 年版,第 211 ~ 213 页。

② 参见李建伟:《股东派生诉讼前置程序的公司参与》,载《中国法律评论》2022 年第 3 期,第 86 ~ 87 页。

则制定的初衷是防止滥诉，实际上却造成了抬高诉讼门槛、限制股东提起诉讼的后果，即只有那些能够承担高额诉讼成本的股东才能提起股东代表诉讼。[①]

（三）双重股东代位诉讼的引入

1. 双重股东代位诉讼的制度价值

本条第4款确立了股东双重派生诉讼。此前，由于公司法制度供给的缺失，实践中母公司的股东为子公司的利益以自己的名义直接向人民法院提起诉讼时，司法机关往往会因为缺乏裁判依据，以原告不适格为由驳回股东的诉请。仅在部分案件，如在（2016）陕民终228号案例中，法院认为在母公司对子公司形成绝对资本控制的情形下，母公司的股东为了子公司的利益以自己的名义直接向人民法院提起诉讼不违反公司法的规定。

双重股东代位诉讼的引入与公司集团化运作的实践背景密切相关。在双重股东代位诉讼之外，如财务资助制度、法人格否认制度等均是法律对公司集团化运作的回应。双重派生诉讼是在公司集团化背景下的母子公司架构中应运而生的，是为解决立体化的母子公司架构下股东权缩减问题而发展出的应对规则，对于少数股东权益保护、保护企业资产免遭不法侵害具有无可替代的价值。[②]

2. 双重股东代位诉讼的基本构造

双重派生诉讼由普通派生诉讼衍生而来，但由于其适用于更加复杂的公司集团，需要对其适用要件进行调整。本部分重点讨论双重派生诉讼相较于普通派生诉讼在构造上的特殊要件。

其一，母子公司的判定。公司法的双重派生诉讼要求母子公司之间形成直接持股关系，排除以协议、人事安排等方式对另一公司事实控制的情形。并进一步要求前述股权控制达到全资控股，排除绝对控股与相对控股。这一股权控制标准存在过度限缩双重派生诉讼适用范围的嫌疑，其实践效果有待观察。

其二，子公司不应限于重要子公司。日本公司法的双重派生诉讼对子公司施以重要性限制，即只有股权的账面价值占母公司账面价值总值1/5以上的子公司才得以提起双重派生诉讼。但实际上只要满足起诉前提，子公司的损失即可顺利传导至

① 参见贺茜：《实体与程序双重视角下股东权益的司法保护——以“股东代表诉讼”为切入点》，载《法学论坛》2024年第1期，第110～111页。

② 参见李建伟：《股东双重派生诉讼的制度构成与规范表达》，载《社会科学研究》2023年第2期，第69页。

母公司,无论子公司重要与否。因此,子公司不应以重要性进行限缩。

3. 前置程序的单层设计

派生诉讼穷尽内部救济的原则,在双重派生诉讼中引发了内部救济是否限于子公司内部的问题,比较法上存在不同的处理方案。依法理,穷尽内部救济在双重派生诉讼中应具体理解为穷尽母子公司内部救济,即母公司股东应分别向全资子公司和母公司提起书面请求。本条第 4 款则仅要求母公司股东书面向全资子公司董事会、监事会提出请求,这与日本法的处理方案一致。

(四)未来的制度期待:多重股东代位诉讼

根据中国国有公司、民营公司多设立多层次子公司的公司实践,多重股东代位诉讼有其必要性,这有待修法增补或未来司法解释进行扩张。

◉ 公司治理操作指南

1. 股东代位诉讼权不得滥用。股东代位诉讼属于公司法的重大制度安排,也是保护少数股东利益的支柱性制度之一,应将其真正激活,发挥应有的公司治理功能。需要指出,本制度主要适用于实际控制人、管理层控制了公司意思,导致公司面向实际控制人、管理层及其利害关系人的提诉变得不可能,这是公司怠于起诉的唯一真实原因,此时需要股东代位诉讼打破僵局,维护公司利益进而维护少数股东的利益。

若公司上游的重要供应商、下游的重要客户以及其他重要合作伙伴(如关键技术的许可使用授权人等)长期欠付公司大额债款,公司管理层为了公司利益最大化,作出不起诉的商业决策,此时若少数股东对此不解,是否可以提起代位诉讼?这实际上违背了股东代位诉讼制度的本意。股东不是公司的经营管理者,不得任意插手公司的经营管理事务,否则公司的治理制度与管理制度将荡然无存。当然,此时公司管理层主动向股东详细说明不起诉所涉及的商业考量或许更有助于纠纷的平息。

2. 前置程序的司法适用新课题。在新《公司法》下,股东代位诉讼的适用产生了多个新课题。

其一,在不设监事会、仅设一名监事的公司,前置程序的“交叉请求规则”如何适用?此时一名监事取代本条规定的监事会即可。

其二,在不设监事会、一名监事而设审计委员会的公司,前置程序的“交叉请求规则”如何适用?此时审计委员会取代本条规定的监事会、监事即可。

其三,在不设监事会、一名监事以及审计委员会的有限公司(第 83 条),前置程序的“交叉请求规则”如何适用?此时股东针对董事、高管等人的提诉应豁免前置程序。同时此时也不存在针对监事的提诉的情形。

◉ 比较法规范

《日本公司法》第847条、第847条之二、第847条之三、第848～853条;《韩国公司法》第565条;《德国股份法》第147～149条;《英国2006年公司法》第260～269条;《美国模范商业公司法》第7.01～7.49节;中国台湾地区“公司法”第214～215条。

◉ 研究文献

1. 李建伟:《股东双重派生诉讼的制度构成与规范表达》,载《社会科学研究》2023年第2期。

2. 王丹:《论股东派生诉讼审查程序的构造机理与规范路径》,载《政法论坛》2023年第2期。

3. 李建伟:《股东派生诉讼前置程序的公司参与》,载《中国法律评论》2022年第3期。

4. 胡晓静:《论股东派生诉讼中的公司抗辩权》,载《现代法学》2021年第5期。

5. 胡晓静:《美国股东派生诉讼中对公司抗辩的司法审查标准》,载《中外法学》2021年第4期。

6. 陈雪萍:《信托受益人股东派生诉讼制度研究——基于双重派生诉讼展开》,载《政治与法律》2021年第7期。

7. 樊纪伟:《日本多重代表诉讼制度及其启示》,载《法学杂志》2016年第7期。

8. 樊纪伟:《我国双重代表诉讼制度架构研究》,载《华东政法大学学报》2016年第4期。

9. 陈洪、张娇东:《股东代表诉讼制度可诉性补强研究》,载《法律适用》2016年第6期。

10. 胡宜奎:《股东代表诉讼诉权的权利基础辨析——兼论我国股东代位诉讼制度的完善》,载《政治与法律》2015年第9期。

11. 文新:《股东代表诉讼中公司诉讼主体地位辨析——围绕〈最高人民法院关于适用《中华人民共和国公司法》若干问题(四)〉(征求意见稿)相关规定展开》,载《政治与法律》2015年第6期。

12. 钱玉林:《〈公司法〉第151条的漏洞及其填补》,载《现代法学》2015年第3期。

13. 沈贵明:《二重派生诉讼适格原告要件的构建》,载《法制与社会发展》2015年第2期。

14. 杨仕兵:《论股东代表诉讼中的联合行使诉权》,载《政治与法律》2014年第5期。

15. 胡宜奎:《论股东代表诉讼中的费用补偿》,载《政治与法律》2014年第2期。

16. 王淼、许明月:《美国特拉华州二重代表诉讼的实践及其对我国的启示》,载《法学评论》2014年第1期。

17. 胡宜奎:《论股东代表诉讼中的"诉讼和解"——比较法的观察与我国的实践》,载《政治与法律》2012 年第 12 期。

18. 刘颖:《日本破产重整程序中的股东代表诉讼》,载《政治与法律》2012 年第 2 期。

19. 钱玉林:《论股东代表诉讼中公司的地位——法制史的观察与当代的实践》,载《清华法学》2011 年第 2 期。

20. 黄惠萍:《公司股东权的保护——股东代表诉讼制度探析》,载《法学杂志》2009 年第 12 期。

21. 刘凯湘:《股东代表诉讼的司法适用与立法完善——以〈公司法〉第 152 条的解释为中心》,载《中国法学》2008 年第 4 期。

22. 刘凯、司明:《股东代表诉讼配套制度的完善》,载《法学杂志》2008 年第 2 期。

23. 沈贵明:《股东代表诉讼前置程序的适格主体》,载《法学研究》2008 年第 2 期。

24. 赵万一、赵信会:《我国股东代表诉讼制度建立的法理基础和基本思路》,载《现代法学》2007 年第 3 期。

25. 蔡立东:《论股东派生诉讼中被告的范围》,载《当代法学》2007 年第 1 期。

26. 蔡元庆:《股东代表诉讼中公司的诉讼参加问题研究》,载《华东政法学院学报》2007 年第 2 期。

◉ 典型案例

周某春与庄士中国投资有限公司、李某慰、彭某傑及第三人湖南汉业房地产开发有限公司损害公司利益责任纠纷案①

1. 案情简介

被告庄士中国投资有限公司(以下简称庄士公司)系本案第三人湖南汉业有限公司②(以下简称汉业公司)、新时代投资有限公司(以下简称新时代公司)的实际控制人。被告李某慰担任新时代公司董事和汉业公司董事长、法定代表人,被告彭某傑担任新时代公司董事和汉业公司董事、总经理。三被告利用其对汉业公司的控制和管理地位,将汉业公司资产转让给新时代公司,代表汉业公司与庄士公司全资子公司惠阳庄士公司和东莞庄士公司分别签署《债权债务确认书》;与东莞庄士公司及广州恒阳投资咨询服务有限公司签署《债权转让协议》和《以房抵债协议》,低价处置汉业公司房产;利用庄士公司全资

---

① 参见最高人民法院民事裁定书,(2019)最高法民终 1679 号。

② 汉业公司系于 2002 年在原湖南省工商行政管理局注册成立,股东为周某春、范某汉(两人系夫妻关系)。2004 年变更为有限公司(台港澳与境内合资),其中周某春持股比例 10%,新时代公司持股比例 90%,董事会由 5 名董事组成,其中 1 名由周某春出任,新时代公司委派 4 名,董事长由新时代公司指定。2011 年 12 月 29 日,汉业公司法定代表人由范某汉变更为李某慰。汉业公司董事会由李某慰(董事长)、彭某傑、庄某农、李某心、周某春组成。另查明,庄士公司 2004 ~ 2017 年财政年度业绩报告载明,李某心、彭某傑、李某慰系公司董事,庄某农系公司高管。

子公司庄士发展(湖南)有限公司顶替汉业公司参加长沙县国土局举行的486亩土地招拍挂,取得原本由汉业公司申请的二期项目建设用地。

周某春在未履行股东代位诉讼前置程序的情况下直接代表汉业公司提起诉讼。

2. 裁判要旨

一审法院认为:汉业公司董事会共有董事五人,周某春作为原告起诉其中两名董事李某慰、彭某傑,董事会仍有可能形成多数表决意见进行提诉。周某春应书面请求汉业公司董事会提诉,若董事会拒绝提起诉讼或30日内未提起诉讼,方可提起本案股东代位诉讼。因此,周某春未履行法定前置程序,本案也不具备“情况紧急、损失难以弥补”的情形,周某春无权提起股东代位诉讼。

二审法院认为:前置程序针对的是公司治理的一般情况,即在股东向公司有关机关提出书面申请时,存在公司有关机关提起诉讼的可能性。如不存在这种可能性,则不应当以原告未履行前置程序为由驳回起诉。本案证据无法证明汉业公司设立了监事会或监事,除周某春外,汉业公司其他四名董事会成员均为庄士公司董事或高管,与庄士公司具有利害关系,基本不存在董事会提起诉讼的可能性。因此,周某春主张可以不经股东代位诉讼前置程序直接提起本案诉讼的上诉理由成立。

3. 案件评析

设置前置程序的原因在于,诉权及其保护的实体权利本属于公司,应穷尽公司内部救济,让公司内部治理结构充分发挥作用,以维护公司的独立人格、尊重公司的自主意志,防止股东滥用诉权。在公司不提起诉讼时,才能启动替代救济措施。但公司治理失灵之时,股东寻求内部救济不可能实现既定目的,前置程序失去必要性。此时为提高效率,尽快维护公司及股东的利益,应允许豁免前置程序。本案中,公司缺乏有效运行的监事会,董事会多数成员与被告存在利害关系,几乎没有提诉的可能性,因此股东可以不经前置程序提起代位诉讼。

本案最大的启示还在于,2018年《公司法》第151条(新《公司法》第189条)仅规定“情况紧急”下的前置程序豁免情形并不周延,还应该将“公司治理失灵,股东寻求内部救济无法实现制度目的”之情形纳入其中。

第一百九十条　【股东直接诉讼】

董事、高级管理人员违反法律、行政法规或者公司章程的规定,损害股东利益的,股东可以向人民法院提起诉讼。

◉ 立法意旨

本条是关于股东直接诉讼的规定。

◉ 条文演变历程

本条可追溯至2005年《公司法》第153条,2013年修法调整序号为第152条,此后内容无修订。

◉ 条文释义

本条对应旧法第152条,无内容修订。

(一)股东直接诉讼的由来

本条确立股东直接诉讼,也即股东针对董事、高管提起的赔偿诉讼,是与前条规定的股东代位诉讼相对应的概念,二者的核心区别是,如果董事、高管违法违章行为侵害公司利益,进而间接侵害股东利益,可能引发股东代位诉讼;反之,如董事、高管违法违章行为直接侵害股东利益,则引发股东直接诉讼。这是公司组织法提供的保护股东权益的措施。

举例说明:某有限公司股东会决议分红,并责令董事在决议作出之日起6个月内发放红利,董事会责令财务总监张三落实红利发放,股东李四持股10%,应得税后红利120万元,但由于张三与李四存有嫌隙,张三趁机滥用职权唯独不发放给李四,之后李四起诉要求公司支付红利,但时过境迁,此时公司已陷入经营绝境,无力支付。本案中,李四可以根据本条对高管张三提起赔偿之诉,即股东直接诉讼。

(二)董事、高管对股东承担损害赔偿责任的法理基础

一般认为,董监高之任职采"委任理论",[①]公司具有独立人格,股东处于公司外的第三人,董事是公司受任人,委任理论强调委任人与受任人之间的权利义务关系。此种观点下,董事与股东没有直接的法律关系,也就没有向股东直接承担法律义务的契约依据。因此,厘清董事向股东承担损害赔偿责任的法理基础,是理解本条的前提。

对此,不同法系的理论存在区别,大陆法系的董事自己责任原则、董事双重角色、保护受害人利益等皆是从需求出发发展而来的理论学说。依此逻辑,董事对股东承担直接责任在其职务行为的所有场合均适用,成为一般制度。[②] 美国法的利益

---

① 参见梁爽:《董事信义义务结构重组及对中国模式的反思:以美、日商业判断规则的运用为借镜》,载《中外法学》2016年第1期,第200页。

② 参见刘桂清:《股东对董事之直接诉讼——对新公司法第153条法理基础的反思与重构》,载《法学评论》2006年第3期,第73页。

冲突理论从事实出发，特定情形下董事信义义务可延伸至股东，属于例外情形。[①] 本书认为，董事、高管在特定情形下存在对公司股东的信义义务，这是探寻本条适用空间的基础。[②] 从公平角度来看，当公司董事、高管因过错损害股东在内的第三人利益，自不应以公司法人格独立为护身符。同时注意，这并非要求董事泛化地对股东直接负担信义义务。

从民法视角，董事对股东所承担责任之性质似乎也符合民法上的侵权责任，但应注意二者的区别。当董事、高管与股东之间发生直接的合同或侵权关系，应认定为普通民事责任，而非公司组织法上的特别法律关系。

董事、高管对于股东直接责任的理据还需学界进一步研讨。需要指出，本法第191条规定的故意、重大过失时董事、高管对于公司之外的"他人"的赔偿责任，也和本条不无牵连关系。

（三）股东直接诉讼的基本构成

1. 诉讼主体

适格原告为股东。关于被告，本条限于公司董事、高管，实践中有较多被告兼具股东、董事、高管等多重身份，原告在起诉时可能同时依据第21条第2款针对股东滥用股东权利提起诉讼。

2. 损害赔偿责任的构成要件

（1）董事、高管从事违法违章行为，即违反其在特定情形下对股东承担的信义义务；（2）董事、高管主观上具有过错；（3）董事、高管的违信行为造成股东利益的直接损害；（4）董事、高管的违信行为与股东受损之间存在因果关系。

须注意"对股东利益的直接损害"这一构成要件，公司利益与股东利益不同，公司利益融合了股东等多个利害关系人的整体利益，作为法律实体的公司本身的利益与股东个人利益不可等而视之。实践中较多法院在裁判观点中认为公司利益受损，股东利益也当然受影响，这忽视了本条责任构成中并不包含股东利益间接受影响的情形。

第190条

---

① 参见刘桂清：《公司治理视角中的股东诉讼研究》，中国方正出版社2005年版，第100页；陈鸣：《董事信义义务转化的法律构造——以美国判例法为研究中心》，载《比较法研究》2017年第5期，第59页。

② 参见杨珊：《封闭型公司股东权益保护的立法完善——以"股东直接诉讼"为切入点》，载《现代法学》2021年第3期，第195～196页。

◉ 公司治理操作指南

股东直接诉讼与股东代位诉讼有以下区别:(1)权益归属不同。代位诉讼中,被侵犯的权益属于公司,诉讼目的是维护公司利益,股东只能间接获益;直接诉讼中,受侵害的是股东个人权益,诉讼目的是维护股东利益,胜诉利益属于原告股东个人。(2)诉讼主体不同。直接诉讼以股东名义提起,这一诉权体现在股东权利中,属于单独股东权。除第231条规定的公司解散诉讼外,一般对股东持股比例并无要求;代位诉讼由符合法定条件的股东提起,在股份公司中为少数股东权,在有限公司中为单独股东权。(3)前置程序设置不同。直接诉讼没有前置程序,代位诉讼则原则要求诉前穷尽内部救济,设有严格的前置程序。(4)被告范围不同。代位诉讼的被告可以是股东、董监高,也可以是上述人员以外的第三人。同时依据第189条第4款的双重股东代位诉讼架构,被告范围可扩张至全资子公司的董监高等主体。

◉ 比较法规范

《日本公司法》第350条;《韩国公司法》第401条;《英国2006年公司法》第994条;《德国股份法》第117条;中国台湾地区“公司法”第23条第2款。

◉ 研究文献

1. 杨姗:《封闭型公司股东权益保护的立法完善——以“股东直接诉讼”为切入点》,载《现代法学》2021年第3期。

2. 张国平、汪亚菲:《论我国股东直接诉讼规则的不足与完善》,载《政治与法律》2012年第9期。

◉ 典型案例

王某与刘某军等损害股东利益责任纠纷案①

1. 案情简介

2002年6月18日,济南力鲁特实业有限责任公司(以下简称力鲁特公司)登记成立,注册资本为1100万元,股东刘某军、王某花夫妻各占60%、40%的股权。

2007年12月17日,刘某军、王某花与力鲁特公司、王某签订《债务清偿及债权变更协议书》,约定“1. 由刘某军将持有的力鲁特公司40%股权转让给王某;由王某花将持有的力鲁特公司20%股权转让给王某;2. 由王某对外清偿力鲁特公司负债情况表中的债务,合计3000万元整,并承付贷款利息;3. 协议签订后,力鲁特公司由王某自主经营,自负盈亏,刘某军与王某花不再参与公司的正常生产经营及财务管理等,每年共同享有公司的固定分红,不再享有公司任何财产收益”。

---

① 参见山东省济南市中级人民法院民事判决书,(2018)鲁01民终7322号。

之后,王某在经营期间存在大量资金、收入转出转入不记账等行为,致使大量资金从公司账户流出,并成立了与公司经营范围类似的其他公司,从事竞争业务。

刘某军、王某花认为王某在经营力鲁特公司期间,违反法律和相关财务制度,将力鲁特公司的资金大量转入张某、王某等个人账户和关联企业宝鼎公司账户,转入上述账户而不记账的资金多达10亿元,其行为造成力鲁特公司巨大财产损失,刘某军、王某花作为股东,对力鲁特公司享有所有者权益。王某掏空力鲁特公司,致使力鲁特公司自2013年12月停产至诉讼时,刘某军、王某花所有的股东利益受损,故依据2013年《公司法》第152条提起本诉。

2. 裁判要旨

一审法院认为:刘某军、王某花系力鲁特公司股东,王某系力鲁特公司的法定代表人且实际经营管理。刘某军、王某花作为股东认为王某在经营期间,将大量资金转入张某、王某等个人账户和关联公司账户未记账,不仅损害了力鲁特公司的利益,同时损害了刘某军、王某花作为股东的利益,故提起损害股东利益责任纠纷之诉,符合2013年《公司法》第152条规定。本案中,2009年度至2014年度力鲁特公司账户存在大量资金支出或收入均不记账的情形,该行为违反会计法规定。王某在经营力鲁特公司期间存在大量资金、收入转出转入不记账等行为,致使大量资金从力鲁特公司账户净流出,并成立经营了与力鲁特公司经营范围类似的宝鼎公司,违反竞业禁止的规定。一审法院认为,双方虽约定力鲁特公司由王某自主经营、自负盈亏,其经营期间的投资和收益归王某所有,但不得成为其在经营公司期间违反法律、行政法规或公司章程的理由。因此,一审法院认定王某在经营力鲁特公司期间存在违反法律、行政法规或公司章程的行为。

二审法院认为,本案系损害股东利益责任纠纷,指公司董事、高管违反法律、行政法规、公司章程的规定损害股东利益,应当对股东承担损害赔偿责任而与股东发生的纠纷。王某系力鲁特公司股东、法定代表人及公司总经理,具备力鲁特公司高级管理人员身份。刘某军、王某花主张王某作为公司高管在自主经营力鲁特公司期间,存在违反法律规定及公司章程的行为,损害了刘某军、王某花的股东利益,对其造成利益损失,提起股东利益损害责任纠纷诉讼,系股东直接诉讼,胜诉权益归属于股东,符合法律规定。王某上诉主张刘某军、王某花提起的系股东代位诉讼,没有事实和法律依据。

3. 案件评析

本案应对诉讼性质,即属于股东直接诉讼抑或股东代位诉讼进行判断,核心在于诉讼利益和权利的归属的判断。从案件事实看,力鲁特公司自2013年12月停产,影响了原告在协议书中所约定的固定分红款。此外,力鲁特公司大量资金流向王某个人账户,王某无法为相应资金流向的正当用途进行合理说明,应当认定其不正当行为与公司停产具有因果关系。虽王某转移资金与从事竞争业务的行为也对力鲁特公司的利益造成了损害,但因《债务清偿及债权变更协议书》的签订,其行为致使原告遭受固定收益未得支付的直接损失,系股东个人利益而非公司利益之范畴。王某为公司股东、法定代表人与总经理，其滥用管理职权的行为已违反公司法所规定的经营管理人员的忠实勤勉义务，并造成原告股东的直接利益损失，因此股东提起诉讼的依据应为2013年《公司法》第152条（新《公司法》第190条）。

第一百九十一条 【董事高管对第三人的责任】

董事、高级管理人员执行职务，给他人造成损害的，公司应当承担赔偿责任；董事、高级管理人员存在故意或者重大过失的，也应当承担赔偿责任。

◉ 立法意旨

本条是关于董事、高管对第三人直接赔偿责任的规定。

◉ 条文演变历程

本条系新增条款。此次修法中，一审稿第190条规定："董事、高级管理人员执行职务，因故意或者重大过失，给他人造成损害的，应当与公司承担连带责任。"该条一经公布即引来热议，在公开征求意见过程中众说纷纭，有人为本规定能够加大公司法对债权人的保护力度叫好，也有人为本规定将有碍于管理层作出商业决策，甚至将引发管理层辞职潮而担忧。二审稿第190条修改一审稿的措辞，将管理层对公司债权人一般责任的承担类型，从原来的"承担连带责任"修改为"也应当承担赔偿责任"。三审稿承袭了二审稿的规定，仅将条文序号调整至第191条，直至形成本条。

◉ 条文释义

本条系新增条款，属于重大制度引入——故意、重大过失的董事、高管对公司之外的"他人"（包括但不限于公司债权人）的直接责任。

（一）董事高管对第三人责任的争论

诚如第1条所言，本法为公司、股东和债权人的利益保护而制定，当所要保护的利益差序格局被打破时，相应规则就需要与时俱进地加以修正。当股东、董事、高管滥用职权侵犯第三人利益时，侵权者对第三人所带来的风险将超出公司制度的预设范围。基于此，2005年《公司法》创设性地引入公司法人格否认制度，公司债权人因股东（主要是控股股东）滥用股权所遭受的损失就有了救济之路。

但是，当执掌公司经营管理权的董事、高管滥用权利损害公司债权人等第三人利益时，又当如何处理？《民法典》第62条、第1191条以及本法第11条第3款规定的模式是：公司对外向第三人承担赔偿责任；公司承担责任后，再向有过错的董事、高管、法定代表人等追偿。这一责任模式可简化为"公司对外担责＋内部追偿"，该模式基于公司独立人格在董事、高管与外部第三人之间建立了一层阻隔，实际上导致公司为有过错的董事、高管提供了一层庇护，这层庇护是不正义的，也是不效率的。

这是因为：一是如果公司财产不足以赔偿外部第三人，第三人并不能直接向有过错的董事、高管追偿，可望而不可即的背后是第三人的损失自担，这不公平，遇到"穷庙富方丈"的情形，愈加不公平。有观点认为此时第三人可以启动债权人代位之诉，此说固然有其逻辑基础，但其实实现成本极高，无异于舍本求末。

二是假设公司有足够资产对外承担赔偿责任，但如公司事后在内部拒绝或者不能向过错董事、高管追偿，公司就成为最后的损失承担者，这等于公司为过错董事、高管的违法违章行为买单，这对于公司、股东尤其少数股东乃至其他公司债权人都是不公平的。事实上，极少有中国的公司（包括国有公司、民营公司在内）向有过错的董事、高管内部追偿，个中原因当然是极其复杂的，有观点认为此时如公司不能或怠于追偿，少数股东可以提起股东代位之诉以使赔偿责任落地，这又是一个逻辑上成立的提法。但此时我们会发现，人们的争议已经不在于董事、高管对于自己的过错职务行为所导致的第三人损害应否承担赔偿责任，而在于如何追究。此时，我们会进一步发现"公司对外担责＋内部追偿"的模式是多么的叠床架屋与软弱无力。既然如此，我们为什么要拒绝本条确立的第三人直接追究责任模式？本条直接、痛快与酣畅淋漓且为第三人留有选择空间，这正符合我们所应追求的正义观。

同时，本条经将有过错的董事、高管对第三人的直接责任限于"故意、重大过失"情形，不适用于一般过失的董事、高管，也不适用于监事，他们仍就其一般过错职务行为导致的当事人损害，继承享受"公司对外担责＋内部追偿"模式的庇护，第191条的谦抑性不容视而不见。

（二）董事、高管对第三人责任的规范体系

实际上，有关董事、高管因其故意、重大过失职务行为导致第三人损失时直接担责的规范，我国法上早有规定且已悄然形成规范群落。

1. 上条也即第190条关于股东直接诉讼的规定，其诉讼理据就在于董事、高管违法违章行为损害公司股东利益，该条的"股东"正是本条的"他人"之一种，第190条与第191条可谓法理同基。

2.《证券法》第85条规定:“信息披露义务人未按照规定披露信息,或者公告的证券发行文件、定期报告、临时报告及其他信息披露资料存在虚假记载、误导性陈述或者重大遗漏,致使投资者在证券交易中遭受损失的,信息披露义务人应当承担赔偿责任;发行人的控股股东、实际控制人、董事、监事、高级管理人员和其他直接责任人员以及保荐人、承销的证券公司及其直接责任人员,应当与发行人承担连带赔偿责任,但是能够证明自己没有过错的除外。”本条规定了发行人董监高基于在虚假陈述中过错推定,对投资者直接承担赔偿责任。

3.《民法典》第171条第3款规定:“行为人实施的行为未被追认的,善意相对人有权请求行为人履行债务或者就其受到的损害请求行为人赔偿。但是,赔偿的范围不得超过被代理人追认时相对人所能获得的利益。”据此,(狭义)无权代理行为发生后,如被代理人拒绝追认,则无权代理行为不约束被代理人,此时有两条救济路径供相对人选择,一是请求行为人(无权代理人)履行债务,二是请求无权代理人赔偿损失。董事、高管与公司之间属于委托关系,其对外以公司名义所为的职务行为属于职务代理(商事代理)行为(《民法典》第170条),《民法典》第171条第3款的规定自然适用于公司董事、高管的违法违章职务行为。此时行为法层面的规定与本法第191条的组织法规定一致。

4.《公司法解释四》第12条规定:“公司董事、高级管理人员等未依法履行职责,导致公司未依法制作或者保存公司法第三十三条、第九十七条规定的公司文件材料,给股东造成损失,股东依法请求负有相应责任的公司董事、高级管理人员承担民事赔偿责任的,人民法院应当予以支持。”据此,行使知情权的股东因董事、高管违法履职导致公司未依法制作有关文件资料,致使知情权无法实现的,可以请求董事、高管赔偿。

5.《公司法解释三》第27条第2款规定:“原股东处分股权造成受让股东损失,受让股东请求原股东承担赔偿责任、对于未及时办理变更登记有过错的董事、高级管理人员或者实际控制人承担相应责任的,人民法院应予支持;受让股东对于未及时办理变更登记也有过错的,可以适当减轻上述董事、高级管理人员或者实际控制人的责任。”据此,原股东转让股权后,由于董事、高管未及时办理变更登记,为“一股再卖”制造便利,在第三人构成善意取得导致受让人损害时,受让人得请求有过错的董事、高管承担赔偿责任。

6.《民法典担保制度司法解释》第9条第2款规定:“相对人未根据上市公司公

开披露的关于担保事项已经董事会或者股东大会决议通过的信息，与上市公司订立担保合同，上市公司主张担保合同对其不发生效力，且不承担担保责任或者赔偿责任的，人民法院应予支持。”据此，假设某 A 上市公司董事长、法定代表人张三伪造公司股东会决议，以 A 公司名义就 B 公司对 C 银行的借款与 C 银行签署保证合同，由于 C 银行未依据 A 公司信息披露报告而订立该保证合同，该合同自然不对 A 公司生效，A 公司既不对 C 银行承担保证责任，也不对 C 银行的损失承担赔偿责任。那么，C 银行的损失找谁承担呢？答案是张三。如果对比该司法解释第 9 条第 2 款与其他条款所规定的无效担保合同的责任承担（该司法解释第 17 条），就可以看出其他条款确立的仍然是“公司对外担责 + 公司内部追偿”模式，但该款确立的责任模式与本法第 191 条一致。

对于以上多个法律、司法解释的规范，《民法典合同编通则司法解释》第 20 条进行了最新的总结：“法律、行政法规为限制法人的法定代表人或者非法人组织的负责人的代表权，规定合同所涉事项应当由法人、非法人组织的权力机构或者决策机构决议，或者应当由法人、非法人组织的执行机构决定，法定代表人、负责人未取得授权而以法人、非法人组织的名义订立合同，未尽到合理审查义务的相对人主张该合同对法人、非法人组织发生效力并由其承担违约责任的，人民法院不予支持，但是法人、非法人组织有过错的，可以参照民法典第一百五十七条的规定判决其承担相应的赔偿责任。相对人已尽到合理审查义务，构成表见代表的，人民法院应当依据民法典第五百零四条的规定处理。合同所涉事项未超越法律、行政法规规定的法定代表人或者负责人的代表权限，但是超越法人、非法人组织的章程或者权力机构等对代表权的限制，相对人主张该合同对法人、非法人组织发生效力并由其承担违约责任的，人民法院依法予以支持。但是，法人、非法人组织举证证明相对人知道或者应当知道该限制的除外。法人、非法人组织承担民事责任后，向有过错的法定代表人、负责人追偿因越权代表行为造成的损失的，人民法院依法予以支持。法律、司法解释对法定代表人、负责人的民事责任另有规定的，依照其规定。”

不难看出，该条规范的正是无权代表、表见代表行为，其中第 3 款将无权代表行为的后果总结为两种模式：（1）“法人、非法人组织承担民事责任后，向有过错的法定代表人、负责人追偿因越权代表行为造成的损失的，人民法院依法予以支持”，此为“公司对外担责 + 公司内部追偿”的传统责任模式；（2）“法律、司法解释对法定代表人、负责人的民事责任另有规定的，依照其规定”，这部分指向的正是以上若干部门法、司法解释条文确立的直接责任模式。

最后的总结:此前,多个部门法、司法解释仅在个别场域设置了有过错的董事、高管对外部第三人直接承担责任的特殊规则,但尚不存在董事、高管对第三人直接承担责任的一般性条款,本条规定让第三人面对董事、高管恶意滥用职权而损害自身利益时能直接穿透公司的“保护壳”,直面为恶者。如此方能有效遏制实践中大量发生的公司管理层侵害第三人,而受害人无法得到有效救济的现象。至此,本条与法人格否认制度“珠联璧合”,共同搭建起公司组织法为保护包括公司债权人在内的第三人所提供的有效、周延的救济体系。

(三)董事、高管对第三人责任的五个侧面

限于篇幅,以下仅作简要提示。

1. 直接责任人范围。仅包括董事、高管,不包括同样承担信义义务的监事,这是基于董事、高管与监事的不同职权而设计的。

2. 直接责任人的主观过错。过错形态限于故意、重大过失,而不包括一般过失、抽象轻过失,这就将直接责任限于不能容忍的过错场合。

3. “他人”所指。“他人”是公司以外的任何受害人,没有争议的是,他人首先包括公司债权人;进一步地,还包括公司股东尤其是少数股东(证券市场的中小投资者),以前引《证券法》第 85 条为例证。

4. 责任性质。本条规定的董事、高管对第三人的责任是一种特别法定责任,如其故意、重大过失行为也构成侵权责任,则可能与《民法典》第 1191 条规定的职务侵权责任重合,直接侵权行为适用《民法典》的规定,间接侵权行为适用本条规定,因本条乃特别法规范。

5. 董事、高管与公司的责任关系。“公司应当承担赔偿责任”,有故意、重大过失的董事、高管“也应当承担赔偿责任”,这两句表述了公司与董事、高管的责任关系,究竟应当如何理解,目前学理上有以下学说:按份责任说、平行连带责任说、补充连带责任说、补充责任说、不真正连带责任说等。我们更倾向于补充连带责任说。

◉ 比较法规范

《韩国商法》第 401 条;《日本公司法》第 429 条第 1 款;中国台湾地区“公司法”第 23 条。

◉ 研究文献

1. 郭富青:《我国公司法设置董事对第三人承担民事责任的三重思考》,载《法律科学

(西北政法大学学报)》2024 年第 1 期。

2. 邹海林:《〈公司法〉修订的制度创新:回顾与展望——以〈公司法〉修订草案二次审议稿为蓝本》,载《法律适用》2023 年第 8 期。

3. 叶林、叶冬影:《公司董事连带/赔偿责任的学理考察——评述〈公司法修订草案〉第 190 条》,载《法律适用》2022 年第 5 期。

4. 王长华:《公司法人机关理论的再认识——以董事对第三人的责任为视角》,载《法学杂志》2020 年第 6 期。

5. 金春:《破产企业董事对债权人责任的制度建构》,载《法律适用》2020 年第 17 期。

6. 陈景善:《论董事对第三人责任的认定与适用中的问题点——以日本法规定为中心》,载《比较法研究》2013 年第 5 期。

7. 李飞:《论董事对公司债权人负责的法理正当性——从法人组织体说的局限性及其超越之路径展开》,载《法制与社会发展》2010 年第 4 期。

8. 孙光焰:《董事证券虚假陈述职务侵权责任制度的重构——以公司治理为视角》,载《法商研究》2010 年第 4 期。

9. 郑佳宁:《法国公司法中管理层对第三人的责任》,载《比较法研究》2010 年第 6 期。

10. 邹碧华:《论董事对公司债权人的民事责任》,载《法律适用》2008 年第 9 期。

11. 姜惠琴:《董事对第三人责任》,载《法学杂志》2006 年第 6 期。

第一百九十二条　【双控人与董事、高管的连带责任】

公司的控股股东、实际控制人指示董事、高级管理人员从事损害公司或者股东利益的行为的,与该董事、高级管理人员承担连带责任。

◉ 立法意旨

本条是关于公司双控人指示董事、高管损害公司或股东利益承担连带赔偿责任的规定。

◉ 条文演变历程

本条系新增条款。2011 年由证监会发布的《信息披露违法行为行政责任认定规则》存在影子董事相关的规定,其中第 18 条规定:"有证据证明因信息披露义务人受控股股东、实际控制人指使,未按照规定披露信息,或者所披露的信息有虚假记载、误导性陈述或者重大遗漏的,在认定信息披露义务人责任的同时,应当认定信息披露义务人控股股东、实际控制人的信息披露违法责任。信息披露义务人的控股股东、实际控制人是法人的,其负责人应当认定为直接负责的主管人员。控股股东、实际控制人直接授意、指挥从事信息披露违法行为,或者隐瞒应当披露信息、不告知应当披露信息的,应当认定控股股东、实际控制人指使从事信息披露违法行为。”此次修法,一审稿第191条规定:“公司的控股股东、实际控制人利用其对公司的影响,指使董事、高级管理人员从事损害公司或者股东利益的行为,给公司或者股东造成损失的,与该董事、高级管理人员承担连带责任。”二审稿第191条删除了一审稿“利用其对公司的影响”“给公司或者股东造成损失的”的表述,并将“指使”修改为“指示”。三审稿承袭二审稿的规定,仅将条文序号调整为第192条,直至形成本条。

◉ 条文释义

本条系新增条款,是重大制度——双控人指示董事、高管侵害公司、股东利益的,承担连带责任的引入。

(一)制度意义

本条指向了中国公司治理的痛楚——由高集中度的股权结构决定,多数公司存在双控人,尽管也有公司管理层滥权谋求私利,但更典型的是实际控制人指示管理层滥权侵害公司、股东利益。基于此,本条规定双控人指示董事、高管侵害公司、股东利益的,双方承担连带责任,击中了公司治理的“七寸”。

本条的目的首先在于规范双控人的控制行为,防止其为追求自身利益而损害公司、其他股东利益。将指示董事、高管实施当责行为的双控人纳入追责对象,能够有效防止双控人“垂帘听政”滥用控制权。这俨然是中国版的“影子董事”制度,是公司法治走向成熟的一个标志。有学者前瞻性地指出,本条规定的连带责任,将实务中双控人与自己委派、推选的董事、高管之间“相互合作”、沆瀣一气的“东董相护”局面瓦解,推动双控人与管理层走向“东董反目”,也即本条将提高滥权双控人与违信董事、高管之间的合作成本。这一观察是敏锐的。

(二)制度逻辑

实际控制人与被指示的董事、高管承担连带责任,这一安排在侵权法上有充足的理论依据——共同侵权。该规定的行文表述亦沿用了共同侵权的逻辑:按照《民法典》第1169条第1款规定,教唆、帮助他人实施侵权行为的,应与行为人承担连带责任。双控人指示董事、高管侵害公司与其他股东利益,表明双控人与受操纵董事、高管在具有共同意思联络的情况下实施了共同侵权行为,二者应承担连带责任。

（三）制度解读

1. 责任主体：发出指示的双控人与受指示的董事、高管。

2. 责任性质：共同侵权行为导致的平行连带责任。

3. 请求权主体：公司与股东，此处股东指双控人之外的其他股东，主要是少数股东。需指出，本条的适用可能与第 191 条结合，即双控人指示公司董事、高管从事损害公司、股东利益的行为，进一步侵害公司之外的"他人"，该董事、高管显然具有故意，此时该他人可以要求双控人与董事、高管承担连带责任。

（四）进一步完善的问题

1. 适用对象的局限。在域外法上，无论英国还是我国台湾地区，公司法科以董事的任何责任，影子董事均应承担，不局限于本条所规定的"公司和股东利益"之射程。本条的适用限于公司、股东利益受损的情形，其实是不够彻底的实质董事、实质高管制度。

2. 适用主体的局限。以董事为例，理论界将界定董事的模式一分为二。一是股东会选举或以登记机关注册登记为标准的形式主义，二是以履行董事职责为标准的实质主义。实质董事指那些在公司中并非董事，但实质行使了董事职权的人。实质董事又分为事实董事和影子董事，二者行使董事职权的方式不同，其中事实董事亲自行使董事权力、履行董事职责，影子董事则不然，其通过指示的方式行使董事职权。本条仅对董事、高管背后指示其行为的双控人加以约束，并未规制既不是公司股东，又未控制公司的事实董事，使他们成了本规定的漏网之鱼。

此外，随着监事职权的进一步扩大，当双控人指示监事从事损害公司、股东利益的行为时，该规定也无从适用。

◉ 公司治理操作指南

在东亚地区的公司实践中，往往有很多未获董事、高管任命却能控制公司的人，为规制此类主体，实际控制人的概念非常必要，我国公司法也不例外。本法第 265 条对双控人两个概念予以区分："控股股东，是指其出资额占有限责任公司资本总额超过百分之五十或者其持有的股份占股份有限公司股本总额超过百分之五十的股东；出资额或者持有股份的比例虽然低于百分之五十，但依其出资额或者持有的股份所享有的表决权已足以对股东会的决议产生重大影响的股东。""实际控制人，是指通过投资关系、协议或者其他安排，能够实际支配公司行为的人。"虽公司法对"实际控制人"的内涵加以严格的界定，但遵循实质主义原则，若要在公司法适用中充分发挥本条的规范功能，还应结合实际情况对“实际控制人”以及“指示”加以认定。

◉ 比较法规范

《英国2006年公司法》第250条；中国台湾地区“公司法”第8条第3款。

◉ 研究文献

1. 刘俊海：《论控制股东和实控人滥用公司控制权时对弱势股东的赔偿责任》，载《法学论坛》2022年第2期。

2. 刘斌：《重塑董事范畴：从形式主义迈向实质主义》，载《比较法研究》2021年第5期。

3. 郑彧：《上市公司实际控制人法律责任的反思与构建》，载《法学研究》2021年第2期。

4. 靳羽：《美国控制股东信义义务：本原厘定与移植回应》，载《比较法研究》2021年第1期。

5. 赵旭东：《公司治理中的控股股东及其法律规制》，载《法学研究》2020年第4期。

6. 王建文：《论我国构建控制股东信义义务的依据与路径》，载《比较法研究》2020年第1期。

7. 朱大明：《美国公司法视角下控制股东信义义务的本义与移植的可行性》，载《比较法研究》2017年第5期。

第一百九十三条　【董事责任保险】

公司可以在董事任职期间为董事因执行公司职务承担的赔偿责任投保责任保险。

公司为董事投保责任保险或者续保后，董事会应当向股东会报告责任保险的投保金额、承保范围及保险费率等内容。

◉ 立法意旨

本条是关于公司为董事在任职期间投保责任保险的规定。

◉ 条文演变历程

本条系新增条款。我国董事责任保险制度最早见于证监会2001年发布的《关于在上市公司建立独立董事制度的指导意见》（证监发〔2001〕102号）（已失效），其中第7条第6项规定，为了保证独立董事有效行使职权，“上市公司可以建立必要的独立董事责任保险制度，以降低独立董事正常履行职责可能引致的风险”。2023年国务院颁布的《独立董事管理办法》第40条规定："上市公司可以建立独立董事责任保险制度，降低独立董事正常履行职责可能引致的风险。"此次修法，二审稿用新条文明确董事责任保险适用于所有类型的公司与董事，三审稿仅将条文序号调整为第193条，直至形成本条。

◉ 条文释义

本文系新增条款，意在构建董事责任保险的基本框架。

（一）董事责任险的功能

董事责任保险，是指在公司运营过程中，为董事因执行公司职务产生的赔偿责任进行投保的一个商业险种。

从民法、公司法的一般规定看，董事对外执行公司事务产生的赔偿责任一般应由公司承担，公司承担相应赔偿责任后再向有过错的董事追偿。因此，由公司为董事投保责任保险，一定程度上也为公司的运营减轻负担。同时，第191条规定了董事、高管对第三人的直接赔偿责任，这进一步刺激了对董事责任险的现实需求。董事责任险也有利于弘扬企业家精神——有利于创造一个容错、试错、鼓励冒险的创业环境，这是企业家成长所需的重要环境。

（二）第1款：倡导公司投保

1. 规范性质

本款属于倡导性规范，也是赋权性规范，鼓励公司在董事任职期间为其投保责任险，投保董事责任险是公司经营中的可选项，并非对公司的义务性规定。

2. 保险对象

实际上董事责任险这一险种不仅适用于董事，也可以适用于监事、高管群体。本款文义上仅指向董事，但实际上董事责任保险可以覆盖董监高。依本款规定，所有类型的公司都可以为其董监高投保该险种。

3. 保险客体

本款限定于"董事因执行公司职务承担的赔偿责任"，具体有以下三个含义：(1)指董监高职务行为引发的责任，个人行为及其责任不在保险之列；(2)指因董监高职务行为引发的个人责任，董监高职务行为产生的公司责任，不在此列；(3)指因董监高职务行为引发的个人赔偿责任，如第191条、第192条规定的董事、高管对他人（公司债权人等）的赔偿责任，第188条规定的董监高对公司的赔偿责任，以及第190条规定的董事、高管对股东的赔偿责任。

需要指出的是，在保险商业实践中，董事责任险并不接受对董事所有“因执行公司职务承担的赔偿责任”投保，而是有所限制。如董事故意违反忠实义务引发的赔偿责任，证券公开发行的发行人董事基于故意虚假陈述对公众投资者的赔偿责任，可能并不属于保险理赔范围。

（三）第2款：董事会报告义务

本款规定，公司为董监高投保后，董事会有义务向股东会报告责任保险的投保金额、承保范围及保险费率等内容。

虽本条并未明确为董监高投保责任险的决策权归属，但本款规定了董事会报告义务，加上“董事会中心主义”模式的确立及投保属于经营决策事项，由董事会进行投保决策理所当然，除非公司章程另有规定。

◉ 公司治理操作指南

董事责任险这一险种在我国保险市场早有实践，但其应用主要限于上市公司董事群体，尤其是独立董事群体。我国首次规定董事责任保险的规范性文件是2001年证监会《关于在上市公司建立独立董事制度的指导意见》（已失效），其规定“上市公司可以建立必要的独立董事责任保险制度，以降低独立董事正常履行职责可能引致的风险”。2002年发布及其后修订的《上市公司治理准则》、2022年施行的证监会《上市公司独立董事规则》（已失效），以及2023年施行的证监会《独立董事管理办法》都对上市公司董事的责任保险作了规定。此次公司法修订明确董事责任险适用于所有类型的公司，有利于此险种的商业化落地，毕竟任一险种的落地都需要巨大的基数支撑。值得注意的是，本条虽属倡导性规定，但这是弘扬企业家精神的重要制度安排，为企业家创造一个宽容、试错、容错的市场环境，才能真正激发市场经济的活力。

◉ 研究文献

1. 孙宏涛：《论董事责任保险中赔偿责任与抗辩、和解费用之分摊》，载《比较法研究》2010年第4期。

2. 孙宏涛：《董事责任保险合同除外条款范围的合理界定》，载《法学》2010年第6期。

3. 孙宏涛：《董事责任保险人抗辩义务论纲》，载《政治与法律》2009年第7期。

第九章　公司债券

【本章概述】

投资者权益保护是证券市场发展的核心议题之一,其中债券市场的发展更是如此。公司债券作为资本市场主要的融资方式之一,以其高效率、低风险、稳收益的特征于近年来受到了投资者的青睐。自2014年“11超日债”违约事件以来,频繁的公司债券“爆雷”事件凸显了我国既有的对于公司债券市场风险化解以及公司债券持有人权益保护的方式存在显著的笼统化、碎片化特点,法律制度设计上缺乏系统性和完整性,未能有效发挥制度功效。

本次公司法的修订整合了《证券法》《公司债券发行与交易管理办法》《上海证券交易所公司债券上市规则》等法律、行政法规及部门规章中关于债券持有人权利保护规则的诸项规定,新增或有删减的条款主要包括公司债券的概念与发行/交易条件(第194条)、公司债券持有人名册(第198条)、公司债券转让的基本规定(第200条)、可转换公司债的发行(第202条)、债券持有人会议及其决议(第204条)、债券受托管理人的聘请及其负责事项(第205条)、债券受托管理人的义务与责任(第206条)等。主要涉及以下问题:

其一,优化公司债券发行的基本规则。此次修法在公司债券发行过程中取消了关于置备债券存根簿的规定,改为设置债券持有人名册,这也适应了公司债券无纸化发展的需要,纸质版的存根簿并无保留的必要性。同时取消无记名债券的规定,这不仅能适应证券电子化的改革趋势,而且有助于消减因权利人的不确定性对债券持有人会议召开造成的负面影响,保障新增设的债券持有人会议能够有效召开、会议顺利表决且决议效力完整。

其二,引入债券持有人会议制度。为强化对公司债权人的保护,在系统整合了《证券法》第92条、《公司债券发行与交易管理办法》第63条以及《上海证券交易所公司债券上市规则》4.3.2、4.3.3、4.3.11和《上海证券交易所公司债券存续期业务指南第1号——公司债券持有人会议规则(参考文本)》2.2、3.1.1~3.1.3、3.3.1、

4.1.1 等规定后，债券持有人会议制度在本法第 204 条得以正式确立。虽然该条将设立债券持有人会议设置为强制性规范，但是债券持有人会议的召集程序、会议规则以及其他重要事项的规则制定权均交由发行公司。在成立债券持有人会议时，公司应当结合债券发行的具体情况将债券持有人会议的职权范围、债券持有人会议的召集主体与召集程序、债券持有人会议决议瑕疵的补救措施等事项在债券募集办法中予以重点列明。

其三，增设债券受托管理人。实践中，我国公司债券受托管理人大多由债券承销机构担任，其既与发行人存在利益关系，又要维护债券持有人的利益，两种角色之间极易发生利益冲突。本法第 205 条针对该问题，强制性要求公开发行债券的发行人应当聘请债券受托管理人，力图通过配套制度的完善来实现冲突的预防与解决，以债券持有人利益保护为核心，确保各方利益的动态平衡。本法第 206 条明确了债券受托管理人的信义义务及违信责任，将债券持有人会议与债券受托管理人两项债券持有人利益保护制度有机地结合起来，确保受托人公正履行受托管理职责，以最大化债券持有人利益为目的行事。

整体而言，本章经此次大幅修订后，与《证券法》形成了有益联动，赋予公司更为开放的市场操作空间，促使其更为注重围绕公司债券持有人保护的内控机制的建设。诸如债券持有人会议制度的出现，为保护全体持有人的整体利益而提供了集体行权的制度平台与规范引导。关于债券受托管理人的规定，也为当前针对债券受托管理人与债券持有人之间法律关系的理论探讨提供了规范供给。

第一百九十四条 【公司债券的定义与发行、交易合法原则】

本法所称公司债券，是指公司发行的约定按期还本付息的有价证券。

公司债券可以公开发行，也可以非公开发行。

公司债券的发行和交易应当符合《中华人民共和国证券法》等法律、行政法规的规定。

◉ 立法意旨

本条是关于公司债券的定义及其发行与交易条件的规定。

◉ 条文演变历程

本条可以追溯至 1993 年《公司法》第 160 条，“公司债券是指公司按照法定程序发行的、约定在一定期限还本付息的有价证券”。2005 年修法将具体的发行条件删去,增订为第 154 条第 2 款“公司发行公司债券应当符合《中华人民共和国证券法》规定的发行条件。”2013 年修法仅调整条文序号为第 153 条。

此次修法,一审稿第 192 条对旧法第 153 条进行了三处修订:将第 1 款“约定在一定期限还本付息的”的“在一定期限”删除,在“约定”之前加入“按照”二字;调整第 2 款的主语,将“公司发行公司债券”修订为“公司债券的发行和交易”,以此明确本条的调整范围涵盖债券交易;删除第 2 款“应当符合《中华人民共和国证券法》的规定的发行条件”的“的发行条件”,以配合主语的修订,不再将本条的调整范围局限于债券发行。二审稿第 193 条沿袭之。三审稿第 194 条又对二审稿第 193 条有两处修订:将第 1 款“公司依照法定程序发行、按照约定还本付息的有价证券”修订为“公司发行的约定按期还本付息的有价证券”;将第 2 款调整为第 3 款,并增加新的第 2 款,即“公司债券可以公开发行,也可以非公开发行”,系明确公司债券的发行有公募、私募之分,其区分标准见证券法的规定。直至形成本条。

◉ 条文释义

本条对应旧法第 153 条,有内容修订。

1. 第 1 款之一:公司债券定义的几个要点

(1)发行主体为“公司”。公司债券的发行主体是公司本身,而发行行为是公司意思的表达以及自治性的体现。一方面,法定代表人、双控人、董监高等内部人员,无权以个人决定代替公司意思发行债券;另一方面,公司内部意思机关应经合法有效的程序,作出发行公司债券的决议。股东会可依本法第 59 条第 1 款第 6 项“对发行公司债券作出决议”行使职权,也可以依本法第 59 条第 2 款,授权董事会对发行公司债券作出决议。

(2)特征是约定按期还本付息。公司债券实际上是公司债的表现形式,是公司向债券持有人出具的债务凭证。作为发行主体的公司与债券持有人之间形成了以还本付息为内容的债权债务关系,且单方先行对债权债务的内容、期限等权利义务条款予以设定,由债券持有人自愿购买。在发行多期债券场合下,不同期次债券的利率、偿还期限、担保、风险等要素各不相同。需要指出,纵使债券持有人内部存在风险的差异性,但均属于公司的债权人而非股东,无论公司盈亏均享有固定的收益请求权,且在公司终止时有着优先于股东的剩余财产分配权。另外,约定按期还本付息之余,公司还应与债券受托管理人约定债券持有人会议行使权利的范围、程序和其他重要事项，具体见本法第204条释义。

（3）性质为有价证券。有价证券本身并无价值，但有价格，即标明票面金额，从而表明所欲指征的财产权利。其区别于无价证券之处有：第一，流通性，有价证券可进行买卖，且在流通中可以转让换取现金；第二，风险性，有价证券具有投资属性，实际收益与预期收益之间可能存在背离。另应注意，公司债券的有价证券属性使其区别于公司订立的借贷之债，其除债法之外还受公司法、证券法的特别规制。

2. 第1款之二：公司债和企业债的区分

二者的基本属性相同。2020年7月15日最高人民法院《全国法院审理债券纠纷案件座谈会纪要》规定，“对具有还本付息这一共同属性的公司债券、企业债券、非金融企业债务融资工具适用相同的法律标准”。2023年4月，证监会、国家发改委联合发布《关于企业债券发行审核职责划转过渡期工作安排的公告》，企业债与公司债共同由证监会统一监管。这意味着我国债券市场的各类私法规范正在快速融合，在认可公司债券和企业债券的本质均为有价证券的基础上，回归扩大公司资金来源的债券功能。此外，债务融资工具虽自创设伊始即是企业债券和公司债券之外的第三种融资工具，但债务融资工具一般并不应被排除于《公司法》《证券法》约束之外。[①]

二者仅存技术性区别。公司债和企业债仍存在主体、程序、特征上的不同，主要包括以下方面：（1）发行主体不同，企业债主要由中央政府部门所属机构、国有独资企业或国有控股企业发行；（2）发行市场不同，企业债可以同时在交易所市场和银行间市场发行交易；（3）风险属性不同，企业债贯彻了政府信用，可媲美政府债，信用级别较高。

3. 第1款之三：还本付息

公司债券的还本付息包括兑付金额、兑息金额以及手续费。

（1）兑付金额，是公司兑现支付公司债券的实际票面金额，债券持有人到期可以公司债券作为凭证要求公司支付。

（2）兑息金额，是公司根据计息期债券利率，债券持有人应获得的利息金额。具体兑息方式包括：其一，息票方式，又称剪息票方式，即债券持有人按期持券到付息处，剪下息票（剪息票）从而定期从发债人处兑取利息；其二，折扣利息，即通过以低

---

① 参见 Reves v. Ernst & Young，494 U. S. 67，70（1990）。美国联邦最高法院采用“家族相似标准”（family resemblance），认为只有在特殊情况下，才可以将期限较短的债务融资工具排除适用证券法，如在期限和出票方式上不具有投资证券基本特征。

于债券票面额的价格进行发行,到期后按票面额进行支付;其三,本息合一方式,即通过公司债券到期后,一次性还本付息。

(3)手续费,包括佣金费用、交易所费用、转账费用、管理费用等,不同的债券,公司承担的费用也不同。

4. 第 2 款:公开发行与非公开发行

2023 年《公司债券发行与交易管理办法》第 3 条规定“公司债券可以公开发行,也可以非公开发行”。此与本款的内容一致。

(1)公开发行。《证券法》第 9 条第 2 款规定,公开发行是公司发行证券时可以向不特定对象公开发行,也可以向累计超过 200 人的特定对象发行的一种发行方式,此时,公司债券的潜在认购人众多,且最终将形成公众性的债券持有人。公开发行时更易出现两种利益冲突情形,一是发行人与若干债券持有人之间的利益冲突,二是若干债券持有人之间的内部利益冲突,具体情形包括:发行人与个别持有人协商回购债券,导致个别持有人形成对其他同期债券持有人的非法优先受偿权;个别持有人阻止发行公司与其他持有人协商违约和解方案,进而抬高公司证券发行与偿还的成本等。公开发行期间,发行公司与债券持有人之间的协商应遵循债券平等原则,公司应平等对待同期债券持有人,对不同期次的债券持有人则不得自行改变其顺序利益。

(2)非公开发行。从《证券法》第 9 条第 2 款的反义解释,非公开发行公司债券,是为向特定对象发行债券且累计不超过 200 人。2023 年《公司债券发行与交易管理办法》第 34 条规定“非公开发行的公司债券应当向专业投资者发行,不得采用广告、公开劝诱和变相公开方式,每次发行对象不得超过二百人”。这就要求进一步界定“专业投资者”的内涵。《证券法》第 89 条第 1 款规定“根据财产状况、金融资产状况、投资知识和经验、专业能力等因素,投资者可以分为普通投资者和专业投资者。专业投资者的标准由国务院证券监督管理机构规定”。《公司债券发行与交易管理办法》第 12 条第 1 款亦指出“……专业投资者的标准按照中国证监会的相关规定执行”。但“财产状况”“资产状况”“知识和经验”“专业能力”等因素难以量化,中国证监会在实务中也并没有澄清特定对象的具体含义与界限,这导致实践中对于非公开发行的认定标准存在模糊。

5. 第 3 款:债券依法发行与交易

本款为引致条款,指出公司债券发行与交易必须符合《证券法》等法律、行政法规规定的发行条件，对照旧法规定“公司发行公司债券应当符合《中华人民共和国证券法》规定的发行条件”，有3处重大变化：不仅债券发行要合法合规，而且债券交易也要合法合规；遵守的不限于《证券法》，还有其他法律、行政法规；发行与交易合法原则也不仅限于发行与交易的条件，而是覆盖从发行债券到兑付债券的全流程。同时，删去旧法“依照法定程序”规定，将实践中不按照法定程序发行但实际具有债券性质的非法债券也由此归入了《公司法》的规范范围。

◉ 公司治理操作指南

为防止公司债的发行泛滥，维护证券市场的交易安全，《证券法》等法律规范设置了一定的发行门槛。就公司债券的公开发行，《证券法》第15条第1款规定一般应符合3个条件：具备健全且运行良好的组织机构；最近3年平均可分配利润足以支付公司债券1年的利息；国务院规定的其他条件。就面向专业投资者的公开发行公司债券，2023年《公司债券发行与交易管理办法》第14条增加了具有合理资产负债结构和正常现金流量之规定。针对后续的资金使用，《证券法》第15条第2款进一步设定限制条件：须按照公司债券募集办法所列资金用途使用，不得用于弥补亏损和非生产性支出，为资金的专项使用设定了防护栏；在程序上，也将必须经债券持有人会议决议作为改变资金用途的必要条件。另外，上市公司发行可转换为股票的公司债券除应当符合《证券法》第15条第1款规定的条件外，还应符合经国务院批准的证券监督管理机构规定的条件，但按照公司债券募集办法，通过收购本公司股份的方式进行公司债券转换的除外。

公司债券的非公开发行，散见于《证券法》第9条、第37条、第98条等，其中第9条要求非公开发行的证券“不得采用广告、公开劝诱和变相公开方式”。

◉ 比较法规范

《德国有价证券交易法》第2条；《韩国公司法》第469条。

◉ 研究文献

叶林：《公司债券的私法本质及规则展开》，载《清华法学》2022年第2期。

第一百九十五条　【公司债券募集办法】

公开发行公司债券，应当经国务院证券监督管理机构注册，公告公司债券募集办法。

公司债券募集办法应当载明下列主要事项：

（一）公司名称；

（二）债券募集资金的用途；

（三）债券总额和债券的票面金额；

（四）债券利率的确定方式；

（五）还本付息的期限和方式；

（六）债券担保情况；

（七）债券的发行价格、发行的起止日期；

（八）公司净资产额；

（九）已发行的尚未到期的公司债券总额；

（十）公司债券的承销机构。

◉ 立法意旨

本条系关于公开发行公司债券的募集办法的规定。

◉ 条文演变历程

本条的内容最早追溯至1993年《公司法》第166条，“发行公司债券的申请经批准后，应当公告公司债券募集办法。公司债券募集办法中应当载明下列主要事项：（一）公司名称；（二）债券总额和债券的票面金额；（三）债券的利率；（四）还本付息的期限和方式；（五）债券发行的起止日期；（六）公司净资产额；（七）已发行的尚未到期的公司债券总额；（八）公司债券的承销机构”。2005年修法在第155条新增“（二）债券募集资金的用途”和“（六）债券担保情况”，其后的历次修法未有内容修订。2013年修法仅将条文序号调整为第154条。

此次修法，一审稿第193条对旧法第154条有三处修订：第1款新增“国务院证券监督管理机构”为债券发行注册机构；将第1款“核准”修订为“注册”；删除旧法第2款原来的“（八）公司净资产额；（九）已发行的尚未到期的公司债券总额；”两项内容。二审稿第194条在一审稿第193条第2款恢复原来的“（八）公司净资产额；（九）已发行的尚未到期的公司债券总额”两项内容；三审稿第195条对二审稿第194条有两处修订：删除第1款“或者国务院授权的部门”，与将企业债券审核职权划入证监会的机构职能改革相契合；第1款增加“公开”二字，强调了募集办法的透明性和公开性。新《公司法》审议通过时，又对三审稿第195条第1款两处修订：删除第1款的“的申请”，将第1句前段的“后”字删除；将“应当”二字从句末移动至句中，第 2 款未再改动，是为本条。

◉ 条文释义

本条对应旧法第 154 条，有内容性修改。

(一)第 1 款：公司债券公开发行的注册制改革

本款引入重大制度创新，由旧法的"核准"更改为"注册"，与现阶段全面注册制改革相适应。

1. 注册制改革

注册制改革，使我国从以政府监管为导向进行全面审查的核准制，被替代为以市场配置资源为核心的注册制，优化了证监会和证券交易所的职能定位，实现了监管与审核的分离。1993 年国务院颁布的《股票发行与交易管理暂行条例》确立了全国统一的股票发行审批制度，1999 年《证券法》第 10 条规定公开发行证券必须"依法报经国务院证券监督管理机构或者国务院授权的部门核准或者审批"，核准制实行了 20 多年。注册制首次提出于 2013 年中共十八届三中全会发布的《中共中央关于全面深化改革若干重大问题的决定》。从 2019 年科创板正式开板试点注册制到创业板存量试点注册制，再到设立北京证券交易所并试点注册制，最后 2023 年主板全面注册制改革，注册制改革经历了"四步走"的艰辛历程方全面落地。该条即是注册制改革的成效反映在公司债券发行上的规定。

2. 发行审核制度分类

注册制是发行审核制度的一种，理论上发行审核制度包括审批制、核准制、注册制等类型，我国无论是从审批制到核准制、再到注册制，还是从完全服从分配到主动融资发行的制度改革，都得以一步步提升了市场投资者的积极性。

(1)审批制，是由国务院有关主管部门制定每年的发行额度，再将额度进行分割分配，交由各不同领域和级别的行政单位执行的证券发行制度。审批制的特点是，发行完全受制于监管主体行政审批，由行政机关完全垄断证券发行的权利，通过指标额度管理，实现证券市场资金的分配，形成了一种完全脱离市场以政府分配资源为核心的审核模式。

(2)核准制，要求发行人在发行时充分公开企业的真实状况，同时还必须符合有关法律和证券管理机关规定的必备条件。由此，监管机构依职权审查股票发行人的发行资格，并有权决定是否准许发行。核准制与审批制相比，行政权力已然弱化。

(3)注册制，也称"形式审查制""备案制"，主管机构仅负责审查发行人提供的信息和资料是否履行了信息披露义务,不对证券的价值进行实质性判断。注册制的特点在于以信息披露为核心,推进发行审核市场化,提高信息披露质量,降低市场的信息不对称弊端,由此降低了入市门槛、缩短了审核周期,将证券质量留交投资者自行判断,发挥市场配置资源的基础作用。

3. 公司债券注册制审核程序

就注册制审核,企业债券、公司债券、债务融资工具分别对应不同的申请注册程序,企业债券可参见《企业债券审核工作规则(试行)》,债务融资工具可参见《债务融资工具管理办法》《非金融企业债务融资工具注册发行规则》。现就公司债券注册制审核流程予以梳理。

根据 2023 年《公司债券发行与交易管理办法》,以 2023 年上海证券交易所公告的《上海证券交易所公司债券发行上市审核规则适用指引第 4 号——审核程序》为例,公司债券进行注册制审核时:第一,发行人通过申报审核系统提交申请文件;第二,证券交易所对申请文件进行核对,核对无误后作出受理决定;第三,审核人员独立审阅提出审核重点关注问题并充分讨论形成初审意见,审核机构出具审核报告并提交审核会审议;第四,证券交易所向证监会报送审核意见、注册申请文件及相关审核资料等;第五,证监会可补充问询或退回证券交易所要求补充审核。

(二)第 2 款:公司债券募集办法

1. 公司债券募集办法

又称公司债券募集说明书,是公司为了募集公司债券而制定的载有法定内容的书面文件,需要符合证券交易所的形式文件要求。

对于“公司债券募集办法”之称呼,在不同的时期有不同的称谓国家发改委独立监管企业债券时期,发布的规范性文件中用语为“企业债券发行章程”统一由证监会负责公司(企业)债券监管后,统称为“募集说明书”或“公司债券募集办法”。现就“公司债券募集办法”与“募集说明书”使用称呼整理如下。

(1)公司债券募集办法。“公司债券募集办法”最初用于 1993 年《公司法》第 165 条,规定于公司申请批准发行公司债券所应提交的文件之中。该词也被 1999 年《证券法》第 52 条公司证券上市交易申请文件所包括。由此,历次《公司法》《证券法》修订均沿用“公司债券募集办法”之称谓。根据北大法宝全文检索,部门规章层面,使用“公司债券募集办法”一词的共有 3 个,在各类行业规定层面,使用该称谓的共有 23 个。在 2023 年 2 月证监会公布施行的《上市公司证券发行注册管理办法》,

仅第13条上市公司发行可转债提及1次“公司债券募集办法”，余下全文提及15次“募集说明书”，出现二者并存的局面。

(2)募集说明书。“募集说明书”在法律层面的规范文本中，仅于2019年修订的《证券法》第92条第1款提及，其余法律文本不再出现“募集说明书”一词。在部门规章层面，使用“募集说明书”一词的共有36个，而行业规定则多达903个。

由此可见，公司债券募集办法和募集说明书虽指代同一文件，但在现行法律法规和行业规定中均有名称上的使用。总结而言，“公司债券募集办法”主要用于《公司法》《证券法》文本中，“募集说明书”主要用于部门规章、行业规定之中。但在不少文件之中还存在二者词语并存的局面，造成适用上的语言混乱，这折射出证券法律规范在基本立法语言上的不统一问题。

2. 公司债券募集办法之法定记载事项

《公司法》规定公司债券募集办法应当载明的主要事项包括10项，《民法典》第473条出台前，债券募集办法的具体内容到底是法定还是意定记载事项，引发了公司债券募集办法之性质的理论探讨，现在人们普遍认为，虽然本款所列的10项条款都使用“应当”字样，但并非效力性规定，而是管理性规定。

倘若募集办法内容意定，则应将公司债券募集办法视为债券合同。公司发行债券过程中形成的各类规范性文件中，最为重要的即是约定债券持有人和发行公司双方权利义务的发行合同。在公司债券募集办法内容意定的理论下，公司债券发行合同实质上被公司债券募集说明书、公开说明书、应募书所代替。从持有人的视角，载有其与债券发行人之间合同权利义务关系的内容主要体现于公司债券募集办法的文本之中。该理论得到了部分学者的认可。

倘若募集办法内容法定，则公司债券募集办法仅是合意文件，该理论下公司债券募集办法没有债券持有人的意思表示。但由于发行人与持有人之间的法律关系本质上是一种关于公司债券的债权债务关系，而这种债权债务关系是《公司法》所要求的，可尝试从“允诺”的角度出发，认定公司债券募集办法是由发行人做出的单方允诺，使得在发行人与持有人之间成立了法定的单方允诺之债，债券持有人可以凭债券向发行人主张权利，要求发行人按照公司债券募集办法的条款履行义务。

但《民法典》第473条规定债券募集办法为要约邀请，其背后立法的原因在于，债券募集办法缺乏要约或是合同的关键性条款，内容尚达不到具体、明确。此外，债券募集办法是信息披露的主要文本，暗含强烈的监管属性，并非完全贯彻“契约自由”的理念。在公司债券募集办法仅是要约邀请的理论基础上,该文本无法与债券合同画等号,仅是立法者对于债券法律关系中应当约定的主要内容的明示以及对发行人义务的施加,即发行人先期制定的募集办法的内容应合法合规。故募集办法内容应当法定,该条立法用语为“应当”且并无兜底性质的条款。

◉ 公司治理操作指南

公司债券募集办法不仅需要符合证券交易所的形式文件要求,也需要发行人按照实际情况报送。证券信息的公开,能够向社会投资者披露发行公司的经营状况、财务状况、盈利能力、风险情况和其他一切可能影响投资人认购债券的信息,从而帮助投资者了解公司债券的相关情况。

应当关注对债券市场的强化监管,包括对防假打假、募集资金等方面的严格监管要求,发行人所披露或者报送的信息必须真实、准确、完整,简明清晰,通俗易懂,不得有虚假记载、误导性陈述或者重大遗漏。

公开发行公司债券筹集的资金,不仅要求前期准确无误地由公司债券募集办法公告,过程中还必须按照公司债券募集办法所列资金用途使用。实务中,若有发行公司募集资金后尝试改变资金用途的,应当经债券持有人会议作出决议(参见本法第 204 条第 1 款)。与之相对应,即使非公开发行公司债券,募集资金也应当用于约定的用途,出现改变资金用途的情形时,必须履行约定的程序,将债券持有人权益保护作为核心。

◉ 比较法规范

《韩国公司法》第 474 条;《日本公司法》第 681 条。

◉ 研究文献

1. 叶林:《公司债券非公开发行的规范模式》,载《法学研究》2021 年第 3 期。
2. 马更新:《公司债券募集说明书内容法定的检视及风险防范——基于案件类型化分析的视角》,载《法律适用》2020 年第 10 期。

第一百九十六条　【公司债券的纸面记载事项】

公司以纸面形式发行公司债券的,应当在债券上载明公司名称、债券票面金额、利率、偿还期限等事项,并由法定代表人签名,公司盖章。

◉ 立法意旨

本条是关于公司发行纸面债券必须注明相关事项且经签名、盖章的规定。

◉ 条文演变历程

本条的内容可以追溯至1993年《公司法》第167条,“公司发行公司债券,必须在债券上载明公司名称、债券票面金额、利率、偿还期限等事项,并由董事长签名,公司盖章”。2005年《公司法》第156条强调“以实物券方式”发行公司债券,并将“董事长”改为“法定代表人”。2013年修法仅将条文序号调整为第155条。

此次修法,一审稿、二审稿未作修订,三审稿将“必须”改为“应当”。审议通过时又将“以实物券方式”改为“以纸面形式”,形成本条。

◉ 条文释义

本条对应旧法第155条,有文字性调整,提高了立法语言的规范性。

1. 句首:公司债券采用纸面形式

此次修法将“以实物券方式”更改为“以纸面形式”,与《证券法》第39条相互衔接(该条规定“证券交易当事人买卖的证券可以采用纸面形式或者国务院证券监督管理机构规定的其他形式”)。

在债券市场实践中,以纸面形式发行的公司债券具有独特性。在证券登记结算中,各方主体的权利义务依托纸面形式的证券载体较容易确定,纸面形式证券的实际交付也是证券转让交收的基本形式。除以纸面形式发行的公司债券以外,还包括登记债券(参见本法第199条),其为不发行实物形态的公司债,仅通过在公司登记机关记录公司债的信息而发行,与前者相比具有发行效率高、发行成本低且交易便捷的特点。证券无纸化是当今证券形式发展的重要趋势,一些证券市场发达的国家曾面临“纸面作业危机”,即大量证券交易与转换导致国家证券登记结算系统崩溃。借由信息技术的进步,纸面形式的证券实现无纸化,更进一步地破除了实物券所造成的证券登记结算难题。

2. 句中:纸质公司债券的记载事项

纸质公司债券应当详细注明债券内容,包括公司名称、债券票面金额、利率、偿还期限等事项,有助于保护债券持有人的利益并降低债券持有人的行权成本。

此处可将纸质公司债券的记载事项、公司债券持有人名册记载事项、公司债券募集办法进行对比:

公司债券募集办法的内容:公司名称;债券募集资金的用途;债券总额和债券的票面金额;债券利率的确定方式;还本付息的期限和方式;债券担保情况;债券的发行价格、发行的起止日期;公司净资产额;已发行的尚未到期的公司债券总额;公司债券的承销机构。

公司债券持有人名册记载事项：债券持有人的姓名或者名称及住所；债券持有人取得债券的日期及债券的编号；债券总额，债券的票面金额、利率、还本付息的期限和方式；债券的发行日期。

纸质公司债券的记载事项：公司名称、债券票面金额、利率、偿还期限。

可以看到，公司债券持有人名册与公司债券募集办法相比，记载内容上除了记录主体不同之外，其余记载事项均与公司债券募集办法的内容相同。纸质公司债券的记载事项相较于公司债券持有人名册而言，内容则更加简单，仅记录关于发行人与债券的核心信息，三者在内容上具有逐渐缩减的特点。

3. 句末：纸质公司债券的签名、盖章

1999 年证监会曾发布《关于加强防范伪造实物债券的紧急通知》，要求做好实物债券的兑付管理工作。2005 年《公司法》修法将“由董事长签名，公司盖章”修改为“由法定代表人签名，公司盖章”。强化了法定代表人职责，在部分公司的董事长并非法定代表人的情况下，也为投资人降低了审查难度。因此，法定代表人签名与公司盖章，是确保债券不被伪造、变造的保障之一。

除本条外，公司法规定由法定代表人签名或签署的，还包括公司申请变更登记的变更登记申请书、出资证明书、采用纸面形式发行的股票和债券，其中出资证明书、采用纸面形式发行的股票和债券还应有公司盖章。

◉ **研究文献**

1. 冯果、阎维博：《论债券限制性条款及其对债券持有人利益之保护》，载《现代法学》2017 年第 4 期。

2. 窦鹏娟：《新常态下我国公司债券违约问题及其解决的法治逻辑》，载《法学评论》2016 年第 2 期。

第一百九十七条　【公司债券应当记名】

公司债券应当为记名债券。

◉ **立法意旨**

本条是关于公司债券应当为记名债券的规定。

◉ **条文演变历程**

本条可追溯至 1993 年《公司法》第 168 条，“公司债券可分为记名债券和无记名债券”。2005年《公司法》第157条修订为“公司债券,可以为记名债券,也可以为无记名债券”。2013年修法仅调整法条序号为第156条。

此次修法,一审稿沿袭上述规定,二审稿第196条将公司债券“可以为记名债券,也可以为无记名债券”修订为“应当为记名债券”。三审稿未改动,直至形成本条。

◉ 条文释义

本条对应旧法第156条,将旧法“公司债券,可以为记名债券,也可以为无记名债券”的无记名债券规定删去,只能发行记名债券,这是反洗钱的要求,也具有反腐的立法功能,有利于维护债券市场交易安全。

1. 记名债券

在学理上,根据债券是否明确记载债券持有人姓名或名称的标准,可将公司债券分为记名债券和无记名债券。记名债券的特征:

(1)基本性质。记名债券是一种明确记录债权人姓名、名称及住所的债券,其特点是债权人身份明确,享有债券所规定的权益并可以得到有效保护。

(2)债权人保护。记名债券持有人的相关信息在公司债券持有人名册上有记载,可以确保债权人的身份和权益得到明确的记录。公司在兑付债券时,可以根据公司债券持有人名册的记载记录将兑付款项支付给债券持有人。

(3)债券转让。记名债券的持有人可以通过背书方式或者法律、行政法规规定的其他方式将记名债券转让给受让人(参见本法第201条),并由公司在债券持有人名册上记录变动情况。

2. 无记名公司债券

(1)基本性质。与记名债券相反,票面上不写明持有人姓名或者名称。一般来说,各国法律允许债券持有人将无记名债券转换为记名债券;反之亦然。

(2)债权人保护。持有无记名债券的人一般直接被法律推定为合法的占有者,故无记名债券会对债券持有人会议的召开过程造成较大的不确定性,公司不发行无记名债券也便利新增设的债券持有人会议的召开,保证会议顺利表决。

(3)债券转让。与记名债券以背书方式转让或法律行政法规规定的其他方式转让不同,无记名债券可以由债券持有人在依法设立的证券交易场所,通过交付发生转让的法律效果。

(4)规范调整。由于新法删去无记名债券制度,故旧法第157条公司债券存根簿的无记名公司债券记载、第160条无记名公司债券转让的相关规定均被删去。

3. 公司债券的其他分类

(1)公开发行公司债券和非公开发行债券。这是以是否公开发行为标准进行划分的，请见本法第194条第2款释义。

(2)登记债券和实物债券。这是以是否发行实物形式的债券为标准进行划分的，请见前文本法第196条释义。

(3)可转换公司债券和不可转换公司债券。这是以是否可以转换为发行公司股票为标准进行划分的，请见本法第202条释义。

(4)信用公司债券与附担保公司债券。这是以公司是否为其债券提供担保为标准进行划分的。信用公司债券，是一种不以公司任何资产作担保而发行的公司债券，不属于金融债券，只有极少数公司可采用这一方式发行公司债券，原因是公司的信用一般要比政府、金融机构差，债券发行人若不能完全按期履行还本付息的义务，将给投资者带来较大的损失风险，所以大多数债券的发行都需要附加担保。信用公司债券没有担保，唯有经营良好、信誉卓著的大型公司才能发行。当发行公司破产清算时，信用公司债券的持有人只能将其财产权利以普通债权申报，受偿顺序列为各有担保债权之后。

附担保公司债券，是附加担保物从而减少和降低投资风险，强化债权保障的公司债券。附加担保物往往由第三方，即债券受托管理人统一持有和享有担保物权，统一进行办理抵押登记、质物交付、登记转让等公示手续。债券发行人不需要与债券受让人再行签订担保合同或办理担保物权移转手续。2020年7月15日最高人民法院发布的《全国法院审理债券纠纷案件座谈会纪要》第18条规定，债券受托管理人具有主张行使担保物权的权利，担保权益归属于债券持有人，债券持有人按照债券持有份额享有担保物权。

关于附担保公司债券的理论构造，有观点认为，《公司债券发行与交易管理办法》采用了信托让与担保的模式，即将担保物的所有权信托给受托人或债权人。如在可转换公司债的担保物权设立中，发行人将其持有的预备转换的股票作为信托财产，以担保为信托目的设立信托。也有观点认为，在附担保公司债券中，债券受托管理人作为信托法律关系中的受托人，其仅享有担保物权而非物之所有权，应当在债券无法获得清偿之时或者发生约定的情形之时，依法行使担保物权，并将担保权益向信托法律关系的受益人给付，即债券持有人给付。本书支持后一种观点，原因是信托与让与担保分属不同概念,虽具有相似的财产转移属性,但强行贴合并不妥当。在附担保公司债券设定担保时,债券受托管理人并未受有所有权的转移,登记机构仅实施抵押登记。故依据信托法的基本原理,将担保物权作为信托财产,债券受托管理人作为信托法律关系中的受托人行使担保物权较为具有合理性。

◉ 研究文献

1. 叶林:《公司债券的私法本质及规则展开》,载《清华法学》2022 年第 2 期。

2. 王衡:《无担保国际融资基本法律问题研究——兼评我国策略选择》,载《当代法学》2007 年第 2 期。

第一百九十八条 【公司债券持有人名册】

公司发行公司债券应当置备公司债券持有人名册。

发行公司债券的,应当在公司债券持有人名册上载明下列事项:

(一)债券持有人的姓名或者名称及住所;

(二)债券持有人取得债券的日期及债券的编号;

(三)债券总额,债券的票面金额、利率、还本付息的期限和方式;

(四)债券的发行日期。

◉ 立法意旨

本条是关于公司置备债券持有人名册的规定。

◉ 条文演变历程

本条的内容最早见于 1993 年《公司法》第 169 条第 1 款、第 2 款,“公司发行公司债券应当置备公司债券存根簿。发行记名公司债券的,应当在公司债券存根簿上载明下列事项:(一)债券持有人的姓名或者名称及住所;(二)债券持有人取得债券的日期及债券的编号;(三)债券总额,债券的票面金额,债券的利率,债券的还本付息的期限和方式;(四)债券的发行日期。发行无记名公司债券的,应当在公司债券存根簿上载明债券总额、利率、偿还期限和方式、发行日期及债券的编号”。此后历次修法只是将条文序号调整为第 157 条,内容上无修正。

此次修法,一审稿沿袭旧法的规定。二审稿第 197 条对一审稿第 196 条有两处修订:将第 2 款“发行记名公司债券的”中的“记名”二字删除;删除第 3 款的全部内容,即“发行无记名公司债券的,应当在公司债券存根簿上载明债券总额、利率、偿还期限和方式、发行日期及债券的编号”。三审稿第198条将两处“债券存根簿”的表述修改为“债券持有人名册”，直至形成本条。

◉ 条文释义

本条对应旧法第157条，其第1款、第2款的文字修订为将“公司债券存根簿”替换为“公司债券持有人名册”，同时删除第3款关于记载无记名公司债券的规定。

1. 第1款之一：从债券存根簿到债券持有人名册

本款在公司债券发行过程中取消了关于置备债券存根簿的规定，改为设置债券持有人名册。债券存根簿制度是纸质时代的产物，但是随着互联网和文件电子化的发展，不利于携带且不利于修改的纸质版存根并无保留的必要，逐渐为实践所淘汰。债券持有人名册则是相对中立性的概念，并不具体指向纸质的还是电子的，故在制备形式上更具包容性。从债券存根簿到债券持有人名册，称谓的改变也是适应公司债券无纸化实践发展的需要，提升了公司治理的效率与便捷性。

2. 第1款之二：股东可以查阅、复制债券持有人名册吗

结合前文，旧法第97条规定，股东有权查阅公司债券存根簿。但本法第110条删除了该规定，那么股东是否可以查阅债券持有人名册？第110条的有限列举是否限制了股东的查阅权？有观点认为，这是立法的不周延之处，即股份公司的股东仍然可以查询公司置备的债券持有人名册，但也有反对观点，其理由如下：

(1)立法有意为之。体系解释上来说，与旧法第97条邻近的第96条系关于股份公司应当置备的文件的规定，本法第109条将“债券存根簿”替换为“债券持有人名册”，明确要求股份公司应当置备该文件。由此观之，本法第110条不再出现“债券持有人名册”是立法者故意为之。

(2)封闭性列举。本法第110条采用逐一列举的方式，明确地规定股东查阅、复制的范围仅限于法定列举的内容，并无任何弹性空间。上述立法传递着这样一个信息：除立法枚举的文件外股东均无权查询，否则即有侵犯公司权益的危险。

(3)股东无意查阅。在股份公司中，股东与公司之间存在股权关系，但公司债券反映的是发行人与投资者之间的债权债务关系，股东与公司债券并无直接的利害相关。因此，股东对于自身股权的查询对象应为股东名册，除非以不当干扰公司正常经营秩序、耗费公司运营成本为主要目标，其并无查阅债券持有人名册的直接动机。

(4)查阅主体“另有其人”。对于公司债券持有人名册的查阅主体，各个行业规定已有各自较为完备的规则，以2019年银行间市场清算所股份有限公司发布的《银

行间市场清算所股份有限公司债券持有人名册查询业务操作规程》为例,第3条列举有权向上海清算所申请查询债券持有人名册的申请人,分别是发行人或创设人、债券持有人会议召集人、受托管理人、提供信用增进服务的机构、对发行人进行经营管理的托管人或接管人、破产管理人、税收代扣代缴义务人以及其他依据法律法规、行业组织自律规则有权查询债券持有人名册的机构。由此可见,股东并不在可查询债券持有人名册的主体之内。

3. 第2款:公司债券持有人名册记载事项

公司法明确规定公司债券持有人名册记载事项,有助于确保公司能够及时、准确地向债券持有人支付本金和利息,并与债券持有人进行有效的沟通和联系,更好地追踪债券的流动情况,为市场监管提供有力支持。本款使用"应当"二字,为强制性管理规范而非效力性规范,明确了公司置备债券持有人名册系法定义务。

◉ 公司治理操作指南

债券持有人名册是一份记录债券持有人身份和持有量的文书,不仅是债券发行人与投资者之间沟通的桥梁,还是债券持有人权益保护的重要依据。在置备债券持有人名册时,应当注意以不同方式提供,并做到风险提示与管理。

首先,公司可将书面名册以寄送的方式邮递给债券持有人,确保名册的安全性和及时性。

其次,公司也可将名册提供给中央存管机构或其他专业机构进行管理,债券持有人可以通过这些机构查询和更新名册信息,提高操作的便捷性和效率。

最后,还可以利用互联网和电子化手段提供名册或通过区块链的方式,以去中心化技术帮助各个访问节点随时、安全、高效地查阅债券持有人名册,债券持有人也可以通过网络平台进行查询和管理,实现"一站式"服务。

◉ 比较法规范

《德国债券法》第5条、第7条、第8条、第15条;《美国证券交易法》第14(a)条;《美国信托契约法》第316(b)条;《韩国公司法》第488条。

第一百九十九条 【公司债券的登记结算】

公司债券的登记结算机构应当建立债券登记、存管、付息、兑付等相关制度。

◉ 立法意旨

本条是关于公司债券登记结算机构的基本职责的规定。

◉ 条文演变历程

本条的内容可追溯至2005年《公司法》第159条,“记名公司债券的登记结算机构应当建立债券登记、存管、付息、兑付等相关制度”。此次修法,一审稿沿袭旧法,二审稿第198条删去旧法第158条句首的“记名”二字,因为新法不再发行无记名债券,“记名”二字遂成赘词。三审稿未再改动,直至形成本条。

◉ 条文释义

本条对应旧法第158条。仅在句首删去“记名”二字,因为新法不再有无记名公司债券。

1. 模式区分:证券有纸化的证券存管模式

有纸面形式的证券,就有存管纸面证券的方法与制度。证券存管模式,是证券登记结算机构及代理机构接受投资者委托向其提供证券的登记变更、分红派息及查询挂失等服务,以保护与服务证券持有人权益的制度。具体的证券存管模式主要包括以下三种:

(1)原始登记模式。这是证券存管模式的最初形态,通过交付纸面证券并进行背书转让实现证券交收,将过户登记与证券交收分离,允许纸面证券背书转让后办理过户登记。原始登记模式的特点是安全性高、较易规避挪用风险,但是存在证券交易与结算效率低下的问题。

(2)登记托管模式。登记托管模式主要适用于集中交易市场中,是在原始登记中证券交收与过户登记模式的基础上,由投资者将证券存管至证券中介机构进而间接持有的证券存管模式。和原始登记模式相比,登记托管模式安全性低,存在挪用风险,但也提升了证券交易与结算效率。

(3)登记存管模式。登记存管模式,是以证券间接持有为主的证券存管模式,可由投资者将证券存管至证券中介机构,证券中介机构再将证券存管至中央存管,因此其通过中央存管簿记建档系统办理交收,不涉及纸面证券的交付及背书转让。此时,过户登记与证券交收已经彻底分离,较好地进行了安全与效率的价值平衡。

从实践看,根据2022年《证券登记结算管理办法》第4条的规定,证券登记结算机构为证券交易提供集中登记、存管与结算服务,不以营利为目的,依法登记,取得法人资格。证券登记结算业务采取全国集中统一的运营方式,由证券登记结算机构依法集中统一办理。证券登记结算机构实行行业自律管理，依据业务规则对证券登记结算业务参与人采取自律管理措施。同时，2023 年《公司债券发行与交易管理办法》第 76 条规定，发行公司债券并在证券交易场所交易或转让的，应当由中国证券登记结算有限责任公司依法集中统一办理登记结算业务。非公开发行公司债券并在证券公司柜台转让的，可以由中国证券登记结算有限责任公司或者其他依法从事证券登记、结算业务的机构办理。

2. 公司债券登记结算机构的基本职责

从证券账户、结算账户的设立到受发行人的委托派发证券权益，证券登记结算机构作为中介服务机构，履行证券交易中的中介服务职能，具体职能如下：

（1）证券登记。公司债券登记结算机构应当建立证券登记制度，确保债券持有人的权益得到有效保护，置备债券持有人名册并及时更新，使债券持有人的持有情况得到准确记录。

关于证券登记的性质，有三种观点：静态登记说认为，证券登记是记录证券所有权并对证券持有人持有证券的事实加以确认的登记行为；动态登记说认为，证券登记是对证券权利变动的登记行为；综合登记说认为，证券登记包括对证券权利归属的登记，也包括对证券权利变动的登记。

（2）证券存管。公司债券的登记结算机构应当建立债券存管制度，确保债券的安全存放和管理。证券登记结算机构负责接受投资者委托，为投资者进行证券过户登记、分红派息等服务，使股东权益和股权变更得以最终确定。详见本法第 196 条释义。

（3）证券付息。证券付息是指债券发行人在债券有效期间内向持券人计付利息的方式，包括一次性付息和分次付息，前者包括以单利计付利息、以复利计付利息、以贴现方式计付利息等形式，后者包括按年付息、按半年付息和按季度付息等形式。债券的付息应当按照约定的利率和时间进行，确保债券持有人的权益得到充分保障。

（4）证券兑付。证券兑付是为发行人、担保人对债券持有人所负有的债券本息的偿付义务。债券的发行文件中往往就还本付息的时点、方式进行约定，同时往往还约定发行人到期不能偿付本息时担保人如何代偿等增信措施。在证券兑付的场景下，发行人、担保人分别依照债券的发行文件、担保合同履行对于债券持有人所负有的还本付息的合同义务。

3. 牵涉于其中的法律关系分析

(1)投资人与证券发行人。证券直接持有模式中,发行人与投资人之间存在债权债务法律关系,后者有权直接向发行人主张权利。证券间接持有模式中,一层或多层的证券中介机构隔离了投资人和发行人,证券转让以非交付的方式进行,二者不具有直接的法律关系。

(2)投资人与中央证券存管机构。证券直接持有模式中,中央存管机构存有投资者的证券,负有妥善保管证券的义务,根据指令变更登记、交易过户。证券间接持有模式中,二者不具有直接的法律关系。

(3)发行人与证券中介机构。中介机构受债券发行人委托,与发行人之间存在委托合同关系。证券中介机构可类型化为承销机构、证券服务机构。承销机构与发行人签订承销协议,采用代销或包销的方式为发行人发行债券、募集资金。律师事务所等证券服务机构就其工作范围和专业领域的事项为发债券发行人出具专业报告。

◉ 比较法规范

《韩国公司法》第484条。

第二百条 【公司债券依法转让】

公司债券可以转让,转让价格由转让人与受让人约定。

公司债券的转让应当符合法律、行政法规的规定。

◉ 立法意旨

本条是关于公司债券依法转让的规定。

◉ 条文演变历程

本条的内容可追溯至1993年《公司法》第170条,“公司债券可以转让。转让公司债券应当在依法设立的证券交易场所进行。公司债券的转让价格由转让人与受让人约定”。2005年《公司法》第160条第2款表述为“公司债券在证券交易所上市交易的,按照证券交易所的交易规则转让”。2013年修法仅调整条文序号为第159条。

此次修法,一审稿、二审稿没有改动,三审稿第200条将旧法第159条的“公司债券在证券交易所上市交易的,按照证券交易所的交易规则转让”删去,转为引致规范模式,规定"公司债券的转让应当符合法律、行政法规的规定"将依法转让限于"法律、行政法规"的层次,不再强调证券交易所的交易规则,直至形成本条。

◉ 条文释义

本条第1款源自旧法第159条第1款。

1. 第1款前半句:公司债券可转让

公司债券转让,是指债券持有人将所持公司债券的权利义务转让给第三人的法律行为。公司债券作为可流通的有价证券,自然可以转让,这给予了债券持有人退出通道,也给予其他投资者交易机会。对于发行公司而言,公司法提供了参与债券交易市场的机制,允许发行公司回购公司债券以提前偿还债务,并通过公司债的转让维持债券市场价格、稳定股票市场价格。

2. 第1款后半句:转让价格市场化

"转让价格由转让人与受让人约定",意指公司债券转让价格采市场化机制。具体分为两种定价方法:

(1)债券市值法,是指以市场化的价格来计算证券内在价值变化,反映债券资产每天的涨跌,能够及时有效地体现价格变化。但价格下跌或上涨仅属于账面浮亏,到期兑付并不受市场波动影响。债券市值法主要分为两种,分别是收盘价估值和第三方估值:收盘价估值,是指以在交易所中上市和托管的债券为对象,按照债券真实交易产生的收盘价进行估值,能够较为公允地反映每天的证券价值变化;第三方估值,是指根据中债估值、中证估值等的数据编制收益曲线,确定个券的收益率,利用现金流折现模型对个券进行估值。二者均能及时、客观、全面反映债券资产价格波动。

(2)成本法,是指考虑债券的成本、到期损益,通过按日平均摊销的方式估值,包括买入成本法和摊余成本法:买入成本法,是指以债券买入价格进行理财估值,不考虑买入时债券的折溢价;摊余成本法,是指在以债券买入价格进行理财估值的基础上,考虑票面利率或商定利率及买入时的折溢价,将累计收益按日平均分摊计提,抹平每日的净值波动,形成相对稳定的产品收益的方法。

3. 第2款:公司债券应当依法转让

这是新增的合法性规定。本款为引致条款,公司债券的转让依法进行,此处的法律、行政法规的规定指向多部立法文件。比如,为确保公开发行的公司债券正常交易,《证券法》第46条至第49条就公司债券上市交易的条件、程序、终止上市交易等内容作了较为详尽的规定。值得注意的是,《证券法》第 117 条第 1 句“按照依法制定的交易规则进行的交易,不得改变其交易结果……”,意味着在证券交易所和国务院批准的其他全国性证券交易场所发生的交易,除法定情形之外,不得任意确认交易无效或撤销交易。

◉ 公司治理操作指南

学理上,债券转让具有独立性,是指债券转让与原因行为相独立。这也意味着发行人有权要求认购人补缴欠款,但无权以发行违法、未签发债券或认购人欠缴价款等事由对抗受让人。为保护自身利益,在转让人作出背书记载后,受让人应核查背书的连续性,发行人履行义务时也应核查转让人背书的连续性、合法性和真实性(参见本法第 201 条)。在取消无记名债券、保留记名债券的前提下,发行公司应重视记名债券的“背书”,提前在债券背面预留“背书栏”并提供多手转让的背书栏数量,留出足够的背书空间满足即将到来的记名债券频繁转让的需求。

◉ 比较法规范

《韩国公司法》第 479 条;《日本公司法》第 687 条、第 688 条;《美国特拉华州普通公司法》第 202 条。

第二百零一条　【公司债券的转让模式】

公司债券由债券持有人以背书方式或者法律、行政法规规定的其他方式转让;转让后由公司将受让人的姓名或者名称及住所记载于公司债券持有人名册。

◉ 立法意旨

本条是关于公司债券转让模式的规定。

◉ 条文演变历程

关于公司债券转让的方式最早规定于 1993 年《公司法》第 171 条,“记名债券,由债券持有人以背书方式或者法律、行政法规规定的其他方式转让。记名债券的转让,由公司将受让人的姓名或者名称及住所记载于公司债券存根簿。无记名债券,由债券持有人在依法设立的证券交易场所将该债券交付给受让人后即发生转让的效力”。该条款分别规定记名债券转让与无记名债券转让。2005 年《公司法》第 161 条有三处修改:将第 1 款“记名债券”修改为“记名公司债券”;将第 2 款修改后并入第 1 款,即将“转让后由公司将受让人的姓名或者名称及住所记载于公司债券存根簿”加到第1款句末；优化第3款的表述，并将其作为新的第2款，即“无记名公司债券的转让，由债券持有人将该债券交付给受让人后即发生转让的效力”。2013年修法调整条文序号为第160条。

此次修法，一审稿没有改动，二审稿第200条对旧法第160条有两处修订：删除第1款句首的“记名”二字；删除第2款无记名债券转让的全部规则。三审稿第201条将第200条第一个逗号删去，同时将句末的“债券存根簿”改为“债券持有人名册”。直至形成本条。

◉ 条文释义

本条对应旧法第160条第1款，主要删除了原第2款关于无记名债券转让方式的规定。

（一）第1分句：转让模式

1. 第1分句之一：背书转让

公司债券的转让是在平等主体之间形成的一种权利义务关系，属民法的调整范围；但公司债券是公司债权的证券化，相应配套了背书转让、债券持有人名册变更记载等特殊规定，影响并形成了以背书方式转让的公司债券变动模式。

（1）背书行为是为债券转让的生效要件。公司债券经法律规定可以背书转让而无须依民法债权让与之规定进行。债券背书是指，债券持有人在债券的背面签章并记载有关事项，而后将该债券交付与受让人，从而将债券权利转让给受让人的法律行为。依据民法债权让与的基本原理，双方达成债权让与之合意即可发生债权转让的效力。但公司债券并不能因为债权让与合意的达成而自动变更权属，必须通过背书的方式完成债券权利的转让。由于背书行为是将债券权利转让给受让人，因而，背书行为人须为债券持有人，当背书人愿将债券上所表彰的权利转让并将该债券背书交付于被背书人时，即发生公司债的债权让与。

（2）交付行为不是债券转让的生效要件，而是对抗要件。当债券持有人完成背书行为，尚未履行交付义务时，受让人已然取得对公司的债权。具言之，背书行为意味着转让双方已经达成将公司债券转让的合意，发行人与转让人之间的债权债务关系已经转移至受让人，转让人对作为该法律关系证明凭证的公司债券已属无权占有，应及时履行交付义务。故在公司债券中，交付行为并非债券让与的生效要件，仅具有对抗作用。

除《公司法》已经删去的无记名债券的债券交付可以作为生效要件外，还需指出,在记名债券中债券交付还起到以下作用:(1)权利凭证。受让人可以经背书的公司债券表明自己作为权利人对于公司债券的权利。(2)对抗效力。在公司将其载入债券持有人名册前,受让人持有该背书债券得以其公司债的取得对抗第三人,还可以据此请求发行公司将债券转让情形载入债券持有人名册,并随着公司将其载入债券持有人名册而取得完整权利。

2. 第1分句之二:其他转让方式

除背书转让方式之外,还可以通过贴现、回购、集中竞价交易、非集中竞价交易、现货交易、期货交易、保证金交易、期权交易等交易形式实现公司债券的转让。

(二)第2分句:公司债券持有人名册的变更记载

1. 不是权利变动的生效要件

公司债券持有人名册是记载债券持有人信息、债券信息的重要文件,是公司债券受让人行使权利的充分条件而非必要条件。在公司债券变动模式中,受让人应当及时通知作为债务人的公司并请求其变更债券持有人名册信息,达成债权让与的对抗要件,实现对公司的对抗效力。

需要指出,债券持有人名册变更记载不是公司债券变动的生效要件,理由如下:

(1)发行公司负有将债券持有人记入债券持有人名册的义务,这意味着首先成为债券持有人,其后才有权被记入债券持有人名册。此为本条第2分句之"转让后"的含义。

(2)确认是否为债券权利人之依据在于受让人是否持有被背书的公司债券。由于公司债券的转让、变更常常发生,债券持有人名册需经频繁登记变更才能准确反映公司债券持有人的实际情况。因此,应以是否持有被背书债券为主要判断依据,债券持有人名册仅能作为形式上的依据辅之判断。

(3)随着无纸化进程的发展,公司债券持有人名册现多存于中央存管机构,发行人也需通过债券持有人名册的定期推送服务获知信息,不能担负起时刻如实反映债券持有人情况的公示重任。若强行以其变更登记行为作为债券让与的生效要件,可能导致更多转让人无权处分债券,卖与善意受让人的问题频发。

(4)公司债券发行结束后,公司募集资金的目的已经达到,不宜继续参与到公司债券的持有人变更之中,应交由市场自行决定。

(5)转让双方形成公司债券让与合意后完成背书行为即发生权利变动,这是法律规定的债权变动方式,倘若将债券持有人名册也纳入生效要件之中,公司处理应接不暇,会降低债券流动速度且影响公司治理效率。

2. 是权利变动的对抗要件

公司债券持有人名册主要发挥对发行公司的对抗作用,对其余第三人的对抗作用则通过记名债券交付行为以实现。具言之,受让人在受让公司债券时可以通过公司债券票面识别债券所有人,前手转让的可以通过背书栏找寻到后手,记名债券本身及背书转让方式在转让时已然承担了对外公示信息的作用,故将载有准确信息的记名债券进行交付足以对抗其余第三人。在未变更公司债券持有人名册记载,发行公司不知情的情况下,发行公司有权按照公司债券持有人名册记载的债券持有人信息履行还本付息义务。但经变更记载后,受让人得以债券持有人名册对抗公司,要求对其履行相应义务。当然,由于商事交易的相对人之善意有别于民法上单纯的、推定的善意,是要求相对人对交易条件尽到必要的注意义务。因此,受让人在查询公司债券权利变动情况时,公司债券持有人名册也是重要的公示文件。

3. 与记名股票的变动模式相同

本条规定的公司记名债券转让之权利变动模式,与本法第 159 条规定的股份公司的股份转让的权利变动模式相同。既然同为记名的公司有价证券,其权利变动模式应该相同。

◉ 比较法规范

《韩国公司法》第 479 条;《日本公司法》第 687 条、第 688 条。

◉ 研究文献

1. 李建伟:《公司认可生效主义股权变动模式——以股权变动中的公司意思为中心》,载《法律科学(西北政法大学学报)》2021 年第 3 期。

2. 冯果、阎维博:《论债券限制性条款及其对债券持有人利益之保护》,载《现代法学》2017 年第 4 期。

第二百零二条 【股份公司可转换债的发行】

股份有限公司经股东会决议,或者经公司章程、股东会授权由董事会决议,可以发行可转换为股票的公司债券,并规定具体的转换办法。上市公司发行可转换为股票的公司债券,应当经国务院证券监督管理机构注册。

发行可转换为股票的公司债券,应当在债券上标明可转换公司债券字样,并在公司债券持有人名册上载明可转换公司债券的数额。

◉ 立法意旨

本条是关于股份公司可转换债发行的规定。

◉ 条文演变历程

本条的内容可追溯至1993年《公司法》第172条,“上市公司经股东大会决议可以发行可转换为股票的公司债券,并在公司债券募集办法中规定具体的转换办法。发行可转换为股票的公司债券,应当报请国务院证券管理部门批准。公司债券可转换为股票的,除具备发行公司债券的条件外,还应当符合股票发行的条件。发行可转换为股票的公司债券,应当在债券上标明可转换公司债券字样,并在公司债券存根簿上载明可转换公司债券的数额”。2005年《公司法》第162条有两处修订:将第172条前两款合并形成第1款;将“发行可转换为股票的公司债券,应当报请国务院证券管理部门批准。公司债券可转换为股票的,除具备发行公司债券的条件外,还应当符合股票发行的条件”修订为“上市公司发行可转换为股票的公司债券,应当报国务院证券监督管理机构核准”。2013年修法仅是将条文序号调整为第161条。

此次修法,一审稿第200条对旧法第161条有三处修订:将“股东大会”改为“股东会”;将句末的“核准”修订为“注册”;在“应当”和“国务院证券监督管理机构注册”中间加上“经”字。二审稿第201条沿袭之。三审稿第202条对二审稿201条有四处修订:将第1款句首的“上市公司”修订为“股份有限公司”;在第1款的“股份有限公司经股东会决议,”之后新增“或者经公司章程、股东会授权由董事会决议”的内容;将第1款“在公司债券募集办法中规定具体的转换办法”的“在公司债券募集办法中”删除;将第2款的“债券存根簿”改为“债券持有人名册”。直至形成本条。

◉ 条文释义

本条对应旧法第161条,有实质的内容修订。

(一)关于可转换公司债的基本法律知识

1. 定义

可转换公司债是指发行人依照法定程序发行,在一定期间内可以依据约定的条件将债券转换成股份的公司债。

可转换公司债具有与其他普通公司债一样的债权性,即表明发行公司与债券持有人之间的债权债务关系,但还有两个特殊的属性。

(1)转换性:是指可转换公司债债权人在转换期限届满时所享有的将所持有的

可转换公司债转换成为发行公司股票的权利，它是可转换公司债区别于股票和其他公司债券的标志性特征。

(2)流动性：是指在可转换债券转换成股票之前，可转换债券可以由投资者自由转让。投资者将可转换公司债券视作投资盈利的工具，而盈利目的的实现必须要借助于可转换公司债券的转让，只有在流动的过程中，可转换公司债券的市场价值才能够得到体现和实现。

2. 可转换公司债上的其他权利

可转换公司债上除转换权外，还包括本息请求权、知情权、回售权。

(1)本息请求权：可转换债券持有人如在转换期限届满时没有选择将债券转换成股票，可凭借可转换公司债券要求公司偿还债券本息。

(2)知情权：可转换债券持有人有权了解公司财务状况和经营状况的权利。通过对公司经营状况的必要信息的了解，决定是否行使转换权。

(3)回售权：公司股票价格在一定时间内持续低于转换价格达到一定幅度时，可转换公司债券持有人可以全部或部分回售未转换为股份的可转换公司债券，但也可以不行使回售权。因此，回售权是可转换公司债券持有人享有的又一种选择权。

3. 可转换公司债转换权的法律性质

学界的认识始终未能统一，包括以下三种学说：

(1)形成权说。形成权，是指依照权利人单方面的意思表示就能使权利发生、变更和消灭的权利。该主张下，转换权只需要可转换公司债券持有人单方面决定后通知公司，即可发生债券法律性质转换的效果。因此，转换权的行使是单方法律行为，发行公司无法参与债券持有人债权转换的过程，只能被动接受形成权行使的法律后果。

(2)请求权说。请求权，是指法律关系的一方请求他方为一定行为或者不为一定行为的权利。据此，转换权的实现并非仅靠可转换公司债券持有人的决定与通知就可达到，还需要公司予以配合。有学者在此基础上进一步认为，决定是否行使转换权的选择权才是形成权，选择权、转换权二者的性质应当分别认定。本书采该类观点，因为转换效力的发生不仅需要债权人权利的行使，而且需要发行人义务的履行。赋予公司决定不履行而承担违约后果的权利，可以满足其对于组织整体利益维护的特殊需求，是组织法范畴内的应然制度设计。所以，将转换权与选择权分别认定，进而将转换权界定为请求权更为妥帖，有其现实意义。

(3)独立权说。独立权是指,转换权不属于上述任何一种权利类型,强行归入民法的权利划分不符合实际,有必要将其单列为特殊的商事权利。

(二)第1款:发行人

1.第1句之一:由上市公司到所有的股份公司

旧法将可转换公司债的发行主体限于上市公司,新法扩展至所有的股份公司,但将有限公司排除在发行主体范围之外。这一变动主要与可转换公司债利益结构的复合性有关,其兼具债权性证券与权益性证券的双重性质。具言之,持有人享有依据发行合同约定将债券转换为发行公司股票的选择权,一旦持有人行使转换权,其与发行公司的法律关系性质就随之变化,持有人由债权人成为股东。因此,可转换公司债同时涉及债权、股权和期权三项权利,需要维护债券持有人、发行公司、股东等不同利益主体的利益平衡,是一种具有复杂利益结构的复合型证券,其应受到比普通公司债券更严格的法律规制。

2.第1句之二:发行人的议决机关

旧法规定经股东会决议,新法将议决机构变换成股东会或者依据章程、股东会授权的董事会,以与第59条第2款(第112条第1款引致条款)关于股份公司股东会职权的规定维持一致性,顺应了此次修法加强董事会职权的总体趋势。

3.第2句:上市公司发行可转换债的注册制

上市公司发行可转债,由旧法的核准制改为注册制,以与新法第195条第1款衔接,全面落实证券市场注册制改革要求。

(三)第2款:可转换公司债的内容记载

由于可转换公司债券的发行、交易与转换关涉债券与股票两个证券市场,所以,需要受到比普通公司债券更严格的法律规制。此外,可转换债券还具有较强的投机性。在发行公司有良好的经营业绩或者股票市场价格上涨时,投资者通过换股或者直接出售债券便可以获得高额的资本利得;反之,投资收益远不及普通公司债券时,持有人可以主张发行公司还本付息。可见,可转换公司债市场的投机性远高于普通公司债市场,对其规制自应严格。

因此,本条要求在可转换公司债券上必须表明相应提示的字样,且在债券持有人名册上应载明可转换公司债券的数额,以此明确双方权利义务并实现对外公示的效果。

◉ 公司治理操作指南

根据本法第116条,股份公司发行可转换公司债不属于决议中的“重大事项”,

因此其发行与否的表决适用简单多数决,除非股份公司章程另有规定。

需要提醒的,发行公司应合理设计债券的赎回和回售条款,及时实现“债转股”。当债券的转换价格高于赎回价格一定幅度时,回赎条件达致,公司可根据约定强制债券转换成普通股。而在回售条款的设计中,发行公司可以规定较短的回售期和较低的回售价格,尽量避免给公司带来巨大的经营风险。但需要注意的,股份的增加会导致普通股的股民数量大幅上涨,决策权分散,在一定程度上增加公司的经营难度。因此,发行公司应准确把握“债转股”的进度。

◉ 比较法规范

《美国模范商业公司法》第6.21节;《韩国公司法》第478条。

第二百零三条 【可转换公司债债权人的选择权】

发行可转换为股票的公司债券的,公司应当按照其转换办法向债券持有人换发股票,但债券持有人对转换股票或者不转换股票有选择权。法律、行政法规另有规定的除外。

◉ 立法意旨

本条是关于可转换公司债券持有人(可转换公司债债权人)的选择权的规定。

◉ 条文演变历程

本条的内容可追溯至1993年《公司法》第173条,“发行可转换为股票的公司债券的,公司应当按照其转换办法向债券持有人换发股票,但债券持有人对转换股票或者不转换股票有选择权”。此后,历次修法都没有内容改动,仅是将条文序号调整为第162条。

此次修法,一审稿、二审稿未见修订。三审稿第203条在句末新增“法律、行政法规另有规定的除外”,直至形成本条。

◉ 条文释义

本条对应旧法第162条,仅增加了但书规定。

(一)第1句:转换义务

1. 公司转换义务

转换权是可转换公司债债权人的一项基本权利,按照请求权说,一旦持有人行使转换权,公司有义务按照其规定的可转换债券转换办法换发股票,具体行使条件包括：

(1)转换价格。转换价格，是指将固定面额的可转换债券兑换成若干数额的股票所依据的每股股票价格，确定转换价格的方式包括两种：

一是面额转换。面额转换，是指在将可转换公司债券转换为发行人的股票时，根据发行人股票的面额来确定转换价格。一般来说，股票市价高于股票面额，因此该方法对发行人不利，股票增多且加重发行人未来派息负担。

二是市价转换。其与面额转换相对，根据发行人股票的市价来确定转换价格。该方式较能反映市场对股价的交易情况，促使投资者理性关注发行人的经营、财务状况。

(2)转换期间。转换期间不同于可转换债券的有效期间，后者是指债券从发行之日起至偿清本息之日止的存续期间，转换期间则是指可转换债券转换为普通股票的起始日至结束日的期间。证监会于 2023 年颁行的《上市公司证券发行注册管理办法》第 62 条规定，可转债自发行结束之日起 6 个月后方可转换为公司股票，转股期限由公司根据可转债的存续期限及公司财务状况确定，授予了发行公司极大的自治权限。

2. 但书规定的含义

但书规定债券持有人对是否转换享有选择权，若发行公司经济效益较好，长远来看，将债券转换为股票有可能获得比还本付息更大的收益，则持有人行使转换权较为有利；反之，对其不利。

根据本法第 202 条的条文释义对转换权的法律性质的分析，转换权与选择权为性质不同的两种权利，只有选择权才被认定为完全意义上的形成权。上条与本条分开规定也表明，选择权是不同于转换权的独立权利类型，目的是保护可转换公司债权人的选择利益。但转换权与选择权紧密联系，选择权的行使依赖于转换权，转换权则是选择权行使的表征。比如，债券持有人请求发行人根据转换办法发行新股的行为即表明，债券持有人已经进行了“债转股”的选择；若债券持有人在转换期间不为前述行为，反而要求发行人还本付息，则是做出了不转换为股票的选择。

3. 转换之法律后果

债券持有人一旦依法向公司行使选择权，在公司未拒绝履行相应转化义务的情况下，其身份立即由发行公司的债权人转为股东，发行公司与持有人之间的债权债务关系消灭，随之发生股权法律关系。对于债券持有人而言，其所转化成的新股东与其他同类股东平等享有相应的股东权利、承担相应的股东义务;对于发行公司而言,债务消灭使得负债因此减少,发行的股份数量及实收资本则相应增加,财务结构随之改变。

(二)第2句:除外情形

本句规定了法律、行政法规另有规定的除外情形,为调整可转换债券的转换等具体问题留有空间。例如,发行人在将可转换债券转换为股票时,可能以各种方法改变其股份的构成而使股价下降,使得可转换债券持有人购入债券时的转股期待落空。由此,选择转股的债券持有人人数减少,该行为实现了发行人反稀释的目的。然而,根据我国《上市公司证券发行注册管理办法》第61条第1款,"可转债应当具有期限、面值、利率、评级、债券持有人权利、转股价格及调整原则、赎回及回售、转股价格向下修正等要素"。因而,发行人应在公司债券募集说明书中明确规定转股价格的调整原则,由此形成的公司转股价格调整义务可以避免公司僵化适用转换办法,防止其通过其他不正当手段侵害债券持有人选择权,对债券持有人利益进行有效保护。因此,公司的转化价格调整义务作为法定的反稀释措施,可以避免公司僵化适用转换办法,不当侵害债券持有人利益。

◉ 公司治理操作指南

根据形成权的法律属性,可转换债券持有人将行使选择权的意思表示一经通知公司,发行公司即负有将可转换公司债券换发为股票的义务。发行公司应及时向转换权人换发股票,若拒绝,则构成违约,持有人可寻求违约诉讼救济。持有人应在转换期内主张选择权,转换期通常在债券发行时已确定。可转换债券在转换为股票前,持有人仍为债权人身份;如到后期仍未转换,转换权消灭,持有人保持债权人身份;如到期转换,则持有人摇身一变为股东。依照选择权的本性,其只能行使一次且不得撤销,这意味着持有人一旦选择行使转换权,就不可逆转,即可转换公司债券一旦转换为股票,就不能再回转为债券。

◉ 比较法规范

中国台湾地区"公司法"第248条。

◉ 研究文献

刘迎霜:《公司债券受托管理的信托法构造》,载《法学评论》2020年第3期。

第二百零四条　【债券持有人会议及其决议】

公开发行公司债券的，应当为同期债券持有人设立债券持有人会议，并在债券募集办法中对债券持有人会议的召集程序、会议规则和其他重要事项作出规定。债券持有人会议可以对与债券持有人有利害关系的事项作出决议。

除公司债券募集办法另有约定外，债券持有人会议决议对同期全体债券持有人发生效力。

◉ 立法意旨

本条是关于债券持有人会议及其决议的规定。

◉ 条文演变历程

债券持有人会议初见于2003年证监会发布的《证券公司债券管理暂行办法》（已失效）当中，此后分别在不同时期被引入，散见于2014年国家发展改革委《关于全面加强企业债券风险防范的若干意见》等政策文本。2019年《证券法》第92条首次在法律层面规定债券持有人会议制度。2020年7月，最高人民法院发布《全国法院审理债券纠纷案件座谈会纪要》，重点为债券持有人会议制度提供统一的适用与解释。

此次修法，三审稿第204条开始引入债券持有人会议及其决议规则，即“公开发行公司债券的，应当为同期债券持有人设立债券持有人会议，债券持有人会议可以对与债券持有人有利害关系的事项作出决议。债券持有人会议决议应当经出席债券持有人会议且有表决权的持有人所持表决权的过半数通过。除公司债券募集办法另有约定的，债券持有人会议决议对同期全体债券持有人发生效力”。审议通过时有三处修订：第1款的“公开发行公司债券的，应当为同期债券持有人设立债券持有人会议”之后加入“并在债券募集办法中对债券持有人会议的召集程序、会议规则和其他重要事项作出规定”的内容；删除第2款的全部内容，即删除“债券持有人会议决议应当经出席债券持有人会议且有表决权的持有人所持表决权的过半数通过”；将第3款“除公司债券募集办法另有约定的”中的“的”修订为“外”。

◉ 条文释义

在公司法典意义上，本条系新增条文，引入重大制度；但在实质规范意义上，2019年《证券法》第92条第1款已有简单规范。

（一）债券持有人会议的制度价值

引入债券持有人会议制度，是此次修法强化保护公开发行公司债券的持有人以及可能转换成为的少数股东的特殊制度安排。

我国债券市场存量庞大,但作为防范持有人风险、约束发行人行为之利器的债券持有人会议制度却一直未被激活,长期流于形式,故有必要从公司组织法的角度提供特殊规则。债券持有人会议整合了公开发行公司债券的分散债券持有人,是其获取公司经营信息、表达团体意志的重要途径,亦是利益维护的有效制度支持。该立法思路遵循了大陆法国家债券持有人权益保护的通常立法模式,使具备契约品格的债券持有人会议决议在拘束力上实质具备了组织法之吞噬内部异议的实效。

结合本条在此总结,新《公司法》上的决议有:股东会决议、董事会决议、监事会决议、审计委员会决议、类别股股东会决议、公司债券持有人会议决议等。与决议同等效力的还有:一人股东的决定、一名董事的决定、一名监事的决定、国有独资公司履行出资人职责机构的决定。

(二)第1款:公司债券持有人会议

1.第1句前半部分:公司债券持有人会议由发行公司设立

第1句前半部分表明,发行公司应为同期公开发行的债券持有人设立债券持有人会议。由于发行公司的行为受到董事会的直接驱动,且该行为义务系公司日常经营管理事项,属于董事会职权范围内。故由董事会负责召集会议可以为公司决策节省时间、提高效率。需要指出,设立债券持有人会议制度是公开发行公司债券的强制性要求,对非公开发行的公司债券是否需要该制度,并无强制性要求。

2.第1句后半部分:公司债券持有人会议规则

债券募集办法是囊括公开发行公司债券的主要内容的文本载体,因此应详细规定债券持有人会议的召集程序、表决规则等事项,具体展示如下:

(1)召集程序:除董事召集外,一定比例的债券持有人和债券受托管理人也有召集债券持有会议的权利。依照2023年《公司债券发行与交易管理办法》第63条第2款,只有在债券受托管理人应当召集而未召集债券持有人会议时,债券持有人会议的召集主体才可以是公司债券持有人本身,单独或合计持有本期债券总额10%以上的债券持有人有权自行召集债券持有人会议。

(2)表决规则:目前法律法规对债券持有人会议的表决方式没有明文规定。三审稿第204条第2款曾明确“债券持有人会议决议应当经出席债券持有人会议且有表决权的持有人所持表决权的过半数通过”,后又删除,背后的立法考量可能是债券持有人会议的组成及表决方式等内容侧重于公司内部程序,应由其自行决定。实践中,公司常以“过半数同意”作为会议决议通过的标准。

此外,还可借鉴《日本公司法》将会议决议区分为特殊决议与普通决议,特殊决议的通过必须同时满足两个条件:全体公司债券持有人的1/5以上同意;出席债券持有人会议的2/3以上债券持有人同意,以此形成分层次表决机制,保护少数债券持有人的合法权益。

3. 第2句:公司债券持有人会议的职权范围

在防止债券持有人会议影响发行公司正常经营的前提下,债券持有人会议有其自身的职权范围,一般可议决的事项包括:(1)表决公司债券募集办法的变更;(2)表决债券受托管理人的任命与更换;(3)表决公司债券持有人会议规则修改方案;(4)审查公司新增借款或者对外提供担保超过上年末净资产的20%以上时的详细事项;(5)审查发行公司在公司债券信用评级发生变化的详细情况;(6)审查发行公司在重大资产抵押、质押、出售、转让、报废时的详细方案;(7)审查发行公司募集资金用途的详细计划;(8)表决公司债券延期清偿以及利息的变化情况;(9)审查发行公司为公司债券提供担保的详细措施;(10)审查公司债券持有人会议延期或续会的详细事项;(11)审查公司为应对减资、合并等可能导致偿债能力发生重大不利变化的详细措施;(12)其他按照法律法规以及公司债券募集说明书规定需要明确的事项。此外,2023年《公司债券发行与交易管理办法》第13条第1款规定,公开发行公司债券筹集的资金,必须按照公司债券募集说明书所列资金用途使用;改变资金用途,必须经债券持有人会议作出决议。

(三)第2款:决议的效力

债券持有人会议决议对同期全体债券持有人均有拘束力,由此引发的问题是,决议有瑕疵时其拘束力如何。债券持有人会议决议与股东会决议、董事会决议同属组织法决议,具有规范适用上的同质性。故债券持有人会议决议瑕疵规则可参照公司法上的决议效力瑕疵制度予以明确。将决议瑕疵依照法律行为的不成立、可撤销、无效进行三分,区分程序瑕疵与内容瑕疵,明确主张决议瑕疵的主体应当以发行人、持有人等与决议具有利害关系的主体为限。

1. 决议不成立。参照公司决议瑕疵,决议不成立可包括以下情形:未召开会议、会议未对决议事项进行表决、出席会议的人数或者持有人所持表决权不符合法律或者持有人会议规则规定、会议的表决结果未达到法律或者持有人会议规则规定的通过比例。

2. 决议可撤销。参照公司决议瑕疵,决议可撤销包括债券持有人会议召集程序、表决方式违反法律、行政法规或者持有人会议规则，或者决议内容违反持有人会议规则的，可请求法院撤销。

3. 决议无效。参照公司决议瑕疵，决议无效是债券持有人会议的决议内容违反法律、行政法规的无效。

◉ 公司治理操作指南

2023 年《公司债券发行与交易管理办法》规定公司债券持有人会议的召集情形，明确债券受托管理人，以及在前者应召开而未召开会议时，单独或者合计持有本期债券总额 10% 以上的债券持有人可以根据实际情况自行召集债券持有人会议。与此同时，考虑到发行公司本身掌握着第一手的经营信息，本条第 1 款第 1 句也施加了发行公司设立债券持有人会议的义务，可以由公司董事负责召集债券持有人会议。这给了发行公司一个有价值的参考。

此外，对于债券持有人会议的召集程序，应在公司债券募集办法明确约定，避免"海航债"式的会议突袭（详见后文的"典型案例分析"部分）。在"海南航空公司破产案"中，发行人通知全体债券持有人在一个半小时之内召开持有人会议，在近乎"突击"的情形下表决通过了债券延期一年的决议。该行为严重违反正当程序原则的要求，实际侵犯了债券持有人的表决利益。然而，该案中债券展期的结果却丝毫未受到该严重程序瑕疵的影响。

◉ 比较法规范

《日本公司法》第 715 条、第 716 条、第 717 条、第 729 条、第 742 条；《法国商事公司法》第 293 条第 2 款、第 308 条第 1 款；《德国债券法》第 5 条、第 9 条、第 10 条、第 12 条、第 13 条、第 15 条、第 20 条。

◉ 研究文献

叶林：《公司债券的私法本质及规则展开》，载《清华法学》2022 年第 2 期。

◉ 典型案例

2020 年海航集团债券持有人会议事件[①]

2020 年 4 月 14 日晚，海航集团在"13 海航债"兑付前夕临时召开债券持有人会议，主

① 参见常佩琦：《"突击"开会 + 债券展期一年　海航集团这波操作引质疑》，载上海证券报网站 2020 年 4 月 16 日，https://stock.cnstock.com/stock/smk_zq/202004/4520094.htm；《史诗级耍流氓！海航昨天的违约操作，堪称中国债券无耻 NO.1》，载微信公众号"易简财经"2020 年 4 月 15 日，https://baijiahao.baidu.com/s?id=1664035206715414967&wfr=spider&for=pc。

要讨论两项议案:一是修改债券持有人会议的相关条款,豁免发行公司未按时召集会议的相关法律责任;二是将本期债券本息递延至2021年4月15日支付;递延期间,递延的本金按基准利率计息,递延的利息不计复利。本次事件的瞩目点在于,发行人海航集团于4月14日晚18点30分发出了召集债券持有人会议的通知,但通知上说明的会议召开时间竟是当晚20点。海航公司要求相关债券持有人在19点前将相关证明材料的电子版发送至指定邮箱,在半小时内准备材料完成登记,逾期未完成登记的债券持有人不得参与会议的表决。4月15日,海航集团公告称"13海航债"展期事项获得通过。而耐人寻味的是,在本次议案的表决当中同意议案的债券持有人共3名,合计持有的债券份额总共为3.45亿元,占了本次出席债券持有人会议所持表决权的98.26%,其余反对议案的29人所持债券仅占1.74%。事后,经媒体广泛报道,海航集团于4月15日凌晨发表致歉声明,承认召集会议过于仓促,将在"投票完成后如实披露相关信息",并将原因归结于新冠肺炎疫情期间较少聚集。媒体评论认为,如此操作,债券持有人会议作为债券违约的应对路径就被完全堵塞,没有替代措施也无法阻止债券发行人的不当行为,只能"认可"债券发行人主导下的决议结果。

本事件的启示是,此前实践中的债券持有人会议流于形式,缺乏实质约束力,容易被各种原因所掐断。在今后的公司治理实践中,本次修订引入的债券持有人会议规则将由发行人等相关义务主体遵守与落实,债券持有人会议在实践中的推广与完善也将逐渐为债券持有人权利提供重要的制度保障。

第二百零五条　【债券受托管理人】

公开发行公司债券的,发行人应当为债券持有人聘请债券受托管理人,由其为债券持有人办理受领清偿、债权保全、与债券相关的诉讼以及参与债务人破产程序等事项。

◉ 立法意旨

本条是关于公开发行公司债券时,发行人应聘请债券受托管理人的规定。

◉ 条文演变历程

在债券受托管理人相关规则写入公司法之前,对其立法规制主要集中于法规、规章的层面,呈现出适用范围逐步扩张的趋势。其中,关于公开发行公司债券时发行人应聘请债券受托管理人的规定,可追溯至证监会2007年颁布的《公司债券发行试点办法》(已失效)第23条,"公司应当为债券持有人聘请债券受托管理人,并订立债券受托管理协议;在债券存续期限内,由债券受托管理人依照协议的约定维护债券持有人的利益。公司应当在债券募集说明书中约定,投资者认购本期债券视作同意债券受托管理协议”。2015年中国证券业协会颁布《公司债券受托管理人执业行为准则》(已失效)第4条进一步规定,“发行公司债券的,发行人应当为债券持有人聘请受托管理人。受托管理人应当与发行人订立公司债券受托管理协议。发行人应当在公司债券募集说明书中约定,投资者认购或持有本期公司债券视作同意受托协议”。2019年《证券法》第92条第2款进一步提炼一般规则,即“公开发行公司债券的,发行人应当为债券持有人聘请债券受托管理人,并订立债券受托管理协议。受托管理人应当由本次发行的承销机构或者其他经国务院证券监督管理机构认可的机构担任,债券持有人会议可以决议变更债券受托管理人。债券受托管理人应当勤勉尽责,公正履行受托管理职责,不得损害债券持有人利益”。证监会公布的2023年《公司债券发行与交易管理办法》第57条第1款规定,“公开发行公司债券的,发行人应当为债券持有人聘请债券受托管理人,并订立债券受托管理协议;非公开发行公司债券的,发行人应当在募集说明书中约定债券受托管理事项。在债券存续期限内,由债券受托管理人按照规定或协议的约定维护债券持有人的利益”。

此次修法,三审稿整合与优化前述规定,在第205条正式引入公开发行公司债券时发行人应聘请债券受托管理人规则,即“公开发行公司债券的,发行人应当为债券持有人聘请债券受托管理人,委托其为债券持有人办理受领清偿、债权保全、与债券相关的诉讼以及参与债务人破产程序等事项”。审议通过时,又有一处文字性修改,把“委托”修订为“由”。

◉ 条文释义

在公司法典意义上,本条为新增条款,引入一项重大制度,但在实质规范意义上,2019年《证券法》第92条已有相应规定。

1. 与债券持有人会议制度的衔接

受托管理制度与债券持有人会议制度是保护债券持有人利益的两大主要手段,各国立法上有单独构建其中一种制度的,也有二者并行的,我国采后者。

债券持有人会议通过对重大事项进行决策,构建起债券持有人的决策机制;受托管理制度通过由专门的受托管理人来集中管理债券,构建起独立的管理者机制。发行人通过聘请债券受托管理人、订立债券受托管理协议,将债券持有人、发行人和受托人三者连接起来,使决策机制与管理者机制相互联动。

2. 句首、句中：发行人聘请债券受托管理人

债券受托管理人是解决债券投资者集体决策难题、降低交易成本的独特制度设计。债券受托管理人帮助债券持有人处理复杂的选项，并制订缜密的策略和行动计划，借助其专业性可以弥补公司债券持有人固有的弱势地位。

对债券持有人、受托管理人、发行人三方之间形成的法律关系的分析如下：

为妥当解释公司债券受托管理合同中的法律关系，有学者基于英美法的信托理论解释，也有学者基于大陆法系国家的委托代理理论分析。“完全信托说”以信托理论为基础，主张三方法律关系中，发行公司为委托人、债券受托管理人为受托人，公司债券持有人为受益人，如此认定法律关系有助于明确与厘清债券受托管理人资格的确定、权利义务的来源、责任的承担等争议性问题。有学者进一步完善了前述观点，主张真正的委托人是公司债券持有人，与受益人具有主体同一性，发行公司则仅是公司债券持有人的代理人：(1)公司债券权利的真正享有人，即公司债券持有人通过信托将其享有的财产权利转移给公司债券受托管理人；(2)公司债券持有人尚未出现时，发行公司先行一步，只是代理未来的公司债券持有人订立公司债券信托合同。

相较于以大陆法的民法理论为基础的“委托代理关系说”，“完全信托说”的优势在于委托人对代理人(受托人)权利的限制较小，后者可以充分发挥受托管理人的专业能力和主观能动性，对发行人全面行使其监督权利。但“完全信托说”的缺陷在于，双重所有制的信托制度很难完全融入我国民商法体系，在理论上存在固有障碍。

“附担保信托说”的提出则有力地克服了该理论困境。该学说主张，附担保的公司债中，发行人与受托管理人之间的受托管理协议仍为信托协议，债券持有人仍为受益人，但是二者之间的信托财产应是转让的担保物权，而非“完全信托说”下拟制出的债券对应的资产。

“附担保信托说”与“完全信托说”长期相争不下。在 2015 年《公司债券发行与交易管理办法》第 50 条第 1 款第 7 项规定“发行人为债券设定担保的，债券受托管理协议可以约定担保财产为信托财产”，可视为采“附担保信托说”。但是，在 2021 年修订后的规则却不再使用该表述。

3. 句末：受托管理人的职责

受托管理人的职责在于为债券持有人办理受领清偿、债权保全、与债券相关的诉讼以及参与债务人破产程序等事项。结合《证券法》第 92 条第 3 款，债券发行人

未能按期兑付债券本息的，债券受托管理人可以接受全部或者部分债券持有人的委托，以自己名义代表债券持有人提起、参加民事诉讼或者清算程序。依据2023年《公司债券发行与交易管理办法》第63条，债券受托管理人应当按规定或约定召集债券持有人会议之法定情形，包括拟变更债券募集说明书的约定；拟修改债券持有人会议规则；拟变更债券受托管理人或受托管理协议的主要内容；发行人不能按期支付本息；发行人减资、合并等可能导致偿债能力发生重大不利变化，需要决定或者授权采取相应措施；发行人分立、被托管、解散、申请破产或者依法进入破产程序；保证人、担保物或者其他偿债保障措施发生重大变化；发行人、单独或合计持有本期债券总额10%以上的债券持有人书面提议召开；发行人管理层不能正常履行职责，导致发行人债务清偿能力面临严重不确定性；发行人提出债务重组方案的；发生其他对债券持有人权益有重大影响的事项。

此外，债券受托持有人还要遵守中国证券业协会发布的各种规章制度，包括《公司债券受托管理人执业行为准则》《公司债券受托管理人处置公司债券违约风险指引》等。

◉ 公司治理操作指南

债券受托管理人制度的目的在于借助专业机构的力量维持债券发行公司与债券持有人之间的利益平衡，因而债券受托管理人应履行监督发行人的职责，对分散的债券持有人利益进行保护。实践中，我国公司债券受托管理人大多由债券承销机构担任，其既与发行人存在利益关系，又要维护债券持有人的利益，两种角色极易发生利益冲突，成为债券受托管理人制度的核心矛盾所在。发行人应提前于受托管理协议中写明权利义务条款，结合债券受托管理人忠实勤勉义务的规定，避免利益冲突的问题恶化。

中国证券业协会公布的《公司债券受托管理人执业行为准则》(2023)第7条规定，可以担任受托管理人的机构包括本次发行公司债券的承销机构以及其他经证监会认可的机构，但是为本次发行提供担保的机构、自行销售的发行人以及发行人的实际控制人、控股股东、合并报表范围内子公司及其他关联方不得担任本次债券发行的受托管理人。同时，发行公司应当与受托管理人订立公司债券受托管理协议，并在公司债券募集说明书中约定，投资者认购或持有本期债券视作同意受托协议，从而完成权利义务的绑定与落实。

◉ 比较法规范

《日本公司法》第704条、第705条、第706条；《德国债券法》第5条；《美国1939

年信托契约法》第 302 条;《韩国公司法》第 480 条。

◉ 研究文献

1. 刘迎霜:《公司债券受托管理的信托法构造》,载《法学评论》2020 年第 3 期。

2. 洪艳蓉:《证券法〈三审稿〉债券规则评析》,载《中国法律评论》2019 年第 4 期。

3. 窦鹏娟:《新常态下我国公司债券违约问题及其解决的法治逻辑》,载《法学评论》2016 年第 2 期。

第二百零六条 【债券受托管理人的义务与责任】

债券受托管理人应当勤勉尽责,公正履行受托管理职责,不得损害债券持有人利益。

受托管理人与债券持有人存在利益冲突可能损害债券持有人利益的,债券持有人会议可以决议变更债券受托管理人。

债券受托管理人违反法律、行政法规或者债券持有人会议决议,损害债券持有人利益的,应当承担赔偿责任。

◉ 立法意旨

本条是关于债券受托管理人的信义义务及违信责任的规定。

◉ 条文演变历程

关于债券受托管理人义务和责任的规定,可追溯至证监会 2007 年发布的《公司债券发行试点办法》(已失效),第 23 条规定“公司应当为债券持有人聘请债券受托管理人,并订立债券受托管理协议;在债券存续期限内,由债券受托管理人依照协议的约定维护债券持有人的利益。公司应当在债券募集说明书中约定,投资者认购本期债券视作同意债券受托管理协议”;第 24 条规定“……债券受托管理人应当为债券持有人的最大利益行事,不得与债券持有人存在利益冲突”;第 25 条规定“债券受托管理人应当履行下列职责:(一)持续关注公司和保证人的资信状况,出现可能影响债券持有人重大权益的事项时,召集债券持有人会议;(二)公司为债券设定担保的,债券受托管理协议应当约定担保财产为信托财产,债券受托管理人应在债券发行前取得担保的权利证明或其他有关文件,并在担保期间妥善保管;(三)在债券持续期内勤勉处理债券持有人与公司之间的谈判或者诉讼事务;(四)预计公司不能偿还债务时,要求公司追加担保,或者依法申请法定机关采取财产保全措施;(五)公司不能偿还债务时，受托参与整顿、和解、重组或者破产的法律程序；（六）债券受托管理协议约定的其他重要义务"；第31条规定"债券受托管理人违反本办法规定，未能履行债券受托管理协议约定的职责，损害债券持有人权益的，证监会可以责令整改；对其直接负责的主管人员和其他直接责任人员，可以采取监管谈话、认定为不适当人选等行政监管措施，记入诚信档案并公布"。

2023年中国证券业协会最新颁布的《公司债券受托管理人执业行为准则》第三章"受托管理人权利与义务"、第五章"自律管理"设27个条文细化债券受托管理人的义务与责任：2023年中国证券业协会最新颁布的《公司债券受托管理人执业行为准则》第三章"受托管理人权利与义务"、第五章"自律管理"设27个条文细化债券受托管理人的义务与责任：公开/非公开发行公司债券的受托管理人的职责（第10条）、持续关注与监测发行人状况的义务（第11条、第12条、第14条、第15条、第17条、第21条、第22条、第23条、第25条）、持续关注公司债券增信机构资信状况的义务（第13条）、如实披露信息义务（第16条、第18条、第20条）、要求发行人提供材料并收取受托费用的权利（第19条、第28条）、勤勉处理债券持有人与发行人之间的谈判或者诉讼事务的义务（第24条）、代表债券持有人查询相关信息的义务（第26条）、保密义务（第27条）、遵守监管规定及其他自律规定（第29条）、妥善保管资料义务（第33条）、配合检查义务（第34条、第35条、第36条）、自律惩戒措施（第37条）、移交证监会或其他有权机关查处违法行为（第38条）、举报违法行为（第39条）等。2019年《证券法》第92条第2款第3句明确了债券受托管理人的法律义务，"债券受托管理人应当勤勉尽责，公正履行受托管理职责，不得损害债券持有人利益"。2023年《公司债券发行与交易管理办法》进一步丰富与完善债券受托管理人的义务与责任，包括勤勉尽责的一般义务（第58条）、持续监测和关注发行人义务（第59条）、按照债券受托管理协议的约定履职的义务（第60条）、代表债券持有人查询相关信息的义务（第61条）、法定情形下召集债券持有人会议的义务（第63条）、违反《公司债券发行与交易管理办法》的规定并损害债券持有人权益的法律责任（第74条）等。

此次修法，三审稿整合与吸收前述规定，第206条开始加入本条的内容。

◉ 条文释义

本条为新增条款。

1. 第1款：勤勉义务

本款明确债券受托管理人对公司债券持有人负有勤勉义务。勤勉义务的具体要求为“勤勉尽责，公正履行受托管理职责，不得损害债券持有人利益”，即要求受托管理人在管理债券事务的过程中为实现债券持有人利益最大化，应当保持合理范围内的谨慎和注意态度。2023年《公司债券发行与交易管理办法》第58条第4句规定，“债券受托管理人应当勤勉尽责，公正履行受托管理职责，不得损害债券持有人利益”，亦是要求其做到审慎、积极、主动管理债券事务。

2. 第2款之一：忠实义务

忠实义务，要求债券受托管理人不得与债券持有人存在利益冲突，避免其损害债券持有人的利益。例如，受托管理人不得同时为债券发行人和债券投资者提供服务；在债券处置过程中，债券受托管理人与其他任意一方主体存在关联关系且对其维护债券持有人最大利益产生实质性影响时，均属于违反忠实义务，该种利益冲突可能损害债券持有人的利益，故其应当丧失债券受托管理人资格。

从实践情况看，受托管理人往往由作为承销机构的证券公司担任，因其中介机构的性质往往具有多重身份，使得受托管理人职权的履行在实践中极易面对利益冲突的情形，债券持有人利益被暴露在极大的风险之中。具体的利益冲突情形主要包括：

（1）受托管理人与发行人另有关联关系。受托管理人与发行人之间可能存在关联关系或其他利害关系，典型如受托管理人为同一发行人提供其他的金融服务或受托管理人直接或间接持有发行人股份等。在发行人的影响下，本应代表债券持有人利益的受托管理人可能作出损及其最大利益的行为。

（2）受托管理人同时为债券持有人。现行法律体系内未禁止受托管理人持有自己管理的发行公司的债券，在受托管理人同时为债券持有人时，极易存在利益冲突。例如，发行人偿债能力有限时，受托管理人与其受托的债券持有人之间存在债务兑付的竞争，此时受托管理人可能会以自身利益优先，在得知信息后隐瞒信息，排挤与之具有竞争关系的债券持有人。

3. 第2款之二：债券受托管理人的更换

利益冲突是忠实义务的重要影响因素，如有存在利益冲突可能损害债券持有人利益的，债券持有人会议可以决议变更债券受托管理人。

（1）重大利益冲突。存在重大利益冲突的情况下，受托管理人履职活动的中立性必受影响，受托管理人一般不具有任何豁免理由，应无条件承担相应后果。中国证券业协会《公司债券受托管理人执业行为准则》(2023)第7条第2款规定："为本次发行提供担保的机构、自行销售的发行人以及发行人的实际控制人、控股股东、合并报表范围内子公司及其他关联方不得担任本次债券发行的受托管理人。"该款可视为债券受托管理人存在重大利益冲突的具体情形。

(2)一般利益冲突。在一般利益冲突的情况下，除非当事人之间通过意思自治约定为豁免情形，如受托管理人主动、全面地向债券持有人披露包括一般利益冲突具体内容、可能的结果以及防范措施等内容，并获得债券持有人的认可，可以按例外情形处理，不再更换受托管理人。但债券持有人的分散特性导致了其行使权利的消极主观状态，小额债券持有人可能放弃或者尝试通过"搭便车"的方式参与更换。在受托管理人不积极召开债券持有人会议时，发行人、单独或合计持有债券总额10%以上的持有人应自行召集会议，罢免更换受托管理人。

4. 第3款：债券受托管理人的违信责任

无论认定发行人、受托管理人和债券持有人之间是委托代理还是信托关系，受托管理人承担责任的法理基础均为基于信赖关系产生的法定义务以及源于受托管理协议约定的意定义务。

(1)违反受托管理协议。受托管理协议会对受托管理人在利益冲突中因违背债券持有人利益的行为而应承担的责任作规定，债券持有人有权据此追究其责任。

(2)违反受托管理职责。当受托管理人未能勤勉尽责、持有人利益受损时，债券持有人有权要求受托管理人承担损害赔偿责任，并请求发行公司提供证据证明。有观点认为，当债券违约且受托管理人又具有利益冲突时，属于特殊情况下的侵权行为，出于对持有人利益的保护，受托管理人只有在证明其已经尽到了相应的忠实勤勉义务的条件下才能免于承担赔偿责任，即采用过错推定的归责原则。

此外，2023年《公司债券发行与交易管理办法》亦规定债券受托管理人的处罚规定，第74条规定债券受托管理人等违反本办法规定，损害债券持有人权益的，证监会可以对受托管理人等采取本办法第69条规定的相关监管措施(责令改正、监管谈话、出具警示函、责令公开说明、责令定期报告)；情节严重的，处以警告、罚款。

◉ 公司治理操作指南

公司治理中，如何通过薪酬控制来制约受托管理人应得到相应的重视。由发行公司支付受托管理人履职报酬的机制仍然较为稳妥适宜，发行公司拥有较为强大的资本实力，能够保障受托管理人报酬的如期兑现，也能避免由债券持有人支付报酬的情况下市场投资热情下降的问题。在公司内部，应保障受托管理人收取各项费用于法有据，避免因为报酬、费用纠纷导致受托管理活动中断。具体措施主要包括在章程中，赋予受托管理人报酬请求权，即受托管理人可以依据债券受托管理协议向公司主张受托管理协议所约定的报酬；赋予受托管理人损害赔偿请求权，其数额以实际损失为准，由受托管理人承担举证义务；设定受托管理人履职奖励制度，规定受托管理人有权获得一定比例的额外报酬作为奖励。

◉ 比较法规范

《日本公司法》第 704 条、第 705 条；《韩国公司法》第 481 条、第 484 条。

◉ 研究文献

1. 叶林：《公司债券非公开发行的规范模式》，载《法学研究》2021 年第 3 期。
2. 刘迎霜：《公司债券受托管理的信托法构造》，载《法学评论》2020 年第 3 期。

第十章　公司财务、会计

【本章概述】

财务、会计制度是公司法律制度的重要组成部分，也是公司内部控制制度的基本依托。健全的财务、会计制度有助于规范经营行为、降低违规风险、保障财务透明度、提供决策依据和保护利益相关者合法权益。

此次修法，本章整体修订相对较少，大多沿用旧法条款，但立法者重整了规范结构，对相应规则进行适应性调整，可谓“稳中求变”。其中，最大亮点为取消资本公积金弥补亏损禁令和重构违法分配责任，分别指向利润分配事前规制与事后追责的制度供给。本章无意构造一个关于公司财务、会计的制度大全，仅是提纲挈领地提供一个有关财务、会计的基本法律框架，所以多个条文是引致条款，释义也将结合《会计法》《企业会计准则——基本准则》《国有企业、上市公司选聘会计师事务所管理办法》等法律、行政法规及部门规章，协助理解立法目的，系统阐述财务会计规范的适用。

此次修法涉及本章的主要问题是：

第一，完善资本公积金制度。2005 年《公司法》确立并沿袭的资本公积金弥补亏损禁令得以解除，同时明确在任意公积金和法定公积金之后方可使用资本公积金弥补亏损的限制性条件。体系观之，结合 2023 年《公司法》第十一章第 225 条新增简易减资规则，新《公司法》构建起完善的公司弥补亏损时的资金使用规则。在资本公积金来源上，配合新增无面额股制度，规定发行无面额股所得股款未计入注册资本的金额纳入资本公积金。

第二，明确利润分配规则。唯在公司弥补亏损、上缴税款、提取公积金后，才能分配利润。股东会利润分配决议重述后，对其规制的条款从《公司法解释五》第 4 条上升为法律，并将董事会依照股东会决议实施分配的时间缩短为 6 个月，符合此次修法董事会中心主义的立法转向，督促董事会及时行使职权、尽快履行义务，由此降低代理成本、保护股东利益。

第三，促进公司财务、会计工作的规范运行。在此次修法中，一审稿曾将旧法第166条第4款、第5款分别单列为第205条、第207条，其余条款仍列为第206条。但二审稿又将一审稿第205条、第206条合并，形成最终文本，可见立法者试图进一步整合公积金提取与利润分配的关系，规范相应行为。此外，新《公司法》还赋予公司可经章程授予监事会聘用、解聘会计师事务所的权力，欲扩大监事会职权，加强对公司财务、会计的监督，回应部分公司股东会、董事会串通会计师事务所出具各类虚假财务报告的实践问题。

总之，本章内容虽简略，涉及条文数量少，但关系几乎所有公司财务、会计基本准则，与公司合规运营密切相关。我们应重视对公司财务、会计制度的学习与研究，域外学者 Jacob Soll 所著《账簿与权力》一书为我们展示了会计核算如何缔造出无数的王国、帝国乃至整个人类文明史，直言“谁掌握了账簿，谁就掌握了权力”。这是对本章内容最好的注解。

第二百零七条　【依法建立公司财务与会计制度】

公司应当依照法律、行政法规和国务院财政部门的规定建立本公司的财务、会计制度。

◉ 立法意旨

本条是关于公司依法建立财务与会计制度的规定。

◉ 条文演变历程

本条可追溯至1993年《公司法》第174条：“公司应当依照法律、行政法规和国务院财政主管部门的规定建立本公司的财务、会计制度。”此后，历次修法未作任何实质性修改。此次修法，一审稿将“国务院财政部门的规定”修改为“国家统一的会计制度”，二审稿将其改回，直至形成本条。

◉ 条文释义

本条对应旧法第163条，无修订，是一个引致条款。

1. 前半句：制度规范指引

公司财务与会计制度除本章粗略规定外，更多规范来自其他法律、行政法规和国务院财政部门关于公司财务、会计的规定，规范渊源包括《会计法》《企业会计准则——基本准则》《企业财务会计报告条例》等。《会计法》与《公司法》从法律层面

共同统率公司财务与会计制度,其关系与作用是:

(1)《会计法》具有审查监督作用。《会计法》的出台与规则演变有其特殊时代背景,为扭转改革开放之初财务管理混乱的局面,立法重点在于加强会计监督,明确其作为会计工作的重要职能,是经济监督的重要组成部分。以此为基础,渐次演变为2017年《会计法》第1条的立法宗旨,“规范会计行为,保证会计资料真实、完整,加强经济管理和财务管理,提高经济效益,维护社会主义市场经济秩序”。

(2)《公司法》具有治理规范作用。本章在设定规则时,多要求公司符合《会计法》《企业会计准则——基本准则》等规定,通过设立财务、会计制度规范调整公司、股东与债权人之间的财产关系,提供支撑公司内部“两权分离”的制度基础,决定了公司作为独立主体的形式价值及实质意义。此时,《会计法》的审查监督不再是《公司法》的核心功能,明确公司、股东、债权人之间的财产与经营关系才是立法核心。《会计法》侧重程序理性,只要财务、会计行为过程的合法性得到保障,结果就相对可接受,《公司法》更倾向于结果理性,只有能真实反映公司及其经营活动的财务、会计行为才能得到认可,二者互为补充,方可达到程序理性与结果理性之平衡。

2. 后半句之一:公司财务、会计制度定义

公司财务、会计制度是公司财务制度和会计制度的统称,二者是两种不同的制度。

会计制度,是指以会计核算为核心,结合会计准则、行业会计、企业会计等制度,对公司经济活动进行完整、连续、系统的核算和监督,以掌握有关公司财务状况、经营成果和现金流量等信息的经济管理规则。

财务制度,是指对公司财务活动,以及因财务活动产生的法律关系进行决策、计划和控制,包括公司资金管理、公司亏损弥补、收入利润分配、财务报告审计等方面的规则。

由此可见,公司财务制度内涵更丰富,涵盖公司经济活动的各方面,会计制度仅关注公司的经济核算活动。虽内涵不同,但二者同属经济管理范畴,会计是服务于财务的手段,财务管理需要会计信息,亦即财务制度借由会计制度实现,二者之间的联系大于各自的独立性,需结合理解与规定。

3. 后半句之二:公司财务、会计制度的特征

(1)监督性。公司财务、会计制度的监督主要包括外部监督、内部监督。前者是指通过聘请会计师事务所等监督主体行使监督权,对公司经济活动程序、方式、义务

和责任等提出意见和建议;后者是指以监事会、审计委员会等公司内部机关对公司财务、会计进行监督。除常规性内外部监督提供的保障外,完善的财务、会计制度也为公司股东、债权人甚至以税务机关为主的国家执法部门的特殊监督提供基本信息。

(2)分配性。公司利润分配是公司财务、会计制度核心之一,即将符合分配条件的公司资产,在相关当事人之间按照一定顺序进行分配,包括利润分配范围与顺序、弥补亏损顺序、违法分配责任及公积金制度,从而平衡公司、股东、债权人等的利益。

(3)规范性。公司财务、会计制度应依照法律规定进行,各财务资料应符合法定形式与内容要件。公司在编制报告后,应进行信息披露,履行报告公示、报告审验置备等义务,内容上应客观反映公司的资产流向。

◉ 公司治理操作指南

公司财务、会计制度是公司运营的基本法定要求。公司建立财务、会计制度的主要依据包括:(1)法律(狭义),包括《公司法》《会计法》《证券法》《注册会计师法》及其他法律规定。其中,《会计法》是所有会计法规中的基本法,是制定其他会计法规的依据,是指导会计工作的最高准则。(2)行政法规,如《总会计师条例》《企业财务会计报告条例》等。(3)部门规章,财政部作为国务院主管全国会计工作的政府部门,肩负制定、统驭和协调国家统一会计制度的重要使命,如其制定的《企业会计准则——基本准则》《会计基础工作规范》等。(4)软法规范,如财政部发布的《中国注册会计师审计准则第1211号——重大错报风险的识别和评估》《中国注册会计师审计准则第1321号——审计会计估计(包括公允价值会计估计)和相关披露》《中国注册会计师审计准则第1504号——在审计报告中沟通关键审计事项》(部分失效)等。

◉ 比较法规范

《日本公司法》第431条、第614条。

◉ 研究文献

徐强胜:《我国公司法上财务会计制度的缺失与补救》,载《政法论坛》2023年第4期。

第二百零八条　【公司财务会计报告的编制与审计】

公司应当在每一会计年度终了时编制财务会计报告,并依法经会计师事务所审计。

财务会计报告应当依照法律、行政法规和国务院财政部门的规定制作。

◉ 立法意旨

本条是关于公司财务会计报告的编制与审计的规定。

◉ 条文演变历程

本条可追溯至1993年《公司法》第175条第1款:"公司应当在每一会计年度终了时制作财务会计报告,并依法经审查验证。"2005年修法删去1993年《公司法》第175条第2款财务会计报告的报表构成,增订第2款"财务会计报告应当依照法律、行政法规和国务院财政部门的规定制作",并将"并依法经审查验证"改为"并依法经会计师事务所审计"。2005年修正将第1款内容增设至一人有限公司的特别规定部分,单列为第63条,并于2013年修法时将条文序号调为第62条。

此次修法,一审稿删去一人公司部分的重复规定,2018年《公司法》第2款的"国务院财政部门的规定"被修改为"国家统一的会计制度",二审稿改回,最终形成本条。

◉ 条文释义

本条对应旧法第62条、第164条,无内容性修订,仅删去第62条一人有限责任公司的重复规定,完整保留第164条。

(一)第1款前半句:财务会计报告的编制

1. 财务会计报告的含义

依体系解释,《企业财务会计报告条例》第2条第2款规定,"本条例所称财务会计报告,是指企业对外提供的反映企业某一特定日期财务状况和某一会计期间经营成果、现金流量的文件",本款要求公司在每一会计年度终了时编制的财务会计报告,应指年度财务会计报告。此外,依报告内容所涉期间不同,还有半年度、季度和月度财务会计报告。

2. 编制主体

公司承担编制财务会计报告的义务。在公司内部,财务会计报告的编制属公司日常经营管理范畴,编制的责任主体是董事会,具体由财务部门或专业会计人员编制,由财务负责人审核。财务负责人并不必然兼任董事,董事会应对财务会计报告的真实性、完整性负责。针对财务会计报告的监督工作,由监事会、审计委员会或一名监事承担。

3. 编制时间

本款规定公司开始编制年度财务会计报告的时间为每一会计年度终了时,即每年 12 月 31 日。对上市公司而言,《上市公司信息披露管理办法》第 13 条有更严格的时限规定,年度报告应在每个会计年度结束之日起 4 个月内编制完成并披露,即在次年 4 月 30 日前制作完成并依法提交;对于商业银行而言,《商业银行法》第 56 条将其公布上一年度的经营业绩和审计报告的时限缩短为 3 个月内。

4. 内容

《企业财务会计报告条例》第 7 条规定,年度、半年度财务会计报告应包括会计报表、会计报表附注、财务情况说明书。其中,会计报表包括资产负债表、利润表、现金流量表及相关附表,但依《企业会计准则——基本准则》第 44 条第 3 款,小企业编制的会计报表可以不包括现金流量表。《企业财务会计报告条例》第 8 条规定,季度、月度财务会计报告通常仅指会计报表,会计报表至少应包括资产负债表和利润表,国家统一的会计制度有要求编制会计报表附注的,还包括会计报表附注。

(二)第 1 款后半句:会计师事务所的审计义务

据本法第 215 条第 1 款的规定,公司聘用、解聘承办公司审计业务的会计师事务所,按照公司章程的规定,由股东会、董事会或者监事会决定。

从会计师事务所的职责内容来看,会计师事务所对公司财务会计报告有审计义务,由注册会计师出具不同类型意见的审计报告,以提高或降低报告使用人对财务报告的信赖程度,必要时对特定项目予以警示。注册会计师出具的审计报告意见有 5 种:标准无保留意见、带有解释性说明的无保留意见、保留意见、否定意见、无法表示意见。

会计师事务所是一个提供专业化鉴证中介服务的机构,对其法律责任略作分析:(1)对审计委托人的责任。作为审计委托人,公司请求会计师事务所合理、客观地审计财务会计报告,如注册会计师明知所审计的财务报表存在虚假内容,却隐瞒不报、不出具合理审计意见的,即构成欺诈并违反审计委托合同约定,应承担相应的赔偿责任。(2)对利益第三人的责任。利益第三人指信赖审计报告,但未与审计人缔结审计合同的第三人。在法律适用上,至少存在两种追索审计人责任的路径,一是第三人缔约过失责任,二是一般侵权损害赔偿责任。

《民法典合同编通则司法解释(征求意见稿)》第 6 条曾规定了"第三人缔约过失责任"的追责路径。其第 2 款规定,"合同的订立基于对第三人的特别信赖或者依赖于第三人提供的知识、经验、信息等,第三人实施违背诚信原则的行为或者对合同不成立、无效、被撤销或者确定不发生效力有过错,受有损失的当事人请求第三人承担赔偿责任的，人民法院应予支持”。第 3 款第 1 句规定，“第三人依据前两款承担赔偿责任的范围，参照本解释第五条规定予以确定”，该征求意见稿第 5 条为缔约过失的具体赔偿范围。但是，正式颁布的《民法典合同编通则司法解释》第 5 条仅保留了第三人欺诈和胁迫情形下的赔偿责任：“第三人实施欺诈、胁迫行为，使当事人在违背真实意思的情况下订立合同，受到损失的当事人请求第三人承担赔偿责任的，人民法院依法予以支持；当事人亦有违背诚信原则的行为的，人民法院应当根据各自的过错确定相应的责任。但是，法律、司法解释对当事人与第三人的民事责任另有规定的，依照其规定。”

观察此前裁判，多数案例依“一般侵权责任条款”追责，但涉及本法第257 条第2款等采过错推定原则之特别规定的案件除外。如第三人的利益受损与不实审计报告的披露存在直接因果关系，其可要求会计师事务所承担侵权责任，获得民事赔偿。针对会计师事务所基于信赖关系对第三人造成的损害，裁判难点往往在于如何确认第三人的损失范围。合理的界定方式是对信赖损害进行类型化，至少包括两种案型：一是合同终局性被确定无效[①]时，信赖损害至少包括为订立合同或准备履行合同所支出的合理费用；二是合同效力未被否定时，信赖损害至少涵盖因丧失其他缔约机会而造成的损失，但必须扣除为取得机会应支出的合理费用。

财务会计报告也是上市公司会计信息最直接、最主要的来源，发挥重要的作用，当被认定存在虚假记载、误导性陈述或重大遗漏等问题时，依《证券法》第 163 条的规定，作为审计人的会计师事务所除能证明自身无过错外，应与委托人承担连带赔偿责任。依主流裁判规则，会计师事务所等中介机构的过错限于其工作范围及专业意见[②]，证券虚假陈述连带赔偿责任的范围需综合权衡中介机构过错程度、控制损害能力、原因力大小等因素[③]，以此在“追首恶”和“防止寒蝉效应”之间维持平衡，最小化事故导致的社会总成本。

（三）第 2 款：财务会计报告制作要求

本款为引致条款。制作财务会计报告须遵守法律、行政法规和国务院财政部门的规定。被引致的法源包括《会计法》《企业财务会计报告条例》《企业会计准则——基本准则》《会计基础工作规范》《会计档案管理办法》，以及一系列企业会计

① 终局性被确定无效，指合同不成立、无效和确认无效。

② 参见《虚假陈述若干规定》第 18 条第 1 款。

③ 参见上海金融法院民事判决书，(2022)沪 74 民再 19 号。

准则等部门规章。其中,《企业会计准则——基本准则》是最主要的规范依据,包括基本准则、具体准则、应用指南和解释。①

《企业会计准则——基本准则》规定了财务会计报告的一般概念框架,包括:(1)目标;(2)一般会计准则的四项基本假设,会计主体假设、持续经营假设、会计分期假设和货币计量假设;(3)权责发生制原则;(4)会计信息的质量特征与要求;(5)财务会计报表的基本要素,如资产、负债、所有者权益、收入、费用和利润等;(6)确认及计量相关概念,计量属性包括历史成本、重置成本、可变现净值、现值和公允价值等;(7)财务会计报告的构成,即财务会计报告指企业对外提供的反映企业某一特定日期的财务状况和某一会计期间的经营成果、现金流量等会计信息的文件,包括会计报表、会计报表附注及其他应当披露的信息,会计报表至少包括资产负债表、利润表、现金流量表等。②

截至2024年3月29日,财政部发布的具体准则共42个,2017年4月28日发布的最新具体准则为《企业会计准则第42号——持有待售的非流动资产、处置组和终止经营》;财政部发布的解释共17个,最新解释为2023年10月25日发布的《企业会计准则解释第17号》。总之,适用一套公认的财务会计准则,可降低企业的信息传递成本和投资者的调查成本,便于投资者比较不同企业的财务信息。③

◉ 公司治理操作指南

对会计师事务所而言,受审计资源、被审计单位合作程度和审计人员所能获取的信息范围等因素的限制,执行审计程序仅能为财务会计报告的真实度和公允性提供合理程度保证。因此,公司对财务会计报告的编制是关键,会计师事务所的审计仅能发挥有限的监督作用,应督促公司及其责任人员对财务会计报告的真实性、全面性负责,并强调公司内部监事会或审计委员会对财务会计报告编制的监督功能,使财务报表公允地反映公司财务状况、经营成果和现金流量。

财务会计报告也是两类公司股东可查阅、复制的公司文件资料之一,对股东知情权意义重大。一般而言,股东的知情权需求若通过财务会计报告便能得到满足,则无须进一步查阅会计账簿及会计凭证(本法第57条、第110条);否则,股东势必

① 参见陈立军编著:《中级财务会计》,中国人民大学出版社2020年版,第5页。

② 参见《企业会计准则——基本准则》。

③ 参见[美]J.戴维·斯派斯兰德、詹姆斯·F.塞普、马克·W.尼尔森:《中级财务会计》(第6版),孙玥璠、张永冀译,中国人民大学出版社2016年版,第9~10页。

要求查阅会计账簿与会计凭证。现实中，一些中小型、管理异常混乱的公司甚至无法拿出年度财务会计报告，或只能出示未经会计师事务所审计的财务会计报告，这对股东知情权的实现而言，挑战巨大。权利受损的股东只能另辟蹊径寻求权利救济。

◉ 比较法规范

《日本公司法》第435条、第436条、第617条；《英国2006年公司法》第386条、第390条；中国台湾地区“公司法”第228条。

第二百零九条 【公司财务会计报告公示制度】

有限责任公司应当按照公司章程规定的期限将财务会计报告送交各股东。

股份有限公司的财务会计报告应当在召开股东会年会的二十日前置备于本公司，供股东查阅；公开发行股份的股份有限公司应当公告其财务会计报告。

◉ 立法意旨

本条是关于公司财务会计报告公示制度的规定。

◉ 条文演变历程

本条可追溯至1993年《公司法》第176条：“有限责任公司应当按照公司章程规定的期限将财务会计报告送交各股东。股份有限公司的财务会计报告应当在召开股东大会年会的二十日以前置备于本公司，供股东查阅。以募集设立方式成立的股份有限公司必须公告其财务会计报告。”2005年《公司法》第166条规定：“有限责任公司应当依照公司章程规定的期限将财务会计报告送交各股东。股份有限公司的财务会计报告应当在召开股东大会年会的二十日前置备于本公司，供股东查阅；公开发行股票的股份有限公司必须公告其财务会计报告。”该规定删去1993年《公司法》第176条第3款，并增订第2款后半句“公开发行股票的股份有限公司必须公告其财务会计报告”。2013年仅调整条文序号为第165条。

此次修法，一审稿将“股东大会”改为“股东会”，二审稿、三审稿从之，审议通过时将“股票”改为“股份”，遂成本条。

◉ 条文释义

本条对应旧法第165条，无内容修订。

1. 财务会计报告公示制度的功能

与有限公司、股份公司的不同，公司法对其财务会计报告披露有不同要求，且与本法第 57 条、第 110 条规定的股东知情权息息相关。知情权是股东固有权，公司负有依法满足股东知情权的义务。

2. 第 1 款：有限公司的财务会计报告公示

有限公司股东人数一般较少，股东之间关系更紧密，故公司法直接要求采用“送交各股东”的公示方式。

（1）送交期限。有限公司送交股东的财务会计报告期限，由公司章程规定，赋予公司灵活自治的权利。但是，章程对于期限的规定应具体、明确，公司也应严格按照章程要求置备、送交股东，避免公司拖延或不置备、隐藏不送交，否则，应视为实质性剥夺股东知情权，股东有权提起知情权诉讼。

（2）“送交”含义。送交财务会计报告为事实行为，但按债的履行规则，认定公司完成送交财务会计报告的义务，应类推适用《民法典》第 137 条第 2 款规定的“到达主义”，即只有将财务会计报告送达股东，才视为公司履行了义务。前述解释论构造一方面保护了股东知情权，另一方面可激励股东行权，尽快了解公司经营情况。

3. 第 2 款：股份公司的财务会计报告公示

（1）置备期限。本款规定股份公司应在股东会年会召开 20 日前，置备财务会计报告于本公司。股东会年会一般会对公司年度财务管理情况、会计核算情况进行报告，并由股东会结合其他文件评估公司发展运营情况，进而决定增加或减少注册资本、发行债券等。本款虽表述为“应当”，但违反该款规定并不使股东会年会所作决议无效。当公司在股东会年会召开的 20 日前未置备财务会计报告的，股东可以年会上所作决议在程序上违反公司法规定，向法院申请撤销，法院可结合财务会计报告具体置备时间、股东会决议涉及内容，具体认定该程序瑕疵是否显著轻微，从而决定是否裁量驳回。

（2）公开发行股份的股份公司特则。相较于非公开发行公司，公开发行股份的股份公司资合性更强，股权结构往往更分散、涉众性强，即使召开股东年会也未必有过半数的有表决权股东到场，加之股东人数众多，通过现场置备和查询方式获取财务会计报告缺乏便利性。对此，本款要求其以“公告”方式公示财务会计报告。《证券法》第 79 条具体化上市公司的定期信息披露：“上市公司、公司债券上市交易的公司、股票在国务院批准的其他全国性证券交易场所交易的公司，应当按照国务院证券监督管理机构和证券交易场所规定的内容和格式编制定期报告,并按照以下规定报送和公告:(一)在每一会计年度结束之日起四个月内,报送并公告年度报告,其中的年度财务会计报告应当经符合本法规定的会计师事务所审计;(二)在每一会计年度的上半年结束之日起二个月内,报送并公告中期报告。”公众可通过巨潮资讯网(http://www.cninfo.com.cn/new/index)及时关注各交易场所的企业财务会计报告。

◉ 公司治理操作指南

1. 重视会计凭证。会计凭证与财务会计报告、会计账簿关系密切,但三者并非包容关系,而是各自独立。《会计法》第13条第1款规定,“会计凭证、会计帐簿、财务会计报告和其他会计资料,必须符合国家统一的会计制度的规定”。第14条第1款规定“会计凭证包括原始凭证和记帐凭证”。具言之,财务会计报告指企业对外提供的反映企业某一特定日期的财务状况和某一会计期间的经营成果、现金流量等会计信息的文件,包括会计报表、会计报表附注及其他应披露的信息,会计报表至少包括资产负债表、利润表、现金流量表等。[①] 会计账簿则指由一定格式账页组成,以经审核的会计凭证为依据,全面、系统、连续地记录各项经济业务和会计事项的簿籍。[②] 会计凭证是记录经济业务发生或完成情况的书面证明,是登记账簿的依据,分为原始凭证与记账凭证。前者又被称为单据,是在经济业务发生或完成时取得或填制的,用以记录或证明经济业务的发生或完成情况的原始凭据,如现金收据、发货票、增值税专用发票、差旅费报销单等;后者又被称为记账凭单,是会计人员根据审核无误的原始凭证,按照经济业务的内容归类并确定会计分录后填制的会计凭证,作为登记账簿的直接依据,如收款凭证、付款凭证和转账凭证等。[③]

2. 财务会计报告的置备与公示。当前,我国股东知情权纠纷中最大的问题是公司没有账簿可查,股东无财务会计报告可阅。若未依规置备并保存财务会计报告,致股东或债权人损失的,公司董监高应承担违反本法第180条第2款勤勉义务之责任。就此,《公司法解释四》第12条规定:“公司董事、高级管理人员等未依法履行职责,导致公司未依法制作或者保存公司法第三十三条、第九十七条规定的公司文件材料,给股东造成损失,股东依法请求负有相应责任的公司董事、高级管理人员承担

---

① 参见《企业会计准则——基本准则》第44条。

② 参见财政部会计资格评价中心编著:《初级会计实务》,经济科学出版社2020年版,第31页。

③ 参见财政部会计资格评价中心编著:《初级会计实务》,经济科学出版社2020年版,第23~27页。

民事赔偿责任的，人民法院应当予以支持。”

◉ 比较法规范

《日本公司法》第 438 条；《英国 2006 年公司法》第 437 条；《韩国公司法》第 448 条。

◉ 研究文献

1. 李建伟：《股东查阅会计凭证的公司法修订方案》，载《国家检察官学院学报》2023 年第 4 期。

2. 李建伟：《股东知情权诉讼研究》，载《中国法学》2013 年第 2 期。

第二百一十条　【公司的公积金提取与利润分配】

公司分配当年税后利润时，应当提取利润的百分之十列入公司法定公积金。公司法定公积金累计额为公司注册资本的百分之五十以上的，可以不再提取。

公司的法定公积金不足以弥补以前年度亏损的，在依照前款规定提取法定公积金之前，应当先用当年利润弥补亏损。

公司从税后利润中提取法定公积金后，经股东会决议，还可以从税后利润中提取任意公积金。

公司弥补亏损和提取公积金后所余税后利润，有限责任公司按照股东实缴的出资比例分配利润，全体股东约定不按照出资比例分配利润的除外；股份有限公司按照股东所持有的股份比例分配利润，公司章程另有规定的除外。

公司持有的本公司股份不得分配利润。

◉ 立法意旨

本条是关于公司的公积金提取与利润分配的规定。

◉ 条文演变历程

本条可追溯至 1993 年《公司法》第 177 条：“公司分配当年税后利润时，应当提取利润的百分之十列入公司法定公积金，并提取利润的百分之五至百分之十列入公司法定公益金。公司法定公积金累计额为公司注册资本的百分之五十以上的，可不再提取。公司的法定公积金不足以弥补上一年度公司亏损的，在依照前款规定提取法定公积金和法定公益金之前，应当先用当年利润弥补亏损。公司在从税后利润中提取法定公积金后，经股东会决议，可以提取任意公积金。公司弥补亏损和提取公积金、法定公益金后所余利润,有限责任公司按照股东的出资比例分配,股份有限公司按照股东持有的股份比例分配。股东会或者董事会违反前款规定,在公司弥补亏损和提取法定公积金、法定公益金之前向股东分配利润的,必须将违反规定分配的利润退还公司。"2005 年《公司法》第 167 条删去 1993 年《公司法》第 177 条第 1 款、第 2 款、第 4 款、第 5 款涉及"法定公益金"的规定,增订除外规定"但股份有限公司章程规定不按持股比例分配的除外",并将有限公司"按照股东的出资比例分配"修改为"依照本法第三十五条的规定分配",同时增订第 6 款"公司持有的本公司股份不得分配利润"。2013 年修法仅调整条文序号为第 166 条。

此次修法,一审稿将旧法第 166 条第 4 款、第 5 款分别单列一条,其余条款再列一条,前者不再引致表述,而是重述旧法第 34 条分红规则,二审稿又将该条及其余条款单列的一条合并,删去"公司的税后利润,在依照本法规定弥补亏损和提取公积金后,方可向股东分配",增订"公司弥补亏损和提取公积金后所余税后利润",三审稿不再改动,直至形成本条。

◉ 条文释义

本条对应旧法第 34 条、第 166 条,有内容修订。

(一)概念释义:法定公积金

以是否依法律规定强制提取为标准,公积金包括法定公积金和任意公积金。

从我国会计科目角度看,在公司会计核算中,总资产等于所有者权益加负债,总体上,所有者权益分为两部分,投入资本和留存收益,其中,投入资本包括实收资本(或股本)和资本公积,留存收益包括盈余公积和未分配利润,盈余公积包括法定盈余公积和任意盈余公积,资本公积包括资本溢价和其他资本公积。

目前的公司法文本未采"盈余公积金"之称,而直接以"法定公积金"代指"法定盈余公积金"。问题在于,根据本法第 213 条,资本公积金的变动也由法律直接规定,具有法定性,也是一种法定公积金。总之,新《公司法》粗略地将公积金分为法定公积金、任意公积金和资本公积金,所采名称极易使人误解。实际上,本条要求 10% 的利润所列入的法定公积金是法定盈余公积金。

(二)第 1 款:法定公积金的提取

1. 依法提取

公司经营有盈有亏,本是商业之常事。在盈利之年提取公积金,能增强公司承受亏损的能力。在盈利情况下,公司依法固定提取法定公积金,此为公司法规定的公司法定义务。公积金作为所有者权益的一部分，无论是将其用于生产经营，还是转为注册资本，都会使公司生产经营规模扩大，作为内部储备金，在必要时可发挥巨大作用。

本款规定法定公积金的提取规则，一是公司分配当年税后利润时要提取利润的10%列入法定公积金，二是法定公积金累计额为注册资本50%以上的，可不再提取。这两个比例规定使得公司具有最低限度的风险抵抗能力，注意该比率为提取法定公积金的下限，公司可自行评估商业风险，决定是否提取更多法定公积金。

2. 未依法提取法定公积金的利润分配决议效力

实践中存在大量公司作出利润分配决议但未提取法定公积金的情形。此时，利润分配决议是否有效？实践中有两种观点。一是认为决议有效，理由是法定公积金提取规则是管理性规范而非效力性规范，不会使决议无效，若未依法提取法定公积金，法律后果为股东须将违法分配所得退还公司，补缴足公积金即可，足见该规则系分配利润的程序性规定，不足以得出违反该规定必然导致决议无效的结论。二是认为决议无效，理由是强制提取法定公积金的规范目的是维护公司财务基础、保障公司偿债能力，防止股东滥用权利分配公司资产、损害公司债权人利益，其定位是维持公司资本稳定的效力性强制规定，违法分配决议应属无效。

本书认为，不宜简单认定违反法定公积金提取规则的利润分配决议无效，理由有三：(1)补足法定公积金即可将公司恢复至权利圆满状态，并非必须通过判定决议无效才足以保护公司及其债权人利益；(2)至于有观点认为，利润分配可能对公司正常经营造成不利影响，但这是股东会决策时可能面临的法律风险和经营风险问题，并不涉及股东会决议内容本身的违法性；(3)出现其他决议无效情形的，如控制股东滥用权利导致公司不分配利润，司法才可介入商业自治，否则不应过度干预。

(三)第2款：弥补亏损顺序

本款为公司明确既有亏损、法定公积金、未分配利润三者之间关系：当公司有以前年度亏损的，如何有序变动所有者权益以弥补亏损。

本法第214条第2款规定："公积金弥补公司亏损，应当先使用任意公积金和法定公积金；仍不能弥补的，可以按照规定使用资本公积金。"第225条第1款规定："公司依照本法第二百一十四条第二款的规定弥补亏损后，仍有亏损的，可以减少注册资本弥补亏损。减少注册资本弥补亏损的，公司不得向股东分配，也不得免除股东缴纳出资或者股款的义务。"体系化理解以上规定，可总结公司弥补亏损使用资金的具体顺序：

公司有任意公积金的，可以任意公积金弥补亏损；

仍不能弥补的，以公司法定公积金弥补亏损；

仍不能弥补的，暂停提取当年的法定公积金，用当年利润弥补亏损；

仍不能弥补的，可使用资本公积金，如股本溢价或资本溢价；

仍不能弥补的，如有必要，可通过减少注册资本以弥补亏损。

（四）第 3 款：任意公积金的提取

本款规定，在前述提取法定公积金外，经股东会决议还可从税后利润中提取任意公积金。所谓“任意”，是公司意思自治之意，任意公积金是在缴税、弥补亏损、提取法定公积金 3 个规定动作之后的财务政策，属于公司自治范畴。股东会可决议将利润全部分配，也可大量留存在公司，以利长远发展。但如果公司设置了优先股，则应在提取任意公积金之前分配优先股股利。

假设公司在某个年度盈利，从盈利到分红的大致流程是：

毛利润—以公积金、当年利润弥补以前年度亏损（如有）—缴纳企业所得税，形成税后利润①—提取法定公积金—提取任意公积金—股东会决议分红。

（五）第 4 款：分配利润

1. 前半句：有限公司利润分配比

有限公司利润分配的规定源自旧法第 34 条，内容上没有变化，其规则为，以实缴比例为原则；全体股东另有约定的，优先适用。实务中全体股东可约定按照认缴比例、实际贡献值比例、分段计算不同比例、按人头均分等进行分配，总之，听凭公司意思自治。

2. 后半句：股份公司利润分配比

股份公司的利润分配比规定源自旧法第 166 条第 4 款，其规则为，以股东持股

① 《企业所得税法》第 18 条规定：“企业纳税年度发生的亏损，准予向以后年度结转，用以后年度的所得弥补，但结转年限最长不得超过五年。”由此可知，公司弥补亏损的原则是：先亏先补，从亏损次年连续计算弥补亏损年度，最长弥补亏损年度不超过 5 年，超过 5 年仍未弥补完的税前不再予以弥补。换言之，企业今年的盈利可以在缴税前用来弥补以前年度的亏损，而可弥补的年限是 5 年，即今年的盈利最多用来弥补 5 年前企业的亏损，而 6 年前及更早的亏损不能弥补。在弥补以前年度亏损后，若还有结余则就剩下结余部分计税上缴。此外，本法第 210 条第 2 款规定：“……应当先用当年利润弥补亏损。”使用的是“当年利润”弥补亏损而非第 1 款所使用的“税后利润”，依据体系解释可知，公司弥补亏损在缴纳企业所得税之前。

比例分配为原则；公司章程另有规定的优先适用。股份公司采用实缴制，故不存在实缴比例、认缴比例之区分。另据《公司法解释三》第 16 条，公司章程或股东会决议可对瑕疵出资股东的利润分配请求权作出合理限制。

本款系对公司利润分配方式的规定，有如本法第 65 条释义关于有限公司股东表决权比例的规定。作为推定适用规范，第 65 条填补公司设立者未约定表决权比例的合同漏洞；同理，股东如因未对利润分配问题作出安排而发生争议，法院可援引 2023 年《公司法》第 210 条第 4 款进行裁判，也允许股东作出差异化安排，满足各自投资需求。

（六）第 5 款：自持股份无分红权

公司自持股份不得参与分红，此乃公理。若仍对自持股份分红，公司将面临分红后多增的缴税环节，反而损害公司利益。此外，如允许公司自持股份分红，等于使本应分配于其他股东的利润仍留存于公司，不仅会出现该部分利润归属不明的问题，还可能出现新老股东待遇不公平问题。

结合本法第 116 条第 1 款的规定，可总结出公司自持股份的两个规则：一不享有分红权；二不享有表决权。

◉ 公司治理操作指南

利润分配涉及利益主体众多，在个案中，利害关系人的利益可能产生直接冲突。如公司有盈但不分，会损害少数股东利益[①]；公司无盈仍分，会损害债权人利益；未弥补亏损和提取法定公积金之前便分红，不利于公司健康发展。因此，利润分配制度之于公司内外部关系之调和，十分重要。

实务陷阱一：分红乱象。正由于公司法规定的“税后利润”与税法、会计制度规定的“可供分配利润”范围并不匹配，操作空间很大，实践中分红乱象频出。乱象一：有限公司常以累积的净利润作为分配基础进行分配；乱象二：封闭公司为避免双重税负，可能采取“不分配利润政策”将利润零化，转而以其他形式向股东“变相”分

---

① 公司只能向股东分配“税后利润”。新《公司法》条文并未提供“税后利润”的定义，而会计规范中使用的是“净利润”的概念，因此在适用时，需要借助税法以及会计制度所提供的标准。依据税法，公司以本年度利润总额为计税依据上缴企业所得税后，形成税后利润，即公司净利润。《企业会计制度》第 110 条第 1 款规定，“企业当期实现的净利润，加上年初未分配利润（或减去年初未弥补亏损）和其他转入后的余额，为可供分配的利润”；第 111 条规定，“可供分配的利润减去提取的法定盈余公积、法定公益金等后，为可供投资者分配的利润”。《企业会计制度》第 106 条则提供了“净利润”的计算公式。可见，公司可向股东分配的利润，与法条所言“税后利润”的范围并不相同。

配;乱象三:公司举债以分红,导致公司偿债能力极度削弱,损害债权人利益。对此,在不断强化董事会的权力与义务、责任同步的背景下,董事会需勤勉履责,区分违法分配行为与合理分配策略,平衡各利害关系人的利益。

实务陷阱二:如何计算分红比例。实践中,若一家有限公司多年不分红,由于认缴制的实行,其间不同股东的认缴、实缴比例一直在变动,便会产生一个常见问题:如前4年年年盈利而未分红,在第5年股东会决议分红时,实缴比例是指第5年分红决议作出时间点的比例状态,还是会按每一年度对应的比例状态分年度计算?公司法的答案自然是前者,但现实生活中不少人基于朴素"公平观"而更认同后一答案。可用两句话回应该问题:第一,分红系高度自治事项,司法机关一般不作干预,建议在全体股东协议中明确约定分红比例的计算方式,以切实维护自身利益;第二,如不存在合法有效的全体股东协议,法院则只能按照股东会决议作出时各股东实缴比例确定分红比例。

实务陷阱三:控股股东对分红事项议决的滥权。由于分红按实缴比例、表决按认缴比例,所以在有限公司中,如控股股东尚未实缴,其利用表决权优势很可能作出不分红决议,反之,则会作出分红决议。在此意义上,少数股东享有的按实缴比例分红的权益很可能"理想丰满,现实骨感"。值得注意的是,分红本质属于公司自治事项,公司法原则上不支持抽象股利分配之诉。根据《公司法解释四》第15条的规定,股东请求公司分红的,需提交载明具体分配方案的股东会决议,否则法院将驳回其诉讼请求,除非举证控股股东违反法律规定滥用股东权利导致公司不分红损害其他股东利益的。

◉ 比较法规范

《日本公司法》第631条;《韩国公司法》第462条;《德国有限责任公司法》第29条;《德国股份法》第300条、第301条;《英国2006年公司法》第829条、第830条、第831条;《美国特拉华州普通公司法》第170条、第171条;中国台湾地区"公司法"第237条、第240条、第241条。

◉ 研究文献

1. 张保红:《公司利润分配制度的更新》,载《国家检察官学院学报》2023年第4期。

2. 李建伟:《法院如何支持股东的抽象股利分配请求:来自197份商事裁决书的类型化分析》,载《中外法学》2021年第2期。

3. 王军:《抽逃出资规则及公司分配制度的系统性改造》,载《法学研究》2021年第5期。

4. 龚博:《治理视域下上市公司股利分配法律制度研究》,载《法学评论》2019年第2期。

5. 梁上上:《论股东强制盈余分配请求权——兼评"河南思维自动化设备有限公司与胡克盈余分配纠纷案"》,载《现代法学》2015年第2期。

6. 张保华:《分配概念解析——兼评〈公司法司法解释(三)〉中的抽逃出资》,载《政治与法律》2011年第8期。

◉ 典型案例

金某、金銮洛阳房地产开发有限公司公司盈余分配纠纷案①

1. 案情简介

金銮洛阳房地产开发有限公司(以下简称金銮公司)股权结构为杨某伟60%、金某40%。2017年8月17日,金銮公司进行章程修正,金某货币出资2400万元,占出资比例的40%;杨某伟货币出资1800万元,占出资比例的30%;刘某娟货币出资1800万元,占出资比例的30%。

2019年5月8日,洛阳某资产评估事务所有限公司受金銮公司委托,作出《资产评估报告》,评估范围内的资产与负债于评估基准日2019年2月28日的评估结果为金銮公司调整后资产总额账面价值为34,698.58万元,评估价值为59,660.06万元,净资产账面价值为-4072.85万元,评估价值为20,908.15万元。评估结论使用有效期自2019年2月28日起至2020年2月27日止。

2019年8月21日,股东金某与股东杨某伟签订《净资产分配方案》,约定股东金某在金銮公司应分配利润为20,908.15万元的50%,即10,454.075万元。后金某提起诉讼:请求判令金銮公司向其支付公司分配利润10,454.075万元(相关费、税由金銮公司代扣代缴)。

2. 裁判要旨

一审法院认为,股东有权请求公司分红的情形有二:一是公司已通过分红决议,无正当理由未予执行;二是公司未通过分红决议,但控股股东滥用股权导致公司不分红,给其他股东造成损失。依公司章程规定,应由执行董事制订公司利润分配方案,由股东会审议批准。本案中,金銮公司并未作出分红决议,且金銮公司执行董事也从未制订并向股东会提出过利润分配方案。首先,盈余分配是对利润的分配,公司净资产包含但不等于公司利润,企业净资产是指属于企业所有并可自由支配的资产,即所有者权益,包括实收资本或股本金、资本公积、盈余公积和未分配利润等。案涉《净资产分配方案》不等于利润分配方案。其次,公司享有法人财产权,以其全部财产对公司债务承担责任。金某和杨某伟达成的《净资产分配方案》分配的并非金銮公司的利润,而是公司净资产,违反公

① 参见河南省高级人民法院民事判决书,(2020)豫民终1104号。

司法规定，且有可能损害金銮公司及金銮公司债权人的合法权益。金銮公司虽仅对分配方式及分配金额提出抗辩，但其无法代表金銮公司全部债权人作出意思表示，故金某不能依案涉《净资产分配方案》主张对金銮公司享有具体盈余分配请求权。最后，金某并未主张金銮公司控股股东利用优势地位转移利润，导致金銮公司不分配利润。综上，判决驳回诉讼请求。

二审法院认为，公司如进行盈余分配，应是在弥补亏损、提取公积金后仍有利润的情况下，再由股东会制订分配方案进行分配。本案中，金某、杨某伟于2019年8月21日签订的《净资产分配方案》是按照金銮公司资产评估价值减去金銮公司负债后，对金銮公司净资产所做的一种分配，该分配实质上是对包括金銮公司股本金在内的公司全部财产的处理，该分配与公司利润分配在分配目的、实现程序、分配内容上均有明显区别。原审判决并无不当。申言之，公司是否分配利润属于内部自治事项，通常情况下司法不宜介入。

3. 案件评析

利润分配是公司商业判断事项，属于公司自治范畴，司法不宜过度干预。唯有当公司股东滥用股东权利导致公司不进行分配利润，损害其他股东利益时，司法才应适当介入以纠正不公平的利益状态，保护股东利益。利润分配应是在公司弥补亏损、提取公积金后仍有利润的情况下，再由股东会制订分配方案进行分配。《净资产分配方案》与利润分配方案并不相同，净资产涵盖了资本维持原则下公司法划定的应留存于公司中的资产种类，与“利润”系包含关系。

第二百一十一条 【违法分配的法律后果】

公司违反本法规定向股东分配利润的，股东应当将违反规定分配的利润退还公司；给公司造成损失的，股东及负有责任的董事、监事、高级管理人员应当承担赔偿责任。

◉ 立法意旨

本条是对公司违法分配的法律后果的规定。

◉ 条文演变历程

本条可追溯至1993年《公司法》第177条第5款：“股东会或者董事会违反前款规定，在公司弥补亏损和提取法定公积金、法定公益金之前向股东分配利润的，必须将违反规定分配的利润退还公司。”2005年《公司法》第167条第5款删去“法定公益金”，增加“股东大会”表述，明确“股东”为退还利润主体。2013年修法仅调整条文序号为第166条。

此次修法，一审稿单列一条，将2018年《公司法》“股东会、股东大会或者董事会违反前款规定，在公司弥补亏损和提取法定公积金之前”改为“公司违反本法规定”，增订“并加算银行同期存款利息”。但二审稿将其删去，增订“在弥补亏损和提取法定公积金之前”。三审稿沿袭之，但审议通过时再次删去该表述，最终形成本条。

◉ 条文释义

本条对应旧法第166条，有重大内容修订。

（一）前半句：违法分红无效

1. 违法分红决议无效

“违反本法规定”意味着该分红决议具有违法性，按照本法第25条的规定，股东会分红决议无效。公司分红与公司债权人的利益密切关联。公司如在出现亏损且无力弥补的情况下仍决议分红，必然削弱公司的偿债能力，损害公司债权人的利益。债权人不参与公司内部治理，无法阻止此类决议的通过，只能被动接受不利后果。因此，站在债权人的立场上，法律需对公司违法分红决议进行必要规制。在此前实践中，公司法未直接确立违法分红决议无效规则，导致司法裁决不一致。对此，最高人民法院曾尝试通过司法解释来明确违法分红决议无效规则，2016年4月12日公布的《公司法解释四（征求意见稿）》设专条规定“决议无效事由”，第6条规定“股东会或者股东大会、董事会决议存在下列情形之一的，应当认定无效：……（二）决议过度分配利润、进行重大不当关联交易等导致公司债权人的利益受到损害”。该条款后经反复修订，在2016年年底提交给最高人民法院审委会审议的“审议稿”版本发展为：“第二条　股东会或者股东大会、董事会决议内容有下列情形之一的，应当确认无效：……（三）违反公司法第166条规定向股东分配利润；……”但遗憾的是，《公司法解释四》最终稿未采纳此规则。但不可否认的是，公司股东会、董事会作出决议都视为公司行为，违法分红决议内容违法，可适用本法第25条判定该决议无效。

有学者以美国公司法的广义分配理论来释解本条，可能并不准确。广义分配，是指以《美国模范商业公司法》为代表的英美公司法规定的，凡具有相同经济实质的利益从公司流向股东的行为，包括但不限于向股东分配盈余、回购股权、实质减资等，均为公司对股东的分配。观察我国公司法上资本制度规范群，抽逃出资、利润分配、回购股份、减少注册资本等各自具有独立的技术含义，体系结构更类似于欧洲国家常见的资本维持模式，而非以《美国模范商业公司法》为代表的偿付能力测试模式,故这一观点至少不符合我国现行法的基本规则构造。

2. 股东返还不当得利

公司分配具有涉他性,可能损害公司债权人等其他利益相关者的利益,故各国及各地区的公司法都相应规定公司分配的法律准则。我国采用收入盈余分配准则,强调"无盈不分",即公司在未弥补亏损及未留存相应比例公积金的情形下,所获利润不得用于分配(第 210 条)。法定分配准则旨在避免因无盈分配导致的公司利益、股东长远利益及债权人利益的损害,其直接受益者为取得违法分红的股东。股东受领利润的法律依据是其固有的分红权,但该权利的行使应以合法可分的利润为限,超出部分即因缺乏法律依据而属于不当得利,自应予以返还。

因此,无论采取什么形式的分红,只要属于违法分配,股东均应将受领的财产利益返还给公司。按不当得利返还一般规则,若违法分配期间股东获得资金利息的,应一并返还。①

(二)后半句:赔偿责任

违法分红行为发生后,科以有关当事人赔偿责任,属于此次修法的重大制度创新。对于本条后半句的规定,须掌握三个要点。

1. 给公司造成损失的

这一类似要件亦出现在本法第 53 条抽逃出资、第 226 条违法减资等情形中,最直接的指向是:违法分红决议得到执行后,有股东就所获分红款无力返还给公司,由此造成公司损失;据此,如全体股东能将非法所得分红款及利息返还给公司,则不用承担赔偿责任。当然,"给公司造成损失"也可能是指非法分红导致公司财产减少而丧失投资机会的损失等。

2. 责任人:股东及负有责任的董监高

此处的"负有责任的董事、监事、高级管理人员"所指为何?"负有责任的"字样在本法中出现 6 次(第 51 条、第 53 条、第 163 条、第 211 条、第 226 条、第 258 条),"负有责任的董事、监事、高级管理人员"出现 4 次(第 53 条、第 163 条、第 211 条、第 226 条),"股东及负有责任的董事、监事、高级管理人员"出现 2 次(第 211 条、第 226 条)。那么,本条的股东及"负有责任的董事、监事、高级管理人员"所指为何?需要

---

① 参见王泽鉴:《不当得利》(第 2 版),北京大学出版社 2015 年版,第 247 页;谢鸿飞、朱广新主编:《民法典评注:合同编　典型合同与准合同》(第 4 册),中国法制出版社 2020 年版,第 629 页。

讨论。

(1)股东

此处“股东”不是指全体股东，而是指滥用控制权影响违法决议的通过及执行的股东，包括发挥协助作用的其他股东，当然还包括退还分红款不能的股东，具体视股东会决议的表决、执行及退还等情况而适用共同侵权理论。

在我国公司治理实践中，公司控制权处于流动状态是例外而非常态，公司控制权往往长期归属单个股东、家族或组织，尤其是在有限公司中，控股股东的个人意志天然具有主导决议的条件和优势，在审议股东会决议过程中举足轻重。而少数股东既无全面掌握公司信息的能力，在决议表决时又享有与控股股东不对称的参与程度，对比股东返还责任更重的损害赔偿责任进行判定，更应审慎考量不同股东在公司决策中的权力和作用。[①] 因此，根据我国公司的权力结构与治理模式，本条的“股东”应理解为滥用控制权实施违法分红的股东。

(2)负有责任的董监高

“负有责任的”，包含两层含义。一是指明承担赔偿责任的董监高并非全体而是专指“负有责任的”，依反对解释，不“负有责任的”董监高自然不在赔偿主体之列；二是指明承担赔偿责任的董监高具有过错，“负有责任的”宜理解为过错归责的表述，至于是否适用过错推定，可进一步讨论。那么，如何认定董监高是否“负有责任”？这要回溯到违法分红的流程来检测。按照股东会、董事会、经理的职权规定，违法分配决议的一般流程是：①形成决议环节——先由经理为首的管理层提出分配方案，交付董事会讨论完善，而后董事会形成议案提交股东会议决（本法第59条第1款第4项、第67条第2款第4项）；②决议执行环节——股东会决议形成后，交付董事会执行，董事会安排管理层具体落实；③决议形成与执行监督，在以上过程中，监事会（监事）负有监督职责。不难看出，对于违法分红决议的形成及其执行，定有部分董监高难逃干系，这属于董监高违反信义义务的典型情形，此即“负有责任的”精确含义——一方面，这意味着某些董监高对于信义义务的违反，另一方面可解读为负有侵权法意义上的过错。具言之，如该董监高身为股东，可能构成对忠实义务的违反；否则，多数为对勤勉义务的违反。

无论违反哪一项信义义务，“负有责任的”董监高都应承担本条规定的赔偿责

---

① 参见于莹、司耕旭：《违法分配利润的责任研究》，载《社会科学战线》2023年第7期，第247页。

任，这一责任属于本法第 188 条规定的董监高违反信义义务责任的具体化。

3. 赔偿责任及其减免

对于股东及负有责任的董监高承担的赔偿责任，前者是股东不当取得公司利润而给公司及其他股东造成损害时所应承担的侵权责任①，后者是因违反公司信义义务而对公司承担的违信责任。总之，这都属于广义的侵权损害赔偿责任。所以，即便"负有责任的"董监高承担对公司的赔偿责任后，也不能事后向股东追偿。

股东无权减免董监高的上述赔偿责任。董监高对公司承担损害赔偿责任系对公司的一笔债务。基于所有权和代理法理，全体股东是公司剩余利益的所有者，自然有权决定是否减免董监高的赔偿责任，但该权利亦有限度，禁止违法分配规则旨在防止公司资产被抽空，损害公司债权人利益，违法分配下的董监高赔偿责任旨在弥补全体债权人所受损失，所得赔偿的实质受益人是全体债权人。因此，至少在公司缺乏偿债能力时，股东无权减免董监高的赔偿责任。

◉ 公司治理操作指南

本条提及"公司违反本法规定"分红，但未进一步类型化。实践中，违法分配的常见情形分为 4 种：第一，无利润而分配，公司在可供分配的利润不足时向股东支付资金；第二，有利润，但未作分配决议就将收入分给股东；第三，有利润，但未提取法定公积金就实施分配；第四，公司与股东之间订立不以"税后利润"为分配基础的定额股息或定额回报协议。

此次修法删去旧法第 166 条"在公司弥补亏损和提取法定公积金之前向股东分配利润"的表述，而采用"违反本法规定向股东分配利润"的概括性表述。由此，实务中出现的各类违法分红情形时可一体适用本条规定。值得注意的是，若某一分配行为同时符合违法分配与抽逃出资的构成要件，尤其是虚构利润进行分配情形(《公

---

① 董事投票必须尽到信义义务，而股东投票原则上不负有信义义务：与董事必须尽到合理注意义务不同，股东投票前无义务提前了解相关事实；股东也不对公司负忠实义务，可以为自己利益而投票。因此，具体到公司分红决策中，股东投票同意与董事投票同意具有不同意义。董事投票应遵守信义义务要求，董事决策受商业判断规则保护，而董事一旦违反注意义务，则应对公司负赔偿责任，应在如有所注意便可避免分配的范围(违法分红数额及其贷款利息)内进行赔偿。而股东因不负有信义义务，所以不承担过失决策责任。但是，任何权利都不是没有法律边界的。控股股东对其他股东负有信义义务已被广泛接受。事实上，控股股东对于公司的控制权具有正当性，关键要区分其是否构成权利滥用。如果控股股东以投票之名而追求不法利益(如故意虚增分红)，主观目的在于侵害他人利益，那么问题的性质就变了，可转化为侵权责任。参见徐方亮：《公司违法分配责任机理与规则完善——基于公司法和民法双重视角的分析》，载《当代法学》2023 年第 5 期，第 118 页。

司法解释三》第12条第1项),亦有可能被认定为抽逃出资。此时除对公司、其他股东赔偿外,亦须对符合条件的债权人承担赔偿责任。然而,在该情形下,法院会适用哪一规则,实践差异较大,但从法律适用的基本原理看,法官不得向一般条款逃逸,当存在更具体的禁止违法分配规则可供裁判援引时,不应径直诉诸含义更模糊的抽逃出资条款,此时,债权人可同时通过代位权或强制执行债权实现清偿目的。

◉ 比较法规范

《日本公司法》第629条;《英国2006年公司法》第847条;《美国特拉华州普通公司法》第174条。

◉ 研究文献

1. 徐方亮:《公司违法分配责任机理与规则完善——基于公司法和民法双重视角的分析》,载《当代法学》2023年第5期。

2. 吴飞飞:《资本维持原则的当下意蕴及其对偿债能力测试的借鉴》,载《政法论坛》2023年第4期。

3. 朱慈蕴:《中国公司资本制度体系化再造之思考》,载《法律科学(西北政法大学学报)》2021年第3期。

◉ 典型案例

重庆万滨置业有限公司与航发投资管理有限公司公司盈余分配纠纷案①

1. 案情简介

2010年6月24日,重庆万滨置业有限公司(以下简称万滨公司)登记设立,注册资本为1000万元,其唯一股东万科重庆公司于2010年6月18日实缴完毕。当月,中航万科公司(甲方)与中航技公司(乙方)、万科重庆公司(丙方)、QUEENTON INVESTMENTS LIMITED(丁方)签订《合作框架协议》,约定:四方共同设立包括万滨公司在内的3个项目公司,并最终实现由甲、乙、丙三方按照50%、25%、25%的比例享有3个项目公司及其项目权益。公司设立5人董事会,负责召集股东会会议、制订公司利润分配方案和弥补亏损方案等。协议生效后,就项目年度结算实现的税后净利润原则上按各方持有股权比例进行分配,鉴于乙方为项目前期付出大量工作,各方一致同意,在2010年度以预分配的形式优先分配1亿元税后净利润(为3个项目公司合计,具体分配比例由各方届时另行协商确定)给乙方,本款约定的税后净利润优先分配方案实施完毕后,各方再按照持股比例进行后续税后净利润的分配。各方同意,上述分配方案应当载入项目公司股东协议以及公司章程等法律文件。

第211条

① 参见重庆市江北区人民法院民事判决书,(2022)渝0105民初12220号。

2010 年 8 月 10 日，中航技公司的股东中国航空技术国际控股有限公司与中国航空技术国际工程有限公司共同签订《中航技公司分立协议》，明确采用存续分立的方式将公司分立为中航技公司（存续公司）与航发投资管理有限公司（以下简称航发公司）（新设公司），双方继续持有存续公司和新设公司股权，持股比例为 80%、20%，两司各自承继中航技公司原有债权、债务。

2010 年 11 月 15 日，航发公司向万滨公司发送《关于向航发公司预分配一亿元净利润现金流安排的函》，要求万滨公司依据《合作框架协议》向其支付预分配净利润现金 2000 万元。收到此函件后，万滨公司以银行汇款方式向航发公司账户支付 2000 万元整，并附言“分配款”。

2011 年 2 月 14 日，天健正信会计师事务所出具的万滨公司《2010 年度财务报表的审计报告》载明：2010 年度，万滨公司营业总收入为零，营业总成本为 272,634.15 元，营业利润为 -272,634.15 元，利润总额为 -272,634.15 元，净利润为 -206,599.51 元。万滨公司请求法院判令航发公司返还资金并赔偿资金占用损失。

2. 裁判要旨

审理法院认为，根据审计报告，2010 年度万滨公司无营业收入，净利润亦为负数，在设立当年，万滨公司以支付预分配净利润名义向其股东航发公司支付 2000 万元。万滨公司在做出支付行为时，甚至缺乏股东会决议，更未制订任何分红方案，其前述支付行为明显违背法律规定。现万滨公司诉请航发公司返还分红款 2000 万元应依法予以支持。航发公司无端占有该笔款项，应返还不当利益，包括原物及其所生法定孳息，现万滨公司主张航发公司支付资金占用损失，法院也予以支持。

3. 案件评析

公司须依法律规定进行分红，不得违反资本维持原则随意分配。法院审理公司盈余分配纠纷，既要维护股东的分红权，支持合法合规的公司分红行为，又应在资本维持原则要求下避免公司资产不当流出，对公司分红方案和程序是否符合法律规定进行必要审查。当发生违法分红情形时，股东应退还利润及相应孳息，在有损失的情形下，股东及有责任的董监高亦应承担相应赔偿责任。

第二百一十二条　【利润分配决议的实施期限】

股东会作出分配利润的决议的，董事会应当在股东会决议作出之日起六个月内进行分配。

◉ 立法意旨

本条是对公司利润分配决议实施期限的规定。

◉ 条文演变历程

本条为新增条款，源自《公司法解释五》第 4 条第 1 款，“分配利润的股东会或者股东大会决议作出后，公司应当在决议载明的时间内完成利润分配。决议没有载明时间的，以公司章程规定的为准。决议、章程中均未规定时间或者时间超过一年的，公司应当自决议作出之日起一年内完成利润分配”。此次修法，一审稿重新表述为“股东会作出分配利润的决议的，董事会应当在股东会决议作出之日起六个月内进行分配；公司章程或者股东会决议另有规定的除外”。二审稿、三审稿沿袭之，审议通过时将“公司章程或者股东会决议另有规定的除外”删去，遂成本条。

◉ 条文释义

在公司法典意义上，本条为新增条款；在实质规范意义上，本条源自《公司法解释五》第 4 条，但有内容修订。

1. 利润分配决议的执行

据本法第 59 条、第 112 条，公司分红决议由股东会作出。股东会一旦作出有效的分红决议，公司和有资格分得利润的股东之间即形成以公司向股东给付股利为内容的债之关系。

法定期限届满后，公司仍不分红的，构成债务的不适当履行，股东可依分红决议向法院提起给付之诉，请求法院强制执行。作为该债之关系中的债权人，符合资格的股东有权要求公司依有效分红决议履行债务，即向其支付股利，亦有权要求公司就其所受损失承担赔偿责任。在分红过程中，如董监高未尽勤勉义务，股东亦可追究其责任。此外，公司逾期分配的，还需向股东赔偿资金被占用产生的利息损失。

2. 执行期限

据本法第 67 条、第 120 条的规定，董事会行使制订公司分红方案的职权，且在股东会作出分红决议后，董事会应及时实施分红方案。

实践中可能出现多数股东滥用权利，在分红方案中延长分红期限，致使少数股东利益受损。为解决公司决议对实施分红期限规定不明这一问题，《公司法解释五》第 4 条第 1 款要求公司至迟在决议作出起 1 年内完成分配，此次修法将其缩短为 6 个月，并删除了决议、章程载明的情形，避免了决议与章程不一致所致实践困境；亦删去决议载明的时间长于章程时，股东可请求法院撤销的规定。相较而言，新《公司法》规定干脆利落，同时删除了三审稿关于“公司章程或者股东会决议另有规定的除外”之规定，也可见 6 个月是公司法容忍的最长期限，禁止公司章程或股东会决议延长之,且鼓励公司决议、章程约定更短的分红期限。

◉ 公司治理操作指南

本条未规定多数股东滥用权利不作分红决议的情形,此时少数股东无法提交载明具体分红方案的股东会决议,为保护自身固有的分红权,其可依据《公司法解释四》第15条的但书规定,向法院提起抽象股利分配之诉,请求法院强行判决分红。

另外,需要注意的是,本条适用与第89条、第161条规定的异议股东股份评估权息息相关。如公司在某年度作出分红决议但超出6个月不实施,是否应将该年度记为不分红年度?若记为分红年度,则很可能无法满足"连续五年不向股东分配利润"要求,只能重新计算连续不分红年度,实质性阻碍异议股东行权。对其分析应从异议股东股份评估权的功能出发。该制度滥觞并发达于美国,法院通过判决赋予异议股东主张公司以公平价格回购其持有股份的请求权,维护少数股东对公司合同的期待利益,为拒绝追随公司根本性变化的少数股东提供一个公平的退出途径。[①] 可见,异议股东股份评估权的根本功能在于保障股东在期待利益受损的情况下公平退出公司的权利。当公司在某个年度作出分红决议但超出6个月不实施时,股东并未获得分红,若记为分红年度,实质上架空了异议股东评估权的制度设定。故而即使公司在某个年度作出分红决议,若超出6个月仍不实施的,应将该年度记为不分红年度。

◉ 比较法规范

《日本公司法》第628条;《韩国公司法》第464条。

第二百一十三条 【资本公积金的来源】

公司以超过股票票面金额的发行价格发行股份所得的溢价款、发行无面额股所得股款未计入注册资本的金额以及国务院财政部门规定列入资本公积金的其他项目,应当列为公司资本公积金。

◉ 立法意旨

本条是关于资本公积金的来源的规定。

◉ 条文演变历程

本条可追溯至1993年《公司法》第178条,"股份有限公司依照本法规定,以超

① 参见李建伟:《从异议股东回购请求权案裁判看商事法律的解释与利益衡量》,载《人民司法》2023年第22期,第83~84页。

过股票票面金额的发行价格发行股份所得物的价款以及国务院财政主管部门规定列入资本公积金的其他收入，应当列为公司资本公积金”。1999 年修法将表述调整为“发行股份所得的溢价款”。2005 年《公司法》第 168 条删除“依照本法规定”，2013 年修法调整条文序号为第 167 条。

此次修法，一审稿以“公司”替代“股份有限公司”的称呼，表明本条适用范围扩展至有限公司，是两类公司制度同质化的又一例证；同时增订“发行无面额股所得股款未计入注册资本的金额”。二审稿沿袭之；三审稿将“收入”改为“项目”，最终形成本条。

◉ 条文释义

本条对应旧法第 167 条，新增发行无面额股时的资本公积金计提规则。

（一）资本公积金的 3 个来源

1. 来源一：发行股份所得溢价款

溢价款，是指投资者购买股份公司发行的股票时，所支付的超过股票面值的金额。溢价款有助于筹集资金以支持公司的扩张、投资和运营活动。有限公司也可能存在溢价出资情况，当股东争先恐后认购出资份额时，可能承诺以高于协议所规定的认缴出资数额缴纳出资。股份公司溢价款被称为“股本溢价”，有限公司溢价款则被称为“资本溢价”，均计入资产负债表中的“资本公积”会计科目。公司后续可将溢价款用于转增股本、偿还债务、弥补亏损，限定溢价款用途的目的在于贯彻资本维持原则，保护公司及公司债权人利益。

2. 来源二：发行无面额股所得股款

以票面是否载明具体票面金额为标准，股票分为面额股和无面额股。票面金额在实务中的作用是确定溢价款，在初次发行时，以票面面值作为发行价，称为“平价发行”，以高于票面面值的价格发行，称为“溢价发行”。而无面额股因无面值，自无溢价，其价值由市场决定。因此，结合本法第 142 条第 3 款规定的无面额股计入注册资本比例的法定规则，无面额股制度下应将至少 1/2 的股款计入注册资本。换言之，无面额股至多有 1/2 的股款计入资本公积项目。若公司章程要求，发行无面额股获得之全部股款均计入公司注册资本的，则无股款计入资本公积项目。无论无面额股股款是否纳入资本公积，都不改变对债权人的保护强度。原因在于净资产是公司经营的“缓冲垫”、债权实现的“保护层”，股本与股本溢价均是净资产内部项目，并无根本差异。

3. 来源三:资本公积金的其他项目

“国务院财政部门规定列入资本公积金的其他项目”,主要包括《企业会计制度》第82条规定的诸项目:

(1)资本(或股本)溢价,是指企业投资者投入的资金超过其在注册资本中所占份额的部分;

(2)接受非现金资产捐赠准备,是指企业因接受非现金资产捐赠而增加的资本公积;

(3)接受现金捐赠,是指企业因接受现金捐赠而增加的资本公积;

(4)股权投资准备,是指企业对被投资单位的长期股权投资采用权益法核算时,因被投资单位接受捐赠等增加的资本公积,企业按其持股比例计算而增加的资本公积;

(5)拨款转入,是指企业收到国家拨入的专门用于技术改造、技术研究等的拨款项目完成后,按规定转入资本公积的部分,企业应按转入金额入账;

(6)外币资本折算差额,是指企业接受外币投资因所采用的汇率不同而产生的资本折算差额;

(7)其他资本公积,是指除上述各项资本公积以外所形成的资本公积,以及从资本公积各准备项目转入的金额,债权人豁免的债务也在本项目核算。

此外,《企业会计准则第11号——股份支付》第5条第1款规定:“授予后立即可行权的换取职工服务的以权益结算的股份支付,应当在授予日按照权益工具的公允价值计入相关成本或费用,相应增加资本公积。”在行权日,应按根据实际行权的权益工具数量计算确定的金额,借记“资本公积其他资本公积”科目,按照计入实收资本或股本的金额,贷记“实收资本”或“股本”科目,并将其差额记入“资本公积—资本溢价”或“资本公积股本溢价”科目。[①]《企业会计准则第2号——长期股权投资》第11条第1款规定:“投资方取得长期股权投资后,应当按照应享有或应分担的被投资单位实现的净损益和其他综合收益的份额,分别确认投资收益和其他综合收益,同时调整长期股权投资的账面价值……投资方对于被投资单位除净损益、其他综合收益和利润分配以外所有者权益的其他变动,应当调整长期股权投资的账面价值并计入所有者权益。”权益法核算下的长期股权投资,被投资单位除净损益、其他

第
213
条

① 参见陈立军编著:《中级财务会计》,中国人民大学出版社2020年版,第237页。

综合收益、利润分配外的其他所有者权益的变动等计入资本公积项目。[①]

(二)总结:公积金概念体系

以资本公积金为引入,在此总结公司财务会计制度中常用公积金名词,具体如下:

1. 公积金

公积金,是指公司根据法律、章程规定从公司盈余和其他收入中提取的,用于公司弥补亏损或扩大生产经营规模的储备资金,具备巩固公司资本基础、提高公司偿债能力的功能。根据本法第 214 条第 1 款的规定,公积金用途可分为三大类——弥补亏损、扩大生产经营、转增注册资本。公积金由三部分组成,分别是任意公积金、法定公积金和资本公积金。

2. 任意公积金

在法定公积金外,公司也可自主决定提取公积金(任意公积金),具体数额由公司自治。但一经提取,未经股东会决议,不得随意挪用。至此,股东可分红的款项大致为毛利与税收、法定公积金、任意公积金之差;若违反,则应适用本法第 211 条。

3. 法定公积金

法定公积金的缴纳比例、计算基数、使用范围等一般由政府相关部门明确,并规定于法律或政策文件中。计提法定公积金是资本维持原则的要求,意在避免公司利润在充足时被“分干吃净”,故而强行规定在税后利润中提取一定比例公积金留存于公司,以备后续使用。其具体规定于本法第 210 条第 1 款,首要功能是弥补歉年亏损。

4. 资本公积金

资本公积金指依法律规定被列入资本公积金账户的特定公司收入的累积资金。其与法定公积金同属所有者权益,被留存于公司以备不时之需,是公司财产积累的“聚宝盆”、资产信用的来源之一,能发挥丰歉年的调节作用。

◉ 公司治理操作指南

公司虽受上述各类公积金规范的限制,但真正影响公司偿债能力的不完全是资本金账面数额的高低。公司偿债能力往往取决于现金流的充足与否,以及一定会计期间内回收现金的能力,这才是决定公司生死存亡的关键。在公司经营期间,原始

① 参见陈立军编著:《中级财务会计》,中国人民大学出版社 2020 年版,第 237 页。

资本业已投入生产,无法迅速抽离,使公司偿债能力和实收资本、未分配利润之间并无直接关系。如要求公司以瞬时停摆的方式清偿所有债务,这将很难实现。故而,单纯通过资产和负债大小比较公司的应然偿债能力较片面,必须结合实际偿债能力具体判断。简言之,即可通过流动资产减去存货的方式计算瞬时偿债能力来判断公司业务和资产状况。

此外,一个实务问题是,对于超出法定资本金准备要求的公积金,以及资本公积金能否在会计科目上调整为可用于股东分红的资金?在当前实践中,法院从会计计提科目出发,认定当资金在会计科目上被调整为可用于分红的资金时,已不再是资本公积金。与之类似,超出法定资本金准备要求的公积金也不得通过会计科目调整为可用于分红的资金,只有在特定情况下,如弥补亏损,公司才得使用之,而不得任意将其用于分红。在资本维持原则要求下,资本公积金、法定公积金及任意公积金等项目内的资金应依法被维持在公司中,除法定用途外,不得随意进行账面调整以减损。

◉ 比较法规范

《韩国公司法》第451条;《日本公司法》第445条。

◉ 研究文献

1. 郑彧:《股东溢价出资的会计表达与法律属性》,载《法学研究》2023年第4期。
2. 刘燕:《新〈公司法〉的资本公积补亏禁令评析》,载《中国法学》2006年第6期。

第二百一十四条 【公积金的用途】

公司的公积金用于弥补公司的亏损、扩大公司生产经营或者转为增加公司注册资本。

公积金弥补公司亏损,应当先使用任意公积金和法定公积金;仍不能弥补的,可以按照规定使用资本公积金。

法定公积金转为增加注册资本时,所留存的该项公积金不得少于转增前公司注册资本的百分之二十五。

◉ 立法意旨

本条是关于公积金用途的规定。

◉ 条文演变历程

本条可追溯至1993年《公司法》第179条,“公司的公积金用于弥补公司的亏损，扩大公司生产经营或者转为增加公司资本。股份有限公司经股东大会决议将公积金转为资本时，按股东原有股份比例派送新股或者增加每股面值。但法定公积金转为资本时，所留存的该项公积金不得少于注册资本的百分之二十五”。2005年《公司法》第169条删去“股份有限公司经股东大会决议将公积金转为资本时，按股东原有股份比例派送新股或者增加每股面值”，增加但书“但是，资本公积金不得用于弥补公司的亏损”。2013年修法仅调整序号为第168条。

此次修法，一审稿将但书部分删去，增订第2款“公积金弥补公司亏损，应当先使用任意公积金和法定公积金；仍不能弥补的，可以按照规定使用资本公积金”，二审稿、三审稿从之，最终形成本条。

◉ 条文释义

本条对应旧法第168条，根本性修订在于解除了资本公积金弥补亏损禁令。

（一）第1款：公积金的用途

1. 公积金的法定用途

本款明确公积金的法定用途包括三个方面：弥补亏损、扩大生产、转增资本，并引出其后第2款、第3款对于弥补亏损、转增资本的若干规制。

（1）弥补亏损。弥补亏损可维持公司简单再生产，为公司扩大再生产提供前提条件，只有实现简单再生产，才能进一步扩大再生产。

（2）扩大生产。在不增加资本的情况下，对外募集扩大公司生产经营规模的资金，手续复杂、成本较高，用历年所提公积金扩大公司生产经营，方便快捷。本条对公司用公积金弥补亏损、转增资本作出限制，但唯独将扩大生产的用途完全交由公司自治。

（3）转增资本。公积金转增公司资本作为公司增资方式，具有程序简便、费用低廉、不影响股权结构的优点。

除这3种用途外，公司章程或股东会是否可通过决议将公积金用于他途？公积金是公司风险资本金，也是债权人判断同公司交易与否的重要指标，公积金可用于偿还公司债务，使债权人直接受益，也可通过转增资本扩大公司规模，使债权人间接受益。公积金也是公司发展储备金，所以其可用于弥补亏损，扩大生产，保证公司生产经营健康稳定，公司债权人亦可间接受益。若用作他途，如公司章程或股东会通过决议将公积金用于分红，或通过对外投资等方式抽回或变相抽逃出资，则实质改变了公积金作为公司风险资本金、发展储备金的基本性质，为资本维持原则所禁止。

2. 删去资本公积金弥补亏损的禁止性规定

本法第 1 款删去旧法第 168 条第 1 款第 2 句"但是,资本公积金不得用于弥补公司的亏损",这意味着对资本公积弥补亏损禁令的取缔,取而代之的是本法第 2 款规定,任意公积金和法定公积金仍不能弥补亏损的,即可动用资本公积金。资本公积金再次进入可用于弥补亏损的公积金序列,详见下款。这是此次修法的一大亮点,在推动公司创新、鼓励投资方面具有积极作用。

(二)第 2 款:弥补亏损的公积金使用顺位

1. 资本公积金弥补亏损的制度沿革

2005 年前的《公司法》明确规定公积金可用于弥补亏损,但出现了上市公司利用资本公积弥补亏损,消除账面亏损进而逃避监管的违规操作。2005 年《公司法》确立资本公积金弥补亏损禁令,即为防止前述快速实现扭亏为盈的不当行为,"一刀切"地对资本公积金弥补亏损予以禁止。但资本公积金弥补亏损实际上只是一个账面数字操作,这种监管逻辑下的规范设计并未合理顾及财务会计处理与法律规则之间的关系,资本维持的范围严重固化,大量资金被长期"储备"在公司。此外,该规定也极易被公司通过财务操作规避。具言之,《公司法》并未禁止资本公积金转增资本,如公司在转增资本后又使用注册资本弥补亏损,两类行为实质相同,但适用规则并不相同,未见合理。而该禁令一直延续,直到此次修法才取消,使资本公积金可以有条件地用于弥补亏损。

所谓资本公积金弥补亏损,不过是将"资本公积账户"中的金额转入因亏损而呈负数的"未分配利润账户",在账面上消除亏损,从而改变企业的财务会计报告数据①,并不涉及资产的真实流出。无论是否允许资本公积金弥补亏损,资产负债表上资本公积金数字对应的资产早已在公司经营过程中与其他资产混同,用于企业经营。鉴于此,本条第 2 款放松了资本管制,允许使用资本公积金弥补亏损,同时限定了公积金弥补亏损次序:先任意公积金和法定公积金,后资本公积金。

2. 资本公积金弥补亏损的制度限制

资本公积金弥补亏损有两个限制,分别是弥补次序限制和弥补类型限制。弥补次序限制即先使用任意公积金和法定公积金,如尚不足以弥亏的,后使用资本公积金。

① 参见刘燕:《新〈公司法〉的资本公积补亏禁令评析》,载《中国法学》2006 年第 6 期,第 152 页。

弥补类型限制是本款所称“按照规定使用资本公积金”。资本公积金内部类型繁多,但本条规定并未具体规范资本公积金内部各类型如何弥补亏损。本法第213条规定的股本溢价、无面额股所得股款未计入注册资本的金额作为已实现的真实财产流入,可用于弥补亏损。但其他基于会计处理方法或程序引起的所有者权益账面增长,如“被投资单位股权投资准备”等类型的账面项目作为预期可能实现的资产,仅是账面数字而无实际资产在背后支撑,从性质上便不能随意用于弥补亏损。因此,资本公积金弥补亏损尚需考虑会计账目中是否有可供弥补亏损的真实现金或其他财产。

此外,用资本公积金弥补亏损后仍未填补完全的处理方式,详见本法第225条释义。

(三)第3款:转增资本限额

法定公积金转增资本时有限额要求,留存余额不得少于转增前注册资本的25%。法定公积金是法律强制性要求公司在税后利润中提取的储备金,乃资本维持原则之体现,在利用法定公积金转增资本时,也不得将所有法定公积金全部用于转增,需为公司可能存在的其他资金用途留有回转余地。

◉ 公司治理操作指南

实践中通过公积金弥补之前年度的亏损可释放企业当年税后利润,使股东获得盈余分配,这对企业而言具有实际价值,但应注意对资本公积金弥补亏损的次序限制不同于任意公积金及法定公积金,应劣后于税后利润补亏。具言之,本条仅规定资本公积金弥补亏损的次序应劣后于任意公积金和法定公积金,但未明确其与当年税后利润的弥补亏损序位。根据法理解释,资本公积金与注册资本具有一定同源性,是公司资本信用的组成部分,原则上应留存于公司,故而,利用资本公积金弥补亏损亦应劣后于当年税后利润。

此外,投入公司的资本公积金也不能任意取回。在银基烯碳新材料集团股份有限公司、连云港市丽港稀土实业有限公司公司增资纠纷案①中,最高人民法院指出,在公司法角度下,1.5亿元资本公积金本应属于公司资产,无正当理由转出后,理应返还;在合同法角度下,依《增资合同》,该转出行为违反诚实信用原则,不符合约定,不利于实现合同目的。因此,1.5亿元资本公积金依合同约定亦应返还。关于本案

---

① 参见最高人民法院民事判决书,(2018)最高法民终393号。

例，详见本条释义“典型案例”内容。

◉ 比较法规范

中国台湾地区“公司法”第239条。

◉ 研究文献

1. 于莹、司耕旭：《重思公司分配行为的约束机制：以偿债能力测试的借鉴为中心》，载《清华法学》2023年第1期。

2. 李美云：《资本公积金功能的立法完善》，载《国家检察官学院学报》2014年第5期。

3. 刘燕：《新〈公司法〉的资本公积补亏禁令评析》，载《中国法学》2006年第6期。

◉ 典型案例

银基烯碳新材料集团股份有限公司、连云港市丽港稀土实业有限公司公司增资纠纷案①

1. 案情简介

连云港市丽港稀土实业有限公司（以下简称丽港公司）成立于1997年1月16日，注册资本为3000万元，成立时股东为李某沛、李某、狄某廷，三人分别持股40%、39%、21%。

2012年11月，银基烯碳新材料集团股份有限公司（以下简称银基公司）（甲方）与李某沛（乙方）、李某（丙方）、狄某廷（丁方）签订《增资合同》约定：丽港公司经审计评估，净资产为4.248524亿元，经银基公司与丽港公司原股东协商，以3亿元作为丽港公司基准价进行增资，即银基公司向丽港公司增资2亿元，持有丽港公司40%股权，其中2000万元进入丽港公司注册资本，1.8亿元进入资本公积金。银基公司的全部增资分2期缴纳，银基公司应于《增资合同》签订之日起10个工作日内将首期增资款5000万元汇入丽港公司指定的验资账户，剩余增资款1.5亿元应在2013年6月30日前支付到位。2014年12月24日，李某沛、李某、狄某廷委托律师向银基公司发送律师函，要求银基公司向丽港公司交付1.5亿元。2015年3月12日，李某沛、李某、狄某廷向银基公司发送履约催促函，再次要求其交付1.5亿元。丽港公司（甲方）、宁波新材料公司（乙方）、银基新材料公司（丙方）曾签订有《资金往来框架协议》，协议载明：丽港公司向宁波新材料公司提供往来资金1.5亿元。银基置业公司、银基新材料公司均为银基公司持有100%股权的全资子公司，宁波新材料公司为银基新材料公司持有100%股权的全资子公司。

2016年6月30日，银基公司出具《银基烯碳新材料集团股份有限公司关于深圳证券交易所对公司2015年年报问询函回复的公告》，载明：2013年11月，为了控制可能发生的与丽港公司投资合作风险，防止丽港公司挪用增资款，银基公司采取加强资金监管的方式。根据丽港公司与宁波新材料公司、银基新材料公司三方签订的《资金往来框架协议》，银基新材料公司收到丽港公司转账1.5亿元。该1.5亿元资金系监管资金，没有利

① 参见最高人民法院民事判决书，(2018)最高法民终393号。

息。丽港公司未归还银行借款导致银基公司作为担保人发生代偿时，该监管资金即用于代偿。

丽港公司向一审法院起诉请求：(1)银基公司立即向丽港公司返还增资款1.5亿元；(2)银基公司向丽港公司支付因为拖延给付增资款产生的违约金。

2. 裁判要旨

一审法院认为，银基公司主张其已依《增资合同》投入1.8亿元资本公积金，但对其中1.5亿元，银基公司主张均在款项投入丽港公司或丽港公司关联公司后，转入其认可的银基公司关联公司。该情形并非银基公司取回作为资本公积金投入丽港公司的款项的合法正当理由。案涉《资金往来框架协议》表明，宁波新材料公司占有丽港公司1.5亿元资金并无基础交易关系，且该协议明确约定，如宁波新材料公司与丽港公司截至2014年3月31日尚未就合作事项达成协议，宁波新材料公司应无条件将资金退还丽港公司。对于银基公司应返还的1.5亿元资金利息，丽港公司主张自该款项的最后一笔从丽港公司或其关联公司账户转出的次日起计算银基公司应支付该款项利息，系其对自身权利的处分，予以确认。

二审法院认为，《资金往来框架协议》不是1.5亿元资本公积金转出的正当理由。《资金往来框架协议》并非如协议记载的是为进一步增强丽港公司盈利能力等达成战略合作意向，而是为应银基公司要求进行设定。协议各方自始至终并未形成任何合作事项，且从协议履行状态上看，巨额款项在无任何具体投资意向的情况下先行转出，亦不合常理。1.5亿元资本公积金未能用于丽港公司的生产发展，无法实现《增资合同》中写明的进行生产线技术改造或增加丽港公司流动资金的目的。因此，原审判决认定银基公司无合法正当理由转出其支付给丽港公司的1.5亿元资本公积金，并无不当。

3. 案件评析

公司具独立人格和独立财产，而独立财产又是独立人格的物质基础。出资股东可依章程规定或协议约定主张所有者权益，但其无正当理由不得随意取回出资致使公司财产权益受损。股东虽有出资行为，但出资随后便在无正当理由的情况下被转出，转出行为违反诚实信用原则，不符合合同约定，不利于合同目的的实现。因此，不论从公司法还是合同法角度分析，资本公积金在被无正当理由转出后，均应返还公司。

第二百一十五条　【公司聘用以及解聘会计师事务所】

公司聘用、解聘承办公司审计业务的会计师事务所，按照公司章程的规定，由股东会、董事会或者监事会决定。

公司股东会、董事会或者监事会就解聘会计师事务所进行表决时，应当允许会计师事务所陈述意见。

◉ 立法意旨

本条是关于公司聘用以及解聘会计师事务所的规定。

◉ 条文演变历程

本条可追溯至2005年《公司法》第170条,“公司聘用、解聘承办公司审计业务的会计师事务所,依照公司章程的规定,由股东会、股东大会或者董事会决定。公司股东会、股东大会或者董事会就解聘会计师事务所进行表决时,应当允许会计师事务所陈述意见”。2013年修法仅调整序号为第169条。

此次修法,一审稿增订监事会可为聘用和解聘承办公司审计业务的会计师事务所的决策主体,二审稿、三审稿从之,直至形成本条。

◉ 条文释义

本条对应旧法第169条,内容性修订在于新增监事会为聘用、解聘会计师事务所的有权机关。

1. 第1款:聘用和解聘会计师事务所

现代公司法的“两权分离”是《公司法》要求会计师事务所独立审计公司财务的根本原因。旧法第169条规定,只有股东会、董事会才能决定会计师事务所的聘用和解聘事项。但由于广泛存在双控人治理公司的现象,本次修法新增“监事会”作为可聘用、解聘承办公司审计业务的会计师事务所的有权机关,以期监事会能发挥其作为公司专门监督机关的作用,维护审计的客观性与独立性。

在规范体系上,本条与本法第79条第2款聘请会计师事务所、第82条监事会行权所需审计费用承担,以及第131条监事会职权等规定相衔接,保证了规范体系的一贯性。但监事会是否享有该权力,应由公司章程决定,公司对此有自主决定权。值得注意的是,无论如何,法定代表人、董事长、总经理等董监高个人均无权擅自决定会计师事务所的聘用和解聘,必须由股东会、董事会或监事会以决议方式集体作出。

另外,上市公司、国企聘用或解聘会计师事务所有其特别规定。根据本法第137条及2023年财政部、国务院国资委、证监会印发的《国有企业、上市公司选聘会计师事务所管理办法》第5条,先由审计委员会审议同意后,提交董事会审议,并由股东会决定。

2. 第2款:会计师事务所反证抗辩的权利

法人机关表决解聘(注意不是聘用场合)会计师事务所时,会计师事务所应被允许陈述意见。实践中,一家公司与会计师事务所一般会保持常年而非一年一度的合作关系,解聘正在聘用的会计师事务所通常是有原因的。可能是由于公司认为会计师事务所存在违法情形,或会计师事务所不愿配合公司制作虚假财务报告来欺骗投资者,故而被考虑解聘。在前一情形下,与解聘会计师事务所联系较紧密的纠纷案件类型是证券虚假陈述侵权纠纷。依 2022 年《虚假陈述若干规定》第 19 条,对于会计师事务所过错的认定,适用过错推定原则。这使得会计师事务所在法官与公司面前处于天然不利地位。因此,可通过赋予会计师事务所反证抗辩的权利,兼顾会计法的程序公正与公司法的实体正义,允许其证明是否尽到“必要的职业谨慎”及达到勤勉尽责标准。在后一情形下,应允许会计师事务所现场陈述意见,向参会股东、董事或监事说明情况,给予会计师事务所最后的陈述机会,从而间接保护公司和股东的利益。

◉ 公司治理操作指南

本条位于《公司法》第十章“公司财务、会计”制度部分,属于一般性规范,适用于所有类型公司且适用于所有公司的审计事务。据此,公司章程应提前对聘用及解聘会计师事务所进行安排。针对上市公司,本法第 137 条规定董事会设置审计委员会的,董事会对上述事项作出决议前,应经审计委员会全体成员过半数通过;针对国有企业及上市公司,2023 年财政部、国务院国资委、证监会印发的《国有企业、上市公司选聘会计师事务所管理办法》在聘用或解聘程序、会计师事务所的评价标准、聘任同一会计师事务所最长时限等方面有若干具体、严格的规定,国有企业应严格遵守相关规定完成审计工作。

◉ 研究文献

1. 邹海林:《〈公司法〉修订的制度创新:回顾与展望——以〈公司法〉修订草案二次审议稿为蓝本》,载《法律适用》2023 年第 8 期。

2. 邓峰:《资本约束制度的进化和机制设计——以中美公司法的比较为核心》,载《中国法学》2009 年第 1 期。

第二百一十六条　【会计资料的如实提供】

公司应当向聘用的会计师事务所提供真实、完整的会计凭证、会计账簿、财务会计报告及其他会计资料,不得拒绝、隐匿、谎报。

◉ 立法意旨

本条是关于会计资料的如实提供的规定。

◉ 条文演变历程

本条可追溯至2005年《公司法》第171条,“公司应当向聘用的会计师事务所提供真实、完整的会计凭证、会计账簿、财务会计报告及其他会计资料,不得拒绝、隐匿、谎报”。此后历次修法无内容变动。

◉ 条文释义

本条对应旧法第170条,无修订。

1. 前半句:公司负有提供会计资料的义务

前半句规定,公司向聘用的会计师事务所提供真实、完整的会计材料,包括公司日常经营管理的具体财务文件和会计资料,法条作代表性列举并以“其他会计资料”兜底。“真实”,是指这些资料反映实际情况,不存在任何虚假记录或伪造内容,而“完整”则表示这些资料没有重大遗漏。

在法律规范上,《公司法》仅作纲领性规定,并未明确私法责任,仅在本法第254条对禁止另立账簿、第256条对清算时隐匿财产规定了行政责任,第254条引致《会计法》规定处理。如《会计法》第13条第3款规定,“任何单位和个人不得伪造、变造会计凭证、会计帐簿及其他会计资料,不得提供虚假的财务会计报告”。

从对外关系来看,公司提供真实、完整的会计资料的直接义务来源是公司与会计师事务所之间的委托合同。公司作为委托人,不仅负有向会计师事务所支付报酬的义务,还负有不得干扰受托人行事、不得阻碍受托人履行合同义务的义务。因此,为确保实现委托合同目的,公司应遵循诚实信用原则,全面履行合同义务,提供真实、完整的会计资料。

从对内关系来看,公司作为法人,据本法第57条、第110条向符合条件、有权查阅公司会计账簿、会计凭证、财务会计报告的股东负有提供相应材料的义务。如编制财务会计报告后,公司应先行交由注册会计师审计,后应将注册会计师出具的审计报告随同财务会计报告一并向股东提供。因此,委托会计师事务所审计是必不可少的一环,代替了股东群体对公司进行专业性财务会计审查,公司基于对股东知情权的保护义务自然应对作为股东“代表”的会计师事务所提供真实、完整的会计资料。

2. 后半句:不得拒绝、隐匿、谎报

公司不得拒绝、隐匿、谎报财务会计资料,拒绝是指不提供全部或部分资料,隐匿是指故意不报告,而谎报则指伪造信息报告。《会计法》第35条规定公司负有与本条规定同样的诚信义务，并需接受有关监督检查部门依法实施的监督检查。拒绝、隐匿、谎报财务会计资料既是公司违反诚信义务的体现，也可能构成犯罪。据《刑法》第162条之一规定，隐匿、故意销毁会计凭证、会计账簿、财务会计报告罪，是指隐匿、故意销毁有法定保存义务的会计凭证和账簿、财务报告，情节严重的行为。单位犯罪的，对单位判处罚金，并对其直接负责的主管人员和其他直接责任人员处5年以下有期徒刑或拘役，并处或单处罚金。

◉ 比较法规范

《韩国公司法》第449条。

◉ 典型案例

山东省重型汽车贸易总公司、济南高新技术产业贸易总公司合资、合作开发房地产合同纠纷案[1]

1. 案情简介

1997年5月28日，济南高新技术产业贸易总公司（以下简称高新技术公司）（甲方）与山东省重型汽车贸易总公司（以下简称重型汽车公司）（乙方）签订《联营协议》，约定建设科技市场。高新技术公司提供土地约5亩，负责拆除山汽联酒店、委托设计院设计，重型汽车公司负责筹资、拨款、抵押、担保和内外装修。重型汽车公司所得分红为产生利润的50%。合同签订后，双方履行了合同约定的部分义务，名展楼于1998年7月1日建设完毕并交付高新技术公司经营使用至案件裁判时。本案中，重型汽车公司提出并证明案涉名展楼自经营使用后年纯收入为420万元，至2018年7月1日共计盈利8400万元，但高新技术公司从未向重型汽车公司支付过红利。高新技术公司辩称，重型汽车公司应承担经营费用50%，因此在扣除经营费用之后的数额才是作为双方分红的依据。重型汽车公司向一审法院起诉请求判令高新技术公司向重型汽车公司支付红利4200万元。高新技术公司辩称："其公司2002年之前的财务记账凭证由于拆迁已灭失，仅有手工的相应的柜台出租收益记录。""1997年7月至2010年6月公司的财务账册遗失。""2002年至2018年记账凭证被解放路街道办事处拿去查账了。"

2. 裁判要旨

一审法院认为，高新技术公司虽认可重型汽车公司提交的证据及诉讼主张，但重型汽车公司仍应对双方当事人合作经营期间未分配过经营利润举证，已向重型汽车公司释明，如无其他有效证据证实，应申请法院对公司财务进行审计。然而，重型汽车公司虽同意审计，却声称2012年账簿和凭证丢失、2018年之前的账簿和凭证在违章建筑内因强拆丢失，也未提供2018年后的财务资料。重型汽车公司不仅未提交证据证明，审理期间又

[1] 参见山东省高级人民法院民事判决书，(2019)鲁民终1516号。

以自己行为明确拒绝聘请的会计师事务所对其公司进行财务审计。所以,重型汽车公司的证据不足,诉讼请求不予支持。

二审法院认为,重型汽车公司主张的1998年7月至2018年7月高新技术公司存在经营利润及双方未按协议约定分配过经营利润系证据不足。据2018年《公司法》第163条规定,公司应依法律、行政法规和国务院财政部门规定建立本公司财务、会计制度,2018年《公司法》第164条规定公司应在每一会计年度终了时编制财务会计报告,并依法经会计师事务所审计。财务会计报告应依法律、行政法规和国务院财政部门规定制作。重型汽车公司不能证明本案待证事实,故维持原判。

3. 案件评析

为查明案件事实,公司须提供会计账簿等财务记账凭证以明晰待证事实。本案中,公司同意审计却又声称财务会计材料已毁损灭失,同时,在审理期间以行为明确拒绝会计师事务所对公司财务进行审计,依2018年《公司法》第163条、第164条、第170条(新《公司法》第207条、第208条、第216条)及《会计法》第3条、第9条,设置会计账簿、编制财务会计报告是公司法定义务,是构建公司财务、会计制度的重要一环,公司建立并保护好自身财务、会计文件是其基本义务,若相关资料文件损毁、丢失,则应承担败诉风险。

无法提供会计账簿的抗辩主要有以下两种情形。一是公司会计账簿客观存在,但公司因故无法提供。"因故"所涉理由包括股东请求查阅的文件实际上已由该股东掌握,公司不实际控制该类文件;公司财务会计文件被盗、丢失,无法提供给股东查阅。对此,公司均应举证证明。二是公司会计账簿客观不存在,因公司未置备而无法提供,此时公司显然违反了法定置备会计材料的义务。

第二百一十七条 【禁止另立会计账簿及开立个人账户】

公司除法定的会计账簿外,不得另立会计账簿。

对公司资金,不得以任何个人名义开立账户存储。

◉ 立法意旨

本条是关于公司禁止另立会计账簿及开立个人账户的规定。

◉ 条文演变历程

本条可追溯至1993年《公司法》第181条,"公司除法定的会计帐册外,不得另立会计帐册。对公司资产,不得以任何个人名义开立帐户存储"。2005年《公司法》第172条对1993年《公司法》中的两处"会计帐册"修订为"会计账簿"。此后,历次修法均无实质修订。

◉ 条文释义

本条对应旧法第 171 条,无实质修订。

1. 第 1 款之一:法定的会计账簿

据《会计法》第 15 条第 1 款,会计账簿包括总账、明细账、日记账和其他辅助性账簿。

(1) 总账。也称总分类账,是据一级会计科目开设的账簿,用于分类登记公司全部关键业务数据和账务数据。

(2) 明细账。也称明细分类账,是据明细会计科目开设的,用以记录某一具体科目详细情况的账户。

(3) 日记账。其是将公司经济业务按发生时间顺序逐笔登记的账簿,包括现金日记账和银行存款日记账。

(4) 其他辅助性账簿。也称备查账簿,是对上述账簿不能记载或记载不全的经济财务情况进行补充登记的账簿。

2. 第 1 款之二:公司不得另立会计账簿

(1) 主体。公司不得在法定会计账簿外另立会计账簿,亦即禁止"账外账""阴阳账",此为《会计法》基本要求。另立会计账簿的行为主体为公司,既非董监高又非其他人员,但负有责任的个人应承担相应法律责任。

(2) 民事责任。公司另立会计账簿,不仅违反了法定义务,还会使股东丧失查阅真实账簿的权利,严重侵害股东知情权。同时,违反规定另立账簿的公司董事、高管一方面违反了对公司的信义义务,没有建立真实、完整、独立的会计账簿,另一方面违反法律、行政法规中合法建立会计账簿的规定,使公司陷入违法之不利地位,直接侵犯股东知情权。据《公司法解释四》第 12 条的规定,股东可请求未依法制作或保存公司文件材料,给股东造成损失的公司董事、高管承担民事赔偿责任。由于"账外账""阴阳账"应属未依法制作或保存公司文件材料的情形,为救济知情权受到侵犯后造成的财产损失,股东可依本法第 190 条提起股东直接诉讼。据此,股东知情权的实现在公司法层面转化为请求损害赔偿。

(3) 行政、刑事责任。《公司法》不再具体规定另立会计账簿的处罚金额,据本法第 254 条交由《会计法》处理,授予县级以上人民政府财政部门追究行政责任的权力。据《会计法》第六章"法律责任"第 42 条的规定,单位及其负责人、有关直接负责的主管人员和其他直接责任人员要承担相应行政责任。行政机关可责令公司限期改正,使会计账簿回归其原本内容与状态。情节严重,构成犯罪的,依法由国家行政机关、司法机关追究刑事责任。

3. 第 2 款:以个人名义开立账户存储公司资金

与之相应,本法第 181 条第 2 项规定董监高不得将公司资金以本人名义或其他个人名义开户存储。

当以个人名义开立账户存储公司资金时,由于金钱是种类物,存款人将资金存入银行实际上是在个人与银行之间建立了债权债务关系,银行对资金取得所有权,存款人取得对银行的债权。此时,公司对资金的所有权不复存在,作为债权相对人的银行很难直接辨别资金来源。加之,该种另开立账户存储公司资金的行为,严重威胁公司、股东、债权人利益,还会导致公司财务会计管理制度趋于混乱。总之,以个人名义开立账户存储易导致公司资金被挪用,使资金最终脱离公司控制,为公司法所禁止。

◉ 公司治理操作指南

我国会计账簿的编制、监管具有强烈行政色彩,公司在置备会计账簿时,不仅需参照《公司法》规定,还需结合《会计法》对会计账簿置备方式、置备内容等规定进行合法置备。

除上述提及可能违反对公司信义义务的董监高外,结合本法第 180 条第 3 款规定,双控人实际执行公司事务如被认定为"事实董事",对公司负有直接的忠实、勤勉义务,也负有公司账簿管理的法定义务。该规定在我国具有极大的现实意义:一方面,在对双控人实际控制会计账簿的事实进行正当性认定的同时,还对该行为进行了必要限制,责令其保证公司财务会计材料的真实、完整与公允,防止控制权的滥用;另一方面,从明确义务人的角度强化了股东请求查阅真实会计账簿的查阅权,除公司管理层外,作为事实董事的双控人是更具体明确的义务主体。

◉ 研究文献

徐强胜:《我国公司法上财务会计制度的缺失与补救》,载《政法论坛》2023 年第 4 期。

第十一章　公司合并、分立、增资、减资

【本章概述】

本章对应旧法第九章，核心内容相同，由11项条文组成。其中，除第228条为仅发挥引致功能的转引规范外，其他条文均具有裁判功能或其他实质的规范功能。

本章的修订力度相对较小，重点集中在公司合并、公司减资两个制度的重大创新，同时填补了旧法未对股份公司优先认购权问题进行明确的“漏洞”，呈现出公司法的核心功能与价值导向，即为市场交易主体提供完善的规则模板，降低交易成本。需重点提及的修订制度有：

1. 简易合并、小额合并制度。为回应市场需求，第219条引入简易合并与小额合并制度，大幅降低此类合并的内部批准要求，有助于提升公司经营管理决策效率，降低交易成本；同时联动第89条、第161～162条，共同组成旨在救济受压迫股东的异议回购请求权规则体系，是此次修法体系化修订的又一力证。

2. 公司减资制度。第一，允许公司为弥补会计亏损而实施形式减资，并豁免普通减资规则下的债权人保护程序，体现了从“资本信用”迈向“资产信用”的法律功能主义认识论和方法论，契合了市场需求。第二，统一此前的司法裁判路径，供给稳定的裁判规则，保障市场主体交易预期，明确规定违法减资行为无效，同时列明股东、返还不当得利、公司注册资本恢复原状，以及股东、负有责任的董监高对公司损失承担赔偿责任3项具体法律效果，体系化联动第180条信义义务规则，呼应本次法律修订靠拢董事会中心主义治理模式的价值倾向。

3. 股东优先认购权制度。一是补充规定股份公司优先认购权问题；二是明确了优先认购权的核心功能是保障股东的相对优先利益，将有限公司股东优先认购权的行使条件约束为“在同等条件下”。

第二百一十八条 【公司合并的方式】

公司合并可以采取吸收合并或者新设合并。

一个公司吸收其他公司为吸收合并，被吸收的公司解散。两个以上公司合并设立一个新的公司为新设合并，合并各方解散。

◉ 立法意旨

本条是关于公司合并方式的规定。

◉ 条文演变历程

法定合并形式规则可追溯至1993年《公司法》第184条第1款、第2款，其分别规定，"公司合并可以采取吸收合并和新设合并两种形式""一个公司吸收其他公司为吸收合并，被吸收的公司解散。二个以上公司合并设立一个新的公司为新设合并，合并各方解散"。2005年修法时，第173条将上述两款分离出来，形成独立的一条，此后本条再无除条文序号以外的其他变动。

◉ 条文释义

本条源自旧法第172条，无修订。

1. 合并、分立为契约法与组织法的交叉

公司合并、分立属于公司存续期间可能发生的结构性变更事项之一，由公司自治决定，这些变更的背后还包含并购、重组等重大交易行为。具体到公司合并，其指两个以上的公司订立合并契约，依照法定程序归并为一个公司的法律行为。[①] 其中，合并协议属于合同行为，其法律后果涉及公司组织的变更，甚至引发某些公司组织体的解散。因此，规范公司组织与行为的《公司法》自然应将合并、分立纳入调整范围。

2. 第1款：两种合并方式

本款规定了两种法定的公司合并形式，吸收合并与新设合并。

（1）吸收合并，是指一个公司吸收其他公司，被吸收的公司解散。可见，合并不必然导致各方公司解散。

（2）新设合并，是指两个以上的公司合并为一个新设公司，合并各方全部消亡。

新设合并与吸收合并是最基础的合并方式，鉴于合并在效果上与收购或资产买

① 参见李建伟：《公司法学》（第5版），中国人民大学出版社2022年版，第126页。

卖实质相似，现实中出现了更复杂的“实质合并”，如股份置换、三角合并等。《公司法》暂未对实质合并行为适用统一规制标准。

3. 第 2 款：合并的法效

本款详细界定了两种法定合并方式的法律效果，上文已述，此处不赘述。

依本法第 229 条、第 232 条的规定，因合并或者分立需要解散的，无须启动清算程序，被解散公司自注销登记之时起法人资格消灭。

◉ 公司治理操作指南

从实践中看，公司大多会采取吸收合并而非新设合并的方式，以维持合并前公司所积累的市场声誉。

在吸收合并中，吸收方需向被吸收方股东支付对价，对价形式包括现金、吸收方发行的各类证券，以及前述方式的组合。不同支付方式的选择与税务处理密切相关，涉及应税合并或免税合并的认定，对此公司应予以关注。例如，以上海市律师协会发布的《企业重组中的律师税法业务指引（2007）》为示例，该指引文件第 3.3 条规定：“符合下列条件的企业重组业务，除与资产交易的补价或非股权支付额相对应部分的资产转让所得或损失应在交易当期确认外，经税务机关确认，资产交易双方可暂不确认有关资产的转让所得或损失……企业整体资产转让、合并、分立等重组业务中，作为补价的非股权支付额的公允价值低于股权账面价值的 20%。”

反垄断合规问题同样值得关注。合并可能构成《反垄断法》第 25 条第 1 项规定的经营者集中，若经营者的营业额达到国务院规定的申报标准，则应事先向国务院反垄断执法机构申报。首先，根据《商务部反垄断局关于经营者集中申报的指导意见》第 4 条的规定，对于新设合营企业，如果至少有两个经营者共同控制该合营企业，则构成经营者集中；如果仅有一个经营者单独控制该合营企业，其他的经营者没有控制权，则不构成经营者集中。其次，若构成经营者集中，则应进一步判断经营者的营业额是否达到国务院规定的申报标准。根据《国务院关于经营者集中申报标准的规定》第 3 条的规定，经营者集中达到下列标准，应当提交申报：参与集中的所有经营者上一会计年度在全球范围内的营业额合计超过 120 亿元人民币或在中国境内的营业额合计超过 40 亿元人民币，并且其中至少两个经营者上一会计年度在中国境内的营业额均超过 8 亿元人民币。

◉ 比较法规范

《德国公司改组法》第 2 条。

第二百一十九条 【简易合并与小额合并】

公司与其持股百分之九十以上的公司合并，被合并的公司不需经股东会决议，但应当通知其他股东，其他股东有权请求公司按照合理的价格收购其股权或者股份。

公司合并支付的价款不超过本公司净资产百分之十的，可以不经股东会决议；但是，公司章程另有规定的除外。

公司依照前两款规定合并不经股东会决议的，应当经董事会决议。

◉ 立法意旨

本条是关于简易合并与小额合并的规定。

◉ 条文演变历程

本条为新增规定。观察此次修法过程，其首见于一审稿第215条，主要内容自此定型。三审稿将"公司与其持股超过百分之九十以上的公司合并"中的"超过"二字删除，修正了同时使用"超过"与"以上"带来的语义歧义问题，优化了条文表述，最终形成本条。

◉ 条文释义

本条系新增条款，属于公司合并议决权的特殊规定。

1. 制度背景：公司合并的议决权

公司合并往往对股东利益有重大影响，因此合并事项的议决权原则上归属股东会且实行绝对多数决，一般认为不得转授权给董事会。依据在于，本法第59条第1款第7项与第112条明确规定合并的议决权在股东会，同时按第59条第2款的意思，股东会只能将第59条第1款列举的发行债券事项转授权给董事会，合并的议决权一般解读为不得转授权给董事会。

本条则是对前述一般合并规则的两处例外规定，明确了两类合并可以豁免股东会决议，但应当交付董事会决议，可视为相对本法第59条、第112条的"特殊法定转授权规则"。

2. 第1款、第3款：简易合并

公司与其持股90%以上的控股子公司合并的，无须被合并方的子公司作出股东会决议。此处可以理解为母公司控制了子公司90%以上的表决权，即便交付子公司股东会决议，该决议也必然获得通过，所以豁免决议程序，意在强调效率。

不需要交付子公司股东会决议，但要交付子公司董事会决议。此时，子公司董事会成员负有特殊的信义义务，其违反信义义务作出的错误决定导致子公司利益受损，进而侵害少数股东、公司债权人利益的，需承担相应法律责任。有董事存在关联关系的，若为上市公司，则必须披露信息与回避（本法第139条）；若为非上市公司，则依据公司章程办理；否则，面临违反忠实义务的检视（本法第180条），如果构成关联交易，则董事也需回避表决（本法第182条、第185条）。

另从本款应当通知"其他股东"来看，本款规定的母子公司间的简易合并显然是指母公司对子公司的合并，而不包括子公司对母公司的合并，也不包括母、子公司之间的新设合并。

3. 第2款、第3款：小额合并

公司为合并支付的价款不超过净资产额的10%，收购方单方不需要股东会决议，但公司章程可以另行规定。该规则的出发点是此类合并对收购方公司的股东不会产生重大影响，小额合并在效果上与公司正常经营活动过程中的资产收购实质相似。尽管如此，出于股东利益保护的需求，第2款仍然设置公司章程另有规定的除外条款，以示慎重。而且，该小额合并与上款规定的母、子公司合并不能竞合。

不需要交付收购方公司股东会决议，但要交付收购方公司董事会决议。此时，公司董事会成员也负有特殊的信义义务，如其违反信义义务作出的错误决定导致公司利益受损，进而侵害股东、公司债权人利益的，要承担相应法律责任。有董事存在关联关系的，若为上市公司，则必须披露信息与回避（本法第139条）；若为非上市公司，则依据公司章程办理；否则，面临违反忠实义务的检视（本法第180条），如果构成关联交易，则董事也需回避表决（本法第182条、第185条）。

4. 第1款：简易合并中子公司少数股东的回购请求权

简易合并无须被合并的受控子公司股东会决议，此时，子公司股东在形式上就无法满足本法第89条、第161条规定的"对股东会该项决议投反对票"要件，从而难以适用异议股东回购请求权条款。但是，子公司少数股东的境遇与普通合并时相同，第1款特意规定被合并公司股东有权利请求公司回购自身股权或股份，以赶在建议合并之前顺利退出公司。本条第1款后段与第89条、第161～162条共同组成了新《公司法》上少数股东回购请求权规则体系。

◉ 公司治理操作指南

在小额合并中，本条允许购并方的章程对决议权另作规定。实践中，国有公司严格受到上级部门的监管，当其作为并购方时，通常很难实际享有此项权利。

在公司实践中，简易并购在以下场合被广泛使用：第一，母公司回收其长期运营的子公司；第二，两步收购法；第三，挤压式并购；第四，上市公司私有化。① 其中，两步收购法的第一步为要约收购，当要约收购达到特定比例时，则发动简易合并，此时无须目标公司股东会的决议即可完成合并，收购公司进一步向目标公司股东支付现金对价，获得目标公司完整控股权。

需特别关注的是，在适用简易合并实现余股强制挤出时，少数股东利益是公司应当关注的重点。本条第 1 款明确规定少数股东有权请求公司收购股权或股份。

◉ 比较法规范

《日本公司法》第 784 条、第 805 条；《韩国商法》公司编第 527 条之二、第 527 条之三；《德国公司改组法》第 62 条；中国台湾地区“公司法”第 316－2 条。

第二百二十条 【公司合并的程序与债权人异议权规则】

公司合并，应当由合并各方签订合并协议，并编制资产负债表及财产清单。公司应当自作出合并决议之日起十日内通知债权人，并于三十日内在报纸上或者国家企业信用信息公示系统公告。债权人自接到通知之日起三十日内，未接到通知的自公告之日起四十五日内，可以要求公司清偿债务或者提供相应的担保。

◉ 立法意旨

本条是关于公司合并程序与债权人异议权的规定。

◉ 条文演变历程

本条首见于 1993 年《公司法》第 184 条第 3 款，该款规定：“公司合并，应当由合并各方签订合并协议，并编制资产负债表及财产清单。公司应当自作出合并决议之日起十日内通知债权人，并于三十日内在报纸上至少公告三次。债权人自接到通知书之日起三十日内，未接到通知书的自第一次公告之日起九十日内，有权要求公司清偿债务或者提供相应的担保。不清偿债务或者不提供相应的担保的，公司不得合

① 参见薛前强：《挤压式并购中少数派股东保护——以美国简易合并的司法实践为中心》，载吴清总编，黄红元、卢文道主编：《证券法苑》第 20 卷，法律出版社 2017 年版，第 362 页。

并。”2005年修法将该款分离，使之成为单独的第174条，同时删除了“在报纸上至少公告三次”的公告次数要求，相应地，债权人异议期间的起算“自第一次公告之日起”修改为“自公告之日起”；前述期间由90日缩短为45日；该条用“可以要求”的表述替代了“有权要求”，并删除了“不清偿债务或者不提供相应的担保的，公司不得合并”的表述。

此次修法，一审稿第216条修订的核心是拓展了通知与公告方式。首先，将“通知书”修改为“通知”，文义上不再限定通知的书面形式；其次，在报纸公告之外增加公示系统公告方式，给了公司更多的选择。最终通过的正式版的本条再将公示系统明确为“国家企业信用信息公示系统”。

◉ 条文释义

本条对应旧法第173条，有小幅的内容修订。

1. 合并的一般程序

本条规定了合并的一般程序：各方签署合并协议；各自编制资产负债表、财产清单；各自作出合并决议；通知、公告债权人；债权人要求清偿债务或为其提供担保；注销登记、新设登记或变更登记，合并完成。

(1) 订立合并协议。《公司法》并未规定合并协议的内容，参照《外商投资企业合并与分立规定》第20条的规定，合并协议的条款主要包括合并协议各方的名称、住所、法定代表人；合并后公司的名称、住所、法定代表人；合并后公司的投资总额和注册资本；合并形式；各方债权、债务的承继方案；职工安置办法；违约责任；解决争议的方式；等等。需要指出的是，合并协议签订后即为成立但不立即生效。

(2) 编制资产负债表和财产清单。编制资产负债表与财产清单的目的之一是供债权人查询。资产负债表是公司合并中必须编制的报表，合并各方应全面、真实地编制此表。公司还应当编制财产清单，将公司所有的动产、不动产、债权等资产分别注明。[①]

(3) 通过合并决议。除非法律另有规定，否则合并各方都应经各自的股东会绝对多数批准。按本法第146条的规定，若股份公司发行了类别股，则合并还需类别股股东会审批，应经出席类别股股东会股东所持表决权2/3以上通过。

(4) 通知、公告债权人。合并将影响债权人利益，本条规定公司负有通知义务。

---

① 参见李建伟：《公司法学》(第5版)，中国人民大学出版社2022年版，第128页。

通知、公告债权人的始点为合并决议作出之日，对于已知的债权人应当采取通知的方式进行，以充分保证债权人异议权的行使，同时公司还应于 30 日内在报纸上或者国家企业信用信息公示系统公告，以确保公司未知的债权人也能获悉合并事实。

(5)登记。因合并而新设的公司应办理设立登记，因合并而消灭的公司应注销登记，吸收合并中的存续公司应办理变更登记，以上登记后合并程序即告完成。

2. 债权人同意规则

依本法第 221 条的规定，合并的法律效果是"合并各方的债权、债务，应当由合并后存续的公司或者新设的公司承继"，由此合并可能影响合并前公司债权人的利益。例如，合并公司资产充足，被合并公司陷入负债，抑或相反，两家公司进行了吸收合并，此时被合并公司的债权人因有权追索合并公司资产而获得了客观经济利益，但合并公司的债权人则因被合并公司债权人与其平等受偿而受到不利益。是故，本条第 2 句、第 3 句规定了特殊的债权人保护程序，即"通知公告"和"清偿债务或提供担保"。

(1)按第 2 句，公司应当通知和公告债权人。第一，通知债权人，此处的债权人为已知或应知债权人，不得直接以公告代替通知。第二，公告债权人，本条唯一的修订是允许公司通过报纸公告或通过国家企业信用信息公示系统公告，任选其一。2005 年修法时处于纸媒时代，当时规定在报纸上公告可以理解，但实践中很多公司选择不知名、发行量小的地方性报纸、行业性报纸进行公告，使公告流于形式；现进入电子媒体时代，企业信用信息公示系统已发展成熟，立法者还是兼顾传统与新锐，同时规定了两种公告方式，允许公司自行选择。

(2)按第 3 句，债权人享有清偿请求权与担保请求权，学理上称为"债权人异议权"，细节是：第一，"债权人"包括已到期债权人和未到期债权人；第二，债权人有权在清偿债务与提供担保之间进行选择，但为平衡公司利益、防止债权人被过度优待，针对未到期债权人，如公司有能力且同意提供足额担保，则此时应在解释论上限制债权人的选择权；第三，如公司不能满足上述债权人的保护程序，则合并不得继续进行。由此可见，在先的合并协议应该是一个附生效条件的协议，一则这个协议的生效需要交付合并各方公司的股东会决议通过，二则需要满足公司债权人的异议权规则。

◉ 公司治理操作指南

《公司法》强调合并协议的订立具有现实意义。实践中存在未订立合并协议便着手合并的案例，并由此引发了关于合并合意是否存在的争议。① 就合并协议的条款而言，除前述的一般条款以外，可视实际情况约定交割前损益处理、过渡期、合并后的公司治理、合同生效条件等条款。譬如，为保证协议签订的严肃性与防止可能出现的意外，合并协议中可附合同的生效条件，约定“本协议经合并各方股东会通过后生效”。②

在公告方式上，本条增加了通过“国家企业信用信息公示系统公告”的方式，允许公司在报纸和公示系统间进行选择。就原有的登报公告而言，《公司法》并未明确公告媒体的级别，《公司法解释二》第 11 条规定了清算公告时报纸的选取标准，应根据公司规模和营业地域范围在全国或者公司注册登记地省级有影响力的报纸上进行公告，合并公告可参照之。综合来看，通过公示系统公告的成本更低。

◉ **比较法规范**

《日本公司法》第 782～802 条、第 803～816 条；《韩国商法》公司编第 522 条、第 522 条之二、第 522 条之三、第 523 条、第 523 条之二、第 524 条、第 525 条、第 526 条、第 527 条、第 527 条之五、第 527 条之六、第 528 条、第 598 条、第 599 条、第 602 条；《德国公司改组法》第 4～17 条、第 19 条、第 36～38 条；中国台湾地区“公司法”第 73 条、第 74 条、第 316 条、第 316－2 条、第 317 条、第 317－1 条、第 318 条、第 319 条。

◉ **研究文献**

王欣新：《我国公司法修改后的公司合并规则探寻》，载《政治与法律》2006 年第 3 期。

◉ **典型案例**

中国第十三冶金建设有限公司诉上海致达科技集团有限公司股东损害公司债权人利益责任纠纷案③

1. 案情简介

中国第十三冶金建设有限公司（以下简称十三冶公司）为新大纸业公司债权人，五洲纸业公司对债务承担连带保证责任。

2013 年 7 月 25 日，五洲纸业公司唯一股东上海致达科技集团有限公司（以下简称致达科技公司）作出决定，将五洲纸业公司无偿并入新大纸业公司，五洲纸业公司的债权、债务全部由新大纸业公司承继。同日，五洲纸业公司、新大纸业公司签订《合并协议》。

2013 年 9 月 16 日，徐州市新沂县工商行政管理局受理五洲纸业公司的注销申请，并

第 220 条

① 参见朱锦清：《公司法学》（第 2 版），清华大学出版社 2019 年版，第 557 页。

② 参见李建伟：《公司法学》（第 5 版），中国人民大学出版社 2022 年版，第 128 页。

③ 参见江苏省高级人民法院民事判决书，(2016)苏民终 187 号。

准予注销登记。

2013年7月26日、8月8日、8月21日，五洲纸业公司、新大纸业公司3次在《江苏经济报》发布合并公告。但五洲纸业公司在并入新大纸业公司时未编制资产负债表及财产清单，在公司合并时五洲纸业公司实际已没有资产。

2013年10月11日，新大纸业公司向新沂县法院申请破产，法院于2013年10月12日受理新大纸业公司的破产申请，于2014年1月30日作出民事裁定，宣告新大纸业公司破产。

十三冶公司认为，致达科技公司作为五洲纸业公司、新大纸业公司的股东，在两公司合并过程中违反法定程序，未依法编制资产负债表和财产清单，未书面通知已知债权人十三冶公司，导致十三冶公司的债权无法获得清偿，应当承担侵权赔偿责任。

2. 裁判要旨

一审法院认为，五洲纸业公司并入新大纸业公司时，虽在相关报纸上进行了公告，但并未按照规定通知已知债权人十三冶公司，导致十三冶公司没有及时得知合并情况，也无法要求债务人清偿债务或者提供相应的担保，故五洲纸业公司与新大纸业公司合并程序存在瑕疵，损害了债权人十三冶公司的合法利益。公司合并系股东会决议的结果，五洲纸业公司并入新大纸业公司时系法人独资企业，致达科技公司系其唯一股东，五洲纸业公司的合并及合并程序如何进行完全取决于致达科技公司的意志，故五洲纸业公司与新大纸业公司合并过程中，致达科技公司主观上存在过错，损害了五洲纸业公司债权人十三冶公司的合法利益。

二审法院认为，五洲纸业公司和新大纸业公司之间的所谓合并，系以终止所有参与合并的公司为目的，违背公司合并制度的立法目的，直接导致五洲纸业公司违法越过清算环节而终止。本案中，致达科技公司认为先合并然后直接破产的方式不损害十三冶公司的利益，应承担证明参与合并的公司均已符合破产条件且破产清偿率相同的举证责任。五洲纸业公司和新大纸业公司之间的合并行为整体构成侵权，且侵权人系致达科技公司。

3. 案件评析

本案中，五洲纸业公司与新大纸业公司以公告的方式绕过已知债权人十三冶公司，其目的在于利用公司合并越过清算程序，导致十三冶公司既无法获得债权人异议权的保护，也无法获得清算程序的保护。法院立足前述行为进行侵权行为的认定。相较而言，从以合并规避清算程序出发，适用《公司法解释二》规定的当公司未经清算即办理注销登记时双控人等主体承担责任的规定，或许在法律适用逻辑上更顺畅。

第二百二十一条 【公司合并后债权债务的承继】

公司合并时，合并各方的债权、债务，应当由合并后存续的公司或者新设的公司承继。

◉ 立法意旨

本条是关于公司合并后合并各方债权债务承继的规定。

◉ 条文演变历程

本条内容最早见于1993年《公司法》第184条第4款，其规定为："公司合并时，合并各方的债权、债务，应当由合并后存续的公司或者新设的公司承继。"2005年《公司法》第175条将该款分离为独立的一条，规定为"公司合并的债权债务承继"。2013年修法将法条序号调整为第174条，此后无内容的变动。

◉ 条文释义

本条对应旧法第174条及《民法典》第67条第1款，无实质性修订。

本条规定公司合并后行为法上的效果，与本法第218条第2款规定的组织法上的效果相呼应，共同构成公司合并法律效果规范群。

1. 公司合并后发生债权、债务的法定概括移转，此种移转不得附有任何先决条件。债权、债务的概括移转是保护利益相关者的重要制度。

2. 对公司债权人而言，债务的法定移转意味着合并前的公司未清偿的债务由合并后的公司自动承担。具言之，A公司、B公司合并为新的A公司的，原A公司、B公司的债权、债务均归于新的A公司承继；A公司、B公司合并为C公司，A公司、B公司的债权、债务也归C公司。

3. 对公司的劳动者而言，《劳动合同法》第34条规定，用人单位发生合并或者分立等情况，原劳动合同继续有效，劳动合同由承继其权利和义务的用人单位继续履行。这意味着公司应妥善安置职工。

◉ 公司治理操作指南

《劳动合同法》第34条规定原劳动合同继续有效，这并不构成对劳动合同解除的禁止。在合并实践中，合并各方可能约定"全部解除劳动关系，补偿由某方承担"的条款，这一约定并不周全。公司因合并而解除劳动关系并不必然属于合法解除，此时可能涉及赔偿金的支付，不能为"补偿"所涵盖。在公司合并中，公司应妥善安置职工，若涉及劳动合同解除应依法、依规进行。在解除责任承担的事前安排上，则不应忽视需支付赔偿金的情形。

此外，概括继受主要处理对外关系，在对内关系上往往合并各方另有约定，其中交割前损益（基准日至交割完成日合并方与被合并方的收益、亏损）的处理容易被忽略，具体包括收益分享与亏损分担的主体、比例、补偿方式等，以事前约定为宜。

◉ 比较法规范

《日本公司法》第750条第1款、第752条第1款、第754条第1款、第756条第1款;《韩国商法》公司编第235条、第530条;《德国公司改组法》第20~23条;中国台湾地区"公司法"第75条、第319条。

第二百二十二条 【公司分立的程序】

公司分立,其财产作相应的分割。

公司分立,应当编制资产负债表及财产清单。公司应当自作出分立决议之日起十日内通知债权人,并于三十日内在报纸上或者国家企业信用信息公示系统公告。

◉ 立法意旨

本条是关于公司分立程序的规定。

◉ 条文演变历程

本条最早见于1993年《公司法》第185条第1款、第2款。其第1款规定,"公司分立,其财产作相应的分割";第2款规定,"公司分立时,应当编制资产负债表及财产清单。公司应当自作出分立决议之日起十日内通知债权人,并于三十日内在报纸上至少公告三次。债权人自接到通知书之日起三十日内,未接到通知书的自第一次公告之日起九十日内,有权要求公司清偿债务或者提供相应的担保。不清偿债务或者不提供相应的担保的,公司不得分立"。2005年修法将前述两款分离使之成为单独的第176条,将条文内容定位为"公司分立的通知义务",同时删除了"在报纸上至少公告三次"的公告次数要求及公司分立中的债权人异议制度。

此次修订有4处:(1)一审稿增加在"统一的企业信息公示系统公告"的公告方式;(2)整体恢复公司分立中的债权人异议权制度,在异议期间起算时点、通知方式、异议期间上,与一审稿关于合并程序的规定保持一致;(3)三审稿再次删除公司分立中的债权人异议制度;(4)最终通过的本条在形式上明确了公示系统为"国家企业信用信息公示系统"。

◉ 条文释义

本条对应旧法第175条,唯一的修订是增加国家企业信用信息公示系统公告方式,公司可在报纸与公示系统之间任选其一。

1. 分立的概念与类型

分立,是指一个公司分成两个及以上的公司,或公司因分立而与一个及以上的现存公司进行合并的法律行为。[①]

不同于本法第 218 条的合并,《公司法》没有规定法定分立方式。观察实践,分立包括单纯分立与分立合并。

单纯分立,是指一个公司分成两个及以上的公司,依据原公司(分立公司)是否存续又可以进一步划分为存续分立与解散分立。在存续分立中,A 公司分立为 A 公司、B 公司;在解散分立中,A 公司分立为 B 公司、C 公司,A 公司归于解散。

分立合并,是指公司因分立而与一个及以上的现存公司进行合并。这是一种较复杂的分立方式,我国《公司法》未予规定。

与公司合并一样,公司分立也不必然导致公司解散,这与本法第 229 条第 1 款第 3 项规定也保持了一致。

2. 分立的一般程序

第 2 款对分立程序的规定较简略,从实操的惯例来看,分立程序与合并程序基本相同,大致包含作出分立决议、订立分立协议、编制资产负债表与财产清单、通知公告债权人和办理登记手续几个步骤。

(1)第 1 款规定的财产分割同样属于公司分立程序的一环,编制资产负债表、财产清单与财产分割密切相关。

(2)分立须由股东会以特别决议通过,且《公司法》并未设置类似简易合并、小额合并的豁免情形。

(3)公司仍应通知债权人,但本条没有赋予债权人异议权。此为分立与合并的重大区别。理由在于,本法第 223 条规定分立前的债务由分立后的公司承担连带责任,因此分立前的债权人赖以受偿的责任财产在总量上恒定,债权人利益未受影响。但在公司合并中,即使有债务概括继受规则,由于合并前特定公司的债权人赖以受偿的责任财产可能在合并后被稀释,合并时应给予债权人特别保护。不过,为保护债权人的知情权,本条规定应当通知和公告债权人。公告方式与公司合并是一致的,允许公司在报纸公告与公示系统公告之间任选其一。

◉ 公司治理操作指南

虽然《公司法》没有提出签订分立协议的要求,但仍建议公司签订分立协议,以

---

① 参见李建伟:《公司法学》(第 5 版),中国人民大学出版社 2022 年版,第 131 页。

避免争议。其一,分立协议的主体与合并协议有所不同,分立协议的当事人通常包括原公司的股东。其二,就分立协议的内容来看,协议各方可视情况对资产分割、人员安置、债权债务的划分、过渡期、不竞争条款等进行约定。

◉ 比较法规范

《日本公司法》第782~802条、第803~816条;《韩国商法》第530条之三、第530条之五、第530条之六、第530条之七、第530条之十一;《德国公司改组法》第125~130条、第135~137条;中国台湾地区"公司法"第73条、第74条、第316条、第317条、第317-2条、第319条。

◉ 研究文献

[日]神作裕之、朱大明:《日本公司法中的公司分立制度》,载《清华法学》2015年第5期。

◉ 典型案例

阿城市中心市场蔬菜商店清算组诉阿城市建设综合商店公司分立纠纷案①

1. 案情简介

黑龙江省阿城市中心市场蔬菜商店(以下简称中心市场商店)和阿城市建设综合商店(以下简称建设综合商店)前身系原阿城县蔬菜公司建设合作商店(以下简称建设合作商店)。1984年9月,阿城县蔬菜公司在报请原阿城县商业局集体股批准后,将蔬菜公司所属的集体所有制企业建设合作商店分为两家。原有职工43名,分给中心市场商店25名,分给建设综合商店18名,同时对建设合作商店的财产进行了分割。

在原告、被告分立明细表中,仅有库房分配的体现,没有其他房产分配的项目。当时分立的参与人共有5位,除与本案有利害关系的胡某光、杨某志、肖某光外,另外两位王某、王某德均出具证言证实当时除库房外的其他房产没有分配,阿城市商业总公司在阿商发〔1999〕28号文件中也确认了除库房外的房产没有分配所有权,只分配了使用权。

2. 裁判要旨

在中心市场商店、建设综合商店分立时,未就当时房产的所有权进行划分,其房产应为中心市场商店和被告共有,老房被动迁后,所得到的新房即阿城市胜利街祥泰小区金都公司楼3号1~2层,仍为中心市场商店、被告共同所有。

3. 案件评析

《公司法》规定公司分立时其财产作相应的分割,但对未分割的财产如何处理未作规定。本案中,法院认为分立时未分割的财产应由分立后的公司共有,可资参考。

---

① 参见黑龙江省阿城市人民法院民事判决书,(2003)阿民初字第421号。

第二百二十三条　【公司分立后的债务承继】

公司分立前的债务由分立后的公司承担连带责任。但是，公司在分立前与债权人就债务清偿达成的书面协议另有约定的除外。

◉ 立法意旨

本条是关于公司分立后债务承担的规定。

◉ 条文演变历程

本条内容最早见于1993年《公司法》第185条第3款，其规定“公司分立前的债务按所达成的协议由分立后的公司承担”。2005年《公司法》第177条将该款分离为独立的一条，并明确“公司分立的债务承继”，具体为：“公司分立前的债务由分立后的公司承担连带责任。但是，公司在分立前与债权人就债务清偿达成的书面协议另有约定的除外。”由此确立原则连带、但书明确公司与债权人另有约定从之的债务清偿模式。2013年修法调整条文序号为第176条，此后本条再无实质变动。

◉ 条文释义

本条对应旧法第176条及《民法典》第67条第2款，内容无变化。

本条规定了公司分立后的行为法上的效果，与本法第222条规定的公司分立的组织法上的效果相呼应。

行为法上的结果有二：(1)原则上，公司分立前的债务，由分立后的公司承担连带责任；(2)优先适用的特则，公司在分立前与债权人达成的书面清偿协议另有约定的，从之。举例来说：C公司分立为A公司、B公司的，C公司的债务由A公司、B公司承担，或者C公司分立为新C公司、A公司的，原C公司的债务为新的C公司、A公司承担连带责任；若C公司在分立前与债权人D公司达成书面清偿协议，约定仅由分立后的A公司承担清偿责任，则依照该协议办理。

必须注意的是，若仅分立前公司的股东就债务清偿达成协议，依据合同相对性原理，其无法约束外部债权人。

◉ 公司治理操作指南

公司分立是重要的资产剥离方式，其优势在于税收优惠。满足特定条件时，分立的税收优惠体现在增值税、契税、企业所得税等各税种。以所得税为例，《财政部、国家税务总局关于企业重组业务企业所得税处理若干问题的通知》(财税〔2009〕59号)第9条第2款规定：“在企业存续分立中，分立后的存续企业性质及适用税收优惠的条件未发生改变的,可以继续享受分立前该企业剩余期限的税收优惠,其优惠金额按该企业分立前一年的应纳税所得额(亏损计为零)乘以分立后存续企业资产占分立前该企业全部资产的比例计算。"

公司分立后的债务承担规则决定了分立将产生较高的风险隔离成本。若未与债权人达成债务清偿协议,则分立后的公司应承担连带责任,无法实现风险隔离。在分立实践中,与分散的债权人逐一达成协议的成本较高,还可能出现原股东对分立前的债务披露不充分的风险。公司分立的流程亦较烦琐,时间成本高。

◉ 比较法规范

《日本公司法》第759条、第761条、第764条、第766条;《韩国商法》第530条之九、第530条之十;《德国公司改组法》第131~134条;中国台湾地区"公司法"第75条、第319条、第319-1条。

◉ 典型案例

海拉尔农垦(集团)有限责任公司、中冶京诚工程技术有限公司建设工程施工合同纠纷案①

1. 案情简介

2016年2月1日,海拉尔农垦(集团)有限责任公司(以下简称农垦公司)与特伦公司签订《借款合同》。

2017年1月19日,原特伦公司存续分立为特伦公司和天原公司。

2018年5月10日,特伦公司、农垦公司、华联管理公司就《借款合同》作出补充约定,约定华联管理公司自愿为特伦公司提供连带担保,在特伦公司不履行、不完全履行或无法履行本合同约定还款责任时,由华联管理公司代替特伦公司履行合同,并赔偿由此造成的一切损失。

2. 裁判要旨

最高人民法院认为,2013年《公司法》第176条规定,"公司分立前的债务由分立后的公司承担连带责任。但是,公司在分立前与债权人就债务清偿达成的书面协议另有约定的除外"。案涉建设工程施工合同系特伦公司与中冶京诚工程技术有限公司(以下简称中冶公司)订立。后特伦公司存续分立为特伦公司与天原公司,约定案涉合同的权责由天原公司承担,但该约定未经中冶公司同意,不能约束中冶公司。特伦公司与天原公司应当就案涉工程款债务对中冶公司承担连带责任。

① 参见最高人民法院民事裁定书,(2019)最高法民申3600号。

3. 案件评析

本案涉及对但书中“另有约定”的理解,法院判决明确,若仅分立前公司的股东就债务清偿达成协议,依据合同相对性原理,该约定无法约束债权人。

第二百二十四条 【普通减资程序】

公司减少注册资本,应当编制资产负债表及财产清单。

公司应当自股东会作出减少注册资本决议之日起十日内通知债权人,并于三十日内在报纸上或者国家企业信用信息公示系统公告。债权人自接到通知之日起三十日内,未接到通知的自公告之日起四十五日内,有权要求公司清偿债务或者提供相应的担保。

公司减少注册资本,应当按照股东出资或者持有股份的比例相应减少出资额或者股份,法律另有规定、有限责任公司全体股东另有约定或者股份有限公司章程另有规定的除外。

◉ 立法意旨

本条是关于公司减少注册资本普通程序的规定。

◉ 条文演变历程

本条可追溯至1993年《公司法》第186条,后来有3处修订:(1)该条禁止减资后注册资本低于法定最低限额,2013年修法取消了最低资本限额规则;(2)该条规定“至少公告三次”,2005年修法删除此要求;(3)该条还规定“九十日”公告,2005年修法时第178条将公告期间缩短一半。

此次修订,一审稿第220条增加了在统一的企业信息公示系统进行公告的方式,将“通知书”修改为“通知”。二审稿无修订。三审稿新增第3款同比例减资及其例外规则,最终通过的本条延续三审稿内容,但将不同比例减资例外由“法律另有规定的除外”细化为“法律另有规定、有限责任公司全体股东另有约定或者股份有限公司章程另有规定的除外”,同时明确公示系统为“国家企业信用信息公示系统”。

◉ 条文释义

本条对应旧法第177条,除第1款“必须”改为“应当”,第2款明确引入国家企业信用信息公示系统公告及第3款明确原则上禁止定向减资(不同比例减资)外,无其他实质变化。

本条与第 225 ~ 226 条共同构成减资规范群,本条规定的减资可被称为普通减资,从而区别于不涉及债权人清偿与担保程序的简易减资。

1. 规范对象

本条规范的是公司实质减资。“注册资本减少”指公司依法通过一定程序对已经注册的资本额进行减少的法律行为,简称“减资”。理论上,以公司净资产是否发生实际变动为依据,可将减资分为实质减资与形式减资,前者实质变动了公司资产,涉及向股东返还经济利益,后者没有实质改变公司资产,通常只是资产负债表所有者权益科目的账面数字调整,不涉及向股东返还经济利益。形式减资的调整见本法第 225 条。

2. 第 1 款、第 2 款:普通减资程序

公司法坚守资本维持原则,普通减资规则正是资本维持原则规范群的一环。在例外情况下,法律允许实质减资,以避免资本过剩。反之,若僵硬地坚持资本维持原则,要求公司在经营过程中时刻维持一个最低限度的净资产规模,鉴于各公司所处的商业环境、存在的投资需求等均截然不同,则公司储存的资本可能超出实际所需进而被长期闲置。实质减资旨在因应公司的此类需求,以促进对稀缺资源的有效配置。

除此之外,实质减资必然减少公司责任财产,影响公司偿债能力,进而危及公司债权人到期受偿的预期,可能会将股东本应承担的剩余风险转嫁给债权人,①本条的应对之策有二:一是设置正当程序;二是赋予债权人异议权,分别从程序与实体上保障公司债权人利益。

(1)管理层提议减资。通常,先由经理为首的管理层提出减资方案,再交付董事会讨论完善和进行表决。

(2)董事会制订方案。依据本法第 67 条第 2 款第 5 项的规定,董事会职权包括制订公司减资方案。通常,管理层提议减资并提交方案后,由董事会讨论完善并决议通过。

(3)股东会通过决议。减资往往伴随股权结构的变动,属于重大结构性变更,为保护股东利益,《公司法》第 66 条、第 116 条、第 172 条要求有限公司股东会经代表 2/3 以上表决权的股东通过,股份公司股东会经出席会议的股东所持表决权的 2/3

---

① 参见张俊勇:《论公司法修订中减资制度的完善》,载《法律适用》2023 年第 1 期,第 88 ~ 94 页。

以上通过，国有独资公司应由履行出资人职责的机构决定是否进行减资。通常，董事会制订、通过减资方案后，交付股东会决议。

(4)编制资产负债表和财产清单。减资涉及公司资产的实质变动，因此法律要求公司必须编制资产负债表与财产清单。第1款未明确文件编制工作的具体承担主体，根据体系解释，股东会为权力机构，董事会为执行机构，且董事会职权包括制订减资方案(本法第67条)，因此本项工作应由董事会负责。

(5)通知与公告。公司自作出减资决议之日起10日内通知债权人，并于30日内在报纸或者国家企业信用信息公示系统公告。首先，与旧法相比，本条增加了公告方式，公司可在国家企业信用信息公示系统与报纸之间任选其一，选择前者的公示性更强、成本也更低。其次，通知对象为已知或应当知道的债权人，潜在债权人则以公告方式告知。

(6)债权人异议权规则。实质减资削弱了公司偿债能力，因此第2款允许债权人要求公司清偿债务或提供担保。详见下文"债权人异议权规则"部分。

(7)登记。注册资本为公司章程记载事项、营业执照记载事项，也是公司登记事项，减资后，公司须修改章程，并申请变更登记，换发新营业执照。《公司法》没有明确规定减资行为生效的时点，一种观点认为自公司减资决议生效之日起注册资本即发生变更；另一种观点认为公司登记在注册资本变更事项上具有生效效力，注册资本发生变更的时点为变更登记之时。第二种观点更为妥当，具体内容可参阅本书第34条评注。

3. 第2款：债权人异议权规则

(1)债权人享有知情权。公司须在减资决议作出之日起10日内通知已知或应知的债权人，不能直接以公告形式代替通知；对于潜在的未知债权人，则应在减资决议作出之日起30日内在报纸上或国家企业信用信息公示系统上公告，报纸的具体选择标准可参考本书对公司合并的评注。

(2)请求清偿与提供担保。债权人在接到通知之日起30日内，未接到通知的自公告之日起45日内，有权要求公司清偿债务或者提供相应的担保。其一，"债权人"包括到期债权人与未到期债权人；其二，债权人有权在清偿债务或提供担保之间进行选择；其三，为平衡公司利益、防止债权人被过度优待，针对未到期债权人，如公司有能力且同意提供足额担保，则此时应在解释论上限制债权人的选择权；其四，违反债权人保护程序的减资，构成本法第226条界定的违法减资。

4. 第 3 款:定向与非定向减资

第 3 款系新增条款,明确区分了定向减资与非定向减资,或称不同比例减资与同比例减资。同比例减资,是公司减资的基本原则,公司减资原则上应该按照各股东股权比例进行,实现同进同退,此为平等对待股东原则的具体化。但是,定向减资并非必然违反平等对待原则,更重要的是,现实中存在进行不同比例减资的合理需求,因为任何时候不同股东对公司的信心指数可能都是不一样的,利益与风险的选择偏好也是不一样的,所以第 3 款允许例外情形的不同比减资,满足了实务需求。

(1)定向减资在部分情形下具有合理性。例如,部分股东充满信心但有些股东充满绝望,有股东想退出,同时有股东不愿意退出的情形。鉴于此,本条设置了 3 项例外,包括法律规定、有限公司股东全体一致同意、股份公司章程另有规定。

(2)定向减资具有不可避免性。本法规定了若干种情形下的定向减资,如异议股东回购请求权,针对瑕疵出资股东的旧法上的催告除名,以及新法上的催缴失权,实务中还有投资人与目标公司签署的对赌协议等。

(3)关于上引定向减资的 3 种例外情形,第 3 款区分了有限公司与股份公司不同的例外规则,有限公司需要股东合意,股份公司仅需章程规定(背后是决议的多数决),其逻辑在于:有限公司的股东出资比例系各股东之间形成的一致合意,除因股东出资带来的资合性以外,还具备高度的人合性,法律允许公司自治,但需以不侵犯他人合法权益为前提;若有限公司进行不同比例的减资适用资本多数决,则控股股东可能会滥用股东地位损害中小股东利益,有限公司中的少数股东需要强度更高的保护。

◉ 公司治理操作指南

本法第 47 条规定了限期认缴制,有限公司全体股东认缴的出资额由股东按照公司章程的规定自公司成立之日起 5 年内缴足。此前实践中不少公司的股东认缴了巨额注册资本,且出资期限较长,为应对新《公司法》的限期认缴要求,公司可通过本条规定的普通减资程序免除股东尚未缴纳股款的义务,但必须遵守本条规定的债权人保护程序。

2024 年 2 月 6 日,国家市场监督管理总局发布了《国务院注册资本登记管理制度规定(征求意见稿)》,其中第 5 条引入了 3 类全新的“简易减资”,引入的这 3 类减资包括偿债能力声明减资,具体可参见本法第 225 条评注的公司治理操作指南部分。

针对第3款的真正的实务挑战在于，定向减资幕布之下，往往存在股东变相抽逃出资、违法分红的真实目的。就此，债权人可依据本法第226条认定股东、负有责任的董监高对公司承担返还责任或赔偿责任，进而依据代位权或申请强制执行债权维护自身合法权益。总而言之，需要强化对公司少数股东及债权人的保护。

◉ 比较法规范

《韩国公司法》第439条；《德国有限责任公司法》第58条；《德国股份法》第225条；《日本公司法》第449条、第627条；《英国2006年公司法》第641条、第646条；中国台湾地区"公司法"第107条、第168条。

◉ 研究文献

1. 吴飞飞：《资本维持原则的当下意蕴及其对偿债能力测试的借鉴》，载《政法论坛》2023年第4期。

2. 于莹、司耕旭：《重思公司分配行为的约束机制：以偿债能力测试的借鉴为中心》，载《清华法学》2023年第1期。

3. 张其鉴：《公司法修订背景下我国资本制度研究的主要误区及其修正》，载《法学评论》2022年第5期。

4. 李建伟：《授权资本发行制与认缴制的融合——公司资本制度的变革及公司法修订选择》，载《现代法学》2021年第6期。

5. 朱慈蕴、梁泽宇：《"资本显著不足"的适用与研判：理论、实证与规则》，载《法学评论》2021年第3期。

6. 朱慈蕴、皮正德：《公司资本制度的后端改革与偿债能力测试的借鉴》，载《法学研究》2021年第1期。

7. 余斌：《公司未通知债权人减资效力研究——基于50个案例的实证分析》，载《政治与法律》2018年第3期。

8. 罗培新：《论资本制度变革背景下股东出资法律制度之完善》，载《法学评论》2016年第4期。

9. 丁广宇：《论有限责任公司债权人权利的回归——基于相机治理理论的探讨》，载《法商研究》2008年第2期。

◉ 典型案例

刘某辉诉白某榕等公司减资案①

1. 案情简介

刘某辉系某公司债权人。2009年2月，某公司4名股东将公司的注册资本由300万

---

① 参见北京市第一中级人民法院民事判决书，(2011)一中民终字第10849号。

元减少为60万元。同时,4名股东在减资时向工商行政管理部门出具了公司债务清偿或担保情况的说明,该说明载明:"如有遗留问题,由各股东按照原来的注册资本数额承担责任。"

2. 裁判要旨

一审法院认为,某公司减资时刘某辉虽未被确认为债权人,但刘某辉于2008年、2009年就商铺租赁事宜对某公司提起过诉讼且刘某辉与某公司签订的协议中包含10万元的商业信誉、产品质量担保金,即使双方无争议,在合同顺利履行完毕时,某公司也应将保证金予以返还。因此,刘某辉系其潜在债权人,某公司应当预见双方之间发生债权债务的可能性。某公司减资豁免了股东尚未履行的出资义务,相应减少了公司的偿债能力,某公司未通知刘某辉,应承担相应责任。鉴于某公司已资不抵债,债权人丧失了获得清偿的机会,故支持其要求某公司股东在减资范围内承担清偿责任的请求。

二审法院认为,某公司减资时,某公司与刘某辉之间租赁合同因某公司违约行为仍然持续,其与刘某辉之间形成债权债务关系。此外,某公司股东签署的说明载明,"本公司债务已清偿完毕,对外也无任何担保行为,如有遗留问题,由各股东按照原来的注册资本数额承担责任",某公司各股东对公司遗留债务承担责任作出了承诺,刘某辉有权要求某公司股东承担偿还责任。

3. 案件评析

本案审理法院认为,减资通知对象不仅包括已知的确定债权人,也包括可预见的潜在债权人,这一扩大解释能够更全面地保护债权人利益。实践中,部分公司故意不通知债权人,仅在一些受众面很窄的地方性报纸上刊登减资信息,导致债权人根本无法获知减资消息、更无从要求清偿或担保,但2018年《公司法》没有明确规定违法减资的法律后果,为保护债权人利益,实务中各级法院创造了至少3种裁判路径:一是判定违法减资无效;二是判定违法减资相对债权人无效;三是类推抽逃出资与协助抽逃出资,允许债权人要求股东在接受资产范围内承担补充赔偿责任。此次修法,第226条已经对此问题作了立法回应。

第二百二十五条 【简易减资】

公司依照本法第二百一十四条第二款的规定弥补亏损后,仍有亏损的,可以减少注册资本弥补亏损。减少注册资本弥补亏损的,公司不得向股东分配,也不得免除股东缴纳出资或者股款的义务。

依照前款规定减少注册资本的,不适用前条第二款的规定,但应当自股东会作出减少注册资本决议之日起三十日内在报纸上或者国家企业信用信息公示系统公告。

公司依照前两款的规定减少注册资本后，在法定公积金和任意公积金累计额达到公司注册资本百分之五十前，不得分配利润。

◉ 立法意旨

本条是关于简易减资的规定。

◉ 条文演变历程

简易减资条款首次出现于此次修法的一审稿第221条。该条允许公司通过简易减资的方式弥补亏损，简易程序不适用普通减资通知债权人和清偿担保的规定，在法定公积金累计额超过公司注册资本前，不得分配利润。二审稿删除了“简易程序”，将“超过公司注册资本前”修改为“达到公司注册资本百分之五十前”，三审稿无实质变化。最终通过的本条进一步规定公告应当“自股东会作出减少注册资本决议之日起三十日内”进行，且禁止公司分配利润的条件被放宽为法定公积金和任意公积金达到注册资本的50%，同时形式上明确了公示系统为“国家企业信用信息公示系统”。

◉ 条文释义

本条系新增条款。

本条意旨在于允许公司为弥补亏损进行减资，并豁免了本法第224条普通减资的债权人保护程序，故被称为简易减资，或曰形式减资。

1. 简易减资的理论定位

简易减资是一类形式减资，仅为资产负债表中所有者权益项目内部的数字调整，不对股东作资产返还。具体而言，资产负债表所有者权益科目包括实收股本和可分配利润，“亏损”的会计含义是可分配利润为负数，简易减资实际上是将等同于可分配利润绝对值的实收股本核销，在账面上消除会计亏损，不涉及向股东支付资产，且实收股本对应的出资财产早已流入公司，故简易减资实质上未变动公司资产。

如公司经营不佳，出资财产亏空，则公司账簿中记载的股本不再反映真实资产状况，简易减资可以恢复资产负债表的真实性，并释放未来利润，因此简易减资契合了现实的商业需求。

2. 第1款：简易减资的条件

本条严格限制了简易减资的适用条件，只有在当期利润、法定公积金、任意公积金及资本公积金均不能弥补亏损时，才能启动简易减资，并在后端禁止通过简易减资免除出资义务或向股东返还资产。

(1)前端:弥补亏损的顺序

本款第1句严格限制了通过减少注册资本弥补亏损的条件。本法第210条第2款、第214条第2款、本条,以及《企业所得税法》第18条共同构成“调整弥补亏损行为的规则体系”。首先,本法第210条第2款规定,“公司的法定公积金不足以弥补以前年度亏损的,在依照前款规定提取法定公积金之前,应当先用当年利润弥补亏损”。其次,本法第214条第2款规定,“公积金弥补公司亏损,应当先使用任意公积金和法定公积金;仍不能弥补的,可以按照规定使用资本公积金”。最后,《企业所得税法》第18条规定,“企业纳税年度发生的亏损,准予以后年度结转,用以后年度的所得弥补,但结转年限最长不得超过五年”。

依据体系解释,弥补亏损的顺序应区分5年以内的亏损和超过5年的亏损:其一,5年以内的亏损,“当年税前利润 > 法定公积金、任意公积金和当年税后利润 > 资本公积金 > 注册资本”;其二,超过5年的亏损,“法定公积金、任意公积金和当年税后利润 > 资本公积金 > 注册资本”。关于亏损弥补顺序,存在解释论上的分歧,有观点认为,本法第210条第2款的含义是法定公积金优先于当年利润弥补亏损,而本法第214条第2款又确认了法定公积金和任意公积金顺位相同,因此顺序应为“法定公积金、任意公积金 > 当年利润 > 资本公积金 > 注册资本”。相反观点认为,顺序应为“当年利润 > 法定公积金、任意公积金 > 资本公积金 > 注册资本”;后一种观点更可取,本法第210条第2款的目的不是强制要求法定公积金先于当年利润弥补亏损,而是禁止在存在亏损时先行提取法定公积金。换言之,公司只能于弥补亏损后提取法定公积金,同时,结合《企业所得税法》第18条,前述观点必须更精确地区分亏损发生时间。

本条允许注册资本补亏但同时施加严格限制的理由有二:其一,如公积金不足以弥补亏损,此时注册资本并不能反映公司真实资产状况,可能误导债权人判断债务人公司的偿债能力,不符合资本维持原则保护债权人利益的目的;其二,将简易减资置于最后顺位,旨在避免公司先减资进而将当年利润、累积公积金等分配给股东,变相使股东优先于债权人获得公司资产。

(2)后端:不得分配或免除出资义务

本款第2句在后端树立了简易减资的两条红线:一是所获得的释放资金不得用于分红;二是有股东尚未缴纳股款的,不得免除出资义务。

举例说明:某公司注册资本金 1 亿元,已经缴纳 7000 万元,尚有 3000 万元未缴纳,其中甲股东的 1000 万元出资义务已届期,乙股东的 2000 万元出资义务未届期,没有公积金,且公司亏损 4000 万元。股东会可以决议,减资 5000 万元,注册资本金降低到 5000 万元,从释放出来的 5000 万元中拿出 4000 万元用于弥补亏损,剩余 1000 万元转为资本公积金,而不能退还给股东;但甲、乙股东的出资义务不在该次 5000 万元减资之列,被减资的只能是针对已经出资的其他股东的出资份额,因为这种场合下减资是为了释放出真金白银用于偿债,所以甲、乙股东尚未缴纳的出资义务不在减免之列。

然而,问题在于,按照当前会计准则和操作惯例,为弥补亏损而减资只是对资产负债表所有者权益科目下"实收股本"和"未分配利润"两个项目进行数字调整,由于资产负债表只记录实收股本,为弥补亏损而减资根本不可能涉及免除股东缴纳出资的义务,本条第 1 款后半部分"也不得免除股东缴纳出资或者股款的义务"可精简之。

从解释论立场出发,尽量使第 1 款第 2 句发挥作用,可赋予其 3 项功能。其一,第 2 句旨在强调禁止通过减少注册资本的方式减免股东认缴出资的义务;其二,股东以非货币方式出资,财产已交付给公司,但后来出资不实,此时若公司通过简易减资弥补会计亏损,则第 1 款第 2 句旨在禁止免除瑕疵出资股东的补足责任;其三,如未来会计准则改革,要在资产负债表中显示包括认缴部分在内的注册资本,那么本条也可预先设置为保护债权人利益的限制措施。

3. 第 2 款:简易减资的程序

简易减资下,公司没有分配资产给股东,公司资产未减少,这意味着公司偿债能力没有发生变化,因此本款简化了本法第 224 条普通减资程序:一是公司无须通知债权人,二是债权人无权要求公司清偿债务或提供担保。简易的程序利于经营不善的公司有限度地通过会计方法弥补亏损,不被债权人异议牵绊,以较低成本实现再融资或防止触发退市。但为防止公司及其股东假借补亏型减资逃避出资义务和转移资产,第 2 款要求公司于减资决议作出之日起 30 日内在报纸上或者国家企业信用信息公示系统公告,以求得债权人的监督。

4. 第 3 款:简易减资的"后遗症"

虽然补亏型减资只是会计上的账面数字处理,不会直接损害债权人利益,但补亏型减资实际上降低了公司在未来分配利润的条件,间接影响债权人利益。补亏型减资为公司日后分红扫清了程序障碍,增加了股东获得公司资产的可能性。首先,弥补亏损是分红的前提条件,补亏型减资扫除了亏损障碍;其次,法定公积金计提规则要求公司至少提取等值于注册资本 50% 的法定公积金,补亏型减资间接降低了前述标准,增加了股东获得分红的可能性。

为保护债权人利益,本款在事后对利润分配施加了限制:通过减资弥补亏损,如公司开始盈利,在法定公积金与任意公积金的累计额未达到公司注册资本的 50% 前,禁止向股东分配利润。形象地说,好比有人经历过一次饥饿,后来又遇丰年时,他需要先建立一个粮仓(资金池)以备下次的荒年。如公司违反本款规定,则属于本法第 211 条界定的违法分配利润。

◉ 公司治理操作指南

在新《公司法》颁布前,部分法院已经开始区分实质减资与形式减资,虽然形式减资存在程序违法情形,但股东并未利用公司减资程序实际抽回出资,未损害债权人利益,不能因公司减资程序不合法就认定股东构成抽逃出资,而是应由相关管理机关对其实施一定的处罚。① 考虑到此,在新《公司法》正式生效前,若公司有亏损,且法定公积金、任意公积金和当年利润无法弥补,则仍可参照本条规定实施简易减资,但为规避债权人起诉的风险,建议务必通知债权人和进行公告。

新《公司法》将有限公司认缴制改为了 5 年内限期认缴、将股份公司全部修改为实缴制,且前述出资规则具有溯及力,新《公司法》生效后可能有部分公司希望通过本条规定减少注册资本进而免除认缴义务或规避普通减资的债权人保护程序,这一目的是无法实现的,本条只适用于为弥补亏损而减资,且本条明确禁止免除出资义务。

2024 年 2 月 6 日,国家市场监督管理总局发布了《国务院注册资本登记管理制度规定(征求意见稿)》,该草案第 5 条第 1 款引入了 3 类全新的“简易减资”:“公司法施行前设立的公司在过渡期内申请减少注册资本但不减少实缴出资,符合下列条件的,公司可以通过国家企业信用信息公示系统向社会公示二十日。公示期内债权人没有提出异议的,公司凭申请书、承诺书办理注册资本变更登记:(一)不存在未结清债务或者债务明显低于公司已实缴注册资本等情形;(二)全

① 参见贺小荣主编:《最高人民法院第二巡回法庭法官会议纪要》(第 2 辑),人民法院出版社 2021 年版,第 23 页。

体股东承诺对减资前的公司债务在原有认缴出资额范围内承担连带责任;(三)全体董事承诺不损害公司的债务履行能力和持续经营能力。"其中,第3项实质引入了"偿债能力声明减资",若正式稿保留,无疑乃巨大进步,也为未来《公司法》进一步修订奠定基础。

◉ 比较法规范

《德国有限责任公司法》第58条;《德国股份法》第229条、第230条、第233条;《日本公司法》第626条。

◉ 研究文献

1. 于莹、司耕旭:《重思公司分配行为的约束机制:以偿债能力测试的借鉴为中心》,载《清华法学》2023年第1期。

2. 吴飞飞:《资本维持原则的当下意蕴及其对偿债能力测试的借鉴》,载《政法论坛》2023年第4期。

3. 朱慈蕴、梁泽宇:《"资本显著不足"的适用与研判:理论、实证与规则》,载《法学评论》2021年第3期。

4. 罗培新:《论资本制度变革背景下股东出资法律制度之完善》,载《法学评论》2016年第4期。

5. 丁广宇:《论有限责任公司债权人权利的回归——基于相机治理理论的探讨》,载《法商研究》2008年第2期。

◉ 典型案例

黑龙江省农业生产资料公司与丰汇世通(北京)投资有限公司案外人执行异议之诉纠纷案①

1. 案情简介

2008年11月,黑龙江省农业生产资料公司(以下简称省农资公司)投资5000万元设立了黑龙江寒地黑土农业物产集团有限公司(以下简称寒地黑土集团)。后有其他2家公司作为新股东加入,注册资本增至1.1亿元。

2013年1月6日,寒地黑土集团在《黑龙江日报》发布减资公告,内容为经寒地黑土集团股东决定,公司注册资本由1.1亿元减至3000万元。2013年1月10日,寒地黑土集团召开股东会议,决定实施前述减资,之前作为新股东加入的其他2家公司撤回出资并退出公司,唯一股东省农资公司以经营期间亏损为由将出资减至3000万元。寒地黑土集团提交给工商部门的股东会议决议和债务清偿及债务担保情况说明中明确其无债务,但财务报表显示寒地黑土集团于2012年12月31日尚有86,977,805.38元流动负债。

第225条

① 参见最高人民法院民事判决书,(2019)最高法民再144号。

2014 年 7 月 11 日，丰汇世通（北京）投资有限公司（以下简称丰汇世通公司）提起诉讼，经另案审理并判决寒地黑土集团返还丰汇世通公司投资款 1500 万元及利息。在案件执行过程中，哈尔滨市中院作出（2017）黑 01 执异 84 号执行裁定认为，省农资公司在未通知债权人的情况下，提供虚假材料申请减资 2000 万元的变更登记，违反减资程序的规定，追加省农资公司为被执行人，省农资公司在其抽逃注册资本 2000 万元的范围内对丰汇世通公司承担责任。嗣后，省农资公司以案外人执行异议纠纷提起本案诉讼。

2. 裁判要旨

一审法院认为，第一，寒地黑土集团存在违法减资行为。寒地黑土集团在未通知债权人丰汇世通公司的情况下，在减资决议作出前对外发布减资公告，违反了 2013 年《公司法》第 177 条（对应新《公司法》第 224 条）减资程序规定，损害了债权人利益。省农资公司作为寒地黑土集团的股东，在寒地黑土集团尚有流动负债的情况下提供虚假材料亦违反规定，致使寒地黑土集团无可供执行财产。第二，违法减资行为构成股东抽逃出资，公司资产减少降低了公司对外承担责任的能力，直接影响债权人利益。根据《变更追加当事人规定》第 18 条的规定，省农资公司作为被执行人的股东，应当在其抽逃出资的范围内承担责任。

二审法院认为，第一，减资与抽逃出资在行为主体、构成要件、程序、法律后果上均不相同。寒地黑土集团减资在行政部门办理了登记手续，对外产生公示的法律效果，在未被确认为违反法定程序之前该减资行为合法有效。《变更追加当事人规定》第 18 条仅涉及抽逃出资的股东，并未规定减资股东可以被追加为被执行人，减资行为是否合法不属于追加被执行人程序审查的范围。第二，寒地黑土集团因亏损进行减资，公司减资前与减资后的财产未发生变化，未导致寒地黑土集团对外承担责任的财产减少或者偿债能力下降，省农资公司并未抽回出资。

再审法院认为，虽然寒地黑土集团在减资过程中先发布减资公告后召开股东会，且在变更登记时提供虚假材料，的确违反了减资程序规定，但作为寒地黑土集团股东的省农资公司并未利用减资抽回出资，省农资公司的登记出资虽减少，但资产总量并未因此减少、偿债能力亦未因此降低，寒地黑土集团的权益并未因省农资公司的行为受到损害。

3. 案件评析

此前公司法没有明文区分实质减资与形式减资，但法官与律师等实务人士已经认识到两者存在区别，部分法院根据是否涉及财产返还，将减资分为“形式减资中的违法减资”与“实质减资中的违法减资”。首先，形式减资下，股东并未实际收回资产，并未对公司偿债能力造成实质损害。其次，形式减资虽然导致利润分配基准线降低，但利润分配的前提仍是资产大于负债、股本和不可分配公积金之和，注册资本的减少在理论上并不影响公司偿债能力。最后，股东抽逃出资本质上是股东侵犯公司财产权的行为，导致公司责任财产减少，形式减资存在程序违法情形，但股东并未利用公司减资程序实际抽回出资，未损害债权人利益，不能因公司减资程序不合法就认定股东构成抽逃出资，而是应由相关管理机关对其实施一定的处罚。① 本案中，公司减资源于寒地黑土集团的亏损，并不涉及因减资对股东出资款项的返还，因此并未变动公司资产，属于形式减资，若允许债权人要求公司提前清偿债务或提供担保，则过度保护了债权人。

第二百二十六条　【违法减资的后果】

违反本法规定减少注册资本的，股东应当退还其收到的资金，减免股东出资的应当恢复原状；给公司造成损失的，股东及负有责任的董事、监事、高级管理人员应当承担赔偿责任。

◉ 立法意旨

本条是关于违法减资的法律后果的规定。

◉ 条文演变历程

修法前，法律未明确规定违法减资的法律后果，是一个明显的立法漏洞。此次修法中，一审稿第 222 条规定，“违反本法规定减少注册资本的，股东应当退还其收到的资金并加算银行同期存款利息；给公司造成损失的，股东及负有责任的董事、监事、高级管理人员应当承担赔偿责任”。二审稿删除“并加算银行同期存款利息”，增加“减免股东出资的应当恢复原状”。三审稿未作变动，最终形成本条。

◉ 条文释义

本条系新增条款。

本条属于保护公司利益及债权人利益的重大制度创新。违法减资时，公司资金可能非法流向股东，损害公司和债权人利益，因此本条在后端落实股东的退还责任和负有责任的董监高的赔偿责任。

1. 违反本法规定减资的含义

公司不履行公司法规定的减资程序或违反对减资施加的约束条件，均构成违法减资，这表明“违反本法规定”包括违反减资的法定程序与违反减资的实体规则。例如，没有履行本法第 224 条规定的通知、公告债权人程序；违反本法第 225 条简易减资的约束规则，在不存在亏损的情况下实施简易减资并免除股东缴纳出资的义务或

① 参见贺小荣主编：《最高人民法院第二巡回法庭法官会议纪要》（第 3 辑），人民法院出版社 2022 年版，第 105～106 页。

向股东支付财产；违反本法第 225 条的规定未先使用公积金即减资；违反本法第 210 条规定的无盈利不分红规则；等等。

2. 股东返还不当得利与注册资本恢复原状

由于此前立法未明确规定违法减资的法律效力及相应的法律后果，以公司未履行通知或公告程序为例，司法实践中可能的 3 种裁判路径：一是不否认公司违法减资行为的效力，但公司不得以减资后的注册资本对抗变更登记前的债权人；二是认定减资决议无效；三是类推适用抽逃出资与协助抽逃出资规则，股东在接受资产范围内对债权人承担补充赔偿责任。这实际上是法官面对非法减资纠纷时由于裁判规范的缺失，不得不进行群体性的漏洞填补活动。一方面，在减资效力判断上，考虑立法未规定效力要件和公司内外关系安定性等因素，实务界普遍认为非法减资行为本身有效，勇于判令非法减资无效之案例鲜少；另一方面，为救济利益受损之债权人，法院又通过侵权责任、类推适用《公司法解释三》第 13 ~ 14 条瑕疵出资、抽逃出资等方式，令股东对起诉的债权人承担赔偿责任。此种解释论作业的确解决了债权人保护的"燃眉之急"，但也造成了公司法的利益失衡：股东仅对起诉的异议债权人承担责任，无疑会造成不公平清偿效果；非法减资仅导致股东在减资范围内承担责任，而不会造成减资无效，又会逆向激励股东和公司在减资过程中逃避履行通知债权人的义务。综合上述分析，依靠传统的法律解释已无法解决非法减资责任缺失的裁判困境，亟待公司立法的革故鼎新。

对此，本条的制度选择是，前半句规定，违法减资的后果清晰地分为两类情形：(1)已经实缴且已获得出资返还的股东，"退还其收到的资金"，实为不当得利返还；(2)已经认缴但未实缴的股东，被减免的出资义务恢复原状。有学者认为，这实际上明确了违法减资决议无效，股东保有因减资而获取的财产构成不当得利，故而退还所得的资金及其利息，被减免出资义务的股东继续承担原有的认缴义务。总之，通过以上操作，立法目标是在减资决议无效后，公司注册资本恢复到减资前的状态。

3. 负有责任的董监高赔偿损失

本条后半句规定，"给公司造成损失的，股东及负有责任的董事、监事、高级管理人员应当承担赔偿责任"，分三点理解这一规定。

(1)损失范围。此处的"给公司造成损失"与第 211 条违法分配利润给公司造成损失的含义相同，其主要指向是，违法减资后股东构成不当得利，应返还获得的出资款及其利息，在违法减资行为被确定无效后，如部分股东因个人资产不足、陷入破产等原因无力返还受领的资产和利息，就会产生公司损失。换言之，如全体股东能够退还出资款和利息，则本条后半段的赔偿责任可能不会发生。当然，也不排除非法减资导致公司资产减少后，带给公司机会利益的损失等，只是此种损失不具有典型性，举证也颇为困难。

(2)赔偿责任的发生条件。按照股东会、董事会、经理的职权规定，减资通常由经理为首的管理层提出减资方案，而后交付董事会讨论完善形成议案，之后再提交股东会绝对多数决通过决议，最后交付管理层执行。在这一过程中，董监高均可能失职，违反信义义务。具言之，如董监高等具有关联关系（如同时作为股东），则涉及违反忠实义务；反之，则构成违反勤勉义务。

(3)赔偿责任的请求权基础。当前述责任构成后，基础规范依据应为违信责任，即本法第188条规定的"董事、监事、高级管理人员执行职务违反法律、行政法规或者公司章程的规定，给公司造成损失的，应当承担赔偿责任"。

◉ 公司治理操作指南

修法前，法院通常倾向于认定未通知债权人的减资有效，但类推适用抽逃出资规则，判决减资股东在减资本息范围内对公司债务承担责任，至于责任形态，连带责任说与补充赔偿责任说并存。本条明确违法减资行为无效，公司股东会作出减资决议后，未履行通知和公告义务或没有满足债权人清偿债务或提供担保的请求，债权人可提起两类诉讼：(1)停止减资之诉。公司减资尚未完成的，债权人可以向公司行使停止减资请求权，要求公司中止减资活动。在向公司请求未果的情况下，债权人可提起诉讼，要求公司停止减资活动，或者依法履行清偿债务或提供担保的义务。(2)公司减资无效之诉。公司减资完成后，债权人有权向法院提起诉讼，请求法院判决公司减资行为无效，从而使公司资产恢复到减资之前的状态。

◉ 比较法规范

《德国有限责任公司法》第58条；《英国2006年公司法》第643条、第644条、第647条、第652条、第653条；《韩国公司法》第445条。

◉ 研究文献

1. 吴飞飞：《资本维持原则的当下意蕴及其对偿债能力测试的借鉴》，载《政法论坛》2023年第4期。

2. 于莹、司耕旭：《重思公司分配行为的约束机制：以偿债能力测试的借鉴为中心》，载《清华法学》2023年第1期。

3. 余斌：《公司未通知债权人减资效力研究——基于50个案例的实证分析》，载《政治与法律》2018 年第 3 期。

◉ 典型案例

小康财富投资管理有限公司、江西铜业股份有限公司买卖合同纠纷再审审查与审判监督案①

1. 案情简介

蒙玛特(天津)铜业有限公司(以下简称蒙玛特公司)欠付江西铜业股份有限公司(以下简称江铜公司)货款 79,101,119.92 元。小康财富投资管理有限公司(以下简称小康公司)作为蒙玛特公司的新股东,以货币形式认缴出资5000 万元。后来,蒙玛特公司召开股东会决议,决定股东小康公司减少出资 5000 万元,退出公司。蒙玛特公司在《每日新报》第 4 版中缝处发布减资公告,但未通知债权人江铜公司。

2. 裁判要旨

一审法院认为,蒙玛特公司未就减资事宜直接通知江铜公司,亦未采取其他合理、有效的方式告知江铜公司,不符合减资的法定程序。在蒙玛特公司对外所负巨额债务未受清偿的情况下,仍然通过股东会决议同意小康公司减资,既降低了蒙玛特公司的债务清偿能力,又损害了江铜公司的合法权益。小康公司的减资行为本质上造成了宛如股东抽逃出资一样的法律后果,应比照《公司法解释三》第 14 条第 2 款处理,小康公司应当在减资范围内对蒙玛特公司所欠货款及逾期付款利息承担补充赔偿责任。

二审法院增加裁判理由:股东小康公司明知江铜公司负担债务,其未尽合理注意义务,客观上影响了江铜公司实现债权,应承担责任。小康公司承担的补偿赔偿责任是一种顺位责任,是在债权执行终结、债务人公司未能全面清偿的情形下才承担的责任,小康公司享有在对蒙玛特公司进行强制执行之前拒绝承担责任的抗辩权。

3. 案件评析

由于缺少违法减资法律后果的裁判规范依据,此前的法院倾向于类推抽逃出资与协助抽逃出资条款,判令股东在减资范围内对公司不能清偿的债务承担责任。新《公司法》第 226 条填补了这一“漏洞”,有望解决裁判规范缺失带给法官们的审判困境。

第二百二十七条　【增资时的股东优先认购权】

有限责任公司增加注册资本时,股东在同等条件下有权优先按照实缴的出资比例认缴出资。但是,全体股东约定不按照出资比例优先认缴出资的除外。

① 参见最高人民法院民事裁定书,(2020)最高法民申 5382 号。

股份有限公司为增加注册资本发行新股时，股东不享有优先认购权，公司章程另有规定或者股东会决议决定股东享有优先认购权的除外。

◉ 立法意旨

本条是关于两类公司增资时原股东的优先认购权（优先认缴权）的规定。

◉ 条文演变历程

本条雏形是1993年《公司法》第33条，其规定有限公司新增资本时，股东可以优先认缴出资。2005年《公司法》第35条规定，有限责任公司新增资本时，股东有权优先按照实缴的出资比例认缴出资。但是，全体股东约定不按照出资比例优先认缴出资的除外。两部立法都没有涉及股份公司的问题。本次修法，一审稿第223条第1款承袭了2005年《公司法》确立的规则，同时在第2款增补股份公司股东优先认购权条款，“除公司章程另有规定外，股东不享有优先认购权”。嗣后，二审稿第223条第1款增加了“同等条件”限制，第2款增加了“股东会决议”例外。三审稿未作变动，最终形成本条。

◉ 条文释义

1.第1款：有限公司股东优先认购权的构造

本款对应旧法第34条，规定了有限公司股东的优先认购权。

（1）优先认购权条款在有限公司中系“推定适用规范”或“选出规则”。有限公司决定增资的，相对于其他非股东主体，决定增资时的公司股东有权按照“实缴出资比例”优先认缴新增资本，但全体股东的合意可以排除或改变本规则的适用。对于本款“但书”规定，一种理解是，只允许股东改变优先认购权的行使方式，即不按照实缴出资比例行权，并非允许直接排除优先认购权；另一种理解是，应扩大解释，包括允许全体股东合意排除优先认购权条款。后一种理解更合立法目的，所以本款被视为推定适用规范或选出规则。

（2）“同等条件下”的行权限制。对照旧法第34条，本款增加了“同等条件”作为行使优先认购权的必要约束。有限公司股东相对于非股东在同等条件下享有优先认缴新增资本的权利，这一修订无疑澄清了优先认购权的核心功能是“在保障公司融资需求能够实现的条件下给予股东顺序上的优先利益”，并非保护股东的绝对优先利益。本条未明确“同等条件”的具体含义，依体系解释，可参照《公司法解释四》第18条对股权转让情形下股东优先购买权的规定，综合考虑请求认缴的股权数量、价格、支付方式及期限等因素。

综上,可以认为有限公司增资时的股东优先认购权制度设计,首在公平,次在效率,这是立法作出的法益顺位选择。

2. 第 2 款:股份公司股东优先认购权的构造

本款为新增条文,填补了旧法未规定股份公司股东优先认购权的立法缺漏。

(1)制度背景及其预设。在立法者的设想中,股份公司系股东人数多、经营规模大、呈现公众性及资合性特征的大型公众公司,原则上,此类公司股东不享有优先认购权,以利于发挥其筹集资本的制度优势。然而,实证经验证明,部分发起设立和定向募集设立的非上市股份公司与有限公司在人数、规模、股权流通性上均趋同,此次修法关注到这一问题,在十几处制度设计上将两类公司的制度同质化构造,本款之增补就体现了这一立法政策趋向。

(2)优先认购权条款在股份公司中系"选入规则"。与有限公司恰好相反,股份公司决定增资发行新股的,公司股东不享有新股的优先认购权,但基于股东的特别约定——具体是指"公司章程另有规定或者股东会决议",可以赋予股东优先认购权,从而实现"选入规则"的立法功能。

(3)股东会决议的多数决规则。有疑义的是,此处股东会决议的表决比例如何确定。一种意见认为,比照同款"公司章程另有规定"的要求,公司章程修改需要适用绝对多数决;另一种意见认为,"公司章程另有规定或者股东会决议"表述的文义解释,应指若章程有规定则依章程,若章程无规定则属于第 116 条规定的普通决议,需经出席会议的股东所持表决权过半数通过。实际上,对于股份公司意思自治的形式要求,本法有多处条款出现"公司章程另有规定或者股东会决议"的表述,应该作统一的立法解释。相比之下,上述后一种解释更为妥当。

综上,可以认为股份公司增资时的股东优先认购权制度设计,首先在效率,其次在公平,这也是立法作出的法益顺位选择。

◉ 公司治理操作指南

有人认为,有限公司股东的增资优先认购权本意是防止多数股东利用增资扩股机会挤压少数股东的股权比例,从而完成合法的股东压制行为,但第 1 款的"但书"条款有可能构成有限公司多数股东对于少数股东的合法压制,从而利用增资扩股的机会挤压少数股东股权比例。这一担心不是多余的,不过与第 1 款的"但书"无关,因为"但书"是建立在全体股东合意基础之上的,但凡少数股东不同意,"但书"条款就无法适用。真正担心的应该是实务中多数股东利用资本优势挤压少数股东，如公司注册资本从1000万元增资到10亿元，少数股东即便享有优先认购权，也得同时有此等出资能力，否则，就会不可避免地被挤压。这是一种商业上的安排，对此法律无能为力。

实务中，侵害股东优先认购权的行为一般表现为以下四类情形：一是剥夺股东知情权，进而剥夺其优先认购权，主要表现为控股股东不召开股东会会议，也不通知股东，直接决定增资或通知程序存在瑕疵导致股东对增资事宜不知情，也无法行使优先认购权。二是直接剥夺，一般是公司召开股东会作出增资决议时不征询股东对优先认购权的意见，股东会以多数决方式强制剥夺股东的部分或全部优先认购权。三是变相剥夺，实践中也经常出现股东会对行使优先认购权设置不合理的条件，或是增资方案明显不合理，变相影响或剥夺股东优先认购权的情形。四是变相增资，即在没有必要进行吸收合并的情况下，公司股东会决定通过吸收合并方式进行增资，变相侵害股东的优先认购权。尽管侵害股东优先认购权的表现形式多样，但股东对此的救济措施仍然集中到公司决议撤销或确认无效之诉、撤销工商变更登记或行使优先认购权之诉、损害赔偿之诉等。公司决议之诉是前提条件，以确认侵害其优先认购权的股东会决议不成立、无效或予以撤销，并进而撤销工商变更登记，以恢复股东持股比例，或进而诉请行使优先认购权，以维持其持股比例；而损害赔偿之诉则解决股东因其优先认购权被侵害遭受损失的问题。

◉ 比较法规范

《英国2006年公司法》第561条；《美国模范商业公司法》第6.30节。

◉ 研究文献

1. 刘迎霜：《资本认缴制：股东出资自由与公司资本自治》，载《政治与法律》2023年第8期。

2. 王东光：《对赌协议的效力及司法裁判路径》，载《现代法学》2023年第3期。

3. 罗培新：《世行营商环境评估之“保护少数投资者”指标解析——兼论我国公司法的修订》，载《清华法学》2019年第1期。

4. 陈彦晶：《认缴还是实缴：股东权利行使基准的追问》，载《法学》2018年第12期。

5. 李建伟：《“实质性剥夺”股东知情权的公司意思效力研究——〈公司法解释四〉第9条的法教义学分析及展开》，载《中外法学》2018年第5期。

◉ 典型案例

陕西雁锦花卉园艺有限责任公司、史某1股东资格确认纠纷再审案①

1. 案情简介

2008年12月1日,史某1与刘某某、唐某敏、郭某顺、杨某斌、常某英、陆某运共7人成立了陕西上林牡丹花卉园艺有限公司(以下简称牡丹园公司),公司设立时,注册资本为100万元,史某1实缴15万元,占15%股份。由于经营需要,公司进行了多次增资,各股东按比例向牡丹园公司缴纳增资款,但未办理工商登记手续,牡丹园公司后来退还了股东增资款。

2010年3月26日,刘某1向史某2(史某1长子)转款117万元。当日,赵某(史某1次子)出具收条,载明"今收到牡丹园退还股金117万元整"。

2011年11月,牡丹园公司变更名称为陕西雁锦花卉园艺有限责任公司(以下简称雁锦公司)。2015年7月15日,雁锦公司变更了注册资本,由100万元增加至3000万元,此次增资没有通知史某1。

2. 裁判要旨

一审法院认为,雁锦公司增加注册资本,在史某1没有处分其股权的情况下,史某1的持股比例不应当降低。雁锦公司章程规定,增资应由股东会作出决议,史某1对于该增资事宜不知情,雁锦公司侵犯了史某1的优先认购权和知情权,对史某1而言,该增资行为无效,仍旧应当按照15%的股权比例在股东内部进行股权分配。

再审法院认为,史某1主张其享有雁锦公司15%股权,应查明其股权转移到现登记的哪位股东名下,如认定转移到刘某2名下,因公司已经增资,即使存在转让无效事由,也应查明股权是否可以回转,对涉及案外人权益的应一并通知其参与诉讼。一审、二审判决对此均未查实,并且未通知参与雁锦公司增资的股东参与诉讼,即否定雁锦公司增资行为效力,属于基本事实认定不清,遗漏必须共同进行诉讼的当事人,于是判决发回重审。

3. 案件评析

增资应由股东会决议,史某1作为股东对此不知情,雁锦公司侵犯了史某1的优先认购权和知情权,该增资行为无效,对史某1没有法律约束力,不应以工商登记变更后的3000万元注册资本来降低史某1在雁锦公司的原持股比例,而仍旧应当按照15%的股权比例在股东内部进行股权分配。但由于完全否认增资行为的效力对公司的经营发展以及其他增资股东影响重大,应否完全否认增资行为效力仍然存在很大的解释空间。

① 参见最高人民法院民事裁定书,(2019)最高法民再315号。

第二百二十八条　【增资扩股的股东出资责任的法律适用】

有限责任公司增加注册资本时，股东认缴新增资本的出资，依照本法设立有限责任公司缴纳出资的有关规定执行。

股份有限公司为增加注册资本发行新股时，股东认购新股，依照本法设立股份有限公司缴纳股款的有关规定执行。

◉ 立法意旨

本条是关于公司增资扩股时股东出资责任的法律适用问题的规定。

◉ 条文演变历程

本条规则的雏形是1993年《公司法》第187条，即“有限责任公司增加注册资本时，股东认缴新增资本的出资，按照本法设立有限责任公司缴纳出资的有关规定执行。股份有限公司为增加注册资本发行新股时，股东认购新股应当按照本法设立股份有限公司缴纳股款的有关规定执行”。2005年《公司法》第179条将第1款中的“按照本法”修改为“依照本法”，删除了第2款中的“应当”。此后，本条内容再无实质变化。但由于2023年《公司法》在出资制度上变化较大，引入了加速到期、催缴失权等多项新制度，本条实际上发挥了更多引致功能。

◉ 条文释义

本条源自旧法第178条，文字表述上未作变动。但本条实为一个隐性的引致条款，由于新旧法上的股东出资制度发生变化，故两个文字表述一样的法律条文在实质含义上已不可同日而语。

1. 第1款：有限公司股东认缴新资的出资责任

（1）有限公司新增资本的，无论新老股东认缴新增资本份额，其出资责任均适用本法关于设立有限公司缴纳出资的有关规定，包括五年内限期认缴（第47条）、出资形式（第48条）、出资义务的履行方式（第49条）、董事催缴出资（第51条）、催告失权（第52条）、不得抽逃出资（第53条）、加速到期（第54条）等。

（2）但必须明确的一点是，第50条关于有限公司设立时股东（发起人）的出资充实担保责任，在增资扩股的场合下不再适用。

2. 第2款：股份公司股东认购新股的出资责任

（1）股份公司增资发行新股的，无论新老股东认购新股，也都适用设立股份公司缴纳股款的有关规定，包括发起人出资实缴（第98条）、出资形式（第48条）、出资义务的履行(第49条第2款、第3款)、董事催缴出资(第51条、第107条)、催告失权(第52条、第107条)、不得抽逃出资(第53条、第107条)等。

(2)但也必须明确的一点是,第99条关于股份公司设立时发起人股东的出资充实担保责任,在增资扩股的场合下不再适用。

◉ 研究文献

1. 郑彧:《股东溢价出资的会计表达与法律属性》,载《法学研究》2023年第4期。

2. 皮正德:《禁止财务资助规则的公司法建构》,载《法学研究》2023年第1期。

3. 张其鉴:《公司法修订背景下我国资本制度研究的主要误区及其修正》,载《法学评论》2022年第5期。

4. 朱慈蕴、梁泽宇:《"资本显著不足"的适用与研判:理论、实证与规则》,载《法学评论》2021年第3期。

5. 沈朝晖、[日]饭田秀总、段磊:《中日公司新股发行制度的功能主义比较》,载《清华法学》2019年第2期。

◉ 典型案例

马某与吉林省人民政府国有资产监督管理委员会民间借贷纠纷再审案①

1. 案情简介

马某借给吉林粮食集团收储经销有限公司(以下简称收储公司)1500万元,吉林粮食集团有限公司(以下简称吉粮集团)承诺为全部借款和利息提供无限连带保证责任担保。吉林省人民政府国有资产监督管理委员会(以下简称吉林国资委)、大连港集团有限公司(以下简称大连港公司)与中恒信实业有限公司(以下简称中恒信公司)召开吉粮集团股东会,同意由吉粮集团股东中恒信公司以其持有的新大新公司以及刘达公司股东全部权益增资吉粮集团。中恒信公司在增资节点时已查明的涉及新大新公司的房产以及刘达公司的房产未解除抵押、查封、冻结的面积共33,444.26平方米,资产评估报告确定的总面积为40,365.54平方米。

2. 裁判要旨

一审法院认为,收储公司应向债权人马某偿还借款本金及利息,鉴于中恒信公司并未履行在增资时解除涉案全部房产抵押、查封和冻结的义务,其仍按照资产评估报告确定的评估价值作价增资,马某作为吉粮集团的债权人,有权请求未全面履行出资义务的中恒信公司在未出资本息范围内对公司债务不能清偿的部分承担补充赔偿责任。公司股东若有增资瑕疵,应承担与公司设立时的出资瑕疵相同的责任。中恒信公司存在增资不实及抽逃出资的行为,作为吉粮集团股东的吉林国资委及大连港公司均有责任,应依

① 参见最高人民法院民事裁定书,(2018)最高法民申5453号。

《公司法解释三》第13条第3款、第14条第2款和2018年《公司法》第178条就案涉借款本息向公司债权人马某承担连带责任。

二审法院认为，在公司增资时未全面履行出资义务，应由瑕疵股东承担补充赔偿责任，其他股东不承担连带责任。其他股东与发起人的职责范围、法律地位不同，发起人连带责任的基础是公司设立时发起人共同订立的设立协议（合伙协议），彼此对外担保出资义务的履行，增资时，其他股东与增资股东之间无合伙关系，不承担彼此担保出资的义务。其他股东与增资股东对外承担连带责任在《公司法》及司法解释中无明文规定。此外，吉林国资委和大连港公司没有协助中恒信公司抽逃出资。

再审法院：肯认了二审法院的裁判思路。

3. 案件评析

新增的认缴出资，遵循公司设立时的缴纳规则，如承担补缴出资责任、不得抽逃出资等，但是不得适用发起人出资充实担保责任（连带责任）。理由在于，增资时新增股东与其他股东的关系并不是公司设立时发起人之间的合伙关系，也不存在相互担保的责任机制。对此，可以详细参考本书第50条评注。

第十二章　公司解散和清算

【本章概述】

本章对应旧法第十章，与其他章节的修订情况相比，变化较大。本章所有修订内容均立足于实践经验，旨在回应司法实务面临的棘手难题，充分体现了《公司法》的纠纷解决功能与行为指引功能。需重点提及的修订制度如下。

第一，基于企业维持原则，扩大自愿解散时挽回规则的适用范围，第 230 条允许公司在触发章程解散和决议解散事由后通过股东会决议继续存续，增设了股东会决议解散公司时的挽回规则。

第二，鉴于《民法典》第 70 条与 2018 年《公司法》及其司法解释之间的适用关系不明确，其在民商合一的立法体系下未能统一裁判规则，第 232 条明确规定董事为清算义务人和默认情况下的清算组成员，不再区分有限公司和股份公司。

第三，完善强制清算制度，第 233 条将“成立清算组后不清算”补充界定为强制清算的发生原因之一，扩张强制清算申请主体为“利害关系人”，同时填补过去的法律漏洞，明确规定行政强制解散时公司登记机关可以申请法院指定组成清算组进行清算，与市场主体退出制度相互协调配套。

第四，第 238 条明确规定清算组成员对公司负担勤勉义务与忠实义务，并且承担第 191 条构造下的对第三人责任，体现法律功能主义的认识论和方法论。

第五，吸取过往试点经验与《市场主体登记管理条例》既有运行经验，第 240 条增设简易注销制度，降低企业退出成本。

第六，为消除企业退出市场的“堰塞湖”，减少“僵尸企业”，在法律层面确立强制注销制度。当公司触发行政解散事由时，清算义务人仍然应当履行清算义务，组建清算组，推动清算程序，但如果清算义务人怠于履行清算职责，则市场监督管理局可以向法院申请强制清算，也可以适用第 241 条规定的强制注销，从而走完退出市场的“最后一公里”。

第二百二十九条　【公司解散事由】

公司因下列原因解散：

（一）公司章程规定的营业期限届满或者公司章程规定的其他解散事由出现；

（二）股东会决议解散；

（三）因公司合并或者分立需要解散；

（四）依法被吊销营业执照、责令关闭或者被撤销；

（五）人民法院依照本法第二百三十一条的规定予以解散。

公司出现前款规定的解散事由，应当在十日内将解散事由通过国家企业信用信息公示系统予以公示。

◉ 立法意旨

本条是关于公司解散事由的规定。

◉ 条文演变历程

解散事由规定可追溯至1993年《公司法》第190条、第192条。1993年《公司法》第190条规定："公司有下列情形之一的，可以解散：（一）公司章程规定的营业期限届满或者公司章程规定的其他解散事由出现时；（二）股东会决议解散；（三）因公司合并或者分立需要解散的。"1993年《公司法》第192条规定："公司违反法律、行政法规被依法责令关闭的，应当解散，由有关主管机关组织股东、有关机关及有关专业人员成立清算组，进行清算。"2005年《公司法》第181条吸收前引第192条"公司被依法责令关闭"这一解散事由，将其与"依法被吊销营业执照或者被撤销"共同作为第4项，第5项以引致条款增加了司法解散事由。此次修法，一审稿第225条将第2项中的"股东会或者股东大会"统一为"股东会"，将第4项解散事由中的"被撤销"补充为"被撤销设立登记"，修改了第5项司法解散的法条依据，还补充了公司解散事由的公示规则，即"应当在十日内将解散事由通过统一的企业信息公示系统予以公示"。其后的二审稿、三审稿将第4项解散事由中的"被撤销设立登记"改回"被撤销"。正式通过的本条将"统一的企业信息公示系统"改为"国家企业信用信息公示系统"，其余内容未变。

◉ 条文释义

本条对应旧法第180条，除第2款新增公告规则外，未作修订。

本条与第 232 条共同确立了我国“先散后算”制度，即解散只是法人人格消灭的原因，经过清算才能消灭公司人格。

1. 第 1 款：解散事由

本款具体规定了 5 类公司解散事由或解散原因。其中，第 1 ~ 3 项为自愿解散，或称任意解散，即公司依章程或股东会决议而解散；第 4 ~ 5 项规定了强制解散，又细分为行政解散和司法解散，即基于行政命令或法院判决而发生的解散。①

（1）自愿解散之一：章程解散

存续期限或特定解散事由是公司章程的相对必要记载事项。《公司法》并未对营业期限作限制性规定，也未强制要求章程载明具体营业期限或解散事由。如果章程规定了营业期限，在该期限届满时，公司即应当解散；反之，公司可永久存续。因章程解散属于自愿解散，故公司可通过修改章程继续存续。根据第 230 条的规定，公司出现该项情形且尚未向股东分配财产的，可以修改章程而存续，该决议的通过比例为有限公司股东 2/3 以上的表决权、股份公司出席股东会股东所持表决权的 2/3以上。

（2）自愿解散之二：决议解散

公司可以通过股东会决议解散，相应决议为特别决议。根据第 59 条第 1 款、第 112 条第 1 款的规定，对公司解散作出决议是股东会的职权之一。在没有出现强制解散事由时，公司可以通过股东会决议解散，并且不受章程规定的解散事由和存续期限约束。同时，根据第 66 条第 3 款、第 116 条第 3 款的规定，有限公司股东会作出解散决议，应当经代表 2/3 以上表决权的股东通过；股份公司股东会作出解散决议，应当经出席会议的股东所持表决权的 2/3 以上通过。决议解散也属于自愿解散，第 230 条允许公司挽回：公司出现该项情形且尚未向股东分配财产的，可以经股东会决议而存续，该决议属于特别决议。

（3）自愿解散之三：合并或分立解散

合并与分立不必然导致公司解散。公司吸收合并时，被吸收的公司解散；新设合并时，合并的公司均解散。新设分立时，原公司解散；派生分立时，原公司继续存在，不涉及解散问题。

对于该项解散事由的性质存在观点分歧。不可否认的是，虽然解散是合并或者

① 参见范健、王建文：《商法学》（第 5 版），法律出版社 2021 年版，第 247 ~ 249 页。

分立的法定必然结果，在形式上具有强制特点，但合并、分立仍是股东会自治决议的结果，应定性为自愿解散。[①]

还需指出的是，触发解散事由后并非必然进入清算程序。依据第 232 条，因合并或分立解散的，公司不进入清算程序，其原因在于《公司法》专门规定了合并与分立时的债务承继规则，并且在此类情形下公司并无终止经营的后果。

（4）强制解散之一：行政解散

行政强制解散，是指当公司违反法律、行政法规而被行政主管机关吊销营业执照、责令关闭或者被撤销时，其应当解散。根据《公司法》《市场主体登记管理条例》等法律规范，行政解散的适用事由主要有以下情形：提交虚假材料或者采取其他欺诈手段隐瞒重要事实取得市场主体登记，情节严重的；未经设立登记从事经营活动，情节严重的；公司成立后无正当理由超过 6 个月未开业的，或者开业后自行停业连续 6 个月以上的；实行注册资本实缴登记制的市场主体虚报注册资本取得市场主体登记，情节严重的；未依法办理变更登记，情节严重的；伪造、涂改、出租、出借、转让营业执照，情节严重的；不按照规定接受年度检验，逾期仍不接受年度检验，以及年度检验中隐瞒真实情况、弄虚作假、情节严重的；等等。

吊销营业执照、责令关闭或者被撤销均触发强制解散，但三种措施并不相同，有必要从合理性与必要性原则出发，通过以下规则界定三种行政解散措施的适用边界：第一，在不需要立即强制解散时，优先适用责令关闭（更精确的表述是“责令停产停业”），该决定实施后的一段期间内，如公司改正了违法行为，自无再适用行政解散的必要；拒不改正或者无法改正，严重危害社会公共利益的，则走向行政解散。第二，在需要立即强制解散时，对于金融、外资企业等整个主体资格被行政许可（而非单项营业行政许可）的特殊商事公司，适用依法被撤销制度。第三，在需要立即强制解散时，对于普通商事公司，吊销营业执照可以继续保留适用，但同时强调暂扣营业执照、暂扣许可证、吊销许可证等措施在多数场合下对它的替代功能。本书认为，立法应慎设、执法应慎用吊销营业执照措施，与另外几种措施相比，吊销营业执照过于严厉与绝对，应将其限制在必须适用的场合。[②]

① 参见范健、王建文：《商法学》（第 5 版），法律出版社 2021 年版，第 248 页。

② 参见李建伟：《论公司行政解散权的存废》，载《环球法律评论》2013 年第 5 期，第 69 页。

(5)强制解散之二:司法解散

公司经营管理发生严重困难,继续存续会使股东利益受到重大损失,通过其他途径不能解决的,持有公司10%以上表决权的股东,可以请求法院解散公司,这属于强制解散中的司法解散。详细内容可参阅本书第231条评注。

2. 第2款:解散事由的公示

本款系新增条款,规定了公告规则:公司有义务在出现解散事由后10日内在国家企业信用信息公示系统上公示。这一举措将"公司解散事由"囊括进第40条第1款第4项"法律、行政法规规定的其他信息"的范围,顺应了电子化和信息化的时代要求。

◉ 比较法规范

《日本公司法》第471条、第641条;《韩国公司法》第227条、第287条之三十八、第517条、第609条;《德国有限责任公司法》第60条、第62条;《德国股份法》第262条、第289条;《英国2006年公司法》第1000条、第1003条;《美国模范商业公司法》第14.01节、第14.02节、第14.20节;中国台湾地区"公司法"第10条、第71条、第315条。

◉ 研究文献

1. 李建伟:《论公司行政解散权的存废》,载《环球法律评论》2013年第5期。

2. 金玄武:《公司行政解散和司法解散制度研究——以对公司解散的法理思考为基础》,载《法学论坛》2009年第1期。

◉ 典型案例

广州市宝泷物业发展有限公司、广州市奥宝物业管理有限公司等公司解散纠纷案①

1. 案情简介

2011年1月9日,广州市宝泷物业发展有限公司(以下简称宝泷公司)成立,注册资本为100万元,股东为广州市奥宝物业管理有限公司(以下简称奥宝公司)及广州市保泽物业管理有限公司(以下简称保泽公司),②法定代表人为陈某保,营业期限至2021年1月5日。奥宝公司与保泽公司共同签订的《广州市宝泷物业发展有限公司章程》约定:

① 参见广东省广州市中级人民法院民事判决书,(2022)粤01民终16376号。

② 2021年11月15日生成的《企业信用信息公示报告》显示:奥宝公司认缴及实缴出资额均为45万元,占公司注册资本45%,保泽公司认缴及实缴出资额均为55万元,占公司注册资本55%。实缴出资时间为2011年1月9日。

“第十四条股东会行使职权：……（六）对公司合并、分立、解散、清算或者变更公司形式作出决议；对该款作出决议必须经代表三分之二以上表决权的股东通过，并由全体股东在文件上签名、盖章。第三十一条公司有下列情形之一的，可以解散：（一）公司章程规定的营业期限届满；（二）股东会决议解散；（三）因公司合并或者分立需要解散；（四）依法被吊销营业执照、责令关闭或者被撤销；（五）人民法院依照《中华人民共和国公司法》第一百八十三条的规定予以解散。”一审庭审中，奥宝公司称宝泷公司已经停止经营，对此宝泷公司称在其注册范围内的项目已没有实际经营，仅保留事务性工作，同时对于涉及宝泷公司的多个诉讼也仍在进行。宝泷公司同时称没有申请延长经营期限，对此奥宝公司称其与保泽公司曾于2021年8月6日就经营期限已届满，是否续期召开股东会，但并未达成有效决议。

2. 裁判要旨

一审法院认为，奥宝公司占宝泷公司注册资本45%，提起公司解散诉讼符合法律规定。首先，宝泷公司营业期限至2021年1月5日届满，符合因营业期限届满而解散的法定原因。其次，宝泷公司已没有继续实施其经营范围内的业务。最后，宝泷公司仅有的两名股东关于公司解散的意见长期存在分歧、互不配合，已无法通过股东会决议的方式形成有效表决，而股东会机制失灵，必然会影响公司的发展。综上，在宝泷公司经营期限届满且股东之间的矛盾难以调和，僵局无法通过其他途径解决，股东投资目的无法实现的基础上，该公司已符合解散公司条件。

二审法院认为，奥宝公司系以宝泷公司出现2018年《公司法》第180条第1项规定的解散事由提起公司解散之诉，故宝泷公司应否解散，须依据前述法律规定进行审查。如前所述，宝泷公司已出现2018年《公司法》第180条规定的法定解散事由且奥宝公司亦依据该条规定提起本案诉讼，故一审法院适用2018年《公司法》第180条、第181条，并无不当。宝泷公司事实上已经没有继续实施其经营范围内的业务，对于能否依法通过减资方式使宝泷公司得以存续，各方亦无确定的意见和方案，现有的僵局无法打破，符合解散公司条件。

3. 案件评析

本案争议的焦点问题为，本案法律适用问题以及宝泷公司应否解散。2018年《公司法》第180条规定了5项解散事由，第182条专门规定了司法解散，本案中宝泷公司已经出现了2018年《公司法》第180条第1项“公司章程规定的营业期限届满”情形，并且没有通过修改章程使公司延续，股东奥宝公司亦以该事由为依据提起公司解散之诉，所以本案的法律依据应当为2018年《公司法》第180条、第181条（新《公司法》第229条、第230条）。宝泷公司以其债权债务尚未结清为由主张公司解散将损害宝泷公司、股东、债权人及员工的合法权益，认为其不应解散。我国采取“先散后算”制度，公司先宣告解散，再成立清算组进入清算程序，宝泷公司解散后，可依法通过清算的方式对公司相应债权债务进行清理，债权债务尚未结清并不成为公司解散的阻却事由，所以宝泷公司仍应解散。

第二百三十条 【特定解散情形下的公司存续】

公司有前条第一款第一项、第二项情形，且尚未向股东分配财产的，可以通过修改公司章程或者经股东会决议而存续。

依照前款规定修改公司章程或者经股东会决议，有限责任公司须经持有三分之二以上表决权的股东通过，股份有限公司须经出席股东会会议的股东所持表决权的三分之二以上通过。

◉ 立法意旨

本条是关于公司符合自愿解散事由但通过决议挽回、不再解散的情形及议事规则的规定。

◉ 条文演变历程

公司符合解散事由却不解散的规则可追溯至2005年《公司法》第182条，即“公司有本法第一百八十一条第(一)项情形的，可以通过修改公司章程而存续。依照前款规定修改公司章程，有限责任公司须经持有三分之二以上表决权的股东通过，股份有限公司须经出席股东大会会议的股东所持表决权的三分之二以上通过”。2013年、2018年两次修法未作修订。《关于审理公司强制清算案件工作座谈会纪要》第18条对该规则进行了细化：“公司因公司章程规定的营业期限届满或者公司章程规定的其他解散事由出现，或者股东会、股东大会决议自愿解散的，人民法院受理强制清算申请后，清算组对股东进行剩余财产分配前，申请人以公司修改章程，或者股东会、股东大会决议公司继续存续为由，请求撤回强制清算申请的，人民法院应予准许。”

此次修法，一审稿吸收了《关于审理公司强制清算案件工作座谈会纪要》的部分规则，安排第226条将股东会决议解散也列为有回转余地的公司解散事由，增加了“尚未向股东分配财产”的不予解散适用条件和“经股东会决议”使公司继续存续的方式。二审稿、三审稿未作变动，最终形成本条。

◉ 条文释义

本条对应旧法第181条，第1款有2处实质性内容的修订：(1)新增“股东会决议解散”的适用情形；(2)新增“且尚未向股东分配财产的”适用条件，其余未作修订。

基于企业维持原则，《公司法》一向允许公司在符合解散事由时通过一定程序使公司存续,从而挽回公司生命。这一制度的适用,须满足以下条件。

1. 第 1 款前半句:适用情形——触发两类自愿解散事由

一是公司章程规定的营业期限届满或者公司章程规定的其他解散事由出现。如章程预先规定了解散事由,那么在这些解散事由出现时,公司自应在章程的约束下停止营业活动,进入解散和清算程序;如股东决定应当继续经营,可以通过修改章程使公司存续。

二是股东会决议解散,这是此次修订新增的情形。股东会决议和章程一样,都是股东合意的呈现方式,能够约束公司和全体股东。① 公司可以根据具体情况变更自身意志,自主选择解散或者不解散。

需要指出的是,本款列举的情形不包括强制解散,但法律亦未完全禁止公司在触发强制解散时选择继续存续。《最高人民法院关于审理公司强制清算案件工作座谈会纪要》第 19 条规定,行政解散和司法解散时,公司解散不能回转,即使在清算组对股东进行剩余财产分配前,也不能撤回强制清算申请,但申请人有证据证明相关行政决定被撤销,或者法院作出解散公司判决后当事人又达成公司存续和解协议的除外。虽然该规定不是司法解释,也未被《公司法》吸收确认,但可指引法院裁判说理。

2. 第 1 款后半句之一:适用的实质前提条件——尚未向股东分配财产

解散并不直接导致法人人格消灭,在清算完毕之前公司还有继续经营的可能,但在向股东分配剩余财产后,公司的独立财产已不复存在,所承载的独立人格亦没有回转余地,故第 1 款新增这一句话,挽回应解散公司必须"尚未向股东分配财产"。某种意义上,这也是资本维持原则的应有之义。

3. 第 1 款后半句之二与第 2 款:程序要求——修改章程或股东会决议

公司符合解散事由却不解散,还须履行法定程序。首先,章程规定的营业期限届满或者章程规定的其他解散事由出现时,如要使公司存续,需要股东会决议修改章程。其次,股东会决议解散后,如要使公司存续,还需要通过新的股东会决议。最后,无论以上哪种情形,第 2 款均要求有限公司应当经代表 2/3 以上表决权的股东通过,股份公司应当经出席会议的股东所持表决权的 2/3 以上通过。这一要求与第 66 条第 3 款、第 116 条第 3 款保持了体系上的和谐。

① 参见葛伟军:《股东合意的结构体系》,载《华东政法大学学报》2023 年第 4 期,第 59 页。

最后提示:如股东会通过决议,公司继续存续,为保障异议股东的退出权利,第89条、第161条赋予了异议股东回购请求权。

◉ 公司治理操作指南

公司章程规定营业期限,实际上就是预设了公司寿命。在临近生命的终点之时,如股东有意于公司继续存续经营,则应在营业期限届满前通过修改章程或者股东会决议延长营业期限,从而延续公司寿命,此所谓制度是死的、人是活的;如计划在营业期限届满后停止公司经营,则应在届满后依法宣告公司解散,并成立清算组进行清算以消灭公司人格。股东会决议提前解散时,亦如此。

公司应当避免在营业期限届满时或股东会决议解散之时,既未及时通过修改章程或者股东会决议使公司存续,又不停止经营进入清算程序,使公司在缺乏存续依据的情形下继续开展经营活动,这容易陷入主体资格和行为效力的纠纷之中。

◉ 比较法规范

《日本公司法》第473条、第642条;《韩国公司法》第229条、第287条之四十、第519条、第610条;《德国股份法》第274条;《美国模范商业公司法》第14.04节;中国台湾地区“公司法”第315条。

◉ 典型案例

杨某菊与河南省睢县工商行政管理局工商行政许可纠纷案①

1. 案情简介

2004年12月31日,原告杨某菊与傅某杰合资经营凤城出租公司。② 当日,被告睢县工商局依法为第三人凤城出租公司核发了营业执照,营业期限自2003年10月23日至2007年10月22日。2008年6月20日,第三人通过邮局特快专递通知原告前来召开股东会商议变更经营期限,原告未收到该通知。2008年7月11日,第三人法定代表人傅某杰召开股东会,作出修改公司章程、延长营业期限的股东会决议。当日,被告依第三人的申请为凤城出租公司换发了营业执照,营业期限自2007年10月22日至2011年10月21日。原告杨某菊不服,向法院提起行政诉讼。

2. 裁判要旨

审理法院认为,凤城出租公司营业期限届满前虽未及时召开股东会以决定公司是否延续经营,但公司并没有歇业,始终处于正常营运状态,并且未申请注销登记,公司并未

① 参见河南省商丘市中级人民法院行政判决书,(2009)商行终字第78号。

② 原告占公司全部股权的26%,傅某杰占公司全部股权的74%,原告任公司监事,傅某杰任公司执行董事及法定代表人。

终止,法人资格仍然存在。第三人超出工商行政管理机关核定的营业期限从事经营活动,虽然违反有关法律规定,但其已通过修改公司章程进行了补正。另外,持有公司74%股权的第三人法定代表人傅某杰在召开股东会时虽未通知原告参加会议,但该瑕疵并不导致撤销第三人营业执照的法律后果。

3. 案件评析

本案的争议焦点在于,营业期限届满后未注销的法人资格是否存在。章程规定的营业期限届满是公司解散的原因之一,但其并不直接导致公司法人人格的消灭。本案公司未在营业期限届满之前通过股东会决议延续公司经营,亦未在营业期限届满时宣布公司解散进入清算程序。但由于未经登记机关注销登记,公司并未终止,其法人资格仍然存续。在此基础上,公司仍然可以正常召开股东会,作出决议,修改公司章程,延长营业期限。公司超出营业期限召开股东会和开展经营活动,未违反法律的效力性强制规定,可以被修改的章程补正。所以,公司在营业期限届满后、注销前通过的延长营业期限的股东会决议效力不受影响。

第二百三十一条　【司法强制解散】

公司经营管理发生严重困难,继续存续会使股东利益受到重大损失,通过其他途径不能解决的,持有公司百分之十以上表决权的股东,可以请求人民法院解散公司。

◉ 立法意旨

本条是关于司法强制解散公司的规定。

◉ 条文演变历程

司法强制解散最早见于2005年《公司法》第183条,2013年修法更改条文序号为第182条,内容一直未见修订。《公司法解释二》对司法强制解散制度进行了具体化:第1条以“列举+概括”的方式规定了司法解散中“公司经营管理发生严重困难”的具体情形;第2条规定了解散之诉与清算申请的关系;第3条规定了公司解散之诉中的财产和证据保全问题;第4条规定了公司解散之诉中各当事人的诉讼地位;第5条规定了公司解散之诉中法院调解的应用;第6条规定了公司解散之诉判决的约束力;第24条规定了公司解散之诉的管辖问题。此次修法,一审稿第227条完善了部分表述,将“持有公司全部股东表决权百分之十以上的股东”改为“持有公司百分之十以上表决权的股东”,后续无其他实质修订,最终形成本条。

◉ 条文释义

本条源自旧法第 182 条,内容性修订体现为将旧法的“持有公司全部股东表决权百分之十以上的股东”改为“持有公司百分之十以上表决权的股东”。

1. 司法解散公司的适用情形之争

司法解散公司的适用事由一直存在争议,对于本条“公司经营管理发生严重困难,继续存续会使股东利益受到重大损失,通过其他途径不能解决的”的具体指向,有人认为是公司僵局,有人认为不仅包括公司僵局,还有股东压制。从《公司法解释二》第 1 条、第 2 条的规定来看,仅指向了公司僵局,并且将公司僵局形态限制得非常固定(详见下文的诸项分析)。但实践中,一直不乏法官的裁判创新,部分判决将本条适用于公司僵局之外的其他情形,包括股东之间的人合性基础坍塌、公司目的不达、公司被用于违法活动等,还有裁判从合目的性解释的视角,将股东压制尤其是“复合性的严重股东压制”列入司法解散事由之列。①

2. 司法解散公司的适用三要件解读

(1)经营管理发生严重困难

一般认为,“经营管理发生严重困难”是指公司的股东、董事等管理人员之间发生矛盾纠纷,导致公司组织机构无法正常运行,影响公司的经营活动,②即将司法解散的适用对象定位为公司僵局,《公司法解释二》第 1 条类型化出 4 种僵局情形。

其一,公司持续两年以上无法召开股东会。“无法召开”表现为无人召集或者召集后没有符合法定持股数或章程规定人数的股东出席会议,原则上必须持续两年以上。股东会是公司权力机关,是股东意志上升为公司意志的桥梁。股东会无法召开,意味着公司无法形成可供对外表达的意志,也就丧失了维持公司法律人格的基本依据。

其二,股东表决时无法达到法定或者公司章程规定的比例,持续两年以上不能作出有效的股东会决议。股东会虽然能够实际召开,但是无法作出有效的决议,其功能依然无法发挥。

其三,公司董事长期冲突,并且无法通过股东会解决。董事会是公司治理的中心,如董事长期冲突,并且无法通过股东会解决,那么股东的意志便难以得到执行,

① 参见李建伟:《司法解散公司事由的实证研究》,载《法学研究》2017 年第 4 期,第 119~120 页。

② 参见宋燕妮、赵旭东主编:《中华人民共和国公司法释义》,法律出版社 2019 年版,第 351 页。

公司的日常经营管理也会出现障碍。“无法通过股东会解决”是指股东会无法通过重新选举或罢免更换董事,或者通过修改章程改变董事会运行机制等方式解决这一冲突。

其四,经营管理发生其他严重困难,公司继续存续会使股东利益受到重大损失的情形。该项是兜底规定,具体适用仍需进行个案衡量。

需要注意的是,《公司法解释二》第2条规定:“股东提起解散公司诉讼,同时又申请人民法院对公司进行清算的,人民法院对其提出的清算申请不予受理。人民法院可以告知原告,在人民法院判决解散公司后,依据民法典第七十条、公司法第一百八十三条和本规定第七条的规定,自行组织清算或者另行申请人民法院对公司进行清算。”

此外,知情权、利润分配请求权等单项股东权受到损害,并不等同于公司的经营管理发生严重困难,而且股东可以通过查阅权、异议股东回购请求权等单项诉讼救济方式予以解决,股东没有必要诉诸司法解散;公司亏损、财产不足以偿还全部债务时,公司的经营虽然发生严重困难,但仍然可以通过其他途径解决;公司被吊销企业法人营业执照未进行清算,属于行政解散的情形,也不能作为司法解散的事由。①

(2)继续存续会使股东利益受到重大损失

只有在公司继续存续会使股东利益受到重大损失的情形下才能采取解散手段。“继续存续”是对未来的预期,而“会使”也属于对未来的预测,不要求股东的利益实际上已经受到重大损失,公司当前的盈利状态并不构成充分的阻却事由,只要股东可能遭受重大损失即可。至于损失是否达到重大的程度,则属于法院自由裁量的范畴。

(3)通过其他途径不能解决

解散公司应当是解决公司僵局的最后选择。《公司法解释二》第5条、《公司法解释五》第5条均强调“法院调解”和“穷尽救济措施”,当事人协商后同意通过股权回购、减资、受让股权或分立等方式解决纠纷,则不可判决司法解散。实践中,法院处理司法解散公司案件一向注重调解,《公司法解释二》第5条规定:“人民法院审理解散公司诉讼案件,应当注重调解。当事人协商同意由公司或者股东收购股份,或者以减资等方式使公司存续,且不违反法律、行政法规强制性规定的,人民法院应予

---

① 参见范健、王建文:《商法学》(第5版),法律出版社2021年版,第250~251页。

支持。当事人不能协商一致使公司存续的，人民法院应当及时判决。经人民法院调解公司收购原告股份的，公司应当自调解书生效之日起六个月内将股份转让或者注销。股份转让或者注销之前，原告不得以公司收购其股份为由对抗公司债权人。”《公司法解释五》第 5 条进一步强调其他解决纠纷的措施对于司法解散公司的前置替代功能：“人民法院审理涉及有限责任公司股东重大分歧案件时，应当注重调解。当事人协商一致以下列方式解决分歧，且不违反法律、行政法规的强制性规定的，人民法院应予支持：（一）公司回购部分股东股份；（二）其他股东受让部分股东股份；（三）他人受让部分股东股份；（四）公司减资；（五）公司分立；（六）其他能够解决分歧，恢复公司正常经营，避免公司解散的方式。”

3. 诉讼的启动与进行

本条要求持有 10% 以上表决权的股东向法院提出申请。为了防止股东滥用权利随意申请解散公司，使公司经营处于不稳定状态，本条从主体资格和持股比例两方面限制了请求权主体，只有单独或者合计持有公司 10% 以上表决权的股东才享有司法强制解散请求权。适格股东只能以诉讼方式行使权利。在诉讼中，提起解散申请的股东为原告，公司为被告，其他股东为第三人。

除本条外，《公司法解释二》还有几个条文规定了司法解散公司之诉的其他环节内容，值得借鉴，这些规定在新《公司法》实施之后可能还需要进一步调整，仅录如下。

> 第 3 条规定：“股东提起解散公司诉讼时，向人民法院申请财产保全或者证据保全的，在股东提供担保且不影响公司正常经营的情形下，人民法院可予以保全。”
>
> 第 4 条第 1 款、第 2 款规定：“股东提起解散公司诉讼应当以公司为被告。原告以其他股东为被告一并提起诉讼的，人民法院应当告知原告将其他股东变更为第三人；原告坚持不予变更的，人民法院应当驳回原告对其他股东的起诉。”
>
> 第 6 条规定：“人民法院关于解散公司诉讼作出的判决，对公司全体股东具有法律约束力。人民法院判决驳回解散公司诉讼请求后，提起该诉讼的股东或者其他股东又以同一事实和理由提起解散公司诉讼的，人民法院不予受理。”

◉ 比较法规范

《日本公司法》第 824 条；《韩国公司法》第 241 条、第 287 条之四十二、第 520

条;《德国有限责任公司法》第61条;《德国股份法》第396~398条;《英国1986年破产法》第122条;《美国模范商业公司法》第14.30节;中国台湾地区"公司法"第11条。

◉ 研究文献

1. 蒋昇洋:《公司司法解散中股东利益受损的实质地位及其分流功能》,载《财经法学》2023年第2期。

2. 辛欣、周宏:《公司司法解散要件解析——从超运公司解散案说起》,载《法律适用》2019年第6期。

3. 李建伟:《司法解散公司事由的实证研究》,载《法学研究》2017年第4期。

4. 耿利航:《公司解散纠纷的司法实践和裁判规则改进》,载《中国法学》2016年第6期。

5. 王瑞、丛奔:《企业维持原则在解散公司之诉中的体现——以〈新公司法司法解释二〉为视角》,载《法学杂志》2012年第2期。

6. 耿利航:《有限责任公司股东困境和司法解散制度——美国法的经验和对中国的启示》,载《政法论坛》2010年第5期。

7. 金玄武:《公司行政解散和司法解散制度研究——以对公司解散的法理思考为基础》,载《法学论坛》2009年第1期。

8. 范黎红:《有限责任公司司法裁判解散的困惑及法理思考》,载《法学》2007年第4期。

9. 罗培新、胡改蓉:《瑕疵出资与公司司法解散之若干问题——2006年华东政法学院公司法律论坛综述》,载《法学》2006年第12期。

◉ 典型案例

吉林荟冠投资有限公司及第三人东证融成资本管理有限公司与长春东北亚物流有限公司、第三人董某琴公司解散纠纷案[①]

1. 案情简介

长春东北亚物流有限公司(以下简称东北亚公司)[②]2014年10月3日、8日,2015年1月8日、20日的5份股东会决议,除2014年10月8日的股东会决议上加盖吉林荟冠投资有限公司(以下简称荟冠公司)的印章及岳某茂的个人名章外,其他4份均只加盖荟冠公司印章。荟冠公司认为该5次股东会并没有实际召开,并且该5次股东会没有记载作

① 参见最高人民法院民事裁定书,(2017)民申2148号。

② 2004年9月20日东北亚公司注册成立,荟冠公司持股44%,董某琴持股51%,东证公司持股5%,董事长为董某琴,总经理为王某昌(董某琴丈夫),东北亚公司粮油市场的负责人为王某双(董某琴儿子),王某贵(王某昌之兄)也参与被告东北亚公司三大市场的经营管理。

第231条

为东北亚公司的股东荟冠公司、董某琴授权他人参加会议的相关授权文件。

公司董事会成员为5人,荟冠公司方占2席、董某琴方占3席。除2005年5月9日、2006年5月10日、2012年4月11日的会议纪要有董事长董某琴的签字外,其他历次董事会会议纪要均无董事长董某琴的签字。2013年8月6日,双方召开最后一次董事会。2015年3月11日,荟冠公司委派宋某龙、徐某久担任公司副董事长和副总经理并出任公司董事,东北亚公司及董某琴以更换董事需要召开董事会并达到3/5董事通过为由,未予变更。

2012年4月27日至7月24日,荟冠公司多次向董某琴致函要求修改公司章程中股东会会议决议事项通过比例,修改董事会人数,董某琴均拒绝。2012~2014年,荟冠公司与董某琴进行多次股权转让事宜的磋商、谈判,但最终均未能达成协议。

2010年之前,荟冠公司或其关联公司与东北亚公司之间的借贷,以及董某琴关联公司与东北亚公司之间的全部借款,各笔均有相对应的股东会或者董事会决议。但2004年11月4日至2011年3月31日,东北亚公司与董某琴之间的借款均没有与之对应的决议。

东北亚公司2012~2014年度均处于盈利状态,但未对股东分红。

2. 裁判要旨

审理法院认为,(1)东北亚公司的经营管理已发生严重困难。股东会方面,东北亚公司长达两年没有召开股东会,无法形成有效决议,更不能通过股东会解决董事间激烈的矛盾。董事会方面,荟冠公司曾3次提出修改公司章程,均遭到董某琴的拒绝。2013年8月6日起,东北亚公司已有2年未召开董事会,董事会早已不能良性运转。监事会方面,公司成立至今从未召开过监事会,监事亦没有依照《公司法》及公司章程行使监督职权。(2)东北亚公司继续存续会使荟冠公司股东权益受到重大损失。第一,荟冠公司多次推荐管理者,东北亚公司均以未达到公司章程规定的比例为由拒绝,公司人事任免权完全掌握在董某琴一方。第二,对于东北亚公司向董某琴个人及其关联方借款、向中国工商银行贷款、粮油市场改造扩建等重大事宜,荟冠公司及其委派的董事也并未参与决策。第三,荟冠公司未能从东北亚公司获取收益,东北亚公司虽称公司持续盈利,但多年并未分红,投资东北亚公司的合同目的无法实现。(3)通过其他途径不能解决。在东北亚公司股东发生矛盾冲突后,荟冠公司试图通过修改公司章程或向董某琴转让股权等方式解决,但均未成功。一审、二审法院多次组织各方当事人进行调解但未果。东北亚公司僵局状态已无法通过其他途径解决。

3. 案件评析

判断一家公司经营管理是否出现严重困难,应当从公司的股东会、董事会及监事会或监事等公司组织机构的运行状态进行综合分析,侧重点在于公司治理结构方面是否存在严重内部障碍,公司是否盈利并非判断公司经营管理发生严重困难的必要条件。本案中,东北亚公司虽处于连年盈利状态,但其股东会机制长期失灵,董事冲突长期无法解决,内部管理发生严重障碍,已陷入僵局状态,所以法院判决支持解散公司。这一判决的裁判要旨，与最高人民法院发布的第8号指导案例常熟凯莱实业公司司法解散案异曲同工。同时，本案判决也揭示出了司法强制解散之诉中法官有将股东压制纳入适用考量因素的裁判倾向。

第二百三十二条　【清算义务人、清算人及其责任】

公司因本法第二百二十九条第一款第一项、第二项、第四项、第五项规定而解散的，应当清算。董事为公司清算义务人，应当在解散事由出现之日起十五日内组成清算组进行清算。

清算组由董事组成，但是公司章程另有规定或者股东会决议另选他人的除外。

清算义务人未及时履行清算义务，给公司或者债权人造成损失的，应当承担赔偿责任。

◉ 立法意旨

本条是关于清算义务人、清算人(组)及其责任的规定。

◉ 条文演变历程

1993年《公司法》第191条、第192条规定了公司解散清算事由，但没有明确规定清算义务主体。2005年《公司法》将除合并分立外的解散事由进行统一规定，但依旧未明确规定清算义务主体。《公司法解释二》填补了前述空白，明确规定有限公司股东、股份公司董事和控股股东为清算义务人。此后，由于前述司法解释在适用中出现了对有限公司少数股东明显不公的普遍情形，《九民纪要》限缩了清算义务人的赔偿责任范围，允许少数股东在法定情形下免除赔偿责任，但是并未改变有限公司全体股东为清算义务人的局面。对此作出实质修订的是2017年《民法总则》(以及2020年《民法典》)第70条第2款，即“法人的董事、理事等执行机构或者决策机构的成员为清算义务人。法律、行政法规另有规定的，依照其规定”。本次修法，需要将《民法典》的一般性规定落实到公司法，因此一审稿第228条明确统一规定公司的清算义务人系董事且清算组原则上由董事组成，二审稿、三审稿不再变动，最终形成本条。

◉ 条文释义

本条对应旧法第183条，有根本性的内容修订。

1. 第 1 款:清算义务人

(1)清算义务人的概念及制度价值

清算义务人,是指有义务推动组建清算组、协助清算人进行清算的主体。通俗地说,就是公司解散清算的启动者。这一定义显示清算义务人不同于执行清算事务的清算人(清算组成员),后者是具体承担清算职责、开展清算工作的人。

旧法没有明确规定清算义务人制度,也没有引入清算义务人概念,但是在过去的公司实践中,普遍出现了一旦公司经营状况不佳,投资者、经营者直接跑路,人去楼空的现象,导致包括劳动者、消费者、供应商、客户在内的公司债权人求索无门,严重损害公司债权人利益,伤害了市场信用,败坏了市场风气,破坏了社会主义市场经济秩序,与社会主义核心价值观格格不入。针对此类普遍的不诚信行为,司法应对之策就是引入清算义务人制度,这是完全正确也是非常必要的。《公司法解释二》第 18 条详列了清算义务人怠于履行清算启动工作时对公司、公司债权人的赔偿责任。

(2)谁是清算义务人?

但是,《公司法解释二》第 18 条的偏差在于,其分别规定有限公司的清算义务人为股东,股份公司的清算义务人为董事和控股股东,虽在一定程度上起到了督促股东尤其是多数股东积极启动清算程序的作用,但这与股东尤其是广大少数股东在公司经营管理中的实际角色并不相符,甚至过度打击了未实际参与经营管理的少数股东;加上一些“职业债权人”伺机以低价收购僵尸企业的“陈年旧账”,对批量僵尸企业提起强制清算之诉,要求少数股东在内的股东群体对公司债务承担连带责任,未见合理。① 最先做出反应的是 2017 年《民法总则》,其第 70 条第 2 款试图统一董事为公司的清算义务人,但其作为“新的普通法”与“特别旧法”的《公司法》及《公司法解释二》之间的适用关系不明确,未能有效统一裁判规则。随后的 2019 年《九民纪要》限缩了清算义务人赔偿责任的适用范围,也为不承担经营管理事务的少数股东脱离清算义务人的赔偿责任规定了法定情形,算是做了必要的纠偏工作,但是,股东为清算义务人的规则并未根本改变。

此次修法的一项重要任务就是将《民法典》规定的清算义务人具体化为《公司法》的规定,本条第 1 款明确规定公司的清算义务人为董事,并且不再区分有限公司

① 参见刘贵祥:《从公司诉讼视角对公司法修改的几点思考》,载《中国政法大学学报》2022 年第 5 期,第 42 页。

与股份公司。具言之,董事应当在公司触发第 229 条规定的除合并、分立之外的解散事由时,在 15 日内组成清算组。

《公司法》作出重要制度转身的具体原因在于:一是董事对公司的信息掌握较为全面,更有能力对公司是否清算作出判断。二是董事对公司承担信义义务,清算义务系勤勉义务在清算阶段的延伸,与其享有的经营管理权相匹配,公司正常存续的,董事是决策人、执行人,公司陷入解散清算的,理应继续。三是保持《公司法》与《民法典》第 70 条的体系协调一致。

2. 第 2 款:清算人

第 2 款进一步规定,公司的清算人(清算组成员)原则上由董事组成,但允许章程和股东会决议另行确定清算人。例外规则的理由有二:第一,特殊情况下,董事不能或不适合履行清算职责。例如,在公司被吊销营业执照的情形下,部分董事可能是直接责任人员,涉嫌违反信义义务,与清算事项存在显著的利益冲突,或董事丧失了行为能力,或者涉嫌刑事犯罪处于羁押状态等。第二,规模不同的公司千差万别,所有权和经营权分离的程度也不尽一致,应尊重公司自治。

相较旧法区分两类公司而对其清算人作不同规定(有限公司为股东、股份公司为董事与控股股东),本款统一规定董事原则上为清算人,可谓两类公司制度同质化的又一例证。

3. 第 3 款:违信责任

清算义务人的职责就是启动清算程序,即应当在解散事由出现之日起 15 日内组建清算组,否则,清算义务人即构成"未及时履行清算义务"的违法行为,需要对公司以及公司债权人承担赔偿责任。这不同于《公司法解释二》规定的清算义务人对公司债务承担的"连带清偿责任"。本条规定的清算义务人对公司债权人的直接责任,实际上属于第 191 条"董事对第三人责任"的具体适用,是董事信义义务规则在清算阶段的延展。

◉ 比较法规范

《日本公司法》第 475 条、第 478 条第 1 款、第 644 条、第 647 条第 1 款;《韩国公司法》第 251 条、第 531 条第 1 款;《德国有限责任公司法》第 66 条第 1 款;《德国股份法》第 265 条第 1 ~ 2 款、第 290 条第 1 款;中国台湾地区"公司法"第 24 条、第 79 ~ 80 条、第 127 条、第 322 条第 1 款。

◉ 研究文献

1. 林一英:《公司清算制度的修改——以经营异常公司的退出为视角》,载《法律适用》2021年第7期。

2. 翟雨桐:《公司清算义务人的责任探讨》,载《法律适用》2020年第22期。

3. 赵吟:《公司清算义务人侵权责任的体系解构——兼论〈民法典〉第70条与〈公司法司法解释二〉相关规定的适用关系》,载《法治研究》2020年第6期。

4. 张俊勇、翟如意:《有限责任公司清算义务人主体问题研究》,载《法律适用》2019年第19期。

5. 王欣新:《论清算义务人的义务及其与破产程序的关系》,载《法学杂志》2019年第12期。

6. 梁上上:《有限公司股东清算义务人地位质疑》,载《中国法学》2019年第2期。

7. 王长华:《论有限责任公司清算义务人的界定——以我国〈民法总则〉第70条的适用为分析视角》,载《法学杂志》2018年第8期。

8. 肖雄:《论公司清算人中心主义的回归与重建》,载《政治与法律》2017年第11期。

9. 姚蔚薇:《公司清算义务人民事责任诉讼时效问题探析》,载《法律适用》2015年第4期。

10. 江苏省常州市中院民二庭课题组:《不当履行清算义务案件审判实务若干问题探析——以常州市两级法院的审理情况为研究基础》,载《法律适用》2012年第7期。

◉ 典型案例

姜某晶与鹰潭金蝉君汇投资有限合伙企业股东损害公司债权人利益责任纠纷上诉案①

1. 案情简介

信达天津分公司对金孚砼业公司②享有债权,2018年1月24日与鹰潭金蝉君汇投资有限合伙企业(以下简称鹰潭合伙企业)签署《分户债权转让协议》,为转让基准日为2017年9月30日。

因金孚砼业公司未在规定期限内接受2012年度企业年检,也未在规定的截止日期前补办年检手续,2013年11月19日,工商行政管理部门吊销了其营业执照并要求其股东组成清算组负责清算。截至一审时,金孚砼业公司仍处于吊销营业执照状态,公司账册、重要文件等部分丢失,无法进行清算,企业也没有可供偿债的财产。

姜某晶丈夫王某述称,其为金孚砼业公司实际控制人,2008年、2009年,因为王某无法被登记成公司法定代表人、股东,故其向刘某亮、姜某晶借了身份证,在二人不知情的

第232条

① 参见北京市第三中级人民法院民事判决书,(2020)京03民终11313号。

② 金孚砼业公司系2001年4月23日成立的有限公司,注册资本为5000万元,法定代表人为刘某亮,目前工商登记的股东及出资情况为,姜某晶认缴出资4000万元,刘某亮认缴出资1000万元,出资时间为2009年1月22日。

情况下，将刘某亮登记为金孚砼业公司法定代表人，将二人登记为公司股东，二人与金孚砼业公司没有关系，亦不清楚公司债务情况。

经鉴定，金孚砼业公司工商档案中《董事会成员、经理、监事任职证明》、落款时间为2009年1月12日的《金孚砼业公司章程》《金孚砼业公司第二届第一次股东会决议》《出资转让协议书》上姜某晶的签名均非本人所签。

2014年12月2日，北京市三中院作出（2014）三中民终字第15324号民事判决书，其中，在“本院认为”部分认定姜某晶为金孚公司的大股东。

2. 裁判要旨

姜某晶、刘某亮是金孚砼业公司登记的股东，债权人对企业工商登记信息具有信赖利益。虽然姜某晶、刘某亮否定其股东资格，但未提交充分的证据予以证明，应当承担举证不利后果。金孚砼业公司被吊销营业执照，股东姜某晶、刘某亮对金孚砼业公司负有依法清算义务。但直至诉讼时，姜某晶、刘某亮未依法组成清算组进行清算，其怠于履行清算义务，导致金孚砼业公司主要财产、账册、重要文件等灭失，无法进行清算。金孚砼业公司于2013年11月19日被吊销营业执照后，一直未依法进行清算，姜某晶辩称债权人提起诉讼超过诉讼时效，须举证证明鹰潭合伙企业何时知道或者应当知道金孚砼业公司股东怠于履行清算义务导致公司无法清算的事实。否则，应以金孚砼业公司股东自认公司无法清算的时间为诉讼时效的起算点。一审法院判决姜某晶、刘某亮对金孚砼业公司应偿还的债务向鹰潭合伙企业承担连带清偿责任。二审法院驳回上诉，维持原判。

3. 案件评析

债权人要求有限公司股东承担清算责任的诉讼时效期间，自其知道或者应当知道公司无法进行清算之日起计算，对此实践中存在不同的观点。观点一认为，债权人只有在公司强制清算程序终结之时才能确定知道该公司无法进行清算，故诉讼时效的起算点应为该程序终结之时；观点二认为，只要债权人通过法院强制执行程序依然无法获得清偿，即可推定该公司已无法进行清算，诉讼时效自终结本次执行裁定作出之日起算；观点三认为，组成清算组进行清算的法定期限为出现解散事由之日起15日内，故该诉讼时效的起算之日应为该期间届满后。从合理分配举证责任的角度出发，应根据不同案件的具体情况对“知道或者应当知道公司无法进行清算”的时间进行确定，平衡公司债权人利益与股东权益的保护。

第二百三十三条　【强制清算制度】

公司依照前条第一款的规定应当清算，逾期不成立清算组进行清算或者成立清算组后不清算的，利害关系人可以申请人民法院指定有关人员组成清算组进行清算。人民法院应当受理该申请，并及时组织清算组进行清算。

公司因本法第二百二十九条第一款第四项的规定而解散的，作出吊销营业执照、责令关闭或者撤销决定的部门或者公司登记机关，可以申请人民法院指定有关人员组成清算组进行清算。

◉ 立法意旨

本条是关于公司强制清算制度的规定。

◉ 条文演变历程

1993 年《公司法》第 191 条将清算义务人组织成立清算组与法院指定清算组成员合并规定在同一条文。此后，相关内容无实质变化。2009 年《关于审理公司强制清算案件工作座谈会纪要》对强制清算制度进行了具体化。《公司法解释二》也专门规定了指定清算组的具体规则。此次修法，一审稿第 229 条一方面将法院指定清算组规则独立成条，同时吸收《公司法解释二》，补充了清算义务人未及时履行清算义务的情形既包括“逾期不成立清算组进行清算”和“成立清算组后不清算”；另一方面，将申请人的范围由“债权人”扩大到“利害关系人”，并且补充规定在公司因被吊销营业执照、责令关闭或者被撤销而解散时，作出决定的部门或者公司登记机关也可以作为申请人。其后的二审稿、三审稿未变动，直至形成本条。

◉ 条文释义

本条对应旧法第 183 条，有实质性的内容修订。

1. 强制清算的制度背景

虽然上条明确了公司清算义务人，也规定了清算义务人怠于履职的严厉法律责任，但这并不代表一旦发生公司解散事由，就会有公司董事及时、合法、负责地启动清算程序。现实生活的复杂性在于，董事们有可能铤而走险不作为，有可能由于此刻身陷囹圄无法履职，也有可能公司的执行董事不作为、非执行董事们欲作为而不能，因为启动清算程序还需要手中掌握公司财务资料、公司资产信息等必要条件，也有可能出现清算组勉强成立后不开展清算工作的情况。总之，如果出现第 1 款所列的“逾期不成立清算组进行清算或者成立清算组后不清算的”情形，如何处置？

还有，公司被行政强制解散的，很可能无人启动清算，因为清算义务人即公司董事们因涉嫌犯罪行为被羁押等。此时，如何处置？

以上两段描述的场景正是本条第 1 款、第 2 款所分别对应的困境，本条旨在破解这些难题，下文分别而论。

2. 第 1 款:利害关系人申请强制清算

本款明确,公司解散事由出现后,清算义务人怠于履行清算义务,有关利害关系人可申请法院指定清算组,从而推动清算程序,需要明确两点。

(1)利害关系人的范围。申请法院指定清算组进行清算的适格主体是利害关系人,不再局限于旧法规定的债权人。按广义解释,此处的利害关系人包括公司债权人、(少数)股东以及监事、高管、部分董事等,即便采狭义解释,至少也包括公司债权人与股东。

(2)启动前提。利害关系人申请强制清算的前提为清算义务人怠于清算。具言之,第 1 款具体界定了两种情形:一是公司解散时逾期不成立清算组进行清算;二是公司成立清算组后不清算,后一种情形为此次修法的新增情形。

3. 第 2 款:行政机关申请强制清算

本款为新增条款,是此次修法的重要制度创新,也是行政解散的应有之义,填补了此前的立法漏洞。

公司被行政强制解散后,清算义务人即公司董事们不启动清算的,此时急需法律寻求适当的主体站出来启动清算,本款的政策安排就是"谁家的孩子谁抱走"——作出吊销营业执照、责令关闭或者撤销决定的部门或者登记机关可以向法院申请指定有关人员组成清算组进行清算。

令人担忧的是,此处使用"可以"而非"应当",即本款是立法对于行政机关的赋权而不是科以职责;由于不具有强制性,本款的法律适用效果究竟如何,行政机关是否能妥当地行使该项权利,尚待未来的观察与评估。

4. 延伸问题:清算组的成员构成

本条没有明确规定清算组的成员构成,依据《公司法解释二》第 8 条,法院通常指定下列人员或者机构作为清算组成员:股东、董事、监事、高级管理人员;律师事务所、会计师事务所、破产清算事务所等社会中介机构;前述中介机构中具备相关专业知识并取得执业资格的人员。一般情况下,清算组必须由专业中介机构及人士组成,理由在于他们具有专业知识和任职独立性。此外,清算也需有公司内部人员参加,原因在于他们对公司的财务、资产状况及债权债务情况等都更为了解,由其担任清算组成员更有利于清算的顺利进行。

◉ **公司治理操作指南**

第 1 款规定的适格利害关系人依法提出强制清算申请后,法院"应当"受理该申请，并且负有及时组织清算组进行清算的职责。这说明利害关系人的申请具有启动强制清算的效力，法院不得推脱不作为。

第2款构成重大制度创新，也是行政解散的应有之义，但实务中市场监管部门未必对申请强制清算感兴趣，所以本条仅使用了"可以"一词，而未赋予其强制申请义务。如果市场监管部门对于主动申请强制清算不感兴趣，其亦可以根据第241条强制注销公司，公司被行政解散满3年未向公司登记机关申请注销公司登记的，公司登记机关可以通过国家企业信用信息公示系统予以公告，公告期限不少于60日。公告期限届满后，未有异议的，公司登记机关可以注销公司登记。

◉ 比较法规范

《日本公司法》第478条第2～4款、第647条第2～4款；《韩国公司法》第252条、第531条第2款；《德国有限责任公司法》第66条第2～4款；《德国股份法》第265条第3～4款、第290条第2款；中国台湾地区"公司法"第81～82条、第322条第2款、第323条、第335条。

◉ 研究文献

林一英：《公司清算制度的修改——以经营异常公司的退出为视角》，载《法律适用》2021年第7期。

◉ 典型案例

陈某申请上海上器集团新能源科技有限公司强制清算案①

1. 案情简介

2018年5月，上海市二中院作出(2017)沪02民终8899号民事判决，认定上器集团公司、母线桥架公司损害了上海上器集团新能源科技有限公司(以下简称新能源公司)②的利益，应承担赔偿责任。陈某申请对两公司进行强制执行，但两公司仍未按照执行通知书履行义务。经检察机关抗诉，上海市高院裁定提审，再审期间，中止原判决的执行。

2019年2月11日，上海市嘉定区人民法院作出(2018)沪0114民初13972号民事判决，判决解散新能源公司。2019年5月5日，新能源公司召开临时股东会，决议清算组成员由三方股东各指派一人组成。陈某收到相关会议通知但未参加临时股东会。之后，陈某以新能源公司解散后无法成立清算组且股东间缺乏基本信任，不能进行自行清算等为由，申请对新能源公司进行强制清算。二审期间，上海市高院作出再审判决，判决维持(2017)沪02民终8899号民事判决。但上器集团公司、母线桥架公司仍拒绝履行相应义

---

① 参见上海市高级人民法院民事裁定书，(2019)沪清终1号。

② 新能源公司设立于2009年4月，股东为上器集团(持股为48%)、陈某(持股为35%)和母线桥架公司(持股为17%)。

务。经法院释明，新能源公司清算组仍未通知和公告债权人申报债权，未全面清理公司债权债务；多数股东上器集团公司、母线桥架公司表示不能提出足以确保依法及时清算的有效措施，或者提供相应担保。

2. 裁判要旨

法院裁定受理少数股东提出的强制清算申请，主要基于以下三个判断：第一，多数股东与清算事务之间存在直接和严重的利益冲突。本案涉及的清算工作主要是追收两控股股东因滥用股东权利损害公司利益而对新能源公司负担的债务，可以认定两控股股东与新能源公司清算事务之间存在直接和严重的利益冲突。第二，存在故意拖延或者违法清算的现实可能性。上器集团公司、母线桥架公司在相关裁判文书已发生法律效力后，仍拒绝履行相应义务，少数股东有合理理由认为极有可能发生“故意拖延”或者“违法清算”的情形。目前，上器集团公司、母线桥架公司仍拒绝推进清算工作。第三，多数股东不能提出足以确保依法及时清算的有效措施，或者提供相应担保。

3. 案件评析

本案涉及《公司法解释二》第7条法院指定清算组的情形中“故意拖延”和“违法清算”的解释问题。从推进清算事务顺利进行的目的出发，应当认为，“故意拖延”和“违法清算”不但指清算组故意不清算或者违法清算的现实状态，也包括清算组成员与公司清算事务存在严重利益冲突而可能导致故意拖延或者违法清算的情形。本案中，多数股东因滥用权利损害公司利益被判决承担赔偿责任，但其既未履行判决义务，也未依法申报财产。若其同时担任处理清算事务的清算组成员，即便未实际发生故意拖延或者违法清算行为，前述风险仍具有较大的发生可能性。将此类情形纳入强制清算启动事由合理且必要。

第二百三十四条　【清算组的职权】

清算组在清算期间行使下列职权：

（一）清理公司财产，分别编制资产负债表和财产清单；

（二）通知、公告债权人；

（三）处理与清算有关的公司未了结的业务；

（四）清缴所欠税款以及清算过程中产生的税款；

（五）清理债权、债务；

（六）分配公司清偿债务后的剩余财产；

（七）代表公司参与民事诉讼活动。

◉ 立法意旨

本条是关于清算组法定职权的规定。

◉ 条文演变历程

本条可追溯至1993年《公司法》第193条:“清算组在清算期间行使下列职权:(一)清理公司财产,分别编制资产负债表和财产清单;(二)通知或者公告债权人;(三)处理与清算有关的公司未了结的业务;(四)清缴所欠税款;(五)清理债权、债务;(六)处理公司清偿债务后和剩余财产;(七)代表公司参与民事诉讼活动。”2005年《公司法》第185条将1993年《公司法》第193条第4项“清缴所欠税款”补充为“清缴所欠税款以及清算过程中产生的税款”。2013年修法将条文序号调整为第184条。《公司法解释二》第10条至第17条对清算人职权进行了具体展开。此次修法,一审稿第230条将原第184条“(六)处理公司清偿债务后的剩余财产”改为了“(六)分配公司清偿债务后的剩余财产”,两字之差,表意更加精准。最终形成本条。

◉ 条文释义

本条对应旧法第184条,仅在第6项的句首将“处理”改为“分配”二字,其余各项未有修订。

1. 清算人的职权法定

清算人的职权法定乃是董事会职权法定(本法第67条、第120条)的延伸。正常经营状态下,执行业务权归属董事会,到了清算阶段,归属清算人。清算的主要目的是清产核资,清偿债务,最后消灭公司法人资格,这是一项极其重要且复杂的工作,不亚于公司业务的经营管理。为确保清算工作的顺利进行、提高清算效率以及维护利益相关人的合法权益,清算人的职权需要法定。

从这份权力清单不难看出,清算组的职权实际上也是董事会职权在清算阶段的延续。一方面,清算期间公司虽然仍然存续,但其民事权利能力与民事行为能力都被局限于清算活动,而不能开展与清算无关的营业(本法第236条第3款);另一方面,在清算期间,虽然公司的股东会、董事会、监事会抑或审计委员会、总经理等法人机关都尚在,但有关清算的所有工作(实际上也是清算法人的全部工作)都归并到清算组。考虑在清算期间公司不得开展除清算以外的其他活动,并且法定代表人的代表权也暂停,实践中由清算组组长充任法定代表人角色,因此可以说清算期间的公司执行权力都归属清算组。

2. 清算人的职权清单

(1)清理公司财产。清算人要全面清理公司财产,并分别编制资产负债表和财产清单。需要提示,公司解散时,股东尚未届期的出资义务一概“加速到期”,因此尚未缴纳的出资亦属于清算财产。

(2)通知、公告债权人。为保障债权人利益,清算人应当自成立之日起10日内将公司解散清算事宜通知全体已知债权人,并于60日内根据公司规模和营业地域范围在全国或者公司注册登记地省级有影响的报纸上或通过国家企业信用信息公示系统进行公告。

(3)处理未了结业务。公司未了结的业务主要是公司在解散之前成立的、尚未履行完毕的合同。为了使公司参与的法律关系归于消灭,清算人基于公司利益最大化以及清算工作的本质,应当决定是否继续履行该合同,但清算人不得在清算目的之外订立新的合同或者开展新的业务。这就是第236条第3款规定的“不得开展与清算无关的经营活动”的含义。

(4)清缴税款。清算人应当对公司的税务情况进行清查,用清算财产缴纳公司所欠税款。此部分税款既包括公司在清算之前所欠税款,还包括清算过程中产生的税款。

(5)清理债权债务。清算人应对公司在清算前和清算过程中产生的债权债务关系进行清理,收回应收债权,清偿所欠债务;在公司财产未依法清偿债务之前,不得分配给股东(本法第236条第3款)。

如清算人在清理债权债务过程中发现公司财产不足清偿全部债务,公司具备破产事由,为保护债权人利益,清算组应勤勉尽责地及时向法院申请破产,否则可能违反勤勉义务或忠实义务。

(6)分配剩余财产。与旧法第184条相比,本条有一处文字性修改,将第6项“处理公司清偿债务后的剩余财产”改为“分配公司清偿债务后的剩余财产”,突出了分配二字。股东对公司享有剩余索取权,其有权就支付清算费用、职工工资、社会保险费用和法定补偿金,缴纳所欠税款,清偿公司债务后的剩余财产进行分配。具体分配规则,见本法第236条第2款。

(7)代表公司参与诉讼。公司依法清算结束并办理注销登记前,法人主体资格尚未消灭,有关公司的民事诉讼仍以公司名义进行。清算人到位即清算组成立后,法定代表人的代表权停止,由清算组负责人代表公司参加诉讼;尚未成立清算组的,由原法定代表人代表公司参加诉讼。

◉ 公司治理操作指南

清算人即清算组成员在清算过程中对公司负担勤勉义务和忠实义务，其角色实质类似于“解散清算阶段的董事”，因此，基于相似情形相似对待的平等原则，关于董事的权力、义务、责任规定，在不违反清算目的的限度内，亦准用于清算人。基于此，如清算组成员因清算事务发生争议，可参照《公司法》董事会决议程序规则，经全体清算组成员过半数决议通过，与争议事项有直接利害关系的清算组成员可以发表意见，但不得参与投票，若因回避表决无法形成多数意见，则清算组可以请求法院作出决定。如此，可保证尽量不违反清算职责和信义义务。

对于债权人来说，在判断清算组成员是否需要对其承担责任时，也可参照董事信义义务和董事对第三人责任条款（本法第 191 条）。

◉ 比较法规范

《日本公司法》第 481 条、第 649 条；《韩国公司法》第 254 条；《德国有限责任公司法》第 70 条；《德国股份法》第 268 ~ 269 条；《美国模范商业公司法》第 14.09 节；中国台湾地区“公司法”第 84 条。

◉ 典型案例

王某强与上海金鸿建筑工程有限公司公司决议撤销纠纷上诉案①

1. 案情简介

上海金鸿建筑工程有限公司（以下简称金鸿公司）系于 1997 年 4 月 29 日成立的有限公司。2013 年 6 月 24 日，法院裁定受理 A 对金鸿公司的强制清算申请。2014 年 1 月 15 日，指定王某强、张某、李某、林某、施某担任金鸿公司的清算组成员，并由李某担任清算组负责人。2014 年 3 月 27 日，金鸿公司召开第四次清算组会议并形成清算组决议，决议主要内容为：“……十八、关于评估范围，金鸿公司经营期限届满之后，且已进入强制清算程序，A 依法收回集体土地使用权是属于取回股东自己财产的行为，A 投入的集体土地使用权不应再纳入金鸿公司的清算财产，因此清算组确定本案评估范围为除集体土地使用权之外的金鸿公司全部财产。”对此，A 及清算组中的君悦所律师表示同意执行，上海金三角水利建设工程有限公司表示反对。

2. 裁判要旨

本案争议焦点有二：一是清算组通过清算组决议的形式确定清算财产的评估范围是否影响决议的效力；二是涉案决议的表决方式是否违法。

① 参见上海市第一中级人民法院民事判决书，（2014）沪一中民四（商）终字第 1883 号。

一审法院认为,案涉决议系清理公司财产的行为,属于清算组的职责范围。在清算组成员对该清算事务发生争议的情况下,通过清算组决议作出决定,符合清算组的议事规则。清算组在公司中的地位类似于董事会,议事机制可以参照董事会。张某、王某强作为清算组成员中的金鸿公司股东代表,与涉案决议存在利害关系,对决议不得行使表决权,涉案决议应经无利害关系的清算组成员过半数通过。涉案决议符合《公司法》关于决议须经无关联关系清算组成员过半数通过的要求,未违反《公司法》关于"回避表决"的规定。所以对原告撤销公司决议的请求不予支持。

二审法院认为,清算组在行使清理公司财产职责时,不但要对已纳入清算财产范围内的财产进行查询、登记,还需对不应纳入清算财产范围内的财产进行清理、甄别。根据原审法院作出的《关于未注明使用期限的集体土地使用权应否纳入企业清算财产的答复》相关规定,明确A投入的集体土地使用权不应再纳入金鸿公司的清算财产。在可明确集体土地使用权不应纳入被清算财产范围的情况下,对于清算组而言,其作出清算组决议是其职责,不能因涉案集体土地使用权之前曾作价或进行过登记而一定要纳入清算财产。因此,驳回上诉,维持原判。

3. 案件评析

本案主要涉及清算组职权之一"清理公司财产"的解释问题,即所谓"公司财产"是否包括不应纳入清算财产范围内的财产。换言之,清算组对权利人从公司财产中取回的财产作出决议是否是行使职权的行为。在清算组成员对特定财产是否属于清算财产存在争议时,清算人为明确清算财产的范围,召开会议进行决议,当然属于职权内的行为。

第二百三十五条　【清算通知、公告与申报债权】

清算组应当自成立之日起十日内通知债权人,并于六十日内在报纸上或者国家企业信用信息公示系统公告。债权人应当自接到通知之日起三十日内,未接到通知的自公告之日起四十五日内,向清算组申报其债权。

债权人申报债权,应当说明债权的有关事项,并提供证明材料。清算组应当对债权进行登记。

在申报债权期间,清算组不得对债权人进行清偿。

◉ **立法意旨**

本条是关于清算组通知、公告债权人及债权人申报债权的规定。

◉ **条文演变历程**

相关规定可追溯至1993年《公司法》第194条,该条规定:"清算组应当自成立之日起十日内通知债权人,并于六十日内在报纸上至少公告三次。债权人应当自接到通知书之日起三十日内,未接到通知书的自第一次公告之日起九十日内,向清算组申报其债权。债权人申报其债权,应当说明债权的有关事项,并提供证明材料。清算组应当对债权进行登记。”2005 年《公司法》第 186 条进行了大幅修改,删去至少公告 3 次的次数限制,将债权人申报债权的期限缩短为 45 日,同时增设第 3 款“在申报债权期间,清算组不得对债权人进行清偿”。2013 年修法调整条文序号为第 185 条。此次修法,仅有一处修改,即第 1 款增加“或者国家企业信用信息公示系统公告”。

◉ 条文释义

本条对应旧法第 185 条,第 1 款增加“或者国家企业信用信息公示系统公告”,其余未修订。

公司清算的核心任务,乃是对公司所负的债务进行清偿,因此清算人应当穷尽合理方式告知公司的所有债权人尽快申报债权,以保护债权人利益。

1. 第 1 款第 1 句:通知与公告债权人

该句对已知债权人和未知债权人规定了不同的告知途径。

首先,对于住所或联系方式明确的债权人,清算组应当自成立之日起 10 日内通知债权人申报债权。

其次,对于住所或联系方式不明确的债权人,鉴于难以完成直接通知,因此本条规定清算人应自成立之日起 60 日内在报纸上或者国家企业信用信息公示系统公告,新法赋予清算人公告方式的选择权。体系化观察新《公司法》,关于公司公告的介质都是规定报纸或者国家企业信用信息公示系统,这是企业信用信息公示系统带来的新立法课题。

最后,《公司法解释二》第 11 条第 1 款对通知与报纸公告进行了细化。清算组应当将公司解散清算事宜书面通知全体已知债权人;清算组应根据公司规模和营业地域范围在全国或者公司注册登记地省级有影响的报纸上进行公告。

2. 第 1 款第 2 句与第 2 款:申报债权

第 1 款第 2 句规定了申报债权的法定期限:收到通知的债权人应自收到通知之日起 30 日内,未收到通知的债权人应自公告之日起 45 日内向清算人申报债权。如债权人未按期申报债权,《公司法解释二》第 13 条第 1 款赋予了债权人补充申报权,加大了对债权人的保护力度。

第 2 款规定了债权人的说明义务与清算组的登记义务。一般地,债权人申报债权时,应当在申报书中明确说明其债权内容、数额、成立时间、地点、担保情况等,并提供相关证明材料,以便清算人逐一核查,并对审核的债权进行登记。

3. 第 3 款:禁止个别清偿

本款明确禁止在申报债权期间清偿公司债务,逻辑在于公司债务总额暂不确定,公司可能已资不抵债,可能形成偏颇清偿。因此,基于债权平等原则,清算人不得为个别清偿,否则清算人构成对公司信义义务的违反,侵害其他债权人利益的,依法承担赔偿责任(本法第 238 条)。

◉ **公司治理操作指南**

在公司实践中,存在大量为逃避清算责任、在公司终止之前故意不告知债权人申报债权的行为,严重损害了公司债权人利益。根据《公司法解释二》第 11 条第 2 款,清算人未妥当履行通知和公告义务,导致债权人未及时申报债权而未获清偿的,应向债权人承担赔偿责任。鉴于此,清算人应妥善履行通知与公告义务,新《公司法》允许通过国家企业信用信息公示系统公告,这一选择相比报纸公告成本较低,并且不存在"报刊影响力认定的疑难",清算组可考虑优选之。

◉ **比较法规范**

《日本公司法》第 499 条、第 500 条;《韩国商法》第 256 条;《德国股份法》第 267 条;《美国模范商业公司法》第 14.05 节、第 14.06 节;中国台湾地区"公司法"第 88 条。

◉ **研究文献**

1. 翟雨桐:《公司清算义务人的责任探讨》,载《法律适用》2020 年第 22 期。

2. 梁上上:《有限公司股东清算义务人地位质疑》,载《中国法学》2019 年第2 期。

3. 叶林、徐佩菱:《关于我国公司清算制度的评述》,载《法律适用》2015 年第 1 期。

4. 彭辉:《非破产清算中清算组成员的损害赔偿责任研究——以〈公司法〉第 190 条的法律适用为视角》,载《法律适用》2012 年第 3 期。

第二百三十六条 【清算方案、财产分派与清算法人的地位】

清算组在清理公司财产、编制资产负债表和财产清单后,应当制订清算方案,并报股东会或者人民法院确认。

公司财产在分别支付清算费用、职工的工资、社会保险费用和法定补偿金，缴纳所欠税款，清偿公司债务后的剩余财产，有限责任公司按照股东的出资比例分配，股份有限公司按照股东持有的股份比例分配。

清算期间，公司存续，但不得开展与清算无关的经营活动。公司财产在未依照前款规定清偿前，不得分配给股东。

◉ 立法意旨

本条是关于清算方案、清算财产分派及清算期间公司法律地位的规定。

◉ 条文演变历程

本条可追溯至1993年《公司法》第195条，即“清算组在清理公司财产、编制资产负债表和财产清单后，应当制定清算方案，并报股东会或者有关主管机关确认。公司财产能够清偿公司债务的，分别支付清算费用、职工工资和劳动保险费用，缴纳所欠税款，清偿公司债务。公司财产按前款规定清偿后的剩余财产，有限责任公司按照股东的出资比例分配，股份有限公司按照股东持有的股份比例分配。清算期间，公司不得开展新的经营活动。公司财产在未按第二款的规定清偿前，不得分配给股东”。2005年《公司法》第187条第1款增加了人民法院确认程序，明确了清算的主管机关，在法院指定清算组进行公司强制清算的情形下，清算方案未经法院确认，不具有法律效力；同时，第187条第2款规定，处理公司财产时，在职工劳动债权分配中增加了“法定补偿金”。2013年修法调整条文序号为第186条。此次修法，仅将清算方案确认机构由“股东会或者股东大会”统一为股东会。

◉ 条文释义

本条对应旧法第186条，除第1款“股东会、股东大会”被调整为“股东会”外，其余内容无变化。

1. 第1款：清算方案的制订与确认

（1）制订清算方案。本款前半部分规定了清算人制订清算方案的义务。在清算人通知、公告债权人申报债权的同时，清算人的首要任务是尽快制订清算方案。清算方案是公司终止解散时由清算人制订的清算工作计划，其主要内容包括公司资产和负债情况，公司财产清单、财产作价依据和方式，债权、债务清单，债权债务处理办法以及剩余财产分配办法等。

（2）确认清算方案。本款后半部分规定，只有经股东会或者法院确认的清算方案才产生法律效力,否则不能被清算人执行。具体来说,一般情形下的清算方案由股东会确认;由法院主持的强制清算,则报法院确认。

2. 第 2 款与第 3 款第 2 句:债务清偿顺序与剩余财产分配

第 2 款详细规定公司资产的分配顺序和分配限制,第 3 款第 2 句明确禁止违法分配剩余财产。

(1)财产分配顺序

清算工作围绕财产分配展开,清算人应按照清算方案清偿公司全部债务,清偿债务应当按照法定的顺序进行。解散清算时的财产分配顺序分为五档,其中前四档与《企业破产法》规定的破产财产分配的前四档一致。

第一档,支付清算费用,包括财产评估、保管、变卖等费用,通知、公告费,清算组成员报酬,委托律师、会计师费用等;

第二档,支付职工的工资、社会保险费用和法定补偿金;

第三档,缴纳所欠税款;

第四档,清偿公司债务;

第五档,将剩余财产分配给股东。

与破产清算的区别在于,解散清算的预设前提是公司不存在资不抵债情形,否则需转入破产程序,故第 2 款明确规定将剩余财产分配给股东。

(2)财产分配限制

股东只能就公司资产清偿全部公司债务后的剩余部分获得分配,否则违反本条第 2 款和第 3 款最后一句。清算组成员由此造成债权人损失的,应承担类似于违法分红、违法减资一样的民事法律责任(本法第 238 条);关于此类行为的行政责任,本法第 256 条中也有双罚制的规定。

(3)股东分配剩余财产的比例

本条第 2 款末句规定,有限公司按照股东的出资比例分配剩余财产,股份公司按照股东持有的股份比例分配剩余财产。但依体系解释,前述分配规则仅为一般情况下的默认规则,存在例外,譬如股份公司依本法第 144 条发行了剩余财产分配优先股、章程规定或全体股东签订的治理协议约定按照其他方式分配剩余资产。

还有人问,此时有限公司是否还存在实缴比例与认缴比例之分?这一提问并不成立,因为清算之时任何股东的出资都要到位,即便出资义务未届期限的也要加速到期,因而此时的认缴比例与实缴比例一样。如有股东客观上出资不能,此时应该由清算人催缴(行使董事会催缴的职权)失权,失权后的比例就是其参与剩余财产分配的比例。

3. 第 3 款第 1 句:清算中公司的法律地位

清算中公司,又称清算法人。解散事由发生后,公司的法人资格未消灭,在清算期间,公司仍然为独立的法人主体,但本条第 3 款限制了清算法人的权利能力和行为能力。公司不得继续进行与清算无关的商业活动,公司的全部活动应当局限于清理公司已经发生但尚未了结的事务以及其他与清算相关的事务。对此,《民法典》第 72 条第 1 款也作了类似规定:“清算期间法人存续,但是不得从事与清算无关的活动。”

◉ 公司治理操作指南

清算方案的确认是清算程序的一个关键点。清算人在清理公司财产、编制资产负债表和财产清单后,应当制订清算方案,并报股东会或者法院确认。若清算组执行了未经确认的清算方案,遭受损失的利害关系人有权利维护自身合法权益。依据第 238 条,清算人履行清算职责,负有忠实义务和勤勉义务,违反义务的清算人对公司和债权人承担赔偿责任,前述利害关系人可据此提起诉讼。《公司法解释二》第 15 条第 2 款在明确清算方案确认主体的基础上,对清算组违规执行未经确认的清算方案下的责任承担问题进行了具体规定,执行未经确认的清单方案给公司或者债权人造成损失的,公司、股东、董事、公司其他利害关系人或者债权人主张清算组成员承担赔偿责任的,人民法院应依法予以支持。

◉ 比较法规范

《日本公司法》第 492 条;《韩国商法》第 256 条、第 260 条;《德国股份法》第 270 条、第 271 条;中国台湾地区“公司法”第 87 条、第 90 条。

◉ 研究文献

1. 翟雨桐:《公司清算义务人的责任探讨》,载《法律适用》2020 年第 22 期。
2. 叶林、徐佩菱:《关于我国公司清算制度的评述》,载《法律适用》2015 年第 1 期。

第 237 条

第二百三十七条 【清算组的破产申请义务与事务移交义务】

清算组在清理公司财产、编制资产负债表和财产清单后,发现公司财产不足清偿债务的,应当依法向人民法院申请破产清算。

人民法院受理破产申请后,清算组应当将清算事务移交给人民法院指定的破产管理人。

◉ 立法意旨

本条是关于解散清算转破产清算程序(俗称“解转破”)的规定。

◉ 条文演变历程

本条可追溯至1993年《公司法》第196条,该条规定:“因公司解散而清算,清算组在清理公司财产、编制资产负债表和财产清单后,发现公司财产不足清偿债务的,应当立即向人民法院申请宣告破产。公司经人民法院裁定宣告破产后,清算组应当将清算事务移交给人民法院。”嗣后,本条内容无变化。此次修法有两项内容调整:将“应当立即向人民法院申请宣告破产”修改为“应当依法向人民法院申请破产清算”;将“公司经人民法院裁定宣告破产后,清算组应当将清算事务移交给人民法院”修改为“人民法院受理破产申请后,清算组应当将清算事务移交给人民法院指定的破产管理人”。

◉ 条文释义

本条对应旧法第187条,有两处内容性修订,详见后文。

1. 第1款:“解转破”的申请

前文指出,解散与破产乃是公司走向终止的两大原因,二者都要经过清算程序,分别叫作解散清算与破产清算;区别在于,如公司净资产大于债务,那就是解散清算,否则为破产清算。这一区分标准很明确,但在实践中也有可能处于模棱两可状态,因此有可能在清算组清理公司财产、编制资产负债表和财产清单后才发现公司财产不足清偿公司债务,此时须依法向法院申请破产清算。

对照旧法,本款有文字调整,句尾的“申请宣告破产”被改为“申请破产清算”,这是立法精准表达的进步。在我国,破产开始的标志是法院裁定受理破产申请,法院受理破产申请后,并非必然宣告债务人破产,法院可能会决定启动破产和解或破产重整程序。因此,第1款将旧法的“宣告破产”改为“破产清算”,与《企业破产法》规范实现互通,保持了法律的体系性。

2. 第2款:受理与移交

清算人提出申请后,人民法院需要裁定受理与否;一旦受理,清算组需将清算事务移交给破产管理人。至此,清算人的工作宣告结束。

对照旧法,本款有实质修正。旧法的表述是“清算事务移交给人民法院”,现修订为“移交给人民法院指定的破产管理人”。破产管理人是破产事务的实际执行者,这一修订无疑是合理的。

总之,《公司法》主要保护作为所有者的投资者,《企业破产法》主要保护公司债权人,当公司资不抵债时,法律首先要保护的对象不再是劣后受偿的股东,而是优先受偿的公司债权人,故此时应转向破产程序。

◉ 公司治理操作指南

清算人负有"解转破"的申请义务,当在清算过程中发现公司财产不能偿还全部债务时,应当依照本条规定向法院申请破产清算;否则,清算人构成违反勤勉义务或忠实义务,在其他债权人因偏颇清偿而未能获得分配的资产范围内对剩余债权承担赔偿责任。

在公司实践中,"解转破"不是绝对的,如果出于债权人的理性算计,不进行"解转破"对自己更为有利,则可以不转为破产清算程序。对此,《公司法解释二》第17条规定,清算组发现存在资不抵债事实后,可与债权人协商清偿方案,若全体债权人同意,则清算组可申请法院认可前述协议,法院认可后,可依据该协议清偿债务,此时,清算组无须申请破产清算。

◉ 比较法规范

《德国破产法》第15a条;中国台湾地区"民法典"第35条。

第二百三十八条 【清算人的信义义务】

清算组成员履行清算职责,负有忠实义务和勤勉义务。

清算组成员怠于履行清算职责,给公司造成损失的,应当承担赔偿责任;因故意或者重大过失给债权人造成损失的,应当承担赔偿责任。

◉ 立法意旨

本条是关于清算人(清算组成员)信义义务的规定。

◉ 条文演变历程

本条可追溯至1993年《公司法》第198条,该条规定:"清算组成员应当忠于职守,依法履行清算义务。清算组成员不得利用职权收受贿赂或者其他非法收入,不得侵占公司财产。清算组成员因故意或者重大过失给公司或者债权人造成损失的,应当承担赔偿责任。"此后,数次修法均未修改该条内容。此次修法,一审稿第234条将清算组成员的义务明确为忠实义务和勤勉义务,并就怠于履行职责情况下对公司和债权人的责任进行了区分。二审稿、三审稿未变动,最终形成本条。

◉ 条文释义

本条对应旧法第 189 条，有实质性的内容修订，详见下文。

1. 何为清算职责

旧法仅提及清算人“应当忠于职守，依法履行清算义务”，但究竟“清算义务”的内涵为何，不得而知。本条规定的最大制度创新是直接规定了清算人的信义义务（忠实义务与勤勉义务）。

清算人是清算事务的执行人，具体的“清算职责”是对内执行清算事务，对外代表清算中的公司（清算法人），清算人事实上在清算阶段充当了运营中公司的董事会的角色。① 在清算阶段，公司财产最终会被依法分配给各利益主体，管理清算财产的清算人与公司（以及股东、债权人等各利益方）实际上形成了一种信义关系，清算人作为受信人，需忠实履行对公司（以及股东、债权人等各利益方）的信义义务，否则需承担违信责任。②

2. 第 1 款：信义义务

本款明确清算人对公司负有信义义务。清算人在履行具体职责的过程中，对公司承担忠实义务和勤勉义务。忠实义务是指清算人在执行公司清算事务时，应忠于职守，不得滥用职权谋取个人利益；勤勉义务是指清算人应诚信履行清算职责，为公司利益最大化尽到清算管理人员（清算人为董事、律师、注册会计师等）通常应有的合理注意义务（参照本法第 180 条第 2 款）。

清算人享有的权利和承担的义务实质上与董事保持一致，这是因为，新《公司法》规定清算人由董事组成，因此董事的忠实、勤勉义务理应同等适用于清算人，区别在于其事项范围局限于清算职责。

3. 第 2 款：违信责任

本款规定的法律责任包含两项法教义构造，与旧法形成巨大对比。

（1）对公司的赔偿责任。前半句规定，清算人怠于履行清算职责，即违反对公司的信义义务的，向公司承担赔偿责任，此为一般信义义务规则在清算阶段的延伸，其法理与第 188 条规定的董事、监事、高级管理人员执行职务违反法律、行政法规或者公司章程的规定，给公司造成损失对公司的赔偿责任是一致的。

① 参见赵旭东主编：《商法学》（第 4 版），高等教育出版社 2019 年版，第 244 ~ 245 页。

② 参见胡改蓉：《我国公司清算主体模式的反思——由双轨制向单轨制的转换》，载《法治研究》2023 年第 4 期，第 55 页。

（2）对公司债权人的赔偿责任。后半句规定，清算人因故意或重大过失给债权人造成损失时，对公司债权人直接承担赔偿责任，这属于第 191 条“董事对第三人责任”的具体适用。相关法理的展开，详见本书第 191 条评注，此处不赘述。

需要展开的是新旧法的对照，旧法第 189 条第 3 款的表述是“清算组成员因故意或者重大过失给公司或者债权人造成损失的，应当承担赔偿责任”，本款后半句的表述是“因故意或者重大过失给债权人造成损失的，应当承担赔偿责任”。新旧法在制度构造上的重大差别是，旧法将清算人对于公司与债权人的赔偿责任等量齐观，其赔偿责任承担的条件仅限于“故意或者重大过失”；新法区分了清算人对于公司、债权人的不同责任，将清算人对于公司的赔偿责任定位于“怠于履行职责”，将清算人对于债权人的赔偿责任限定于“因故意或者重大过失”，从而完成了两类不同法律责任的教义学构造。

（3）司法解释的进一步拓展：对公司股东的赔偿责任。《公司法解释二》第 15 条第 2 款在明确清算方案确认主体的基础上，对清算人违规执行未经确认的清算方案下的责任承担问题进行了具体规定，执行未经确认的清算方案给公司或者债权人造成损失，公司、股东、董事、公司其他利害关系人或者债权人主张清算组成员承担赔偿责任的，人民法院应依法予以支持。此处的原告包括公司、股东及公司债权人，对比本条第 2 款，增加了公司股东。

◉ 公司治理操作指南

清算人在公司非破产清算中代表公司清理财产、执行清算事务，享有广泛的权力，其依法履职对于公司、股东、各类债权人的利益保护举足轻重。所以，科以其严格的忠实义务和勤勉义务，非常必要。相关司法解释对清算人的职责进行了详细规定，以及基于合目的性解释适当扩张了其违信责任。这都提示清算人在履职时务必做到审慎、公平与公正。

另外，需要注意的是，清算人与清算义务人不同，身份差别并不当然构成清算人的免责事由。① 实践中，因清算人未依法履行通知债权人等义务而被追偿的案件屡见不鲜，②建议公司少数股东、员工等不熟悉公司事务的人员担任清算组成员后应审慎履职，在清算报告与清算方案上签字时亦应如此。

---

① 参见山东省青岛市中级人民法院民事判决书，(2022)鲁 02 民终 12394 号。

② 参见河南省许昌市中级人民法院民事判决书，(2021)豫 10 民初 59 号。

◉ 比较法规范

《日本公司法》第482条、第486～488条、第651～653条;《韩国公司法》第265条、第287条之四十五、第542条、第613条;《德国股份法》第268条;《美国特拉华州普通公司法》第281条;《美国模范商业公司法》第14.32节;中国台湾地区“公司法”第95条。

◉ 典型案例

张某宝诉李某1等清算纠纷上诉案①

1. 案情简介

2018年1月24日,张某宝从华凯公司购买电动车一辆。后因该车起火烧损,张某宝取得对华凯公司的债权。华凯公司系于某志、李某2发起设立的有限公司,于某志、李某2各认缴出资500万元,认缴出资日期截至2054年5月1日,李某1任执行董事兼经理,李某2任监事。2021年9月18日,华凯公司进行清算,清算组组长为李某1,清算组成员为李某2、李某1,并进行了公告。清算报告显示,债权债务已全部清理完毕,现对外无欠债,公司清算后的剩余财产0万元由股东按出资比例进行了分配。清算组成员保证此清算报告内容真实、完整,并承担由此产生的一切责任。李某1、李某2在清算报告上签字。华凯公司随后进行了注销登记,但清算组未通知张某宝申报债权,赔偿金60,480元未列入债务清单,未清偿。上诉人张某宝主张清算组成员未书面通知债权人,应当赔偿其债权未获清偿的损失。

一审法院判决:李某2赔偿张某宝损失债务本金及其利息;同时,驳回张某宝对李某1的诉讼请求。

二审法院改判李某2、李某1共同赔偿张某宝债务本金及利息。

2. 裁判要旨

若清算组成员勤勉审慎地履行了公司财产核查义务且公司解散时财产不足以偿还债权人的债务,则清算组成员免责,但其应当对其义务的履行及公司解散时的财产状况承担举证责任。不具有股东身份不是清算组成员的免责事由。应正确区分清算组成员与清算义务人的职责,清算组成员虽受清算义务人委托,但因其故意或重大过失给债权人造成损失的,应当承担相应赔偿责任。

3. 案件评析

清算人负有“通知、公告债权人”的职责。在华凯公司注销之前,该公司股东及清算组成员李某2曾多次与债权人张某宝沟通车辆赔偿事宜,说明华凯公司明知该债权存在,并且本案清算组未书面通知已知债权人张某宝是事实,侵权之债成立。清算组违反法定

① 参见山东省青岛市中级人民法院民事判决书,(2022)鲁02民终12394号。

职责，主观过错要件亦成立。债权人未获清偿与清算组成员怠于履行其法定书面通知义务具有因果关系。需要说明的是，该判决就因果关系的论证及清算组成员的举证责任进行了详细说理，但稍有瑕疵的是，清算组成员就"公司财产经清算无法偿还债权人的债务"的证明系对损害结果和赔偿范围的举证；若证明成立，则清算组成员应予相应免责。最后须注意，清算组成员的确定系依据清算义务人的委托，但不论其身份是否为股东，清算组成员均应依法履行忠实义务、勤勉义务。

第二百三十九条 【清算报告与公司注销登记】

公司清算结束后，清算组应当制作清算报告，报股东会或者人民法院确认，并报送公司登记机关，申请注销公司登记。

◉ 立法意旨

本条是关于清算报告和注销登记的规定。

◉ 条文演变历程

本条内容可追溯至 1993 年《公司法》第 197 条，即"公司清算结束后，清算组应当制作清算报告，报股东会或者有关主管机关确认，并报送公司登记机关，申请注销公司登记，公告公司终止。不申请注销公司登记的，由公司登记机关吊销其公司营业执照，并予以公告"。2005 年《公司法》第 189 条修正为"公司清算结束后，清算组应当制作清算报告，报股东会、股东大会或者人民法院确认，并报送公司登记机关，申请注销公司登记，公告公司终止"。2013 年调整法条序号为第 188 条。此次修法，一审稿将清算报告和公司注销的规定调整到第二章"公司登记"，并顺应公司治理章节的术语变化，不再区分股东大会、股东会，将两者统一为股东会；二审稿重新将该规定置于第十二章"公司解散和清算"，并删除了"公告公司终止"；三审稿未再变动，最终形成本条。

◉ 条文释义

本条对应旧法第 188 条，删除了"股东大会"及"公告公司终止"，注销登记后，公司的法人主体资格即告消灭，无须立法的赘述。

1. 清算报告

前半句规定，公司清算结束后，清算人应当制作清算报告，并根据清算程序的不同，普通清算报股东会确认，特别清算报法院确认。清算报告经确认后，产生法律效力，至此清算程序终结。

2. 申请注销登记

后半句规定，清算程序终结后，清算人应当向公司登记机关申请注销登记。经登记机关注销，公司人格归于消灭，公司即告终止。所以，删除了旧法“公告公司终止”的规定，无须清算人再行公告。至此，走完了我国法上的“先散后算”全程序。

◉ **公司治理操作指南**

在注销公司时，市场主体可参考市场监管总局、海关总署、税务总局发布的《企业注销指引》(2023 年修订)，该指引文件对制作清算报告有如下要求：(1)公司清算组在清算结束后，应制作清算报告，报股东会确认。其中，有限公司股东会对清算报告确认，必须经代表 2/3 以上表决权的股东通过；股份公司股东大会对清算报告确认，须由股东大会会议主持人及出席会议的董事签字确认；国有独资公司由国务院、地方人民政府或者其授权的本级人民政府国有资产监督管理机构签署确认。(2)对于法院组织清算的，清算报告由法院确认。

企业在完成清算后，需要分别注销税务登记、企业登记、社会保险登记，涉及海关报关等相关业务的企业，还需要办理海关报关单位备案注销等事宜。

第二百四十条　【简易注销】

公司在存续期间未产生债务，或者已清偿全部债务的，经全体股东承诺，可以按照规定通过简易程序注销公司登记。

通过简易程序注销公司登记，应当通过国家企业信用信息公示系统予以公告，公告期限不少于二十日。公告期限届满后，未有异议的，公司可以在二十日内向公司登记机关申请注销公司登记。

公司通过简易程序注销公司登记，股东对本条第一款规定的内容承诺不实的，应当对注销登记前的债务承担连带责任。

◉ **立法意旨**

本条是关于公司简易注销的规定。

◉ **条文演变历程**

本条系新增条款，一审稿第 235 条规定：“公司在存续期间未产生债务，或者已清偿全部债务，经全体股东承诺，可以通过简易程序注销登记。通过简易程序注销登记，应当通过统一的企业信息公示系统予以公告，公告期限不少于二十日。公告期限届满后,未有异议的,公司可以在二十日内向公司登记机关申请注销公司登记。公司通过简易程序注销登记的,全体股东应当对注销登记前的债务承担连带责任。”二审稿第236条实质修改了前述第3款的责任承担内容,规定只有在承诺不实的情况下股东才承担连带责任。三审稿第240条未作内容修订,本条通过时明确信息公示系统为“国家企业信用信息公示系统”。

◉ 条文释义

在公司法典意义上,本条系新增条文,乃重大制度革新。在实质规范意义上,简易注销制度是2012年启动公司登记制度改革试点以来的重要成果,自2015年起,简易注销便在上海、江苏、浙江、深圳等地区进行试点,后范围逐渐扩大,并得到2021年《市场主体登记管理条例》的确认。经多年试点,简易注销制度已较为成熟。

1. 第1款:简易注销的条件

从简易注销制度的“初心”以及既往试点情况来看,其适用主体以未开业或不存在债权债务的市场主体为主。具言之,针对本身并不存在清算对象的市场主体,以“诚信推定”的全体投资人承诺形式免去其一般注销所需的清算程序,进而形成对当事人注销申请的激励。

依照本款,简易注销的适用条件有二:一是公司不存在债务,包括未生债务以及债务已清偿,可通过“不存在强制执行的债务”“没有债权人提出异议”等事实证明;二是全体股东签署承诺书。

此外,《市场主体登记管理条例》第33条第4款、《企业注销指引》第4条第2项和《市场主体登记管理条例实施细则》第48条等规定了排除规则。不得适用简易注销的主体包括:

(1)市场主体被吊销营业执照、责令关闭、撤销的。

(2)存在异常状态的市场主体,具体如被列入企业经营异常名录或违法失信名单的市场主体,股权等财产状况有被冻结等异常情形的市场主体,司法方面有被立案调查或采取行政强制、行政处罚、司法协助等异常情形的市场主体。

(3)注销需要获得主管机关批准的企业,如涉及准入管理措施的外商投资企业。

(4)《企业注销指引》还规定“曾被终止简易注销程序的”不得再次适用简易注销,这表明在简易注销制度中,每户企业仅被允许有一次申请简易注销登记的机会。[1]

2. 第 2 款:简易注销的程序

首先,公司应当在国家企业信用信息公示系统公告至少 20 日;其次,公告期限届满后,未有异议的,公司可于 20 日内申请注销登记。

3. 第 3 款:虚假承诺责任

简易注销制度以实现市场主体高效退出为目的,其将 3 个月左右的注销简化为 20 日公示期,这种"诚信推定"的观念转变以后端惩治监管模式为核心。[2] 第 1 款要求全体股东对公司无债务情况作出承诺,第 3 款接着规定股东承诺不实时,要对注销前未清偿的债务承担连带责任,这是比新《公司法》规定的普通注销制度下清算义务人及清算人的清算责任更重的法律责任,以避免股东通过简易注销逃废债务、损害相关利害关系人的利益。

◉ 公司治理操作指南

简易注销实践需要关注的核心问题有二:第一,若简易注销的公司仍有债务未得结清,债权人具体应如何行使债权;第二,若注销后仍有对外债权未回收的情况,承诺书是否意味着对债权的放弃。

就前者而言,债权人的行权方式根据债权有无相应生效判决而有区分。若债权人尚未起诉或已起诉尚未判决,则可以直接将已提交承诺书的股东列为被告,请求其承担相应连带责任;若债权人已得到生效判决,虽然简易注销的《全体投资者承诺书》的本质为股东债务加入之承诺,但承担责任的主体为公司内部全体股东,并非公司外第三人,因此也可以类推适用《变更追加当事人规定》(2020 年修正)第 21 条直接将相应股东列为被执行人。

就后者而言,应狭义理解承诺书中"债权债务"的含义,不应将其认可为公司放弃债权的意思表示。首先,债权人放弃债权的单方意思表示需要到达债务人方才生效,但在简易注销的对公承诺中,接受承诺的主体是行政机关而非债务人。其次,适用简易注销的主体是未产生债务或债务已得到清结的公司,并未强调债权需要行使完毕,无法从适用简易注销的结果中得出公司有放弃债权的意思表示。鉴于此,应

---

① 参见郑曙光、童梦琪:《商事主体简易注销制度:制度生成逻辑与实践创新》,载《法治研究》2017 年第 5 期,第 128 页。

② 参见李曙光:《论我国市场退出法律制度的市场化改革——写于〈企业破产法〉实施十周年之际》,载《中国政法大学学报》2017 年第 3 期,第 21 页。

对承诺书中的“债权债务”进行限缩解释，只包括公司负担的债务，本条也明确规定股东承诺内容为“公司在存续期间未产生债务，或者已清偿全部债务”，不涉及对自身债权的处分。

◉ 研究文献

1. 朱晓娟：《公司强制注销的规范定位与体系构造》，载《国家检察官学院学报》2023年第6期。

2. 林一英：《公司清算制度的修改——以经营异常公司的退出为视角》，载《法律适用》2021年第7期。

3. 季奎明：《第三类破产："不算而销"的特别清理程序》，载《政法论丛》2021年第6期。

4. 钱玉林：《商事主体注销登记争点问题讨论》，载《法学论坛》2021年第4期。

5. 张钦昱：《公司市场退出法律制度的嬗变逻辑与进化路径》，载《政治与法律》2021年第2期。

◉ 典型案例

刘甲与崔乙、吴某群执行异议案①

1. 案情简介

刘甲向法院提出申请，要求追加股东崔乙、吴某群为被执行人。申请人曾依据浦劳人仲(2020)办字第10027号裁决书申请执行，在执行过程中，因未发现被执行人有可供执行的财产，遂终结本次执行程序。后申请人发现被执行人阡某网络公司已于2021年7月15日注销，认为该次注销涉嫌虚假承诺，未经清算且未通知债权人，而且被执行人阡某网络公司及其法定代表人吴某群在2021年6月16日提交的《企业注销申请书》上签章确认，表示无债权债务，债权债务已清算完毕，公司股东崔乙、吴某群于同日出具《全体投资人承诺书》，承诺：本企业申请注销登记前已将债权债务清算完结。本企业全体投资人对以上承诺的真实性负责，如果违法失信，则由全体投资人承担相应的法律后果和责任，并自愿接受相关行政执法部门的约束和惩戒。因此，申请人以被执行人阡某网络公司规避正常的清算程序，损害债权人利益为由，根据《变更追加当事人规定》第21条的规定，申请追加崔乙、吴某群为被执行人。

2. 裁判要旨

审理法院认为，本案中，阡某网络公司作为被执行人，负有向申请执行人刘甲履行金钱给付的义务，但阡某网络公司在执行过程中以简易程序的方式注销公司，申请注销时写明债权债务已清算完结，并由全体股东出具《全体投资人承诺书》，承诺公司在申请注

---

① 参见上海市崇明区人民法院执行裁定书，(2022)沪0151执异9号。

销登记时不存在不适用企业简易注销登记的情形。根据法律规定,若有未结清的债权债务不应适用简易程序办理注销登记。被执行人阡某网络公司明知有未履行债务,仍选择适用简易注销程序,以逃避清算,属于未经清算即办理注销登记,导致公司无法进行清算的情形,刘甲申请追加被执行人的股东崔乙、吴某群作为被执行人,对公司债务承担连带清偿责任的请求应予支持。

3. 案件评析

本案是典型的简易注销公司仍有债务未得结清的情形,在债权人通过执行异议追加股东为被执行人时需要明确具体的法律依据。承诺推定下,全体投资人承诺书中的承诺性质为对公承诺和债务加入,但简易注销程序本不需要经过清算,因此并非提交相应清算报告后,实际隐瞒存在尚未结清的债权债务的情况,也就不属于"未经依法清算",而属于"未经清算"的范畴。就承担责任的主体范围而言,公司投资人具有一定身份限制,并非外部第三人。因此,股东选择简易注销程序办理公司注销登记属于《变更追加当事人规定》第 21 条的适用范围,应以该条为法律依据。

第二百四十一条　【强制注销】

公司被吊销营业执照、责令关闭或者被撤销,满三年未向公司登记机关申请注销公司登记的,公司登记机关可以通过国家企业信用信息公示系统予以公告,公告期限不少于六十日。公告期限届满后,未有异议的,公司登记机关可以注销公司登记。

依照前款规定注销公司登记的,原公司股东、清算义务人的责任不受影响。

◉ 立法意旨

本条是关于公司强制注销的规定。

◉ 条文演变历程

本条为此次修法的新增条款,二审稿第 237 条才予以引入。从公司实践来看,各地对强制注销的探索早已开始,但相应规定并不统一且法律位阶较低。2015 年 4 月,个体工商户的强制注销试点在上海浦东新区、江苏省盐城市、宁波市和重庆市永川区四个城区开展。到 2017 年,福建省永安市成为首个对一般企业实行强制注销的城市。随着试点范围扩大,立法文件中支撑性规定阙如的问题逐渐凸显,《民法典》《个人独资企业法》《合伙企业法》《市场主体登记管理条例》等一系列上位法仅规定依申请的注销制度,使得强制注销在实践中阻力重重。本次修法增列强制注销条款,供给了基本的法律规范。

◉ 条文释义

本条为新增条文,属于重大制度创新。

1. 强制注销与强制清算的衔接

强制注销是市场主体终止制度的有机组成部分。需要注意本条与第 233 条第 2 款强制清算的衔接适用关系:公司被行政强制解散的,仍应由清算义务人组成清算组进行清算;如清算义务人怠于履行清算职责,作出决定的机关或登记机关可以向法院申请强制清算,或者登记机关可以适用本条强制注销公司。

此处有必要区分几组容易混淆的概念。

(1)强制注销与吊销。注销通常与吊销、解散等概念混杂,但从商主体终止的整体流程来看,“依法被吊销营业执照”属于行政解散的情形之一,也是触发解散的原因之一,解散原因所导致的解散结果则会转变为商主体的终止事由,进而步入清算、注销的终止过程,产生终局性的商主体资格消灭的终止结果。① 可见,这两个概念的差异较大。吊销属于一类行政解散事由,即公司因违反法律而由行政主管机关依法作出行政决定导致的公司解散,其核心在于否认商主体的经营资格,退出仍需要完成组织清算并得以注销等程序。②

(2)强制注销与强制退出。强制退出与自愿退出相对立,前者是因法律命令、行政机关命令或司法机关裁判而解散,后者是基于公司或股东的意愿而解散。③ 有学者认为强制退出与强制注销概念等同,《商事主体登记管理条例(草案)》曾对强制退出作出了界定,即强制退出发生在清算、注销环节之前,但前述定义皆因偏于一隅而不够全面。从市场退出角度来看,退出是一个更宽泛的概念,并非商主体终止过程中某一个节点的具体事由,而是对终止各节点概括归纳后的结论性概念。④ 强制退出侧重的是市场主体的被动性,不仅包括作为司法强制手段的破产或司法机关判决解散以及作为行政强制退出手段的行政解散,还包括解散后的强制注销程序等多项制度内容。

---

① 参见张阳:《商事主体终止的制度检视及其结构优化》,载《交大法学》2022 年第 2 期,第 118 页。

② 参见冯果、柴瑞娟:《我国商事登记制度的反思与重构——兼论我国的商事登记统一立法》,载《甘肃社会科学》2005 年第 4 期,第 59 ~ 60 页。

③ 参见熊进光、黄清璐:《我国公司市场退出机制的缺失与完善——以债权人利益保护为中心》,载《甘肃政法学院学报》2005 年第 3 期,第 81 页。

④ 参见张阳、左进玮:《商事主体强制注销的制度争议与入法方案》,载《中国市场监管研究》2023 年第 3 期,第 65 页。

(3)强制注销与强制除名。强制除名,在域外立法上是指将商主体从登记簿册中剔除。在我国实践中,强制除名与强制注销在适用关系上存在差异。[①] 有学者认为除名是通过行政机关干预“僵尸企业”对名称资源、监管资源等市场资源的占用,强制除名不会直接导致商主体资格消灭,除名后仍需经过清算、注销等程序才能完成主体资格的终止。因此,强制除名可被视为发生在解散后、清算和注销程序之前的“插入机制”。[②]

2. 第 1 款:适用条件

本款规定公司被吊销营业执照、责令关闭或者被撤销,满三年未清算完毕为适用条件,并不能适用于本条未规定的其他情形。

(1)歇业企业不应适用强制注销。第 260 条规定了歇业登记制度,即依法成立的公司,因外部市场环境、内部经营计划等原因无法继续经营,[③]但又不想彻底退出市场,而向登记机关申请维持其企业法人的主体资格,待情况好转后,再恢复营业的登记。有观点认为,决定歇业的商主体如在最长歇业期限结束后的一定时期内仍未开展经营活动,则可以适用强制注销。[④] 实际上,歇业制度旨在尊重商主体的营业自由,处于歇业状态的企业不应适用强制注销机制。有学者认为,如果企业根据《市场主体登记管理条例实施细则》第 42 条第 3 款规定,决定不再经营,并且未及时办理注销登记,此时市场监管机关可以针对市场主体持续经营能力进行审查判断,进而考虑歇业制度与强制注销制度是否可以衔接。[⑤] 但目前无明确法律规定。

(2)失联企业可否适用强制注销有待明确。失联企业指通过登记的住所或经营场所无法取得联系的企业,现行规范将其纳入经营异常名录。[⑥] 实践中,《深圳经济

---

① 如深圳地区将强制除名与强制注销分属于终止的不同阶段,依法被除名是依职权注销的情形之一,参见《深圳经济特区商事登记若干规定》第 31 条;重庆地区将除名作为被吊销公司强制注销的替代机制,参见《重庆市工商行政管理局关于市四届人大四次会议第 0178 号建议的复函》(渝工商函〔2016〕123 号)。

② 参见张阳:《商事主体终止的制度检视及其结构优化》,载《交大法学》2022 年第 2 期,第 125 页。

③ 参见黄海燕:《歇业登记制度:如何规范休眠公司存续——商事登记改革下的思考》,载《中国流通经济》2020 年第 11 期,第 114 页。

④ 参见张阳、左进玮:《商事主体强制注销的制度争议与入法方案》,载《中国市场监管研究》2023 年第 3 期,第 67 页。

⑤ 参见徐晓明:《市场主体强制注销制度的内在取向及其法治建构》,载《行政法学研究》2023 年第 4 期,第 115 页。

⑥ 参见《企业经营异常名录管理暂行办法》第 4 条第 4 项。

特区商事登记若干规定》以及《海南自由贸易港市场主体注销条例》均规定失联企业被列入经营异常名录满两年的，登记机关可以作出除名决定，适用强制除名制度。上述文件同时将强制注销作为强制除名的后续程序，此种做法较为合理。也有学者认为，可以通过完善强制注销与企业失信惩戒机制的联动，解决“失联企业”问题。①

（3）受到其他较重行政处罚的企业是否可适用强制注销有待明确。《行政处罚法》第9条第1～5项根据对行政相对人权益的影响，从轻到重列举了五种行政处罚措施，与本条规定程度相当的“较重的行政处罚”还有降低资质等级、限制开展生产经营活动、责令停产停业、限制从业等，目前，此类规制措施主要是通过列入严重违法失信名单公示并实施相应管理措施。② 根据《市场监督管理严重违法失信名单管理办法》第21条规定，被列入严重违法失信名单之日起满3年的法律效果是自动移出严重违法失信企业名单，停止公示相关信息，并解除相关管理措施。可以看出，被列入失信名单的企业相应的主观恶意并不完全相同，针对满3年而不应被移除名单的企业，有必要考虑适用强制注销。有学者认为，“被列入严重违法失信企业名单长达3年的，登记机关有合理理由认为企业不再从事经营活动的”可以作为强制注销程序的启动事由。③ 也有学者认为，应劣后适用强制注销，对此类公司可采用“司法命令解散＋裁定强制注销”的方式，应允许当事方进行自主清算与注销登记申请，唯有个别列入名单满3年后符合低效企业情形且不积极申请注销的，登记机关方可在审慎的审查与告知程序下启动强制注销。④ 这种思路可最大限度保障商主体的营业自由，同时适当矫正市场秩序，虽缺乏实证法依据，但可作为将来完善立法的参考。

3. 第2款：不免除股东与清算义务人的责任

本款规定，注销公司登记的，原公司股东、清算义务人的责任不受影响，对此的理解如下。

---

① 参见朱晓娟：《公司强制注销的规范定位与体系构造》，载《国家检察官学院学报》2023年第6期，第76页。

② 被列入严重违法失信名单需要满足以下两个构成要件：违反法律、行政法规，存在《市场监督管理严重违法失信名单管理办法》第5条至第10条规定的违法行为，以及按照《市场监督管理严重违法失信名单管理办法》第12条的规定，经综合考量其行为属于性质恶劣、情节严重、社会危害较大情形。参见《市场监督管理严重违法失信名单管理办法》第2条、第5～10条、第12条。

③ 参见张钦昱：《僵尸企业出清新解：强制注销的制度安排》，载《法学杂志》2019年第12期，第44页。

④ 参见朱晓娟：《公司强制注销的规范定位与体系构造》，载《国家检察官学院学报》2023年第6期，第75页。

(1)原公司股东责任在不同情形下的具体所指有所不同,可分为组织法责任与一般民事责任两类。前者是指以有限责任为限的股东出资责任,这一责任与清算义务无关,股东届期或未届期的出资本就是公司财产,相应法律依据为《公司法解释二》第22条。需要强调的是,强制注销并不意味着公司无须进行清算,而是以先注销后清算的方式完成市场退出。

(2)清算义务人责任不应仅指第232条第3款规定的清算义务人怠于履行清算义务的赔偿责任。有学者认为,还应考虑清算人的赔偿责任。① 清算组成立后,清算人符合第238条规定的也应当承担责任,并无被排除的正当性基础,因此,清算义务人责任也应包括清算人(清算组成员)责任,缺失相应规定属于法律漏洞,可通过目的解释等方式予以填补。

◉ 公司治理操作指南

实践中,需要注意公司强制注销后的责任承担问题。依据第241条,强制注销后"原公司股东、清算义务人的责任不受影响",应注意原公司股东责任以及清算义务人责任的具体范围。

◉ 研究文献

1. 朱晓娟:《公司强制注销的规范定位与体系构造》,载《国家检察官学院学报》2023年第6期。

2. 徐晓明:《市场主体强制注销制度的内在取向及其法治建构》,载《行政法学研究》2023年第4期。

3. 林一英:《公司清算制度的修改——以经营异常公司的退出为视角》,载《法律适用》2021年第7期。

4. 季奎明:《第三类破产:"不算而销"的特别清理程序》,载《政法论丛》2021年第6期。

5. 张钦昱:《公司市场退出法律制度的嬗变逻辑与进化路径》,载《政治与法律》2021年第2期。

6. 王伟:《非正常经营企业强制性市场退出机制研究——优化营商环境背景下的行政规制路径》,载《行政法学研究》2020年第5期。

7. 张钦昱:《僵尸企业出清新解:强制注销的制度安排》,载《法学杂志》2019年第12期。

第241条

① 参见朱晓娟:《公司强制注销的规范定位与体系构造》,载《国家检察官学院学报》2023年第6期,第81~82页。

第二百四十二条 【公司破产清算】

公司被依法宣告破产的,依照有关企业破产的法律实施破产清算。

◉ 立法意旨

本条是关于公司破产清算的引致规定。

◉ 条文演变历程

本条最早见于2005年《公司法》第191条,即"公司被依法宣告破产的,依照有关企业破产的法律实施破产清算"。此后,历次修法包括此次均未有只字变动。

◉ 条文释义

本条源自旧法第190条,未作修订。

本条为显性的引致条款,明确规定在公司破产的情形下,对公司的清算直接适用《企业破产法》中有关破产清算的规定。引致条款本身没有独立的规范内涵,甚至不具有解释规则的意义,只是单纯引致到某一具体规范,法官需要根据引致的具体规范去确定法律效果,[①]其仅发挥提示注意功能。

依体系解释,本条可视为往前"隔空"链接第237条、往后"隔海"链接《企业破产法》。具言之,解散清算转破产清算之后,如最终公司被法院宣告破产,自然后面的环节适用《企业破产法》了。

需要注意的是,对"被依法宣告破产"的理解。现行法规定了三种破产程序,即破产清算程序、重整程序以及和解程序,联系《企业破产法》第十章的相关规定,应当认定本条仅引致破产清算程序相关法律规范,与破产重整程序和破产和解程序无涉。这一点从前文提及的第237条将旧法第187条的"应当依法向人民法院申请宣告破产"修改为"应当依法向人民法院申请破产清算"也可以得到佐证。遗憾的是,本条没有同步进行文字上的修改,实乃立法技术上的缺憾。

◉ 研究文献

张钦昱:《公司市场退出法律制度的嬗变逻辑与进化路径》,载《政治与法律》2021年第2期。

① 参见苏永钦:《私法自治中的经济理性》,中国人民大学出版社2004年版,第35页。

第十三章　外国公司的分支机构

【本章概述】

2023年《公司法》修订，本章条文未有实质性修改，仅在文字表述上略有形式性调整。即将“中国”调整为“中华人民共和国”，将“必须”调整为“应当”，其他未有变化。在内容上，本章对外国公司的概念、外国公司的分支机构的设立程序、外国公司的分支机构的设立条件、外国公司的分支机构的名称、外国公司的分支机构的法律地位、外国公司的分支机构的活动原则、外国公司的分支机构的撤销与清算等作出了具体规定。

第二百四十三条　【外国公司的概念】

本法所称外国公司，是指依照外国法律在中华人民共和国境外设立的公司。

◉ 立法意旨

本条是关于外国公司概念的规定。

◉ 条文演变历程

本条自1993年《公司法》颁行以来，并无实质性修订。

◉ 条文释义

本条对应旧法第191条，仅是将“中国”修订为“中华人民共和国”，未见其他修订。

1. 外国公司

根据本条，外国公司是指依照外国法律在我国境外设立的公司。其要点有二：一是依照外国法律设立；二是在我国境外设立，我国港澳台地区，在公司法意义上视为境外。只有同时符合以上两个条件，才能被称为本法规定的外国公司，缺一不可。值得关注的是，本条所称外国公司，与本法第2条定义的中国公司正好相对，鉴于本书在第2条评注已经展开二者之区分，在此不赘述。另外，外国公司的类型当然并不限于有限公司、股份公司,至于何种类型,取决于该公司设立的地域及其准据法的规定。

2. 与外商投资公司的区分

外国公司与依照我国《外商投资法》设立的公司是完全不同的两个概念。外国公司是依照外国法律在我国境外成立的公司,属于外国法人。一个外国公司,即便其出资人是我国的自然人、法人或者非法人组织,但只要它是依照外国法律在我国境外成立的公司,那么它就是外国公司,而不是中国公司。依照我国《外商投资法》和本法设立的公司,其本质上是中国法人,只不过该法人的出资人是外国的自然人、企业或者其他组织。这与外国公司是完全不同的。

◉ 比较法规范

《美国特拉华州普通公司法》第371条;《英国2006年公司法》第1044条。

第二百四十四条 【外国公司分支机构的设立程序】

外国公司在中华人民共和国境内设立分支机构,应当向中国主管机关提出申请,并提交其公司章程、所属国的公司登记证书等有关文件,经批准后,向公司登记机关依法办理登记,领取营业执照。

外国公司的分支机构的审批办法由国务院另行规定。

◉ 立法意旨

本条是关于外国公司分支机构的设立程序的规定。

◉ 条文演变历程

该条文自1993年《公司法》公布以来,未有实质性修改。

◉ 条文释义

本条对应旧法第192条,仅将"中国"修订为"中华人民共和国",将"必须"修订为"应当",未见其他修订。

1. 外国公司的分支机构的定义

外国公司的分支机构,是指由外国公司依照我国法律在我国境内成立的分支机构,其是外国公司派生的机构,不享有独立的法人资格。外国公司进入一国后,需要经过该国法律规定的程序进行登记与核准,方可从事营业活动,这是现代各国家通用的模式。

2. 设立的行政许可主义

本款规定外国公司在中华人民共和国境内设立分支机构的行政许可主义，即外国公司在中国境内设分支机构，需要经过主管机关批准后，方可向登记机关申请设立登记，领取营业执照。我国相关主管机关是商务部。相关批准程序分为三个部分：首先是外国公司需向相关主管机关提出申请；其次是提交其公司章程、所属国的公司登记证书等有关文件；最后经过相关登记机关批准，方可领取营业执照，在中华人民共和国境内合法经营。

3. 第 2 款：审批办法另定

本款规定，外国公司的分支机构审批办法由国务院另行规定。该条授权国务院制定外国公司的分支机构的审批办法。目前，国务院颁布的《市场主体登记管理条例》对外国公司的分支机构的登记作出了系统性规定。

◉ 比较法规范

《美国特拉华州普通公司法》第 371 条；《英国 2006 年公司法》第 1045 条、第 1046 条；《韩国公司法》第 614 条；《美国模范商业公司法》第 15.03 节。

第二百四十五条　【外国公司分支机构的设立条件】

外国公司在中华人民共和国境内设立分支机构，应当在中华人民共和国境内指定负责该分支机构的代表人或者代理人，并向该分支机构拨付与其所从事的经营活动相适应的资金。

对外国公司分支机构的经营资金需要规定最低限额的，由国务院另行规定。

◉ 立法意旨

本条是关于外国公司分支机构的设立条件的规定。

◉ 条文演变历程

本条自 1993 年《公司法》颁行以来，并无实质性修订。

◉ 条文释义

本条对应旧法第 193 条，仅将“中国”修订为“中华人民共和国”，将“必须”修订为“应当”，未见其他修订。

本条及其以下的一共五个条文系统规定我国法对于外国公司分支机构的规制措施。

1. 第 1 款:代表人、代理人与资金拨付

本款将指定代表人或者代理人、拨付与所从事经营活动相适应的资金,作为外国公司分支机构的设立条件。其一,外国公司的分支机构对外从事经营活动,必须有相应的代表人或者代理人,否则就无法对外实施招聘员工、签订合同等法律行为。因此,外国公司分支机构的成立必须以有相应的代表人或者代理人为条件。这与本法第 34 条将法定代表人姓名作为公司设立时的必要登记事项的原理是一致的。值得关注的是,本法对外国公司分支机构代表人或者代理人并无国籍上的要求,体现了我国的开放态度。在域外一些国家和地区的公司法中,譬如,《日本公司法》要求外国公司必须指定具有本国国籍的人作为代表人。其二,为了保障外国公司的分支机构在中国境内的正常营业、维持良好商业环境与社会资源的有效利用,避免恶意登记、无效登记等事由,要求外国公司在设立分支机构时,需向该分支机构拨付与其所从事的经营活动相适应的资金。

2. 第 2 款:经营资金最低额

授权国务院制定有关外国公司的分支机构经营资金最低限额的规定。譬如,《外资保险公司管理条例》第 7 条第 2 款规定,外国保险公司分公司应当由其总公司无偿拨给不少于 2 亿元人民币或者等值的自由兑换货币的营运资金。

◉ **比较法规范**

《日本公司法》第 817 条;《美国特拉华州普通公司法》第 371 条;《韩国公司法》第 614 条;《美国模范商业公司法》第 15.03 节;中国台湾地区"公司法"第 372 条。

第二百四十六条 【外国公司分支机构的名称及章程】

外国公司的分支机构应当在其名称中标明该外国公司的国籍及责任形式。

外国公司的分支机构应当在本机构中置备该外国公司章程。

◉ **立法意旨**

本条是关于外国公司分支机构的名称及章程的规定。

◉ **条文演变历程**

本条自 1993 年《公司法》颁行以后,并无实质性修订。

◉ **条文释义**

本条对应旧法第 194 条,未作修订。

1. 第 1 款:名称中标明国籍及责任形式

(1)国籍。外国公司的分支机构应当在其名称中标明该外国公司的国籍及责任形式,这一规范之目的,是通过外国公司的分支机构的名册,来维护交易安全。外国公司的分支机构在名称中标明国籍,可使相对人知悉其所属国家,进而能够进一步判断法律关系适用的准据法、司法管辖等牵涉交易安全的事项,方便相对人审慎决策是否与外国公司的分支机构进行交易。

关于外国公司的国籍,一般而言有四种判断标准:一为资本控制原则,二为公司住所地原则,三为设立准据法原则,四为公司营业所在地原则。本法采用设立准据法原则,即根据外国公司设立所依照的法律判断该外国公司的国籍。外国公司国籍的确定,对该外国公司从事的经营活动所应适用的法律有直接影响,关系外国公司在本国从事经营活动的待遇。设立准据法原则,能够清晰地识别外国公司的国籍,进而明确前述法律问题,并且目前已成为世界各国、各地区较为通行的做法。

(2)责任形式。外国公司的分支机构在名称中标明其责任形式,可使相对人明确该公司的类型、股东承担责任的形式,方便其决定是否与之进行交易。

2. 第 2 款:所属外国公司章程的置备

本款规定,外国公司的分支机构应当在本机构中置备该外国公司章程。公司章程是外国公司和外国公司的分支机构所应遵循的内部"宪章"。要求外国公司的分支机构在本机构中置备外国公司章程,可以方便主管机关、公司登记机关、分支机构债权人等随时进行查阅,以加强外国公司分支机构的管理和外国公司分支机构的债权人保护。

◉ 比较法规范

《美国特拉华州普通公司法》第 372 条;《英国 2006 年公司法》第 1047 条;《美国模范商业公司法》第 15.06 节;中国台湾地区"公司法"第 370 条、第 374 条。

第二百四十七条　【外国公司分支机构的法律地位及责任承担】

外国公司在中华人民共和国境内设立的分支机构不具有中国法人资格。

外国公司对其分支机构在中华人民共和国境内进行经营活动承担民事责任。

◉ 立法意旨

本条是关于外国公司分支机构的法律地位与外国公司对分支机构的法律责任的规定。

◉ 条文演变历程

本条自 1993 年《公司法》颁行以后，并无实质性修订。

◉ 条文释义

本条对应旧法第 195 条，仅将“中国”修订为“中华人民共和国”，未见其他修订。

1. 第 1 款：法律地位

本款规定外国公司分支机构的法律地位。我国公司法并未给予外国公司分支机构独立的法人地位，即便其经过了我国主管机关的批准并经公司登记机关的登记，领取了营业执照，在我国法上也不具备法人资格。但需要注意的是，不具备法人资格，并不意味着不具有民事主体资格，其法律地位与分公司类似。

2. 第 2 款：民事责任承担

本款规定外国公司对其分支机构的民事责任。外国公司分支机构的法律地位与分公司类似，其代表人或者代理人由外国公司指定，营运资本由外国公司拨付，在经营上接受外国公司的指令。因此，其经营产生的民事责任当然应由外国公司来承担。这与本法第 13 条第 2 款“公司可以设立分公司。分公司不具有法人资格，其民事责任由公司承担”的规定相呼应。可见，在分支机构法律地位上，中外公司平等，是公司法的应有之义，在此意义上，人谓公司法既是国内法又是国际法，所言不虚。

◉ 比较法规范

《韩国公司法》第 621 条；《美国模范商业公司法》第 15.05 节；中国台湾地区“公司法”第 380 条。

第二百四十八条　【外国公司分支机构的活动原则】

经批准设立的外国公司的分支机构，在中华人民共和国境内从事业务活动，应当遵守中国的法律，不得损害中国的社会公共利益，其合法权益受中国法律保护。

◉ 立法意旨

本条是关于外国公司分支机构的活动原则的规定。

◉ 条文演变历程

本条自1993年《公司法》颁行以后,并无实质性修订。

◉ 条文释义

本条对应旧法第196条,将"中国"修订为"中华人民共和国",将"必须"修订为"应当",未见其他修订。

本条较为抽象地规定外国公司在我国境内从事业务时的权利与义务,有以下要点:

1. 只有经批准设立的外国公司的分支机构才能在我国境内从事业务活动;否则,不得在我国境内从事业务活动。

2. 经批准设立的外国公司的分支机构,在我国境内从事业务活动时应当遵守我国法。凡是我国境内市场主体需要遵守的法律,外国公司的分支机构原则上都要予以遵守。这些法律不仅包括《民法典》《公司法》《企业所得税法》等法律,还包括《外国(地区)企业在中国境内从事生产经营活动登记管理办法》《市场主体登记管理条例》《税务登记管理办法》等行政法规、部门规章等。另外,据本法第19条,中国公司及其分支机构同样有遵守我国法律的义务,可见中外公司及其分支机构平等。

3. 经批准设立的外国公司的分支机构在我国境内从事业务活动时,不得损害我国的社会公共利益。譬如,不得从事"黄赌毒"业务,不得未经批准私自开展银行、保险、证券等金融业务等。

4. 外国公司分支机构的合法权益受我国法保护。外国公司的分支机构通过在我国境内从事业务取得的所有权、股权、债权、知识产权等民事权利受到我国法律的保护。我国立法机关、行政机关、司法机关应当依法保护外国公司分支机构的合法产权。当外国公司分支机构的合法权益受侵害时,其有权依法寻求各种形式的救济,包括向人民法院起诉寻求司法保护。

◉ 比较法规范

《韩国公司法》第619条;中国台湾地区"公司法"第373条。

第二百四十九条 【外国公司分支机构的撤销与清算】

外国公司撤销其在中华人民共和国境内的分支机构时，应当依法清偿债务，依照本法有关公司清算程序的规定进行清算。未清偿债务之前，不得将其分支机构的财产转移至中华人民共和国境外。

◉ 立法意旨

本条是关于外国公司分支机构的撤销与清算的规定。

◉ 条文演变历程

本条自 1993 年《公司法》颁行以后，并无实质性修订。

◉ 条文释义

本条对应旧法第 197 条，仅将“中国”修订为“中华人民共和国”，将“必须”修订为“应当”，未见其他修订。

外国公司可以根据自身经营活动的需要，决定是否要撤销其在我国境内的分支机构。分支机构被撤销后，将失去民事主体资格。由于拟撤销的外国公司分支机构往往已经在我国境内开展了一些经营活动，产生了相关债权与债务关系，因此在其被撤销之前，这些债权债务关系需依法予以了结。故本条规定，外国公司若欲撤销其在我国境内的分支机构，必须依法清偿债务，依照本法有关公司清算程序的规定进行清算。

根据本法的相关规定，外国公司的分支机构须按照以下程序进行清算：

一是须在法定期限内成立清算组。逾期未成立清算组的，利害关系人可以申请人民法院指定有关人员成立清算组进行清算。

二是要通知债权人和发布公告。清算组应当自成立之日起 10 日内通知债权人，并于 60 日内在报纸上或者国家企业信用信息公示系统公告。债权人应当自接到通知之日起 30 日内，未接到通知的自公告之日起 45 日内，向清算组申报其债权。

三是编制报表与分配财产。清算组在清理公司财产、编制资产负债表和财产清单后，应当制订清算方案，并报有关机关确认。外国公司分支机构的财产足以清偿所有债务的，其财产在分别支付清算费用、职工的工资、社会保险费用和法定补偿金，缴纳所欠税款，清偿公司债务后的剩余财产，归外国公司所有。外国公司分支机构的财产不足以清偿所有债务的，剩余债务由外国公司承担。为了防止和避免外国公司利用撤销分支机构来逃废债务，本条还特别规定，外国公司在未清偿债务之前，不得将其分支机构的财产转移至中华人民共和国境外。

四是办理注销登记手续。外国公司的分支机构清算结束后，清算组应当制作清算报告，报有关机关确认，并报送公司登记机关，申请注销外国公司的分支机构登记。符合条件的，公司登记机关应当依法收回并注销外国公司分支机构的营业执照。

◉ 比较法规范

《日本公司法》第822条；《美国特拉华州普通公司法》第381条；《英国2006年公司法》第1059条；《韩国公司法》第620条；《美国模范商业公司法》第15.20节；中国台湾地区“公司法”第380～382条。

第十四章　法律责任

【本章概述】

本章集中规定违反本法规定的行政责任，以及可能涉及的刑事责任与个别的民事责任，具体包括：(1)虚报注册资本的法律责任；(2)未依法公示的法律责任；(3)虚假出资的法律责任；(4)抽逃出资的法律责任；(5)另立会计账簿、提供虚假财务会计报告的法律责任；(6)合并、分立、减少注册资本或清算时公司不公告、不通知的法律责任；(7)违法清算行为的法律责任；(8)资产评估、验资或者验证的机构提供虚假材料的法律责任；(9)公司登记机关违法的法律责任；(10)假冒公司名义的法律责任；(11)逾期未开业、停业连续6个月以上或者不依法办理变更登记的法律责任；(12)外国公司擅自设立分支机构的法律责任；(13)利用公司名义从事严重违法行为的法律责任；(14)民事责任优先原则；(15)刑事责任。

本次修订主要集中在以下几个方面：

第一，修改了虚报注册资本的处罚规则。将提交虚假材料或者采取其他欺诈手段隐瞒重要事实取得公司登记的罚款数额，修改为5万元以上200万元以下；同时，对于情节严重的，除可以依照本法第39条撤销公司设立登记外，还新增了对直接负责的主管人员和其他直接责任人员罚款的规定。

第二，新增未依法公示的法律责任。本法第40条规定公司信息公示制度。违反该制度的实行双罚制，不仅要对公司进行处理；情节严重的，还要对直接负责的主管人员和其他直接责任人员予以处罚。

第三，修改了虚假出资、抽逃出资的处罚规则。在2018年《公司法》的基础上，新增对直接负责的主管人员和其他直接责任人员的处罚。

第四，修改了另立会计账簿、提供虚假财务会计报告的法律责任。首先，删除了违法提取法定公积金的法律责任的规定；其次，将另立会计账簿、提供虚假财务会计报告的监管机关确定为县级以上人民政府财政部门；最后，不再对具体处罚措施作出规定，改而引致《会计法》等法律、行政法规确定处罚措施。

第五,修改了资产评估、验资或者验证的机构提供虚假材料的法律责任。不再具体规定监管机关和处罚措施,改而引致《资产评估法》《注册会计师法》等法律、行政法规确定处罚措施。

第六,修改了逾期未开业、停业连续6个月以上或者不依法办理变更登记的法律责任。新增了公司依法办理歇业的除外规定。主要原因是《市场主体登记管理条例》第30条新设了歇业制度,本法对此作相应调整。

第二百五十条 【虚报注册资本的法律责任】

违反本法规定,虚报注册资本、提交虚假材料或者采取其他欺诈手段隐瞒重要事实取得公司登记的,由公司登记机关责令改正,对虚报注册资本的公司,处以虚报注册资本金额百分之五以上百分之十五以下的罚款;对提交虚假材料或者采取其他欺诈手段隐瞒重要事实的公司,处以五万元以上二百万元以下的罚款;情节严重的,吊销营业执照;对直接负责的主管人员和其他直接责任人员处以三万元以上三十万元以下的罚款。

◉ 立法意旨

本条是关于虚报注册资本等行为的法律责任的规定。

◉ 条文演变历程

1993年《公司法》第208条规定:"公司的发起人、股东未交付货币、实物或者未转移财产权,虚假出资,欺骗债权人和社会公众的,责令改正,处以虚假出资金额百分之五以上百分之十以下的罚款。构成犯罪的,依法追究刑事责任。"2005年《公司法》第199条进一步细化,即明确虚报注册资本、提交虚假材料或者采取其他欺诈手段隐瞒重要事实取得公司登记的,由公司登记机关责令改正,对虚报注册资本的公司,处以虚报注册资本金额5%以上15%以下的罚款;对提交虚假材料或者采取其他欺诈手段隐瞒重要事实的公司,处以5万元以上50万元以下的罚款;情节严重的,撤销公司登记或者吊销营业执照。2013年修法将条文序号修订为第198条。此次修法有2处修订:(1)对虚报注册资本、提供虚假登记材料及其他欺诈行为的罚款上限由50万元提到200万元;(2)增加对于直接主管人员、直接责任人员的罚款措施,处罚到行为人,实行双罚制,以达行政处罚的功效。此种修改,能够保证处罚真正落实到人,增强了行政处罚的威慑力。

◉ 条文释义

本条对应旧法第 198 条，有一定程度的修订。

本条是与第 30 条规定配套的行政处罚措施。第 30 条要求公司登记申请人向登记机关提交的登记材料要真实、合法与有效。由此，登记申请人违反第 30 条规定需要承担相应法律后果。对此，第 39 条已规定，虚报注册资本、提交虚假材料或者采取其他欺诈手段隐瞒重要事实取得公司登记的，将导致撤销登记。质言之，虚假登记将不能产生登记的法效。在此基础上，本条进一步规定，对于虚假登记行为，公司登记机关可以采取责令改正、罚款或者吊销营业执照等措施。

1. 登记欺诈行为

登记欺诈行为，是指当事人在办理公司登记时，故意隐瞒有关的重要事实、制造假象、掩盖真相，使公司登记机关根据当事人的行为产生了错误认识而取得公司登记。本条所指的“公司登记”不仅包括设立登记，还包括变更登记、注销登记以及设立分公司的登记等所有的公司登记。具体而言，本条规制以下三类违法行为：第一，虚报注册资本，即为骗取公司登记而故意夸大资本数额，实际上根本就没有出资或者没有全部出资。第二，提交虚假材料，即设立、变更、注销登记申请书，公司章程，验资证明等文件和从事法律、行政法规规定须报经有关部门审批的业务所提交的有关部门的批准文件是虚假的，如设立申请书中股东出资额的验资证明是虚构的，或者从事特种行业所提交有关部门的批准文件是伪造的等。第三，采取其他欺诈手段隐瞒重要事实。本条中所谓“其他欺诈手段”，是指采用其他隐瞒事实真相的方法欺骗公司登记机关的行为。

2. 行政责任的内容

从主体上来讲，实施本条规定的行政处罚的主体为公司登记机关，即市场监督管理部门。

从内容上讲，采取欺骗手段取得企业登记的，由公司登记机关责令改正，同时可以根据违法行为的情况处以罚款，以及撤销公司登记或者吊销营业执照。具体为：(1)责令改正。责令改正不属于行政处罚。对任何一种违法行为，均应予以改正的机会，行政机关实施行政处罚时，首先应当责令当事人改正违法行为或者限期改正违法行为，而劣后考虑给予行政处罚。(2)罚款。由公司登记机关对虚报注册资本的公司，处以虚报注册资本金额 5% 以上 15% 以下的罚款；对提交虚假材料或者采取其他欺诈手段隐瞒重要事实的公司，处以 5 万元以上 200 万元以下的罚款。(3)撤销公司登记。撤销公司设立登记从根本上否认了公司的民事主体资格的合法性，因此只适用于情节严重的违法行为。(4)吊销营业执照。吊销营业执照是公司登记机关强行收回违法当事人营业执照并予以注销的一种行政处罚。由于吊销营业执照会使公司的民事主体资格归于消灭，因此应当只针对违法行为特别严重的违法者，关于"特别严重"的具体判断交由实践具体判断。

第二百五十一条　【未依法公示的法律责任】

公司未依照本法第四十条规定公示有关信息或者不如实公示有关信息的，由公司登记机关责令改正，可以处以一万元以上五万元以下的罚款。情节严重的，处以五万元以上二十万元以下的罚款；对直接负责的主管人员和其他直接责任人员处以一万元以上十万元以下的罚款。

◉ **立法意旨**

本条是关于未依法公示的法律责任的规定。

◉ **条文释义**

本条系新《公司法》的新增条文。

本条在《企业信息公示暂行条例》的基础上，以法律的形式，对公司信息公示制度进行了专门规定。由此，为保障公司信息公示制度的贯彻落实，有必要对违反公司信息公示制度的法律责任加以规定。

本条规定双罚制，即违反本法第40条公司信息公示制度的，不仅要对公司进行处理；情节严重的，还要对直接负责的主管人员和其他直接责任人员予以处罚。根据本条，公司未依照本法第40条规定公示有关信息或者不如实公示有关信息的，由公司登记机关责令改正，可以处以1万元以上5万元以下的罚款。其中，所谓责令改正，是指公司登记机关命令公司依法更正相关错误、虚假的公示信息。所谓"可以"处以1万元以上5万元以下的罚款，是指公司登记机关对于罚与不罚有一定的自由裁量权。

此外，本条明确了对公司和相关责任人对虚假公司信息公示的法律责任，有利于提高虚假信息公示的违法成本，使公司更加警惕和谨慎地进行信息公示，自觉遵守法规，有利于提升企业信息透明度，规范市场秩序，防范金融危险。

◉ 比较法规范

《日本公司法》第965条。

第二百五十二条 【虚假出资的法律责任】

公司的发起人、股东虚假出资,未交付或者未按期交付作为出资的货币或者非货币财产的,由公司登记机关责令改正,可以处以五万元以上二十万元以下的罚款;情节严重的,处以虚假出资或者未出资金额百分之五以上百分之十五以下的罚款;对直接负责的主管人员和其他直接责任人员处以一万元以上十万元以下的罚款。

◉ 立法意旨

本条是关于虚假出资法律责任的规定。

◉ 条文演变历程

1993年《公司法》第209条规定:"公司的发起人、股东在公司成立后,抽逃其出资的,责令改正,处以所抽逃出资金额百分之五以上百分之十以下的罚款。构成犯罪的,依法追究刑事责任。"2005年《公司法》第201条对公司发起人、股东抽逃出资的法律责任作出了规定,同时删去了"依法追究刑事责任"的表述:"公司的发起人、股东在公司成立后,抽逃其出资的,由公司登记机关责令改正,处以所抽逃出资金额百分之五以上百分之十五以下的罚款。"2013年修法将条文序号调整为第200条,此后未见内容修订。此次修法有3处修订:(1)对于普通违法的罚款,由旧法的虚假出资金额5% ~15%的比例罚款,改为固定金额5万元至20万元的罚款,考虑公司注册金额的巨额性以及相差悬殊,新法的规定更具有理性;(2)新增"情节严重"这一档的处罚措施,处罚金额适用的正是原来普通档的"处以虚假出资或者未出资金额百分之五以上百分之十五以下的罚款";(3)引入双罚制,即新增了直接负责的主管人员和其他直接责任人员的责任。

◉ 条文释义

本条对应旧法第199条,新法对虚假出资的法律责任配置进行了更精细化的设计。

1. 虚假出资

虚假出资,是指公司发起人、股东未交付或者未按期交付作为出资的货币或者非货币财产的行为，具体形态可以分为：(1)完全未出资，即完全未按公司章程的规定缴付出资；(2)不完全出资，即未按期、未足额交付作为出资的货币或者非货币财产；(3)出资不实，即非货币出资财产的价值明显低于公司章程规定的出资额，是一种欺诈行为。

对虚假出资进行法律规制极具必要性。基于发起人、认股人与公司之间的平等契约关系，“未交付或者未按期交付作为出资的货币或者非货币财产”的行为，本质上是一个违约作为，违约行为通常不会导致行政处罚责任，为何本条规定这一例外？这是因为公司法不仅具有契约法的属性，还具有组织法的特性，公司资本制度不仅涉及公司和股东之间的关系，还涉及公司债权人等其他利益相关者权益的保护，涉他性明显，具有十足的外部性。因为公司的资本来源于股东的出资，股东以出资为限对公司债权人承担有限责任，公司拥有自己独立的财产，享有独立的法人人格。发起人、股东的虚假出资将会减损公司的资本，进而损害公司财产的独立性，危害公司和公司债权人的合法权益。因此，本法对发起人、股东的虚假出资行为特别进行规制。

2. 行政责任的适用

本条规定股东虚假出资的行政法律责任。公司的发起人、股东，既包括有限责任公司设立时的股东，也包括股份有限公司设立时的发起人，还包括公司成立后通过股权转让或者增资等方式加入公司的股东。当这些主体虚假出资时，公司登记机关有权责令其改正，并可以对公司处 5 万元以上 20 万元以下的罚款；情节严重的，可以处以虚假出资或者未出资金额 5% 以上 15% 以下的罚款；对直接负责的主管人员和其他直接责任人员处以 1 万元以上 10 万元以下的罚款。其中，直接负责的主管人员和其他直接责任人员，主要是指对发起人、股东出资具有一定控制力、影响力的公司其他发起人、董事、高管，以及为出资提供资产评估服务、验资服务的资产评估机构、会计师事务所、代收股款的银行等中介机构及其相关工作人员。

还需注意的是，《市场主体登记管理条例》第 45 条规定：“实行注册资本实缴登记制的市场主体虚报注册资本取得市场主体登记的，由登记机关责令改正，处虚报注册资本金额 5% 以上 15% 以下的罚款；情节严重的，吊销营业执照。实行注册资本实缴登记制的市场主体的发起人、股东虚假出资，未交付或者未按期交付作为出资的货币或者非货币财产的，或者在市场主体成立后抽逃出资的，由登记机关责令改正,处虚假出资金额5%以上15%以下的罚款。"该条将虚假出资行政责任的适用范围,限定在实行注册资本实缴登记制的公司。由此,本条规定能否适用于实行注册资本认缴制的公司,存在两种可能。笔者认为,根据特别法优于一般法的法律适用原则,《市场主体登记管理条例》第45条是针对实行注册资本实缴登记制的公司,就本条规定作出了限缩规定,应优先适用《市场主体登记管理条例》第45条的规定。

3. 关于刑事责任

此外,我国《刑法》还规定发起人、股东虚假出资的刑事法律责任。《刑法》第159条规定虚假出资、抽逃出资罪,公司发起人、股东违反公司法的规定未交付货币、实物或者未转移财产权,虚假出资,或者在公司成立后又抽逃其出资,数额巨大、后果严重或者有其他严重情节的,处5年以下有期徒刑或者拘役,并处或者单处虚假出资金额或者抽逃出资金额2%以上10%以下罚金。单位犯前款罪的,对单位判处罚金,并对其直接负责的主管人员和其他直接责任人员,处5年以下有期徒刑或者拘役。

另外,值得关注的是,1993年《公司法》对于虚报出资、虚假出资、抽逃出资的处罚非常严厉,严重者处以刑事责任,在2013年采用认缴制之后,根据2014年4月24日第十二届全国人民代表大会常务委员会第八次会议通过的《全国人民代表大会常务委员会关于〈中华人民共和国刑法〉第一百五十八条、第一百五十九条的解释》之规定,《刑法》第159条只适用于依法实行注册资本实缴登记制的公司。这些公司主要包括银行业金融机构、证券公司、期货公司、基金管理公司、保险公司等涉及国家安全、社会公共利益行业的公司。这意味着对于广大的有限公司而言,虚报注册资本罪、虚假出资罪、抽逃出资罪等罪名不复适用;但是,仍要承担相应行政处罚以及民事责任。本条的规定适用于两类行为——虚假出资、不依约出资(未交付或者未按期交付作为出资的货币或者非货币财产的),连同下条的抽逃出资法律责任,以及第250条的虚报注册资本法律责任,构成了对所有违反出资规定的行政处罚规范。

◉ 研究文献

1. 冯静:《抽逃出资民事责任的性质及认定》,载《法学》2015年第6期。

2. 刘俊海:《论抽逃出资股东的民事责任》,载《法学杂志》2008年第1期。

第二百五十三条　【抽逃出资的法律责任】

公司的发起人、股东在公司成立后，抽逃其出资的，由公司登记机关责令改正，处以所抽逃出资金额百分之五以上百分之十五以下的罚款；对直接负责的主管人员和其他直接责任人员处以三万元以上三十万元以下的罚款。

◉ 立法意旨

本条是关于公司的发起人、股东、直接负责的主管人员和其他直接责任人抽逃出资的行政责任的规定。

◉ 条文演变历程

1993年《公司法》第209条规定："公司的发起人、股东在公司成立后，抽逃其出资的，责令改正，处以所抽逃出资金额百分之五以上百分之十以下的罚款。构成犯罪的，依法追究刑事责任。"2005年《公司法》第201条删去了前述条文的"刑事责任部分"，交由《刑法》第159条规定抽逃出资的刑事责任问题。2013年修法调整条文序号为第200条。此次修法增订，对发起人、股东抽逃出资时直接负责的主管人员和其他直接责任人员的行政处罚，由单罚制转向双罚制。

◉ 条文释义

本条对应旧法第200条，增加分号以后的后半段，即对抽逃出资也引入双罚制。同时，承接前条，与虚假出资、不依约出资相比，抽逃出资的处罚力度更重。

1. 规制抽逃出资的必要性

对抽逃出资进行法律规制具有必要性。股东将其对公司的出资义务在完成后又抽回，将导致公司法定资本的绝对减少和对公司债权人利益的损害，将会给外部的债权人、投资人造成公司资本充实的假象，从而破坏了商业交易的稳定性和公平性。需要指出的是，对于破坏资本制度的违法行为，仅靠民事责任的追究不足以产生足够的震慑力。在商业欺诈行为较为猖獗的商业环境下，要改变轻视资本违法的意识，要扭转失信成本过低的局面，要形成对资本法律制度的敬畏，必须强化对资本违法行为的行政处罚和刑事处罚，尤其对公司董事、高管个人责任的追究。为了保证公司资本的真实可靠，防止欺诈设立公司或投机设立公司，我国法律规定股东抽逃出资的民事、行政、刑事法律责任。

2. 民事责任回顾

本法第53条规定股东抽逃出资的民事责任，其规定公司成立后，股东不得抽逃出资，若股东将自己的出资从公司中抽回，则股东应当返还抽逃的出资；给公司造成损失的，负有责任的董事、监事、高级管理人员应当与该股东承担连带赔偿责任。根据《公司法解释三》的相关规定，公司债权人还可以请求抽逃出资的股东在抽逃出资本息范围内对公司债务不能清偿的部分承担补充赔偿责任，并且可以请求协助抽逃出资的其他股东、董事、高级管理人员或者实际控制人对此承担连带责任；若抽逃出资的股东已经承担上述责任，则其他债权人不得提出相同请求。

3. 行政责任的特点

本条规定股东抽逃出资的行政法律责任。根据本条之规定，公司的发起人、股东抽逃出资的，将导致以下行政法律责任：(1)责令公司的发起人、股东改正，返还抽逃的出资。责令改正是公司登记机关在职权范围内作出的行政行为，具体内容是法律规范对社会秩序中行为人的非自由状态的限制和恢复。责令改正行为往往作为行政处罚的前置条件和加重后果出现，当相对人违反了执法部门的责令改正决定，或者对其义务不作为，行政机关可能以此为由对其进行行政处罚。(2)对抽逃出资的公司发起人、股东，处抽逃出资金额的5%以上15%以下的罚款。值得关注的是，对公司的发起人、股东抽逃出资行为责令改正的行政命令和行政处罚的目的不同。责令改正更多是执法机关设定的作为或者不作为的义务，是为了要求行政相对人纠正其违法行为或者消除违法行为带来的不利后果，更多要求“恢复原状”。行政处罚具有惩罚性、震慑性和事后性，这些特征使得行政处罚的惩处功能大于纠正功能。(3)对直接负责的主管人员和其他直接责任人员处以3万元以上30万元以下的罚款。其中，直接负责的主管人员和其他直接责任人，主要是指公司的管理层人员，可能包括董事、监事、高管等。

4. 关于刑事责任

此外，我国《刑法》还规定股东抽逃出资的刑事法律责任。《刑法》第159条规定虚假出资、抽逃出资罪，公司发起人、股东违反公司法的规定未交付货币、实物或者未转移财产权，虚假出资，或者在公司成立后又抽逃其出资，数额巨大、后果严重或者有其他严重情节的，处5年以下有期徒刑或者拘役，并处或者单处虚假出资金额或者抽逃出资金额2%以上10%以下罚金。单位犯前款罪的，对单位判处罚金，并对其直接负责的主管人员和其他直接责任人员，处5年以下有期徒刑或者拘役。需要注意的是，根据《全国人民代表大会常务委员会关于〈中华人民共和国刑法〉第一百五十八条、第一百五十九条的解释》的规定，《刑法》第159条只适用于依法实行注册资本实缴登记制的公司。这些公司主要包括银行业金融机构、证券公司、期货公司、基金管理公司、保险公司等涉及国家安全、社会公共利益行业的公司。

◉ 公司治理操作指南

公司的发起人、股东抽逃出资的,公司登记机关作出关于抽逃出资行为的行政处罚决定,对抽逃出资的行为处以罚款并责令补足出资。该行政处罚为具体行政行为,行政相对人不服可申请行政复议、提起行政诉讼。

同时,行政处罚对公司管理层个人的影响并非简单的罚款警示,对其个人的职业升迁亦产生影响。例如,国家出资公司的管理层人员若受行政处罚,首先行政处罚要载入个人档案,其次会影响职务晋升。同时组织在考察使用人才时,要查看档案,可能对德才会作出其他评价;另外还会影响工资调整、评优评先,在行政处罚期满或撤销后2年内,不仅个人不能评选,还会影响单位评选。

◉ 研究文献

1. 王毓莹:《论禁止抽逃出资规则的规范定位》,载《比较法研究》2023年第5期。

2. 王军:《抽逃出资规则及公司分配制度的系统性改造》,载《法学研究》2021年第5期。

3. 杨丹:《公司资本制度变革下的抽逃出资"除罪化"的实证研究》,载《法商研究》2016年第3期。

4. 刘燕:《重构"禁止抽逃出资"规则的公司法理基础》,载《中国法学》2015年第4期。

5. 赵旭东:《资本制度变革下的资本法律责任——公司法修改的理性解读》,载《法学评论》2014年第5期。

第二百五十四条 【违法会计行为的法律责任】

有下列行为之一的,由县级以上人民政府财政部门依照《中华人民共和国会计法》等法律、行政法规的规定处罚:

(一)在法定的会计账簿以外另立会计账簿;

(二)提供存在虚假记载或者隐瞒重要事实的财务会计报告。

◉ 立法意旨

本条是关于公司另立会计账簿、提供虚假财务会计报告的法律责任的规定。

◉ 条文演变历程

本条最早源于1993年《公司法》第211条第1款,即"公司违反本法规定,在法定的会计帐册以外另立会计帐册的,责令改正,处以一万元以上十万元以下的罚款。构成犯罪的,依法追究刑事责任”。2005年《公司法》第202条将罚款幅度从原来的1万元至10万元调整为5万元至50万元。2013年修法时仅调整条文序号。此次修法,本条关于另立会计账簿、财务会计报告失真的法律责任规定整合了旧法第201~202条之规定,同时将处罚权交由县级以上人民政府财政部门,并允许其依照《会计法》等法律、行政法规的规定处罚,不再由公司法作具体的责任设定。《会计法》第六章专设该法的法律责任规定。

◉ 条文释义

本条是一个引致条款,引入对于虚假做账行为的行政处罚,完善了公司法上的行政处罚体系。

本条对应本法第十章“公司财务、会计”一章的违法行为的行政处罚。会计账簿是记载和反映公司财务状况和营业状况的各种账簿、文书的总称。本法规定,公司应当依照法律、行政法规和国务院财政部门的规定建立本公司的财务、会计制度。公司应当在每一会计年度终了时编制财务会计报告,并依法经会计师事务所审计。财务会计报告应当依照法律、行政法规和国务院财政部门的规定制作。公司除法定的会计账簿外,不得另立会计账簿。

本条对公司另立会计账簿、提供虚假财务会计报告的法律责任,作出了引致规定,即由县级以上人民政府财政部门依照《会计法》等法律、行政法规的规定处罚。

公司违反本法规定另立会计账簿行为有以下特点:(1)另立会计账簿行为的主体为公司,因此其主体只能是法人而非自然人;(2)另立会计账簿行为的主观方面,大多是为逃避有关主管机关监督检查或者逃避公司的法定义务,目的与动机十分明确,因而行为的主观方面是故意;(3)另立会计账簿行为的客观方面主要表现为公司违反了法律、行政法规和国务院财政部门关于设立会计账簿的规定,在法定的会计账簿之外设立了另外一套会计账簿。

公司财务人员对财务报告的真实性和准确性负有首要职责,公司另立会计账簿、提供虚假财务会计报告的,相关财务人员依法负有相应的法律责任。《会计法》第4条规定:“单位负责人对本单位的会计工作和会计资料的真实性、完整性负责。”同时,该法第21条第1款规定:“财务会计报告应当由单位负责人和主管会计工作的负责人、会计机构负责人(会计主管人员)签名并盖章;设置总会计师的单位,还须由总会计师签名并盖章。”对于提供虚假的财务报告，会计人员往往并非不知其为违法行为，因而并不能免除其不法行为的责任。因为他们是财务报告的直接制造者，对虚假报告负有不可推卸的责任。《企业财务会计报告条例》第40条规定：“企业编制、对外提供虚假的或者隐瞒重要事实的财务会计报告，构成犯罪的，依法追究刑事责任。有前款行为，尚不构成犯罪的……对直接负责的主管人员和其他直接责任人员，可以处3000元以上5万元以下的罚款；属于国家工作人员的，并依法给予撤职直至开除的行政处分或者纪律处分；对其中的会计人员，情节严重的，并由县级以上人民政府财政部门吊销会计从业资格证书。”

◉ 公司治理操作指南

财务信息失真会损害广大投资者、合作者的经济利益；会使消费者丧失对企业的信任，损害企业形象，影响企业经营；同时财务信息失真也会成为个别领导者以权谋私的手段。由此，公司应当依照法律、行政法规和国务院财政部门的规定建立本公司的财务、会计制度，以此防范相关财务风险的发生。

◉ 比较法规范

《日本公司法》第432条、第433条。

◉ 研究文献

徐强胜：《我国公司法上财务会计制度的缺失与补救》，载《政法论坛》2023年第4期。

第二百五十五条　【不按规定通知债权人的法律责任】

公司在合并、分立、减少注册资本或者进行清算时，不依照本法规定通知或者公告债权人的，由公司登记机关责令改正，对公司处以一万元以上十万元以下的罚款。

◉ 立法意旨

本条是关于公司合并、分立、减少注册资本或者进行清算时未按规定通知债权人的法律责任的规定。

◉ 条文演变历程

本条的内容最早可追溯至1993年《公司法》第217条，即“公司在合并、分立、减少注册资本或者进行清算时，不按照本法规定通知或者公告债权人的，责令改正，对公司处以一万元以上十万元以下的罚款。公司在进行清算时，隐匿财产，对资产负债表或者财产清单作虚伪记载或者未清偿债务前分配公司财产的,责令改正,对公司处以隐匿财产或者未清偿债务前分配公司财产金额百分之一以上百分之五以下的罚款。对直接负责的主管人员和其他直接责任人员处以一万元以上十万元以下的罚款。构成犯罪的,依法追究刑事责任”。此条不仅规定行政责任,还规定刑事责任的引致性条款。2005 年《公司法》第 205 条删除了 1993 年《公司法》第 217 条中刑事责任引致性条款的表述。2013 年《公司法》第 204 条用两款分别规定公司合并、分立、减少注册资本或者进行清算时未按规定通知债权人的法律责任,和公司清算时清算组成员违法的法律责任。此次修法将 2018 年《公司法》第 204 条的两款内容拆分规定在第 255 条和第 256 条两个条文。

◉ 条文释义

本条对应旧法第 204 条第 1 款,未见修订。

依照本法第 220 条、第 222 条、第 224 条和第 235 条之规定,公司应当在作出合并、分立、减资决议之日起 10 日内通知债权人,并于 30 日内在报纸上或者国家企业信用信息公示系统公告。清算组应当自成立之日起 10 日内通知债权人,并于 60 日内在报纸上或者国家企业信用信息公示系统公告。根据上述规定,公司在实施合并、分立、减少注册资本或者进行清算等行为时,负有通知债权人的义务。

为维护公司债权人的合法权益,督促公司依法履行合并、分立、减少注册资本或者进行清算时的通知或者公告义务,本条规定公司相应的行政法律责任:如果公司未依法通知或者公告,则由公司登记机关责令改正,即公司登记机关有权以行政命令的方式,要求公司尽快将公司合并、分立、减资或者进行清算的情况通知或者公告给债权人;同时,公司登记机关有权对公司处以 1 万元以上 10 万元以下的罚款。

◉ 研究文献

1. 余斌:《公司未通知债权人减资效力研究——基于 50 个案例的实证分析》,载《政治与法律》2018 年第 3 期。

2. 王欣新:《我国公司法修改后的公司合并规则探寻》,载《政治与法律》2006 年第 3 期。

第二百五十六条　【违法清算行为的法律责任】

公司在进行清算时，隐匿财产，对资产负债表或者财产清单作虚假记载，或者在未清偿债务前分配公司财产的，由公司登记机关责令改正，对公司处以隐匿财产或者未清偿债务前分配公司财产金额百分之五以上百分之十以下的罚款；对直接负责的主管人员和其他直接责任人员处以一万元以上十万元以下的罚款。

◉ 立法意旨

本条是关于违法清算行为的法律责任的规定。

◉ 条文演变历程

1993年《公司法》第217条第2款规定："公司在进行清算时，隐匿财产，对资产负债表或者财产清单作虚伪记载或者未清偿债务前分配公司财产的，责令改正，对公司处以隐匿财产或者未清偿债务前分配公司财产金额百分之一以上百分之五以下的罚款。对直接负责的主管人员和其他直接责任人员处以一万元以上十万元以下的罚款。构成犯罪的，依法追究刑事责任。"2005年《公司法》第205条第2款将"虚伪记载"改为"虚假记载"，在"责令改正"前补充了公司登记机关这一作出行政决定的主体，将对公司处以罚款的比例由未清偿债务前分配公司财产金额的"百分之一以上百分之五以下"调整为"百分之五以上百分之十以下"，并删除最后一句"构成犯罪的，依法追究刑事责任"。该条第2款规定："公司在进行清算时，隐匿财产，对资产负债表或者财产清单作虚假记载，或者在未清偿债务前分配公司财产的，由公司登记机关责令改正，对公司处以隐匿财产或者未清偿债务前分配公司财产金额百分之五以上百分之十以下的罚款；对直接负责的主管人员和其他直接责任人员处以一万元以上十万元以下的罚款。"此后，公司法经历2013年和2018年的两次修订，均未修改本条规定。此次修法，一审稿第249条将2018年《公司法》第204条第2款独立成条，对其内容未作修改，二审稿、三审稿没有变动，直至形成本条。

◉ 条文释义

本条对照旧法第204条第2款，未见修订。

公司清算关系到公司股东、债权人、劳动者等多方主体的利益，应当严格依照法律法规规定的程序和条件进行，如果存在违法清算行为，则可能要承担相应的行政责任。理解本条规定需要关注以下要点。

1. 行为主体和责任主体。首先，违法清算的主体是公司，因而公司首先需要承担违法清算的法律责任。其次，在公司清算阶段，代表公司实施各类清算行为的是清算组，违法清算行为主要是清算组实施的，故清算组也需要承担相应的法律责任。本条所称的直接负责的主管人员和其他直接责任人员，主要就是指清算组成员及处理相关具体工作的人员。

2. 违法清算行为。违法清算行为主要有三类：一是隐匿财产，将公司财产予以转移、隐藏。公司的财产既包括现金、银行存款等货币资金，也包括办公用品、生产设备、库存商品等财产。二是对资产负债表或者财产清单作虚假记载，即在制作资产负债表或者财产清单时，故意对重要信息作出与真实情况不符的记载，以达到逃避公司债务的目的。既有可能少报、低报公司财产数额，也有可能高报、夸大公司用以偿还债务的资产价值，导致债权人利益受损。三是在未清偿债务前分配公司财产，减少了公司用以清偿债务的财产数额，可能导致债务不能完全清偿，损害债权人的利益。①

3. 责任承担方式。公司有上述违法清算行为，公司登记机关可作出两种行政行为：一是责令改正，公司隐匿财产的，责令交出相应财产；对资产负债表或者财产清单作虚假记载，责令更正；在未清偿债务前分配公司财产的，责令收回已分配的财产，先清偿公司债务。二是罚款，罚款只针对隐匿财产或者未清偿债务前分配公司财产两种违法行为，罚款数额区分不同的主体而有所不同，对公司处以隐匿财产或者未清偿债务前分配公司财产金额5%以上10%以下的罚款，对直接负责的主管人员和其他直接责任人员处以1万元以上10万元以下的罚款。

◉ 比较法规范

《日本公司法》第976条；《韩国公司法》第635条第1款；《德国有限责任公司法》第82条第2款第2句；《德国股份法》第400条第1款；中国台湾地区“公司法”第90条。

① 参见宋燕妮、赵旭东主编：《中华人民共和国公司法释义》，法律出版社2019年版，第387页。

第二百五十七条　【评估、审验机构违法的法律责任】

承担资产评估、验资或者验证的机构提供虚假材料或者提供有重大遗漏的报告的，由有关部门依照《中华人民共和国资产评估法》、《中华人民共和国注册会计师法》等法律、行政法规的规定处罚。

承担资产评估、验资或者验证的机构因其出具的评估结果、验资或者验证证明不实，给公司债权人造成损失的，除能够证明自己没有过错的外，在其评估或者证明不实的金额范围内承担赔偿责任。

◉ 立法意旨

本条是关于资产评估、验资或者验证机构违法的法律责任的规定。

◉ 条文演变历程

本条规定的内容最早可追溯至1993年《公司法》第219条，即“承担资产评估、验资或者验证的机构提供虚假证明文件的，没收违法所得，处以违法所得一倍以上五倍以下的罚款，并可由有关主管部门依法责令该机构停业，吊销直接责任人员的资格证书。构成犯罪的，依法追究刑事责任。承担资产评估、验资或者验证的机构因过失提供有重大遗漏的报告的，责令改正，情节较重的，处以所得收入一倍以上三倍以下的罚款，并可由有关主管部门依法责令该机构停业，吊销直接责任人员的资格证书”。

2005年《公司法》修订将该条从第219条变更为第208条，并对该条共作了5处修改：(1)明确公司登记机关是对公司提供虚假材料或重大遗漏的报告的执法主体；(2)加大了处罚力度，将提供有重大遗漏的报告的处罚规则“处以所得收入一倍以上三倍以下的罚款”调整为“处以所得收入一倍以上五倍以下的罚款”，与第1款保持一致；(3)新增了“吊销营业执照”的处罚方式；(4)删除了“构成犯罪的，依法追究刑事责任”的表述；(5)新增第3款的内容，即“承担资产评估、验资或者验证的机构因其出具的评估结果、验资或者验证证明不实，给公司债权人造成损失的，除能够证明自己没有过错的外，在其评估或者证明不实的金额范围内承担赔偿责任”。随后的2013年与2018年两次公司法修订均未修改此条的内容，而只是将条文序号从第208条修改为第207条。

此次修法，一审稿第250条增加第4款，该款规定“法律、行政法规对违反本条规定行为的法律责任另有规定的，从其规定”，由此表明立法者已经意识到本条内容与其他法律存在重复和矛盾的问题。二审稿未有改动。三审稿进行了大幅修改，将2018 年《公司法》第 207 条第 1 款、第 2 款的内容合并规定，删除了"因过失"的限制性规定，并且不再规定具体罚则，而援引《资产评估法》《注册会计师法》等法律、行政法规的规定。这一修改从根本上解决了立法重复和适用情形不周延的问题，因此一审稿新增的第 4 款也就没有存在的必要了。最终通过的本条仅对三审稿第 256 条的个别表述进行了修改，不再有实质内容的改动。

◉ 条文释义

本条对应旧法第 207 条，有一定幅度的修订。

1. 立法背景

公司法对有限公司和股份公司的设立规定相应的资本条件。设立公司可以用货币出资，也可以用实物、知识产权、土地使用权、股权、债权等非货币财产作价出资。对作为出资的非货币财产应当评估作价、核实财产，不得高估或者低估作价。募集设立股份公司，发行的股份募足后，应当经法定的验资机构验资并出具证明。由于资产评估、验资和验证机构出具的证明文件，对公司能否取得登记起着重要作用，法律要求资产评估机构、验资和验证机构必须提供真实且无重大遗漏的证明文件。鉴于此，本条专门规定承担资产评估、验资或者验证的机构需要承担法律责任的情形。

2. 第 1 款：行政责任

本款规定资产评估、验资或者验证的机构承担行政责任的两种情形：一是提供虚假材料；二是提供有重大遗漏的报告。承担资产评估、验资或者验证的机构，是指承担资产评估、验资、验证等职责的社会中介机构，如资产评估机构和会计师事务所。虚假材料，是指这些社会中介机构提供的资产评估报告、验资报告、验证证明、审计报告等中介证明文件内容上不真实。有重大遗漏的报告，是指遗漏了对拟评估、验资、验证对象具有实质性影响的事实和判断的报告。如果只是因过失遗漏了不重要的、非实质性的、影响不大的内容，就不属于重大遗漏。2018 年《公司法》第 207 条将以上两种情形分两款规定，并将第二种情形的主观心态限定为过失，不当地限缩了该法条的适用。实际上，无论是提供虚假材料还是提供有重大遗漏的报告，均包括故意和过失两种心态。同时，该规定与《资产评估法》《注册会计师法》等法律、行政法规及相关司法解释存在重复和矛盾之处。因此，本条不再区分故意和过失，而是将提供虚假材料和提供有重大遗漏的报告两种情形合并规定，并且不再规定具体罚则，而是援引其他相关法律规定，既修正了适用情形不周延的问题，又节省了立法资源。

3. 第 2 款：民事责任

本款规定资产评估、验资或者验证的机构承担民事责任的情形，即承担资产评估、验资或者验证的机构因其出具的评估结果、验资或者验证证明不实，给公司债权人造成损失的，除能够证明自己没有过错的外，在其评估或者证明不实的金额范围内承担赔偿责任。证明不实，是指报告的内容与客观事实不符，参照相关司法解释的规定，①提供虚假材料和提供有重大遗漏的报告两种情形都应包括在内。同时，本条第 2 款也明确了承担资产评估、验资或者验证的机构对债权人承担赔偿责任适用过错推定的归责原则。具体而言，在关于承担资产评估、验资或者验证的机构是否承担民事责任的诉讼中，债权人只需要证明自己因为信任中介机构提供的不实证明材料遭受了损失，而无须证明承担资产评估、验资或者验证的机构是否存在过错。承担资产评估、验资或者验证的机构需要证明自己在提供评估结果、验资或者验证证明时没有过错。至于承担赔偿责任的范围，本条明确应以评估或者证明不实的金额范围为限。

4. 本条适用要与瑕疵出资股东责任联系

此外，值得关注的是，本条规定的中介机构的法律责任多与股东出资责任相联系。在造假金额范围内，中介机构要与其他责任人（瑕疵出资股东、受让人、负有责任的董监高等）一起承担连带责任，具体金额可能会进一步限缩，即在造假金额范围内实行比例连带责任。

◉ **典型案例**

申请执行人杨某与被执行人陕西八达园林建设有限公司等建设工程合同纠纷案②

1. 案情简介

申请人杨某与被执行人陕西八达园林建设有限公司（以下简称陕西八达公司）建设工程施工合同纠纷一案，已由陕西省柞水县人民法院作出（2019）陕 1026 民初 665 号民事

---

① 2007 年颁布的《最高人民法院关于审理涉及会计师事务所在审计业务活动中民事侵权赔偿案件的若干规定》第 2 条规定，会计师事务所出具的具有虚假记载、误导性陈述或者重大遗漏的审计业务报告，应认定为不实报告。

② 参见陕西省柞水县人民法院执行裁定书，（2021）陕 1026 执异 31 号之二号。

第257条

调解书,虽经柞水县人民法院执行,申请人至今仅受偿98,700元,尚有1,126,629.60元及案件受理费22,635元未能受偿。被申请人陆某甲、陆某乙、周某某系陕西八达公司发起人、股东,陕西八达公司在2008年开业时向陕西省市场监督管理局登记备案了公司章程,章程中明确规定陕西八达公司注册资本为1000万元人民币,实收资本为1000万元人民币。其中陆某甲认缴800万元、实缴800万元;陆某乙认缴150万元、实缴150万元;周某某认缴50万元、实缴50万元。三人的出资方式均为货币出资,出资到位时间均为2008年6月23日。

2008年6月23日,西安康胜会计师事务所出具了西康盛会验字[2008]第1-242号验资报告,报告中确认陆某甲出资800万元,陆某乙出资150万元,周某某出资50万元,于2008年6月23日存入陕西八达公司在西安市商业银行胡家庙支行的临时存款账户。但西安市商业银行胡家庙支行书面答复该账户并非其银行账户,陕西八达公司在其银行没有账户。故申请执行人杨某请求法院追加西安康胜会计师事务所为被执行人。

2. 裁判要旨

法院认为,被申请人西安康胜会计师事务所在陕西八达公司成立时,出具了虚假验资报告。根据2018年《公司法》第207条第3款之规定,承担资产评估、验资或者验证的机构因出具的评估结果、验资或者验证证明不实,给公司债权人造成损失的,除能够证明自己没有过错外,在其评估或者证明不实的金额范围内承担赔偿责任。法院支持杨某的追加申请,裁定被申请人西安康胜会计师事务所在其证明不实的金额范围内对陕西八达公司债务承担责任。

3. 案件评析

本案中,西安康胜会计师事务所在陕西八达公司成立时出具验资报告,但是报告中所载明临时存款账户经查属于虚假账户。因此,该验资报告属于2018年《公司法》第207条第3款(新《公司法》第257条第2款)所规定的不实证明。该不实证明造成债权人杨某损失,加上西安康胜会计师事务所没有能够证明自己没有过错,所以应当在证明不实的金额范围内对债权人杨某承担赔偿责任。

第二百五十八条 【公司登记机关违法的法律责任】

公司登记机关违反法律、行政法规规定未履行职责或履行职责不当的,对负有责任的领导人员和直接责任人员依法给予政务处分。

◉ 立法意旨

本条是关于公司登记机关违法的法律责任的规定。

◉ 条文演变历程

本条的规定最早可追溯至1993年《公司法》第222条，即“公司登记机关对不符合本法规定条件的登记申请予以登记，情节严重的，对直接负责的主管人员和其他直接责任人员，依法给予行政处分。构成犯罪的，依法追究刑事责任”。2005年《公司法》第209条有较大调整，即“公司登记机关对不符合本法规定条件的登记申请予以登记，或者对符合本法规定条件的登记申请不予登记的，对直接负责的主管人员和其他直接责任人员，依法给予行政处分”。此次调整，首先，增加了“对符合本法规定条件的登记申请不予登记的”，使该条款的表述更加完整。其次，删除了“情节严重的”这一个条件，据此，可以理解若存在违法登记行为，无论情节是否严重，均应依法给予行政处分。除此之外，也删除了构成犯罪应当承担刑事责任的部分，该调整并不意味构成犯罪不应承担刑事责任，删除的原因一方面是单就违法登记行为而言，虽然违法，但是很难达到构成犯罪的程度；另一方面是构成犯罪的行为已经属于刑法规制的范围，此处删除也比较合逻辑，符合法条设置的整体性。2013年修法调整条文序号为第208条，此次修法有小改动，一审稿将“依法给予行政处分”调整为“依法给予处分”，二审稿和三审稿未再改动，该调整是比较精确的，因为自2005年《公司法》修订以来，删除了“情节严重的”这一个门槛，相当于有一个比较宽泛的规定，即对于违法登记的主管人员和直接责任人员无论情节是否严重，均要给予行政处分，这显然也是不合理的，对于违法程度较轻的可以给予批评教育等，对于违法程度较重的，可以依法给予行政处分，对于违法程度特别严重，构成犯罪的，可以追究其刑事责任。然而，最终稿中，对此进行了较大的改动，即将违法情况进行了概括式表述，涵盖了在实务中可能遇到的多种违法情形。此外，还将“主管人员”调整为“领导人员”。总结而言，本次修法主要有2处修订：(1)针对相关责任人员适用“政务处分”，旧法规定的是“行政处分”，这是行政法立法的进步带来的概念变化；(2)旧法规定对“直接负责的主管人员和其他直接责任人员”给予处分。新法表述为“负有责任的领导人员和直接责任人员”给予处分，“负有责任的领导人员”在概念上可以涵盖旧法的“直接负责的主管人员”。

◉ 条文释义

本条对应旧法第208条，有一定幅度的内容修订。

从近年来的商事登记执法实践来看，提起行政复议、行政诉讼的登记机关被行政相对人（登记申请人、利害关系人）日益增多，确也存在一些登记机关不依法行政，该受理登记的不受理，导致权利人的商事权利或者相关法律事实得不到确认或者登记公示；也存在不应该办理登记的却办理登记，侵害利害关系人的利益。造成这种现象的原因复杂，有登记机关领导人员、直接责任人员的法律、政策理解与认识水平问题，也有执法腐败问题，但不能忽视商事登记与商事司法衔接不畅的问题。关于后者，本书在法定代表人登记的相关条文已经予以分析，在此不赘述。

公司登记是设立公司的必经程序，公司登记机关是依法对公司登记进行管理的法定机关。《市场主体登记管理条例》《市场主体登记管理条例实施细则》等法律法规对公司登记的具体程序、登记事项、应提交的文件、公司登记机关的审查模式、登记的监督管理、登记的法律责任等问题作出了详细又具体的规定。公司登记机关在开展登记管理工作时，必须遵守法律、行政法规的规定，依法履职。

公司登记机关违反法律、行政法规规定未履行职责或履行职责不当，主要包括两种情形：一是应登记而不予登记。本法第 31 条第 1 分句规定，申请设立公司，符合本法规定的设立条件的，由公司登记机关分别登记为有限公司或者股份公司。若公司登记机关对符合登记条件的登记申请不予登记，将会损害当事人的合法权益，应当予以惩处。二是不应登记而予登记。本法第 31 条第 2 分句规定，不符合本法规定的设立条件的，不得登记为有限公司或者股份公司。若公司登记机关对不符合登记条件的登记申请予以登记，将会损害统一的登记管理秩序，危害社会公共秩序，也应当予以惩处。

在我国，公司登记机关是市场监督管理局，是行政机关。处分，是指依照《监察法》《公职人员政务处分法》等法律法规给予政务处分。同时，本条虽然没有引致规定相关人员的刑事责任，但相关人员构成犯罪的，应当根据《刑法》追究其刑事责任，主要涉及的罪名是受贿罪、徇私舞弊罪、滥用职权罪、玩忽职守罪等。

◉ 研究文献

1. 李克武：《登记机关瑕疵公司登记之损害赔偿责任初探》，载《法学杂志》2011 年第 6 期。

2. 唐松涛：《公司设立登记中的权力（利）、义务与责任分配》，载《政法论坛》2008 年第 4 期。

第二百五十九条 【假冒公司名义的法律责任】

未依法登记为有限责任公司或者股份有限公司，而冒用有限责任公司或者股份有限公司名义的，或者未依法登记为有限责任公司或者股份有限公司的分公司，而冒用有限责任公司或者股份有限公司的分公司名义的，由公司登记机关责令改正或者予以取缔，可以并处十万元以下的罚款。

◉ 立法意旨

本条是关于假冒公司名义的法律责任规定。

◉ 条文演变历程

本条规定最早可追溯至1993年《公司法》第224条，即“未依法登记为有限责任公司或者股份有限公司，而冒用有限责任公司或者股份有限公司名义的，责令改正或者予以取缔，并可处以一万元以上十万元以下的罚款。构成犯罪的，依法追究刑事责任”。2005年《公司法》第211条删除刑事责任规定，而交由《刑法》规定此内容，取消罚款1万元的下限要求，并且明确责令改正或者予以取缔的职能部门是公司登记机关。之后《公司法》修订均未修订此条款，变化的仅是条文序号。

◉ 条文释义

本条对应旧法第210条，未见修订。

1. 规制的必要性

对假冒公司名义行为进行法律规制具有必要性。未依法登记为公司或者分公司，而以公司或者分公司的名义对外从事民事活动，是一种欺诈行为。本法规定，公司登记是公司或者分公司成立的生效要件，未经公司或者分公司设立登记，公司或者分公司不成立。由此，在未依法登记为公司或者分公司的情形下，行为人冒用公司或者分公司名义从事民事活动，构成对相对人的欺诈。对于此种欺诈行为，有必要予以特别的法律规制。

2. 本条适用的要件

(1)主观要件。行为人冒用有限公司或股份公司或者其分公司的名义，在主观方面应为故意，即明知自己没有依法登记为有限公司、股份公司或者分公司，而使用虚假的、不真实的有限公司、股份公司、分公司的名义，有扰乱市场秩序的可能，也是对和其进行交易的善意第三人利益的损害，应当禁止。①

（2）主体范围。违法主体具有多样性，可能是自然人、法人，也可能是非法人组织。

（3）行为要件。任何非公司民事主体，未依法登记为有限公司、股份公司而冒用公司名义的，或者未依法登记为有限公司、股份公司的分公司，而冒用分公司名义的，无论其行为有没有造成第三人的损失，其行为都已经破坏了社会主义市场经济秩序，都属于本条规制的行为。

（4）处罚措施。违反本条规定的，由公司登记机关责令改正或者予以取缔，并可以处以10万元以下的罚款。

◉ 比较法规范

《日本公司法》第920条；《英国2006年公司法》第89条、第90条、第97条、第102条、第105条、第109条；中国台湾地区“公司法”第18条、第356条。

第二百六十条 【逾期开业、停业及不依法办理变更登记的法律责任】

公司成立后无正当理由超过六个月未开业的，或者开业后自行停业连续六个月以上的，公司登记机关可吊销营业执照，但公司依法办理歇业的除外。

公司登记事项发生变更时，未依照本法规定办理有关变更登记的，由公司登记机关责令限期登记；逾期不登记的，处以一万元以上十万元以下的罚款。

◉ 立法意旨

本条是关于逾期未开业、停业连续6个月以上或者不依法办理变更登记的法律责任的规定。

◉ 条文演变历程

1993年《公司法》第225条规定：“公司成立后无正当理由超过六个月未开业的，或者开业后自行停业连续六个月以上的，可以由公司登记机关吊销营业执照。公司登记事项发生变更时，未依照本法规定办理有关变更登记的，由公司登记机关责令限期登记；逾期不登记的，处以一万元以上十万元以下的罚款。”之后几次《公司法》修订均未对此条进行改动。此次修法规定增加“歇业登记”作为公司逾期未开

① 参见宋燕妮、赵旭东主编：《中华人民共和国公司法释义》，法律出版社2019年版，第397页。

业、停业连续6个月以上或者不依法办理变更登记的法律责任的例外情形。作为企业终止法定事由的歇业，最早见于1950年《私营企业暂行条例》（已失效）第15条，即"企业均得变更营业范围、添设分支机构、迁移地区、转业、停业、复业、歇业及解散，但应申请核准，并分别办理登记"。

◉ 条文释义

本条对应旧法第211条，增加"歇业登记"作为公司逾期未开业、停业连续6个月以上或者不依法办理变更登记的法律责任的例外情形。

第1款规定公司成立后无正当理由超过6个月未开业的，或者开业后自行停业连续6个月以上的法律后果。其目的是治理"僵尸企业"。根据《市场主体登记管理条例》、《市场主体登记管理条例实施细则》及新《公司法》的相关规定，依法登记后，公司始得成立，公司营业执照的签发日期为公司的成立日期。公司成立后，就应该开业，着手开展各项生产经营活动。公司成立后无正当理由超过6个月未开业的，或者开业后自行停业连续6个月以上的，可以由公司登记机关吊销营业执照，但公司依法办理歇业的除外。

其中，"未开业"是指没有正式对外营业；"无正当理由"是一种抽象性、概括性的描述表达，具体的判断权由公司登记机关行使。[①] 歇业制度是《市场主体登记管理条例》新增规则，是指依法成立的公司因为不可抗力或其他困难无法继续经营，但又不想彻底退出市场，因而向登记机关申请维持其企业法人的主体资格，不作为自行停业来进行处理，待情况好转后，再恢复营业的制度。根据《市场主体登记管理条例》第30条的规定，市场主体可以自主决定歇业不超过3年，故公司依法办理歇业的，不属于擅自停业。

第2款规定未依法办理变更登记的法律责任。本法第34条规定，公司登记事项发生变更时，公司负有办理变更登记的法定义务。公司登记事项是指向公司登记机关登记的有关公司的主要事项，即本法第32条第1款规定"公司登记事项包括：（一）名称；（二）住所；（三）注册资本；（四）经营范围；（五）法定代表人的姓名；（六）有限责任公司股东、股份有限公司发起人的姓名或者名称"。公司登记事项发生变更后，如不及时办理变更登记，那么通过国家企业信用信息公示系统向社会向社会公示内容将会失真，由此会引发一系列公司纠纷。变更登记与设立登记一样是

① 参见安建主编：《中华人民共和国公司法释义》，法律出版社2005年版，第296页。

公司登记法律制度的重要组成部分，它一方面适应了公司变化的需要，有利于保护与变更公司有关的其他当事人的合法权益；另一方面便于国家对公司实行监督管理，及时掌握公司的各种变化动态。① 因而，本款规定，当公司未及时办理变更登记时，公司登记机关可责令公司限期登记；逾期不登记的，处以 1 万元以上 10 万元以下的罚款。

◉ 比较法规范

《德国商法典》第 14 条；《日本公司法》第 915 条；中国台湾地区“公司法”第 10 条、第 17－1 条。

第二百六十一条 【外国公司擅自设立分支机构的法律责任】

外国公司违反本法规定，擅自在中华人民共和国境内设立分支机构的，由公司登记机关责令改正或者关闭，可以并处五万元以上二十万元以下的罚款。

◉ 立法意旨

本条是关于外国公司擅自设立分支机构的法律责任的规定。

◉ 条文演变历程

本条自 1993 年《公司法》颁行以后，并无实质性修订。

◉ 条文释义

本条对应旧法第 212 条，除将“中国”修订为“中华人民共和国”外，未见其他修订。

本法第 244 条第 1 款规定，外国公司在我国境内设立分支机构，应当向我国主管机关提出申请，并提交其公司章程、所属国的公司登记证书等有关文件，经批准后，向公司登记机关依法办理登记，领取营业执照。若外国公司违反前述规定，在我国境内擅自设立分支机构，损害了我国社会主义市场经济管理秩序，应当依法予以惩处。为此，本条规定 3 项惩处措施：一是责令改正，允许部分擅自设立分支机构的外国公司，依照本法第 244 条第 1 款的规定改正后，继续开展经营活动，此做法有利于维持营商稳定；二是责令关闭，即直接关停相关违法设立的外国公司的分支机构；三是罚款，数额为 5 万元以上 20 万元以下。对于上述惩处措施的选择，公司登记机

① 参见宋燕妮、赵旭东主编：《中华人民共和国公司法释义》，法律出版社 2019 年版，第 398 页。

关有一定的自由裁量权,但须遵循比例原则。

◉ 比较法规范

《日本公司法》第 818 条;《美国特拉华州普通公司法》第 378 条;《英国 2006 年公司法》第 1054 条;《韩国公司法》第 616 条;《美国模范商业公司法》第 15.02 节;中国台湾地区“公司法”第 372 条。

第二百六十二条　【利用公司名义从事严重违法行为的法律责任】

利用公司名义从事危害国家安全、社会公共利益的严重违法行为的,吊销营业执照。

◉ 立法意旨

本条是关于利用公司名义从事严重违法行为的法律责任的规定。

◉ 条文演变历程

本条内容最早可追溯至 2005 年《公司法》,在此之后并无修订。

◉ 条文释义

本条对应旧法第 213 条,未见修订。

公司负有守法义务,非法公司应当依法取缔。本法第 19 条规定,公司从事经营活动,应当遵守法律法规,遵守社会公德、商业道德,诚实守信,接受政府和社会公众的监督。据此,公司负有守法义务。公司遵守法律法规,是公司从事民事活动的前提条件。不同于公司在正常营业中有违法犯罪行为,若公司实施了危害国家安全、社会公共利益的严重违法行为,将严重违反公司的守法义务,这表明公司已经沦为严重的违法行为工具,当然没有存续的必要,应当依法剥夺其从事经营活动的能力,即吊销其营业执照。

(1)吊销营业执照,是指登记机关强行收回违法当事人营业执照并予以注销的一种行政处罚,也是公司解散事由之一。本条所规定的吊销营业执照事由,主要是针对不法分子利用公司从事非法活动的现象。

(2)危害国家安全的行为,具体可表现为《刑法》第 102 条至第 112 条所规定的背叛国家,分裂国家,煽动分裂国家,武装叛乱、暴乱,颠覆国家政权,煽动颠覆国家政权,资助危害国家安全的犯罪活动,投敌叛变,叛逃,间谍,为境外窃取、刺探、收买、非法提供国家秘密或者情报,资敌等行为。

(3)违反社会公共利益的行为,是指违反了公序良俗中的公共秩序行为。

(4)利用公司名义,是指利用公司的外壳逃避有关部门监管和法律制裁,从事上述违法行为,此类公司自成立伊始便并非为了进行正常的市场经营活动。此外,对于符合利用公司名义从事违法活动的公司,除吊销营业执照外,还应根据其从事的犯罪活动依法追究刑事责任。

第二百六十三条 【民事责任优先】

公司违反本法规定,应当承担民事赔偿责任和缴纳罚款、罚金的,其财产不足以支付时,先承担民事赔偿责任。

◉ 立法意旨

本条是关于民事责任优先原则的规定。

◉ 条文演变历程

本条自 1993 年《公司法》颁行以来,并无修订。

◉ 条文释义

本条对应旧法第 214 条,未见修订。

本条是民事责任优先原则在公司法中的体现。根据《民法典》第 187 条的规定,民事责任优先原则,是指民事主体因同一行为应当承担民事责任、行政责任和刑事责任的,承担行政责任或者刑事责任不影响承担民事责任;民事主体的财产不足以支付的,优先用于承担民事责任。本条为公司法对民事责任优先原则的重述与强调。

民事责任优先原则的基本法理是,民事责任的主要目的是弥补受害人的损失,承担与否与其他民事主体的利益紧密相关;并且财产性赔偿是承担民事责任最为重要的方式之一,具有相当程度的不可替代性。行政责任、刑事责任的主要目的是对不当行为的处罚与惩治,无涉其他主体之利益,并且处罚与惩治还存在诸多替代方式,不必然以财产性责任的形式实现。故若民事主体的财产不足以承担竞合的民事责任、行政责任或刑事责任时,应优先承担民事责任。公司作为民事主体的一种,在承担赔偿责任时,自然也应遵循此基本原理。

◉ 研究文献

1. 刘俊海:《论公司法与民法典的良性互动关系》,载《法学论坛》2021 年第 2 期。
2. 刘士国:《论民法总则之民事责任规定》,载《法学家》2016 年第 5 期。

第二百六十四条　【刑事责任】

违反本法规定，构成犯罪的，依法追究刑事责任。

◉ 立法意旨

本条是关于违反本法规定构成犯罪时应承担刑事责任的规定。

◉ 条文演变历程

本条规定最早可追溯至2005年《公司法》第216条。1993年《公司法》在部分条文后附有“构成犯罪的，依法追究刑事责任”之表述，强调违反公司法义务可能在特定场景下构成犯罪，如该法第224条规定：“未依法登记为有限责任公司或者股份有限公司，而冒用有限责任公司或者股份有限公司名义的，责令改正或者予以取缔，并可处以一万元以上十万元以下的罚款。构成犯罪的，依法追究刑事责任。”2005年《公司法》修改时改变了此种立法思路，删除了分散的刑事责任规定，于第216条增设统一的刑事责任条款，即“违反本法规定，构成犯罪的，依法追究刑事责任”，此后仅是对条文序号进行调整。

◉ 条文释义

本条对应旧法第215条，未见修订。

依照多年来我国民商事部门法的立法传统，倒数第二章一般是“法律责任”，但该章并不规定与该部门法相关的所有法律责任，而主要是系统规定行政责任，个别条文偶尔也会涉及民事、刑事责任，如本法第257条第2款的民事责任规定以及本条关于刑事责任的规定即属此类。

本条可视为《公司法》与《刑法》衔接的桥梁条文。私法责任与公法责任的触发，往往并非不同的事实或行为所致。同类事实或行为因程度与后果的不同，可能分别或一并触发私法或公法责任。循此，公司法上的责任与刑法上的责任也存在千丝万缕的联系，受公司法约束的主体严重违反相关义务时，应承担相应的刑事责任。

根据刑法的罪名设计是否针对公司及相关的特殊主体，可将违反公司法的刑事责任大致分为两类。第一类，违反公司法义务的主体可能触犯刑法上非针对特殊主体的一般罪名。公司的股东、董事或其他主体，都可能在违反公司法规定的同时触犯刑法中一般罪名。例如，股东以非法占有为目的，在签订、履行股东协议过程中，骗取其他股东大额财物的，可能构成合同诈骗罪；又如，公司经理未尽勤勉义务，致施工过程中出现安全事故,可能构成重大责任事故罪等。第二类,违反公司法义务的各类主体可能触犯刑法上针对特殊主体的罪名。再如,《刑法》第二编第三章第三节专设"妨害对公司、企业的管理秩序罪",股东、董事等主体可能触犯本节专设的抽逃出资罪、妨害清算罪等与公司治理相关的特殊罪名。

此外,违反公司法义务的主体还可能触犯其他与公司职务相关的罪名,如职务侵占罪、非国家工作人员受贿罪等。需要注意的是,并非只有公司的成员可能构成犯罪,公司本身的行为也可能构成犯罪。例如,公司未经许可经营法律规定的专营物品,情节严重时,即构成单位犯罪,应按照《刑法》关于单位犯罪的有关规定,对主要责任人与单位一并予以处罚。

◉ 研究文献

1. 董文蕙:《涉单位自然人犯罪合规的理据、边界与例外》,载《法学》2023 年第 12 期。
2. 李本灿:《单位刑事责任论的反思与重构》,载《环球法律评论》2020 年第 4 期。
3. 周振杰:《民营经济刑法平等保护的体系化思考》,载《政法论丛》2019 年第 1 期。

第十五章　附　　则

【本章概述】

本章对相关概念的含义、本法施行日期和过渡期安排作出了规定。本次修订主要集中在以下几个方面：

一是修改了控股股东的定义。将原先的控股股东是指出资额占有限公司资本总额50%以上或者持有的股份占股份公司股本总额50%以上，修改为超过50%。这是因为，根据《民法典》第1259条的规定，“以上”包括本数，“超过”不包括本数，一般情形下，控股股东若要实现对公司的“控股”，需要持股“超过”50%。因此，修改后的表述更为准确。

二是修改了实际控制人的定义。在原先的实际控制人概念的基础上，删除了“虽不是公司的股东”的表述，将其定义为“是指通过投资关系、协议或者其他安排，能够实际支配公司行为的人”。如此修改的理由在于，一些持股比例未达控股股东持股比例的股东，通过投资关系、协议或者其他安排，能够实际支配公司行为的，显属实际控制人。

三是新增对过渡期安排的规定。在第266条第2款新增规定，本法施行前已登记设立的公司，出资期限超过本法第47条规定的5年最长期限的或者根据本法第98条的规定在公司成立前应当实缴的，除法律、行政法规或者国务院另有规定外，应当逐步调整至本法规定的期限以内。具体实施办法由国务院规定。

四是新增对出资期限、出资额异常的监管措施。对于出资期限、出资额明显异常的，公司登记机关可以依法要求其及时调整。具体实施办法由国务院规定。

第二百六十五条　【相关概念的含义】

本法下列用语的含义：

（一）高级管理人员，是指公司的经理、副经理、财务负责人，上市公司董事会秘书和公司章程规定的其他人员。

（二）控股股东，是指其出资额占有限责任公司资本总额超过百分之五十或者其持有的股份占股份有限公司股本总额超过百分之五十的股东；出资额或者持有股份的比例虽然低于百分之五十，但依其出资额或者持有的股份所享有的表决权已足以对股东会的决议产生重大影响的股东。

（三）实际控制人，是指通过投资关系、协议或者其他安排，能够实际支配公司行为的人。

（四）关联关系，是指公司控股股东、实际控制人、董事、监事、高级管理人员与其直接或者间接控制的企业之间的关系，以及可能导致公司利益转移的其他关系。但是，国家控股的企业之间不仅因为同受国家控股而具有关联关系。

◉ 立法意旨

本条是关于高级管理人员、控股股东、实际控制人和关联关系含义的规定。

◉ 条文演变历程

1993 年《公司法》并无对应的术语界定条款，2005 年《公司法》第 217 条正式确立了本条涵盖的内容，但其对控股股东的定义为“指其出资额占有限责任公司资本总额百分之五十以上或者其持有的股份占股份有限公司股本总额百分之五十以上的股东”，未使用“超过”等不含本数的表述，其对实际控制人的定义则为“是指虽不是公司的股东，但通过投资关系、协议或者其他安排，能够实际支配公司行为的人”，明确将股东排除在实际控制人概念之外，这一设计受到了批评。[①] 2013 年修法时调整法条序号为第 216 条。此次修法仅作了 3 处修订：(1)与删除“股东大会”的表述，统一为“股东会”；(2)将“以上”“不足”分别修订为“超过”“不足”；(3)删除实际控制人定义中的“虽不是公司的股东”内容。

◉ 条文释义

本条对应旧法第 216 条，实质性修订在于删除实际控制人定义中的“虽不是公司的股东”内容。

本条属于辅助规范，其功能在于界定概念含义，以帮助当事人和法官识别相应规范的构成要件是否获得满足。例如，本条对高级管理人员作出了界定，当法官判断特定案件中的主体构成高级管理人员后，即可对之适用《公司法》规定的勤勉义务

① 参见李建伟：《关联交易的法律规制》，法律出版社 2007 年版，第 35 页。

和忠实义务规范，进而支持一方当事人提起的信义义务违反之诉。再如，《公司法》第 22 条规定："公司的控股股东、实际控制人、董事、监事、高级管理人员不得利用关联关系损害公司利益。违反前款规定，给公司造成损失的，应当承担赔偿责任。"本条对高级管理人员和关联关系同时作出了界定，构成第 22 条的辅助规范，当法官依据本条判定存在关联关系时，即可依据第 22 条作出裁判。

1. 第 1 项界定高级管理人员。高级管理人员，是指法定的经理、副经理、财务负责人、上市公司董事会秘书 4 种人员；同时，授权公司章程还可以对其他高级管理人员的身份作出规定，给予了公司自治的权限。譬如，公司章程可以将总法律顾问、公司合规负责人等纳入高级管理人员的范围，进而使之享有高级管理人员的相关权利，承担高级管理人员的相关义务。

2. 第 2 项界定控股股东。对于控股股东，本条采取了"形式 + 实质"的认定模式，即在判断某一股东是否为控股股东时，首先应当在形式上，判断其持股比例是否超过公司资本或公司股本总额的 50%。需要强调的是，根据《民法典》第 1259 条的规定，"超过"不包括本数，即出资额占有限公司资本总额 50% 或者其持有的股份占股份公司股本总额 50% 的股东，在形式上不能被认定为控股股东。若该股东在形式上不满足控股股东的条件，进一步需要判断其在实质上，是否属于出资额或者持有股份的比例虽然低于 50%，但依其出资额或者持有的股份所享有的表决权已足以对股东会的决议产生重大影响。若是，则该股东为控股股东；反之则否。

另外，本法引入了类别股，允许股份公司发行低表决权和高表决权股，并且有限公司章程也可对股东表决权进行差异化安排，因此，在界定"出资额占有限责任公司资本总额超过百分之五十或者其持有的股份占股份有限公司股本总额超过百分之五十的股东"时，可能出现这类情况，即股东持有的股权或股份超过了公司股本总额的 50%，但该股东持有的表决权却不足 50%，此时不宜认定该股东构成本项定义的控股股东。

3. 第 3 项界定实际控制人。对于实际控制人，本条删除了 2018 年《公司法》中"虽不是公司的股东"的表述，只要"通过投资关系、协议或者其他安排，能够实际支配公司行为"，即属于实际控制人。这一定义弥补了旧法明显的立法漏洞，当股东持股比例不足 50% 且其持有的表决权不足以影响股东会决议，但他/她通过投资关系、协议或者其他安排能够支配公司行为，这在 2018 年《公司法》语境中不构成实际控制人，[①]属于法律漏洞。例如，A 公司是 B 公司占股 1% 的股东，其利用一致行动人协议、上游供货商优势、下游唯一重大客户等优势控制公司的，也为实际控制人，但实际上 A 公司也是 B 公司的股东，二者并不矛盾。证券实务中也持同样观点，如深圳证券交易所《股票上市规则》（2023 年修订）即规定，实际控制人，指通过投资关系、协议或者其他安排，能够实际支配公司行为的自然人、法人或者其他组织。并未将具有股东身份的人排除在外。

4. 第 4 项定义关联关系，包含 3 个维度。（1）形式标准，即董事、监事、高级管理人员、控股股东和实际控制人与其直接或者间接控制的企业之间的关系。形式标准主要着眼于主体规制，但法律并未对形式标准下的“控制”概念作出界定，这在解释论上可能存在疑惑，依据体系解释，至少可以联动《公司法》第 23 条横向法人人格否认中的“控制”概念。（2）实质标准，即可能导致公司利益转移的关系。[②]（3）国家控股的企业之间不仅因为同受国家控股而具有关联关系。

◉ 公司治理操作指南

在司法裁判实务中，公司请求某个人承担违反高管信义义务的法律责任案件中，被告往往主张自己并非高级管理人员，此时有所谓对于高级管理人员的判定“实质重于形式”的说法，意思是有些个人虽然位列公司法、公司章程所界定的“高级管理人员”之列，但实际上不实际享有高级管理人员权限的，不被认定为高级管理人员。应该说，这一说法并不具有公司法的规范依据。按照第 1 项的规定，公司只要举证某个人列入为法定、章定的高级管理人员之列，就足以主张其是高级管理人员，除非对方能够尽到反证的责任，如证明其仅为挂名。

◉ 研究文献

1. 周游：《实际控制人识别标准的差异化实践与制度表达》，载《政法论坛》2024 年第 1 期。

2. 郑彧：《上市公司实际控制人法律责任的反思与构建》，载《法学研究》2021 年第 2 期。

① 参见李建伟：《公司法学》（第 5 版），中国人民大学出版社 2022 年版，第 19～22 页；周游：《实际控制人识别标准的差异化实践与制度表达》，载《政法论坛》2024 年第 1 期，第 170 页。

② 参见宋燕妮、赵旭东主编：《中华人民共和国公司法释义》，法律出版社 2018 年版，第 408 页。

第二百六十六条　【施行日期和过渡期】

本法自2024年7月1日起施行。

本法施行前已登记设立的公司，出资期限超过本法规定的期限的，除法律、行政法规或者国务院另有规定外，应当逐步调整至本法规定的期限以内；对于出资期限、出资额明显异常的，公司登记机关可以依法要求其及时调整。具体实施办法由国务院规定。

◉ **立法意旨**

本条是关于本法施行日期和过渡期的规定。

◉ **条文释义**

本条第1款对应2018年《公司法》第218条，第2款系新增条款。

1. 第1款规定本法的施行日期，即本法自2024年7月1日起施行，无须赘言。为解决新《公司法》实施后新旧法律的衔接适用问题，最高人民法院于2024年6月30日发布《最高人民法院关于适用〈中华人民共和国公司法〉时间效力的若干规定》，该司法解释将与新《公司法》同步施行。该司法解释共8条，除去最后一条的施行日期外，主要内容如下：

一是从旧兼有利溯及规则。该司法解释第1条旨在说明新《公司法》原则上没有溯及既往的效力，但是基于立法目的考量，明确列举了七种有利溯及的情形，分别是：①公司的股东会召集程序不当，未被通知参加会议的股东自决议作出之日起一年内请求人民法院撤销的；②股东会决议、董事会决议被人民法院依法确认不成立，对公司根据该决议与善意相对人形成的法律关系效力发生争议的；③股东以债权出资，因出资方式发生争议的；④有限公司股东向股东以外的人转让股权，因股权转让发生争议的；⑤公司违反法律规定向股东分配利润、减少注册资本造成公司损失，因损害赔偿责任发生争议的；⑥公司法施行前作出利润分配决议，因利润分配时限发生争议的；⑦公司减少注册资本，股东对相应减少出资额或者股份数量发生争议的。

二是与公司有关的民事法律行为有效优先的原则与例外。该司法解释第2条明确规定三种情形下适用新法，分别是：①约定公司对所投资企业债务承担连带责任，对该约定效力发生争议的；②公司作出使用资本公积金弥补亏损的公司决议，对该决议效力发生争议的；③公司与其持股90%以上的公司合并，对合并决议效力发生争议的。这显然是契合法律行为无效缓和主义裁判理念。但法谚有云，有原则必有例外。该司法解释第3条明确规定，公司法施行前订立的与公司有关的合同，合同的履行持续至公司法施行后，因公司法施行前的履行行为发生争议的，适用当时的法律、司法解释的规定；因公司法施行后的履行行为发生争议的上市公司股票代持、上市公司交叉持股以及股份公司财务资助等三种情形，适用新法的规定。

三是旧法没有规定，适用新法原则。该司法解释第4条明确规定，未届出资期限的股权转让后的出资责任分配；有限公司控股股东滥用权利的回购救济；异议股东股份回购；不担任公司董事的双控人执行公司事务的民事责任认定；公司双控人指示董事、高管损害公司或股东利益承担连带赔偿责任；不明显背离相关当事人合理预期等六种情形适用新法的规定。

四是旧法原则性规定，新法具体化规定的，新法依旧得到适用。该司法解释第5条规定，股份公司章程对股份转让作了限制规定；对公司监事实施挪用公司资金等禁止性行为、违法关联交易、不当谋取公司商业机会、经营限制的同类业务的赔偿责任认定；对公司董事、高级管理人员不当谋取公司商业机会、经营限制的同类业务的赔偿责任认定；对关联关系主体范围以及关联交易性质的认定等四种情形适用新法的规定。这是因为新法没有在内容上修订旧法的原则性规定，更准确地说是在操作层面作出更加具体细化的规定，因此适用新法没有违反当事人的预期，符合有利溯及原则。

五是清算责任的法律适用，适用新法的连接点。该司法解释第6条规定，应当进行清算的法律事实发生在公司法施行前，因清算责任发生争议的，适用当时的法律、司法解释的规定。应当清算的法律事实发生在公司法施行前，但至公司法施行日未满15日的，适用新法。

六是新法之前的终审案件，再审的适用旧法。该司法解释第7条规定，公司法施行前已经终审的民事纠纷案件，当事人申请再审或者人民法院按照审判监督程序决定再审的，适用当时的法律、司法解释的规定。

2. 第2款对5年限期认缴制过渡期相关问题进行了规定。2013年公司注册资本完全认缴登记制改革以后，实践中出现了许多出资期限畸长、注册资本额畸高的公司，对此各界有不同的看法，有人认为这是不严肃的，也造成了许多不必要的司法成本；也有人认为这不足为怪，也无社会危害性。无论如何，本次修改在第47条规定，有限公司股东认缴的出资额由股东按照公司章程的规定自公司成立之日起5年内缴足，由此确立了有限公司资本5年限期认缴制；第98条规定，发起人应当在公司成立前按照其认购的股份全额缴纳股款,确立了股份公司资本实缴制。自此,我国公司的资本缴纳规则,由原先的完全认缴制改为了有限公司的限期认缴制和股份公司的实缴制,变动不可谓不大。本法施行后,如何妥善处理本法施行前已登记设立的公司股东的资本缴纳义务,是一个重大课题,本款对此作出了具体规定。

(1)原则性规定是对于本法施行前即 2024 年 7 月 1 日前已登记设立的公司,出资期限超过本法规定的期限的,应当逐步调整至本法规定的期限以内,但法律、行政法规或者国务院另有规定的除外。具言之,成立于 2024 年 7 月 1 日之前的有限公司,其股东认缴出资的剩余期限不足 5 年的,无须进行调整;其股东认缴出资的剩余出资期限超过 5 年的,应当逐步调整至 5 年或者 5 年以内。成立于 2024 年 7 月 1 日之前的发起设立的股份公司,其股东仍未实缴的,应当逐步进行实缴。此间的问题在于,如何“逐步”调整,这留待未来国务院对此作出具体规定。

(2)特别规定是对于出资期限、出资额明显异常的,公司登记机关可以依法要求其及时调整。此处的难点在于,公司登记机关如何判断出资期限、出资额明显异常。公司登记机关可以结合股东出资能力、主营项目、资产规模、营收、债权债务、纳税等情况进行综合判断。

(3)授权行政立法:将具体实施办法授权国务院另行研究规定。2024 年 7 月 1 日,国务院公布并施行《国务院关于实施〈中华人民共和国公司法〉注册资本登记管理制度的规定》。此规定共 13 条,主要包括以下内容:

一是明确存量公司调整认缴出资期限的过渡期安排。2024 年 6 月 30 日前登记设立的公司,有限公司剩余认缴出资期限自 2027 年 7 月 1 日起超过 5 年的,应当在 2027 年 6 月 30 日前将其剩余认缴出资期限调整至 5 年内并记载于公司章程,股东应当在调整后的认缴出资期限内足额缴纳认缴的出资额;股份公司的发起人应当在 2027 年 6 月 30 日前按照其认购的股份全额缴纳股款。公司生产经营涉及国家利益或者重大公共利益,国务院有关主管部门或者省级人民政府提出意见的,国务院市场监督管理部门可以同意其按原出资期限出资。

二是规定公司出资异常的处理。公司出资期限、注册资本明显异常的,公司登记机关可以结合公司的经营范围、经营状况以及股东的出资能力、主营项目、资产规模等进行研判,认定违背真实性、合理性原则的,可以依法要求其及时调整。

三是完善监管措施。公司调整股东认缴和实缴的出资额、出资方式、出资期限,或者调整发起人认购的股份数等,应当依法向社会公示。公司登记机关对公司公示认缴和实缴情况进行监督检查，根据公司的信用风险状况实施分类监管。公司未按照规定调整出资期限、注册资本的，由公司登记机关责令改正；逾期未改正的，由公司登记机关在国家企业信用信息公示系统作出特别标注并向社会公示。①

① 《李强签署国务院令 公布〈国务院关于实施〈中华人民共和国公司法〉注册资本登记管理制度的规定〉》，载新华网，http://www.news.cn/20240701/4cd4c422c54b430caf32306b6e2599ee/c.html。

索　引

后　记

读者很想知道成书的幕后，本着进一步释放幕后花絮的负责任态度，此处老实交代。

本书的写作规划，大致产生于2022年年底。此次公司法大修二审稿公布后，我深感此次公司法修订力度之大，也很兴奋地看到，很多新规范的设计与我此前发表的不少论文主张不谋而合，甚至有学术主张被立法采纳的欣慰感（实际上是一种自我兴奋下的幻觉），同时又一次深刻体会到公司法典的魅力，于是产生撰写一部公司法评注的想法，并获得法律出版社似玉老师编辑团队的支持。

2023年年初，我开始为撰写公司法评注做前期准备，包括成立李建伟商法工作室，直播公司法春夏秋冬课程，录制“公司法500问”视频并分享给公众，没想到引发了民商事律师、公司法务、民商法学人乃至企业界人士的广泛关注，这进一步激发了我写好本书的信心与决心。

本书的成稿过程已在“序言”交代，不再赘述。此处介绍参与写作的年轻作者名单，并隆重感谢他们的学识、智慧、热爱与勇气。

首先，由我本人完成每个条文的简版要点评注，并形成名为《公司法作业本》的内容手册。所谓简版，即每个条文评注的每一个要点，不可谓字字珠玑，但可谓一句一个要点，要点选择乃是本书的灵魂。在此基础上，由我指导的民商法博士后、博士生、硕士生分数轮补充并完善此简版评注。第一轮的撰写者有宋鹏（兰州大学法学院副教授，中国政法大学博士后）、林斯韦（厦门大学法学院讲师，法学博士）、李亚超（北京交通大学法学院讲师，法学博士）、岳万兵（清华大学法学院博士后，法学博士）、邹学庚（中国政法大学博士后，法学博士），以及在读博士生马可欣、李欢、何健、潘米、刘华剑、梁屹、付尉星、扎西尼玛、高敬媛、戴君颖、温生俊、刘赟、马丹婷，和在读硕士生林树荣、杨奕钒、白冰、杨艺晨、刘俊宏、何乐云、范继文、刘静宜、邢冠华、林泽宇、许萌、吴健乐、高玉贺、王一男、张佩杰、袁诗睿、罗弘基、辛向荣、孟子群、张妍、司德扬、苏诗喻、柏江华、陈海鑫、汪馨悦、宋佳音、郑浩凌、黄士坚、李心竹、陈胜男、余昌源、尹昇等同学,以条文为单位,他们分别认领了最少一条、多则十几条的任务,在《公司法作业本》之基础上,负责"立法意旨""条文释义""公司治理操作指南"等板块的内容充实,并独立完成"条文演变历程""比较法规范""研究文献""典型案例"等板块的撰写。

其次,第一轮返稿后,第二轮修订以章节为单位,由十位同学负责进一步的内容整理、订正与完善。具体分工为:梁屹(第一章)、杨奕钒(第二章、第十一章、第十二章)、林树荣、叶一丁(北京汇仲律师事务所执业律师)(第三章)、岳万兵(第四章、第七章)、林斯韦(第五章)、李亚超(第六章)、李欢(第八章)、白冰(第九章、第十章)、邹学庚(第十三章、第十四章、第十五章)。

再次,第二轮返稿后,由本人逐条逐字修正,本轮工作耗时近三个月。每修订一章,再由以上十位同学及杨奕钒、苏诗喻、高玉贺、陈海鑫、白冰、黄士坚等同学进行两轮的交叉互检与文字订正。

最后,进入四月,由我根据出版社审稿意见,再次逐条订正,最终成稿。

对于我来说,就新公司法的研究,《公司法评注》的出版是一个新的开始。随着公司法的不断发展与实践的展开,我个人对公司法典的认识也会更加深入与丰满,希望能后续出版修订本以求不断完善。其次,我将在本评注的基础上,开始组织面向实务的《公司法 500 问》的撰写,希望在年中顺利出版。此后,我的时间与精力将转入学术论文的撰写。毕竟,评注的写作带来了太多的学术灵感,有太多学术问题有待挖掘,有太多实务问题有待探索。

对于本书存在的不可避免的错误与质疑,抑或各位读者有对公司法学术与实务问题的切磋兴趣,都可以致信邮箱:ljwshangfa@ 126. com。我们作者团队将组织答疑组及时回答与跟进探讨,所有的智识成果也将在本书修订本中展现。以本书为纽带,让我们读者、编者与作者共同携手,为中国公司法治贡献时代之力。